ALEXANDER PINWIN

Wilhelm Winkler (1884-
eine Biographie

CH00821390

Schriften zur Wirtschafts- und Sozialgeschichte

In Verbindung mit Rainer Fremdling,
Carl-Ludwig Holtfrerich, Hartmut Kaelble und Herbert Matis
herausgegeben von Wolfram Fischer

Band 75

Wilhelm Winkler (1884–1984) – eine Biographie

Zur Geschichte der Statistik und Demographie in Österreich und Deutschland

Von

Alexander Pinwinkler

Duncker & Humblot · Berlin

Die Drucklegung erfolgt mit freundlicher Unterstützung
der Deutschen Statistischen Gesellschaft, der Fazit-Stiftung,
der Österreichischen Statistischen Gesellschaft und
der Stiftungs- und Föderungsgesellschaft der
Paris-Lodron-Universität Salzburg.

Die Arbeit wurde vom Institut für Geschichte
der Universität Salzburg im Jahre 2001
als Dissertation angenommen und
für den Druck überarbeitet.

Bibliografische Information Der Deutschen Bibliothek

Die Deutsche Bibliothek verzeichnet diese Publikation in
der Deutschen Nationalbibliografie; detaillierte bibliografische
Daten sind im Internet über <http://dnb.ddb.de> abrufbar.

Der Abdruck der Abbildungen erfolgt mit freundlicher
Genehmigung von Frau Franziska Winkler (S. 335 und 474) sowie
vom Bildarchiv der Österreichischen Nationalbibliothek (S. 198)
(ÖNB Wien, Bildarchiv, Signatur L 51.576 C).

Fremddatenübernahme und Druck:
Berliner Buchdruckerei Union GmbH, Berlin
Printed in Germany
ISSN 0582-0588
ISBN 3-428-10864-7

Gedruckt auf alterungsbeständigem (säurefreiem) Papier
entsprechend ISO 9706 ♾

Vorwort

Der Gedanke, die Biographie des österreichischen Statistikers Wilhelm Winkler zu untersuchen, stammt nicht von mir, sondern von Josef Ehmer, dem o. Professor für Neuere Geschichte am Institut für Geschichte der Universität Salzburg. Als ich im Herbst des Jahres 1998 mit meinen Forschungen begann, wußte ich außer einigen wenigen biographischen Daten, die mein Interesse für Winkler immerhin schlagartig weckten, noch nichts über den Gegenstand meiner zukünftigen Arbeit. Josef Ehmer stand mir jedoch bei meinen Forschungen von Anfang an bis zum Abschluß der vorliegenden überarbeiteten Fassung der Dissertation helfend und ermutigend zur Seite. Dafür möchte ich ihm herzlich danken. Hanns Haas, der o. Professor für Österreichische Geschichte am Salzburger Institut für Geschichte, betreute meine Arbeit als Zweitbegutachter. Bei ihm bedanke ich mich besonders für sein kritisches Interesse und seine vielen weiterführenden Anregungen.

Daß die vorliegende Studie für sich in Anspruch nehmen kann, tatsächlich eine Biographie zu sein und nicht darauf beschränkt ist, nur bestimmte Aspekte der öffentlichen Wirkung eines Gelehrten darzustellen, verdanke ich dem überaus freundlichen Entgegenkommen von Winklers Familie. Bei Frau Franziska Winkler, seiner Witwe, bedanke ich mich besonders, daß sie sich meinem Anliegen mit größtem Verständnis geöffnet hat. Ohne ihre Bereitschaft, dem Biographen Teile des privaten Nachlasses ihres Gatten zur Verfügung zu stellen, wäre die vorliegende Arbeit in dieser Art nicht zustande gekommen. Herzlich möchte ich Winklers Söhnen danken, deren Interesse und wertvolle Auskünfte meine Arbeit ungemein bereichert haben: Prof. Dr. Othmar Winkler ist als emeritierter Hochschullehrer für Statistik an der Georgetown University (Washington, D. C.) geradezu der „dritte" Betreuer meiner Studie gewesen. Seine kritische, zurückhaltend prüfende Lektüre war für mich äußerst wertvoll. Bei Herrn Berthold Winkler bedanke ich mich, daß er mir die unveröffentlichte Autobiographie seines Vaters zur Verfügung gestellt hat, die sich als eine unverzichtbare Grundlage für diese Arbeit erwiesen hat. Wilhelm Winklers ältestem Sohn, Herrn Prof. Dr. Erhard Winkler, danke ich aufrichtig für das ausführliche Gespräch, das er mit mir über seinen Vater führte. Und Herrn Hans Kunz, dem Sohn von Franziska Winkler, danke ich herzlich für die Überlassung einer Mappe, die Erinnerungen an Winkler enthält.

Der Bereitschaft weiterer Zeitzeugen, ihre Erinnerungen für die vorliegende biographische Darstellung beizusteuern, verdanke ich eine Fülle von sachlichen Informationen und atmosphärischen Eindrücken rund um die Person von Wilhelm Winkler. Sie alle sind namentlich in dieser Arbeit genannt. Die freundlichen Hilfestellungen, die ich von den Herren Adam und Bruckmann erfahren durfte, möchte

ich besonders hervorheben. Prof. Dr. Adolf Adam gewährte mir als ältester Mitarbeiter von Winkler tiefe Einblicke in die Geschichte der österreichischen Universitätsstatistik. Prof. Dr. Gerhart Bruckmann, der Winklers jüngster Schüler war,
sah mein Manuskript kritisch durch und machte eine Reihe von Verbesserungs-
vorschlägen, die ich für die vorliegende Druckfassung verwerten konnte.

Die Mitarbeiterinnen und Mitarbeiter von staatlichen und universitären Bibliotheken in Österreich, Tschechien und Deutschland haben mich bei meinen Forschungen stets freundlich unterstützt. Ihnen gilt ebenso mein Dank wie den Angestellten der von mir konsultierten Archive, in denen ich auf wohlwollendes Entgegenkommen gestoßen bin. Zahlreiche Kolleginnen und Kollegen waren durch
ihre Geduld und durch ihr kritisches Interesse am Zustandekommen dieser Arbeit
mit beteiligt. Besonders Frau Dr. Gudrun Exner und meinen Freunden und Kollegen Thomas Buchner, Werner Lausecker und Jiří Franc – der auch die Über-
setzungen vom Tschechischen ins Deutsche besorgt hat – verdanke ich vielfältige
Anregungen und nützliche Hilfestellungen.

Prof. Dr. Rainer Mackensen gab mir den entscheidenden Hinweis auf die
„Schriften zur Wirtschafts- und Sozialgeschichte", in der diese Biographie erscheinen konnte. Ich danke Prof. Dr. Wolfram Fischer, daß er meine Studie in diese
Reihe aufgenommen hat. Daß die Biographie Wilhelm Winklers jetzt im Druck
vorliegt, ist Ergebnis finanzieller Förderungen, die sie durch mehrere Institutionen
erfahren durfte: Für die Gewährung von Druckkostenzuschüssen danke ich der
Deutschen Statistischen Gesellschaft, der *Fazit-Stiftung*, der *Österreichischen Statistischen Gesellschaft* und der *Stiftungs- und Förderungsgesellschaft der Paris-
Lodron-Universität Salzburg*.

Viel Geduld mußte meine Mutter für mich aufbringen. Ihren Bemühungen um
das leibliche Wohl für den allzuoft in den Elfenbeinturm der Wissenschaft entrück-
ten Biographen ist es zum großen Teil zu verdanken, daß dieser die vorliegende
Studie abschließen konnte.

Salzburg, im Juli 2002   *Alexander Pinwinkler*

Inhaltsverzeichnis

Einleitung

I. Kindheit und Jugend (1884–1909)

II. Erste Karriereschritte und Kriegseinsatz (1909–1921)

III. Auf dem Höhepunkt des Schaffens
in theoretischer und praktischer Statistik (1921 – 1938)

IV. Karriereknick und Krieg (1938 – 1945)

V. Wiederaufbau und Konsolidierung (1945 – 1955)

VI. Emeritierung und Fortsetzung der wissenschaftlichen Tätigkeit (1955–1974)

VII. Die letzten zehn Lebensjahre (1975 – 1984)

Abkürzungsverzeichnis

AAVCR	Archiv Akademie věd České Republiky
ABB	Archiv für Bevökerungswissenschaft und Bevökerungspolitik
AdR	Archiv der Republik
AFG	Alpenländische Forschungsgemeinschaft
AHMP	Archiv Hlavního Města Prahy
ao. Prof.	außerordentlicher Universitätsprofessor
AstA	Allgemeines Statistisches Archiv
AUK	Archiv University Karlovy
AVA	Allgemeines Verwaltungsarchiv
BASt	Bundesamt für Statistik
BIB	Bundesinstitut für Bevölkerungsforschung
BJb	Bömerlandjahrbuch für Volk und Heimat
BMI(U)	Bundesministerium für Inneres (und Unterricht)
CSStV	Československý Statistický Věštník
DA	Deutsche Arbeit
DABW	Deutsche Akademie für Bevölkerungswissenschaft
DAG	Deutsche Arbeitsgemeinschaft
DAI	Deutsches Ausland-Institut
DAW	Diözesanarchiv Wien
DHVKf	Deutsche Hefte für Volks- und Kulturbodenforschung
DR	Deutsche Rundschau
DSB	Deutscher Schutzbund für das Grenz- und Auslanddeutschtum
DStG	Deutsche Statistische Gesellschaft
DStZbl	Deutsches Statistisches Zentralblatt
DSV	Deutscher Schulverein Sümark
DWZP	Deutsche wissenschaftliche Zeitschrift für Polen
GERSt	Giornale degli Economisti e Rivista di Statistica
IARIW	International Association for Research in Income and Wealth
IfD	Institut für Demographie an der Österreichischen Akademie der Wissenschaften
IStMV	Institut für Statistik der Minderheitsvölker

IUSIPP	International Union for the Scientific Investigation of Population Problems
IUSSP	International Union for the Scientific Study of Populations
JbbNSt	Jahrbüher für Nationalöonomie und Statistik
KA	Kriegsarchiv
LG	Österreichische Leo-Gesellschaft
MbÖGStI	Mitteilungsblatt der Österreichischen Gesellschaft für Statistik und Informatik
MDGB	Mitteilungen für Mitglieder und Freunde der Deutschen Gesellschaft für Bevökerungswissenschaft
MGBP	Mitteilungen der (Deutsch-)Österreichischen Gesellschaft für Bevölkerungspolitik und Füsorgewesen
MÖGSt	Mitteilungsblatt der Österreichischen Gesellschaft für Statistik und Informatik
NDB	Neue Deutsche Biographie
NSt	Nation und Staat
o. Prof.	ordentlicher Universitätsprofessor
o. ö Prof.	ordentlicher öffentlicher Professor
ÖAW	Österreichische Akademie der Wissenschaften
ÖDAG	Österreichisch-Deutsche Arbeitsgemeinschaft
ÖGBF	Österreichische Gesellschaft für Bevökerungspolitik und Fürsorgewesen
ÖNB	Österreichische Nationalbibliothek
ÖPK	Österreichische Präidentschaftskanzlei
ÖSTA	Österreichisches Staatsarchiv
ÖStG	Österreichische Statistische Gesellschaft
ÖStZ	Österreichisches Statistisches Zentralamt (ab 1991 ÖSTAT)
ÖVVA	Österreichischer Verband für volksdeutsche Auslandarbeit
PA	Personalakt
PAAA	Politisches Archiv Auswärtiges Amt Bonn (Berlin)
PNAW	Privater Nachlaß Anna Winkler
PNJW	Privater Nachlaß Julius Winkler
PNWW	Privater Nachlaß Wilhelm Winkler
PS	Population Studies
RIISt	Revue de l'Institut International de Statistique (International Statistical Institute)
RSt	Reichsstatthalterei Wien
SchJb	Schmollers Jahrbuch für Gesetzgebung, Verwaltung und Volkswirtschaft
SdJb	Sudetendeutsches Jahrbuch
SODFG	Südostdeutsche Forschungsgemeinschaft

SS	Sommersemester
StBA	Statistisches Bundesamt
StLB	Statistisches Landes-Bureau des Königreiches Böhmen
StMschr	Statistische Monatsschrift
StRA	Statistisches Reichsamt
StVjschr	Statistische Vierteljahresschrift
StZK	Statistische Zentralkommission
SÚA	Státní Ústřední Archiv
SVKF	Stiftung für deutsche Volks- und Kulturbodenforschung
UAJ	Universitätsarchiv Jena
UAL	Universitätsarchiv Leipzig
UAM	Universitätsarchiv Müchen
UAW	Universitätsarchiv Wien
VF	Vaterländische Front
VFG	Volksdeutsche Forschungsgemeinschaften
WIFO	Österreichisches Institut für Wirtschaftsforschung
WKA	Wiener Katholische Akademie
WKKW	Wissenschaftliches Komitee für Kriegswirtschaft
WS	Wintersemester
WSLA	Wiener Stadt- und Landesarchiv
WwA	Weltwirtschaftliches Archiv
ZsNök	Zeitschrift für Nationalökonomie
ZsStw	Zeitschrift für die gesamte Staatswissenschaft
ZsVwSp	Zeitschrift für Volkswirtschaft und Sozialpolitik (Neue Folge)

Einleitung

1. Theoretische Probleme der Gelehrtenbiographie

Auch wenn die Biographie als Genre bis in die Renaissance und in die Spätantike zurückreichen dürfte, wurde doch erst seit dem 18. Jahrhundert über die Grundlagen der Biographik als geschichtswissenschaftliche Methode nachgedacht. Die historische Biographik hat ihre Wurzeln in der Aufklärungszeit.[1] Für die Aufklärung gehörten nicht nur die Taten der biographierten Protagonisten, sondern auch ihre Motive, Gesinnungen und Charaktere unabdingbar zur Lebensbeschreibung. Das von der deutschen Romantik und dem Idealismus geförderte Individualitäts- und Genieideal schuf ein geistiges Umfeld, in dem Biographien zum beliebten Darstellungsmittel der Historiker wurden. Johann Gottfried Droysen erklärte in seinem „Grundriß der Historik" (1857) die erzählerische Darstellungsform zur alleinigen Schreibweise von Biographien. Die Gattung galt unter den Geschichtsphilosophen des 19. Jahrhunderts als zugleich wissenschaftlichen und künstlerischen Ansprüchen verpflichtet. Das Soziale blieb nachrangig. Gegenstand von biographischen Darstellungen waren „große Männer", die Geschichte machten. Diesem in der Tradition des Historismus stehenden Paradigma folgten die meisten Biographen, bis der Durchbruch der sozialgeschichtlichen Biographie in den 1970er Jahren eine Wende herbeiführte. Seither gehört es zum Standard der biographischen Methode, Zusammenhänge zwischen gesellschaftlichen Rahmenbedingungen und dem Individuum herzustellen. Die biographische Betrachtung wurde ausgeweitet: Einerseits wurden die „namenlosen" unteren Bevölkerungsschichten einbezogen, und andererseits wurden besonders in der soziologischen Lebenslaufforschung[2] Gruppen-

---

[1] Die folgenden Ausführungen zur Geschichte der Textgattung soll nur einige wichtige Entwicklungslinien skizzieren. Genauere und umfangreichere Überblicke geben *Ernst Engelberg / Hans Schleier,* Zur Geschichte und Theorie der historischen Biographie, in: Zeitschrift für Geschichtsforschung 38 (1990), 195–217, *Hagen Schulze,* Die Biographie in der „Krise der Geschichtswissenschaft", in: Geschichte in Wissenschaft und Unterricht 29 (1978), 508–518, *Andreas Gestrich,* Einleitung: Sozialhistorische Biographieforschung, in: Ders., *Peter Knoch / Helga Merkel* (Hg.), Biographie – sozialgeschichtlich. Göttingen 1988, 5–28 und *Hans Ulrich Wehler,* Zum Verhältnis von Geschichtswissenschaft und Psychoanalyse, in: Ders. (Hg.), Geschichte und Psychoanalyse (Köln 1971), 9–30; vgl. auch *Pierre Bourdieu,* Die biographische Illusion, in: BIOS. Zeitschrift für Biographieforschung und Oral History I (1990), 75–81 und *Niels C. Lösch,* Rasse als Konstrukt. Leben und Werk Eugen Fischers. Frankfurt / Main 1997 (= Europäische Hochschulschriften: Reihe III, Geschichte und ihre Hilfswissenschaften; 737) als Beispiel für eine neuere Gelehrtenbiographie.

[2] Vgl. dazu *Wolfram Fischer-Rosenthal,* Von der biographischen Methode zur Biographieforschung: Versuch einer Standortbestimmung, in: Peter Alheit et al. (Hg.), Biographiefor-

und Kollektivbiographien untersucht. An der überkommenen, einzelne Persönlichkeiten porträtierenden Biographik kritisierte die Sozialgeschichte, sie täusche eine Kohärenz der Fakten vor, die ästhetisch erzeugt sei. Innerhalb der Sozialgeschichte nahm die Biographie trotz vieler Reformversuche eine Randstellung ein: So wurde der Biographik empfohlen, neben sozialwissenschaftlichen auch psychologische und psychoanalytische Theorien einzubeziehen. Den meisten Studien, die sich diesen Gedanken zu eigen machten, wurde jedoch vorgeworfen, ins Spekulative abzugleiten und theoriegeleitete Interpretationen ebenso zu vernachlässigen wie dem (Neo-)Historismus verpflichtete Darstellungen.

Mit dem Aufstieg einer um semiotische, kommunikationstheoretische und diskursanalytische Fragestellungen erneuerten Kultur- und Mentalitätsgeschichte seit Mitte der 1980er Jahre erlebte die Biographie vor allem in der populären Geschichtsschreibung „eine phänomenale Wiedergeburt"[3]. Viele populär geschriebenen Biographien sind jedoch eher anekdotisch und platt-chronologisch und weiten die Biographie zur „Gesamtdarstellung" einer historischen Ära aus, sodaß die Persönlichkeit in ihrer Umgebung untergeht. Als Folge der Neuorientierung innerhalb der Geschichtswissenschaft erkannten auch professionelle Historiker, daß zwischen einer struktur- und sozialgeschichtlichen und der biographischen Darstellungsweise kein Widerspruch bestehen muß. Gerade die Biographie „bot dem Forscher die Möglichkeit, einen ersten Blick auf die überwältigende Komplexität der Dinge zu werfen"[4]. Allenthalben bemächtigte sich der Historiker die „Lust auf das Konkrete", auf das handelnde Individuum in seinen komplexen Beziehungen zu seiner Umwelt.[5] Die Beschreibung des Verhältnisses zwischen Individuum und Gesellschaft ist das zentrale Fragestellung jeder Biographie: beide „Strukturen" sind ineinander verschränkt, doch sie lassen sich so nicht veranschaulichen.[6] Der interaktionistische Ansatz geht diesem methodisch-darstellerischen Problem unter dem Blickwinkel der „Rückführung gesellschaftlicher Strukturen auf Interaktionsgeflechte" nach. Die Methode der „dichten Beschreibung", die von Clifford Geertz entwickelt wurde, greift das Modell der Interaktion auf und fordert eine minutiöse Beschreibung des beobachteten Handelns. Dabei sollen die Selbstinterpretationen und Bedeutungszuweisungen der Akteure festgehalten werden. Dies bedeute jedoch keinen Verzicht auf eigene Interpretationen.[7]

---

schung. Eine Zwischenbilanz in der deutschen Soziologie. Bremen 1990, 11 – 32, hier bes. 12 und *Hans-Paul Bahrdt*, Autobiographische Methoden, Lebensverlaufforschung und Soziologie, in: Wolfgang Voges (Hg.), Methoden der Biographie- und Lebenslaufforschung. Opladen 1987 (= Biographie und Gesellschaft; 1), 77 – 85.

[3] *Jacques Le Goff*, Wie schreibt man eine Biographie? In: Fernand Braudel (Hg.), Der Historiker als Menschenfresser. Über den Beruf des Geschichtsschreibers. Berlin 1990, 103 (wörtl. Zit.).

[4] Ebd.

[5] Ebd.

[6] Vgl. *Schulze* (1978), 513.

[7] *Gestrich* (1988), 8.

Die hier angesprochenen allgemeinen Probleme der Biographik berühren notwendigerweise die spezifischen Fragestellungen der Gelehrtenbiographie. Persönliche Prägungen, familial-soziale Umfelder und charakterliche Dispositionen spielen – nicht anders wie in der Politiker- oder der Künstlerbiographie – in das Wirken oder das Werk einer gelehrten Persönlichkeit mit hinein.[8] Manche Autoren betonen in Anlehnung an sozialisationstheoretische Theorien zum menschlichen Lebenslauf geradezu die „kardinale Bedeutung" der Frühzeit (S. Meineke versteht darunter die ersten drei Lebensjahrzehnten) eines Gelehrten. Für Meineke prägen die verinnerlichten Werthaltungen des Heranwachsenden „dauerhaft" jede weitere Wirklichkeitserfassung. Aus der Annahme heraus, daß der Mensch, je älter er werde, desto mehr von seiner Vergangenheit determiniert sei, stellt er die Forderung auf, „die individuellen Herkunftsbedingungen einer Person" möglichst genau zu rekonstruieren. Daraus erwachse erst die „Chance, ihren weiteren Werdegang erklären zu können".[9] Dieses Konzept ist nicht notwendigerweise ein erfolgversprechender Beitrag zur Aufhellung der zwischen Person und Werk vermittelnden Zusammenhänge. Es ist nämlich Vorsicht dabei geboten, die biographierte Persönlichkeit auf einen früh „festgelegten" (Gelehrten-)Typus zu fixieren, dem ein „geschlossenes" Werk korrespondiert. Der Vorschlag, den Werdegang eines Gelehrten aus seiner Herkunft und der spezifischen Anlage seines Frühwerks zu erklären, negiert, wenn er konsequent weitergedacht wird, später wirksame Einflüsse auf den Wissenschaftler. Außerdem klammert er Widersprüche in Werk und Denkfiguren des Gelehrten aus.

Es ist daher davor zu warnen, gleich einem hermeneutischen Zirkelschluß von der Person auf das Werk zu schließen. Die Zusammenhänge zwischen Person und Werk gleichen vielmehr „komplexen Vermittlungs- und Rückkoppelungsprozessen"[10], die in jedem Einzelfall anders strukturiert sind. Ferner sollte auch in Betracht gezogen werden, daß wissenschaftliche Erkenntnisfindung ihre eigenen Gesetzlichkeiten kennt. Dabei ist nicht ausgeschlossen, daß persönliche Momente – etwa beim Zusammentreffen von Gelehrten im Rahmen wissenschaftlicher Kongresse – eine Rolle spielen. Eine integrative, nicht nur Teilaspekte des Werks oder bestimmte Abschnitte im individuellen Lebenslauf untersuchende Gelehrtenbiographie sollte daher die individuellen („biographischen") Daten „mit einer Analyse des wissenschaftlichen Werks und der daran anknüpfenden Einbindung in eine Lehr-, Institutionen-, Wissenschafts-, und politische Geschichte"[11] verbinden. Dieser Gedanke wird auch von Friedrich Lenger vertreten, der in seiner Biographie des Nationalökonomen Werner Sombart ein Konzept der „gelehrten Lebensführung" anwendet. Dieses untersucht „die gegenseitige Verflechtung von Gelehrten-

---

[8] Vgl. *Engelberg / Schleier* (1990), 210.

[9] *Stefan Meineke,* Friedrich Meinecke. Persönlichkeit und politisches Denken bis zum Ende des Ersten Weltkrieges. Berlin / New York 1995 (= Veröffentlichungen der Historischen Kommission zu Berlin; 90), 44.

[10] *Dirk Kaesler,* Soziologie als Berufung. Opladen 1997, 68.

[11] Ebd., 70.

2*

kultur, Sozialwissenschaft und Politik" und sei „hinreichend detailliert" nur für
einen einzelnen Lebenslauf zu leisten.[12] In der biographischen Darstellung stünden
diese drei zentralen Untersuchungsebenen eigenständig nebeneinander. Die thema-
tische Gliederung ersetze jedoch nicht die chronologische Grundstruktur, sondern
trete neben sie.[13]

2. Erkenntnisziele und Methoden
einer Biographie von Wilhelm Winkler

Die vorliegende Studie soll dazu beitragen, die Geschichte der Statistik und
Demographie in Österreich und Deutschland zu erforschen. Zwischen deutschen
und österreichischen bevölkerungswissenschaftlichen Disziplinen gab es im hier
untersuchten Zeitraum enge personelle, institutionelle und weltanschauliche Beziehungen.

Eine Geschichte der Bevölkerungswissenschaft und Statistik in den deutschsprachigen Ländern bleibt bislang ein Forschungsdesiderat. Dies gilt besonders für
Österreich. Der Umfang der zu Österreich bisher erschienenen wissenschaftsgeschichtlichen Arbeiten ist zahlenmäßig gering; der Anteil von Nichthistorikern
an dieser Literatur überwiegt. Publikationen von Mitarbeitern des *Österreichischen
Statistischen Zentralamts* (ÖStAT) vermitteln erste Orientierungen über die Geschichte der amtlichen Statistik und stellen Quellenmaterial zusammen. Zu nennen
sind hier neben dem Lexikon der „Auf dem Gebiete der Bevölkerungsstatistik und
Bevölkerungswissenschaft tätige[n] Österreicher" der Aufsatz von Kurt Klein über
die Geschichte der Sozialstatistik in Österreich, die Bibliographie „Statistik in
Österreich 1918 – 1938" und vor allem das von Wilhelm Zeller redigierte Werk
„Geschichte und Ergebnisse der zentralen amtlichen Statistik in Österreich"
(1979). Heimold Helczmanovszki verglich Winklers Studie über die Frage des Geburtenrückgangs (1935) mit einer dem selben Thema gewidmeten Arbeit von Hermann Schubnell aus dem Jahr 1973. Da dieser Artikel aus Anlaß des damals bevorstehenden 90. Geburtstages des „Altmeisters der Demographie Wilhelm Winkler"
erschien, ist es nicht verwunderlich, daß er apologetisch blieb und keinerlei Ideo-
logiekritik betrieb. Davon hebt sich ein Aufsatz von Birgit Bolognese-Leuchtenmüller ab, der erstmals für die österreichische Bevölkerungsstatistik den Zusammenhang zwischen „Wissenschaft und Vorurteil" darstellt. Winkler selbst verfaßte
anläßlich des vom *Internationalen Statistischen Institut* (ISI) 1973 in Wien ver-

---

[12] Lenger bezieht sich mit dem Konzept der „gelehrten Lebensführung" wesentlich auf die
Diskussion um die politische Rolle deutscher Hochschullehrer zwischen Wilhelminischem
Kaiserreich und nationalsozialistischer Diktatur. Mit Hilfe dieses Konzepts will er den gegenseitigen Abhängigkeiten „zwischen veränderten Lebensbedingungen und dem Inhalt wissenschaftlicher Arbeiten sowie politischen Orientierungen" nachspüren. *Friedrich Lenger,* Werner Sombart: 1836 – 1941. Eine Biographie. München 1994, 11.

[13] Ebd., 23.

anstalteten internationalen statistischen Kongresses zwei Artikel über die Geschichte der österreichischen Statistik und ihre internationalen Beziehungen. Er übertitelte sie mit „Statistik in der Welt – Statistik in Österreich" und „Wien viermal im Brennpunkt der internationalen Statistik". Der erste dieser Artikel erschien in dem von Helczmanovszki herausgegebenen Sammelband „Beiträge zur Bevölkerungs- und Sozialgeschichte Österreichs".[14]

Die Geschichte des rassenhygienischen Zweigs der Bevölkerungswissenschaft in Österreich wird von zwei Studien über die Geschichte der *Wiener Anthropologischen Gesellschaft* und der „Rassenhygiene und Wohlfahrtspflege" untersucht. Auch über Julius Tandler, einen der wichtigsten sozialdemokratischen Sozialpolitiker im Österreich der Ersten Republik, liegen einige Arbeiten vor.[15]

Zur Geschichte der deutschen Bevölkerungswissenschaft verfaßte Bernhard vom Brocke 1998 eine Synthese, welche die Zeit von der Entstehung der bevölkerungswissenschaftlichen Disziplinen bis in die Gegenwart behandelt. Ein inhaltlicher Schwerpunkt dieser Studie liegt auf der Verstrickung der deutschen Bevölkerungswissenschaft in die nationalsozialistische Rassenideologie und -politik.[16] Verdienstvoll ist vom Brockes Darstellung vor allem deshalb, weil sie mit einem ausführlichen bibliographischen Anhang versehen ist. Damit wurde für die Geschichte

---

[14] *Rosa Lebmann / Heimold Helczmanovszki,* Auf dem Gebiete der Bevölkerungsstatistik und Bevölkerungswissenschaft tätige Österreicher. Eine Biographie und Bibliographie. Wien 1986; *Kurt Klein,* Sozialstatistik, in: Karl Acham (Hg.), Geschichte der österreichischen Humanwissenschaften. Bd. 3.1: Menschliches Verhalten und gesellschaftliche Institutionen: Einstellung, Sozialverhalten, Verhaltensorientierung. Wien 2001, 257–295; *Alois Gehart,* Statistik in Österreich 1918–1938. Eine Bibliographie. Hg. vom Österreichischen Statistischen Zentralamt. Wien 1984; Geschichte und Ergebnisse der zentralen amtlichen Statistik in Österreich 1829–1979. Hg. vom Österreichischen Statistischen Zentralamt. Wien 1979 (= Beiträge zur österreichischen Statistik; H. 550); *Heimold Helczmanovzski,* Der Geburtenrückgang als Gegenstand der Bevölkerungsforschung in der Bundesrepublik Deutschland und in Österreich, in: Mitteilungsblatt der Österreichischen Gesellschaft für Statistik und Informatik 4 (1974), 61–69 (wörtl. Zitate 61); *Birgit Bolognese-Leuchtenmüller,* Wissenschaft und Vorurteil am Beispiel der Bevölkerungsstatistik und Bevölkerungswissenschaft von der zweiten Hälfte des 19. Jahrhunderts bis zum Nationalsozialismus, in: Hubert Ch. Ehalt (Hg.), Zwischen Natur und Kultur. Zur Kritik biologistischer Ansätze. Wien-Köln-Graz 1985, (= Kulturstudien; 4), 349–382; WW-1973–01; WW-1973–02; vgl. auch *Johannes Ladstätter,* Wandel der Erhebungs- und Aufarbeitungsziele der Volkszählungen seit 1869, in: Heimold Helczmanovszki (Hg.), Beiträge zur Bevölkerungs- und Sozialgeschichte Österreichs. Nebst einem Überblick über die Entwicklung der Bevölkerungs- und Sozialstatistik. Wien 1973, 267–296.

[15] *Karl Pusman,* Die Wiener Anthropologische Gesellschaft in der ersten Hälfte des 20. Jahrhunderts. Ein Beitrag zur Wissenschaftsgeschichte auf Wiener Boden unter besonderer Berücksichtigung der Ethnologie. Phil. Diss. Wien 1991; *Doris Byer,* Rassenhygiene und Wohlfahrtspflege. Zur Entstehung eines sozialdemokratischen Machtdispositivs in Österreich bis 1934. Frankfurt/Main-New York 1988; *Karl Sablik,* Julius Tandler – Mediziner und Sozialreformer. Eine Biographie. Wien 1983; *Harald Troch* (Hg.), Hugo Breitner – Julius Tandler. Architekten des Roten Wien. Wien 1997.

[16] *vom Brocke* (1998). Die folgenden wissenschaftsgeschichtlichen Ausführungen basieren auf *vom Brocke* (1998), 66–107.

der deutschen Bevölkerungswissenschaft erstmals ein fundierter Beitrag vorgelegt, der weder Beschwichtigungsversuche macht, wie sie bis dahin meist üblich waren[17], noch die Disziplin einem auch auf ihre gegenwärtige Verfaßtheit bezogenen generellen Verdacht[18] unterwirft. Vom Brocke geht es vielmehr darum, die durch die Veröffentlichung kritischer Studien ausgelöste Debatte innerhalb der deutschen Bevölkerungswissenschaft aufzugreifen und eine Grundlage zu schaffen, auf deren Basis die weitere Diskussion geführt werden kann. Indem er die Geschichte der anthropologisch-eugenischen Richtung der Bevölkerungswissenschaft mit der Geschichte der „engeren Demographie" verknüpft, macht er darauf aufmerksam, daß bislang nur wenige Studien zur Geschichte der Bevölkerungsstatistik im Vergleich zu Eugenik und Rassenanthropologie vorliegen. Zu letzterer wurden zahlreiche Arbeiten von medizinhistorischer Seite verfaßt.[19]

Vom 23. bis 25. Juli 1997 fand in Bad Homburg ein Colloquium zur Geschichte der Bevölkerungswissenschaft in Deutschland im 20. Jahrhundert statt, der weitere derartige Veranstaltungen in Berlin (2000 / 2001) folgten. An der Bad Homburger Tagung, auf der vom Brocke seine Arbeit als „Gutachten" zur Diskussion stellte, nahmen Historiker, Medizinhistoriker, Soziologen und Bevölkerungswissenschaftler teil.[20] Unter dem Vorsitz des Berliner Soziologen Rainer Mackensen wurde darüber diskutiert, wie die historische Entwicklung der Multidisziplin *Bevölkerungswissenschaften* zu bewerten sei und welche bis heute unaufgearbeiteten Belastungen aus der Vergangenheit dazu geführt haben, daß die Arbeit der Disziplin noch heute von der Öffentlichkeit besonders kritisch beobachtet wird. Übereinstimmend wurde festgehalten, daß bei einer Geschichte der Bevölkerungswissenschaft im 20. Jahrhundert die personellen, institutionellen und ideologischen Kontinuitäten, welche von den dreißiger bis in die fünfziger und sechziger Jahre hineinführten, besonders hervorzuheben seien. Strittig blieb jedoch, wie die einzelnen der „Bevölkerungswissenschaft" zuzurechnenden Disziplinen voneinander abgrenzbar

---

[17] Wie z. B. *Ferdinand Oeter*, Der ethische Imperativ im Lebenswerk Hans Harmsens, in: Hermann Schubnell (Hg.), Alte und neue Themen der Bevölkerungswissenschaft. Festschrift für Hans Harmsen. Wiesbaden 1981, (= Schriftenreihe des Bundesinstituts für Bevölkerungsforschung; 10), 11 – 16.

[18] Vgl. *Heidrun Kaupen-Haas* (Hg.), Der Griff nach der Bevölkerung. Aktualität und Kontinuität nazistischer Bevölkerungspolitik. Nördlingen 1986, hier bes. der Beitrag von *Ludger Weß*, Hans Wilhelm Jürgens, ein Repräsentant bundesdeutscher Bevölkerungswissenschaft, 121 – 145.

[19] Vgl. z. B. *Lösch* (1997).

[20] Vgl. zum folgenden Auszug aus der Diskussion *Rainer Mackensen* (Hg.), Bevölkerungsfragen auf Abwegen der Wissenschaften. Dokumentation des 1. Colloquiums zur Geschichte der Bevölkerungswissenschaft in Deutschland im 20. Jahrhundert 23.-25. Juli 1997. Opladen 1998, 33 – 105, 155 – 184, hier bes. 36, 168 f. – Jüngst ist ein Sammelband erschienen, der die Ergebnisse einer Reihe von Einzelforschungen zum Thema enthält: *Rainer Mackensen* (Hg.), Bevölkerungslehre und Bevölkerungspolitik vor 1933. Arbeitstagung der Deutschen Gesellschaft für Bevölkerungswissenschaft und der Johann Peter Süßmilch-Gesellschaft für Demographie mit Unterstützung des Max Planck-Instituts für demographische Forschung, Rostock. Opladen 2002.

seien. Mackensen sprach in Anlehnung an vom Brocke von drei Richtungen, die „Bevölkerungswissenschaft" genannt werden können: die hygienische, die statistische und die soziologische Richtung. Harmsen sei die Galionsfigur der ersten, Burgdörfer der zweiten und Freyer der dritten Richtung gewesen. – Die Statistik wurde von Heinz Grohmann als eine schillernde „Methodenlehre" charakterisiert, die in verschiedenen sozial- und wirtschaftswissenschaftlichen Anwendungsgebieten eingesetzt werde. Die Geschichte der Statistik ist noch ungeschrieben. Künftige Studien müssen die Disziplingeschichten von Statistik und Bevölkerungswissenschaft eng miteinander verzahnen.

Der Protagonist dieser Studie, Wilhelm Winkler, war in der Zeit zwischen den Weltkriegen und nach 1945 jeweils etwa zwanzig Jahre lang Österreichs führender und international angesehenster Statistiker und Demograph.

Zu Winkler existierte bisher keine Publikation, die mehr bot als wenige biographische Daten zu seiner Person.[21] Die vorliegende biographische Darstellung beschränkt sich nicht darauf, bloß einen Lebenslauf zu rekonstruieren und historische Diskurse „dicht" darzustellen. Die „dichte Beschreibung" ist zwar gerade angesichts einer Disziplingeschichte, die „im Dunkeln liegt, wichtig. Das Desiderat einer kritisch-distanzierten Haltung des Biographen gegenüber den spezifischen Traditionen innerhalb der Bevölkerungswissenschaften erfordert jedoch darüber hinaus eine vertiefende Auseinandersetzung mit Terminologien und für die Statistik typischen Begriffskonstruktionen. Diese läßt sich methodisch durch die Kontextualisierung von Winklers Werk im Rahmen der allgemeinen Fachgeschichte, aber auch über die Einordnung der fachspezifischen Diskurse in die „allgemeine" Zeitgeschichte umsetzen.

Diese Studie schenkt den sozialen Orten, an denen Wissenschaft betrieben wurde, z. B. der Sphäre universitärer Einrichtungen und wissenschaftlicher Kongresse, ihr besonderes Augenmerk. Wenn die Produktion von Wissen wesentlich als ein Ertrag sozialer Interaktionen zwischen Gelehrten aufgefaßt werden kann, erfordert dies die Zusammensetzung jenes Personenkreises zu untersuchen, mit dem Winkler regelmäßig persönliche Kontakte bzw. wissenschaftlichen Austausch pflegte. Hierbei kommen spezifische Strukturen sozialer Vernetzung einzelner Personen und Interessengruppen innerhalb der Statistikergemeinschaft ins Blickfeld. Weiters interessiert die Frage, wie die komplexen Vermittlungsprozesse zu beschreiben sind, die im Spannungsfeld zwischen Wissenschaft, Politik und Gesellschaft dazu beitrugen, beim Gelehrten Winkler charakteristische Denkweisen auszuprägen. Im Fall Winklers, der am Höhepunkt seiner Karriere amtlicher und akademischer Statistiker war

---

[21] Vgl. aber jetzt die Aufsätze des Verfassers dieser Studie: *Alexander Pinwinkler, Der* österreichische Demograph Wilhelm Winkler und die Minderheitenstatistik, in: Mackensen (Hg.) (2002), 273–296; *ders.,* Wilhelm Winkler, in: Christopher C. Heyde / Eugene Seneta (ed.): Statisticians of the Centuries. New York 2001, 369–372; *ders.,* Zur Geschichte der Österreichischen Statistischen Gesellschaft 1948/51–1957, in: Festschrift 50 Jahre Österreichische Statistische Gesellschaft. Hg. von der Statistik Austria. Wien 2002 [im Druck].

und in dieser Doppelfunktion im Schnittpunkt zwischen „öffentlichen" und „wissenschaftlichen" Diskursen stand, ist die Frage nach den Verflechtungen zwischen den verschiedenen lebensweltlichen Bereichen belangvoll: Inwieweit die Teilhabe von Demographen an zeitgenössischen Diskursen auch politische Interessen bestimmter Gruppen innerhalb der Gesellschaft reflektierte, will diese Untersuchung exemplarisch zeigen. Demographische Arbeiten spiegelten jedoch nicht nur politisch-gesellschaftliche Strömungen, sondern ergänzten diese um spezifische Gedankengänge. Die Demographen griffen in vielen Diskursen vorgefundene Denkschemata und Deutungsmuster auf, die sie selektiv ihren Lehrgebäuden einverleibten und die sie im Gefolge komplexer Verarbeitungsprozesse neu ausprägten. Institutionelle und politische Bindungen mögen ihre wissenschaftliche Unabhängigkeit zeitweise beschränkt haben und die Richtung ihrer Schriften mitbestimmt haben. Wie viel von dem, was deutschsprachige Bevölkerungswissenschaftler dachten, schrieben und als Deutungsangebote an die Öffentlichkeit vermittelten, sich auch aus individuellen lebensgeschichtlichen Voraussetzungen und Zusammenhängen her erklären läßt, wurde jedoch bisher nie anhand konkreter Fälle untersucht.

Hierbei kann es nicht darum gehen, bestimmte Handlungen von Demographen – das sei allgemein mit Blick auf die Verstrickung deutscher und österreichischer Sozialwissenschaftler in die nationalsozialistische Bevölkerungspolitik gesagt – „verstehend" zu begreifen und damit den Eindruck zu erwecken, sie zu entschuldigen. Gerade die Demographie der dreißiger und vierziger Jahre trug zumindest eine moralische Mitverantwortung für die Planung der Völkermorde im Dritten Reich. Dem Holocaust ging eine Radikalisierung öffentlicher Stimmungen gegenüber sozial-ethnischen und „rassischen" Minderheiten voraus, an deren Aufkommen auch „wissenschaftliche" Doktrinen von Bevölkerungsforschern beteiligt waren.

Was hier nur angedeutet werden kann – die meist enge Bindung von Statistik und Demographie an politische Entscheidungsprozesse – prägte Winklers Berufsweg in eigentümlicher Weise. Drei Fragenkomplexe, die an seinem Beispiel einer Klärung näher gebracht werden sollen, bilden den Leitfaden dieser Arbeit: (1.) Wie läßt sich die in der Habsburgermonarchie wurzelnde Tradition eines ethnisch-sprachliche „Grenzen" bildenden „gelehrten Nationalismus" als für die Methodik der Statistik konstitutiv beschreiben und mit biographischen Zusammenhängen verbinden? (2.) Wie wandelte sich das Verhältnis des Gelehrten Winkler zu Politik und zu Gesellschaft – wie und warum gelang es ihm, trotz der sich radikalisierenden deutschsprachigen Bevölkerungswissenschaften ein eigenständiges Profil als relativ gemäßigter Wissenschaftler zu bewahren? (3.) Welche Kontinuitäten und Diskontinuitäten lassen sich innerhalb des Werks von Winkler benennen – besonders mit Blick auf die Zäsuren von 1918, 1934, 1938 und 1945?

Um beschreiben zu können, welche sozialen und mentalen Voraussetzungen der Entstehung von Winklers wissenschaftlichem Werk zugrunde lagen, ist es erforderlich, seine lebensweltlichen Verhältnisse nachzuzeichnen: Soziale und familiale

Herkunft, Bildungsprägungen, Aufwachsen in einer von mehreren Nationalitäten bewohnten Stadt, Kriegserlebnis und mehrfache Erfahrungen des Zusammenbruchs staatlich-gesellschaftlicher Ordnungen trugen wesentlich zur Prägung von Winklers Sozialcharakter als mit anderen Gelehrten interagierender Forscher bei. Die folgenden Studien sollen den Prag-Wiener Statistiker als einen spezifischen, unverwechselbaren und doch im zeitgenössischen Umfeld verankerten „Gelehrtentyp" darstellen.

Wenn hier angekündigt wird, das Werk eines Gelehrten in den Mittelpunkt historisch-biographischer Betrachtungen zu stellen, so soll auch darauf hingewiesen werden, daß diese Forderung sich in der Gliederung des Stoffs sichtbar niederschlägt. Die vorliegende Studie setzt sich aus sieben Kapiteln zusammen, von denen in fünf Winklers fachwissenschaftliche Arbeiten vorgestellt werden. Seinen demographischen Arbeiten gilt das Hauptaugenmerk – gleichgültig, in welcher Form sie veröffentlicht wurden. Anhand von Rezensionen und von Zitierungen in den wichtigsten Werken der deutschsprachigen Statistik und Demographie wird ferner die Reichweite seiner Studien innerhalb des Fachdiskurses untersucht. Zitierungen verweisen zumindest darauf, welche seiner Schriften wann und von wem zum Kanon des Fachdiskurses gezählt wurden. – An diese Erörterungen schließt sich jeweils ein „Zwischenergebnisse und Bewertungen" genannter Abschnitt an, der die wesentlichen Denkmuster des Wiener Statistikers zusammenfaßt und sie auf ideologische Implikationen hin untersucht. Diese „Zwischenergebnisse" repräsentieren die Interpretation des Autors.

Die Werkdarstellung und -analyse ist die wichtigste Untersuchungsebene; sie wird ergänzt um die lebensgeschichtlich relevanten Felder institutionelle Verankerung an der Universität und in den statistischen Ämtern, Tätigkeit in der breiteren, auch nicht-akademischen Öffentlichkeit und privates Leben. Die Privatsphäre läßt sich in der Regel deshalb deutlich von den anderen Untersuchungsebenen abheben, da Winkler selbst in seinem Alltagsleben „öffentlich" und „privat" stets sorgfältig auseinanderhielt. (Eine Ausnahme stellte die NS-Zeit dar, in welcher der Totalitarismus in Gestalt der Gestapo und des „totalen" Kriegs in den Alltag einbrach und Winklers Rückzug in die Privatsphäre zur Fiktion machte.)

Notwendigerweise sind die einzelnen Untersuchungsebenen lebensweltlich eng miteinander verquickt. Im Text werden sie jedoch möglichst klar voneinander geschieden, womit den Notwendigkeiten und dem Anspruch einer übersichtlichen und kohärenten Darstellung gefolgt wird. In einzelnen Fällen ist es jedoch schwierig, die einzelnen Bereiche kategorial steng voneinander abzuheben. So kann beispielsweise die von Winkler geleitete Volkszählung von 1934 als Ausdruck seiner amtlichen Tätigkeit, aber auch als Teil seines bevölkerungsstatistischen Werks aufgefaßt werden. Der um die Volkszählung sich entfaltende breitere Diskurs wird letztlich im Rahmen der auf diese sich beziehenden Darstellung behandelt – nicht zuletzt deshalb, weil es in diesem Fall kaum möglich schien, zwischen „politisch-öffentlichen" und „wissenschaftlichen" Diskursen zu differenzieren.

Von den beiden anderen Hauptkapiteln befassen sich zwei mit Abschnitten in Winklers Lebenslauf, in denen er nicht wissenschaftlich aktiv war. Es handelt sich um das erste, „Kindheit und Jugend" umfassende und das abschließende, „Die letzten zehn Lebensjahre" darstellende Kapitel. Den Abschluß des Hauptteils der Arbeit bildet eine allgemeine Zusammenfassung.[22]

3. Die Quellengrundlage der vorliegenden Arbeit

Die vorliegende Darstellung schöpft aus einem Quellenmaterial, das sich in vier Gruppen untergliedern läßt. Zur ersten Gruppe zählen alle archivalischen Quellen, zur zweiten Quellen aus Beständen des privaten Nachlasses von Wilhelm Winkler. Die dritte Gruppe umfaßt alle gedruckten Quellen, wozu Winklers gesamtes veröffentlichtes Werk wie auch die vom Verfasser dieser Arbeit herangezogene Sekundärliteratur zählen. Eine vierte Gruppe von Quellen entstand im Rahmen von Befragungen, die der Autor mit Zeitzeugen und Familienangehörigen durchführte.

a) Den Hauptbestand der ersten Quellengruppe machen alle Archivalien aus, die zu Winklers Person und zu seiner Tätigkeit als Staatsbeamter und Wissenschaftler aufgefunden wurden. Demzufolge waren Archivalien jener Ämter, Universitäten und wissenschaftlichen Forschungsinstitutionen heranzuziehen, in denen Winkler im Lauf seiner Karriere beschäftigt war. Dazu zählen das *Statistische Landes-Bureau des Königreiches Böhmen,* die *Statistische Zentralkommission* bzw. das *Bundesamt für Statistik* sowie die Rechts- und Staatswissenschaftliche Fakultät der Universität Wien als jene Institutionen, in denen er über einen längeren Zeitraum kontinuierlich tätig war. Archive, die zu diesen Institutionen Quellenmaterial, z. B. Personalakten, aufbewahren, sind das *Státní Ústřední Archiv* (Staatliches Zentralarchiv) in Prag sowie das *Allgemeine Verwaltungsarchiv* und das *Archiv der Republik* in Wien. In den beiden letzteren Archiven, die im *Österreichischen Staatsarchiv* vereinigt sind, finden sich auch Quellenbestände von staatlichen Einrichtungen oder Kommissionen, wie z. B. der Friedensdelegation von St. Germain, die selbst nur temporären Charakter hatten und denen Winkler folglich nur zeitweilig angehörte. Archivalien konnten auch zu privaten Gesellschaften und Vereinen aufgefunden werden, in denen Winkler während seiner Berufslaufbahn eine Rolle spielte. Dazu zählt u. a. auch die *Gesellschaft zur Förderung des Instituts für Statistik der Minderheitsvölker an der Universität Wien.*

Winkler wurde an der Deutschen Universität Prag zum Juristen und Staatswissenschaftler ausgebildet, und er durchlief an der Universität Wien eine Karriere, die er 1921 als Privatdozent begann und die 1955 mit seiner Emeritierung als

---

[22] Im Text werden im übrigen möglichst geschlechtsneutrale Formulierungen (z. B. „Studierende" statt „Studenten") verwendet. In Ausnahmefällen wird diese Regel aus formalen Gründen nicht befolgt und statt dessen die männliche Form verwendet, wofür ich die Leserinnen dieser Arbeit um Nachsicht bitte.

ordentlicher Professor endete. Nach seiner Emeritierung verlieh ihm die Republik Österreich einige Auszeichnungen. Die *Österreichische Präsidentschaftskanzlei* stellte entsprechende Dokumente zur Verfügung. Winklers Studienverlauf ist im Archiv der Karls-Universität Prag dokumentiert, das auch Materialien über seine nicht zustande gekommene Berufung nach Prag im Jahr 1932 aufbewahrt. Im *Universitätsarchiv Wien* findet sich ein mehr als 300 Seiten umfassender Personalakt zu Winkler, der den Zeitraum von 1945 bis 1984 umfaßt.

Neben den Archiven von Winklers Stammuniversitäten Prag und Wien war auch mit jenen deutschen Universitätsarchiven Kontakt aufzunehmen, deren Bestände nach begründeter Vermutung Materialien zu Winkler aufbewahren könnten. In den zwanziger und dreißiger Jahren gab es Bestrebungen, den Wiener Statistiker an die Universitäten Jena, Leipzig, Prag (wie erwähnt) und Frankfurt / Main zu berufen. Sitzungsprotokolle zu einigen dieser Berufungsangelegenheiten, die über die Bewertung Winklers durch seine Fachkollegen Aufschluß geben, konnten eruiert werden.

Winkler stand in regem Austausch mit deutschen demographischen und statistischen Forschungsinstitutionen und -netzwerken. Hervorzuheben sind besonders die *Deutsche Statistische Gesellschaft,* die *Stiftung für deutsche Volks- und Kulturbodenforschung,* die *Südostdeutsche Forschungsgemeinschaft* und die *Deutsche Akademie für Bevölkerungswissenschaft.* Ich erhielt Zugang zu Archivalien der genannten Institutionen mit Ausnahme der *Deutschen Statistischen Gesellschaft.*

Auf Aspekte von Winklers privatem Leben, das neben der Erforschung einer wissenschaftlichen Laufbahn in der vorliegenden Biographie eine Rolle spielt, wird in den oben erwähnten amtlichen Personalakten meist nur am Rande eingegangen. Dennoch sind gerade diese Akten, was etwa den Wandel von Einkommensverhältnissen des Gelehrten betrifft, aussagekräftige Quellen, beleuchten sie doch wenigstens indirekt die oft prekären materiellen Lebensverhältnisse in den meist schwierigen Jahren der Ersten und der beginnenden Zweiten Republik.

Archivalien, die primär über Winklers Familienverhältnisse informieren, sind beispielsweise Konskriptions- und Meldelisten, die im *Archiv Hlavního Města Prahy* (Stadtarchiv Prag) und im *Wiener Stadt- und Landesarchiv* aufgefunden werden konnten. Ein Polizeiakt, der im *Státní Ústřední Archiv* liegt, dokumentiert Winklers Reisetätigkeit vor dem Ersten Weltkrieg. Der Verlauf von Winklers Frontdienst und seine Verwundung im Ersten Weltkrieg sind in Akten des Wiener Kriegsarchivs belegt. Einen Graubereich zwischen „privatem" und „öffentlichem" Leben stellen seine politischen Aktivitäten dar. Über Mitgliedschaften in Parteien der Ersten Republik gibt es nach Auskunft des *Österreichischen Staatsarchivs* keine direkten Unterlagen, da diese 1938 vernichtet wurden. Winkler war mit größter Wahrscheinlichkeit kein eingeschriebenes Mitglied der *Großdeutschen Volkspartei,* mit der er sympathisierte, noch gehörte er etwa der NSDAP an. Daß Winkler und seine Familie nach dem „Anschluß" Österreichs an das Deutsche

Reich 1938 von den Nationalsozialisten als Gegner eingestuft wurden, belegt ein „Gauakt", der von der Gauleitung Wien, Amt für Beamte, über ihn angelegt wurde. Derartige Gauakten, welche die NSDAP über die politischen Einstellungen und Aktivitäten ihrer Anhänger und Gegner, aber auch über ihre privaten Verhältnisse unterrichteten, wurden in der NS-Zeit routinemäßig angelegt. Im *Diözesanarchiv Wien* befindet sich ein Empfehlungsschreiben von Kardinal-Erzbischof Theodor Innitzer, das dieser 1938 für Winkler ausstellen ließ.

Nicht alle meine Versuche, archivalische Bestände ausfindig zu machen, die Aufschlüsse über Winklers Positionierung in der Gelehrtenwelt seiner Zeit geben könnten, waren von Erfolg gekrönt. Hier ist es auch notwendig darauf einzugehen, zu welchen Fragenkomplexen aufgrund unzureichender oder überhaupt fehlender Archivalien keine oder nur annäherungsweise Antworten gegeben werden können. So ist es z. B. dem *Universitätsarchiv Wien* trotz intensiver Recherchen nicht gelungen, Archivalien zu dem von Winkler begründeten und geleiteten *Institut für Statistik der Minderheitsvölker an der Universität Wien* aufzufinden. Nach Angaben von Hofrat Dr. Kurt Mühlberger, dem Leiter des Archivs, gibt es gerade in dem Winkler betreffenden Zeitraum „große Lücken". Protokolle der Sitzungen im Professorenkollegium der Rechts- und Staatswissenschaftlichen Fakultät hätten u. a. Fragen nach den Umständen der Gründung von Winklers Universitätsinstitut erhellen können. Die relevanten Archivalien aus der Zeit vor dem Ende des Zweiten Weltkriegs verbrannten aber im Zuge der kriegerischen Wirrnisse des Jahres 1945 (Mitteilung UAW v. 22. Juli 1999). Wenigstens bewahrt das *Archiv Akademie věd České Republiky* (Archiv der Akademie der Tschechischen Republik) die Korrespondenz des Minderheiteninstituts mit der damaligen *Gesellschaft für deutsche Wissenschaft und Kunst* in Prag auf.

Ein herausragendes Ziel der vorliegenden Arbeit ist es herauszufinden, welche Stellung Winkler in der deutschsprachigen Wissenschaftslandschaft seiner Zeit innehatte. So ist es nur konsequent, zumindest ansatzweise auch nach Briefwechseln zwischen Winkler und seinen Fachkollegen zu suchen. Winkler selbst spricht z. B. in seinem Nachruf auf Ladislaus v. Bortkiewicz davon, mit diesem von ihm verehrten älteren Kollegen briefliche Kontakte gepflegt zu haben.[23] Das *Universitätsarchiv der Humboldt-Universität zu Berlin* teilte mir jedoch mit, daß in der Akte zu Bortkiewicz kein Hinweis auf Winkler zu finden sei (Mitteilung v. 3. November 1999).

b) Die zweite große Quellengruppe umfaßt offizielle und private Dokumente aus dem Nachlaß von Wilhelm Winkler und seinem Vater Julius. Das Quellenmaterial wird von seiner Witwe Franziska und seinem jüngsten Sohn Berthold aufbewahrt.

Der Nachlaß von Winklers Vater Julius enthält Zeugnisse und Gehaltsanweisungen sowie Schreiben jener Schulen, die ihn zum Musiklehrer bestellten.

---

23 WW-1931-07, 1030.

Wilhelm Winklers Nachlaß enthält offizielle und private Dokumente. Zu ersteren zählen der Taufschein, Konskriptionszettel, Schul-, Universitäts-, Amts- und Leumundszeugnisse. Dazu kommen u. a. noch folgende Dokumente: das Meldungsbuch des Jus-Studenten, Empfehlungsschreiben, Dokumente aus der k. u. k.Militärverwaltung, Ernennungen, Ausweise (Dienst- und Reisepässe), Abstammungsnachweise aus der NS-Zeit und verschiedene Schriftstücke aus Winklers Korrespondenz mit Ämtern, in denen er seinen Dienst versah bzw. mit denen er in privaten Angelegenheiten verkehrte. Offiziellen Charakter hat auch seine „Letztwillige Verfügung".

Dazu kamen etwa 200 Briefe aus dem Privatbesitz der Familie Winkler, die ich einsehen durfte.

Ein für die vorliegende Arbeit wichtiges Dokument stellt seine unveröffentlichte Autobiographie dar. Sie trägt den Titel „Mein überreich bewegtes Leben. Erzählt vom Nestor der wissenschaftlichen Weltstatistik Wilhelm Winkler". Diese Lebenserinnerung verfaßte Winkler im Alter von 95 Jahren. Zu einer Veröffentlichung der Autobiographie kam es nicht mehr. Die Erinnerungen umfassen etwa 320 Seiten, von denen nur 147 als maschingeschriebenes Manuskript vorliegen. Der Rest des Texts besteht aus einer Reihe von großteils zwar maschingeschriebenen, aber mit handschriftlichen Korrekturen und Ergänzungen versehenen Fragmenten, die ich sichtete, inhaltlich klassifizierte und chronologisch ordnete. Ich zähle insgesamt vierzehn Fragmente, die Aspekte von Winklers privatem Leben und seiner wissenschaftlichen Laufbahn behandeln und den Zeitraum von ca. 1910 bis 1979 umfassen. Der von Winkler bereits abgeschlossene Teil seiner Autobiographie veranschaulicht den Zeitraum von seiner frühen Kindheit bis zu seiner Verwundung und folgenden Spitalsbehandlung im Ersten Weltkrieg (1884–1916). Die Schilderung seines Lebens ergänzt Winkler um ein Fragment, das seine gesellschaftspolitischen Ansichten darstellt. Der Aussagewert der Selbstbiographie ist dadurch beeinträchtigt, daß Winkler zum Zeitpunkt ihrer Abfassung bereits 95 Jahre alt war. Jahrzehnte zurückliegende Ereignisse wurden von zu vielen Erinnerungsschichten überlagert, die ihm selbst naturgemäß den Zugang zu den spezifischen Problemen bestimmter Zeitabschnitte erschwerten.[24] Dennoch zählt gerade die Schilderung seiner siebzig Jahre zurückliegenden Prager Zeit zu den lebendigsten Passagen der Arbeit – vermutlich deshalb, weil Winkler bei der Abfassung dieses Abschnitts noch über genügend körperlich-geistige Energie verfügte. Die zweite wesentliche Schwäche der Selbstbiographie sind seine zahlreichen, teils unbewußten, teils halbbewußten Auslassungen, gerade was politisch heikle Sachverhalte betrifft. Ich begreife Winklers Erinnerungen jedenfalls als ein wertvolles subjektives Dokument zur Zeitgeschichte, das, kritisch verwertet, die vorliegende Biographie zu bereichern vermag.[25]

---

[24] Vgl. zur Problematik verzerrter Erinnerungen in Autobiographien *Günther de Bruyn,* Das erzählte Ich. Über Wahrheit und Dichtung in der Autobiographie. Frankfurt / Main 1995, bes. 39.

[25] Der Vf. plant derzeit, Winklers Autobiographie im Wiener Böhlau Verlag zu edieren.

Herrn Prof. Dr. Othmar Winkler, dem zweitältesten Sohn von Wilhelm Winkler, verdanke ich eine biographische Darstellung seines Vaters in Form eines Essays, den er gemeinsam mit seinem Bruder Erhard verfaßt hat. Diese Quelle bietet ergänzende Informationen zu Winklers Persönlichkeit.

c) Eine dritte Quellengruppe umfaßt das wissenschaftliche, populärwissenschaftliche, gesellschaftspolitische und literarische Werk von Wilhelm Winkler, das veröffentlicht wurde. In diesen Bereich fällt aber auch die gesamte Sekundärliteratur, die in dieser Studie verarbeitet wird.

Als Ergebnis umfangreicher Recherchen bin ich in der Lage, den Umfang von Winklers Schaffen nach der ungefähren Zahl seiner Veröffentlichungen zu erfassen. Demnach hat Winkler 28 selbständige und in Reihen erschienene Schriften (Monographien, Vorträge und „Flugblätter") publiziert. Dazu kommen noch etwa 240 Beiträge in wissenschaftlichen und populärwissenschaftlichen Zeitschriften und Lexika. Außerdem trat er als (Mit-)Herausgeber der österreichischen Volkszählungsveröffentlichung 1935, der Schriften seines *Instituts für Statistik der Minderheitsvölker* und der Zeitschriften *Wiener Statistische Sprechabende, Statistische Vierteljahresschrift* und *Metrika* hervor. 1959 gab er gemeinsam mit L. Henry die Tagungsprotokolle des Internationalen Bevölkerungskongresses heraus, dessen Organisator er gewesen war. Von seiner Präsenz in den wissenschaftlichen Debatten zeugen zahlreiche Buchbesprechungen, „Erwiderungen" und „Gegenäußerungen". Der Autor dieser Studie hat in den einschlägigen Fachzeitschriften rund 120 derartige Schriften von Winkler aufgefunden. Winkler verfaßte darüber hinaus auch mindestens zwanzig verschiedene autobiographische und literarische Schriften sowie Leserbriefe an die Wiener Tageszeitung *Die Presse.*

Die vorliegende Biographie macht es sich zur Aufgabe, Winklers sich wandelnde Position in der Gemeinschaft der Statistiker und Demographen sichtbar zu machen und seine Arbeiten in den Kontext der zeitgenössischen wissenschaftstheoretischen Debatten einzuordnen. Folglich war es notwendig, Besprechungen seiner Schriften zu sammeln, deren Zahl sich auf mehr als hundert beläuft. Auch Kongreßprotokolle geben oft Diskussionen unter den Wissenschaftlern wieder. Winkler trug in jeder Sitzung, die er besuchte, zur Diskussion bei. Solche „contributions from the floor" wurden oft nicht in den Akten dieser Konferenzen gedruckt.[26] Weitere Quellen, die über die wissenschaftsinterne Sozialisation eines Gelehrten und über dessen Etablierung an akademischen Institutionen Auskunft geben, sind Festschriften, Würdigungen und Lexikon-Eintragungen. Winklers Kollegen und Schüler widmeten ihm zu seinem 70., 80. und 100. Geburtstag jeweils eine Festschrift. Anläßlich von Geburtstagen und Auszeichnungen erschienen in Fachzeitschriften und in der Tagespresse etwa 30 meist kürzere Artikel, in denen die Person des Gelehrten gewürdigt und meist auch auf seine Lebensgeschichte eingegangen wird. Nach seinem Tod erschienen auch einige Nekrologe. Eintragun-

---

[26] Vgl. Gespräch mit em.Univ.-Prof. Dr. *Othmar Winkler* vom 19. 01. 2000, Protokoll.

gen unter dem Stichwort „Wilhelm Winkler" fanden sich in verschiedenen allgemeinen Enzyklopädien, Personen-Lexika und statistisch-demographischen Fachlexika.

Weiterführende Literatur wird in dieser Arbeit herangezogen, um das gesellschaftliche und disziplingeschichtliche Umfeld zu beleuchten, in dem Lebenslauf und wissenschaftliche Sozialisation und Laufbahn des Gelehrten Winkler sich vollzogen. Neben historiographischen Darstellungen der österreichischen Geschichte im 20. Jahrhundert tragen wissenschafts- und universitätsgeschichtliche Studien, aber auch Untersuchungen und zeitgenössische Veröffentlichungen zur Geschichte der amtlichen Statistik dazu bei, das Umfeld seines Wirkens aufzubereiten. Forschungsliteratur zur Geschichte der Rechts- und Staatswissenschaftlichen Fakultäten der Universitäten Prag und Wien wird ebenso in die Darstellung integriert wie Untersuchungen zur Geschichte von zeitgenössischen wissenschaftlichen Forschungsinstitutionen und Fachzeitschriften, mit denen der Gelehrte in Berührung kam bzw. in denen er publizierte. Besonderes Augenmerk gilt der in den letzten Jahren erschienenen Literatur zur Geschichte der (deutschsprachigen) Bevölkerungswissenschaft im 20. Jahrhundert. Bernhard vom Brockes mit einem reichhaltigen bibliographischen Anhang versehene Monographie „Bevölkerungswissenschaft Quo vadis?"[27] stellt einen ersten Versuch dar, die vielfältigen Strömungen und Richtungen in dieser Disziplin gebündelt vorzustellen und weiterführende Forschungsfragen zu formulieren.

Diese Biographie stützt sich darüber hinaus auf Sekundärquellen, die mit Blick auf die Stationen von Winklers Lebenslauf zusammengestellt wurden. Zunächst galt es die bestehende Literatur zu jenen Problemen der (alt-)österreichischen Geschichte aufzuarbeiten, die in der vorliegenden Arbeit eine besonders wichtige Rolle spielen. Dazu gehört etwa der Themenkreis der Beziehungen zwischen den deutsch- und tschechischsprachigen Bewohnern Böhmens vor und nach dem Ersten Weltkrieg. Weiters konnten über die systematische Durchsicht der meisten einschlägigen statistischen, nationalökonomischen und demographischen Fachzeitschriften Informationen über die zeitgenössische Organisation und die am Betrieb dieser Disziplinen beteiligten Personenkreise gewonnen werden. Tagungsprotokolle gewähren in der Regel – neben Buchbesprechungen – besonders gut verwertbare Einblicke in den zeittypischen Diskurs einer wissenschaftlichen Disziplin. In derartigen Protokollen abgedruckte Vorträge und sich daran anschließende Wechselreden vermögen, das sei hier als These formuliert, nicht nur die soziale und fachliche Stellung eines bestimmten Gelehrten im Kreis seiner Kollegen zu kennzeichnen, sondern sie deuten auch an, für welche Themen dieser Wissenschaftler in Fachkreisen als besonders kompetent eingeschätzt wurde. Folglich wurden für diese Arbeit Protokolle – soweit greifbar – jener Tagungen und Kongresse herangezogen, bei denen Winkler anwesend war und teils selbst referierte

---

[27] *Bernhard vom Brocke,* Bevölkerungswissenschaft Quo vadis? Möglichkeiten und Probleme einer Geschichte der Bevölkerungswissenschaft in Deutschland. Opladen 1998.

bzw. in die Diskussion eingriff. Da die vorliegende Studie neben rein wissenschaftsgeschichtlichen Aspekten auch sozialhistorische Zielsetzungen verfolgt, war es ferner notwendig, Informationen über Fachkollegen zu sammeln, mit denen Winkler fachlich und privat kommunizierte. In Zeitschriften erschienene Würdigungen und Nekrologe geben vielfach erste Informationen über persönlichen Werdegang und fachliche Bedeutung eines / -r Gelehrten.

d) Eine vierte Quellengruppe entstand im Zusammenhang mit Befragungen von Zeitzeugen. Interviews konnten mit Winklers Familienangehörigen sowie mit seinen wichtigsten Schülern und ehemaligen Mitarbeitern durchgeführt werden. Sprechen konnte der Autor der vorliegenden Arbeit mit seiner Witwe Franziska und mit seinen Söhnen Erhard, Othmar und Berthold. Von den Statistikern stellten sich die Universitätsprofessoren Adolf Adam (Linz), Gerhart Bruckmann (Wien), Franz Ferschl (München), Johann Pfanzagl (Köln), Erich Streißler (mit seiner Gattin Dr. Monika Streißler) (Wien) und Kurt Weichselberger (München) dem Autor für derartige Interviews zur Verfügung. Herr em.Univ.-Prof. Dr. Leopold Rosenmayr (Wien) informierte den Verfasser über seine Kontakte mit Winkler anläßlich des Internationalen Bevölkerungskongresses in Wien 1959. Herr em. Univ. Prof. Dr. Heinrich Strecker berichtete mir über Winklers Beziehungen zur *Deutschen Statistischen Gesellschaft*. Die emeritierten Universitätsprofessoren Heinz Grohmann (Kronberg, früher Frankfurt / Main), Erhard Hruschka, Rainer Mackensen (Berlin), Paul Neurath (New York – Wien) (†), Leopold Schmetterer (Wien) und die ehemalige Sekretärin des *Instituts für Statistik* in Wien Frau Maria Tantilov (Wien) schickten mir Briefe, in denen sie ihre Erinnerungen an Winkler niederlegten.[28]

---

[28] Auch zwei Anfragen an das *Bundesinstitut für Bevölkerungsforschung* (Mitteilung von Frau Prof. Dr. Charlotte Höhn vom 20. September 1999) und an das *Statistische Bundesamt* (Mitteilung v. 4. November 1999), beide in Wiesbaden, brachten keine Ergebnisse bezüglich noch lebender Personen, die Auskünfte über ihre Beziehungen mit Winkler geben hätten können.

I. Kindheit und Jugend (1884 – 1909)

Die folgenden Ausführungen rekonstruieren soziale Herkunft, Kindheit, Bildungsgang und kulturell-politische Prägungen von Wilhelm Winkler im Prag der letzten Jahrzehnte des 19. Jahrhunderts. Der Biograph untersucht die frühe Phase eines Gelehrten-Lebenslaufs notwendigerweise mit besonderem Spürsinn für jene lebensgeschichtlichen Aspekte, deren Spuren später im wissenschaftlichen Werk sichtbar werden. Hier wird daher nach den eigentümlichen familialen und intellektuellen Voraussetzungen gefragt, in denen Winklers späteres Gelehrtenleben angelegt war. Der Frage, welchen Einfluß die spezifische multiethnische Situation in Prag auf den jungen Winkler ausübte – etwa hinsichtlich der Präfiguration spezifischer, ethnisch-sprachlich grundierter Feindbilder – wird besondere Beachtung geschenkt werden.

1. Herkunft und Familie

I.

Mein Leben lang habe ich mich, sehr gegen meinen Willen, fast immer mit dem oder jenem herumzuschlagen gehabt. Ich kann und muß mir daher den Beinamen geben: ein Polemiker wider Willen. Es scheint mir, daß das weniger meine Schuld als die Schuld der Stadt ist, in der ich geboren wurde [. . .]: Die Schuld Prags. Das alte österreichische Prag war eine Stadt, in der nicht nur die einzelnen gegeneinander polemisierten, sondern drei Nationen standen im Kampf gegeneinander.[1]

II.

Als sechsjähriger Bub wegen des Deutsch-Sprechens von einer Schar größerer Bengel mit Riemen geschlagen und dem Gesteinigt-Werden nahe, war ich mir dessen bewußt [ge]worden, daß zwischen der deutsch- und tschechischsprechenden Bevölkerung jener Stadt und jenes Landes gewisse Unterschiede in Wesen und Aufassungen bestanden, die zu Kämpfen führten [. . .][2]

Max Brod, der 1884 in Prag geborene Literat, weist mit seiner hier zuerst zitierten Aussage auf die von nationalen Gegensätzen zwischen Angehörigen verschiedener Volksgruppen geprägte Atmosphäre hin, die das multiethnische Prag der ausgehenden Habsburgermonarchie geprägt habe. Der im selben Jahr 1884 ebenfalls in Prag geborene Wilhelm Winkler hebt, ähnlich wie Brod, in seiner Auto-

---

[1] *Max Brod,* Streitbares Leben 1884 – 1968. München / Berlin 1969, 9.

[2] *Wilhelm Winkler,* Lebensgeschichte eines Statistikers, in: Nikolaus Grass (Hg.), Österreichische Rechts- und Staatswissenschaften der Gegenwart in Selbstdarstellungen. Innsbruck 1952 (= Schlern-Schriften; 97), 215.

biographie hervor, wie sehr diese Auseinandersetzungen den Alltag schon in seiner frühen Jugend bestimmt hätten. – Beide Erinnerungsfragmente sind in je typischer Weise von den Ereignissen des Zweiten Weltkriegs überformt. Brods Hinweis auf die „drei Nationen" in Prag – Tschechen, Deutsche und Juden – reflektiert die mit dem zeitlichen Abstand verbundene Vereinfachung einer damals wesentlich komplexeren ethnischen, religiösen und sozialen Gemengelage. Für den Gegenstand der vorliegenden Studie ist es immerhin bemerkenswert, daß lebensgeschichtliche Prägungen und Erlebnisse die Wahl der Themen beeinflußten, mit denen Schriftsteller und Gelehrte – wie z. B. Brod und Winkler – sich später beschäftigten, als das Prag des fin de siècle längst untergegangen war.

Die Untersuchung der Formen des Zusammenlebens und der Konflikte zwischen den verschiedenen ethnisch-sozialen Gruppen in Prag in den Jahren und Jahrzehnten vor dem Ersten Weltkrieg ist jedoch nur einer der Schlüssel, die dazu beitragen können, einen von dieser Zeit geprägten Lebenslauf zu erklären. Für das Verständnis des Lebensweges, der in der vorliegenden Biographie untersucht wird, ist es außerdem notwendig, über die Analyse von Sozialisationsprozessen im Elternhaus, in der Schule, an der Universität und im Freundeskreis auch die sozialen Voraussetzungen und Bedingungen aufzuzeigen, in denen ein Gelehrtenleben wurzelte.

Max Brod und Wilhelm Winkler wuchsen beide in bürgerlichem Milieu auf. Während Brod einem jüdischen Elternhaus entstammte, waren Winklers Eltern jedoch Deutsche aus Nordböhmen, die noch vor der Geburt ihrer Kinder nach Prag gezogen waren. Sein Vater Julius kam 1844 in Pokratitz bei Leitmeritz zur Welt. Er war ein ehelicher Sohn des Schulgehilfen an der dortigen Mädchenschule Vincenz Winkler und der Theresia Winkler geb. Hlath. Julius Winklers Mutter Theresia war die Tochter eines aus Plischkowitz gebürtigen Schneidermeisters. Sein Vater Vincenz, geboren 1805 in Leitmeritz, war der legitimierte Sohn des Josef Winkler, eines Mühlbauern und Müllers in Teutzen, und der Johanna Haase, einer ehelichen Tochter des Müllers Josef Haase aus Pokratitz. Josef Winkler seinerseits war der eheliche Sohn des Johann Winkler, eines Häuslers in Sebusein. Julius Winkler scheint in den Konskriptionslisten der Königlichen Hauptstadt Prag erstmals 1879 als in Pokratitz heimatberechtigt auf.[3] Im selben Jahr, am 22. April 1879, heiratete er die nach Vrbican, Kreis Leitmeritz, zuständige Anna Sabitscher. Braut und Bräutigam gehörten der katholischen Konfession an. Sie hatten sich nach späteren Angaben ihres Sohnes Wilhelm in Prag kennengelernt[4]; Anna war vor ihrem „harten" Vater nach Prag „durchgebrannt".[5] Julius stand im 34. Lebens-

---

[3] Archiv Hlavního Města Prahy (AHMP) Príloha / k c.j. AMP – 1674 / 99 / c. 1 [Konskriptionsliste Familie Winkler].

[4] *W. Winkler,* Autobiographischer Leserbrief [o. Titel], in: Wiener Sprachblätter 24 (1974), 29.

[5] Privater Nachlaß *Wilhelm Winkler* (PNWW), „Mein überreich bewegtes Leben. Erzählt vom Nestor der wissenschaftlichen Weltstatistik Wilhelm Winkler" [Autobiographisches Fragment, Manuskript 1979], 1.

jahr, als er Anna Sabitscher heiratete; seine Braut (geb. 1853) war um neun Jahre jünger als er. Wilhelm Winklers Mutter Anna war die eheliche Tochter des Joseph Sabitscher, eines Schmiedemeisters in Vrbican, und der Josepha Sabitscher geb. Hess. Annas Eltern hatten 1844 geheiratet. Ihr 1821 geborener Vater Joseph war der eheliche Sohn des Schmieds Josef Sabitscher aus Vrbican, ihre Mutter Josepha ein uneheliches Kind der Häuslerstochter Katharina Hess. Diese wurde 1824 in Lobositz geboren und war eine eheliche Tochter des Lobositzer Schloßwächters Josef Hess.[6]

Wilhelm Winkler wurde am 29. Juni 1884 als viertes von acht Kindern der Eheleute Julius und Anna Winkler geboren. In der Prager Pfarre St. Apollinaris nach römisch-katholischem Ritus getauft, fungierte ein Onkel, der Musiklehrer Wilhelm Winkler, als Taufpate und als Namensgeber. Er war schon Trauzeuge bei der Hochzeit der Eltern seines Patenkindes gewesen.[7] Rudolf, der älteste Sohn von Julius und Anna Winkler, war bereits am 14. März 1878 geboren worden. Auf ihn folgten neben Wilhelm der Bruder Julius (geb. 24. Jänner 1894) und die Schwestern Emilie (geb. 5. März 1880), Elisabeth (geb. 1882), Anna (geb. 12. Oktober 1887) Marie (geb. 30. Juli 1889) und Julie (geb. 1891).[8] Sie wurden später alle Lehrerinnen und blieben ledig mit Ausnahme von Emilie, die sich mit einem Notar verehelichte. Die Berufswahl der Schwestern ging wesentlich auf die Initiative ihres Bruders Wilhelm zurück.[9]

Julius Winkler konnte bei seiner Eheschließung auf einen intergenerationellen sozialen Aufstieg seiner Familie zurückblicken. War sein Vater noch Schulgehilfe und Dorfschullehrer, sein Großvater ein „Mühlbauer und Müller" und sein Urgroßvater „Häusler" gewesen, so eröffneten sich ihm mit seinem Zuzug nach Prag neue berufliche Möglichkeiten als Musiklehrer an deutschen Gymnasien und an der k. k. Lehrerbildungsanstalt. Den entscheidenden Durchbruch in der sozialen Hierarchie der Lehrer schaffte sein Sohn Wilhelm, der Universitätsprofessor wurde und dadurch die Lehrerfamilie Winkler in dritter Generation auf akademischen Boden hob.

Julius Winkler verdiente den Lebensunterhalt seiner Familie als Organist und Klavierlehrer, ehe er in den Jahren 1897 und 1898 nach erfolgreicher Absolvierung einschlägiger Prüfungen die „Lehrbefähigung" für den Unterricht im Orgel- und Klavierspiel sowie im Gesang erlangte. In den folgenden Jahren bis zu seinem Tod 1907 war er als Musiklehrer an der k. k. deutschen Lehrerbildungsanstalt und

---

6 PNWW, Matrikenbücher der Bezirke Leitmeritz und Prag, Abschriften vom 23. und 24. 3. 1938; Ahnenbrief, ausgestellt am 6. 9. 1940.

7 Ebd., Tauf-Schein, Abschrift vom 14. 7. 1894; ebd. (Matrikenbücher).

8 AHMP, Konskriptionsliste Fam. Winkler; zu den Geburtsjahren von Anna und Julie vgl. PNWW, Conscriptions-Zettel vom Jahre 1908, Haus Nro. 578-III; zum Vgl.: um 1900 lebten im Haushalt einer deutschen Familie in Prag durchschnittlich 2,23 Kinder, im Haushalt einer tschechischen Familie 2,43; *Gary B. Cohen,* The Politics of Ethnic Survival: Germans in Prague, 1861–1914. Princeton 1981, 99.

9 Gespräch mit *Franziska Winkler* vom 15. 06. 1999, Protokoll.

daneben als Musikhilfslehrer in verschiedenen deutschen Gymnasien in Prag angestellt. Im Zeitraum von ca. 1900 bis 1906 erhielt er für jede abgehaltene Wochen-
stunde pro Schuljahr durchschnittlich 100 Kronen. Nach seinem Tod verfaßten
seine ehemaligen Vorgesetzten Mitteilungen an ihre übergeordneten Stellen über
Winklers Tätigkeit in ihren Gymnasien. Während die Beurteilungen der meisten
Direktoren in stereotype Worte gehalten sind, charakterisiert Friedrich Forstner,
der Direktor der k. k. III. deutschen Staatsrealschule, seinen verstorbenen Untergebenen mit folgenden, persönlicher gehaltenen Worten: „Es verdient besonders hervorgehoben zu werden, daß er bei seinem gleichmäßig ruhigen Auftreten während
des Unterrichtes eine musterhafte Disziplin bei freundlicher und wohlwollender
Behandlung der Schüler aufrechtzuerhalten verstand."[10]

Familien, die im 19. Jahrhundert eines oder mehrere Dienstmädchen hielten,
konnten damit nach außen hin ihre „bürgerliche Lebenshaltung" demonstrieren. Im
Alter von über neunzig Jahren erinnerte sich Winkler, daß er in früher Kindheit
durch tschechische Dienstmädchen mit der Sprache der zahlenmäßig größten Bevölkerungsgruppe in Böhmen vertraut gemacht worden war. Mit dem Wachsen der
Familie verschlechterten sich jedoch ihre materiellen Lebensverhältnisse, sodaß
keine Dienstmädchen mehr eingestellt werden konnten.[11] Winkler berichtet vom
häufigen Wohnungswechsel der Familie: Lebten die Winklers zur Zeit von Wil-
helms erstem Volksschuljahr noch in der Prager Neustadt in der Nähe des Karls-
platzes, bezogen sie dann in relativ rascher Abfolge Wohnungen in der Wische-
hrader Straße, in Smichow und in der Melnikergasse in der Prager Kleinseite. Von
dort ging der achtjährige Wilhelm in den Vorort Zlichow, wo er in der dortigen
deutschsprachigen Volksschule die dritte Klasse besuchte. Auf diese Zeit bezieht
sich die eingangs zitierte Stelle aus seiner 1952 veröffentlichten Lebensgeschichte,
in der er über die Auswirkungen des nationalen Gegensatzes zwischen Deutschen
und Tschechen auf die Beziehungen der Kinder untereinander berichtet. Winkler
interpretiert die von ihm geschilderten Angriffe tschechischer Kinder und Jugend-
licher – er wurde z. B. einmal von einem Eisstück am Kopf getroffen – als Ausdruck ihrer „feindlichen tschechischen Nationalgesinnung"[12]. Ich kann hier nur
vermuten, daß diese Erinnerungen Rückprojektionen ethnischer Spannungen, die
von ihm erst später als solche erkannt werden sollten, auf das Milieu der Kinder
und Jugendlichen darstellen könnten. Allein die Existenz derartiger Erinnerungen
macht die Annahme jedoch nicht weniger wahrscheinlich, daß Vorurteile gegen
Fremde, die Kinder z. B. aus dem Elternhaus mitbringen, bei Kontakt mit anderssprachigen Kindern in gehässige Handlungen umschlagen können. Der von ihm
später so herausgestellte „nationale" Gegensatz scheint im konkreten Fall von

---

[10] Privater Nachlaß *Julius Winkler,* Befähigungs-Zeugnisse für das Lehramt der Musik
vom 29. 04. 1897 und vom 29. 04. 1898; Gehalts- und Remunerationsanweisungen von 1898
bis 1906; Mitteilungen der Direktoren des k. k. deutschen Staatsgymnasiums in den Königlichen Weinbergen, in Prag Alt- und Neustadt und in Smichow von 1907.

[11] *W. Winkler,* Autobiographischer Leserbrief, 29.

[12] PNWW, Mein überreich bewegtes Leben, 14.

einem sozialen Antagonismus überlagert worden zu sein. Die deutsche Volksschule in Zlichow wurde nämlich von tschechischen Arbeiterkindern besucht, die aus dem Randgebiet der Stadt und einem benachbarten Dorf stammten.[13]

Die Heranbildung von Wilhelm Winklers charakterlichen Eigenschaften wurde durch seinen Vater entscheidend mitgeprägt. Dieser wird in den Passagen seiner Lebensbeschreibung, die auf seine frühe Jugend bezogen sind, häufig genannt. Von Konflikten mit einem übermächtigen Vater, wie sie sein Zeitgenosse Franz Kafka für sein eigenes Leben schildert, berichtet Winkler nichts. Daß der Vater „mächtig" war, verstand sich von selbst. Dieser war jedoch nicht allein das einflußreiche, mitunter autoritär agierende Familienoberhaupt. Winklers Vater war der bewunderte „Vollblutmusiker", der seinen Kindern die Liebe zur Musik mitgab. Als die Familie ein Pianino erwarb, lernte Wilhelm im Selbstunterricht das Klavierspiel. Im nahe der Winklerschen Wohnung gelegenen Emauskloster der Beuroner Benediktiner begleitete sein Vater als Organist die Gesänge der Sonntagsmesse, bei der auch die übrigen Familienmitglieder meist anwesend waren. Somit ist auch dem Umstand Beachtung zu schenken, daß Winkler zumindest „formal" in „eine katholische Musterfamilie" hineingeboren wurde. Die Mutter sorgte dafür, daß die Kinder religiös erzogen wurden, was den sonntäglichen Meßbesuch beinhaltete. Der Vater bestimmte hingegen einen Gutteil der Freizeitgestaltung seiner Familie. Sobald ihn im Herbst das „Militärfieber" erfaßte, ging er mit seinen Söhnen ins Manövergebiet, wo diese eine positive Einstellung zum Militär und zu allem Militärischen gewannen. Sein Vater war für Winkler ein geschätztes und geliebtes Vorbild. Daß seine später oft dokumentierte Abscheu vor dem Alkohol gerade deshalb so groß war, weil sein eigener, von ihm geliebter Vater häufig zu viel davon zu genießen pflegte, ist so nur umso verständlicher. Julius Winkler nahm häufig an festlichen Veranstaltungen teil, bei denen er als Musikant aufzutreten pflegte. Bei diesen Gelegenheiten wurde er von seinen Zuhörern häufig dazu gedrängt, „Freibier" zu konsumieren. Winkler sah später hinter dem häufigeren Alkoholkonsum sein Vaters „berufliche" Zwänge wirken.[14]

2. Acht Jahre im Kleinseitner Deutschen Gymnasium

Im Herbst des Jahres 1894 trat der zehnjährige Wilhelm in das Deutsche Gymnasium der Prager Kleinseite ein. Die innere Verfassung der Schule ging auf den „Organisationsentwurf" des Unterrichtsministers Graf Leo Thun (1849/54) zurück. Der Schwerpunkt der Gymnasialbildung ruhte auf der altsprachlichen lateinischen und altgriechischen Literatur. Dem Deutschen als der Verständigungssprache der Gebildeten kam eine besondere Bedeutung zu. Als Freigegenstände wurden die modernen Westsprachen, Zeichnen, Gabelsberger Stenographie, Gesang und

---

[13] Ebd., 3 f., 4, 13 f., 20.
[14] Ebd., 1, 6, 27 (wörtl. Zit.); 26.

Turnen unterrichtet. Als „relativ obligater Freigegenstand" galten die zweiten Landessprachen, die an jeder Anstalt gelehrt wurden. Die Eltern der Schüler entschieden, ob ihre Kinder von dem Angebot Gebrauch machten.[15]

Wilhelm Winkler wurde, wie aus seinen „Gymnasial-Zeugnissen" hervorgeht, in den ersten vier Klassen in der „Böhmischen Sprache" unterrichtet. Nach Hans Lemberg war es in Prag üblich, die andere Landessprache zu erlernen. Lemberg nennt eine Zahl von 80 Prozent der deutschen Kinder, die Tschechisch lernten.[16] Daneben nahm Winkler auch Gesangsunterricht und erlernte die Stenographie. Er war ein guter bis durchschnittlicher Schüler, der weder durch Fleiß, noch durch hervorragende Leistungen in irgend einem Fach besonders auffiel. In der Oberstufe des Gymnasiums erhielt er in den Jahreszeugnissen in den Sprachen Latein, Griechisch und Deutsch selten ein „Lobenswert", fast immer aber ein „Befriedigend", das formal der selben Bewertung in der heute in Österreich üblichen fünfteiligen Notenskala entspricht. Seine Leistungen in der Mathematik wurden in der Oberstufe je zweimal mit „Befriedigend" und „Genügend" eingestuft. Am besten scheint er in der „Religionslehre" gewesen zu sein. „Lobenswert" und „Vorzüglich" waren die Noten, die er in diesem Fach erhielt. Sein am 9. Juli 1902 ausgestelltes „Maturitäts-Zeugnis" führt folgende Zensuren auf (in Klammern die Entsprechungen auf der heute üblichen Notenskala): Religionslehre: vorzüglich (1); Lateinische Sprache: lobenswert (2); Griechische Sprache: befriedigend (3); Deutsche Sprache (als Unterrichtssprache): befriedigend (3); Geographie und Geschichte: lobenswert, Durchschnittsleistung (2); Mathematik: befriedigend (3); Physik: befriedigend (3); Naturgeschichte: lobenswert (2); Philosophische Propädeutik: befriedigend (3).[17]

Wilhelm Winkler war aus materiellen Gründen seit dem dreizehnten Lebensjahr als Nachhilfelehrer für jüngere Gymnasiasten tätig, so daß er seinen Schulaufgaben „nicht [seine] volle, ungeteilte Kraft widmen konnte"[18]. Dennoch hob er später hervor, welchen Gewinn er für seine späteren Lebensjahre aus seiner Schullaufbahn gehabt habe. Pflichterfüllung und Disziplin waren Gebote, die er früh verinnerlicht hatte und die seinen Habitus als Student und späteren Beamten und Gelehrten prägen sollten. Von der Kultur der alten Römer, als deren Haupteigenschaften sein Klassenvorstand Franz Böhm „Vaterlandsliebe, Tapferkeit, scharfen Verstand und Gerechtigkeitssinn" herausstellte, wurde der junge Winkler so sehr

---

15 *Theo Keil* (Hg.), Die deutsche Schule in den Sudetenländern. Form und Inhalt des Bildungswesens. München 1967, 139–141.

16 *Hans Lemberg,* Das öffentliche Leben in den böhmischen Ländern vor dem Ersten Weltkrieg, in: Ferdinand Seibt (Hg.), Die Chance der Verständigung. Absichten und Ansätze zu übernationaler Zusammenarbeit in den böhmischen Ländern 1848–1918. München 1987 (= Bad Wiesseer Tagungen des Collegium Carolinum), 182.

17 PNWW, Gymnasialzeugnisse des deutschen Staatsobergymnasiums der Kleinseite in Prag vom 1894/95–1901/02; Maturitäts-Zeugnis des deutschen Staatsobergymnasiums der Kleinseite in Prag vom 9.7. 1902.

18 *W. Winkler,* Lebensgeschichte (1952), 211.

beeindruckt, daß er sein ganzes Leben lang ein Liebhaber der römischen Kultur und der lateinischen Sprache blieb.[19] So hieß das Thema eines deutschen Aufsatzes, das seiner Sechsten Klasse gestellt wurde: „Was bewundern wir an den alten Römern"? Die auf vaterländischen und dynastischen Patriotismus hin orientierten Themen der Gymnasialaufsätze verweisen auf das Bestreben der Schulbehörde, die Angehörigen der künftigen Bildungsschicht zu treuen Untertanen und, soweit sie (Verwaltungs-)Juristen wurden, zu zuverlässigen Beamten des Kaisers zu erziehen. Zu Beginn eines jeden Schuljahres mußten die Schüler die „Disziplinarordnung" lesen. In diesem „Treueid der Schulgemeinde" war auch das zentrale Anliegen der Schule, „Pflichterfüllung" zu lehren, festgeschrieben.[20] Zwei weitere Themen, die jener sechsten Klasse gestellt wurden, waren betitelt mit: „Das Nibelungenlied, ein Ehrendenkmal Österreichs", und: „Welche Tugenden zieren die Habsburger des Mittelalters?". Die Zahl der Schüler, die in Winklers Klasse gingen, betrug meist mehr als dreißig. Ihre soziale Herkunft lag im Bereich des mittleren und gehobenen, oft neuadligen Bürgertums. Schüler aus dem Hochadel nahmen als „Privatisten" nicht am Klassenunterricht teil und stellten sich nur den Prüfungen. Winkler sowie andere Schüler, die aus weniger begüterten Elternhäusern kamen, erhielten Stipendien. Er selbst scheint erstmals 1899 als Nutznießer der „Singerschen Studentenstiftung" auf; aus diesem Fonds erhielt er in den Jahren 1900 bis 1902 jährlich 268 Kronen. Eine Statistik, die im Schuljahr 1902 veröffentlicht wurde, erhellt Geburtsort, Muttersprache und Religionsbekenntnis der Schüler des Kleinseitner Deutschen Gymnasiums. Demnach kamen die meisten Schüler aus Prag und Böhmen; dahinter rangierten Sachsen und Niederösterreich (meist Wien). Von den damals 160 Schülern der Anstalt gaben 131 Deutsch, achtzehn „Cechoslavisch" und zehn „Wendisch" (Sorbisch) als Muttersprache an. Unter den 160 Schülern befanden sich 139, die römisch-katholisch waren, und achtzehn Schüler gaben als Religionsbekenntnis „Israelitisch" an.[21]

Die bestandene Matura wurde im Kreis der Klassenkollegen und zweier Professoren in einer „Maturakneipe" gefeiert. Mit dabei waren Winklers gleichaltriger Klassenkollege Walther Güttl und seine um drei bzw. zwei Jahre älteren Freunde und Klassenkollegen Johann und Josef Duda. Besonders mit letzterem der beiden Brüder Duda verband Winkler eine lebhafte Freundschaft, teilte er doch mit ihm das Freizeitvergnügen, Raupen zu fangen und bei der Entpuppung zu beobachten. Er und Josef Duda pflegten auch eine Leidenschaft für das Schachspiel. Ein weiterer Freund, der spätere akademische Maler Oswald v. Krobshofer, führte Winkler

---

[19] Vgl. *W. Winkler*, Latein – Hohe Schule des Denkens, in: Blätter für Kunst und Sprache, H. 30 (1978), 32 f.; vgl. auch PNWW, Mein überreich bewegtes Leben, 21.

[20] Vgl. zu „Disziplinarordnung" und „Pflichterfüllung" die Erinnerungen von *Hugo Bergmann*, Schulzeit und Studium, in: Hans-Gerd Koch (Hg.): „Als Kafka mir entgegenkam ..." Erinnerungen an Franz Kafka. Berlin 1995, 16.

[21] Programm des K. K. Deutschen Obergymnasiums der Kleinseite in Prag, am Schlusse der Schuljahre 1895, 1896, 1897, 1898, 1899, 1900, 1901, 1902 (Prag 1895–1902), hier besonders 44, 50 (1900); 48 (1901); 49, 70 f. (1902).

in einen Kreis junger Leute ein, die im Kleinseitner Kinskygarten Schach spielten. Im Rahmen einer Veranstaltung des Prager Schachklubs spielte er u. a. auch gegen den Weltmeisterschaftskandidaten Pillsbury, doch er verlor die Partie.[22]

3. Universitätsstudium, Gerichtspraxis und Militärzeit

Am 29. Oktober 1902 immatrikulierte Wilhelm Winkler an der Prager Deutschen Universität. Er inskribierte ein Studium der Rechts- und Staatswissenschaften und wurde am 12. Dezember 1902 in die Matrikel der Universität aufgenommen.[23] Er selbst äußert sich in seinen Autobiographien nicht dazu, welche Motive, Berufserwartungen und elterlichen Entscheidungen hinter dem Entschluß standen, Jus zu studieren. Vermutlich war für ihn jedoch nach der Erwartung seines Vaters eine Laufbahn als Richter oder als Verwaltungsbeamter vorgesehen. Die Einschreibeformalitäten erledigte er gemeinsam mit Walther Güttl und den beiden Dudas, die ebenfalls Rechtswissenschaften inskribierten.[24]

Im WS 1902/03 immatrikulierten insgesamt 166 Hörer an der Rechts- und Staatswissenschaftlichen Fakultät der Deutschen Universität, darunter befanden sich als Erstinskribenten u. a. Felix Weltsch und Max Brod, die später zu bedeutenden Literaten aufstiegen. Franz Kafka trat in diesem Semester von der philosophischen an die Rechts- und Staatswissenschaftliche Fakultät über.[25]

Die Prager Universität war 1882 in eine tschechische und eine deutsche Universität geteilt worden. Gerade die als Staatsdiener im öffentlichen Bereich tätigen Absolventen der juridischen Fakultät hätten einen Beitrag zum Kennenlernen des anderen Volkes leisten können. Die Universitätsteilung hatte jedoch weiter dazu beigetragen, den Entfremdungsprozeß zwischen den Angehörigen der beiden Volksgruppen zu verstärken. Dadurch, daß es in Prag fortan zwei nebeneinander bestehende Universitäten gab, waren die nationalen Auseinandersetzungen nicht gemildert, sondern lediglich auf die Straße verlagert worden. Die Universitäten blieben auch nach ihrer Teilung Schauplätze von nationalistischen Kundgebungen, die sich 1897 während der Badeni-Krise und dann wieder 1908 zu teils gewalttätigen Ausschreitungen steigerten.[26]

---

[22] PNWW, Mein überreich bewegtes Leben, 58, 47, 38.

[23] Ebd., Meldungsbuch Wilhelm Winkler; Matrikelschein der k. k. deutschen Carl-Ferdinands-Universität zu Prag vom 12. 12. 1902.

[24] PNWW, Mein überreich bewegtes Leben, 63.

[25] Archiv University Karlovy (AUK), Immatrikulationen, Bd. 1 (WS 1902/03).

[26] *Erich Schmied*, Die altösterreichische Gesetzgebung zur Prager Universität. Ein Beitrag zur Geschichte der Prager Universität bis 1918, in: Die Teilung der Prager Universität 1882 und die intellektuelle Desintegration in den böhmischen Ländern. München 1984 (= Bad Wiesseer Tagungen des Collegium Carolinum), 22 f.; *Helmut Slapnicka*, Die Prager Juristenfakultät in der zweiten Hälfte des 19. Jahrhunderts, in: Die Teilung der Prager Universität 1882 (1984), 79 f.

Der Lehrkörper der Deutschen Universität rekrutierte sich teils aus dem Deutschen Reich, teils aus Professoren, die von anderen inländischen Universitäten nach Prag berufen worden waren. Einige von Winklers Lehrern, z. B. Emil Pfersche (1854–1916), Ivo Pfaff (1864–1925) oder Heinrich Singer (1855–1934), kamen aus den österreichischen „Provinzuniversitäten" Graz, Innsbruck und Czernowitz. Andere Universitätslehrer, die für seine weitere Laufbahn von großer Bedeutung werden sollten, kamen teils aus Wien, teils aus Deutschland. Die Nationalökonomen Friedrich v. Wieser (1851–1926) und Robert Zuckerkandl (1856–1926) und der Statistiker und Verwaltungsrechtler Heinrich Rauchberg (1860–1938) hatten, bevor sie nach Prag gekommen waren, an der Wiener Universität gelehrt. Während Wieser als Nachfolger Karl v. Mengers 1903 wieder nach Wien zurückgekehrt war und daher seine Lehre für Winkler in dessen Prager Zeit nicht mehr wirksam werden konnte, wurde Rauchberg neben Arthur Spiethoff (1873–1957) zu seinem wichtigsten akademischen Lehrer. Heinrich Rauchberg hatte sich 1891 an der Universität Wien für Statistik habilitiert und war 1896 als o. Prof. nach Prag berufen worden. Er leitete die österreichische Volkszählung von 1890, wobei er erstmals elektrische Hollerith-Zählmaschinen verwenden ließ. Spiethoff, ein Schüler von Adolf Wagner und Gustav Schmoller, war 1908 von Berlin nach Prag gewechselt, wo er einen Lehrstuhl für Nationalökonomie innehatte.[27] Alfred Weber, der Bruder von Max Weber, lehrte zwischen 1904 und 1907 in Prag und löste dort durch seinen überzeugenden Vortragsstil eine „Alfred-Weber-Begeisterung" aus. Im Vergleich zu Weber seien, so Max Brod, die anderen Lehrer an der Rechts- und Staatswissenschaftlichen Fakultät „ein Haufen unbegabter, langweiliger Professoren" gewesen.[28]

Winkler besuchte in den WS 1904/05 und 1905/06 jeweils eine fünfstündige Weber-Vorlesung über Volkswirtschaftslehre und -politik. Zu Rauchberg, einem seiner eigentlichen späteren Förderer, fand er, bedingt durch die Studienvorschriften, erst in den beiden letzten Semestern seines Studiums. Im WS 1905/06 besuchte er zwei Vorlesungen von Rauchberg: eine dreistündige über Verwaltungslehre und österreichisches Verwaltungsrecht und eine zweistündige über Finanzrecht, Budgetrecht und Finanzschuldenwesen. Und erst im letzten Semester seines Studiums (SS 1906) besuchte er eine vierstündige Vorlesung über „Allgemeine und Österreichische Statistik", die ebenfalls von Heinrich Rauchberg gehalten wurde.[29] Über Winklers Studienerfolg geben die Protokolle der Staatsprüfungen Aufschlüsse. Die vierteilige Notenskala der Staatsprüfungen sah die Bewertungen „Gut mit Auszeichnung", „Gut", „Genügend" und „Nicht genügend" vor. Die Ab-

---

27 Ebd. *(Slapnicka),* 70; zu Wieser und Spiethoff vgl. *Hauke Janssen,* Nationalökonomie und Nationalsozialismus. Die deutsche Volkswirtschaftslehre in den dreißiger Jahren. Marburg 1998 (= Beiträge zur Geschichte der deutschsprachigen Ökonomie; 10), 598, 578 f.; zu Rauchberg vgl. Winklers Würdigung „H. Rauchberg als Statistiker" (WW-1930-06) und *Lebmann/Helczmanovszki* (1986), 137.

28 Zu A. Weber vgl. *Janssen* (1998), 595; *Brod* (1969), 205, 197 (wörtl. Zit.).

29 PNWW, Meldungsbuch Wilhelm Winkler.

legung der drei Staatsprüfungen bildete die Voraussetzung, um in den Staatsdienst aufgenommen zu werden. Bis zum Ende der Monarchie blieb eine Regelung in Kraft, die für beide Prager Universitäten an einer einheitlichen Staatsprüfungskommission festhielt, wobei die Prüfungssprache entweder ausschließlich Tschechisch oder Deutsch war. Seit 1889 mußte lediglich bei der judiziellen und der staatswissenschaftlichen Staatsprüfung ein Gegenstand in deutscher Sprache geprüft werden. Mit dieser Regelung wollte die k. k. Regierung erreichen, daß kein Absolvent der tschechischen Universität ohne ausreichende Beherrschung der deutschen Sprache in den Staatsdienst eintrat.[30] Winkler bestand am 22. Juli 1904 die rechtshistorische Staatsprüfung mit der Note „Genügend". Die judizielle Staatsprüfung legte er am 30. November 1906 mit der Note „Gut" ab. Am 24. April 1907 unterzog er sich der staatswissenschaftlichen Staatsprüfung, die er gleichfalls mit „Gut" bestand.[31] Die beiden rechtswissenschaftlichen Rigorosen legte er am 6. Dezember 1906 und am 14. Juli 1907 jeweils mit „genügendem" Erfolg ab. Dem staatswissenschaftlichen Rigorosum III „Aus dem allgemeinen und österreichischen Staatsrecht, dem Völkerrecht und der politischen Oekonomie" stellte er sich am 29. April 1907. Das Ergebnis wurde „mit drei von vier [sc. Stimmen] für ausgezeichnet" erklärt. Seine Prüfer waren Heinrich Rauchberg, Robert Zuckerkandl und Alfred Weber.[32] Der Vergleich mit den Ergebnissen der beiden Rigorosen aus den juridischen Fächern zeigt deutlich, daß Winklers Interessen- und Begabungsschwerpunkt bei den staatswissenschaftlichen Fächern lag. Dies kann bereits als Vorentscheidung für seine weitere Laufbahn gelten, wenngleich davon, daß er Statistiker werden sollte, noch nicht die Rede war. Vielmehr plante er, als Jurist in die staatliche Verwaltung einzutreten.[33]

Winkler arbeitete während seiner Studentenzeit als Hauslehrer bei der gräflichen Familie Ledebur, um Geld zu verdienen. Er bezog zwar seit seiner Schulzeit ein Stipendium, das während seiner gesamten Hochschulzeit jeweils 268 Kronen pro Studienjahr betrug. Doch diese Einkünfte reichten, obwohl er seit seinem zweiten Semester an der Universität vom Kollegiengeld befreit war, nicht aus, um seinen Lebensunterhalt zu finanzieren.[34] So verbrachte er die Universitätsferien während dreier Jahre als Hauslehrer häufig im Schloß Welschau der verwitweten Gräfin Ledebur bei Karlsbad. Er unterrichtete dort ihren Sohn Johannes, der die Unterstufe des Kleinseitner Gymnasiums besuchte. Da im gräflichen Haushalt zu Tisch nur Französisch gesprochen wurde und Winkler aufgrund fehlender Sprachkenntnisse

---

[30] *Slapnicka* (1984), 68 f.

[31] AUK, Protokoll der rechtshistorischen Staatsprüfungskommission Bd XI, Nr. 13403; Protokoll der staatswissenschaftlichen Staatsprüfungskommission Bd. VIII, Nr. 9024; Protokoll der judiziellen Staatsprüfungskommission Bd. VIII, Nr. 11036; Rigorosums-Protokoll Bd. 1, 1898 – 1909, Nr. 1471.

[32] AUK, Rigorosums-Protokoll Bd. 1, 1898 – 1909, Nr. 1471.

[33] Vgl. Gespräch mit em. Univ.-Prof. Dr. *Othmar Winkler* vom 19. 01. 2000, Protokoll.

[34] Vgl. ebd., Nationale WS 1902 / 03 bis einschließlich SS 1906; PNWW, Meldungsbuch Wilhelm Winkler.

nichts davon verstand, ließ er sich von seiner Schwester ein Lehrbuch des Französischen senden, das mit Beispielen aus einem Roman von Chateaubriand arbeitete. Als er sich an der Tafel erstmals mit einem französischen Satz zu Wort meldete, löste er zunächst Staunen, Komplimente, dann aber doch „belustigtes Lächeln" aus. Und die Gräfin fragte ihn, woher er die „schwulstigen" Ausdrücke hätte. – Diese Episode hatte immerhin zur Folge, daß die Gräfin ihm französische Zeitungen lieh, die er mit Gewinn für seine anfangs noch bescheidenen Sprachkenntnisse lesen konnte.[35]

Die eben geschilderte Anekdote über Winklers Versuch, mit Hilfe eines aus dem frühen 19. Jahrhundert stammenden, überdies literarisch überformten Französischen – wenn auch zunächst mit zweifelhaftem Erfolg – sich an einer Konversation zu beteiligen, zeigt nicht nur, daß er sprachbegabt war. Sie deutet auch an, daß er schon früh ein Autodidakt war, der es verstand, ohne äußere Anleitung sich Kenntnisse anzueignen, die ihm die Türen zu sozialem Aufstieg zu öffnen vermochten.

Winkler verbrachte seine Freizeit, die aufgrund der Tätigkeit als Hauslehrer eher knapp bemessen war, mit seinen Freunden Güttl und Josef Duda beim Tarockspielen, und mit Hans Duda ging er wandern und Raupen fangen. Er scheint auch viel allein im Wiesen- und Waldgelände umhergestreift zu sein. Im Jahr 1903 stellte er bei der k. k. Polizeidirektion in Prag den Antrag auf „Ausstellung eines Waffenpasses auf einen Revolver, welchen er zum persönlichen Besitze auf seinen Ausflügen zu tragen genöthigt ist."[36]

Winkler war als Student nie Mitglied einer der in den Jahren vor dem Ersten Weltkrieg entstehenden völkisch-nationalen Jugendbewegungen, die neben der Pflege des „Volkstums" Alkohol-Abstinenz, Sport, Natur- und Heimatliebe auf ihre Fahnen geheftet hatten.[37] Er war jedoch früh äußerst sprachbewußt, was angesichts des mehrsprachigen Alltags im multinationalen Prag nahelag. Auch die Pflege der alten Sprachen im humanistischen Gymnasium trug zu Winklers Hochschätzung der Sprache bei. Sprachbewußtsein und Deutschnationalismus lagen eng beisammen und waren bei Winkler nicht voneinander zu trennen. Sein auf der Sprache beruhender Nationalismus brachte es mit sich, daß er keine ideologischen Hemmschwellen gegenüber deutsch-jüdischen Prager Intellektuellen hatte. Nichtsdestotrotz stand er eindeutig auf der „deutschen" Seite der nationalen Spannungen in Böhmen. Auch wenn man in Rechnung stellt, daß Verfasser von Autobiographien in Abweichung von der Wirklichkeit ihrer Lebensgeschichte dazu neigen, sich selbst retrospektiv als auf Ausgleich und Toleranz bedacht darzustellen,[38] kann

---

35 PNWW, Mein überreich bewegtes Leben, 70.

36 Státní Ústřední Archiv v Praze (SÚA), Polizeidirektion Prag PR / 1901 – 1913, Fasz. W 316 / 32, Kt. 1329, Wilhelm Winkler.

37 Vgl. dazu *Johannes Stauda*, Der Wandervogel in Böhmen 1911 – 1920. Hg. v. Kurt Oberdorfer. Reutlingen 1975, 12 f., 15.

38 Ein Beispiel für Selbstbiographien, deren Verfasser ihre vom Alldeutschtum geprägte Sozialisation durch scheinbar bedauernde Aussagen wie „wir wußten einfach nicht genug

Winkler z. B. nicht nachgewiesen werden, daß er ein aktiver Anhänger radikaler alldeutscher und antisemitischer Bewegungen gewesen sei. Zumindest lassen sich keine Verbindungen zwischen ihm und derartigen Gruppen feststellen, die über seine Prager Zeit hinausreichten. Zwar ließen einige Sozialisationselemente (Gymnasial- und Universitätsstudien im nationalen Umfeld) seine (weitere) Prägung in völkisch-nationalen Kreisen als nicht unwahrscheinlich erscheinen. Diese waren jedoch nur komplementär zu Pangermanismus und radikalem Antisemitismus, den Hauptideologemen der Völkisch-Alldeutschen. Diese bildeten den weltanschaulichen Kitt der Prager „deutschvölkischen" Studentenverbindungen, die im Dachverband *Germania* (gegründet 1892)[39] zusammengefaßt waren. Der junge Winkler gehörte dieser Gruppe nicht an. Damit entfällt für ihn ein wesentliches Element im Lebenslauf anderer deutscher Studenten seiner Altersgruppe, deren Sozialisationsmuster von der Mitgliedschaft in einer derartigen Verbindung geprägt war. Die Zeit zwischen den letzten zwei bis drei Oberstufenklassen und dem Abschluß des Studiums war in der Regel für die Verinnerlichung und Verfestigung von weltanschaulichen Bindungen von Bedeutung. Für Winklers Sozialisation in der Phase etwa vom 17. bis zum 23. Lebensjahr war neben Schule und Universität eine Gruppe von wenigen, hier bereits namentlich genannten Freunden maßgebend.

Seit seinem 18. Lebensjahr war Winkler ein gern gesehener Gast im *Prager Schachklub,* der, wie er zutreffend berichtet, genau diesen Namen (ohne nationale Einschränkung) trug,[40] wenngleich ihm in Wirklichkeit nur deutschsprachige Personen angehörten und er keineswegs, wie sein Name ausgelegt werden könnte, „übernational" ausgerichtet war. In den Prager (deutschen) Schachklub wurden auch assimilierte Juden aufgenommen, dagegen war die Trennung von tschechischen/tschechischsprachigen Schachspielern eine absolute; diese verfügten über ihren eigenen Schachklub. Im Gegensatz zum deutschen Schachklub gab es an der Deutschen Universität eine klar definierte Trennlinie zwischen deutschen Studenten und deutschsprachigen Studenten jüdischer Herkunft. Diese wurde symbolisch und praktisch durch den Mittelgang des Hörsaals markiert, der die „nationalen", in

---

von den Völkern unseres Vaterlandes" zu verschleiern oder bestenfalls halb zu entschuldigen trachten, sind die Memoiren des 1884 in Teplitz geborenen Hermann Ullmann, des späteren Herausgebers der Zeitschrift „Deutsche Arbeit" und einflußreichen Mitarbeiters des „Vereins für das Deutschtum im Ausland". Weit häufiger als beruhigende Phrasen wie die oben zitierte verwendet Ullmann Begriffe wie „tschechische Unterwanderung" und „tschechische Flut", die geradewegs aus dem Steinbruch der Sprache des diffamierenden Nationalismus stammen. Die Angehörigen des tschechischen Bildungsbürgertums, sind – auch noch in der Rückschau – bestenfalls „Vertreter der Halbbildung" und der „Halbintelligenz". – vgl. *Hermann Ullmann.* Publizist in der Zeitenwende. Hg. v. Hans Schmid-Egger. München 1965, 18, 24, 26.

[39] Zur Rivalität zwischen der konservativen „Lese- und Redehalle der deutschen Studenten in Prag" (gegründet 1848) und der „Germania" vgl. *Brod* (1969), 151 und *Josef Polacek* (Hg.), Egon Erwin Kisch. Briefe an den Bruder Paul und an die Mutter 1905–1936. Berlin/ Weimar 1978, 420 f.

[40] Vgl. Pražské Spolky. Soupis pražských spolků na základě úředních evidencí z let 1895–1990. Praha 1998 (= Documenta Pragensia Monographia; 6), 292.

der *Germania* organisierten Studenten von den jüdischen Hörern abgrenzte. Während Winklers Freunde Josef Duda, Walther Güttl und Paul Kisch[41] Mitglieder von schlagenden Verbindungen waren, standen Hans Duda wegen eines Klumpfußes und er selbst, weil er „nie etwas gegen anständige Juden gehabt" habe,[42] außerhalb des Farbstudenten- und Verbindungswesens. Dennoch saß Winkler auf der „nationalen" Seite, und sein Ansinnen, mit dem in der selben Bankreihe, doch auf „jüdischer" Seite sitzenden Max Brod Kontakt aufzunehmen, war offenbar von vornherein zum Scheitern verurteilt: „Ich hatte erkannt, daß Max Brod der geistige Mittelpunkt der linken Bankreihen war [...] es hätte mich interessiert, ein unpolitisches, unbefangenes Gespräch mit ihm zu führen. So wie die Dinge damals standen, hätte er mich mit Spott und Hohn zurückgewiesen, vermutlich als einen Spion aus dem feindlichen Lager, [...]"[43]

Winklers Vater Julius hatte mit Freude die Nachricht von der Auszeichnung seines Sohnes, der als einziger von seinen Kindern an der Universität studierte, beim letzten Rigorosum vernommen. Doch er war schon bettlägerig, als er davon hörte, und er verstarb, wohl an den Folgen einer übergangenen Influenza, wenige Tage später am 16. Mai 1907. Danach brach für die Familie eine Zeit seelischer und materieller Not herein. Die Mutter Anna mußte die k. k. Landesschulbehörde um eine „Witwen-Abfertigung" und um die „Gewährung einer periodischen Gnadengabe" ersuchen. Die Behörden stellten ihr „Armuts-Zeugnisse" aus, in denen festgehalten wurde, daß die Familie nach dem Tod des Ernährers völlig mittellos sei und kein Anspruch auf eine Witwenpension bestehe. Anna Winkler konnte zu diesem Zeitpunkt nur von ihren beiden ältesten Kindern Rudolf, der Privatbeamter war, und von Emma, einer Lehrerin, unterstützt werden. Sie wurde bald nach dem Tod ihres Gatten „trübsinnig" und mußte in einer Anstalt untergebracht werden, wo sie im Jahr 1916 verstarb.[44]

Genau zwei Monate nach dem Tod seines Vaters, am 16. Juli 1907, promovierte Winkler zum Doktor der Rechte der Prager Deutschen Universität. Bereits am Tag nach Ablegung des dritten Rigorosums hatte sein richterlicher Vorbereitungsdienst

---

41 Egon Erwin Kisch äußerte auf die Mutmaßung eines seiner Gesprächspartner, ob sein Bruder Paul „sehr national" sei, ja, er sei „zu national". Die Familie Kisch war jüdischer Herkunft. (*Polacek* (Hg.), Egon Erwin Kisch (1978), 67; 417).

42 Diese Formulierung schließt das Vorhandensein tief verinnerlichter antisemitischer Haltungen selbst beim über 90jährigen Winkler (Zeitpunkt der Abfassung der Autobiographie!) nicht aus: Sobald die Möglichkeit, „etwas" gegen „unanständige" Juden „zu haben", indirekt nicht ausgeschlossen wird (s. Winklers Formulierung), ist die Herstellung eines antisemitisch motivierten Junktims zwischen „Unanständigkeit" und Zugehörigkeit zur jüdischen Bevölkerungsgruppe bereits im Bereich des Denkbaren.

43 PNWW, Mein überreich bewegtes Leben, 66 f.; 125 f.

44 Ebd., 82, 88; PNJW, „Todtenschein" für Julius Winkler, gegeben vom Pfarramt bei S. M. d. Victoria in Prag III; PNAW, Armuts-Zeugnis für die Musiklehrerswitwe Anna Winkler nebst beigeschlossenem Conscriptionsblatt vom 24. 07. 1907; Armuts-Zeugnis für Anna Winkler vom 20. 08. 1907. – Die dem Vf. vorliegende Überlieferung gibt keine Auskunft darüber, ob die Behörde auf Anna Winklers Petition einging.

als Gerichtspraktikant beim k. k. Landesgericht in Prag begonnen. Mit Unterbrechung durch seine militärische Ausbildung, das sogenannte „Einjährig-Freiwilligen-Jahr", dauerte dieser Dienst bis zum 3. August 1909.[45] Er mußte bei seiner Tätigkeit als Gerichtspraktikant Verhöre durchführen, Protokolle aufnehmen und Urteilsentwürfe für seinen Vorgesetzten verfertigen. Dabei kam ihm gelegen, daß er in der Endphase seiner juristischen Studien eine Auffrischung seiner Tschechischkenntnisse betrieben hatte, sodaß er diese Sprache – mündlich wie schriftlich – sehr gut beherrschte. In dieser Zeit begann er, den Rat eines Kollegen befolgend, öffentliche Vorträge über Gegenstände seiner Praxis zu halten. Schon zu Beginn seines richterlichen Vorbereitungsdienstes kam er in Kontakt mit dem *Deutschen Ortsrat für Böhmen*[46], der ihm ein Stipendium gewährte. Um dieses zu erhalten, mußte er sich verpflichten, auch in gemischtsprachigen Gebieten Böhmens als Gerichtspraktikant zu arbeiten. Seine sonstigen Einkünfte betrugen während seiner Praktikantentätigkeit nur neunzehn Heller „Federgeld" monatlich. Dieser Zustand veränderte sich solange nicht, bis er nach Ableistung seines Wehrdienstes in die Gerichtspraxis zurückkehrte, zum „Auskultanten" (Verhörsperson) ernannt wurde und als solcher ein bescheidenes Monatsgehalt mit Pensionsberechtigung erhielt.[47]

Am 7. Dezember 1907 trat er seinen Militärdienst an, den er als „Einjährig-Freiwilliger" beim k. u. Infanterieregiment Nro. 11 ableistete. Mit der Institution des „Einjährig-Freiwilligen-Jahres" versuchte die Regierung, gebildete Bürgerliche für das Offizierskorps zu gewinnen. Absolventen von Gymnasien und Realschulen mußten nach dem Wehrgesetz von 1868 nur eins statt drei Jahre dienen. Die „Einjährig-Freiwilligen" erfreuten sich zwar vieler Privilegien und wurden automatisch zu Reserveoffizieren ausgebildet, waren aber Rekruten wie alle anderen Wehrpflichtigen. Die Begeisterung gebildeter Zivilisten für das Militär hielt sich in Grenzen: Zwischen 1883 und 1914 kamen 13.700 Berufsoffiziere von Berufsmilitärschulen und nur 2.300 aus dem Reserveoffizierskorps.[48] Besonders in der tschechischen Bevölkerung verlor die k. u. k. Armee in den letzten Jahren vor dem Ersten Weltkrieg immer mehr an Akzeptanz. Jaroslav Hašeks nach dem Krieg (1921) erschienener Klassiker der tschechischen Anti-Kriegsliteratur „Švejk/Schwejk" zeichnet ein satirisches, dem Genre entsprechend krasses Bild von den Offizieren, die ihre Soldaten bloß als potentielle Vaterlandsverräter ansahen und entsprechend schlecht behandelten.[49] Aus Winklers Erinnerungen spricht dagegen

---

45 PNWW, Promotionsurkunde vom 16. 07. 1907, Abschrift vom 21. 10. 1908; zur Dauer des Gerichtsdienstes vgl. Österreichisches Staatsarchiv (ÖSTA), Archiv der Republik (AdR), Bundesministerium für Unterricht (BMU), Personalakt (PA) Prof. Dr. Wilhelm Winkler 10/101/02, Standesausweis mit Laufbahn.

46 Vgl. Kap. II. 1.

47 PNWW, Mein überreich bewegtes Leben, 82–84; 88.

48 *István Déak,* Der K. (u.) K. Offizier 1848–1918. Wien-Köln-Weimar 1991 (= Beyond Nationalism. A Social and Political History of the Habsburg Officer Corps, dt.), 109.

49 Vgl. *Jaroslav Hašek,* Die Abenteuer des braven Soldaten Schwejk/Švejk. Zürich 1960, 270.

Faszination, ja Leidenschaft für das Militär. Gegenstand dieser Passion waren die militärischen Übungen selbst, aber auch der „Sternenregen", der auf den Halskragen des zum Gefreiten beförderten Winkler niederging. Er, der sich „unversehens" zum „Primus" seiner Kompanie „vorgearbeitet" hatte, beeindruckte sogar einen inspizierenden General, vor dem er mit Proben seines militärstrategischen Denkvermögens brillierte. Nach Beendigung des Militärdienstes wurde er routinemäßig zum Reservekadetten und später zum Reserveleutnant ernannt und dem k. u. k. Infanterieregiment Nro. 52 (Pécs / Fünfkirchen) zugeteilt, dem er im Mobilisierungsfall angehörte.[50]

Parallel zu seiner juristischen Tagesarbeit war er weiterhin als „Einpauker" für Prüfungskandidaten seiner Fakultät tätig. Seine Erfolge bei Johannes Graf Ledebur bewirkten, daß sein Name in Adelskreisen bekannt wurde und er mehr Angebote erhielt, als er bestreiten konnte. Neben einem Prinzen Zdenko Lobkowitz unterrichtete er den Grafen Alfons Clary-Aldringen. Winkler nahm für sich in Anspruch, diesen jungen Grafen aus gewissen aristokratischen Standesvorurteilen herausgeführt zu haben.[51] Clary berichtet in seinen Lebenserinnerungen, wie er seinen „Korrepetitor" Dr. Winkler auf Ausflügen begleitet habe, die ihm Anschauungsunterricht für die Bedeutung der sozialen wie der nationalen Frage in Böhmen gegeben hätten: „Ich befreundete mich sehr bald mit Dr. Winkler, neben den juridischen Gesprächen nahmen wir auch allerhand aktuelle Themen vor. Einmal führte er mich zu einem Sokolfest in einer der Industrievorstädte von Prag, wo wir Reden anhörten, die mir zu denken gaben, denn sie waren ganz verschieden von jenen des ruhigen, behäbigen Bürgerstandes. Manchmal ging ich mit ihm in ein Café, in dem sich junge Leute der literarischen Kreise trafen, in denen es damals nur so brodelte – Musil, Kafka, Egon Erwin Kisch, da hätte ich etwas lernen können!"[52]

Winkler hatte keine Ängste, sich in Veranstaltungen zu begeben, die nur von Tschechen besucht wurden. Die Sprachbarriere kam bei ihm nicht zum Tragen, sodaß er es wagen konnte, sich äußerlich als „Tscheche" bei Festen des *Sokol* zu zeigen. Der *Sokol* war jene tschechische Massenorganisation, die ihr Gegenstück im *Deutschen Turnverein* hatte, vorwiegend kleinbürgerliche Schichten ansprach und die über ausgedehnte soziale und karitative Aktivitäten ihr panslawistisches Programm für breite Bevölkerungskreise zunehmend attraktiv machte. Der Mitgliederstand der böhmischen *Sokol*-Vereine stieg allein zwischen 1905 und 1910, also dem hier interessierenden Zeitraum, von 39.387 auf 68.032 Personen.[53] Daß

---

[50] PNWW, Mein überreich bewegtes Leben, 85–87; PNWW, Ernennung zum Reservekadetten vom 30. 11. 1908, Ernennung zum Leutnant in der Reserve vom 29. 12. 1912.

[51] Ebd., Mein überreich bewegtes Leben, 90.

[52] *Alfons Clary-Aldringen,* Geschichten eines alten Österreichers. Wien / München 1996, 153.

[53] Vgl. *Andreas Luh,* Der Deutsche Turnverband in der Ersten Tschechoslowakischen Republik. Vom völkischen Vereinsbetrieb zur volkspolitischen Bewegung. München 1988 (= Veröffentlichungen des Collegium Carolinum; 62), 24 f.; *Claire Nolte,* „Our Task, Direc-

der *Sokol* seine Massenbasis unter den Tschechen kontinuierlich verbreiterte, blieb Winkler nicht verborgen. Als Deutscher gehörte er einer Volksgruppe an, die sich immer noch als staatstragende Nation definierte; umso bedrohlicher muß für ihn wie auch für den „übernationalen" Hocharistokraten Clary-Aldringen das Auftreten der *Sokol*-Bewegung gewesen sein. Diese fanden, wie Clary-Aldringen andeutet, sehr viele Anhänger in den Prager „Industrievorstädten". Dies trug dazu bei, daß viele deutsche Gebildete, darunter auch Winkler, ihre nationalen Gegner mit den tschechischen Arbeitern in eins setzten. Die Arbeiter – genauer: die proletarischen Schichten innerhalb der Arbeiterschaft – verkörperten jedoch ihrerseits für die Gebildeten ein Feindbild. Durch die Industrialisierung und das von ihr bewirkte rasche Anwachsen der Zahl der Industriearbeiter schien ihnen die tradierte, von ihnen und ihren Vätern mitgeprägte Gesellschaftsordnung bedroht zu sein.

---

tion and Goal". The Development of the Sokol National Program to World War I, in: Ferdinand Seibt (Hg.), Vereinswesen und Geschichtspflege in den böhmischen Ländern. München 1986 (= Bad Wiesseer Tagungen des Collegium Carolinum), 138.

II. Erste Karriereschritte und Kriegseinsatz
(1909–1921)

Die folgenden Untersuchungen beleuchten einleitend die politischen und sozialen Bedingungen, die Winklers beruflichen Aufstieg als Statistiker herbeiführten. Dabei wird auf die Frage eingegangen, inwieweit sein Einstieg in den Dienst des böhmischen statistischen Landesamts (1909) biographisch vorgezeichnet war, oder ob ihm besondere Umstände diese Berufswahl nahelegten. Welche Rückwirkungen seine eigentümliche Stellung im statistischen Amt als einziger Deutscher auf seinen sich herausbildenden Denkstil als Wissenschaftler hatte, wird hier im Rahmen der Darstellung der Tätigkeit des statistischen Amtes beachtet. Die Periode von 1909–1921, die dieses Kapitel strukturiert, orientiert sich nicht vorrangig nach den Zäsuren der politischen Ereignisgeschichte, die von den Eckpunkten 1914 und 1918 geprägt ist. Es wird vielmehr davon ausgegangen, daß Winklers Tätigkeit als amtlicher Statistiker in Böhmen vor 1914 wie im „Kriegseinsatz als Statistiker" 1916–1918 und als Heeresstatistiker der beginnenden Republik (1918/21) als relativ einheitliche Start- oder Vorbereitungsperiode für seine spätere Laufbahn betrachtet werden kann. Im Weltkrieg und in den unmittelbaren Nachkriegsjahren begründete Winkler nämlich seinen wissenschaftlichen Ruf, wodurch er die entscheidenden Grundlagen für seine Habilitierung (1921) und seinen nachfolgenden Aufstieg als international anerkannter Statistiker legen konnte. Dennoch soll nicht verschwiegen werden, daß es neben den Elementen der Kontinuität über 1918 hinaus auch gravierende Einschnitte gab, auch in Winklers Tätigkeit als amtlicher Statistiker der jungen Republik. Das Kapitel II. 4 widmet sich eigens der Phase der Umgestaltung der amtlichen Statistik 1918/21.

1. Winklers Aufstieg zum
führenden deutschböhmischen Landesstatistiker
und seine soziale Positionierung im
Prager deutschsprachigen Bürgertum

Winkler begann 1909 seine berufliche Laufbahn als Konzipist im *Statistischen Landes-Bureau des Königreiches Böhmen* (StLB). Die Umstände, unter denen seine Bestellung zustande kam, verweisen auf die heikle, von Nationalismen aufgeladene politische Atmosphäre in Böhmen. Diese ließ jede Besetzung eines Beamtenpostens zu einem Anlaß werden, um mit dem nationalen Gegner die Kräfte zu messen. Da er zum bekanntesten Schüler von Heinrich Rauchberg aufstieg und

aufgrund seiner Stellung im statistischen Amt maßgeblich die deutschböhmische
Position im Nationalitätenstreit vertrat, verschaffte sich Winkler rasch Zugang zur
Prager bürgerlichen Gesellschaft. – Wie die gesellschaftliche Situation in Prag in
den Jahren vor dem Ersten Weltkrieg sich aus der Sicht der deutschsprachigen Geschichtswissenschaft darbietet, soll der folgende Überblick kurz darstellen:

Exkurs: Tschechisch- und deutschsprachige Ethnien in Prag vor 1914

Die Wendejahre 1989/90 bedeuteten für den geschichtswissenschaftlichen Diskurs über die deutsch-tschechische Geschichte einen tiefen Einschnitt. Beide Seiten versuchten, von der Fokussierung auf das Paradigma des in Böhmen bis 1945
angeblich allgegenwärtigen „Nationalitätenkampfes" wegzukommen. So erfreuen
sich in der einschlägigen Literatur Untersuchungen über Aspekte der interethni-
schen Zusammenarbeit in Böhmen und Mähren zunehmender Beliebtheit.[1]

Die in der älteren Forschungsliteratur vertretenen Autoren, die oft noch selbst
vom Schicksal der Vertreibung geprägt waren, tradierten ein Bild von den sozialen
Verhältnissen der deutschsprachigen Bevölkerung in Böhmen vor dem Ersten
Weltkrieg, das noch ganz dem Ideengut vom bedrängten „Inseldeutschtum" und
der von den Tschechen erzwungenen nationalen Defensive verhaftet war. Wenn
Theo Keil gar pauschal von einem „tschechischen Imperialismus" spricht und Karl
F. Richter darauf verweist, daß gerade die „nichtdeutschen Völker Österreichs" die
Methoden des nationalen Kampfes „entwickelt" hätten, verrät derartige Terminologie oft genug, daß sie selbst noch den von ihnen zu Recht beklagten Denkweisen
verhaftet geblieben sind.[2] Erst in den 1980er Jahren veränderte sich der Zugang
der Forschung zum Thema der deutsch-tschechischen Geschichte. Hans Lemberg
war einer der ersten, der das Paradigma der alle öffentlichen und privaten Bereiche
durchziehenden totalen Trennung zwischen Deutschen und Tschechen in Böhmen
als Klischee erkannte und seine konzeptuelle Verwendbarkeit für die Forschung in
Frage stellte. Dabei ist es bezeichnend für den ungünstigen Zustand der damaligen
deutschsprachigen Forschung, daß Lemberg eine Monographie rezipierte, die ein
Nichtdeutscher, Gary B. Cohen, über die Deutschen in Prag verfaßt hatte. Dieser
benannte Fragestellungen und wandte Methoden an, die in der historischen Bohe-
mistik noch nicht oder nur selten verwendet worden waren. Cohen gelang es, über

---

[1] Bereits vor 1989 erschien der von *F. Seibt* herausgegebene Sammelband „Die Chance
der Verständigung. Absichten und Ansätze zu übernationaler Zusammenarbeit in den böhmischen Ländern 1848–1918." München 1987. Die Gemeinsame deutsch-tschechische Historikerkommission veröffentlichte 1996 unter dem Titel „Konfliktgemeinschaft, Katastrophe,
Entspannung" eine Skizze der deutsch-tschechischen Geschichte seit dem 19. Jahrhundert,
die erstmals eine für beide Seiten akzeptable Sicht der gemeinsamen Geschichte in eine Broschüre verpackte.

[2] *Keil* (Hg.) (1967), 292; *Karl F. Richter,* Gesellschafts- und kulturpolitische Ansichten
über Lage und Aufgaben der Deutschen Böhmens um die Jahrhundertwende, in: Bohemia 15
(1974), 197–210 (1974), 198.

empirisch-soziographische Untersuchungen den Nachweis zu erbringen, daß für Prag z. B. keine deutsche Ghettobildung feststellbar ist; auch im Vereinswesen und im religiösen Leben gab es nach Cohen keine „bemerkenswerte" nationale Trennung. Daß der Gedanke der ethnischen Separation im nationalbewußten Bürgertum vorhanden war und etwa in der Teilung der Universität gerade für die Gebildeten Teil der gelebten Alltagswirklichkeit war, bestreitet Cohen jedoch nicht.[3] Das deutsche Bürgertum Prags war um die Zeit nach der Jahrhundertwende – das läßt sich zusammenfassend festhalten – weniger nationalistisch als viele der Deutschen in den böhmischen Randgebieten. Seine enge Verflechtung mit dem deutsch-jüdischen Bürgertum (man denke z. B. an Winklers freundschaftliche Verbindungen zu den Brüdern Kisch, s. weiter unten)[4] machte es toleranter und offener für andere kulturelle Einflüsse als in den übrigen Landesteilen.

Ein weiteres Problemfeld, das noch einer erschöpfenden empirischen Untersuchung harrt, ist die Frage nach der sozialen Struktur und der sozialen Mobilität der Bevölkerung in Prag vor dem Ersten Weltkrieg. Diese ist für die vorliegende biographische Studie insofern von Relevanz, da sie Aufschlüsse über die gesellschaftlichen Bedingungen gäbe, unter denen sich Winklers sozialer Aufstieg vollzog. Max Brods Charakterisierung des deutschen Prag als eine Gesellschaft, die von „Kasteneinteilung und Kastenstolz" geprägt war, in der das Einkommen der Väter über Erfolg oder Mißerfolg von sozialen Aufstiegsbetrebungen entschieden, kann nur erste Orientierungen vermitteln. Brods Zeitgenosse Egon Erwin Kisch urteilte ähnlich: „Wer keinen Titel hatte und nicht reich war, gehörte nicht dazu!"[5] Beide Autoren übertreiben den bürgerlichen Charakter des deutschsprachigen Prag. Selbst die bürgerlichen Schichten waren je nach Einkommenslagen und kulturellen Verhaltensnormen in verschiedene Gruppen differenziert.

Die Zahl derer, die bei den Volkszählungen in Prag Deutsch als Umgangssprache angaben, sank von über 40.000 im Jahr 1880 auf wenig mehr als 33.000 im Jahr 1910 ab. Im selben Zeitraum bewirkten Urbanisierung und Eingemeindungen von Vororten, daß die Einwohnerzahl der böhmischen Landeshauptstadt sich auf etwa 450.000 verdoppelte.[6] Winkler schätzt in einem 1914 erschienenen Artikel über die deutschen Vereine Prags die Zahl der Deutschen in der böhmischen Landeshauptstadt mit „50.000 Personen oder etwas mehr". Er kommt zu dieser wohl überhöhten Zahl, indem er die von ihm genannten 60.000 Mitgliedschafts-

---

[3] *Lemberg* (1987), 181 f., *Cohen* (1981), 123 – 139.

[4] Prof. Heinrich Rauchberg soll ebenfalls jüdischer Herkunft gewesen sein. So äußert sich jedenfalls Treppesch in einer opportunistisch-stigmatisierenden Geste an das NS-Regime in seiner 1944 eingereichten Dissertation über die „Deutsche Arbeit". Vgl. *Franz Treppesch,* Deutsche Arbeit. Monatsschrift für das geistige Leben der Deutschen in Böhmen. Werden und Wirken einer kulturpolitischen Zeitschrift im Sudetenraum. Phil. Diss. München 1944 [masch.], 210.

[5] *Brod* (1969), 154; E. E. Kisch zit. nach *Dieter Schlenstedt,* Egon Erwin Kisch. Leben und Werk. Berlin / Ost 1985, 33.

[6] Zu diesen Zahlen vgl. *Cohen* (1981), 86.

fälle in deutschen Prager Vereinen auf die von ihm durchschnittlich angenommenen drei Vereinsmitgliedschaften pro männlichen erwachsenen deutschen Einwohner Prags bezieht und daraus die Größe der deutsch-Prager Bevölkerung zu ermitteln sucht.[7]

Die These, daß das im Verhältnis zur Prager Gesamtbevölkerung zahlenmäßig kleine deutsche Bildungs- und Großbürgertum, zu dem noch viele assimilierte Juden zu rechnen waren, in Heirats- und sozialen Verkehrskreisen sich von den Andersnationalen deutlich abgrenzte, erscheint auf dem Hintergrund der demographischen Entwicklungen, die insgesamt auf eine Abnahme der Zahl der Deutschen in Prag hindeuten, vertretbar zu sein.

Im „Statistischen Landes-Bureau des Königreiches Böhmen".
Weiterbildung in der Statistik

Die böhmische Landesstatistik bestand aus der Statistischen Landeskommission als dem beratenden Organ, in dem u. a. auch Rauchberg und Zuckerkandl vertreten waren, und dem seit 1898 bestehenden Statistischen Landesamt als der ausführenden Behörde. Der Personalstand betrug in den Jahren 1911–1914 jeweils fünf Akademiker, zwanzig Beamte, die nicht akademisch ausgebildet waren, und jeweils etwa zehn Hilfsarbeiter. Die wichtigsten Arbeitsfelder des Amtes waren die Agrarstatistik und die Statistik der Selbstverwaltung des Kronlandes Böhmen. In das zuletzt genannte Gebiet fielen die Steuer-, Schul-, Kultur- und Verkehrsstatistik sowie Aspekte der Wirtschaftsstatistik. 1912 wurde dem Amt ferner die Erlaubnis erteilt, eine „Zigeunerstatistik" zu veröffentlichen.[8]

Wie eingangs bereits erwähnt wurde, ist Winklers Bestellung zum Konzipisten des StLB nur auf dem Hintergrund der spezifischen Konstellation in der damaligen böhmischen Landespolitik zu verstehen. Winkler selbst berichtet, daß er als „Parade-Deutscher" in ein Amt geholt worden sei, in dem ausschließlich Tschechen Dienst taten. Er erfuhr von seiner Bestellung durch seinen Förderer Arthur Spiethoff, den er in der Pause einer im *Neuen Deutschen Theater* gegebenen Wagner-Oper traf. Dieser berichtete ihm, daß im StLB eine neue Konzipistenstelle eigens für einen deutschen Bewerber geschaffen werde. Dadurch solle den Tschechen entgegengekommen werden, die die deutschen Ansprüche auf die frei gewordene Stelle eines Präsidenten dieses Landesamtes hartnäckig abgewehrt hätten. Präsident hätte eigentlich der Prager Ordinarius für Statistik Heinrich Rauchberg werden sollen. Rauchberg hatte in seinem dreibändigen, 1905 auf Anregung von Friedrich Wieser, dem damaligen Präsidenten der *Gesellschaft zur Förderung deutscher*

---

[7] WW-1914-03, 528.

[8] Berichte über die Tätigkeit des Statistischen Landesamtes für das Königreich Böhmen im Jahre 1911–1914, in: Mitteilungen des Statistischen Landesamtes des Königreiches Böhmen, Prag 1912–1916, meist 1–5.

Wissenschaft, Kunst und Literatur, erschienenen Werk „Der nationale Besitzstand in Böhmen" die Zahlen der Umgangssprache der Bevölkerung verwendet. Diese Methode war bei tschechischen Statistikern und Politikern auf Kritik gestoßen, da die Zahlen der nicht deutsch-sprachigen Bevölkerung zu niedrig angegeben seien. Da Rauchberg von den tschechischen Mitgliedern des Landesausschusses aufgrund ihrer gegnerischen Einstellung zu seinen Arbeiten abgelehnt worden sei, habe Spiethoff gemeinsam mit dem glücklosen Ordinarius den jungen Juristen Wilhelm Winkler als Kompromißkandidat ins Spiel gebracht.[9] Ein Blick in die Personalstände des StLB belegt, daß der Posten eines Präsidenten im gesamten Zeitraum von 1909 – 1918 tatsächlich unbesetzt blieb.[10] Dobroslav Krejčí, der geschäftsführende Leiter des Amtes, bestätigt indirekt Winklers Bericht über die politischen Schwierigkeiten, die seine Bestellung als Ergebnis eines deutsch-tschechischen Kompromisses in dieser Frage charakterisieren. Krejčí berichtete, daß 1907/08 ein großer Teil der deutschen Gemeinden Böhmens aus politischen Gründen sich weigerte, dem Statistischen Amt Daten für eine Erhebung über Anbau und Ernte zu liefern. Damit sollte die Ernennung eines Deutschen zum Vorstand des Amtes erzwungen werden.[11] Daß Winkler in seiner Tätigkeit als Landesstatistiker gerade das Referat für Erntestatistik zugewiesen bekam, erscheint so in einem besonderen, politisch gefärbten Licht.

Winkler wurde am 22. Juli 1909 provisorisch zum Konzipisten des StLB ernannt. Er erhielt ein Gehalt von 2.400 Kronen nebst 30% Quartiergeld angewiesen.[12] Im Amt wurde er von seinem neuen Vorgesetzten Krejčí freundlich empfangen. Dieser gab ihm in deutscher Sprache zu verstehen, daß er und seine Kollegen schon lange auf sein Kommen gewartet hätten, da sie gehofft hätten, die Beschwerden der deutschen Landtagsabgeordneten über den Fall Rauchberg würden jetzt ein Ende nehmen. Winkler brachte seine Dankesworte auf Tschechisch zum Ausdruck, was bei seinen künftigen Kollegen ihm gegenüber das Eis des Mißtrauens gebrochen zu haben scheint.[13] Dr. Dobroslav Krejčí (1869 – 1936) war neben seiner Tätigkeit im Amt seit 1908 Dozent und später Professor für Statistik an der

---

9 *W. Winkler,* Lebensgeschichte (1952), 212; PNWW, Mein überreich bewegtes Leben, 91.

10 Vgl. Hof- und Staatshandbuch der Österreichisch-Ungarischen Monarchie. Bde. 35 – 44. Wien 1909 – 1918, jew. unter „Statistisches Landes-Amt des Königreiches Böhmen".

11 *Dobroslav Krejčí,* Über die Methode der Anbaustatistik in Böhmen, Mähren und Schlesien bis zum Jahre 1918, in: Mitteilungen des Statistischen Landesamtes des Königreiches Böhmen 25, H. 4: Anbau- und Erntestatistik für die Betriebsperiode 1914/15, 1916/17 und 1917/18. Prag 1923, 4.

12 SÚA, Zemský výbor 1874 – 1928, V-2E, Kt. 1792; vgl. zu den in Böhmen üblichen Gehältern der Landesbeamten Die honorierten Organe der territorialen Selbstverwaltungskörper im Königreiche Böhmen zu Ende des Jahres 1908. Deutsche Ausgabe. Prag 1914 (= Mitteilungen des Statistischen Landesamtes des Königreiches Böhmen; 20, H. 2), 10 – 12; zur Geschichte des österreichischen Konzeptsbeamtentums und zur Entwicklung der Beamtengehälter vgl. *Karl Megner,* Beamte. Wirtschafts- und sozialgeschichtliche Aspekte des k. k. Beamtentums. Wien 1985, 21 – 26, 126 – 134.

13 PNWW, Mein überreich bewegtes Leben, 92.

Tschechischen Technischen Hochschule in Brünn. Nach dem Zerfall der Monarchie wurde er erster Präsident des Staatlichen Statistischen Amtes. Außer Krejčí sind noch drei weitere tschechische Kollegen zu nennen, mit denen Winkler im Amt zusammenarbeitete: Dr. Vilibald Mildschuh (1878 – 1939) war 1904 – 1917 Beamter am Statistischen Landesbüro und wurde 1917 Professor für Statistik und Nationalökonomie an der Prager tschechischen Universität. Dr. Jan Auerhan (1880 – 1942) wurde in der tschechoslowakischen Ersten Republik bekannt als Statistiker, der Bevölkerungsstand und -bewegung der Tschechen im Ausland untersuchte. Auerhan war in der ersten tschechoslowakischen Republik drei Jahre lang Präsident des Statistischen Amtes. Dr. František Weyr war seit 1912 Professor für Nationalökonomie an der Brünner Tschechischen Technischen Hochschule. 1920 bis 1929 bekleidete er das Amt eines Präsidenten des staatlichen Statistischen Amtes.[14] Von letzterem stammt eine „Referenz", die er seinem früheren Kollegen Winkler 1928 anläßlich einer Bewerbung zukommen ließ. Darin wies Weyr besonders auf die persönliche Achtung wie auch den Respekt hinsichtlich seiner damaligen wie der späteren fachlichen Leistungen hin, die Winkler bei seinen tschechischen Kollegen erworben hatte, und er führte weiter aus: „Während der ganzen Zeit [von Winklers] [. . .] Tätigkeit wurde diese Harmonie durch nichts gestört, was bei den damaligen schwierigen nationalpolitischen Verhältnissen besondere Erwähnung verdient [. . .]"[15]

Der Dienst im Statistischen Büro, das in der Nähe des Kleinseitner Brückenturms untergebracht war, dauerte von 9.00 – 14.00 Uhr. Nach Winkler begann die Amtstätigkeit tatsächlich aber erst gegen 9.30 Uhr mit einem „Gabelfrühstück", das von der Amtsdienerin besorgt wurde. Das „Gabelfrühstück" war eine verbreitete Sitte in österreichischen Amtsstuben, an das auch andere Zeitzeugen sich gerne erinnerten.[16]

Winkler war anfangs provisorischer und später fix besoldeter Konzipist. Mit 31. Juli 1912 wurde er zum Vizesekretär des StLB ernannt, wobei gleichzeitig seine Bezüge auf das für damalige Verhältnisse enorm hohe Gehalt von 3.600 Kronen zuzüglich 30% Quartiergeld heraufgesetzt wurden.[17] Die Hauptgebiete seiner amtlichen Tätigkeit betrafen die Anbau- und Erntestatistik sowie die Finanzstatistik. Zu diesen Themenbereichen der amtlichen Statistik veröffentlichte er Auf-

---

14 Vgl. *Jaroslav Koralka,* Der Anteil tschechischer und tschechoslowakischer Statistiker an der Tätigkeit des Internationalen Statistischen Instituts (bis zum Jahre 1938), in: Mitteilungsblatt der Österreichischen Gesellschaft für Statistik und Informatik 11 (1981), 22; Biographisches Lexikon zur Geschichte der böhmischen Länder. Hg. v. H. Sturm. München 1984, 300 (Krejcí) u. 671 (Mildschuh).

15 PNWW, Referenz, ausgestellt vom Präsidenten des Statistischen Staatsamtes der Tschechoslowakischen Republik, Prof. Dr. František Weyr vom 31. 10. 1928.

16 Vgl. *Alois Gütling,* Kollege Kafka, in: Koch (Hg.), (1995), 88.

17 PNWW, Verleihung des Titels eines Vizesekretärs des statistischen Landesbureaus, Gehaltsanweisung – Schreiben des Landesausschusses des Königreiches Böhmen an Winkler vom 02. 08. 1912.

sätze und längere Abhandlungen in der Zeitschrift *Deutsche Arbeit* und in den *Mitteilungen des Statistischen Landesamtes des Königreiches Böhmen*.[18] Sein Vorgesetzter Krejčí verfaßte 1923 einen Aufsatz, in dem er die Methode der Anbaustatistik in den böhmischen Ländern, wie sie vor 1918 üblich war, beschrieb. Demnach wurde in Böhmen die Anbaufläche seit 1868 erhoben, wobei die Agrarstatistik bis zu ihrer Reform im Jahr 1907 auf Schätzungen beruhte. Erst danach wurden wirkliche „Zählungen" durchgeführt. Erhebungseinheit war nunmehr der Anbau jedes einzelnen Landwirtes in der Gemeinde. Gegenstand der Erhebung war der Anbau des gesamten Ackerbodens im Kataster dieser Gemeinde. Die von den Ortsvorstehern in besonders vorbereitete Sammeltabellen eingetragenen Daten der Gemeinden wurden zentralisiert im StLB bearbeitet. Die im Jahr 1907 durchgeführte Erhebung, die – wie erwähnt – auf den Widerstand der meisten deutschen Gemeinden gestoßen war, blieb bis 1914 die einzige wirklich statistische Feststellung des Anbaus in Böhmen. In den folgenden Jahren mußte vorwiegend aus finanziellen Gründen darauf verzichtet werden, neuerlich eine Vollerhebung anzustreben. Das Statistische Amt beschränkte sich daher auf Schätzungen, die auf den Abweichungen vom vorjährigen Anbau beruhten. In Böhmen gab es kein „statistisches Gesetz", das die Gemeinden zur Mithilfe verpflichtet hätte. Dieser Umstand trug auch dazu bei, daß eine weitere Vollerhebung nicht mehr zustande kam.[19]

Winkler selbst berichtet aus der Praxis der erntestatistischen Erhebungen, sein Chef Krejčí hätte ihn und seine Kollegen wiederholt auf das Land geschickt, um die Angaben der Bauern zu überprüfen. Krejčí befürchtete nämlich, daß diese aus Furcht vor zu hoher Besteuerung zu niedrige Angaben über das Ausmaß ihres Anbaus wie auch der Ernte machten.[20] In Winklers agrarstatistischen Studien finden sich detaillierte Angaben über die Anbauflächen und Ernteergebnisse, die mit denen des Vorjahres verglichen und den Erträgen in den übrigen Kronländern Österreichs und in einigen Staaten des Deutschen Reiches gegenübergestellt werden. Böhmen ist dabei immer Spitzenreiter in Österreich, fällt aber hinsichtlich der Ernteerträge hinter den zum Vergleich herangezogenen deutschen Staaten deutlich ab. Daneben geben diese Arbeiten Informationen über Witterungs- und Vegetationsverhältnisse; Berechnungen über Durchschnittserträge der Hauptfeldfrüchte und Preis- und Qualitätsstatistiken ergänzen das Gesamtbild.

Vor Beginn des Dienstes begab sich Winkler häufig in die Deutsche Technische Hochschule im „Klementinum", wo er Vorlesungen aus höherer Mathematik be-

---

[18] Anbau- und Erntestatistik für die Betriebsjahre 1910–1911; 1912/13, in: Mitteilungen des Statistischen Landesamtes des Königreiches Böhmen. Prag 1912; 1913; 1914; 6–28; 6–28; 9–70; Die für Zwecke der örtlichen Selbstverwaltung vorgeschriebenen Zuschläge zu den direkten Steuern in Böhmen im Jahre 1908, in: Deutsche Arbeit 11 (1911), 310–314; Statistik der für die Jahre 1909, 1910 und 1911 in Böhmen zu Zwecken der örtlichen Selbstverwaltung vorgeschriebenen Zuschläge und ihrer Basis. Prag 1914 (= Mitteilungen des Statistischen Landesamtes des Königreiches Böhmen 17, H. 2). 170 S.

[19] *Krejčí* (1923), 2–6.

[20] PNWW, Mein überreich bewegtes Leben, 116 f.

legte. Er hatte nämlich festgestellt, daß die rechtswissenschaftliche Ausbildung bei seiner Arbeit als Statistiker für ihn nicht nutzbringend war. Außerdem hatte er erkannt, wie sehr die deutschsprachige Statistik von ihrer damaligen Leitfigur Georg v. Mayr beherrscht wurde. Dieser ließ nach seiner Meinung eine theoretisch-mathematische Fundierung der Statistik zu sehr vermissen. Er widmete sich daher neben dem Besuch von Vorlesungen noch dem Selbststudium von Schriften englischer und russischer Statistiker. Diese waren wesentlich stärker mathematisch orientiert als v. Mayr.[21]

Wenn Winklers Mitarbeit in den statistischen und volkswirtschaftlichen Seminaren seiner Lehrer Rauchberg und Spiethoff, denen er als junger Doktor angehörte, ihm kaum fachliche Anregungen mitgab, so war es für seinen persönlichen Aufstieg doch wichtig, mit seinen beiden einflußreichen Lehrern in Kontakt zu bleiben.[22] Jener entscheidende Vorschlag der beiden im Landesausschuß bildete die Grundlage, auf der er seine Laufbahn als Statistiker begann. Rauchberg hatte an der Deutschen Universität 1898 ein Staatswissenschaftliches Institut gegründet, das er gemeinsam mit Spiethoff und Zuckerkandl leitete. Rauchberg hielt dort statistische und verwaltungsrechtliche Seminare ab, in denen Themen wie „Die öffentliche Wohlfahrtspflege", „Die Industrie Böhmens" oder „Die Sozialversicherung" abgehandelt wurden. Auch Spiethoff befaßte sich in seinen Lehrveranstaltungen mit Fragen der Volkswirtschaft. Im SS 1909 war Winkler „Mitglied" des Staatswissenschaftlichen Institutes und nahm, wie ihm sein Lehrer bestätigte, an Spiethoffs Seminaren teil.[23]

Nationales Engagement und Positionierung
in der Prager bürgerlichen Gesellschaft

Von Bedeutung für seinen wachsenden Bekanntheitsgrad in der deutschen Gesellschaft wurde seine Tätigkeit im *Deutschen Ortsrat* von Prag. Dieser war eine Filiale des 1903 in Trebnitz an der deutschen Sprachgrenze gegründeten *Deutschen Volksrates für Böhmen*. Josef Wenzel Titta, der in der Gegend von Trebnitz aufgewachsene Gründer dieses überparteilich ausgerichteten nationalen „Schutzvereines", wollte mit Hilfe seiner Organisation dem von ihm und seinen Anhängern befürchteten „Druck" der Tschechen auf die Sprachgrenze einen Riegel vorschie-

---

[21] Ebd., 92 f.

[22] Winkler verfaßte später für beide Lehrer Beiträge, die in Festschriften zu ihren Ehren erschienen. Vgl. WW-1930-06 (Festschrift Rauchberg nd. WW-1933-07 (Festschrift Spiethoff).

[23] AUK, PA Prof. Dr. Heinrich Rauchberg, Persönliche Erinnerungen von Univ.-Prof. Dr. Oskar Engländer; *W. Winkler,* Lebensgeschichte (1952), 211; vgl. Ordnung der Vorlesungen an der K. K. Deutschen Karl Ferdinands-Universität zu Prag; durchgesehen wurden die Verzeichnisse von WS 1907/08-SS 1912; PNWW, Empfehlungsschreiben von Prof. Dr. Arthur Spiethoff vom 14. 07. 1909; Archiv Akademie věd České Republiky (AAVCR), Allgemeine Registratur: Sitzungsberichte 1912, Kt. 23, Prof. Dr. Arthur Spiethoff.

ben. So sollte beispielsweise die Errichtung von deutschen Sparkassen dazu beitragen, die Deutschen an der Sprachgrenze von tschechischen Banken unabhängig zu machen. Mitglieder des Volksrates waren andere Schutzvereine, Parteien und ganze Bezirke. Sozialdemokraten hielten sich trotz Tittas Versuchen, sie für die Mitarbeit zu gewinnen, fern. Die Alldeutschen beendeten ihre anfängliche Kooperation mit dem Volksrat und traten aus, als die Christlichsozialen eintraten.[24] Der Volksrat erhöhte immer dann seinen agitatorischen Einsatz, wenn es darum ging, anläßlich einer Volkszählung möglichst viele Bewohner Böhmens zu einer national motivierten Entscheidung für die deutsche Umgangssprache zu bewegen. Im Vorfeld der Volkszählungen war die Stimmung in der Regel so aufgeheizt, daß Hausbesitzern nahegelegt wurde, Druck auf tschechische Mieter auszuüben, um diese zur Wahl der deutschen Umgangssprache [!] zu bewegen.[25]

Winkler war mit Beginn seiner Anstellung im StLB vom *Deutschen Ortsrat Prag* eingeladen worden, „Nationalitäten-Berichterstatter" für den Volksrat zu werden. Er nahm das Angebot an und beteiligte sich in der Folge an den Sitzungen dieser Institution. Im Jahr 1912 wurde im Ortsrat ein Statistischer Ausschuß gegründet,[26] für den er seine nationalitätenstatistischen Arbeiten durchführte. Diese erschienen in der führenden deutschböhmischen Kulturzeitschrift *Deutsche Arbeit*. August Sauer (1855 – 1926), den Schriftleiter dieser Zeitschrift, lernte er im Ortsrat kennen. Sauer ermöglichte es ihm, Arbeiten herauszubringen, die sich mit der Bevölkerungs- und Kulturstatistik der Deutschböhmen beschäftigten und welche die Ergebnisse dieser Untersuchungen dem tschechischen Bevölkerungsstand und der tschechischen Bevölkerungsbewegung in Böhmen gegenüberstellten. Die Gründung der *Deutschen Arbeit* war die Folge einer Initiative der *Gesellschaft zur Förderung deutscher Wissenschaft, Kunst und Literatur*[27], die „regelmäßige Übersichten über die Leistungen der Deutschen in Böhmen" veröffentlichen wollte. Die von Sauer ausdrücklich als „Zeitschrift für die Gebildeten" konzipierte Monatsschrift wurde von der Gesellschaft finanziell unterstützt, ja galt schlechtweg als das Blatt der Akademie und machte sich rasch einen Namen als das zentrale Organ für das kulturelle Leben des deutschböhmischen Bürgertums. Ideologisch entwickelte sie sich mit dem Wechsel im Posten des Schriftleiters von Sauer zu Her-

---

[24] *Erich Schmied,* J. W. Titta und der deutsche Volksrat für Böhmen, in: Bohemia 26 (1985), 310, 312 – 315.

[25] Vgl. dazu näher *Emil Brix,* Die Umgangssprachen in Altösterreich zwischen Agitation und Assimilation. Die Sprachenstatistik in den zisleithanischen Volkszählungen 1880 bis 1910. Wien / Köln / Graz 1982 (= Veröffentlichungen der Kommission für Neuere Geschichte Österreichs; 72), 306 – 319.

[26] WW-1914 – 03, 527.

[27] Vgl. zur Geschichte der „Deutschen Akademie" *Josef Hemmerle,* Die Gesellschaft zur Förderung deutscher Wissenschaft, Kunst und Literatur in Böhmen, in: Vereinswesen und Geschichtspflege in den böhmischen Ländern, 231 – 247; *Alena Míšková / Michael Neumüller,* Die Gesellschaft zur Förderung deutscher Wissenschaft, Kunst und Literatur in Böhmen (Deutsche Akademie der Wissenschaften in Prag). Materialien zu ihrer Geschichte und Inventar des Archivbestandes 1891 – 1945. Prag 1994 [tschech. u. dt.], hier 35 – 49.

mann Ullmann (1884–1958) im Jahr 1912 von einem nationalliberalen Blatt, das
auch für deutschjüdische Autoren offen war, zu einem Sprachrohr des völkischen
Nationalismus. Unter Ullmann kehrte die Zeitschrift betont ihren Charakter als
Bindeglied zwischen dem österreichischem Deutschtum und den Deutschen im
Deutschen Reich hervor. Dies wirkte sich auch in der Heranziehung von Mitarbei-
tern aus dem Reich aus. Die dort erörterten Maßnahmen gegen die Folgen von
Urbanisierung, Geburtenrückgang und Landflucht sollten für Deutschböhmen Vor-
bildcharakter haben.[28]

Über seinen Freund Paul Kisch, den Vorstand des *Deutschen Ortsrates,* kam
Winkler in Kontakt mit der Redaktion der einen großdeutschen, aber auch jüdi-
schen Leserkreis ansprechenden Tageszeitung *Bohemia,* in der er 1914/15 seine
Kriegserlebnisse veröffentlichen sollte. Kischs Bruder Egon Erwin (1885–1948),
den später so genannten „rasenden Reporter", lernte Winkler im Rahmen von
„Führungen durch das nächtliche Prag" kennen, die Kisch für die Mitglieder des
Ortsrates veranstaltete.[29]

Winkler zog aus der elterlichen Wohnung aus, nachdem seine Geschwister das
Haus verlassen hatten und seine Mutter in einer Anstalt untergebracht werden
mußte. War er anfangs noch bei seinen beiden Freunden Duda untergekommen,
bezog er später als Untermieter Quartiere in den Prager Stadtvierteln Smichow,
Königliche Weinberge und – seit Mai 1914 – wieder in der Kleinseite.[30] 1913 veröffentlichte er in der *Deutschen Arbeit* einen Aufsatz über die Methodik der Haushaltungsstatistik. Zu diesem Zweck führte er durch zwei Jahre Haushaltungsrech-
nungen seiner eigenen „Junggesellenwirtschaft".[31] Sein Aufsatz schöpft aus den
Erkenntnissen dieser Erhebungen. Er listet seine Ausgabenposten für Wäsche oder
auch für „Bedienung" auf, die Beträge für „Korrespondenz, Tram, Vergnügen mit
den Unterabteilungen: Sport, Bahnfahrten, Übernachtungen, Theater und Konzerte, Bücher u. dgl., Photographie, sonstige Vergnügungen [...], Ausgaben für
nationale Zwecke, Almosen, sonstige Spenden und Beiträge" folgen[32]. Die Ausgabenposten für Theater, Konzerte und Bücher, wohl auch jene für „nationale
Zwecke", waren für den deutschen Bildungsbürger Winkler, der eine „bürgerliche"
Lebenshaltung anstrebte, verbindlich. Die Fotografie war gleichfalls seit ihren An-
fängen in der Mitte des 19. Jahrhunderts ein bevorzugtes Vergnügen bürgerlicher
Gesellschaftsgruppen. Daß er Ausgaben für „Sport" tätigte, weist darauf hin, daß
er einer der Anhänger einer neuen Körperkultur war, die in der zweiten Hälfte des

---

[28] PNWW, Mein überreich bewegtes Leben, 89; August Sauer †, in: DA 26 (1926), 4;
Richter (1974), 199 (wörtl. Zit.); 202; vgl. *Treppesch* (1944), 78, 169 f., 173, 202.

[29] PNWW, Mein überreich bewegtes Leben, 125; vgl. zu diesen „Führungen" *Polacek*
(Hg.), Egon Erwin Kisch (1978), 53 f.

[30] Ebd., 88 f.; SÚA, Polizeidirektion Prag, Evidenz der Bevölkerung, Wilhelm Winkler.

[31] Vgl. PNWW, Die statistische Wissenschaft und die Lebensprobleme der Gegenwart
[nicht zuordenbarer Zeitschriftenaufsatz Winklers, Manuskript, vermutl. 1966], 58.

[32] WW-1913-10, 576.

19. Jahrhunderts entstanden war und die sich in den für die damalige Zeit typischen privaten Organisationsformen, den Vereinen, manifestierte. Unter diesen nahm die Zahl der Sportvereine rapide zu. Winkler war Mitglied im *Deutschen Schifahr- und Kletterverein* des Schipioniers Max Stüdl, und außerdem betätigte er sich in einem Radfahr- und Tennisverein. Mit Stüdl unternahm er im Sandsteingebirge Nordböhmens gefährliche Kaminklettertouren. Das Schifahren führte ihn später auch auf einen 4.000 m hoch gelegenen Gletscher in der Schweiz, von dem er in einer „unerhörten Schinderabfahrt" heil nach Hause kam. Im Smichower Turnverein brachte er es bis zum Vorturner.[33]

Parallel zu diesen Freizeitaktivitäten, die ihn oft von Prag wegführten, begann er, nach einer geeigneten Heiratskandidatin Ausschau zu halten, die er in großbürgerlichen Kreisen suchte. Er war selbstbewußt und ehrgeizig, da er als gut verdienender Landesstatistiker finanziell unabhängig war und zielstrebig an seiner Karriere arbeitete. Nach eigenem Bekunden hatte er schon während seiner Zeit als Hauslehrer beim Grafen Ledebur eine Affäre mit der Gattin eines Arztes gehabt, die aber, wie er in seiner Autobiographie mit Erleichterung vermerkt, ein unverhofftes Ende genommen habe, weil ihr Ehemann ein Primariat in einem anderen Krankenhaus erhalten hatte und sie dadurch wegzog. Die nunmehrigen Versuche, im Alter von 26 Jahren eine Verheiratung anzustreben, waren weit ernsthafter. Als Heiratsmärkte dienten die Hausbälle der deutschen bürgerlichen Gesellschaft, zu denen Winkler dank seiner Legitimation, Akademiker und Beamter zu sein, leicht Zugang fand. Die Bekanntschaft mit seiner ersten potentiellen Braut machte er tatsächlich auf einem derartigen Hausball. Sie war die Tochter eines Universitätsprofessors. Eine spätere Heirat war jedoch ausgeschlossen, da sie bereits „fast" mit einem bei ihrem Vater beschäftigten Privatdozenten verlobt war. Die zweite „Kandidatin" (so Winklers Wortwahl), die er auf einem Eislaufplatz kennenlernte, war die Tochter aus einem „Industriellen-Klüngel" und kam daher für ihn auch nicht in Frage.[34]

Im Jahr 1910 trat Winkler seinen ersten sechswöchigen Urlaub an, den er für eine Reise nach Italien und Nordafrika nutzte. Es ist kein Zufall, daß er auf seiner ersten großen Auslandsfahrt gerade Italien besuchte, bewegte er sich dort, was vor (und nach ihm) Generationen von Gebildeten als ein herausragendes Bildungserlebnis ansahen, doch auf den Spuren der alten Römer, die von ihm so geschätzt wurden. Aus Italien und Nordafrika nach Prag heimgekehrt, fiel ihm im Warteraum einer Prager Zahnarztpraxis eine hübsche Dame auf, der er am folgenden Tag in einer für solche Fälle reservierten Spalte des *Prager Tagblattes* eine Einladung schickte. Die Dame antwortete, und die beiden trafen sich zu einem Gespräch, bei

---

33 PNWW, Mein überreich bewegtes Leben, 95 – 97; 116. In seiner Autobiographie nehmen Winklers sportliche Abenteuer einen hervorragenden Platz ein; Spuren nationaler Nebenbedeutungen, die dem damaligen Vereinswesen anhafteten, lassen sich aus seiner Autobiographie nicht herauslesen.

34 Ebd., 77, 97 (wörtl. Zit.).

der sie sich als angehende Lehrerin vorstellte. Als er sie fragte, wie viele Kinder sie sich als zukünftige Mutter wünsche, antwortete sie, „am liebsten gar keines". Diese Antwort entsprach so gar nicht den Vorstellungen Winklers, der sich eine große Kinderschar wünschte. Und als sie sich zu allem Überfluß als „emanzipierte", in einem Lehrerinnenheim wohnende Frau herausstellte, gab das für ihn den letzten Anstoß, das Verhältnis, ehe es begonnen hatte, schon wieder abzubrechen.[35]

Seine ersten Versuche, in Prag in den Jahren vor dem Ausbruch des Ersten Weltkriegs sich zu verheiraten, verweisen in mehrfacher Hinsicht auf die sich verändernden gesellschaftlichen Rahmenbedingungen jener Zeit.[36] Scheinen seine nicht verwirklichten Heiratsbestrebungen zunächst auch das Brodsche Verdikt vom übertriebenen „Kastenstolz" in der deutschen Gesellschaft von Prag zu bestätigen, so zeigen doch bestimmte strukturelle Elemente, die Winklers Handeln und auch Scheitern begründeten, daß gesellschaftliche Wertvorstellungen und Handlungsnormen in Bewegung geraten waren. Dies bezieht sich zunächst auf die Wahl der Heiratsmärkte, von denen die Veranstaltung von Hausbällen als tradiertes Mittel, sozial endogame Heiratskreise zu schaffen, von Winkler bewußt in dieser Weise benützt wurde. Daß der um das Freizeitvergnügen Sport sich etablierende soziale Raum als potentieller Heiratsmarkt angesehen werden konnte, beweist seine Bekanntschaft mit der Eisläuferin, die dem von ihm so bezeichneten „Industriellen-Klüngel" angehörte. Für die Ausdehnung der Möglichkeiten Ehen anzubahnen, in denen der vom Bildungsbürgertum des 19. Jahrhunderts entwickelte Begriff der „partnerschaftlichen Liebe" eine Rolle spielte, spricht schließlich sein geglückter Versuch, eine begehrenswerte Dame, sogar ohne mit ihr ein einziges Wort gewechselt zu haben, über eine Zeitungsannonce zu erreichen. Eine Verbindung mit der „emanzipierten" zukünftigen Lehrerin scheiterte jedoch aufgrund seiner Vorstellungen über die Rolle der Frau in der Familie, die sich auf Mutterschaft und Haushalt beschränken sollte. Die seit dem ausgehenden 19. Jahrhundert sich anbahnende und das gesellschaftliche Leben des gesamten 20. Jahrhunderts wesentlich mitprägende Revolutionierung des Verhältnisses zwischen den Geschlechtern lehnte Winkler schon in jungen Jahren ab. Seine beiden ersten Versuche, sich mit einer Professoren- bzw. einer Industriellentochter zu verehelichen, scheinen primär an seinem damals noch „zu großen" sozialen Abstand von der Elite des Bürgertums, den Universitätsprofessoren und den Großindustriellen, gescheitert zu sein. Einem Landesstatistiker wurden von seiten der bürgerlichen Elite nur begrenzte Aufstiegsmöglichkeiten zugeschrieben. Seine ehrgeizigen Versuche verweisen jedoch darauf, daß er bestrebt war, seine gerade erst geglückte Positionierung als aner-

---

[35] Ebd., 98–113, dazu auch Winklers Ansuchen um Ausstellung eines Passes, danach war Winklers Statur „mittel", sein Gesicht „länglich", seine Haar- und Augenfarbe „blau" (SÚA, k. k. Polizeidirektion Prag PR, Paßtabelle W. Winkler); 113 f.

[36] Vgl. zum bürgerlichen Liebes- und Ehediskurs *Gunilla-Friederike Budde,* Auf dem Weg ins Bürgerleben. Kindheit und Erziehung in deutschen und englischen Bürgerfamilien 1840–1914. Göttingen 1994, 26 ff.

kannter Statistiker auszunützen. Dem beruflichen Aufstieg wollte er im Privatleben entsprechende, nach außen hin „sichtbare" Erfolge hinzufügen.

2. Das frühe wissenschaftliche Werk.
Zur Genese von Winklers Selbstbewußtsein als Gelehrter in Polemiken mit tschechischen Statistikern

Winklers wissenschaftliche Studien im Zeitraum von 1910 bis 1914 lassen sich in mehrere Themenbereiche untergliedern. Die erste Gruppe umfaßt eine Reihe von agrarstatistischen Arbeiten. Eine zweite Gruppe von Studien, mit denen seine über sechzig Jahre während wissenschaftliche Publikationstätigkeit anhebt und die in seine erste Monographie einmündeten, entstand im Rahmen der statistischen Seminare von Heinrich Rauchberg und befaßt sich mit Fragen der Unfall-, Kranken- und Altersversicherung. Drittens sind Winklers Studien zur sozialen Lage der Hochschulstudentenschaft Prags zu nennen. Aufmerksamkeit in einem breiteren Rezipientenkreis, der neben der deutschen auch die tschechische politische Öffentlichkeit umfaßte, erfuhren besonders seine Untersuchungen zur Nationalitäten- und Kulturstatistik in Böhmen, die eine vierte Gruppe von Arbeiten bilden. Diesen und den sich um sie rankenden Kontroversen mit Winklers tschechischen Statistiker-Kollegen gilt das Hauptinteresse der Untersuchungen in diesem Kapitel. Unter Sonstiges sind einige kleinere Studien zur Haushaltungsstatistik und statistischen Theorie einzuordnen.

Sozialstatistische Studien

Die österreichischen Sozialpolitiker arbeiteten nach den ersten allgemeinen Wahlen von 1907 an einer Gesetzesvorlage, die eine Unfall-, Kranken- und Altersversicherung für Unselbständige und Selbständige aus Landwirtschaft und Gewerbe schaffen sollte.[37] Im folgenden wird nur ein knapper Einblick in einige Fragestellungen gegeben, die Winkler in seinen Studien über die Sozialversicherungsvorlage beschäftigten. Die erste, 1910 erschienene Arbeit über „Die statistischen Grundlagen der Invaliden- und Altersversicherung" gibt einem Referat, das er am 7. Jänner 1910 auf Anregung Rauchbergs in der *Statistischen Landeskommission des Königreiches Böhmen* hielt, eine gedruckte Fassung. Darin sucht er einerseits unter Bezugnahme auf Berufs- und Betriebszählungen den Personenkreis einzugrenzen, der für die einzuführende Versicherungspflicht in Frage kommen sollte. Andererseits schätzt er die Kosten, die für die geplante Versicherung zu erwarten seien. Zur Erhebung der für die Versicherung relevanten Daten regt er an, bei der nächsten Volkszählung entsprechende Fragen in die Zählpapiere aufzunehmen.

---

[37] Vgl. *Roman Sandgruber,* Ökonomie und Politik. Österreichische Wirtschaftsgeschichte vom Mittelalter bis zur Gegenwart. Wien 1995, 301 – 304.

Seine zweite und dritte Studie zu diesem Thema knüpfen hinsichtlich der Fragestellungen an die erste an, beschäftigen sich aber nunmehr mit der Selbständigenversicherung und der „Frage der Zusammenfassung von Landwirtschaft und Gewerbe in einen Risikenkreis". Er weist nach, daß die Koerbersche Gesetzesvorlage auf einem Berechnungsfehler basiert habe, wodurch das Versicherungsrisiko der in der Landwirtschaft tätigen Selbständigen unterschätzt werde. Nach Winkler gebe es daraus nur einen Ausweg, nämlich die Landwirtschaft aus der Invaliden- und Altersversicherung auszuscheiden und damit die Gruppe der Kleinhandwerker und Kleinkaufleute vor einer materiellen Schädigung zu bewahren. Den Abschluß dieser Arbeiten bildet eine 1911 erschienene Monographie, betitelt mit „Studien zur österreichischen Sozialversicherungsvorlage", welche die vorangegangenen, in Zeitschriften veröffentlichten Untersuchungen wiedergibt und mit weiteren Studien anreichert. In den Mittelpunkt dieser Arbeit stellt Winkler die Frage, wer die Versicherungslasten trägt und ob der Arbeiterbeitrag auf den Unternehmer überwälzt werden könne, ohne daß die Konsumenten durch Anhebung der Preise stärker belastet würden. Seine Argumentation, daß für Deutschland die Überwälzung des Versicherungsbeitrages „reichlich erwiesen" sei, erfährt von Walter Schiff (1866 – 1950), der die methodischen Grundlagen einer solchen Berechnung anzweifelt, heftigen Widerspruch. Insgesamt attestiert Schiff, der damals Sozialstatistiker im Arbeitsstatistischen Amt des k. k. Handelsministeriums war, jedoch dem Verfasser, er habe seine Studien „mit ruhiger Sachlichkeit und großem Scharfsinn" betrieben und damit aus parteipolitischen Auseinandersetzungen herausgehalten.[38]

Nachdem Winkler seine Arbeiten zur österreichischen Sozialversicherungsvorlage abgeschlossen hatte, kam er durch einen Zufall zu einer zweiten größeren Studie, die seine erste rein mit statistischen Methoden vorgehende Untersuchung werden sollte. Der *Deutsche Zweigverein Prag der Zentralstelle für Wohnungsreform in Österreich* hatte einem in Statistik unerfahrenen jungen Juristen den Auftrag gegeben, die Wohnverhältnisse der deutschen Hochschüler Prags zu untersuchen. Dieser war aber an der Auswertung der von ihm selbst unsachgemäß verfaßten Fragebögen gescheitert, so daß Winkler vermutlich von Rauchberg oder Spiethoff gebeten wurde, die Arbeit zu übernehmen. Seine beiden Lehrer hatten im Jahr 1909 an einer „Konferenz für Wohnungsreform" in Prag teilgenommen, die von der *Zentralstelle* ausgerichtet worden war. Dabei wurde die „Überfüllung der Wohnungen durch Aufnahme von Aftermietern und Bettgehern" als eine Ursache für das Wohnungsproblem bezeichnet, wodurch „Volkssittlichkeit" und „Volksgesundheit" gleichermaßen Schaden nehmen würden.[39]

---

[38] WW-1910-01, 467, 469, 476, 483; WW-1910-02, 602 (wörtl. Zit.); WW-1911-06, 428 f., 445 f.; WW-1911-01, 1 – 3, 33 ; Bespr. von *Walter Schiff,* ZsVwSpV 22 (1913), 185 – 187; Vgl. zur Biographie von W. Schiff *Brigitte Pakes,* Beiträge zur Geschichte des Lehrkörpers der juridischen Fakultät der Universität Wien zwischen 1918 und 1938. Phil. Diss. Wien 1981, 206.

[39] Sněm království Českého 1908 – 1911 – stenoprotokoly / 4. schůze (obsah) / Pondělí 7. února 1910. www.psp.cz / cgi-bin / dee / eknih / 1908skc / stenprot / 004schuz / s004002.htm. Die

Winkler stellte die unfertige Erhebung von der „Wohnlage" auf die „soziale Lage" der Studentenschaft um. Er verfaßte neue Fragebögen, hielt an der Universität vor Studenten einen aufklärenden Vortrag und stellte zwei Hilfskräfte an, die ihn bei den zur Erstellung einer Monographie notwendigen Rechenarbeiten unterstützten.[40] Seine Monographie „Die soziale Lage der Deutschen Hochschulstudentenschaft Prags unter besonderer Berücksichtigung ihrer Wohnverhältnisse" basiert auf der Auswertung von Fragebögen, deren drei Abschnitte Personaldaten, Wohnverhältnisse und die materielle Lage der Hörer erfassen. Der Personenkreis der Erhebung umfaßte alle 2.197 ordentlichen Hörer, die im SS 1910 an der Deutschen Universität und an der deutschen Technik inskribierten. Die Adressaten der Untersuchung waren von den akademischen Behörden verpflichtet worden, die Fragebögen ausgefüllt an die Sammelstelle zurückzusenden. In seiner Darstellung macht der Autor einleitend u. a. genaue Angaben über Zahl, Alter, Studiengang, Muttersprache, Konfession und Familienstand der Studierenden. Von den beiden Hauptteilen der Untersuchung befaßt sich der erste mit den Einnahmen und Ausgaben der Studenten, und der zweite stellt ihre Wohnsituation dar.[41] Der formale Aufbau der Arbeit folgt den Prinzipien der „statistischen Stoffsammlung", die vom Autor erklärend und interpretierend vertieft wird. Das Modell der Statistik als Datensammlung wird dadurch unterstrichen, daß die Arbeit durch einen Tabellenanhang mit detaillierten Datenübersichten ergänzt wird.

Der erste Teil bespricht eingehend die materiellen Verhältnisse der Studentenschaft, ihre monatlichen Einkommen und Ausgaben, den Nebenerwerb der Studenten sowie das Stipendien- und sonstige Unterstützungswesen. Winkler unterscheidet zwischen den Prager Studierenden auf der einen und den auswärtigen Studierenden auf der anderen Seite. Die Untersuchung der Einkommensverhältnisse ergibt, daß unter den insgesamt gegenüber den Einheimischen materiell relativ schlechter gestellten auswärtigen Studenten die Hörer der Philosophischen Fakultät am unzulänglichsten mit finanziellen Mitteln ausgestattet seien. Von den 237 bekanntgewordenen Fällen, in denen Studierende Nebenerwerb betrieben, verdienten sich 180 ihr Geld mit Privatstunden. Unter letzteren befanden sich viele, die den Studierenden „israelitischer" Konfession vorwarfen, diese betrieben durch Unterbieten unlauteren Wettbewerb. Winkler entkräftet derartige aus antisemitischen Vorurteilen herrührende Vorwürfe dadurch, indem er auf sehr ähnliche Einnahmenverhältnisse verweist, die bei den katholischen Studierenden festzustellen seien. Im zweiten Teil seiner Arbeit untersucht er „das Wohnen der Studenten". Raum- und Lichtverhältnisse, die Höhe des Mietzinses, die Zahl der Mitbewohner und ihres Berufsstandes, sowie Berufsstand und Nationalität der Aftermieter (= Untermieter) stellen die weiteren Indikatoren dar, aus denen er ein Gesamtbild der sozia-

---

Zitate stammen aus einer Interpellation des Landtagsabgeordneten Wüst an den böhmischen Statthalter Graf Coudenhove. Vgl. auch PNWW, Mein überreich bewegtes Leben, 122 f.

[40] Ebd. („Mein überreich bewegtes Leben").

[41] WW-1912-01, 8, 14, 130.

len Lage der Hochschülerschaft entwirft. Bemerkenswert sind seine Versuche, die oft konfliktreichen sozialen Beziehungen zwischen studentischen (Unter-)Mietern und anderen Untermietern mit dem Berufsstand und der Nationalität der letzteren in Verbindung zu bringen. Von den 47,01% nichtdeutschsprachigen Aftermietern sind demnach 59,06% nicht näher definierten „niederen Ständen" zuzuordnen, deren „niederes Bildungsniveau" nicht dem von Winkler postulierten Bild entspricht, wonach Mieter von vergleichbarem sozialem und Bildungsniveau in einem Haus zusammenleben sollten. Was das Verhältnis von Vermietern und studentischen Mietern anlangt, beklagt er, daß nach seiner Schätzung jährlich 140.000 Kronen Mietzinse an Nichtdeutsche abfließen. Er bezeichnet diesen Umstand angesichts des von ihm behaupteten Grundsatzes, daß der „nationale Gegner" diese Mittel auch „nationalen" Zwecken zuführe, als „Übelstand". – In seinem Schlußwort faßt der Autor die von ihm als solche benannten Mißstände zusammen (Benachteiligung der auswärtigen Studierenden beim Nebenerwerb, Wohnungsteuerung und -mangel, nichtdeutsche Aftermieter, usw.). Um die Wohnsituation der Studenten zu verbessern, fordert er die Einführung einer Wohnungsvermittlungsstelle. Heinrich Rauchberg, der der Studie seines Schülers das Vorwort voranstellt, sieht in der Einsetzung eines Akademischen Wohnungsausschusses dieses Desiderat bereits als erfüllt an.[42]

Winklers oben vorgestellter monographischer Studie folgten noch drei Aufsätze zu diesem Thema, die sich der „Studentischen Standesorganisation" (1911), dem „Studentischen Unterstützungswesen" (1912) und den „Bedürftigen Studenten" (1913) widmeten. Im ersten dieser drei Aufsätze regt er an, eine studentische „Standesorganisation" zu errichten. Gleich anderen „Berufsständen", die in Anerkennung der „moderne[n] Technik des Kampfes ums Dasein" Interessenverbände gegründet hätten, sollten auch die Studierenden eine derartige parteienübergreifende Organisation ins Leben rufen. Den Studenten fehle es zwar an gemeinsamen materiellen Interessen und an einem (Klassen-)"Feind", doch gerade die reinen Studien- und Hochschulfragen würden zusammen mit gemeinsamen kulturellen Interessen und „Tüchtigkeitsbestrebungen" (Enthaltsamkeit im Alkoholgenuß) die Errichtung einer derartigen Organisation rechtfertigen. Im zweiten Artikel zählt er die Förderung von unbemittelten Talenten zu den „wichtigsten völkischen Aufgaben"; die von deutschen Vereinen lukrierten Geldmittel seien im Vergleich zu den Mitteln, die tschechische Unterstützungsvereine aufbrächten, zu gering. Ein Ausweg sei die Beseitigung der „Zersplitterung" der deutschen Unterstützungsvereine durch Einrichtung eines Dachverbandes, der diese alle übergreifen solle.[43]

Nachdem Winkler bereits zwei Monographien verfaßt hatte, deren Ergebnisse in Fachkreisen wie in der Öffentlichkeit regen Widerhall gefunden hatten, wandte er sich an seinen Mentor Rauchberg, um sich mit ihm über seine akademischen Kar-

---

[42] Ebd., 30, 63, 78 f., 94 f., 5.
[43] WW-1911-02, 202-204 (wörtl. Zit.); WW-1912-03, 130 f.

riereaussichten zu unterhalten. Rauchberg lehnte eine von seinem Schüler angestrebte Habilitation in Statistik mit dem Hinweis ab, daß er bisher zwar gute Arbeiten durchgeführt habe, diese hätten aber nur einen „Oberflächenstoff" behandelt. Das derzeit freie Extraordinariat für Staatsverrechnungskunde könne er hingegen „sofort" haben. Auf Winklers Hinweis, sein Fernziel sei es, ein statistisches Ordinariat zu erreichen, antwortete Rauchberg, damit habe er sich angesichts der großen Konkurrenz und der bisher bloß drei in Deutschland existierenden statistischen Ordinariate eine „dornenvolle Laufbahn" auserwählt.[44]

Nationalitäten- und kulturstatistische Arbeiten

Eine vierte Gruppe von Arbeiten, die Winkler vor dem Ausbruch des Ersten Weltkriegs publizierte, umfaßt Aufsätze, die sich mit der Nationalitäten- und Kulturstatistik Böhmens befassen. Sie erschienen mit Ausnahme einer einzigen Studie durchwegs in der *Deutschen Arbeit*. Ihr einziges Thema ist die nationale Frage in den böhmischen Ländern, wie sie sich in der Bevölkerungsstatistik widerspiegelte. Die staatswissenschaftliche Disziplin Statistik stand in der österreichisch-ungarischen Monarchie im allgemeinen, besonders aber in Böhmen im Spannungsfeld der Diskussion, wie eine Lösung der nationalen Frage innerhalb des österreichischen Vielvölkerstaates zu erreichen sei. Beherrscht wurde diese Diskussion aus deutscher Sicht von der Schreckensvision, daß das Deutschtum von der angeblich besonders hohen Fruchtbarkeit der Slawen in seinem Bestand bedroht sei. Gegenstand der politischen Debatte war die Frage, ob und wie die traditionelle Vormachtstellung der Deutschen in der Monarchie bewahrt werden könne.

Winklers nationalitätenstatistische Veröffentlichungen stehen in einer Reihe mit einschlägigen Werken deutschösterreichischer Statistiker und Nationalökonomen, die in den Jahrzehnten vor und nach der Jahrhundertwende publiziert wurden. Hier sei nur auf Rauchbergs schon erwähnten „Nationalen Besitzstand", auf Michael Hainischs 1892 erschienene Studie „Die Zukunft der Deutschösterreicher" und Friedrich v. Wiesers Arbeiten über die deutsche Steuerleistung in Böhmen verwiesen.[45] Die amtliche Statistik sollte im Nationalitätenstreit eine „objektivierende" Stellung einnehmen. Volksgruppen-Rechte sollten davon abhängig gemacht werden, welchen Anteil eine ethnische Gruppe an der Bevölkerung einer Gemeinde, eines Bezirkes oder Landes hatte. Dieser Anspruch führte zu einer Politisierung der Bevölkerungsstatistik, die in einer gemischt-sprachigen Gesellschaft niemals die gewünschten „eindeutigen" Ergebnisse erbringen kann.[46]

---

[44] PNWW, Mein überreich bewegtes Leben, 123 f. – Heinrich Rauchberg benannte W. Winkler als seinen Wunschnachfolger, als er 1932 aus seinem Amt als Ordinarius für Statistik an der Prager Deutschen Universität ausschied.

[45] Vgl. *Richter* (1974), 203.

[46] *Rainer Münz*, Nationalität, Sprache und Statistik in Österreich-Ungarn (Besprechungsaufsatz), in: MbGStI 13 (1983), 139.

In den Jahren 1913 und 1914 veröffentlichte Winkler eine Serie von Arbeiten, die bevölkerungsstatistischen Inhalts waren.[47] Während die erste dieser Studien sich darauf beschränkt, die Ergebnisse der Volkszählung von 1910 für die gesamte Monarchie tabellarisch und textlich vorzustellen und auf deren Bewertung verzichtet, setzt Winkler in den folgenden Studien sich ausführlich mit theoretischen Kriterien zur Erfassung der Bevölkerung und den damit einhergehenden bevölkerungspolitischen Fragen auseinander. Letztere waren in der Bevölkerungsstatistik der damaligen Zeit identisch mit der Nationalitätenpolitik. Die Bevölkerungszahl einer bestimmten ethnischen Gruppe wurde als Ausdruck ihrer politischen Macht oder Ohnmacht betrachtet. Die Politiker begründeten leiteten aus der Höhe der Bevölkerungszahl die Ansprüche ihrer Volksgruppe auf den Staat ab. Umstritten war unter den Statistikern, welche Fragestellung bei Volkszählungen am dienlichsten sei, um die „Nationalität" festzustellen. Die Frage nach der „Umgangssprache", die in Zisleithanien gestellt wurde, ließ „nicht nur den größten Raum für bewußte oder erzwungene Assimilation, sondern schrieb das Ergebnis von Majorisierungsprozessen auch am deutlichsten fest". Die Frage nach der Muttersprache hingegen „ließ dabei im Prinzip den geringsten Entscheidungsspielraum"[48].

Für Winkler war damals die Erhebung der Muttersprache der Frage nach der Umgangssprache vorzuziehen, womit er sich von der österreichischen amtlichen Statistik distanzierte. Unter den deutschösterreichischen Statistikern war allein die Erhebung der „Sprache" unumstritten. Diese war seit den Tagen Richard Boeckhs (1824 – 1907), des Begründers der preußischen Nationalitätenstatistik, als das einzig objektive Merkmal der Nationalitätszugehörigkeit anerkannt.[49] Für Winkler war die Umgangssprachenstatistik unsicher; seiner Meinung nach öffnete sie der „nationalen Agitation Tür und Tor". Damit bezog sich Winkler auf die nationalpolitisch komplexe Situation in den ethnischen Mischgebieten Böhmens, wo Angehörige der sozial einflußreicheren Bevölkerungsschichten auf die Entscheidungen der sozialen Unterschichten bezüglich der Umgangssprache bei den Volkszählungen einwirken konnten. Die Problematik ergab sich daraus, daß sozial unterprivilegierte Schichten häufig mit nationalen Minderheiten identisch waren. Winkler versucht die Zuverlässigkeit der Umgangssprachenzählung zu widerlegen, indem er die Bevölkerungsbewegung dreier Dekaden (1880 – 1910) mit der Umgangssprachen- und Heimatsstatistik von 1910 vergleicht. Während die Geburtenbilanz für Deutschböhmen gegenüber den tschechischen Gebieten einen Überschuß ergibt, ist die Wanderungsbilanz aufgrund einer konjunkturellen Verschlechterung passiv, d. h. die Abwanderung war stärker als die Zuwanderung. Dieser Befund gilt aber für ganz Böhmen, auch für die tschechischen Gebiete, die von Wanderungsverlusten sogar noch stärker betroffen waren. Die für Deutschböhmen

---

[47] Die folgende Besprechung wird auf die Formen der Darstellung und vor allem der Interpretation und Bewertung der Bevölkerungsdaten eingehen und nur, wenn es unbedingt erforderlich erscheint, konkrete Ergebnisse vorführen.

[48] *Münz* (1983), 140.

[49] Vgl. *Brix* (1982), 73.

insgesamt relativ günstigen Ergebnisse stellt Winkler den Umgangssprachenzahlen gegenüber. Diese weisen die tschechische gegenüber der deutschen Umgangssprache als Gewinnerin aus; demnach hätte sie in den „rein" deutschen Bezirken sogar eine Zunahme um 58,12% gegenüber 1900 erfahren. Doch Winkler zweifelt diese Ergebnisse an, denn der Geburtenüberschuß sei im deutschen Gebiet größer gewesen als der tschechische, der Wanderungsverlust kleiner. Daher könne es sich trotz davon abweichender tschechischer Umgangssprachenzahlen „nicht um eine wirkliche Zunahme des tschechischen Elementes handeln". Vielmehr seien es tschechische Arbeiter gewesen, die aus den deutschen Bergbaugebieten in andere deutsche Gebiete gezogen seien; die Gesamtzahl der tschechischen Bevölkerung in den deutschen Gebieten Böhmens sei davon nicht berührt. Winklers Zusammenfassung der bevölkerungspolitischen Lage und sein Appell an die deutschen Landsleute lauten daher: „Wir Deutschen in Böhmen stehen nach dem harten Kampfe, den uns das verflossene Jahrzehnt gebracht hat, ungeschwächt da. Wir bilden in dem Gefüge Deutschösterreichs einen Eckstein, dessen Festigkeit nicht unterschätzt werden möge!"[50]

Daß die Erhebung der „Muttersprache" für Winkler neben der Wanderungs- und der Geburtenbilanz der wichtigste Schlüssel zur statistischen Erfassung des „Volkstums" war, belegt der oben referierte Aufsatz. Wie sehr die Verwendung der (Mutter-)Sprache im alltäglichen Gebrauch mit der Zuweisung von nationaler „Kraft" und sprachlichem „Selbstbewußtsein" verknüpft war, läßt sich aus einem Artikel herauslesen, den Winkler der „Rechtschreibung von Ortsnamen in Böhmen" widmet. Darin mahnt er die Deutschsprechenden, die Schreibung der tschechischen Ortsnamen an die phonetische Gestalt des Deutschen anzupassen und sich von jenen „fremden" Bestandteilen zu trennen, die der deutschen Sprache „nicht zugemutet werden können". Der tschechische „Gegner" verstehe es dagegen im Gegensatz zu den Deutschen sehr wohl, fremdsprachige Begriffe zu assimilieren (im Tschechischen wird z. B. „New York" zu „Nový York").[51]

Der letzte rein bevölkerungsstatistische Artikel Winklers vor dem Weltkrieg erschien 1914 in der Studentenzeitschrift *Deutsche Hochschulstimmen aus der Ostmark*. Dieses Blatt war antisemitisch und alldeutsch, antisozialistisch und antiklerikal ausgerichtet, und dementsprechend ist die von Winkler verwendete Terminologie schon im Titel des Aufsatzes viel mehr der nationalen Kampfrhetorik verhaftet als in jenen Studien, die er in der *Deutschen Arbeit* veröffentlicht hatte. Damit wird unmittelbar vor dem Ersten Weltkrieg eine Radikalisierung sichtbar. In dem Artikel ist u. a. vom „lebendigen [deutschen] Schutzwall", der sich „den Slawen" entgegenstellt, und von „kampferprobte[n] Recken" die Rede, die die Deutschen Böhmens in ihrem nationalen Ringen anführten. Inhaltlich stimmt der in den „Hochschulstimmen" erschienene Artikel mit den vorangegangenen bevölkerungsstatistischen Studien Winklers überein, was seine Ablehnung der Um-

---

[50] WW-1913-04, 58–61; WW-1913-06, 221, 278 f., 282 u. 283 (wörtl. Zit.).

[51] WW-1913-08, 270 f.

gangssprachenstatistik anbelangt. Die Zahlen der Geburten- und der Wanderungsstatistik würden die „heftige tschechische Agitation" als Urheber der für die Deutschen in Böhmen ungünstigen Umgangssprachenzählung ausweisen. Neu ist hingegen sein Hinweis, daß die „Hebung des noch recht niedrige[n] Kulturniveaus"
der mährischen und schlesischen Tschechen dazu beitragen würde, ihren den Deutschen „stark überlegenen Geburtenüberschuß" sinken zu lassen. Sein Appell gilt
dem deutschen Studenten: Dieser solle durch aufklärendes Wirken dazu beitragen,
dem herrschenden Neomalthusianismus entgegenzutreten, und er solle für eine
Hebung der Geburtenziffern eintreten.[52]

Winklers in der Zeit vor dem Ersten Weltkrieg entstandenen kulturstatistischen
Arbeiten untergliedern sich nach behandelten Themen in zwei Felder, die voneinander getrennt vorgestellt werden. Einerseits sind es Studien, die Probleme der
Museen- und Volksbibliothekenstatistik zum Gegenstand haben, andererseits
beschäftigte sich der Prager Landesstatistiker auch mit den finanziellen Mitteln,
die der Staat für die Volks- und Bürgerschulen aufwendete.

Allen Stoffbereichen der Statistik wurde von den bildungsbürgerlichen Mei-
nungsführern im Böhmen der damaligen Zeit, aber auch von den Statistikern selbst
eine politische Bedeutung für die nationalen Auseinandersetzungen zugeschrieben.
Es ist demnach kein Zufall, daß Winkler einen Aufsatz, der die „Ergebnisse der
Museen- und Volksbibliothekenstatistik in Böhmen" erörtert, im Untertitel um den
erläuternden Zusatz „Ein nationaler Mahnruf" ergänzt. Kernaussage des Artikels,
der auf dem Hintergrund der Diskussion um das Volksbildungswesen entstand,[53]
ist der Hinweis, daß die Deutschen in Böhmen im Verhältnis zu ihrer Bevölkerungszahl eine viel weniger dichte Museen- und Volksbibliothekenlandschaft be-
säßen als das tschechische Mehrheitsvolk. Die Tschechen verstünden es besser als
die sozial zersplitterten Deutschen, ihre nationale Sache zu einem Anliegen zu machen, mit dem alle Bevölkerungsgruppen, Gebildete wie weniger Gebildete, sich
gleichermaßen identifizierten.[54] Möglicherweise spiegelt sich in Winklers pessi-
mistischer Haltung gegenüber den Möglichkeiten, die Deutschen Böhmens für
deutschnationale und schichtenübergreifende Kulturarbeit zu mobilisieren, seine
Skepsis gegenüber althergebrachten Formen der national-liberalen „Schutzarbeit".
Diese wurde u. a. vom 1869 gegründeten *Deutschen Verein zur Verbreitung
gemeinnütziger Kenntnisse* getragen.[55] Auch August Sauer beklagte in einer Rede,
die er 1911 vor der deutschen Kulturversammlung im Prager „Deutschen Haus"
hielt, den sozialen Graben zwischen höher Gebildeten und „dem Volk". Er verwies

---

[52] WW-1914-02, 74–76; vgl. Die Hochschulstimmen im neuen Gewande, in: Deutsche
Hochschulstimmen aus der Ostmark 5 (1913), 389 f.

[53] Vgl. dazu *Treppesch* (1944), 101 f.

[54] WW-1911-03, 265–267.

[55] Vgl. dazu *Robert R. Luft,* Der „Deutsche Verein zur Verbreitung gemeinnütziger Kenntnisse" in Prag 1869–1938. Ein Beitrag zur Volksbildung in Böhmen, in: Vereinswesen und
Geschichtspflege in den böhmischen Ländern, 139–178.

in diesem Zusammenhang darauf, daß die deutschen Honoratioren weniger Mittel für die deutschen Museen- und Volksbibliotheken aufwendeten als die Tschechen. Die sportlicher Betätigung und Alkoholabstinenz gewidmeten „Tüchtigkeitsbestrebungen" der Jugend seien jedoch ein Signal, das den um ihre „völkische Existenz" kämpfenden Deutschen Hoffnung gebe.[56] Winklers „nationaler Mahnruf" scheint also bei einigen führenden Persönlichkeiten der Deutschen in Böhmen auf positiven Widerhall gestoßen zu sein, wogegen die Auswahl der statistischen Quellen, die er in seinem Aufsatz heranzog, kritisiert wurde: So sei sein Artikel in seiner Tendenz zwar richtig, die Zahlen aus der 1911 erschienenen amtlichen Statistik seien jedoch veraltet, da sie nur die Daten bis 1905 erfaßten.[57]

In einem im selben Jahr 1911 veröffentlichten Artikel über die Frage, ob und wie höhere Bildung allen Gesellschaftsschichten zugänglich gemacht werden solle, beschäftigt sich Winkler erneut, jedoch aus einer veränderten Perspektive heraus, mit der schon in seinem oben zitierten Aufsatz angesprochenen Frage nach dem Verhältnis von höher (=akademisch) Gebildeten und den anderen bürgerlichen Bevölkerungsschichten. Weil allein das Vorhandensein von Besitz es ermögliche, eine Existenz in Gewerbe oder Handel zu begründen, schickten viele Väter ihre Söhne an die Universität. Dies habe aber zur Folge, daß die „geistigen Berufe" „überfüllt" seien. Die Erschwerung des Studiums, etwa durch Einschränkung des Stipendienwesens, lehnt er ab („ein Mittel, das an den Malthusschen Vorschlag erinnert, man solle die Armen verhungern lassen, wenn ihrer zu viele sind"). Vielmehr sollte ein zentrales Stellenvermittlungswesen für die geistigen Berufe geschaffen werden, um dem Problem wir kungsvoll entgegenzutreten.[58]

Auch in den ersten Jahren nach dem Krieg Winkler strebte danach, seine nationalitätenstatistischen Thesen der Fachwelt, aber auch einem breiteren Publikum zu vermitteln. Ein für Argumentationsweisen und ideologisiertes Denken des Autors aussagekräftiges Beispiel ist seine Studie „Vom Völkerleben und Völkertod", die er 1920 publizierte.

In einer rhetorisch brillanten dreigliedrigen Deduktion stößt ihr Verfasser von der „Natur" über den „Menschen" zu der für diesen Aufsatz wesentlichen Aussage vor: Wie es in der Natur und zwischen Einzelmenschen „Kämpfe" zwischen „Starken" und „Schwachen" gebe, so sei auch das Verhältnis der Völker untereinander von andauernden „Kämpfen" gekennzeichnet, in denen einmal das eine, einmal das andere Volk obsiege. Winkler legitimiert diese Sicht mit einer durch biologistische Versatzstücke untermauerten Theorie des „Völkerlebens": Demnach können ganze Völker „krank" sein und von „Lebensüberdruß" und „Ekel" erfaßt werden. Symptome der „Erkrankung" eines Volkes erblickt er in dem Rückgang der Geburten und in der ethnischen Assimilation, wie es in Völkern mit überwiegend städti-

---

[56] Zit. bei *Stauda* (1975), 9.

[57] *Josef Martin,* Übersicht über den Stand der Volksbibliotheken und Lesehallen deutschböhmischer Städte, in: DA 11 (1911 / 12), 579.

[58] WW-1911-05, 528 f.

schen Lebensformen üblich sei. „Lebenskraft" und „Blüte" schreibt er dagegen Gesellschaften zu, die vorwiegend agrarisch geprägt sind. Der „unversiegbare Jungbrunnen des Volkes" sei der „Bauernstand". Je mehr dieser jedoch zahlenmäßig abnehme, und je mehr die städtischen Unterschichten dem Beispiel der Reichen folgten, keine oder nur mehr ein bis zwei Kinder zu bekommen, desto mehr drohe eine „Entartung" des Volkes. Bereits die altrömische Geschichte (Winkler zitiert ausführlich aus Theodor Mommsens „Römischer Geschichte") zeige, wie „Entartung" und moralisch-ethischer Verfall den Niedergang einer hoch zivilisierten und im hohen Grade urbanisierten Gesellschaft indizierten.[59]

Weitere Aufsätze, die für ein breiteres Publikum bestimmt waren, erschienen in einem Sammelband, in der *Deutschen Arbeit* und in der 1919 begründeten sudetendeutschen Zeitschrift *Deutsche Zukunft*.[60] Winkler referierte darin seine Vorstellungen über die gegenwärtige Bevölkerungslage in Deutschböhmen. Diese befand sich, nachdem sie in Gesamt-Cisleithanien noch die relative Mehrheit gebildet hatte, im tschechoslowakischen Nationalstaat in einer Minderheitenposition. Die führenden deutschböhmischen Politiker, an ihrer Spitze der Landeshauptmann Rudolf Lodgman v. Auen, trugen den veränderten nationalen Kräfteverhältnissen Rechnung, indem sie die Idee der nationalen Autonomie unter Verzicht auf die Deutschen im geschlossenen tschechischen Sprachgebiet vertraten.[61]

In dem erwähnten Sammelband, der von Lodgman herausgegeben wurde und in dem sich Beiträge von Alfons Dopsch, Adolf Hauffen, Friedrich Wieser u. a. finden, befaßt sich Winkler mit „Deutschböhmens Wirtschaftskraft". Diese sei durch tschechische Kolonisierungsbestrebungen massiv gefährdet. Die tschechischen „Machthaber" verstünden es, die durch höhere Kriegsverluste und geringere Geburtenrate geschwächte Stellung der Deutschen in Böhmen zu ihren Gunsten auszunützen. Nur die Vereinigung Deutschböhmens mit dem Deutschen Reich könne daher die durch die Rückkehr tschechischer Auswanderer drohende „Überflutung" Deutschböhmens verhindern.[62]

Von den Zeitschriftenartikeln ist der eine, in der *Deutschen Arbeit* erschienene übertitelt mit „Deutsche Volkskraft in Gefahr". Erstmals erscheint der Begriff der „Volkskraft", der für „Vemehrungsfähigkeit" steht, in einer Veröffentlichung Winklers. Auf der Ebene der in diesem Artikel verwendeten sprachlichen Ausdrucksmittel ist insofern gegenüber den Vorkriegspublikationen eine Radikalisierung festzustellen, als sein Verfasser infolge des verlorenen Krieges eine weitere Ver-

---

[59] WW-1920-02, 3 f., 5 f., 7, 12.

[60] WW-1919-07/08/09.

[61] Zu letzterem *Hanns Haas,* Im Widerstreit der Selbstbestimmungsansprüche: vom Habsburgerstaat zur Tschechoslowakei – die Deutschen der böhmischen Länder 1918 bis 1919, in: Hans Mommsen et al. (Hg.), Der Erste Weltkrieg und die Beziehungen zwischen Tschechen, Slowaken und Deutschen. Essen 2001, (= Veröffentlichungen der Deutsch-Tschechischen und Deutsch-Slowakischen Historikerkommission; 5), 150.

[62] WW-1919-07, 127 f., 131.

schlechterung der bevölkerungspolitischen Lage in Böhmen befürchtet. Die sprachlichen Bilder, mit denen er diesen Konflikt stilisiert, werden (noch) plakativer: „An jeder Stelle, wo ein Deutscher ausfällt, wachsen zwei Tschechen für ihn aus dem Boden, im Gewerbe, in der Industrie, im Handel, im Amte, und sicher – leider – auch im Bauernstande."[63] Er beschwört mit diesem Satz das Bild der siebenköpfigen Schlange Hydra der altgriechischen Mythologie herauf, der in der altgriechischen Mythologie für jeden abgeschlagenen Kopf zwei neue nachwachsen. Der zweite, in der *Deutschen Zukunft* erschienene Artikel „Kriegsverluste und Völkerschicksal" vermittelt einem breiteren Leserpublikum Aufschlüsse über seine Theorie der aktuellen Bevölkerungslage. Und der dritte Beitrag befasste sich mit den Gemeindewahlen in Deutschböhmen im Juni 1919, die Winkler als Volksabstimmung über die Zugehörigkeit des Landes zum deutschen Sprach- und Kulturraum betrachtete.[64]

In der Schrift „Die Tschechen in Wien" tritt Winkler Behauptungen tschechischer Politiker entgegen, die der österreichischen Umgangssprachenerhebung von 1910 vorwarfen, bis zu eine Million angeblich in Wien lebende Tschechen unterschlagen zu haben. Mit Hilfe der Zuwanderer-, Schulkinder- und Wahlstatistik überprüft Winkler die kritisierte Umgangssprachenzählung. Die von Wilhelm Hecke in seiner Monographie „Volksvermehrung, Binnenwanderung und Umgangssprache in Österreich" (1914) genannte Zahl von 341.734 tschechischen Zuwanderern kritisiert Winkler als um etwa 200.000 Personen zu hoch. Unter den Zuwanderern aus tschechischen Gebieten seien solche Personen deutscher Herkunft vertreten gewesen, die in Böhmen mit tschechischer Umgangssprache gezählt worden wären, in Wien dagegen sich wieder zur deutschen Umgangssprache bekannt hätten. In der Auswertung der Schulstatistik sieht Winkler seine Annahme bestätigt, daß die Zahl der Tschechen in Wien sich infolge teilweiser Rückwanderung nach Böhmen und Mähren während des Krieges verringert habe. Die Auswertung der Statistik der Wahlen in die deutschösterreichische Nationalversammlung vom Februar 1919 ergebe eine Zahl von 128.000 Tschechen. Winkler kommt auf diese Ziffer, indem er die Zahl der auf tschechische Wahlwerber entfallenden Stimmen mit Bezug auf die bei Deutschen wie bei Tschechen gleich hohe Stimmenbeteiligung auf die Gesamtbevölkerung Wiens hochrechnet.[65]

Die Alters- und Berufsgliederung, aber auch die zerstreute Siedlung der Wiener Tschechen bringe den Zuwanderungscharakter dieser Minorität zum Ausdruck. Darauf wiesen die stark besetzten mittleren Jahrgänge und die geringe Zahl älterer in Wien lebender Tschechen. Die Wiener Tschechen stellten vier Fünftel der Arbeiter und der „Bedienten"[66]. Das „niedrige soziale Niveau" der Tschechen, unter

---

63 WW-1919-08, 46 f.

64 WW-1919-09, 180; vgl. WW-1919-03.

65 WW-1919-05, 6, 10, 12 f.

66 Friedrich Hebbel spricht von den slawischen „Bedientenvölkern", die den „Bau" der Habsburgermonarchie bedrohten: „Auch die Bedientenvölker rütteln / am Bau, den jeder tot

denen sich überproportional viele „Bettgeher" befänden, verweise wieder darauf, daß viele Angehörige der Minderheit erst seit wenigen Jahren in Wien lebten. Was die Wiener tschechische Minderheit als staatsgefährdend erscheinen lasse, sei ihre „vorzügliche Organisation" und die dem tschechischen Volkscharakter eigene Fähigkeit, sich der „Aufsaugung" (Assimilation) erfolgreich zu widersetzen. Für „die Tschechen" sei ihre Wiener Minderheit ein Vorposten ihrer „imperialistischen" Bestrebungen, die darauf hinausliefen, durch die Eroberung Wiens und seines Umlandes eine Brücke zu den südslawischen Brüdern und zum Meer herzustellen.[67]

Auseinandersetzungen mit tschechischen Fachkollegen

Ein Aufsatz Winklers aus dem Jahr 1913, der die Zahlen der „neuesten Volksschulstatistik in Böhmen" vorstellte, führte zu einer teils in der Tagespresse ausgetragenen Kontroverse mit zweien seiner Kollegen aus dem StLB. In dem Aufsatz, der auch als Flugschrift der *Deutschen Arbeit* erschien,[68] versucht er den Nachweis zu erbringen, daß die Stadtgemeinde Prag für die tschechischen Volksschüler verhältnismäßig mehr Geldmittel ausgebe als für die deutschen. Damit vertritt er eine ganz andere Position als Jozef Mráz, der Bearbeiter der Volksschulstatistik. Mráz liest nämlich aus den von ihm bearbeiteten Zahlen heraus, daß im Gegenteil für die deutschen Volksschüler Prags sogar besser gesorgt werde als für die tschechischen. Dies begründet er mit der Feststellung, daß für eine Schule im deutschen Schulbezirk durchschnittlich um 3.429 Kronen mehr ausgegeben werde als für eine tschechische Schule. Winkler hält dem entgegen, die deutschen Schulen seien zum einen größer, d. h. sie hätten mehr Klassen, wodurch der Aufwandsdurchschnitt höher sei. Zum anderen erreiche die Zahl der deutschen Schulen nicht einmal die Höhe der deutschen Bevölkerungsquote, die ohnehin zu niedrig angesetzt sei. Überdies seien die deutschen Kinder vielfach gezwungen, „mit so und so vielen meistens aus den niedrigsten Bevölkerungsschichten entstammenden tschechischen Kindern zusammensitzen", was die Quote der auf ein deutsches Kind entfallenden finanziellen Mittel der Gemeinde Prag weiter drücke. Und schließlich stellt Winkler den Vergleich, welchen Mráz zwischen der Schulfürsorge Prags mit den Ausgaben, die das deutsche Reichenberg für seine Volksschulen tätige, als statistisch unzulässig hin. Damit würden zwei

gelaubt, / Die Czechen und Polacken schütteln / Ihr struppig Karyatidenhaupt." Zit. n. *Ernst Bruckmüller,* Nation Österreich. Sozialhistorische Aspekte ihrer Entwicklung. Wien / Köln / Graz 1984 (= Studien zu Politik und Verwaltung; 4), 149.

67 WW-1919-05, 20, 24 f., 27 f., 31 f.

68 Insgesamt wurden zwölf derartige Flugschriften veröffentlicht, nachdem H. Ullmann die Leitung der Redaktion der „Deutschen Arbeit" übernommen hatte. Diese waren durchwegs Fassungen von bereits vorher erschienenen Aufsätzen, die – wie im Falle von Winklers Publikation – in der Öffentlichkeit auf besonderes Interesse gestoßen waren. (Vgl. *Treppesch,* 1944, 227).

Gemeinwesen miteinander verglichen, deren Einwohner hinsichtlich ihrer Steuerkraft sehr verschieden seien.[69]

Mráz reagierte in der Tageszeitung *Národní listy* auf Winklers Einwände, indem er den Angelpunkt seiner eigenen Erörterungen, den Vergleich zwischen der Prager und der Reichenberger Minoritätsschulfürsorge, weiter vertiefte. In seiner Verteidigung hebt er hervor, daß seine Wahl der Vergleichsebenen sachlich richtig gewesen sei. Er habe zwei Gemeinden miteinander verglichen, die beide statutarischen Charakter hätten. Städte mit einem besonderen Statut wie Prag und Reichenberg bildeten städtische Schulbezirke, die sich mit eigenen Mitteln um ihr Nationalschulwesen kümmerten. Sie hätten daher volle Freiheit bei der Pflege des eigenen Schulwesens und wären darin nicht in irgend einer Weise beschränkt. Mráz gab zwar zu, daß der durchschnittliche Aufwand, den die Gemeinde Prag für eine deutsche Schulklasse ausgebe, geringer als für eine tschechische Klasse sei, das heiße aber noch lange nicht, daß es um das deutsche Schulwesen in Prag schlechter bestellt sei. Als Faktum bleibe das Ergebnis seines Vergleichs bestehen. In einer Hochrechnung auf die Gesamtzahl der Schulen schätzt Mráz, daß die tschechischen Gemeinden für das deutsche Schulwesen im Jahr 1907 454.139 K, dagegen die 29 deutschen Gemeinden für ihre tschechischen Minderheitsschulen nur 217.936 K ausgegeben hätten.[70]

Vorher hatte schon František Weyr, Winklers Vorgesetzter im Statistischen Landesamt, auf der Titelseite der Tageszeitung *Union* auf den Aufsatz seines „geschätzten Kollegen Dr. Winkler" reagiert. Weyrs erster Einwand bezieht sich auf die Kritik seines Kollegen an der Prager Umgangssprachenzahl: Die sozial gut gestellte deutsche Bevölkerung Prags unterliege doch wohl weit weniger einem sozialen Druck bei der Volkszählung, durch die Wahl der tschechischen Sprache Assimilationsbereitschaft zu zeigen, als etwa „böhmische" Dienstmädchen und Lehrjungen in Wien. Wenn dadurch, daß ein Drittel tschechischer Kinder deutsche Volksschulen besuchten, die auf ein Kind entfallene Quote noch weiter herabgesetzt werde, so sei das auf den „Unverstand" der böhmischen Eltern [sic!] zurückzuführen, die ihre Kinder in deutsche Schulen schickten. Die Prager Gemeinde erhalte aber die deutschen Schulen für die deutsche Bevölkerung; diese seien kein „Luxusartikel" für böhmische Eltern. Weyr verteidigt Mrázs Vorgehen, das Prager mit dem Reichenberger Schulwesen zu vergleichen. Winkler könne nicht daran vorbeigehen, daß es mit der Schulfürsorge um die Deutschen in Reichenberg schlechter bestellt sei als in Prag. Er folgert daraus: „Die Deutschen in Reichenberg haben also mehr Grund zu jammern, als die Deutschen in Prag. Da sie aber in Reichenberg nicht jammern, so sind die durch unsere Schulstatistik festgestellten Daten ein vernichtendes Urteil über die Aufrichtigkeit des Gejammers in Prag."[71]

---

[69] WW-1913-02, 463; 464 (wörtl. Zit.); 465.

[70] *Jozef Mráz,* Praha a německé školství národní; Minoritní školství obou národností, in: Národní listy vom 26. 08. 1913, 2 f.; 02. 09. 1913, 2 f.

Winkler bekam von der deutschen Tageszeitung *Bohemia* und von der *Deutschen Arbeit* Gelegenheit, die Kritik seiner tschechischen Kollegen ausführlich zu erwidern. Sein Standpunkt und seine Kritik an den von Mráz gezogenen Schlußfolgerungen aus der Schulstatistik bleiben grundsätzlich die selben. Er zieht keine neuen statistischen Belege für seine Argumente mehr heran, sondern versucht seinen Kontrahenten nachzuweisen, daß bestimmte von ihnen gewählte Argumentationsfiguren nicht den Erfordernissen einer sachlichen Erörterung dienlich sind. Dem von Weyr geäußerten Verdikt über die fehlende „Aufrichtigkeit des Gejammers in Prag" setzt Winkler ein Gleichnis entgegen. In diesem vergleicht er die Situation der deutschen Minderheit in Prag mit der Lage des zurückgesetzten Sohns eines reichen Mannes und die tschechische Minderheit in Reichenberg mit dem Sohn eines armen Mannes, der sich mit seinen wenigen ihm zur Verfügung stehenden Mitteln liebevoll um diesen bemüht. Grund zu „jammern" hat nach diesem Gleichnis wohl der zurückgesetzte Sohn des reichen, nicht aber der Sohn des armen Mannes.[72] Gegen Mráz führt er eine von ihm selbst angefertigte Statistik ins Treffen, die auf den von seinem Widersacher erstellten Daten beruht. Während Mráz den Sachaufwand für *alle* deutschen wie tschechischen Minderheitsschulen berechnet und dadurch auf die erwähnten Ergebnisse kommt, gliedert Winkler seine Statistik, aus der er Prag und Reichenberg wegen ihrer Bevölkerungsgröße ausschließt, nach der Steuerleistung der Gemeinden. Das Ergebnis widerspricht der Mrázschen Statistik diametral: Mit Ausnahme der Prager Vororte Karolinenthal, Weinberge und Smichow gaben danach im Jahr 1907 die deutschen Gemeinden jeweils mehr für ihre tschechischen Minderheitsschulen aus als die tschechisch dominierten Orte für ihre deutschen Schulen.[73]

Zwischenergebnisse und Bewertungen

Die frühen sozial- und nationalitätenstatistischen Arbeiten geben einen tiefen Einblick in die Struktur von Winklers bildungsbürgerlich-deutschnationalem Weltbild, das in Grundzügen vorhanden war, spätestens seit er sein Studium abgeschlossen hatte. Winklers Entwicklung zu einem als Einzelkämpfer agierenden, konfliktbereiten Gelehrten hat ihre Ursprünge in den wissenschaftlichen Kontroversen mit seinen tschechischen Kollegen des StLB. In der Form der Argumentation liefen diese Auseinandersetzungen relativ gemäßigt ab, wenngleich beide Seiten kompromißlos in den zu „Problemen" erhobenen Diskursgegenständen blieben. Abgesehen von der umstrittenen Nationalitätenstatistik sind aber auch Terminologie, Datengrundlage und die methodischen Instrumentarien von Interesse, mit denen österreichische Landesstatistiker der ausgehenden Monarchie arbeiteten.

---

[71] *František Weyr*, Die Stadt Prag und das deutsche Schulwesen, in: Union (Hauptblatt), 52. Jg., Nr. 218 (= Neue Folge Jg. V) vom 10. 08. 1913, 1 f.

[72] WW-1913-03, 50 f.

[73] Ebd., 135 f.; *W. Winkler*, Deutsche und tschechische Minoritätsschulfürsorge, in: Bohemia Nr. 246 vom 07. 09. 1913, 2 f.

a) Die zentralen Erkenntnisinteressen von Winklers Prager Studien kreisen um meßbare „soziale" Strukturen und Erscheinungen, wie sie die Bevölkerungsbewegung, Wohnverhältnisse oder kulturelle Aktivitäten darstellen. Die „sozialen" Erscheinungen haben in diesen Untersuchungen immer „nationale" Komponenten, von denen die an sich auf „soziale" Phänomene hin orientierten Fragestellungsinteressen überlagert werden. Alle von der Statistik erfaßbaren Formen und Strukturen des gesellschaftlichen Lebens, von der sozialen „Lage" einer bestimmten Bevölkerungsgruppe bis hin zur Organisation kultureller Einrichtungen, haben für Winkler nationalpolitische Bedeutung und werden leitgedanklich unter dem Aspekt des nationalen „Gegensatzes" zwischen zwei Völkern betrachtet. Der statistische Vergleich (z. B. zwischen der deutschen und der tschechischen Bevölkerungszahl) ist jene Methode, mit der die aus den Daten gewonnenen Ergebnisse in ihrem besonderen, weltanschaulich gefärbten und lebensgeschichtlich geprägten Licht gesehen werden.

Winklers nationales Denken – soweit es sich in seinen Veröffentlichungen aus der Zeit vor dem Ersten Weltkrieg widerspiegelt – bewegte sich in Bahnen, wie sie von den Professoren der Prager Deutschen Universität an ihre Studenten weitergegeben wurden. Dafür spricht nicht zuletzt, daß Winkler mit Gesellschaftskreisen verkehrte, die nicht ausschließlich, aber vornehmlich dem akademischen Milieu zugehörten. Nicht alldeutsch-antisemitische Korpsstudenten, sondern national denkende, in der Öffentlichkeit relativ gemäßigt agierende akademische Lehrer und Vereine (z. B. der *Deutsche Ortsrat* Prags) waren Vorbilder und Ansprechpartner des karrierebewußten Winkler, der diese Kontakte suchte, um sich selbst einen Platz in der deutschen bürgerlichen Gesellschaft Prags zu sichern. Gleichwohl war er für völkische Kreise offen. Die Publikation von Artikeln in der unter Hermann Ullmanns Leitung sich radikalisierenden *Deutschen Arbeit* und in einer völkischen Hochschulzeitschrift verweisen auf den sich verschärfenden ethnischen Konflikt in Böhmen in den Jahren vor dem Ersten Weltkrieg. Winkler entsprach dem Typus des „gelehrten Nationalisten", für den gerade der oben genannte Zusammenfall von „sozialen" mit „nationalen" Vorurteilen konstitutiv war. So trat er nicht nur für die Separation der deutschen von den tschechischen Volksschülern ein, weil letztere der anderen Nationalität angehörten, sondern auch, weil sie einem „niedrigeren" sozialen Niveau entstammten als die deutschen Kinder. Und er beklagte, daß deutsche Hochschüler aus materiellen Gründen gezwungen seien, mit tschechischen Aftermietern aus „niedrigem Kulturniveau" zusammenzuleben.

Allen Winklerschen Arbeiten liegt das scheinbar unverrückbare Dogma zugrunde, wonach es das beste für beide nationalen Gemeinschaften in Böhmen wäre, in allen Lebensbereichen die Separation vom nationalen „Gegner" anzustreben. Winklers Bild von der tschechischen Bevölkerungsentwicklung und nationalen Organisationskraft ist ambivalent: Einerseits betrachtet er die tschechische Bevölkerungsdynamik als eine Bedrohung für den Bestand des deutschen Volks in Böhmen, andererseits sieht er diese als Vorbild für die deutsche Minderheit an. Er bedauert die mangelnde Fähigkeit der Deutschen, diesem Beispiel erfolgreich nachzueifern.

Im persönlichen Umgang mit Tschechen, die die gleiche oder höhere soziale Position hatten wie er selbst, ergibt sich ein anderes Bild: Selbst in fachlich harten, teilweise mit rhetorischer Beredsamkeit und sarkastischen Kommentaren geführten Kontroversen spiegelt sich auf beiden Seiten der nationalen Trennlinie die persönliche Schätzung des jeweiligen Kontrahenten. Es gehörte zum „gelehrten Nationalisten", nach außen hin die von beiden Seiten verinnerlichten Regeln der bürgerlichen Diskussionskultur zu achten, in der Sache selbst aber klar und kompromißlos auf der „eigenen" Seite zu stehen. Winkler selbst betont häufig, von welch großem Vorteil es sei, die Sprache des anderen Volkes zu sprechen. Dabei spricht er jedoch nicht den Gedanken aus, daß dies etwa eine Verständigung mit den Tschechen erleichtern würde. Vielmehr dient die Sprachbeherrschung als Vehikel, um den „Gegner" besser zu verstehen – im wörtlichen wie im übertragenen Sinn – und sich dadurch eine bessere Verteidigungsposition zu schaffen.

b) Die Rolle der Statistik bei den nationalen Auseinandersetzungen war politisch hochbrisant. „Begriff" und „Zahl" waren die einzigen ihr damals zur Verfügung stehenden methodischen Mittel. Die mathematischen Operationen der Statistik führten noch nicht über die vier Grundrechnungsarten hinaus. Die amtlichen Statistiker strebten danach, ein auf diesen Grundlagen basierendes begriffliches und organisatorisches Gebäude zu errichten, das „Vollerhebungen" auf allen Gebieten des gesellschaftlichen und wirtschaftlichen Lebens ermöglichen sollte. Die Demographie stieß unter dem Begriff „Bevölkerungsstatistik" auf großes öffentliches Interesse, beschrieb sie doch den gerade politisch aktuellen nationalen „Besitzstand" und seine Veränderungen. Bei den Volkszählungen war die Frage nach der Sprachzugehörigkeit (Umgangssprache) von zentraler Bedeutung. Die altösterreichische Statistik hatte zwar mit Rassendiskriminierung „nichts im Sinne"[74], doch wurde sie, indem sie den Streitparteien Argumente lieferte, in die nationalen Auseinandersetzungen hineingezogen. Winklers Versuch, über die Erhebung der „Muttersprache" die nationale Zuordnung gerade in ethnischen Mischgebieten eindeutiger zu machen, kann als ein Schritt in Richtung einer besseren Erfassung der Bevölkerung verstanden werden. Dabei gingen die Volkszähler zunehmend von subjektiven, den gezählten Menschen prinzipiell selbst überlassenen Zuordnungen ab, und es kamen ethnische Kriterien ins Spiel, in die die Betroffenen „hineingeboren" wurden.

Von tschechischer Seite wurde sowohl die Umgangssprachen- als auch die Muttersprachenerhebung abgelehnt. Weyr legte 1910 einen Kompromiß vor, in dem er die Einsetzung paritätisch besetzter Kontrollkommissionen vorschlug. Diese sollten den Mißbrauch der Umgangssprachenstatistik für nationale Zwecke verhindern.[75] – Daß die Statistik nichts dazu beitrug, um politisch-emotional aufgeladene

---

[74] *Münz* (1983), 145.

[75] *Emil Brix* (1982), 58.

Problemstellungen zu lösen und im Gegenteil diese sich unter dem Einfluß des Gelehrtenstreits oft noch verschärften, zeigt auch das offen gebliebene Ergebnis der Kontroversen, die Winkler mit seinen Kollegen Mráz und Weyr um die Frage der Schulfürsorge austrug.

Datengrundlage für Winklers statistische Studien waren in der Zeit vor 1914 meist die Veröffentlichungen der böhmischen Landesstatistik, aber auch, wie im Fall seiner soziologischen Untersuchung über die deutschen Hochschüler Prags, auf von ihm selbst erstellten Fragebögen basierende Erhebungen. Das äußere Erscheinungsbild seiner wissenschaftlichen Arbeiten ist geprägt vom Dualismus zwischen meist äußerst detaillierten statistischen Zahlentabellen und dem dazugehörigen erläuternden und interpretierenden Text. Die Studien selbst beendet er häufig mit Appellen an das Verantwortungsgefühl seiner Leser für die günstige weitere demographische Entwicklung des deutschen Volkes in Böhmen. Wenn er sich auf Fachkollegen bezieht, so fällt fast immer auch der Name seines Lehrers Rauchberg. Die Bevölkerungstheorie des (Neo-)Malthusianismus lehnt er pauschal ab, ohne sich jedoch auf eine genauere Auseinandersetzung mit ihr einzulassen.

3. Die Zeit des Ersten Weltkriegs

a) Der Frontdienst 1914/15

Mitten in der diplomatischen Krise, die auf das Attentat von Sarajevo folgte, erhielt Winkler in seinem Amtsbüro Besuch von einer hochgestellten Persönlichkeit aus dem böhmischen Adel: Ottokar Graf Czernin, der österreichisch-ungarische Gesandte in Bukarest, hatte sich auf den Weg zu Winkler gemacht, um für seinen „schwierigen" Sohn einen „Einpauker" zu finden. Doch der potentielle Hauslehrer lehnte dieses finanziell verlockende Angebot umgehend ab, worauf sich der Diplomat höflich, aber „eisig kalt" empfahl. Kurz darauf fuhr Winkler mit der Familie Kisch ins Ostseebad Binz und wurde dort vom Mobilisierungsbefehl überrascht. Er brach seinen Urlaub ab und war innerhalb von drei Tagen bei seiner Truppe, dem ungarischen Infanterieregiment Nr. 52. Von Pécs aus, dem Standort seiner Einheit, ging es dann nach Bratunac an der bosnisch-serbischen Grenze, wo er das Kommando über eine Reservekompanie erhielt. Es begann das Warten auf das, was man sich unter „Krieg" vorstellte.[76]

Heute wecken die Ereignisse der Augusttage von 1914 landläufig Assoziationen von freudig die Hüte schwenkenden Kriegsfreiwilligen, von Kriegsbegeisterung, ja sogar von verbreiteter Kriegshysterie. Die Geschichtswissenschaft hat die Aufgabe, Klischees über vergangene Lebenswelten und Ereignisse quellennah in ihrer Stereotypie zu entlarven und zu versuchen, auf möglichst breiter Basis eine Kor-

---

[76] PNWW, Mein überreich bewegtes Leben, 128–132.

rektur und nötigenfalls eine gänzliche Revision derartig verzerrter Geschichtsbilder zu erreichen.

Exkurs: Zur Kriegsbegeisterung im August 1914

Wolfgang Kruse führt die Genese des Bildes der Kriegsbegeisterung von 1914 wesentlich auf die Berichterstattung der damaligen bürgerlichen Presse zurück, die bestehende Feindbilder gegen Franzosen und Russen kriegstreiberisch ausschlachtete. Die Presse zeichnete ein „idealisierendes Bild von der vermeintlich begeisterten Opferbereitschaft der Bevölkerung" und deutete die Massenaufläufe in den Straßen der Großstädte als Ausdruck genuiner Kriegsbegeisterung. Doch lenkte in einer Zeit, die weder Radio noch Fernsehen kannte, primär Informationsbedürfnis die Menschen auf die Straße, wo Extrablätter erschienen und Telegramme eintrafen. Das diplomatische Hin und Her der letzten Julitage verstärkte die Spannung, und als die Nachrichten von den gegenseitigen Kriegserklärungen der Mächte eintrafen, machte sich die aufgestaute Erregung in einem befreiten Aufatmen Luft.[77] Gleichwohl waren viele, wenn nicht die Mehrheit der Menschen angesichts der ungewissen Zukunft ängstlich und besorgt und folgten kurzfristig Ideologen des nationalen Einheits- und Katharsis-Erlebnisses, das die eigenen Ängste in der solidarischen Volksgemeinschaft aufzuheben versprach.

Auch unter den zahlreichen Kriegsfreiwilligen waren leidenschaftliche Kriegsbegeisterung und lauthals verkündeter Heroismus kaum anzutreffen: Die Freiwilligen suchten zwar das „Abenteuer" und die Befreiung aus der beengenden bürgerlichen Existenz und verkannten häufig die Schrecken des modernen Krieges. Die eigentliche Motivation zur Meldung als Kriegsfreiwilliger resultierte jedoch oft aus gesellschaftlichem Druck und wurde mit einem vagen „Pflichtgefühl" begründet. Den jungen Rekruten aus bürgerlichem Hause, Gymnasiasten und Studenten, schien der Krieg als Chance der Befreiung aus dem Korsett des Alltags. Die Sozialisierung in Schule und Elternhaus mit ihrem Ziel der Heranbildung einer Generation von opferwilligen Patrioten[78] hatte ihr Ziel erreicht, als sich bei Kriegsbeginn unerwartet viele Kriegsfreiwillige gerade aus dem (Bildungs-)Bürgertum meldeten.

Die Zahl der (deutschen) Kriegsfreiwilligen wurde im übrigen nach einer Hochrechnung Bernd Ulrichs in der offiziösen Propaganda mit 1,3 bis 2 Millionen stark

---

[77] *Wolfgang Kruse,* Die Kriegsbegeisterung im Deutschen Reich zu Beginn des Ersten Weltkrieges. Entstehungszusammenhänge, Grenzen und ideologische Strukturen, in: Marcel van der Linden / Gottfried Mergner (Hg.), Kriegsbegeisterung und mentale Kriegsvorbereitung. Interdisziplinäre Studien. Berlin 1991 (= Beiträge zur politischen Wissenschaft), 77 (wörtl. Zit.); 75 f.; vgl. dazu auch *Hanns Haas,* Krieg und Frieden am regionalen Salzburger Beispiel 1914, in: Salzburg Archiv 20 (1995), bes. 311 f. u. 316, und *Bernd Ulrich / Benjamin Ziemann* (Hg.), Frontalltag im Ersten Weltkrieg. Wahn und Wirklichkeit. Quellen und Dokumente. Frankfurt / Main 1994, 31–36.

[78] Vgl. *Gudrun Fiedler,* Bürgerliche Jugendbewegung, Erster Weltkrieg und sozialer Wandel 1914–1923. Köln 1989 (= Edition Archiv der deutschen Jugendbewegung; 6), 35.

überhöht. Ulrich schätzt dagegen, daß rund 300.000 Mann im August 1914 und an der Jahreswende 1914 / 15 freiwillig Frontdienst leisteten.[79] Die Kriegserfahrungen der jungen Rekruten und Kriegsfreiwilligen entsprachen jedoch nicht den bürgerlichen Idealen heroischen Soldatentums. Individuelles Heldentum war in der anonymen Todesmaschinerie des modernen Krieges nutzlos. Der Krieg produzierte möglichst effektiv Gewalt und Vernichtung, und der Soldat wurde vom „Kämpfer" zum „Arbeiter", dessen Haupttugenden nicht Mut und Opferbereitschaft, sondern Leistungsfähigkeit und Ausdauer waren.

„[. . .] maschinenmäßig schießt oder sticht er seinen Gegner nieder."
Winklers Bild des Soldaten im modernen Massenheer

Winkler läßt in seiner Autobiographie nicht erkennen, ob er 1914 mit „Begeisterung" in den Krieg zog. Die Szene, als er zufällig von einem tschechischen Theaterbesucher in Prag vom österreichisch-ungarischen Ultimatum an Serbien erfährt, schildert er in unheilschwanger-düsteren Farben. Winkler zählte weder zur Generation der begeisterten jungen Kriegsfreiwilligen,[80] doch ebenso wenig lehnte er den Krieg grundsätzlich als „Fortsetzung der Politik mit anderen Mitteln" ab. In ihm verkörpert sich eher der Typ des technokratischen Reserveoffiziers, der dazu neigte, seine Soldaten als Manövriermasse seiner auf dem Schachbrett des Schlachtfeldes getroffenen Entscheidungen zu betrachten. Das hinderte ihn im übrigen nicht daran, den Tod treuer Untergebener in der Schlacht aufrichtig zu bedauern.

Winkler leistete nach seiner Mobilisierung vom 28. Juli bis 17. August 1914 Kaderdienst im bosnischen Bratunac. Danach nahm er am Feldzug gegen Serbien teil, bei dem seine Einheit die Stadt Uzice eroberte. Bei der Einnahme einer feindlichen Stellung in der Nähe dieser Stadt zeichnete er sich als umsichtiger Truppenführer aus, was ihm eine „Allerhöchste Auszeichnung", das bronzene Signum laudis, einbrachte. Außerdem wurde er außertourlich „wegen Tapferkeit vor dem Feinde" zum Oberleutnant befördert. Damit avancierte er zum stellvertretenden Kompaniekommandant. Wiederholt geriet er mit seiner Einheit in schwere Gefechte. Als sein Regiment im unwegsamen Gelände einmal in einen serbischen Hinterhalt geriet, verlor es allein in diesem Gefecht vierzehn Offiziere und 728 Mann.[81] Als die Generalität nach der fehlgeschlagenen Herbstoffensive Befehl

---

[79] Zit. n. *Bernd Ulrich,* Die Desillusionierung der Kriegsfreiwilligen von 1914, in: Wolfram Wette (Hg.), Der Krieg des kleinen Mannes. Eine Militärgeschichte von unten. München / Zürich 1992, 113 (wörtl. Zit.); 114.

[80] Vgl. dazu auch Gespräch mit em.Univ.-Prof. Dr. *Othmar Winkler* vom 19. 01. 2000, Protokoll.

[81] Vgl. Österreich-Ungarns letzter Krieg 1914 – 1918. Hg. vom BM für Heereswesen und vom Kriegsarchiv (Wien 1930 ff.) Bd. 1: Das Kriegsjahr 1914. Bearb. von Edmund Glaise-Horstenau et al. Wien 1930, 691.

gab, Serbien zu räumen, verließ er mit seiner Truppe in einer Nacht- und Nebelaktion Uzice in Richtung Westen. Nach den Strapazen der letzten Wochen war der Befehl zum Rückzug eine Schreckensnachricht: „Durchbruch der österreichischen Nordfront, im Süden zurück über die Drina! Unbeschreiblich, welche Wut und Enttäuschung wir empfanden."[82]

Nachdem Winkler seine Truppe wieder nach Bratunac geführt hatte, erhielt er einen zweiwöchigen Erholungsurlaub, den er für einen Besuch in seiner Heimatstadt nützte. Danach wurde er an die Isonzofront geschickt, wo er als Oberleutnant die ersten vier Isonzoschlachten mitmachte. Am 1. November 1915 wurde er während eines italienischen Artillerieangriffs im Schützengraben von 27 Granatsplittern schwer verwundet. Damit war für ihn der Krieg zu Ende. Im Lazarett stellte sich heraus, daß er neben anderen, weniger schwer wiegenden Verletzungen einen Granatsteckschuß im linken Kniegelenk erlitten hatte. Es folgte eine bis zum 3. Mai 1916 dauernde langwierige Behandlung im Spital von Gmunden in Oberösterreich. Er konnte monatelang nur auf Krücken gehen; der Zustand seines verletzten Beins besserte sich nur langsam.[83]

Wie prägend die Kriegserlebnisse für Winklers Leben waren, illustriert allein der Umstand, daß sie in seinen Erinnerungen stets einen festen, neben der Darstellung des Gangs seiner wissenschaftlichen Karriere wichtigen Platz einnehmen. Für die Fragestellungen dieser Biographie ist der ereignisgeschichtliche Ablauf von Winklers Felddienst von geringerer Bedeutung. Wichtig ist vielmehr, ob und inwiefern die im Krieg gemachten lebensgeschichtlichen Erfahrungen sich auf ideologisch begründete Aussagen in seinem wissenschaftlichen Werk auswirkten.[84] Für die Entwicklung seiner weltanschaulichen Orientierungen hatte das „Fronterlebnis" des Ersten Weltkriegs deshalb keine herausragende Bedeutung, weil diese in ihren Grundlinien bereits vorher feststanden. Soziologen, Historiker und Psychologen nehmen an, daß die Zeit zwischen dem 15. und 25. Lebensjahr die ideologischen Einstellungen einer Person dauerhaft verfestigt (Prägungshypothese). Gerade für Personen mit hoher Bildung, also auch für Wilhelm Winkler, sei eine „Dauerhaftigkeit" der in der Jugendzeit erworbenen weltanschaulichen Grundüberzeugungen zu beobachten.[85]

---

82 PNWW, Mein überreich bewegtes Leben, 130–139.

83 Ebd., 141–155; zu den Daten von Winklers militärischer Laufbahn vgl. ÖSTA / Kriegsarchiv (KA), Vormerkblatt für die Qualifikationsbeschreibung, Beförderungseingabe; zur Geschichte des k. u. Infanterieregiments Nr. 52 im Ersten Weltkrieg vgl. *Jenö Tábori*, Hadialbuma. A Cs. És Kir. „Frigyes Föherceg" 52. Gyalogezred. A Pécs-Baranyai Katonák Szereplése Az 1914–1918. Évi Világháborúban. Budapest / Pécs 1935.

84 Dazu genügt hier vorläufig der Hinweis auf Besprechungen, die einschlägige Studien Winklers im Rahmen dieser Arbeit noch erfahren werden.

85 *Stefan Meineke*, Friedrich Meinecke. Persönlichkeit und politisches Denken bis zum Ende des Ersten Weltkrieges. Berlin-New York 1995 (= Veröffentlichungen der Historischen Kommission zu Berlin; 90), 46; 50; zur Prägungshypothese vgl. *Karl Mannheim*, Das Problem der Generationen, in: Kölner Vierteljahrhefte für Soziologie 7 (1928), 157–185; 309–330.

Die oben gemachte Feststellung kann für Winklers Lebenslauf weitgehend bestätigt werden. Bereits im ersten Kapitel dieser Arbeit habe ich darauf hingewiesen, daß der Faktor „Militär" schon vor dem Krieg für den jungen Winkler Faszinationskraft ausübte. Daß die harten Bedingungen des Krieges der grundsätzlichen Bejahung des Militärs und den um dieses sich rankenden Ritualen (Ästhetik der Uniform, Orden, soldatischer Ehrbegriff) keinen Abbruch taten, belegt eine sprachkritische Analyse der auf das Kriegserlebnis bezogenen Passagen in Winklers Selbstbiographie, in denen militärische Denkweisen und Terminologien eine für den Autor ungebrochene Bedeutung haben. Typisch ist die dem militärischen Sprachgebrauch entstammende Verwendung von Euphemismen, die kriegerische Aktionen umschreiben. So stehen die Begriffe „Aufrollaktion", „Säubern" oder „Ausräumen" des Schützengrabens für die Vernichtung des Gegners. Positiv konnotiert sind „Tapferkeit", Orden und Uniformen.[86] Am Ende seines Lebens dokumentierte Winkler seine tief verinnerlichte Verbundenheit mit militärischen wie auch zivilen Auszeichnungen, indem er seine Orden zeitweise sogar zu Hause trug.[87] Noch in seinem späteren Zivilistendasein verachtete er alle Verhaltensweisen, die als „Feigheit" ausgelegt werden konnten. An der Front war er „manchmal unerbittlich", so daß er sogar selbst einmal zwei Plünderer aus seinem Regiment öffentlich erschoß.[88]

Die Soldaten gehörten zu einem besonderen Stand mit besonderen Standespflichten und Standesrechten. Die Pflicht zum Gehorsam stand an der ersten Stelle der Hierarchie der Standespflichten.[89] Die von Soldaten wie von Offizieren geforderten Eigenschaften galten als zutiefst „männlich", wurden aber unter den Soldaten selbst immer weniger als Leitbegriffe akzeptiert. Waren die genannten atavistischen Elemente trotz zunehmender Diskrepanz zum Kriegsalltag aus dem Ehrenkodex des k. u. k. (Reserve-)Offiziers nicht wegzudenken, so stellten sie nur die Kehrseite einer Medaille dar, die eine weit weniger pathetische, nämlich die schaurige Fratze des „modernen" Kriegs zeigte. Diese war von Materialschlachten geprägt, deren Trommelfeuer den einzelnen Soldaten zum anonymen Bestandteil in einer Vernichtungsmaschinerie machte und ihn notwendigerweise gegenüber Gefühlsregungen abstumpfen ließ: Das Wort „Maschine" und das Bild des „Aufgehens" in eine anonyme „Gesamtseele" verwendet auch Winkler, wenn er im Vorwort seiner 1916 erschienenen Erinnerungen auf den Charakter dieses Krieges zu sprechen kommt:

> [...] Denn gerade den bedeutsamsten Augenblicken ist das Aufgehen des Einzelempfindens in der wohldisziplinierten Gesamtseele eigentümlich. Maschinenmäßig läßt der Kämpfer das schwerste Feuer über sich ergehen, maschinenmäßig geht er zum Sturme vor

---

86 PNWW, Mein überreich bewegtes Leben, 130, 133, 137 f., 138.

87 Gespräch mit *Franziska Winkler* vom 15. 06. 1999, Protokoll.

88 Gespräch mit em.Univ.-Prof. Dr. *Erhard Winkler* vom 27. 12. 1999, Protokoll.

89 Vgl. *Ernst Hanisch,* Die Männlichkeit des Kriegers. Das österreichische Militärstrafrecht im Ersten Weltkrieg, in: Geschichte und Recht. Festschrift für Gerald Stourzh zum 70. Geburtstag. Hg. v. Thomas Angerer et al. Wien / Köln / Weimar 1999, 313 f.

und maschinenmäßig schießt oder sticht er seinen Gegner nieder. [...] Gefechtspausen mögen – bei einzelnen – ein Bewußterwerden mit sich bringen [...] Sofort versinkt aber die Seele wieder in ihren vorherigen, für den Erfolg so notwendigen Zustande: Maschine! Nichts![90]

Sein hundertseitiges autobiographisches Dokument „Wir von der Südfront" war nach seiner Veröffentlichung rasch vergriffen. Wenn er von „kleinen, lustigen Gefechten", vom „Raufen Mann gegen Mann" spricht und damit den Krieg zum harmlosen „Spiel" werden läßt, wenn er seine Untergebenen in paternalistischer Manier stets zu „braven Männern" und willigen „Schäflein" ihrer Offiziere idealisiert, so hebt sich sein Text kaum von reinen Propagandaschriften[91] ab, die damals zuhauf erschienen.[92] „Wir von der Südfront" setzt sich aus 21 Berichten über Krieg und Frontalltag zusammen, die teilweise bereits im Feld entstanden waren und die er an Paul Kisch gesandt hatte. Kisch war Chefredakteur der Prager *Bohemia* und druckte einige dieser Artikel in seiner Zeitung ab.[93] Die „Isonzo-Ballade", eines seiner Kriegsgedichte, publizierte Adolf Hauffen in der vom Prager *Deutschen Verein zur Verbreitung gemeinnütziger Kenntnisse* herausgegebenen Anthologie deutschböhmischer Kriegslyrik. Hauffen nennt Winkler den „bekannte[n] verdienstvolle[n] Landesstatistiker, der durch diese trockene Wissenschaft günstige Ergebnisse über die Volksbewegung der Deutschen in Böhmen zustande gebracht hat". Sein literarisches Werk „Wir von der Südfront" trage „den frischen Reiz der Ursprünglichkeit an sich" und offenbare Ausschnitte aus der „Seele des Schützengrabens".[94]

b) Kriegseinsatz als Statistiker

Die österreichische Kriegswirtschaft durchlief nach Roman Sandgruber vier Phasen: Dem „Kriegsschock" folgte eine Periode lebhafter Konjunktur. Einer auf fragwürdigen Grundlagen stehenden Konsolidierung folgte ab 1916 ein langsamer, von 1917 an aber rascher Verfall der Produktion. In diese zweite Kriegsphase, die vom Übergang von der Vergeudungs- zur Mangelwirtschaft (Sandgruber) gekenn-

---

90 *W. Winkler,* Wir von der Südfront. Ernstes und Heiteres aus den Kämpfen in Serbien und am Isonzo. Wien 1916, VII f.

91 Vgl. z. B. *Anton Dörrer,* Vom Isonzo (Von der Soca) bis in die Seisera. Feldbriefe eines Tiroler Zugskommandanten aus dem küstenländisch-kärntnerischen Stellungsgraben von 1915 / 16. Saarlouis 1916.

92 *W. Winkler,* Wir von der Südfront (1916), 1, 9, 11, 24, 66, 77.

93 Vgl. *Bohemia* vom 02. 01. 1915, 2 f. („Am Lagerfeuer"); vom 11. 01. 1915, 2 („Die Ehrentage der 5. / 52. Kompanie"); vom 31. 01. 1915, 3 f. („Das Nachtlager"); vom 16. 03. 1915, 2 – 4 („Feste im Felde"); vom 31. 03. 1915, 3 f. („Die schöne kranke Serbin").

94 *Adolf Hauffen,* Kriegslieder deutschböhmischer Dichter, 2. Reihe. Mit einer Darstellung über die Kriegslyrik der Gegenwart vornehmlich in Deutschböhmen. Prag 1916 (=Sammlung gemeinnütziger Vorträge; 452), 26; Winklers „Isonzo-Ballade" findet sich auf S. 64. Neben Gelegenheitsdichtern wie Winkler finden sich in Hauffens Sammlung auch Namen von Rang, z. B. Rainer Maria Rilke oder Franz Werfel.

zeichnet war, fiel nicht zufällig die nach deutschem Vorbild erfolgte Errichtung eines *Wissenschaftlichen Komitees für Kriegswirtschaft* (WKKW) im k. u. k. Kriegsministerium.[95] In dem von Kriegsminister Krobatin unterfertigten Aufstellungserlaß vom 17. April 1916, der die Aufgaben des WKKW umriß, wird den oben beschriebenen Veränderungen in der Kriegswirtschaft Rechnung getragen. „Der moderne Volkskrieg" beanspruche anders als alle vorherigen Kriege das gesamte Staatswesen, alle Teile der Bevölkerung und mithin die Kapazitäten der gesamten Volkswirtschaft. Die im WKKW zu erstellenden Studien sollten „auf statistischer Grundlage in wissenschaftlicher Weise jene vielseitigen Erfahrungen registrieren und durcharbeiten, welche die Aufbringung der Kriegsbedürfnisse im gegenwärtigen Kriege [. . .] umfassen, damit hierdurch jener große Überblick gewonnen werde, der es gestattet, alle Forderungen eines künftigen Krieges übersehen und dessen militärische Basis [. . .] ergänzend vorbereiten zu können."[96] Nach dieser Vorgabe arbeitete das WKKW in zwei Richtungen: Einerseits sollte es die wirtschaftlichen Erfordernisse des „modernen" Krieges, der alle Bereiche der Gesellschaft in seinen Bann zog, durch Kontaktaufnahme mit den Wirtschaftsverbänden erfassen und die Ergebnisse den verantwortlichen Politikern zur Verfügung stellen. Andererseits sollte es die Bedingungen ausloten, unter denen der Übergang von der Kriegs- in die Friedenswirtschaft erfolgen könnte. Die aus dem gegenwärtigen kriegswirtschaftlichen Geschehen gezogenen wissenschaftlich fundierten Lehren sollten dazu beitragen, den Anforderungen „künftiger" Kriege besser vorbereitet zu begegnen, als dies 1914 der Fall gewesen war.

---

[95] *Sandgruber* (1995), 319 f.; zum WKKW existiert bislang noch keine historische Forschungsarbeit, wohl aber zur österreichischen Kriegswirtschaft – dazu vgl. *Robert J. Wegs,* Die österreichische Kriegswirtschaft 1914–1918. Wien 1979 (dt.). Die Geschichte des WKKW kann auch die vorliegende Arbeit nicht darstellen, da sie nur eine Abteilung des Komitees, in der Winkler tätig war, herausgreift. Winkler äußert sich selbst zum Verbleib der Akten des WKKW: „[. . .] Von all diesen Materialmassen ist heute kaum noch etwas vorhanden; der Zusammenbruch fegte die Referentenschar des Kriegsministeriums in alle Winde. Er ließ das Interesse an allem, was mit dem verlorenen Kriege zusammenhing, schwinden. Auch war die Aussicht, für die Auswertung jemals die Geldmittel aufzubringen, so gut wie Null. Darum fielen diese Materialien überwiegend der Vernichtung anheim. Wohl dürfte in den zahllosen Kriegsakten, die das Kriegsarchiv [. . .] herüberretten konnte, noch viel interessanter Stoff verstreut liegen; aber die jeweils zugehörigen ‚Referentenzusammenstellungen', die üblicherweise keine Aktennummer bekamen, sind und bleiben verschwunden." (WW-1929-01, 6).

[96] ÖSTA / KA, Interne Akten des k. u. k. Kriegsministeriums (Wissenschaftliches Komitee für Kriegswirtschaft), Kt. 73, Wissenschaftliches Komitee für Kriegswirtschaft. Entwurf eines Arbeitsplanes dann Personaleinteilung. Die Akten des WKKW werden im folgenden unter der Sigle ÖSTA / KA / WKKW zitiert.

Im „Wissenschaftlichen Komitee für Kriegswirtschaft"
des k. u. k. Kriegsministeriums

Winkler erfuhr von seiner Berufung ins WKKW durch einen Zufall. Als er im Prager *Neuen Deutschen Theater* anläßlich einer Aufführung von Richard Wagners „Walküre" seinen Lehrer Spiethoff traf, wurde er von diesem gefragt, ob er ihn auf eine Liste von wissenschaftlichen Persönlichkeiten setzen dürfe, die den Mitarbeiterstab des WKKW bilden sollten. Er selbst, Spiethoff, werde das Komitee leiten. Winkler stimmte freudig zu, und als seine Berufung offiziell wurde, zog er nach Wien. Offiziell blieb er bis 1918 Vizesekretär des StLB.

Winkler konnte damals nicht wissen, daß sein Wohnsitzwechsel für ihn dauerhaften Charakter haben würde: Wien sollte für die nächsten 68 Jahre sein Hauptwohnsitz sein. In Wien erlebte er eine große Überraschung: „Leiter der neuen Dienststelle war nicht Prof. Spiethoff geworden – nach echt österreichischen Methoden wurde nicht der würdigste, sondern, weil er [anders als Spiethoff] ein Inländer war, ein ahnungsloser Feldmarschalleutnant [Robert] v. Langer ernannt.[97]

Bereits am ersten Arbeitstag lernte er einen Gelehrten kennen, dessen Freundschaft und spätere Gegnerschaft für seinen Werdegang große Bedeutung haben sollte: Othmar Spann (1878–1950). Das unter Offizieren damals übliche Du-Wort, ausgesprochen bei der ersten Begegnung der beiden, hielt bis zu Spanns Tod. Spann war seit 1911 o. Prof. für Nationalökonomie an der Technischen Universität Brünn. 1919 erhielt der harte Kritiker der österreichischen Grenznutzenschule den Lehrstuhl Eugen v. Philippovichs für Nationalökonomie und Gesellschaftslehre in Wien.[98] Er war im Gegensatz zu Winkler ein bereits arriviertes Mitglied der *scientific community* und bekleidete im WKKW die Funktion eines Leiters der Untergruppe I für Bevölkerungswesen. Doch Spann überließ dieses Aufgabengebiet fast zur Gänze seinem Kollegen zur Bearbeitung. Dieser erschien im Gegensatz zu Spann jeden Tag mit Ausnahme des Sonntags (für Feiertage galten fallweise Regeln) im Amt. Die Dienstzeit betrug täglich sieben Stunden von 8.30 Uhr bis

---

97 PNWW, Mein überreich bewegtes Leben, 155; 156 (wörtl. Zit.). Nach brieflichen Angaben eines Freundes des Nationalökonomen Otto Neurath soll dieser die Idee zur Einrichtung einer „Abteilung für Kriegswirtschaft" gehabt haben. Neurath soll seine Idee Feldmarschalleutnant v. Langer vorgetragen haben, nicht ohne an die Eitelkeit des Generals zu appellieren, indem er ihn selbst als den geeignetsten Kandidaten für die Leitung der Abteilung vorschlug. Von Langer trug Neurath auf, eine Liste von Experten vorzulegen, aus denen sich die Abteilung zusammensetzen sollte. Siehe *Paul Neurath / Elisabeth Nemeth* (Hg.), Otto Neurath oder die Einheit von Wissenschaft und Gesellschaft. Wien-Köln-Weimar 1994, 35 f. – Diese Darstellung widerspricht Winklers Schilderung. Es muß offenbleiben, wer dafür verantwortlich war, daß Winkler auf die Expertenliste gesetzt wurde, welche die Grundlage für die Auswahl der Mitarbeiter des WKKW war. Es ist anzunehmen, daß Spiethoff wie schon einige Male zuvor auch in diesem Fall seinen Einfluß geltend machte, wenn es darum ging, die Karriere seines Schülers Winkler zu fördern.

98 Vgl. zu Spann *Hauke Janssen*, Nationalökonomie und Nationalsozialismus. Die deutsche Volkswirtschaftslehre in den dreißiger Jahren. Marburg 1998 (=Beiträge zur Geschichte der deutschsprachigen Ökonomie; 10), 578 f.

15.30 Uhr.[99] Der Aufbau des WKKW[100] wurde in einem Erlaß des Kriegsministers festgelegt. Die Leitung hatte, wie erwähnt, Robert v. Langer inne. Ihm zur Seite gestellt war der Nationalökonom Dr. Ernst Grünfeld. Neu eingerichtet wurde die von Dr. Bernhard Paumgartner geleitete „Musikhistorische Zentrale", sodaß das WKKW nunmehr insgesamt auf 135 Mitarbeiter kam, was gegenüber dem Vorjahr eine Reduzierung um vierzig Personen bedeutete.[101]

Spann und Winkler erhielten nach ihrem Amtsantritt vom Leiter des WKKW den Auftrag, die Totenverluste der Armee im Feld statistisch zu erfassen und aufzubereiten. Die Arbeiten mußten unter absoluter Geheimhaltung erfolgen. Die beiden Statistiker konnten nicht, wie von ihnen eigentlich erwartet, sich auf Informationen stützen, die ihnen von den Abteilungsleitern des Ministeriums ausgefolgt werden würden. Von Langer verlangte von ihnen vielmehr, die benötigten Daten selbst aus den veröffentlichten Verlustlisten sowie aus Pressemeldungen zu gewinnen. Damit war die Aufgabe der beiden Heeresstatistiker im WKKW darauf beschränkt, die öffentlichen Listen der Gefallenen demographisch auszuwerten und tabellarisch darzustellen. Diese Arbeit war ganz auf Winkler zugeschnitten. Spann, der neben seiner Beschäftigung im WKKW wissenschaftlich tätig war, behielt nur die Oberaufsicht über die laufenden Arbeiten.[102]

---

[99] ÖSTA / KA / WKKW, Kt. 75, Abteilungs-Befehl Nr. 8, Regelung der Dienstzeit (Wissenschaftliche Gruppe).

[100] Ebd., Kt. 73: Entwurf eines Arbeitsplanes dann Personaleinteilung.

[101] Die Fachgruppen, zu denen noch eine Bibliothek, ein Archiv und der Zeitungsdienst kamen, werden im folgenden aufgeführt; ihre Leiter werden namentlich genannt:
Gruppe I (Bevölkerungswesen): Prof. Dr. Othmar Spann
Gruppe II (Geld- und Finanzwesen): Privatdozent Dr. Ludwig Edler v. Mises
Gruppe III (Land- und Forstwirtschaft, Lebensmittelversorgung): Prof. Dr. Alexander Wekerle
Gruppe III / Jd (Landwirtschaftliche Industrie und deren Rohstoffe und Rohprodukte der Textilindustrie): Carl Freiherr v. Freudenthal
Gruppe III / Jd (Landwirtschaftliche Industrie und deren Rohstoffe und Rohprodukte der Textilindustrie): Carl Freiherr v. Freudenthal
Gruppe IV (Industrie und Bergbau): Dr. Viktor Fischmeister
Gruppe V (Sozialpolitik im Kriege): Prof. Dr. H. W. Heller
Gruppe VI (Verwaltungswesen): Prof. Dr. Rudolf Edler v. Laun
Gruppe VII (Verkehrswesen): Ing. Rudolf Heine
Gruppe VIII (Kriegsfürsorge): Prof. Dr. H. W. Heller
Gruppe IX (Sanitätswesen): Prof. Dr. Max Neuburger
Gruppe X (Heereswirtschaft): Dr. Otto Neurath
Anfang des Jahres 1918 erhielt das WKKW mit dem Oberst des Generalstabskorps Camillo Holy einen neuen Leiter. Gleichzeitig wurde das WKKW reorganisiert, wie das folgende Schema verdeutlicht:
I. Gruppe für allgemeine Kriegswirtschaft: Doz. Dr. Otto Neurath
II. Industriegruppe: Dr. Schmitt
III. Landwirtschaftliche Gruppe: Prof. Dr. Alexander Wekerle
IV. Militärstatistische Gruppe: Prof. Dr. Othmar Spann

[102] PNWW, Mein überreich bewegtes Leben, Fragm. 2, 130 f.

Wie aus einem Arbeitsbericht hervorgeht, den Spann am 7. Oktober 1916 ver-
faßte, war es nötig, vor Inangriffnahme der Verluststatistik ungefähr dreißig Stellen
zu kontaktieren, die das Verlustmaterial sammelten. Die von all diesen Stellen der
Gruppe I des WKKW überlassenen Listen bildeten die Grundlage für alle vorge-
nommenen Verlustberechnungen. Neben der Heeresverluststatistik war die Gruppe
I noch mit weiteren Teilbereichen der Heeresstatistik befaßt, der Tauglichkeits-,
Sanitäts-, Kriegsgefangenen- und Demobilisierungsstatistik. Außerdem wurden
Gutachten eingereicht, die die Vorarbeiten zur Vornahme einer außerordentlichen
Volkszählung nach dem Krieg beschleunigen sollten.[103]

Die theoretischen Vorstellungen über den Umfang der Tätigkeitsbereiche der
Gruppe I konnten in der Praxis nicht eingehalten werden. Dazu trug einerseits die
kriegsbedingte notorische Knappheit an Schreib- und anderen Hilfskräften bei,
die besonders die Winkler überantwortete Redaktion des *Militärstatistischen Jahr-
buchs* beeinträchtigte. Andererseits bestand selbst zu einem Zeitpunkt, als das
WKKW bereits länger als ein Jahr amtierte, „kein vollständiges und klares Bild
über den zukünftigen statistischen Wirkungskreis der Gruppe I“, wie Winkler in
einem internen Schreiben vom 13. August 1917 hervorhob.[104]

Ein Bericht über den „Stand der Arbeiten der Untergruppe I des WKKW“, den
Winkler am 19. Oktober 1917 unterfertigte, erläutert die bis zu diesem Zeitpunkt
erbrachten Leistungen dieser Abteilung. Danach war das „Bevölkerungswesen in
allen Zusammenhängen mit der Wehrmacht“ ein Hauptarbeitsgebiet, dessen Ergebnisse in dem geplanten kriegswirtschaftlichen Werk herausgegeben werden sollten.
Die „seinerzeit über besonderen Befehl von Exzellenz Langer“ verfaßte militärpolitische Denkschrift „Über die wirtschaftlichen Folgen des Geburtenrückganges“
sei gleichfalls für das geplante Werk verwendbar.[105] In dem selben Bericht gibt
Winkler Auskunft über Fragestellungen und Datengrundlagen seiner geplanten
„Statistik der Wehrkraft“. Unaufgearbeitetes „Rohmaterial“ sei zum Altersaufbau
der männlichen Bevölkerung, zur Sterblichkeit, Geburtenbewegung und zu den
Migrationsverhältnissen vor und während des Krieges vorhanden. Dazu kämen
noch die Tauglichkeits- und Musterungsergebnisse der letzten zehn Jahre. Weiteres
Material sei zum Teil vorhanden und für die Verarbeitung vorbereitet, zum Teil
müßte es noch herbeigeschafft werden: Dazu zählten die Ständestatistik (Grund-
buch- und Verpflegsstände des Heeres), die Kriegsverluste (an Toten und Verwun-
deten, Gestorbenen und Erkrankten), die Berufsstatistik der Toten, die Gesund-
heits-, Justiz-, Kriegsgefangenen-, Demobilisierungsstatistik u. a. Eine „sehr lang-

---

103 ÖSTA / KA / WKKW, Kt. 74, Übersicht über die bisher geleisteten Arbeiten der Gruppe
I Bevölkerungswesen und Statistik, Manuskript von Oblt. Spann vom 07. 10. 1916. Ein am
11. 01. 1918 von Spann und Winkler unterzeichneter Bericht weist Arbeitszielsetzungen auf,
die sich von dem 1916 erstellten Papier kaum unterscheiden; Bericht über die Sitzung vom
30. 10. 1916.

104 Ebd., Kt. 74, Adjutantur.

105 Das vom WKKW geplante „kriegswirtschaftliche Werk“ ist nie erschienen; die von
Winkler angesprochene Denkschrift konnte der Vf. im KA nicht auffinden.

wierige Arbeit" sei die Erstellung von Tabellen, welche die „Aussichten auf die weitere Entwicklung der Wehrmacht" darstellen sollten. Analog zu den für die k. u. k. Armee und die Bevölkerung Österreich-Ungarns vorgenommenen Berechnungen über Altersaufbau, Geburtlichkeit und Sterblichkeit und zukünftige Tendenzen der Bevölkerungsentwicklung seien auch für die feindlichen Staaten derartige Untersuchungen geplant und teilweise bereits durchgeführt worden. Die Denkschrift über die wirtschaftlichen Folgen des Geburtenrückgangs in Österreich-Ungarn sowie dreizehn bevölkerungsstatistische Diagramme seien – so Winkler – bereits an die Militärkanzlei (bzw. Kabinetskanzlei) Seiner Majestät, an den k. u. k. Kriegsminister und an den österreichischen und den ungarischen Landesverteidigungsminister geschickt worden. Berechnungen der Heeresstärken seien an das Armeeoberkommando (AOK) und den Geheimrat Max Sering in Berlin gegangen.[106]

Winklers Aufgabe bei der Erstellung der Verlustlisten beschränkte sich darauf, die Arbeiten der Hilfskräfte zu überwachen, deren Methodik er so beschreibt: „Es war aus den Verlustlisten jeder einzelne Fall auszuschneiden, auf ein Kärtchen aufzukleben und so in die Form einer statistischen Einheit zu bringen." Erst nachdem diese Vorarbeiten beendet waren, konnte er damit beginnen, die Auszählung demographisch aufzuarbeiten.[107]

Bei einer am 17. Dezember 1917 abgehaltenen Sitzung der Gruppenleiter, bei der Winkler als Stellvertreter Spanns anwesend war, ging es erneut um die Frage, wie der Aufgabenkreis des WKKW einzuschränken und wie eine genügende Zahl von fachlich geeigneten Mitarbeitern zu gewinnen sei. Sitzungsleiter war Alexander Freiherr v. Spitzmüller (1862 – 1953), einer der führenden Bankfachleute und Finanzpolitiker der ausgehenden Monarchie. Das von einigen Sitzungsteilnehmern ausgesprochene Unbehagen über die drohende Überspannung des Aufgabenkreises des WKKW wurde von Alexander Wekerle pointiert zusammengefaßt, wobei er auch auf die Praxis einging, die Mitarbeiter aus kriegsinvaliden Offizieren zu rekrutieren: „Mit unseren Mitteln können wir unsere Aufgabe nicht erfüllen. Wir sind zu wenig, wir haben keine Fachleute, denn wir bekommen die Mitarbeiter nicht nach der Qualität, sondern nach dem ärztlichen Befund." Wie die Diskussion ergab, stellte auch die Weigerung mancher Behörden, Einsicht in Akten zu gewähren, ein gravierendes Problem dar.[108]

Im ersten Halbjahr 1918 waren die von Winkler geleiteten Arbeiten der bevölkerungs- und heeresstatistischen Abteilung bereits weit gediehen. Die stichprobeweise Auszählung der Gefallenen nach dem Alter (115.000 Gefallene) war zu diesem Zeitpunkt bereits beendet. 120.000 Gefallene waren nach der Heimatzugehörigkeit ausgezählt worden. Sämtliche Bezirke (Komitate) der Monarchie wurden nach ih-

---

106 ÖSTA / KA / WKKW, Kt. 73, Stand der Arbeiten der Untergruppe I, Manuskript vom Oblt. Winkler vom 13. 10. 1917.

107 PNWW, Mein überreich bewegtes Leben, Fragm. 2, 130a.

108 ÖSTA / KA / WKKW, Kurzer Bericht über die Gruppenleitersitzungen vom 17. und 19. 12. 1917, Kt. 73.

rem absoluten und relativen Verlustanteil in einer Tabelle nebeneinandergestellt.[109] Die von Winkler ausgearbeiteten Statistiken über die Totenverluste der k. u. k. Armee nach Nationalitäten waren von größter politischer Bedeutung, wiesen sie doch einige Nationalitäten mehr, andere weniger stark von den Verlusten betroffen aus. Von Langer erließ daher aus naheliegenden Gründen ein Dekret, in dem er die aus den Berechnungen gewonnenen Erkenntnisse für streng geheim erklärte. Nur einem „unumgänglich nötigen Kreis von Mitarbeitern" war es danach erlaubt, von ihnen Kenntnis zu haben. Die Veröffentlichung der Daten selbst schob von Langer auf eine Zeit „lange nach Kriegsschluß" hinaus.[110]

Im letzten Kriegsjahr wurden im WKKW immer häufiger Überlegungen angestellt, ob und wie das Komitee nach einem Friedensschluß weiterarbeiten könnte. Die Gruppenleiter Mayer, Spann und Neurath verfertigten dazu eine Denkschrift, die diese Frage erörterte. Die Verfasser heben darin hervor, daß die Tätigkeit des WKKW nur dann auch im Frieden gesichert sei, wenn „eine Anzahl wissenschaftlicher Kräfte dauernd dem Institut" angehöre. Es sei jedoch schwierig, nationalökonomisch geschulte junge Gelehrte zu finden, die Aufgaben erfüllen könnten, wie sie das WKKW erfordere. Eine Rundfrage unter den derzeitigen Mitarbeitern ergab, daß diese einen Entschluß, ob sie auch im Frieden im WKKW weiterarbeiten wollten, von den „Bedingungen und der ganzen amtlichen Stellung" abhängig machten. Zu den wissenschaftlichen Mitarbeitern, denen eine Stellung vergleichbar mit Habilitierten und ein damit verbundenes standesgemäßes Einkommen angeboten werden sollte, gehörte auch der Prager Statistiker. Winkler sollte nach diesem Vorschlag als Dezernent für „Statistik und Bevölkerungswesen" eine von insgesamt neun Abteilungen eines Friedenskomitees leiten.[111]

Der den Zerfall Österreich-Ungarns bewirkende Kriegsausgang machte 1918 alle Pläne, die eine Weiterführung des WKKW anstrebten, zunichte. Winkler selbst äußerte in einer vernichtenden Kritik der Tätigkeit des WKKW einen wesentlichen Grund, warum die Arbeit des Komitees politisch wie auch fachlich ergebnislos blieb: Danach war es neben der fachlichen Inkompetenz seiner Leitung vor allem den Obersten und Generälen des Kriegsministeriums zuzuschreiben, die die militärischen Subordinationspflichten der ihnen untergebenen Wissenschaftler ausnützten und „den unbequemen Eindringlingen in die eigene Arbeitssphäre in mehr oder minder höflicher Weise die Türe" wiesen. Er selbst, den von Langer noch im August 1918 einen „außerordentlich tüchtige[n] und eifrige[n] Offizier und Fach-

---

109 Ebd., Arbeitsbericht der Gruppe I von Jänner bis April 1918, Manuskript vom Prof. Dr. Othmar Spann, 01. 05. 1918; Monatsbericht für den Monat Mai, Manuskript von Dr. Winkler, 01. 06. 1918.

110 Ebd., Kt. 76, Verschiedenes: Geheim-Schreiben von FMLT. R. v. Langer an das WKKW zur Verwendung der von Hptm. Dr. Winkler errechneten Statistiken vom 27. 06. 1918.

111 Ebd., Kt. 74, Sicherung und Ausgestaltung der Personalverhältnisse im W. K. (22. 03. 1918); Vorschlag zur Regelung der Personalfrage nach dem Kriege, undatiert, vermutl. 1918.

mann" nannte,[112] habe zu den Wenigen gehört, die „in dieser hoffnungslosen Situation etwas zum Fach Gehöriges" herausgebracht hätten. Winkler vermerkte als positiv allein die Erinnerung an die im WKKW versammelte „interessante, bunte Gesellschaft". Er habe dort neben Othmar Spann und Hans Mayer, mit denen er sich näher befreundete, auch Männer wie die Nationalökonomen Alfred Amonn, Wolfgang Heller und Otto Neurath und die nach 1918 führenden sozialdemokratischen Politiker Otto Bauer und Julius Deutsch kennengelernt. Zu letzteren, wohl auch zu Neurath, hielt er aber aus weltanschaulichen Gründen deutliche Distanz.[113] Während des Zusammenbruchs der Monarchie zwischen Oktober und November 1918 löste sich das WKKW auf. Im November 1918 drangen tschechische Soldaten in das Gebäude ein, in dem das WKKW untergebracht war. Bernhard Paumgartner berichtet, wie er einige seiner Materialien aus der Volksliedsammlung nur dadurch vor den Eindringlingen retten konnte, indem er sie aus dem Fenster in einen Einspänner warf, mit dem sein Freund Mautner davonfuhr.[114]

Tätigkeit in der „Österreichischen Gesellschaft für Bevölkerungspolitik" und Beteiligung am deutschnationalen Vereinsleben

Winklers Vereinsaktivitäten während seiner Zeit im WKKW, die im folgenden nachgezeichnet werden, standen in einem unmittelbaren Zusammenhang mit den demographischen (und politischen) Veränderungen, die der Krieg hervorgerufen hatte.

Im Jahr 1917 war er Mitglied des Vereins *Mitteleuropäischer Staatenbund,* dem u. a. der Wiener Statistiker Karl Heinrich Hugelmann (1844 – 1930) und sein Sohn Karl Gottfried Hugelmann (1879 – 1959), damals einer der bekanntesten Nationalitätenrechtler der großdeutsch-katholisch-nationalen Richtung,[115] angehörten. Die in diesem Verein organisierte Gruppe stand vermutlich den Ideen Friedrich Naumanns (1860 – 1919) nahe, der in seinem 1915 erschienenen Buch „Mitteleuropa" für eine „mitteleuropäische" Wirtschaftsgemeinschaft eingetreten war. Seine Ursprünge lassen sich bis zu den Salzburger Wirtschaftsverhandlungen des Jahres 1917 zurückverfolgen, bei denen u. a. von Franz Klein angeregt worden war, den wirtschaftlichen „Zusammenschluß" zwischen Österreich und Deutschland voran-

---

[112] ÖSTA / KA, Belohnungsantrag vom 27. 02. 1918; am 02. 08. 1918 erhielt Winkler das Silberne Signum Laudis und wurde zum Hauptmann der Reserve befördert, PNWW, Allerhöchste belobende Anerkennung vom 14. 08. 1918.

[113] *W. Winkler,* Lebensgeschichte (1952), 213 f.; Julius Deutsch war übrigens ein Cousin (ersten oder zweiten Grades) von Winklers erster Frau Klara geb. Deutsch. Otto Bauer war ein Onkel (ob direkt, oder angeheiratet, ist nicht bekannt) von Klara Deutsch. (Gespräch mit Dkfm. *Berthold Winkler* vom 27. 07. 1999, Protokoll).

[114] *Bernhard Paumgartner,* Erinnerungen. Salzburg 1969, 73.

[115] Vgl. Neue Deutsche Biographie (NDB). Hg. von der Historischen Kommission bei der Bayerischen Akademie der Wissenschaften. Berlin 1953 ff., Bd. 10, s. v. Hugelmann, Karl, 9 f.

zutreiben.[116] Winkler war im Ausschuß des Vereins vertreten, der sich nach dem Krieg (1920) *Deutsche Arbeitsgemeinschaft* (DAG) nannte. Er leitete als Vorsitzender den Fachausschuß für Statistik. (Der jüngere Hugelmann war Vorsitzender des Ausschusses „für Presse, Propaganda und Politik".)[117] Im August 1920 richtete die DAG einen Aufruf „An alle Deutschen der österreichischen Länder", in dem sie das Ziel des „staatliche[n] und wirtschaftliche[n] Zusammenschlu[sses] des Deutschen Reiches und Österreichs" aus der „Gemeinschaft des Blutes und des Geistes, der Sprache und der Kultur" rechtfertigte. Dieser könne auf Dauer auch nicht durch den „Gewaltfrieden" von Versailles und St. Germain aufgehalten werden. Die DAG sei der Knotenpunkt aller Bestrebungen, die den deutsch-österreichischen Zusammenschluß anstrebten. Das politische Spektrum der Vereinsmitglieder reichte von Aktivisten der frühen nationalsozialistischen Bewegung bis hin zu „deutsch-christlichen" Mittelschullehrern.[118] Winkler setzte nach dem Krieg seine Aktivitäten in dem auf einen engen Zusammenschluß zwischen dem Deutschen Reich und der Republik Deutschösterreich ausgerichteten Vereinswesen fort. Er war somit ein publizistisch wie vereinsmäßig engagierter Aktivist der „Anschlußbewegung". Diese wurde von führenden Universitätslehrern unterstützt. So hatten Eugen v. Philipovich, Friedrich v. Wieser, Richard v. Wettstein und Heinrich Gomperz bereits im Dezember 1915 ein Initiativkomitee gebildet, das eine Unterschriftenaktion für eine enge wirtschaftliche Verbindung zwischen Österreich-Ungarn und dem Deutschen Reich durchführte.[119]

Seinen ersten der aktuellen Bevölkerungslage gewidmeten Vortrag hielt Winkler am 5. Februar 1918 über die „Bewegung der Bevölkerung in und nach Kriegen" im Rahmen einer Tagung der *Österreichischen Gesellschaft für Bevölkerungspolitik* (später ergänzt um *... und Fürsorgewesen*) (ÖGBF), die 1917 in Wien ins Leben gerufen worden war. Die Gründungsinitiative war vom Präsidenten der *k. k. Statistischen Zentralkommission* Viktor Mataja (1857–1934), dem Universitätsprofessor Julius Tandler und Regierungsrat Wilhelm Hecke (1869–1945) ausgegangen. Die Idee zur Errichtung der Gesellschaft soll von Mataja ausgegangen

---

[116] *Hermann Neubacher,* Die Organisationen für den österreichisch-deutschen Zusammenschluß, in: Friedrich F. G. Kleinwächter / Heinz v. Paller (Hg.), Die Anschlußfrage in ihrer kulturellen, politischen und wirtschaftlichen Bedeutung. Wien-Leipzig 1930, 609.

[117] Niedersächsische Staats- und Universitätsbibliothek Göttingen (STUBG), Handschriftenabteilung, Nachlaß Karl Gottfried Hugelmann, Briefe und verschiedene Schriftstücke, zeitlich geordnet (vorläufig), Wiener Zeit (bis 1935). Für die Übermittlung der Quellenzitate bedanke ich mich herzlich bei Herrn em.Univ.-Prof. Dr. Wilhelm Wegener.

[118] Unter den 191 Mitgliedern und Mitarbeitern der DAG, die den Aufruf unterzeichneten, fanden sich neben W. Winkler u. a. folgende Persönlichkeiten aus Wissenschaft, Kultur und Politik: F. Dinghofer, A. Dopsch, W. Gleispach, A. Helbok, die beiden Hugelmann, O. Kernstock, O. Menghin, M. Millenkovich, E. Palla, W. Riehl, E. Schönbauer, R. Sieger, O. Spann, H. Srbik, H. Uebersberger, R. Wettstein und A. Wotawa. (An alle Deutschen der österreichischen Länder, in: Heimgarten 44 (1920), 189–192, wörtl. Zit. 189).

[119] *Karl Sablik,* Julius Tandler – Mediziner und Sozialreformer. Eine Biographie. Wien 1983. 136 f.

sein, der dem deutschen Vorbild folgte und den Gedanken der Fürsorge in den Vordergrund stellte.[120] Mit Mataja und Hecke sollte Winkler bald nähere Bekanntschaft machen. Mataja war seit 1914 Präsident der *k. k. Statistischen Zentralkommission* und 1917/18 erster Minister für soziale Fürsorge. Hecke, wie Winkler aus Böhmen gebürtig, war seit 1909 Beamter der *Statistischen Zentralkommission.* Er leitete die Volkszählung von 1910 und war seit der Gründung der ÖGBF Schriftführer der von ihr herausgegebenen *Mitteilungen.*[121]

Zu Vorsitzenden der Gesellschaft wurden Mataja und Tandler gewählt; Schatzmeister wurde der Leiter der *Reichsanstalt für Mutterschutz und Säuglingsfürsorge* Privatdozent Leopold Moll. Den ersten Vortrag hielt am 27. November 1917 Julius Tandler zur österreichischen Bevölkerungspolitik. Wilhelm Hecke referierte einen Monat danach über die Bevölkerungsstatistik Österreichs, wobei er die „Bekämpfung der Scheu vor dem Kinde und [eine] Vereinfachung der Lebensweise" forderte. Bereits am 14. Oktober 1917 hatte Heinrich Rauchberg dem Vorstand eine Liste mit Personen übergeben, die zum Beitritt einzuladen wären. Diesem Personenkreis dürfte auch Winkler angehört haben, findet sich sein Name doch schon in Heckes Bericht über die Tätigkeit der Gesellschaft für 1917. Vorstands- und Einzelmitglieder der Gesellschaft waren neben den bereits genannten Personen vor allem Ärzte, Bevölkerungspolitiker und -statistiker. Dem Vorstand gehörten u. a. folgende Persönlichkeiten an: der Ökonom Michael Hainisch, der Statistiker Heinrich Rauchberg, der Sozialmediziner Ludwig Teleky und der Soziologe Rudolf Goldscheid. Einzelmitglieder waren neben Wilhelm Winkler ungefähr 130 Persönlichkeiten vorwiegend aus den Bereichen Fürsorgewesen, Medizin und Nationalökonomie. Genannt werden sollen hier nur die Juristen Wenzel Gleispach, Rudolf v. Laun, Heinrich Mataja und Josef Redlich und die Nationalökonomen Ludwig v. Mises, Othmar Spann und Friedrich v. Wieser.[122]

Die Satzungen beschrieben den Zweck der ÖGBF als einen rein wissenschaftlichen. Im Zentrum der Tätigkeit des Vereins sollten Besprechungen über die Erkenntnisse wissenschaftlicher Forschungen und die Aufklärung über bevölkerungspolitische Maßnahmen stehen. Die Gesellschaft sollte dazu beitragen, einen Stand der Bevölkerung zu erreichen, der den staatlichen und gesellschaftlichen Bedürfnissen angemessen sei.[123] Ihre öffentliche Wirksamkeit bezog die ÖGBF vor allem durch die unter der geistigen Schirmherrschaft Julius Tandlers stehenden Fürsorgetagungen, auf denen sich Ärzte, Fürsorgerinnen, Statistiker und Ökonomen versammelten. Die Tagungen befaßten sich nicht nur mit „Aufzuchtsfragen"[124], son-

---

120 *Wilhelm Hecke,* Bericht über die Tätigkeit der Österreichischen Gesellschaft für Bevölkerungspolitik im Jahre 1917/1918, in: MGBP 1 (1918), 2, 4 f.; vgl. ebd. (*Sablik*), 134.

121 *Lebmann/Helczmanovszki* (1986), 59 f. (Hecke); 109 (Mataja).

122 *Hecke* (1918), 2 f., vgl. die Mitgliederliste, 7 – 13.

123 *Sablik* (1983), 134.

124 Vgl. „Einladung zur Teilnahme an der deutschösterreichischen Tagung über die Fragen der Kinderaufzucht. II. Teil: Das Kindesalter bis Ende der Schulpflicht am 24. 04. 1920",

dern auch mit der Migrationsproblematik, der Jugendarbeitslosigkeit und der Innensiedlung sowie mit dem Zusammenhang von Sozialpolitik, Fürsorge und Bevölkerungspolitik.[125] Die Mitglieder der Gesellschaft vertraten ausgesprochen politische Forderungen, die weit über die Erkenntnis- und Aussagemöglichkeiten ihres jeweiligen Faches hinausgingen. Die meisten Vortragenden waren davon überzeugt, daß die Bevölkerungsentwicklung von einer Degeneration des „Volkskörpers" durch stärkere Vermehrung der „Schlechteren", von „Entartung" und biologischer „Minderwertigkeit" geprägt sei. In ihren ideologischen Positionen erzielten die Aktivisten der Gesellschaft über Parteigrenzen und weltanschauliche Zuordnungen hinweg ein hohes Maß an Übereinstimmung über familien- und sozialpolitische Maßnahmen. Diese hatten die Überwindung der „Scheu vor dem Kinde"[126] und damit die Erhöhung der ehelichen Fruchtbarkeit zum Ziel. Dies sollte durch eine Einschränkung der Frauenerwerbstätigkeit und einen verstärkten gesetzlichen Schutz für die Ehe erreicht werden. Zunehmend wurde – z. B. von Winkler – die Frage nach den Kosten der Kinderaufzucht gestellt und zwischen „produktiven" und „unproduktiven" Fürsorgemaßnahmen unterschieden.[127]

In der Zeit seiner Beschäftigung im WKKW nahm Winkler übrigens auch seine mathematischen Studien wieder auf, die er bereits in seiner Prager Zeit betrieben hatte, und er besuchte Kurse an der Universität.[128] Außerdem verfaßte er einige kleinere Aufsätze. Ein 1916 erschienener Artikel gibt eine Übersicht über die „Berufsgliederung der Bevölkerung Böhmens" nach der Volkszählung von 1910. Darin stellt er einen Rückgang des agrarischen Sektors gegenüber einer weiteren Zunahme der Beschäftigten im sekundären und tertiären Sektor fest, was er „der Bevölkerungskapazität wegen durchaus nicht zu begrüßen" findet. Das ungleiche Anwachsen von Bevölkerung und Nahrungsspielraum führe zur „Verschärfung des Kampfes ums Dasein", so daß die unbeschäftigten Angehörigen zur Berufstätigkeit gedrängt und die Kinderzahl reduziert werde.[129] Den Begriff des „Nahrungsspielraums" führte Paul Mombert (1876–1938) in seiner Monographie „Bevölkerungs-

---

ÖSTA, AVA, Unterr. Allgemeine Reihe, Vereine Wien, Staatsamt f. Inneres u. Unterricht, Zl. 7483-I, Fasz. 3369.

[125] Zu den hier angesprochenen Themen vgl. *Wilhelm Hecke,* Bevölkerungspolitik in Österreich, in: Archiv für Bevölkerungswissenschaft und Bevölkerungspolitik 4 (1933/34), 48.

[126] So *W. Hecke* in einem Vortrag über die „Bevölkerungsstatistik Österreichs in ihrer Beziehung zur Bevölkerungspolitik", in: MGBP 1 (1918), 20; Hecke an anderer Stelle zum gleichen Thema: „Überall schränken zuerst die Besten die Geburten ein, während die Schlechteren sich fortpflanzen." (*W. Hecke,* Bevölkerungspolitik in Österreich (1933/34), 49).

[127] *Birgit Bolognese-Leuchtenmüller,* Wissenschaft und Vorurteil am Beispiel der Bevölkerungsstatistik und Bevölkerungswissenschaft von der zweiten Hälfte des 19. Jahrhunderts bis zum Nationalsozialismus, in: Hubert Ch. Ehalt (Hg.), Zwischen Natur und Kultur. Zur Kritik biologistischer Ansätze. Wien/Köln/Graz 1985 (= Kulturstudien; 4), 373 f. Die obigen Ausführungen basieren auf Bolognese, 366–375.

[128] Gespräch mit em.Univ.-Prof. Dr. *Othmar Winkler* vom 19. 01. 2000, Protokoll.

[129] WW-1916-01, 69.

politik nach dem Kriege" ein, die 1916 in Tübingen erschienen war. In einem unter dem Titel „Nahrungsspielraum und Volkswachstum" in der *Zeitschrift für Volkswirtschaft, Sozialpolitik und Verwaltung* veröffentlichten Aufsatz setzt sich Winkler kritisch mit Momberts Begriffsbildung auseinander. Mombert definiert nach Winkler den Begriff des Nahrungsspielraums als „das Verhältnis der heimischen Volkszahl zum Ertrage der nationalen Gütererzeugung im weitesten Sinne". In der Folge wendet sich Winkler besonders gegen Momberts Begriff des „subjektiven" Nahrungsspielraums, der im Gegensatz zum „objektiven", das physiologische Existenzminimum der Bevölkerung betreffenden Nahrungsspielraum die Lebenshaltung der Bevölkerung meine. Winkler bestimmt dagegen den Nahrungsspielraum (für ihn synonym mit „Bevölkerungskapazität") als das „Höchstmaß an Menschen, welches bei einem gegebenen physiologischen Mindestmaß an Lebenshaltung von der nationalen Gütererzeugung getragen werden kann". Der Nahrungsspielraum sei nicht „subjektiv", sondern man müsse von „standesgemäßen" Mindestlebenshaltungen sprechen, was dem Umstand Rechnung trage, daß der Nahrungsspielraum in „Einzelspielräume" zerfalle. Weiters kritisiert er an Mombert, daß er die Problematik des Geburtenrückgangs nicht gebührend würdige. Ursache des Geburtenrückgangs seien nur zum Teil Hemmungen im Malthusschen Sinne (Seuchen, Kriege etc.), vielmehr wirke hier ein „sehr verzweigter seelischer Ursachenkomplex". Die derzeitige Bevölkerungslage sei schlechtweg katastrophal. Der Tod der kräftigen Männer führe ebenso wie die langjährige Abwesenheit der Männer von zu Hause zu einer „Lockerung der Moral", was alles „den jähen Absturz der Geburtenkurve" bewirkt habe. Nur eine Bevölkerungspolitik, die die Familienväter auf Kosten „allzu hoher Lebenshaltung" besonders der Ledigen materiell begünstige, könne die Situation verbessern.[130] Die von Walter Schiff erhobenen Zahlen über die Haushaltungsstatistik Wiener Arbeiterfamilien (1912–1914) zeigten, „um wieviel schlechter bei gleichem Einkommen die kinderreichen Familien gestellt sind. Der Unterschied geht so weit, daß die kinderarme Familie der niedrigsten Einkommensstufe noch immer eine höhere Lebensführung aufweisen kann als die kinderreichste der höchsten Einkommensstufe (942,20 K und 840,50 K).[131] Den vom Krieg verursachten Geburtenausfall Österreichs beziffert Winkler auf 1,788.000 Seelen oder 62,21‰ der Bevölkerung. Die Bevölkerungsverluste (Verluste an wehrfähigen Männern, gesteigerte Hinterlandssterblichkeit, Geburtenausfall) könnten durch die „natürliche" Bewegung nur „unbefriedigend", durch Rückwanderung und durch „Rückbehaltung der früher zur Auswanderung verurteilten Altersjahrgänge" vollauf ausgeglichen werden.[132]

---

130 WW-1917-01, 222, 224, 227, 230. In seinen späteren Arbeiten ersetzt Winkler den von ihm eingeführten Begriff „Bevölkerungskapazität" durch den Terminus „Nahrungsspielraum".

131 WW-1918-03, 485.

132 WW-1918-01, 21 f.

4. Jahre des Umbruchs:
Winkler als amtlicher Statistiker der jungen Republik

Das Verlöschen der Habsburgermonarchie und die Gründung der kleinen Republik Deutschösterreich führten dazu, daß alle Bereiche des öffentlichen Lebens einer tiefgreifenden Umwälzung unterworfen wurden. Auch der Aufgabenbereich und -umfang, die Arbeitsbedingungen und das Arbeitsumfeld der amtlichen Statistik wandelten sich dramatisch.

Exkurs: Die österreichische amtliche Statistik
an der Wende von der Monarchie zur Republik

Die österreichische amtliche Statistik hatte um 1918 / 19 eine glänzende Vergangenheit hinter sich. Als Karl Freiherr v. Czoernig (1804 – 1889) und Karl Theodor v. Inama-Sternegg (1843 – 1908)[133] in den 1860er bzw. 1880er Jahren die *k. k. Statistische Zentralkommission* geleitet hatten, war die zunehmende Verwissenschaftlichung der Demographie eng mit ihrem international anerkannten Wirken verbunden gewesen. Czoernig und Inama-Sternegg hatten in ihrer Person den Typus des beamteten, auch in der wissenschaftlichen Forschung tätigen Statistikers verkörpert.[134] Winkler sah sich selbst in der Tradition der zu ihrer Zeit bedeutendsten österreichischen Demographen stehend. Sein Ziel war es, diesem Typus nachzueifern, in seiner Hand den Posten eines Leiters der bevölkerungsstatistischen Abteilung der amtlichen Statistik zu gewinnen und diesen mit dem Ordinariat für Statistik an der Universität Wien zu verbinden.[135]

Zurück zur Lage der österreichischen amtlichen Statistik um 1918 / 19: Kurz vor Beginn des Ersten Weltkriegs konnte diese der Öffentlichkeit noch ihre große Bedeutung demonstrieren, als das *Internationale Statistische Institut* (ISI) im September 1913 seine 14. Session in Wien abhielt. In den Jahrzehnten zuvor hatte die *k. k. Statistische Zentralkommission* (StZK) ihre im Abstand von zehn Jahren abgehaltenen Volkszählungen immer treffsicherer organisiert. So wurden vorzugsweise neueste technische Errungenschaften (elektrische Zählmaschinen u. a.) in den Dienst der Statistik gestellt. Während des Ersten Weltkriegs setzte jedoch der Niedergang der institutionellen Statistik ein. Gründe waren zunächst die unmittelbaren Auswirkungen des Krieges durch Einziehung von Beamten in den Heeresdienst, die zu einer Verzögerung laufender Arbeiten, zu einer Beschränkung der Publikationen und zu einem erheblichen Rückgang des Publikationentauschs mit anderen

---

[133] WW-1973-01, 14. Inama-Sternegg war ab 1868 Universitätsprofessor in Innsbruck, ab 1881 in Wien.

[134] Vgl. Gespräch mit Univ.-Prof. Dr. *Erich Streißler* vom 11. 10. 1999, Protokoll.

[135] Das Ordinariat erhielt er erst 1947; der Sprung in die amtliche Funktion gelang ihm hingegen bereits im Jahr 1925. Beide Positionen in seiner Person gleichzeitig zu vereinigen, sollte ihm nie glücken.

Ländern führten. Der Kriegsausgang führte selbst einerseits zu einer weiteren einschneidenden Kürzung von Budgetmitteln für das Amt, das nunmehr allein für das Gebiet des kleinen Österreich zuständig war, seine institutionelle Unabhängigkeit verlor und dem Innenministerium, später dem Bundeskanzleramt unterstellt wurde.[136] Andererseits bestand, wie Präsident Mataja noch 1922 in einer Denkschrift an das Bundeskanzleramt darlegte, ein dringender Bedarf für statistische Erhebungen. Mataja forderte darin unter dem Eindruck des radikalen Seipelschen Sanierungsprogramms, daß die „beinahe unhaltbare Lage" des statistischen Amtes dringend verbessert werden müsse. Nur eine gut funktionierende und alle Bereiche der Statistik in einem Amt zentralisierende Institution liefere dem Staat die Datengrundlagen, mit deren Hilfe ein Sanierungsprogramm erfolgversprechend durchgeführt werden könne.[137]

In den Jahren nach 1918 wurde mehrmals versucht, die Organisation der amtlichen Statistik an die veränderten äußeren Gegebenheiten anzupassen. So wurde das im Handelsministerium angesiedelte Arbeitsstatistische Amt an die StZK angegliedert. Gleichzeitig wurden fünf fachstatistische Abteilungen geschaffen.[138] Das Amt nahm seine Publikationstätigkeit in stark eingeschränktem Umfang wieder auf, wobei die Periodika teils neue Namen erhielten. Als neues Quellenwerk erschienen die *Beiträge zur Statistik Deutschösterreichs* (ab Heft 12: *Beiträge zur Statistik der Republik Österreich*). Das einzige fachstatistische Organ Österreichs, die *Statistische Monatsschrift*, erschien ab Jänner 1919 in dritter Folge, mußte aber 1921 aufgrund der Finanznot ihr Erscheinen einstellen.[139]

Eine dringliche Aufgabe war die Durchführung einer außerordentlichen Volkszählung, welche die durch Weltkrieg und Friedensvertrag geänderten Bevölkerungsverhältnisse erfassen sollte. Diese am 31. Jänner 1920 vorgenommene Zählung der anwesenden Bevölkerung verwendete erstmals Individualzählblätter mit einigen wenigen Erhebungsmerkmalen (Geburtsdatum, Geschlecht, Zivilstand, Staatsbürgerschaft, Heimatberechtigung, Beruf). Die Volkszählung scheiterte jedoch an der ungelösten Abgrenzung des geographischen Zählbereichs (Kärnten, u. a.), an dem Versuch, die Gezählten sich selbst einer Wirtschaftsgruppe zuordnen zu lassen und an dem Umstand, daß viele Kriegsgefangene noch nicht in ihre Heimat zurückgekehrt waren.[140]

---

[136] Vgl. Von der Direction der administrativen Statistik zum Österreichischen Statistischen Zentralamt 1840–1990. Hg. vom Österreichischen Statistischen Zentralamt (Wien 1990), 21 f.; vgl. Geschichte und Ergebnisse (1979), 104. Vgl. auch *Heinz Fassmann,* Demographie und Sozialökologie, in: Karl Acham (Hg.), Geschichte der österreichischen Humanwissenschaften. Bd. 2: Lebensraum und Organismus des Menschen. Wien 2001, S. 197–201.

[137] ÖSTA / Allgemeines Verwaltungsarchiv (AVA), Schwierigkeiten der amtlichen Statistik, 08. 12. 1922, Zl. 524-I/22, Unterr. Allgemeine Reihe, BASt, Fasz. 3295.

[138] Die Personalstände der Statistischen Zentralkommission (ab 1921/22 Bundesamt für Statistik) finden sich in der Festschrift „Geschichte und Ergebnisse der zentralen amtlichen Statistik in Österreich 1829–1979", 105/111.

[139] Geschichte und Ergebnisse (1979), 105.

Im Jahr 1921 wurde das Amt neu organisiert, wodurch der Umstellungsprozeß der unmittelbaren Nachkriegszeit für die staatliche Statistik beendet war. Die Statistische Behörde erhielt die Bezeichnung *Bundesamt für Statistik* (BASt) und wurde dem Bundesministerium für Inneres und Unterricht (Unterrichtsamt) unterstellt. Fortan agierte die *Statistische Kommission* als Beratungsorgan der amtlichen Statistik. Die *Statistische Kommission* wurde durch die Person des Präsidenten des BASt mit dem Amt verbunden. Zur Zentralisierung der Bundesstatistik und einem eigenen Gesetz, das ihre Organisation und Aufgaben normierte, kam es erst nach dem Zweiten Weltkrieg.[141]

Tätigkeit als Leiter der Heeresstatistik im Staatsamt für Heerwesen

Obwohl das ehemalige k. u. k. Kriegsministerium 1918/19 liquidiert wurde, blieb Winklers Abteilung vorläufig aufrecht und er selbst im Amt. Die Heeresstatistik wurde dem nunmehrigen deutschösterreichischen Staatsamt für Heerwesen unterstellt, wobei Winkler zum Leiter ernannt wurde. Vom 1. Dezember 1918 bis 30. Juni 1920 war er, unterbrochen von seiner Tätigkeit für die Friedensdelegation, als Ministerialsekretär in diesem Amt beschäftigt.

Formal war er bis Dezember 1918 immer noch Vizesekretär des StLB. Sein ehemaliger Chef Dobroslav Krejčí forderte ihn denn auch „in einem liebenswürdigen Briefe" auf, wieder an seine Prager Stelle zurückzukehren. Doch als er dazu eingeladen wurde, statistischer Berater der deutschösterreichischen Friedensdelegation in St. Germain zu werden, nahm er dieses Angebot sofort an. Damit war nämlich auch eine Option für Deutschösterreich verbunden.[142]

Im Kabinett Renner I (30. Oktober 1918 bis 3. März 1919) war der Deutschböhme Josef Mayer (Deutschnationaler) Staatssekretär für Heerwesen. Dieser beförderte Winkler zum Ministerialsekretär und Leiter der Heeresstatistik, die ursprünglich beim damaligen Technischen Militärkomitee im Kriegsministerium eingerichtet worden war. In den Kabinetten Renner II und III (15. März 1919 bis 11. Juni 1920) nahm Julius Deutsch (Sozialdemokraten) das Amt des Staatssekretärs ein.[143] Winklers Vorgesetzter war Deutschs Amtsleiter, der ehemalige

140 Ebd., 107 f.; zu den Ergebnissen der außerordentlichen Volkszählung von 1920 vgl. Beiträge zur Statistik der Republik. Hg. von der Statistischen Zentralkommission. Ab 1922: Hg. vom Bundesamte für Statistik (Wien 1920–23). H. 5: Vorläufige Ergebnisse der außerordentlichen Volkszählung vom 31. Jänner 1920 nebst Gemeindeverzeichnis (Wien 1920). H. 7: Ergebnisse der außerordentlichen Volkszählung vom 31. Jänner 1920. Endgültige Ergebnisse samt Nachtragszählungen. Anhang: Beruf und Arbeitslosigkeit (Wien 1921). H. 8: Die Bewegung der Bevölkerung in den Jahren 1914 bis 1921 (Wien 1923. H. 12: Vorläufige Ergebnisse der Volkszählung vom 7. März 1923 (Wien 1923).

141 Ebd., 109 f.

142 PNWW, Mein überreich bewegtes Leben, Fragm. 2, 140 f.

k. u. k. Oberst und Generalstabschef der 1. Isonzoarmee Theodor Körner (1873 – 1957). Mit Körner verstand sich Winkler nach eigenem Bekunden sehr gut.[144]

Das Technische Militärkomitee hatte 1870 bis 1912 in ununterbrochener Folge die militärstatistischen Jahrbücher herausgegeben, in denen Aushebungsstatistik, Statistik der Heeresstände und teilweise auch die Gesundheitsstatistik der Heeresangehörigen enthalten waren. Im Jahr 1916 wurden die militärstatistischen Agenden dieses Komitees der militärstatistischen Abteilung des WKKW zugewiesen. Nach dem Zusammenbruch der Monarchie wurde diese als *Heeresstatistischer Dienst* in das Staatsamt für Heerwesen übernommen.[145]

Im Staatsamt für Heerwesen konnte er die im WKKW erarbeitete Verluststatistik vollenden und veröffentlichen. Die Ergebnisse der während des Weltkriegs begonnenen Arbeit erschienen unter dem Titel „Die Totenverluste der österreichisch-ungarischen Monarchie nach Nationalitäten" und wurden vom Staatsamt für Heerwesen herausgegeben.[146] Über seine Arbeiten für das Staatsamt für Heerwesen über die Rekrutierungsstatistik referierte Winkler am 9. März 1920 in der ÖGBF. Diese beschäftigte sich 1919/20 vordringlich mit der Ernährungslage und der Wirtschafts- und Familiensteuerpolitik.[147]

Nachdem der Friedensvertrag abgeschlossen worden war und ein kleines, aus maximal 30.000 Soldaten bestehendes österreichisches Bundesheer aufgestellt worden war, gingen die Agenden der Heeresstatistik an die StZK über. Von dieser wurde das gesamte Personal der Heeresstatistik, neben Winkler zwei „Gagisten" und zwei Kanzleihilfskräfte, übernommen. Winkler leitete die in der Zentralkommission neugeschaffene VI. Heeresstatistische Abteilung. Gleichzeitig wurde er zum stellvertretenden Leiter der mit Volkszählungsfragen befaßten Abteilung I ernannt, der Wilhelm Hecke, der Schriftführer der ÖGBF, vorstand. Winkler wurde mit Wirkung vom 1. Juli 1920 zum Hofsekretär bei der StZK ernannt, doch verblieb er in der VII. Rangklasse.[148]

---

[143] *Walter Kleindel,* Österreich. Daten zur Geschichte und Kultur. Hg. v. Isabella Ackerl / Günter K. Kodek (Wien 1995), 316; vgl. zum historischen Hintergrund *Julius Deutsch,* Aus Österreichs Revolution, militärpolitische Erinnerungen (Wien o. J.) [= 1921].

[144] PNWW, Mein überreich bewegtes Leben, Fragm. 2, 148a. („obzwar er Sozialist aus Überzeugung war und ich ein unbeugsamer Demokrat der Mitte."). Das Zitat verweist – wenngleich es aus der sechzig Jahre später entstandenen Autobiographie stammt – auf die damals tiefen weltanschaulichen Gräben zwischen „Bürgerlichen" und Sozialdemokraten in Österreich.

[145] ÖSTA, AdR, Staatsamt für Äußeres, Neue Administrative Registratur (NAR), Zl. 538, Fasz. 4, Wilhelm Winkler; Organisation und Geschäftseinteilung des Bundesamtes für Statistik, Präsidium des Bundesamtes für Statistik an das Bundesministerium für Inneres und Unterricht (BMIU), 08. 11. 1921, Fasz. 3295, Zl. 993-I.

[146] Vgl. Kap. II. 4.

[147] *Wilhelm Hecke,* Bericht über die Tätigkeit der Gesellschaft in den Jahren 1918 bis 1920, in: MGBP, H. 2 (1921), 7 f.

[148] ÖSTA, AVA, Unterr. Allgemeine Reihe, Statistische Zentralkommission / BASt, Übergang der Agenden des statistischen Dienstes an die Statistische Zentralkommission, Kor-

Der neue Abteilungsleiter war bei seinen Kollegen und Untergebenen nicht besonders beliebt, wurde aber geachtet. Den Respekt seiner Untergebenen erwarb er sich, indem er gegen den „Pfuhl der dienstlichen Schlamperei und Nichtstuerschaft" im Bundesamt auftrat, der seinem „sudetendeutschen Ehrgefühl und Pflichteifer von Herzen zuwider" war. So ließ er sich nicht nehmen, bei Präsident Mataja Disziplinaranzeige gegen eine Beamtin zu erstatten, die trotz seines Einschreitens sich nicht davon abbringen ließ, an einem Strumpf zu stricken, statt an statistischen Tabellen zu arbeiten. Von seinem Präsidenten erhielt er jedoch bloß eine Abfuhr: Mataja verbot ihm, die Angestellten „in diesem preußischen Feldwebelton anzufahren".[149]

Eine Ursache für die persönliche Abneigung, die manche seiner Kollegen für ihn empfanden, könnte neben teils unterschiedlichen Generationslagen auch in der teils verschiedenen sozialen Herkunft und den damit verbundenen andersgearteten mentalen Dispositionen liegen.[150] Außerdem wurde es als ungewöhnlich betrachtet, daß es jemandem gelingen konnte, ausgerechnet im kleinen Österreich, das seine Beamten rigoros abbaute, eine Staatsdienstkarriere zu beginnen. Als ein nach Wien zugewanderter Sudetendeutscher dürfte Winkler bei manchen seiner Kollegen Neidgefühle geweckt haben.[151]

Von den Demographen und Statistikern in- und außerhalb des BASt war der Finanzstatistiker Alfred Gürtler (*1875) Sohn eines Fabrikanten, Wilhelm Hecke (*1869) Sohn eines Bankdirektors und Felix (Freiherr von) Klezl-Norberg (*1885) Sohn eines Hofrates. Von den Staatswissenschaftlern der Universität Wien war Ferdinand Degenfeld-Schonburg (*1882) Sohn eines Feldmarschalleutnants, Adolf Merkl (*1890) Sohn eines Forstakademikers, Alfred Verdroß (*1890) Sohn eines Kaiserjägergenerals und Friedrich Wieser (*1851) der Sohn eines Rechnungshof-Vizepräsidenten. Bei Walter Schiff (*1866), Viktor Mataja (*1857) und Othmar Spann (*1878) war nicht klar, inwiefern die Berufsangabe ihres Vaters („Kaufmann" bei Schiff und Mataja bzw. „Klein-Fabrikant" bei Spann) auf eine im damaligen Verständnis „höhere" oder „niedrigere" soziale Herkunft im Vergleich zu

---

respondenz Staatsamt für Heerwesen mit der Statistischen Zentralkommission, 06. 05. 1920, 12. 06. 1920, 27. 07. 1920, 24. 10. 1920; Fasz. 3295; Ebd., Organisation und Geschäftseinteilung des Bundesamtes für Statistik vom 08. 11. 1921.

[149] PNWW, Mein überreich bewegtes Leben, Fragm. 2, 9 f.

[150] Eine auf der unterschiedlichen lebensweltlichen Herkunft der Beamten des BASt abhebende Deutung der Gegensätze zwischen seinem Vater und seinen Kollegen vertritt auch *Erhard Winkler* im Gespräch mit dem Vf. vom 27. 12. 1999.

[151] Ich vergleiche im folgenden die soziale Herkunft (Kriterium ist der Beruf des Vaters) jener österreichischer Statistiker und Staatswissenschaftler, für die sich direkte Kontakte mit W. Winkler auf amtlicher und auf universitärer Ebene belegen lassen. Aus dem Sample ausgeschlossen wurden jene Wissenschaftler der Rechts- und Staatswissenschaftlichen Fakultät der Universität Wien, die nur auf dem Gebiet der Nationalökonomie tätig waren. Eingeschränkt wurde dieses Sample dadurch, daß nicht für alle in Betracht kommenden Persönlichkeiten die soziale Herkunft eruierbar war.

Winkler schließen läßt.[152] Bei Berücksichtigung der Schwächen eines derartigen Vergleichs (geringe Zahl der Probanden; Streuung über mehrere Generationen) läßt sich doch sagen, daß Winkler als der Sohn einer fast in die Verarmung abgerutschten (Gymnasial-)Lehrersfamilie ein sozialer Aufstieg geglückt war, um den ihn vermutlich viele seiner Kollegen beneideten. Dabei spielte es keine Rolle, daß der durch den Ersten Weltkrieg ausgelöste tiefgreifende soziale Wandel ehemals als wichtig eingeschätzte Standesunterschiede materiell – aber nicht mental – großteils eingeebnet hatte. Es ist bezeichnend, daß die Gegnerschaft zwischen Winkler und dem „Baron" Klezl-Norberg besonders tief verwurzelt war und Jahrzehnte überdauerte.[153]

Heeresstatistik.
Die „Totenverluste der österreichisch-ungarischen Monarchie nach Nationalitäten"

Im Jahr 1919 veröffentlichte das Staatsamt für Heerwesen die Studie seines Heeresstatistikers Winkler über die „Totenverluste" der k. u. k. Armee: Winkler untersucht in dieser Arbeit, wie sich die Todesfälle der österreichisch-ungarischen Armee nach „Heimatsangehörigkeit" und „Alter" gliederten.

Bis Ende 1917 fielen bei Einrechnung von zwei Drittel der Vermißten insgesamt rund eineinhalb Millionen, das waren 9,60% der wehrfähigen Männer von siebzehn bis 52 Jahren. Der Autor stützt sich auf eine Auswahl aus den amtlichen Verlustlisten, wobei 12.000 Todesfälle in die Untersuchung einbezogen wurden. Er behandelt die Erscheinungen dieser „Teilmasse" als „repräsentativ" für das Gefüge der Gesamtmasse. Die Kontrolle der Repräsentativität erzielt er dadurch, indem er die Verteilung der Todesfälle zwischen Österreich, Ungarn und Bosnien-Herzegowina vergleicht. Danach ergaben sich ausgezeichnete Übereinstimmungen zwischen Gesamt- und Teilmasse. Er errechnet folgende Vergleichszahlen nach Nationalitäten: Danach ergibt sich für die rein deutschen Gebiete Österreichs eine Totenverlust-Quote auf je tausend der (anwesenden) Bevölkerung (Volkszählung 1910) von 29,10‰ und für die rein magyarischen und magyarisch-deutschen Gebiete von 28,00‰. Die slawischen Gebiete folgen mit Ausnahme der slowenischen und rein mährisch-slowakischen Gebiete mit deutlichem Abstand und bewegen sich in den Verlust-Quoten zwischen 20 und 23,70‰.[154]

Die Konsequenzen der Totenverluste für den Bevölkerungsaufbau sind für Winkler gravierend: Der Geburtenausfall während der Kriegszeit habe 46,35% der „erwarteten" Geburten betragen, wobei diese Erwartungen infolge des bereits vor

---

[152] Die Informationen finden sich bei *Lebmann/Helczmanovszki* (1986) und bei *Pakes* (1981) unter den entsprechenden Stichwörtern.

[153] In seiner Autobiographie bezeichnet Winkler Klezl bloß als den „Baron K." PNWW, Mein überreich bewegtes Leben, Fragm. 2, [unbez.].

[154] WW-1919-04, 7 – 10.

dem Krieg einsetzenden Geburtenrückgangs ohnedies verringert worden seien. Während die nichtdeutschen Völker Österreichs über Ausgleichsmöglichkeiten verfügten (teils infolge der geringeren Verlust-Quoten, teils infolge der im Gegensatz zu Deutschösterreich reichlich bestehenden Auswanderungsreserven), sei die Lebens- und Arbeitskraft, die wirtschaftliche und kulturelle Zukunft des deutschösterreichischen Volkes gefährdet. Dazu komme noch, daß der Krieg eine negative Auslese mit sich gebracht habe; die „Volkskraft" sei aufgrund des Fehlens gerade der körperlich leistungsfähigsten Teile der Bevölkerung auf Dauer geschädigt.[155]

In einer Reihe von Diagrammen stellt Winkler dar, wie der deutschösterreichische Geburtenausfall sich auf die Zusammensetzung der Bevölkerung nach Altersjahrgängen auswirkte. (Nach späteren eigenen Angaben sind diese Annahmen über die Entwicklung der Bevölkerungsbewegung die ersten, die je vorgenommen wurden.[156]) Danach schwebt ihm schon im Jahr 1943 ein Geburtenausfall im zweiten Glied, und im Jahr 1970 im dritten Glied vor. Der Geburtenausfall werde sich nach dem Krieg fortsetzen. Die Bevölkerungszahl der Länder des ehemaligen Cisleithanien werde bis 1998 [sic!] von 36,457.000 Mio. auf 31,796.000 Mio. Menschen zurückgehen.

Infolge der Männerverluste ist jedes vierte oder fünfte Mädchen, unter Einrechnung von Invalidität und zunehmenden Geschlechtskrankheiten womöglich sogar jede zweite bis dritte Frau der gefährdeten Jahrgänge zur Ehelosigkeit verurteilt. Die Deutschen Böhmens und der Alpenländer näherten sich rasch dem französischen (stationären) Bevölkerungstypus, der von einer nur geringen Volksvermehrung und einer chronischen Unterbesetzung der jüngeren Jahrgänge gekennzeichnet sei (Zwiebelform des Bevölkerungsaufbaus). Damit seien die Deutschen noch stärker als vor dem Krieg von der starken Volksvermehrung in ihren slawischen Nachbarländern bedroht. Diese wiesen den serbischen Bevölkerungstypus (Pyramidenform) auf. Ihre Kriegsverluste könnten sie im Gegensatz zu den Deutschen rasch wieder beseitigen, stünden doch genügend junge Männer bereit, um in die Plätze der Gefallenen nachzurücken.[157]

Die „Totenverluste" waren Winklers erstes Werk, das über Österreich hinaus auch in Deutschland breit rezipiert wurde: Karl Seutemann, der Direktor des statistischen Amtes von Hannover, lobte in einer Rezension zwar die methodische Vorgangsweise des Autors, doch kritisierte er seine demographischen Voraussagen als von „zu weitgehende[m] Pessimismus" geleitet. Heinrich Rauchbergs und Wilhelm Heckes Besprechungen war dagegen ganz affirmativ gehalten.[158] Die „Totenverluste" wurden nicht nur in fachstatistischen Organen und in national-völkischen

---

[155] Ebd., 8 f., 73–77.

[156] Vgl. WW-1933-01, 109.

[157] Ebd., 59–67; Tafeln I–XIV.

[158] Bespr. von *Karl Seutemann,* JbbNSt 113 (1919), 267; 269; vgl. *Heinrich Rauchberg,* Die Totenverluste Österreichs im Weltkriege nach der Nationalität, in: DA 18 (1918/19), 250 f.; Bespr. v. *Wilhelm Hecke* DStZbl 11 (1919), Sp. 112 f.

akademischen Kreisen[159], sondern auch in einer breiteren, auch sozialdemokratischen Öffentlichkeit rezipiert. So erörterte Fritz Rager in der österreichischen sozialdemokratischen Zeitschrift *Der Kampf* „Fragen der Kriegsverluststatistik" und bezog sich dabei auf Winklers Studie. Rager weist auf zahlreiche Fehlerquellen hin, die auf Kriegsverluststatistiken verzerrend einwirken könnten. Ohne die „vorzügliche Studie" des Heeresstatistikers direkt anzugreifen, gibt er zu bedenken, daß Winkler bei der Berechnung der nationalen Zugehörigkeit bezirksweise Berechnungen vornehme, die gerade jene Nationen, welche in Zuwanderungszentren lebten, stärker belaste. Und das seien besonders Deutsche und Magyaren. Gänzlich in ihr Gegenteil verkehren könne sich der Sinn der Statistik, wenn man die verschiedene Höhe der Verlustquoten mit der „Verwendung der Truppen" in einen Zusammenhang bringe: Es könne geradezu angenommen werden, daß das Oberkommando Truppen bestimmter Nationalitäten „mitunter zur Strafe in vernichtendes Feuer geschickt" habe. Was die Bevölkerungsentwicklung nach Kriegen betreffe, habe Rudolf Goldscheids Lehre von der Menschenökonomie Aufschlüsse über qualitative und quantitative Folgen von Kriegsverlusten gegeben.[160]

Zwei weitere Schriften Winklers, welche die „Totenverluste" ergänzten, wurden ebenfalls vom Staatsamt für Heerwesen herausgegeben. Die eine befaßt sich mit dem „Anteil der nichtdeutschen Volksstämme an der österreichisch-ungarischen Wehrmacht", die andere mit einer „Berufsstatistik der Kriegstoten der österreichisch-ungarischen Monarchie".

In seiner ersten Studie geht Winkler von der zentralen These aus, daß die Armee nicht nur „ihrem Geiste nach", sondern auch hinsichtlich ihrer Zusammensetzung in bezug auf die nationale Frage neutral gewesen sei. Diese These versucht er wieder unter Heranziehung der amtlichen Verlustlisten nachzuweisen. Hier sei nur auf die wichtigsten Ergebnisse verwiesen: Demnach waren in den qualifizierten Mannschaftsrängen der k. u. k. Armee die nichtdeutschen Nationen „eher bevorzugt". Schwieriger wird die nationale Zuordnung bei den Offizieren, weil keine allgemeine Statistik der nationalen Herkunft existierte. Als Ersatz trachtet der Autor zumindest für die Generalität diese Frage über die Statistik der „Heimatszugehörig-

---

[159] Vgl. u. a. die Rezeption der Arbeit durch zwei österreichische Landeshistoriker der Zwischenkriegszeit: *Martin Wutte,* Kärntens Freiheitskampf 1918–1920. Verb. Ndr. der 2., umgearb. u. verm. Aufl. Klagenfurt 1985, 283 und *Hans Pirchegger,* Geschichte der Steiermark 1740–1919 und die Kultur- und Wirtschaftsgeschichte 1500–1919. Graz 1934, Beilage III, Totenverluste des Landes 1914–1919, 578 f. Die wichtigsten Zahlen aus Winklers „Totenverlusten" wurden in der Presse, aber auch in Gesandtschaftsberichten registriert: *Assunta Nagl,* Bevölkerungspolitik und Volksvermehrung, in: Reichspost Nr. 223 vom 20. 05. 1919; *Alfred Opitz / Franz Adlgasser* (Hg.), Der Zerfall der europäischen Mitte. Staatenrevolution im Donauraum. Berichte der Sächsischen Gesandtschaft in Wien, 1917–1919. Graz 1990 (= Quellen zur Geschichte des 19. und des 20. Jahrhunderts; 5), 244. Wie die Studie von den tschechischen Statistikern aufgenommen wurde, zeige ich im Kap. III. 1. b) dieser Arbeit.

[160] *Fritz Rager,* Fragen der Kriegsverluststatistik, in: Der Kampf. Sozialdemokratische Zeitschrift 12 (1919), 136 139; 137 (wörtl. Zitat).

keit" zu lösen und stellt fest, daß in den Generalsrängen die Nichtdeutschen im Verhältnis zu ihrer Bevölkerungszahl überproportional stark vertreten waren.[161] In der „Berufsstatistik" errechnet er für die selbständigen Landwirte eine Totenquote von 26,80‰, wogegen die Arbeiter eine Quote von 34,30‰ aufwiesen. Unter den Handwerkern, deren Fähigkeiten im Krieg überdurchschnittlich oft herangezogen wurden, war die Totenverlustquote besonders hoch: Die Fleischer und Selcher kamen demnach hinter den Berufsoffizieren, die mit einer Quote von 119,80‰ den höchsten Blutzoll entrichteten, auf eine Verlustquote von 61,30‰. Es folgten die Schlosser (57,10‰), die Maurer (50,90‰) u. a. Das Schlußlicht bildeten die Gewerbe der Uhrmacher, Bürstenbinder, Buchbinder und Buchdrucker. Sie alle standen beträchtlich unter dem allgemeinen Durchschnitt von 28,00‰.[162]

Weitere Ergebnisse seiner Arbeiten für das Staatsamt für Heerwesen veröffentlichte Winkler 1920 in einem zweiteiligen Aufsatz im *Archiv für soziale Hygiene und Demographie:* Hier versucht er seine zentrale These vom „Rückgang der körperlichen Tüchtigkeit in Österreich" – so der Titel der Studie – auf der Grundlage von heeresstatistischen Daten aus dem Zeitraum von 1870 bis 1912 zu belegen. Die Zahlen für diesen Zeitraum wertete er als erster Wissenschaftler statistisch aus. Die Rekrutierungsstatistik selbst verfügte über eine lange Tradition[163]: Sie hatte im 19. Jahrhundert, einem Zeitalter der Massenheere, einen wichtigen Zweig der Bevölkerungsstatistik gebildet.

Nach Winklers These habe die Zahl der Tauglichen in dem fraglichen Zeitraum signifikant abgenommen. Waren im Jahr 1889 noch 57,83% der endgültig Abgefertigten tauglich, so waren es 1911 nur noch 54,85%. Demgegenüber sei die Zahl der als „waffenunfähig" Befundenen vergleichsweise stärker gestiegen – aus verwaltungstechnischen Gründen, wie er betont, um diese dem Landsturm vorzubehalten. Mit diesen Zahlen ist, wie er mit Recht zugibt, seine These vom „Rückgang der körperlichen Tüchtigkeit" noch nicht ausreichend bewiesen. Er ist daher bestrebt, diese These mit Hilfe von weiteren Untersuchungen zu belegen und durch Verbindung des Kriteriums der „Tauglichkeit" mit soziologischen Merkmalen („Rasse"/Sprachzugehörigkeit, Siedlungsweise, Geburtenhäufigkeit, Migrationsverhalten, Beruf) zu untermauern. Als erstes derartiges Merkmal gilt ihm die „Rassezugehörigkeit", unter der er hier „den Inbegriff der ihr gemeinsamen wirtschaftlichen und kulturellen Lebensbedingungen" versteht. Dieser Winklersche Rassebegriff findet seine Fundierung nicht im „Blut", wie es sonst damals zunehmend üblich wurde, sondern in der „Sprache". Unter Heranziehung der Tauglichkeits-

---

[161] WW-1919–02, 1–6; István Déaks Untersuchung über die Offiziere der habsburgischen Armee bestätigt Winklers These, wonach das Militär bezüglich der Rekrutierung seiner Offiziere „ethnisch blind" gewesen sei. Daß Winkler die nationale Zuordnung der Generäle nach ihrer Heimatzuständigkeit berechnet, bezeichnet Déak als „ein nicht unumstrittenes Verfahren" und verweist anhand einiger Beispiele darauf, daß die nationale Abstammung vieler Generäle nicht „eindeutig" herleitbar sei. *Déak* (1991), 228.

[162] WW-1919-01, 1, 5, 8, 10.

[163] Vgl. dazu *vom Brockes* Wortmeldung in *Mackensen* (Hg.) (1998), 137.

statistik sucht er nachzuweisen, daß „die wenig kultivierten süd- und ostslavischen Stämme" innerhalb der Donaumonarchie in ihrer Tauglichkeitsziffer obenan gestanden seien. „Die Kulturvölker des alten Österreich, die Deutschen und die Tschechen, stehen zu unterst." Weiter heißt es bei Winkler: „Die Regelmäßigkeit, mit der sich die Tauglichkeit von Ost nach West und von Südost nach Nordwest abstuft, ist überraschend. Von Osten nach Westen folgen sich die Ukrainer, die Polen, die Tschechen und die Deutschen, von Südost nach Nordwest die Serbo-Kroaten, die Slovenen und wieder Tschechen und Deutsche." Je stärker der Verstädterungsgrad einer Nationalität der Monarchie war, desto niedriger war die Tauglichkeit seiner jungen Männer. Umgekehrt schließt der Autor aus seinem Datenmaterial, daß die Militärtauglichkeit umso höher gewesen sei, je mehr Angehörige eines Volkes in einem agrarischen Umfeld lebten. Vergleichbare Zusammenhänge findet er zwischen erhöhter Tauglichkeit und höherer Geburtenhäufigkeit und zwischen besserer Tauglichkeit und größerer Seßhaftigkeit.[164]

Winkler prüft den von ihm postulierten Zusammenhang zwischen überwiegend agrarischer Lebensweise und höherer Tauglichkeit neben der Siedlungsweise auch an berufsstatistischen Zahlen. Die günstigsten Tauglichkeitswerte erzielten nicht, wie erwartet, die „landwirtschaftlich beschäftigten Landgeborenen", sondern die „anderweitig beschäftigten Landgeborenen". Insgesamt schätzt er zwar die Tauglichkeitszahlen der Landbevölkerung, gleichgültig ob noch am Land oder schon in Städten lebend, günstiger ein als die Tauglichkeit der Städter. Er will jedoch nicht abschließend beantworten, wie die Tätigkeit in der Landwirtschaft sich auf die Tauglichkeitszahlen insgesamt auswirkte.

Dieses Beispiel zeigt hier stellvertretend für zahlreiche widersprüchliche Ergebnisse, die Winkler als „Ausnahmen" von seinen den Zahlen zugrunde liegenden Thesen bezeichnet – von den Ambivalenzen des in sich recht inhomogenen Datenmaterials abgesehen –, daß vorgeformte Bilder über gesellschaftliche Verhältnisse sich mit diesen bei weitem nicht immer decken.

Die Untersuchung der „Gebrechen, welche Waffenunfähigkeit oder Untauglichkeit begründeten", soll einmal mehr den postulierten Gegensatz zwischen „städtischer" und „ländlicher" Bevölkerung bei der Militärtauglichkeit belegen. Wenn Winkler auch auf den vermutlich hohen Grad der Unzuverlässigkeit medizinstatistischer Ergebnisse hinweist, glaubt er doch auf eine ganz allgemein zugenommene „Körperschwäche" schließen zu dürfen, die hauptsächlich in Städten und Industriegebieten vorkomme. Unter „Körperschwäche" versteht er die Zunahme der Körpergröße („ungesundes, treibhausmäßiges Wachsen") bei gleichzeitiger Abnahme des Brustumfanges der Rekruten. Der Anteil der „geistig Minderwertigen", zu denen er neben „Cretins" und „Blödsinnigen" auch Stellungspflichtige mit Kropf zählt, sei hingegen in den ländlichen Gebieten größer als in den Städten. Dies sei in Zusammenhang zu bringen mit der Abwanderung vom Lande und der

---

[164] WW-1920-03, 227; 296 f., 302 (wörtl. Zit.).

damit verbundenen „Auslese" der „Tüchtigeren". Die in Städten verbreitete Körperschwäche und die Zunahme von inneren Krankheiten seien hauptverantwortlich für den Rückgang der Tauglichkeit und könnten als „Sinnbild für die zerstörerische Wirkung der Städte" dienen.[165]

Zusammenfassend nimmt Winkler Stellung zur damals laufenden Debatte unter Sozialmedizinern und Rassehygienikern in Deutschland. Die pessimistische Richtung lese aus Daten, wie er sie selbst erstmals im Lichte der betrachteten Fragestellung erhoben habe, einen gefährlichen „Entartungsvorgang" des Volkes heraus. Die optimistische Richtung dagegen bestreite, daß ein solcher zu befürchten sei. Aus den Daten weniger Jahrzehnte könne nicht auf „Rasseentwicklungen" geschlossen werden, die sich in vielen Jahrhunderten vollzögen. Letzterem Argument schließt sich Winkler an, wobei er den Biologen „das letzte Wort" in dieser Frage überläßt. Zu einem Streit zwischen Lujo Brentano und Max Sering, der um die Frage kreiste, welche Wirtschaftspolitik, eine mehr landwirtschaftlich (Sering) oder eine mehr industriell ausgerichtete (Brentano), zweckmäßig sei, nimmt er gleichfalls Stellung, wieder ohne eine eindeutige Antwort zu geben. Der Streit Brentano-Sering betreffe im wesentlichen die Frage, ob ein Volk seine körperliche Tüchtigkeit erhalten könne, ohne seinen Nahrungsspielraum auszufüllen und damit einen Teil desselben zur Auswanderung zu zwingen, oder ob eine industrielle Entwicklung, die Bevölkerungs- und Machtenfaltung mit sich bringe, zu forcieren sei. Diese rufe aber gerade den Rückgang der körperlichen Tüchtigkeit hervor. Er ist sich der Notwendigkeit bewußt, daß „der Weg des kulturellen Fortschritts nur über eine städtisch-industrielle Entwicklung führen" könne. Die Staatspolitik könne höchstens „Auswüchse bekämpfen und einen solchen Mittelweg [zu] finden, bei welchem weder die zahlenmäßige Volksentwicklung und der kulturelle Fortschritt, noch die körperliche Tüchtigkeit Schaden leiden."[166]

Winkler machte sich mit seinen Untersuchungen über die Heeresergänzungsstatistik und vor allem über die „Totenverluste" beim führenden italienischen Statistiker und Eugeniker Corrado Gini (1884–1965)[167] bekannt, der ihm 1923 die Gelegenheit gab, zum Thema der „Berechnung der Tauglichkeitsprozente" einen Aufsatz in der Zeitschrift *Metron* zu veröffentlichen. Gini, damals Ordinarius für Statistik an der Universität Padua, hatte 1920 diese international ausgerichtete und für ihre tiefgehende Auseinandersetzung mit methodischen Fragen berühmte Zeitschrift gegründet. Gini stand mit Winkler in den folgenden Jahren in schriftlicher Verbindung.[168]

---

[165] Vgl. ebd., 312–316.

[166] Ebd., 329, 334 (wörtl. Zitat); 335, 344 f., 347 (wörtl. Zitat).

[167] Vgl. Leading Personalities in Statistical Sciences. Ed. by N. L. Johnson and S. Kotz (New York 1997), 291–296, s. v. Gini, Corrado.

[168] PNWW, Mein überreich bewegtes Leben, Fragm. 5, [a]; 18. Noch 1925 befaßte sich Winkler neuerlich mit diesem Gegenstand und verfaßte für das AStA einen einschlägigen Aufsatz. (Vgl. WW-1925–05).

Statistischer Fachberater der deutschösterreichischen Friedensdelegation
in St. Germain-en-Laye

Die erste deutschösterreichische Regierung wurde am 30. Oktober 1918, noch vor dem Inkrafttreten des Waffenstillstands am 3. November, berufen. Sie trat mit dem erklärten Ziel an, möglichst viele der in der Westhälfte der untergegangenen Monarchie und in den Komitaten Westungarns (Burgenland) lebenden Deutschen in einer „Republik Deutschösterreich", die sich an Deutschland anschließen sollte, zu vereinigen. Bereits am 30. Oktober legte der Vollzugsausschuß der Provisorischen Nationalversammlung in einer Note an den US-Präsidenten Wilson die wesentlichen außenpolitischen Ziele Deutschösterreichs fest.[169]

Das Staatsamt für Äußeres ging noch im November 1918 daran, organisatorische und personelle Weichenstellungen für die Teilnahme Deutschösterreichs an den geplanten Friedensverhandlungen zu treffen. Besonderes Augenmerk wurde darauf gelegt, statistisch belegbare Klarheit über Ausdehnung und Grenzen des deutschen Siedlungsraums in den Nachfolgestaaten der Monarchie zu gewinnen. Am 13. November ging ein Schreiben des Außenamts an die StZK mit dem Ersuchen, „dem Staatsamt für Äußeres in raschester Frist auf statistischer Grundlage ein klares Bild über den in diesen Nationalstaaten vorhandenen deutschen Besitzstand zu verschaffen." Zu diesem Zweck ersuchte das Staatsamt namentlich Wilhelm Hecke, den Leiter der bevölkerungsstatistischen Abteilung in der StZK, dem Staatsamt fachlich geeignete Mitarbeiter zur Verfügung zu stellen. Hierbei kam die Frage ins Spiel, wer als statistischer Experte einer künftigen Friedensdelegation herangezogen werden sollte. Wie Winkler berichtet, wäre Hecke am liebsten selbst als Experte für Statistik in die Delegation berufen worden.[170] Im Staatsamt für Äußeres saß jedoch als Referent für Minderheitenfragen Prof. Rudolf Laun, der drei Klassen vor Winkler das Kleinseitner Deutsche Gymnasium besucht hatte.[171] Möglicherweise spielten persönliche Bande mit dem ehemaligen Schulkollegen eine Rolle, als Laun seinem Staatssekretär Winkler namentlich vorschlug. In einem am 24. November 1918 von Bauer und Laun unterzeichneten „Referentenantrag" wurde Winkler, der „Spezialist für Nationalitätenstatistik" und Ministerialsekretär im Staatsamt für Heerwesen, als einziger in Frage kommender Fachmann genannt. Otto Bauer lud ihn persönlich ein, nach St. Germain, den Ort der Friedensverhandlungen mit Deutschösterreich, mitzufahren. Winkler sagte Bauer sofort zu.[172]

Noch war jedoch seine Übernahme in den deutschösterreichischen Staatsdienst, der aufgrund der Verkleinerung des Staatsgebiets zum Abbau, und nicht zur Neu-

---

169 *Klaus Koch, Walter Rauscher / Arnold Suppan* (Hg.), Außenpolitische Dokumente der Republik Österreich 1918–1938. Bd. 1: Selbstbestimmung der Republik. Wien 1993, 30 f.

170 Ebd., 150.

171 Programm des k. k. Deutschen Obergymnasiums der Kleinseite in Prag (1896), 90.

172 PNWW, Mein überreich bewegtes Leben, Fragm. 2, 142. Diese Einladung muß Winkler irgendwann zwischen November und Dezember 1918 erhalten haben.

aufnahme von Beamten gezwungen war, nicht endgültig gesichert. Es bestanden nämlich Bedenken, ob diese Übernahme, sofern sie unter Beibehaltung der VII. Rangklasse erfolgte, in der er sich zuletzt als Beamter des böhmischen Landesausschusses befunden hatte, mit dem geltenden deutschösterreichischen Recht vereinbar sei. Laun wies darauf hin, daß die Beamten der ehemaligen Landesausschüsse den Charakter von Staatsbeamten hätten, ihr Dienst Staatsdienst sei und sie daher von Deutschösterreich direkt übernommen werden könnten. Winkler sei Familienvater. Sollte seine Angelegenheit nicht rasch positiv abgeschlossen werden, würde er sich, „um nicht brotlos zu werden", demnächst genötigt sehen, Prag die Angelobung zu leisten. Winkler sei als Nationalitätenstatistiker jedoch „eine kaum zu ersetzende Kraft". Der deutschösterreichische Staat dürfe „derartige Kräfte" „nicht den Feinden überlassen". Schützenhilfe erhielt Laun in seiner Argumentation übrigens von Ludwig Mises (1881–1973), der bis zum Abschluß des Friedensvertrags Referent für finanzielle Fragen im Außenamt war. Mises nannte Winklers Arbeit in einem Aktenvermerk „erstklassig".[173]

Die Frage der Übernahme von Winkler in den deutschösterreichischen Staatsdienst entschied sich endgültig erst im Jänner 1919: Er verblieb als Ministerialsekretär beim Staatsamt für Heerwesen, wurde aber für die Dauer der Friedensverhandlungen dem Staatsamt für Äußeres zur Verfügung gestellt. Ausschlaggebend für seine Beiziehung zur Friedensdelegation waren, wie es in einem Schreiben von Julius Deutsch an die StZK im Jahr 1920 hieß, neben seinem Ruf in der Fachwelt auch seine Sprachkenntnisse.[174] Für die Vorbereitung der Friedensverhandlungen wurde im Staatsamt für Äußeres ein Stab von Experten zusammengezogen, der vom Minister a. D. Franz Klein geleitet wurde.[175] Der Leiter der Minderheitenabteilung im Staatsamt August Wotawa (1876–1933)[176], in der Ersten Republik einer der führenden Politiker der Großdeutschen, leitete im Rahmen dieses Dienstes einen Ausschuß, dem auch Winkler angehörte.[177] Als Statistiker gehörten diesem Gremium weiters Hecke, Rauchberg und der Finanzrat Dr. Richard Pfaundler an.[178] Am 9. Jänner 1919 erstellte Laun ein Verzeichnis historischer und statistischer Arbeiten, die im Auftrag von Klein jeweils in deutscher, französischer und

---

[173] Zu Mises, der als führender Vertreter der Grenznutzenschule in den zwanziger Jahren zu einer zentralen Figur der theoretischen Nationalökonomie in Wien aufstieg, vgl. *Janssen* (1998), 559 f.

[174] ÖSTA, AVA, Unterr. Allgemeine Reihe, Statistische Zentralkommission / BASt, Korrespondenz Staatsamt für Heerwesen mit der Statistischen Zentralkommission, 06. 05. 1920, Fasz. 3295, Zl. 905.

[175] *Fritz Fellner / Heidrun Maschl* (Hg.), „Saint-Germain, im Sommer 1919". Die Briefe Franz Kleins aus der Zeit seiner Mitwirkung in der österreichischen Friedensdelegation. Mai-August 1919. Salzburg 1977 (= Quellen zur Geschichte des 19. und 20. Jahrhunderts; 1), 21.

[176] Vgl. *Erwin Barta*, Dr. August Wotawa †, in: Grenzland (1933), 93 f.

[177] *W. Winkler*, Lebensgeschichte (1952), 215.

[178] ÖSTA, AdR, Staatsamt für Äußeres, NAR, Fasz. 4, W. Winkler, Zl. 280, 390, 718, 997, 2928 (Staatsamt des Äußern); Zl. 1013 präs. (Statistische Zentralkommission).

englischer Sprache nach Paris gesendet werden sollten. Dazu gehörten zu Böhmen jeweils eine Arbeit von Dopsch (historisch) und Rauchberg (statistisch), zu Tirol jeweils eine Studie von Hans Voltelini (historisch), Pfaundler (statistisch) und Wieser, der ein Gutachten über die „Südgrenze von Deutschsüdtirol" beisteuerte. Pfaundler verfertigte auch eine von Laun umgearbeitete statistische Studie zu Steiermark.[179] Wotawa gab diese Schriften, die von der Staatskanzlei für die *Propagandastelle für Deutschösterreichs Recht* hergestellt wurden, in der Reihe *Flugblätter für Deutschösterreichs Recht* heraus. Insgesamt erschienen in dieser Reihe 40 verschiedene Studien. Sie hatten propagandistischen Charakter und arbeiteten meist mit den bevölkerungsstatistischen Angaben aus der Volkszählung von 1910.[180] Winkler stellte für Launs Arbeit über „Die tschechoslowakischen Ansprüche auf deutsches Land" statistische Daten bereit[181] und verfaßte selbst folgende, in dieser Reihe erscheinende Schriften: „Die zukünftige Bevölkerungsentwicklung Deutschösterreichs", „Die Gemeindewahlen in Deutschböhmen" und „Die Tschechen in Wien". Sie alle nahmen eine deutlich propagandistisch gefärbte Stoßrichtung gegen „die" im kollektiven Singular angesprochenen Tschechen ein, denen Winkler die Absicht unterstellte, Deutschösterreich zerstören und mit Hilfe ihrer fünften Kolonne, der tschechischen Minderheit in Wien, zur tschechischen Kolonie machen zu wollen.[182]

Im Rahmen dieser Vorbereitungen unterbreitete Winkler am 5. Dezember 1918 dem Staatsamt für Äußeres den Vorschlag, einen „ständigen statistischen Dienst" ebendort einzurichten. Da es in der amtlichen Statistik Altösterreichs „strenge verpönt" gewesen sei, statistische Arbeiten nach nationalen Gesichtspunkten zu gliedern, stünden derzeit nur einige wenige minderheiten- und wirtschaftsstatistische Privatarbeiten zur Verfügung. Diese reichten aber nicht aus, um die Friedensdelegation ausreichend mit statistischem Datenmaterial zu unterstützen. Aus diesem Grunde sollte ein ständiger statistischer Dienst eingerichtet werden, der „in erster Linie die Evidenthaltung der gesamten deutschen Bevölkerung der Erde, insbesondere aber der angrenzenden Staaten" in Betracht ziehe. Wichtigste Aufgaben dieses Dienstes seien die „genaue Kritik [der] Sprachergebnisse der verschiedenen einheimischen und fremdländischen Volkszählungen an der Hand der natürlichen Volksvermehrung und der Wanderbewegung [und] die Erneuerung kartografischen Materials". Dieser „für die Außenpolitik so wichtige Dienst"

---

[179] Ebd., Völkerrecht, Kt. 143, „Verzeichnis der im Auftrag von Exz. Klein nach Paris zu sendenden Materialien", R. Laun, 09. 01. 1919.

[180] Jene Redakteure, die für die „Flugblätter" namentlich gekennzeichnete Beiträge verfaßten, waren R. Laun, E. Schwab, A. Dopsch, R. Lodgman v. Auen, E. Barta, H. Gröbl, F. Heiderich, K. G. Hugelmann, F. Kamniker, H. Pirchegger, E. Pribram, W. Lang, F. Jesser mit je einem Artikel, H. Pirchegger mit zwei, F. DuBois und W. Winkler mit je drei und R. v. Pfaundler mit vier Artikeln. (Vgl. *Gehart* (1984), 57 f.).

[181] Vgl. *Rudolf Laun,* Die tschechoslowakischen Ansprüche auf deutsches Land. Wien 1919 (= Flugblätter für Deutschösterreichs Recht; 4), Vorwort.

[182] Vgl. Kap. III. 1. b).

könne von einem einzigen Fachmann (damit meint er wohl sich selbst) geleitet werden.[183]

In diesem Vorschlag wird erstmals aktenkundlich belegbar und in Umrissen sichtbar, welche Aufgaben Winkler einer „Statistik des Deutschtums im Ausland" zuschrieb. Geboren aus der Niederlage im Ersten Weltkrieg, wurde dieser Gedanke behördlicherseits nicht verwirklicht, und so blieb es Winkler vorbehalten, 1923 an der Wiener Universität ein Institut einzurichten, das sich den Aufgaben widmete, die er bereits Ende 1918 erstmals schriftlich niedergelegt hatte. Winkler blieb mit seiner Idee aber nicht allein. August Wotawa legte im August 1919 in einer Denkschrift, die er der Friedensdelegation unterbreitete, seine Vorstellungen von den „Aufgaben eines deutschösterreichischen Instituts für das Auslandsdeutschtum" nieder. Dieses sollte das gesamte Deutschtum auf dem Gebiet der ehemaligen Habsburgermonarchie statistisch, ethnographisch, kulturell, wirtschaftlich und historisch erfassen. Vordringliche Ziele eines derartigen Instituts müßten die „Aufklärung" der heimischen Öffentlichkeit und die „Bearbeitung der öffentlichen Meinung im Auslande in allen Fragen des Auslandsdeutschtums" sein.[184] Die Tätigkeit der von ihm geleiteten Minderheitenabteilung im Staatsamt für Äußeres bestand in der Hauptsache darin, Material über die deutschen Volksgruppen im benachbarten Ausland zu sammeln. Nach dem Vorbild des *Deutschen Ausland-Instituts* (DAI) sollten eine Bibliothek, ein Archiv, eine Korrespondenz und eine Karthotek aller deutschösterreichischen Staatsbürger im Ausland geschaffen werden.[185]

Die deutschösterreichische Friedensdelegation reiste am 12. Mai 1919 in einem Sonderzug von Wien ab und traf am 14. Mai in St. Germain-en-Laye ein. Leiter der Delegation war Staatskanzler Karl Renner, der auch den politischen Ausschuß anführte. Diesem gehörten der christlichsoziale Abgeordnete Karl Gürtler und der deutschnationale Abgeordnete Ernst Schönbauer an. Weiters entsendeten alle „besetzten und bedrohten" Gebiete ihre Experten. Der Sachverständigenrat unter dem Vorsitz von Klein bestand neben Winkler als statistischem Experten aus dem Völkerrechtler und letztem k. k. Ministerpräsidenten Heinrich Lammasch, dem Geographen Robert Sieger, dem Präsident der Anglo-österreichischen Bank Julius Landesberger und dem General Rudolf Slatin.[186] Mit dem hohen Bekanntheitsgrad dieser Persönlichkeiten konnte sich Winkler nicht messen. Umso höher ist der mit der Berufung nach St. Germain verbundene persönliche Prestigegewinn für den damals knapp 35jährigen Statistiker einzuschätzen.

---

[183] ÖStA, Friedensdelegation von St. Germain, Kt. 18 (diverse Briefe an Prof. Laun), Schreiben von W. Winkler an Laun vom 05. 12. 1918.

[184] Ebd., Kt. 19 (Referat Laun, Fasz. 3): Denkschrift von Dr. August Wotawa, August 1919.

[185] Das Amt für Minderheitenschutz in Wien, in: DA 18 (1918/19), 234.

[186] Die Liste der Mitglieder der Delegation findet sich im Bericht über die Tätigkeit der deutschösterreichischen Friedensdelegation in St. Germain-en-Laye. Bd. 1 (Wien 1919), 1–4. Über „Archiv und Arbeitsweise" der Delegation vgl. *Rudolf Neck,* Die österreichische Friedensdelegation in St. Germain, in: Scrinium (1974), 36–46.

Viele der Delegationsmitglieder lernten einander erst im Zug kennen. Sie waren, wie Hieronymus Oldofredi, der Vertreter des Kreises Znaim, in seinen Erinnerungen berichtet, in guter Stimmung, hofften sie doch, daß bei den Friedensverhandlungen „das eine oder das andere der in Feindeshand geratenen Gebiete Deutschösterreichs" sich wieder gewinnen ließe.[187] Doch die Enttäuschung der Delegierten war groß, als sich herausstellte, daß es in St. Germain gar nicht zu den erwarteten Verhandlungen im eigentlichen Sinn kam, sondern der Verkehr mit den Vertretern der Entente-Mächte nur schriftlich erfolgen durfte. Das von den Alliierten ausgesprochene Anschlußverbot und der Verlust zahlreicher ganz oder überwiegend von Deutschsprachigen besiedelter Gebiete wurde als „Diktat" empfunden, das die Regierung nur annahm, weil sie durch den übermächtigen Druck der Siegermächte dazu gezwungen wurde. Der damalige Gesandte Eichhoff erinnerte sich, daß die geographische Gestalt der „Republik Österreich" als „eine ganz unmöglich scheinende Gebietsformation"[188] betrachtet wurde. Winkler beschrieb die isolierte Unterbringung der Delegierten im Schloß von St. Germain, als er dazu als letzter Überlebender 1979 in einem Presseinterview befragt wurde, mit der drastischen Bemerkung, sie hätten sich damals wie „Gorillas im Freigehege" gefühlt.[189] Die innere Organisation und die Leitung der Delegation durch Karl Renner wurde dennoch trotz gewisser Friktionen, die es zwischen einzelnen Delegierten gab, in der Regel als positiv herausgestellt.[190]

Winklers Aufgabe in St. Germain bestand darin, gemäß der Instruktion des Staatsamts für Äußeres für die Delegation Modelle für die Grenzziehung zu berechnen. Konkret war er beauftragt, drei Varianten für die künftigen Grenzen Deutschösterreichs auf Grund der Bevölkerungszusammensetzung nach Nationalitäten auszuarbeiten. Die erste Variante schloß alle deutschen Sprachgebiete des österreichischen Teils der Monarchie ein, „ebenso die von ihnen unmittelbar und entscheidend beeinflußten Räume". Die zweite Variante „war eine Mittellösung: alle mit dem deutschen Sprachgebiet zusammenhängenden Flächen". Die dritte Variante schien als einzige Chancen auf Verwirklichung zu haben: „In einer Art Kompensation sollten einzelne deutsche Sprachgebiete außerhalb der Grenzen verbleiben, dafür kulturell zugehörige fremdsprachige Gebiete einbezogen wer-

---

[187] *Hieronymus Oldofredi,* Zwischen Krieg und Frieden. Erinnerungen. Wien 1925; ganz ähnlich äußert sich Winkler, PNWW, Mein überreich bewegtes Leben, Fragm. 2, 142.

[188] *Johann Andreas Eichhoff,* Es geschah am 10. September. Vor vierzig Jahren: Saint-Germain, in: Die Furche vom 12. 09. 1959, 3.

[189] *Pia Maria Plechl,* Der Experte, der Saint Germain miterlebte: Statt Friedensgesprächen nur Enttäuschung, in: Die Presse vom 29. 03. 1980, 3.

[190] Vgl. *W. Winkler,* Lebensgeschichte (1952), 215 f., *Oldofredi* (1925), 172–176; *Vinzenz Schumy,* Kampf um Kärntens Einheit und Freiheit. Wien 1950, 184–187; *Marga Lammasch/Hans Sperl* (Hg.), Heinrich Lammasch: Seine Aufzeichnungen, sein Wirken und seine Politik. Wien-Leipzig 1922, 198–203; *Jürgen Nautz* (Hg.), Unterhändler des Vertrauens. Aus den nachgelassenen Schriften von Sektionschef Dr. Richard Schüller. Wien/München 1990 (= Studien und Quellen zur österreichischen Zeitgeschichte; 9), 235–242; *Fellner/Maschl* (Hg.) (1977).

den".[191] Für alle drei so abgegrenzte Vorschläge hatte Winkler „eine bis in die kleinsten Wohngemeinschaften reichende Aufstellung der Bevölkerung in allen bis in die Gemeinden herabgehenden Ausgliederungen" bereitzustellen. Winklers Berechnungen sollten vermutlich die in zwei Gesetzen vom 22. November 1918 formulierten territorialen Ansprüche Deutschösterreichs statistisch absichern. Die gesetzlich niedergelegten deutschösterreichischen Gebietsforderungen waren aber bereits im November 1918 aufgrund der politischen Entwicklung nicht mehr zu halten.[192]

Für die Rechenarbeiten benötigte Winkler zwei Hilfskräfte und eine Rechenmaschine, die ihm aus seinem Wiener Büro nachgeschickt wurden. In den von Klein geleiteten Arbeitssitzungen der Experten[193] mußte er regelmäßig über Fortschritte seiner Studien referieren, die er in Tabellen und Landkarten ausführte.[194]

Wenige Tage nach seiner Ankunft in St. Germain ließ Winkler nicht nur Hilfspersonal nach St. Germain kommen, sondern er bestellte auch drei statistische Zahlenwerke: J. Hains „Handbuch der Statistik des österreichischen Kaiserstaates" (1852), A. Fickers „Die Völkerstämme der österreichisch-ungarischen Monarchie" (15. Jahrgang der *Mitteilungen aus dem Gebiete der Statistik*) und ein Ortsrepertorium der österreichischen Volkszählung von 1880. In die statistischen Arbeiten war auch die StZK eingebunden. Am 8. Juni 1919 übermittelte diese über das Staatsamt für Äußeres der Delegation einen statistischen Vergleich zwischen dem von Deutschösterreich erwarteten, die deutschsprachigen Landstriche Böhmens und Mährens einschließenden Gebietsumfang und den nach den Friedensbedingungen vom 2. Juni 1919[195] drohenden Gebietsverlusten.[196]

Am 10. Juni 1919 reiste er gemeinsam mit den Vertretern der besetzten und bedrohten Gebiete und mit seinen Experten-Kollegen Lammasch und Sieger nach knapp einmonatigem Aufenthalt aus St. Germain ab. Lammasch blieb in Basel,

---

[191] Vgl. *Koch / Rauscher / Suppan* (Hg.), Außenpolitische Dokumente der Republik Österreich 1918 – 1938. Bd. 2: Im Schatten von Saint-Germain. München 1994, Instruktion Staatsamt für Äußeres für die Delegation zum Pariser Friedenskongreß, Mai 1919, 160 – 164. Dazu Winkler in dem erwähnten Interview, *Plechl* (1979).

[192] *Koch / Rauscher / Suppan* (Hg.) (1993), 33 f.; vgl. „Gesetz über Umfang, Grenzen und Beziehungen des Staatsgebietes von Deutschösterreich", StGBl. Nr. 40 / 1918, zit. ebd. 170 f.; vgl. „Staatserklärung über Umfang, Grenzen und Beziehungen des Staatsgebietes von Deutschösterreich", StGBl. Nr. 41 / 1918, zit. ebd. 171 f.

[193] Vgl. Bericht über die Tätigkeit der deutschösterreichischen Friedensdelegation. Bd. 1 (1919), 4.

[194] PNWW, Mein überreich bewegtes Leben, Fragm. 2, 145.

[195] Bericht über die Tätigkeit der deutschösterreichischen Friedensdelegation. Bd. 1 (1919), 8.

[196] ÖSTA, AdR, Staatsamt für Äußeres, Zl. 5532-I / F, Friedensdelegation von St. Germain, Kt. 8, Fasz. I / 1 / g, Gebietsverluste durch die Friedensbedingungen; vorläufige Berechnung der durch die Friedensbedingungen drohenden Gebietsverluste (08. 06. 1919); Kt. 12, Fasz. II / 6 (Materialbeschaffung): Schreiben an die Delegation (Dr. Winkler) vom 18. 05. 1919.

während die anderen Reiseteilnehmer bis nach Wien fuhren. Gegenüber Presse-
vertretern, die die Delegationsmitglieder empfingen, äußerten sie einhellig Un-
zufriedenheit über ihren Aufenthalt. Sie seien von den Alliierten wochenlang hin-
gehalten worden.[197]

Winklers Arbeit für die Delegation war mit seiner Rückkehr nach Wien noch
nicht beendet. Am 9. Juli übermittelte das Staatsamt für Äußeres der Delegation
ein Exemplar seiner Studie über den „Anteil der nichtdeutschen Volksstämme an
der österreichisch-ungarischen Wehrmacht". Am folgenden Tag übersandte die
StZK (Unterschrift: Dr. Winkler) eine Reihe von unkommentierten Tabellen nach
St. Germain, die Winklers „Berufsstatistik der Kriegstoten" entstammten. Am
14. Juli folgten vier weitere berufsstatistische Aufstellungen, die sich auf die von
den Tschechen bewohnten ehemaligen Kronländer Altösterreichs bezogen. Nachdem der zweite Teils der Friedensbedingungen am 20. Juli überreicht worden
war,[198] übermittelte das Staatsamt für Äußeres am 25. Juli eine Bearbeitung der in
diesen Bedingungen enthaltenen territorialen Bestimmungen nach St. Germain.
Darunter befanden sich ein „Vergleich des Staatsgebietes von Deutschösterreich
nach dem gesetzlichen und dem nach den Friedensbedingungen vom 20. Juli 1919
verminderten Umfange" und Bevölkerungs- und Nationalitätenstatistiken des Gebiets von Westungarn und der Abstimmungsgebiete in Kärnten. Winklers Mitarbeit
an der Erstellung der entsprechenden Tabellen ist anzunehmen, aber aus den Akten
nicht unmittelbar belegbar.[199]

In den Jahren nach Abschluß des Friedensvertrags herrschte in der Publizistik
eine pessimistische Stimmung, was die Lebensmöglichkeiten für die neue „Republik Österreich" betraf. Österreich wurde auch von dem großdeutsch denkenden
Winkler nur der Status eines von Großmächten und Nachbarstaaten abhängigen,
lebensunfähigen Kleinstaates zugeschrieben: Deutschösterreich befinde sich nach
St. Germain „in vollständiger Abhängigkeit von den feindlichen Großmächten, an
deren Stelle bei weiterer Unmöglichkeit des [...] ersehnten Anschlusses an
Deutschland die völkisch viel bedrohlichere wirtschaftliche und politische Abhängigkeit von den benachbarten Kleinmächten treten dürfte."[200]

---

[197] Neue Freie Presse vom 11. 6. 1919 (Morgenblatt), 5, und vom 12. 06. 1919 (Abendblatt), 1 f.

[198] Bericht über die Tätigkeit der deutschösterreichischen Friedensdelegation. Bd. 2
(1919), 2.

[199] ÖSTA, AdR, Staatsamt für Äußeres, 5242-I/P, Friedensdelegation von St. Germain,
Kt. 10, Fasz. I/1/1 (Militaria): Übermittlung einer Broschüre „Der Anteil der nichtdeutschen
Volksstämme an der öst.ung. Wehrmacht" (09. 07. 1919); Kt. 20 (Tätigkeitsbericht, Fasz. 16:
Material und Vorarbeiten zum Tätigkeitsbericht): Dienstzettel StZK, Prä, „Berufsstatistische
Aufstellungen über die von der tschechischen Nation bewohnten Kronländer Altösterreichs"
(10. 07. 1919), Kt. 8, Fasz. I/1/g, Bearbeitung der territorialen Bestimmungen der neuen
Friedensbedingungen durch die statistische Zentralkommission (25. 07. 1919).

[200] WW-1922-03, 298; zum Forschungsstand über den Vertrag von St. Germain und seine
historische Bewertung vgl. St. Germain 1919. Protokoll des Symposions am 29. und 30. Mai
1979 in Wien. Wien 1989 (= Wissenschaftliche Kommission zur Erforschung der Republik

Die „Sprachenkarte von Mitteleuropa"

Die 1920 veröffentlichte „Sprachenkarte von Mitteleuropa" ging auf nationalitätenstatistische Berechnungen zurück, die Winkler für die Friedensdelegation von
St. Germain durchgeführt hatte. Diese Karte basiert auf der Sprachenerhebung von
1910 und ist insofern für die Geschichte der Kartographie von Bedeutung, als
sie in einem Maßstab von 1 : 500.000 die geographische Verteilung der deutschsprachigen Bevölkerung Europas darstellt. Übertitelt mit „Deutsches Selbstbestimmungsrecht!", weist die Karte die Siedlungsgebiete der Deutschen in Europa in
suggestiv-plakativer roter Flächenfärbung aus. (Die jüdischen Bevölkerungsgruppen Ost- und Südosteuropas werden übrigens in der Karte den Deutschsprechenden
zugeschlagen; bei den Volkszählungen von 1910 gab es keine eigene Kategorie für
das Jiddische.) Die weißen Schnitte im Kartenbild demonstrieren ihre politische
Botschaft: Der deutsche „Block" in Mitteleuropa sei durch die Friedensverträge in
zwölf Teile gerissen worden, was Winkler im Begleittext als einen Bruch aller Versprechungen anprangert, die der US-Präsident Woodrow Wilson mit seiner Botschaft von der „Selbstbestimmung der Völker" gemacht habe.[201]

Daß die „Sprachenkarte Mitteleuropas" die tatsächlichen sprachlich-nationalen
Verhältnisse stark vereinfacht, bestreitet ihr Schöpfer in seinen „Geleitworten"
nicht. Sobald eine Sprache von mehr als 50% der Bewohner gesprochen werde, erscheine sie in der Karte in Flächenfärbung ausgedrückt. Dies verdeutliche nur die
„verhältnismäßige" Sprachmischung, nicht aber, wie in der Statistik gefordert, die
„tatsächliche" Zahl der dahinterstehenden Bewohner. So erscheine ein von wenigen Polen bewohntes, kilometerweit ausgedehntes Waldgebiet in seiner Karte
ebenso polnisch wie eine rein deutsche Stadt, die Tausende Menschen auf kleinem
Raum zusammendränge, in der Karte als „deutsch" ausgedrückt werde. Wichtig
sei vor allem, die in- und ausländische Öffentlichkeit durch die propagandistische
Wirkung der Karte darüber aufzuklären, wie sehr das deutsche Selbstbestimmungsrecht durch die Friedensverträge gebrochen worden sei.[202]

Daß diese Wirkung eintraf, dafür versprach die Redaktion der Zeitschrift *Mutterland* zu sorgen, in der es hieß: „Die Karte [...] soll in keinem deutschen Schul-
zimmer, keinem deutschen Bahnhof, an keiner Bildungsstätte des deutschen

---

Österreich. Veröffentlichungen; 11). Sechzig Jahre später klang sein Resümee über Erfolg
oder Mißerfolg der Delegationsarbeit differenzierter: Die deutschösterreichische Friedensab-
ordnung habe immerhin Abänderungsanträge stellen können, die zu einer gewissen Erleichterung der Vertragsbestimmungen und zur Abhaltung zweier Volksabstimmungen in umstrittenen Grenzgebieten geführt hätten. PNWW, Mein überreich bewegtes Leben, Fragm. 2, 146 f.

[201] In dem der Überschrift zugeordneten Text heißt es: „Trotz feierlicher Zusicherung des
Selbstbestimmungsrechtes ist das deutsche Volk durch die Verträge von Versailles und
St. Germain auf zwölf Staaten aufgeteilt worden; mehr als fünfzehn Millionen Deutschen ist
das Selbstbestimmungsrecht und die Vereinigung mit dem Mutterlande verwehrt. Der weiße
Schnitt im Kartenbilde schneidet nicht nur den deutschen Volkskörper in Stücke; er ist ein
Riß durch Treu und Glauben, durch Menschenwürde und Gerechtigkeit."

[202] WW-1920-01; WW-1921-02, 6 f.

Sprachgebietes fehlen.“[203] Die erste Forderung wurde zumindest in Österreich er-
füllt: So erschien Winklers Sprachenkarte im *Kozenn,* einem an österreichischen
Mittelschulen verbreiteten Atlas.[204] Die oben erwähnte Zeitschrift *Mutterland* war
Sprachrohr der Großdeutschen in Österreich und fügte 1923 nicht zufällig (Hitler-
Putsch in München) seinem Untertitel den Zusatz „nationalsozialistisch“ hinzu.
Walther Riehl, die führende Persönlichkeit des aufkommenden Nationalsozia-
lismus im Österreich der zwanziger Jahre, berief sich bei seinen Forderungen nach
Vereinigung aller Deutschen in einem Staat nicht direkt auf Winklers Sprachen-
karte. Riehl trat jedoch im *Mutterland* dafür ein, „für das eigene Volk“ gerade das
einzufordern, „was ihm nach der Sprachenkarte gebührt“[205].

Diese Aussage konnte sich sehr wohl auf Winklers in eben dieser Zeitschrift
dem Leserpublikum vorgestellte Karte beziehen. Angesichts des diffusen Konzepts
vom „deutschen Volks- und Kulturboden“, das die nach einer Revision der Friedensverträge neu zu ziehenden Grenzen Deutschlands in Richtung Ost- und Südosteuropa hin bewußt offen ließ, konnte Riehls gerade zitierte Forderung nur als
Ankündigung deutscher territorialer Expansion verstanden werden. Winklers Karte
spielte den Absichten der Nationalsozialisten in die Hände, da sich diese nicht
zuletzt auf ihren Autor, einen im In- und Ausland anerkannten Wissenschafter, berufen konnten. In einer „politischen Beurteilung“, die der Wiener Gaudozenten-
bundsführer Arthur Marchet 1938 über Winkler verfaßte, heißt es, daß Winklers
Sprachenkarte, das Werk eines Statistikers „von internationalem Ruf“, „gerade
jetzt sehr häufig zu sehen“ sei.[206]

In der zeitgenössischen deutschen Wissenschaft und Publizistik wurde die
„Sprachenkarte Mitteleuropas“ überwiegend positiv aufgenommen. Der neben den
Geographen und Volkstumsforschern Albrecht Penck, Karl C. v. Loesch, Friedrich
Metz und Emil Meynen bedeutendste Organisator der Volkstumsforschung in der
Weimarer Republik Wilhelm Volz (1870–1958)[207], 1926 einer der Mitbegründer
der Leipziger *Stiftung für Volks- und Kulturbodenforschung* (SVKF), lobte sie als
wissenschaftlich objektiv und „ungemein wirkungsvoll“. Vor allem fülle sie eine
Lücke der deutschen Forschung. Einzig Karl C. v. Loesch (1880–1951), der neben
seiner vielseitigen Tätigkeit als Volkstumsforscher auch Leiter des *Deutschen
Schutzbundes für die Grenz- und Auslanddeutschen* (DSB) war und als solcher die
Abstimmungskämpfe in den Abstimmungsgebieten geleitet hatte,[208] kritisierte sie.

---

[203] Mutterland. Zeitschrift zur Festigung des geistigen Zusammenhanges aller deutsche
Stämme (Sept. 1921), 9.

[204] Kozenn. Geographischer Atlas für Mittelschulen (Wien [43]1926), Nr. 23.

[205] *Walter Riehl,* Das deutsche Vaterland – so weit die deutsche Zunge klingt! In: Mutterland. Nationalsozialistische Zeitschrift zur Festigung des Zusammenhanges aller deutschen
Stämme 2 (1923), 59.

[206] ÖSTA, AdR, Gauakt Dr. Wilhelm Winkler, Politische Beurteilung des Dr. Wilhelm
Winkler (1938).

[207] Zu Volz vgl. *Fahlbusch* (1994), 49–56.

[208] *Carsten Klingemann,* Soziologie im Dritten Reich. Baden-Baden 1996, 73.

Im Rahmen einer Tagung der SVKF, die propagandistisch wirksam in der ober-
fränkischen Grenzstadt Marktredwitz abgehalten wurde und bei der Winkler anwesend war, verwies v. Loesch in seinem Diskussionsbeitrag auf die seiner Meinung nach unter deutschen Wissenschaftlern verbreiteten Fehler, die „aus dem
Mangel an Einstellung der Arbeit unter deutschem Gesichtspunkt" resultierten.
Diese Fehler spielten direkt Deutschlands Feinden in die Hände. Winkler habe in
seiner Karte einen solchen Fehler begangen, indem er das Hultschiner Ländchen
„als mährisch sprechendes Gebiet mit tschechisch-mährischer Farbe" eingetragen
habe. Die politische Gesinnung in diesem Gebiet sei jedoch reichsdeutsch. Bei der
Sitzung der Völkerbundsliga zu Ostern 1922 sei daher der Vertreter des Hultschiner
Ländchens auf die Winklersche Karte verwiesen worden. Die Deutschen müßten
– so v. Loesch abschließend – endlich darangehen, sich im Gebrauch von Propaganda zu üben, um der gegnerischen „planmäßigen Arbeit" entgegentreten zu
können.[209]

Die neuen Nachbarn Deutschlands und Österreichs sahen die „Sprachenkarte
Mitteleuropas" aus einem Blickwinkel, der verständlicherweise v. Loeschs kri-
tischer Perspektive diametral entgegenstand: So verbot die Tschechoslowakei für
ihr Gebiet Einfuhr und Vertrieb der Karte. Auch die kleinere Karte „Völker und
Staaten in Mitteleuropa", die Winkler 1924 veröffentlichte, wurde „aus Gründen
der öffentlichen Ordnung" verboten.[210] In sudetendeutschen Medien lösten diese
Maßnahmen heftige Proteste aus. Durch das Verbot solle den Tschechen und
Slowaken beispielsweise verheimlicht werden, daß Preßburg mitten im deutschen
Sprachgebiet liege. Diese und andere Tatsachen blieben – so die veröffentlichte
Meinung – auch nach dem Verbreitungsverbot dieser „wissenschaftlich objekti-
ven" Karte bestehen.[211]

Im Rückblick auf die Anfangsjahre der jungkonservativen Volkstumsforschung
wurde Winklers „Sprachenkarte Mitteleuropas" als herausragendes Beispiel einer

---

[209] Stiftung für deutsche Volks- und Kulturbodenforschung Leipzig. Die Tagungen der
Jahre 1923–1929. Als Handschriftendruck hg. vom Verwaltungsrat der Stiftung für deutsche
Volks- und Kulturbodenforschung. Langensalza 1930, 14 f. Winklers Reaktion auf v. Loeschs
Kritik ist nicht überliefert. Weitere „Fehler" führte Arnold H. Ziegfeld an: „Von einem
Deutschtum in Litauen ist nichts bekannt, die Linienführung der völkischen Gruppen in Ost-
polen zeigt den herrschenden Mangel an Unterlagen, von dem Deutschtum in der Slowakei
wird nur ein Teil angegeben oder deutsche Inseln im karpatho-russischen Gebiet als madjari-
sche wiedergegeben. Die Darstellung des Deutschtums in Rumänien und in Ungarn ist un-
vollständig [. . .]". (*Arnold Hillen Ziegfeld,* Die deutsche Kartographie nach dem Weltkriege,
in: Loesch, Karl Christian v. (Hg.): Volk unter Völkern. Breslau 1925 (= Bücher des Deutschtums; 1), 432).

[210] SÙA, Zemský úřad Praha – prezidium, Landesbehörde in Prag, Präsidium 1921–1930;
sign. 8/4/20/81; sign. 207–182–3/85, 86, Verbot der Verbreitung der in Wien erscheinenden Druckschrift „Sprachenkarte Mitteleuropas", 10. 06. 1922.

[211] Beschlagnahmte Wissenschaft, in: DA 21 (1921/22), 342. 1924 veröffentlichte Winkler eine zweite, kleinere Karte im Maßstab 1 : 4.000.000 („Völker und Staaten in Mitteleuropa"), die einige Fehler der ersten Karte korrigierte, sich jedoch sonst von der Konzeption
her nicht von dieser unterschied.

Arbeit angeführt, die den Paradigmenwechsel vom etatistischen Geist des 19. Jahrhunderts zur „volklichen" Betrachtungsweise der zwanziger Jahre früh und insgesamt – wenn auch mit einigen Fehlern – erfolgreich mitvollzogen habe.[212] Der Mitarbeiter der Berliner Hauptgeschäftsstelle des DSB Arnold Hillen Ziegfeld erblickte 1925 die Ursache dafür, daß gerade in Österreich unmittelbar nach dem Krieg die Volkstumskartographie große Bedeutung gewonnen habe, in der besonderen nationalitätenpolitischen Lage dieses Landes. Österreich sei bei den Friedensverhandlungen darauf angewiesen gewesen, die Struktur seiner Nationalitätenprobleme anschaulich zu machen und habe dies u. a. mit Hilfe der Kartographie versucht. Im Zusammenhang mit dem „Diktat" von St. Germain entstanden neben der Winklerschen folgende, noch der traditionellen Darstellungsweise verpflichtete Karten: „Sprachminderheiten im Gebiete der ehemaligen österreichisch-ungarischen Monarchie" (R. Engelmann); „Völkerkarte von Europa" (A. Haberlandt); „Europas neue Staatengrenzen" (A. Fischer). Für die Zukunft erwartete Ziegfeld mit der Produktion von Spezialkarten und Kartogrammen eine weitere, über Winklers Generalzugriff hinausgehende methodische Differenzierung der Minderheitenkartographie.[213]

Zwischenergebnisse und Bewertungen

Die während Winklers Tätigkeit im Staatsamt für Heerwesen erschienenen Arbeiten waren verschiedenen Problemen der Statistik gewidmet, doch kreisten sie alle um die für ihn zentrale Frage nach den nationalen Abgrenzungen. Gerade die heeresstatistischen Arbeiten gewähren tiefe Einblicke in die Methoden und vor allem in das Bild von der aktuellen Bevölkerungslage, wie es Winkler vorschwebte. Sein methodisches Instrumentarium, mit dem er seinen Fragestellungen nachging, umfaßte die breite, von der Sprachzugehörigkeits-, Geburten-, Migrations- bis zur Berufsstatistik reichende Bandbreite der stofflichen Statistik. In seinen „Totenverlusten" verwendete er die damals neuartigen Methoden der Schätzung und der Prognostik, die im deutschen Sprachraum noch auf großen Widerstand der von Georg v. Mayr vorgegebenen Richtung stießen. Bedeutend ist diese Arbeit auch deshalb, weil sie die einzige Quelle zu den Kriegsverlusten der österreichisch-ungarischen Armee im Ersten Weltkrieg darstellt.

Ideologiekritisch sei allgemein festgehalten: Winklers Furcht vor den demographischen Konsequenzen aus „Kriegsgeburtenausfall" und Dezimierung der volksbiologisch „Tüchtigen" infolge des Krieges war im Lichte der realen Bevölkerungsentwicklung übersteigert. Sie waren jedoch Ausdruck von Winklers zunehmend kulturpessimistischer, „Geburtenausfall" und slawische „Überfremdung"

---

[212] O. A. *Isberth,* Zur kartographischen Darstellung des Auslandsdeutschtums, in: Auslandsdeutsche Volksforschung 1 (1937), 101; vgl. auch ders., Statistik und Kartographie im Dienste der Volksforschung, in: Auslandsdeutsche Volksforschung 2 (1938), 159.

[213] Vgl. *Ziegfeld* (1925), 431; 434. Ziegfeld stellte für die Zeitschrift *Volk und Reich* Karten her, die Deutschland als von Feinden eingekreist darstellten.

miteinander verbindenden Denkweise. Die spezifische Zuspitzung seines Denkens war wiederum eine mittelbare Folge des Machtverlustes der Deutschen auf dem Gebiet Altösterreichs. Gerade die „Totenverluste" kamen auch einem in der Gesellschaft verbreiteten Interesse entgegen, eine Bestandsaufnahme der Kriegsverluste durchzuführen. Diese bezog sich nicht nur auf deren genaue Höhe, sondern vor allem auf befürchtete „biologische" Verschlechterungen des „Volkskörpers". Prämissen, die Winklers Arbeiten aus dieser Zeit stets überlagerten, waren großteils ideologisch aufgeladene Dichotomien zwischen „Land" und „Stadt", zwischen „Slawen" und „Deutschen" sowie zwischen dem „serbischen" und dem „französischen" Bevölkerungstypus.

In der „Sprachenkarte Mitteleuropas" nützte er geschickt die Möglichkeiten suggestiver Darstellungsformen. Bei den Rezipienten sollte das Bewußtsein hervorgerufen werden, daß es einen „einheitlichen" deutschen Sprach- und Kulturraum gebe. Den Deutschen sollte gezeigt werden, welche potentielle Macht (und damit Bedrohung für die Nachbarn) vom „deutschen Block" auch nach Versailles und St. Germain ausgehen könnte. Die der Karte zugrunde liegende Methodik der „verhältnismäßigen Sprachmischung" wurde damals als wissenschaftlich objektiv beurteilt. – Vom heutigen Standpunkt aus ist indes festzuhalten, daß es nicht möglich ist, die soziale Erscheinung komplexer Sprachenmischungsverhältnisse korrekt zu visualisieren. Immerhin trug Winkler in seine Karte auch Volksgruppen ein, die in den umstrittenen Grenz- und Abstimmungsgebieten des Deutschen Reiches lebten. Dazu zählten die „Masuren", „Kassuben" und „Wasserpolen". In die Zeichnung der österreichischen Grenzgebiete nahm er die burgenländischen „Serbokroaten" und „Magyaren" und die Kärntner Slowenen auf.

In seinen frühen nationalitätenstatistischen Schriften interpretiert Winkler abstrakte demographische Phänomene als „biologische" Vorgänge, die sich innerhalb von Völkern und innerhalb einer Völkergemeinschaft abspielen. Im Zentrum seines Gedankengebäudes steht die Evozierung des Bedrohungsbildes „Stadt": Das in der „Stadt" lebende „Proletariat" ist von größerer horizontaler und vertikaler Mobilität geprägt als das „Land", wo der „Bauernstand" die soziale Stabilität garantiert, aber durch Abwanderung in die Stadt von Proletarisierung bedroht ist. Dem „entarteten", geburtenarmen städtischen Leben steht das von der Perspektive des gebildeten Städters aus naturhafte, von hohen Fertilitätsraten gekennzeichnete Landleben gegenüber.[214] Die historischen Wurzeln dieses (Bedrohungs-)Bildes sind in der voranschreitenden Urbanisierung und in der mit dieser in komplexer Wechselbeziehung stehenden Migrationsbewegung zu suchen. Von Land-Stadt-Wanderungen war die Habsburgermonarchie in den letzten Jahrzehnten des 19. Jahrhunderts verstärkt betroffen, wenngleich sie ihren überwiegend agrarischen Charakter bis 1918 beibehielt. Winkler griff in der Gesellschaft bereits vorhandene Ängste auf und integrierte sie in sein teils von persönlichen Erfahrungen und (Bildungs-)

---

[214] Die moderne Demographie spricht in diesem Zusammenhang von „differentieller Fruchtbarkeit", Anm. d. Vf.

Prägungen, teils von der Rezeption ähnlicher Publikationen gespeistes Bild der Bevölkerungs- und Gesellschaftsentwicklung seiner Zeit.

5. Heirat mit Klara Deutsch

Im Jahr 1916 übersiedelte Winkler nach Wien. Vom 5. Juni 1916 bis 21. September 1916 war er als Oberleutnant im Kriegsministerium im dritten Wiener Gemeindebezirk, Klimschgasse 10/14 gemeldet, und vom 22. September 1916 bis 27. April 1918 logierte er als Landesvizesekretär in der Parkgasse 5/7, wieder im dritten Bezirk. Von dort meldete er sich in den siebzehnten Bezirk, Zwierngasse 45a, ab.[215]

In den Jahren 1916 bis 1918 ergaben sich in Winklers Privatleben zahlreiche Veränderungen. Einerseits trat er mit Persönlichkeiten aus der Wissenschaft in Verbindung, die ihn auf seinem weiteren Karriereweg begleiten sollten. Diese Kontakte bewegten sich vorwiegend auf der Ebene des WKKW und der ÖGBF, wurden aber teilweise auch auf das Privatleben ausgedehnt. Winkler vertiefte seine Freundschaft mit Othmar Spann, dessen Vorliebe für Musik „von Bach bis Wagner" von ihm geteilt wurde. So gehörte der Besuch von Konzerten der Wiener Philharmoniker für die beiden zum kulturellen Freizeitvergnügen. Über einen Artillerieleutnant seiner Garnison kam er in den *Boyerschen Literaturzirkel,* der von der damaligen Wiener bürgerlichen Gesellschaft frequentiert wurde. Dort lernte er seine spätere Ehefrau, die um zehn Jahre jüngere Klara Deutsch, kennen, die in Wien als Damenschneiderin tätig war. Ihr Wesen und ihr Charakter sprachen Winkler sofort an. Sie war schön und gut gebildet und stammte obendrein aus seiner böhmischen Heimat, wo sie Kontakte mit deutschnationalen Kreisen gepflegt hatte. Ihr Vater Rudolf Deutsch war Generalvertreter bei der Elbe-Schiffahrtsgesellschaft im nordböhmischen Aussig, wo sie 1894 geboren wurde. Die beiden scheinen sich innerhalb weniger Monate zu einer Heirat entschlossen zu haben, wobei sie es entgegen den Gepflogenheiten der Zeit unterließen, die Brauteltern zu konsultieren. Die jüdische Herkunft seiner Braut stellte für Winkler nach eigenem Bekunden kein Problem dar, was angesichts des damals sehr verbreiteten Antisemitismus nicht selbstverständlich war. Doch bevor sie einander ihr Jawort gaben, mußte Klara zum katholischen Glauben konvertieren. Geheiratet wurde schließlich am 6. April 1918 in der Karlskirche in Wien, nachdem Klara großjährig geworden und nicht mehr auf die Zustimmung ihrer Eltern angewiesen war. Trauzeugen waren die Professoren Othmar Spann und Hans Mayer (1879–1955).[216] Letzterer war Assistent Friedrich Wiesers, bis er 1923 in Wien eine Professur für Nationalökonomie erhielt.[217] Klaras

---

215 Wiener Stadt- und Landesarchiv (WSLA), Meldearchiv, W. Winkler.

216 PNWW, Trauungs-Schein der Pfarre St. Karl, ausgestellt am 06. 04. 1918.

217 *Janssen* (1998), 558; zu Mayers privatem Werdegang, der in vielen Details Winklers Lebenslauf ähnelt (Herkunft aus kinderreicher Familie; vorzeitiger Tod des Vaters, dadurch

nur durch ein Telegramm über die bevorstehende Hochzeit informierte Eltern waren über die interkonfessionelle „Mischehe", die ihre Tochter eingegangen war, nicht gerade glücklich. Nichtsdestotrotz kam es zu einem Besuch der Jungvermählten bei den Brauteltern, bei dem der Vater seinem Schwiegersohn eine in Kriegsanleihe gezeichnete Mitgift überreichte, die nach dem Krieg so gut wie wertlos war. Außerdem statteten sie dem Staatsrat Julius Ofner (1845–1924), im Jahr 1919 ein Mitbegründer der *Demokratischen Partei* und Onkel Klaras, einen Besuch ab. Von der Heirat bis zum Kriegsende dauerte es nur ein halbes Jahr, eine Zeit, die von zunehmenden Ernährungsschwierigkeiten auch des jungen Ehepaars geprägt war. Als am 12. November 1918 im Wiener Parlament die provisorische Nationalversammlung die Republik Deutschösterreich proklamierte, waren auch Winkler und seine junge Frau, die in der nahegelegenen Josefstädterstraße wohnten, bei der Großkundgebung vor dem Parlamentsgebäude zugegen. Der Panik nach dem Polizeieinsatz, der dem Herausreißen des weißen Streifens aus der rot-weiß-roten Fahne durch Rotgardisten folgte, entkamen sie nur mit knapper Mühe.[218]

Die wirtschaftlichen und politischen Turbulenzen, die das erste Jahr von Winklers Ehe mit sich brachte, erfuhren eine gewisse Linderung, nachdem er aus St. Germain zurückgekehrt war. Die dreimonatige Arbeit in der Delegation hatte sich für Winkler nämlich materiell gelohnt: Für jeden Tag erhielt er 25 US-Dollar, insgesamt ein kleines Vermögen, das er teils einem nachträglichen Hochzeitsgeschenk für seine Gattin „Klärchen" widmete, teils in drei Säcken Schurwolle investierte und teils im Ausland hinterlegte.[219]

Zwang zur Erteilung von Privatunterricht), und zu seiner wissenschaftlichen Karriere vgl. *Alexander Mahr,* Hans Mayer – Leben und Werk, in: ZsNök 16 (1956), 3–16, hier 3.

[218] PNWW, Mein überreich bewegtes Leben, Fragm. 2, 131, 133, 135–139.

[219] Ebd., 146 f.

III. Auf dem Höhepunkt des Schaffens
in theoretischer und praktischer Statistik
(1921 – 1938)

In den zwanziger und dreißiger Jahren stieg Winkler, ehe er 1938 beruflich jäh abstürzte, zu einem international anerkannten, führenden Statistiker des deutschsprachigen Raums auf. Seine bedeutendsten Werke entstanden in diesen Jahren, die zugleich seine fruchtbarsten als Wissenschaftler wie auch als amtlicher Statistiker waren. Während das Jahr 1938 als Kapiteleinschnitt nicht näher begründet werden muß – Winkler wurde damals von den Nationalsozialisten aus allen Ämtern vertrieben –, bedarf die Setzung des Jahres 1921 als Einschnitt einer genaueren Erklärung: Mit der Habilitation und der Errichtung des *Grenzlandseminars* an der Universität Wien trat Winkler damals aus dem Schatten seiner akademischen Förderer heraus und begann seine eigenständige Universitätslaufbahn. Auch wurde er um 1921 erstmals international als wissenschaftliche Persönlichkeit anerkannt, wie im folgenden anhand seiner Aufnahme in den Kreis der deutschen Statistiker gezeigt wird. Die 1921 erfolgende Neuorganisation seiner hauptberuflichen Tätigkeit im nunmehrigen *Bundesamt für Statistik* (BASt) kann als Neubeginn seiner Beamtenlaufbahn in der Ersten Republik angesehen werden. Die Konsolidierung des privaten Lebens zeigt ebenfalls an, daß um 1921 (Geburt des ersten Sohns) eine neue Periode in Winklers Leben angebrochen war.

1. Das wissenschaftliche Werk

a) Theoretische Statistik

Den Anfang von Winklers Studien auf dem Gebiet der theoretischen Statistik machte seine Habilitationsschrift über „Die Statistischen Verhältniszahlen", die in ihrem Kern noch die begriffsstatistische Schulung ihres Autors verriet. Diese Arbeit war gleichzeitig auch Ausdruck seines Bestrebens, die formalen, mathematischen Grundlagen der Statistik zu verbessern. Diese Bemühungen setzten sich in Untersuchungen zur Bevölkerungslehre und zur Einkommensstatistik fort und erreichten im „Grundriß der Statistik", der 1931/33 in zwei Bänden erschien, einen vorläufigen Höhepunkt.

„Die Statistischen Verhältniszahlen"

Auszüge aus seiner Habilitationsschrift über „Die statistischen Verhältniszahlen", die er bereits 1921 fertiggestellt hatte, veröffentlichte Winkler zuerst in der Neuen Folge der *Zeitschrift für Volkswirtschaft und Sozialpolitik*.[1] Diese Zeitschrift, die auf dem Gebiet der Nationalökonomie und Sozialpolitik in Österreich führend war, wurde von seinen Habilitationspaten Spann und Wieser herausgegeben. Sie betreute auch das Gebiet der Statistik, die damals in Österreich über kein eigenes fachwissenschaftliches Organ verfügte. Winklers gesamtes Manuskript, dem aufgrund der Hyperinflation in Deutschland zwei Jahre Schubladenruhe auferlegt worden war, konnte erst 1923 in der Reihe *Wiener Staatswissenschaftliche Studien* erscheinen. Diese Reihe wurde von Hans Kelsen in Verbindung mit Wieser und Spann herausgegeben.

Winkler bezeichnete es als Zweck seiner Untersuchung, zur Kritik der statistischen Verhältniszahlen beizutragen und „an der Klärung unserer Vorstellungen von ihrer Verwendbarkeit in der Praxis mitzuwirken". Die Studie solle darüber hinaus „auch in gewissem Maße zwischen ‚allgemeiner statistischer' und ‚mathematisch-statistischer' Theorie eine Brücke" schlagen.[2] Die Arbeit ist in einen „Allgemeinen" und in einen „Besonderen" Teil aufgegliedert. Der „Allgemeine Teil" untersucht das „Wesen der statistischen Massen" und teilt diese nach „Herkunft und Wirkung" ein. Daran schließt sich eine Untersuchung der statistischen Verhältniszahlen an. In einem dritten Abschnitt werden Ziffer und Wahrscheinlichkeit in ihrer Bedeutung als Häufigkeitsmasse geprüft. Der „Besondere Teil" bestimmt anhand der österreichischen Rekrutierungsstatistik Tauglichkeitsmeßzahlen. Mit der Darstellung neuer statistischer Meßzahlen und Berechnungsmethoden führt der Autor die im allgemeinen Teil der Studie gewonnenen theoretischen Erkenntnisse in die statistische Praxis über. Neben den Tauglichkeitsmeßzahlen dienen Beispiele aus der Sterblichkeits- und Ehestatistik zur Veranschaulichung.

Im folgenden werden, ohne hier grundlegendere theoretische Erörterungen des Autors wiedergeben zu können, jene Elemente aus seinem Lehrgebäude vorgeführt, die über die damals im deutschsprachigen Raum gängige statistische Theorie hinausreichten und die von Fachkollegen teilweise kontrovers diskutiert wurden.

Nachdem Winkler einleitend die statistischen Massen definiert, schreitet er zur neuen Einteilung der von Georg v. Mayr so bezeichneten „Bewegungs-" und „Bestandsmassen" in „Punkt- und Streckenmassen", worin der Einfluß der von Irving Fisher u. a. geprägten angelsächsischen Statistik sichtbar wird. Punktmassen können z. B. Geburten, Heiraten, Ehescheidungen oder Selbstmorde sein, als Streckenmassen können „Dauergegenstände und -tatsachen" wie z. B. die „Person" in einer Volkszählung verstanden werden. Es folgen zahlreiche Ausgliederungen der statistischen Massen nach ihrer Herkunft und nach ihrer Wirkung. (Winkler unter-

---

[1] WW-1921-03.
[2] WW-1923-02, 2.

scheidet „Punktmassen" mit Rückwirkung und mit Weiterwirkung, ferner Wechsel- und Entfaltungsereignisse, ein- und mehrbürtige Zugangserscheinungen, ein- und mehrwechselige Wechselereignisse usw.).[3]

Die Theorie der statistischen Verhältniszahlen bildet den Kern seiner Studie. Die Beziehungsverhältnisse dieser Zahlen stehen im Zentrum seiner Darlegungen: Die Verhältniszahlen drücken die inneren Relationen der bezogenen Massen aus. Diese können zueinander im Verhältnis der Gleichartigkeit, der Teilung, der Ursächlichkeit, des äußeren Zusammenhangs und der Fremdheit stehen. Des weiteren unterscheidet er bei der Betrachtung der „Wahrscheinlichkeit als Häufigkeitsmaß" zwischen dem von ihm eingeführten Begriff der „stetigen" und der „unstetig" bezogenen Wahrscheinlichkeit. Abschließend teilt er die Verhältniszahlen nach der „Stärke", der „Häufigkeit", der „Dichte" und nach der „Ausdehnung".[4] In der Auseinandersetzung mit der zum Thema der Verhältniszahlen vorhandenen Fachliteratur verweist der Verfasser besonders auf die Forschungen Blaschkes, Mortaras, Lexis', Gabáglios und v. Mayrs. Letzterem gegenüber insistiert er auf seinem Konzept der gegenseitigen Durchdringung materieller und formeller Einteilungskriterien der Verhältniszahlen.[5]

Im „Besonderen Teil" der Arbeit wendet sich Winkler der Sterblichkeitsmessung und der Ehestatistik zu. Für die Sterblichkeitsmessung wendet er die aus der „Sterbetafel" (Tafelmethode: Verfahren zur zahlenmäßigen Darstellung eines Ereignisablaufs)[6] gewonnene „reine" Sterblichkeitsziffer, die Sterbenswahrscheinlichkeit nach der Sterbetafel und die „rohe" Sterbeziffer (Verhältnis der Todesfälle zur wirklichen Bevölkerung im „zufälligen" Altersaufbau) an. Für die Ehestatistik unterscheidet er zwischen einer „allgemeinen Heiratsziffer", welche die Eheschließungen auf die Gesamtbevölkerung bezieht, und einer besonderen, auf die heiratsfähigen Altersklassen bezogenen Heiratsziffer. Ferner berechnet er „reine" und „rohe" Heiratsziffern, stetig bezogene Tafelwahrscheinlichkeiten und stetig bezogene reine Abgangswahrscheinlichkeiten.[7]

Das aus dem allgemeinen Teil seiner Untersuchung gewonnene Gesamtergebnis faßt der Autor in folgenden Worten zusammen:

> „Wir haben gefunden, daß die Messung periodischer Wechselereignisse unwesentlicher oder bedingt wesentlicher Verschiebung an den ihnen unterworfenen Streckenmassen durch Ziffern im allgemeinen zu unrichtigen, unvergleichbaren Maßzahlen führt. [...] Dagegen hat sich die Beziehung auf einen für die ganze Masse und ihre Teile unveränderlich bleibenden Anfangs- oder Endstand, also durch stetig bezogene Wahrscheinlichkeiten, als ein die wahre Stärke der Wechselverhältnisse richtig wiedergebender Meßvorgang erwiesen. [...] Für Wechselereignisse wesentlicher Verschiebung dagegen hat sich gerade

---

3 Ebd., 3; 13-34; 8, 14 (wörtl. Zit.).

4 Ebd., 34-58.

5 Ebd., 53.

6 Vgl. WW-1960-01, 31.

7 Ebd., 93 – 177.

die Ziffer, und zwar die aus dem reinen Ergebnisablauf gewonnene „reine" Ziffer, als ein der Wahrscheinlichkeit überlegenes Maß erwiesen."[8]

„Die statistischen Verhältniszahlen" waren Winklers erstes monographisches Werk, das in den wichtigsten nationalökonomischen und statistischen Zeitschriften Deutschlands ausführlich rezensiert wurde. Unter den Rezensenten, die seiner Habilitationsschrift eine Besprechung widmeten, fanden sich neben zwei amtlichen Statistikern auch zwei Hauptvertreter der deutschen statistischen Wissenschaft, Georg v. Mayr und Franz Zizek:

G. v. Mayr (1841 – 1925) war seit 1898 o. Prof. für Statistik, Finanzwissenschaft und Nationalökonomie in München. Er blickte auf eine jahrzehntelange Tätigkeit im bayerischen Statistischen Büro zurück und war Vertreter der deutschen Statistik bei den Tagungen des *Internationalen Statistischen Instituts* (ISI), dessen Vizepräsident und Ehrenmitglied er war. 1890 hatte er das *Allgemeine Statistische Archiv* begründet. Mayr bildete die Statistik zu einer selbständigen Gesellschaftswissenschaft heran; in seinem dreibändigen Hauptwerk „Statistik und Gesellschaftslehre" (1. Theoretische Statistik, 2. Bevölkerungsstatistik, 3. Moralstatistik) vertrat er die Lehre einer alle Gebiete der Rechts-, Staats- und Verwaltungswissenschaften umfassenden Statistik. – Der in Graz geborene F. Zizek (1875 – 1938) habilitierte sich 1909 in Wien mit seinem Buch „Die statistischen Mittelwerte". Er bekleidete an der 1914 gegründeten Wirtschafts- und Sozialwissenschaftlichen Fakultät der Universität Frankfurt das Amt eines o. Prof. für Statistik (seit 1916). Sein Schüler Paul Flaskämper charakterisierte ihn als einen Sozialwissenschaftler, der sich „immer auf die Erfordernisse der Praxis" gestützt habe. Zizek vertrat die Lehre von den „vier entscheidenden Begriffen der Statistik, durch die jede statistische Zahl bestimmt ist: Erhebungseinheit, Erhebungsmerkmale, Gruppe und Aussage". In seinem 1921 erschienenen Lehrbuch „Grundriß der Statistik" schuf er eine allgemeine Methodenlehre der Disziplin, deren wichtigste Anwendungsbereiche die Bevölkerungs- und Wirtschaftsstatistik waren.[9]

Insgesamt konnte Winkler mit der Rezeption seines Buchs zufrieden sein, hatte er doch als relativ junger und ohne irgend eine Hausmacht (Lehrstuhl und Schülerkreis) vom Wohlwollen einflußreicher Ordinarien abhängiger Wissenschaftler ein Thema in so neuartiger Weise bearbeitet, daß er unbedingt mit größeren Widerständen rechnen hatte müssen. Die Monographie über „Die statistischen Verhältniszahlen" stellte jedoch nur den Beginn einer langen Auseinandersetzung mit theoretischen Fragen dar, die 1931 / 33 mit der Veröffentlichung der ersten Auflage

---

8 Ebd., 92.

9 *Friedrich Zahn*, Georg von Mayr 1841 – 1925, in: AStA 15 (1925), 1 – 6; *Wilhelm Henninger*, Georg von Mayr zum Gedächtnis, in: AStA 31 (1942/43), 335 – 342; *Paul Flaskämper*, Franz Zizek zum 60. Geburtstag, in: AStA 25 (1935/36), 475 – 477 (jew. wörtl. Zit.); *Heinz Grohmann*, Statistik als Instrument der empirischen Wirtschafts- und Sozialforschung, in: JbbNSt 220 (2000), 679 – 688; zur v. Mayrschen Bevölkerungslehre vgl. *Georg v. Mayr*, Zur Systematik der Bevölkerungsstatistik, in: AStA 13 (1921/22), 65 – 97.

seines zweibändigen statistischen Lehrbuchs einen Höhepunkt erleben sollte. Von den Besprechungen der „Verhältniszahlen" in den drei nationalökonomischen und statistischen Periodika Deutschlands, dem *Allgemeinen Statistischen Archiv,* den *Jahrbüchern für Nationalökonomie und Statistik, Schmollers Jahrbuch für Gesetzgebung, Verwaltung und Volkswirtschaft* und der österreichischen *Zeitschrift für Volkswirtschaft und Sozialpolitik* begrüßten drei ausdrücklich Winklers Beitrag zur statistischen Theorie.[10] Nur eine Rezension, jene v. Mayrs, war skeptisch, aber auch nicht grundsätzlich ablehnend.[11] Welchen längerfristigen Einfluß dieses Werk auf die Entwicklung der statistischen Theorie hatte, läßt sich hier kaum entscheiden. In Würdigungen Winklers, die viele Jahrzehnte später verfaßt wurden, wird es jedenfalls nicht als eines seiner Hauptwerke erwähnt.[12]

Festzuhalten bleibt indes, daß Winklers Habilitationsschrift in zweierlei Hinsicht einen Wendepunkt in seinem Werk darstellte: Einerseits spiegelte sie die Herkunft ihres Verfassers aus der stofflich-logisch orientierten Schule der Statistik, andererseits deutete sie bereits auf Winklers zunehmend der Einbeziehung mathematischer Methoden in die Statistik zugewandten Entwicklung als Gelehrter hin. Letztere gewann in seinem theoretischen Werk sukzessive an Bedeutung, wobei sein eigentlicher Durchbruch in diese Richtung erstmals auf der Magdeburger Tagung der *Deutschen Statistischen Gesellschaft*[13] öffentlich sichtbar wurde.

Bevölkerungslehre

Im neunbändigen „Handwörterbuch der Staatswissenschaften" (1923 / 29) veröffentlichte Winkler seine erste enzyklopädische Darstellung all jener Methoden und Theorien, die in der zeitgenössischen Bevölkerungsstatistik damals verbreitet waren. Er trat damit das Erbe von Eugen v. Philippovich, Heinrich Rauchberg und Karl Theodor v. Inama-Sternegg an, die als herausragende Vertreter der altösterreichischen Statistik die demographischen Artikel in der dritten Auflage dieser Enzyklopädie (1909 / 11) verfaßt hatten. Die vierte Auflage des Handwörterbuchs wurde von Ludwig Elster, Adolf Weber und Friedrich Wieser herausgegeben. Winkler trug für dieses Werk von 1924 bis 1928 zwölf demographische und nationalökonomische Artikel mit einem Gesamtumfang von ca. 160 Seiten

---

10 Vgl. Bespr. von *Sigmund Schott,* ZsVwSp 3 (1923), 199 – 202; *Philipp Schwartz,* SchmJb 48 (1924), 354 f.; *Franz Zizek,* JbbNSt 122 (1924), 275 – 280. Philipp Schwartz war mit elf Besprechungen bis einschließlich 1933 einer der eifrigsten Rezensenten Winklers. Der 1887 in Riga geborene Schüler G. v. Mayrs und L. Brentanos war Hilfsreferent im Bayerischen Statistischen Landesamt. Universitätsarchiv München (UAM), Promotionsgesuch, Rigorosen-Protokoll und eigenhändiger Lebenslauf von Philipp Schwartz, München 1911, M-IIpr-35a (Schwartz).

11 Vgl. Bespr. von *Georg v. Mayr,* AStA 14 (1923 / 24), 481 – 484.

12 Vgl. u. a. *Hermann Schubnell,* Wilhelm Winkler zur Vollendung seines hundertsten Lebensjahres, in: Zeitschrift für Bevölkerungswissenschaft: Demographie 10 (1984), 111.

13 Vgl. Kap. III. 3. a).

bei.[14] Neben Winkler und Ludwig Elster verfaßten weitere namhafte Bevölkerungsforscher einschlägige Artikel für das Handwörterbuch, darunter v. Inama-Sternegg, Ladislaus v. Bortkiewicz, Friedrich Burgdörfer u. a.[15] Mitherausgeber Friedrich Wieser stand als „Pate" bei der Vermittlung dieser Veröffentlichungsmöglichkeit bereit und eröffnete damit seinem ehemaligen Habilitanden zum wiederholten Mal eine Gelegenheit, sich bekannt zu machen. Die im „Handwörterbuch der Staatswissenschaften" veröffentlichten Artikel trugen denn auch, wie Winkler berichtet, „viel dazu bei, meinen Namen im deutschen Sprachgebiet, aber auch darüber hinaus in der ganzen Welt bekannt zu machen", und sie gingen auch in seinen späteren „Grundriß der Statistik" (1931/33) ein.[16]

Im Artikel „Bevölkerungswesen", der aus den beiden Teilen „Grundbegriffe der statistischen Bevölkerungsbetrachtung" und „Allgemeine Theorie des Bevölkerungswechsels" besteht, gibt er einen Überblick über die in der Bevölkerungsstatistik üblichen Maßzahlen. Einleitend hebt er hervor, daß die der „exakten Gesellschaftslehre" zuzuweisende Bevölkerungsstatistik keine Möglichkeit habe, die komplexen, stets im Fluß stehenden Bevölkerungsbewegungen angemessen zu erfassen. Die ihr zur Verfügung stehenden Instrumentarien könnten Bevölkerungsstrukturen und -vorgänge nur annäherungsweise wiedergeben. In der Folge erörtert er den „Bevölkerungsstand und seine Veränderungen", die Zusammenhänge zwischen „Bevölkerung und Fläche" und die „Gliederung der Bevölkerung nach natürlichen und gesellschaftlichen Merkmalen". Die wichtigsten Merkmale, die bei bevölkerungsstatistischen Untersuchungen erhoben werden, sind „das Geschlecht, das Alter, sonstige natürliche Merkmale anthropologischer oder gesundheitlicher Art, der Familienstand, die Heimatzugehörigkeit und Staatsbürgerschaft, die Gebürtigkeit, die Aufenthaltsdauer, das Glaubensbekenntnis, die Sprache und Nationalität, der Bildungsgrad, der Beruf, die Familien- und Haushaltungszugehörigkeit". Von den „natürlichen" Gliederungen hebt Winkler die „Geschlechter- und die Altersgliederung", von den gesellschaftlichen die „Familienstands-" und die „Heimatzugehörigkeitsgliederung" hervor. In ihrer Diskussion geht er auch auf die jeweiligen Fehlerquellen ein. Zur Geschlechtsgliederung hält er folgenden „Regelfall" der Aufgabenverteilung zwischen Männern und Frauen fest: „Die Männer erwerben den Lebensunterhalt und schützen die Ihrigen vor äußeren Gefahren, die Frauen gebären und betreuen die Kinder, [...]". Das zahlenmäßig annähernd glei-

---

14 WW-1923-08: Allgemeine Theorie des Bevölkerungswechsels. I. Grundbegriffe der statistischen Bevölkerungsbetrachtung. 2. Bd. (1924), 633–643. – II. Allgemeine Theorie des Bevölkerungswechsels. 2. Bd. (1924), 643–655; Einkommen (einschließlich Einkommensstatistik). 3. Bd. (1926), 367–400; Geburtenstatistik. 4. Bd. (1926), 647–662; Geschlechtsverhältnisse der Geborenen. 4. Bd. (1927), 866–873; Statistische Gleichartigkeit. 4. Bd. (1927), 1163–1165 Minderheitenstatistik. 6. Bd. (1925), 584–586; Nationalitätenstatistik. 6. Bd. (1925), 732–734; Sterbestatistik. 7. Bd. (1926), 1013–1030; Volkseinkommen. 8. Bd. (1928), 746–770; Volksvermögen. 8. Bd. (1928), 770–786; Volkszählungen. 8. Bd. (1928), 857–864; Gesetz der großen Zahl. 8. Bd. (1928), 1112–1122.

15 Vgl. *vom Brocke* (1998), 126 f.

16 PNWW, Mein überreich bewegtes Leben, Fragm. 2, [unbez.]; vgl. *Schubnell* (1984), 111.

che Verhältnis der Geschlechter zueinander komme meist durch „äußere Ereignisse" wie Wanderungen und Kriegsverluste in Bewegung. Ein Männerüberschuß entstehe im Zielgebiet in der Regel durch Wanderungen nach Kolonialländern und Industriegebieten. Frauenüberschüsse entstünden durch Männerverluste in Kriegen, aber auch durch Wanderungen von Frauen in Hauptstädte, wo diese meist in häuslichen Diensten oder im Warenhandel beschäftigt seien. Ein wichtiges Hilfsmittel der Wanderungsstatistik sei die Erhebung der Gebürtigkeit, deren Nichtübereinstimmung mit dem Aufenthaltsort notwendigerweise eine Wanderung voraussetze. Die „Haushaltungsgemeinschaft", die oft genug mit der Familiengemeinschaft identisch sei, könne auch über die Erfassung von Einzelpersonen und in ihrer Stellung zum Haushalt erhoben werden. – In seinen Literaturangaben zitiert Winkler u. a. die Bevölkerungslehren und -untersuchungen von Süßmilch (1742), Wappäus (1859), Quételet (1869), Burgdörfer (1917), v. Bortkiewicz (1919), v. Mayr (1922), Czuber (1923) und Zizek (1923).[17]

Der Artikel „Allgemeine Theorie des Bevölkerungswechsels" referiert das methodische Instrumentarium der Bevölkerungsstatistik. Die Bevölkerungsmasse bilde Bestände, die einerseits auf ihre zeitliche Ausdehnung hin untersucht werden könnten (z. B. die Geburten eines Jahres), andererseits sich innerhalb von Augenblicken abspielen (Geburten, Sterbefälle). Gefaßt werden könnten diese Ereignisse durch „Strecken-" und „Punktmassen". Winkler greift damit auf seine eigenen, in den „Verhältniszahlen" eingeführten und zu v. Mayrs „Bestands- und Bewegungsmassen" in Widerspruch gesetzte Begriffe zurück. Der „Bevölkerungswechsel" rufe die unzähligen Altersabstufungen in der Bevölkerungsstruktur hervor. Einblicke in die komplexen Altersverteilungen böten zeichnerische Darstellungen, wie sie von Knapp, Zeuner, Becker und Lexis bereits im 19. Jahrhundert entwickelt wurden. Abschließend unterzieht Winkler den „materiellen" Faktoren des Bevölkerungswechsels, Geburten, Sterbefällen und Wanderungen, einer näheren Betrachtung: Geburten könnten nach dem Geburtenverlauf, der Geburtenfolge und der Geburtendichte untersucht werden (analog dazu Sterbefolge und Sterbedichte). Die Bilanz der Geburten und Sterbefälle werde durch den (auch negativen) „Geburtenüberschuß" ausgedrückt. Dieses beliebte Maß verbinde aber „ungleichartige" Massen miteinander, „Nulljährige" und die Sterbefälle aller Altersgruppen. Die Überlebens- oder Sterbehäufigkeit werde durch „rohe allgemeine Ziffern" oder durch „reine", von den Bestimmungen des Altersaufbaus unbeeinflußten Ziffern berechnet. Die Alterspyramide spiegle die Beeinflussungen der Bevölkerungsstruktur durch äußere Ereignisse (wie z. B. durch Kriege), die sich in „Aushöhlungen" oder „Ausbauchungen" der entsprechenden Altersbalken der Pyramide manifestierten. Die Geburtenhäufigkeit werde entweder durch die auf ein durchschnittliches Frauenleben entfallende Geburtenzahl oder durch die Beziehung der Geburten auf eine dekadische Einheit (z. B. 1.000) beschrieben.[18]

---

[17] WW-1923-08 („Bevölkerungswesen"), 633, 636; 637, 638 (wörtl. Zitate).

[18] Ebd., 643, 644 ff., 653 f.

Im Artikel „Geburtenstatistik" befaßt sich Winkler zunächst mit dem Begriff der „Geburten", den er von der Zahl der „Geborenen" abhebt, und stellt dann die Meßzahlen der Geburtenhäufigkeit vor. Die „Geburtenziffer" setze die Geburten in Relation zur Bevölkerung, und die „Fruchtbarkeitsziffer" beziehe sich auf die im gebärfähigen Alter stehenden Frauen. „Geburtentafeln" veranschaulichten einen „idealen Geburtenablauf" aus der Berechnung der Geburtenwahrscheinlichkeit der verschiedenen Generationen. Häufig werde der „Geburtenerfolg" in Beziehung zur Sterblichkeit gesetzt (Messung des Geburtenüberschusses und der Geburtenüberschußziffer). Der Erscheinung des „Geburtenrückgangs" widmet der Verfasser ein eigenes Kapitel seiner Studie: Hierbei müsse zwischen der „Bewegung der Geburten an sich" und der „Bewegung des Geburtenerfolges" unterschieden werden. Es sei noch nicht entschieden, ob ein Geburtenrückgangs schon dann vorliege, wenn die Verhältniszahlen zurückgegangen seien, oder ob der Rückgang auch der Geburtengrundzahlen erforderlich sei. Die Forschungsdiskussion um die Ursachen des Geburtenrückgangs werde auf der einen Seite von Karl Oldenberg, auf der anderen Seite von Eugen Würzburger beherrscht. Die eine Richtung (Oldenberg) hebe hervor, daß dem Geburtenrückgang im Gegensatz zum Rückgang der Sterblichkeit keine natürliche Grenze gezogen sei. Die andere Richtung (Würzburger) setze sich mit den Ursachen des Geburtenrückgangs auseinander und sehe in diesem „eine Folge oder Begleiterscheinung des Rückgangs der Kindersterblichkeit", die zu einem Rückgang der Geburten von Ersatzkindern nach verstorbenen Kindern geführt habe.[19]

Ein besonderer, mit einem Teilbereich der Geburtenstatistik befaßter Artikel erschien zum „Geschlechtsverhältnis der Geborenen". Winkler widmet jener Forschungsdiskussion breiten Raum, die sich mit der Frage beschäftigte, warum das Geschlechtsverhältnis meist von einem leichten Knabenüberschuß geprägt sei. Es gebe von Beobachtungen der Steigerung des Knabenüberschusses nach Kriegen ausgehende Kompensationstheorien, die sich für Winkler jedoch einer „statistischen Kritik" entziehen. Anerkannt sei hingegen die Erklärung der Unterschiede des Geschlechtsverhältnisses aus den Unterschieden der Häufigkeit von Fehl- und Frühgeburten, bei denen der Knabenanteil regelmäßig größer sei. Die Kriegszeit habe „außer der großen Not eine Lockerung der Sitten und ein starkes Anwachsen der unehelichen Geburten mit sich gebracht". Diese wiesen eine gegenüber den ehelichen Geburten deutlich höhere Fehlgeburtenrate auf.[20]

Im Artikel „Sterbestatistik" weist Winkler darauf hin, daß der Sterbevorgang als statistisches „Wechselereignis" aufzufassen sei. Unter den Sterblichkeitsmaßen werde die Sterbeziffer am häufigsten angewandt. Das ideale Maß der Sterblichkeit sei aber die Sterbetafel, aus der die „reine" Sterbeziffer gewonnen werde. Weiters werde die Sterblichkeit u. a. nach dem Geschlecht, nach dem Beruf oder nach Stadt

---

[19] WW-1923-08 („Geburtenstatistik"), 650, 652, 655; 654 (wörtl. Zitat).

[20] WW-1923-08 („Geschlechtsverhältnis der Geborenen"), 868 f.; 872 (wörtl. Zitat). Vgl. dazu auch WW-1926-07, 166 f.

und Land erhoben. Ein Winkler besonders interessierender Zusammenhang ist der von ihm vermutete zwischen der Sterblichkeit und dem Familienstand. Er fordert, die „lebenserhaltende Kraft der Ehe" und des Familienlebens gegenüber der höheren Sterblichkeit der Ledigen nachzuweisen. – Die Todesursachenstatistik weise den Medizinern eine besondere Verantwortung hinsichtlich der möglichst klaren Fassung der Begriffe zu.[21]

Daß gerade dem Wiener Privatdozenten die Abfassung des Artikels „Volkszählungen" anvertraut wurde, weist ihn als einen geachteten Praktiker der Bevölkerungsstatistik aus: Volkszählungen bezeichnet er als unverzichtbare Hilfsmittel, um allen Zweigen der staatlichen Verwaltung Datenunterlagen über die gesellschaftlichen Verhältnisse zu geben. Breiten Raum widmet er der Besprechung von Problemen, die die technischen Vorbereitungen, die Festlegung der Fragen (zu viele Fragen beeinträchtigen die Bereitschaft der Bevölkerung zur Auskunftserteilung) und die Durchführung einer Volkszählung betreffen. In Österreich würden Volks- und Berufszählungen gemeinsam abgehalten, was sozialpolitisch interessante Erkenntnisse über Zusammenhänge zwischen Alter, Geschlecht, Beruf und Familienstand erbringe. Von großer Bedeutung seien die Scheidung zwischen anwesender und Wohnbevölkerung auf der Ebene der begrifflichen Einordnung und die zentralisierte Erhebung auf der Ebene der technischen Durchführung.[22]

Theoretische Nationalökonomie und Statistik

Die wenigen nationalökonomischen Artikel, die Winkler in den *Jahrbüchern für Nationalökonomie und Statistik,* der *Zeitschrift für Volkswirtschaft und Sozialpolitik,* der *Zeitschrift für die gesamte Staatswissenschaft* und im *Deutschen Statistischen Zentralblatt* veröffentlichte, werden im folgenden zuerst vorgestellt.

Seine nationalökonomischen Arbeiten waren überwiegend dem Problem der „richtigen" Messung von Preisindizes gewidmet. Er beteiligte sich an einem wissenschaftlichen Diskurs, der aus den Erfahrungen der Hyperinflation in der Nachkriegszeit (bis 1923) und der daran sich anschließenden relativen Währungsstabilisierung schöpfte. Sein Vorbild für die wissenschaftliche Untersuchung von Preisindexmeßziffern war Irving Fisher's Studie „The Making of Index Numbers" (Boston / New York 1922), die auf einer breiten statistischen Unterlage insgesamt 134 Formeln erprobte. Winkler kritisiert Fisher's wegweisende Arbeit nur in einem einzigen, allerdings gewichtigen Punkt: Sie konstruiere zu mechanisch auf rein mathematischem Wege Meßziffern, ohne diese „aus dem zu behandelnden Stoffe heraus" zu entwickeln.[23]

---

21 WW-1923-08 („Sterbestatistik"), 1013, 1014; 1022 (wörtl. Zitat).

22 WW-1923-08 („Volkszählungen"), 858, 860, 863.

23 WW-1923-05, 576.

Von Fisher's Erkenntnissen geht er aus, wenn er in einem Aufsatz „Ein neuer Beitrag zum Preisindexproblem" Klezls Versuch zurückweist, ein „Grundgesetz" („Preistheorie") aufzustellen, wonach sich im Durchschnitt der ganzen Volkswirtschaft „die Preise im verkehrten Verhältnis der Verbrauchsmengen stellen". Winklers Artikel entstand aus einem Hilfsgutachten, das Hans Mayer von ihm erbeten hatte. Das Gutachten bezog sich auf Klezls Schrift „Vom Wesen der Indexziffern", mit der dieser sich habilitieren wollte.[24] Die Kritik Winklers war geradezu vernichtend: Klezl verfüge über keinerlei wissenschaftliche Kompetenz, um Preistheorien aufzustellen. Er pflege eine statische Betrachtungsweise, die „nicht die Änderungen der Mengen und ihren Einfluß auf die Änderungen der Preise von einem Vergleichszeitpunkt zum anderen" in die Beweisführung einbeziehe, sondern nur „die Grundtatsache des Einflusses der Verbrauchsmenge auf den Preis" betrachte. In seiner Entgegnung verteidigt sich Klezl mit dem Hinweis auf seine langjährige Tätigkeit als Referent für Preisstatistik und Indexberechnung im BASt. Nicht er, sondern Winkler habe seine Kompetenz in der Behandlung dieser Frage überschritten. – Diesem fällt es hingegen leicht, die Thesen seines Erzrivalen, dessen Ideen in der damaligen wissenschaftlichen Diskussion tatsächlich kaum eine Rolle spielten, in einer „Rückentgegnung" neuerlich zu widerlegen. Klezls notorische Hinweis auf seine gegenüber dem Gegner „bessere Logik" ermöglichte es Winkler geradezu, die Argumentation seines Widerparts pauschal als „unwissenschaftlich und bedenklich" abzulehnen.[25] Wieder bezieht sich Winkler bei einer Besprechung von Haberlers „Indexzahlen" auf Fisher's Studie, wobei er mit Haberler die Ablehnung der „formalmathematische[n] Betrachtungsweise" des amerikanischen Statistikers hervorhebt und sonst darauf hinweist, daß Nationalökonomen und Statistiker einander doch die Arbeit teilen sollten: Die Ökonomen hätten „die zu erfassenden Tatsachen [...] theoretisch klar herauszuarbeiten", die Statistiker „die hiefür entsprechenden Methoden bereitzustellen."[26]

In den Jahren 1926 und 1927 veröffentlichte Winkler im „Handwörterbuch der Staatswissenschaften" drei nationalökonomische Artikel: „Einkommen", „Statistik des Volkseinkommens" und „Volksvermögen". Das „Einkommen" definiert er als „die Summe der wirtschaftlichen Werte, die in einer Wirtschaftsperiode einer Person als wirksame Einnahmen nach Abzug der daran gesetzten Kosten zufließen". Das „Volkseinkommen" könne entweder nach der „realen" Methode „von seiten der erzeugten Güter her" erfaßt werden, oder nach der „persönlichen" Methode „von seiten der fertigen Einzeleinkommen der Personen" [gemeint ist das Nettoeinkommen, Anm. d. Vf.]. Den Begriff des Volkseinkommens definiert er analog

---

24 UAW, Personalakt Dr. Felix Klezl-Norberg, Dek. Zl. 415/54, Sondervotum W. Winkler, 19. 01. 1955. Klezl wurde 1929/30 trotz der Kritik von Winkler Privatdozent für Statistik.

25 Vgl. *Felix Klezl*, Vom Wesen der Indexziffern, in: Internationale Rundschau der Arbeit 2 (1927), 814 ff.; vgl. WW-1927-05, 381–386, bes. 384 (wörtl. Zit.); vgl. *Felix Klezl*, Ein neuer Beitrag zum Preisindexproblem. Eine Entgegnung, in: ZsVwSp, N. F. 5 (1927), 771; WW-1927-05, bes. 772–781; (wörtl. Zitat 781).

26 Bespr. von *W. Winkler*, ZsStw 84 (1928), 418.

zum „Einkommen" als „die Summe der wirtschaftlichen Werte, die einer Volkswirtschaft in einer Wirtschaftsperiode als wirksame Einnahmen nach Abzug der
darangesetzten Kosten zufließen." Bedeutendster Vertreter der Lehre vom Volkseinkommen war Adolf Wagner, dem Winklers die „reale" Methode bevorzugenden
Anschauungen nahestehen.[27]

Im Artikel „Statistik des Volkseinkommens" erinnert er einleitend daran, daß
die Vertreter der theoretischen Nationalökonomie, wie auf der Wiener Tagung des
Vereins für Sozialpolitik (1926) zutage getreten sei, den von Statistikern betriebenen Berechnungen des Volkseinkommens skeptisch gegenüberstünden. Der Ein-
kommensbegriff der theoretischen Nationalökonomen sei gespalten zwischen
jenen, die das Einkommen im Produktionsprozeß verankert sähen (z. B. A. Smith,
F. Wieser), und jenen, die konsumwirtschaftlich orientiert seien (z. B. Schmoller).
Für die Statistik sei entscheidend, „den Fonds derjenigen Werte (Güter, Dienstlei-
stungen, Verbrauchsnutzungen) zu ermitteln, über die die Bevölkerung eines wirtschaftlichen Gebietes [...] frei verfügen kann." Nach dieser begrifflichen Klärung
geht er daran, die bestehende Literatur zum Volkseinkommen der wichtigsten europäischen Länder und der USA zu befragen und Vergleiche zwischen der Zeit vor
und nach dem Krieg anzustellen. Die Vergleichbarkeit *zwischen* den einzelnen
Ländern sei noch nicht gegeben. Das ISI bemühe sich aber, einen einheitlichen
Begriff des Volkseinkommens zu erarbeiten, der internationale Vergleiche ermöglichen werde.[28]

Der Begriff des „Volksvermögens" ist nach Winkler zwischen zwei Gruppen
umstritten: Die einen definierten ihn als „Komplex der (materiellen oder immate-
riellen) Wirtschaftsgüter einer Volkswirtschaft oder Summe ihrer Verkehrswerte",
die anderen wollten alle Umstände, „die auf die Produktion der Volkswirtschaft
irgendeinen Einfluß nehmen", in die Begriffsbestimmung miteinbeziehen. Winkler
schließt sich der engeren Definition an, denn eine Summe müsse „unter allen
Umständen angestrebt werden". Diese sei aber bei Einbeziehung „immaterieller"
Werte wie der „Geschäftstüchtigkeit der Bewohner" in den Begriff des Volksvermögens nicht erreichbar. Der Begriff des „Volkes" sei hier im staatlichen Sinn zu
verstehen und auf die „Wohnbevölkerung" (unter Ausschluß des Vermögens der
Ausländer) zu beziehen. Das Volksvermögen könne wieder durch die „reale" oder
die „personale" Methode erhoben werden.[29]

Das einzige „praktische" nationalökonomische Werk von Winkler erschien 1929
im Rahmen der alle ehemaligen kriegführenden Staaten umfassenden „Wirt-
schafts- und Sozialgeschichte des Weltkrieges", die von der *Carnegie-Stiftung*

---

[27] WW-1923-08, Einkommen (einschließlich Einkommenstatistik), bes. 377, 380; 371,
376.

[28] WW-1923-08, Volkseinkommens, Statistik des, bes. 746, 766; 747 (wörtl. Zitat); Mombert setzte Winklers Definition des Volkseinkommens mit jener des „Nahrungsspielraums"
gleich. (Vgl. *Paul Mombert*, Bevölkerungslehre. Jena 1929, 443).

[29] WW-1923-08, Volksvermögen, bes. 770, 771 (wörtl. Zitate); 772 f.

für Internationalen Frieden (Carnegie-Endowment) herausgegeben wurde: Es handelte sich um eine Studie über die „Einkommensverschiebungen in Österreich während des Weltkrieges".[30] Die Untersuchung zerfällt in vier Abschnitte. Der erste betrifft die wirtschaftende Bevölkerung, die wirtschaftenden Betriebe, das Volkseinkommen und das Volksvermögen Österreichs vor dem Krieg, der zweite die Bevölkerungs- und Berufsverschiebungen durch den Krieg, der dritte einen Überblick über die Wirkungen des Krieges auf die österreichische Volkswirtschaft, der vierte die Einkommensverschiebungen zwischen den einzelnen Berufsgruppen.

Die Deutschen Österreichs hatten mit rund 35,06% der Gesamtbevölkerung den geringsten Anteil landwirtschaftlicher, den größten Anteil industrieller und händlerischer berufstätiger Bevölkerung. Sie hatten damit nach Winkler den größten Menschenbedarf bei kleinster natürlicher[31] Vermehrung. „Das deutsche Gebiet war somit ein Becken, in das von allen Seiten fremde, meist auf niedriger sozialer Stufe stehende Bestandteile einströmten." Infolge der Kriegsereignisse wurden „in allen kriegführenden Staaten Menschenmassen in Bewegung gesetzt, gegenüber denen die Bewegungen der Völkerwanderung als geringfügig erscheinen."[32]

Nach Winklers Schätzung sanken die Einkommen je nach Wirtschaftssektor zwischen 20% (Industrie) und 50% (Landwirtschaft). Die durch den Schleichhandel, der von vielen Landwirten betrieben wurde, geminderten Einkommen des agrarischen Sektors hätten je nach Größe des jeweiligen Besitzes zwischen 18 und 42% des Friedenseinkommens betragen. In den Bereichen Gewerbe, Industrie, Handel und Verkehr sei die Kaufkraft der Löhne und Gehälter teils bis auf ein Viertel des Friedensniveaus gesunken. Die größten Verlierer des Krieges seien die bürgerlichen Haus- und Anleihebesitzer, deren Ersparnisse durch den Zusammenbruch oft völlig wertlos geworden seien. In seiner Zusammenfassung verweist Winkler auf die Teuerungswelle, die gleich zu Kriegsbeginn über Österreich hereingebrochen sei und die ungeheure soziale Unterschiede mit einigen Gewinnern und vielen Verlierern hervorgerufen habe. Schuld an dieser Entwicklung treffe nicht primär

---

30 Die österreichische Serie wurde unter dem Vorsitz von Friedrich Wieser herausgegeben. – Die nach der historisch-statistischen Methode vorgehenden Monographien, welche zur Sozial- und Wirtschaftsgeschichte des Ersten Weltkriegs im Rahmen der Carnegie-Serie erschienen, sind aufgeführt bei *Rudolf Jerábek,* Die österreichische Weltkriegsforschung, in: Wolfgang *Michalka* (Hg.), Der Erste Weltkrieg. Wirkung – Wahrnehmung – Analyse. München 1994, 967; 959 (wörtl. Zit.).

31 Der von Winkler verwendete Begriff der „natürlichen" Bevölkerungsbewegung bzw. -vermehrung wird im folgenden auch von mir verwendet, ohne daß ich die mit dieser Begrifflichkeit verbundene Biologisierung der *sozialen* Prozesse von Geburtlichkeit und Sterblichkeit teile. Beide genannten demographischen Erscheinungen sind zwar nicht von ihrer biologischen Bedingtheit zu trennen, doch prägen sie sich stets in einem sozialen Umfeld aus. Besonders die Geburtenbewegung läßt sich unter sozialwissenschaftlichen Gesichtspunkten in erster Linie als soziales Phänomen begreifen, das wesentlich von den individuellen Entscheidungen einzelner Frauen und einzelner (Ehe-)Paare her begriffen werden muß.

32 WW-1929-01, 10; 10 f. u. 17 (wörtl. Zit.).

die Regierung mit der von ihr betriebenen Zwangs- und Preiswirtschaft. Dieses ohne Vorbild in der Geschichte dastehende wirtschaftspolitische Instrument sei äußerst schwierig anzuwenden gewesen, habe aber wenigstens die wirtschaftlich schwachen und bedrängten Bevölkerungsschichten begünstigt. Winkler schätzt die gesamten Kriegskosten Österreich-Ungarns auf 21,08 Milliarden Friedenskaufkronen. Er faßt seine Studie mit folgendem Satz zusammen: „Die direkten Kriegskosten hätten somit das 4fache der jährlichen staatlichen Friedensausgaben, das 1,2fache des Volkseinkommens eines Jahres und nahezu den sechsten Teil des Volksvermögens betragen."[33]

Die „Statistik" und der „Grundriß der Statistik"

Im Jahr 1925 erschien beim Verlag Quelle & Meyer die erste Auflage von Winklers Lehrbuch „Statistik". 1933 wurde eine zweite Auflage herausgegeben, der eine dritte folgen sollte. Als diese fällig war, existierte jedoch der Verlag nicht mehr.[34] Winklers populäres Lehrbuch der Statistik, von dem immerhin 20.000 Exemplare abgesetzt wurden,[35] gesellte sich zu drei anderen damals auf dem deutschen Markt erhältlichen Einführungen. Die Autoren Bleicher, Schott und Zach hatten bereits derartige Werke verfaßt.[36] Im Vorwort verkündet Winkler das Programm seines Lehrbuches: Dieses sei die „Unterstufe" des von ihm geplanten „groß angelegten Lehrwerkes über die reine statistische Theorie", es sei allgemein verständlich gehalten und ohne besondere mathematische Vorkenntnisse lesbar. Sein Lehrbuch strebe erstmals eine Synthese zwischen der mathematischen und der begriffslogisch-stofflichen Richtung in der Statistik an. Demnach würden die zwei „Grundpfeiler" der beiden Richtungen, die „Forderung (oder: das Gesetz) der großen Zahl" (mathematisch) und das Postulat der „Gleichartigkeit der Einheiten" (logisch) den Bau tragen, den er mit seiner „Statistik" vorlege.[37]

Die „Statistik" besteht aus drei Teilen, der „Reinen Theorie der Statistik", der „Technik der Statistik" und der „Angewandten Theorie der Statistik". Der erste Teil führt den einen „Grundpfeiler" des Lehrbuchs, das „Gesetz der großen Zahl", vor und bestimmt die Aufgabe der Statistik. Es folgen Ausführungen über „Die statistischen Massen" (hier zur „Gleichartigkeit"), Arten, Aufgaben und Zwecke der „Statistischen Gliederung", der „Statistischen Reihen" und der „Statistischen Mittelwerte". Das Kapitel über die „Technik der Statistik" weist seinen Autor als

---

[33] Ebd., 97–101, 188–199, 154–157, 172–174; 274 (wörtl. Zitat). Im Jahr 1940 veröffentlichte Winkler mit Hilfe der Carnegie-Stiftung eine englische Fassung dieses Werkes (s. Kap. VII. 2).

[34] Vgl. *W. Winkler*, 60 Jahre erlebter Wissenschaft (1966), 296.

[35] Heimat bist du großer Söhne, in: Neue Illustrierte Wochenschau vom 25. 6. 1968, 6.

[36] Bespr. von *Johannes Müller*, AStA 15 (1925), 475.

[37] WW-1925-01, 3 f. Vgl. dazu WW-1923-08, Gesetz der großen Zahl, Bd. 8, 1112–1122; Gleichartigkeit, statistische, Bd. 4, 1163.

Praktiker der amtlichen Statistik aus, erhält der Leser doch aus erster Hand Informationen über „Die statistische Erhebung" und „Die statistische Aufarbeitung". Im abschließenden „angewandten" Teil des Lehrbuchs führt der Verfasser Theorie und Methode der „Bevölkerungsstatistik" und der „Wirtschafts- und Sozialstatistik" vor. Letztere untergliedert er nach ihren Subdisziplinen. Im Anhang finden sich auch Hinweise auf weiterführende Literatur. Für die „begriffsbildende" (mit Zizek und später Flaskämper „sozialwissenschaftliche") Richtung der Statistik[38] empfiehlt Winkler die Lektüre von v. Mayrs „Statistik und Gesellschaftslehre" und von Zizeks „Grundriß der Statistik". Als Hauptvertreter der „mathematischen" Richtung gilt ihm E. Czubers Werk „Die statistischen Forschungsmethoden", das auf G. U. Yule beruhte.[39]

Die in Deutschland herrschende Fraktion der Begriffsstatistiker nahm Winklers „Statistik" mit Skepsis auf. Der Direktor des *Bayerischen Statistischen Landesamtes* Friedrich Zahn (1869–1946), ein Schüler v. Mayrs, war von Winklers Versuch einer Verschmelzung der beiden konkurrierenden Richtungen genauso wenig überzeugt wie Johannes Müller (1889–1946), der Direktor des *Thüringischen Statistischen Landesamtes*. Müller, der fünf Besprechungen zu Winklers Werken verfaßte, veröffentlichte selbst zwischen 1925 und 1928 ein vierbändiges Lehrbuch („Grundriß") der Statistik. Beide Rezensenten empfahlen jedoch ausdrücklich, das Lehrbuch des Wiener Statistikers als Grundlage für statistische Einführungsvorlesungen heranzuziehen.[40] Eindeutig ablehnend reagierte nur Karl Seutemann, der schon Winklers „Totenverluste" kritisch rezensiert hatte. In seiner Besprechung wirft er dem Autor vor, für die Vorgänge innerhalb der statistischen Massen „Gesetzmäßigkeiten" und „Wesensformen" anzunehmen und die Erforschung von Massentatsachen zum „Selbstzweck" zu machen. Die Aufgabe des Statistikers sei es aber, Urteile zu fällen, „die im Grunde der mathematischen Weise ganz entgegengesetzt sind". Die abstrakte Sprache der Mathematik, wie sie Winkler in die Disziplin einführen wolle, stehe ganz im Gegensatz zu dem auf die Erfassung der „Wirklichkeit" hinstrebenden Sinn des Statistikers.[41] Der in dieser Weise Ange-

---

[38] Winkler verengt mit dieser Bezeichnung das breite, sozialwissenschaftlich angelegte Konzept der „Frankfurter Schule". – Im folgenden wird, gemäß dem wissenschaftstheoretischen Anspruch der Begründer der Frankfurter Schule der Statistik, in bezug auf die Arbeiten von Zizek, Flaskämper und Blind stets – und zwar in Anführungsstrichen – der Ausdruck „sozialwissenschaftliche" Richtung der Statistik verwendet. Damit ist nämlich weder eine polemische Wendung gegen Winkler verbunden, der sich stets auch als sozialwissenschaftlicher Statistiker (er sprach in seiner Terminologie jedoch von einer gesellschaftswissenschaftlichen Statistik) bezeichnete, noch soll die in der Tradition v. Mayrs entschieden begriffslogische Fundierung der „Frankfurter Schule" vergessen gemacht werden.

[39] WW-1925-01, Inhaltsverzeichnis; Anhang (155 f.).

[40] Bespr. von *Friedrich Zahn,* SchJb 49 (1925), 213, und von *Johannes Müller,* AStA 15 (1925), 474 f.; vgl. Reichshandbuch der deutschen Gesellschaft. Das Handbuch der Persönlichkeiten in Wort und Bild. Band II (Berlin 1931), s. v. Müller, Johannes, 1287. Nach einer Mitteilung des Thüringischen Hauptstaatsarchivs Weimar an den Vf. vom 04. 11. 1999 war Müller bis 1946 Direktor des Thüringischen Statistischen Landesamtes. Nach mündlicher Überlieferung starb er am 14. 02. 1946 in sowjetischer Haft.

griffene antwortete im folgenden Band von *Conrads Jahrbüchern* auf den Versuch des Rezensenten, den einen „Grundpfeiler" seiner Theorie der Statistik, das „Gesetz der großen Zahl"[42], zu stürzen, indem er auf führende Autoren der begriffslogisch-„sozialwissenschaftlichen" Richtung verwies. Demnach hätten sich sogar v. Mayr, Zizek und Zahn auf das „Gesetz der großen Zahl" bezogen. Er, Winkler, sehe aber im Gegensatz zu den Genannten in diesem Gesetz nicht bloß eine „interessante Einzelheit", sondern „eine Voraussetzung für das Zutagetreten der Massentatsachen". Er habe auch – als Ersatz für „Gesetzmäßigkeit" oder „Regelmäßigkeit" – den neuen Ausdruck der „Wesensform" für diejenige Form geprägt, die unter Wirksamkeit des „Gesetzes der großen Zahl" Bedeutung erlange. Was Seutemann anlange, so verweise dieser genau wie er selbst in seinen Schriften auch auf das „Gesetz der großen Zahl", wenngleich unter an deren, wechselnden Bezeichnungen. Seutemanns statistischer „Zweck" sei nichts anderes als platter, völlig unfruchtbarer Utilitarismus. Er bleibe „dem vagen Ermessen des theorielosen Empirikers" verpflichtet, der nicht einmal imstande sei, theoretische Überlegungen anzustellen.[43]

Winkler bemühte sich um eine begriffliche Fassung der „statistischen Wesensform". Er definierte sie als „diejenige Form eines statistischen Tatbestandes [. . .], der die Masse bei wachsender Zahl von Beobachtungseinheiten asymptotisch zustrebt." Die „Wesensform" mache das Wesentliche der Erscheinung sichtbar. Dies rief beim Berner Statistiker Arnold Schwarz Widerspruch hervor. Schwarz wandte sich nicht gegen das Vorhandensein des „Gesetzes der großen Zahl" an sich, sondern gegen Winklers Begründung dieses Gesetzes aus der Analogie zur Wahrscheinlichkeitstheorie.[44] Für das soziale Leben würden keine Gesetze aus der Theorie der Glücksspiele gelten; die Handlungen des Einzelnen unterlägen dem freien Willen.[45] Winkler hält dieser Kritik entgegen, daß er nicht einem Deter-

---

41 Bespr. von *Karl Seutemann* („Statistische Grundpfeiler oder statistische Zwecke?"), JbbNSt 123 (1925), 787; 784; 788; 792.

42 Winkler definiert dieses von J. Bernoulli und Poisson erstmals mathematisch formulierte Gesetz mit folgenden Worten: „Denn wenn man hier [. . .] von Massenerscheinungen spricht, kann man dies nur tun im Hinblick auf die Wirkung des Gesetzes der großen Zahl, das sich in ihnen vollzieht: daß vermöge der großen Zahl der Beobachtungen die in der Einzelform zum Ausdruck kommenden ‚zufälligen' ‚individuellen' Ursachen sich dank des Umstandes, daß sie sich gleich häufig in positiver und negativer Richtung auswirken und daß sie sich auch in der Größe die Wage [sic!] halten, ausgleichen und so die wesentlichen, die Grundursachen der Tatsache, der Ereignisse zum Ausdrucke kommen lassen." (WW-1926-05, 404) Bündiger ist die Definition, die Winkler 1936 verfaßte: „[. . .] das bekannte Gesetz der großen Zahl, die Erscheinung, daß Verhältniszahlen, Durchschnitte (und andere Maßzahlen der Statistik), wenn sie aus kleinen Zahlen gewonnen sind, bei sonst gleichen Grundbedingungen erhebliche Schwankungen zeigen, die allmählich verschwinden, wenn die Zahl der statistischen Beobachtungen, also der Umfang der statistischen Massen [. . .] wächst." (WW-1936-04, 53).

43 WW-1926-05, 404; 406 (wörtl. Zit.); 408; 412; 413 (wörtl. Zit.).

44 Vgl. WW-1923-08, („Zahl, Gesetz der großen"), 1113 ff.

45 Vgl. *Arnold Schwarz,* Die „statistische Wesensform", in: AStA 18 (1928/29), 235 – 239.

minismus hinsichtlich der Willensfreiheit des Einzelnen huldige; der Wille der handelnden Menschen gehe vielmehr „in die Bestimmungsgründe der Wesensform" ein.[46]

Sechs Jahre, nachdem Winkler mit der „Statistik" die „Unterstufe" seiner Lehre veröffentlicht hatte, brachte er 1931 die „Mittelstufe der statistischen Theorie (einschließlich der unentbehrlichen Unterstufe)"[47] heraus. Diese Arbeit – sein Hauptwerk auf dem Gebiet der statistischen Theorie – erschien als 46. Band der von seinem ehemaligen Lehrer Spiethoff herausgegebenen Reihe „Enzyklopädie der Rechts- und Staatswissenschaft". Sie baute auf grundlegenden, in der Mittelschule vermittelten mathematischen Kenntnissen auf; sie war auch die Grundlage der Begleitlektüre der Hörer von Winklers Vorlesungen. Der erste Band „Theoretische Statistik" bestand aus drei Teilen: Einleitung, Theorie und Verfahrenslehre der Statistik.

In der Einleitung gibt der Autor einen knappen Abriß der Geschichte des Faches; er referiert über die Organisation der zeitgenössischen Statistik und die statistische Quellenkunde und informiert die Leser über die Praxis der statistischen Erhebung. In Anspielung auf die Lage der deutschen Universitätsstatistik äußert er sein Bedauern darüber, daß diese derzeit nur über fünf Lehrkanzeln (Berlin, Leipzig, Frankfurt, Köln, Jena) verfüge und dadurch gegenüber dem Ausland im Rückstand sei. Der zweite und mit 140 Seiten ausführlichste Teil der Arbeit stellt die Statistik als eine formale Wissenschaft vor, die über ein differenziertes Spektrum von Methoden verfügt. Die siebzehn Unterkapitel führen folgende Themen vor: „Die statistische Masse"; „Die statistische Streuung"; „Das Gesetz der großen Zahl"; „Die Lexissche Dispersionstheorie"; „Einige weitere Folgerungen aus der Streuung der statistischen Masse"; „Die statistische Gruppenbildung – Die statistische Tabelle"; „Die statistische Reihe"; „Die statistischen Mittelwerte"; „Die statistischen Streuungsmaße"; „Die Normalkurve"; „Andere häufige Kurventypen"; „Die zeitlichen Reihen"; „Die Reihenausgleichung"; „Die statistische Einschaltung (Interpolation) und Weiterführung (Extrapolation)"; „Die statistischen Verhältniszahlen"; „Die statistische Ursachenforschung"; „Das statistische Schaubild".

Zu einigen der genannten Stoffbereiche, wie z. B. zum „Gesetz der großen Zahl" und zu den statistischen Verhältniszahlen, hatte der Verfasser bereits in früheren Jahren originäre Beiträge geliefert. Dasselbe gilt für bestimmte Begriffe, die er eingeführt hatte (z. B. die Strecken- und Punktmassen anstelle der Georg v. Mayrschen Bestands- und Ereignismassen) und denen er in seinem Lehrbuch kanonische Geltung zu verschaffen trachtet. Da diese hier bereits besprochen wurden, ist es müßig, neuerlich darauf einzugehen. Gewisse Besonderheiten, etwa die Stellungnahmen des Autors zur Verwendbarkeit von „Schaubildern" sind indes gesondert hervorzuheben. Was die statistischen Darstellungsmittel anlange, so sei die Tabelle

---

[46] WW-1928-04, 422 (wörtl. Zitate); 421.

[47] WW-1931-01, V (Vorwort).

eine unverzichtbare Grundlage der Arbeit eines Statistikers, die durch Schaubilder ergänzt werden könne. Ein Schaubild dürfe im Gegensatz zur Tabelle tendenziös sein, verlasse dabei jedoch häufig den Boden der strengen Wissenschaft und stehe daher im Grenzbereich zwischen Wissenschaft und Politik.[48]

Das theoretische Grundgerüst des Lehrbuchs wird von der Wahrscheinlichkeitstheorie getragen, deren Verfahren er mit Beispielen aus dem Glücksspiel vorstellt. Die von ihm besprochenen statistischen Methoden betrachtet er insofern als spezifisch statistisch, als sie die Statistik als eine arteigene Wissenschaft, als „formale Theorie der Massenerscheinungen" charakterisieren. Theorie und Verfahrenslehre der Statistik seien zwar begrifflich voneinander zu unterscheiden, jedoch vielfach miteinander verschmolzen. Die von v. Bortkiewicz eingeführte Bezeichnung „Stochastik" für die Statistik (nach v. Bortkiewicz „die an der Wahrscheinlichkeitstheorie orientierte, somit auf ‚das Gesetz der großen Zahlen‘ sich gründende Betrachtung empirischer Vielheiten") lehnt Winkler ab. Jede statistische Erwägung „müsse" zugleich stochastisch sein. Es gebe nur eine Theorie der Statistik, wobei mathematische Denkmittel „ebenso vollberechtigt wie die logischen" seien. Dagegen seien zwei Arten von Statistikern zu unterscheiden: „solche, die alle Denkmittel der modernen statistischen Theorie beherrschen, und solche, denen ein Teil davon, der mathematische, ein Buch mit sieben Siegeln ist."[49]

Winklers Leistung bestand darin, mit der „Theorie der Statistik" ein Lehrbuch geschaffen zu haben, das den Anspruch erhob, die verschiedenen, vorwiegend von angelsächsischen Statistikern für die Naturwissenschaften geschaffenen mathematischen Methoden auch für die Sozial- und Wirtschaftswissenschaften anwenden zu wollen. Er ging damit über die bereits in deutscher Sprache vorhandenen Lehrbücher der mathematischen Statistik hinaus, die von den deutschen Verwaltungsstatistikern kaum verstanden wurden. Winkler sah demgegenüber die wachsende Bedeutung der englischen und amerikanischen Statistiker im internationalen Diskurs des Faches und wollte den offensichtlichen Rückstand der logisch-stofflichen und begriffsstatistischen Denkformen verhafteten „sozialwissenschaftlichen" deutschsprachigen Statistik aufholen. Dies konnte zunächst nur über eine einseitige Rezeption international führender Statistiker und über die Vermittlung ihrer Methoden an die akademische Jugend erfolgen. So wies er in seinen Literaturhinweisen besonders auf Yules, Bowleys, Mills', Beninis und Marchs Lehrbücher hin. Ein Blick auf das Namensverzeichnis, d. h. auf alle in Text und Fußnoten zitierten Statistiker, belegt ein quantitatives Übergewicht angloamerikanischer Forscher und

---

[48] Ebd., 122; 154 f. Als Beispiel für eine tendenziöse Vorgangsweise bei der Darstellung von Bevölkerungsbewegungen nennt Winkler die prinzipielle Möglichkeit, den Geburtenrückgang mittels Kurve in einem Koordinatensystem je nach bevölkerungspolitisch opportunem Standpunkt darzustellen: „Wählen wir nun den Maßstab auf der Ordinatenachse klein, die Jahresabstände auf der Abszissenachse aber groß, so wird der Rückgang als geringfügig erscheinen. Vertauschen wir dagegen das Verhältnis der Maßstäbe, so wird sich ein erschreckender Sturz der Geburten ergeben." (Ebd. 154).

[49] Vgl. ebd., 41–51; 61 f., (wörtl. Zit. 62; L. v. Bortkiewicz, zit. nach W. Winkler).

ihrer Werke: Zu Bowley finden sich sechs Eintragungen, zu Czuber, dessen Lehre sich teils auf Yule gründete, 22, zu Edgeworth fünf, zu Mills sechs, zu Pearson dreizehn und zu Yule neun Eintragungen. Die deutschen mathematischen Statistiker v. Bortkiewicz und Lexis werden gleichfalls häufig zitiert. Die Vertreter der „sozialwissenschaftlichen" Statistik, im wesentlichen v. Mayr, Flaskämper und Zizek, erhalten im Namensverzeichnis sieben, vier bzw. dreizehn (Zizek) Eintragungen. Daß Winkler Zizek so häufig zitiert, hat jedoch teilweise damit zu tun, daß er sich von dessen Lehren hier kritisch abgrenzt, und weniger mit einer zustimmenden Rezeption.[50]

Seine Rezensenten waren Oskar Anderson, Paul Flaskämper, Emil Julius Gumbel, Giorgio Mortara, Jozef Mráz, Kurt Pohlen, Joseph Schumpeter und Philipp Schwartz. Davon kamen zwei – Anderson und Gumbel – eindeutig aus dem mathematisch orientierten Lager der Statistik, und zwei andere – Flaskämper und Schwartz – waren Anhänger der „sozialwissenschaftlichen" Richtung der Statistik. Der Nationalökonom Schumpeter ließ sich keinem der beiden Lager zuordnen, die in der deutschsprachigen Statistik bestanden. Schumpeter rezensierte Winklers „Grundriß" von Boston aus, wo er an der Harvard University lehrte.

Die Rezensenten sind sich zwar weitgehend darüber einig, daß das neue Lehrbuch eine bestehende „Lücke" im Lehrbetrieb der deutschen Universitäten ausfülle, und sie begrüßen über die fachlichen Gräben hinweg, die sich zwischen eini-

---

50 Vgl. ebd., Namensverzeichnis, 172; zur Auseinandersetzung mit Zizek um den Begriff der „Gleichartigkeit" der statistischen Einheiten, dem der Frankfurter Lehrstuhlinhaber den Begriff der „Gleichwertigkeit" gegenüberstellen wollte, vgl. ebd., 58. Winkler verfaßte bereits seit 1921 schwerpunktmäßig Besprechungen zu Lehrbüchern der Statistik. Auffällig ist, daß er die besprochenen Arbeiten entweder ganz verwirft (wie das Buch C. v. Tyszkas) oder als einen zwar wertvollen, aber einseitig einer der beiden Richtungen in der Statistik zuneigenden Beitrag würdigt. Vgl. folgende Besprechungen von *W. Winkler: G. U. Yule*, An Introduction to the Theorie of Statistics. 5th Edition, enlarged. London 1919, JbbNSt 117 (1921), 377 f.; *Georg v. Mayr*, Statistik und Gesellschaftslehre. 1. Lieferung Bd. 2: Bevölkerungsstatistik. 2., verm. u. umgearb. Aufl. Tübingen 1922, ZsVwSp N.F. 3 (1923), 195–198; *Emanuel Czuber*, Mathematische Bevölkerungstheorie. Leipzig / Berlin 1923, ZsVwSp N.F. 3 (1923), 798–800. In der dritten, erw. Aufl. von Czubers Werk zitiert dessen Bearbeiter Felix Burkhardt Winklers Schrift über „Die Statistischen Verhältniszahlen" und den ersten Band seines Grundrisses der Statistik. (Vgl. *Emanuel Czuber*, Die Statistischen Forschungsmethoden. Unveränderter Ndr. der 3. erw. Aufl. Hg. v. F.[elix] Burkhardt. Wien-München 1938, 125, 130. *Giorgio Mortara*, Lezioni di Statistica Metodologica (Città di Castello 1922), JbbNSt 121 (1923), 407 f.; *Georg v. Mayr*, Statistik und Gesellschaftslehre. 2. Lieferung Bd. 2: Bevölkerungsstatistik. Tübingen 1924, ZsVwSp N.F. 4 (1924), 582 f.; *Carl v. Tyszka*, Statistik. Teil 1: Theorie, Methode und Geschichte der Statistik. Jena 1924, ZsVwSp N.F. 4 (1924), 583; *Franz Zizek*, Meinen Kritikern. Erläuterungen und Ergänzungen zu „Grundriß der Statistik" und zu „Fünf Hauptprobleme der statistischen Methodenlehre". München 1924, ZsVwSp N.F. 4 (1924), 584; *H. Westergaard / H. Nybölle*, Grundzüge der Theorie der Statistik. 2., völlig umgearb. Aufl. Jena 1928, ZsStw 84 (1928), 655–657; *Hero Moeller*, Statistik. Berlin / Wien 1928, JbbNSt 131 (1929), 939–943; *Arthur Tischer*, Grundlegung der Statistik. Jena 1929, SchJb 54 / 1 (1930), 147–150; *Paul Flaskämper*, Statistik. Teil I. Allgemeine Statistik. Ein Nachschlagebuch für Theorie und Praxis. Halberstadt 1930, SchJb 55 / 1 (1931), 166 f.

gen von ihnen und dem Autor auftaten, das Erscheinen des Werkes.[51] Im Mittelpunkt der einzelnen Besprechungen steht die Frage, wie weit es dem Autor gelungen sei, sein Postulat einer Verschmelzung der beiden Richtungen durchzuführen. Flaskämper konzediert, daß die mathematischen Methoden von der deutschen Statistik bisher zu wenig gepflegt worden seien. Andererseits laufe die „mathematische Statistik" neben der Sozialstatistik her, ohne die sozialen Tatbestände in ihre Systematik einzubeziehen. Winklers Versuch, eine Synthese der beiden Strömungen herbeizuführen, hält Flaskämper für „nicht ganz" gelungen; insbesondere sei es ihm nicht schlüssig gelungen, „sachlogische und zahlenlogische Gesichtspunkte aufeinander abzustimmen". Schärfer noch ist Schwartz' Einschätzung, der meint, Winklers Lehrwerk vergrößere noch die bestehende Spannung zwischen den beiden Richtungen innerhalb der Statistik, anstatt sie zu verkleinern. Die „Stoffstatistiker" seien nicht, wie Winkler es darstelle, grundsätzliche Gegner der Anwendung von mathematischen Methoden, doch seien sie der Auffassung, daß eine breite Öffentlichkeit nur in einer allgemein „verständlichen" Sprache von den Ergebnissen statistischer Erhebungen informiert werden könne. Oskar Anderson streicht als besonderes Verdienst des Autors hervor, daß dieser die von Lexis und v. Bortkiewicz begründete deutsche Entwicklungslinie der mathematisch orientierten Statistik wieder aufgegriffen habe. Winklers Versuch, diesen lange vernachlässigten Zweig der deutschen Statistik mit den Gedankengängen der angelsächsischen Schule zu verbinden, sei geglückt. Dennoch sei sein Lehrwerk nicht als eigentlich „mathematisch" anzusehen, denn es verzichte meist auf die Darstellung von Verfahren der höheren Mathematik. (In seinem 1935 erschienenen Lehrbuch „Einführung in die mathematische Statistik" greift Anderson für methodische Spezialfragen mehrmals auf „das treffliche neue Werk von Winkler" zurück. Für vertiefende Studien empfiehlt er jedoch nicht die Arbeit des Wiener Statistikers, sondern die einschlägigen Einführungen von R. A. Fisher und Raymond Pearson.)[52] – Gumbel hebt hervor, daß Winkler „in klarer Weise" für die mathematische Statistik eintrete. Dagegen kritisiert der Heidelberger Statistiker die stoffliche Anordnung und verweist auf „logische Unklarheiten".[53] Mortara stellt in seiner Besprechung heraus, daß Winkler mit seinem Lehrbuch etwas nachhole, was Lexis und v. Bortkiewicz versäumt hätten zu tun, nämlich eine Einführung über die Methodik der Statistik zu verfassen. Schumpeter charakterisiert Winklers Darstellung als „über jedes Lob erhaben"; er erhoffe vom Verfasser „eines Tages jene Oberstufe, in der sein hohes Können und seine [. . .] der Wissenschaft besonders nützliche

---

[51] Vgl. die Bespr. von *Paul Flaskämper,* JbbNSt 137 (1932), 785, 791; Bespr. von *Jozef Mráz,* Statistický Obzor 13 (1932), 138; Bespr. von *Joseph Schumpeter,* SchJb 57/I. (1933), 136; 139; Bespr. von *Oskar Anderson,* ZsNök 4 (1933), 708.

[52] *Oskar N. Anderson,* Einführung in die mathematische Statistik. Wien 1935, 5 (wörtl. Zit.); vgl. 61, 63, 130, 150, 154, 306 f.

[53] Bespr. von *Emil Julius Gumbel,* DStZbl 24 (1932), Sp. 87 f. Winkler verteidigte sich gegen die Einwände des Rezensenten mit dem Argument, daß der stoffliche Aufbau seines Lehrbuchs eben ganz bestimmten pädagogischen Gesichtspunkten folge. („Erwiderung" von W. Winkler, DStZbl 24 (1932), Sp. 123 f.).

Gesamtauffassung sich werden ausleben können." Die Arbeit fülle jene Lücke aus, die bisher durch Hinweise auf amerikanische Lehrbücher habe ausgefüllt werden müssen.[54]

Der zweite Teil des „Grundrisses der Statistik", die „Gesellschaftsstatistik", erschien im Jahr 1933 als Band 46a der „Enzyklopädie der Rechts- und Staatswissenschaft". Dieser Band war – mehr noch als der erste – auf die pädagogischen Bedürfnisse der Lehre ausgerichtet. Die Begleittexte, welche die Tabellen und Diagramme erläuterten, wurden mit dem Fortschreiten des Stoffes immer knapper. Die Studierenden sollten dadurch dazu angehalten werden, sich neben dem Text auch mit den Zahlentabellen kritisch zu befassen.

Winkler gliedert sein Werk in fünf Teile, wobei er in einer Einleitung sich mit dem System der „Gesellschaftsstatistik" beschäftigt und in den übrigen Kapiteln Einführungen in die Bevölkerungsstatistik, die Wirtschaftsstatistik, die Kulturstatistik und die politische Statistik bietet. Diese Einteilung ging auf Georg v. Mayr zurück, wobei dieser den Abschnitt „Kulturstatistik" in eine „Moral- und eine Bildungsstatistik" zergliedert hatte. Der Abschnitt über die Bevölkerungsstatistik, das Hauptarbeits- und -forschungsgebiet des Autors, umfaßt mit rund 120 Seiten fast die Hälfte aller anderen Kapitel.

Ergänzt wurde die Darstellung der Bevölkerungsstatistik durch eine eigene Publikation über die „Methodik der Volkszählungen", die nach Winklers Anregung durch den technischen Leiter in der Abteilung für Bevölkerungsstatistik des BASt, Rechnungsrat Franz Hieß, bereits 1931 veröffentlicht worden war. Hieß, der diese Arbeit seinem Vorgesetzten und Lehrer „in aufrichtiger Dankbarkeit ergebenst" zueignete, stellte unter Winklers Anleitung die wichtigsten technischen und begrifflichen Probleme vor, mit denen das Volkszählungswesen zu tun hatte. Seine monographische Darstellung war die erste ihrer Art im statistischen Schrifttum.[55]

Die Einführung des Begriffs der „Gesellschaftsstatistik" anstatt der bisher verbreiteten Bezeichnung „Sozialstatistik" begründet der Verfasser damit, daß letzterer seine allgemeine Gültigkeit verloren habe und sich nur mehr auf ein Teilgebiet der Gesellschaftsstatistik, die „Statistik der hilfsbedürftigen Gesellschaftsmassen", beziehe.[56]

---

[54] *Flaskämper,* JbbNSt 137 (1932), 786; *Schumpeter,* SchJb 57/I. (1933), 138, 139; *Anderson,* ZsNök 4 (1933), 706; Bespr. von *Philipp Schwartz,* AStA 22 (1932), 8; Bespr. von *Giorgio Mortara,* GERSt (1932), 782. Bei der Erörterung der Besprechungen wurde darauf verzichtet, auf Verbesserungsvorschläge und Hinweise der Rezensenten auf Druck- und Rechenfehler einzugehen.

[55] *Franz Hieß,* Methodik der Volkszählungen. Jena 1931; vgl. *Winklers* Einleitung ebd. und seine Besprechung in SchJb 55/2 (1931), 165 f.; vgl. auch *Franz Hieß,* Volkszählungsbesonderheiten, in: AStA 22 (1932), 573–584.

[56] Vgl. WW-1933-01, 1 (wörtl. Zit.); 3. Der Begriff „Gesellschaftsstatistik" konnte sich jedoch gegenüber dem gebräuchlicheren Begriff der „Sozialstatistik" nicht durchsetzen [Anm. d. Vf.].

Im folgenden werde ich unter Ausblendung der anderen im Lehrbuch behandelten Teilgebiete der Statistik Winklers Einführung in die Bevölkerungsstatistik genauer darstellen, wobei jene Stoffbereiche, deren eigentümliche Behandlung durch den Autor eine besondere Prägung durch den diskursiven Kontext der damaligen Zeit verrät, größeres Interesse verdienen.

Das Kapitel zur Bevölkerungsstatistik ist, so wie die anderen Teile des Lehrbuchs auch, im ganzen wenig mathematisch geraten. Es referiert die Möglichkeiten zur Erfassung einer Bevölkerung, die sogenannte natürliche Bevölkerungsbewegung und die Statistik der Wanderungen. Der Autor pflegt bei der Erörterung seines Stoffes ein relativ klares Schema einzuhalten, indem er zunächst die zur Diskussion anstehenden Begriffe einer definitorischen Erörterung unterzieht und die zum jeweiligen Gegenstandsbereich vorhandene weiterführende Literatur zitiert. Sind die Begriffe geklärt, geht er zur Vorführung der statistischen Erfassungsmethoden über, wobei die der Statistik zur Verfügung stehenden Ziffern jeweils in ihrer Brauchbarkeit gewürdigt werden.

Zunächst wendet sich Winkler der Weiterführung (Extrapolation) einer Bevölkerung zu, einer Aufgabe, die Geburten und Zuwanderung als Aktiva, Sterbefälle und Abwanderung als Passiva in Rechnung stellt. Die Erfassung der Bevölkerung erfolgt in dreierlei Weise: als rechtliche Bevölkerung, als anwesende Bevölkerung und als Wohnbevölkerung. Winkler spricht sich neuerlich für die Erhebung der Wohnbevölkerung[57] aus. Im Zuge von Volkszählungen werde stets die Zahl der Haushaltungen erhoben, deren „Kern, die Familie", den Autor besonders interessiert. Eine möglichst in mehrjährigen Abständen wiederholte Durchführung einer familienstatistischen Erhebung[58] verfolge einerseits in bevölkerungsstatistischer Beziehung, „welchen Ertrag eine [...] Ehe [...] ergeben hat, wobei die nicht mehr im Haushalt lebenden Kinder (die erwachsenen und gestorbenen einbezogen) gleichfalls erhoben werden sollten. Eine solcherart angelegte Familienstatistik gewähre einerseits tiefe Einblicke in die Vermehrungsvorgänge. Andererseits ermögliche diese die Untersuchung von „Familien abnormaler [gegenüber Familien von „normaler"] Gestaltung: Häufung der Kinder aus verschiedenen Ehen, Familienreste [...]". Im Mittelpunkt derartiger Untersuchungen stünden die unversorgten Kinder, gleichgültig, ob sie ehelicher Herkunft seien oder nicht. Die Erhebung des Familienstandes gebe Einblicke u. a. in die Zahl der Geschiedenen, die sich gerade in den letzten Jahren vor Veröffentlichung des Lehrwerks stark erhöht habe. Diese Erscheinung sei „teilweise auf die leichtere Art eine Ehe einzugehen, teilweise [...] auf die Zunahme individualistischer Lebensbetonung mit dem abnehmenden Vermögen, sich in eine Gesamtheit [...] restlos einzufügen," zurückzuführen.[59]

Neben Geschlecht, Familienstand und anderen demographischen und sozioökonomischen Kennzeichnungen erfaßt eine Volkszählung auch die Altersstruktur

---

57 Vgl. Kap. III. 1. a).

58 Vgl. dazu auch Kap. III. 2. a).

59 WW-1933-01, 7; 12, 22, 33 (jew. auch wörtl. Zit.).

einer Bevölkerung. Zur Darstellung dieser Struktur sei die Alterspyramide am besten geeignet, veranschauliche sie doch am besten den gegenwärtigen Entwicklungsstand der Bevölkerung: „Zunehmende Geburtenzahl hat die Neigung, die Basis der Pyramide immer mehr zu erweitern, der Pyramide also die Seiten auszuhöhlen, abnehmende Geburtenzahl die Neigung, die Basis der Pyramide immer mehr zu verengen, die Pyramidenseiten also auszubauchen, der Pyramide also mehr eine Glocken- oder gar eine Zwiebelform zu geben [...]" Die Ausgliederung einer Bevölkerung nach ihrer Staats- und Volkszugehörigkeit bildet ein weiteres Aufgabenfeld der Gesellschaftsstatistik. So gebe der Anteil der Ausländer an der Wohnbevölkerung „einen gewissen Maßstab für die [...] Überfremdung eines Staates". Was die Erfassung der Volkszugehörigkeit betrifft, beanstandet Winkler die Praxis der Nationalitätenpolitik, das gemeinsame „Volksbewußtsein" als bestimmenden Faktor für das „Volkstum" anzusehen, „ohne daß aber die bestehenden Schwierigkeiten, z. B. aus starker Verschiedenheit der rassemäßigen Abstammung, dadurch beseitigt würden". Der Statistiker erfasse die Nationalität oder die Sprache, wozu an bestimmten Teilmassen, nicht aber bei der Volkszählung an der gesamten Bevölkerung, die „Erhebung der rassemäßigen Herkunft [...] vermittels einer anthropologischen Untersuchung" trete.[60]

Im Abschnitt über die „Statistik der körperlichen Beschaffenheit" rezipiert Winkler erstmals Veröffentlichungen von Vertretern der „anthropometrischen" Statistik bzw. der Eugenik. Er führt beispielsweise das Standardwerk der deutschen Eugenik, den „Grundriß der menschlichen Erblichkeitslehre und Rassenhygiene" (Baur-Fischer-Lenz), in den Literaturhinweisen an. Im dazugehörenden Text bezieht er sich jedoch nicht auf das genannte „Standardwerk", sondern auf seine eigene, aus dem Jahr 1920 stammende Arbeit über den „Rückgang der körperlichen Tüchtigkeit".[61] Der Vererbungsforschung glaubt Winkler einen weiteren Bedeutungsanstieg voraussagen zu können, wenn diese bestimmte „körperliche oder geistige Eigenschaften, Krankheiten u. dgl." aus „Familientafeln" entnehme und damit „wirklich statistisch" arbeite.[62]

Das Kapitel über die „natürliche Bevölkerungsbewegung" beleuchtet Geburten, Eheschließungen, Sterbefälle und Wanderungen. Den weitaus größten Teil der Darstellung nimmt die Geburtenstatistik ein. Die Erhebung der Geburten (aber auch die der Eheschließungen) sollte analog zur Erfassung der Bevölkerung wieder nach dem Wohnort erfolgen. Dadurch könnten kurzfristige Wanderungen, etwa von Brautpaaren, die zur Eheschließung Wallfahrtskirchen aufsuchen, als die Statistik verzerrend erkannt und ausgeschaltet werden.[63]

Das Unterkapitel „Geburtenstatistik", von Winkler bereits in einem eigenen Artikel des „Handwörterbuchs der Staatswissenschaften" dargestellt, bringt wieder

---

[60] Ebd., 39, 47.
[61] Vgl. Kap. II. 4.
[62] WW-1933-01, 45.
[63] Ebd., 55; 57.

die verschiedenen Methoden der statistischen Erfassung der Geborenen, wobei er auf den Nachteil der üblicherweise angewandten Geburtenziffer hinweist, die durch ihre Beziehung „auf 1.000 der Bevölkerung" die Kinder einbeziehe und damit die tatsächlichen Verhältnisse verzerre. Der Ausweg sei die Erfassung der ehelichen Fruchtbarkeit mittels „Fruchtbarkeitsziffer". Weitere Ausführungen gelten u. a. der Statistik der Säuglingssterblichkeit, der Aufstellung einer Sterbetafel für jedes Alter, der Berechnung der Lebenserwartung und der Erörterung des „Standardindex" zur Verfeinerung der Berechnung der Sterblichkeit, der vom ungarischen Statistiker József Körösi (1844–1906) geschaffen worden war. Winkler lehnt den „Standardindex" ab, weil er die „zufälligen Verschiedenheiten im Altersaufbau" nicht beseitige.[64]

Um den „Aufzuchterfolg" statistisch zu erfassen, genügt Winkler die Geburtenüberschußziffer nicht mehr. Diese verbinde, indem 0jährige und Sterbefälle aller Altersstufen einander gegenübergestellt seien, „ungleichartige Massen" und trage daher nichts zur Klärung der Frage bei, in welchem Verursachungsverhältnis Geburtenrückgang und Sterblichkeitsrückgang zueinander stünden. Zur Frage der Erfassung und Bewertung des Geburtenrückgangs rezipiert er Burgdörfers Unterscheidung zwischen der „reinen" und der „rohen" Geburtenziffer und zieht daraus folgende Schlußfolgerung, die grundlegende Gedankengänge deutscher (und österreichischer) Demographen zum Geburtenrückgang wiedergeben möge:

> „Während die rohe Bilanz der natürlichen Bevölkerungsbewegung eine Bevölkerungszunahme ausweist, ergibt sich auf Grund der reinen Bilanz rechnungsmäßig ein Bevölkerungsabgang. [. . .] Die erstere zeigt uns die heute im deutschen Volke nicht kraft seiner Vermehrungsfähigkeit, sondern kraft der zufälligen Gestaltung seines Altersaufbaues vor sich gehende tatsächliche Vermehrung, die zweite läßt uns hinter die Kulissen der scheinbar nicht so ungünstigen Verhältnisse blicken und zeigt uns ein Bild, das der wahren Vermehrungsintensität der natürlichen Bevölkerungsbewegung entspricht, wenn der Altersaufbau seiner gegenwärtigen vorübergehenden, daher zufälligen Gestalt entkleidet gedacht wird. Es ergibt sich daraus, daß die heutige Vermehrungskraft des deutschen Volkes nicht mehr dazu ausreicht, um seine Zahl auf der bisherigen Höhe zu halten, geschweige denn, um es zu vermehren."[65]

Was die Ursachen des Geburtenrückgangs betrifft, vermutet Winkler, daß der Sterblichkeitsrückgang den Rückgang der Geburten mitbestimmt habe, diesen jedoch nicht allein erkläre. Sein Erklärungsmodell geht davon aus, daß beide parallel laufenden Phänomene einander wechselseitig bedingten. Kinderarme Familien könnten ihrem Nachwuchs eine reichlichere Ernährung und eine bessere Pflege angedeihen lassen, wodurch die Säuglingssterblichkeit zusätzlich verringert werde. Der Rückgang der Sterblichkeit sei jedoch nicht auf die Säuglinge beschränkt, sondern erfasse auch die älteren Menschen. Als weitere wesentliche Ursache für die allgemein gestiegene Lebenserwartung bezeichnet er den allgemeinen „kulturel-

---

[64] Vgl. ebd., 71; 75; 78; 87; 92; 95; 96.

[65] Ebd., 96 f.; 98 (wörtl. Zit.).

le[n] Fortschritt", der es ermöglicht habe, daß die Menschen sich „ausleben" könnten, folglich weniger Verantwortungsfreude entwickelten und dadurch weniger Kinder in die Welt setzten. Die Folge sei die Entstehung eines „Zweikindersystems", das theoretisch weiter zum „Einkinder-" und zum „Keinkindersystem" [sic!] führen könne.[66]

Bevor er mit dem Kapitel über die Statistik der Wanderungen seine Einführung in die Bevölkerungsstatistik beendet, widmet sich der Autor der Methodik von Bevölkerungsvorausberechnungen. Er geht auf die Verhulstschen Versuche ein, in Anlehnung an Malthus' Bevölkerungstheorie ein Gesetz für die Weiterentwicklung der Bevölkerung zu schaffen („logistische Kurve"), verwirft aber Verhulsts Annahme einer absoluten Grenze des „Nahrungsspielraums". Die Erdbevölkerung werde nämlich ihren „Nahrungsspielraum" nie ausfüllen, und man müsse sogar die Möglichkeit in Erwägung ziehen, daß diese abnehme oder gar aussterbe. Eine Bevölkerungsvorausberechnung, die auf einem vorhandenen Altersaufbau, auf der zuletzt beobachteten Sterblichkeit und der gegebenen Bevölkerungsbewegung aufbaue, sei hingegen sehr wohl zu befürworten. Voraussetzung, daß Bevölkerungsprognosen dieser Art einträfen, sei allerdings eine gleichbleibende gesellschaftliche Entwicklung, die nicht durch Kriege und andere „abnorme" Ereignisse beeinträchtigt werde.[67]

Besprochen wurde die „Gesellschaftsstatistik" von Flaskämper und Schwartz, die schon den ersten Teil des „Grundrisses" rezensiert hatten. Außerdem gaben der Berliner Statistiker Rudolf Meerwarth und der dänische theoretische Statistiker Harald Westergaard ihren kritischen Kommentar ab.

Die genannten Rezensenten sind sich darüber einig, daß der Wiener Kollege ein – so z. B. Westergaard – „vollkommen gelungen[es]" Lehr- und Übungsbuch verfaßt habe. Einhellig begrüßt wird auch die ausführliche Darstellung der Bevölkerungsstatistik, wobei Meerwarth das erfolgreiche Ineinandergreifen von Theorie und Praxis hervorhebt. Positiv vermerken die Vertreter der begrifflichen Statistik Flaskämper und Schwartz, daß der Autor im zweiten Band seines Lehrbuchs auf eine breitere Entwicklung von Verfahren der mathematischen Statistik verzichtet habe. Letzterer vertritt im Gegensatz zu seiner Besprechung des ersten Bands von Winklers „Grundriß" die Aufassung, daß Winkler mit dem vorliegenden Werk die von ihm angestrebte Synthese zwischen den beiden Strömungen in der Statistik bereits erreicht habe. Kritik äußern Meerwarth, für den der Umfang der Kapitel „Kulturstatistik" und „Politische Statistik" zu gering ausgefallen ist, und Westergaard, der im Abschnitt über die Geburtenstatistik die Namen der Statistiker T. A. Coghlan und George H. Knibbs vermißt. Die Kapitel über Wanderungen und die Kriminalstatistik seien zu knapp behandelt worden.[68]

---

[66] Ebd., 105; 107 (wörtl. Zit.).

[67] Ebd., 105; 107; 108 f.

[68] *Paul Flaskämper*, JbbNSt 139 (1933), 792–794; Bespr. von *Philipp Schwartz*, AStA 23 (1933/34), 264 f.; Bespr. von *Rudolf Meerwarth*, SchmJb 58,1 (1934), 109–111; Bespr. von *Harald Westergaard*, WwA 39 (1934), 7–10; 8 (wörtl. Zit.).

Welche Verbreitung die erste Auflage des „Grundrisses der Statistik" außerhalb der Wiener Universität gefunden hat, läßt sich kaum mehr rekonstruieren. Da der „Grundriß" das erste Lehrbuch der Disziplin war, in dem die höhere Mathematik angewendet wurde, ist er zwar als Pionierwerk innerhalb der deutschsprachigen Statistik einzuschätzen, das einen methodischen Durchbruch, gar „die Aufwertung der Statistik als eigenständige Wissenschaft" mit sich brachte.[69] Die verbreiteten Widerstände gegen die Mathematisierung der Sozialstatistik und der Demographie legen jedoch die Vermutung nahe, daß zumindest der theoretische Teil des Lehrwerks von seiten der Hochschullehrer wie auch von seiten vieler Studierender mit zurückhaltender Skepsis aufgenommen wurde.[70] Der „Umbruch von elementarer zu mathematischer Statistik an den deutschsprachigen Universitäten" war vor dem Zweiten Weltkrieg „noch nicht vollzogen". Außerdem war das in der heutigen Statistik allgemein angewendete mathematische Instrumentarium „noch weithin unbekannt"[71]. Darüber hinaus hatte Winkler mit seinem Versuch, eine Synthese zwischen den beiden Richtungen in der Statistik zu schaffen, eine Rolle als Schiedsrichter auf sich genommen, mit der er keinen der anderen Statistiker wirklich überzeugen konnte. Diese strukturelle Bedingtheit aus noch nicht ausgereifter, wenngleich auf Arbeiten anderer aufbauender Pioniertat und forscherischer Einzelleistung, die ohne Bindung an eine bestimmte Schule in einem eher ungünstigen diskursiven Umfeld zustande kam, verhinderte eine breitere Rezeption des Winklerschen Lehrwerks.[72]

Zwischenergebnisse und Bewertungen

Das breite Spektrum der Methoden der formalen wie der angewandten Demographie, der Einkommensstatistik und die Erfassung des Volksbegriffs beschäftigten den Theoretiker Winkler während der Zwischenkriegszeit. Als Nationalökonom brachte er kaum originäre, theoriebildende Beiträge in die Diskussion ein. Er beschränkte sich darauf, in seinen Artikeln zum Volkseinkommen, Volksvermögen usw. den zeitgenössischen Forschungsstand zu referieren, wobei sich sein charakteristischer, empirisch-statistischer Zugang in den behandelten Themen unverkennbar spiegelte. Hingegen trug er grundlegende Arbeiten zur Theorie der Minderheitenstatistik[73] bei.

Mit dem ersten Band „Theoretische Statistik" des „Grundrisses der Statistik" (1931/33) schloß Winkler seine langjährigen Bestrebungen um die Integration

---

[69] So *Schubnell* (1984), 111.

[70] Vgl. dazu ebd., 109.

[71] *Karl Schwarz,* Wilhelm Winkler 100 Jahre, in: AStA 68 (1984), 241.

[72] Im Jahr 1934 betonte Flaskämper in einem Forschungsbericht, daß Winklers Lehrbuch die Bevölkerungsstatistik im Unterschied zu anderen derartigen Kompendien besonders hervorhebe. Vgl. *Paul Flaskämper,* Bericht über neueres bevölkerungsstatistisches und bevölkerungspolitisches Schrifttum, in: JbbNSt 140 (1934), 85.

[73] Vgl. Kap. III. 1. b).

mathematischer Methoden in die deutschsprachige Statistik vorerst ab. Die deutschen Statistiker, welche mehrheitlich in der Verwaltungsstatistik tätig waren, reagierten meist ablehnend auf seinen Syntheseversuch. Winkler verließ mit seinen Versuchen, die Sozial- (oder „Gesellschafts") Statistik zu „mathematisieren", nie den Boden praktischer Erfordernisse. Es gelang ihm jedoch andererseits nie, eine tragfähige Brücke von den Methoden der naturwissenschaftlich inspirierten angelsächsischen Statistik zu den hinsichtlich ihrer Erkenntnisziele ganz anders gearteten sozialstatistischen Disziplinen zu schlagen.

Der bevölkerungsstatistischen Konzeption der „Gesellschaftsstatistik", des zweiten Teils seines Lehrbuchs, liegt Winklers Annahme zugrunde, daß die „Familie" und das „Volk" die beiden wichtigsten Einheiten der Bevölkerung sind. Beide „Ideale" entstehen wesentlich dadurch, indem sie „konstruiert" werden. Die Konstruktion entsteht durch begriffliche Abgrenzung: im Fall der „Familie": gegenüber Familienformen, die als „abnorm" gelten (z. B. „Familienreste"; Familien mit weniger als drei Kindern); im Fall des „Volkes": gegenüber sprachlich Fremden (Warnung vor „Überfremdung"). Die quantitative Verbesserung des „Volksbestands" – darum geht es Winkler in erster Linie – kann nur ein verbesserter „Ertrag der Ehen" garantieren. Sozialpolitik war für Winkler zu einem wesentlichen Teil identisch mit Familienpolitik, die auf eine materielle und gesetzliche Stärkung des männlichen „Familienoberhauptes" hinauslaufen sollte. Wie sehr seine Denkweise von seinem persönlichen Familienleitbild geprägt wurde, zeigen zwei – jedenfalls aus heutiger Perspektive – deutlich weltanschaulich gefärbte Aussagen in Beiträgen zum Handwörterbuch, die normativ dem „wissenschaftlich-empirischen" Sprechcode verpflichtet waren: Wenn er im Artikel „Bevölkerungswesen" einen sogenannten „Regelfall" der Aufgabenteilung zwischen den Geschlechtern annimmt und in der „Sterbestatistik" die angeblich lebensverlängernde „Kraft der Ehe" als Vorannahme für weitere, noch zu leistende Untersuchungen anspricht, so verweisen diese Aussagen auf spezifische, im 19. Jahrhundert wurzelnde Denktraditionen konservativer Gelehrtenkreise.

b) Theorie und Praxis der Nationalitätenstatistik

Die Friedensverträge von Versailles, St. Germain und Trianon zwangen Deutschland, Österreich und Ungarn – die Rechtsnachfolger der unterlegenen Mittelmächte –, Reparationszahlungen an die Alliierten zu leisten und umfangreiche Gebiete abzutreten. Österreich mußte offiziell darauf verzichten, sich an Deutschland anzuschließen. In beiden Ländern setzten die Gegner der Friedensverträge alles daran, die Öffentlichkeit gegen die Westmächte und gegen die Demokratie westlicher Prägung, wie sie in Deutschland und in Österreich 1918 / 19 eingeführt worden war, zu mobilisieren.

Die nach dem Ersten Weltkrieg auf dem Gebiet der ehemaligen Habsburgermonarchie grundlegend veränderte politische Lage spiegelte sich auch in der gegenüber der Zeit vor 1914 geänderten Situation der deutschen Minoritäten. In Altösterreich waren sie noch Teile der im Staat führenden Nation gewesen. Seit 1918 waren sie jedoch ethnische Minderheiten in neuen, slawisch dominierten Nationalitätenstaaten, zu denen ihre politischen Führer zumindest in den ersten Jahren nach dem Umsturz in Opposition standen. Der konflikthafte Diskurs zwischen tschechischen Wissenschaftlern und ihren deutschen Kollegen, der um 1919/20 nach der kriegsbedingten Pause wieder einsetzte, wurde nunmehr mit umgekehrten Vorzeichen ausgetragen. In der Volkszählungsstatistik waren es nicht mehr tschechische Gelehrte, die die Methode der von deutschösterreichischen Statistikern verteidigten Umgangssprachenerhebung kritisierten, welche ihrer Meinung nach die nichtdeutsche Bevölkerung benachteiligte. Jetzt machten vielmehr deutsche und österreichische Statistiker die tschechoslowakische Nationalitätenzählung zur Zielscheibe von publizistischen Angriffen.

In der deutschsprachigen Wissenschaftslandschaft, besonders in den Sozial- und Wirtschaftswissenschaften, dominierten während der gesamten Weimarer bzw. österreichischen Ersten Republik jungkonservative und völkische Gruppierungen, deren antiliberale und zivilisationskritische Topoi stärker hervortraten, als es noch vor 1914 der Fall gewesen war. Geographen wie Albrecht Penck (1858–1945) sahen es als Hauptziel ihrer wissenschaftlichen Arbeit an, den Vertrag von Versailles zu revidieren. Die Weimarer Republik wurde als ein vorläufiges politisches Gebilde betrachtet. Penck führte den Begriff der „Volks- und Kulturbodenforschung" ein. Nach Michael Fahlbusch beruhte dieser auf „ethnozentrischen" und „völkischrassischen" Gebietsabgrenzungen: Bezeichnete der „Volksboden" den unmittelbaren Siedlungsraum der Deutschen, bezog sich der definitorisch noch wesentlich unschärfere und daher fast beliebig ausdehnbare „Kulturboden" auf alle Gebiete, die von Deutschen kulturell beeinflußt worden waren und noch wurden. „Volkstum" wurde mittels kultureller, ethnischer und rassischer Kriterien definiert.[74] Nach 1918 nahmen in den deutschen Sozialwissenschaften Stimmen zu, die ihren eigenen deutschen Fachkollegen vorwarfen, durch „überängstliche[s] Streben nach Objektivität" die Werte des deutschen Volkstums vernachlässigt und den Feinden ausgeliefert zu haben.[75]

„Die Bedeutung der Statistik für den Schutz der nationalen Minderheiten"

Die Statistik bildet ohne Zweifel ein wichtiges Erkenntnismittel im Kampfe der Völker. Es fällt ihr die Aufgabe zu, Bestand und Bewegung der Kräfte der Völker an Menschen und

---

[74] Vgl. *Michael Fahlbusch*, „Wo der deutsche ... ist, ist Deutschland!" Die Stiftung für deutsche Volks- und Kulturbodenforschung in Leipzig 1920–1933. Bochum 1994 (= Abhandlungen zur Geschichte der Geowissenschaften und Religion/Umwelt-Forschung: Beiheft; 6), 262 f.; 197.

[75] Siehe die Besprechungsaufsätze von *H.[ermann] U.[llmann]* (DA 21/1921/22, 121 f.) (wörtl. Zitat) und von *Wilhelm Volz* (DR 190/1922, 94 f.) zu Winklers Sprachenkarte.

Gütern zu messen und so jedem, der dafür Interesse hat, besonders dem Staatsmann und Politiker, wichtige Aufklärungen zu geben und Ziele zu setzen.[76]

Im folgenden wird zunächst Winklers spezifische minderheitenstatistische Lehre referiert, wie sie in dem obigen Quellenzitat gedrängt zusammengefaßt ist. Ferner werden jeweils die Entstehungsbedingungen, Inhalte und Rezeption seiner Werke kurz dargestellt. – Die 1923 in der Schriftenreihe des *Instituts für Statistik der Minderheitsvölker* (IStMV) erschienene Studie Winklers über „Die Bedeutung der Statistik für den Schutz der nationalen Minderheiten" verweist schon in ihrem Titel auf die vom Autor der Statistik zugesprochene politische Funktion als „Warnerin" bei günstiger, als „Trösterin" bei ungünstiger Entwicklung der ethnischen Minderheiten.[77] Die Schrift verstand sich als eine allgemeine Lehre über die Typologie der ethnischen Minderheiten und die Möglichkeiten der Statistik, diese mit ihren Mitteln vor staatlicher Verfolgung zu schützen.

Winkler betrat mit seiner Studie ein bis dahin von der Statistik kaum bearbeitetes Themenfeld. Ihre Entstehungsbedingungen lagen weniger in den Anregungen des wissenschaftlichen Diskurses oder in praktischen Bedürfnissen eines Auftraggebers, sondern sie sind im persönlichen Erlebens- und Erfahrungshorizont des Autors zu suchen, der mit seiner Lehre die theoretische Grundlegung für die Arbeit seines Instituts leisten wollte.

Die Studie verfolgt vier inhaltliche Schwerpunkte: Sie legt Begriffe für die im Leben der Minderheitsvölker wirksamen Erscheinungen fest, erörtert Erhebungsmerkmale und -methoden, klassifiziert die Minderheiten nach soziologischen Gesichtspunkten und stellt Grundsätze für eine internationale Regelung der Stellung der amtlichen Statistik zu den Minderheitsvölkern auf.

Voraussetzung für jeden Minderheitenschutz ist für Winkler die Behauptung des „Volkstums", das ein natürliches Recht aller Völker sei. Mit der Neugestaltung Europas nach der Pariser Friedenskonferenz von 1919/20 rücke die Frage des Minderheitenschutzes in den Vordergrund des Interesses. Die Gründung der neuen ostmittel- und südosteuropäischen Nationalitätenstaaten habe ein neues Minderheitenproblem geschaffen. Für die dort lebenden, in ihrem Bestand bedrohten Minderheiten spiele die Statistik als „Buchführung des gesamten öffentlichen Lebens" eine doppelte Rolle: „einmal als Berater für sie, dann als Kampfmittel gegen sie". Zu letzterem („Kampfstatistik") mißbrauchten die neuen Staaten die Statistik, um ihre Minderheiten zu unterdrücken.[78]

Im folgenden entwickelt der Verfasser begriffliche Unterlagen für ein System der Minderheitensoziologie und -statistik. Die drei wichtigsten Bausteine des „Volkstums" sind „Abstammung", „Sprache" und „Volksbewußtsein". Für Winkler ist keiner der drei Begriffe eindeutig faßbar, denn durch das Eindringen von sieg-

---

[76] WW-1926-03, 691.

[77] Vgl. WW-1923-01, 50.

[78] Ebd., 8, 13; 14, 50 (wörtl. Zit.).

reichen Landnehmern seien mannigfache Mischungen mit den unterlegenen „Eingeborenen" entstanden. Folglich stelle kein Volk Europas einen „reinen Volkstypus" dar. Dennoch sei am Merkmal der Abstammung festzuhalten, sofern es sich auf „die großen, scharf voneinander geschiedenen Rassen" beziehe. „Rassen" seien nach äußeren Merkmalen leicht voneinander zu unterscheiden. Die „Sprache" stelle jenes Merkmal dar, das die Zugehörigkeit zu einer Kulturgemeinschaft am besten verdeutliche. Das „Volksbewußtsein" dagegen sei für die Bestimmung des Volkstums nur selten verwendbar, weil es in vielfältiger Weise mit dem Staatsbewußtsein zusammenhänge und unterschiedlich stark ausgeprägt sei.[79]

Das „Volk" könne als Abstammungs-, Sprach- oder Kulturgemeinschaft begriffen werden. Winkler weist darauf hin, wie vieldeutig die einzelnen Begriffsfassungen sind, will sie aber nicht nach ihrem „Wert" abwägen. Er fordert, die Begriffe klar auszudrücken, nach denen die „Volkszugehörigkeit" im einzelnen bestimmt wird. Im folgenden bildet er Typen von Minderheiten, die er in „echte" und „unechte", „bedingte" und „unbedingte", „eingesessene" und „zugezogene", „Staats-" und „Ortsminderheiten" einteilt. „Echte" Minderheiten entstehen demnach durch „Beimischung andersvölkischer Bewohner" innerhalb einer Siedlungseinheit, „unechte" Minderheiten werden dann geschaffen, wenn Bezirke, Länder und Staaten Teile verschiedener Volksgebiete zusammenfügen. „Bedingte" Minderheiten sind jene Völker, die durch eine (politische) Verbindung mit einem anderen Volk Bestandteil der Mehrheit werden können, während „unbedingte" Minderheiten allein aufgrund ihrer geringen Zahl den Minderheitenstatus dauernd beibehalten. Schwierig sei die richtige Abgrenzung des geschlossenen Sprachgebiets gegenüber den Sprachinseln, -halbinseln und Sprachzungen. Das „geschlossene Sprachgebiet" definiert Winkler als jenes „Gebiet, auf dem die Masse des Volkes geschlossen lebt". Dem Problem der gebietsweisen Abgrenzung begegnet er mit der Forderung, die Geschlossenheit des Sprachgebiets „nach der kleinsten Siedlungseinheit" (Siedlungen unterhalb der Gemeinden) zu beurteilen. Die Messung der „Bodenständigkeit" eines Volkes gilt ihm als eine Methode, zwischen „eingesessenen" und „in der neueren Zeit zugezogenen" Minderheiten zu unterscheiden. Letzteren könne kein Minderheitenschutz zugebilligt werden. Viele dieser Zuzügler, etwa Beamte oder Militärs, seien Bestandteil einer „Eroberungsminderheit", die ein feindlicher Staat in das Mehrheitsgebiet geschickt habe, um die dortigen ethnischen Verhältnisse zu seinen Gunsten zu verändern.[80]

Winkler erörtert dann die Frage, mit welchen Methoden die Statistik das Volkstum erfassen könne. Werde dieses als eine Abstammungsgemeinschaft begriffen, so gäben „ausgeprägte äußere Merkmale" „untrügliche Hinweise". Doch diese lägen nicht immer vor, sodaß „Rassenerhebungen" zur Erfassung von Abstammungsgemeinschaften untauglich seien. In der Praxis habe aber „das Bedürfnis nach statistischen Zahlen über die Rassezugehörigkeit" zur „Verwendung von Ersatz-

---

[79] Ebd., 17, 16, 20.

[80] Ebd., 22, 28, 26; 29, 31, 34 (wörtl. Zit.).

behelfen" geführt: So werde bei den Juden die Zahl der Bekenner israelitischen Glaubens für die Zahl der Personen „jüdischer Abstammung" genommen. Diese Methode sei aber deshalb wenig zielführend, da sie Bekenner nichtjüdischen Glaubens nicht erfasse. Der Erhebung der Abstammung zieht er daher das „weit leichter zugänglich[e]" und „äußerlich unschwer" feststellbare Merkmal der Sprache vor [das – um in Winklers Diktion zu bleiben – bei vielen assimilierten „Abstammungsjuden" freilich versagen mußte; Anm. d. Vf.]. Hierbei sei zwischen der Mutter-, Denk-, Familien-, Haushaltungs- und Umgangssprache zu unterscheiden. Werde die „Muttersprache" als „Elternsprache" verstanden, so erhebe man einen früheren Zustand, erfasse die Statistik dagegen die „Denksprache", drücke sie die gegenwärtige sprachliche und volkliche Zugehörigkeit aus. Sie sei daher als Erhebungsmerkmal zu bevorzugen.[81] Als Spracherstazbehelfe nennt der Autor die Spracherhebung an Schulkindern, die Wahlstatistik, die Kirchensprache und die Sprache der Grabsteininschriften. Die beste Form einer statistischen Erhebung des Volkstums bestehe darin, Nationalitätenbekenntnis, Sprache und Abstammung („in den großen Rassenumrissen") nebeneinander zu erheben. Die Erstellung von nationalen Katastern, wie sie Bernatzik u. a. theoretisch erörtert hätten, sei nur dort möglich, wo die nationale Frage ruhig und gerecht behandelt werde.[82]

Was die Statistik tun könne, um beim Schutz der nationalen Minderheiten mitzuwirken, beschreibt Winkler in einem eigenen Kapitel, wobei er bereits früher gemachte diesbezügliche Aussagen erneuert. Hauptaufgabe der Nationalitätenstatistik ist es demnach, „durch kritische Prüfung der Zählungsumstände und durch Heranziehung anderweitiger statistischer Quellen die bei Volkszählungen ermittelten Volkszahlen auf ihren inneren Wirklichkeitsgehalt zu überprüfen". Besonderes Augenmerk widmet er der Wanderungsstatistik. Diese erlaube die Erfassung der „Bodenständigkeit" eines Volkes, welche ein „Wesensmerkmal der Vollminderheiten" darstelle, bisher aber noch kaum untersucht worden sei. „Rohe" Einblicke in diese Frage gewähre der Vergleich der Geburten- und Sterbefälle zwischen zwei Volkszählungen sowie die Statistik der Geburts- und der Heimatsorte.[83]

Auf den Gebieten der Wirtschafts-, der Bildungs- und der Steuerleistungsstatistik ist Winkler wie in der Demographie dem nationalen Besitzstandsdenken in der Tradition der Vorkriegszeit verhaftet. Einer methodischen Neuerung gegenüber der Zeit vor 1914 entspricht allein sein Vorschlag, die Statistiken des Volkseinkommens und des Volksvermögens von der staatlichen auf die volkliche Ebene zu verlagern, eine Forderung, die er auf die Art der nationalitätenstatistischen Betrachtungsweise im allgemeinen ausdehnt. So sei auch die Statistik des Grundbesitzes über die Ebene des „Volkes" zu erfassen und als Ausdruck des Grades der „Verwurzelung [einer Minderheit] mit dem Boden" zu begreifen.[84]

---

81 Vgl. dazu auch WW-1923-08, „Nationalitätenstatistik", 733.
82 WW-1923-01, 36; 37; 39 f.; 43; 47 f.
83 Ebd., 51, 53 (wörtl. Zit.); 54.
84 Ebd., 55 f., 58, 60.

Die „exakte Minderheitensoziologie" erfaßt Stärke, Siedlungsart, soziale Schichtung, Beruf, Konfession, Bodenständigkeit und Zugehörigkeit einer Minderheit. Winklers Forderung, eine Typologie von Völkern zu schaffen, öffnet der klischeehaften Einteilung der einzelnen Völker in „harte, widerstandsfähige und weiche, schnell aufgehende Völker" Tür und Tor: „Die einen bewahren infolge natürlicher Zähigkeit oder gepflegten Volksbewußtseins ihre Volkszugehörigkeit allen Anfechtungen zum Trotz, die anderen nehmen schnell das Volkstum ihrer Umgebung an. Als herrschende Völker sind die ersteren meist eroberungssüchtig und gewalttätig, die zweiten duldsam und versöhnlich."[85]

Werde die Statistik als „politisches Kampfmittel gegen die Minderheiten" eingesetzt, stünden ihr eine Reihe von Möglichkeiten zur Verfügung, wozu Winkler u. a. die „Anwendung zweideutiger Volksbezeichnungen" (z. B. „tschechoslowakisch"), und die Nichtgewährung von Kontrollmöglichkeiten durch die Minderheitsvölker zählt.[86] Gegen die mißbräuchliche Verwendung der Statistik bei der Erfassung von nationalen Minderheiten stellt er abschließend einen Katalog von Grundsätzen auf, der die Stellung der amtlichen Statistik zu den Minderheitsvölkern regeln soll. Die wesentlichsten Forderungen dieses Katalogs decken sich mit seinen wichtigsten Erkenntnissen aus seiner Studie, wozu die Erfassung der Volkszugehörigkeit mit Hilfe der Sprachenstatistik und ihre Überprüfung durch die Frage nach der Nationalität, in Ausnahmefällen durch die Ermittlung der Abstammung zählen. Sonst empfiehlt er jene Grundsätze, die er im wesentlichen bereits 1921 als „Zehn Gebote einer anständigen Nationalitätenstatistik"[87] aufgestellt hatte. Die Aufgabe der Beschlußfassung und der Überwachung seiner Grundsätze scheint er dem Völkerbund zuweisen zu wollen, ohne sich aber eindeutig darüber zu äußern.[88]

Georg v. Mayr, Johannes Müller und Philipp Schwartz begrüßten in ihren Besprechungen einhellig Winklers „Programmschrift" und das darin zutage tretende Arbeitsspektrum des neuen IStMV an der Universität Wien. Während v. Mayr sich darauf beschränkt, den Inhalt in groben Zügen wiederzugeben und mit leicht bewunderndem Unterton die „dem Verfasser eigentümliche[] Lust an tiefbohrendem Forschungstrieb" hervorhebt, weist Müller auf die potentiell große politische Bedeutung der Schrift hin, die „zu einer der wirksamsten Waffen im Kampfe für die Rechte der nationalen Minderheiten" werden könnte. Winklers Studie sei „objektiv". Schwartz spielt auf eine „vielleicht doch zu weit getriebene Objektivität" an, wenn er darauf hinweist, daß der Autor auf eine Bewertung der Minderheiten „nach ihrem Kulturgrad" verzichtet habe. Dies sei aber umso notwendiger, als „hochkultivierte Minderheiten, die von notorisch tieferstehenden Mehrheitsvölkern beherrscht werden, eines ganz besonderen Schutzes würdig sind". Max H. Boehm ordnet die Studie in einem 1925 erschienenen Literaturbericht über das Schrifttum

---

[85] Ebd., 62, 63 (wörtl. Zit.).

[86] Vgl. ebd., 71–76.

[87] Vgl. Kap. III. 1. b), „Sprache und Volk versus Nationalität und Nation".

[88] Vgl. WW-1923-01, 78–82, bes. 78.

zum Grenz- und Auslanddeutschtum dem Minderheitenrecht im weitesten Sinn zu. Winkler habe mit ihr erstmals versucht, „die bisher ziemlich rohe Begriffsfassung" auf diesem Forschungsgebiet zu verbessern.[89]

Als Ergänzung zur Programmschrift des Instituts veröffentlichte Winkler 1925 zwei Artikel im „Handwörterbuch der Staatswissenschaften" „Nationalitätenstatistik" und „Minderheitenstatistik", einen Artikel über „Die Statistik der Doppelsprachigen" im *Deutschen Statistischen Zentralblatt* (1927) sowie einen Aufsatz über „Die statistische Erfassung des Volkstums" (1929), der in der Festschrift des X. Deutschen Ferienhochschulkurses in Hermannstadt und in der Zeitschrift *Ostland – Vom geistigen Leben der Auslandsdeutschen* erschien. Winkler beteiligte sich an der dortigen Vortragsreihe über „Geschichte, Methode und Ergebnisse der Nationalitätenstatistik".[90] In dem Aufsatz bezeichnet er als „Idealzustand", wenn sich Staat und „Volk" überdecken. Gleichzeitig gesteht er zu, daß mit dem Siegeszug der Nationalbewegungen seit dem 19. Jahrhundert „eher mehr Minderheiten als früher" in Europa auszumachen seien. Er zieht daraus folgerichtig den Schluß, daß der genannte „ideale" Zustand „kaum jemals" erreichbar sei. Ebensowenig erreichbar sei die vollständige Überdeckung der Abstammungs-, Sprach- und Kulturgemeinschaft. Die Beziehung der Völker untereinander sei geprägt von „natürlichen" Ausleseprozessen zwischen stärkeren und schwächeren Völkern. Der Entstehung von „Volksüberschußmassen" bei dem einen Volk stehe häufig ein damit in ursächlichem Zusammenhang stehender Bevölkerungsverlust bei dem anderen Volk gegenüber. Noch beherrschten „Kämpfe" das Verhältnis der einzelnen Völker zueinander. Erst nachdem die nationale Frage, die durch die Pariser Friedensverträge neu gestellt worden sei, gelöst sei und allen Völkern die gleiche Möglichkeit freier Entwicklung gewährt worden sei, könne die „Brücke zu einer höheren Gemeinschaft, eines Europäertums, eines Weltbürgertums", geschlagen werden.[91]

Die „Doppelsprachigen" stellen für Winkler eine nationale „Zwischenschicht" dar, die zwischen zwei Sprachen und Völkern stehen. Die bisherige statistische Praxis habe diese „Sondermasse" gleichmäßig auf beide in Betracht kommende Sprachen aufgeteilt. Würzburger habe sich gegen die Beibehaltung dieses Verfahrens ausgesprochen und trete dafür ein, die Doppelsprachigen ganz der Sprache

---

[89] Bespr. von *Georg v. Mayr,* AStA 14 (1923/24), 484–486; Bespr. von *Johannes Müller,* JbbNSt 122 (1924), 875 f.; Bespr. von *Philipp Schwartz,* SchmJb 48 (1924), 355–357, bes. 356 f. (wörtl. Zit.). *Max Hildebert Boehm,* Literatur, in: von Loesch (Hg.), Volk unter Völkern (1925), 418.

[90] Die rumäniendeutsche Kulturzeitschrift *Ostland* zielte darauf ab, die geistige Verbindung zwischen den Auslanddeutschen und dem Reich zu fördern und zu vertiefen. (Vgl. *Ewald Sindel,* Zeitschrift „Ostland, Vom geistigen Leben der Auslanddeutschen", in: Akademie zur wissenschaftlichen Erforschung des Deutschtums. Deutsche Akademie (1927), 374–376). Vgl. auch *W. Winkler,* Die Bevölkerungsgefahr des deutschen Volkes, in: Siebenbürgisch-deutsches Tageblatt vom 24. 09. 1929, 1 f.

[91] WW-1923-06, 1136, 1238, 1140, 1143. Ähnliche Vorstellungen artikuliert Winkler im Artikel „Die statistische Erfassung des Volkstums" („Völker sind lebende Organismen"). (Vgl. WW-1929-02, 298–301, wörtl. Zit. 298 u. 303).

ihrer Herkunft zuzuzählen.[92] Winkler wendet sich gegen diese Auffassung mit dem Argument, daß mit der Angabe von Doppelsprachigkeit eine „Zwiespältigkeit des nationalen Gefühls" zum Ausdruck gebracht werde, der dadurch Rechnung getragen werden müßte, indem die (Denk-)Sprachstatistik weiterhin beide angegebenen Sprachen als gleichberechtigt erachte und sie dementsprechend gleichmäßig auf beide Sprachgruppen aufteile.[93]

Sprache und Volk versus Nationalität und Nation.
Die Fortsetzung von Winklers gelehrter Kontroverse
mit tschechischen Statistikern

Winkler war wohl einer der schärfsten Kritiker der damaligen tschechoslowakischen amtlichen Statistik.[94] Gegenstand seiner von den tschechischen Statistikern durchwegs nicht anerkannten Bedenken waren die slowakische Volkszählung vom 20. August 1919 und die Volkszählung in der gesamten Tschechoslowakei vom 15. Februar 1921. Bevor jedoch die Polemik einsetzte, hatte die Veröffentlichung von Winklers Arbeiten über die Totenverluste der österreichisch-ungarischen Monarchie und die Wiener tschechische Minderheit ein Nachspiel: Diese beiden Studien erfuhren in der ersten Nummer der Zeitschrift der amtlichen tschechoslowakischen Statistik, *Československý Statistický Věstník,* jeweils eine ausführliche Besprechung durch Antonín Boháč, den Referenten für Volkszählungswesen im Statistischen Staatsamt.

Boháč geht besonders mit Winklers erstgenannter Studie hart ins Gericht: Er sieht in ihr einen „typische[n] Beleg der Statistikkunst der österreichischen Deutschen. Die Statistik wurde bei ihnen in den Dienst der Politik gestellt und ist so verkrüppelt, daß sie aufhörte, eine Wissenschaft zu sein." Winkler habe mit dieser Anfang 1918 geschriebenen Studie beweisen wollen, daß Deutsche und Ungarn am meisten Verluste hätten, um diesen Völkern nach einem Sieg der Monarchie zu einer Stärkung ihres Anspruchs auf Hegemonie zu verhelfen. Methodisch wendet sich Bohác gegen Winklers Berechnung der Totenverluste in Ungarn nach solchen Komitaten, die mehr als 80% Bevölkerung von einer Nationalität aufweisen. Wenn man aber Komitate mit 80% und mit 50% Vertretung einer ethnischen Gruppe miteinander vergleiche, entstünden dadurch gegenteilige Ergebnisse. Was im übrigen die Auswahl der statistischen Materialien betreffe, gebe es keine Garantie, daß Winkler diese objektiv erhoben habe. Abgesehen davon verfüge die Arbeit über eine zu schmale Datengrundlage. Weiters gebe es einen „Defekt" in der Beziehung

---

[92] Vgl. dazu *Eugen Würzburger,* Minderheitenstatistik, in: DStZbl 18 (1926), Sp. 137.

[93] WW-1927-04, bes. Sp. 105, 108 (wörtl. Zit.).

[94] Mit seiner kritischen Haltung stand Winkler keineswegs allein da. Wie aus einer Replik F. Weyrs hervorgeht, bedienten sich ungarische Autoren wie Béta Földes ähnlicher Argumente wie Winkler: *Franz Weyr,* Unsere Volkszählung und die Magyaren, in: Prager Presse vom 19. 08. 1923 (Morgen-Ausgabe), 1 f.

der Totenverluste auf die Gesamtbevölkerung. Der Autor hätte sich allein auf die Untersuchung der Soldaten beschränken und darauf verzichten sollen, die Totenverluste auf die Zivilbevölkerung zu beziehen.[95]

In seiner Replik führt Winkler gegen den ersten Vorwurf seines tschechischen Kollegen ins Treffen, seine Studie über die Kriegsverluste sei erst im Februar 1919 herausgegeben worden, zu einem Zeitpunkt, als die Niederlage Altösterreichs längst entschieden gewesen sei. In bezug auf Boháčs Einwand gegen seine Methode, die reinsprachigen Gebiete mit über 80% Sprachzugehörigkeit herauszuarbeiten und für die gemischtsprachigen Gebiete eine Zahl mit 50–80% Sprachzugehörigkeit „als Notbehelf" heranzuziehen, antwortet er mit einem Gegenangriff: Mit seinem Versuch, die auf einzelne stark gemischt lebende Volksstämme Ungarns bezogenen Erkenntnisse auf die übrigen Teile der Monarchie „mit ihren klaren nationalen Abgrenzungen" auszudehnen, begehe nämlich Boháč seinerseits einen „Trugschluß vom einzelnen aufs allgemeine". Daß seine Repräsentationsmethode zureichend sei, habe er in seiner Schrift mehrmals bewiesen. Boháč habe ferner auch seine Feststellung nicht beachtet, daß man aus Mangel an statistischen Unterlagen auf die Haltung der Truppen nicht mit Sicherheit schließen könne. Der einzige Kritikpunkt Boháčs, dem man „sachliche Bedeutung" beimessen könne, sei seine Ansicht, daß die Zahl der Toten eines Volkes besser auf die wehrfähigen Männer, und nicht, wie er es gemacht habe, auf die Gesamtbevölkerung zu beziehen sei. Wolle man aber wissen, welchen Anteil die einzelnen Völker an den „Blutopfern" des Krieges gehabt hätten, so müsse die Beziehung auf die Gesamtbevölkerung gewählt werden.[96]

Boháčs zweite Besprechung bezieht sich auf die Schrift seines österreichischen Widerparts über „Die Tschechen in Wien". Diese Studie spiegelt – so Boháč –, wie es schon bei den „Totenverlusten" der Fall gewesen sei, Wunschergebnisse des Autors. Seine Kritik bezieht sich in diesem Fall vor allem darauf, daß Winkler Daten aus der Nationalitätenstatistik mit Wahlergebnissen in die politischen Parteien gleichsetze.[97] Dieser geht in seiner Rückantwort auf dieses Urteil nicht näher ein, sondern beschränkt sich darauf, die Ergebnisse seiner Studie erneut zusammenzufassen. Was die von Boháč beanstandete synonyme Verwendung der Begriffe „tschechoslavisch" und „tschechoslowakisch" betrifft, belegt er mit Hinweis auf einige tschechische Autoren, darunter Jan Auerhan, daß diese selbst den Begriff „tschechoslavisch" gebrauchten.[98]

Die slowakische außerordentliche Volkszählung von 1919 war für Winkler der erste Anlaß, zur Praxis der tschechoslowakischen Volkszählung Stellung zu nehmen. Die Tschechen würden mit Hilfe dieser Zählung versuchen, das selbständige Volkstum der Slowaken zu „vernichten" und an ihre Stelle eine imaginäre

---

95 Bespr. von *Antonín Boháč,* CSStV 1 (1920), 63–67; (wörtl. Zitat [übersetzt] 65).

96 WW-1920-03, Sp. 80–83.

97 Bespr. von *Antonín Boháč,* CSStV 1 (1920), 67–69.

98 WW-1920-03, Sp. 84–86.

tschechoslowakische Nationalität zu setzen. Die Nationalitätenstatistik werde „bewußt gefälscht", da sie tschechische „Besatzungstruppen" in die Zählung einbeziehe. Die slowakischen Juden, die sich bisher großteils als Deutsche bekannt hätten, würden durch die Einführung einer eigenen Kategorie für die jüdische Nationalität sprachenmäßig vom Deutschtum abgespalten. Bei der Volkszählung selbst habe sich die Zahl der Deutschen tatsächlich stark verringert, nicht nur aufgrund der Möglichkeit, für eine jüdische Nationalität zu votieren, sondern vor allem aufgrund des Drucks, der die Deutschen gezwungen habe, sich einer nicht bestehenden tschechoslowakischen Staatsnation anzugliedern.[99]

Zur ersten ordentlichen Volkszählung in der gesamten Tschechoslowakei (1921) veröffentlichte Winkler im *Deutschen Statistischen Zentralblatt* eine Besprechung. In dieser befaßt er sich mit dem Volkszählungsgesetz, wobei er fünf Kritikpunkte besonders hervorhebt: Erstens sei das Gesetz unter „große[r] Eile" durchgezogen worden, mit der Absicht, die Vertreter der ethnischen Minderheiten mit der raschen Beschlußfassung zu überrumpeln. Zweitens erhebe die Volkszählung das „subjektive" Merkmal der „Nationalität" anstatt des „objektiven" der „Muttersprache". Drittens würden die Zähler nicht, wie in Altösterreich üblich, von den Gemeinden, sondern von den politischen Behörden ernannt. Diese hätten damit einen ungebührlich großen Einfluß auf den Gang der Erhebung, der den ethnischen Minderheiten schade. Laut Gesetz könnten diese bei „offenkundig unrichtigen Angaben" in den Zählvorgang eingreifen – für Winkler ein dehnbarer, fast beliebig auslegbarer „Kautschukparagraph". Viertens hätten die Zähler die Kompetenz, im Zweifelsfall selbst eine Zuordnung zu einer Nationalität vorzunehmen. Und fünftens sei die Durchführung der Zählung der „tschechischen" [=tschechoslowakischen] Zentralregierung in Prag übertragen.

Das Merkmal der „Muttersprache" sei nur deshalb nicht angewandt worden, weil es die weitreichenden Befugnisse der Zähler einschränken würde. Die Tschechen würden nur ein „verdeutschtes Sprachgebiet" kennen, das sie zurückerobern wollten; das Volkszählungsgesetz betrachtet Winkler als das Instrument, um diesen Plan zu verwirklichen: Das Gesetz sei nichts anderes als „ein genial gemischtes Gift, geeignet, an einem Tag Hunderttausende von Volkszugehörigen spurlos verschwinden zu lassen".[100]

Vilibald Mildschuh erhielt vom *Deutschen Statistischen Zentralblatt* Gelegenheit, auf die Vorwürfe seines Wiener Kollegen zu reagieren: Mildschuh bekannte sich dazu, daß er es gewesen sei, der im Statistischen Staatsrat die Nationalitäts-Fragestellung durchgesetzt habe. Der Referent für Volkszählungsfragen, Boháč, sei hingegen für die Erhebung der Muttersprache eingetreten. Mildschuh folgert daraus, er selbst könne am besten beurteilen, ob es wahr sei, daß dem Gesetzeswerk ein strategischer Plan zugrunde liege, die deutsche Minderheit in der Tschechoslo-

99 WW-1921-04, 216f., 219, 222f., 224.
100 WW-1921-08, Sp. 13–16; 16 (wörtl. Zitat).

wakei zum Verschwinden zu bringen. Davon könne jedoch keine Rede sein. Das Gesetz selbst sei im übrigen von den deutschen Parlamentsabgeordneten mitgetragen worden. Für Zähler, die ihre Kompetenzen überschritten, würden Strafbestimmungen gelten. Die Kategorie der „Muttersprache" sei – diese Ansicht werde auch vom deutschen Statistiker Würzburger vertreten – keineswegs „objektiv", wie es Winkler behaupte. Sie sei nicht einheitlich definiert; es gebe außerdem Personen mit mehreren „Muttersprachen".[101]

In seiner „Rückantwort" auf Mildschuhs Ausführungen sieht Winkler seine Behauptung bestätigt, daß die Vorbereitung des tschechoslowakischen Volkszählungsgesetzes in Wirklichkeit bereits abgeschlossen gewesen sei, als sie im Parlament beraten wurde. Die von Mildschuh erwähnte Zustimmung der deutschen Abgeordneten stelle keinen Beweis für die „Ungefährlichkeit" des Gesetzes dar, sondern höchstens einen für die „Ungefährlichkeit der deutschen Beisitzer" [Winkler bezieht sich hier auf die Vertreter der Deutschen im statistischen Staatsrat, Anm. d. Vf.]. Die Zeitspanne zwischen der ersten Beratung im statistischen Staatsrat und der Annahme des Gesetzes im Parlament habe nur neun Tage betragen. Was die tschechische Einstellung gegenüber der deutschen Minderheit anlangt, genügt Winkler ein Hinweis Boháčs, der in der amtlichen statistischen Zeitschrift selbst den Begriff „verdeutschtes" Sprachgebiet gebraucht habe. Mildschuh habe Würzburger im übrigen falsch zitiert; dieser meine das genaue Gegenteil dessen, was Mildschuh behaupte.[102] Das tschechische Volkszählungsgesetz verquicke in unzulässiger Weise „Nationalität" mit „Muttersprache": Das hauptsächliche äußere Merkmal der „Nationalität" sei – so der Gesetzestext – die „Muttersprache". Der Begriff der „Nationalität" sei aber völlig „haltlos", wenn die Freiheit des Bekenntnisses durch die Sprache doch eingeschränkt werde. Dort, wo die ethnischen Verhältnisse eindeutig seien, könne im übrigen das Nationalitäten-Bekenntnis bei Volkszählungen angewandt werden. Überall dort, wo diese Voraussetzungen jedoch nicht gegeben seien, „muß gerade dieses äußerlich überhaupt nicht faßbare Merkmal zum Gegenstand eines wüsten Kampfes werden." Die Freiheit des Bekenntnisses sei aber im „Tschechenstaat" nicht gegeben. Der Ablauf des Volkszählungstags selbst sei von zahlreichen Aktionen (z. B. der Verlegung von Garnisonen ins deutsche Sprachgebiet) gekennzeichnet gewesen, die den tasächlichen Zustand verfälscht hätten. Der tschechische Volkscharakter sei auf ein einziges Ziel, die völlige Durchdringung des Staates mit Tschechen, ausgerichtet. Volkszählungen dienten nur dazu, dieses Ziel zu erreichen.[103]

Zwei Jahre nach der ersten Volkszählung in der Tschechoslowakei veröffentlichte Winkler im *Böhmerlandjahrbuch* „Zehn Gebote einer anständigen Nationali-

---

[101] Erwiderung von *Willibald Mildschuh,* in: DStZbl 13 (1921), Sp. 71–76.

[102] Winkler gibt hier das entsprechende Würzburger-Zitat wieder, dessen Wortlaut übrigens Mildschuhs Auslegung der entsprechenden Stelle durchaus stützt.

[103] Rückantwort von *W. Winkler,* in: DStZbl 13 (1921), Sp. 76–82 (wörtl. Zitate Sp. 77, 79, 80 f.).

tätenerhebung" und griff dabei auf die Erfahrungen zurück, welche die sudetendeutsche Minderheit seiner Meinung nach mit der tschechoslowakischen Volkszählung von 1921 gemacht hatte.[104]

Wie tief der Graben war, der Winklers Konzept der Nationalitätenerhebung von den in der tschechischen Öffentlichkeit propagierten Vorstellungen trennte, verdeutlichte die Reaktion einer tschechischen Tageszeitung auf einen Vortrag Winklers bei den *Wiener Internationalen Hochschulkursen.* Wie aus einem Bericht der in deutscher Sprache erscheinenden *Prager Presse* hervorging, hatte Winkler am 28. September 1923 im Rahmen dieser Veranstaltung einen Vortrag gehalten, welcher der „Frage der Minoritäten" gewidmet war. Eben jener Winkler, der die Zahl der Tschechen in Wien herabgedrückt habe und die Existenz anderer österreichischer Minderheiten überhaupt nicht erwähne, sei in diesem Vortrag nur zum geringeren Teil auf allgemeine Fragen der Minderheitenstatistik eingegangen. Vielmehr habe er die Internationalen Hochschulkurse als Bühne mißbraucht, auf der er seine „unwissenschaftlichen" Thesen zur Minderheitenfrage in der Tschechoslowakischen Republik verbreitet habe. Winkler stelle sich auf den Standpunkt der deutschen Irredenta, indem er für die Sudetendeutschen besondere Autonomie-Rechte fordere. Er behaupte, daß in der Tschechoslowakei die Tschechen eine Minderheit von 46% ausmachten.[105] Der Vorwurf, der tschechoslowakenfeindlichen „Irre-

---

[104] WW-1923-03, 63 – 68. Die „Zehn Gebote" lauten:
1. Forderung auf solche Wahl des Erhebungsmerkmales, daß die Beantwortung tunlichst unbeeinflußt erfolgen kann (= „objektives" Merkmal „Sprache");
2. Forderung auf Unzweideutigkeit der Merkmalfassung;
3. Forderung auf Unzweideutigkeit der Nationalitätenbezeichnungen (= Unterscheidung zwischen Staats- und Volksbezeichnung);
4. Forderung auf Folgerichtigkeit in der Deutung der Ergebnisse (allein die Sprachenstatistik ist nach Winkler zur Beurteilung des politisch-soziologischen Charakters einer Gegend geeignet);
5. Forderung auf Schaffung der gesetzlichen Unterlagen unter Mitbestimmung der zu Zählenden;
6. Forderung auf Wahrung des örtlichen Selbstbestimmungsrechtes bei der Einzeldurchführung;
7. Forderung auf Beschränkung und genaueste Umschreibung der den Zählorganen eingeräumten Prüfungsrechte;
8. Forderung auf Öffentlichkeit und Durchsichtigkeit des ganzen Erhebungsverfahrens sowie auf Einräumung entsprechender Rechtsmittel;
9. Forderung auf Nichtzusammenlegung von ungleichartigen Massen, besonders nicht Zusammenfassung von selbständigen Völkern namhafter Größe (Es war nach Winkler z. B. ein Fehler der altösterreichischen Statistik, Italiener und Ladiner zusammengezählt zu haben);
10. Forderung auf Herausarbeitung der einem Gebiete eigentümlichen, bodenständigen (nicht ihm von außen aufgepflanzten) nationalen Verhältnisse.

[105] Ein grober Mißbrauch der Wiener internationalen Hochschulkurse. Unwahre Behauptungen des Prof. Dr. Winkler über die Minoritäten. – Deutschnationalistische Propaganda unter wissenschaftlicher Flagge, in: Prager Presse vom 30. 09. 1923, 5 f. In der gedruckten Fassung des Vortrags geht Winkler nicht auf das Verhältnis der Sudetendeutschen zum tschechoslowakischen Staat ein. (Vgl. WW-1923-06) – Die „Prager Presse" war für nationale

denta" im deutschsprachigen Ausland anzugehören, ging auch von offizieller Seite an den Wiener Statistiker.[106]

Das „Statistische Handbuch des gesamten Deutschtums"
und andere minderheitenstatistische Schriften

Parallel zu seinen theoretischen Studien schrieb Winkler in den zwanziger Jahren zahlreiche Arbeiten zur praktischen Deutschtumsstatistik, in welche auch seine Erfahrungen einflossen, die in seinen Kontroversen mit den tschechischen Statistikern gemacht hatte. Diese Studien gipfelten in dem 1927 publizierten „Statistischen Handbuch des gesamten Deutschtums", seinem Hauptwerk auf diesem Gebiet, das er 1938 noch um eine Tabellensammlung „Deutschtum in aller Welt" ergänzen konnte.

Um die in jahrelanger Arbeit gesammelten Daten nicht veralten zu lassen und dadurch wertlos zu machen, veröffentlichte er 1923, 1925 und 1926 jeweils sogenannte „Minderheitenrundschauen", in denen er teilweise Schülerarbeiten verwertete und sein Konzept der statistischen Erfassung des „gesamten" Deutschtums vorwegnahm. Einer dieser Artikel erschien in dem interdisziplinären deutschtumskundlichen Sammelwerk „Staat und Volkstum", das von C. v. Loesch für den DSB herausgegeben wurde. Die Beiträge stammten u. a. von R. Riedl, H. Ullmann, K. G. Hugelmann, H. Harmsen und M. H. Boehm.[107] In den „Minderheitenrundschauen" verwirklichte Winkler das in der Programmschrift seines Instituts formulierte Ziel, Daten der amtlichen Statistik nicht nur deskriptiv vorzustellen, sondern durch Vergleiche mit Sekundärquellen (Statistiken der Wahlen, der Bevölkerungsbewegung u. a. m.) kritisch zu überprüfen. Die Tschechoslowakei, Polen, Rumänien und Jugoslawien waren jene Länder, deren Volkszählungen Winkler in diesen „Rundschauen" bevorzugt untersuchte.[108]

In den Minderheitenrundschauen macht er auch eine seiner wenigen veröffentlichten Ausführungen zur Statistik der Minderheiten in Österreich: Die Ergebnisse der Volkszählung von 1923 lägen zwar erst teilweise vor, doch könne wenigstens so viel gesagt werden, daß das „deutsche Volk" in den Minderheitengebieten Wien, Burgenland und Kärnten seit 1918/19 gestärkt worden sei. In Wien habe nach dem „Umsturz" eine starke Abwanderung von Tschechen eingesetzt, im Burgen-

---

deutschböhmische Kreise ihrerseits ein reines tschechisches Propagandainstrument, das als „großangelegte[s] perfide[s] Blatt" in Verruf gebracht wurde. (BJb (1922), 63).

[106] SÙA, Ministerium des Innern – Präsidium, sign. X R 4/24, 225–569–13/3–7, Bericht über die Tätigkeit der tschechoslowakenfeindlichen deutschen Irredenta in Deutschland und Österreich aus dem Jahr 1930. Das Prager Innenministerium dokumentierte Winklers vorgeblich staatsgefährdenden Aktivitäten, indem es seine Schriften sammelte.

[107] *Karl Christian v. Loesch* (Hg.), Staat und Volkstum. Berlin 1926 (= Bücher des Deutschtums; 2).

[108] Vgl. u. a. WW-1923-10, WW-1925-02, WW-1926-03.

land seien magyarische Beamte abgewandert und magyarisierte Deutsche zum Deutschtum zurückgekehrt; die Kärntner Volksabstimmung habe bewiesen, daß eine Mehrheit in der Bevölkerung eine Fortsetzung des friedlichen Assimilationsprozesses wolle.[109]

Gerade in einer Zeit, in der in Nordtirol und Bayern eine heftige Südtirol-Kampagne geführt wurde,[110] unternahm auch Winkler den Versuch, die „Wahrheit" über die nationalpolitische Lage in dieser vor 1918 österreichischen Region herauszufinden.[111] Sein Beitrag war ein ausführlicher, reich mit Tabellen, Graphiken und Karten ausgestatteter Aufsatz „Deutschsüdtirol im Lichte der Statistik", der 1925 in der Schriftenreihe des IStMV erschien. Er wandte darin erstmals umfassend alle nationalitätenstatistischen Methoden an, die er in seiner „Programmschrift" niedergelegt hatte. So erfaßte er auf der Grundlage der altösterreichischen Volkszählungen und einiger neuerer italienischer Statistiken Bevölkerungsstand und -bewegung seit 1880, die sprachliche Verteilung und Entwicklung der Bevölkerung nach Stadt und Land, Migration, Bildungsgrad, Schulwesen, Siedlungsweise, Totenverluste, Berufsgliederung und Wirtschaftsstruktur.

Hier sei nur auf die Tendenz hingewiesen, auf die es dem Verfasser ankommt: Sein Hauptziel ist es, nachzuweisen, daß die Deutschsüdtiroler „echte Deutsche" und nicht, wie die italienische Seite behaupte, nur „deutschsprachige Italiener" seien. Aus dem Vergleich zwischen den altösterreichischen Volkszählungen 1880 – 1910 mit den Ergebnissen der Bevölkerungsbewegung in den dazwischen liegenden Zeiträumen kommt er zu dem Schluß, daß die österreichischen Umgangssprachenzahlen die sprachlichen Verhältnisse richtig wiedergegeben hätten. Mit der Analyse der anderen Statistiken glaubt er nachgewiesen zu haben, daß „Deutschtirol" vom italienischen „Welschtirol" kulturell in jeder Hinsicht verschieden sei und daher eindeutig dem deutschsprachigen Norden, nicht dem Süden angehöre.[112] In einem ergänzenden Artikel bespricht Winkler die Ergebnisse der italienischen Umgangssprachenzählung vom 1. Dezember 1921, die eine Verschiebung der Nationalitätenverhältnisse zu Ungunsten der Deutschsüdtiroler erbrachte. Winkler berichtigt dieses Bild, indem er darauf verweist, daß die italienische Zählung die erhebliche Zahl deutschsprachiger Staatsfremder (Österreicher; Reichsdeutsche) von der Erhebung ausgeschlossen und dadurch das sprachliche Bild des Landes verfälscht habe. Der sprachliche Charakter der „bodenständigen Bevölkerung" habe sich trotz des Zuzugs von italienischen Beamten und Militärs kaum verändert.[113]

Die Tiroler Umgangssprachenzahlen von 1910 wurden, wie Winkler betont, in der österreichischen Statistik nicht angezweifelt. Das eigentliche Problem war, wie

---

[109] Vgl. WW-1923-10, 209; WW-1925-02, 114 f.

[110] *Norbert Schausberger,* Der Griff nach Österreich. Der Anschluß. Wien 1978, 135.

[111] Vgl. WW-1925-03, Vorwort.

[112] Vgl. ebd., bes. 84 – 87.

[113] Vgl. WW-1926-4, bes. 44 f.

die Zahl der Ladiner richtig zu erfassen sei. Der Anteil dieser Volksgruppe war strittig, da ihre Angehörigen von der letzten österreichischen Zählung zu den Italienern gerechnet worden waren. Folglich waren die Statistiker und Minderheitenpolitiker auf Schätzungen angewiesen, die je nach Autor zwischen 20.000 und 35.000 Menschen schwankten. Am unteren Ende dieser Schätzungen lagen Pfaundler und Georg v. Pflügl, die die Zahl der Ladiner für das Ende der Monarchie auf etwa 20.000 schätzten. Reut-Nicolussi nennt dagegen eine Zahl von 23.000–35.000 Ladinern. Winkler gibt für 1910 eine Zahl von 35.680 Ladinern an, wobei er seiner Schätzung den Umfang des Gebiets zugrunde legt, das in der österreichischen Staatsgebietserklärung vom November 1918/Jänner 1919 angegeben worden war.[114] Aus diesem Rahmen fällt eine aus politischen Motiven völlig übertriebene Schätzung des *Tiroler Volksbundes:* Sie sprach für 1910 von 80.000 im Lande lebenden Ladinern.[115]

Den Höhepunkt von Winklers deutschtumsstatistischen Arbeiten bildete – wie erwähnt – das 1927 veröffentlichte „Statistische Handbuch des gesamten Deutschtums", das die außerhalb des Deutschen Reiches lebenden „Kultur-" oder „Volksdeutschen", darunter auch die Österreicher und die Deutsch-Schweizer, in die „Volksgemeinschaft" der Deutschen einbezog.[116] Winkler gelang es, die personellen und finanziellen Ressourcen seines Instituts und der Förderungsgesellschaft in die jahrelangen Bemühungen um dieses Werk einzubinden. Die „gesamtdeutsche" Konzeption der Arbeit, die u. a. von Hans Harmsen[117] als vorbildlich betrachtet wurde, stand bis zum Erscheinen des „Handwörterbuchs des Grenz- und Auslanddeutschtums" innerhalb der deutschsprachigen Statistik einzigartig dar.[118]

Den Gedanken zur Schaffung eines deutschtumsstatistischen Handbuchs hatte Winkler selbst bereits 1919 in einem Brief an Hermann Ullmann, den damaligen Leiter der *Deutsch-österreichischen* Mittelstelle in Berlin, geäußert. Sein erster Plan, ein derartiges Handbuch zentral aufzuarbeiten, scheiterte jedoch aus Geldmangel. Er versuchte daher bei den Tagungen des DSB in Klagenfurt 1920 und Allenstein 1921 und bei den Symposien der deutschen *Mittelstelle für Volks- und Kulturbodenforschung* in Berlin 1922 und in Marktredwitz 1923 einschlägig interessierte Kreise dafür zu gewinnen, sein Projekt zu unterstützen. Die *Deutsche Statistische Gesellschaft* (DStG) setzte bei ihrer Tagung in Erfurt im Jahr 1920 einen Unterausschuß zur weiteren Befassung mit dem Thema ein, dem außer Winkler sein Kollege Würzburger und der Berliner Regierungsrat Dr. Keller an-

---

114 WW-1925-03, 26, Tabelle 1; 31 f.

115 Vgl. *Brix* (1982), 238 f.; vgl. auch St. Germain 1919 (1989), 63–65.

116 Vgl. WW-1927-02, 1–7; 1 (wörtl. Zit.).

117 Vgl. Vortrag von *Hans Harmsen* im Institut für Geschichte der Medizin in Mainz am 14. 06. 1983, Tonbandaufzeichnung.

118 Das gesamtdeutsche Denken war in vergleichbarer Weise auch in anderen akademischen Disziplinen verbreitet: vgl. für die germanistische Literaturwissenschaft beispielsweise *Josef Nadler,* Literaturgeschichte der deutschen Stämme und Landschaften. Bde. 1–4. Regensburg 1912–1928.

gehörten. Doch erst nachdem die Währungsverhältnisse sich einigermaßen stabilisiert hatten, beschloß die Leipziger Stiftung bei ihrer Tagung in Bautzen 1924, gemeinsam mit der DStG eine Subskription zu betreiben, sodaß die Arbeit an dem Handbuch unter offizieller Herausgeberschaft der *Mittelstelle* im Jahr 1925 beginnen konnte. Es war dies das erste derartige Werk, das die Leipziger Stiftung finanzierte.[119]

In die Vorbereitung des Handbuchs waren außer dem IStMV, der Leipziger SVKF und der DStG auch die *Deutsche Akademie* des „Geopolitikers" Karl Haushofer in München[120] eingebunden. Wesentliche Förderung erfuhr das Werk durch Würzburger, Wilhelm Volz und Karl C. v. Loesch. Vorbilder waren die statistischen Handbücher, die C. Correnti für Italien vor seiner Einigung und E. Romer für Polen vor seiner staatlichen Wiederaufrichtung verfaßt hatten. Die Herstellung übernahm der jungkonservative Verlag *Deutsche Rundschau*.[121]

Da Winkler ein häufiger Teilnehmer an internationalen statistischen Tagungen gewesen war,[122] hatte er viele Kontakte mit Vertretern der amtlichen Statistik in der ganzen Welt geknüpft. Diese Verbindungen erleichterten es ihm und seinen Mitarbeitern, an die zur Erstellung des Handbuchs notwendigen Daten heranzukommen. So konnte er von seinem Universitätsinstitut aus eine Umfrage bei den Statistischen Staats- und Landesämtern der ganzen Welt einleiten: „Dabei stieß ich durchaus auf das größte Entgegenkommen, so daß ich ruhig behaupten kann, daß keinem Statistiker der ganzen Erde die Arbeit hätte besser gelingen können, als sie mir gelang."[123] Die Bearbeitung des Werkes selbst erforderte von seinem Autor größte organisatorische und physische Anstrengungen. Das Hauptproblem war der Faktor Zeit: „die Zeit drängte, die Zahlen drohten zu veralten, es mußte irgendwie ein Abschluß gefunden werden." Doch Winkler benötigte viel Zeit, da er aufgrund des Fehlens von Originalbearbeitungen gezwungen war, viele Vorarbeiten selbst zu leisten. Außerdem waren seine studentischen Hilfskräfte nur mangelhaft vorgebildet. Dazu kamen noch Verzögerungen bei der Drucklegung.[124]

---

[119] Vgl. Politisches Archiv Auswärtiges Amt Bonn (PAAA), Kult VI A 2 / 11, Bd. 3, W. Winkler, Bericht über den Stand der Arbeiten am Gesamtdeutschen Statistischen Handbuch zu Mitte September 1925. Im Vorwort seines Handbuches nennt Winkler nur Würzburger, der unabhängig von ihm selbst den Gedanken zu seiner Schaffung gefaßt habe. (WW-1927-02, VI).

[120] Vgl. zur „Deutschen Akademie" *Winfried R. Garscha,* Die Deutsch-Österreichische Arbeitsgemeinschaft. Kontinuität und Wandel deutscher Anschlußpropaganda und Angleichsbemühungen vor und nach der nationalsozialistischen „Machtergreifung". Wien / Salzburg 1984 (= Veröffentlichungen zur Zeitgeschichte; 4), 44 f.

[121] WW-1927-02, VIf. (Vorwort). Der Leiter des Verlages Rudolf Pechel war einer der ständigen Mitarbeiter der SVKF. (Stiftung für deutsche Volks- und Kulturbodenforschung Leipzig (1930), Mitarbeiterliste, V).

[122] Vgl. Kap. III. 3. a).

[123] PNWW, Mein überreich bewegtes Leben, Fragment 4, 22.

[124] WW-1927-02 („Die Statistik des gesamten Deutschtums. Gegenbemerkungen zu Hermann Rüdigers Kritik"), 730.

Die aufwendige Gestaltung des Werkes, das aus 33 $^{1}/_{2}$ Druckbögen bestand und mit ca. fünfzig Schwarz-Weiß-Diagrammen und Karten ausgestattet war, führte zu dem hohen Ladenpreis von 20,–RM (in Österreich 34,–öS[125]). Die Auflage betrug 2.000 gebundene Exemplare, und darüber hinaus wurden noch hundert Rezensions- und Freiexemplare gedruckt. Die SVKF förderte das Handbuch mit einem Betrag von 16.000,–RM und erhielt dafür das Recht, es begünstigt zu beziehen. An die Mitglieder der Förderungsgesellschaft des IStMV wurde es um vierzehn Schilling unterhalb des Ladenpreises abgegeben. 1929 beantragte Volz beim deutschen Innenministerium „ein Stipendium in Höhe von 4–5.000 RM" für Winkler, um ihm die Erarbeitung einer zweiten Auflage zu ermöglichen. Volz zog jedoch seinen Antrag wenige Monate später zurück, weil Winkler mit der Leitung einer für 1930 geplanten österreichischen Volkszählung betraut worden war, die seinen ungeteilten persönlichen Einsatz erforderte. Er kündigte aber an, den Antrag nach Abschluß der österreichischen Volkszählungsarbeiten neuerlich einreichen zu wollen.[126]

Das Handbuch war als ein enzyklopädisches Nachschlagewerk konzipiert, das Tabellen, Grafiken und erläuternde Texte miteinander verband. In seiner Einleitung erörtert der Verfasser „die statistische Erfassung des Volkstums" und definiert den Umfang des deutschen „Volksbodens": „Zum deutschen Volksboden in Mitteleuropa gehört zunächst ohne Zweifel das große deutsche Sprachgebiet, das sich von der Nord- und Ostsee bis nahe vor die Adria und von den Vogesen und Ardennen bis weit gegen die Tiefebenen Osteuropas vorschiebt. [...] Es wird mit Aus-

---

[125] Nach *Richard Voithofer,* Deutschnationale Parteien in der Ersten Republik. Die Großdeutsche Volkspartei in Salzburg 1920–1936. Phil. Diss. masch. Salzburg 1999, 594, entspricht dieser Betrag einem heutigen (1998) Wert von rund 88,– EUR. (Die Formel, nach der Voithofer seine Umrechnungstabelle erstellt, wurde von der „Statistik Austria" auf der Preisbasis des Kleinhandelspreises von 1998 entwickelt.). – Die Umrechnung des damaligen Geldwertes auf den Stand von heute bzw. hier von 1998 kann nur eine ungefähre Vorstellung von der Größenordnung von Winklers damaligen Einnahmen bzw. Ausgaben geben. Zu berücksichtigen ist insbesondere der Umstand, daß der durchschnittliche Einkommensbezieher noch in den dreißiger Jahren bis zu zwei Drittel seines Einkommens für Nahrungsmittel ausgab, wodurch Ausgaben, die nicht auf primäre Bedürfnisse abgestellt waren, relativ zu den Nahrungsmittelausgaben nach der genannten Umrechnungsformel kleiner erscheinen, als sie es in Wirklichkeit waren. Dieser Aspekt ist auch bei den übrigen in dieser Arbeit angestellten Umrechnungen, die jeweils nach der zitierten Umrechnungstabelle vorgenommen wurden, mit zu berücksichtigen.

[126] PAAA, Kult VI – A Deutschtum im Ausland, Verlagsvertrag zwischen der Stiftung für deutsche Volks- und Kulturbodenforschung und der Firma Deutsche Rundschau G. m. b. H., undat. (1927); Schreiben von *W. Volz* an das Auswärtige Amt, Zl. 232/I vom 19. 01. 1927, R 60383, Schreiben des Referenten *Reinebeck* im Auswärtigen Amt an die Stiftung für deutsche Volks- und Kulturbodenforschung, Zl. VI A 282 vom 14. 03. 1929, Antwort von *W. Volz,* Zl. 170/III Sch./P. vom 10. 05. 1929; *Fahlbusch* (1994), 275; AAVCR, Korrespondenz: Institut für Statistik der Minderheitsvölker/Universität Wien 1922–28, Kt. 20, Schreiben von *W. Winkler* vom Oktober 1927 an die Mitglieder der Förderungsgesellschaft. Zu der von Volz angekündigten neuerlichen Bewerbung Winklers um ein Forschungsstipendium dürfte es nie gekommen sein. Eine zweite Ausgabe des Handbuchs kam nie zustande.

nahme verhältnismäßig unbedeutender Einsprengungen von Deutschen bewohnt, die [...] an deutscher Sprache und Sitte festhalten (wie z. B. auch die deutschsprachigen Schweizer [...], deren Volkszugehörigkeit wir in Ermangelung eines eindeutigen nationalen Bekenntnisses nach objektiven [= sprachlichen, Anm. d. Vf.] Merkmalen beurteilen müssen)."[127]

Das Handbuch beeinhaltet einen bevölkerungsstatistischen, einen wirtschaftsstatistischen, einen kulturstatistischen Abschnitt und eine Abteilung über „Politische Statistik". Ein Nachtrag (34 S.) bringt alle Veränderungen, die im Lauf der Drucklegung entstanden waren. Der bevölkerungsstatistische Abschnitt (344 S.) ist am umfangreichsten. Diesem sind dreizehn Übersichtstabellen vorangestellt. Hier werden die deutschsprachigen Bevölkerungen der einzelnen Staaten in der bei Winkler üblichen Weise nach dem Stand und der Bewegung, nach der Siedlungsweise, der Alters-, Geschlechts- und konfessionellen Gliederung tabellarisch dargestellt und daran Erläuterungen geknüpft. Winkler schätzt die Gesamtzahl aller Deutschen für Ende 1925 auf 94,428.430 oder 4,90% der Gesamtbevölkerung der Erde.[128] Auf dem Gebiet des „geschlossenen deutschen Volksblock[s] in Mitteleuropa" lebten um 1921 77,514.600 Deutsche oder 93,30% der Gesamtbevölkerung. Der Geburtenüberschuß des gesamten deutschen Volkes betrug 1924 812.000 Menschen, ein Wert, den allein das Deutsche Reich zwischen 1900 und 1913 erreicht hatte.[129] Ein eigenes Kapitel erhalten die Bevölkerungsverluste des Weltkriegs.

Von entscheidender Bedeutung für das hinter dem Werk stehende politische Konzept ist die Beschreibung der einzelnen Staaten nach den Grenzen von 1914. Indem Winkler die auf die Staaten „Zwischeneuropas" aufgeteilten deutschen Minderheiten im Rahmen der Vorkriegsgroßmächte Deutsches Reich und Österreich-Ungarn darstellte, nahm er das politische Ziel einer Vorherrschaft Deutschlands in diesem Raum vorweg.

Der wirtschaftsstatistische Teil (154 S.) behandelt die Berufsstatistik, das Volkseinkommen und die Steuerleistung der Deutschen. Außerdem stellt er die Statistik der einzelnen Wirtschaftssektoren dar. Die Kulturstatistik (47 S.) gibt Überblicke über das deutsche Schulwesen und das „Analphabetentum" der Deutschsprachigen in den einzelnen Ländern. Die „Politische Statistik" (22 S.) referiert die Ergebnisse von Wahlstatistiken und Volksabstimmungen.[130] Das ausführliche Schriftenverzeichnis (25 S.) enthält alle über die jeweiligen Länder verfügbaren amtlichen und privaten Veröffentlichungen. Von der allgemeinen Literatur führt der Autor neben seinen eigenen Studien vor allem die Arbeiten Boeckhs, Würzburgers, Boehms, v. Loeschs und Rüdigers an.[131]

---

[127] WW-1927-02, 7.

[128] Zum Vergleich: Grothe rechnete mit 93 Mio., Rüdiger mit 93,50 Mio. Deutschen. (*Rüdiger,* Der Auslanddeutsche 11, 1928, 580).

[129] Ebd., Übersichtstabelle 1, 18 – 23; Übersichtstabelle 2, 24; 26 – 28.

[130] Vgl. bes. die Inhalts- und Tabellenübersicht des Werkes (Ebd., IX – XXVII).

[131] Vgl. ebd., XXVII – LII .

Es ist unmöglich, alle Teile des Handbuchs einer umfassenden kritischen Würdigung zu unterziehen. Im folgenden wird daher am exemplarischen Fall der deutschen Bevölkerung „Altungarns" untersucht, auf welche Weise Winkler amtliche Bevölkerungsdaten in seinem Werk verwertet:

Genauso wie die deutschsprachige Bevölkerung des ehemaligen Zisleithanien faßt der Autor auch die Ungarndeutschen als eine nationale Einheit auf, die als Folge des Vertrages von Trianon zwar staatlich getrennt worden seien, aber als Volk weiterhin als ein Ganzes zu betrachten seien. Im bevölkerungsstatistischen Teil (nur dieser wird hier kommentiert) vergleicht er die ungarische Muttersprachenzählung von 1910 mit den zum Zeitpunkt der Bearbeitung des Handbuchs verfügbaren Zahlen. Nach diesen Angaben nahm die Zahl der Deutschen in den Volkszählungen seit 1900 kontinuierlich ab, wobei die Sprachinselminderheiten in der Slowakei (Zips, Kremnitz, Deutsch-Proben) einem besonders großen Assimilationsdruck ausgesetzt gewesen seien. Eine Rolle spielte für den Rückgang der Deutschen auch die „Nichtanrechnung" der deutschsprachigen Juden in der Slowakei, die noch 1910 dem Deutschtum zugerechnet worden waren. Einen gegenüber der andersnationalen Umgebung verhältnismäßigen Rückgang erlebten auch die Deutschen in Siebenbürgen, während die deutschsprachige Bevölkerung Südungarns ihre Bevölkerungszahl behaupten konnte. Die für 1920 angegebene Zahl von insgesamt 551.211 Deutschen in Restungarn (nach dem Vertrag von Trianon 1920) ist für Winkler um geschätzte 50.000 Menschen zu niedrig, eine Behauptung, die er mit Blick auf die Zahl der deutschen Volksschüler in Ungarn zu untermauern sucht: 1923/24 hatten nach einer Mitteilung des ungarischen Statistischen Zentralamts an das Minderheiteninstitut die deutschen Volksschüler einen Anteil von 7,40% an der Gesamtzahl der Volksschüler, gegenüber einem bei der Volkszählung ermittelten deutschen Anteil von 6,90. Da die Geburten- und Geburtenüberschußziffern der Ungarndeutschen aber die niedrigsten von allen in Ungarn lebenden Nationalitäten seien, „müßte das Verhältnis gerade umgekehrt sein: kleinerer Kinderanteil als Bevölkerungsanteil. Es ergibt sich hieraus mit aller Klarheit, daß die Volkszählungszahl der Deutschen in Ungarn zu niedrig ist"[132].

Winklers Kritik an der Praxis der ungarischen Volkszählungen fällt übrigens moderat aus. Dieser Umstand ist einerseits auf seine engen Beziehungen zur ungarischen amtlichen Statistik zurückzuführen; 1932 wurde er Ehrenmitglied der Ungarischen Statistischen Gesellschaft.[133] Andererseits, und das ist der eigentliche Grund für seine zurückhaltende Kritik, war für Winkler die ungarische Muttersprachenzählung wissenschaftlich weniger angreifbar als etwa die Volkszählungen in der Tschechoslowakei, die nach dem Nationalitäten- oder Gesinnungsprinzip vorgingen.

---

[132] Ebd., 107 f., 531 (Zitat); vgl. die Tabellen zur ungarndeutschen Siedlungsweise ebd., 175 ff., zur Bevölkerungsbewegung ebd. 290 ff., zur Wanderungsbewegung ebd. 319, zur Berufsgliederung ebd. 381 ff., sowie zum ungarndeutschen Schulwesen ebd. 542 f.

[133] Ungarische Statistische Gesellschaft, in: DStZbl 24 (1932), Sp. 211.

Unter den Rezensenten, die das „Statistische Handbuch des gesamten Deutschtums" besprachen, befanden sich einige der bekanntesten Vertreter der Deutschtumswissenschaft und -kunde. Darunter war der Abteilungsleiter am DAI in Stuttgart und Herausgeber der Halbmonatsschrift *Der Auslanddeutsche* Hermann Rüdiger (1889–1946)[134]. Außerdem widmeten der Präsident des *Preußischen Statistischen Landesamtes* Konrad Saenger, der Publizist Paul Rohrbach und die Statistiker Würzburger und Schwartz dem Handbuch ausführliche Besprechungen. Rezipiert wurde sein Erscheinen darüber hinaus auch in den verschiedenen Organen der Deutschtums- und Minderheiteninteressierten.[135]

Die genannten Rezensenten begrüßen einhellig das „seit langem schmerzlich vermißte und umso dringender ersehnte" Werk und heben als besonderes Verdienst seines Autors hervor, daß „hier zum ersten Male an die Stelle der staatlichen die volkliche Betrachtung des statistischen Stoffes" getreten sei. Schwartz erblickt in dem Handbuch gar „eine Tat aktiver Deutschtumspolitik".[136] Saenger und Rüdiger meinen, das Grundkonzept des Verfassers werfe ein Schlaglicht auf den unerfreulichen Zustand der „Kleinstaaterei" im heutigen Europa. Als erfreulich werten die Rezensenten Winklers Ankündigung, innerhalb von fünf Jahren eine Neuausgabe des Handbuchs zu veranstalten. Saenger spricht sich dafür aus, einen Weg zu finden, der eine fortlaufende Ergänzung des Werkes ermöglichen würde. Kritik üben die Besprechungen an der mangelnden Würdigung des Überseedeutschtums, was sie aber nicht Winkler und seinem Institut, sondern der allgemeinen Rückständigkeit der deutschen Forschung in diesem Bereich anlasten. Rohrbach weist darauf hin, daß die im Handbuch genannte Zahl der Deutschen in den USA mit acht Millionen zwar als vorsichtig anzusehen sei, aber immer noch zu hoch gegriffen sei. Winkler stütze sich in dieser Frage auf die US-Statistik der „Fremdbürtigen", die auch die Kinder der Eingewanderten einbeziehe. Doch gerade diese seien dem Assimilationsdruck besonders stark ausgesetzt.[137]

Eugen Würzburger geht in einem 1930 veröffentlichten Forschungsbericht „Zur Statistik des Gesamtdeutschtums" auf die verschiedenen Möglichkeiten ein, die zu einer Verringerung der Zahl der Deutschen in der Welt zu führen vermögen. Neben der gewaltsamen „Entdeutschung" der geschlossen siedelnden Minderheiten trete die Assimilation von zerstreut siedelnden Auswanderern. Bemerkenswert hinsichtlich der sonst vertretenen Fachmeinungen zum generativen Verhalten der Deutschen (Geburtenrückgang) ist Würzburgers Stellungnahme zu diesem Thema. Die

---

[134] Zu Rüdiger vgl. *Ernst Ritter,* Das Deutsche Ausland-Institut in Stuttgart 1917–1945. Ein Beispiel deutscher Volkstumsarbeit zwischen den Weltkriegen. Wiesbaden 1976 (= Frankfurter Historische Abhandlungen; 14), 55, Fußnote 9a.

[135] Vgl. z. B. Deutsche Einheit 3 (1928), 4; Grenzland. Zeitschrift des Deutschen Schulvereins Südmark (1928), 62; vgl. die Werbeeinschaltung in NSt 1 (1927/28), 992.

[136] So *Rüdiger* in Geographischer Anzeiger 29 (1928), 93, und Der Auslanddeutsche 11 (1928), 579; *Schwartz,* AStA, (1928/29), 169.

[137] *Hermann Rüdiger* (1928), 93; *Konrad Saenger,* Deutsche Rundschau 54 (1928), 284; 285; *Paul Rohrbach,* SchJb 52, 2 (1928), 171.

gegenwärtige Bevölkerungslage in Deutschland sei kriegsbedingt zwar „anormal", und es sei in letzter Zeit eine „Verringerung der Geburtenzahlen" eingetreten, doch sei in Anbetracht der Vermehrungsverhältnisse (die Bevölkerung des Deutschen Reiches habe sich von 1910 bis 1925 um 4,6 Mio. Menschen vermehrt) „zu dem in dieser Beziehung in Mode gekommenen Pessimismus kaum Anlaß" gegeben.[138]

Rüdigers in einem ausführlichen Aufsatz geäußerte Kritik, in der er auf zahlreiche sachliche und Druckfehler im Handbuch einging, rief eine Stellungnahme des Autors hervor. In dieser verwirft Winkler die meisten der von Rüdiger genannten Kritikpunkte, gesteht aber grundsätzlich zu, daß manches, wie bei Pionierarbeiten dieser Art üblich, unvollkommen bleiben mußte.[139]

Das statistische Handbuch wurde noch nach dem Zweiten Weltkrieg in der „Dokumentation der Vertreibung der Deutschen aus Mitteleuropa" (1954–61) zitiert,[140] die von Theodor Schieder herausgegeben wurde. Winkler gab später Hitler die Schuld daran, daß sein Handbuch in der Zeit des Nationalsozialismus zum bloßen historischen Dokument geworden war: „Erst dem absoluten Tr....l [sic!] Adolf Hitler war es vorbehalten, die Arbeit zu vernichten, weil der Förderer Volz vermutlich nicht ganz rasserein [war] [...] und der Verfasser jüdisch versippt [sic!] war. Die Arbeit hatte also zu verschwinden, so daß sie heute [...] wohl nur als Museumsstück in älteren Büchereien vorhanden sein wird."[141]

Doch daß Winklers Handbuch nach 1933/38 in Deutschland nicht mehr gefragt war, lag nicht nur am Autor und am Förderer, die unter der nationalsozialistischen Herrschaft aus „rassischen" Gründen in Ungnade gefallen waren. Diese Veränderung hing vielmehr mit einer Wende in der deutschen Außenpolitik zusammen, die zwar bereits seit Mitte der zwanziger Jahre expansiv ausgerichtet war, seit 1933 aber nicht mehr vom hergebrachten, eher defensiven Volkstumskonzept ausging, sondern dieses nur mehr als Staffage für ihre imperialistischen Zwecke benützte. Die Volkstumsforscher älteren Zuschnitts, zu denen Loesch, Winkler, Würzburger u. a. gehörten, wurden von den neuen Machthabern aus ihren Ämtern vertrieben und aus ihrer „Volkstumsarbeit" verdrängt. Ihr Ärger gegen das nationalsozialistische Regime „richtete sich nicht gegen ein anderes Programm, sondern gegen die ‚falschen Leute' [...], die schließlich alles wieder verdarben, was man mühevoll aufgebaut hatte"[142].

Winklers letztes größeres Werk auf dem Gebiet der Deutschtumsstatistik entstand unter Begleitumständen, die die oben geschilderten Schwierigkeiten älterer

---

[138] *Würzburger,* DHVKf 1 (1930/31), 32 (wörtl. Zit.).

[139] Vgl. *Hermann Rüdiger* (1928, Der Auslanddeutsche), 579–581; WW-1927-02 („Gegenbemerkungen zu Hermann Rüdigers Kritik"), 729.

[140] Vgl. V. 2.2.

[141] PNWW, Mein überreich bewegtes Leben, Fragm. 4, 23.

[142] *Rudolf Jaworski,* Vorposten oder Minderheit? Stuttgart 1977, zit. n. *Garscha* (1984), 34 f.

Deutschtumsforscher nach 1933 reflektierten: Die Sammlung von bevölkerungsstatistischen Tabellen „Deutschtum in aller Welt", das sein damals überholtes „Statistisches Handbuch des gesamten Deutschtums" aus dem Jahr 1927 ersetzen
sollte, mußte er bereits ohne Unterstützung durch Forschungsinstitutionen oder
Instituts-Mitarbeiter fertigstellen. Da die von der Förderungsgesellschaft des
IStMV gesammelten Mittel sich nicht als ausreichend erwiesen hatten, um eine
dem älteren Handbuch in inhaltlichem Reichtum und Gestaltung ebenbürtige Neuauflage herauszubringen, entschloß er sich, die im Laufe der Jahre gesammelten
Tabellen ohne Begleittexte zu veröffentlichen.[143] Die Arbeit erschien dann auch
im Juli 1938 im Wiener Verlag Franz Deuticke – gleichsam in allerletzter Minute,
denn sein Autor, der für viele Jahre über keine nennenswerten Veröffentlichungs-
möglichkeiten mehr verfügen sollte, war einen Monat zuvor von den Nationalsozialisten aus seiner Stellung an der Wiener Universität vertrieben worden.

Das Tabellenwerk stützt sich auf die Ergebnisse der um das Jahr 1930 statt-
gefundenen Volkszählungen und erfaßt das Deutschtum von insgesamt zwanzig
europäischen und außereuropäischen Ländern.[144] Von letzteren wurden nur die
USA und Kanada aufgenommen. Winkler untersucht jedes Land für sich, gibt die
jeweiligen Grund- und Verhältniszahlen der Bevölkerung wieder und zergliedert
diese nach der Volkszugehörigkeit, der konfessionellen Gliederung, dem Altersaufbau, der Siedlungsweise nach Stadt und Land sowie nach der natürlichen Bevölkerungsbewegung. Besonderes Augenmerk schenkt er der Familien- und der Fruchtbarkeitsstatistik. Auf eine alle Staaten erfassende zusammenfassende Überschau,
etwa durch Angabe einer Gesamtzahl der in den untersuchten Ländern lebenden
deutschen Sprachangehörigen, verzichtet er.

Das Echo auf das Tabellenwerk hielt sich nicht nur aufgrund seines vergleichsweise bescheidenen Umfangs in engen Grenzen. Daß es in der wissenschaftlichen
Literatur nur am Rande beachtet wurde, war auch eine Folge des Umstandes, daß
sein Autor seit kurzer Zeit vom Regime verfolgt wurde und nur mehr über einige
wenige Nischen verfügte, in denen er sich als Wissenschaftler artikulieren konnte.
Daß diese Publikation überhaupt erscheinen konnte, dürfte auch darauf zurückzuführen sein, daß Winkler sie insofern „zeitgemäß" machte, indem er – was allerdings selbstverständlich war – Österreich in den Tabellen als einen Teil des „Großdeutschen Reiches" so darstellte, daß die Nationalsozialisten die Überlegenheit ihrer Geburtenpropaganda gegenüber dem untergegangenen Dollfuß-Schuschnigg-
Regime anschaulich ausgedrückt sahen.[145] Demnach waren nicht nur die Zahlen
und die daran anknüpfbaren Interpretationen über die Bevölkerungslage des

---

143 Vgl. WW-1938-01, 6 (Vorwort).

144 „Deutsches Reich (einschließlich Österreich); Schweiz; Luxemburg; Danzig; Tschechoslowakei; Ungarn; Italien; Frankreich (Elsaß-Lothringen); Belgien; Dänemark; Jugoslawien; Rumänien; Polen; Bulgarien; Litauen (Memel); Lettland; Estland; Rußland; Vereinigte
Staaten von Nordamerika; Kanada" (Ebd., Inhaltsverzeichnis, 5).

145 Vgl. ebd., 20 f.

Deutschtums von Interesse, sondern auch die Art der Anordnung dieser Daten in den Tabellen. Diese wurden von den Rezensenten entsprechend wahrgenommen, was Josef Götz zum Ausdruck brachte, der das „Deutschtum in aller Welt" für das *Allgemeine Statistische Archiv* besprach: „Die Gegenüberstellung der österreichischen Zahlen und derjenigen des Altreiches läßt für die heimgekehrte Ostmark deutlich die bevölkerungspolitische Unterbilanz der letzten Jahre erkennen."[146]

Der selbe Rezensent liest mit indirektem, aber unmißverständlichem Blick auf die im Oktober 1938 gerade erst vollzogene völkerrechtswidrige Angliederung des Sudetenlandes an das Deutsche Reich aus den von Winkler gesammelten Daten „den urdeutschen Charakter zahlreicher Bezirke und Gemeinden" der gerade „heimgekehrten" Gebiete heraus. Daß der Autor die Eheschließungs- und die Geburtenstatistik betont, ist zwei Besprechern eine besondere Hervorhebung wert, werde doch die „biologische Stellung" (Götz) oder, wie es der Rezensent von *Nation und Staat* formuliert, „die biologische Lebenskraft" des deutschen Volkes dadurch sichtbar gemacht.[147]

Studien im Umfeld des „Europäischen Nationalitätenkongresses"

Im Jahr 1931 veröffentlichte Winkler sein „Statistisches Handbuch der europäischen Nationalitäten". Dieses Werk entstand in Zusammenarbeit mit dem *Europäischen Nationalitätenkongreß*. Dieser auf vergleichbare Bemühungen der Vorkriegszeit zurückgehende lose Zusammenschluß europäischer ethnischer Minderheiten ging auf eine Initiative des Deutschbalten Ewald Ammende (1893 – 1936) zurück. Das Ziel des Kongresses war es, die europäischen Minderheiten zu eigenständigen politischen Akteuren zu machen und ihnen dadurch die Gelegenheit zu geben, in direkten Verhandlungen mit den europäischen Regierungen eine Verbesserung ihrer politischen und rechtlichen Stellung zu erreichen. Auf den Minderheitenkongressen sollten allgemeine Fragen besprochen werden, wobei auf die Erörterung der tatsächlichen Lage verzichtet werden sollte.[148]

Der erste öffentliche Minoritätenkongreß fand 1925 in Genf statt und versammelte die überwiegende Mehrheit der europäischen Minderheiten. Es folgten weitere jährliche Tagungen in Genf (1926 – 1931 und 1935 – 1936), Wien (1932), Bern (1933 – 1934), London (1937) und Stockholm (1938). Im Lauf der Jahre traten

---

146 Bespr. von *Josef Götz*, AStA 28 (1938 / 39), 371.

147 Ebd., 371 (wörtl. Zit.); A.[?] W. [?], NSt 12 (1938 / 39), 191 (wörtl. Zit.); vgl. auch *W. Henninger*, JbbNökSt 150 (1939), 118 f. und *G. Spaeth*, Volksforschung 3 (1939), 161.

148 Vgl. *Sabine Bamberger-Stemmann*, Der Europäische Nationalitätenkongreß 1925 – 1938. Nationale Minderheiten zwischen Lobbyistentum und Großmachtinteressen. Marburg 2001 (= Materialien und Studien zur Ostmitteleuropa-Forschung; 7), 74 f.; 78 – 87. Der freundliche Hinweis der Autorin, daß zu Winkler „bald eine Innsbrucker Dissertation" (217; 219) erscheinen werde, bezieht sich in ungewollt mißverständlicher Weise auf meine vorliegende Arbeit.

weitere Minderheitsgruppen vor allem aus dem osteuropäischen Raum dem Nationalitätenkongreß bei, doch wurde er seit 1927 von den polnischen, dänischen und sorbischen Gruppen Deutschlands boykottiert. Auch die Juden nahmen als eigene Gruppe an den Kongressen teil, bis sie Mitte der dreißiger Jahre auf Betreiben des *Verbandes der deutschen Volksgruppen in Europa* faktisch ausgeschlossen wurden. Damit hatte sich die Übernahme der Macht durch die Nationalsozialisten in Deutschland, der auf der Ebene des Nationalitätenkongresses ein Generations- und Elitenwechsel von demokratischen zu antidemokratischen und nationalsozialistischen Kräften entsprochen hatte, unmittelbar auf die Arbeit des Kongresses ausgewirkt.[149]

Die Anregung, ein minderheitenstatistisches Handbuch herauszugeben, erfolgte auf dem vierten Kongreß (1928) durch den katalonischen Minderheitenvertreter Estelrich.[150] In mehrjähriger Zusammenarbeit mit Ammendes Generalsekretariat und mit Karl Braunias, der ständiger Mitarbeiter der Zeitschrift *Nation und Staat* war,[151] konnte Winkler im Jahr 1931 sein zweites Minderheitenhandbuch der Öffentlichkeit übergeben. Zuvor hatte er versucht, für sein Projekt wieder eine finanzielle Unterstützung durch die SVKF zu erreichen, doch diese hatte sein Ansuchen abgelehnt.[152] Die Unterstützung einer Arbeit, die nicht wie die anderen Projekte der SVKF rein ethnozentrisch auf Deutschtumsforschungen ausgerichtet war, lag nicht in ihrem politischen Interesse.

Das Handbuch erfaßt die Minoritäten aller europäischer Staaten mit Ausnahme Portugals und der Niederlande, die über keine nennenswerten ethnischen Minderheiten verfügten. Außerdem sind die Zwergstaaten aus der Betrachtung ausgeklammert. Es besteht nur aus einem bevölkerungsstatistischen Abschnitt, doch sollte es zu einem späteren Zeitpunkt von einem wirtschafts- und kulturstatistischen Teil ergänzt werden. Dazu kam es jedoch nie, sodaß das Minderheitenhandbuch bloß der „kleine Bruder"[153] des deutschtumsstatistischen Großwerks von 1927 wurde. Im Unterschied zu dieser Arbeit beschränkt sich das Nationalitätenwerk fast ausschließlich darauf, Daten der amtlichen Statistik der jeweiligen Länder anzugeben und diese zurückhaltender, als es sein Autor sonst üblicherweise tat, zu kommentieren. Einen offiziösen Anstrich erhielt die Studie dadurch, daß der Verfasser für die Minderheitenzahlen eines jeden einzelnen Landes versuchte, eine Stellungnahme des betreffenden statistischen Amtes einzuholen und diese, sofern eine Antwort eintraf, im Text zu verarbeiten. Tatsächlich gaben – mit Ausnahme der französi-

---

[149] Vgl. ebd., 76 f., 142 – 145, 286, 390.

[150] Vgl. *Erwin Kelmes,* Der Europäische Nationalitätenkongreß (1925 – 1938). Phil. Diss. Köln 1958 [masch.], 67.

[151] Vgl. zu Braunias' Aufsätzen für „Nation und Staat" *Arnold Weingärtner,* „Nation und Staat". Eine Monographie. Wien 1979, 68 f., 100 f.

[152] Vgl. „Liste der durch die SVKF geförderten respektive abgelehnten Gesuche", in: *Fahlbusch* (1994), 276.

[153] So Winkler. PNWW, Mein überreich bewegtes Leben, Fragm. 4, 23.

schen Statistischen Generaldirektion und der sowjetischen Statistischen Zentralverwaltung – die meisten Zentralämter ihren Standpunkt ab. Die amtliche spanische Statistik antwortete dem Institut zwar, doch nur, um diesem und seinem Vorstand mitzuteilen, „daß eine Minderheitenfrage in Spanien überhaupt nicht besteht". Die in den katalonischen Gebieten lebenden Menschen – von Basken ist gar keine Rede – seien „vollkommen Spanier". – Daneben holte der Autor auch Stellungnahmen der verantwortlichen Minderheitenvertreter ein und ließ diese im Text teils ausführlich zu Wort kommen. Die meisten dieser Ansprechpartner erklärten sich zwar damit einverstanden, zitiert zu werden, doch wollten sie anonym bleiben. Winkler verzichtete daher darauf, irgend eine seiner Kontaktpersonen aus den Minderheiten namentlich anzuführen.[154]

Die einzelnen in der einleitenden Übersichtstabelle vorgeführten Minderheiten unterscheidet der Verfasser danach, ob sie im *Europäischen Nationalitätenkongreß* vertreten sind oder nicht. Die europäische Minderheitenbevölkerung schätzt er auf rund 62 Mio. Menschen oder 13,40% „fremder Bestandteile" in den Staaten Europas. Die „Mindestzahl" aufgrund der amtlichen Statistiken geht von ca. 36 Mio. Minderheitenangehörigen oder 9,10% der Gesamtbevölkerung aus.[155] Zum Vergleich: Der nach eigenem Bekunden paneuropäisch eingestellte Minderheitenpolitiker Morocutti gab 1925 die Gesamtzahl der europäischen Minderheitsbevölkerung mit rund 30 Mio. Menschen an.[156] Als größte Minderheitengruppe sind die Deutschen aufgeführt, die insgesamt 8,996.000 Mio. Angehörige zählten.[157]

Besonderes Augenmerk widmet Winkler der Statistik der Minderheiten in Österreich und im Deutschen Reich. Im folgenden wird seine Erörterung der österreichischen Minderheitenstatistik, die er der Volkszählung von 1923 entnimmt, exemplarisch vorgeführt. Als Minderheiten benennt er die offiziell als solche anerkannten Tschechen und Slowaken in Wien und Niederösterreich, die Kärntner Slowenen und die Magyaren und Kroaten im Burgenland. Die ethnische und/oder religiöse und soziale Minderheitensituation von österreichischen Juden (bei aller Schwierigkeit, Teile von ihnen als „Minderheitsvolk" zu klassifizieren), steirischen Slowenen und Roma und Sinti ist nicht Gegenstand seiner Studie. Im Jahr 1923 hatte die österreichische Erhebung der sprachlichen Zugehörigkeit (Denksprache) einen Anteil von 4,25% Tschechen und 0,11% Slowaken an der Wiener Bevölkerung erbracht. Die Zahl der tschechischen Schulkinder betrug dagegen 4,78% bzw. 0,13%. Winkler entschlägt sich der Entscheidung, ob dieses Mißverhältnis auf einen Fehler der Volkszählung zurückzuführen sei oder ob Tschechen und Slowa-

---

[154] Vgl. WW-1931-02, V–VII; 15 (wörtl. Zit.).

[155] Vgl. ebd., 1–7.

[156] *Camillo Morocutti,* Europa und die völkischen Minderheiten. Jena 1925, 60; vgl. auch 50. Diese Zahl wurde auch von H. Wintgens rezipiert (vgl. *Hugo Wintgens,* Der völkerrechtliche Schutz der nationalen, sprachlichen und religiösen Minderheiten. Stuttgart 1930 (= Handbuch des Völkerrechts; 2), 197).

[157] WW-1931-02, 11. Vgl. dazu seine Angaben in WW-1927-02, 25. Danach lebten Ende 1925 82,80 Mio. Deutsche in Europa.

ken mehr Kinder als der Durchschnitt der Bevölkerung hätten. Leider gebe es in Österreich weder einen nach Sprachen gegliederten Altersaufbau, noch eine nach Sprachen gegliederte Geburtenstatistik. – Die zweite zahlenmäßig bedeutende Minderheit in Österreich seien die Kärntner Slowenen: 1923 habe sich ihre Zahl gegenüber der Umgangssprachenzählung von 1910 um 43,90% vermindert, und sie betrage jetzt nur mehr 37.292 Personen oder 10,06% der Bevölkerung. Dadurch, daß die ethnisch-slowenischen Parteien in Kärnten bei den Landtagswahlen von 1923 und 1925 ebenfalls Rückgänge verzeichnet und viele Slowenen für deutsche Parteien gestimmt hätten, schließt Winkler auf „einen tatsächlichen Rückgang des slowenischen Volksteiles in Kärnten". Auch die burgenländischen Kroaten hätten – durch Auswanderung und „Aufsaugung" – einen zahlenmäßigen Rückgang zu verzeichnen. Anders die Magyaren, deren Schulkinderzahl eine leicht steigende Tendenz aufweise: Der Widerspruch zu den Zahlen der Volkszählung, die für die Magyaren eine rückläufige Entwicklung aufweise, lasse sich dahingehend auflösen, daß diese von einer Schicht ethnisch Deutscher hervorgerufen worden sei, die kurz vor ihrer Magyarisierung gestanden wären, 1923 jedoch wieder für die deutsche Denksprache votiert hätten. Das im Gegensatz zu den Deutschen „national sehr widerstandsfähige Magyarentum" hingegen sei nicht von Assimilationstendenzen betroffen, was sich in steigenden Schülerzahlen dieser Volksgruppe zeige.[158]

Zu den oben referierten Winklerschen Zahlenangaben äußerten sich jeweils ein Vertreter der tschechischen und der slowenischen Minderheit. Der Vertreter der Tschechen bemängelte an der österreichischen Volkszählung von 1923 die Durchführung durch die untergeordneten Organe und wollte die Gesamtzahl der Tschechen in Wien auf rund 100.000 (dagegen Winkler: ca. 79.000) geschätzt wissen. Winkler räumte zwar ein, daß seine Zahl möglicherweise zu niedrig ausgefallen sei, doch sei eine Zahl von 100.000 Wiener Tschechen allein schon aufgrund der rückläufigen Schulkinderzahl und der zunehmenden tschechischen Abwanderung zu hoch. Der Vertreter der Kärntner Slowenen wollte keinen Rückgang der Präsenz seiner Volksgruppe zugestehen und führte diesen lediglich auf die unrichtige Erfassung bei der Volkszählung zurück. Die Zähler, meist Lehrer, hätten eine „Korrektur" der Zählung vorgenommen, um ein ähnliches Ergebnis wie bei der Volksabstimmung von 1920 zu erreichen. Das BASt gab dazu eine Gegenbemerkung ab[159], in der es den slowenischen Zählungskommissären ihrerseits vorwarf, „Personen slowenischer Abstammung" in jedem Fall, auch gegen den Willen mancher Betroffener, als „slowenisch" eingetragen zu haben. Eine Erhebung der Doppelsprachigkeit bei all jenen, die national keiner der beiden Kärntner Volksgruppen zuzurechnen seien, sei aus „praktische[n] Unzukömmlichkeiten" unmöglich durchzuführen gewesen.[160]

---

158 Vgl. WW-1931-02, 82–89; wörtl. Zit. 89.

159 Möglicherweise verbirgt sich hinter dieser Winkler selbst; zumindest muß diese mit seiner Billigung verfaßt worden sein.

160 Vgl. ebd., 90–92; wörtl. Zit. 92. Vgl. dazu auch Winklers Aufsatz über die Doppelsprachigen, in dem er vom theoretischen Standpunkt aus für die Erhebung dieser nationalen

Das „Statistische Handbuch der europäischen Nationalitäten" wurde von zwei ausgewiesenen Deutschtumsexperten, zwei Fachstatistikern und einem Historiker rezensiert. Die Experten waren Ewald Ammende und Fritz Wertheimer (1884–1968), der im Umfeld von Friedrich Naumann von dessen Mitteleuropa-Konzeption geprägte Generalsekretär des Stuttgarter DAI[161]. Von den deutschen Statistikern übernahmen Philipp Schwartz und Johannes Müller die Besprechung. Walter Kuhn widmete sich dem Werk von der siedlungskundlichen Seite. Einhellig heben die Genannten die vom großen Sammelfleiß des IStMV zeugenden Bemühungen hervor, die einzelnen Zahlenangaben mit den jeweils zuständigen statistischen Ämtern zu akkordieren. Ein weiteres Thema, das Eingang in die Besprechungen findet, ist der Umstand, daß der Autor mit Kritik an der Praxis der Volkszählungen in diesem Werk vorsichtig umgeht. Diejenigen unter den Rezensenten, die als besonders akzentuiert „deutschnational" galten, mußte dies zu Kritik reizen. Es nimmt somit nicht wunder, daß gerade Kuhn und Wertheimer meinten, Winkler sei mit kritischen Anmerkungen „teils zu vorsichtig" gewesen. So habe er die Ruthenen in Karpathorußland und in der Slowakei fälschlich zu den „Großrussen" gerechnet. Er sei damit in unzulässiger Weise den Angaben der amtlichen tschechoslowakischen Statistik gefolgt, obwohl es offenbar sei, daß die Ruthenen ihren ukrainischen „Stammverwandten" jenseits der Karpathen zuzurechnen seien. Am ausführlichsten bespricht Ammende das Handbuch. Dieser bemängelt, Winkler habe „die Gesamtheit der Elsässer" zu den Deutschen gerechnet, obwohl nur diejenigen unter ihnen, die sich zu ihrem „Volkstum" bekannt hätten, zu diesen gezählt werden könnten. – In seinem Handbuch verzeichnet Winkler fast alle Angehörigen dieser Bevölkerungsgruppe (983.289 von 1,107.990 Elsässern) als „dialektsprechend" und gliedert sie geschlossen dem Deutschtum ein. Gleichfalls die national-sozialen Verhältnisse verzerrend – freilich mit umgekehrten Vorzeichen – arbeite die französische Statistik: Diese habe zwei Gruppen „Deutschsprechende" und „Dialektsprechende" geschaffen und mit dem Ziel voneinander getrennt, die Zahl der sich als Deutsche fühlenden Elsässer zu vermindern.[162]

Abgesehen von dem oben referierten einzelnen Kritikpunkt spricht Ammende dem Autor des Nationalitätenhandbuchs die Leistung zu, „erstmalig eine auf wissenschaftlicher Grundlage vorgenommene Nationalitätenstatistik Europas herausgebracht zu haben." Dadurch sei „eine der dringendsten Anregungen" der europäischen Nationalitätenkongresse verwirklicht worden. Die von Winkler genannte Mindestzahl von 36 Mio. Minderheitsangehörigen komme nahe an die Minimal-

---

Sondergruppe eintritt. (WW-1927-04); vgl. auch *Hanns Haas / Karl Stuhlpfarrer,* Österreich und seine Slowenen. Wien 1977, 56 ff.

[161] Zu Wertheimer vgl. *Ritter* (1976), 35 f.

[162] Bespr. von *W.[ertheimer],* Der Auslanddeutsche 14 (1931), 542; Bespr. von *Walter Kuhn,* ZsNök 4 (1933), 151; vgl. Bespr. von *Philipp Schwartz,* AStA 21 (1931), 615, und von *Johannes Müller,* JbbNSt 136 (1932), 471; Bespr. von *Ewald Ammende,* NSt 4 (1930/31), 651; Vgl. WW-1931-02, 22. Vgl. auch die annonyme Besprechung in „Grenzland" (1931), 101, und die Bewerbung des Handbuchs in der Zeitschrift „Volk und Reich" (1931).

berechnung der von den Nationalitäten vertretenen Zahl von etwa 40 Mio. heran. Seine Forschungen erbrächten den Nachweis, daß alle bisher vertretenen Annahmen über die Zahl der Minoritäten, wonach diese nicht mehr als zwanzig Mio. ausmachten, falsch gewesen seien. Weiters gehe aus dem Handbuch hervor, daß der Nationalitätenkongreß 82% der europäischen Minderheiten vertrete und daß damit die Legitimation dieser Institution, für die Minoritäten in ihrer Gesamtheit zu sprechen, ausreichend belegt sei. Eine Schlußfolgerung, die der Autor des Handbuchs im Gegensatz zu Ammende nicht zieht, ist die Erkenntnis von der „doppelten Lage" und der damit – so Ammende – verbundenen „zwiespältigen Mentalität" der meisten europäischen Völker: Da viele Staatsnationen über konnationale Minderheiten im Ausland verfügten, ergebe sich der Ansatzpunkt, „die Völker an ihrem Solidaritätsempfinden zu den eigenen Volksgenossen in der Fremde zu erfassen" und auf diesem Wege der gegenseitigen Interessensabgleichung der Staaten der Idee des Minderheitenschutzes zum Durchbruch zu verhelfen.[163]

Ausfluß von Winklers Verbindungen zu führenden Persönlichkeiten des Nationalitätenkongresses war seine zeitweilige Mitarbeit an der Zeitschrift *Nation und Staat,* die seit 1927 in Wien von den führenden deutschen Minderheitenpolitikern Jacob Bleyer, Rudolf Brandsch, Paul Schiemann und Johannes Schmid-Wodder herausgegeben wurde. Etwa seit dem Zeitpunkt, als die *Volksdeutschen Forschungsgemeinschaften* ihre Tätigkeit aufnahmen, wurde die Zeitschrift von Wissenschaftlern maßgeblich beeinflußt, die in diesem Netzwerk organisiert waren.[164] Winkler stellte im ersten Jahrgang der Zeitschrift die Tätigkeit seines Instituts vor und verfaßte 1933 / 34 einen Aufsatz „Volkstumsbegriff und Statistik".[165] In diesem geht er, wohl unter dem Eindruck des Siegeszugs der Nationalsozialisten in Deutschland, erstmals auf die Frage nach den Grundlagen des Rassebegriffs ein. Er scheint ganz auf der Linie des NS-Rassenbegriffs zu liegen, indem er von der Existenz einer „im germanischen Volksbereich" sich „stärker von ihrer Umgebung" abhebenden vorgeblichen „jüdische[n] Rassenmischung" spricht. Einer grundsätzlichen Diskussion der unlösbaren da irrationalen Frage, wie die „Rasse" zu erheben sei, entschlägt er sich mit Hinweis auf die im zeitgenössischen Verständnis dafür zuständige Anthropologie. Verstärkt wird der paradoxe Charakter der Erörterung dadurch, daß er an einer anderen Stelle des Textes unter Berufung auf einen entsprechenden Beschluß des Nationalitätenkongresses wieder das Recht jedes einzelnen bei einer Volkszählung Befragten anerkennt, sich subjektiv zu einer Sprach-(=Volks-)Gruppe zu bekennen und damit indirekt das Rasseparadigma ad absurdum führt. Es bleibt unklar, ob Winkler grundsätzlich die Möglichkeit in Betracht zieht, die deutschen Juden „deutlich" von der „germanischen" Umgebung

---

163 Ebd. (*Ammende*), 650 (wörtl. Zit.); 651, 654 (wörtl. Zit.); 655. Ob die von Ammende (ebd., 656) angekündigte Übersetzung der wichtigsten Daten des Handbuchs zum Zweck der Vorlage an den Völkerbund durchgeführt wurde, kann hier nicht geklärt werden.

164 Vgl. *Michael Fahlbusch,* Wissenschaft im Dienste der nationalsozialistischen Politik? Die „Volksdeutschen Forschungsgemeinschaften" von 1931 – 1945. Baden-Baden 1999, 78.

165 Bespr. von *W. Winkler,* SchJb 52 / I. (1928), 185; WW-1927-03; WW-1934-02.

(s. o.) abzugrenzen und diese, wie es seiner Meinung nach beispielsweise die Franzosen gegenüber ihren schwarzen senegalesischen Konnationalen mit Recht praktizieren würden, auch in Deutschland als „unwillkommene fremde Bestandteile" zu betrachten.[166]

Zwischenergebnisse und Bewertungen

Die von Winkler später so bezeichneten „literarische[n] Fehden" mit seinen ehemaligen Prager Kollegen, die sich Anfang der zwanziger Jahre fortsetzten, veränderten nach eigenen Aussagen in keiner Weise die gegenseitigen freundschaftlichen Gefühle.[167] Die Art und Weise des Diskurses, den Winkler, Mildschuh und Boháč zu Fragen der Nationalitätenstatistik führten, zeugt demgegenüber zwar von verbal geäußerter gegenseitiger Schätzung, nicht unbedingt aber von „Freundschaft". Gegenüber der Zeit vor 1914 hatte sich der Stil dieses Diskurses merkbar verändert, ja sogar radikalisiert. Die stereotyp der jeweiligen Gegenseite zum Vorwurf gemachten „Fälschungen", deren Zweck es sei, die Zahl der jeweiligen nationalen Minderheiten zugunsten der Mehrheiten zu verringern, sprechen für ein zunehmend gestörtes Kommunikationsverhältnis zwischen den einstigen Kollegen.

An Sachargumenten, die freilich von den vorhandenen Stereotypen über die jeweils andere Seite überformt wurden, fehlte es beiden Seiten jedoch durchaus nicht: Winkler wurden von den tschechischen Kritikern vor allem Unwägbarkeiten in der Berechnungsmethode und in der Datengrundlage seiner Arbeiten vorgeworfen. Dieser gab Defizite (z. B. was die Datengrundlage der „Totenverluste" betraf) teilweise zu, machte jedoch darauf aufmerksam, daß er in den kritisierten Studien darauf bereits hingewiesen habe. Er selbst unterzog Theorie und Praxis der tschechoslowakischen Volkszählungen umfassenden Kritiken. Sprache und Volk versus Nationalität und Nation – auf diesen Gegensatz läßt sich die Kontroverse zwischen Winkler und den tschechischen Statistikern reduzieren. Beide Seiten folgten in ihren Anschauungen unterschiedlichen Bildungstraditionen, die ihnen bereits in ihrer Schulzeit in den national weitgehend getrennten böhmischen Gymnasien vermittelt worden waren. Winkler vertrat das deutsche, von den Romantikern des 19. Jahrhunderts popularisierte Herdersche Konzept der Volks- und Sprachnation, während die Tschechen – analog zu ihrer nach 1918/19 definitiven politischen Anlehnung an Frankreich – dem französischen Gedanken der Staats- und Gesinnungsnation folgten und diesen in ihrer Volkszählungspolitik sichtbar machten. Dieser wurde von Winkler, wie erwähnt, ein „planmäßiger", auf die Verringerung der Zahl der Minderheitenangehörigen ausgerichteter Charakter unterstellt.

Jaroslav Kučera machte es sich zur Aufgabe, anhand der Entwicklung der tschechoslowakischen Sprachgesetzgebung den prozeßhaften Charakter der von divergierenden Partei- und Gruppeninteressen beherrschten Debatte zur Nationalitäten-

---

[166] WW-1934-02, 293, 205 f. (jew. wörtl. Zit.).

[167] *W. Winkler*, Lebensgeschichte (1952), 212.

frage innerhalb der tschechoslowakischen Politik nachzuweisen. Von der Existenz eines „Plans" zur politischen Unterdrückung der deutschen Minderheit konnte danach keine Rede sein. Auch das vielumstrittene „Mémoire III", das zum Projektionsobjekt deutschböhmischer Angriffe auf die tschechoslowakische Politik in St. Germain wurde, scheint, wenn auch von Außenminister Beneš stammend, keine offizielle Bedeutung gehabt zu haben. Es könne aber, so Kucera, von einer „Tendenz zur allmählichen Radikalisierung der Sprachpraxis" gesprochen werden, die parallel zur „verstärkten Politisierung" der von allen Seiten überschätzten Sprachenfrage festzustellen sei.[168] Überschätzt wurde von beiden Seiten wohl auch die zur Glaubensfrage stilisierte Diskussion um Muttersprache oder Nationalitätsbekenntnis.[169]

Winklers „Volkstums"-Terminologie, die er in seinen theoretischen und praktischen Studien zur Minderheitenstatistik mit Vorliebe verwendete, ging wesentlich auf die im DSB, im *Deutschen Schulverein Südmark* (DSV) und in anderen Organisationen, die vorrangig der tagespolitischen nationalen „Schutzarbeit" verpflichtet waren, entwickelten Vorstellungen[170] zurück. Die Entwürfe einer alle staatlichen Hürden überspringenden deutschen „Volksgemeinschaft" wurden in den ethnologischen und statistischen Forschungen der SVKF in Leipzig systematisch aufgearbeitet. Die Idee der klassen- und „stammesübergreifenden", soziale Konflikte negierenden „Volksgemeinschaft" war um 1900 von der Jugendbewegung kreiert, im „Augusterlebnis" 1914 propagandistisch verwertet worden und wurde später von den Nationalsozialisten in ihr Programm einer Umgestaltung der deutschen Gesellschaft integriert. Dagegen kam der Begriff des „Volkstums" von den völkischen Kulturbewegungen des 19. Jahrhunderts. Beide Begriffe erscheinen in den zwanziger Jahren in Winklers Arbeiten und kennzeichnen diese als in vielfältigen national-völkischen Traditionszusammenhängen und zeitgenössischen Beeinflussungen stehend. Keine eindeutige Absage erteilt Winkler dem Gedanken, „Abstammung" sei über die Erhebung der „Rassezugehörigkeit" erfaßbar. Zwar lehnt er Rasseerhebungen für Europa ab, worin sich die Erfahrungen mit der österreichischen Volkszählung von 1923 widerspiegeln, als die Frage nach der Rasse von der Bevölkerung in der Regel ignoriert[171] und daher ad absurdum geführt wurde. Es

---

[168] Vgl. *Jaroslav Kučera*, Minderheit im Nationalstaat. Die Sprachenfrage in den tschechisch-deutschen Beziehungen 1918–1938. München 1999 (= Quellen und Darstellungen zur Zeitgeschichte; 43), 9–61 (wörtl. Zitate 24 f.); zum Mémoire III vgl. ebd., 30 f.; Kučera zitiert Winkler übrigens als jemanden, „den man keineswegs als einen Freund der Tschechoslowakei bezeichnen konnte." (13) Nach 1921/23 flaute die in Fachzeitschriften geführte Debatte zwischen dem Wiener Demographen und den tschechischen Statistikern merklich ab. Das hieß nicht, daß Winkler sich nicht weiterhin intensiv mit der Bevölkerungsstruktur seiner engeren Heimat beschäftigt hätte. (Vgl. z. B. WW-1929-05).

[169] Vgl. dazu für Altösterreich *Brix* (1982), 416.

[170] Vgl. dazu *Willi Oberkrome*, Volksgeschichte: Methodische Innovation und völkische Ideologisierung in der deutschen Geschichtswissenschaft 1918–1945. Göttingen 1993, 26 f.

[171] Vgl. Protokolle des Ministerrates der Ersten Republik. Kabinett Dr. Engelbert Dollfuß. Abteilung VIII, Bd. 5. Bearb. von Gertrude Enderle-Burcel. Wien 1984, 375.

bleibt jedoch unklar, ob Winkler in der Erhebung der „Sprache" einen ausreichenden Ersatz für die Frage nach der Abstammung sah. Das Streben nach statistischer „Objektivität" zielte auf eine postulierte Eindeutigkeit der statistischen Erhebungskategorien ab, wie sie nur die Erfassung der gegenwärtigen sprachlichen Zugehörigkeit („Denksprache") zu vermitteln schien. Winkler hob die „Abstammung" niemals definitorisch von den verschiedenen, von ihm vielschichtig dargelegten Sprach kategorien ab. Wenn er das „Volkstum" definierte, nannte er Kultur-, Sprach- *und* Abstammungsgemeinschaft dennoch stets in einem Atemzug. Diese drei Prinzipien waren in seinem von Herder, Boeckh und Arndt beeinflußten Denken ineinander verschmolzen. Das sich für Winkler daraus ergebende Dilemma war methodischer Natur: Als Statistiker mußte er eine „eindeutige" Kategorie als bevorzugte Erhebungseinheit auswählen. Da ihm die „Sprache" als wichtigstes äußeres Merkmal der Volkszugehörigkeit erschien, entschied er sich für diese Kategorie. Sein Bestreben, „Abstammung" und „Rasse" – letztere trat erst in jüngster Zeit in die Terminologie der Statistik ein – von dieser abzugrenzen, hielt er in seinen praktischen Arbeiten jedoch nicht konsequent durch.

Winklers Insistieren auf den Kategorien eines distinktiven gesamtdeutschen „Volkstums" traf sich mit dem charakteristischen, auf die Schaffung möglichst „eindeutiger" Abgrenzungen ausgerichteten Denken in der Bevölkerungsstatistik. Diese beschäftigte sich vorwiegend mit der Makroebene gesellschaftlicher und wirtschaftlicher Strukturen. Zumindest für Winkler spielte die Erfassung kleinerer Erhebungseinheiten unterhalb einer als Gesamtheit aufgefaßten ethnischen Gruppe keine Rolle. Die Registrierung kleinerer Sondergruppen wie der „Doppelsprachigen" wurde als statistisches „Problem" aufgefaßt. Die „Doppelsprachigen" wurden „gleichmäßig" auf beide Sprachgruppen aufgeteilt, ohne die daraus hervorgehenden Fehlerquellen kritisch zu würdigen. Die Bevölkerungsstatistik war daraufhin ausgerichtet, gegenwärtig wirksame gesellschaftliche Zustände zu erfassen. Darauf deutet auch Winklers Bevorzugung einer Erhebung der „Denksprache" als Ausdruck gegenwärtiger ethnischer Zuordnungen. Während er damit der Dynamik sprachlicher Akkulturationsbewegungen in einem stärkeren Ausmaß, als dies vorher in seinem Denken der Fall gewesen war (Eintreten für die Erhebung der „Muttersprache"), Rechnung tragen wollte, trat er, indem er für die Erfassung der „Bodenständigkeit" einer Minderheit plädierte, im Bereich des Wanderungswesens indirekt für das „Einfrieren" nationaler Besitzstände ein. Dabei ließ er jedoch völlig offen, wie lange eine Minderheit in einem bestimmten Siedlungsraum gelebt haben mußte, um als „bodenständig" zu gelten. Ein weiteres Paradoxon läßt sich ausmachen, wenn man seinem Anliegen, „Macht" und Bevölkerungsstand eines Volks unmittelbar miteinander zu verknüpfen, ein einfaches Beispiel aus der politischen Ereignisgeschichte gegenüberstellt: Deutschland verlor den Ersten Weltkrieg, obwohl es geringe Bevölkerungszuwächse zu verzeichnen hatte. Dagegen gewann Frankreich, obwohl es „nur" eine „stationäre" Bevölkerung aufwies, den Krieg und war sogar in der Lage, den Unterlegenen einen Friedensvertrag diktieren. Und dabei war Winkler keineswegs ein Verfechter der Dolchstoßlegende.

Von einer mechanistischen Auffassung von Migrationsprozessen zeugt seine Meinung, daß „Überschüsse" des einen Volkes automatisch in Gebiete mit „Untervölkerung" abgeleitet würden; ähnlich stereotyp sind die biologistischen und sozialdarwinistischen Denkmuster in vielen seiner Werke. „Kämpfe" zwischen den einzelnen Völkern werden zum eigentlichen Angelpunkt eines historisch-statistischen Blickwinkels der Minderheitenbeziehungen erhoben, welcher die bisher vorherrschende „etatistische" Betrachtungsweise überwinden sollte.

Die oben geschilderten Widersprüche in Winklers Bild vom sozialen Leben nationaler Minderheiten sind Bestandteile eines zeitgenössischen wissenschaftlichen Diskurses, der z. B. die Verwendung von sozialdarwinistischen Denkfiguren nicht als problematisch ansah. Dennoch sei besonders darauf hingewiesen, daß Winklers Ankündigung, aus seiner empirischen, anerkannt hochentwickelten und methodisch differenzierten Beschäftigung mit der Minderheitenstatistik allgemeine Annahmen über die gesellschaftliche Entwicklung von Minderheitsvölkern aufstellen zu wollen, geradewegs in einige der oben genannten Paradoxa führte.

Der Wiener Statistiker war auf dem Gebiet der Nationalitätenstatistik zu seiner Zeit der führende Theoretiker des deutschsprachigen Raums. Seine Schrift „Die Bedeutung der Statistik für den Schutz der nationalen Minderheiten" wurde von seinen Rezensenten als „objektiv" anerkannt. Tatsächlich wies Winkler zumindest mit seinen darin festgelegten Grundsätzen, welche Stellung die amtliche Statistik gegenüber Minderheiten einnehmen sollte, über den gerade in der Wissenschaft üblichen „gelehrten" Nationalismus weit hinaus.

Wenn sich Ende der zwanziger Jahre maßgebende Vertreter der Deutschtumsforschung zur Lage dieser Disziplin äußerten, herrschte darüber Übereinstimmung, daß diese weder über ihre theoretischen Grundlagen, noch über die Methoden, die sie anwenden sollte, ausreichend orientiert war. So war z. B. keineswegs kanonisch festgelegt, welche Gruppen als Minderheiten gelten sollten und nach welchen Kriterien diese erfaßt werden sollten. Die Erhebung der Sprache wurde zwar grundsätzlich als gangbares Mittel angesehen, doch stieß dieses dann auf seine Grenzen, wenn gewisse Einwanderungsstaaten keine Sprachenerhebungen durchführten. Außerdem konnten sich die Statistiker (ebenso wenig wie über den Begriff des „Volkes") nicht darüber einig werden, welche Sprachkategorie (Umgangssprache, Familiensprache, Denksprache, Lieblingssprache usf.) allgemein verbindlich sein sollte.[172] Sie scheiterten schlechtweg an der Komplexität des vieldeutigen *sozialen* Faktums der Sprachverwendung. – Häufig mußte überdies auf verwickelte Schätzungen zurückgegriffen werden, die von Autor zu Autor verschieden waren und

---

[172] Grundsätzlich waren sich die Autoren nur darüber einig, daß der Volksbegriff vieldeutig ist. Vgl. auch Wuttes Forschungsbericht, der nicht nur die Nations- bzw. Volkstumskonzepte der Statistiker Rauchberg und Winkler, sondern u. a. auch die Staatsrechtler und/ oder Staatspolitiker Gumplowicz, O. Bauer und Seipel vorstellt. (*Martin Wutte*, Deutsch-Windisch-Slowenisch. Zum 7. Jahrestag der Kärntner Volksabstimmung. Klagenfurt 1927, 2 – 5).

mitunter stark schwankten.[173] Wenn über ein bestimmtes geographisches Gebiet keine Daten über einzelne sozialwissenschaftlich interessierende Teilbereiche vorlagen, mußten „Schätzungen auf Grund der Einteilung in Verwaltungsbezirke in der Weise [sc. aufgestellt werden], daß die auf den Grundbesitz usw. bezüglichen Zahlenangaben der amtlichen statistischen Veröffentlichungen nach Maßgabe des Zahlenverhältnisses der deutschen zu den nicht-deutschen Einwohnern dieser Bezirke verteilt wurden"[174]. Es blieb weithin unklar, ob die deutschtums- und minderheitenstatistische Forschung eine Domäne der Fachstatistiker war und sein sollte, oder ob die Statistik als eine von mehreren Methodenlehren einer allgemeinen Deutschtumswissenschaft gelten sollte. Durchgesetzt hat sich in den Lehrplänen der deutschen Hochschulen die zweite Variante. Dies führte dazu, daß die Minderheitenstatistik zum Teilgebiet einer zu mehreren Fächern hin offenen, von Forschern verschiedener fachlicher Herkunft betriebenen „Deutschtumskunde" wurde. Winkler trat als offenbar einziger für die erste Variante ein, er verkannte aber nicht, daß die deutsche Statistik organisatorisch noch nicht in der Lage war, die Anforderungen der Minderheitenstatistik voll auszufüllen. Einerseits verfüge die Statistik in Deutschland derzeit nur über vier Lehrstühle und über kein einziges statistisches Institut, andererseits seien die mit der Lehre beauftragten amtlichen Statistiker wegen ihrer beruflichen Doppelstellung meist überfordert. Er selbst könne der Forschung und Lehre nur in seinen Mußestunden obliegen.[175]

Während der dreißiger Jahre ließ sich Winklers Konzeption einer nationalbewußten Minderheitenstatistik immer weniger mit der totalitären, Bevölkerungsgruppen aufgrund „rassischer" Stereotypen „erfassenden" Bevölkerungsstatistik vereinbaren. Sein beachtenswerter Versuch, Minderheitenvertretern im Handbuch die Möglichkeit zu – auch abweichenden – Stellungnahmen einzuräumen, war damals neuartig. Er hebt sich von der in Kreisen völkischer und nationalsozialistischer Volksforscher gepflegten Perspektive ab, die in den nichtdeutschen Minderheiten Feindbilder erblickten.

c) Winkler über den Geburtenrückgang in Österreich

Die allmähliche Abnahme des Geburtenüberschusses, die Auswirkungen der veränderten Alterszusammensetzung auf die zukünftige soziale und demographi-

---

[173] Vgl. z. B. Winklers Angaben in der Übersichtstabelle 1 seines Handbuchs zu den Versuchen anderer Autoren, die Bevölkerungszahlen der einzelnen deutschen Minderheiten zu schätzen. (WW-1927-02, 18–23).

[174] So Würzburger über die von Winkler in seinem Handbuch angewandte Methode. (*Würzburger*, 1930/31, 31).

[175] Vgl. ebd., 30 f.; vgl. *Herbert v. Truhart*, Zur Statistik der europäischen Minderheiten, in: Volk und Reich (1930), 621 f.; vgl. *Karl C. Thalheim*, Das deutsche Auswanderungsproblem der Nachkriegszeit. Crimmitschau 1926 (= Quellen und Studien zur Kunde des Grenz- und Auslanddeutschtums; 1), Vorwort von *Hugo Grothe*, 14; WW-1927-02 („Gegenbemerkungen zu Hermann Rüdigers Kritik"), 730.

sche Struktur der Bevölkerung und die Frage, ob und auf welche Weise der Geburtenrückgang mit bevölkerungspolitischen Maßnahmen zu bekämpfen sei, beschäftigten in den zwanziger und besonders in den dreißiger Jahren alle führenden Statistiker und Bevölkerungswissenschaftler. Der Gegenstand der „Geburtenstatistik" und die damit verbundenen methodischen und praktischen Probleme nehmen in Winklers „Grundriß der Statistik"[176] einen ebenso wichtigen Platz ein wie in der von ihm betriebenen Nationalitätenstatistik. Als Minderheitenforscher stellte Winkler zwischen dem Geburtenrückgang und der angeblich drohenden „Überfremdung" einen unmittelbaren Zusammenhang her. Auch auf internationaler Ebene, in der IUSIPP und im ISI, war der Geburtenrückgang ein Thema. Winkler initiierte innerhalb des ISI eine weltweite Untersuchung des Geburtenrückgangs und seiner Auswirkungen auf die wirtschaftliche und soziale Entwicklung.[177]

In den Jahren 1933 / 34 bis 1938, als in Österreich der autoritäre Ständestaat an der Macht war, veröffentlichte Winkler insgesamt sechzehn Studien und populärwissenschaftliche Aufsätze, in denen er sich (in Titel und Inhalt) mit der Erscheinung des Geburtenrückgangs beschäftigte. Dieser war, wie auch die vorliegende Arbeit lehrt, kein Phänomen, das die Demographen erst seit der einen weiteren Abfall der Geburtenkurve mit sich bringenden Weltwirtschaftskrise 1929 / 30 diskutierten. Das Thema war vielmehr bereits vor dem Ersten Weltkrieg von Bevölkerungspolitikern und Statistikern debattiert worden. Die unmittelbaren sozioökonomischen Folgen der Weltwirtschaftskrise, die Annahme einer damit verbundenen weiteren Verengung des „Nahrungsspielraums" und das in Österreich erstmals im Jahr 1935 auftretende Geburtendefizit führten jedoch dazu, daß die Demographen das Thema in ihren Schriften nunmehr vordringlich behandelten.

Auf die sich verändernde Bevölkerungsstruktur wirkten nicht nur der Geburtenrückgang, sondern auch sinkende Sterblichkeit und Wanderungsbewegungen ein. Winkler machte wie viele seiner deutschen Fachkollegen die Untersuchung des Geburtenrückgangs zum Haupterkenntnisinteresse einer politisierenden Demographie. Dies wurde dadurch begünstigt, daß er selbst wesentlich dazu beigetragen hatte, Datengrundlagen zu seiner Erfassung bereitzustellen. In dem hier interessierenden lebensgeschichtlichen Zusammenhang ist ferner darauf hinzuweisen, daß Winklers öffentliche Rolle als Verfechter einer familienväterfreundlichen und damit intendierten geburtenfördernden Steuerpolitik und seine persönlichen Erfahrungen als Erhalter einer siebenköpfigen Familie einander wechselseitig bedingten. Der spezifisch Winklersche Kulturpessimismus und die daraus ableitbare mentale Lage des österreichischen Volkszählungsleiters sind als entscheidungsleitende Faktoren, die z. B. dazu führten, daß familienstatistische Fragestellungen in die Volkszählungsformulare aufgenommen wurden, mit zu berücksichtigen.

---

[176] Vgl. Kap. III. 1. a).
[177] Vgl. Kap. III. 3. a).

Der Geburtenrückgang:
Ursachen, Umfang und bevölkerungspolitische Maßnahmen

Die methodologischen Grundlagen der Geburtenstatistik hatte Winkler 1933 im zweiten Band seines Lehrbuchs „Grundriß der Statistik" veröffentlicht.[178] In den darauf folgenden Jahren stellte er in zahlreichen Schriften den jeweils aktuellen Umfang des Geburtenrückgangs, seine Ursachen und die Möglichkeiten zu seiner Bekämpfung vor. Neben den beiden selbständigen Veröffentlichungen „Der Geburtenrückgang in Österreich" und „Der Geburtenrückgang im deutschen Sprachgebiet", die in erster Linie an ein Fachpublikum von Statistikern und Bevölkerungspolitikern gerichtet waren, veröffentlichte er auch in verschiedenen Kulturzeitschriften eine Reihe von Aufsätzen zu diesem Thema.

„Der Geburtenrückgang in Österreich" erschien zuerst 1935 unter dem Titel „Die Widersprüche in der Bevölkerungslage Österreichs". Für die Herausgabe eines Sonderdrucks im *Österreichischen Bundesverlag* gewann Winkler den Wiener Kardinal-Erzbischof Innitzer (bis 1955 Erzbischof von Wien) dazu, ein Vorwort zu verfassen.[179] In diesem erklärt sich der Erzbischof vollinhaltlich damit einverstanden, wenn Winkler die Ursachen des Geburtenrückgangs auf das Bestreben der Menschen zurückführt, „ein möglichst bequemes, breites Leben führen zu können". Innitzer sieht in der „vorbehaltlose[n] Rückkehr zur Religion und Sittlichkeit" den einzigen Ausweg, um „das österreichische Volk" vor der „Katastrophe" (d. i. sein „Aussterben") zu retten: „So möge die vorliegende Arbeit des Herrn Professors Winkler ein Weckruf sein, durch den die Gewissen unserer Eheleute und der eheberreiten Jugend aufgerüttelt und geschärft werden soll [sic!]."[180]

Winkler gliedert seinen Text in die drei Teile „Vorbemerkungen", „Die Tatsachen" und „Die Ursachen des Geburtenrückganges. Ausblicke auf die weitere Bevölkerungsentwicklung. Heilmittel". Einleitend verweist er darauf, daß er als erster, und zwar zu einer Zeit, als es in der österreichischen Öffentlichkeit noch keine Diskussion über die Bevölkerungslage gegeben habe, auf ihre „Widersprüche" (s. zum Begriff unten) hingewiesen habe. Bevölkerungspolitik sei grundsätzlich in der Lage, diese Widersprüche zu beseitigen; er wolle sich nur mit dem ersten ihrer Ziele, der Beeinflussung (=Anhebung) der Bevölkerungszahl, auseinandersetzen. Dagegen sei über „die Allgemeingültigkeit der zweiten Zielsetzung" – die „Verbesserung der biologischen Bevölkerungsbeschaffenheit" – „kein Wort zu verlieren". – Die (quantitative) Bevölkerungspolitik könne nur ein Ziel haben:

---

178 Vgl. Kap. III. 1. a).

179 WW-1935-01; Diözesanarchiv Wien (DAW), 1935/Zl. 2671, Briefprotokolle von Kardinal Innitzer (Originalakten nicht erhalten): Schreiben von Kardinal Innitzer an P. Peter Schmitz SVD, St. Gabriel: Bitte um Unterlagen für Vorwort von Kardinal Innitzer für ein Werk von Prof. Winkler (25. 06. 1935); Kardinal Innitzer übersendet Vorwort an Winkler für dessen Werk „Der Geburtenrückgang in Österreich".

180 WW-1935-01, Vorwort von Th. Kard. Innitzer v. 02. 07. 1935. Es ist bemerkenswert, daß Innitzer nicht etwa vom „deutschen", sondern vom „österreichischen Volk" spricht.

die „gottgewollte" Entwicklungsrichtung der Vermehrung der Bevölkerung zu fördern. Dagegen sei der Weg einer auf Senkung der Bevölkerungszahl abzielenden Politik, wie er in den letzten Jahren in Österreich mit der Durchführung einer organisierten Auswanderung eingeschlagen worden sei, nur bei ungünstigen wirtschaftlichen Umständen „ernstester Art" zu gehen.[181]

Am Beispiel Österreichs legt der Autor sein Entwicklungsmodell des demographischen Übergangs vor, das für alle europäischen Staaten anwendbar sei: Danach sei in einem Zeitraum von ca. 1871 – 1934 durch den Rückgang der Sterblichkeit anfangs ein „scheinbares" Anwachsen des Geburtenüberschusses zu verzeichnen gewesen. In einer zweiten Phase, die im Jahr 1902 den Wendepunkt zum Geburtenabfall aufweise, sank die Zahl der Geburten parallel zur weiter steigenden Bevölkerungszahl. Mit dem Krieg folgte dann eine Periode des starken Geburtenausfalls.[182]

Im zweiten Kapitel zergliedert der Autor die österreichische Geburtenbilanz für jedes einzelne Bundesland. Er geht dabei von den Ergebnissen der Volkszählung von 1934 aus. Den Geburtenrückgang stellt er als ein urbanes, in Städten und Industriegebieten besonders ausgeprägtes Phänomen dar, das in dem größten städtischen Ballungsgebiet, in Wien und seiner Umgebung, auch bei weitem am stärksten beobachtet werden kann. Die Gebiete relativ hoher Geburtenhäufigkeit sind ihrerseits von städtischen, geburtenarmen „Inseln" durchsetzt. Als Ursache dafür, daß der Geburtenrückgang eine vorwiegend städtische Erscheinung sei, die grundsätzlich aber alle Bezirke erfasse, vermutet er das Wirken „eine[r] parteipolitische[n] Propaganda", die in den letzten Jahrzehnten für eine „möglichste Niedrighaltung der Geburtenzahl gewirkt" habe.[183]

Eine Sondermasse bilden in Winklers Erörterungen die unehelich Geborenen. Die hohe Unehelichkeitsrate in den Alpenländern führt er zwar grundsätzlich auf wirtschaftliche und soziale Verhältnisse zurück, doch läßt er einen Interpretationsspielraum offen, der auch die „leichtere bajuvarische Lebensauffassung" als Erklärungsmodell gelten läßt.[184] Im Verhältnis zu den ehelichen Geburten habe die Rate der Illegitimen seit 1923 stärker zugenommen, was er teilweise damit begründet, daß ein großer Teil der unehelichen Geburten auf Gebiete entfallen sei, die weniger stark vom Geburtenrückgang betroffen gewesen seien. Anderenteils liege das relativ stärkere Wachstum der unehelichen Geburten darin begründet, daß kontrazeptive Maßnahmen eher in ehelichen denn unehelichen Geschlechtsbeziehungen angewandt würden. Dem Rückgang der Säuglingssterblichkeit schreibt er in der Weise eine Einwirkung auf den Geburtenrückgang zu, als durch diesen die „Ersatzkinder", die früher für verstorbene Kinder in die Welt gesetzt worden seien,

---

181 Ebd., 8 f.

182 Ebd., 11; 14.

183 Ebd., 16 – 19; 21; 19 (wörtl. Zit.).

184 Er verweist in diesem Zusammenhang auf einschlägige Untersuchungen von Hecke und Otto v. Zwiedineck-Südenhorst.

wegfielen. Er unterscheidet zwei Formen von Kindersterblichkeit: das Sterben „schwächlicher" Kinder und das Sterben von Kindern, die schlecht gepflegt werden, die dadurch an Infektionskrankheiten leiden, ansonsten aber gesund sind. Die Erhaltung gesundheitlich geschwächter Kinder sei insofern „nicht unbedenklich", als „dadurch gesunden Kindern, die sonst wahrscheinlich nachfolgen würden", der Platz genommen werde. Eine solche Entwicklung müsse in weiterer Folge zu einer qualitativen Verschlechterung der Bevölkerung führen. Eine allzu starke Herabdrückung der Säuglingssterblichkeit könne „daher nicht mit ungemischter Freude begrüßt werden".[185]

Ein besonders wichtiges Anliegen ist es ihm, die Familienstatistik auszuwerten, die im Zuge der Volkszählung von 1934 erstellt worden war. Wichtigstes Ergebnis dieser Erhebung, die sich auf die beiderseitigen Erst-Ehen und die seit 1890 geschlossenen Ehen beschränkte, ist der Nachweis einer durchschnittlichen Kinderzahl je Ehe von 1,8 (in Wien 1,3). Jeweils etwa ein Viertel der Ehen entfiel auf kinderlose und auf Einkindehen. Der österreichische Altersaufbau sei geprägt durch den Rückgang der Geburten. Demgegenüber fielen die Einwirkungen des Krieges (Männer- und Geburtenlücke) und der Zunahme der Menschen über 25 Jahre weniger stark ins Gewicht. Die Altersstruktur von 1935 mißt der Autor am Bevölkerungsaufbau von 1910, der damals – als historischer Ausnahmefall – tatsächlich als eine „Alterspyramide" gezeichnet werden konnte. Diese schwebt dem Autor hinsichtlich der Verteilung der Altersgruppen als ideal vor. Als bedrohlich schätzt er die „Unterhöhlung" der Pyramidenbasis ein, wogegen er das Schlagwort einer „Vergreisung" der Bevölkerung[186] nur bedingt mittragen will. Die „Überbesetzung" erstrecke sich nämlich nicht nur auf die höheren, sondern auch auf die mittleren Alter von 25 aufwärts. Die Berechnung einer „bereinigten" Lebensbilanz ergebe, unter Anwendung der von Burgdörfer kreierten Methode[187] für Österreich durchgeführt, eine „rohe" Geburtenziffer von 15,60‰, der eine „reine" Geburtenziffer von 13,70‰ gegenüberstehe (1930/33). Die durch den Geburtenüberschuß vordergründig angezeigte Vermehrung der Bevölkerung um 1,40‰ würde in der reinen „Lebensbilanz" durch einen Geburtenabgang von 4,0‰ ersetzt werden.[188]

Bezüglich der Ursachen des Geburtenrückgangs unterscheidet Winkler einerseits zwischen Hemmnissen, die von der wirtschaftlichen Lage (beispielsweise der Arbeitslosigkeit) hervorgerufen werden, und andererseits dem auf die Vorliebe für eine „bequeme Lebensführung" zurückzuführenden mangelnden subjektiven Willen von Ehepaaren, Kinder in die Welt zu setzen. Dies sei als verwerflich zu be-

---

[185] Ebd., 23; 24 (jew. wörtl. Zit.).

[186] Vgl. zur Verbreitung dieses Schlagworts *vom Brocke* (1998), 3.

[187] Vgl. *Friedrich Burgdörfer,* Volk ohne Jugend. Geburtenschwund und Überalterung des deutschen Volkskörpers. Ein Problem der Volkswirtschaft, der Sozialpolitik, der nationalen Zukunft. Berlin 1932 [3., verm. Aufl. 1935; Neuaufl. 1938]; hier zit. nach der Neuaufl. 1938, 26 ff.

[188] WW-1935-01, 30; 31; 32 (wörtl. Zit.); 34.

zeichnen, sobald das Streben nach Steigerung der Lebenshaltung in einen Widerspruch mit den Interessen von Staat und Volk gerate und zum Verzicht oder zur Einschränkung der Fortpflanzung führe. Er tritt gegen Behauptungen von ihm Ungenannter auf, die einen Zusammenhang herstellten zwischen Sterblichkeitsrückgang und dem dadurch angeblich hervorgerufenen mangelnden „Platz" für Nachwuchs. Dies sei ein malthusianisches Scheinargument – in Österreich habe es gerade bei Einsetzen des Rückganges der Sterblichkeit einen genügend großen „Nahrungsspielraum" gegeben. Winkler begründet seinerseits die These, wonach der mangelnde „Wille", Kinder zu zeugen, die Hauptursache des Geburtenrückgangs darstelle, mit Verweis auf eine US-amerikanische Statistik der durchschnittlichen Familiengröße. Diese Größen in Beziehung zur Entwicklung des Volkseinkommens je Kopf der Bevölkerung gesetzt, ergebe sich eine negative Korrelation zwischen zunehmendem Wohlstand und abnehmender Durchschnittsgröße der Familien. Wegbereiter des Geburtenrückgangs seien die Lockerung der Bindungen an Staat und Kirche im Zeitalter des Liberalismus; die Regel der frühen Römer „Salus rei publicae suprema lex" sei in der neueren Zeit in Vergessenheit geraten.[189]

Analog zu den zwei postulierten Ursachen des Geburtenrückgangs, den wirtschaftlichen Benachteiligungen weiter Kreise der Bevölkerung und dem Kleinhalten der Familie aus selbstsüchtigen Motiven, sieht Winkler für den Staat zwei Möglichkeiten, um dem Trend entgegenzusteuern. Einerseits müsse das Volk über die durch den Geburtenrückgang eingeleitete „verhängnisvolle" Entwicklung aufgeklärt werden, und andererseits solle in Form einer „Familienversicherung", in die alle einzahlen, aus denen aber nur Familien mit vier oder mehr Kindern Nutzen ziehen, dem Problem entgegengetreten werden. Damit vertritt er ein bevölkerungspolitisches Konzept, das, wie im folgenden gezeigt wird, auf familienpolitische Instrumentarien zurückgreift. – Sein Blick in die Zukunft ist nicht grundsätzlich pessimistisch: Er hoffe, daß die derzeitige wirtschaftliche Lage in Österreich einen absoluten Tiefpunkt darstelle, aus der es nur eine Besserung geben könne. Die mit einer langfristig zu erwartenden wirtschaftlichen Erholung verbundene Ausweitung des „Nahrungsspielraums" werde im Verein mit den vom ihm vorgeschlagenen Maßnahmen wieder zu einer Hebung der Geburtenzahlen führen.[190]

Die Besprechungen der Schrift beschränkten sich darauf, Winklers wichtigste Aussagen zu referieren. Besonderes Augenmerk fanden jedoch die familienpolitischen Maßnahmen, die der Autor vorschlug, um den Geburtenrückgang zu bremsen. Der Rezensent des *Allgemeinen Statistischen Archivs* Eugen Schmitz hebt hervor, daß die von Winkler geforderten Maßnahmen jenen Mitteln, welche die deutsche Regierung plane und bereits durchgeführt habe, sehr ähnlich seien.[191]

---

[189] Ebd., 35; 36.

[190] Ebd., 37 f.

[191] Bespr. von *Eugen Schmitz,* AStA 25 (1935/36), 358; Bespr. von [?] *Grost,* ABB 6 (1936), 275 f.; Bespr. von *G[iorgio] M[ortara]*, GERSt (1936), 410; Bespr. von *Gerhard Mackenroth,* ZsStw 98 (1938), 751 f.

Spätestens seit Beginn der Weltwirtschaftskrise und seitdem die Kurve der Geburten sich in den Augen vieler Demographen bedrohlich dem Defizit näherte, wurde der Geburtenrückgang auch in Österreich zum Gegenstand einer breiten öffentlichen Diskussion.[192] Was die Untersuchung seiner Ursachen betrifft, kam bei Winkler in den dreißiger Jahren zu den „seelischen", den mangelnden „Willen zum Kinde" betonenden Erklärungsmodellen eine religiöse Komponente hinzu. Der Rückgang der Geburtenzahlen und die abnehmende Religiosität waren für ihn zwei Seiten der selben Medaille. Als in seiner Weltanschauung begründet sind auch seine Aussagen hinsichtlich des postulierten Zusammenhangs zwischen Geburtenrückgang und „bajuvarischer Lebenshaltung" einerseits und der „Wirkung einer parteipolitischen Propaganda" andererseits zu werten. Letztere bezog sich eindeutig auf angebliche einschlägige Aktivitäten der Sozialdemokratischen Partei, die im Ständestaat seit 1934 verboten war. Daß die Intensität der öffentlichen Debatte in den Jahren nach der Veröffentlichung der Volkszählungsergebnisse von 1934 besonders groß war, nimmt nicht wunder. Immerhin war es gerade die von Winkler propagierte Einführung einer familienstatistischen Erhebung, die erstmals umfangreiches Datenmaterial lieferte.[193]

Die österreichischen Regierungen griffen seit Anfang der dreißiger Jahre bevölkerungspolitische Diskussionen auf. Winklers Meinung galt in Fragen, welche die demographische Situation Österreichs berührten, als amtlich anerkannt. Schon 1931 hatte er in einem vom Bundeskanzleramt angeregten und vom Redaktionskomitee der Wirtschaftskommission herausgegebenen „Bericht über die Ursachen der wirtschaftlichen Schwierigkeiten Österreichs" einen Aufsatz über die österreichische „Bevölkerungslage" beigesteuert. Er geht darin auf die Bevölkerungsentwicklung seit 1869 ein. Für die Dekade bis etwa 1940 nimmt er mit Blick auf die Altersverschiebungen der hinter ihm liegenden Jahre keine wesentlichen Änderungen an. Sollten die wirtschaftlichen Verhältnisse „stationär" bleiben, werde der Druck der „Übervölkerung" jedoch nicht nachlassen.[194]

Die Warnungen des Demographen wurden allerdings nicht in reale sozialpolitische Maßnahmen umgesetzt. Einer Durchführung der von Winkler seit Mitte der dreißiger Jahre verstärkt geforderten familienpolitischen Maßnahmen stand wohl in erster Linie die chronische finanzielle Notlage des Staates im Wege. Die Diskussion um die Einführung eines Familienlastenausgleichs und einer Ledigensteuer, die bereits 1935 in der Öffentlichkeit geführt wurde, war mit 4. Februar 1936 vorläufig beendet. Mit diesem Datum gab die Regierung nämlich bekannt, daß kein

---

[192] Diese These müßte noch näher untersucht werden. Besonderes Interesse dürfte hierbei der Frage zukommen, wie das Wechselspiel zwischen der Verbreitung pronatalistischer Vorschläge in gelehrten Abhandlungen und deren Rezeption in der veröffentlichten Meinung und in der Sozialpolitik einerseits und das gesellschaftspolitische Engagement der Hochschullehrer andererseits zu beschreiben wären.

[193] Vgl. Kap. III. 2. a).

[194] WW-1931-04, bes. 45.

einziger der diskutierten Vorschläge verwirklicht werden sollte.[195] Doch ein Ende der öffentlichen Debatte konnte nicht einfach „von oben" verordnet werden: Winkler vertrat jedenfalls weiterhin seinen Standpunkt, daß Österreich nicht umhin kommen werde, einen „in mäßigen Grenzen gehaltenen" Familienlastenausgleich einzuführen.[196] In der Folge veröffentlichte er neuerlich eine Serie von Studien, in denen er sich mit dem Thema des Geburtenrückgangs befaßte:

Der Geburtenrückgang in der Reihe
des „Instituts für Statistik der Minderheitsvölker", in regierungsnahen
und „katholisch-nationalen" Zeitschriften

Die in der Schriftenreihe des IStMV erschienene Studie „Der Geburtenrückgang im deutschen Sprachgebiet" ist die veröffentlichte Fassung eines Vortrags, den er am 27. März 1936 in der *Deutschen Juristischen Gesellschaft* in Prag gehalten hatte. In dem Vortrag stellte er seine sozial- und staatspolitischen Bewertungen des Geburtenrückgangs vor. Neu war hingegen sein Eingehen auf die in anderen Ländern getroffenen bevölkerungspolitischen Maßnahmen. Er unterscheidet drei Formen von Bevölkerungspolitik, wie sie bisher in bestimmten Ländern angewandt worden seien: (1.) Die Ableitung des „Bevölkerungsdrucks" nach außen über Binnenkolonisierung und Arbeitsbeschaffung (Trockenlegung von Sümpfen in Italien) bzw. durch (gewaltsamen) Erwerb von Kolonien (Italien und Japan); (2.) die Verwirklichung einer organisierten Auswanderung, die unter Beibehaltung des Zusammenhangs der Migranten mit der Heimat den „Nahrungsspielraum" im Auswanderungsland erweitere (Italien); (3.) die Durchführung von familienpolitischen Maßnahmen, welche in jüngster Zeit in Deutschland, Frankreich und Belgien auf der politischen Tagesordnung gestanden seien.[197]

---

[195] Vgl. *Falk Ruttke*, Familienlastenausgleich in Österreich, in: ABB 6 (1936), 109–11; vgl. *Franz v. Cornaro*, Zur Frage des Familienschutzes in Österreich, in: Der Christliche Ständestaat 3 (1936), 259–261; vgl. auch *Josef Dobretsberger*, Die wirtschaftlichen Auswirkungen des Geburtenrückgangs, in: Der Christliche Ständestaat 2 (1935), 7–10. Im Bundesrat wurde 1936 ein Gesetz über den Familienlastenausgleich entworfen, das einige Forderungen der Befürworter einer pronatalistischen Gesetzgebung beinhaltete. So war beispielsweise die verpflichtende Ausgleichskassenabgabe je nach Alter und Familienstand gestaffelt. Es verstand sich von selbst, daß eine Familie mit zwei Kindern abgabefrei blieb und das „Familienoberhaupt" vom dritten Kind an monatliche Kinderzulagen erhielt. Vgl. Urkunden und Gesetze. Österreich: Entwurf zu einem Gesetz über Familienlastenausgleich, in: Archiv für Bevölkerungswissenschaft und Bevölkerungspolitik 6 (1936), 119–128, bes. 124 f. (§ 35–38). Der Gesetzentwurf wurde im Parlament nicht beschlossen. (Vgl. Bgbl. 1936). Man vergleiche zu den genannten Maßnahmen auch die von Winkler als seriös mitgetragene Berechnung Burgdörfers, wonach für die Bestandserhaltung des deutschen Volkes eine eheliche Fruchtbarkeit von 3,5 Kindern je Gebärender notwendig sei.

[196] Geburtenrückgang und Familienpolitik, in: Neue Freie Presse vom 22. 04. 1936, 5.

[197] Vgl. WW-1936-01, 23–25. Vgl. zu Italien de Grazia, die entgegen des bisher in der Literatur gepflegten Bilds den ausgeprägt rassistischen Charakter des faschistischen Italien und seiner Bevölkerungspolitik hervorhebt. (*Victoria de Grazia*, Die Radikalisierung der

Die beiden zuletzt genannten Maßnahmen hält Winkler grundsätzlich für die besten Mittel der Bevölkerungspolitik. Die „organisierte" Auswanderung stellt für ihn jedoch nur eine Notlösung dar. Er vermutete, daß die in Österreich vorherrschende Auswanderung auf individueller Basis die Tendenz in sich berge, die Migranten durch Assimilation sprachlich und hinsichtlich ihrer nationalen Identität der ursprünglichen Heimat zu entziehen. Organisierte Auswanderungsaktionen und kollektive „Landnahmen" sollten hingegen dazu beitragen, die ethnisch-soziale Struktur der Heimat auch in der Ferne beizubehalten.[198] Praktikabler ist für Winkler eine geeignete Familienpolitik. Das französische und das deutsche Beispiel hätten jedoch gezeigt, daß die bisher in diesem Politikfeld getroffenen Maßnahmen nicht ausreichend gewesen seien, weil sie entweder den Familienvater gegenüber dem Ledigen finanziell nicht ausreichend entlasteten (Frankreich), oder die Mittelaufbringung für die Familienförderung noch nicht gesichert sei (Deutschland). Als ein Problemfeld betrachtet er das indirekte Besteuerungswesen, das die Familienväter proportional stark benachteilige. Einen Ausweg sieht er in der Abstufung des Existenzminimums bei der Einkommensteuer nach der Kopfzahl der Familienangehörigen. Im Bereich des öffentlichen Dienstes müsse die Besoldungsordnung nach familienpolitischen Gesichtspunkten umgestaltet werden. Bei der Neuregelung der Dienstordnungen müsse man auf die Kinderzahl der Beamten Rücksicht nehmen und, wie es auch der deutsche Reichsminister Wilhelm Frick[199] plane, die Abzüge oder Zuschläge zum Gehalt je nach Kinderzahl und Familienstand bemessen.[200]

Er verweist darauf, wie sehr der Frieden zwischen den Völkern von der Geburtenentwicklung und den damit verbundenen Veränderungen in den Kräfteverhältnissen abhänge. Die Geburtenentwicklung als Quelle von Friedensstörungen werde nur dann versiegen, wenn die „Völkergemeinschaft" bereit sei, stärker wachsenden Völkern mit mehr Raumbedarf zu Lasten der schwächeren entgegenzukommen. Er selbst habe auf seinen Reisen in vier Erdteilen „mit gelben, roten, braunen und schwarzen Menschen aller Schattierungen gesprochen, zu Tisch gesessen, auch Freundschaften geschlossen" und als Hauptergebnis dieser Kontakte doch immer nur eine Erfahrung in die Heimat mitgebracht: „die Erkenntnis, daß die Menschen,

---

Bevölkerungspolitik im faschistischen Italien: Mussolinis „Rassenstaat", in: Geschichte und Gesellschaft 26 (2000), bes. 221 f.).

[198] In der Ersten Republik gab es tatsächlich einige spektakuläre Aktionen dieser Art, die jedoch teils schlecht vorbereitet waren, sodaß viele der potentiellen Siedler verarmten oder wieder nach Österreich zurückkehrten. Vgl. dazu *Heinz Faßmann,* Der Wandel der Bevölkerungs- und Sozialstruktur in der Ersten Republik, in: Emmerich Tálos, Herbert Dachs et al. (Hg.), Handbuch des politischen Systems Österreichs. Erste Republik 1918–1933. Wien 1995, 17.

[199] Wilhelm Frick (1877–1946) war seit 1933 Reichsinnenminister der „Regierung der nationalen Erhebung". Frick wurde am 1. Oktober 1946 in Nürnberg wegen Verbrechen gegen die Menschlichkeit zum Tode verurteilt. Vgl. *Wolfgang Benz / Hermann Graml / Hermann Weiß* (Hg.), Enzyklopädie des Nationalsozialismus. München 1998, 836, s. v. Frick, Wilhelm.

[200] WW-1936-01, 27–29.

mögen sie in der Hautfarbe, im Gesichtsschnitt, im Haar usw. noch so verschieden sein, im zu innerst Menschlichen doch immer die gleichen sind." Für Winkler ist es „ganz unverständlich", warum die europäischen Völker einander andauernd feindlich gegenüberstünden. Das „Volkstum" und die „Muttersprache" seien zwar hoch einzuschätzende Werte („[. . .]keiner kann für sie [=die Muttersprache] eine höhere Wertschätzung haben als jemand, der schon als sechsjähriger Schuljunge in den Straßen dieser Stadt ihretwegen verbläut wurde"); stärker als jedes Volkstum sei jedoch die gemeinsame Religion, wobei die höchste Gemeinschaft jene „des geläuterten Menschentums" darstelle. Je mehr sich all diese Gemeinschaften bei einem Volk überdeckten, desto leichter könne dieses bestehen.[201]

Weitere Studien zum Thema des Geburtenrückgangs und seiner Bekämpfung ließ er in den Periodika *Schönere Zukunft* und *Monatsschrift für Kultur und Politik* erscheinen, die in katholisch-nationalen Kreisen zirkulierten. Die erste dieser Zeitschriften erschien jeweils wöchentlich in sechzehn Jahrgängen 1925 – 1940/41, und die zweite wurde in den drei Jahren von 1936 bis 1938 herausgegeben.

Seine 1936 – 1938 in der *Schöneren Zukunft* erschienenen Artikel übertitelte Winkler mit „Was kosten Weib und Kind?", „Der Geburtenrückgang in den einzelnen Staaten", „Welches sind die Ursachen des Geburtenrückganges?", „Was kann gegen das Übel des Geburtenrückgangs geschehen?", „Das Schicksal kinderloser Völker" und „Das Gleichgewicht der Geschlechter und die Einehe". Im Mittelpunkt seiner Betrachtungen stand wieder die Frage, wie der Geburtenrückgang mittels sozialpolitischer Instrumente bekämpft werden könne:

Um die steuerliche Entlastung des Familienvaters auf den Weg bringen zu können, sei es notwendig, Berechnungen über den „Mindestbedarf" einer Familie anzustellen. (Eine Differenzierung nach „standesgemäßen" Bedürfnissen lehnt er ab, weil er bezweifelt, ob dies für die einzelnen sozialen Schichten angesichts der finanziellen Schwäche des Staates überhaupt noch zu machen sei.) Damit schließt er an eine ähnliche Berechnung an, die er bereits 1924 unter der Leitfrage „Was kostet ein Kind?" angestellt hatte. Seither sei nach einer Berechnung des BASt der Lebensaufwand um rund 22% gestiegen, woraus sich für ein kinderloses Ehepaar ein „Lebensmindestbedarf" von 143,–öS, für eine Einkindfamilie je nach Alter und Geschlecht des Kindes von 166,–öS bis 220,–öS, für eine Zweikindfamilie von 197,–öS bis 297,–öS, für eine Dreikindfamilie von 235,–öS bis 374,–öS und für eine Vierkindfamilie von 237,–öS bis 440,–öS ergebe. Die Mindestkosten für die „Aufzucht" eines Knaben berechnet er mit 50,–öS, eines Mädchens mit 45,–öS.[202] Winklers pronatalistisches Konzept beruhte auf einem politischen Ideengebäude, das die direkte und indirekte finanzielle Unterstützung von kinderreichen Fami-

---

[201] Ebd., 30 f.; 31 (jew. wörtl. Zit.). Die Besprechungen fielen wieder positiv aus, beschränkten sich aber auf die bloße Wiedergabe und freundliche Kommentierung von Winklers Thesen: Bespr. von [anonym], NSt 10 (1936/37), 479; Bespr. von *Josef Götz,* AStA 26 (1936/37), 491; Bespr. von *W.[?] Simon,* ZsNök 8 (1937), 256 f.

[202] WW-1936-08, 762 ff.

lienvätern durch den Staat vorsah. Dieses Vorstellungen gründeten sich auf einem Familien- und Geschlechterrollen-Modell, das die biologischen Unterschiede zwischen Ehefrauen und Ehemännern und zwischen weiblichen und männlichen Geschwistern zum Vorwand nahm, um männlichen Familienmitgliedern gegenüber weiblichen Familienangehörigen einen sozialen Vorrang einzuräumen. Dadurch wurden Formen sozialer Ungleichheit innerhalb der Familien geschaffen. Die Auszahlung von Familienförderungen an den erwerbstätigen, männlichen Ehegatten erschien bürgerlichen Männern ebenso selbstverständlich zu sein wie die Differenzierung von Kinderbeihilfen nach dem Geschlecht. Die Möglichkeit, daß Ehefrauen und Mütter einer Erwerbsarbeit nachgehen und damit theoretisch Berechtigungen zur Entgegennahme finanzieller Begünstigungen erwarben, fand keinen Platz in Winklers Weltbild.[203]

Einen Beitrag über „Familieneinkommen und Familienlasten", den er in der regierungsnahen *Monatsschrift für Kultur und Politik* veröffentlichte, schließt er an die oben vorgeführten Mindestberechnungen an. Der Artikel ist ein Plädoyer für die Berechnung des Familieneinkommens nach „Vollpersonen", d. h. für die Abstufung des Einkommens eines Familienvaters nach den je nach Alter und Geschlecht verschiedenen Mindestbedürfnissen seiner Familienangehörigen. Winklers Konzept, das Walter Schiffs seinerzeitige Studie über Wiener Arbeiterhaushaltungsrechnungen für die Bedürfnisse der akademisch gebildeten Bundesbediensteten weiterentwickelt, soll den „tatsächlichen" Familienbedarf eruieren. Das ständige Steigen der Bezüge mit dem Alter betrachtet er als ein Relikt aus einer Zeit, welche die Progression der Beamtengehälter noch als eine Form des „Familienlohns" betrachtet habe und „in der es noch eine normale Bevölkerungsvermehrung und Kinderaufzucht" gegeben habe.[204]

Die in diesem Artikel vorgelegten Ideen trug er bei einer Tagung des *Österreichischen Verbandes Familienschutz* vor, bei der außerdem der Familienschutzkonsulent des Bundeskanzleramtes Engelbert Nitsche und die Leiterin des *Mutterschutzwerks der Vaterländischen Front* Mina Wolfring über die „bedrohliche volksbiologische Lage Österreichs" und den „Ausgleich der Familienlasten" referierten.[205]

Winkler versucht mit seinen Berechnungen den Nachweis zu erbringen, daß die Schere zwischen seinen Mindestberechnungen und der Höhe der tatsächlichen Familien- und Kinderzulagen im öffentlichen Dienst sozialpolitisch nicht zu verantworten sei. Die Zulagen betrügen für das erste Kind 5,–öS und verdoppelten

---

[203] Die Berufstätigkeit von Frauen wurde jedoch auch unter Winkler weltanschaulich Nahestehenden als eine gesellschaftliche Tatsache anerkannt, über das die Betreffenden allerdings wenig erfreut waren. Vgl. *Olga Rudel-Zeynek,* Positive Bevölkerungs- und Familienpolitik, ein Zeitbedürfnis, in: Der Christliche Ständestaat 2 (1935), 761.

[204] WW-1936-06, bes. 24–27, wörtl. Zit. 27.

[205] *Wilhelm Hecke,* Bericht über die 3. Tagung des österreichischen Verbandes Familienschutz vom 9.–11. Jänner 1936 in Wien, in: ABB 6 (1936), 112.

sich jeweils bis zum dritten Kind. Für das vierte Kind betrage die Zulage 15,–öS, für das fünfte 10,–öS und für das sechste Kind 15,–öS. Für jedes weitere Kind würden 10,–öS im Monat ausgeschüttet.[206] Der innere Sinn dieser Reihe sei nicht klar. Man dürfe sich daher nicht wundern, wenn die Kinderlosigkeit unter den öffentlich Bediensteten immer weiter um sich greife. Gerüchte, wie sie in der Presse zirkulierten, daß die Frauenzulage gestrichen und zur Erhöhung der Kinderzulagen verwendet werden sollte, halte er nicht für authentisch. Doch selbst, wenn eine solche Maßnahme getroffen werden sollte, führe sie bei weitem nicht zum Ziel, denn „die Not der Familienväter ist groß und verlangt eine *gründliche* [Hervorhebung durch Winkler] Abhilfe.“[207] Kinderlose Ehepaare verfügten im Vergleich zu kinderreichen Familien über einen größeren „Nahrungsspielraum“, der als „Kulturspanne“ bezeichnet werden könne. Wenn Burgdörfer den damit häufig verbundenen „überspitzten Individualismus“ mit der Bezeichnung „streberische Gesinnung“ belege, so schieße er über das Ziel hinaus. Ernsthafte wirtschaftliche Gründe rechtfertigten die Entscheidung, den Kinderwunsch hintanzustellen.[208]

Von Interesse ist, wie Winkler die Bevölkerungspolitiken der drei autoritär bis faschistisch regierten Länder Österreich, Italien und Deutschland bewertet. (Unter Bevölkerungspolitik versteht er synonym „Familienpolitik“ zugunsten des kinderreichen Familienvaters.) Für sein Land stellt er – s. o. – hinsichtlich der Durchführung familienpolitischer Maßnahmen große Defizite fest.[209] Die italienische Bevölkerungspolitik betrachtet er als die relativ erfolgreichste; gegenüber Deutschland, das „Ehestandsdarlehen“ „nach gewissen gesundheitlichen und rassischen Gesichtspunkten“ verteile, nimmt er eine affirmative Haltung ein: Dieses System sei „wirksam und sinnreich“.[210] Die Unterschiede, welche Winkler bei der Bewertung der entsprechenden Politiken der genannten Länder macht, sind insgesamt bloß graduell; entscheidend ist, daß er sie nach Kriterien geburtensteigernder Effizienz beurteilt, jedoch nirgends ihre rassistischen Kehrseiten in irgend einer Form diskutiert. Die Untersuchung der Ideologeme, die der spezifisch Winklerschen Einschätzung von Familien- und Bevölkerungspolitik zugrunde lagen, führt unmittelbar zu den Fragestellungen, in welchem diskursiven Umfeld Sozialpolitik in Österreich 1933 / 34 – 1938 betrieben wurde, welche Rolle die Familien- und Bevölkerungspolitik in diesem Rahmen spielte[211] und welche gesellschaftlichen Kreise mit

---

206 Dazu einige Umrechnungen nach der Tabelle in *Voithofer* (1999), 594: Danach wären 10,–öS von damals heute etwa 25,– EUR, 50,–öS etwa 125,– EUR, 143,–öS etwa 362,– EUR und 440,–öS etwa 1.115,– EUR.

207 WW-1936-08, 763 f.; 764 (wörtl. Zit.).

208 WW-1936-10, 1032.

209 Vgl. WW-1936-11, 1057.

210 Ebd., 1058; vgl. WW-1936-01, 27 – 29.

211 Zur Sozialpolitik in der Ersten Republik und im Ständestaat vgl. die Arbeiten von E. Tálos, der jedoch weniger auf Diskussionen rund um die spezielleren Fragen von Familien- und Bevölkerungspolitik eingeht, sondern sich vorwiegend mit verschiedenen Formen

welchen Leitideen und politischen Intentionen am Diskussionsprozeß in diesem Politikbereich beteiligt waren. Ohne die eben aufgeworfenen Fragen hier auch nur ansatzweise beantworten zu können, sei doch darauf hingewiesen, daß die Bevölkerungspolitik im weiteren, qualitative Themenfelder mit umfassenden Sinn wie auch Formen der quantitativen Bevölkerungspolitik im weiteren und Familienpolitik im engeren Sinn Politikbereiche darstellten, die auf reges Interesse stießen. Besonders gehobene, an ein gebildetes Publikum gerichtete kulturpolitische Zeitschriften widmeten dem Thema regelmäßig eigene Artikel. Winkler war mit insgesamt acht Beiträgen, welche die Bevölkerungsfrage aus verschiedenen Perspektiven darstellten, jener Mitarbeiter der *Schöneren Zukunft*, der bei weitem am meisten Artikel zum Thema schrieb.[212]

Von der Art und Weise, wie der Wiener Extraordinarius in der *Schöneren Zukunft* und in der *Monatsschrift für Kultur und Politik* familienpolitische Themen vom statistischen Standpunkt aus behandelte, läßt sich nicht a priori ein direkter Kausalzusammenhang zur politischen Programmatik dieser Zeitschriften ableiten. Dennoch verweisen die mittels der Untersuchung der Präsenz eines Autors in einer bestimmten Zeitschrift indirekt feststellbaren Verbindungen zu bestimmten gesellschaftlichen Kreisen, sofern – wie in dem hier besprochenen Fall – keine anderen Quellen vorliegen, welche die These widerlegen, auch auf die soziale Verankerung dieses Verfassers in einem distinkten Sozialmilieu. Das schließt nicht aus, daß der Autor bei einer relativ liberalen Redaktionspolitik auch seine eigenen politischen Meinungen vertreten konnte.

Neben dem Wochenmagazin *Der Christliche Ständestaat* gehörten die beiden oben genannten Zeitschriften zum Spektrum der gehobenen, in der bürgerlich-katholischen Bildungsschicht der Ersten Republik und des Ständestaats zirkulierenden Kulturzeitschriften. Diese pflegten Querverbindungen etwa zum ÖVVA und zur LG. Allein durch diesen Hinweis wird ansatzweise die Infrastruktur

---

der Arbeits- und Sozialversicherungspolitik auseinandersetzt. *Emmerich Tálos*, Sozialpolitik im Austrofaschismus, in: Ders./Wolfgang Neugebauer (Hg.), „Austrofaschismus". Beiträge über Politik, Ökonomie und Kultur 1934–1938. Wien 1984; vgl. auch ders., Sozialpolitik in der Ersten Republik, in: Ders./Herbert Dachs/Ernst Hanisch/Anton Staudinger (Hg.), Handbuch des politischen Systems. Erste Republik 1918–1933. Wien 1995, 570–586.

[212] Eppel nennt in seiner Monographie über die „Schönere Zukunft" sämtliche Mitarbeiter und reiht sie nach der Zahl ihrer vom 01. 04. 1934 bis 27. 03. 1938 veröffentlichten Artikel. Danach käme Winkler für den besagten Zeitraum auf vier Beiträge. Nach meiner davon abweichenden Zählung kommt Winkler jedoch für diese Zeit auf sechs Beiträge. Einer seiner Artikel erschien am 12. 06. 1938 und damit außerhalb des von Eppel genannten Zeitraums. Ein weiterer war bereits vorher in längerer Fassung an anderer Stelle erschienen. Mit sechs für die „Schönere Zukunft" verfaßten Aufsätzen gehörte Winkler im Vergleich zu den anderen Mitarbeitern, die Eppel in seiner Liste anführt, zu jener Gruppe von etwa fünfzig Beiträgern, welche die Spitzengruppe der Mitarbeiter darstellten. Insgesamt verfügte die Zeitschrift über rund 300 ständige und zeitweise Mitarbeiter. Vgl. *Peter Eppel*, Zwischen Kreuz und Hakenkreuz: die Haltung der Zeitschrift „Schönere Zukunft" zum Nationalsozialismus in Deutschland 1934–38. Wien 1980, 372–376 (Liste der Autoren der „Schöneren Zukunft").

des sozialen Netzwerks sichtbar, das die Schicht der Katholisch-Nationalen in bestimmten sozialen Räumen zusammenführte. Die *Schönere Zukunft* als eines der Artikulationsorgane der katholisch-nationalen Kreise kann in gewissem Sinn als eine Zeitschrift charakterisiert werden, die „positive Aspekte" der politischen Entwicklung in Deutschland hervorhob und die während der Zeit des Ständestaats ihre wesentliche Funktion darin sah, eine geistige „Brücke" von Österreich ins Deutsche Reich zu schlagen und die zumindest bis zum Juliabkommen 1936 einander feindlich gegenüberstehenden Regimes beider Länder zu versöhnen. Ihre etwa 300 Autoren rekrutierten sich aus dem breiten, viele Meinungen umfassenden Lager der „Konservativen Katholiken", wobei die Teilgruppe der katholisch-nationalen Akademiker den größten Anteil des Mitarbeiterstabs stellte. Ideologisch „gesamtdeutsch" ausgerichtet und mit einer stark antisemitischen Schlagseite ausgestattet, sympathisierte die Zeitschrift nach Eppel allein deshalb mit dem deutschen Nationalsozialismus, weil sie zwar ihre Redaktion in Wien, ihr Verbreitungsgebiet aber großteils in Deutschland und in den 1918/19 von Österreich und Deutschland abgetrennten Gebieten fand.[213]

Während die *Schönere Zukunft* von vielen Lesern geradezu als „getarnt nationalsozialistisch"[214] eingeschätzt werden konnte, war *Der Christliche Ständestaat* ganz auf Regierungslinie. Von Dollfuß gegründet, um die *Schönere Zukunft* zurückzudrängen, die bis dahin das einzige wichtige Sprachrohr der Katholisch-Nationalen gewesen war, rekrutierte der „CS" seine Mitarbeiter vor allem aus der nach 1933 in Österreich sich niederlassenden deutschen Emigration. Er sprach sich gegen den Anschlußgedanken aus und trat dafür ein, Österreich stärker zum Bezugspunkt für das Auslandsdeutschtum zu machen.[215] Im Jahr 1936 wandte sich jedoch die Regierung Schuschnigg – wohl aufgrund deutscher Beschwerden – von der Förderung des Emigrantenblattes ab und gründete ein neues, vom führenden katholischen Sozialethiker Johannes Messner (1891 – 1984) herausgegebenes Regierungssprachrohr, das den *Christlichen Ständestaat* ersetzen und eine ideologische Zwischenstellung zwischen den beiden rivalisierenden und teils einander bekämpfenden Zeitschriften einnehmen sollte.[216] Bundeskanzler Schuschnigg meldete sich in der ersten Nummer der neuen Monatsschrift zu Wort und formulierte in seinen Geleitworten[217] klar das Programm eines Österreichertums, das einen eigenen Weg zwischen den Polen des unbedingten Anschlußgedankens und der Schaffung einer österreichischen Nation gehen sollte.[218]

---

[213] Vgl. ebd., 79; 81; 27.

[214] So jedenfalls ein zeitgenössischer Beobachter. Zit. n. *Rudolf Ebneth,* Die österreichische Wochenschrift „Der Christliche Ständestaat". Deutsche Emigration in Österreich 1933 – 1938. Mainz 1976 (= Veröffentlichungen der Kommission für Zeitgeschichte; B 19), 23.

[215] Bei der Durchsicht der Jahrgänge 1933 – 1937 haben sich keine Verbindungen zwischen Winkler und dieser Zeitschrift ergeben.

[216] Ebd., 22; 25; vgl. *Eppel* (1980), 69.

[217] Vgl. *Kurt v. Schuschnigg,* Zum Geleit, in: Monatsschrift für Kultur und Politik H. 1 (1936).

2. Winklers Doppelkarriere
als amtlicher und akademischer Statistiker

a) Winkler als Leiter der Abteilung
für Bevölkerungsstatistik im Bundesamt für Statistik

Als stellvertretender Leiter der Abteilung für Bevölkerungsstatistik im BASt war Winkler damit beauftragt, die ordentliche Volkszählung von 1923 auszuwerten. Diese war nach dem mißglückten außerordentlichen Zensus von 1920 die zweite derartige Zählung in der Ersten Republik. 1925 als Nachfolger Heckes zum Leiter der Abteilung für Bevölkerungsstatistik ernannt, war er maßgeblich an der Vorbereitung der für 1930 vorgesehenen Volkszählung beteiligt, die jedoch wegen finanzieller und politischer Schwierigkeiten auf 1934 verschoben wurde. Dieser Zensus stand unter Winklers alleiniger Leitung und erbrachte die erste auf verläßlichen Daten basierende Gesamtaufnahme der österreichischen Bevölkerung seit 1910.

Eine Untersuchung von Winklers amtlicher Tätigkeit muß grundsätzlich die Überschneidungen beachten, die zwischen seiner Tätigkeit als Konzeptsbeamter und als Wissenschaftler bestanden. Im folgenden werden jedoch nur jene öffentlichen Auftritte von Winkler beschrieben, bei denen er in erster Linie als amtlicher Statistiker in Erscheinung trat. In dieser Funktion brachte er stets seine Vorstellungen als theoretischer Statistiker in die Erstellung von Fragebögen ein, wie sie bei Volkszählungen verwendet wurden.

Die Methodik der Volkszählung

Wie amtliche statistische Erhebungen, besonders Volkszählungen im Österreich der zwanziger Jahre, durchgeführt und aufgearbeitet wurden und welche technischen Probleme sich dabei ergaben, berichtet Winkler selbst in seinem 1925 erschienenen Lehrbuch für Statistik. Zunächst geht er darauf ein, wie der Fragenkatalog, welcher der Bevölkerung vorgelegt wird, nach seinem Umfang beschaffen sein soll. Er tritt diesbezüglich für eine klare Beschränkung der Zahl der Fragen ein. Die zunehmenden Ansprüche an die statistische Aufarbeitung hätten dazu geführt, daß das statistische Urmaterial vom zuständigen Amt selbst verarbeitet werde. Nur durch eine „zentralisierte Aufarbeitung" werde die Vornahme von Merkmalsverbindungen gewährleistet. Er referiert weiter über die verschiedenen Zählweisen, den „Beantwortungszwang" und die Geheimhaltungspflicht und kommt auf die günstigsten Zeitpunkte für eine Erhebung zu sprechen. So sollten beispielsweise Volkszählungen besser im Winter als im Sommer durchgeführt werden, da

---

[218] Letztere Idee fand in der Zwischenkriegszeit nur wenige Anhänger. Sie war häufig von legitimistischen Vorstellungen durchsetzt.

zu dieser Jahreszeit weniger Ortsveränderungen erfolgten. Die vielfältigen Methoden und Schwierigkeiten der Aufarbeitung, die vor allem vorausschauende Planung und sorgfältige, vielfach wiederholte Prüfungen der erzielten Daten erfordere, sind Gegenstand der folgenden Darlegungen. Bevor Tabellen erstellt werden könnten, müßten die Erhebungsformulare (Fragebögen und / oder Listen) auf Zählkarten übertragen und letztere mittels elektrischer Maschinen ausgewertet werden. Es folge die Ausarbeitung der Tabellen, deren Drucklegung immer besondere technische Schwierigkeiten mit sich bringe.[219]

Als wichtigste Gebiete der Statistik betrachtet Winkler die Bevölkerungs-, Wirtschafts-, Kultur- und politische Statistik. Das waren jene Teilbereiche des Faches, die Aufnahme in das „Statistische Handbuch des gesamten Deutschtums" fanden. Die noch von Georg v. Mayr als drittes Hauptgebiet neben der „theoretischen" und der Bevölkerungsstatistik eingeführte „Moralstatistik" nimmt bei Winkler keinen hervorgehobenen Stellenwert mehr ein, sondern wird von ihm als ein untergeordneter Teilbereich der Bevölkerungsstatistik aufgefaßt. Wichtigste Aufgabe der amtlichen Statistik ist für Winkler die Erhebung des Bevölkerungsstands und der Bevölkerungsbewegung. Die Zählung der wohnhaften sei der Erfassung der anwesenden Bevölkerung und die Ermittlung der Denksprache der Erhebung der Nationalität vorzuziehen.[220]

Zur Krise der amtlichen Statistik. Die Volkszählung von 1923

Im Zuge der Seipelschen „Sanierung" wurden bis 1924 in Österreich 84.000 Beamte entlassen.[221] Von dieser Maßnahme waren, wie Winkler noch Jahrzehnte später mit einem maliziösen Unterton kommentiert, von den Spitzenbeamten des BASt der „überalterte, unfähige Greis Mataja", aber auch sein unmittelbarer Vorgesetzter Hecke, der von ihm ungleich mehr geschätzt wurde, betroffen. Der bisherige stellvertretende Amtschef Walter Schiff, ein Mann, mit dem Winkler sehr gut zusammenarbeitete, folgte Mataja auf den Posten des Präsidenten, er blieb jedoch nur wenige Monate im Amt.[222] Schiff bemühte sich, für Winkler und den Finanzstatistiker Arnold Madlé eine Beförderung zu erreichen. Die beiden seien im Vergleich zu den anderen, teilweise rangjüngeren Kollegen zu gering dotiert. Das zuständige Ministerium reagierte darauf, indem es den bisherigen Hofsekretär Winkler durch den Bundespräsidenten am 23. Mai 1922 zum Regierungsrat ernennen ließ und Madlé der Titel eines Hofsekretärs verliehen wurde. Mit der Begründung,

---

219 Vgl. WW-1925-01, 117–132.

220 Vgl. ebd., 136–138.

221 Vgl. *Ernst Hanisch,* Der lange Schatten des Staates. Österreichische Gesellschaftsgeschichte im 20. Jahrhundert. Wien 1994, 283.

222 PNWW, Mein überreich bewegtes Leben, Fragm. 2, [unbez.]; vgl. BASt: Dienstkategorien (Dienstpostenpläne) nach Besoldungsgesetz, Verzeichnisse, vor 1925 (vermutl. 1923), Fasz. 3298, „Hecke für den Abbau bestimmt."

der neue, seit Anfang 1923 im Amt befindliche Präsident Walther Breisky (1871–1944) sei auf die Angelegenheit nicht weiter eingegangen, wurde dagegen das Ersuchen um eine Erhöhung von Winklers (und Madlés) Personalzulagen abgelehnt.[223]

Es gab Bedenken, den christlichsozialen Politiker und Vizekanzler a. D. Breisky an die Spitze des BASt zu berufen. Er verstand nämlich nichts von Statistik. Breisky war jedoch ein ausgezeichneter Verwaltungsbeamter, sodaß er als würdig befunden wurde, die Leitung des statistischen Amtes zu übernehmen. Kennzeichnend für die Einstellung gegenüber der Statistik, wie sie in regierungsnahen Kreisen gepflegt wurde, waren Aussagen wie jene von Michael Hainisch, der meinte, daß der Staat „ohnedies keine Mittel [habe], große statistische Erhebungen zu veranstalten [...] Nun mochte ein Bureaukrat an die Spitze des Amtes gestellt werden, der sich der Hilfe begabter und wissenschaftlich hochgebildeter Untergebener bedienen konnte“[224]. Die beiden wichtigsten Aufgaben, die unter Breiskys Präsidentschaft geleistet wurden, waren die Übersiedlung des Amtes 1927/28 in die Neue Hofburg und die Abhaltung einer ordentlichen Volkszählung, der ersten seit 1910. Diese war ursprünglich schon für den November 1921 vorgesehen gewesen, doch wurde sie wegen der Verschlechterung der staatlichen Haushaltslage auf den 7. März 1923 verschoben. Offiziell sollte die Mandatszahl für die im November geplante Nationalratswahl des selben Jahres ermittelt werden. Das Erhebungsprogramm beschränkte sich daher auf die Erhebung der Häuser-, Wohnparteien- und der Einwohnerzahl. Erstmals wurden eine „Behausungsziffer“ und die „sprachliche Zugehörigkeit“ (Denksprache) erhoben. Bei der Vorbereitung der Volkszählung wurde jedoch die antisemitische und minderheitenfeindliche Tendenz von Regierung und Gesetzgeber sichtbar: Erstmals sollte nicht nur die „Volkszugehörigkeit“, sondern auch die „Rasse“ erhoben werden. Die Auswertung der Frage nach der „Rasse“ mißlang jedoch, weil sie von der Mehrheit der Bevölkerung nicht angenommen wurde. Regierungsziel war es, die Anzahl von Angehörigen ethnischer Minderheiten möglichst niedrig zu halten. Innenministerium, *Statistische Zentralkommission* und der *Schulverein Südmark* wirkten zusammen, um dieses Ziel, das erstmals bei einer Besprechung im Bundeskanzleramt im November 1921 festgelegt worden war, zu erreichen.[225]

---

[223] ÖSTA, AVA, Unterr. Allgemeine Reihe, BASt, Fasz. 3298, Zl. 37/1 präs/23, Hofsekretär Dr. Winkler und Vizesekretär Dr. Madlé, Antrag auf Personalzulagen, Präsidium des BASt an das BMIU, 30. 12. 1922, Fasz. 3298,/Zl. 8, präs/1922; Antwortschreiben des BMIU, 10. 06. 1923, Fasz. 3298, Nr. 174, Abtlg. 1; Auszeichnungsanträge für Angestellte, Präsidium des BASt an das BMIU, 08. 01. 1923; Verleihung des Titels Regierungsrat, Benachrichtigung des BMIU v. 23. 05. 1923.

[224] *Michael Hainisch*, 75 Jahre aus bewegter Zeit. Lebenserinnerungen eines österreichischen Staatsmannes. Bearb. von Friedrich Weissensteiner. Wien-Köln-Graz 1978 (= Veröffentlichungen für Neuere Geschichte Österreichs; 64), 235.

[225] Anfrage der Abgeordneten Dr. Zeidler, Dr. Jerzabek, Dr. Ursin, Johann Gürtler und Genossen an die Bundesregierung, betreffend die Zählung der Juden auf Grund der Rassenzugehörigkeit anläßlich der kommenden Volkszählung, in: Nationalrat – 53. Sitzung am

Die erste ordentliche Volkszählung der Ersten Republik erbrachte als wichtigstes Ergebnis eine Feststellung der Zahl der anwesenden Bevölkerung. Diese betrug 6,526.700 Personen, was im Vergleich zur letzten, in der Monarchie vorgenommenen Volkszählung für den selben Gebietsstand eine Abnahme von 1,80% bedeutete. Die Statistik der Bevölkerungsbewegung ergab ein West-Ostgefälle in der Geburtenzahl und wies einige Gegenden mit Schwerindustrie (z. B. in der Obersteiermark) als Zuwanderungsgebiete auf. Insgesamt blieb die Volkszählung jedoch ein Torso. Wegen Geldmangels mußten nämlich verschiedene Nachweisungen entfallen, die sonst einen festen Bestandteil der Volkszählungen bildeten. So gehörten zu den nicht aufgearbeiteten Merkmalen u. a. die Verbindung des Alters der beiden Brautleute, die Unterscheidung der Gestorbenen jedes Alters nach Geburtsjahrgängen und die Religion der Mütter legitimierter Kinder. – Winkler war stellvertretender (ab 1925 alleiniger) Leiter der Auswertung und der damit verbundenen, wie er es formulierte, „Weiterausgrabung von dürftigen Ergebnissen aus den Trümmern der mißglückten Volkszählung". Er erhielt dafür eine außerordentliche „Remuneration für Mehrdienstleistungen", die „weit über die siebenstündige tägliche Arbeitszeit" hinausgingen, von 250.000 Kronen. Diese Arbeiten zogen sich bis 1927 hin. Sie erschienen nicht in eigenen Volkszählungspublikationen, sondern nur in Artikeln in den *Statistischen Nachrichten* und in den Tabellen des *Statistischen Handbuchs*. Die lange Verzögerung entstand dadurch, daß die Volkszählungskredite zu Beginn der Aufarbeitung durch das BMU gestrichen wurden, „nachdem die weitaus größeren Kosten der Erhebung aufgelaufen waren". Die Drucktätigkeit des BASt wurde durch die Einsparungsmaßnahmen der Regierung nach einer Berechnung von Winkler aus dem Jahr 1930 im Vergleich zur Vorkriegszeit um 92% eingeschränkt, was einer „Lahmlegung des Bundesamtes für Statistik" nahekam. Im Vergleich zu einigen Nachbarländern, welche die Agenden der amtlichen Statistik durch eigene „statistische Gesetze" geregelt hätten, werde diese in Österreich von staatlicher Seite vernachlässigt, was dazu geführt habe, daß private Einrichtungen wie das Institut für Konjunkturforschung oder die Kammern viele ihrer Aufgaben übernommen hätten.[226]

---

14. 09. 1921 (Wien 1921). Bei J. Götz heißt es 1940, „die jüdisch-marxistische Presse" habe ihre Leser aufgefordert, „die Frage nach der Rasse mit ‚weiß' zu beantworten". (*Josef Götz,* Rassenforschung und Statistik, in: Friedrich Burgdörfer (Hg.), Die Statistik in Deutschland nach ihrem heutigen Stand. Bd. 1. Berlin 1940, 189. Die sozialdemokratische Parteizeitung riet ihren Lesern tatsächlich, nur Fragen nach der sprachlichen Zugehörigkeit und der Kenntnis der deutschen Sprache zu beantworten. Vgl. Der Rassenforscher Frank, in: Arbeiterzeitung Nr. 40 vom 11. 02. 1923; vgl. Die Rasse, in: Deutschösterreichische Tageszeitung vom 20. 01. 1923; vgl. Die verpatzte Volkszählung, in: Deutschösterreichische Abendzeitung vom 08. 03. 1923; vgl. auch Geschichte und Ergebnisse (1979), 111 f.; vgl. *Hanns Haas,* Die österreichische Regierung und die Minderheitenschutzbestimmungen von Saint Germain, in: Integratio 11 – 12 (1979), 28 f.; 38 ff.

226 PNWW, Mein überreich bewegtes Leben, Fragm. 2, 16 u. WW-1930-05, 19; 20 (jew. wörtl. Zit.); vgl. Geschichte und Ergebnisse (1979), 112, 117; vgl. Beiträge zur Statistik der Republik. Hg. vom Bundesamte für Statistik. Wien 1920 – 23, H. 8: Die Bewegung der Bevölkerung in den Jahren 1914 bis 1921 (Wien 1923), Vorwort, 5 f.; *Ladstätter* (1973), 274;

Als stellvertretender Leiter der Abteilung für Bevölkerungsstatistik und Vorstand der Unterabteilung für Heeresstatistik stand Winkler 1922/23 in der Besoldungsgruppe 17 (Höherer Verwaltungsdienst, besonders gehobener Posten, Dienstklasse VII). Im Stellenplan war er damit hinter Präsident Breisky, dem Leiter der Präsidialabteilung Dr. Erich Korningen und hinter seinem Abteilungsleiter Hecke, der um eine Rangstufe höher eingereiht war, der am viertbesten besoldete Beamte des BASt. Mit Bescheid vom 1. März 1923 erhielt er einen jährlichen Gehalt von 53.629 K 20 h, wozu ein jährlicher Ortszuschlag von 53.638 K 80 h [sic!] kam. Nach einem am 18. Juli 1924 beschlossenen Gehaltsgesetz wurde ihm vom 1. Mai 1924 angefangen die dritte Gehaltsstufe der IV. Dienstklasse zuerkannt. Seine Bezüge betrugen im letzten Jahr des Bestehens der Kronenwährung 50,155.000 K, wozu ein jährlicher Ortszuschlag von 7,523.250 K berechnet wurde.[227]

Die aus der Steigerung der Gehaltsziffern hervorgehende Tatsache der in Österreich auch nach der Hyperinflation von 1922 wütenden Geldentwertung verhalf paradoxerweise der amtlichen Statistik zu einer Bedeutung, wie sie sie seit Kriegsende nicht mehr gehabt hatte. Felix Klezl, der Leiter des arbeitsstatistischen Referates, hatte in dieser stürmischen Phase die Aufgabe, einen Index für die Lebenshaltung zu schaffen. Als Klezl 1927 versuchte, seine Berechnungen theoretisch zu untermauern, geriet er in eine Konfrontation mit Winkler, der dem „Klezlschen Gesetz" eine brüske Abfuhr erteilte.[228] Die ausgeprägte Gegnerschaft zwischen den beiden war auch noch unter den folgenden Statistiker-Generationen nahezu berüchtigt.[229]

Als Wilhelm Hecke 1925 aus dem Dienst des BASt ausschied, war Winkler sein logischer Nachfolger.[230] Dieser erinnerte sich, Heckes Ausscheiden „als Mensch"

---

vgl. *Ewald Ammende*, Die Nationalitäten in den Staaten Europas. Wien 1931, 297 f.; ÖSTA, AVA, Unterr. Allgemeine Reihe, BASt, Remunerationen statt Überstundenentlohnung für Volkszählungsarbeiten, Präsidium des BASt an das BMU, 01. 06. 1923, Fasz. 3298, Zl. 246/1 präs./23. Winklers Vorgesetzter W. Hecke erhielt 400.000 Kronen; zur Organisation der staatlichen Statistik in Deutschland vgl. *Friedrich Burgdörfer*, Die Organisation des amtlichen statistischen Dienstes, in: Ludolph Brauer/Albrecht Mendelssohn Bartholdy/Adolf Meyer (Hg.), Forschungsinstitute. Ihre Geschichte, Organisation und Ziele. Bd. 1. Hamburg 1930, 338–353.

227 ÖSTA, AVA, Unterr. Allgemeine Reihe, BASt, Dienstkategorien (Dienstpostenpläne) nach Besoldungsgesetz, Verzeichnisse, 1924, Fasz. 3298; Benachrichtigung des BMIU über die Einreihung auf einen Dienstposten der Besoldungsgruppe 16 vom 15. 02. 1923; PNWW, Benachrichtigung des BMU über die Ablehnung des Ansuchens um die Anrechnung von Vordienstzeiten vom 19. 06. 1923; PNWW, Überleitung in die IV. Dienstklasse, Benachrichtigung des BMU vom 09. 02. 1925. Nach *Voithofer* (1999), 593 f., entsprach dieses Jahresgehalt von 57,678.250 K im Jahr 1998 einem Wert von rund 16.840,– EUR.

228 Vgl. Kap. III. 1. a).

229 W. Zeller schreibt dazu: „Bedauerlicherweise blieb das Verhältnis zwischen Klezl und Winkler weiterhin angespannt; sie waren beide zu verschieden und fanden keinen Weg zueinander." (Geschichte und Ergebnisse (1979), 119).

230 Wann genau der Wechsel vollzogen wurde, geht aus den Akten, die dem Verfasser vorliegen, nicht hervor.

sehr bedauert zu haben, doch „als sein Untergebener und Nachfolger" seinen Abschied „natürlich als Befreiung aus der mir auferlegten vierjährigen Knechtschaft" lebhaft begrüßt zu haben. Als Leiter der Abteilung für Bevölkerungsstatistik rückte er mit Entschließung des Bundespräsidenten vom 31. Dezember 1926 auf einen Dienstposten der III. Dienstklasse vor. Sein Gehalt betrug zum 1. Jänner 1926 jährlich 6.230,–öS 60 g, wozu ein jährlicher Ortszuschlag von 934,–öS 59 g und die üblichen Familienzulagen kamen.[231]

Er war von jetzt an gleichberechtigter Kollege der Abteilungsleiter im BASt für Justiz- und Verwaltungsstatistik Hugo Forcher (ab 1926 Arnold Madlé), für Wirtschaftsstatistik Rudolf Riemer und für Arbeits- und Sozialstatistik Felix Klezl. Zwei Jahre später und noch einmal zwei Jahre darauf erfolgten weitere wichtige Weichenstellungen in seiner Laufbahn: Mit der Verleihung des Titels eines (hauptamtlichen) Extraordinarius (1927) und dann des vollen Extraordinariats (1929) wechselte er vom BASt an die Universität, wobei er seine Amtsstellung nebenberuflich beibehielt. Breisky führte anläßlich seiner Ernennung zum ao. Prof. jedoch aus, daß das Amt es sich nicht leisten könne, seinen wissenschaftlich bestqualifizierten Beamten an die Universität abzugeben. Für Winkler stünde in Österreich kein geeigneter Ersatz zur Verfügung. Er wurde daher „unbeschadet seiner nunmehrigen Dienstverpflichtung als Hochschullehrer" damit beauftragt, die Leitung der bevölkerungsstatistischen Abteilung, wenn auch im Nebenamt, weiterhin wahrzunehmen. Dafür erhielt er eine Remuneration von 400,–öS, wodurch er zusammen mit seinem Verdienst als Hochschullehrer monatlich auf rund 1050,–öS (exklusive gesetzliche Sonderzahlungen) kam.[232] Der eigentliche Grund für diesen Wechsel, der für Winkler neben einer Standeserhöhung auch die Vermehrung seiner Bezüge beinhaltete, lag in seiner Abneigung, in der „giftigen Atmosphäre" des Amtes zu arbeiten. Die Initiative zur Beförderung scheint von Breisky selbst ausgegangen zu sein, dem – so Winkler – der „Jammer der Eifersucht und Gegnerschaft der Konzeptsbeamten des Statistischen Bundesamtes [...] zu Herzen" gegangen war.[233]

Mit dem Präsidenten verband Winkler im Gegensatz zu den Beziehungen mit seinen Abteilungsleiter-Kollegen ein ausgezeichnetes Arbeitsverhältnis. Breisky setzte sich immer dann für den Leiter seiner ersten und größten Abteilung ein,

---

[231] Nach *Voithofer* (1999), 593 f. sind diese Beträge nach dem Geldwert von 1998 in folgender Weise umzurechnen: Winklers Jahreseinkommen als Abteilungsleiter des BASt (ohne Familienzulagen) entspricht heute etwa 18.510,– EUR.

[232] Nach ebd., entsprach dieses Monatseinkommen 1998 einem Betrag von rund 2.500,– EUR.

[233] PNWW, Mein überreich bewegtes Leben, Fragm. 2, [unbez.] u. Fragm. 4, 24 (jew. wörtl. Zit.); PNWW, Ernennung zum ao. Univ.-Prof. und Betrauung mit der Leitung der Abteilung I des BASt, Schreiben des Präsidenten des BASt, Walther Breisky, vom 25. 10. 1929; PNWW, Verleihung eines Dienstpostens der III. Dienstklasse durch den Bundespräsidenten vom 08. 01. 1926, Zl. 9-I/1. Vgl. ÖSTA, AVA, Unterr. Allg. Reihe, BASt, Geschäftsstück des BMU, 14. 07. 1932, Fasz. 3297, 32.337-I/1. Nach *Voithofer* (1999), 593 f. entsprachen 400,– im Jahr 1998 einem Betrag von rund 960,– EUR.

wenn es um Beförderungen außerhalb des Amtes ging. So verfaßte er für ihn ein ungewöhnlich wohlwollendes „Amtszeugnis", als er sich um die Stelle des Vorstandes der statistischen Abteilung beim Internationalen Arbeitsamt in Genf bewarb.[234] Vielversprechende Früchte schien seine Zusammenarbeit mit Breisky zu tragen, als er mit dessen Hilfe seine Idee verwirklichen wollte, eine statistische Fachzeitschrift als Nachfolgerin der 1921 eingestellten *Statistischen Monatsschrift* zu gründen. Die Abhaltung von „Sprechabenden" sollte die Grundlage dafür geben, wieder ein Publikationsorgan der Wiener statistischen Wissenschaft zu schaffen. Breisky gelang es, staatliche Druckkostenbeiträge zu erhalten, so daß 1930 ein erstes Heft der *Wiener Statistischen Sprechabende* erscheinen konnte. Als Herausgeber schien neben dem Präsidenten des Bundesamtes auch Winkler auf. Der Amtschef hatte in seinem an das Unterrichtsministerium gerichteten Förderungsantrag darauf verwiesen, daß die neue, vom IStMV organisierte und von der Förderungsgesellschaft des Minderheiteninstituts unterstützte Veranstaltungsreihe das Ziel verfolge, weitere Kreise der Öffentlichkeit, insbesondere der Wirtschaft, aber auch der staatlichen Verwaltung, für die Statistik zu interessieren. Dieses sei die unabdingbare Voraussetzung dafür, daß die amtliche Statistik in befriedigender Weise die erforderlichen Erhebungen durchführen könne. Am 3. Dezember 1929 eröffnete Breisky mit einem Vortrag über „Die Weltlage der Statistik" den ersten, „recht gut" besuchten statistischen Sprechabend, dem im folgenden Jahr 1930 noch drei, jeweils an eigenen Terminen abgehaltene Referate folgten. Vortragende waren Wilhelm Winkler („Die Statistik in Österreich"), Edmund Palla („Probleme der Sozialstatistik") und Rudolf Riemer („Die rechtlichen und methodischen Grundlagen der österreichischen Berufszählung 1930").[235] – Die Rednerliste kennzeichnet die „Statistischen Sprechabende" als eine Veranstaltung, die vom Präsidenten und den Referenten des BASt getragen wurde – mit einer Ausnahme: für den Vortrag über „Probleme der Sozialstatistik" wurde nicht der im Amt eigentlich zuständige Dr. Felix Klezl herangezogen, sondern ein außerhalb des Amtes stehender, wenngleich fachlich versierter Sozialstatistiker und -politiker.[236]

---

[234] Die Kandidatur selbst führte zu keinem Erfolg, auch nicht bei Klezl, der sich ebenfalls um dieses Amt beworben hatte. ÖSTA, AVA, Unterr. Allgemeine Reihe, BASt, Oberrat Dr. Felix Klezl und Oberrat Dr. Wilhelm Winkler, Bewerbung um eine Stelle beim Internationalen Arbeitsamt in Genf, Präs. Breisky an das BMU, 20. 12. 1928; Fasz. 3297, Zl. 354 präs./28; PNWW, Amtszeugnis, ausgestellt vom Präsidenten des BASt Walther Breisky, vom 17. 11. 1928.

[235] Vgl. PNWW, Mein überreich bewegtes Leben, Fragm. 4, 32; Statistische Sprechabende, Ersuchen um die Bewilligung von Druckkostenbeiträgen, Präs. Breisky an das BMU, 12. 12. 1929, Fasz. 3296, Zl. 296/präs. 29; Antwortschreiben des BMU, 16. 12. 1929, Fasz. 3296, Zl. 38.867/29/1. 600,–öS entsprachen nach *Voithofer* (1999), 593 f. nach heutigem Geldwert (1998) einem Betrag von rund 1.420,– EUR.

[236] Die beiden namentlich in Erscheinung tretenden Gäste der „Sprechabende" Palla und Drexel waren als Anschluß-Politiker (beide hatten führende Ämter in der *Österreichisch-Deutschen Arbeitsgemeinschaft* inne – vgl. *Garscha* (1984), 142) weltanschaulich eng mit einem der Organisatoren der Veranstaltung, Winkler, verbunden. Dieses Faktum dürfte *kein*

Breisky trug in seinem Referat u. a. eine Aufstellung über die Zahl der Hochschullehrer für Statistik in einigen europäischen Ländern vor. Danach unterrichteten beispielsweise in Deutschland 57, in Österreich und in der Tschechoslowakei jeweils vierzehn und in Italien 21 Lehrkräfte an den Hochschulen Statistik. Winkler sah in seinem Diskussionsbeitrag seine Auffassung bestätigt, daß eine (weitere) Zentralisierung der amtlichen Statistik notwendig sei. Dabei griff er die Idee des Generalsekretärs der *Wiener Kammer für Arbeiter und Angestellte* Palla auf, einen großen statistischen „Beirat" zu schaffen. Vorbild sei das in der Tschechoslowakei bestehende, mehr als hundert Mitglieder umfassende statistische Beratungsgremium.[237]

Das ambitionierte Programm der *Statistischen Sprechabende* kam nicht über seine Anfänge hinaus. Das zweite Heft der Reihe war nämlich auch schon das letzte. Grund für das Ende der Veranstaltungsreihe wie der dazu gehörenden Publikation war Breiskys Pensionierung aus Gesundheitsgründen im Jahr 1931, wodurch mit einem Schlag Winklers „mit größeren Geld- und Einflußmittel[n] versehene[r] Partner" in dieser Angelegenheit verloren ging.[238]

Die Volkszählung von 1934

Nachdem 1927 endlich die Auswertung der letzten Volkszählung abgeschlossen war, bereitete das BASt eine neuerliche, mit einer Betriebszählung verbundene Volkszählung vor, mit welcher der traditionelle Zehnjahresrhythmus wieder eingeführt werden sollte. Die Vorarbeiten wurden in zwei Richtungen geführt: Einerseits mußten die notwendigen technischen und organisatorischen Voraussetzungen geschaffen werden, und andererseits war es nötig, die bei der Zählung der Bevölkerung zu unterbreitenden Fragenkomplexe zu erörtern und festzulegen. Zur ersten Aufgabe gehörte die Anschaffung von Zähl- und Lochmaschinen des neuesten Systems *Power.*[239] Außerdem mußte geklärt werden, in welcher Weise Anreize geschaffen werden konnten, um die Arbeit der Zähl-Hilfskräfte zu beschleunigen. Von noch größerer Bedeutung, vor allem hinsichtlich der Bereitstellung von Daten-

---

Zufall sein, sondern die These erhärten, daß niemand persönlich eingeladen wurde, diese Veranstaltung zu besuchen, der nicht zum engeren (und weiteren) Kreis um Winkler zählte.

[237] *Walther Breisky,* Die Weltlage der Statistik (= Wiener statistische Sprechabende, H. 1, 1930), 9; *Edmund Palla,* Probleme der Sozialstatistik (= Wiener statistische Sprechabende, H. 2, 1930, 14–16, Wechselrede.

[238] PNWW, Mein überreich bewegtes Leben, Fragm. 4, 32.

[239] ÖSTA, AVA, Unterr. Allgemeine Reihe, BASt, Anträge für den Voranschlag 1928, Sachaufwand [betr. geplante Volkszählung von 1930], Präs. Breisky an den Bundesminister für Unterricht, 12. 05. 1927, Fasz. 3296, Zl. 143 präs./27; Antwortschreiben des BMU, 24. 05. 1927, 07. 06. 1927, Fasz. 3296, Zl. 14.496/27. Das Finanzministerium lehnte die Anschaffung der neuen Maschinen ab. Aus den Akten geht nicht hervor, ob eine oder mehrere dieser Maschinen letztlich angekauft wurden, oder ob aus Geldmangel darauf verzichtet wurde.

unterlagen für die Sozial- und Wirtschaftspolitik, war der Entwurf des Fragen-
komplexes und der Volkszählungsformulare, eine Arbeit, für die Winkler eine
außerordentliche Remuneration von 200,–öS erhielt.[240]

Abb. 1: Volkszählung 1934: Präs. Karl Drexel mit W. Winkler (sitzend) und Mitarbeitern
der Abteilung für Bevölkerungsstatistik des Bundesamtes für Statistik (um 1934)

Auf die Formulierung der Fragen konnte der Volkszählungsleiter über die Ausarbeitung eines Referentenentwurfs „einen ziemlich weitgehenden Einfluß" nehmen.[241] Winkler vertrat die amtliche Bevölkerungsstatistik regelmäßig bei den
Diskussionsveranstaltungen der ÖGBF, die in den zwanziger Jahren den Namen
„Fürsorgetagungen" erhielten. So referierte er am 5. Mai 1924 auf einer dieser Versammlungen über das Thema „Was kostet ein Kind?".[242] Am 26. Juni 1927 hielt er

---

[240] ÖSTA, AVA, Unterr. Allgemeine Reihe, BASt, Remuneration des Personals des Bundesamtes für Statistik anläßlich der Volkszählungsarbeiten, BMU an das Präsidium des BASt,
05. 09. 1930, Fasz. 3297, Zl. 29.807–30. Winklers wichtigste Mitarbeiter bei dieser Zählung
Dr. Richter, Dr. Engelmann und der Reverendar Hieß erhielten je 100,–öS zugewiesen.

[241] So Winkler, ohne genauer auf seine Einflußmöglichkeiten einzugehen, in WW-1930-
02, 600.

[242] Winkler bestimmte aus dem vom BASt berechneten vierwöchigen „Mindesternäh-
rungsaufwand" des erwachsenen Mannes einen „allernotwendigste[n] Aufwand" für die Kinder aller Altersstufen, wobei er sich beeilte zu versichern, daß dieser so niedrig sei, wie es
nur möglich erschien. Eine allfällige Erwerbsarbeit der Mutter ließ er nicht in seine Berech-

den Einleitungsvortrag zur Neunten Fürsorgetagung über die „Bevölkerungslage Österreichs", und wieder etwa drei Jahre später trug er seine „Bevölkerungspolitischen Forderungen an die österreichische Volkszählung von 1930" den versammelten Mitgliedern der ÖGBF vor. Zwei Desiderate stehen im Mittelpunkt des Vortrags: die Erhebung der Wohnbevölkerung als „die am Zählort dauernd anwesende" anstelle der „anwesenden" Bevölkerung, wie sie in den Volkszählungen 1920 und 1923 ermittelt worden war, und – als „demographisches Hochziel" – die Einführung einer demographisch differenzierten Familienstatistik.[243] Die Bedeutung seiner ersten Forderung begründet Winkler damit, daß die Erhebung der „anwesenden" Bevölkerung eine erhebliche Fehlerquelle mit sich gebracht habe. Indem sie die Wanderungen in städtische Gebäranstalten und Spitäler mit erfaßt habe, sei den Städten zu einer zu hohen Geburten- und Sterbeziffer verholfen worden. Die Feststellung der „Wohnbevölkerung" erfasse hingegen alle an der Bevölkerung vor sich gegangenen Ereignisse, gleichgültig, wo diese stattgefunden hätten. Zweitens verlangt Winkler den Ausbau der Erhebung des Familienstandes, besonders die Herausarbeitung der Verbindungen von Geschlecht, Alter, Fruchtbarkeit und Sterblichkeit. Er erhofft sich durch die Verbindung der einzelnen Merkmale Aufschlüsse über die Heiratsmöglichkeiten der Bevölkerung und deren Einschränkung durch wirtschaftliche Faktoren, Krankheit usw., „aber auch durch den mangelnden persönlichen Willen zur Heirat". Ab einem gewissen Alter (ab etwa 45 Jahren für Frauen, 50 für Männer) werde der Anteil jener sichtbar, die endgültig ihre Verehelichungschancen verspielt hätten. Grundlage für eine Berechnung der Fruchtbarkeitsziffer sei eine Unterscheidung der Frauen im gebärfähigen Alter in Ehefrauen und Ledige. Letztere würden nicht nach der Zahl der von ihnen geborenen Kinder befragt; ebensowenig würde die Zahl der unehelichen Kinder von Ehefrauen erhoben. Die Fruchtbarkeitsziffer gebe Auskunft über den „Ertrag an Kindern, die ein Frauenleben geliefert hat". Dieser „Längsschnittbetrachtung" stehe eine „Querschnittsbetrachtung" gegenüber, die alle Geburten eines Jahres zusammenfasse. Weiters sei der „Bestand an Familien und Familienresten (nach Verwitwung, Ehescheidung)" zu erheben und hierbei die Zahl nach den vorhandenen, im oder außerhalb des Haushalts lebenden, ja der gestorbenen Kinder zu erheben. Freilich sei darin auch eine gewisse Fehlerquelle enthalten. Die Aufarbeitung der genannten Fragestellungen werde über „die Verteilung der Geburten auf die verschiedenen Lebensalterstufen der Frauen, die verschiedenen Ehedauerstufen, das Alter der Frauen bei der Erstgeburt" usw. informieren und Unterlagen über etwaige bevölkerungspolitische Maßnahmen, „wie Kinderversicherung, Unterstützungen oder Steuererleichterungen kinderreicher Familien" liefern.[244]

---

nungen mit einfließen, da der Mann ohnehin für die Frau aufkommen müsse. Vgl. WW-1924-02, bes. 108 f., bzw. 1230 (Tabelle).

243 WW-1930-02, 596; 598 (wörtl. Zit.).

244 Ebd., 596, 597; 598, 599 (jew. wörtl. Zit.). Eine Rolle bei dem Entwurf der Volkszählungs-Fragebögen spielte die Auseinandersetzung mit der Frage, ob die Hausfrauentätigkeit als „Beruf" anerkannt werden solle oder nicht. Winkler sah das Merkmal der „Entgeltlich-

Winklers Vorstellungen gingen weit über seine diesbezüglichen, erstmals in Artikeln des „Handwörterbuchs der Staatswissenschaften" vorgetragenen Ideen hinaus. Seine nunmehr entwickelten familienstatistischen Leitgedanken waren der Ertrag seiner Beschäftigung mit dem Geburtenrückgang, als dessen Folge er eine „beängstigende Verengerung des Pyramidengrundes"[245] [der „Bevölkerungspyramide"] annahm. Die Einführung von familienstatistischen Fragestellungen bei der Volkszählung sollte dazu beitragen, den Bevölkerungspolitikern statistische Daten zur Verfügung zu stellen. Diese würden erst dadurch in die Lage versetzt, ein Steuersystem zu schaffen, mit dessen Hilfe dem Geburtenrückgang entgegentreten werden könnte.

Unverkennbar ist Winklers weltanschaulich geprägter Familienbegriff: Hinter dem von ihm verwendeten Terminus des „Familienrestes" steht das bildungsbürgerliche Idealbild einer Familie, die möglichst aus einem – selbstverständlich verheirateten – Elternpaar und mehreren Kindern bestehen sollte. Es gab jedoch auch damals ein breites Spektrum von „Familienformen". Der von Winkler und den meisten seiner Kollegen propagierte Typus stellte nur eine Möglichkeit unter mehreren dar. Wenn er auf den „Ertrag" an Kindern zu sprechen kam, den es zu untersuchen gelte, so verwies dieser „technische" Ausdruck auf den von ihm den Frauen, genauer den verheirateten Frauen zugewiesenen Stellenwert, Kinder zu „produzieren". In ähnlicher Weise ideologisch verzerrt war seine Äußerung über den angeblich „mangelnden persönlichen Willen" mancher Menschen, zu heiraten. Wie er diesen erheben wollte, geht aus seinen Ausführungen nicht hervor. Diese Bemerkung spiegelte bloß sein persönliches Bild von der jedem einzelnen Menschen „natürlich" vorgegebenen Rolle als Ehefrau / Ehemann. Jene, die sich nicht diesem Schema unterwarfen, paßten nicht in das Bild der auf der „Familie" aufgebauten „Volksgemeinschaft".

Die Vorbereitung der für 1930 geplanten, doch „wegen fehlender budgetärer Voraussetzungen"[246], oder, wie Winkler berichtet, wegen der sich verschärfenden innenpolitischen Auseinandersetzungen[247] auf 1934 verschobenen Volkszählung verlief in Abstimmung mit dem deutschen StRA. Spätestens seit der Nürnberger Tagung der DStG im Jahr 1927, als der Generalreferent für die deutsche Volkszählung von 1925 Burgdörfer über „Volk, Familie und Statistik" referiert hatte,[248]

---

keit" nicht als entscheidend für die Einreihung der Tätigkeit als Hausfrau in die Berufsspalte der Volkszählungen. Er wollte dadurch die wirtschaftliche Bedeutung der Hausfrau anerkannt wissen. Damit stellte er sich gegen Walter Schiff, der dem BASt und damit indirekt ihm selbst als Abteilungsleiter vorgeworfen hatte, die Hausfrauentätigkeit begrifflich unzulässig mit einer Berufstätigkeit zu verknüpfen. Vgl. *W. Winkler,* Der Hausfrauenberuf in der Statistik, in: Neues Wiener Tagblatt (Abendausgabe) vom 12. 01. 1929, 5.

245 WW-1930-02, 597.

246 Von der Direction der administrativen Statistik zum Österreichischen Statistischen Zentralamt 1840–1990 (1990), 28.

247 PNWW, Mein überreich bewegtes Leben, Fragm. 4, 34.

248 Vgl. Kap. III. 3. a).

war die weltanschauliche Übereinstimmung zwischen den Volkszählungsleitern der beiden Länder deutlich sichtbar geworden. – Gegen Ende der zwanziger Jahre befand sich die politische „Angleichungsstrategie" zwischen dem Deutschen Reich und Österreich auf ihrem Höhepunkt. Der Zusammenhang zwischen Angleichungsbestrebungen und Volkszählungsvorbereitungen war offensichtlich, als Winkler als offizieller Abgesandter des BASt zur 37. Verbandskonferenz der deutschen Städtestatistiker geschickt wurde. Diese fand am 13. und 14. Mai 1929 in Köln statt. Auf der Tagesordnung standen Referate über die Praxis der deutschen Volks- und Berufszählung, die wie die österreichische Zählung für das Jahr 1930 geplant war. Winkler ergriff in seinen Wortmeldungen die Gelegenheit, „den Gesichtspunkt der Vergleichbarkeit der österreichischen und deutschen Volks- und Berufszählungen zu betonen". In diesem Sinne habe er sich ausführlich mit dem Direktor des StRA Platzer, dem dortigen Referenten Burgdörfer und dem Präsidenten des *Preußischen Statistischen Landesamtes* Saenger unterhalten. Platzer habe ihm versprochen, bei der Vorbereitung der bevorstehenden deutschen Zählungen möglichst Rücksicht auf ihre „Angleichung" mit der österreichischen Parallelveranstaltung zu nehmen.[249]

Winkler beeinflußte als Volkszählungsreferent nicht nur die Konzeption der Fragestellung, sondern er war auch der Hauptverantwortliche für die technische Abwicklung. Die technische Vor- und Nachbereitung lag allerdings in den Händen von Franz Hieß, dem technischen Leiter der Volkszählungsabteilung. Hieß entwarf mit Winkler gemeinsam ein ausgeklügeltes Modell, das die Auswahl und die Arbeitsleistung des Hilfspersonals steigern sollte. Im Laufe der Aufarbeitung waren im BASt bis zu 582 außerordentliche Hilfskräfte beschäftigt. Die Rekrutierung des Personals erfolgte mit Hilfe von „Persönlichkeitsprüfungen", die durch das *Psychotechnische Institut* des Bundesministeriums für soziale Verwaltung vorgenommen wurden. Sie brachten das nicht gerade für die Qualität der Tests sprechende Ergebnis mit sich, daß nur ein Drittel der Frauen die Prüfungen erfolgreich ablegte.[250] Ein von Winkler selbst entwickeltes Prämien- und Strafsystem, mit dem er eine Führung des Volkszählungsbetriebs nach unternehmerischen, den Dienstweg ausschaltenden Gesichtspunkten anstrebte, stieß anfangs im Ministerium auf wenig Gegenliebe. Die rasche Aufarbeitung der Ergebnisse sollte ihm jedoch recht geben. Als Bundespräsident Wilhelm Miklas und Minister Kerber die „Volkszählungsfabrik" besichtigten und sich von Winkler durch das geschäftige Bundesamt führen ließen, äußerten beide Besucher ihr Erstaunen über

---

[249] ÖSTA, AVA, Allg. Reihe Unterr., BASt, Reg.Rat Dr. Wilhelm Winkler, Entsendung zur Verbandskonferenz der deutschen Städtestatistiker, Köln 1929, mit einem Bericht von Prof. Dr. W. Winkler samt Beilagen, Präsidium des BASt an das BMU, 31. 05. 1929, Fasz. 3297, Zl. 134 präs./29. In seinem oben referierten Vortrag vor der ÖGBF berief sich Winkler übrigens ausdrücklich darauf, daß das Deutsche Reich, wie auch von ihm gefordert, eine familienstatistische Erhebung in seine bevorstehende Volkszählung einbauen wolle. Vgl. WW-1930-02, 600 f.

[250] Vgl. *Franz Hieß,* Technische Erfahrungen bei der österreichischen Volkszählung 1934, in: AStA 25 (1935/36), 456 f.

die Geordnetheit des Betriebsablaufes. Miklas, der von Winklers seinerzeitiger Auseinandersetzung mit Mataja gehört haben mochte, meinte „milde lächelnd: ‚eine geradezu preußische Disziplin in Ihrem Betrieb‘", worauf dieser wohlweislich – man schrieb das Krisenjahr 1934 – erwiderte, dieser werde doch von Österreichern gehandhabt. Als Kerber erfuhr, die Ergebnisse würden bereits Ende 1935 gedruckt vorliegen, kündigte er an, daß die Belohnung mit ebensolchem „preußischen Tempo" ausgefolgt werden würde.[251]

Die weichenstellende Sitzung im Ministerrat fand am 5. Jänner 1934 statt. Hier wurde deutlich, daß die Regierung daran interessiert war, die bereits seit 1930 überfällige Zählung noch im Laufe des Jahres 1934 durchzuführen, um die geplante „Neuordnung des Staates" im ständestaatlichen Geist auf empirische Grundlagen stellen zu können. Die Zählbögen waren bereits seit drei Jahren fertiggestellt, jedoch blieben noch Unklarheiten bestehen. Diese betrafen organisatorische Probleme, die Frage, ob bei der gleichzeitig mit der Volkszählung abzuhaltenden berufsstatistischen Erhebung die Nebenberufe erfaßt werden sollten, und die Form der Erhebung der Volkszugehörigkeit. Letztere war im Ministerratskollegium zu diesem Zeitpunkt noch heftig umstritten. Die Regierungsmitglieder waren sich nicht im klaren darüber, welche Fragestellung den angestrebten möglichst „deutschen" Charakter des Bundesstaates Österreich am besten zum Ausdruck zu bringen vermochte, ohne den illegalen Nationalsozialisten zu starken Auftrieb zu verleihen. Schlüsselbegriffe, um die die Angehörigen des Kabinetts rangen, waren „Volkszugehörigkeit" und „Muttersprache". Innenminister Kerber, der vom Staatssekretär im Justizministerium Glas unterstützt wurde, trat für die Frage nach der „Volkszugehörigkeit" ein. Diese wollte er als ein „freies Bekenntnis" verstanden wissen. Dagegen sprachen sich alle übrigen Anwesenden gegen die Verwendung dieses Begriffs aus, teils, weil er als zu vage erschien (Schuschnigg), teils, weil ihm eine Affinität zur Terminologie des Nationalsozialismus zugeschrieben werden könnte (Dollfuß, Neustädter-Stürmer). Den Skeptikern schien die Frage nach der „Muttersprache", gedeutet beispielsweise als „Umgangssprache der Kindheit" (Dollfuß), ein geeigneter Ausweg zu sein. Eine Erhebung der „Rasse" wurde mit Blick auf die Diskussion bei der letzten österreichischen Volkszählung und mit Bezug auf die deutsche Zählung von 1933, die keine derartige Erhebung durchgeführt habe, ausdrücklich ausgeschlossen. Eine Frage nach dem Religionswechsel kam für Kerber ebensowenig in Betracht. Der Volkszählungsleiter Winkler sei nämlich der Ansicht, daß die Leute vielfach nicht über die erforderlichen Dokumente verfügten. Zu einer allfälligen Erfassung der Juden meinte Schuschnigg, eine solche sei zwar „zweckmäßig", doch lasse sich dafür „keine entsprechende Formulierung" finden."[252]

---

251 Vgl. PNWW, Mein überreich bewegtes Leben, Fragm. 4, 36 f.

252 Protokolle des Ministerrates der Ersten Republik. VIII / 5 (1984), 373 f.; vgl. 377 – 379, wörtl. Zit. 377. Der Weg von der im Jänner 1934 noch schwierigen Meinungsbildung im Ministerrat bis hin zur endgültigen Entscheidung kann hier nicht rekonstruiert werden.

In den Fragebogen wurden weder die Begriffe „Muttersprache" noch „Volkszugehörigkeit" aufgenommen. Vielmehr wurde neben der unumstrittenen Frage nach der „Staatsangehörigkeit" wieder wie 1923 auf die „sprachliche Zugehörigkeit" zurückgegriffen und damit im übrigen den Intentionen des Volkszählungsleiters am ehesten entsprochen. Die „sprachliche Zugehörigkeit" war bestimmt durch die Sprache, deren „Kulturkreis" der Befragte sich zuordnete. (1923 war die „sprachliche Zugehörigkeit" noch formal definiert als „die Sprache, in der jemand am besten spricht und denkt".) Mit der Annäherung an das subjektive „Volkszugehörigkeitsbekenntnis" wurde den diesbezüglichen Empfehlungen des *Völkerbundes* und des *Europäischen Nationalitätenkongresses* gefolgt. Entscheidend für die Begriffsfassung war jedoch die ethnopolitische Situation in Kärnten: Die Regierung wollte möglichst viele assimilierte und (noch) doppelsprachige Kärntner Slowenen zu einem Bekenntnis zum Deutschtum bewegen – mithin die Zahl der Minderheitsangehörigen möglichst unauffällig verringern.[253] Dies sollte dadurch erleichtert werden, indem in der Fragestellung das Sprach- zugunsten des Volkszugehörigkeitsbekenntnisses zurückgedrängt wurde.

Die jüdische Bevölkerung wurde bei der österreichischen Volkszählung 1934 nicht nach „rassischen" Kriterien aus der übrigen Bevölkerung ausgegrenzt. Wie bei der 1933 in Deutschland durchgeführten Volkszählung wurden Personen jüdischer Herkunft nur über die Erfassung der „Religionszugehörigkeit" gezählt, wobei als Bezeichnung „israelitisch" anzugeben war. Erst mit der nächsten, im Großdeutschen Reich 1939 abgehaltenen Volkszählung wurde die Frage nach der „rassischen Herkunft" gestellt, von deren Auswertung die NSDAP sich eine Klärung der Zahl der „Juden" erhoffte.[254] 1934 bezeichneten sich nur einige wenige Österreicher durch entsprechende Sprachangaben („jüdisch"; „hebräisch") als zum „jüdischen Volk" gehörig. Eine andere traditionell marginalisierte Bevölkerungsgruppe waren die „Zigeuner", die schon 1934 von Amts wegen ohne Rücksicht auf ihre sprachliche Zugehörigkeit „als solche zu bezeichnen" waren. Winkler bestimmte diese Volksgruppe 1933 unbestimmt als eine „eigenartige Minderheit"[255]. Den „Zigeunern" wollte er im Gegensatz zu den (burgenländischen) Magyaren und Kroaten keine Minoritätenrechte zugestehen.[256]

Als Grund für die im Rahmen der österreichischen Volkszählung erstmals durchgeführte Erhebung von familienstatistischen Daten – eine solche hatte in Deutsch-

---

253 Vgl. *Haas / Stuhlpfarrer* (1977), 67–69.

254 Vgl. *Jutta Wietog,* Volkszählungen unter dem Nationalsozialismus. Eine Dokumentation zur Bevölkerungsstatistik im Dritten Reich. Berlin 2001 (= Schriften zur Wirtschafts- und Sozialgeschichte; 66), 117.

255 Nach F. Ruttke wurden in Österreich „die Juden als Konfession, die Zigeuner dagegen als Rasse angesehen". *Ruttke* (1936), 110.

256 Vgl. Die Ergebnisse der österreichischen Volkszählung vom 22. März 1934. Bearb. vom Bundesamt für Statistik. Bundesstaat: Textheft. Wien 1935 (= Statistik des Bundesstaates Österreich; H. 1), 7, 8, 45, 52 f. (Vgl. WW-1933-05, Bd. 1, Burgenland-Westungarn C, III. Bevölkerung: Volkliche und konfessionelle Gliederung, 719, 721).

land zum ersten Mal 1933 stattgefunden[257] – wurde in der amtlichen Volkszählungsveröffentlichung „die bedrohliche Entwicklung der Geburtenzahl" genannt.
Winkler, der Gestalter dieser Publikation, verwies darauf, daß die beschränkten
Mittel es dem Amt nur ermöglicht hätten, eine Ausgliederung der beiderseitigen
Erstehen, der Zweit- und Mehrehen sowie der „Familienreste" nach der Kinderzahl, nach Gemeindegrößen und nach dem Eheschließungsjahr vorzunehmen. Darüber hinaus wäre eine Differenzierung nach Berufen und nach der Stellung im Beruf des Familienerhalters wünschenswert erschienen. – Sein Pessimismus hinsichtlich der weiteren Bevölkerungsentwicklung wurde durch die Erhebung bestärkt:
Selbst in den Gemeinden unter 2.000 Einwohnern setze sich das Modell der „Ein-
kind-Ehen" bereits durch, während in den größten Städten schon die kinderlose
Ehe den häufigsten Typus darstelle.[258]

Von der Wanderbewegung wurde in Österreich nur die Überseewanderung durch
das Wanderungsamt erfaßt. Bei dem für 1931 geplanten Zensus hätte nach dem
Vorbild des Deutschen Reiches durch Erfragung des früheren Wohnorts und des
Zeitpunkts des Zuzugs der genaue Umfang der Binnenwanderung erhoben werden
sollen.[259] 1934 mußte jedoch aus finanziellen Gründen darauf verzichtet werden,
diese Fragen zu stellen. Eine umfassendere, aus Volkszählungsergebnissen abgeleitete Statistik der Binnenwanderungen bestand in der Ersten Republik nicht. Doch
wurden 1934 wenigstens die Wanderungsströme grob berechnet, indem die Zäh-
lungsergebnisse mit der Fortschreibung der Bevölkerung auf Grund der Statistik
der natürlichen Bevölkerungsbewegung verglichen wurden.[260]

Abgesehen von der Umstellung der Volkszählung von der anwesenden auf die
Wohnbevölkerung war die Untersuchung von Familienstand und Kinderzahl jene
Teilerhebung, die Winkler am meisten am Herzen lag. Die übrigen Teilerhebungen,
von denen die bevölkerungsstatistischen länderweise dargestellt wurden, waren
folgende: Stand und Entwicklung der Bevölkerung, Geschlechtsverhältnis der Bevölkerung, Die Gliederung der Bevölkerung nach Größenstufen der Gemeinden,
Die Gliederung der Bevölkerung nach dem Alter, Die Gliederung der Bevölkerung
nach dem Familienstande, Die konfessionelle Verteilung der Bevölkerung, Die
sprachliche Zugehörigkeit der Bevölkerung, Die Ausländer in Österreich, Haushaltungsstatistik und – wie erwähnt – Die Wanderungen in Österreich. Außerdem
wurde eine österreichische Sterbetafel berechnet.

Als großen Erfolg betrachtete Winkler die Schnelligkeit der Aufarbeitung und
Veröffentlichung der Volkszählungs- (und Berufszählungs-)Ergebnisse. Das Textheft (281 S.) und das Tabellenheft (405 S.) der Volks- und Berufszählung erschienen bereits etwas mehr als ein Jahr nach Abhaltung der Zählung im Sommer 1935.

---

[257] Vgl. *Elisabeth Pfeil*, Der internationale Bevölkerungskongreß in Paris 28. 07. bis
01. 08. 1937, in: ABB 7 (1937), 290.

[258] Vgl. Ergebnisse der österreichischen Volkszählung (1935)., 74–76.

[259] WW-1931-06, 377.

[260] Vgl. Die Ergebnisse der österreichischen Volkszählung, Textheft (1935), 63.

Bei der Aufarbeitung im allgemeinen und der Abfassung der Texte im besonderen waren Winkler u. a. Dr. Oskar Gelinek (1910–1944)[261], sein unmittelbarer Nachfolger als Volkszählungsreferent im *Österreichischen Statistischen Landesamt* (ab 1939 *Statistisches Amt für die Reichsgaue der Ostmark*), und Dr. Otto Zell, einer seiner aus dem IStMV hervorgegangenen Schüler, behilflich. Im Laufe des selben Jahres erschienen auch die neun Länderhefte und das entsprechende Summartabellenheft.[262] Die ursprünglich angekündigte Veröffentlichung eines Ortsverzeichnisses[263] wurde nicht verwirklicht – ob allein „wegen der finanziellen Knappheit" (Ladstätter) oder wegen der Tatsache, daß bereits eine von R. Engelmann gestaltete Besiedlungskarte Österreichs vorlag (Zeller), geht aus der Literatur nicht eindeutig hervor.[264]

Nach Abschluß der Volkszählungsarbeiten trat der Präsident des BASt Drexel im Oktober 1935 in den Ruhestand. Die danach beginnende Ära der Präsidentschaft Karwinsky[265] war zu kurz, um für Winkler von nachhaltiger Bedeutung zu sein.

Seine Standeserhöhung folgte, wie vom Minister angekündigt, relativ rasch: Ein Jahr nachdem die Auswertungen beendet waren, im Juli 1936, wurde er mit dem *Offizierskreuz des österreichischen Verdienstordens* ausgezeichnet. Der von der ständestaatlichen Regierung geschaffene Verdienstorden entsprach den ehemaligen österreichischen Ehrenzeichen. Der Orden hatte die Gestalt eines Kruckenkreuzes. Außerdem wurde dem bisherigen Regierungsrat Winkler am 17. Dezember 1937 durch Bundespräsident Miklas „taxfrei" der Hofratstitel verliehen.[266] Die Zuerkennung des Hofratstitels muß er mit besonderer Genugtuung aufgenommen haben, bedeutete er für ihn doch eine gewisse Entschädigung dafür, daß er immer noch nicht Ordinarius geworden war. Mit dem Hofratstitel waren nämlich noch in der Monarchie nicht nur verdiente Verwaltungsbeamte,

---

261 Zu Gelinek vgl. *Lebmann/Helczmanovszki* (1986), 50.

262 Die Ergebnisse der österreichischen Volkszählung vom 22. März 1934. Bearb. vom Bundesamt für Statistik. Wien. Niederösterreich. Oberösterreich. Salzburg. Tirol. Vorarlberg. Kärnten. Steiermark. Burgenland. Wien 1935 (= Statistik des Bundesstaates Österreich; H. 3–11).

263 Vgl. Die Ergebnisse der österreichischen Volkszählung, vom 22. März 1934. Bearb. vom Bundesamt für Statistik. Bundesstaat: Tabellenheft. Wien 1935 (= Statistik des Bundesstaates Österreich; H. 2), III (Vorbemerkungen). Das Tabellenheft gibt zu zwei Drittel die Ergebnisse der Berufszählung wieder.

264 Vgl. zu den Veröffentlichungen des BASt, die ihre Datengrundlagen von der Volkszählung bezogen, Geschichte und Ergebnisse (1979), 129–131; 128.

265 Vgl. dazu Geschichte und Ergebnisse (1979), 135–140.

266 ÖSTA, AdR, BMU, PA Prof. Dr. Wilhelm Winkler 10/101/02, Standesausweis; ÖSTA, AdR, Präsidentschaftskanzlei, Verleihung des Titels eines Hofrates an den tit. o.Univ.-Prof. Dr. W. Winkler, Zl. 16.064/37. Insgesamt wurden zwischen 1934 und 1938 393 derartige Orden, wohl meist an verdiente höhere Beamte, verliehen. Vgl. *Günter Erik Schmidt*, Ehrenzeichen und Orden im Österreich der Zwischenkriegszeit 1918–1938. Graz 1994, 79–81, 128; vgl. *W. Winkler*, Lebensgeschichte (1952), 216 f.

sondern auch Lehrstuhlinhaber an Universitäten ausgezeichnet worden, wie z. B. sein Lehrer Rauchberg.[267]

Das Bewußtsein, eine hervorragende Organisationsleistung vollbracht zu haben, verstand Winkler noch in den fünfziger Jahren an seine Schüler weiter zu vermitteln. Der von ihm geprägte Satz von der „in Weltrekordszeit"[268] vollbrachten Aufarbeitung, die auch im Ausland Beachtung fand,[269] findet sich sinngemäß oder gar wortwörtlich in Erinnerungen einiger seiner späteren Schüler wieder.[270]

Wie viel von dem, was Winkler als herausragend darstellte, war jedoch tatsächlich als vorbildlich zu bezeichnen? Der Leiter der Volkszählung von 1934 konnte in der Tat das Verdienst für sich in Anspruch nehmen, die treibende Kraft hinter der im Vergleich zu früheren derartigen Erhebungen raschen Durchführung und Drucklegung der Zählung gewesen zu sein. Diese Leistung muß umso höher eingeschätzt werden, als die österreichische amtliche Statistik im Vergleich zu anderen europäischen Staaten finanziell und personell unterdotiert war.[271] Die von Winkler für sich selbst und von anderen eingeforderte Leistungsbereitschaft im Beruf entspricht im übrigen einem zentralen Zuordnungskriterium bürgerlicher Gesellschaftsgruppen: dem bürgerlichen Leistungs- und Arbeitsbegriff, der als kulturelles Kapital einer spezifischen Sozialschicht aufgefaßt wurde. Die Entstehung eines Zuschreibungsmusters, das „Arbeit" und „Leistung" unabdingbar zum Ausdruck bürgerlicher Lebenshaltungen machte, lief parallel zur partiellen Durchsetzung bürgerlicher Lebensformen („Bürgerlichkeit") in der Gesamtgesellschaft. Die Lokalisierung der akademisch gebildeten Beamten im Bürgertum wird hier zumindest für den Beamten Winkler insofern erleichtert, als er selbst Verfechter eines unternehmerischen Vorstellungen nahen Denkens war, das vielen seiner beamteten Kollegen noch suspekt zu sein schien.

Wenn also einerseits hervorgehoben werden kann, daß hinter der Volkszählung von 1934 eine hervorragende Organisationsleistung stand, so blieben doch die Möglichkeiten der Erhebung in vielen Bereichen hinter den Erwartungen zurück. Selbst Winkler beanstandete, daß weder eine umfassende Migrationsstatistik erstellt wurde noch – aus welchen Gründen immer – ein Ortsrepertorium erscheinen konnte (s. o.). Mit den altösterreichischen Volkszählungen, die hinsichtlich ihrer methodischen Grundlagen wie in bezug auf ihren Umfang international vorbildlich gewesen waren, konnte sich die Erhebung von 1934 nicht messen. Die Zuverläs-

---

[267] Vgl. Gespräch mit Univ.-Prof. Dr. *Erich Streißler* vom 11. 10. 1999, Protokoll.

[268] *W. Winkler,* Lebensgeschichte (1952), 216.

[269] Vgl. Recensement de la population en Autriche, in: RIISt 2 (1934); 4 (1936), 390 f.; 95.

[270] Vgl. Gespräche mit em.Univ.-Prof. Dr. *Johann Pfanzagl* vom 23. 08. 1999, Protokoll, und mit Univ.-Prof. Dr. *Gerhart Bruckmann* vom 17. 06. 1999, Protokoll; vgl. *Adolf Adam,* Wilhelm Winkler. Vater der österreichischen Universitätsstatistik – Leben und Wirken, in: Ders. (Hg.) (1984), 10; vgl. Geschichte und Ergebnisse (1979), 125 (W. Zeller).

[271] So Winkler schon 1931: WW-1931-06, 379.

sigkeit der produzierten Daten kann hier nicht im Ganzen beurteilt werden. Hier sei nur darauf hingewiesen, daß zumindest Ergebnisse von Teilbereichen wie der Statistik der sprachlichen Zugehörigkeit angesichts politischer Interessen, die Fragestellung und Zählungspraxis beeinflußt haben müssen, nur auf dem Hintergrund der damaligen instabilen politischen Situation Österreichs richtig einzuschätzen und daher als problematisch zu werten sind.

Die Volkszählungsergebnisse von 1934 lieferten neues Datenmaterial für hinsichtlich der Geburtenentwicklung pessimistische Erörterungen in der zeitgenössischen wissenschaftlichen Debatte und in der veröffentlichten Meinung.

So verfaßte z. B. Oskar Gelinek einen „Bevölkerungsspiegel Österreichs", der die Verbreitung des Wissens von „Kinderschwund", „Vergreisung" und „Volkstod" in breiten Bevölkerungskreisen bezweckte.[272] In der ÖGBF waren eine Tagung und zwei Vortragsveranstaltungen Fragen gewidmet, die sich ausdrücklich auf die Ergebnisse der Volkszählung bezogen: Am 25. Mai 1935 eröffnete Winkler, der im selben Jahr seine offiziöse Schrift „Der Geburtenrückgang in Österreich" veröffentlichte, mit einem Referat über die Ergebnisse der Familienstatistik der Volkszählung die 16. Fürsorgetagung der ÖGBF. Auch seine sozialpolitischen Ideen, die er in der *Schöneren Zukunft* vortrug, legitimierte er durch Bezugnahmen auf das in der Volkszählung erarbeitete Datenmaterial.[273] Bei der Fürsorgetagung meldeten sich neben Winkler u. a. Hecke und Reichel zu Wort. Letzterer „nannte den Vorgang der Volkserneuerung in bedenklicher Weise erkrankt". Er wollte gegen den „mutwilligen Fruchtbarkeitsverzicht" außer einer geeigneten Steuerpolitik sogar das Strafrecht heranziehen. Am 26. Februar 1935 befaßte sich die ÖGBF mit den „Folgen der neuesten Bevölkerungsbewegung in Österreich", und im April 1936 referierte Dr. Heinrich Pawlik über „Die Wiener Wohnungsverhältnisse nach der Zählung von 1934".[274]

Noch 1941 wurde von Grazer „Volksforschern" auf die Zählung zurückgegriffen, um gegenüber vorgeblichen slowenischen Gebietsansprüchen den Wahrheitsbeweis anzutreten, daß Kärnten ein rein „deutsches" Land sei. Zu diesem Zweck wurde die dortige slowenische Minderheit als zahlenmäßig schwache „Bauernbevölkerung" charakterisiert, die bei der Wanderung in die Städte stets zur „Umvolkung" bereit gewesen sei, um einen sozialen Aufstieg zu erreichen. – Wenn 1934 nicht mehr wie elf Jahre zuvor die Frage nach der „Sprachzugehörigkeit", sondern die Frage nach dem „Kulturkreis", dem sich der Befragte zuordnen sollte,

---

272 Vgl. *Oskar Gelinek,* Bevölkerungsspiegel Österreichs. Lebenswichtige Ergebnisse der Volkszählung 1934. Wien 1936; vgl. dazu die Bespr. von *Ferdinand Ulmer,* AStA 25 (1935/ 36), 489 (wörtl. Zit.); vgl. auch *Adam Hüfner,* Österreich – Die bevölkerungspolitische Lage, in: Der Auslandsdeutsche 19 (1936), 567 – 570.

273 Vgl. Kap. III. 1. c).

274 Vgl. *Wilhelm Hecke,* Die 16. Fürsorgetagung der österreichischen Gesellschaft für Bevölkerungspolitik und Fürsorgewesen am 25. Mai 1935 in Wien, in: ABB 6 (1936), 59 – 61, wörtl. Zit. 61; vgl. Die Vorträge in den Versammlungen der Österreichischen Gesellschaft für Bevölkerungspolitik und Fürsorgewesen, in: MGBP (1937), 22.

in den Vordergrund gestellt worden sei, so habe die damalige „Systemregierung"
dadurch den Ergebnissen von Wanderungs- und Assimilationsprozessen in richtiger Weise Rechnung getragen.[275]

Die breitere Öffentlichkeit erfuhr vom Volkszählungsleiter im Rundfunk von
den technischen Vorbereitungsarbeiten und den Ergebnissen der Zählung. Winkler
warb um Verständnis für die Notwendigkeit und die schwierige Auswertung der
Volkszählung und referierte einige ihrer Ergebnisse. Im Jahr 1935 verfaßte er die
Schrift „Die Widersprüche in der Bevölkerungslage Österreichs"[276], in der er den
Geburtenrückgang als das hervorstechendste Volkszählungsergebnis darstellte.
Diese Arbeit erschien im *Österreichischen Verwaltungsblatt,* das als Beilage zur
amtlichen *Wiener Zeitung* erschien. Sie fand in der Öffentlichkeit regen Wider-
hall.[277]

Für die Analyse von Winklers doppelter Rolle als Volkszählungsleiter und Wissenschaftler ist festzuhalten, daß seine erkenntnisleitenden Interessen sich von ihm
gerade dadurch leichter in die Praxis umsetzen ließen, weil er jene theoretischen
Modelle entwickelte, die er, ausgestattet mit wissenschaftlicher Autorität, als
Volkszählungsleiter zur Anwendung bringen konnte. Die demographische Forschung tendierte dazu, die bereits gewonnenen relativ differenzierten Ergebnisse
weiter zu zergliedern und neue Meßzahlen zu entwickeln, mit denen das als Hauptproblem begriffene Phänomen des „Geburtenrückgangs" einer formal verfeinerten
Studie unterzogen werden konnte. Andere demographische Untersuchungsfelder
wie die Binnenwanderung oder auch die im 19. Jahrhundert vordringlich erforschte
Entwicklung der Sterblichkeit standen dagegen in den dreißiger Jahren am Rande
des wissenschaftlichen Interesses.

---

[275] *Manfred Straka / Walter Neunteufl,* Die Entwicklung des Volksbekenntnisses in Kärnten nach den Ergebnissen der amtlichen Volkszählungen 1923 und 1934. Graz 1941 (= Das
Joanneum. Schriften des Südostdeutschen Institutes Graz; 4), 5, 7, 9, 10. Zur Diskussion um
die Kärntner Volkszählungsergebnisse vgl. u. a. *Otto Zell,* Das Ergebnis der Sprachzählung
von 1934 in Kärnten, in: Carinthia I (1936), 132–150, und *Martin Wutte,* Die Bevölkerungsbewegung in Kärnten 1880–1934, in: Carinthia I (1938), 86–110.

[276] Vgl. Kap. III. 1. c).

[277] Vgl. Professor Winkler über die Volkszählung, in: Neue Freie Presse vom 11. 07. 1934,
3; vgl. Berufsgliederung der Bevölkerung Österreichs, in: Neue Freie Presse (Abendblatt)
vom 16. 07. 1935, 3; vgl. Nachtberufe und Ehe, in: Neue Freie Presse vom 17. 07. 1935, 3;
vgl. Aus der Werkstatt der Volkszählung, in: Wiener Zeitung, Nr. 190 vom 19. 07. 1934; vgl.
Der Geburtenrückgang in Österreich, in: Neue Freie Presse vom 19. 03. 1935, 7; vgl. Drohende Abnahme der Bevölkerung Österreichs, in: Neue Freie Presse vom 17. 04. 1935, 6; vgl.
Kardinal Innitzer gegen die Gefahr des Geburtenrückganges, in: Neue Freie Presse vom
25. 09. 1935, 5; vgl. auch Der Geburtenabgang in Österreich, in: Neue Freie Presse (Abendblatt) vom 28. 03. 1936, 8.

b) Vom „Grenzlandseminar" zum „Institut für Statistik der Minderheitsvölker" an der Universität Wien

Nachdem er sich an der Rechts- und Staatswissenschaftlichen Fakultät der Universität Wien 1921 für Statistik habilitiert hatte, begann Winkler eine Karriere als Universitätslehrer: Sein Aufstieg zum Privatdozent verlieh ihm die akademische Legitimation, über Österreich hinaus als Statistiker präsent zu werden und seine bereits geknüpften Beziehungen zur deutschen *scientific community* der Statistiker auf eine erweiterte Grundlage zu stellen. Er konnte von jetzt an vermehrt in Fachzeitschriften Artikel veröffentlichen und auch an Tagungen im Ausland teilnehmen, ohne direkt von der Förderung eines seiner Lehrer abhängig zu sein. (Friedrich Wiesers Einfluß auf seine Laufbahn wirkte jedoch, wie zu zeigen sein wird, auch nach seiner Habilitation noch weiter.)

Als ersten Habilitationspaten hatte er seinen Duzfreund Othmar Spann gewonnen. Dieser wandte sich an Friedrich Wieser, der sich als zweiter Begutachter zur Verfügung stellte. Mit ihm hatte er einen „väterlichen Freund und Förderer" gefunden, dem bereits seine Prager Arbeiten bekannt waren.[278] Wieser wird von Winkler als patriarchalisch-väterlicher, in Altösterreich wurzelnder Gelehrtentypus geschildert. Damit stimmt er mit Hans Mayer überein, der seinem Lehrer und Vorgänger auf dem Lehrstuhl für Nationalökonomie ein literarisches Denkmal setzte, das in der *Neuen Österreichischen Biographie* erschien. Darin wird Wieser als Gelehrter von klassisch-humanistischem Format geschildert, der stets über der Tagespolitik stand und der dennoch sein Bekenntnis zur Monarchie, in der das „österreichische" Deutschtum am besten aufgehoben sei, nie abgelegt habe.[279]

Winkler Habilitation beruhte auf seiner Monographie „Die Statistischen Verhältniszahlen".[280] Das Habilitationsverfahren an der Universität Wien wurde ergänzt durch ein Kolloquium und einen Probevortrag. Das Kolloquium war Spann anvertraut, das dieser dazu nützte, sich von Winkler „darüber unterrichten zu lassen, was ich [= Winkler] im WK. f. Kriegswirtschaft unter seiner angeblichen Leitung [sic!] erarbeitet hatte". Das Thema des Probevortrages vor der Fakultät war „Statistik und Minderheitenschutz". Der Vortrag wurde in der *Zeitschrift für Volkswirtschaft und Sozialpolitik* veröffentlicht[281] und erschien fast wortidentisch 1923 als Programmschrift des von ihm gegründeten minderheitenstatistischen Instituts. Am 19. Juni 1921 war das Habilitationsverfahren offiziell mit seiner Ernennung zum Privatdozenten abgeschlossen.[282] Die rechtliche Stellung der Privatdozenten war

---

[278] Ebd., [unbez.].

[279] Vgl. *Hans Mayer,* Friedrich Freiherr von Wieser, in: Neue Österreichische Biographie 1815–1918. Bd. 6. Wien 1929, bes. 181 u. 193.

[280] Vgl. Kap. III. 1 a).

[281] WW-1922-08.

[282] Universitätsarchiv Wien (UAW), PA Prof. Dr. Wilhelm Winkler, [entsprechender Akt wegen eines Feuerschadens undatierbar].

im wesentlichen noch durch das Organisationsgesetz der akademischen Behörden von 1873 geregelt: Sie waren laut Gesetz „nicht vom Staat bestellte, sondern von diesem nur zugelassene Lehrer". 1920 erließ der Gesetzgeber neue Habilitationsnormen, die nicht nur eine Besserstellung des Kandidaten bewirkten, sondern auch ihre Chancen, im Falle einer erfolgreichen Lehr- und Forschungstätigkeit zu Extraordinarien aufzusteigen, verbesserten. Privatdozenten bezogen jedoch kein Gehalt, sondern nur Kolleggelder.[283]

Das „Grenzlandseminar"

Nach seiner Habilitation gründete Winkler das *Statistische Seminar über Bevölkerungs-, Wirtschafts- und Kulturfragen des Grenzlanddeutschtums (Grenzlandseminar)* an der Universität Wien, das im Studienjahr 1921 / 22 seine Tätigkeit aufnahm. Friedrich Wieser übernahm für das Seminar die „Patenschaft" und unterstellte es damit seinem persönlichen Schutz.[284] Politischer Hintergrund für die Errichtung dieser Institution waren die Friedensverträge: Versailles und St. Germain hatten – so Winkler in einer Programmschrift des *Grenzlandseminars* – ein neues „Grenzlanddeutschtum" geschaffen, das von dem „geschlossen siedelnden deutschen Block" gegen seinen Willen abgetrennt worden sei. Diese Argumentation war verbreitet: In der Weimarer Republik wurden die „Grenzlanddeutschen" allgemein als „Zufallsminderheit" betrachtet, dessen Absonderung vom sogenannten „Volkskörper" als nur vorübergehend betrachtet wurde. Rasch regten sich in der Öffentlichkeit Stimmen, welche die „Grenzlanddeutschen" als Bundesgenossen ansehen wollten, um eine Abänderung der Friedensverträge zu erreichen.[285] In seinen Werbeschriften für das *Grenzlandseminar* plädiert Winkler für die Auflösung der tradierten, auf Staatsgrenzen fixierten Sicht auf die deutschen Sprachminderheiten. Der durch die Niederlage im Krieg geschärfte Blick auf das „große gesamtdeutsche Vaterland" solle zur Schaffung eines gesamtdeutschen statistischen Handbuchs führen, dessen Herausgabe die DStG bei ihrer Tagung in Erfurt (1920) „nach Bericht des Verfassers" beschlossen habe.[286]

Zur Gruppe der „Grenzlanddeutschen" zählt er erstens alle jene Deutschen, die zum „geschlossenen" deutschen Sprachgebiet gehörten, zweitens jene Sprachinseln, die eng mit diesem zusammenhingen, und drittens jene Sprachinseln, die „etwas ferner" lägen. Diese offenbar bewußt vage gehaltene Definition ging auf

283 *Walter Höflechner,* Die Baumeister des künftigen Glücks. Fragment einer Geschichte des Hochschulwesens in Österreich vom Ausgang des 19. Jahrhunderts bis in das Jahr 1938. Graz 1988 (= Publikationen aus dem Archiv der Universität Graz; 23), 136 (wörtl. Zitat aus dem Organisationsgesetz); 138 f.

284 PNWW, Mein überreich bewegtes Leben, Fragm. 2, [unbez.].

285 *Fahlbusch* (1994), 4.

286 WW-1921-07, 250; dieser Bericht wird in einem 1932 erschienenen Aufsatz über die Statistische Gesellschaft bestätigt: *Johannes Müller,* Zwanzig Jahre Deutsche Statistische Gesellschaft (1911 – 1931), in: AStA 22 (1932), 559. Vgl. dazu auch Kap. III. 3 a).

seine Grenzziehungsberechnungen für die Friedensdelegation von St. Germain zurück, die, wie auch die Analyse der „Sprachenkarte Mitteleuropas" gezeigt hat, darauf abzielte, möglichst viele der durch die Sprachenstatistik erfaßbaren Deutschen als Untersuchungsobjekt einer deutschnationalen Minderheitenstatistik auszuweisen. Der Statistik weist Winkler die Aufgabe zu, „wissenschaftliche Schutzarbeit" zu leisten. Ein „statistischer Beobachtungsdienst" müsse das wirtschaftliche, kulturelle und soziale Leben der Grenzlanddeutschen, aber auch ihrer „Feinde im Lande" aufarbeiten, um den Deutschen als „Beweis ihrer Kraft" oder als „Warner vor bevorstehendem Schaden" zu dienen. Die Bevölkerungsstatistiken der „neuen Unterdrückerstaaten" seien wissenschaftlich zu überprüfen und gegebenfalls als Fälschungen zu entlarven. Das *Grenzlandseminar* an der Universität werde einen „Stab nationalstatistisch durchgebildeter Männer" heranbilden, die mit Hilfe der Politik Eingang in die fremdstaatlichen statistischen Ämter finden müßten.[287]

Im Jahr 1921 nahm Winkler seine Lehrtätigkeit an der Universität auf. Im Sommersemester dieses Jahres hielt er in den Räumlichkeiten von Spanns Institut für Gesellschaftslehre ein jeweils zweistündiges statistisches Proseminar und ein Seminar ab.[288] An der Rechts- und Staatswissenschaftlichen Fakultät lehrten neben Winkler drei weitere Dozenten das Fach Statistik: Sein Vorgesetzter im *Bundesamt für Statistik* Viktor Mataja, Walter Schiff und Hugo Forcher. Besonders Mataja, der „nur" Honorarprofessor war, nahm es ihm, wie Winkler sich erinnerte, übel, daß er seine Habilitation an ihm als Präsidenten vorbei und direkt über die Universität in die Wege geleitet hatte. Dazu kam noch, daß er das Fach Statistik nicht wie seine Kollegen als „eine Wissenschaft von Zahlen auf allen möglichen Gebieten" unterrichtete, sondern sie nach neuartigen, mathematische Methoden inkludierenden Konzepten lehrte. Außerdem beschränkte er die Studienobjekte der bis dahin enzyklopädisch-stofflich betriebenen Statistik auf Bevölkerungs-, Wirtschafts- und Kulturuntersuchungen. Dies ergab immer noch ein breites praktisches Arbeitsgebiet. Die Folge war eine Mißstimmung gegenüber der Person des neuen Kollegen nicht nur an der Universität, sondern auch im Amt.[289] In Wien muß Winkler unter Kollegen damals fast als ein Einzelgänger gegolten haben. Wenigstens mangelte es dem *Grenzlandseminar* nicht an studentischem Zulauf: Beliebt war das Seminar vor allem unter Studierenden aus dem durch St. Germain von Österreich abgespaltenen „Grenzland", die ihr sechssemestriges staatswissenschaftliches Doktorat in Wien abschlossen.[290]

---

[287] Ebd., 250; WW-1921-01, 40–42. Winkler läßt offen, wie er sich die Durchsetzung der letzteren Forderung vorstellt: Nachdem er die ostmitteleuropäischen Länder zu „Unterdrückerstaaten" erklärt hatte, wurden diese sicher nicht gerade ermutigt, Angehörige ihrer deutschen Minderheiten in die statistischen Ämter aufzunehmen!

[288] Öffentliche Vorlesungen an der Universität zu Wien. SS 1921. Wien 1921, 12.

[289] Vgl. Kap. II. 4.

[290] Vgl. PNWW, Mein überreich bewegtes Leben, Fragm. 2, [unbez.].

Das „Institut für Statistik der Minderheitsvölker"

Im Studienjahr 1922/23 wurde das bisherige *Grenzlandseminar* zu einem Universitätsinstitut ausgebaut. Als es darum ging, Winklers bereits im Dezember 1918[291] schriftlich fixierte Idee zur Einrichtung einer deutschtumsstatistischen Forschungsstelle zu verwirklichen, nahm der junge Privatdozent wieder die Hilfe seiner Förderer Wieser und Spann in Anspruch. Wieser nahm sich seiner Idee an und stellte im Professorenkollegium der Wiener rechts- und staatswissenschaftlichen Fakultät den Antrag, ein solches Institut im Rahmen der Wiener Universität zu begründen. Das Kollegium nahm den Antrag einstimmig an, so daß das Institut nach der Genehmigung des Unterrichtsministeriums mit Beginn des WS 1922/23 seine Arbeit aufnehmen konnte. Es erhielt die Bezeichnung *Institut für Statistik der Minderheitsvölker* (IStMV).[292] Es handelte sich dabei um eine Forschungsinstitution, die sich von ihrer Herkunft als *Grenzlandseminar* her vor allem mit jenen Minderheiten befaßte, die in St. Germain vom deutschösterreichischen Kernland des ehemaligen Zisleithanien abgetrennt worden waren. Winkler strebte jedoch von Anfang an bevölkerungsstatistische Forschungen über das *gesamte* Deutschtum des geschlossenen deutschen Sprachgebiets in Mitteleuropa unter Einschluß der ferner liegenden Sprachinseln an. Im Mittelpunkt des Interesses lagen die sudetendeutschen Gebiete. Kaum untersucht wurde hingegen die deutsche Bevölkerung in Übersee. Die nichtdeutschen Minderheiten in Europa waren zwar Forschungsobjekte des Instituts, wurden aber wenig ausführlich dargestellt. Entsprechend der offiziellen Doktrin, daß Österreich ein ethnisch homogener Nationalstaat sei,[293] veröffentlichte das Institut keine Untersuchungen über Volksgruppen in Österreich.[294]

Spann erklärte sich bereit, die neue Forschungseinrichtung, deren Vorläufer er bereits in den Räumlichkeiten seines Seminars beherbergt hatte, bis zur endgültigen Klärung der Raumfrage im *Seminar für politische Ökonomie und Gesellschaftslehre* zu belassen. Zugleich mit der „Zuteilung bescheidener Räumlichkeiten" erhielt das Institut eine Fachbücherei mit einem Lesesaal, eine Karten- und

---

291 Vgl. Kap. II. 4.

292 Winkler berichtet, daß er mit diesem umständlichen Namen von Anfang an unzufrieden gewesen sei. Um den ersten Teil „Institut für Statistik" nicht zu gefährden, habe er schließlich zugestimmt. (PNWW, Mein überreich bewegtes Leben, Fragm. 3, 132). Vgl. auch *Alexander Pinwinkler,* Das „Institut für Statistik der Minderheitsvölker" an der Universität Wien. – Deutschnationale Volkstumsforschung in Österreich in der Zeit zwischen den Weltkriegen, in: Zeitgeschichte 29 (2002), 36–48.

293 Vgl. zur österreichischen Minderheitenpolitik *Hanns Haas,* Das Minderheitenschutzverfahren des Völkerbundes und seine Auswirkungen auf Österreich, in: Helmut Konrad/ Wolfgang Neugebauer (Hg.), Arbeiterbewegung – Faschismus – Nationalbewußtsein. Wien-München-Zürich 1983, 351 ff.

294 Nur das „Statistische Handbuch der europäischen Nationalitäten", das Winkler 1931 veröffentlichte, beschäftigt sich in einem Kapitel mit Österreich. (Vgl. WW-1931-02, 82–92).

Lichtbildersammlung sowie einige Rechenmaschinen, die für statistische Arbeiten benötigt wurden.[295]

Das neue Institut wurde Anfang 1923 – das genaue Datum der Eröffnung ist nicht bekannt – als eine von fünf besonderen Fakultäts-Einrichtungen eröffnet, wozu jeweils ein Institut für angewandtes Recht, für die gesamte Strafwissenschaft und Kriminalistik, für die Statistik der Minderheitsvölker sowie Spanns Seminar und ein rechts- und staatswissenschaftliches Seminar zählten.[296] Die Eröffnungsfeier im kleinen Festsaal der Universität fand nach Winklers Angaben „unter zahlreicher Beteiligung der Öffentlichkeit" statt, wobei er offen ließ, welche Vertreter des öffentlichen Lebens bei dieser Feier anwesend waren. Die Öffentlichkeit habe, so Winkler in einem für das neue Institut werbenden Artikel, von dieser Forschungsstelle eine auf hohem wissenschaftlichen Niveau stehende Auseinandersetzung mit der Minderheitenfrage zu erwarten. Dies sei von umso größerer Bedeutung, als die Friedensverträge „Wahrheit und Recht" grob verletzt hätten. Es sei jetzt wichtig, der Wahrheit mit „trockene[r], nüchterne[r] Statistik" zu ihrem Recht zu verhelfen. Die Statistik könne mit ihren Methoden Bevölkerungszahlen und Statistiken der Geburtenüberschüsse erarbeiten und so dazu beitragen, einen Überblick über die (demographischen) „Kraftverhältnisse" zwischen den Völkern zu schaffen.[297]

In allen Werbeschriften, die der Institutsvorstand und einige seiner Mitarbeiter vorwiegend in deutschnational ausgerichteten Zeitschriften veröffentlichten, wurden jene zwei Grundaussagen leitmotivisch wiederholt, die bereits in dem oben zitierten Artikel anklingen: (1.) Die Minderheitenstatistik solle Bevölkerungsentwicklung, Wirtschaft, Kultur und Politik der deutschsprachigen Minoritäten in rein wissenschaftlicher Weise erforschen. (2.) Das IStMV bezieht seine Legitimation aus der Annahme, daß die Siegermächte des Ersten Weltkriegs die deutschen Minderheitenrechte grob verletzt hätten. Es sei daher notwendig, diesen durch die Willkür der Feindstaaten in ihrem Bestand gefährdeten Volksgruppen Schutz zu bieten. Die Statistik verfüge über die Möglichkeit, den Minderheiten Auskünfte über ihre gegenwärtige Bevölkerungslage zu geben und sie dadurch vor weiterem Schaden zu bewahren. Eine „exakte Minderheitensoziologie" sei auch die Grundlage für die Schaffung eines wirksamen Minderheitenrechts.[298] Winkler benannte

---

[295] Die Akademischen Behörden, Professoren, Privatdozenten, Lehrer, Beamten usw. an der Universität zu Wien für die Studienjahre 1923 / 24 bis 1939. Hg. vom Rektorat der Universität. Wien 1922 / 23, 72; WW-1927-03, 609 f.

[296] *Hans Voltelini,* Die Rechts- und Staatswissenschaftliche Fakultät, in: Die Universität Wien. Ihre Geschichte, ihre Institute und Einrichtungen. Hg. vom Akademischen Senat. Düsseldorf 1929, 27.

[297] WW-1923-07, 39 f.

[298] Vgl. WW-1930-03, 459; WW-1925-02, 117; WW-1927-03, 610; Das Institut für Statistik der Minderheitsvölker an der Universität Wien, in: DA 22 (1923), 193; *Karl Braunias,* Das Minderheiten-Institut an der Wiener Universität, in: Alpenländische Monatshefte (1924), 249 – vgl. ders., Zwei Jahre Minderheiteninstitut an der Wiener Universität, in: v. Loesch (Hg.), Volk unter Völkern (1925), 407 – 410.

für das IStMV drei Teilaufgaben: (1.) „Kritik der amtlichen Quellen", (2.) „Herausarbeitung eines der Wirklichkeit möglichst entsprechenden statistischen Bildes der Minderheiten" und (3.) „Erforschung aller *typischen,* unter gleichen Voraussetzungen immer wiederkehrenden Tatbestände und Entwicklungen des Minderheitenlebens".[299]

Im Lauf der Zeit muß Winkler und seinen Mitarbeitern zunehmend klar geworden sein, daß eine Statistik der Grenzlanddeutschen allein den weitgesteckten Zielen des Instituts nicht gerecht werden konnte. Die „Statistik der Minderheitsvölker" sollte zwar von Anfang an allen ethnischen Minderheiten gewidmet sein, doch wurde eine solche zunächst nur als Vergleichsbasis zur Deutschtumsstatistik betrieben: Nur durch die Mitbehandlung der nichtdeutschen Minderheiten könnte diese auch bislang „feindliche" Staaten überzeugen. Wie aus den von Karl Braunias wiedergegebenen Arbeitsthemen des Instituts hervorgeht, wurden seit dem WS 1923/24 neben den Bevölkerungsverhältnissen der deutschen auch die von nichtdeutschen Minderheiten untersucht.[300] Diese demographischen Studien wurden aus einem spezifisch *deutschen* Blickwinkel heraus betrieben. Wenngleich Winkler stets die auf „Wahrheit" und Objektivität abzielende Stoßrichtung des Instituts hervorhob, blieb doch das vermeintlich in seinem Bestand bedrohte „Deutschtum" Dreh- und Angelpunkt aller seiner Veröffentlichungen. Dies warf jedoch ein zweifelhaftes Licht auf die Zielsetzung einer allgemeinen Minderheitenstatistik. Seinen Kritikern scheint er jedoch mit seiner grundlegenden Schrift über die „Bedeutung der Statistik für den Schutz der nationalen Minderheiten" und mit seiner Ankündigung, dem 1927 erschienenen deutschtumsstatistischen Handbuch ein ebensolches Standardwerk zur Statistik der europäischen Minderheiten an die Seite stellen zu wollen,[301] den Wind weitgehend aus den Segeln genommen zu haben. Der Schwerpunkt der praktischen Institutsarbeit lag freilich weiterhin auf dem Gebiet der Deutschtumsstatistik, mit der er anstrebte, den gewohnten etatistischen Zugang der Sozialwissenschaften durch eine Betrachtung des Stoffes nach „Völkern" zu ersetzen. Mit der Schaffung eines gesamtdeutschen statistischen Handbuchs, an dem Winkler mit wechselnden Mitarbeitern seit Bestehen des Instituts arbeitete, zielte er darauf ab, „die das deutsche Volk trennenden politischen Scheidewände im Geiste niederzulegen und es als ein Ganzes, Ungeteiltes anzuschauen"[302].

Abgelehnt wurde von Winkler der Versuch, das Arbeitsgebiet seines Instituts auf andere Fächer, wie etwa Minderheitenrecht, Volkskunde oder Geschichte, auszudehnen und damit die Minderheitenfrage interdisziplinär zu behandeln.[303] So blieb das IStMV nicht nur nach seinem Namen, sondern auch hinsichtlich seiner Kon-

---

[299] WW-1930-03, 459.

[300] Ebd., 458; vgl. *Braunias* (1924), 250.

[301] Vgl. WW-1927-03, 609.

[302] WW-1927-02, VII.

[303] WW-1927-03, 609.

zeption das einzige seiner Art. Die in Deutschland seit der Kriegszeit entstandenen, mit der Erforschung des „Grenz- und Auslanddeutschtums" befaßten Institute waren auf eine breit angelegte Volkstumsforschung ausgerichtet, bei der neben der Statistik auch andere Methoden Verwendung fanden.[304] Dagegen wurden im Wiener Minderheiteninstitut neben praktischer Bevölkerungsstatistik zunehmend auch Theorie und Methodik des Faches gepflegt.

Unter den im *Grenzlandseminar* und am IStMV Studierenden befanden sich viele Deutsche aus den abgetrennten Grenzgebieten, wobei unter ihnen die Sudetendeutschen die Mehrheit stellten. Da die Statistik im Lehrbetrieb der Fakultät nur eine Randstellung einnahm, waren es jedoch zahlenmäßig nur wenige Studierende, die die Schülerarbeiten trugen.[305] Diese – Seminar- und Doktorarbeiten – erfaßten das weite Feld der „exakten Minderheitensoziologie". Am häufigsten waren bis 1925 bevölkerungs- und siedlungsstatistische Überblicksstudien über ausgewählte deutschsprachige Minderheiten in Ost- und Südosteuropa. Die Auswahl der Themen spiegelte Winklers Bestreben, ein Bild über die Veränderungen der Bevölkerungslage dieser Gruppen seit den 1880er Jahren zu gewinnen. Daneben wurde über Wirtschafts-, Schul- und Konfessionsstatistiken, aber auch über die Methodik der Volkszählung und der Nationalitätenkartographie gearbeitet. Eine einzige Studie über „Die Erhebung der Rasse und Farbe in Amerika" fiel aus diesem Rahmen heraus.[306]

---

[304] Zu erwähnen sind hier Hugo Grothes *Institut für Auslandkunde, Grenz- und Auslanddeutschtum* in Leipzig (1916), Johann Wilhelm Mannhardts *Institut für Grenz- und Auslanddeutschtum* an der Universität Marburg (1918), Max Hildebert Böhms *Institut für Grenz- und Auslandstudien* in Berlin-Steglitz (1920/26), Georg Schreibers *Deutsches Institut für Auslandskunde* in Münster i. W (1927) und vor allem das *Deutsche Ausland-Institut* in Stuttgart. Zu Mannhardt vgl. *Franz Hieronymus Riedl,* Die Deutsche Burse zu Marburg und ihre Ausstrahlung besonders nach Südosteuropa, in: Südostdeutsches Archiv 28/29 (1985/86), 105 – 107; zum „Institut für Grenz- und Auslandstudien" vgl. *W. v. Harpe,* Das Institut für Grenz- und Auslandstudien und die Methoden volkspolitischer Schulung, in: Max Hildebert Boehm/Karl C. v. Loesch (Hg.), Deutsches Grenzland (1935), 75 – 78.

[305] *Braunias* (1924), 250; vgl. *W. Winkler,* Lebensgeschichte (1952), 217; WW-1927-01, 4.

[306] WW-1925-02, 118 f. Die im folgenden nach Minderheitenregionen gegliederten Studentenarbeiten entstanden ca. 1922 bis 1925:
Ethnische Minderheiten und Nationalitätenverhältnisse in Österreich:
Das tschechische Schulwesen in Wien. – Die Bevölkerungsstatistik des Burgenlandes.
Ethnische Minderheiten in Deutschland:
Die Slawen in Deutschland.
Tschechoslowakei:
Die Deutschen in der Slowakei (Siedlungsgebiet, ihr Verhalten bei den Volkszählungen von 1880 bis 1919). – Die Entwicklung der tschechischen Minderheiten im nordwestböhmischen Kohlenreviere. – Das Deutschtum in Südmähren. – Schulstatistik in der Tschechoslowakei. – Die Bevölkerungsentwicklung in den Sudetenländern 1880 bis 1921. – Das deutsche Siedlungsgebiet in Mähren und seine Veränderungen seit dem Jahre 1880. – Konfession und Volkstum in Böhmen. – Agrarbetrieb der Sudetenländer. – Das geschlossene deutsche Sprachgebiet in Österreichisch-Schlesien [Österreichisch-Schlesien wurde 1918/19 zwischen der CSR und Polen geteilt.].

Über den Studienalltag am Minderheiteninstitut ist nur ein authentischer Bericht bekannt, der von Paul Neurath (1911–2001) stammt. Neurath studierte an der Wiener Universität Jus und besuchte im WS 1934/35 die erwähnte Winkler-Vorlesung. Diese sollte laut Studienordnung von den Studierenden zwar „frequentiert" werden, doch behalfen sich die meisten angehenden Juristen damit, einmal „zur Antestur und dann noch einmal zur Abtestur" zu gehen, oder „man bezahlte den üblichen Obolus an den Pedellen, der besorgte die Testur, und man sah den Professor überhaupt nie". Neurath verzichtete jedoch auf diese Prozedur und wollte selbst, mehr aus Neugier denn aus wirklichem Interesse, in die Statistik-Vorlesung gehen. Was ihn wirklich anzog, war die „etwas romantische[] Lage und Bezeichnung des Instituts", das in einem Seitentrakt der Neuen Hofburg untergebracht war. Als er zum ersten Mal in die Vorlesung kam, war er von Winklers Vortrag fasziniert, weil dieser seinen Stoff in einen historischen Zusammenhang brachte und die bei den Studenten als „trockenes Zeug" verschrieenen Probleme der Statistik lebendig darstellte: „Ich erinnere mich [...] genau an den Tonfall und die Aussprache, mit der Professor Winkler über die historischen Vorläufer berichtete; ich erinnere mich noch heute, wie er die Namen von Crome, Achenwall und Süßmilch aussprach, und insbesondere das ironische Lächeln und den genüßlichen Tonfall, mit dem dem Professor die Bezeichnung ‚Tabellenknechte' von der Zunge rollte."[307]

Polnisch-deutsches Grenzgebiet; Polen:
Bevölkerungsstatistik der Völker Ostschlesiens. – Die nationale Frage in Polen.
Ehemaliges österreichisches Galizien und Ukraine:
Die Deutschen in Galizien (ihr Verhalten bei den Volkszählungen seit 1880). – Bevölkerungsstatistik der Ukrainer in Ostgalizien. – Das ukrainische Volksgebiet.
Jugoslawien (SHS-Staat):
Die Deutschen in der Gottscheer Sprachinsel.
Italien:
Die Deutschen in Südtirol. – Die slawische Minderheit in Italien.
Rumänien:
Die Siebenbürger Sachsen von 1713 bis 1920 (ihre Zahl; Übersicht über die Grundlage der früheren Schätzungen und Methoden der Zählungen). – Das Deutschtum in Großrumänien (Übersicht über die deutschen Siedlungsgruppen). – Zur Wirtschaftsstatistik der Siebenbürger Sachsen. – Die Völker des Banats.
Frankreich:
Geburten und Sterbefälle in Elsaß-Lothringen in den Jahren 1871 bis 1920.
Skandinavien und baltische Staaten:
Die Schweden in Finnland. – Die Nationalitätenstatistik von Lettland.
Methodik der Volkszählung und Kartographie:
Die Erhebung der Umgangssprache bei den österreichischen Volkszählungen (Eine methodologische Übersicht). – Die Methoden der graphischen Darstellungen und Karten in der Nationalitätenstatistik.
Sonstige Themen:
Die Erhebung der Rasse und Farbe in Amerika. – Die nationalen Verhältnisse der Schweiz.

[307] *Paul Neurath,* Professor Wilhelm Winkler zum hundertsten Geburtstag, in: Adolf Adam (Hg.), Festschrift für Wilhelm Winkler: anläßlich des 100. Geburtstages am 29. Juni 1984. Wien 1984 (= Schriftenreihe der Österreichischen Statistischen Gesellschaft; 1), 71.

Neurath erinnerte sich ferner an eine Szene aus dieser Lehrveranstaltung, die ihm ebenfalls bezeichnend erschien. Als nämlich zwei Studenten, die offenbar der Idee der Stichprobe mißtrauten, die Absicht äußerten, die Original-Volkszählungsformulare für das Burgenland zu bearbeiten, ließ sich der Professor auf keine weitere Debatte ein, versetzte ihnen jedoch in der folgenden Woche einen Dämpfer, indem er den ungestüm Vorpreschenden einen kleinen Eindruck von der statistischen Praxis gab: „[...] in der nächsten Vorlesungsstunde standen, aufgetürmt in einer Ecke des Vorlesungszimmers, große Berge von ausgefüllten Volkszählungsformularen, gebündelt, offenbar nach Ortschaften: so, meine Herren, Sie können nach der Vorlesung gleich anfangen, das hier ist der Kreis Güssing; wenn Sie damit fertig sind, melden Sie sich, dann lasse ich Ihnen die weiteren Kreise kommen."[308]

Ob der Studienalltag am Minderheiteninstitut, den Neurath so farbig schilderte, von den zunehmenden, oft gewaltsamen Auseinandersetzungen zwischen den politischen Lagern der Studierenden beeinflußt wurde, ist nicht bekannt. Das selbe gilt für die Frage, ob der wirkliche und vermeintlich gegen jüdische Studenten und Professoren gerichtete, auch offiziell legitimierte Antisemitismus an der Universität Wien den Institutsalltag irgend wie berührte.[309]

Die in Zeitschriften und in der Schriftenreihe des Instituts publizierten Studentenarbeiten stammten von jenen Schülern, deren Studien Winkler als die besten einschätzte.[310] In den „Schriften des IStMV an der Universität Wien" erschienen neben seinen eigenen großangelegten nationalitätenstatistischen Studien bis 1930/ 31 u. a. zwei Arbeiten von Walter Kuhn (1903–1983), der, in Bielitz in Österreichisch-Schlesien geboren, wie viele seiner Generation vom *Wandervogel e. V.* beeinflußt worden war. Als Erforscher des Streudeutschtums, der volkskundliche und

---

[308] Ebd., 72. In zwei Mitteilungen, die Paul Neurath (†) dem Vf. nach Anfrage schickte, wies er ergänzend darauf hin, daß er selbst in seiner Lehre (er wurde 1942 Assistent und ein Jahr darauf Lehrer für Statistik an der School of Business des City College of New York) praktiziere, was er bei Winkler gelernt habe: „daß ich Statistik nicht als eine Ansammlung von Formeln und formalen Methoden zur Analyse von Daten [vortrage], sondern immer wieder den Studenten die gesellschaftliche Bedeutung klarmache", in deren Zusammenhang die Methoden entstanden waren. (Schreiben von em. Univ.-Prof. Dr. *Paul Neurath* an den Vf. vom 23. 04. 1999 und vom 09. 06. 1999). Zu Neurath vgl. *Leopold Rosenmayr,* Paul Neurath 1911–2001, in: Der Standard vom 07. 09. 2001. – Übrigens bekannte sich auch eine andere bekannte Persönlichkeit dazu, einst ein Schüler von W. Winkler gewesen zu sein und dabei erfahren zu haben, wie „schwierig" die Statistik sei: Bruno Kreisky. (Vgl. die Ansprache des damaligen Bundeskanzlers in der Festschrift 150 Jahre zentrale amtliche Statistik in Österreich. Festakt am 05. 11. 1979, in: MÖGSt 9 (1979), 109).

[309] Vgl. dazu (bes. zur Entwicklung der Studentenvertretung, des Studentenrechts und der „Studentenordnungen") *Brigitte Lichtenberger-Fenz,* „... deutscher Abstammung und Muttersprache". Österreichische Hochschulpolitik in der Ersten Republik. Wien / Salzburg 1990, bes. 49 ff.; vgl. *Bruno Kreisky,* Zwischen den Zeiten. Erinnerungen aus fünf Jahrzehnten. Berlin 1986, 166–177.

[310] Vgl. Das Institut für Statistik der Minderheitsvölker an der Universität Wien, in: SdJb 4 (1928), 161.

statistische Methoden mit siedlungs-, agrar- und sprachgeschichtlichen Zugängen verband, zeichnete er „das Bild schollengebundener, traditionsfester Bauernsiedler, die als Pioniere echten Deutschtums ihre Volksinseln zu fruchtbaren Oasen inmitten eines öden slawischen Umlandes aufblühen ließen"[311]. Als Kuhn durch den *Verein für das Deutschtum im Ausland* (VDA) aufgefordert wurde, den materiellen Bedarf der deutschen Schulen in Polen zu erkunden, fand er zunächst keine Arbeiten über das dortige Deutschtum vor und plante daher, selbst eine grundlegende Studie über „Das Deutschtum in Kongreßpolen" zu verfassen. Kuhn wandte sich an Winkler um Hilfe, kam in sein Institut und fand dort „eine überraschend freundliche Aufnahme. Zwar wußte er selbst auch nichts und hatte im Institut keine einschlägige Literatur. Aber: ‚Wir bestellen, was Sie brauchen, Sie besuchen mein Seminar und halten dann ein Referat über die Deutschen in Kongreßpolen.'" Tatsächlich erhielt Kuhn im Minderheiteninstitut innerhalb kurzer Zeit einschlägige Statistiken über die polnische Volkszählung von 1921 und andere statistische Quellen, mit denen er an seine Arbeit heranging.[312] In ihr folgte er Winklers Auffassung, nach der die Nationalitätenstatistik in erster Linie amtliche Zählergebnisse zu überprüfen und gegebenfalls richtigzustellen habe. Kuhn wollte mit seiner Studie durch Gegenüberstellung amtlicher polnischer Volkszählungsergebnisse mit den Resultaten der kirchlichen Matrikenführung (die Zahl der Deutschen deckte sich in der Regel mit der Zahl der Evangelischen) den Nachweis erbracht haben, daß die polnische Zählung „fast die Hälfte der Deutschen verschwiegen hatte". Er veröffentlichte sie unter einem Pseudonym („Andreas Mückler"), da er seine in Bielitz lebende Familie nicht gefährden wollte, als sechste Arbeit der Schriftenreihe des IStMV. Dadurch wurde seine – oder vielmehr „Mücklers" Studie – auch von deutschen Statistikern rezipiert, die sie in ihren Besprechungen durchwegs begrüßten.[313] 1931 ließ Kuhn, diesmal unter seinem wirklichen Namen, eine Arbeit über die „Bevölkerungsstatistik des Deutschtums in Galizien" als siebte Schrift der Reihe erscheinen. Die Tabellen seiner Untersuchung über „Das Deutschtum Kongreßpolens" wurden in Winklers gesamtdeutsches statistisches Handbuch übernommen.[314] In seinem Hauptwerk „Deutsche Sprachinselforschung" (1934) verarbeitete Kuhn u. a. von Winkler empfangene Anregungen zur Methodik der Minderheiten- und Sprachinselforschung.[315]

---

[311] *Oberkrome* (1993), 60; vgl. auch *Hugo Weczerka*, Walter Kuhn †, in: Südostdeutsches Archiv 27 (1983/84), 179–181.

[312] *Walter Kuhn*, Eine Jugend für die Sprachinselforschung. Erinnerungen, in: Ders., Neue Beiträge zur schlesischen Siedlungsgeschichte. Sigmaringen 1984 (= Quellen und Darstellungen zur schlesischen Geschichte; 23), 250.

[313] Bespr. v. *Philipp Schwartz*, AStA 17 (1927/28), 615 f., Bespr. von *E. Wunderlich*, Der Auslanddeutsche 11 (1928), 491; Bespr. von *Preller*, JbbNSt 128 (1928), 130 f.

[314] *Kuhn* (1984), 251; vgl. *Hugo Weczerka*, Verzeichnis der Veröffentlichungen Walter Kuhns 1923–1978, in: Zeitschrift für Ostforschung 27 (1978), 533; vgl. WW-1927-02, 141–143.

[315] Vgl. *Walter Kuhn*, Deutsche Sprachinselforschung. Geschichte – Aufgaben – Verfahren. Plauen 1934 (= Ostdeutsche Forschungen; 2), 56 f.; 138.

Kleinere Schülerarbeiten wurden in der Regel zuerst in den Zeitschriften *Böhmerlandjahrbuch für Volk und Heimat* (ab 1924: *Sudetendeutsches Jahrbuch*), *Alpenländische* und *Österreichische Rundschau* und *Deutsche politische Hefte aus Großrumänien* veröffentlicht. In diesen teils von völkischen „Jugendbewegten" getragenen Zeitschriften, die im böhmisch-mährisch-österreichischen Raum erschienen, ließ Winkler auch die Arbeit seines Instituts bewerben.[316] Auch in der vom Institut herausgegebenen „Statistischen Minderheitenrundschau I" (1925) erschienen Aufsätze seiner Schüler. Zwischen 1923 und 1929 finden sich in den genannten Zeitschriften und in dem Sammelband achtzehn Beiträge aus dem Wiener Minderheiteninstitut.[317] Winkler selbst verfaßte fünf seiner Artikel in diesen Publikationen, Braunias sechs, darunter drei „Studien über Minderheitenrecht und Minderheitenstatistik" (1926/27). Karl Braunias (1899–1965) studierte 1918–23 an der Rechts- und Staatswissenschaftlichen Fakultät der Universität Wien, wo er am 19. Dezember 1923 zum Doktor der Staatswissenschaften promoviert wurde. Er wirkte dann als ehrenamtlicher Assistent von Winkler am IStMV und wurde 1933 für Allgemeine Staatslehre habilitiert. An der Rechts- und Staatswissenschaftlichen Fakultät der Universität Wien lehrte er bis 1938 Nationalitätenforschung und Nationalitätenrecht. 1939 wurde er in den Auswärtigen Dienst einberufen. Braunias war während des Kriegs u. a. in Prag tätig, wo er der Untersuchungskommission für des Archiv des ehemaligen Außenministeriums in Prag angehörte.[318]

Je einer bzw. zwei Artikel stammen von Heinrich Exler, Richard Grabner, Margarete Janiczek, Heinrich Makow, Otto Martin, Albin Oberschall, Ladislaus Weiler und Otto Zell.[319] Der Ministerialsekretär im tschechoslowakischen Staatsamt für Statistik Dr. Albin Oberschall war in gewisser Hinsicht der Nachfolger des Wiener Statistikers als Vertreter der deutschen Minderheit in der statistischen Zentralbehörde. Von daher lag es nahe, daß Oberschall Kontakte zum Minderheiteninstitut pflegte, die sich darin ausdrückten, daß er im *Sudetendeutschen Jahrbuch* eine im IStMV bearbeitete Untersuchung veröffentlichte. Oberschalls Arbeiten über die Bevölkerungsbewegung, die Entwicklung der Sprachgrenze in Böhmen, die tschechoslowakischen Wahlstatistiken u. a. m.[320] standen in einer Tradition, in der sta-

---

316 Vgl. z. B. Das Institut für Statistik der Minderheitsvölker an der Universität Wien, in: SdJb 2 (1926), 149; 3 (1927), 238; 4 (1928), 161.

317 Vgl. die Bibliographie der Arbeiten aus dem IStMV im Anhang.

318 Mitteilung des UAW an den Vf., 21. 01. 2002; Biographisches Handbuch des deutschen Auswärtigen Dienstes 1871–1945. Bd. 1 A–F (Paderborn/München 2000), s. v. Braunias, Karl; vgl. Kürschners Deutscher Gelehrtenkalender (Berlin/Leipzig 1935), 146. Der „Deutsche Gelehrtenkalender" wird i. f. immer als „Kürschner" (jeweils mit Jahresangabe) zitiert.

319 Von den zuletzt genannten Personen konnten mit Ausnahme von Oberschall keine biographischen Informationen ausfindig gemacht werden.

320 Vgl. folgende Arbeiten von *Albin Oberschall:* Das Frauenstudium bei Deutschen und Tschechen [aus dem IStMV], in: SdJb 2 (1926), 208–211; Die Sprachgrenze 1880–1920, in: Bjb (1922), 44–49; Was uns heuer die Zahlen zu sagen haben, in: BJb (1922), 50–53; Deutsches und tschechisches Schulwesen in der Tschechoslowakischen Republik, in: BJb (1924), 56–59. Wie aus einem vertraulichen Schreiben des österreichischen Gesandten in Prag an

tistische Studien im Zeichen des Wettbewerbsdenkens zwischen Deutschen und Tschechen erstellt wurden, wie es Winkler vor 1914 und danach in ähnlicher Weise betrieben hatte. Eine die Geschichte der Demographie ungleich stärker beeinflussende Gestalt, mit der Winkler eine lebenslange Freundschaft verbinden sollte, trat um 1923/24 in seinen Gesichtskreis: Hans Harmsen. Der Grotjahn-Schüler und in Deutschland später führende Sozialhygieniker war auf der Suche nach Material für seine bevölkerungswissenschaftliche Dissertation in Wien mit Winkler in Verbindung gekommen. Am Minderheiteninstitut gab es für den Gast aus Berlin „dünne Suppe an der Klosterpforte" – ein Hinweis auf die damalige schwierige Ernährungssituation.[321]

Die großen organisatorischen und technischen Anforderungen, die eine statistische Seminar- oder Doktorarbeit mit sich brachte, dürften neben der untergeordneten Stellung des Faches innerhalb der Staatswissenschaften viele Studierende davor abgeschreckt haben, das Wagnis einer näheren Beschäftigung mit Statistik auf sich zu nehmen. In den dreißiger Jahren ebbte der Elan der Schriftenproduktion des IStMV, der mit dem Interesse an dem methodisch neuartigen Zugang zur Bevölkerungsstatistik der „Grenz- und Auslanddeutschen" anfänglich verbunden gewesen war, weitgehend ab. Zwar konnte der Institutsvorstand 1931 sein Handbuch zur Statistik der europäischen Nationalitäten herausgeben, doch kam es in der Folge weder zu einer Neuauflage dieses Kompendiums, noch zu der ursprünglich angekündigten neuerlichen Bearbeitung des deutschtumsstatistischen Handbuchs. In der Schriftenreihe des IStMV erschienen an Schülerarbeiten zwischen 1931 und 1938 nur drei Dissertationen, jeweils eine Arbeit von Leo Wilzin über „Musikstatistik", von Elisabeth Maresch über die „Ehefrau im Haushalt und Beruf" und von Lev Starodubsky über das „Volkszählungswesen in der UdSSR".[322] Die Staatswissenschaftlerin Maresch promovierte noch im Jänner 1938. Sie führte dann unter Winklers Aufsicht bis zum 12. März 1938 statistische Vorarbeiten für eine Studie über die Steuerbelastung kinderreicher Familien in Österreich durch.[323]

---

das Wiener Außenministerium v. 21. 02. 1924 hervorgeht, wurden Oberschalls Arbeiten „von massgebenden [sic!] deutschen Schulautoritäten" als „zu objektiv" betrachtet. (ÖSTA, AdR, BMAA, Völkerrecht, Kt. 144, Deutsche Minderheitsschulen in der Tschechoslowakei, Zl. 22 / Pol. (1924).

[321] *Hermann Schubnell* (Hg.), Alte und neue Themen der Bevölkerungswissenschaft. Festschrift für Hans Harmsen. Wiesbaden 1981 (= Schriftenreihe des Bundesinstituts für Bevölkerungsforschung; 10), 9 (Laudatio); Vortrag von em.Univ.-Prof. Dr. *Hans Harmsen* im Institut für Geschichte der Medizin in Mainz am 07. 06. 1983, Tonbandaufzeichnung.

[322] *Leo Wilzin,* Musikstatistik. Logik und Methodik gesellschaftsstatistischer Musikforschung. Wien 1937, vgl. dazu WW-1937-09; *Elisabeth Maresch,* Ehefrau im Haushalt und Beruf. Eine statistische Darstellung für Wien auf Grund der Volkszählung vom 22. März 1934. Staatswiss. Diss., Teildr. Wien 1938; *Lev Starodubsky,* Das Volkszählungswesen in der Union der sozialistischen Sowjetrepubliken. Eine statistisch-methodische Untersuchung. Wien 1938.

[323] *Johannes Feichtinger,* Wissenschaft zwischen den Kulturen. Österreichische Hochschullehrer in der Emigration 1933 – 1945. Frankfurt / New York 2001, 199. Elisabeth Maresch mußte 1938 nach Amerika fliehen, weil sie als katholische „Nichtarierin" in Österreich weder Berufschancen hatte, noch ihres Lebens sicher sein konnte.

Warum die Publikationstätigkeit des IStMV im Zeitraum von ca. 1932 bis 1938 im Vergleich zur Expansionsphase der zwanziger Jahre deutlich zurückging, kann hier nur vermutet werden: Erstens dürfte die chronische Geldknappheit der Förderungsgesellschaft des Instituts im Vergleich zu den relativ hohen Kosten für statistische Publikationen und die Anstellung von Hilfskräften dazu geführt haben, daß die Institutstätigkeit langfristig zurückging. Zweitens ist die zeitliche Inanspruchnahme des Institutsvorstands zu nennen, der durch häufigere Auslandsreisen (Teilnahme an ISI-Kongressen) und die Vorbereitung und Aufarbeitung der österreichischen Volkszählung von 1934 anderwärtig beschäftigt war. Drittens ist festzuhalten, daß die *Volksdeutschen Forschungsgemeinschaften* (VFG) im Deutschen Reich im Lauf der dreißiger Jahre die Führungsrolle in der Minderheiten- und Volkstumsforschung übernahmen. Die VFG unterstützten im Gegensatz zur Leipziger SVKF nur mehr Forschungsprojekte, die von mit Monopolstellung ausgestatteten Wissenschaftlerteams rationalisiert bearbeitet werden sollten. Damit wurde die Arbeit von Kleininstituten, wie es das IStMV war, marginalisiert und teilweise in Forschungsgebiete abgedrängt, die vergleichsweise untergeordnet erschienen. Und viertens dürfte auch der Schwund an potentiellen studentischen Autoren mit dazu beigetragen haben, daß die Publikationstätigkeit des Instituts erlahmte. Winkler selbst benannte 1932 in einem Vortrag als Grund für die relative Unbekanntheit seines Instituts unter den Studenten drei Gründe: die für die Statistik ungünstigen Studienvorschriften, den Rückgang von grenz- und auslanddeutschen Studierenden und die zunehmenden politischen Spannungen an der Universität Wien.[324]

Die am IStMV wissenschaftlich tätigen Studierenden gehörten oft selbst – wie erwähnt – dem „Grenz- und Auslanddeutschtum" an. Die Beispiele von Walter Kuhn, aber auch des Institutsvorstands selbst zeigen stellvertretend für viele andere, welche Bedeutung lebensgeschichtliche Prägungen im allgemeinen hatten und für jene Generation, die durch die Folgen des Weltkriegs sozial und intellektuell entwurzelt worden war, im besonderen haben konnten. Winkler war zwar nicht mehr wie viele seiner Schüler von der völkischen Jugendbewegung der Zeit unmittelbar vor dem Ersten Weltkrieg geprägt worden, doch war er in der weltanschaulich der Jugendbewegung nahestehenden jungkonservativen und großdeutschen Bewegung der zwanziger Jahre aktiv. Er errichtete mit seinem Institut eine Anlaufstelle für gerade jene meist männlichen Studierenden, die nach dem Krieg neue Formen der Selbstvergewisserung ihrer Identität suchten und diese in der mit neuartigen Methoden arbeitenden Volkstumsforschung fanden.

Nach Ausstattung und für Forschung und Lehre verfügbarem Personal war das IStMV eines der kleinsten Institute der Fakultät. Es verfügte jedoch über eine aufgrund seiner Teilnahme am internationalen Tauschverkehr wachsende Fachbücherei und über spezielle Ausrüstungen, die für statistische Arbeiten benötigt wurden. Außerdem standen Winkler nominell ein Assistent und zwei Hilfskräfte

---

[324] WW-1933-04, 16.

für Rechen- und Kanzleiarbeiten zur Seite.[325] Doch dieser Sollstand an Personal wurde nie erreicht. 1926/27 wurde erstmals ein Bibliothekar, Richard Grabner, aufgenommen. Im Studienjahr 1927/28 kam eine Vertragsangestellte hinzu, die seit 1928/29 von einer zweiten Sekretärin unterstützt wurde. Im selben Studienjahr 1928/29 erreichte das Institut seinen Höchstpersonalstand, als endlich der Assistentenposten mit Dr. Viktor Guttmann besetzt wurde, der aber 1932/33, ohne ersetzt zu werden, wieder aus dem Institutsbetrieb ausschied. Seit 1930/31 mußte Winkler mit Ausnahme von 1932/33 und 1937/38 wieder ohne fix angestellte Hilfskräfte auskommen. Die Institutsbibliothek war 1936/37 auf rund 4000 Bände angewachsen und enthielt eine Sammlung von nationalitätenstatistischen Karten, statistischen Wandtafeln und Diapositiven. Im Jahr von Winklers Zwangspensionierung 1938 verfügte die Bibliothek über 6000 Bände.[326]

Die Raumfrage gestaltete sich ähnlich schwierig wie die Lösung der Personalmisere des Instituts. Erst im Studienjahr 1924/25 konnte es eine wirkliche Tätigkeit entfalten, als es aus Spanns Seminarräumen in drei Räume in Wien I, Liebiggasse 5, übersiedelte. Diese erwiesen sich aber bald als viel zu klein, weil die Arbeit am gesamtdeutschen statistischen Handbuch umfangreiche technische und personelle Ressourcen benötigte. Erst 1928, also erst nach der Fertigstellung des Handbuchs, übersiedelte das Institut neuerlich: Es erhielt Lokalitäten in der Neuen Hofburg am Heldenplatz, die am 28. Februar 1928 im Beisein von Bundespräsident Dr. Michael Hainisch feierlich eröffnet wurden. Damit war das Institut räumlich in eine enge Verbindung mit dem BASt gekommen. Die Begrüßung und Würdigung des Anlasses nahm der Finanzminister und Gouverneur der Österreichisch-Ungarischen Bank a. D. Dr. Alexander Spitzmüller[327] vor. Winkler, der Spitzmüller vermutlich seit seiner Tätigkeit im WKKW kannte,[328] stellte „Neue Ergebnisse der Institutsarbeit" vor und führte die Besucher durch die Räume.[329]

Bemühungen um den institutionellen Ausbau der Statistik

In seinen ersten fünfzehn Jahren an der Universität Wien seit Abhaltung seiner ersten Lehrveranstaltungen im SS 1923 bot Winkler neben seinem zweistündigen „Statistischen Seminar über Bevölkerungs-, Wirtschafts- und Kulturfragen der

---

[325] WW-1930-03, 459.

[326] Die Akademischen Behörden, Professoren, Privatdozenten, Lehrer, Beamten usw. an der Universität zu Wien für die Studienjahre 1923/24 bis 1937/38 (1923–1937), s. jeweils unter Rechts- und Staatswissenschaftliche Fakultät, „Institut für Statistik der Minderheitsvölker".

[327] Vgl. *Christine Baumgartner,* Dr. Alexander Spitzmüller Freiherr von Harmersbach (1862–1953). Phil. Diss. masch. Wien 1967; vgl. WW-1951-06.

[328] Vgl. Kap. II. 3. b).

[329] WW-1927-03, 609; AAVCR, Korrespondenz: Institut für Statistik der Minderheitsvölker/Universität Wien 1922–28, Kt. 20, Einladung zur Feier der Eröffnung der neuen Räume, Februar 1928.

Minderheitsvölker" eine oder zwei, jeweils zweistündige Lehrveranstaltung(en) (Vorlesung und / oder Proseminar) über „Allgemeine, vergleichende und österreichische Statistik" an. Die Vorlesung vermittelte stets statistische Theorie und nannte sich einmal – im SS 1933 – „Die Grundformen des statistischen Denkens in besonderer Anwendung auf Wirtschaftsstatistik".[330]

Rechtlich beruhte die Lehre der Statistik, die an der Universität Wien von vier Dozenten durchgeführt wurde, auf den staatswissenschaftlichen Studienordnungen von 1919 und von 1926. Die im Jahr 1919 erlassene Studienordnung führte ein in sechs Semestern erreichbares Doktorat der Staatswissenschaften ein, in dem Statistik ausdrücklich zu einem von den Studierenden zu frequentierenden Fach und zum Prüfungsgegenstand eines der beiden Rigorosen gemacht wurde.[331] Seit 1926 war die Statistik jedoch kein selbständiger Rigorosums-Prüfungsgegenstand mehr. Gegenstände des zweiten Rigorosums waren nunmehr „Volkswirtschaftslehre, Volkswirtschaftspolitik und Finanzwissenschaft *einschließlich der statistischen Methoden* [Hervorhebung des Vf.]".[332] Diese Novellierung bedeutete, daß „von da an Statistik so gut wie überhaupt nicht mehr geprüft, daher von den Studierenden der Staatswissenschaften auch nicht mehr gehört und studiert wurde." Winkler schrieb diesen „vernichtenden Schlag" gegen sein Fach Othmar Spann und anderen, namentlich von ihm nicht genannten Mitgliedern des Professorenkollegiums zu, die der theoretischen Statistik nicht wohlgesinnt waren.[333] Die nach Matajas Tod 1934 von Winkler, Schiff und Klezl, seit dem SS 1937 nur noch von Winkler und Klezl gelehrte Statistik war eines von neun staatswissenschaftlichen Fächern. Als Staatswissenschaften galten die Fächer Nationalökonomie, Volkswirtschaftspolitik, Finanzwissenschaft, Gesellschaftslehre, Wirtschaftsgeographie, Hygiene, Staatsverrechnung und Privatwirtschaftslehre.[334]

---

[330] Öffentliche Vorlesungen an der Universität zu Wien. 1921 – 1938 (Wien 1921 – 38), siehe jeweils unter Rechts- und Staatswissenschaftliche Fakultät, „Statistik".

[331] Vollzugsanweisung des Staatsamtes für Inneres und Unterricht vom 17. 04. 1919, mit welcher Bestimmungen über die Erlangung des Doktorates der Staatswissenschaften an den rechts- und staatswissenschaftlichen Fakultäten der deutschösterreichischen Universitäten erlassen werden, Stgbl. 1919 Stück 87 Nr. 249 § 2 Abs. 3; § 3 Abs. 1. Aus dem staatswissenschaftlichen Studium gingen vor allem Geschäftsleute, Journalisten und Politiker hervor. Es verlangte im Gegensatz zum juridischen Doktorat eine Dissertation, genügte jedoch nicht als Voraussetzung für einen Eintritt in den höheren Verwaltungsdienst. (*Werner Ogris,* Einhundert Jahre Rechtswissenschaft im Hause am Ring, in: Günther Hamann / Kurt Mühlberger / Franz Skacel (Hg.), 100 Jahre Universität am Ring. Wissenschaft und Forschung an der Universität Wien seit 1884. Wien 1986 (= Schriftenreihe des Universitätsarchivs; 3), 54).

[332] Verordnung des BMU vom 25. 08. 1926 über die Regelung des staatswissenschaftlichen Studiums und die Erlangung des staatswissenschaftlichen Doktorates, Bgbl. 1926 Stück 55 Nr. 258 § 5 Abs. 3.

[333] *W. Winkler,* Lebensgeschichte (1952), 217.

[334] Vgl. Öffentliche Vorlesungen an der Universität zu Wien. 1921 – 1938 (Wien 1921 – 38).

Nach Winklers Meinung hatte die Statistik einen im Vergleich zu ihrer Bedeu-
tung für Staat und Wirtschaft unterbewerteten Rang als ein Lehrfach, das für die
Studierenden kaum mehr als fakultativen Charakter hatte. Bei seinem Bestreben,
der Statistik, deren letzter Ordinarius an der Wiener Universität Leopold Wenger
bis 1883 aus diesem Fach las,[335] eine größere Geltung zu verschaffen, stieß er auf
Widerstände im Ministerium, unter den Professoren und den Studierenden der
Rechtswissenschaften. Bei letzteren machte er sich als Prüfungskommissär für
Volkswirtschaftslehre, Volkswirtschaftspolitik und Finanzwissenschaft bei der
politischen Staatsprüfung des Rechtsstudiums, der er seit 1926 angehörte, aufgrund
seiner berüchtigten Strenge nicht gerade beliebt.[336] 1950 schrieb er über seine
zähen Versuche, durch Eingaben Verbesserungen herbeizuführen: „In einer unend-
lichen Flut von Denkschriften an das Professorenkollegium meiner Fakultät und an
das Unterrichtsministerium habe ich immer wieder auf die katastrophale Lage des
statistischen Universitätsunterrichtes hingewiesen. Dicke Mappen füllen diese Eingaben, und ungezählte Stunden meines Lebens und ungemessene Kräfte habe ich
an Vorsprachen und Sitzungen im kleinen und im großen Kreise verschwendet, um
diesen Zustand zu beseitigen."[337]

Er argumentierte mit der Kostenersparnis, die dem Staat entstünde, wenn er zukünftige höhere Verwaltungsbeamte auf dem Gebiet der Statistik ausbildete. Die
Juristen müßten „ein gewisses Mindestmaß von statistischem Wissen in sich aufnehmen", um dieses Ziel zu erreichen. Folglich müsse der Studienplan die Statistik
wieder zu einem Pflichtfach machen. Sein zweites Argument war der Hinweis auf
Entwicklungen im Ausland: In Paris und in Rom existierten statistische Univer-
sitätsinstitute, die mehrjährige Lehrgänge zur Ausbildung von Diplomstatistikern
eingerichtet hatten.[338]

In der Zeit der Ersten Republik verliefen Winklers oben skizzierte Bemühungen
im Sand. Weder errang er für sich das Ordinariat, noch konnte er die Stellung der
Statistik im Fächerkanon der Staatswissenschaften verbessern; die Einrichtung
eines Vollstudiums der Statistik, wie es Gini in Rom erreicht hatte, stieß in Österreich auf unüberwindbare Hindernisse. Es war schon als Erfolg zu verbuchen, daß
er am 12. Februar 1927 zum hauptamtlichen tit. ao. Prof. für Statistik ernannt
wurde, der am 15. Oktober 1929 die Zuerkennung des vollen Extraordinariats
(ao. Prof.) folgte. Als Hochschullehrer bezog er ein jährliches Gehalt von
7.756,20,–öS (exklusive gesetzliche Sonderzahlungen).[339] Mit seinem Karriere-

---

335 WW-1930-05, 19.

336 UAW, PA Prof. Dr. Wilhelm Winkler, Lebenslauf und Schriftenverzeichnis (Juli 1945),
vgl. *W. Winkler*, Lebensgeschichte (1952), 218.

337 *W. Winkler*, Lebensgeschichte (1952), 218. Zuletzt stand die Errichtung eines statistischen Ordinariats 1937 auf der Tagesordnung von Beratungen des Professorenkollegiums,
die wegen des „Anschlusses" 1938 im Sand. (AdR, Staatskanzlei, Zl. 7558–4/45,
„Das statistische Ordinariat an der Wiener Universität").

338 Ebd., 21 f. Das Ziel, in Österreich einen derartigen Lehrgang zu schaffen, erreichte er
ebenso wie das statistische Ordinariat erst nach 1945.

sprung war er seit 1929 im Professorenkollegium der Fakultät vertreten, eine Position, die er „wegen der zweitrangigen Stellung eines Extraordinarius" und wegen des „starren persönlichen Widerstand[s] einer kleinen [...] Gruppe des Kollegiums" gegen die Einrichtung eines statistischen Ordinariats kaum zum Wohl seines Fachs ausnützen konnte.[340] Da scheint es auch wenig genützt zu haben, daß Winkler im Jahr 1933 der Titel eines ordentlichen Universitätsprofessors verliehen wurde.[341] Damit hatte er jedoch noch nicht Ordinarius geworden. Wenigstens sein Institut wurde formal aufgewertet: Die freundliche Aufnahme seines „Statistischen Handbuchs der europäischen Nationalitäten" in der Fachwelt[342] hatte nämlich zur Folge, daß das Professorenkollegium der Rechts- und Staatswissenschaftlichen Fakultät der Universität Wien den Namen des IStMV in ein „Institut für Statistik *insbesondere* [Hervorhebung d. Vf.] der Minderheitsvölker" umwandelte.[343] Damit war die Betonung auf „Institut für Statistik" gelegt worden, während der zweite, die Herkunft des Instituts aus dem *Grenzlandseminar* betonende Teil des Titels paradoxerweise den Charakter einer fakultativen Ergänzung erhielt. Vermutlich kamen die Professoren mit dieser graduellen Änderung des Institutsnamens einem langgehegten Wunsch von Winkler entgegen, der die Einengung seines Fachs auf „Statistik der Minderheitsvölker" ablehnte.

Winkler scheint seinen Aufstieg zum tit. und dann zum hauptamtlichen Extraordinarius dazu genützt zu haben, vermehrt in der Öffentlichkeit für seine Anliegen zu werben. So hieß es in der *Reichspost,* dem Zentralorgan der Christlichsozialen, anläßlich „dieser Gelegenheit [von Winklers Ernennung] sei neuerdings darauf hingewiesen, wie notwendig wir eine Lehrkanzel für Statistik an unserer Universität brauchen. Wenn wir Österreicher auch sparen müssen, hier geschieht es am unrechten Fleck, denn gerade die Förderung dieses Wissenszweiges liegt im Interesse unserer gesamten Volkswirtschaft."[344]

---

[339] Die Summe von 7.756,20,– öS stellt heute einen Geldwert von rund 18.540,– EUR dar. Vgl. *Voithofer* (1999), 593 f.

[340] Vgl. ÖSTA, AdR, BMU, PA Prof. Dr. Wilhelm Winkler 10 / 101 / 02, Zl. 30.624-I / 1, Benachrichtigung des BMU vom 15. 10. 1929; ÖSTA, AdR, Präsidentschaftskanzlei, Verleihung des Titels eines ao.Universitätsprofessors an Dr. W. Winkler, Zl. 724 / 27; WW-1948-01, 2 (wörtl. Zit.).

[341] AVA, PA Unterr. Allg. Reihe, Fasz. 2 / 592, Zl. 18.744–33 / 1 vom 05. 07. 1933 und 18.744–6.364 vom 28. 07. 1933. Der im AVA zu Winkler vorhandene PA enthält leider nur den o. g. Akt betr. seine Ernennung zum tit. o. Prof.; das ursprünglich hier ebenfalls vorhandene Dekret über Winklers „Versetzung in den zeitlichen Ruhestand" (handschriftliche Notiz auf dem Deckblatt des Aktes) konnte nicht aufgefunden werden.

[342] Vgl. Kap. III. 1. b).

[343] Vgl. PNWW, Mein überreich bewegtes Leben, Fragm. 4, 23.

[344] Auszeichnung eines österreichischen Statistikers, in: Reichspost vom 26. 02. 1927.

Die „Gesellschaft zur Förderung des Institutes für Statistik der Minderheitsvölker"

Alexander Spitzmüller war der erste Vorsitzende der 1922 begründeten, in Wien IX, Michelbeuerngasse 8 ansässigen *Gesellschaft zur Förderung des Institutes für Statistik der Minderheitsvölker an der Universität Wien.* Er hatte dieses Amt umso lieber angenommen, als er sich von der Institutsarbeit Beiträge erhoffte, welche die rechtliche Lage der Südtiroler Minderheit verbessern konnten.[345] Die Förderungsgesellschaft sollte der „Errichtung und Förderung" des IStMV dienen. Damit sollten die kargen staatlichen Zuschüsse zum Institutsbetrieb, zu denen allerdings von Beginn an finanzielle Zuwendungen durch die Kulturabteilung des deutschen Auswärtigen Amtes kamen,[346] aufbessern helfen. Im Jahr 1927 betrug der Jahresmitgliedsbeitrag „mindestens 5,–öS".[347] Die individuellen oder körperschaftlichen Mitglieder der Gesellschaft waren berechtigt, an den Veranstaltungen des Vereins und des Instituts teilzunehmen und die Instituts-Veröffentlichungen zu begünstigten Preisen zu beziehen. Die Vereinsorgane bestanden aus einer Vollversammlung, die jedes zweite Jahr vom Präsidenten einberufen wurde, und aus einem Aufsichtsrat, dem der jeweilige Leiter des Instituts angehörte. Dieser sollte mindestens einmal im Jahr durch den Präsidenten einberufen werden. Der Vorstand der Gesellschaft sollte mindestens viermal im Jahr zusammentreten. Er wurde aus dem Präsidenten, dem Vizepräsidenten und dem Institutsleiter gebildet. Dieser konnte über die Geldmittel, die ihm für Institutszwecke zur Verfügung gestellt wurden, gegen nachherige Rechnungslegung frei verfügen.[348]

Die erste Aufsichtsratssitzung fand am 26. November 1924 statt. Winkler referierte in seinem Rechenschaftsbericht über die Bewegung der Mitgliederzahlen der Förderungsgesellschaft. Danach waren insgesamt 156 individuelle und körperschaftliche Mitglieder (Gründer; Förderer; Mitglieder) zu registrieren. 77 kamen aus der Tschechoslowakei, 46 aus Österreich, achtzehn aus dem Deutschen Reich, neun aus Rumänien, jeweils zwei aus Schweden und Estland, und jeweils ein Mitglied kam aus Jugoslawien und Italien. – Nach Angaben der Mitarbeiter war zwar das Interesse an den Institutsarbeiten „vom Völkerbund abwärts" überall groß, doch war die Zahl der das IStMV finanziell Unterstützenden im Vergleich zu der Wichtigkeit der von diesem zu betreuenden Aufgaben viel zu klein. Auch der Kreis der an den Arbeiten des Instituts Teilnehmenden war zu klein.[349] Ähnlich bedauernd äußerte sich Spitzmüller in einem Schreiben an die *Gesellschaft zur Förderung deutscher Wissenschaft, Kunst und Literatur* in Prag, in dem er jedoch

---

[345] *Alexander Spitzmüller,* „. . .und hat auch Ursach, es zu lieben.". Wien 1955, 355.

[346] *Bamberger-Stemmann* (2001), 219.

[347] WW-1927-02, Werbeeinschaltung für die Förderungsgesellschaft, Nachsatzblatt.

[348] AAVCR, Korrespondenz: Institut für Statistik der Minderheitsvölker / Univ. Wien 1922–28, Kt. 20, Satzungen des Vereines „Gesellschaft zur Förderung eines Institutes für Statistik der Minderheitsvölker".

[349] *Braunias* (1925), 410; vgl. ders. (1924), 251.

erwähnte, daß die sudetendeutschen Städte „nahezu vollzählig der Förderungsgesellschaft beigetreten" seien. Gleichzeitig verwies er darauf, daß das Interesse
sudetendeutscher Vereine und Privatpersonen noch zu wünschen übrig lasse. Dies
sei aber wohl in erster Linie auf die noch kurze Dauer der Tätigkeit des Instituts
und der Förderungsgesellschaft und auf die daraus erfolgende Unwissenheit zurückzuführen.[350]

Die Einnahmen der Förderungsgesellschaft betrugen 1922 nach Einberechnung
des ausländischen Währungsgeldes rund 14 Mio., 1923 10,60 Mio. und 1924
12,70 Mio. österreichische Kronen. Demgegenüber erhöhten sich infolge der
wachsenden Publikationstätigkeit des Instituts und aufgrund der zunehmenden
Inflation die Ausgaben von 1922 3,30 auf 10,20 Mio. Kronen 1923, um im Jahr
darauf auf 9,90 Mio. Kronen nominell leicht zu sinken.[351] Dem Aufsichtsrat der
Gesellschaft zur Förderung eines IStMV gehörten 1924 achtundvierzig Persönlichkeiten aus Politik, Wissenschaft, Presse und Kultur aus dem In- und Ausland an
(s. Anhang). Von den 48 Aufsichtsratsmitgliedern kamen 25 aus Österreich, neun
aus dem Deutschen Reich und vier aus der Tschechoslowakei. Die übrigen verteilten sich auf andere Staaten, in denen deutsche Minderheiten lebten. Untersucht
man die Mitglieder nach Berufsgruppen, so ergibt sich ein deutliches Übergewicht
für die zur Zeit der Zusammenstellung der Liste (1924) in der Politik Tätigen, die
zwanzig Aufsichtsratsmitglieder stellten. Von den Politikern gab es vielfältige
Überschneidungen zu anderen Berufsgruppen, doch soll hier jeweils nur das an-
genommene wichtigste Arbeitsfeld der genannten Persönlichkeiten aufgeführt werden: Außer Politikern saßen noch zwölf Universitätslehrer, sechs Journalisten, drei
leitende Ministerialbeamte, je zwei Diplomaten und Bankiers sowie je ein Kultur-
schaffender, ein Rechtsanwalt und ein Oberst im Aufsichtsrat.

Betrachtet man die Aufsichtsratsmitglieder nach ihrer politischen Ausrichtung,
so überrascht es nicht, daß die der großdeutschen Idee nahestehenden und in den
verschiedenen national-völkischen Vereinen und Organisationen aktiven Persönlichkeiten überdurchschnittlich stark vertreten waren. Daß das nationale, auch die
Anschlußidee beinhaltende Gedankengut auch unter sozialdemokratischen Politikern grundsätzlich auf Zustimmung stieß, beweist die Mitgliedschaft von Karl
Renner im Aufsichtsrat. Eine eigene Gruppe bildeten die Vertreter der deutsch-

---

[350] AAVCR, Korrespondenz: Institut für Statistik der Minderheitsvölker / Universität Wien
1922–28, Kt. 20, Schreiben von Dr. Alexander Spitzmüller an die Deutsche Akademie in
Prag, Februar 1925.

[351] Vgl. zum Protokoll der Aufsichtsratssitzung ÖSTA, AVA, Unterr. Allgemeine Reihe:
Vereine, Gesellschaft zur Förderung des Institutes für Statistik der Minderheitsvölker an der
Universität Wien, Fasz. 3371, Zl. 28202-I. Währungsumrechnung nach *Voithofer* (1999),
593 f.: a) Einnahmen: 14 Mio. K entsprechen für 12-922 rund 5.090,– EUR; 10,60 Mio. K
entsprechen für 12-1923 3.663,– EUR; 12,70 Mio. K entsprechen für 12-1924 3.662,– EUR.
b) Ausgaben: 3,30 Mio. K entsprechen für 12-1922 1.200,– EUR; 10,20 Mio. K entsprechen
für 12-1923 2.965,– EUR; 9,90 Mio. K entsprechen für 12-1924 2.880,– EUR. Der Aus-
gabenhöchststand von 1923 ist wesentlich auf den Druck der Programmschrift des IStMV
zurückzuführen.

sprachigen Minderheiten. Zu ihnen zählten die Abgeordneten Lodgman-Auen und Medinger aus der Tschechoslowakei, Brandsch, Möller und Roth aus Rumänien, Grassl aus Jugoslawien und der Südtiroler Reut-Nicolussi. Damit waren bedeutende Politiker der deutschen Minderheiten aus den Nachfolgestaaten der Monarchie im Aufsichtsrat vertreten. Erwähnenswert ist auch die Verbindung einiger der genannten Minderheitenpolitiker zur europäischen Minderheitenbewegung, die 1924 / 25 zur Gründung des *Europäischen Nationalitätenkongresses* führen sollte.

Aufgrund der Quellenlage läßt sich darüber keine Aussage treffen, welche Bedeutung die einzelnen Aufsichtsratsmitglieder dem IStMV zubilligten, wie ausgedehnt ihre Kontakte mit Winkler und seinem Institut wirklich waren und wie sich der Mitgliederstand des Aufsichtsrats weiterentwickelte. Es läßt sich jedoch festhalten, daß der Institutsleiter mit Hilfe des Präsidenten der Förderungsgesellschaft eine beeindruckende Reihe von prominenten Unterstützern für seine Forschungsstätte gewonnen hatte.

Die von Spitzmüller geleitete, als Bindeglied zwischen Institut und deutschsprachigen Minderheiten tätige Förderungsgesellschaft war besonders in den ersten Jahren der Institutstätigkeit für die finanzielle Erhaltung der Forschungsstelle und dafür, daß diese in der Öffentlichkeit bekannt wurde, wichtig. Um das letztgenannte Ziel zu erreichen, hatte Winkler bereits 1923 einen öffentlichen Vortrag gehalten, der gleichzeitig sein Probevortrag als Privatdozent an der Universität gewesen war. Diesem folgte ein Referat des Bundeskanzlers a. D. Dr. Ignaz Seipel (1876 – 1932) über die Minderheitenproblematik. Seipel war von Spitzmüller und Prof. Wieser dazu eingeladen worden, ins Institut zu kommen.[352] Der Altbundeskanzler hatte bereits 1916 ein Buch „Nation und Staat" geschrieben, in dem er für einen Ausgleich zwischen den beiden im Buchtitel genannten gegensätzlichen Prinzipien plädiert hatte. Er war Anhänger einer deutschen Kulturgemeinschaft, doch wünschte er keinen Anschluß, wie ihn die Großdeutschen wollten. Vielmehr träumte er von einem süddeutsch-katholischen Gegengewicht gegen den protestantischen Norden Deutschlands.[353]

Der für den Besuch Seipels festgesetzte Termin war der 14. Jänner 1925. Seipel hatte damals seine erste Kanzlerschaft gerade hinter sich; eine zweite Amtszeit als Bundeskanzler trat er im folgenden Jahr 1926 an. Als er im Institut eintraf, trat ihm Winkler mit einer Topfblume in der Hand begrüßend entgegen, was dem Gast die Frage entlockte: „Wahrscheinlich aus dem Institutsgarten?" Darauf Winkler: „Nein, Exzellenz, zu einem Institutsgarten haben wir es noch nicht gebracht. Wir leben vorläufig von zusammengebettelten Geldern." Doch Seipel beruhigte Winkler, klopfte ihm wohlwollend auf die Schultern und sagte: „Sie werden es schon

[352] ÖSTA, AVA, Unterr. Allgemeine Reihe: Vereine, Gesellschaft zur Förderung des Institutes für Statistik der Minderheitsvölker an der Universität Wien, Vereine, Fasz. 3371, Zl. 28202-I.

[353] Vgl. *Friedrich Rennhofer,* Ignaz Seipel. Wien / Köln / Graz 1978, 68 – 72; *Schausberger* (1978), 113.

machen."[354] In seinem Vortrag, der die Überschrift „Die geistigen Grundlagen der Minderheitenfrage" trug, wies Seipel besonders auf die Kosten an Menschenleben und wirtschaftlichen Verwüstungen hin, die der Sieg des nationalstaatlichen Gedankens in der Nachkriegszeit angerichtet habe. Für die Statistik sah er die Aufgabe, eine Typologie der verschiedenen Minderheitenvölker nach Siedlungsweise und Stellung zu den Mehrheitsvölkern zu schaffen. Die Statistik sei dabei auf eine enge Zusammenarbeit mit Historikern, Staatsrechtlern und Soziologen angewiesen.[355]

Außer Ignaz Seipels Referat im IStMV sollte ein Vortragszyklus über „Deutschsüdtirol" auf die praktische Arbeit und die ideellen Ziele des Instituts aufmerksam machen. Im Rahmen dieser Veranstaltungen traten u. a. der aus einer italienischtirolischen Familie stammende Rechtshistoriker Hans Voltelini (1862 – 1938) und der Völkerrechtler Alfred Verdroß (1890 – 1980) als Referenten auf.[356] Beide waren Professoren an der Wiener Universität.[357] Aber auch Alexander Spitzmüller hielt bei einer dieser Veranstaltungen einen Vortrag. Er sprach über das durch St. Germain „vergewaltigte" Südtirol.[358]

Über die Förderungsgesellschaft liefen die Kontakte des Instituts ins Ausland, wobei die Beziehungen zur deutschen Minderheit in der Tschechoslowakei, von wo etwa die Hälfte der Mitglieder kam, den überwiegenden Teil dieser Verbindungen ausgemacht haben dürfte. Bereits während der Gründungsphase von Institut und Gesellschaft richteten Spitzmüller und Winkler Aufrufe an sudetendeutsche Vereine, in denen um Unterstützung für die laut Zielsetzung „rein wissenschaftliche" Arbeit des Instituts geworben wurde. Eine der umworbenen Institutionen war die *Gesellschaft zur Förderung deutscher Wissenschaft, Kunst und Literatur.* Spitzmüller lud sie im Februar 1923 zum Beitritt zur Förderungsgesellschaft ein und wies besonders darauf hin, daß der Institutsleiter mit seinen Schriften einen wichtigen Beitrag zur Aufklärung über das Unrecht geleistet habe, das den Deutschen der Tschechoslowakei mit der Volkszählung von 1921 zugefügt worden sei. Das Institut plane die Herausgabe eines eigenen sudetendeutschen statistischen Handbuchs und die Errichtung einer eigenen sudetendeutschen Abteilung, um die „Ent-

---

[354] PNWW, Mein überreich bewegtes Leben, Fragm. 4, 20.

[355] Vgl. *Ignaz Seipel,* Die geistigen Grundlagen der Minderheitenfrage. Vortrag, gehalten im Minderheiteninstitut der Wiener Universität am 14. Jänner 1925. Leipzig / Wien 1925 (= Schriften des Instituts für Statistik der Minderheitsvölker an der Universität Wien; 2), 8; 7.

[356] Deutschsüdtirol I. *Hans Voltelini,* Die Geschichte Deutschsüdtirols; *Wilhelm Winkler,* Deutschsüdtirol im Lichte der Statistik (Leipzig / Wien 1925) (= Schriften des Instituts für Statistik der Minderheitsvölker an der Universität Wien; 4); Deutsch-Südtirol II. *Alfred Verdroß,* Die rechtliche Lage Deutschsüdtirols; *Walter Steinhauser,* Die Ortsnamen als Zeugen für das Alter deutscher Herrschaft und Siedlung in Südtirol; *Wilhelm Winkler,* Noch einiges zur Statistik Deutschsüdtirols. Leipzig / Wien 1926 (= Schriften des Instituts für Statistik der Minderheitsvölker an der Universität Wien; 5).

[357] Zu Voltelini und Verdroß vgl. *Pakes* (1981), 237 f. u. 244 f.

[358] *Baumgartner* (1967), 215.

wicklung des Sudetendeutschtums in Bevölkerung, Kultur und Politik" zu erforschen. (Beide Pläne wurden nie verwirklicht.) In ihrer Antwort kündigte die Prager Gesellschaft durch ihren Vorsitzenden August Sauer an, den geforderten Mindestgründerbeitrag von 300,–KC überweisen zu wollen, bedauerte aber, aufgrund der [politischen] „Verhältnisse" dem Institut nicht als Mitglied beitreten zu können.[359]

Neben direkte Kontakte zu den deutschen Minderheiten traten seit Mitte der zwanziger Jahre auch Beziehungen zum *Europäischen Nationalitätenkongreß*, dessen Ziel die Verständigung der Minderheiten untereinander und ein Ausgleich zwischen ihnen und dem Staat war. Die Zusammenarbeit zwischen dem IStMV und dem Minderheitenkongreß begann formell auf der zweiten Tagung der europäischen nationalen Minoritäten 1926 in Genf, bei dem das Wirken des Minderheiteninstituts in einer Resolution begrüßt wurde.[360] Höhepunkt dieser Zusammenarbeit sollte die Herausgabe des minderheitenstatistischen Handbuchs im Jahr 1931[361] werden, das die Ausdehnung der Forschungstätigkeit des IStMV von der Deutschtums- zur Minderheitenstatistik abschloß.

3. Winklers Aufstieg in der internationalen Statistik

Der Wiener Statistiker versuchte schon früh, sich auch außerhalb Österreichs in der Fachwelt zu positionieren. Den Anfang machten seine Teilnahmen an den Tagungen der DStG Anfang der zwanziger Jahre. Und seit 1927 beteiligte er sich auch an den internationalen statistischen Kongressen, wo er seinen Ruf als versierter Theoretiker und geübter Praktiker der Statistik rasch festigen konnte. Wie Winkler innerhalb der deutschsprachigen Fachstatistik während der Zwischenkriegszeit an Ansehen gewann, und wie sich seine Position unter dem Einfluß des Nationalsozialismus seit 1933 wandelte, wird gleichfalls im folgenden untersucht werden.

a) Teilnahmen an internationalen Kongressen

Tagungen der „Deutschen Statistischen Gesellschaft" in Magdeburg (1922),
Königsberg (1926), Nürnberg (1927), Köln (1929) und Stuttgart (1930)

In den zwanziger Jahren nahm Winkler mehrmals an den Mitgliederversammlungen der DStG teil. Diese war die Standesorganisation der deutschen Statistiker. Im Jahr 1911 von Georg v. Mayr und Eugen Würzburger (1858 – 1938) gegründet

---

[359] AAVCR, Korrespondenz: Institut für Statistik der Minderheitsvölker / Universität Wien 1922 – 28, Kt. 20, Aufruf!, August 1922, Briefwechsel Spitzmüller – Sauer Februar 1923 – Mai 1924.

[360] Vgl. *Kelmes* (1958), 41, 45, 47, 51, 58; NDB, Bd. 1 (Berlin 1953), s. v. Ammende, Ewald, 253; WW-1927-03, 610.

[361] Vgl. Kap. III. 1 b).

und bis 1929 ein Teilglied der *Deutschen Gesellschaft für Soziologie,* vereinigte die DStG vorwiegend Statistiker aus statistischen Ämtern und Hochschulen.[362] Winkler beteiligte sich erstmals 1920 in Erfurt an den Beratungen der DStG. Der Schriftführer der Gesellschaft Würzburger, der noch Schüler von Boeckh gewesen war, trat 1886 in das *Statistische Reichsamt* (StRA) in Berlin ein und war von 1919–1927 o. Prof. für Statistik an der Universität Leipzig. Er war auch Herausgeber des *Deutschen Statistischen Zentralblatts,* des zweiten Organs der DStG neben dem *Allgemeinen Statistischen Archiv.*[363]

Im September 1922 hielt Winkler bei der Magdeburger Tagung der DStG einen grundlegenden Vortrag zum Thema „Statistik und Mathematik". Dieser war nur einer von drei geplanten Referaten des Wiener Privatdozenten auf einer Veranstaltung, für die insgesamt nur sieben Vorträge vorgesehen waren. Außer „Statistik und Mathematik" referierte er auch über „Statistische Schutzarbeit für das Grenzlanddeutschtum" und über den „Statistischen Quellennachweis".[364] Würzburger hatte die Vorbereitungen offenbar getroffen, ohne den über 80jährigen v. Mayr darüber zu informieren:

> Er [= v. Mayr] war daher sehr überrascht und erzürnt, als Prof. Würzburger als einzigen Punkt der Tagesordnung den Vortrag eines fast unbekannten österreichischen Kollegen ankündigte. Die Sitzung gestaltete sich hochdramatisch. Georg von Mayr rief erbost aus: „Solange ich Präsident dieser Gesellschaft bin, wird dieser Vortrag hier nicht abgehalten." [...] Prof. Mayr verließ den Sitz des Vorsitzenden und zog sich in das Nebenzimmer zurück. Prof. Würzburger folgte ihm auf dem Fuße. Ich rührte mich nicht weg vom Vortragspult, überzeugt, daß nur zähes Ausharren hier helfen könne. Die Zuhörer blieben, erregt und gespannt, wie dieses Drama ausgehen würde. Nach einer halben Stunde erschienen die beiden alten Professoren im Saale, nahmen wortlos ihre Plätze ein, und ich begann ohne vieles Fragen und Zaudern meinen Vortrag.[365]

Winkler richtete sein Referat programmatisch auf eine Gesamtschau der Lage der wissenschaftlichen Statistik in Deutschland aus. Es gebe in der deutschen Statistik zwei Streitfragen, welche die Diskussion über die Wahl der richtigen Methoden beherrschten: Einerseits werde um die Frage gerungen, ob zur Statistik noch die Ergebnisbetrachtung hinzugehöre oder nicht. Andererseits sei umstritten, wieweit die Anwendung mathematischer Methoden in der Statistik eine Berechtigung habe. Gerade im Teilgebiet der statistischen Verhältniszahlen komme es jedoch zu einem „untrennbare[n] Zusammenwirken von Begriffsbildung und Mathematik". So könnten z. B. Mittelwerte „in einer ganz rohen Weise" berechnet werden, deren Größe ganz erheblich von einer verwickelten, höheren Berechnung (z. B. durch analytische Gewichtung der in Frage kommenden statistischen Massen) abweiche.

---

[362] Vgl. *Müller* (1932), 556 f.

[363] Zu Würzburger vgl. *Rudolf Meerwarth,* Eugen Würzburger zum 70. Geburtstag, in: DStZbl 20 (1928), Sp. 129–136.

[364] W. Winkler und Präs. Mataja an das BMIU, Unterrichtsamt, 04. 09. und 07. 09. 1922, Zl. 18760-I/22, Fasz. 3298.

[365] PNWW, Mein überreich bewegtes Leben, Fragm. 2, 12.

– Nach Winkler beruht die Statistik auf der „statistischen Verfahrens-" und der „statistischen Formenlehre". Erstere komme ohne mathematische Hilfsmittel nicht aus. Die deutsche Statistik müsse auf den Forschungen Lexis', Galton's, Pearson's, Knapps und v. Bortkiewiczs aufbauen und endlich anerkennen, daß die angewandte statistische Formenlehre und die praktische Auswertung dieser Erkenntnisse als Verfahrenslehre untrennbare Bestandteile der Statistik als Wissenschaft seien.[366]

> Die Spannung der Zuhörer und die Aufmerksamkeit waren ungewöhnlich groß, so auch der Beifall am Ende. Eine Wechselrede fand nicht statt, die Zuhörer waren so überrascht, daß ihnen die Zunge versagte. Der Vortrag [endete] dann mit großem Dank des Schriftführers Würzburger an Prof. Mayr und die Zuhörer, daß sie diese neuen Lehren ruhig und ohne Widerspruch zum Weiterdenken entgegengenommen hatten.[367]

Winkler neigte wohl dazu, die von ihm wohl in Anspielung an die Eroberung und Zerstörung der Stadt während des Dreißigjährigen Kriegs (1631) so bezeichnete „Schlacht von Magdeburg" retrospektiv zu einem Meilenstein in der Geschichte der deutschsprachigen Statistik zu überhöhen. Dennoch muß festgehalten werden, daß dieser Vortrag ein Schlüsselerlebnis zumindest in seinem eigenen Statistiker-Leben war. Das Magdeburger Referat bildete den Schlußpunkt seiner „konflikthaften Integration" in die sozialen Strukturen der deutschen und österreichischen Wissenschaftslandschaft. In seinen späteren Lebensberichten hatte die Anekdote vom Zusammenprall mit Georg v. Mayr einen fast sicheren Platz. Winkler vergaß in diesen Schilderungen nicht darauf hinzuweisen, daß sein Versuch einer Synthese zwischen Logik und Mathematik in der statistischen Theorie „eine langwierige Erziehungsarbeit" erfordert habe, um dieser zum Durchbruch zu verhelfen.[368] Dazu war es vor allem erforderlich, die im Vergleich zu Deutschland in der statistischen Theorie fortgeschrittenere angloamerikanische Forschung zu rezipieren. Unter den deutschen Statistikern, denen er sich als grundsätzlich „großdeutsch" Eingestellter mit großer Selbstverständlichkeit zuordnete, war Winkler einer der wenigen, der sich früh und nachprüfbar mit den Arbeiten dieser Richtung befaßte.[369]

Nachdem Georg v. Mayr im September 1925 verstorben war, hatten die deutschen Statistiker auf der Königsberger Tagung der Gesellschaft (1926) einen neuen ersten Vorsitzenden bestimmt. Die Wahl war auf Friedrich Zahn gefallen, auf dessen Anregung hin beschlossen wurde, daß die DStG in Hinkunft nicht mehr alle zwei Jahre, sondern jedes Jahr eine Mitgliederversammlung abhalten sollte. Die nächste derartige Veranstaltung fand im folgenden Jahr in Nürnberg statt.[370]

---

366 WW-1923-09, Sp. 1–6; 3 (wörtl. Zitat).

367 PNWW, Mein überreich bewegtes Leben, Fragm. 2, 12.

368 Vgl. *W. Winkler,* 60 Jahre erlebter Wissenschaft (1966), 296.

369 Vgl. Winklers Besprechungen zu G. U. Yule, An Introduction to the Theory of Statistics. 5th Edition, enlarged (London 1919), JbbNSt 117 (1921), 377 f., und zu E. Czuber, Mathematische Bevölkerungstheorie (Leipzig / Berlin 1923), ZsVwSp N.F. 3 (1923), 798–800.

370 *Müller* (1932), 557.

Bei der Nürnberger Tagung erregte am 8. September 1927 ein Referat Burgdörfers über „Volk, Familie und Statistik" große Aufmerksamkeit. Der Referent und die Diskussionsredner, darunter auch Winkler, waren sich weitgehend darüber einig, daß die Bevölkerungsentwicklung seit dem Krieg zu einem bedauerlichen „Verfall der Familie" geführt habe. Die amtliche Statistik müsse – so die Entschließung der DStG – weiter ausgebaut werden, um einer die Familie stärker fördernden Bevölkerungspolitik entsprechende Datenunterlagen zu geben. So sah die Entschließung eine „familienstatistische Bestandsaufnahme" in der deutschen Volkszählung von 1930 vor.[371] In Österreich war Winkler eine der treibenden Kräfte zur Einbeziehung familienstatistischer Fragestellungen in die Volkszählung.[372]

Die zehnte Tagung der DStG im Mai 1929 in Köln wurde von 105 Statistikern aus dem In- und Ausland besucht. An der Spitze der ausländischen Gäste stand Winkler, der von Präsident Zahn als Vertreter „unsere[s] Bruderstaat[es] Österreich" begrüßt wurde. Winkler hielt ein Referat über das Thema „Lügt die Statistik?" Ihn beschäftigten drei Fragen: erstens, ob die Lügenhaftigkeit ein Wesenszug der Statistik sei, zweitens, ob „unkundige Handhabung" Statistik verfälschen könnte, und drittens, ob diese „durch unehrliche Handhabung" zum Lügen gebracht werden könne. Die erste seiner Fragen beantwortet er dahingehend, daß Fehler „bis zu einem gewissen Grade unvermeidlich" seien. Menschen machten bei der Beantwortung von Fragebögen nicht immer richtige Angaben. Der erfahrene Statistiker sei jedoch in der Lage, offenkundige Fehler bei der Bearbeitung des Datenmaterials festzustellen und ihre störende Einwirkung auf die Ergebnisse zu verringern. Problematisch seien Schätzungen, da sie „nicht strenge Statistik", sondern nur Notbehelfe seien. Mit seiner zweiten Frage bezieht sich Winkler auf die häufig vorkommenden unterschiedlichen Begriffsfassungen, aber auch auf die Vielzahl methodischer Möglichkeiten, deren unkorrekte Anwendung eine Fehlerquelle darstelle. Was seine Methoden betreffe, verfüge der Statistiker über freie Wahlmöglichkeiten. Böswilliger Mißbrauch von Statistik komme vor, resultiere aber nicht aus einer „Lügenhaftigkeit der Statistik", sondern aus dem Mangel an statistischer Bildung bei Erzeugern und Konsumenten von Statistiken.[373]

Seinen Ausführungen folgte eine längere Diskussion, an der sich außer dem Referenten fünf Redner beteiligten. Den Anfang machte Zahn, der darauf hinwies, daß jede Wissenschaft, auch die Statistik, mißbraucht werden könne, ohne daß die Wissenschaftler darauf Einfluß hätten, was mit ihren Erkenntnissen geschehe. Der Direktor des Statistischen Amtes von Halle a. d. S., Prof. Dr. Wolff, sprach sich als Erstredner dafür aus, nur eine, nämlich „unsere statistische Methode", anzuwenden. Diese Aussage und Wolffs Kritik der statistischen Schätzung als ein „unerhört mangelhaftes Verfahren" lösten Widerspruch aus: So meinte Burgdörfer, Schätzun-

---

371 *Wilhelm Morgenroth,* Tagung der Deutschen Statistischen Gesellschaft im Jahre 1927, in: AStA 17 (1927/28), 455 f.

372 Vgl. Kap. III. 2. a).

373 WW-1929-04, 330; 327, 328, 329, 333 (jeweils wörtl. Zitate).

gen seien trotz ihrer Schwächen unentbehrlich. Burgdörfer stimmte der Auffassung des Referenten zu, daß die Fehlerquote der statistischen Methode an sich sehr gering sei. Sorgfältige Prüfungsverfahren seien häufiger als bisher durchzuführen. Desgleichen seien vorbeugende Warnungen vor „falsche[n] Ausdeutungen" öfter als bisher auszusprechen. Johannes Müller sah die Anfeindungen, denen Statistiker in der Öffentlichkeit ausgesetzt seien, in der „ungeklärten Stellung" ihres Faches innerhalb der Wissenschaften begründet. Besonders Nationalökonomen betrachteten die Statistik als eine bloße Methodenlehre, die sie sich „nötigenfalls schnell genug" aneignen könnten. – Abschließend stellte Winkler fest, daß die Stellung der Statistik vor allem im akademischen Lehrbetrieb verbessert werden müsse, um mehr Anerkennung als eigenständiges Fach zu erhalten.[374]

Bei den Verhandlungen der DStG in Stuttgart am 21. Mai 1930 wurde die österreichische Delegation vom Präsidenten des BASt Breisky, Winkler und dem Statistiker der Stadt Wien Dr. Felix Olegnik gebildet. Die Tagesordnung bestand zum größten Teil aus wirtschaftsstatistischen Themen, worin der Druck der Wirtschaftskrise zum Ausdruck kam, der Ökonomie vermehrt Beachtung zu schenken.[375]

Die Tagung des „Vereins für Sozialpolitik" in Wien (1926)

Als Praktiker der Bevölkerungsstatistik veröffentlichte Winkler zahlreiche Beiträge zu aktuellen demographischen Problemen, doch trat er nie explizit als Autor einer „Bevölkerungslehre" hervor, wie sie Mombert 1929 veröffentlicht hatte. Winklers Publikationen gehen aber immer auch von theoretischen, zum Teil auch weltanschaulich gefärbten Vorannahmen aus. So trug er der Generalversammlung des *Vereins für Sozialpolitik,* der vom 23. bis 25. September 1926 in der Akademie der Wissenschaften in Wien tagte, seine originäre Theorie der gegenwärtigen „Lage" der Bevölkerung im deutschsprachigen Mitteleuropa und ihrer Weiterentwicklung vor.

Die Tagesordnung dieser Veranstaltung wies drei Themenbereiche auf, die alle in einer mehr oder weniger engen Beziehung zum Problem der Arbeitslosigkeit standen. Das erste Thema lautete „Die Krisis der Weltwirtschaft", das zweite „Die Übervölkerung Westeuropas" und das dritte „Steuerüberwälzung". Diese Themen waren bereits im Oktober 1925 unter dem maßgeblichen Einfluß des Berliner Nationalökonomen Werner Sombart bei einer Ausschußsitzung des *Vereins für Sozialpolitik* beschlossen worden. Die Begutachtung der eingesandten Arbeiten

---

[374] Verhandlungen der Deutschen Statistischen Gesellschaft in Köln am 15. Mai 1929, in: AStA 19 (1929), 389–391 (Teilnehmerliste); 362, 375, 377; 376, 379, 380 (wörtl. Zitate); vgl. auch *Johannes Müller,* Tagung der Deutschen Statistischen Gesellschaft im Jahre 1929, in: AStA 19 (1929), 273 f.

[375] Vgl. Verhandlungen der Deutschen Statistischen Gesellschaft in Stuttgart am 21. Mai 1930, in: AStA 20 (1930), 361–366, Winklers Stellungnahme 362 f.

wurde von Sombart, Ullmann und den beiden Politikern der deutschnationalen Volkspartei Wilhelm v. Gayl und Martin Schiele übernommen.[376] Zur „Übervölkerung Westeuropas" gab es drei Referenten. Der erste Redner, der Agrarökonom Aereboe, behandelte die Frage der „Bevölkerungskapazität der Landwirtschaft". Er meinte, der Übervölkerung könne durch eine „Reagrarisierung" der betroffenen Volkswirtschaften abgeholfen werden. Der zweite Referent, Mombert, beschäftigte sich generell mit den „Übervölkerungserscheinungen in Westeuropa". Eine „Übervölkerung" sei dann festzustellen, wenn die Volkszahl stärker steige als der „Nahrungsspielraum". Als potentielle Auswege aus der Übervölkerung benannte der Referent die Auswanderung, die Innenbesiedlung und die Arbeitsbeschaffung. Alle drei von ihm aufgezeigten Möglichkeiten, dem Problem zu begegnen, beurteilte er jedoch skeptisch.[377] Hierauf trat als dritter Referent Winkler auf, der seine von der Präsentation zahlreicher graphischer Darstellungen begleiteten Darlegungen in den Skioptikonsaal des Tagungsorts verlegte.

Unter der Überschrift „Die Bevölkerungsfrage auf deutschem Volksboden" befaßte er sich mit den Beziehungen zwischen „Nahrungsspielraum", „Unter-" und „Übervölkerung" im deutschsprachigen Mitteleuropa und stellte Vermutungen über den zukünftigen Verlauf der Bevölkerungsbewegung an. Der Begriff des „Nahrungsspielraums" enthalte „die bildmäßige Vorstellung eines Raums, dessen Volumen bestimmt ist durch die für den Verbrauch zur Verfügung stehenden Werte, der ausgefüllt ist durch die für jedes Mitglied der Bevölkerung darin vorgesehenen Mindest-Versorgungspäckchen [...] Die Päckchen sind aber der für die Menschen des Gebietes geforderte Mindest-Lebensbedarf [...]" Dieser könne physiologisch oder kulturell gefaßt werden. Eine „Raumerweiterung" erfolge dadurch, wenn etwa der Staat die Einkommensverteilung beeinflusse, indem er zur Verbreiterung der Lebensmöglichkeiten die Arbeitslosenfürsorge einsetze. Den Kern von Winklers Ausführungen machen seine Definitionsversuche des Begriffs der „Übervölkerung" aus. Die bisherige, von Mombert und Ludwig Elster beherrschte Lehre gehe schon dann von einer Übervölkerung aus, „wenn eine Herabdrückung der früheren Lebenshaltung" stattgefunden habe. Doch nicht jede Veränderung in der Lebenshaltung sei Ausdruck einer Über- oder Untervölkerung. Die Übervölkerung (im kulturellen oder physiologischen Sinn) sei „ein gradmäßiger Zustand [...], dessen Schwere durch das Ausmaß der Herabdrückung der Lebenshaltung unter die geforderte Grenze [...] und durch die Ausgiebigkeit der [...] sozialpolitischen Reserveräume [...] bestimmt" werde. Sie mache sich bemerkbar durch dauerhafte Arbeitslosigkeit als „unmittelbares" und durch gesteigerte Sterbehäufigkeit als „mittelbares" Anzeichen. Eine passive Wanderungsbilanz sei gleichfalls ein Symptom der Übervölkerung. Faßbar sei die Übervölkerung über die Statistik der Reallöhne und Realgehälter.[378]

---

[376] *Lenger* (1994), 286.

[377] *Boese* (1939), 192, 196 f.

[378] WW-1926-01, 181; 180, 182 (wörtl. Zitate).

Er folgert aus seinen Überlegungen, sowohl Über- als auch Untervölkerung seien „Gleichgewichtsstörungen zwischen Bevölkerung und Wirtschaft". Er selbst ziehe den Zustand der Übervölkerung der Untervölkerung vor. Während der eine Zeugnis vom „verschwenderischen Reichtum eines Volkes" an Menschen gebe, sei letzterer ein „Ausdruck [...] des Verfalles, ein Zeugnis, daß ein Volk nicht imstande ist, den ihm gegebenen wirtschaftlichen Raum selbst zu verwalten. Die Untervölkerung berge zudem die Gefahr der „rasse- und volksmäßig[en] Überfremdung" in sich.[379]

Im praktischen Teil seiner Ausführungen stellt Winkler die Bevölkerungslage im Hinblick auf Über- oder Untervölkerung in den Gebieten des deutschen „Volksbodens" dar. Das Deutsche Reich sei, verursacht durch Arbeitslosigkeit und Auswanderung, „augenfällig" übervölkert. Für Österreich konstatiert er eine besonders „scharf ausgeprägte" Übervölkerung, die eine direkte Folge der Zertrümmerung des wirtschaftlichen Gefüges durch Krieg und Friedensschlüsse sei. Günstiger sei hingegen die Lage in den sudetendeutschen Gebieten, wo nach der Stabilisierungskrise der Nachkriegszeit die wirtschaftlichen Verhältnisse sich wieder bessern würden. In Deutschsüdtirol sei nicht die Übervölkerung das Problem, sondern die italienische Einwanderung, sodaß es für die deutschsprachige Bevölkerung darum gehe, sich durch genügenden Nachwuchs zu behaupten. Die deutsche Schweiz stellt Winkler als untervölkert dar, was zu der bekannten „Überfremdung" geführt habe. Elsaß-Lothringen sei ebenfalls untervölkert. Aufgrund der Bevölkerungsentwicklung im französischen Kernland seien die ehemaligen Reichslande aber kaum von fremder Einwanderung bedroht. Die deutschen „Ostgebiete" seien übervölkerte Auswanderungsregionen.[380]

Abschließend gibt der Referent eine Prognose über die Weiterentwicklung der erwerbstätigen Bevölkerung in Deutschland. Diese werde sich von 29,60 Mio. bis 1930 durch das Nachrücken der vom Krieg verschonten jüngeren Jahrgänge auf 31,40 Mio. erhöhen, bis 1935 aber auf 30,50 Mio. fallen. Für die folgenden Jahrzehnte stellt er drei Szenarien auf, wobei er von einer gleichbleibenden Sterblichkeit ausgeht. In der einen Annahme legt er steigende Geburtenzahlen zugrunde, wodurch sich die Zahl der Erwerbstätigen bis 1975 auf 32 Mio. vermehren würde. Die zweite Annahme geht von gleichbleibenden Geburtenzahlen aus. Die Folge wäre ein Absinken der Zahl der Erwerbstätigen bis 1975 auf etwas über 29 Mio. Die dritte, für Winkler die wahrscheinlichste Variante, nimmt abnehmende Geburtenzahlen an, wodurch im Jahr 1975 nur ca. 26,50 Mio. Menschen in der Erwerbstätigkeit stünden. Der Ausweg, verheiratete Frauen als „Arbeitsreserve" einzusetzen, sei „bevölkerungspolitisch unerwünscht". Eine für ihn entscheidende Frage ist, welche Stellung „ein stationäres oder zurückgehendes deutsches Volk" im Vergleich mit den anderen europäischen Völkern einnehmen werde. Er verweist hierbei auf das Beispiel Frankreichs, dessen Bevölkerungsrückgang mit einem Machtverlust einhergegangen sei. Nur ein Land mit genügender Vermehrung werde die

---

[379] Ebd., 185.
[380] Ebd., 197, 199, 200–202.

gegebenen Räume auch ausnützen können. In Deutschland und Österreich werde die aktuelle Übervölkerung einer Untervölkerung weichen. Gerade aufgrund dieser Zukunftsperspektive sei die derzeitige ungeregelte Auswanderung nicht zu begrüßen. Diese führe nämlich zur „Entnationalisierung" und schädige damit das wirtschaftliche und politische Potential der Heimat. Ein Ausweg sei die Durchführung einer organisierten deutschen Auswanderung.[381] Doch schon jetzt könne der Auswanderungsstrom von übervölkerten in untervölkerte deutsche Gebiete gelenkt werden. Untervölkerung und Überfremdung seien die Bedrohungen am Horizont des deutschen Volkes.[382]

Das Protokoll vermerkt folgende Reaktion der Zuhörer auf Winklers Vortrag: „Lebhafter, anhaltender Beifall und Händeklatschen". In der Diskussion der drei Referate scheint jedoch auf seinen Beitrag kaum eingegangen worden zu sein, was um so mehr verwundert, als er mit seiner Beschreibung der Bevölkerungslage in einen ausgeprägten Gegensatz zu Mombert und Sombart geriet. Diese beiden Gelehrten standen hier noch in der Tradition des 19. Jahrhunderts, in dem die Bevölkerungszunahme und nicht deren prognostizierte Abnahme in den Mittelpunkt demographischer Forschungen gestellt worden war und Bevölkerungsverhältnisse noch ausschließlich ökonomisch erklärt worden waren. Obwohl Mombert in der Analyse der zukünftigen Bevölkerungsentwicklung nicht mit seinem Wiener Kollegen übereinstimmte, nahm er doch Winklers Betonung der „Gradmäßigkeit" des Zustands der Übervölkerung in seine „Bevölkerungslehre" auf.[383]

Winkler variierte das Thema der „Bevölkerungsfrage" immer wieder auch am Beispiel Österreichs. So hielt er den hier bereits erwähnten Vortrag über die „Bevölkerungslage Österreichs", dem 1931 ein mit gleicher Überschrift versehener Beitrag im „Bericht über die Ursachen der wirtschaftlichen Schwierigkeiten Österreichs" folgte. Dieser wurde vom staatlichen Redaktionskomitee der Wirtschaftskommission herausgegeben, der Engelbert Dollfuß, Ludwig Mises und der Sekretär der Arbeiterkammer Edmund Palla angehörten.[384] Im Artikel „Die Bevölkerungsbewegung im großdeutschen Raum" sieht er den einzigen Ausweg im „Anschluß" Österreichs an das Deutsche Reich. In diesen Beiträgen beklagt er in fast gleichlautenden, teils heftigen Worten den „Zusammenbruch des Vermehrungswillens"[385] und die „von außen hereingetragene", durch St. Germain „künstlich geschaffene" Übervölkerung[386], die zwingend einer „Untervölkerung"[387] weichen

---

381 Winkler vertritt vermutlich die hier nicht direkt ausgesprochene Auffassung, daß eine staatlich organisierte Auswanderung es den in Gruppen zusammengefaßten Migranten erleichtere, auch im Ausland zusammen zu bleiben und nicht der Assimilation („Aufsaugung") anheimzufallen.

382 WW-1926-01, 206, 212 f.; 208 (wörtl. Zit.).

383 *Mombert* (1929), 264.

384 *Ludwig Mises*, Erinnerungen. Stuttgart 1978, 49.

385 WW-1926-02, 468; WW-1928-02, 5.

386 WW-1926-02, 472; WW-1928-02, 8; WW-1930-04, 432; WW-1931-04, 43.

387 WW-1926-02, 474; WW-1928-02, 4; WW-1931-04, 45.

müsse. Die Folge einer solchen Untervölkerung sei die „Überfremdung"[388] Österreichs durch die starke Volksvermehrung „des nahen und fernen Ostens"[389], die sich negativ auf die militärische „Wehrhaftigkeit" Österreichs gegenüber den nachbarlichen „Feindstaaten" auswirke[390]. Die Bewegung des „entarteten Westens"[391] hin zum „Zwei- und Einkindersystem"[392], wo doch Burgdörfer eine Mindestzahl von 3,5 Kindern je Familie berechnet habe,[393] um die Bevölkerungszahl unverändert zu erhalten, sei verwerflich. Die Gründe für diese Entwicklung lägen in erster Linie in der „neumalthusischen Agitation" der Presse und in der „schrankenlosen Genußsucht" und der daraus resultierenden „abnehmende[n] Verantwortungsbereitschaft" breiter Bevölkerungskreise.[394]

Tagungen der „Stiftung für Volks- und Kulturbodenforschung".
Die Tagung des „Europäischen Nationalitätenkongresses" in Wien (1932)

Die SVKF wurde am 30. Oktober 1926 in Berlin gegründet und verfügte über gut ausgebaute Kontakte zur deutschen Reichsregierung, von der sie finanziell abhängig war. Personell ging sie aus dem Umkreis des DSB hervor, dessen Leiter v. Loesch bereits Anfang der zwanziger Jahre gemeinsam mit Volz und Penck an einer Konzeption der Volkstumswissenschaften arbeitete, die durch politische Zielsetzungen überformt war. Loesch und seine Kollegen traten für eine Revision des Versailler Vertrages und für eine über die Reichsgrenzen von 1924 hinausgehende Ausdehnung Deutschlands ein. Um diese Ziele zu erreichen, wollten sie den angeblichen Rückstand der deutschen Wissenschaft in nationalen Belangen aufholen, wie er von ihnen mit Blick auf die Rolle der wissenschaftlichen Forschung in Deutschlands Nachbarländern behauptet wurde. Eine erste wissenschaftlich-politische Tagung im Sinne v. Loeschs, Volzs und Pencks fand im Januar 1922 in Berlin statt. Ein Jahr später wurde eine *Mittelstelle für zwischeneuropäische Fragen* gegründet, die hauptsächlich mit der Erörterung von Grenzlandfragen befaßt war. 1924/25 erfolgte die Umbenennung der *Mittelstelle* in *Deutsche Mittelstelle für Volks- und Kulturbodenforschung,* in deren Rahmen neben Winklers Handbuch die von K. C. v. Loesch herausgegebenen Schriften „Volk unter Völkern" und das „Taschenbuch des Grenz- und Auslandsdeutschtums" sowie je eine Studie von M. Laubert, H. Fischer und W. Volz herausgegeben wurden. Die 1926 ins Leben gerufene Stiftung war u. a. an der Herausgabe des „Handwörterbuchs des Grenzund Auslanddeutschtums" beteiligt. Die Stiftung wurde jedoch aufgrund eines

---

388 WW-1926-02, 474; WW-1928-02, 4.

389 WW-1930-04, 432.

390 WW-1926-02, 473 f.; vgl. WW-1930-04, 432.

391 WW-1928-02, 14; WW-1930-04, 432.

392 WW-1928-02, 5; WW-1930-04, 428.

393 WW-1928-02, 4.

394 WW-1928-02, 12; WW-193-04, 432.

Machtkampfes zwischen Volz und Penck, der von einer heftigen nationalsozialistischen Pressekampagne gegen den angeblich mit einer Jüdin verheirateten Volz begleitet war, zunehmend in ihrer Arbeit beeinträchtigt. Am 8. August 1931 löste das Reichsministerium des Innern die SVKF auf.[395]

In den (stark gekürzten) Tagungsberichten der SVKF über die Jahre 1923 bis 1929 findet sich Winklers Name nur im Bericht über die erste, in Marktredwitz abgehaltene Veranstaltung. Daneben nahm er jedoch mindestens an den Konferenzen in Berlin und Bautzen teil. In der Festschrift zu seinem 70. Geburtstag (1954) wird seine Teilnahme an „zahlreiche[n] Jahrestagungen" der SVKF erwähnt.[396]

Ausdrücklich bestimmten Arbeitsthemen gewidmet waren die Marktredwitzer und die Bautzener Symposien der Stiftung: Die Marktredwitzer Tagung (September 1923) befaßte sich u. a. mit den Nationalitätenverhältnissen des „ostdeutschen Volksbodens", während in Bautzen ein Jahr danach über den „Ostdeutschen Volksboden als Ganzes" konferiert wurde. Auch die anderen fünfzehn Tagungen der SVKF fanden mit Ausnahme eines Treffens in Graz 1930 stets am Rande von Grenzgebieten des Deutschen Reiches statt (wobei Graz in den Augen der Volkstumsforscher selbstverständlich auch als „deutsche" Grenzstadt betrachtet wurde).[397] An den Tagungen nahmen stets zwischen vierzig und sechzig Volkstumsforscher aus verschiedenen Fachgebieten teil. Zu den ständigen Mitarbeitern der Stiftung gehörten aus den Bevölkerungswissenschaften Felix Burkhardt (Dresden), Eugen Fischer (Berlin), Erich Keyser (Danzig), Johann W. Mannhardt (Marburg), Konrad Saenger (Berlin), Max Sering (Berlin), Karl Thalheim (Leipzig) und Wilhelm Winkler (Wien). Karl C. v. Loesch (Berlin) und Eugen Würzburger (Leipzig) waren Mitglieder eines sechsköpfigen Beirats.[398]

Winklers prominente Stellung in der Minderheitenstatistik äußerte sich nicht nur in seinem Engagement für die Deutschtumsforschung, wie sie in Leipzig betrieben wurde, sondern auch in seiner Teilnahme an mindestens einem der Europäischen Nationalitätenkongresse. 1932 fand eine derartige Tagung in Wien statt. Das Bemerkenswerte an dieser Veranstaltung war neben der Teilnahme von Vertretern der christlichen Kirchen, die sich mit den Anliegen der Volksgruppen solidarisch erklärten, die Bildung einer eigenen Sektion „Wissenschaftliche Forschung und Nationalitätenpolitik", in der sich u. a. die Professoren Stavenhagen (Riga), M. H. Boehm (Berlin) und Winkler (Wien) zu Wort meldeten. Generalsekretär

---

[395] Vgl. *Fahlbusch* (1994), 71, 61, 64, 67, 82 f., 91.

[396] Festschrift für Hofrat Universitätsprofessor Dr. Wilhelm Winkler von seinen Freunden und Schülern zum 70. Geburtstag gewidmet. Wien 1954 (= Statistische Vierteljahresschrift 7, 1 / 2), 119.

[397] Vgl. Stiftung für deutsche Volks- und Kulturbodenforschung Leipzig (1930), 533; vgl. auch *Fahlbusch* (1994), 91.

[398] Ebd. („Stiftung"), IV – VI (Liste der Mitarbeiter). In einer undatierten Teilnehmerliste zu einer der Tagungen der SVKF werden neben Würzburger und v. Loesch die Bevölkerungswissenschaftler Boehm, Harmsen, Keyser und Winkler aufgeführt. (AAVCR, Allgemeine Registratur: Deutsche Mittelstelle für Volks- und Kulturbodenforschung, 1925 – 27, Kt. 5).

Ammende leitete die Sitzung ein, indem er auf die Zusammenarbeit des Kongresses mit dem Wiener Nationalitätenstatistiker hinwies und ausdrücklich dessen Beitrag zur wissenschaftlichen Behandlung der Nationalitätenfrage hervorhob. Ammende regte die Gründung eines internationalen Instituts für Nationalitätenkunde an, das die zentrale Stelle einer wissenschaftlichen Erörterung dieses Themas werden solle. Stavenhagen und Boehm formulierten in ihren Diskussionsbeiträgen übereinstimmend das Programm einer Soziologie, die sich von der Erforschung des Geschichtetseins der sozialen Klassen abwenden und stattdessen ihren Schwerpunkt auf die Untersuchung der bisher „stark vernachlässigte[n]" Gesellschaftsform des „Volkes" legen solle. Winkler reagierte ablehnend auf Ammendes Vorschlag. Es sei schwierig, die verschiedenen Spezialdisziplinen, die sich mit der Nationalitätenfrage beschäftigten, in einem einzigen wissenschaftlichen Institut zu vereinigen. Außerdem fürchte er um die wissenschaftliche Unabhängigkeit einer derartigen Forschungsstelle, die möglicherweise politischen Einflüssen ausgesetzt sein werde.[399]

Mit dieser Stellungnahme zeigte Winkler neuerlich, daß die von den Verfechtern einer universalistischen und völkischen Gesellschaftslehre, wie es Spann oder Boehm waren, gepredigte Synthese der Disziplinen nicht seiner Konzeption einer arbeitsteiligen, die Selbständigkeit der einzelnen Fächer wahrenden Nationalitätenforschung entsprach. Winkler ging im Volksdiskurs der Jungkonservativen und Völkischen einen eigenen Weg. Er gehörte zwar zu jenen, die die Idee der „Volksgemeinschaft" einer Soziologie entgegensetzten, die unter den jungkonservativen Volkstumsforschern als von sozialistischen bis marxistischen Theoremen durchsetzt galt und dementsprechend verrucht war. Er widersetzte sich jedoch allen Versuchen, die von ihm wesentlich mitformulierte Theorie der Nationalitätenstatistik von einer nebulösen Universalismusdoktrin vereinnahmen zu lassen.

Die ISI-Kongresse von Kairo (1927 / 28), Tokio (1930), Mexiko City (1933) und Athen (1936)

In der internationalen Welt der Statistik wurde Winkler durch seine Teilnahme an den Kongressen des ISI bekannt. 1927 / 28 beteiligte er sich erstmals an den Beratungen eines ISI-Kongresses, der damals in Kairo abgehalten wurde. Das ISI veranstaltete (und veranstaltet noch) alle zwei Jahre eine Tagung, an der nur die Mitglieder des Instituts, Regierungsvertreter und geladene Gäste teilnahmen. Den ersten internationalen statistischen Kongreß berief 1853 Lambert Adolphe Jacques Quételet nach Brüssel ein; 1885 wurde in Den Haag das ISI gegründet, das seit

---

[399] Der VIII. Europäische Nationalitätenkongreß. Wien, 29. 06. – 01. 07. 1932, in: NSt 5 (1931 / 32), 778 f.; vgl. auch *Kelmes* (1958), 84 f. (Daß hinter seinen ablehnenden Haltung gegenüber Ammendes Vorschlag möglicherweise sein persönliches Interesse stand, die Stellung des IStMV im wissenschaftlichen Betrieb zu wahren, soll hier nicht weiter erörtert werden.)

dem Kongreß von Rom 1887 die Tagungen ausrichtete. Gegen Ende der zwanziger Jahre setzte sich das ISI aus zweihundert ordentlichen und zwanzig Ehrenmitgliedern zusammen. Zweck des Instituts war vor allem die Vereinheitlichung der statistischen Methodologie.[400]

Winkler wurde nach dem Tod von Friedrich Wieser, der seit 1906 dem höchsten Gremium der Statistiker weltweit als ordentliches Mitglied angehört hatte,[401] ebenfalls ordentliches Mitglied. Er trat mit seiner Wahl, die noch auf Antrag seines verstorbenen Vorgängers und seines Freundes Spann erfolgt war,[402] Wiesers Nachfolge im ISI an. Bereits ein Jahr danach reiste er zu seinem ersten Kongreß nach Kairo. Die lange Schiffsreise nützte er nicht nur zu Kontakten mit Corrado Gini, der von seinen Kollegen – so Winkler – in seiner Art als „schwerer Fall" beschrieben wurde, sondern auch zu ausgedehnten Schachpartien. Sein Gegner war ein englischer Oberst, gegen den er nach eigenem Bekunden jede Partie gewann.[403]

In Kairo erwartete ihn ein von 57 Institutsmitgliedern und zahlreichen Gästen besuchter, vom 29. Dezember 1927 bis 4. Jänner 1928 tagender Kongreß, der seine Verhandlungen in die drei Sektionen für „Méthode et Démographie", „Statistiques économiques" und „Statistiques sociales" gliederte. In der ersten Sektion hielt er das Referat „Statistiques des minorités, son objet et ses moyens". Er beteiligte sich an den Diskussionen der ersten und der zweiten Sektion. Die österreichischen Delegationsmitglieder waren außer Winkler der Sektionschef im Internationalen Arbeitsamt des Völkerbundes Karl Pribram, der Innsbrucker Professor für Nationalökonomie und Statistik Hermann Schullern zu Schrattenhofen als ordentliche Mitglieder und Rudolf Riemer als offizieller Abgesandter des BASt.[404]

In seinem Referat sprach sich Winkler dafür aus, methodische Grundsätze für eine „objektive" Erfassung der nationalen Minderheiten zu schaffen. Er trat für die Einsetzung einer Kommission im Rahmen des ISI ein, die das Thema bearbeiten und dem Plenum zur Abstimmung vorlegen sollte. Dagegen wandten sich die Vertreter Polens, Rumäniens und besonders der Italiener Gini, der meinte, ehe man über die Statistik der Minderheiten spreche, müßte man die Volkszählungen auf

---

[400] WW-1928-03, 900; Winkler berichtet über die Arbeitsweise des ISI: „Es muß bei einer Tagung auf Antrag eines Institutsmitglieds die Einsetzung einer Kommission beschlossen werden, diese muß sich über das Referat des Berichterstatters äußern, und der so gewonnene Kommissionsbericht muß bei der folgenden Tagung zuerst in der zuständigen Sektion verhandelt werden, bis der Vollversammlung des Institutes der Entwurf eines Beschlusses vorgelegt wird." (WW-1931-05, 114).

[401] Bulletin de l'Institut International de Statistique, Tome 22 – 1ère Livraison. Rom 1926, 266.

[402] PNWW, Mein überreich bewegtes Leben, Fragm. 5, [a].

[403] Ebd.; Vgl. W. Winkler, 60 Jahre erlebter Wissenschaft (1966), 298.

[404] Vgl. Bulletin de l'Institut International de Statistique, Tome 23 – 1ère Livraison. Kairo 1928, Table des Matières, V – IX; Liste par nationalité des membres et des personnes invitées présents à la XVIIème Session, 19.

diese Frage hin untersuchen. Diese seien aber das Aufgabengebiet der Staaten und nicht des ISI.[405] In Winklers Erinnerungen liest sich sein nach der Auseinandersetzung mit Georg v. Mayr zweiter legendärer „Zusammenstoß" mit einem international berühmten Statistiker weniger trocken: „Gini fuhr wie von einer Tarantel gestochen auf und zerredete meinen Antrag, als wäre es der ‚Apfel der Eris'[406] gewesen. Er beantragte, meinen Antrag als einen politischen, die Eintracht des Kongresses störenden Gegenstand von der Tagesordnung abzusetzen." Winkler führte die harsche Reaktion seines italienischen Kollegen auf seinen Vorstoß auf die nationalitätenpolitische Lage in Südtirol zurück.[407]

Auch wenn diese Begegnung von Winkler im nachhinein dramatischer dargestellt worden sein sollte, als sie es tatsächlich gewesen war, läßt sich anhand der Kongreßprotokolle doch bestätigen, daß sein Vorschlag bei der Sektionssitzung zu lebhaften, ja zu leidenschaftlichen Kontroversen führte. Er stand aber nicht allein gegen Gini, denn die Diskussionsbeiträge seiner ungarischen Kollegen Thirring, Kovàcs und Fellner gingen in seine Richtung, plädierten sie doch für eine Erfassung der Nationalität über die (Mutter-)Sprachenstatistik. Selbst die tschechoslowakischen Diskussionsteilnehmer Boháč und Weyr, alte Bekannte von Winkler, stellten sich nicht direkt gegen seinen Vorschlag, sondern sprachen sich dafür aus, das Problem bei der nächsten Sitzung des Instituts zu behandeln. – Zusammenfassend ist festzuhalten, daß die anwesenden führenden Nationalitätenstatistiker der Welt sich nicht einmal darüber einigen konnten, wie der Begriff der „Nationalität" zu definieren – worin sich der Gegensatz zwischen „Muttersprache" und nationaler „Gesinnung" spiegelte – und statistisch zu erheben sei. Gini fürchtete um das Klima zwischen den Mitgliedern der von Winkler vorgeschlagenen Kommission, die politischen Einflüssen notwendigerweise allzu sehr ausgesetzt sein werde; daß der Vorschlag gerade von einem Österreicher gemacht und von den Ungarn gutgeheißen wurde, provozierte den Italiener zu der Aussage, jedermann wisse, „que la méthode suivie par l'Autriche et la Hongrie avant la guerre de même que la façon de l'appliquer, étaient jugées peu favorablement par les statisticiens des autres pays". Doch Winkler blieb hartnäckig bei seinem einmal erhobenen Vorschlag: Niemand könne die Existenz von Minderheiten leugnen, die ja in vielen Staaten Objekte der Statistik seien. Wenn es das erste Ziel des ISI sei, Grundbegriffe („notions fondamentales") zu begründen, müsse sich dieses Ziel auch auf die Statistik der nationalen Minderheiten erstrecken.[408] Doch dieser letzte Vorstoß konnte die

---

405 Vgl. ebd., 66 f.

406 Als Eris, die griechische Göttin der Zwietracht, einen Apfel („Erisapfel") mit der Aufschrift „Der Schönsten" unter die Gäste der Hochzeit von Peleus und Thetis warf, entbrannte unter ihnen Zwietracht. (Vgl. *Gustav Schwab*, Die schönsten Sagen des klassischen Altertums. Bindlach 1997, 194).

407 PNWW, Mein überreich bewegtes Leben, Fragm. 5, [b]; vgl. auch *W. Winkler*, 60 Jahre erlebter Wissenschaft (1966), 298.

408 Bulletin de l'Institut International de Statistique (1928), Statistiques des minorités, son objet et ses moyens, vgl. 66–77; 75 (wörtl. Zitat).

Stimmung nicht mehr entscheidend zu seinen Gunsten verändern: In der Abstimmung blieb sein Antrag mit einer Stimme Unterschied in der Minderheit.[409]

Damit war sein Versuch gescheitert, einen „objektiven" Methodenkanon der Minderheitenstatistik zu schaffen und diesen von einem internationalen wissenschaftlichen Forum mit einem allgemein akzeptierten theoretischen Unterbau versehen zu lassen.

Ägypten war Ende der zwanziger Jahre im Vergleich zu heute touristisch noch wenig erschlossen. Eine Reise nach Nordafrika zu unternehmen, war Privileg weniger reicher Europäer und Nordamerikaner. Die Schilderungen des Wiener Statistikers über das reichhaltige Begleitprogramm des Kongresses lassen seine Begeisterung über das mythische Land am Nil um so mehr nachfühlen, als wenige Jahre zuvor (1922) das Grab des Pharaos Tut-ench-Amun aufgefunden worden war. Die aus diesem Grab geborgenen Teller und Bestecke aus Gold sollen bei einem glanzvollen Empfang, den König Fuad für die ISI-Delegierten gab, als Eßgeräte Verwendung gefunden haben.[410]

Nicht weniger großartig war das Begleitprogramm des neunzehnten, außerordentlichen ISI-Kongresses in Tokio, der im September 1930 stattfand. An dieser Veranstaltung nahmen 75 auswärtige Mitglieder und Gäste des ISI teil. Die Anfahrt der europäischen Kongreßteilnehmer gestaltete sich zeitaufwendig und strapaziös. Die meisten sammelten sich in Warschau und brachen von dort mittels Eisenbahn nach Moskau auf, wo sie drei Tage als Gäste der sowjetischen Regierung verbrachten. Danach ging es mit der Transsibirischen Eisenbahn in einer vierzehntägigen Fahrt nach Mukden, der Hauptstadt der Mandschurei. In dem unter japanischer Herrschaft stehenden Seoul in Korea hatte Winkler einen seiner „Zusammenstöße" mit älteren Kollegen. Als der passionierte Fotograf Winkler sein Taxi, das er gemeinsam mit Zahn gemietet hatte, anhielten ließ, um einen koreanischen Brautzug zu fotografieren, bemerkte sein Mitfahrer „halb ernst, halb scherzhaft, er werde das für meinen Nekrolog vormerken",[411] wozu es aus begreiflichen Gründen (Zahn starb 1946) nicht kommen sollte. Von der Hafenstadt Pusan aus fuhren die Delegierten über das Meer nach Tokio, wo die Tagung am 15. September 1930 eröffnet wurde.[412]

Für den Tokioter Kongreß hatte Winkler eine „Mitteilung" über die „Statistik der Verschiebungen in der Ernährung der Erdbevölkerung" vorbereitet, in der er feststellt, die Erdbevölkerung zerfalle hinsichtlich ihrer Ernährungsgewohnheiten

---

409 *W. Winkler,* 60 Jahre erlebter Wissenschaft (1966), 298.

410 PNWW, Mein überreich bewegtes Leben, Fragm. 5, [b, c].

411 *W. Winkler,* 60 Jahre erlebter Wissenschaft (1966), 298.

412 Zur Reise PNWW, Mein überreich bewegtes Leben, Fragm. 7, 1–4; F. Zahn berichtet in seinem Tagungsbericht, daß etwa dreißig europäische Statistiker die Eisenbahnfahrt durch Sowjetrußland über Sibirien mitgemacht hätten. Winkler und Pribram zählt er zu den Mitgliedern der deutschen [sic!] Delegation. *Friedrich Zahn,* Tagung des Internationalen Statistischen Instituts in Tokio 1930, in: AStA (1930), 552.

in zwei Gruppen, „Brotesser" und „Breiesser". Nach Meinung von Physiologen befände sich die Ernährungskultur derzeit in einem Übergang, der darin bestehe, daß die Asiaten allmählich von der überwiegenden Brei-(= Reis-)Ernährung zur „fortgeschritteneren" europäischen Brotkultur übergingen. Die Statistik müsse mit Hilfe der Einkommens-, Ernte-, Einfuhr- und Ausfuhrstatistiken noch das Datenmaterial beistellen, um diese These zu verifizieren.[413]

Weiters beteiligte sich Winkler an den Verhandlungen, bei denen u. a. über Methoden zur Messung der Einkommensverteilung gesprochen wurde. In Diskussion standen die Formeln von Pareto und Gini, wobei die Anwesenden darin übereinstimmten, daß Ginis Methode einen wesentlichen Fortschritt über Pareto hinaus bedeute. In einer der Plenarsitzungen, in denen nach der Tradition des ISI alle Verhandlungsgegenstände noch einmal durchberaten wurden, berichtete Winkler über das große Interesse, welches die Politik der Extrapolation der zukünftigen Bevölkerungsentwicklung entgegenbringe. So sei der österreichische Bundeskanzler Johannes Schober mit Blick auf die Bekämpfung der Arbeitslosigkeit an ihn herangetreten, eine solche Berechnung für sein Land anzustellen.[414] Bisherige Extrapolationen seien zu wenig ausgereift gewesen. Man müsse in Hinkunft die Bewegungen der bestehenden Altersklassen in die Vorausberechnungen miteinbeziehen.[415]

Wieder war es das Begleitprogramm des Kongresses, das den Aufenthalt in Japan für Winkler und seine Kollegen unvergeßlich machte. Japan, das spätestens seit seinem Sieg über Rußland 1904 / 05 zu den Großmächten gehörte und gerade zu weiteren territorialen Expansionen ansetzte, war für die meisten Delegierten wohl noch „exotischer" als Ägypten. Bei einem der Empfänge im kaiserlichen Palastgarten von Tokio, der vom Bruder des japanischen Tenno gegeben wurde, gab es „Tee auf winzigen Tischchen und Stühlchen, von denen eines unter mir, der ich gar nicht so gewichtig war, zusammenbrach, so daß ich, die leere Teetasse in der Hand, den ausgegossenen Tee auf meinen Knien, auf dem Fußboden saß, [. . .]".[416] – Neben dem Besuch von offiziellen Empfängen gab es für die Kongreßteilnehmer die Möglichkeit, mit Hilfe von einheimischen Reiseführern das Land kennen zu lernen. Winkler kam so in die Gelegenheit, eine junge japanische Führerin nach ihrer Einstellung zur „Mutterschaft" zu befragen. Ihre Antwort schien ganz seiner Auffassung zu diesem Thema zu entsprechen: Es wäre zwar nicht bequem, ein Kind nach dem anderen zu bekommen, doch könne sich niemand gegen

---

[413] WW-1930-01, 11, 4 f., 8. Diesem Vorschlag wurde dann tatsächlich stattgegeben. Vgl. Bulletin de l'Institut International de Statistique, Tome 25 – 1ère Livraison. Tokio 1932, 101–103.

[414] Schober (1874–1932), der den Großdeutschen nahestand, war 1921 / 22 und 1929 / 30 Bundeskanzler. Vgl. *Adam Wandruszka*, Johannes Schober, in: Friedrich Weissensteiner / Erika Weinzierl (Hg.), Die österreichischen Bundeskanzler. Wien 1983, 62–78.

[415] Bulletin de l'Institut International de Statistique (1932), 108, 158, 159.

[416] *W. Winkler*, 60 Jahre erlebter Wissenschaft (1966), 299.

die allgemeine „Volkssitte" stellen – eine Aussage zur Freude von Winkler, der neidvoll an die angesichts des Geburtenrückgangs „hoffnungslosen Entwicklungen in Europa" denken mußte... [417]

Nach Hause fuhr er per Schiff. Die zusätzlichen Kosten betrugen 1.000,–öS, was für ihn bei seinen „damaligen Einnahmen leicht erschwinglich" war.[418] In Hongkong zog er sich eine Magen-Darm-Infektion zu, welche die ganze Reise zur Qual machte. Seine Erkrankung wurde im übrigen noch dadurch verschlimmert, daß er vom Schiffsarzt als Arznei Whisky verschrieben bekam, obwohl er ein strikter Alkoholgegner war. Krank wieder in Wien angelangt, mußte er zu allem Überfluß feststellen, daß seine Kinder alle an Diphtherie erkrankt waren und sich in Spitalsbehandlung befanden... [419]

In den dreißiger Jahren besuchte Winkler die ISI-Kongresse in Mexico City (1933) und in Athen (1936). In Mexiko war er der einzige offizielle Vertreter Österreichs. In Athen wurde er nur vom Präsidenten des BASt Drexel begleitet. Die Mitgliedschaft der Präsidenten der statistischen Ämter beim ISI hatte meist nur formal-repräsentativen Charakter. Die meisten Amtsleiter erwarben nämlich ihre statistischen Kenntnisse erst im Verlauf ihrer Amtstätigkeit und waren allein dadurch noch nicht in die Lage versetzt, sich aktiv an wissenschaftlichen Debatten zu beteiligen. Winklers Teilnahme am Prager ISI-Kongreß (1938), bei dem er das Hauptreferat halten sollte, wurde von der nationalsozialistischen Regierung ebenso wie die Teilnahme der gesamten deutschen Delegation, der er nach dem „Anschluß" offiziell angehörte, vereitelt.[420]

Die Tagung in Mexico City war eine außerordentliche Veranstaltung des ISI, die auf Einladung der mexikanischen Regierung anläßlich des hundertjährigen Bestehens der mexikanischen Geographisch-Statistischen Gesellschaft abgehalten wurde. Die Anfahrt der europäischen (und afrikanischen) Kongreßteilnehmer nahm drei Wochen in Anspruch und verlief für Winkler „mit dem üblichen Schachturnier"[421]. In New York, einer Zwischenstation der Reise, wurden die Gelehrten vom Präsidenten der Amerikanischen Statistischen Gesellschaft Stuart A. Rice empfangen. Am 11. Oktober 1933 eröffnet, nahmen an der Tagung 39 Delegierte teil – weniger als sonst üblich. Inhaltlich brachte der Wiener Demograph in der ersten Sektion des Kongresses eine Anregung zur Normalisierung der graphischen Statistik ein, die von den Teilnehmern aufgegriffen und einer besonderen Kommis-

---

[417] PNWW, Mein überreich bewegtes Leben, Fragm. 6, [bez. 140]. Die spezifische gesellschaftliche Situation in Japan und die dort im Vergleich zu Europa hohen Geburtenziffern machten auf Winkler einen solchen Eindruck, daß er letztere sogar in wissenschaftlichen Arbeiten als positives Beispiel zitierte: WW-1935-01, 11.

[418] Die Summe von 1000,– öS stellt heute einen Geldwert von rund 2.370,– EUR dar. (*Voithofer* (1999), 593 f.).

[419] PNWW, Mein überreich bewegtes Leben, Fragm. 7, 6–8.

[420] Vgl. Festschrift für Wilhelm Winkler (1954), 119. Vgl. dazu Kap. IV. 1.

[421] PNWW, Mein überreich bewegtes Leben, Fragm. 7, 8.

sion anvertraut wurde.[422] Diese richtete einen Ausschuß über „Représentations graphiques" ein, dem außer dem Initiator selbst die Statistiker Divisia, R. A. Fisher, Piètra, Warming und Gini angehörten.[423]

Zum Begleitprogramm der Veranstaltung gehörten Besuche von Sehenswürdigkeiten aus der Zeit der früheren aztekischen Hochkultur. Die einheimische mexikanische Bevölkerung beschrieb Winkler als „sehr gutmütig[]"[424]. Diese Charakterisierung entsprach der Form einer spezifisch „europäischen" Wahrnehmung, in der die Mexikaner als zivilisatorisch unterentwickelt eingeschätzt wurden. Im Gegensatz zu den lebhaften Gesprächen mit der japanischen Bevölkerung beim letzten ISI-Kongreß in Tokio blieben die Kontakte zwischen Winkler und den mexikanischen Einheimischen, zumal den einfacheren Bevölkerungsgruppen, auf ein Mindestmaß reduziert. Die Wissenschaftler blieben noch mehr unter sich, als sie es sonst gewohnt waren. Was die Tagung für die Europäer besonders interessant machte, war jedoch die Möglichkeit, persönlich mit führenden US-amerikanischen Statistikern Fühlung zu nehmen. Irving Fisher lud die Kongreßteilnehmer ein, nach Abschluß der Veranstaltung in New Haven die Yale University zu besuchen. Im gastlichen Haus des „Index-Number-Kämpfers"[425] wurde den staunenden Besuchern, darunter auch dem Gast aus Wien, ein Farbfilm vorgeführt, der die versammelte Kongreßgesellschaft auf dem Gipfel einer mexikanischen Pyramide zeigte.[426]

Beim ISI-Kongreß in Athen, der drei Jahre später über die Bühne ging, erstattete Winkler einen Bericht über die „Statistik des Geburtenrückganges und der bevölkerungspolitischen Maßnahmen". Nach seiner Idee sollte über den Geburtenrückgang auf internationaler Ebene eine Untersuchung angestellt werden, die, anders als bei bisherigen statistischen Zusammenstellungen üblich, den Gesichtspunkt des Geburtenrückganges besonders berücksichtigen sollte. Dazu erachtete er es als notwendig, erstens Daten zur Beurteilung des Geburtenrückganges (amtliche und private Auswertungen, statistische Ursachenforschung) zu sammeln, zweitens eine Statistik der wirtschaftlichen Lage der kinderreichen Familien nach Einkommen, Lebenshaltung usf. zu erstellen, drittens die in einzelnen Ländern bestehenden bevölkerungspolitischen Einrichtungen zu erfassen und viertens die ökonomischen Wirkungen des Geburtenrückgangs darzustellen.[427]

Sein Bericht wurde unter dem Vorsitz von Stuart A. Rice in der bevölkerungsstatistischen Sektion des ISI kontrovers diskutiert. So wurde sein Vorschlag, eine

---

[422] *Friedrich Zahn,* Tagung des Internationalen Statistischen Instituts in Mexiko 1933, in: AStA 23 (1933/34), 411; 415; 426.

[423] Vgl. Liste des Commissions, in: RIISt 3 (1935), 508; 5 (1937), 435.

[424] WW-1934-01, 230.

[425] So Winkler über I. Fisher, PNWW, Mein überreich bewegtes Leben, Fragm. 8, [148].

[426] PNWW, Mein überreich bewegtes Leben, Fragm. 7, 9; vgl. auch *Zahn* (1933/34), 427.

[427] Vgl. WW-1937-09, bes. 29 f.; vgl. dazu zustimmend *Friedrich Zahn,* Tagung des Internationalen Statistischen Instituts in Athen 1936, in: AStA 26 (1936/37), 317.

eigene Kommission zur Ausarbeitung der von ihm formulierten Gedanken einzurichten, von Burgdörfer ausdrücklich unterstützt, wogegen Boháč Bedenken an-
meldete: Es sollte keine eigene Kommission geschaffen werden, sondern die Frage
an das bestehende Gremium, das sich mit der Messung der ehelichen Fruchtbarkeit
beschäftigte, verwiesen werden. Am Ende einigten sich die Diskutanten darauf,
dem ISI-Büro in Den Haag eine Reorganisation jener Kommissionen vorzuschla-
gen, die sich mit der Statistik der Bevölkerungsbewegung befaßten.[428]

Vermutlich im Rahmen des Athener Kongresses übte der Wiener Extraordinarius
erstmals eine organisatorische Funktion innerhalb des ISI aus, die auf die Erweiterung der drei bestehenden Sektionen um eine mathematisch-statistische Abteilung
zurückzuführen war. Er fungierte als einer von drei Vizepräsidenten dieser Sektion,
die in Athen u. a. einen Bericht seines Chefs im BASt Karl Drexel über die „Nor-
mung statistischer Tabellen" – s. oben – erörterte.[429]

Der Ort des Kongresses, die griechische Hauptstadt Athen, übte auf Winkler,
einen Verehrer der antiken Sprachen und Kulturen, große Anziehungskraft aus.
An einem Tag blieb er, um die Akropolis zu besteigen, sogar den Verhandlungen
fern und verbrachte den ganzen Nachmittag schlafend in den Ruinen des Tempel-
geländes.[430]

Die von Winkler auf dem Athener ISI-Kongreß angeregte Einrichtung einer
Kommission, die den Geburtenrückgang in seiner weltweiten Dimension erfassen
sollte, war trotz Vorbehalten einiger Kollegen zustande gekommen.[431] Die Kommissionen traten während der Kongresse zusammen. In der Zeit zwischen den
Tagungen verkehrten ihre Teilnehmer brieflich miteinander.[432] Mitglieder in dem
Ausschuß über „Baisse de la natalité" waren außer ihm selbst als Berichterstatter
die Statistiker Austin, Boháč, Burgdörfer, Huber, Lyon und Savorgnan. Außerdem
saß er 1935 / 37 noch in den Kommissionen über „Représentations graphiques",
„Organisation des services statistiques", „Statistiques des stocks et de la consom-
mation de denrées alimentaires", Statistiques de la richesse nationale et des reve-
nus", und über „Méthodes d'enquête sur les budgets de famille". In den Gremien
über Waren- und Lebensmittelkonsumstatistik und über die Organisation des sta-

---

[428] Vgl. Bulletin de l'Institut International de Statistique, Tome 29. Session d'Athènes
1936 (Athen 1938), 91 – 93.

[429] Vgl. *Zahn* (1936 / 37), 312; 332.

[430] PNWW, Mein überreich bewegtes Leben, Fragm. 7, [unbez.].

[431] Wie die Entscheidungsprozesse zwischen Winklers Athener Vorschlag und der letzt-
endlichen Einrichtung der Kommission abliefen, läßt sich hier nicht rekonstruieren. – Für das
im folgenden zum ISI Geäußerte bleibt festzuhalten, daß ich weder über Quellen zu den insti-
tutsinternen Machtverhältnissen im allgemeinen noch über informelle Einflußmöglichkeiten
von Einzelpersönlichkeiten oder Gruppen von Wissenschaftlern im besonderen verfüge. Desgleichen ist mir nicht bekannt, wie Winkler – als Person wie als Wissenschaftler – auf dem
internationalen Parkett der Statistik bis 1938 tatsächlich eingeschätzt wurde. Es bleiben daher
nur die Diskursverhältnisse zu untersuchen.

[432] Vgl. WW-1938-04, 57.

tistischen Dienstes war er seit 1935 bzw. seit 1937 jeweils einer der Berichterstatter. Damit war er 1937/38 jenes ISI-Mitglied, das ex aequo mit Corrado Gini die meisten (nämlich drei) Stellen als Berichterstatter einnahm.[433]

Das Ergebnis der Besprechungen in der Kommission „Geburtenrückgang" wurde von Winkler in dem (vorläufigen) Bericht „Der Geburtenrückgang, seine Ursachen und seine wirtschaftlichen und sozialen Wirkungen" dargestellt.[434] Dieses bestand darin, daß die Mitglieder des Ausschusses sich darauf geeinigt hatten, wie der an die verschiedenenen statistischen Ämter zu verschickende Fragebogen auszusehen habe.[435] Der Fragebogen beinhaltete vier Themenkomplexe, welche die in Athen formulierten und oben zitierten Fragestellungen beinhalteten. Zu dem zweiten Arbeitsschritt einer zusammenfassenden Darstellung des Materials, das Winkler aus den Ämtern bereits erhalten hatte, sollte es nicht mehr kommen.[436]

In einem ersten Abschnitt seiner Untersuchungen führt der Autor methodische Probleme der Erfassung des Geburtenrückgangs vor, wobei er die Bedeutung der Vergleichbarkeit von familienstatistischen Erhebungen und der Fruchtbarkeitsziffer hervorhebt. Weiters untersucht er die Ursachen des Geburtenrückgangs, wobei er die wirtschaftlichen, in einem umgekehrt proportionalen Verhältnis zueinander stehenden Bestimmungsgründe (Höhe des Einkommens im Verhältnis zur Kinderzahl) erörtert, dann die Annahme einer Zunahme des physiologischen Unvermögens als in Frage kommende Ursache verwirft und endlich zum tragenden Pfeiler seiner Theorie des Geburtenrückgangs gelangt, dem mangelnden „Willen zum Kind". Dieser könne etwa von Ärzten an privatem oder klinischem Material erhoben werden. Daneben kämen „mittelbare" Verfahren in Frage. Der Beweis, daß der Geburtenrückgang von den vermögenden Schichten seinen Ausgang genommen habe, sei – „unter Berücksichtigung der bekannten Denkart dieser Schichten" – ein indirekter Hinweis auf die mentalen Faktoren, die dem Geburtenrückgang zugrunde lägen. Anzustreben sei eine Untersuchung über die Korrelation zwischen dem Grad der Industrialisierung eines bestimmten Gebietes, der damit verbundenen vorherrschenden politischen Strömungen (er nennt den „Marxismus" und den „Liberalismus") und dem Geburtenrückgang.[437]

In kritischer Auseinandersetzung mit Arbeiten der US-amerikanischen Statistiker J. J. Spengler und J. Warming wendet sich Winkler gegen die Annahme, der Geburtenrückgang werde zu einer Perpetuierung stationärer Bevölkerungsverhält-

---

[433] Vgl. Liste des Commissions, in: RIISt 3 (1935), 508 f.; 5 (1937), 434–436.

[434] Vgl. zu den Gedankengängen, die darin zum Ausdruck kommen, meine kritische Auseinandersetzung mit Winklers Studie „Der Geburtenrückgang in Österreich" (Kap. III. 1. c)) .

[435] Zum Wortlaut des Fragebogens vgl. WW-1938-04, 58–60.

[436] Winkler plante ursprünglich, an den in Prag vorzulegenden Bericht „eine größere Untersuchung über Ausmaß, Ursachen und Wirkungen des Geburtenrückganges in den verschiedenen Staaten und die dagegen in Bewegung gesetzten Maßnahmen" anzuschließen, der bei der geplanten 15. Tagung des ISI in Washington (Herbst 1939) zur Sprache kommen sollte. WW-1937-06, VII. 15.

[437] WW-1938-04, 61, 64, 68; 71 (wörtl. Zit.).

nisse führen. Im Gegenteil: Es sei eine Abnahme der Bevölkerung zu erwarten. Den Glauben, der stationäre Bevölkerungstyp sei mit dem Vorteil einer besseren Marktsituation und damit einer niedrigeren Arbeitslosigkeit verknüpft, betrachtet er als irrig und „egoistisch" den Vorteil der Gegenwart betonend. Als Paradebeispiel für die Analyse, die der Rückgang der Geburten am Altersaufbau einer Bevölkerung hervorrufe, dient ihm eine von A. Sauvy für Frankreich erstellte Extrapolation, die bis ins Jahr 1985 führe. Schon „das hartnäckige Höhersteigen der Kriegsgeburtenlücke von Jahrzehnt zu Jahrzehnt" zeige „auch dem Ungläubigsten, wie die große Öde und Leere des Geburtenschwundes näher kommt und mit unerbittlicher Folgerichtigkeit eine große Volksgefahr mit sich führt."[438]

Als wirtschaftliche Folgen des Geburtenrückgangs nimmt er langfristig und parallel zum Aufstieg der geburtenschwachen Jahrgänge die Abnahme des privaten Konsums, das Sinken der Grundrenten, der Kapitalerträge und der Unternehmergewinne an. Dagegen würden die Reallöhne steigen. Diese These werde durch eine für Deutschland durchgeführte Berechnung belegt, die den „tatsächlichen" Verbrauch einiger Konsumgüter unter Ausschluß der Einwirkungen der Altersverschiebungen belege. Darüber hinaus werde der Wert des privaten wie des öffentlichen Volksvermögens geschmälert werden. Die entsprechenden Statistiken stellten – mit Ausnahme der Statistik des schwerer zu berechnenden öffentlichen Volksvermögens – gute Quellen für diese Entwicklung dar. Kurz- und mittelfristig werde es die Kleinhaltung der Familien ermöglichen, den Wohlstandsgrad einzelner Personen wie auch die Profite der Luxusgüterindustrie zu steigern. Die Berufe, welche von dieser abhängig seien, würden an Bedeutung gewinnen. Die Arbeitslosigkeit werde sich mit Ausnahme des Baugewerbes und der akademischen Berufe durch den Rückgang der Geburten kaum verringern. Dagegen werde die disgenische Auslesewirkung mit der damit verbundenen Schwächung der körperlichen und geistigen Beschaffenheit der Bevölkerung zu einer langfristigen Schwächung ihrer wirtschaftlichen „Fähigkeiten" führen. Was die geographische Verteilung der Bevölkerung unter den Einflüssen des Geburtenrückgangs betrifft, vermutet der Verfasser, daß ländliche Regionen durch die Entwertung von Grund und Boden besonders durch Abwanderung betroffen sein würden. Davon könnten urbane Regionen profitieren. Kommende Generationen, welche die Kinderzahlen weiterhin niedrig hielten, würden in höherem Maße für die Versorgung der zunehmenden Zahl alter Menschen aufkommen müssen.[439]

Wie seine Fachkollegen die Studie aufnahmen, erfuhr Winkler wegen seiner erzwungenen Nichtanwesenheit und wegen des Abbruchs des Prager Kongresses vermutlich nicht sofort nach dem Erscheinen der Arbeit. Entsprechende Anmerkungen jener Statistiker, die eingeladen worden waren, den Bericht zu kommentieren, wurden in der *Revue* des Instituts publiziert.[440]

---

[438] Ebd., 75, 77; 76; 78 (jew. wörtl. Zit.).

[439] Ebd., 79 f., 81 f., 84, 86, 92, 93 f., 96, 99.

[440] Vgl. Kap. IV. 2.

Als Ergänzung zu seiner Darstellung über den Geburtenrückgang referiert Winkler in dem Artikel „Einige alte und neue Maße des natürlichen Bevölkerungswachstums" über die „technische" Seite der Erfassung des Geburtenrückgangs. Er setzt sich darin kritisch mit gängigen Maßen des Bevölkerungswachstums auseinander. – Die Berechnung der „rohen" Geburten- bzw. Sterbeziffer sei schon länger Kritik ausgesetzt, da sie von der jeweiligen Altersgliederung abhänge. So ergebe eine stärkere Besetzung der mittleren Altersjahrgänge unter gleichen Fertilitäts- und Sterblichkeitsbedingungen eine höhere Geburtenziffer und eine niedrigere Sterbeziffer als eine weniger starke Besetzung dieser Jahrgänge. Auch die Berechnung der „Bilanz der Lebensjahre" betrachtet er nicht als geeignet, um die Geburtenbewegung angemessen zu erfassen. Dagegen könne der Versuch, den Einwirkungen des Altersaufbaus besonders auf die für den Nachwuchs in Betracht kommenden Jahrgänge durch Berechnung von Aufwuchszahlen und Aufwuchsziffern gerecht zu werden, ein richtigeres Bild vermitteln: Die Aufwuchsziffern hätten bereits einen Rückgang der Geburtenziffern gezeigt, als die Geburtenüberschußziffern noch gewachsen oder gleichgeblieben seien. Den von Körösi u. a. vorgenommenen Standardisierungsversuchen[441] erteilt er hingegen eine Absage. Burgdörfers „bereinigte Lebensbilanz" betrachtet er als einen Spezialfall von Hussons „Demographischem Potential", der versuchten Bildung eines bereinigten Geburtenüberschusses. Die Methode des Berliner Statistikers sei widersprüchlich, da sie die Sterbetafelbevölkerung nicht nur für die Sterbeziffer standardisiere – ein Vorgehen, das Winkler grundsätzlich akzeptiert –, sondern auch für die Geburtenziffer. Er schlägt stattdessen eine Berechnungsweise vor, welche die „natürliche" Bevölkerungsvermehrung genauer erfasse als die berichtigte Bilanz von Geburten und Todesfällen. Der „reinen ungewogenen Reproduktionsziffer" nach Boeckh und Kuczynski steht Winkler zustimmender gegenüber – wenigstens was die Möglichkeit betrifft, sie praktisch anzuwenden. Die Kuczynskische Berechnung multipliziert die Teilfruchtbarkeitsziffer jedes Alters der Frauen mit der Überlebensziffer dieses Alters nach der Sterbetafel. Die von ihm bisher genannten Berechnungsmethoden betrachtet Winkler als zu wenig sensibel für die Messung des Geburtenrückgangs. Als die beste bis jetzt gefundene Lösung für das Problem wertet er Dublin-Lotkas „natürliche Vermehrungsrate". Diese berechne den Altersaufbau „unter dem Einfluß der konstant wirkenden Vermehrungskräfte" (Fruchtbarkeit und Sterblichkeit), befreie ihn von „Zufälligkeiten aus der Änderung der Bevölkerungsvermehrung und aus Wanderungen" und sei damit als einzig existierendes korrektes Standardisierungsverfahren anzusehen.[442]

---

[441] „Standardisieren besteht darin, daß die von irgend einer Bevölkerung gewonnenen Teilkoeffizienten mit einer anderen, der Standardbevölkerung, in Verbindung gebracht werden, um auf diese Weise Besonderheiten in der Altersgliederung der ursprünglichen Bevölkerung auszuschalten und neue Gesamtmaßzahlen herzustellen." (WW-1938-05, 34).

[442] Ebd., 27, 29 f., 34, 38, 39 f.; 43 (wörtl. Zit.).

Die IUSIPP-Kongresse in Rom (1931), Berlin (1935) und Paris (1937)

Die erste Weltbevölkerungskonferenz fand 1927 auf Initiative von Margaret Sanger in Genf statt. Dort wurde von vierzig anwesenden Wissenschaftlern beschlossen, eine *Internationale Union für Bevölkerungswissenschaft / International Union for the Scientific Investigation of Population Problems (IUSIPP)* zu gründen. Dieser Beschluß wurde im folgenden Jahr 1928 in die Tat umgesetzt. Die Union trat als Spitzenorganisation der in allen Ländern zu konstituierenden Länderausschüsse auf und organisierte die Kongresse in London und Rom (jeweils 1931), in Berlin (1935) und in Paris (1937).[443]

Am Kongreß in Rom nahm Winkler teil, ohne ein eigenes Papier vorzulegen. Die von Gini organisierte Tagung wurde von der Erörterung des Geburtenrückgangs aus sozialhygienischer und eugenischer Perspektive und von der Diskussion von Modellen zur Bevölkerungsvorausberechnung beherrscht.[444] Vier Jahre später stand der in Berlin tagende IUSIPP-Kongreß ganz unter dem Zeichen der „neuen" Bevölkerungspolitik des „Dritten Reiches". Von den 126 Referaten kamen 63 aus Deutschland und Österreich. Bedeutende deutsche Demographen jüdischer Herkunft wie Mombert oder R. R. Kuczynski wurden in den Kongreßprotokollen zwar noch zitiert, waren aber bereits von der Teilnahme an der Tagung ausgeschlossen.[445]

Außer Winkler schienen im Teilnehmerverzeichnis noch folgende Gäste aus Österreich auf: (1.) Bevölkerungsstatistiker und Soziologen: Karl Drexel; Adolf Günther, Professor aus Preußen an der Universität Innsbruck; Wilhelm Hecke (für die ÖGBF); (2.) Ärzte, Anthropologen, Hygieniker: Adolf Fritz, Viktor Lebzelter, Herbert Orel, Heinrich Reichel, Herwig Rieger, Alois Scholz und Robert Stigler.[446]

Die Eröffnungsrede des Ministers Frick liest sich wie das Programm der nationalsozialistischen Bevölkerungspolitik. Frick pries das „Gesetz zur Verhütung erbkranken Nachwuchses" vom 14. Juli 1933 ebenso als für alle Staaten nachahmenswert an wie die Vergabe von „Ehestandsdarlehen". Der Redner versuchte kritische

---

[443] Vgl. *Charlotte Höhn,* Grundsatzfragen in der Entstehungsgeschichte der Internationalen Union für Bevölkerungswissenschaft (IUSSP / IUSIPP), in: Rainer Mackensen / Lydia Thill-Thouet / Ulrich Stark (Hg.), Bevölkerungsentwicklung und Bevölkerungstheorie in Geschichte und Gegenwart. Frankfurt / New York 1989, 233 – 251.

[444] Vgl. *Werner Berger,* Internationaler Kongreß für Bevölkerungsforschung, in: AStA 22 (1932), 85 – 88, und *Horst Wagenführ,* Internationaler Kongreß für Bevölkerungsforschung, in: JbbNSt 136, I. (1932), 95 – 102; vgl. *Stefan Kühl,* Die Internationale der Rassisten. Aufstieg und Niedergang der internationalen Bewegung für Eugenik und Rassenhygiene im 20. Jahrhundert. Frankfurt / New York 1997, 118 – 120.

[445] *Vom Brocke* (1998), 14.

[446] Vgl. Teilnehmerverzeichnis, in: *Hans Harmsen / Franz Lohse* (Hg.), Bevölkerungsfragen. Bericht des Internationalen Kongresses für Bevölkerungswissenschaft. Berlin, 26. 08. – 01. 09. 1935. München 1936, 955.

Stimmen aus dem Ausland dadurch zu besänftigen, indem er darauf hinwies, daß die nationalsozialistische Rassenideologie die Integration fremder Volksteile „nicht als eine Stärkung, sondern als eine Schwächung der eigenen Volkskraft betrachten muß".[447]

Unter deutschen Statistikern wurde der Berliner Kongreß als ein Durchbruch gefeiert, der gegenüber der Genfer Vorgängerveranstaltung, aber auch gegenüber der unter dem Eindruck der Wirtschaftskrise stehenden Tagung in Rom einen endgültigen Durchbruch hin zur „positiven" Bevölkerungspolitik im nationalsozialistischen Sinn gebracht habe.[448] Von den österreichischen Kongreßteilnehmern traten Winkler, Drexel, Stigler, Hecke und Fritz als Referenten auf. Winkler trug in der Sektion über „Die internationale Bedeutung des Geburtenrückganges" mit Bezug auf die Volkszählungsergebnisse 1934 ein Referat über den „Geburtenrückgang in Österreich" vor. Seine Befürchtung, Einkindehen würden zunehmend zugunsten von „Keinkindehen" zurückweichen, steht hier zusammenhanglos neben seiner Voraussage, daß „wirksame Abwehrmaßnahmen [...] schon in naher Zukunft" zu erwarten wären – eine Ankündigung, die im Hinblick auf seine pessimistische Bevölkerungsperspektive nur als Zweckoptimismus ausgelegt werden konnte. Drexel berichtete in der Sektion „Binnenwanderung und Verstädterung" über „Die österreichische Binnenwanderung auf Grund der Volkszählung 1934". Über einen Teilaspekt der Volkszählungsergebnisse referierte auch Hecke in einem Beitrag über „Die Unehelichen in Österreich". Der Psychologe Stigler sprach über die „Staatliche Ehevermittlung", und der Amtsarzt von Völkermarkt Fritz stellte seine Erfahrungen über die Säuglingssterblichkeit in den Ostalpen vor.[449]

Die Ergebnisse des Berliner Bevölkerungskongresses waren Gegenstand einer eigens anberaumten Sitzung der ÖGBF im Herbst des Jahres 1935. Einige der prominentesten österreichischen Kongreßteilnehmer, Drexel, Winkler, Reichel und Orel, berichteten am 21. Oktober d. J. in einem gemeinsamen Referat über die Veranstaltung.[450]

Im Jahr 1937 bot sich für Winkler erstmals nach seinem Aufenthalt in St. Germain-en-Laye 1919, bei dem er Paris selbst nicht besucht hatte, die Ge-

---

[447] Ebd., Eröffnungsansprache des „Ehrenpräsidenten des Kongresses, Reichsminister Dr. Wilhelm Frick", 12; vgl. auch die Ansprachen von Ernst Rüdin, ebd. 38, und Eugen Fischer, ebd. 39–43.

[448] Vgl. *Richard Korherr,* Der Internationale Kongreß für Bevölkerungswissenschaft in Berlin 1935, in: AStA 25 (1935/36), 337 f.

[449] Vgl. ebd., Inhaltsverzeichnis, VIII–XIX; vgl. WW-1936-02, 111, 113; *Drexel,* ebd., 200–204; *Hecke,* 338–341. Letzterer führt die hohe Unehelichenrate in den österreichischen Alpenländern zutreffend auf die spezifische dortige Agrarverfassung zurück. Der von ihm behauptete Kausalzusammenhang zwischen ländlichem Geburtenrückgang und „ursprünglich städtische[r] Drosselung der Geburten" [339] entbehrt jedoch jeder empirischen Fundierung.

[450] Die Vorträge in den Versammlungen der Österreichischen Gesellschaft für Bevölkerungspolitik und Fürsorgewesen, in: MGBP (1937), 22.

legenheit, die Sehenswürdigkeiten der französischen Hauptstadt näher kennen-
zulernen. Im Juli dieses Jahres hielt er sich nämlich zwei Wochen lang in der
Seine-Metropole auf, um an vier verschiedenen Symposien teilzunehmen. Bei
jeder dieser Veranstaltungen hielt er ein Referat, beim Kongreß der *Pax Romana,*
der internationalen katholischen Studentenbewegung, bei den Tagungen der *Union
Internationale de Coopération Intellectuelle,* beim Treffen der *Weltunion kinderreicher Familien* und beim IUSIPP-Kongreß[451]:

Der letzte Bevölkerungskongreß vor dem Ausbruch des Zweiten Weltkriegs
tagte vom 28. Juli bis 1. August 1937 in Paris.[452] Die Konflikte zwischen den Verfechtern der nationalsozialistischen Rassenlehre und ihren vor allem in den angelsächsischen Ländern und in der Tschechoslowakei beheimateten Gegnern, die in
Berlin noch nicht ausgetragen worden waren, traten in Paris offen zutage. Die Diskussionen der Veranstaltung scheinen vollständig von der zum zentralen Thema
stilisierten „Rassenfrage" überlagert gewesen zu sein. Nicht mehr der „Geburtenrückgang", sondern bereits die „Auslese" stand im Mittelpunkt der Beratungen. In
der fünften Sektion, die sich den „Problémes qualitatifs de la Population" widmete,
prallten die Gegensätze besonders schroff und unversöhnlich aufeinander. So
sprach sich Beck (Prag) in direkter Auseinandersetzung mit Rüdin, einem der drei
Autoren des Gesetzes „zur Verhütung erbkranken Nachwuchses"[453], für „Die Unabhängigkeit der geistigen Kultur von der Rasse" aus. Beck warf den Deutschen
vor, einem Rassendeterminismus zu huldigen, welcher der Bevölkerungspolitik die
Freiheit nehme, eugenisch zu handeln. Zur Frage, welche Wirkungen die deutschen
Maßnahmen gegen den Geburtenrückgang gehabt hätten, gingen die Einschätzun-
gen gleichfalls auseinander. So wollte z. B. Hersch (Genf) im Geburtenanstieg nur
eine vorübergehende Fluktuationserscheinung sehen. Dagegen vermerkten die
deutschen Demographen triumphierend, daß Blondel (Frankreich) den Erfolg der
auf die „Gesinnung" abzielenden deutschen Geburtenpolitik voll anerkannt habe.
Der Versuch Elisabeth Pfeils, eine direkte Konfrontationslinie zwischen einer
deutsch-französischen Haltung einerseits und einer angelsächsischen Haltung andererseits auszumachen und dadurch die deutsche Bevölkerungspolitik zu legitimieren, ging jedoch an der Realität der damaligen Verhältnisse vorbei. Im Gegensatz zu den „gleichgeschalteten" und längst „entjudeten" deutschen Kongreßteilnehmern, die folglich gegenüber auswärtigen Kritikern einheitlich auftraten, war
die Positionierung vieler nichtdeutscher Demographen zu rassenhygienischen und
eugenischen Maßnahmen nicht eindeutig und schwankte zwischen Zustimmung
und Ablehnung – selbst ein ausgewiesener Gegner der NS-Bevölkerungspolitik
wie der Tscheche Beck wandte sich nicht grundsätzlich gegen „eugenische" Maßnahmen. In den demokratisch verfaßten Gesellschaften Westeuropas war es – im

---

[451] Vgl. *W. Winkler,* Dreimal Paris. 1919, 1937, 1949, in: Wiener Universitätszeitung vom
01. 07. 1949, 2.

[452] Vgl. zum Folgenden *Richard Korherr,* Der internationale Kongreß für Bevölkerungswissenschaft in Paris 1937, in: AStA27 (1937/38), 329 f., und *Pfeil* (1937), 288 f., 297–301.

[453] Vgl. zu Rüdin *vom Brocke* (1998), 437.

Gegensatz zu Deutschland – jedoch noch möglich, daß einander widersprechende Positionen nebeneinander existierten konnten.[454] Die Kritiker der nationalsozialistischen Bevölkerungspolitik kamen meist nicht aus der IUSIPP selbst. Die wichtigsten Proponenten der Bevölkerungsunion versuchten, Kontroversen über die nationalsozialistische Rassenideologie aus der Vereinigung herauszuhalten. Die Folge von Vermittlungsversuchen war jedoch eine „Blockierung der Verbandsarbeit", die bis in die Zeit nach dem Zweiten Weltkrieg andauerte.[455]

Im Vergleich zu den Auseinandersetzungen um die Rassenhygiene, die das Klima des Pariser Kongresses prägten, schienen die Vorträge des Vertreters der österreichischen Demographie auf relativ geringeres Interesse zu stoßen. Winkler hatte für Paris drei Berichte vorbereitet, einen über sein im Rahmen des ISI vorbereitetes Projekt zur internationalen Erfassung des Geburtenrückgangs, einen zweiten über „Eine österreichische Abgangsordnung der unehelich Geborenen", und einen dritten über „Die natürliche Bevölkerungsbewegung Wiens". – Die Berechnung einer Abgangsordnung für unehelich Geborene war der erste Versuch, jene Kinder in die Statistik des Abgangs einzubeziehen, die durch nachfolgende Ehe legitimiert wurden. Das wichtigste Ergebnis seiner Forschungen über die Bilanz der Wiener Geburten und Sterbefälle war die Voraussage, daß die Geburtenziffer in den Arbeiterbezirken, die jetzt schon stark zurückgehe, langfristig sich an die niedrige Höhe der Geburtenziffer in den bürgerlichen Bezirken Wiens angleichen werde.[456]

„Hochschulüberfüllung" und Akademikerarbeitslosigkeit

Ein Nebenzweig von Winklers Auseinandersetzung mit dem Geburtenrückgang, die ihrerseits Argumentationsfiguren aus der Diskussion um „Über-" oder „Untervölkerung" verwendete, war die Frage der „Hochschulüberfüllung" und der Akademikerarbeitslosigkeit. Diese Themenbereiche, die stets in einem komplexen Kausalzusammenhang mit dem Wandel der Generationenabfolge und den sich verändernden Bildungsansprüchen in der Gesellschaft standen, waren verbunden mit regelmäßig wiederkehrenden Überfüllungskrisen an den Universitäten und Hochschulen. Der von Winkler vermutete Konnex zwischen Geburtenrückgang und „Hochschulüberfüllung" war – aus seiner Sicht betrachtet – nur auf den ersten Blick widersprüchlich: Für ihn war von entscheidender Bedeutung, daß die Kleinhaltung der Familien es mehr Menschen als je zuvor ermöglicht habe, ihren Nachwuchs an einer Hochschule ausbilden zu lassen.

Die trotz Wirtschaftskrise und damit einhergehender sozialer Deklassierung weiter Gesellschaftsschichten insgesamt zunehmende Demokratisierung der Bildungs-

---

454 Vgl. auch *Kühl* (1997), 150–152.

455 Ebd., 152.

456 Vgl. WW-1937-07, 68; WW-1937-05, bes. 17; vgl. zur Rezeption von Winklers Vorträgen *Korherr* (1937), 324, und *Pfeil* (1937), 291.

chancen löste ein älteres Verständnis von Bildung auf, das diese als exklusives Vorrecht einer zahlenmäßig beschränkten Elite betrachtete.[457]

Winkler verbreitete seine Thesen zur „Akademikerfrage" in den Zeitschriften *Schönere Zukunft, Schule und Beruf* und *Pax Romana.* Die Zeitschrift *Pax Romana* war das Sprachrohr der gleichnamigen internationalen katholischen Studentenbewegung[458] (bei deren Pariser Tagung Winkler ebenso ein Referat hielt wie bei der österreichischen Filiale der Studentenorganisation) und erschien in Freiburg / Fribourg, dem geistigen Zentrum der katholischen Schweiz. Winklers Verbindungen zur *Pax Romana* wurden wohl von der Wiener *Leo-Gesellschaft* vermittelt, die über ihre dort ansässige Auslandssektion Kontakte zu Freiburger katholischen Organisationen und Zeitschriften pflegte.[459]

Von einer „Überfüllung" der Hochschulen wollte Winkler dann sprechen, wenn ein Mißverhältnis zwischen Angebot und Nachfrage, d. h. zwischen den Angeboten auf dem akademischen Stellenmarkt und der Zahl der Absolventen innerhalb eines Jahres festzustellen sei.[460] Die Hauptursache für die schwierige Arbeitsmarktsituation junger Akademiker erblickt Winkler im „Streben immer breiterer sozialer Schichten nach sozialem Aufstieg", wobei er nicht vergißt, wieder darauf hinzuweisen, daß „liberale und marxistische Ideen" dazu beigetragen hätten, das „Anspruchsniveau" der Bevölkerung zu heben und dadurch dem Geburtenrückgang wie der verstärkten Bildungsförderung von (Einzel-)Kindern Vorschub zu leisten.[461] Dadurch würden jedoch gerade jene gefördert, die nur um des sozialen Aufstiegs willen studierten. Abhilfe könne erstens durch eine frühzeitige, d. h. in den Mittelschulen beginnende „Auslese" der Untauglichen oder Mindertauglichen geschehen. Zweitens müsse die Öffentlichkeit – so wie er es selbst in der Elternvereinszeitschrift tat – ausreichend über die Verhältnisse der Akademikerberufe informiert werden.[462]

„Hochschulüberfüllung" und „Akademikernot" beschäftigten in den dreißiger Jahren nicht nur österreichische und deutsche Gelehrte. Die sozialkonservativ grundierten Ängste vor einer Entwertung des überlieferten Bildungskanons im

---

[457] Vgl. zur Sozialgeschichte der Akademiker und der Hochschulen in der Weimarer Republik und im Nationalsozialismus *Hartmut Titze,* Hochschulen, in: Dieter Langewiesche / Heinz-Elmar Tenorth (Hg.), Handbuch der deutschen Bildungsgeschichte. Bd. 1 – 6, 5: Die Weimarer Republik und die nationalsozialistische Diktatur. München 1989, 209 – 240, hier 220 f.; vgl. zur Diskussion um die „Hochschulüberfüllung" *Konrad Jarausch,* Universität und Hochschule, in: Handbuch der deutschen Bildungsgeschichte IV. 1870 – 1918: Von der Reichsgründung bis zum Ende des Ersten Weltkriegs. München 1991, 313 – 345, hier 314 ff.

[458] Vgl. WW-1938-06, 307.

[459] Vgl. *Hermann Peichl* (Hg.), Katholischer Glaube und Wissenschaft in Österreich. Jahresberichte der Wiener Katholischen Akademie. Bd 1 (1945 – 55). Wien 1957, 11; vgl. Arbeitslosigkeit unter den Akademikern, in: Neue Freie Presse (Abendblatt) vom 22. 05. 1936, 8.

[460] Vgl. WW-1937-08, 7 f.

[461] WW-1937-02, 493; WW-1937-03, 531 (wörtl. Zit.).

[462] WW-1937-03, 532; WW-1937-04, 4.

Zeichen fortschreitender Spezialisierung und Professionalisierung akademischer wie nichtakademischer Berufe verstärkten das Bedürfnis von Gelehrten in ganz Europa und in Nordamerika, selbstreflektierend ihr elitäres Selbstverständnis fortzuschreiben. Auf dem Kongreß der *Union Internationale de Coopération Intellectuelle,* die sich mit dem Thema beschäftigte, hielt Winkler das Referat der dritten Sektion „La Lutte contre le Chômage des Jeunes Diplomés des Universités". Er erörterte den Stand der Diskussion, präsentierte eine weltweite „Überfüllungsstatistik" und befaßte sich mit Gegenmaßnahmen. Die wirkungsvollste derartige Maßnahme erschien ihm ein Numerus clausus zu sein, der sich unmißverständlich weder gegen eine Konfession, noch gegen eine Rasse oder eine politische Partei richten sollte. Vielmehr sollte der gegebenen Kapazität der jeweiligen Hochschuleinrichtung dadurch Rechnung getragen werden, indem für einen gewissen Zeitraum der Zugang zu bestimmten Studienrichtungen einfach ausgesetzt werden sollte.[463]

Angenommen wurde vom Kongreß abschließend eine Empfehlung, die einerseits eine „sélection pratiquée" innerhalb der Universitäten forderte und andererseits die Einrichtung von hochschulinternen Berufsberatungsstellen befürwortete.[464]

Zwischenergebnisse und Bewertungen

Als emsiger Tagungsteilnehmer genoß Winkler, unbeschadet seiner zumindest auf verbreitete Skepsis stoßenden fachlichen Neuerungsbestrebungen, seit den zwanziger Jahren international bereits hohes Ansehen. Besonders eng waren seine Kontakte mit deutschen Kollegen, die nicht nur um eine methodische Erneuerung rangen, sondern auch darüber debattierten, wie ihrem Fach eine bessere Position an den Universitäten zu verschaffen wäre. Diese Diskussion wurde z. B. auf der Kölner Tagung der DStG geführt, bei der Winkler dafür eintrat, die Stellung der Statistik – insbesondere im akademischen Lehrbetrieb – aufzuwerten. Was das fachliche Verhältnis zwischen Nationalökonomie und Statistik anbelangte, schwebte ihm eine Art Aufgabenteilung zwischen den beiden Fächern vor, bei der die Ökonomen für die Theoriebildung verantwortlich wären und die Statistiker für die Bereitstellung von Methoden sorgen sollten. Auch gesellschaftspolitisch engagierten sich die Statistiker zunehmend. So nahmen der „Verfall der Familie" (Burgdörfer) und der damit angeblich zusammenhängende Geburtenrückgang während der zwanziger Jahre einen immer wichtigeren Stellenwert in den Beratungen der deutschen Statistiker ein. Dies erfolgte parallel zur schrittweisen Emanzipation der Demographen und Statistiker von ihrer Herkunftsdisziplin und einer stärkeren Differenzierung ihrer Forschungsmethoden.

---

[463] WW-1938-06, 313 f. Zu der an Winklers Bericht sich anschließenden Debatte vgl. ebd., „Discussion du Rapport", 327–344.

[464] Ebd., Kongreßprotokolle, 393.

Von weltanschaulich geprägten Vorannahmen waren auch Winklers Mutmaßungen über die Ernährungsverschiebungen in der Erdbevölkerung beeinflußt, die er 1930 auf dem ISI-Kongreß in Tokio vortrug. Zu dem von ihm wiederholt ausgesprochenen Anspruch des bürgerlichen Familienvaters auf die Führungsrolle in der eigenen Gesellschaft paßte das ebenso selbstverständlich artikulierte, wiederum dem 19. Jahrhundert entstammende Denken in den Kategorien der europäischen Überlegenheit in der Welt (der sich bei Winkler, das sei vermerkt, die ausdrückliche Hochachtung vor außereuropäischen „Kulturleistungen" beigesellte). Nur so kann erklärt werden, daß er die von Physiologen stammende Annahme kritiklos übernahm, die Asiaten stünden vor der Übernahme der „fortgeschritteneren" europäischen Ernährungskultur, wobei sie ihre eigenen Eßtraditionen aufgeben würden.

Auf begrifflich wie methodisch noch wackligeren Grundlagen standen seine Versuche, die prekären Unterscheidungsmöglichkeiten zwischen den bieg- und beugsamen Begriffen „Untervölkerung" und „Übervölkerung" zu verfeinern.[465] Die Debatte um „Unter-" oder „Übervölkerung", die von deutschen Nationalökonomen und Demographen seit der Vorkriegszeit geführt wurde, entsprang der seit Malthus virulenten Auseinandersetzung um die Frage, ob viele Menschen Gewinn oder Gefahr seien. Der Faktor der „Wirtschaftlichkeit" – mehr noch, der in der Zahl der Menschen angeblich festzumachende Ausdruck der militärischen Macht eines „Volkes" –, heizte die Diskussion unter jenen, die sich zu den Verlierern der Pariser Friedensverträge zählten, noch weiter an.

„Über-" und „Untervölkerung" sind keine meßbaren Größen. Winkler wollte jedoch diese beiden Kategorien an Veränderungen des von wirtschaftlichen Faktoren determinierten „Nahrungsspielraums" messen. Eine solche „Messung" ist nur dann denkbar, wenn man annimmt, daß zwischen Bevölkerung und Wirtschaft ein Gleichgewichtszustand *möglich* sei. Winkler spricht denn auch von „Gleichgewichtsstörungen", die zu den von ihm beobachteten Erscheinungen geführt hätten. Weder Wirtschaft noch Bevölkerung befinden sich jedoch jemals in einem „Gleichgewicht", sondern sie sind selbst jeweils die Summe von dynamischen Prozessen, die stets konjunkturellen Schwankungen bzw. zahlenmäßigen Bewegungen unterworfen sind. Winkler projizierte mit seinem Gleichgewichtsdenken sein eigenes, durch die rapiden sozialen Veränderungen seit dem Weltkrieg ins Wanken geratene Gesellschaftsbild auf die Wirklichkeit des sozialen Wandels. Eine spezifische „Gleichgewichtsstörung" schien den Statistikern der Geburtenrückgang zu sein. Die übersteigerte Furcht vor den Folgen des Rückgangs der westeuropäischen und nordamerikanischen Bevölkerung im Vergleich zu den sich rasch vermehrenden Bevölkerungen der ärmeren Ländern hatte auch die Demographen außerhalb des deutschen Sprachraums erfaßt. So ist es auch erklärbar, daß Winkler mit sei-

---

[465] Vgl. grundlegend zur Kritik des Diskurses um die „Übervölkerung" *Ulrike Schaz / Susanne Heim,* Berechnung und Beschwörung. Überbevölkerung – Kritik einer Debatte. Berlin 1996.

nem Bestreben, den Geburtenrückgang bei den ISI-Kongressen zur Sprache zu bringen, so erfolgreich war.

Was seine Auseinandersetzung mit der „Hochschulüberfüllung" betrifft, die ja eng mit der Diskussion um den Geburtenrückgang zusammenhing, so bleibt unklar, ob unter der „Auslese" zukünftiger Akademiker mehr als eine bloße Evaluierung der potentiellen Hochschüler nach schulischen Leistungskriterien versteht, oder ob etwa eugenische Selektionskriterien hierbei eine Rolle spielen. Er zieht jedoch einen direkten Zusammenhang zwischen relativer Kinderarmut, niedrigem Bildungsstand der Eltern, dem Einfluß liberaler und marxistischer Geistesströmungen und der unerwünscht großen Zahl von Hochschülern.

b) Winklers Positionierung in der deutschsprachigen Statistik

Seit seinem Auftritt bei der Tagung der DStG in Magdeburg (1922) war Winkler seinen deutschen Kollegen als ein nachdrücklicher Befürworter des vermehrten Einsatzes von mathematischen Methoden in der Statistik bekannt. Doch erst mit seinem „Grundriß der Statistik" stieg er neben Burgdörfer, Kuczynski, Mombert und Zahn zum bedeutendsten deutschsprachigen Statistiker auf. Das Lehrbuch war ein Pionierwerk, mit dem er seine in Magdeburg verkündete Lebensaufgabe, eine Synthese zwischen „mathematischer" und „stofflicher" Statistik schaffen zu wollen, erstmals in der Form eines Lehrbuchs für Studierende der Statistik verwirklichen wollte. Mit diesem Anspruch geriet er jedoch in eine Auseinandersetzung mit der einflußreichen Schule der deutschen „sozialwissenschaftlichen" Statistiker.

Ein weiterer Fragenkomplex, der sich im hier behandelten Zusammenhang geradezu aufdrängt, ist Winklers Positionierung in der deutschen Statistik, nachdem 1933 die Nationalsozialisten in Deutschland an die Macht gekommen waren. Die hier bereits erfolgte Andeutung, daß Winkler zumindest in den ersten Jahren der NS-Herrschaft mit der deutschen Familienpolitik sympathisierte,[466] wirft die Frage auf, wie weit seine sozialpolitischen Konzepte mit den von den Nationalsozialisten durchgeführten Maßnahmen auf diesem Gebiet übereinstimmten. Weiters ist danach zu fragen, ob, ab wann und in welchem zeitgeschichtlichen Kontext er sich von der nationalsozialistischen Ideologie im allgemeinen und von der in Deutschland zwischen 1933 und 1938 betriebenen Bevölkerungspolitik öffentlich distanzierte. Diese Frage ist deshalb von großer Relevanz, weil die bisher gepflogene biographische „Geschichtserzählung" den Wiener Statistiker als einen „Gegner" des Nationalsozialismus schlechthin dargestellt hat, ohne kritisch zu untersuchen, ob Winkler vor seiner Entlassung 1938 nicht etwa ein ideologisches Naheverhältnis zu oder gar eine aktive Zusammenarbeit mit den Nationalsozialisten nachgewiesen werden kann.[467] Hier sei grundsätzlich darauf hingewiesen, daß in der

---

466 Vgl. Kap. III. 1 c).

retrospektiven Betrachtung der Geschichte häufig bestehende alternative Wahl-möglichkeiten der zeitgenössischen Akteure ausgeblendet und zugunsten eines die Verwerfungen historischer Um- und Irrwege einebnenden Konzepts der scheinbar geradlinigen „Gegnerschaft" zu einem politischen System verdrängt werden.

Die folgende Analyse wird daher auch versuchen, Winklers Weg zu einem Geg-ner des Nationalsozialismus, der dessen Politik in allen ihren Facetten ablehnte, als prozeßhaft und nicht ohne Widersprüche vor sich gehend darzustellen. Ferner ist zu untersuchen, ob und wie zwischen 1933 und 1938 seine Stellung in der deut-schen Statistik sich veränderte. Ging seiner Entfernung aus allen seinen Ämtern im Jahr 1938 etwa ein Vorspiel voran, das sich in seinem schrittweisen Rückzug (oder auch seiner Verdrängung) aus der deutschen Forschergemeinde äußerte?

Mißlungene Berufungen an deutsche Universitäten

Winklers hoher Bekanntheitsgrad in der deutschen Statistik führte dazu, daß dreimal versucht wurde, ihn an eine deutsche Universität zu berufen. Geradezu sein „Traum" war es, nach Deutschland zu gehen. Doch alle diese Anläufe schei-terten daran, daß er, wie seine Gattin Klara meinte, „nicht mit den Frauen der ent-scheidenden Professoren getanzt" habe.[468]

Erstmals wurde im Jahr 1925 von der Rechts- und Wirtschaftswissenschaft-lichen Fakultät der thüringischen Landesuniversität Jena ein Ruf an Winkler vor-bereitet. Das 1925 erschienene populäre Lehrbuch und seine Artikel im „Handwör-terbuch der Staatswissenschaften" wurden besonders hervorgehoben, als in Jena ein Verfahren zur Besetzung einer neu eingerichteten außerordentlichen Lehrstelle für Statistik eingeleitet und Winkler auf eine Berufungsliste gesetzt wurde. Im „Vorschlagsbericht" wurde er als ein „fruchtbarer, ideenreicher Forscher" gewür-digt, der in methodischen und theoretischen Fragen „ausgezeichnet geschult" sei.[469] Das Anforderungsprofil war auf die Person Winklers zugeschnitten, nannte es doch die Pflege der Theorie der Statistik und der allgemeinen statistischen Methodenlehre als vordringliche Aufgaben einer neuen Lehrkraft. Der an erster Stelle der Berufungsliste genannte Wiener Statistiker wurde nicht nur wegen seiner fachlichen Qualitäten, sondern auch wegen seiner auf Kongressen zum Ausdruck

---

[467] Vgl. beispielsweise *Adolf Adam,* Wilhelm Winkler. Vater der österreichischen Univer-sitätsstatistik – Leben und Wirken, in: Ders. (Hg.) (1984), 11, der Winklers Sturz allein auf seine Ehe mit der als Jüdin verfolgten Klara zurückführt. Das Festhalten an seiner Frau war wohl von entscheidender Bedeutung für Winklers Entlassung, doch war dies nicht der einzige Grund, der dazu führte.

[468] Gespräch mit em.Univ.-Prof. Dr. *Othmar Winkler* vom 19. 01. 2000, Protokoll (wörtl. Zit.).

[469] Universitätsarchiv Jena (UAJ), Besetzung der Stelle eines ao. Prof. für Statistik an der Rechts- und Wirtschaftswissenschaftlichen Fakultät der Universität Jena: Rektor- und Senats-bestand, Vorschlagsbericht vom 20. 02. 1928, Bestand BA Nr. 416, Reg. Nr. 74.

gebrachten Redegewandtheit gelobt. Von dieser hätten „mehrere Mitglieder der Fakultät" (es muß sich um die Jenaer Professoren Ludwig Elster und Johannes Müller gehandelt haben) „wiederholt einen unmittelbaren Eindruck" gewonnen. An zweiter Stelle nannte die Berufungsliste den Leipziger ao. Prof. der Statistik Paul Hermberg (1888–1969). An dritter Stelle wurde der Kieler Wirtschaftswissenschaftler Dr. Gerhard Colm genannt.[470] Hermberg war nach Abschluß des Berufungsverfahrens 1929 jener, der den Vorzug vor Winkler erhielt. Er war 1931 bis zu seiner Versetzung in den Ruhestand 1933 Ordinarius in Jena.[471] Warum Winkler die von ihm offensichtlich angestrebte Stelle nicht erhielt, blieb ihm zeit seines Lebens verborgen.[472]

1927 sollte er Würzburger auf dem Leipziger Lehrstuhl nachfolgen. Laut Sitzungsbericht rühmte dieser besonders „die Vielseitigkeit seiner Produktion".[473] Die Berufungskommission erstellte eine Liste, die vier Statistiker in die engere Wahl zog. Bei zwei Sitzungen am 19. Mai und am 20. Juni 1927 wurden Franz Zizek (Frankfurt) an erster Stelle, Felix Burkhardt (Leipzig) an zweiter, Rudolf Meerwarth (Berlin) an dritter und Wilhelm Winkler an vierter Stelle genannt. Im Protokoll heißt es, letzterer habe sich „zunehmend der mathematischen Richtung zugewandt". Burkhardt wurde bei einer dritten Sitzung am 11. Juli 1927 aus der Liste gestrichen und Winkler dadurch an die dritte Stelle gereiht. Zizek blieb vorläufig als Erstgereihter der Wunschkandidat der Fakultät, obwohl der Besuch eines der Kommissionsmitglieder beim Frankfurter Kolleg ergeben hatte, daß sein Vortrag „mäßig" sei. Zwei Tage später schickte die Kommission ihren Bericht ins Sächsische Ministerium für Volksbildung.[474] Den Lehrstuhl erhielt letztendlich

---

[470] UAJ, Akten zur Besetzung der Stelle eines ao. Prof. für Statistik an der Rechts- und Wirtschaftswissenschaftlichen Fakultät der Universität Jena: Rektor- und Senatsbestand BA Nr. 416 (1925–1928).

[471] Vgl. Die Hochschullehrer der Wirtschaftswissenschaften in der Bundesrepublik einschließlich Westberlin, Österreich und der deutschsprachigen Schweiz. Werdegang und Schriften. Hg. von der Gesellschaft für Wirtschafts- und Sozialwissenschaften / Verein für Socialpolitik gegr. 1872 (Berlin 1966), Hermberg, Paul, 270 f., und *Janssen* (1998), 541 f. Hermbergs Pensionierung erfolgte übrigens im Oktober 1933 auf eigenen Antrag. Danach war er als Regierungsberater in Kolumbien tätig. Dies geschah jedoch nicht etwa – wie von Janssen behauptet – aufgrund einer politischen Emigration, sondern mit Billigung der deutschen Behörden. (Mitteilung des Thüringischen Hauptstaatsarchivs Weimar an den Vf. vom 04. 11. 1999).

[472] UAW, PA Prof. Dr. Wilhelm Winkler, Lebenslauf und Schriftenverzeichnis (Juli 1945). Eine diesbezügliche Anfrage an das Thüringische Hauptstaatsarchiv Weimar erbrachte keine Ergebnisse (ebd., Mitteilung).

[473] Universitätsarchiv Leipzig (UAL), PA Meerwarth, 727, Bl.2, 4, 5, Niederschrift der Sitzung der Berufungskommission vom 20. 06. 1927.

[474] Weiter läßt sich die Überlieferung aufgrund der Quellenlage nicht verfolgen. Die entsprechende Akte des Ministeriums für Volksbildung, in der sich vermutlich eine Begründung für die Auswahl W. Winklers gefunden hätte, bezieht sich nach einer Mitteilung des Sächsischen Hauptstaatsarchivs Dresden an den Vf. vom 08. 10. 1999 nur auf die Jahre 1931–1939. Zur Leipziger Berufungskommission UAL, PA Meerwarth, 727, Bl.2 (wörtl. Zit.), 4, 5 (Mai–Juli 1927).

Meerwarth, nachdem Zizek einen Ruf abgelehnt hatte, mit fünf gegen eine Stimme.[475] Zizek habe im übrigen – so Winkler – gewünscht, daß er sein Nachfolger auf der Frankfurter Lehrkanzel werde.[476]

Ähnlich lobende Worte, wie sie der Leipziger Statistiker Würzburger über Winkler gebraucht hatte, fand auch eine Prager Berufungskommission, als es darum ging, Rauchbergs Nachfolge auf dem statistischen Lehrstuhl der Prager Deutschen Universität zu regeln: „Winkler hat eine ungewöhnlich reiche und vielseitige publizistische Tätigkeit entwickelt."[477] Doch die von seinem alten Lehrer vorangetriebene Berufung scheiterte – wie Winkler vermerkte, „aus begreiflichen Gründen"[478] – am Widerstand des tschechoslowakischen Ministeriums für Schulwesen und Volkskultur. Nach seiner Pensionierung blieb Rauchbergs Lehrstuhl von 1931 bis 1939 vakant. Erst im SS 1939 erfolgte eine Neubesetzung durch R. Schranil.[479]

Allgemein kann gesagt werden, daß der Wiener Statistiker von seinen Fachkollegen als ein Forscher anerkannt war, der viel publizierte und der die praktische und amtliche Statistik in einer Person vereinigte, „was den Kollegen „den Zugang zu [seiner] Denkweise erleichterte und anziehend machte"[480]. Was seine Versuche betraf, Methoden der höheren Mathematik in die Statistik einzuführen, stieß er bei Praktikern wie bei theoretischen Statistikern jedoch noch auf Skepsis.[481] Dies dürfte ein wesentlicher Grund gewesen sein, warum Winkler letztlich keine Chance erhielt, nach Deutschland zu gehen und dort einen statistischen Lehrstuhl zu übernehmen.

---

[475] Mitteilung des UAL v. 01. 09. 1999 an den Vf.

[476] UAW, PA Prof. Dr. Wilhelm Winkler, Lebenslauf und Schriftenverzeichnis (Juli 1945). Nach einer Mitteilung des Archivs der Johann Wolfgang Goethe-Universität Frankfurt am Main v. 12. 10. 1999 an den Vf. gibt es in den d. o. Unterlagen weder Hinweise auf W. Winkler, noch verfügt das Archiv über Nachlässe von F. Zizek oder P. Flaskämper, deren Durchsicht Winklers Behauptung hätte verifizieren können.

[477] AUK, Dekanat der Rechts- und Staatswissenschaftlichen Fakultät der Deutschen Universität Prag / Besetzungsvorschlag für Statistik / D. 7 (1930–1932), Schreiben des Dekans der Rechts- und Staatswissenschaftlichen Fakultät Mayr-Harting an das Ministerium für Schulwesen und Volkskultur in Prag vom 12. 11. 1930.

[478] PNWW, Mein überreich bewegtes Leben, 124.

[479] SÚA, Ministerium für Schulwesen, sign. 4 II 4 I Katedra statistiky, Die Besetzung des Lehrstuhls für Statistik der Rechts- und Staatswissenschaftlichen Fakultät der Deutschen Universität in Prag, 1930–1932, Kt. 1094. Zu letzterem: Mitteilung des AUK an den Vf. vom 12. 05. 2000.

[480] *Schubnell* (1984), 110.

[481] Vgl. z. B. die Besprechungen von *Karl Seutemann* („Statistische Grundpfeiler oder statistische Zwecke?"), JbbNSt 123 (1925), 783–793 und von *Philipp Schwartz*, AStA 23 (1933/34), 264 f. zu Winklers Buch „Statistik".

Die „Frankfurter Schule der sozialwissenschaftlichen Statistik"

Einer der Rezensenten des „Grundrisses der Statistik" war Paul Flaskämper (1886–1979)[482]. Flaskämper hatte Biologie, Philosophie und Sozialwissenschaften in Berlin und München studiert. Nach dem Ersten Weltkrieg wurde er ein Schüler von Franz Zizek, bei dem er sich 1928 habilitierte. Ähnlich wie viele seiner Fachkollegen verband Flaskämper durch seine Tätigkeit als Hochschullehrer und als Leiter des Statistischen Amtes der Stadt Frankfurt am Main praktische mit theoretischer Statistik. Der fachliche Gegensatz zwischen dem Wiener Extraordinarius und seinem Frankfurter Kollegen bestand darin, daß letzterer im Gegensatz zu Winkler der Einführung mathematischer Methoden in die Sozialstatistik skeptisch gegenüberstand und die Eigenständigkeit der „sozialwissenschaftlichen" Statistik gegenüber anderen, von den Naturwissenschaften beeinflußten Richtungen betonte. Für Flaskämper waren Denkweise und Erkenntnisziele der „sozialwissenschaftlichen" Statistik gegenüber den Naturwissenschaften zu unterschiedlich, um die für die Anwendung in den Naturwissenschaften entwickelten statistischen Methoden ohne Abstriche auch in das System der Sozialstatistik und der Demographie zu integrieren. Gemeinsam mit Franz Zizek, dem im wesentlichen in der Tradition Georgs v. Mayr und der historischen Schule der Nationalökonomie stehenden Begründer der „Frankfurter Schule", bildete Flaskämper das Gravitationszentrum der deutschen „sozialwissenschaftlichen" Statistik; 1941 beerbte er seinen Lehrer auf dem Frankfurter Lehrstuhl, den er – ohne entnazifizierungsbedingte Unterbrechung – bis zu seiner Emeritierung 1957 innehatte.

Von Zeitzeugen wird Flaskämper als „einer der großen wissenschaftlichen Gegner" Winklers beschrieben.[483] Diese Gegnerschaft läßt sich auf persönlich-informeller Ebene kaum mehr nachvollziehen, da über gegenseitige Buchbesprechungen und Teilnahmen an den selben Tagungen hinausreichende Kontakte zwischen Flaskämper und Winkler quellenmäßig nicht greifbar sind. Hypothetisch liegt allerdings schon einige Aussagekraft darin, daß Winkler den Frankfurter Kollegen in seinen Lebenserinnerungen mit keinem Wort erwähnt. Nur ein einziges Mal läßt er seine zumindest distanzierte Haltung gegenüber der Person Flaskämpers indirekt durchblicken: Als er sich 1945 um seine Wiedereinstellung als Professor an der Wiener Universität bemühte, fertigte er einen Lebenslauf an, in dem er auf seine in den dreißiger Jahren gescheiterte Berufung nach Frankfurt zu sprechen kam und mittelbar den Nationalsozialisten die Schuld gab, daß er damals nicht zum Zug gekommen war. Als nämlich der Lehrstuhlinhaber starb, „waren bereits die Nationalsozialisten an der Macht und setzten ihren Parteigenossen Flaskämper [sic!] als Zizeks Nachfolger ein". Tatsächlich war Flaskämper seit März 1933 Mitglied der NSDAP.[484] In einigen Aussagen des Frankfurter Ordinarius läßt sich eine Affinität

---

482 Vgl. zu Flaskämpers Lebenslauf *Adolf Blind*, Paul Flaskämper 80 Jahre alt, in: AStA 50 (1966), 210–212, und *Heinz Grohmann*, Paul Flaskämper †, in: AStA 63 (1979), 401–404. Vgl. auch Kap. III. 1. a).

483 Gespräch mit Univ.-Prof. Dr. *Gerhart Bruckmann* vom 17. 06. 1999, Protokoll.

zu nationalsozialistischen Ideologemen nachweisen: So trat Flaskämper z. B. für das rassistische und eugenische Paradigma der nationalsozialistischen Bevölkerungspolitik ein.[485]

Daß Winkler ein *grundsätzlicher* Gegner der Frankfurter „sozialwissenschaftlichen" Statistik gewesen sei, wäre eine Aussage, die sich so undifferenziert nicht aufrechterhalten ließe. Er trat freilich für ein Hinausgehen über die rein logisch-philosophische Theoriebildung auf dem Gebiet der Statistik ein, wie sie vom Kreis um das Schuloberhaupt Franz Zizek und Paul Flaskämper maßgeblich betrieben wurde. Persönlich verbanden ihn zu Zizek gute Beziehungen. Winkler berichtet, daß dieser noch zu Lebzeiten (er starb 1938) den Wunsch geäußert habe, er möge sein Nachfolger auf dem Frankfurter Lehrstuhl für Statistik werden.[486] Als er sich 1928 um den Posten eines Abteilungsleiters am Internationalen Arbeitsamt in Genf bewarb, ließ er sich von Zizek (neben Breisky und Weyr) ein Zeugnis ausstellen. Darin wurde er als ein Theoretiker charakterisiert, der „an einer der allerersten Stellen überhaupt" stand. Zizek hob Winklers Eigenschaft, statistische Theorie und Praxis miteinander zu verbinden, besonders hervor.[487] Außer dem Umstand, daß der Frankfurter Ordinarius in der Auseinandersetzung mit der statistischen Begriffsbildung der mathematisch fundierten Wahrscheinlichkeitstheorie so gut wie keine Beachtung schenkte, gab es weitere Unterschiede: So spricht Winkler von der „Gleichartigkeit" der statistischen Massen, während Zizek die „Gleichartigkeit" auf die methodisch-formale Übereinstimmung und den Begriff der „Homogenität" (griech. „Gleichartigkeit") allein auf das statistische Verursachungsprinzip angewendet wissen will.[488]

---

484 UAW, PA Prof. Dr. Wilhelm Winkler, Lebenslauf und Schriftenverzeichnis (Juli 1945), 2; vgl. zu Flaskämper *Wietog* (2001), 99.

485 *Paul Flaskämper,* Einige Forderungen an die Bevölkerungsstatistik vom Standpunkte der Bevölkerungspolitik, in: Hans Harmsen / Franz Lohse (Hg.), Bevölkerungsfragen. Bericht des Internationalen Kongresses für Bevölkerungswissenschaft. Berlin, 26. 8. – 01. 09. 1935. München 1936, 414 – 417.

486 UAW, PA Prof. Dr. Wilhelm Winkler, Lebenslauf und Schriftenverzeichnis (Juli 1945), 2. Ob und wann Zizek nicht doch Flaskämper zu seinem Nachfolger machen wollte und warum es nach seinem Tod zu der offenbar dreijährigen Vakanz des Lehrstuhls (Flaskämper trat sein Amt erst 1941 an) kam, kann hier nicht geklärt werden.

487 Ebd., Utterances about Prof. Wilhelm Winklers scientific work. „[. . .] So ist Winkler imstande, Theorie und Praxis zu vereinigen, d. h. mit Hilfe seines theoretischen Wissens und Verständnisses die Behandlung der Einzelzweige und Einzelprobleme der Statistik auf ein höheres Niveau zu heben, und andererseits aus der Behandlung der praktischen Fragen neue Anregungen für den weiteren Ausbau der Theorie zu schöpfen [. . .]".

488 Vgl. *Franz Zizek,* Gleichartigkeit, Homogenität und Gleichwertigkeit in der Statistik, in: AStA 18 (1928 / 29), 296. Hier sei übrigens darauf hingewiesen, daß Winkler danach strebte, die Verwendung von Fremdwörtern, gleichgültig welcher sprachlichen Herkunft, in seinen Schriften zugunsten möglichst exakter deutscher Entsprechungen auszuschalten. Diese sprachpuristische Haltung war ein Grund dafür, daß viele Winklerschen Begriffsprägungen (z. B. die „Wesensform" für „das Verteilungsgesetz einer zufälligen Variablen" – vgl. WW-1936-04, 54) nicht in die Terminologie der mathematischen Statistik Eingang fanden.

Die 1936 zu Zizeks sechzigstem Geburtstag von Flaskämper und Adolf Blind herausgegebene Festschrift „Beiträge zur deutschen Statistik" wurde von achtzehn Statistikern aus Ämtern und Universitäten dargebracht, die alle in einer mehr oder weniger engen persönlichen Beziehung zum Jubilar standen. In Flaskämpers und Blinds Laudatio wurde Zizek als eine Gelehrtenpersönlichkeit gewürdigt, die Theorie und Praxis in einem geschlossenen System vereinigt habe.[489] Winkler schrieb für die Festschrift einen Beitrag über „Die Wesensform als systembildender Unterscheidungsgrund?". Darin hält er fest, daß hinsichtlich der wahrscheinlichkeitstheoretischen Grundlegung des Gesetzes der großen Zahl durch die statistische Wissenschaft aller Länder eigentlich nur gradmäßige, jedoch keine wesensmäßigen Unterschiede vorlägen. Dennoch ließen sich drei Gruppen von Statistikern unterscheiden, die das Gesetz der großen Zahl in seiner Bedeutung jeweils verschieden einschätzten: Zur ersten Gruppe, die das Herzstück der statistischen Theorie in der wahrscheinlichkeitstheoretischen („stochastischen") Auffassung des genannten Gesetzes erblickten, zählt Winkler v. Bortkiewicz, Chuprov und sich selbst. Zu dieser Gruppe gehörten auch die angelsächsischen Statistiker (Pearson, Yule u. a.), die sich Fragen der Stichprobenentnahme widmeten. Zu einer zweiten Gruppe von Statistikern rechnet er alle diejenigen (darunter v. Mayr, Zizek u. a.), die die wahrscheinlichkeitstheoretische Begründung des für sein Lehrgebäude zentralen Gesetzes zwar anerkennen, sich jedoch in ihren Schriften kaum damit befassen. Eine dritte und letzte Gruppe sucht für das Gesetz der großen Zahl eine andere als die wahrscheinlichkeitstheoretische Erklärung (z. B. Mortara, H. Wolff).[490]

Es verwundert nicht, daß Winkler in einer Festschrift, die dem damaligen Doyen der „sozialwissenschaftlichen" Statistik gewidmet war, allein schon aus Gründen der Höflichkeit in bezug auf die große Streitfrage innerhalb der deutschen Statistik vergleichsweise sanfte Töne anschlug. Immerhin war seine Idee der Synthese nicht auf Konfrontation, sondern auf einen Ausgleich zwischen zwei Strömungen angelegt, der für die Weiterentwicklung von Theorie und Methodik der Gesellschaftsstatistik fruchtbar sein sollte. Sein theoretischer Standpunkt, der die zentrale Bedeutung des Gesetzes der großen Zahl herausstrich, wurde von Flaskämper zwar bekämpft,[491] doch insgesamt waren die Unterschiede doch nicht so groß, daß sie per se eine unüberwindbare Hürde zwischen den beiden Gelehrten dargestellt hätten. Flaskämper trat selbst zumindest verbal für die „Übernahme der Grundzüge der mathematischen Statistik" ein.[492] Sein Nachschlagebuch „Allgemeine Statistik" und seine „Theorie der Indexzahlen", wurden von Winkler mit Zustimmung aufgenommen, obwohl Flaskämpers letztere Arbeit eine Streitschrift gegen den

---

[489] Beiträge zur deutschen Statistik. Festgabe für Franz Zizek. Hg. v. Paul Flaskämper / Adolf Blind. Leipzig 1936, IV. Die Autoren der Festschrift waren neben den Herausgebern u. a. Burkhardt, Grävell, Morgenroth, J. Müller, Seutemann, Winkler und Zahn.

[490] Vgl. WW-1936-04, bes. 54 f., 56, 58 f.

[491] Vgl. *Paul Flaskämper*, Das Problem der „Gleichartigkeit" in der Statistik, in: AStA 19 (1929), 232.

[492] *Flaskämper* (1935 / 36), 477.

von Winkler verehrten Irving Fisher war.[493] In umgekehrter Richtung war es – siehe oben – ganz ähnlich. Die „Schärfe" der Auseinandersetzungen zwischen Winkler und Flaskämper lag „mehr in den persönlichen und polemischen Äußerungen". Nach Heinz Grohmann, der in dem Konflikt auch eine Nachwirkung des Methodenstreits zwischen Schmoller und Menger vermutet, war vielleicht auch das Mißlingen der Bemühungen Winklers um die Nachfolge Zizeks der Anlaß für spätere „Schärfen" und „Abneigungen".[494]

Bei allen Bestrebungen, die „Gesellschaftsstatistik" (in seiner Terminologie die engere Demographie mit umfassend) nach angelsächsischem Vorbild zu mathematisieren, war Winkler – jedenfalls im Vergleich zum Stand der heutigen statistischen Wissenschaft – doch selbst der Tradition der stofflich-enzyklopädischen Statistik verhaftet,[495] auch wenn er seine Karriere in Deutschland – sofern man ihre anfänglichen äußeren Umstände als Ausdruck eines Generationenkonflikts verstehen will – als junger, mathematisch engagierter „David" gegen den „Goliath" der stofflich-logischen Statistiker Georg v. Mayr begonnen hatte.

Winkler, die deutsche Bevölkerungswissenschaft und Bevölkerungspolitik bis 1938

Friedrich Burgdörfer war der von Winkler in den dreißiger Jahren am häufigsten zitierte deutsche Statistiker. Burgdörfers weit verbreitete Berechnungsmethode der „bereinigten Lebensbilanz" wurde vom Wiener Extraordinarius mehrfach für Österreich angewandt. Burgdörfer, der ähnlich wie Winkler eine Doppelstellung als Volkszählungsreferent im StRA (1929–1939) und als Hochschullehrer innehatte, bot sich mit seinen Werken über die deutsche Bevölkerungsentwicklung nicht nur seinem österreichischen Kollegen geradezu als Zitationsquelle an. Auf seine exponierte Stellung in der nationalsozialistischen Bevölkerungspolitik wie in der deutschen Demographie der damaligen Zeit braucht hier nur ganz allgemein hingewiesen zu werden. Die Publikationen Burgdörfers hatten für Winkler insofern Vorbildcharakter, als sie Ursachen, Verbreitung und befürchtete Auswirkungen des Geburtenrückgangs erstmals in das System eines sozialbiologisch determinierten Konzepts stellten. Winkler, der mit seinem Berliner Kollegen auf amtlicher Ebene, in der DStG und im ISI wiederholt zusammentraf und mit ihm auch zusammenarbeitete, beurteilte dessen Werke jedoch nicht immer unkritisch. Seine Terminologie war im Vergleich zu Burgdörfer relativ gemäßigt, und auch die von ihm veröffentlichten Graphiken waren in der Regel weniger suggestiv, als dies bei Burg-

---

493 Bespr. von *W. Winkler* zu Paul Flaskämper, Theorie der Indexzahlen. Beitrag zur Logik des statistischen Vergleichs. Abteilung I, Heft 7. Berlin / Leipzig 1928, ZsStw 88 (1930), 652–655; Bespr. von *W. Winkler* zu Paul Flaskämper, Statistik. Teil I. Allgemeine Statistik. Halberstadt 1930, SchJb 55 / 1 (1931), 166 f.; die „Theorie der Indexzahlen" war Flaskämpers Habilitationsschrift (vgl. *Grohmann*, 2000, 671).

494 Mitteilung von em. Univ.-Prof. Dr. *Heinz Grohmann* an den Vf. vom 13. 12. 2000.

495 Vgl. Gespräch mit Univ.-Prof. Dr. *Erich Streißler* vom 11. 10. 1999, Protokoll.

dörfer häufig der Fall war, und mehr an der Darstellung von Fakten orientiert. Die Verwendung des Begriffs „Vergreisung" schon für die angebliche „Überbesetzung" der mittleren Alter lehnte er ebenso nachdrücklich ab wie die Herstellung einer kausalen Beziehung zwischen einer angeblich „streberischen" Gesinnung potentieller Elternpaare und dem Geburtenrückgang. Winkler befürchtete zwar wie Burgdörfer eine „biologische Verschlechterung" der Kinder als langfristiges Resultat des Geburtenrückgangs, doch zog er daraus keine wie auch immer gearteten bevölkerungspolitischen Konsequenzen.[496]

Die von ihm selbst noch 1935 angewandte Burgdörfersche Berechnungsmethode der „bereinigten Lebensbilanz" verwarf er in einer spektakulären Kehrtwendung in seinem 1938 in der ISI-Zeitschrift veröffentlichten Aufsatz über die Maße des „natürlichen" Bevölkerungswachstums. Die von Robert R. Kuczynski (1876–1947), einem vom NS-Regime aus Amt und Würden entfernten Demographen jüdischer Herkunft, entwickelte „reine ungewogene Reproduktionsziffer" nahm er dagegen wohlwollend zur Kenntnis. Winkler beteiligte sich nicht an dem Boykott der Schriften seiner jüdischen Kollegen und kennzeichnete auch ihre Schriften nicht besonders. Er selbst wurde in Deutschland auch nach dem politischen Systembruch von 1933 zitiert.[497]

Winklers bis 1938 (und auch darüber hinaus) weiterbestehende Kontakte zur deutschen Statistik und zu deutschen Verlagen äußerten sich in seinen Beiträgen zu Fachzeitschriften, die in Deutschland erschienen. Dagegen nahm er schon seit 1931 nicht mehr an den Jahrestagungen der DStG teil.[498] Die Frage, warum er sich zwischen 1931 und 1938 nicht mehr an diesen für ihn einst so wichtigen Veranstaltungen beteiligte, kann hier nicht eindeutig geklärt werden. Von etwaigen anderen beruflichen Verpflichtungen scheint er von der Teilnahme nicht abgehalten worden zu sein.[499] – Die Tatsache, daß Friedrich Zahn und „große Teile der Gesellschaft voll auf die Linie des Dritten Reiches eingeschwenkt waren"[500] und eine daraus abgeleitete These, daß Winkler als Kritiker des Nationalsozialismus dadurch von

---

[496] Vgl. *Burgdörfer* (1938), z. B. 70, 112. Die eben vorgenommene Differenzierung zwischen Winkler und Burgdörfer bedeutet keineswegs, daß die beiden Statistiker grundsätzlich verschiedene Positionen bezogen hätten. Der Unterschied scheint mir vor allem darin zu liegen, daß Burgdörfer einer der Wortführer auch der eugenischen Bewegung war, während Winkler in seinem Selbstverständnis Demograph im engeren Sinn blieb, der der Eugenik zwar wohlwollend gegenüberstand, sie aber nur als Randbereich seiner eigenen, als exakte Bevölkerungsstatistik aufgefaßten Wissenschaft begriff.

[497] Vgl. Kap. III. 3. b), „Winklers Stellung in den Sozial- und Wirtschaftswissenschaften".

[498] Vgl. die Anwesenheitslisten der Tagungen, die im AStA abgedruckt sind: Archiv Bde. 21 (1931), 379; 22 (1933/34), 216; 24 (1934/35), 288; 25 (1935/36), 196; 26 (1936/37), 189; 27 (1937/38), 175; 28 (1939), 212.

[499] Möglicherweise spielten die Reiseerschwernisse, die Deutschland und Österreich für Bürger des jeweiligen Nachbarstaates seit 1933 eingeführt hatten, eine entscheidende Rolle dafür, daß Winkler die Veranstaltungen der DStG nicht mehr besuchte.

[500] *Horst Rinne,* 100 Jahre Allgemeines Statistisches Archiv. Rückblick, Biographien und Generalregister. Göttingen 1991, 20.

seiner wissenschaftlichen Tätigkeit im Kreis seiner deutschen Kollegen abgehalten worden wäre, ist als Erklärungsmuster jedenfalls nicht ausreichend. Die deutsche Statistik wurde nicht „schlagartig" mit der Machtübernahme der braunen Partei nazifiziert. Wie weit jedoch die Indienstnahme der deutschen Universitäts- und amtlichen Statistiker durch den NS-Staat, ja ihre aktive Teilnahme am national-sozialistischen Vernichtungsprogramm ging, ist bislang noch nicht abschließend untersucht worden.[501]

Mehr läßt sich hingegen über die ideologische Ausrichtung der Zeitschrift *Schönere Zukunft* sagen.[502] Daß Winkler für diese mit der NS-Politik sympathisierende Zeitschrift so viele Artikel verfaßte, gleichzeitig aber mindestens einmal öffentlich gegen den deutschen Nationalsozialismus Stellung bezog, verweist möglicherweise auf den unauflösbaren Gewissenskonflikt, in dem viele Angehörige des katholisch-nationalen Kreises standen:

Einerseits fühlten sie sich wider Willen in eine Abwehrhaltung gedrängt, die ihnen durch die Monopolisierung des Deutschnationalismus wie des Staatsgebildes „Deutsches Reich" durch die Hitlerbewegung oktroyiert worden war. Indem sie der Idee eines „Zusammenschlusses" mit Deutschland vorläufig abschworen und das Gegenmodell eines „besseren deutschen Staates" Österreich schufen, entfernten sie sich wenigstens in ideologischen Teilbereichen deutlich von der NS-Bewegung. So wandte sich Winkler bei einem Vortrag in der *Südmark* gegen die Lehre und Praxis des Nationalsozialismus, indem er diesen „1. bezgl. ‚übertriebener' Anforderungen an [die] Blutsgemeinschaft, 2. bezgl. feindlicher Einstellung gegen die christliche Lehre" angriff.[503] Damit lehnte er zwar nicht grundsätzlich „Anforderungen" an die „Blutsgemeinschaft" ab. Immerhin fiel diese Aussage jedoch in der *Südmark*, deren Funktionäre teilweise Sympathisanten der NS-Bewegung waren. Antinationalsozialistisch war Winklers 1935 in der LG gemachte Behauptung, daß der Geburtenrückgang nach anfänglicher Umkehr 1933/34 wieder aufgetreten sei.[504] Und als eindeutig antinationalsozialistisch konnten auch Meinungen gewertet werden, die er bei seinem Prager Vortrag 1936 äußerte. In dem Vortrag setzte er zu seinem Gedanken der langfristigen „Überfremdung" Österreichs als Folge des Geburtenrückgangs insofern einen deutlichen Kontrapunkt, indem er auf seine positiven Erfahrungen im Umgang mit Angehörigen zahlreicher Nationen, darunter auch Farbige, hinwies.[505] Eine wesentliche Rolle seiner dabei auch gegenüber

---

[501] Licht in diese Frage bringt jedoch die jüngst erschienene Studie von *Wietog* (2001).

[502] Vgl. Kap. III. 1. c).

[503] ÖSTA, AdR, Gauakt Dr. Wilhelm Winkler, Politische Beurteilung des Dr. Wilhelm Winkler (1938). Mein Versuch, eine gedruckte Fassung von dem Vortrag zu finden, blieb leider erfolglos. Erschwert wurde die Recherche dadurch, daß A. Marchet, der Verfasser der „Politischen Beurteilung", keine Angaben über den Zeitpunkt gab, zu dem Winkler den genannten Vortrag hielt. In Frage kämen wohl die Jahre, die dem Beschluß der „Nürnberger Rassengesetze" folgten (1935 ff.).

[504] Vgl. Kap. III. 1. c).

[505] Vgl. WW-1936-01, 30 f.

den Tschechen geäußerten versöhnlichen Töne dürfte der Umstand gespielt haben, daß er diese Ausführungen gerade in seiner Heimatstadt Prag machte. Es ist nicht ausgeschlossen, daß er im Laufe der Zeit eine gegenüber anderen Nationen tolerantere Gesinnung entwickelte, kam er doch auf seinen zahlreichen Reisen mit vielen Kulturen in Berührung.

Andererseits billigten viele Katholisch-Nationale manche politischen Maßnahmen der deutschen Regierung. So blickten viele, anfangs auch Winkler, neidvoll auf vorgebliche Erfolge der neuen nationalsozialistischen Regierung etwa im Bereich der Sozialpolitik. Die in seinen Artikeln in der *Schöneren Zukunft* verwendete Terminologie und seine Haltung gegenüber der Bevölkerungspolitik, die von Österreichs großen nördlichen und südlichen Nachbarstaaten praktiziert wurde, verweist in deutlicher Weise auf den Einfluß der in Deutschland betriebenen Sozialpolitik. Wenngleich die Argumentationsfiguren des Wiener Statistikers weitgehend seiner bereits jahrelang gepflogenen Richtung treu blieben und seine sozialpolitischen Vorschläge eine gemäßigte Tendenz aufwiesen, ist doch gegenüber seinen früheren, auch populärwissenschaftlichen Darstellungen eine Zunahme von Begriffen und Gedankengut aus den Bereichen der Sozialhygiene-Eugenik und der Rassenideologie festzustellen.[506]

Ideologeme aus dem Bereich der Eugenik traten dabei gegenüber Denkmustern, die aus dem Dunstkreis der Sozialhygiene stammten, stärker hervor. Dennoch kann Winkler eine durchaus differenzierte Haltung zugestanden werden, wenn er es sogar wagte, in der *Schöneren Zukunft* die Finanzierungsgrundlagen der deutschen Familienpolitik anzuzweifeln und seine eigenen Ideen zur Familienbesteuerung vorzulegen. Diese beruhten im Gegensatz zum deutschen Modell nicht auf einer rassischen Diskriminierung bestimmter Bevölkerungsgruppen. Dies änderte jedoch nichts an seiner grundsätzlichen Überzeugung von der Zweckmäßigkeit und dem binnen kurzer Zeit tatsächlich erreichten Erfolg der in Deutschland eingeführten Maßnahmen. Seine Meinung, daß die Kinderaufzucht nicht mehr eine „Privatangelegenheit" sei, sondern als „eine Angelegenheit des öffentlichen Interesses"[507] entsprechende staatliche Maßnahmen rechtfertige, war besonders in deutschen regimenahen Kreisen verbreitet. Das Angebot des „Ehestandsdarlehens", auf das er sich in seinen Artikeln ausdrücklich bezog, schien, seit es 1933 eingeführt worden war, tatsächlich von der Bevölkerung angenommen zu werden: Die Geburtenrate stieg seit 1932 um mehr als fünf Punkte auf 20,40‰ im Jahr 1939. Dieser Anstieg war jedoch weniger auf einen durchschlagenden Erfolg der Goebbelsschen Propagandamaschinerie zurückzuführen denn auf den Umstand, daß in dem genannten Zeitraum mehr Ehen als früher geschlossen wurden. Das Aufschwungver-

---

[506] Vgl. WW-1936-09, 1004 (Völker werden hier sinngemäß als „lebende" Organismen bezeichnet); WW-1936-08, 763 (hier ist die Rede von der „germanischen Rasse", die durch den Geburtenrückgang bedroht sei); WW-1938-02, 594. (Mit dem Geburtenrückgang sei, da er seinen Ausgang von höheren Schichten nehme, mit dem Rückgang der „Begabungen" der kulturelle Verfall eines Volkes verbunden.)

[507] WW-1937-09, 31.

sprechen der Nationalsozialisten, zurückgehende Arbeitslosenzahlen und der An-
reiz, durch das Darlehen bereits bestehende Liebesbeziehungen zu legitimieren, erhöhten kurzfristig die Heiratsquote. Die Entwicklung zu immer kleineren Haushal-
ten und zur Zwei-Kinderfamilie ließ sich jedoch nicht aufhalten: 1940 kamen auf
jede Ehe nur noch durchschnittlich 1,80 Kinder.[508]

Wenn aus dem oben Angeführten klar hervorgeht, daß Winklers Haltung zur nationalsozialistischen Bevölkerungspolitik, soweit sie die materielle Förderung von
Ehepaaren und Familien betraf, auch unter Einschluß rassischer und eugenischer
Elemente, als sympathisierend einzuschätzen ist, so bleibt vorderhand doch ungeklärt, ab wann und aufgrund welcher Interessenslagen er sich zu einem Gegner
zumindest von Teilbereichen dieser Politik entwickelte. Entscheidend scheinen in
dieser Hinsicht die am 15. September 1935 verlautbarten Nürnberger Rassengesetze gewesen zu sein,[509] die u. a. Eheschließungen zwischen Juden und
„Deutschblütigen" verboten.[510] Winkler war offenbar klar, daß diese Bestimmung,
angewandt auf sein eigenes Privatleben, den Zusammenhalt seiner Familie wenigstens schwer beeinträchtigen würde, wie es dann seit 1938 tatsächlich geschah.
Wahrscheinlich ist seine oben zitierte Stellungnahme gegen „übertriebene" Forderungen an die „Blutsgemeinschaft" auch vorwiegend auf dem Hintergrund seiner
persönlichen Betroffenheit zu verstehen. Ein weiterer Grund, der ihn – so sein
Sohn Berthold – zu einem „Hasser von Hitler" werden ließ, waren die Reden des
„Führers", in denen dieser von dem angeblich während seiner Herrschaft erreichten großen wirtschaftlichen Fortschritt sprach, ohne die einem solchen zugrunde
liegenden Daten wirklich sichtbar zu machen. Genau das mißfiel jedoch Winkler
als Statistiker zutiefst.[511]

Wenn hier versucht wurde zu beantworten, wie Winkler die deutsche Bevölkerungswissenschaft 1933 – 1938 erlebte und bewertete, so ist auch die umgekehrte
Fragestellung lohnend, wie er von den nationalsozialistischen bzw. dem herrschenden Regime nahestehenden Volkstumsforschern eingeschätzt wurde: Aus Winklers
„Gauakt" geht etwa hervor, daß er im „nationalen Lager" gestanden sei, jedoch
1935 „seine Einstellung" geändert habe.[512] Das heißt in anderen Worten: Vom
Standpunkt der Nationalsozialisten galt er als ein „Abtrünniger", der unter Umständen bis 1933/35 in ihre Bewegung integrierbar gewesen wäre, obwohl er die
NS-Bewegung innerlich schon längst ablehnte. Zum offiziell Geächteten, der von

[508] Vgl. *Benz/Graml/Weiß* (Hg.) (1998), 224–229. Die zuletzt genannte Zahl wurde in
Österreich bekanntlich bereits 1934 erreicht. Vgl. dazu auch *Heidrun Kaupen-Haas,* Die
Bevölkerungsplaner im Sachverständigenbeirat für Bevölkerungs- und Rassenpolitik, in:
Dies. (Hg.) (1986), 103–119.

[509] Vgl. ÖSTA, AdR, Gauakt Dr. Wilhelm Winkler, Internes Schreiben der NSDAP, Amt
für Beamte, an die Gauleitung Wien, Gaupersonalamt, vom 14. 11. 1941, Zl. Pol.B./1916.

[510] Vgl. zu den Nürnberger Rassengesetzen *Benz/Graml/Weiß* (Hg.) (1998), 620.

[511] Gespräch mit Dkfm. *Berthold Winkler* vom 27. 07. 1999, Protokoll.

[512] ÖSTA, AdR, Gauakt Dr. Wilhelm Winkler, Internes Schreiben der NSDAP an die Gauleitung Wien vom 14. 11. 1941, Zl. Pol.B./1916.

Staat und Partei verfolgt wurde, wurde er erst zu dem Zeitpunkt, als er trotz eines diesbezüglichen Vorstoßes des Gaudozentenbundsführers sich weigerte, sich von seiner Frau scheiden zu lassen. Das war einige Monate nach dem „Anschluß" Österreichs an das Deutsche Reich.

Warum die Werke des Wiener Extraordinarius in Deutschland nach 1933 weniger Beachtung fanden, läßt sich auch damit erklären, daß die von Winkler und Würzburger betriebene Spielart der Nationalitätenstatistik, die auf dem Merkmal der „Sprache" aufbaute, sukzessive von der Erfassung und schlußendlichen „Selektion" der Bevölkerung nach rassischen Kriterien verdrängt wurde. Die „Volksforscher" der NS-Zeit betrachteten Winkler gleichwohl als einen wichtigen Vorläufer ihrer Forschungsrichtung. Seine bevölkerungsstatistische Konzeption schätzten sie jedoch als überwunden ein. Das vom Wiener Statistiker gesammelte Datenmaterial und sein von ihm akkumuliertes theoretisches Fachwissen waren dennoch weiterhin gefragt: Das noch vor der Machtübernahme der Nationalsozialisten in Deutschland konzipierte, unter Winklers Mitwirkung erstellte und ab 1933 erschienene, nur bis zum Buchstaben „M" gelangende „Handwörterbuch des Grenz- und Auslanddeutschtums" baute auch auf den von ihm gewonnenen Daten auf. Die beiden Handbuchartikel von G. Ipsen („Bevölkerungslehre") und von H. Haufe, H. Harmsen und Werner Essen („Bevölkerungszahlen") zitierten beide Winklers Nationalitätenhandbücher. Der Artikel „Bevölkerungszahlen" beruht im wesentlichen auf Daten aus amtlichen Statistiken, kirchlichen Erhebungen und Burgdörfers Schriften über den Geburtenrückgang.[513] Einer der genannten Autoren, Helmut Haufe (1906–1943), war Bevölkerungssoziologe und Volkstumshistoriker. Haufe habilitierte sich 1936 bei Ipsen mit einer Arbeit über „Die Bevölkerung Europas. Stadt und Land im 19. Jahrhundert". Darin griff er auf die Arbeiten Rudolf Heberles, Winklers, Momberts und Eugen Kulischers zurück.[514] Burgdörfer bezog sich in „Volk ohne Jugend" auf Winklers deutschtumsstatistisches Handbuch und zitierte einige darin enthaltene Daten, wobei er 1938 die Gesamtzahl der Deutschen in der Welt nicht mehr mit 94,40 Mio., wie Winkler für 1925 angenommen hatte, sondern mit 98 Mio. angab.[515]

Hans Harmsen galt das Handwörterbuch als ein „volksdeutsches Erziehungswerk", das „einen wesentlichen Fortschritt über Winklers ‚Statistisches Handbuch des gesamten Deutschtums' hinaus" bedeuten sollte. Hermann Aubin hob zehn Jahre nach dem Erscheinen von Winklers Handbuch die Leistung des Wiener

---

[513] *Gunther Ipsen,* Bevölkerungslehre, in: Handwörterbuch des Grenz- und Auslanddeutschtums. Bd. 1 (Breslau 1933), 463; *Helmut Haufe / Hans Harmsen / W.[erner] Essen,* Bevölkerungszahlen, in: Handwörterbuch des Grenz- und Auslanddeutschtums. Bd. 1. Breslau 1933, 425–463, hier 463; 463–474. Von den drei Autoren des zuletzt genannten Artikels zitiert Harmsen aus Winklers Arbeiten – Belegstellen: 470, 471, 472.

[514] *vom Brocke* (1998), 84; zur Rezeption Winklers vgl. *Helmut Haufe,* Die Bevölkerung Europas. Stadt und Land im 19. und 20. Jahrhundert. Berlin 1936, 95, 117; zu Haufe vgl. *vom Brocke* (1998), 423.

[515] *Burgdörfer* (1932) [Neuaufl. 1938], 414; WW-1927-02, 25.

Demographen hervor, den Stoff der „Volksforschung" „gesammelt, gesichtet und bereitgestellt" zu haben. Er bemängelte jedoch, daß das Werk die „wechselnden Grundsätze" bei der Entstehung der Quellen nicht deutlich sichtbar werden lasse. Den selben Vorwurf richtete 1937 Hans Joachim Beyer allgemein an die Minderheitenstatistik und ergänzte, diese habe durch ihre „sprachlich-kulturelle" und „statisch-ungeschichtliche" Betrachtungsweise des Auslanddeutschtums die „biologische" Dynamik des „Volkslebens" vernachlässigt. Die Statistik sei jedoch „immer nur in Verbindung mit der Bevölkerungswissenschaft" bedeutsam.[516]

Tätigkeit in den „Volksdeutschen Forschungsgemeinschaften"

Die Leipziger SVKF bot Winkler Anfang der dreißiger Jahre weiterhin ein wissenschaftliches Betätigungsfeld. Die Stiftung gab in vier Jahrgängen ab 1930 ein eigenes, die Tagungen ergänzendes Organ namens *Deutsche Hefte für Volks- und Kulturbodenforschung* heraus, das zuerst von Volz und Hans Schwalm redigiert wurde und 1934 unter der Leitung von Gunther Ipsen in *Deutsche Hefte für Volksforschung* umbenannt wurde.[517] Winkler veröffentlichte unter dem Titel „Chronik der Deutschtumsstatistik" von 1930 bis einschließlich 1933 eine Serie von zehn Aufsätzen, in denen er die Nationalitätenergebnisse der letzten, meist um 1930 durchgeführten und in seinem „Statistischen Handbuch des gesamten Deutschtums" nicht mehr behandelten Volkszählungen verarbeitete. Kritisch geht er auf die nach seiner Meinung teils bewußt von den statistischen Verwaltungen in die Fragestellungen eingeführten Fehlerquellen ein und verweist hierbei besonders auf die Volkszählungen in Elsaß-Lothringen (1926) und die memelländische Volkszählung (1925), für die er die Schaffung einer eigenen „memelländischen" Nationalität als schweren Erhebungsfehler kritisiert.[518]

Die natürliche Bevölkerungsbewegung der Deutschen bleibt nach Winkler gegenüber den andersnationalen Nachbarvölkern zumal Ost- und Südosteuropas meist zurück. Als Ursache für diese Entwicklung diskutiert er jedoch nicht den meist im Vergleich zu ihrer Umgebung höheren Verstädterungsgrad und die damit verbundene andere Lebensweise der deutschen Minderheiten. Vielmehr sieht er in ihr bloß „ein Zeichen schwacher Lebenskraft" der Deutschen. Ab dem siebten Artikel der Serie führt Winkler die „Statistik der Wanderungen des deutschen Volkes"

[516] *Hans Harmsen,* Handwörterbuch des Grenz- und Auslanddeutschtums, in: Archiv für Bevölkerungswissenschaft und Bevölkerungspolitik 5 (1935), 302; 306; *Hermann Aubin,* Zur Erforschung der deutschen Ostbewegung, in: Deutsches Archiv für Landes- und Volksforschung 1 (1937), 313; *H.[ans] J.[oachim] Beyer,* Zur Einführung, in: Auslandsddeutsche Volksforschung 1 (1937), 5–7.

[517] Von den 66 Mitarbeitern der Zeitschrift, die im ersten Jahrgang namentlich genannt wurden, kamen elf aus Österreich: W. Bauer, A. Helbok, H. Hirsch, K. Lamp, J. Matl, O. Maull, H. Pirchegger, O. Stolz, W. Winkler, H. Wopfner und M. Wutte. Vgl. auch *Fahlbusch* (1994), 126 f.

[518] Vgl. WW-1931-03, 315 ff. (I); 381 (II).

vor. Bei der Betrachtung des Migrationsverhaltens ist Winkler wie bei der Statistik der Geburtlichkeit und der Sterblichkeit dem Paradigma verpflichtet, welches seinen methodischen Zugang im allgemeinen kennzeichnet: die distinktive Abgrenzung gegenüber den andersnationalen Nachbarvölkern. – Erst der direkte Vergleich lasse die Bevölkerungsentwicklung der Deutschsprachigen in ihrem besonderen Licht erscheinen. Die Ergebnisse der deutschen Wanderungsstatistik erweisen analog zur Geburtenstatistik, daß die deutschen Volksgruppen verstärkt aus ihren Siedlungsgebieten abwandern. – Der Komplexität des Wanderungsbegriffs, der nicht nur Auswanderungen, sondern immer auch (zeitweilige) Rückwanderungen umfaßt, ist sich Winkler bewußt. Er unterscheidet zwischen der überseeischen Auswanderung und der Binnenwanderung innerhalb und zwischen den Kontinentalstaaten. Relativ leicht faßbar seien die Überseewanderungen, da sie meist über die großen Überseehäfen liefen, welche die Zahl der sich Einschiffenden (bzw. der Ankommenden) statistisch erheben. Winkler unterscheidet mehrere Phasen der deutschen Migration, die jeweils von den sich verändernden wirtschaftlichen und politischen Gegebenheiten im Heimat- wie im Zielstaat der Wanderung mitgeprägt wurden.[519]

Für Österreich bedauert er feststellen zu müssen, daß sein Land über keine allgemeine Wanderungsstatistik verfüge. Das Wanderungsamt des Bundeskanzleramtes erhebe die Migrationsbewegungen nur teilweise. Was den Umfang der gegenwärtigen Auswanderung aus Österreich betreffe, sei diese – wie auch in Deutschland – aufgrund der Weltwirtschaftskrise und der daraus resultierenden einschränkenden Einwanderungsgesetzgebung in den meisten Staaten erheblich zurückgegangen. Was ihre zeitliche Entwicklung anlangt, stellt er einen Wandel dahingehend fest, daß „heute nicht die Konjunktur der Auswanderungsstaaten, sondern die der Einwanderungsstaaten für die Stärke der Auswanderung maßgebend geworden ist".[520]

Während die Leipziger Stiftung, die seit 1929 durch innere Machtkämpfe weitgehend gelähmt war, ihre forschungsfördernde Tätigkeit Anfang der dreißiger Jahre de facto einstellte und u. a. auch dadurch die ursprünglich für 1932 geplante Neuauflage des „Statistischen Handbuchs des gesamten Deutschtums" nicht mehr erscheinen konnte, etablierte sich etwa zur selben Zeit mit den *Volksdeutschen Forschungsgemeinschaften* (VFG) ein neuer „Brain trust"[521] der deutschen Volkstumswissenschaft. Dieser übernahm nicht nur das Erbe der Leipziger SVKF, sondern er baute die in der Weimarer Republik entwickelten volkstumswissenschaftlichen Theoreme, die damit verbundenen politischen Zielsetzungen und institutionellen wie personalen Netzwerke zu einem hochdifferenzierten Forschungssystem aus,

---

[519] Ebd., 94 (IV) (wörtl. zit.); 49 (VII); 101; 103 (VIII).

[520] Ebd., 172 (IX); 285 (wörtl. Zit.), 285. Letzteres war im Licht der damaligen Migrationstheorien, die sonst in der Regel von den Verhältnissen in den Auswanderungsregionen ausgingen, eine bemerkenswert „moderne" Aussage.

[521] *Fahlbusch* (1999), 20.

dessen regionale Gliederungen im Berliner Vorstand und in der diesem angeschlossenen Geschäftsführung zusammenliefen.[522]

Winklers Tätigkeit als bevölkerungsstatistischer Experte der SVKF setzte sich nach dem Ende der Leipziger Stiftung in den VFG zunächst fort. Er war bei der Gründungstagung der *Alpenländischen Forschungsgemeinschaft* (AFG) in Salzburg am 22. und 23. April 1931 zugegen, bei der sich Angehörige der völkischen und jungkonservativen Forschergemeinde aus den deutschsprachigen Ländern einfanden.[523] Die AFG machte es sich u. a. zur Aufgabe, im „deutsch-slowenischen Grenzraum" „wissenschaftliche[] deutsche Grenzforderungen" zu klären und „aus der bisherigen Abwehrstellung" (Verteidigung Südkärntens) „zur Angriffsstellung" überzugehen und den slowenischen Gebietsforderungen auf Kärnten jene auf die „unerlöste Untersteiermark" gegenüberzustellen.[524]

Während Winkler seine Mitgliedschaft bei der AFG nach dem Jahr 1931 nicht mehr weiterverfolgt zu haben scheint, war er anfangs ein aktiver Mitarbeiter der *Südostdeutschen Forschungsgemeinschaft* (SODFG): Bei der Gründungsversammlung dieser Forschungsgemeinschaft am 16. und 17. Oktober 1931 in Wien wurde er als Fachmann für Nationalökonomie und Statistik in den regelmäßig tagenden Arbeitsausschuß gewählt, der dem Vorstand der Forschungsgemeinschaft beigeordnet war. Die seit 1933 so genannte SODFG hatte ihren Sitz in Wien. Sie sollte ihre wissenschaftliche Arbeit auf das Burgenland und die Nachfolgestaaten der Monarchie beschränken: genannt wurden Südslawien, Ungarn, Rumänien und die Tschechoslowakei.[525] Die erste Tagung der SODFG war mit einer Exkursion in die Westslowakei verbunden. Sie fand zwischen dem 24. und 27. September 1932 in

---

[522] Vgl. ebd., 19 – 37. Mit seiner Studie über die VFG gelingt es Fahlbusch, die von Ministerialbürokratie und Volkstumswissenschaftlern gebildete VFG-„Funktionselite" organisations- und personengeschichtlich darzustellen und die wichtigsten Forschungskonzepte und -arbeiten der VFG mit Blick auf ihre rassistischen Implikationen zu analysieren. Zur Diskussion der von Fahlbusch angesprochenen Fragen vgl. auch *Götz Aly*, Rückwärtsgewandte Propheten. Willige Historiker, in: Ders., Macht-Geist-Wahn. Kontinuitäten deutschen Denkens. Berlin 1997, 153 – 183; *vom Brocke* (1998), 3 – 18.

[523] Unter den vierzig Tagungsteilnehmern befanden sich u. a. O. Brunner, A. Dopsch, H. Hassinger, K. G. Hugelmann, O. Redlich, H. Uebersberger, F. Metz, R. Klebelsberg und M. Wutte. (*Fahlbusch* (1999), 299).

[524] PAAA, Kult VI A Volzstiftung, 2-FOG Bd. 1, R 60.270, Vertraulicher Bericht über die Arbeitsbesprechung der Arbeitsgemeinschaft für Alpendeutsche Forschungen in St. Paul i. L. am 26./27. 05. 1932, E061549.

[525] Ebd., Bd. 5, R 60.353, Zusammenfassung der Besprechung in Wien zur Bildung einer Arbeitsgemeinschaft für südostdeutsche Forschungen am 16. und 17. 10. 1931; PAAA, Kult VI A 2-FOG Bd. 2, R 60.271, Tätigkeitsbericht der SODFG 1931/33, E 061600. Der Vorstand wurde von den Professoren Hassinger (Vorsitzender), Geramb, Hirsch, Machatschek, Nadler und Gross gebildet; dem Arbeitsausschuß gehörten außer Winkler noch Hassinger, Machatschek, Rungaldier (Geographie), Brunner, Hirsch, Rieger (Geschichte), Hugelmann (Rechtsgeschichte), Swoboda (Kunstgeschichte), Gross, Kallbrunner (Archivwesen), Nadler, Pfalz, Steinhauser (Germanistik), Geramb, Haberlandt (Volkskunde) und Weninger (Anthropologie) an.

Bad Deutsch-Altenburg und in Preßburg statt. In der slowakischen Hauptstadt und in den deutschen Sprachinseln Schemnitz, Kremnitz und Deutsch-Proben wurden Zusammenkünfte mit den lokalen deutschen Eliten organisiert (Pfarrer, Lehrer, örtliche Presse) und zur politischen Infiltrierung genützt. Die Hauptvorträge der Tagung wurden mit dem ausdrücklichen Hinweis, man wolle unerwünschte Bespitzelungen vermeiden, noch auf österreichischem Boden in Deutsch-Altenburg gehalten. Winkler referierte in seinem Vortrag über die demographische Lage in der Slowakei. Der im Vergleich zu den anderen Völkern in der Slowakei relativ stärkere Bevölkerungsrückgang in den deutschen Sprachinseln und die damit verbundene Bedrohung des deutschen Volkstums sei durch den Geburtenrückgang und die Abwanderung in die Städte verursacht worden.[526]

Die Arbeit der SODFG wurde vom Schuschnigg-Regime mit Argwohn verfolgt, konnte man doch mit Recht vermuten, daß sich in dem Forschungsnetzwerk Sympathisanten der Nationalsozialisten und der deutschen Volkstumspolitik verbargen. Selbst nach dem Juliabkommen (1936) ließ die österreichische Regierung Hausdurchsuchungen und Verhöre von Stipendiaten, Mitgliedern und selbst mit Wilfried Krallert, dem Leiter der Wiener Geschäftsstelle der SODFG, durchführen. Zwischen der gesamtdeutsch-völkischen und von der nationalsozialistischen Volkstumspolitik beeinflußten Ausrichtung der SODFG und der österreichischen Minderheitenpolitik bestand ein unlösbarer struktureller Interessenkonflikt. Dies wurde in der Bewertung des halboffiziellen *Österreichischen Verbands für volksdeutsche Auslandarbeit* (ÖVVA)[527] durch die SODFG sichtbar, den diese ideell zu den „Gegenkräfte[n]" ihrer Arbeit zählte. Hinsichtlich der Organisationsstrukturen, der Geldmittel und des verfügbaren Personals war der österreichische Verband, der selbst stärker auf die Minderheitenpolitik als auf die Minderheitenforschung ausgerichtet war, dem verzweigten Netzwerk der VFG deutlich unterlegen.[528]

Winklers Anwesenheit bei den weiteren Tagungen der SODFG über das nördliche Niederösterreich und das südliche Mähren (1934), über das Waldviertel und Südböhmen (1935), über das Mühlviertel und Südböhmen (1936) und über die Slowakei (1939) ist bei Fahlbusch nicht belegt;[529] zumindest veröffentlichte der Wiener Extraordinarius keine Vorträge, die auf die genannten Veranstaltungen zurückgingen. In einem Bericht über die Tätigkeit der SODFG findet sich ein Hin-

---

[526] An der Tagung beteiligten sich Brunner, Gierach, Hassinger, Hirsch, Kuhn, Metz, Sedlmayr u. a. Vgl. PAAA Kult VI A 2-FOG, Bd. 2, Protokoll der 1. Tagung der SODFG in der Slowakei vom 24.–27. 09. 1932, E061607 ff.; vgl. Internes Protokoll der Tagung, E061593 ff. Winklers Vortrag wurde in der Publikation der SODFG „Aus Österreichs Grenzsaum" veröffentlicht. (vgl. WW-1933-02).

[527] Vgl. Kap. III. 4.

[528] PAAA Kult VI A R 60.293, Tätigkeitsbericht der SODFG für 1937/38, E063240; Tätigkeitsbericht der SODFG für 1936/37, E063130; R 60.294, Die volksdeutsche wissenschaftliche Arbeit im Südosten und die SODFG, E063112, hier E063121 f.

[529] Zu den Tagungen vgl. *Fahlbusch* (1999), 277–297, für die tschechoslowakisch-österreichischen Grenzgebiete 284–292.

weis, der die Annahme sützt, daß sich Winkler nur in den ersten zwei bis drei Tätigkeitsjahren der Forschungsgemeinschaft aktiv an ihren verschiedenen Projekten und Tagungen beteiligte: Die SODFG sei „früher [sic!] mit dem Institut für Minderheiten [sic!] a. d. Wiener Universität in reger Beziehung gestanden (Winkler), gegenwärtig ist die soziologische und biologische Forschung stärker in den Vordergrund (Klocke) getreten."[530] Dies und die Tatsache, daß Winkler für den dritten Band des „Handwörterbuchs des Grenz- und Auslanddeutschtums" (1938) keinen einzigen Beitrag schrieb, und die stichprobenweise Durchsicht einiger Tätigkeitsberichte der AFG (1936/37) und der SODFG (1936/37; 1937/38), die keine weiteren Hinweise auf den Wiener Statistiker geben, lassen die Vermutung begründet erscheinen, daß die von ihm angewandten Methoden der vergleichenden Sprach- und Volkszählungsstatistik nicht mehr in das Konzept der „biologischen" (rassisch-erbbiologischen) Forschungen der SODFG paßten.[531] Nach 1938 publizierte Winkler weder im *Deutschen Archiv für Landes- und Volksforschung* noch in den von Otto Brunner herausgegebenen *Südostdeutschen Heften* – beide waren Publikationsorgane der SODFG.[532]

Als Gründe für Winklers rasch abflauendes Engagement für die VFG (SODFG) kommen Interessengegensätze zwischen ihm und den anderen „Volksforschern" in Betracht. Diese dürften – wie erwähnt – mit seiner Auffassung der Funktion und Methodik der Deutschtumsforschung im allgemeinen und mit der Verortung seiner eigenen Disziplin in der Forschungslandschaft im besonderen zusammenhängen. Einerseits war er als Anhänger Schuschniggs und Mitglied des ÖVVA nicht mit der politischen Ausrichtung der VFG in Richtung der NS-Volkstumspolitik einverstanden. Und andererseits war er darauf bedacht, die institutionelle Selbständigkeit

---

530 PAAA Kult VI A, R60.294, Bd. 75a/3, Die volksdeutsche wissenschaftliche Arbeit im Südosten und die SODFG, E063125, undatiert, um 1935. Bei „Klocke" dürfte es sich um den Ipsen-Schüler und Soziologen am „Ungarischen Institut" Helmut Klocke handeln. Vgl. *Jörg Gutberger,* Volk, Raum und Sozialstruktur. Sozialstruktur- und Sozialraumforschung im „Dritten Reich". Münster ² 1999 (= Beiträge zur Geschichte der Soziologie; 8), 530f., s. v. Klocke, Helmut.

531 Fahlbusch schreibt, daß Winkler noch 1940 gemeinsam mit Hassinger an der statistischen Erfassung der deutschen Volksgruppen in Südosteuropa beteiligt gewesen sei (vgl. *Fahlbusch* (1999), 627). Allerdings nennt er keinen Beleg für diese Behauptung. Daß Winkler nach seiner Entlassung 1938 noch aktiv in die Aktivitäten der SODFG eingebunden war, scheint auf dem Hintergrund meiner eigenen Forschungen mehr als zweifelhaft zu sein.

532 „Deutsches Archiv für Landes- und Volksforschung (DALV)" (Leipzig 1.1937– 8.1944). Die bevölkerungsstatistischen Aufsätze des DALV wurden von W. Krallert, P.-H. Seraphim, W. Hecke u. a. verfaßt (vgl. DALV, Gesamtverzeichnis des 1. bis 5. Jgs. 1937–41, 672 f. Außerdem wurden folgende Zeitschriften mit Bezug auf eine evtl. Mitarbeit von Winkler durchgesehen, die der „Volksforschung" der dreißiger und vierziger Jahre zuzurechnen sind: „Auslandsdeutsche Volksforschung. Vierteljahresschrift des Deutschen Ausland-Instituts" (Stuttgart 1937–1942/43; ab 3.1939, 1 unter dem Titel: „Volksforschung"). Entsprechende Hinweise fanden sich keine. Winkler publizierte im übrigen auch nicht in jenen Zeitschriften, die nach 1945 die „Volksforschung" fortsetzten: vgl. „Volkstum im Südosten" (Wien 1.1939–20.1944, Sept.) und „Südostdeutsche Heimatblätter" (München 1.1952– 6.1957).

seines Instituts zu wahren und die von diesem betriebenen Forschungen nicht für tagespolitische Zwecke vereinnahmen zu lassen. Diese Haltung erschwerte die interdisziplinäre Zusammenarbeit mit den VFG. Auch beteiligte er sich nicht an dem erbbiologischen und rassischen Diskurs, der sich unter den Sozial- und Kulturwissenschaftlern zunehmend breitmachte.[533]

Im Brennpunkt der publizistischen Arbeit der VFG stand das „Handwörterbuch des Grenz- und Auslanddeutschtums": Die Anfänge des Handwörterbuchs gingen auf eine Initiative von Wilhelm Volz zurück, der 1926 dafür eingetreten war, ein lexikalisches Nachschlagewerk über das Auslanddeutschtum zu schaffen. Volz' Anstoß war jedoch mit dem Debakel der Leipziger Stiftung zum Scheitern verurteilt. Erst einer dritten Hauptredaktion unter O. Scheel und C. Petersen gelang es, das endgültige Konzept eines volks- und kulturhistorischen, von 46 Teilredaktionen und 800 Mitarbeitern betreuten Handbuchs zu erarbeiten, das technisch eine Trennung zwischen Hauptbeiträgen (Länderartikel), Sachbeiträgen und Artikeln zu Personen, die für das Gesamtdeutschtum von Bedeutung waren, vorsah. In ideologischer Hinsicht stand das Handbuch mit seiner gesamtdeutschen, antiliberalen und antidemokratischen Ausrichtung mit den volkstumspolitischen Konzepten der Nationalsozialisten in einem organischen Zusammenhang. Bis 1944 lag es in den drei Bänden A-M vor; ein abschließender Band konnte nicht mehr veröffentlicht werden. In der Kriegszeit zählten die SS, die Besatzungsverwaltungen und die Wehrmacht zu seinem Abnehmerkreis.[534]

Winkler verfaßte für die ersten beiden Bände, die 1933 und 1936 erschienen, zwei Personenartikel (zu Richard Boeckh und Karl Freiherr v. Czoernig, letzteren gemeinsam mit dem Historiker W. Bauer) und zahlreiche Beiträge für einzelne Länder. Ferner schrieb er das jeweilige Kapitel „Bevölkerungsstatistik" zu den Einträgen „Belgien", „Bosnien-Herzegowina", „Burgenland-Westungarn" (III) und „Cilli". Außerdem trug er für die Artikel „Budapest" (III) und „Burgenland-Westungarn" die Abschnitte „Volkliche und konfessionelle Gliederung" bei. Für „Burgenland-Westungarn" schrieb er darüber hinaus die Abschnitte zur „Natürlichen Bevölkerungsbewegung" und zur „Wanderung".[535]

---

[533] Die vorliegenden Untersuchungen geben noch kein restlos befriedigendes Bild von Winklers Tätigkeit in den VFG. Um dieses zu vervollständigen, wären systematische Forschungen im PAAA Berlin notwendig. Festzuhalten bleibt indes, daß Winkler mit Sicherheit nie eine bedeutende Stellung innerhalb der VFG einnahm; sein allmählicher Rückzug aus den VFG nach 1933 und der Bedeutungsverlust seiner Arbeiten innerhalb der „Volksforschung" dürften feststehen.

[534] Vgl. *Fahlbusch* (1999), 147–156.

[535] Vgl. WW-1933-06, Bd. 1, 356 ff. (Belgien); Bd. 1, 485 ff. (Boeckh, Richard); Bd. 1, 589 ff. (Budapest); Bd. 1, 667 ff. (Burgenland-Westungarn); Bd. 2, 56 (Cilli); Bd. 2, 66 (Czoernig, Karl Freiherr v.).

Winklers Stellung in den Sozial- und Wirtschaftswissenschaften
im Spiegel von Besprechungsaufsätzen

In den zwanziger und dreißiger Jahren forschte in Österreich und in Deutschland eine zahlenmäßig nur relativ kleine Gruppe von Wissenschaftlern auf dem Gebiet der Statistik (Sozial- und Wirtschaftsstatistik; Demographie).[536] Die meisten von ihnen waren haupt- oder nebenamtlich in der staatlichen amtlichen Statistik tätig.

Die Statistik war schon damals eine Methodenlehre, deren Anwendungsgebiete in andere Disziplinen hineinreichten. Sie kann nicht allein unter dem Aspekt betrachtet werden, daß sie in der Zwischenkriegszeit um ihre noch immer nicht durchgesetzte „Selbständigkeit" als Diszplin rang. Vielmehr müssen ihre Verflechtungen mit benachbarten Disziplinen, besonders der Demographie, soweit diese überhaupt institutionalisiert war, aber auch mit der Nationalökonomie und der Soziologie, untersucht werden. Dies gilt umso mehr, wenn analysiert werden soll, welche Stellung ein einzelner Fachvertreter der Statistik zu den Nachbardisziplinen einnahm. Dabei ist einerseits danach zu fragen, worauf der betreffende Statistiker bei der Rezeption von Methoden und Theorien fachverwandter Disziplinen das Schwergewicht legte. Wichtiger noch ist, *wie* die Werke (in der Regel die Monographien) dieses Statistikers von *welchen* Fachgenossen aus der Statistik und ihren Nachbardisziplinen eingeschätzt wurden. Folglich ist in dieser Arbeit danach zu fragen, von wem Winkler rezipiert wurde und welche innerwissenschaftliche Bedeutung seinen Veröffentlichungen im allgemeinen zugeschrieben wurde.

In der Zeit zwischen den Weltkriegen war Winkler einer wissenschaftlichen Öffentlichkeit, die über die Gemeinschaft der deutschen und österreichischen Fachstatistiker hinausreichte, als Minderheitenforscher bekannt. Seine grundlegenden Werke auf diesem Teilgebiet der Statistik waren die 1923 in erster, 1926 in zweiter unveränderter Auflage erschienene Schrift „Die Bedeutung der Statistik für den Schutz der nationalen Minderheiten", das 1927 erschienene „Statistische Handbuch des gesamten Deutschtums" und das 1931 veröffentlichte „Statistische Handbuch der europäischen Nationalitäten".[537] Eugen Würzburger, der einzige Lehrstuhlinhaber für Statistik in Deutschland, der zugleich ein ausgewiesener „Nationalitätenstatistiker" war, hob 1931 in einer Literaturzusammenstellung zu dieser Subdisziplin neben seinen eigenen Schriften vor allem Winklers oben genannten Arbeiten hervor. Außer den Werken seines Wiener Kollegen nannte Würzburger an deutschsprachiger Fachliteratur zu diesem Bereich nur seine eigenen, 1917 und 1926 im *Deutschen Statistischen Zentralblatt* veröffentlichten Aufsätze „Die Sprachenstatistik" und „Minderheitenstatistik", R. Kleebergs bereits 1915 erschienenes Werk „Die Nationalitätenstatistik" und E. Ammendes Monographie „Die Nationalitäten in den Staaten Europas" (1931).[538]

---

[536] Gespräch mit Univ.-Prof. Dr. *Erich Streißler* vom 11. 10. 1999, Protokoll.
[537] WW-1923-01; WW-1927-02; WW-1931-02.

Der „Nationalitätenstatistiker" Winkler war in vielfacher Weise in der altösterreichischen Tradition einer institutionell und methodisch hoch entwickelten Nationalitätenstatistik verwurzelt. Deutlich war jedoch sein Bruch mit der altösterreichischen Praxis der Umgangssprachenerhebung, den er mit seinem Insistieren auf der „Denksprache" (in Abweichung von der „Mutter-" oder „Elternsprache" als Ausdruck einer „gegenwärtigen" sprachlichen Zuordnung) als wichtigstes Kriterium für die statistische Erfassung der Ethnizität vorgenommen hatte. Für die Zeit der Ersten Republik kann jedoch nicht angenommen werden, daß es eine eigenständige „österreichische" Nationalitätenstatistik gab. Vielmehr waren Winkler und Würzburger, mit dem er fachlich meist übereinstimmte, ad personam die führenden Theoretiker einer *deutschsprachigen* Nationalitätenstatistik. Winkler als der im Vergleich zum Boeckh-Schüler Würzburger wesentlich Jüngere, der einer Generation mit anderen Wertvorstellungen und mentalen Prägungen angehörte, war darüber hinaus zu einem Kreis jungkonservativer und völkischer Volkstumsforscher zu rechnen, einer Gruppe von Sozialwissenschaftlern im weitesten Sinn, die in den 1880er und 1890er Jahren geboren worden waren und die ihre Prägung als Wissenschaftler in der Zeit kurz vor dem Ersten Weltkrieg und während des propagandistischen Kampfs gegen die Friedensverträge Anfang der zwanziger Jahre erfahren hatten.

Die wichtigsten Persönlichkeiten dieses Kreises waren Karl C. v. Loesch (1880–1951) und Max H. Boehm (1891–1968). Ihr „Jungkonservatismus" läßt sich nach Armin Mohler deutlich vom „reaktionären" Altkonservatismus älterer Prägung abgrenzen. Mohler beschreibt die Jungkonservativen (der Begriff ist kein späteres Konstrukt, sondern stammt aus der Zeit) als eine Gruppe, die im Vergleich zu den beiden anderen konservativ-antiliberalen Bewegungen der Weimarer Republik, den „Völkischen" und den „Nationalrevolutionären", vergleichsweise „bürgerlich"-gemäßigt und am wenigsten vom Rassenstereotyp geprägt war. Im Zentrum ihres Ideengebäudes, das auf die Gedankenwelt Arthur Moellers van den Bruck (1876–1925) zurückging, stand die überstaatliche Ordnung des „Reichs". Dieses war dem Einzelstaat überlegen und vorzuziehen und sollte alle „Stämme" des Volkes in sich aufnehmen. Öffentlichkeitswirksam wurden die Jungkonservativen vor allem durch ihre Zeitschriften. Zum Umkreis der jungkonservativen Periodika gehörten u. a. die von Rudolf Pechel herausgegebene *Deutsche Rundschau,* die von Hermann Ullmann herausgegebene *Deutsche Arbeit* und die Monatsschrift *Volk und Reich.* In all diesen Zeitschriften publizierte Winkler bevölkerungsstatistische Artikel. Dagegen ist keine Winklersche Arbeit bekannt, die in einer der von Mohler bibliographisch aufgeführten völkischen, nationalrevolutionären und bündischen Buchreihen und Zeitschriften erschienen ist. Eine Ausnahme stellt nur die völkische Zeitschrift *Volk und Rasse* dar, in der er 1931 einen einzigen Aufsatz veröffentlichte.[539] Mohlers Versuch, in der „konservativen Revo-

---

538 *Eugen Würzburger,* Zur Literatur und Methode der Nationalitäten- und Sprachenstatistik, in: Deutsche Hefte für Volks- und Kulturbodenforschung 2 (1931/32), 155.

539 Vgl. WW-1931-08.

lution" der Weimarer Republik drei Hauptströmungen auszumachen, besitzt wohl einen heuristischen Wert. Er vermag jedoch nicht darüber hinwegzutäuschen, daß die Grenzen zwischen den einzelnen, zueinander in Gemengelage befindlichen national-konservativen Richtungen fließend waren. Mohler hebt selbst den „vermittelnden", nach beiden anderen Strömungen hin offenen Charakter der Jungkonservativen hervor.[540]

Unter den deutschen und österreichischen Volkstumsforschern war Winkler mit seinem auf die Methoden der Statistik konzentrierten Ansatz der Spezialist für Nationalitätenstatistik schlechthin, während die anderen in dieser Disziplin tätigen Wissenschaftler sich neben der soziologischen und statistischen auch von der volkskundlichen Seite her dieser Richtung näherten. Zu Winklers wachsendem Bekanntheitsgrad als Nationalitätenstatistiker trug die von ihm herausgegebene Schriftenreihe des IStMV bei, in dem nicht nur seine Handbücher, sondern auch Studien seiner Schüler erschienen. Er selbst stand, wie er betonte, als Minderheitenstatistiker in der Tradition Richard Boeckhs. Sein deutschtumsstatistisches Handbuch setzte den „gesamtdeutschen" Weg fort, den Boeckh mit seinem Werk „Der Deutschen Volkszahl und Sprachgebiet in den europäischen Staaten" (Berlin 1869) eingeschlagen hatte.[541]

Rezipiert wurden die von Winkler durchgeführten statistischen Untersuchungen von den „Volkshistorikern" der geschichtswissenschaftlichen Ethno- und Raumforschung, die sie als Anregung begriffen, die Geschichte des Auslands-, Streu- und Inseldeutschtums mit quantitativen Methoden zu erforschen. Die Arbeiten Walter Kuhns (1903–1983) und Erich Keysers (1893–1968) waren frühe Versuche, das „Volk" als Untersuchungsobjekt der Historiographie einzuführen und Winklers Bevölkerungsstatistiken als Grundlagen für historische Forschungen zu verwenden.[542] Wahrgenommen wurde Winkler ferner auch von Rechtshistorikern, Nationalitäten- und Völkerrechtlern. Der Prager Nationalitätenrechtler Leo Epstein, der den Wiener Statistiker möglicherweise persönlich kannte, nannte es „das Verdienst Winklers, in erschöpfender und ausführlicher Weise die Merkmale aufgezeigt zu haben, die für die Erhebung der Nationalität grundsätzlich in Betracht kommen." Epstein schloß sich Winklers Abgrenzung vom potentiellen Erhebungsmerkmal der „Rasse" vollinhaltlich an und begrüßte die von ihm vorangetriebene Privilegierung der „Sprache" (in der Form der „Denksprache") als Erhebungskriterium wie als

[540] Vgl. *Mohler* ([4]1994), 9–12 (zum Begriff der „Konservativen Revolution"); vgl. 130–165, bes. 138–142; vgl. 276–278, 283; 291; 293 f.

[541] Vgl. WW-1933-05, Boeckh, Richard, 485.

[542] *Oberkrome* (1993), 27, 60 f.; Keyser zitiert die für das Deutsche Reich günstigen Ausgänge der Volksabstimmungen in Ostpreußen, Westpreußen und Oberschlesien aus Winklers „Statistische[m] Handbuch des gesamten Deutschtums"; *Erich Keyser,* Bevölkerungsgeschichte Deutschlands. 2., erw. Aufl. Leipzig 1941, 433 f.; vgl. zur Geschichte der Geschichtswissenschaften in den zwanziger Jahren bis 1945 *Ingo Haar,* Historiker im Nationalsozialismus. Deutsche Geschichtswissenschaft und der „Volkstumskampf" im Osten. Göttingen 2000 (= Kritische Studien zur Geschichtswissenschaft; 143).

gemeinschaftsbildende Kraft.[543] Der ungarische Minderheitenrechtler Ernst Flachbarth warf dem Wiener Minderheitenstatistiker dagegen vor, „die nationsbildende Kraft der Religion in Osteuropa [. . .], des Staates und der Geschichte" vernachlässigt zu haben.[544] Auch der Duisburger Völkerrechtler Hugo Wintgens rezipierte Winkler. Die in seinem Werk „Der völkerrechtliche Schutz der nationalen, sprachlichen und religiösen Minderheiten" verwendeten Daten beziehen sich zum größten Teil auf die vom Wiener Extraordinarius verfertigten Statistiken.[545] K. G. Hugelmann nahm seine wichtigsten Werke in das Literaturverzeichnis seiner Monographie „Volk und Staat im Wandel deutschen Schicksals" (Essen 1940) auf.[546]

Die größte Aufmerksamkeit unter seinen engeren Fachkollegen und Ökonomen errang Winkler mit seinem in zwei Teilen 1931 und 1933 erschienenen Lehrbuch für Statistik, das nach dem Krieg neu aufgelegt wurde. Beide Auflagen des „Grundrisses der Statistik" waren noch nicht ganz ausgereift, stellten jedoch in mancher Hinsicht wegweisende Pionierarbeiten dar. Die erste Auflage des „Grundrisses" war das erste Lehrbuch der Disziplin, „in dem höhere Mathematik Anwendung fand, obwohl der Umbruch von elementarer zu mathematischer Statistik an den deutschsprachigen Universitäten noch nicht vollzogen war."[547]

Die damaligen Studierenden der Nationalökonomie und der Statistik hatten mehrere Möglichkeiten, sich in Theorie und Methodik der Fachstatistik einzulesen. Zur Verfügung standen die Lehrbücher von Franz Zizek, Johannes Müller, Conrad-Hesse und die Bevölkerungslehre von Paul Mombert. Allen diesen Einführungen war gemeinsam, daß sie weitgehend ohne die Methoden der höheren Mathematik auskamen. Mit Winklers „Grundriß" mußten die Studenten, aber auch die Hochschullehrer „umlernen".[548] Welchen Verbreitungsgrad die erste Auflage dieses Lehrbuchs hatte, vor allem, ob es außer von Winkler selbst auch von anderen Hochschullehrern dazu herangezogen wurde, Studierende in die Statistik und Demographie einzuführen, bleibt offen. Schubnell deutet an, daß der Umstellungsprozeß der deutschen Statistiker „Jahre" dauerte, sodaß erst die Nachkriegsauflage „zu einer unverzichtbaren Grundlage des statistischen und demographischen Unterrichts wurde"[549].

Leo Epstein, Der Schutz der Nationalitätenerhebung, in: Prager juristische Zeitschrift 10 (1930), Sp. 325.

Ernst Flachbarth, System des internationalen Minderheitenrechtes. Budapest 1937 (= Veröffentlichungen des Instituts für Minderheitenrecht an der Budapester Kgl. Ungarischen Péter Pázmány-Universität; 1), 128. Trotz seiner grundsätzlichen Kritik zitiert der Autor ausführlich aus Winklers Statistiken, besonders aus dem minderheitenstatistischen Handbuch: vgl. (ebd.) 277, 281, 313, 318, 320, 334, 337, 343, 359, 398, 453.

Vgl. *Wintgens* (1930), 16–19, 25, 27, 42, 127–129, 132, 136–138, 146 f., 150, 154–156, 158, 161, 164.

Schreiben von em.Univ.-Prof. Dr. *Wilhelm Wegener* an den Vf. vom 18. 11. 1999.

Schwarz (1984), 241.

Schubnell (1984), 109.

Ebd., 109 f.

Die Untersuchung seiner „Lesevorlieben", die dem Biographen bei systematischer Erfassung seiner Rezensionen entgegentreten, verdeutlicht die Vielseitigkeit von Winklers Interessen. Für eine (sicher unvollständige) statistische Auswertung wurden seine Buchbesprechungen herangezogen.[550] Was eine genaue Kategorisierung erschwerte, war der Umstand, daß es damals „fließende" Übergänge zwischen „reiner" statistischer und „reiner" Bevölkerungstheorie gab, behandelte die statistische Theorie doch fast immer die Bevölkerungstheorie mit. Dennoch verdeutlicht die folgende Aufstellung, daß er sich bemühte, methodische, theoretische sowie international bedeutende Schriften zu lesen. Von 71 gezählten Rezensionen aus dem Zeitraum von 1918 / 19 – 1938 galten vierzehn Publikationen der amtlichen und halbamtlichen Statistik in Europa, wobei sechs Veröffentlichungen aus dem österreichischen *Bundesamt für Statistik* gewidmet waren: Zwölf Besprechungen befaßten sich mit der deutschen theoretischen Statistik (Lehrbücher eingeschlossen). An dritter Stelle folgte mit neun Besprechungen die angloamerikanische, französische, italienische, russische und dänische Literatur zur theoretischen Statistik. Für diese 21 Eintragungen (deutsche und übrige theoretische Statistik) ist eine Häufung im Vorfeld der Publikation von Winklers eigenem Lehrbuch festzustellen. Es folgten neun Besprechungen zur europäischen und angloamerikanischen theoretischen Nationalökonomie. Je achtmal veröffentlichte er Besprechungen von Werken, die Bevölkerungsstrukturen untersuchten und die sich mit der wirtschaftlichen Lage in Deutschland und Österreich in den Nachkriegsjahren befaßten. Je zwei Besprechungen erschienen zu nationalitätenstatistischen, haushaltungsstatistischen und sozialhygienischen Schriften. Unter „Sonstiges" waren fünf besprochene Schriften einzureihen. Nach der Sprache sind unter den von Winkler rezensierten Werken neben den deutschsprachigen Veröffentlichungen zehn französische, sieben englische und je zwei italienische und tschechische Arbeiten festzustellen.

Seine eigenen Werke wurden zum größten Teil von amtlichen Statistikern und ihren Kollegen an den Hochschulen rezensiert. Da viele „amtliche" Statistiker gleichzeitig an Hochschulen das Fach „Statistik" lehrten, sind Überschneidungen zwischen beiden Kategorien anzunehmen. Dennoch kann unterschieden werden einerseits zwischen jenen neunzehn Besprechungen, die von „amtlichen Statistikern" veröffentlicht wurden, und andererseits jenen dreizehn Rezensionen, die hauptamtlichen Hochschullehrern für Statistik zuzuschreiben sind. Diese 32 Besprechungen machen die Mehrheit unter den insgesamt 60 Rezensionen aus, die für den Zeitraum zwischen 1918 und 1938 aufgefunden wurden. Die übrigen verteilten sich auf neun „Fachleute für das Grenz- und Auslanddeutschtum" (Geographen, Nationalitätenstatistiker u. a.), einen ausgewiesenen Bevölkerungstheoretiker (Mackenroth) und zwei Nationalökonomen (Schumpeter und Hayek). Die sicher zahlreichen, in diversen Kulturzeitschriften erschienenen Würdigungen von Winklers Deutschtumsstatistik konnten nur teilweise (*Deutsche Arbeit, Der Aus-*

---

[550] Im Anhang kann aus Platzgründen nur eine Auswahl von Winklers Rezensionen zitiert werden.

landdeutsche) erfaßt werden. Bei dreizehn Rezensenten war eine Zuordnung nicht möglich. Unter den von mir erfaßten Rezensionen befinden sich auch zwei von Giorgio Mortara (1885 – 1967)[551] verfaßte italienische Besprechungen. Diese Zahl sagt nichts darüber aus, wie weit Winklers Schriften über den deutschsprachigen Raum hinaus verbreitet waren.

Eine weitere Vergleichsmöglichkeit, die neben den Rezensionen von und zu Winkler Aussagen über seine Stellung in den Sozial- und Wirtschaftswissenschaften zuläßt, ist die Untersuchung seiner Mitgliedschaften in nationalen und internationalen Wissenschaftsorganisationen. Diese Mitgliedschaften konzentrierten sich auf die fachspezifischen statistischen und demographischen Institutionen. Seit 1926 war er ordentliches Mitglied des ISI,[552] der neben der 1928 gegründeten *Internationalen Union für Bevölkerungswissenschaft* (IUSIPP) international wichtigsten statistischen und demographischen Forschungsvereinigung. Mit der deutschen Statistik und Demographie war Winkler seit Anfang der zwanziger Jahre eng verbunden; bei den Tagungen der DStG trat er als der Hauptvertreter der österreichischen Fachstatistik auf. Im *Verein für Sozialpolitik* kam er mit Soziologen in Kontakt. Seine dortige Tätigkeit beschränkte sich auf die Teilnahme an der Stuttgarter (1924), an der Wiener (1927) und an der Züricher Tagung (1928) des Vereins.[553] Bei letzterer Tagung regte er in kritischer Anspielung auf Werner Sombarts Hauptreferat über die Zukunft der deutschen Wirtschaft an, die Wirtschaft solle sich bei ihren Entscheidungen mehr als bisher von statistischen Unterlagen leiten lassen. Damit stieß er bei dem deutschen Nationalökonomen nicht auf Verständnis: Dieser quittierte die Bemerkung des Wiener Privatdozenten mit der herablassenden Bemerkung, Schätzungen und Prognosen würden doch mit dem „Fingerspitzengefühl" erledigt.[554]

Innerhalb der österreichischen Demographie war Winkler der Hauptvertreter des offiziell anerkannten Diskurses. Seine Dominanz ergibt sich folgerichtig aus dem Umstand, daß er selbst die vorhandenen bescheidenen institutionellen Ressourcen der quantitativen Demographie im BASt und im IStMV für sich vereinnahmen konnte. Seine mit ihm diskursiv verbundenen Kollegen und Rezensenten auf dem Gebiet der Bevölkerungsstatistik fand er, wie oben gezeigt wurde, zum größten Teil in Deutschland. Dennoch gab es in Österreich ein breites Spektrum von bevölkerungswissenschaftlich interessierten Zeitschriften, aber auch von Nichtstatisti-

---

[551] Zu Mortara vgl. WW-1970-01, 245.

[552] Bulletin de l'Institut International de Statistique, Tome 22 – 1ère Livraison (Rom 1926), 266.

[553] *Franz Boese,* Geschichte des Vereins für Sozialpolitik 1872 – 1932. Berlin 1939 (= Schriften des Vereins für Sozialpolitik; 188), 180 ff., 190 ff. Zum Verein für Sozialpolitik vgl. auch *v. Mises* (1978), 68 f.: „Als Österreicher, als Privatdozent ohne Lehrkanzel" habe er sich vergeblich bemüht, im Verein Fuß zu fassen; er sei doch „immer nur ein Außenseiter" geblieben.

[554] *W. Winkler,* Aus der Werkstatt des Forschers, in: Österreichische Hochschulzeitung vom 01. 10. 1959, 3.

kern, die demographisch arbeiteten. Der Repräsentant des bedeutendsten dem Konzept des „Geburtenrückgangs" entgegengesetzten Alternativentwurfs war der Wiener Soziologe Rudolf Goldscheid (1870–1931). Er schlug in seiner Lehre der „Menschenökonomie" vor, „das ‚Produkt Mensch' schonender zu behandeln, wenn das Angebot an Menschen knapp ist, um mit weniger Substanz das selbe Resultat zu erzielen. Insbesondere sollte der Ausbeutung der Arbeitskraft und der Vernichtung von Menschen durch Kriege eine Absage erteilt werden"[555]. Mit Goldscheid wie auch mit anderen demographisch arbeitenden Persönlichkeiten, z. B. Julius Tandler, die dem Umfeld der Sozialdemokratie zuzuordnen waren, pflegte Winkler nur im Rahmen der ÖGBF Kontakte. – Demographisch interessiert war u. a. auch der Grazer Universitätsprofessor für Hygiene Heinrich Reichel (1876–1943).[556]

Winklers strebte persönlich stets die Erlangung eines statistischen Ordinariates an. Die Statistik sollte nach seiner Vorstellung als ein eigenes „Hauptlehrfach" für die Studierenden an der Rechts- und Staatswissenschaftlichen Fakultät eingeführt werden. Sein Vorbild als Wissenschaftsorganisator im allgemeinen und als Förderer des Statistik-Unterrichts im besonderen war Corrado Gini, dem es 1936 europaweit als erstem gelang, ein Vollstudium der Statistik einzurichten, in dem Statistik, Soziologie und Biometrie gelehrt wurden.[557] Winklers ehrgeizige Versuche, den von Gini herausgegebenen Zeitschriften *Metron* und *Genus* ein eigenes österreichisches fachstatistisches Organ gegenüberzustellen, kamen über erste Anfänge nicht hinaus. Seine gemeinsam mit dem Vizekanzler a. D. Walther Breisky gegründeten *Statistischen Sprechabende* erschienen nur in zwei Heften und wurden nicht über 1930 hinausgeführt. Sein Bestreben, „die katastrophale Lage des statistischen Universitätsunterrichtes" zu verbessern, stieß unter den Professorenkollegen wie unter den Studenten auf taube Ohren.[558]

Winklers Verhältnis zu den österreichischen Nationalökonomen, deren „Wiener (Grenznutzen-)Schule" internationale Berühmtheit erlangt hatte, scheint distanziert gewesen zu sein.[559] Er veröffentlichte zwar nationalökonomische Aufsätze[560], doch arbeitete er in erster Linie auf den Gebieten der Statistik und Demographie. Angesichts der institutionell und methodisch engen Verbindungen zur Nationalökonomie müßten dennoch Kontakte zwischen Winkler und den Wirtschaftswissenschaftlern bestanden haben. Seit 1957 war er Ehrenmitglied des *Österreichischen Instituts für Wirtschaftsforschung* (WIFO). Ob diese Ehrenmitgliedschaft

---

555 *Gudrun Exner / Josef Kytir,* Bevölkerungswissenschaft in Österreich in der Zwischenkriegszeit: Personen, Institutionen, Diskurse [ungedr. Manuskript, Wien 2000], [5]. Für die freundliche Überlassung des Manuskripts schulde ich Herrn Doz. Kytir herzlichen Dank.

556 Vgl. zum Modell von Exner und Kytir, welches für Österreich in der Zwischenkriegszeit vier Hauptströmungen des demographischen Diskurses annimmt, ebd., 4 f.

557 Leading Personalities in Statistical Sciences (1997), 294.

558 *W. Winkler,* Lebensgeschichte (1952), 218.

559 Eine derartige Vermutung äußert z. B. J. Pfanzagl (Gespräch mit em.Univ.-Prof. Dr. *Johann Pfanzagl* vom 23. 08. 1999, Protokoll).

560 Vgl. z. B. WW-1923-08, WW-1926–06, WW-1933-07.

auf eine allenfalls bis in die Zeit vor 1938 zurückreichende Mitgliedschaft beim damaligen, 1927 von Friedrich A. Hayek (1899–1992) und Ludwig Mises gegründeten *Institut für Konjunkturforschung* zurückreicht, konnte nicht geklärt werden.[561] Was seine Rezeption von Literatur aus dem Kreis der „Wiener Schule" anlangt, so ist festzuhalten, daß er nur eine einzige Monographie einer ihrer Vertreter besprach. Es handelt sich dabei um Gottfried Haberlers (1900–1995) Studie „Der Sinn der Indexzahlen" (Tübingen 1927). Als Statistiker kannte er sicher die im Umkreis der „Wiener Schule" entstandenen Werke, z. B. Abraham Walds Untersuchungen über die „unsichtbaren Arbeitslosen", die mit statistischen Methoden vorgingen.[562] Umgekehrt wurden Winklers Arbeiten von den Nationalökonomen keineswegs mißachtet. So rezipierte Joseph Schumpeter überaus wohlwollend den ersten Band seines „Grundrisses der Statistik", und Hayek begrüßte in einer Besprechung seines Vortrags „Die Statistik in Österreich" ausdrücklich Winklers Bestreben, mit den *Statistischen Sprechabenden* ein Forum für die wissenschaftliche Statistik einzurichten, um ihre Anliegen der Wirtschaft und der öffentlichen Verwaltung zu vermitteln.[563] Seine Laufbahn war immerhin von Friedrich Wieser, dem Nachfolger des Schulgründers Karl v. Menger, gefördert worden. Wiesers Nachfolger Hans Mayer und Othmar Spann, der den Lehrstuhl von Eugen v. Philipovich übernommen hatte, konnten das Erbe Böhm-Bawerks, Philipovichs und Wiesers nicht fortführen. Mayer galt zwar als „offizielles" Schuloberhaupt, doch stand er in einem erbitterten Kampf mit Spann.[564] Mises schildert den „Lieblingsschüler Wiesers" polemisch als einen Wirtschaftsforscher, der „eigentlich nie begriffen" habe, „worum es in der Nationalökonomie ging. [sic!] [...] Er füllte seine Zeit mit einem offenen Kampf gegen Spann und mit boshaften Intrigen gegen mich."[565] Spann vertrat mit seiner universalistischen „Ganzheitslehre" ein Gedankengebäude, das ganz im Gegensatz zur individualistischen Tradition der „Wiener Schule" stand. Das eigentliche Zentrum der Wiener Nationalökonomie

[561] Mitteilung des Wirtschaftsforschungsinstituts (WIFO) an den Vf. vom 14. 09. 1999; vgl. *Werner Neudeck,* Die Entwicklung der Wirtschaftswissenschaften in Österreich 1918 bis 1938, in: Geistiges Leben im Österreich der Ersten Republik. Wien 1986 (= Wissenschaftliche Kommission zur Erforschung der Geschichte der Republik Österreich; 10), 223; zu Hayek vgl. *Janssen* (1998), 539.

[562] So J. Pfanzagl: Gespräch mit em.Univ.-Prof. Dr. *Johann Pfanzagl* vom 23. 08. 1999, Protokoll; Bespr. von *W. Winkler,* ZsStw 84 (1928), 417–420; zu Haberler vgl. ebd. (*Janssen*), 537.

[563] Bespr. von *Joseph Schumpeter,* SchmJb 57,1 (1933), 136–139; Bespr. von *Friedrich A. Hayek,* ZsNöS 1 (1930), 791.

[564] Vgl. zum Streit mit Spann u. a. Mayers Lebenserinnerungen: Hans *Mayer,* in: N. Grass (Hg.) (1952), bes. 245–256; vgl. kritisch zu Spanns „universalistischem" Konzept und dessen antidemokratischen Zügen *Klaus-Jörg Siegfried,* Universalismus und Faschismus. Das Gesellschaftsbild Othmar Spanns. Wien 1974; apologetisch ist hingegen die Darstellung W. Heinrichs, des wichtigsten Spann-Schülers: *Walter Heinrich,* Othmar Spann – Gestalt, Werk und Wirkungen, in: Ders. (Hg.), Othmar Spann – Leben und Werk. Ein Gedenkband aus Anlaß der 100. Wiederkehr des Geburtstages. Graz 1979, 17–78.

[565] *Mises* (1978), 61 f.

befand sich in der Zwischenkriegszeit außerhalb der Universität, im Kreis um Ludwig Mises, der in seinem Büro in der Wiener Handelskammer ein Privatseminar eingerichtet hatte. Der neben Mises hervorragendste österreichische Ökonom der damaligen Zeit, Schumpeter (1883–1950), hatte schon 1925 Wien verlassen, um Professor in Bonn zu werden, von wo er 1932 an die Harvard-Universität wechselte.[566]

Das Klima und der Lehrbetrieb an der Fakultät blieben von der Auseinandersetzung zwischen Spann und Mayer, die ihre jeweiligen Anhänger in den teils in persönliche Angriffe ausartenden Kampf warfen, nicht verschont. Auch Winkler wurde in den Streit seiner ehemaligen Trauzeugen einbezogen, weil diese von ihm erwarteten, klar für die eine oder die andere Richtung Stellung zu beziehen. Er war jedoch als empirisch arbeitender Statistiker weder „Universalist", noch deklarierte er sich als Anhänger einer der von den Ökonomen diskutierten Geld- und Konjunkturtheorien. Im Gegenteil: Die Statistik sei zwar – so Winkler – in der Lage, der Konjunkturtheorie statistische Unterlagen zu geben, sie könne jedoch keiner der „vorliegenden" Theorien eine Bestätigung geben. Winkler lehnte Theoriebildungen auf dem Gebiet der Nationalökonomie keineswegs ab, verlangte aber ausdrücklich die Entwicklung „eine[r] quantitativ scharf ausgeprägte[n] Wirtschaftstheorie". Damit stellte er sich in einen eindeutigen Gegensatz zur subjektiven, auf die Entscheidungen des einzelnen Verbrauchers abgestellten Wertlehre der Wiener Schule.[567] In seiner eigenen Wissenschaft ging er inhaltlich eigene Wege, die ihn oft genug geographisch aus Wien weg und zu Tagungen ins deutsche Ausland, aber auch zu internationalen Kongressen außerhalb Europas führten. Dort, nicht in der vom Spann-Mayer-Streit zeitweise paralysierten Fakultät und nicht in der von permanenter Geldnot und – nach seiner Meinung – von beamteter Mißwirtschaft geprägten Arbeit im BASt sah er Möglichkeiten, seine wissenschaftlichen Zielsetzungen voranzutreiben. Die Folge seiner distanzierten Haltung gegenüber beiden an der Wiener Universität damals dominierenden Richtungen war, daß sein ehedem freundschaftliches Verhältnis zu Spann, aber auch seine guten Beziehungen zu Mayer im Lauf der Zeit abkühlten. Dazu kam noch, daß beide, wie Winkler vermutete, der Lehre Georgs v. Mayr gefolgt seien und die Statistik als rein „stoffliche" Lehre betrachteten.[568] Folgt man dieser Darstellung, mußten die beiden Dauerkontrahenten allein aus diesem Grund in einen offenen Widerspruch auch zu ihm geraten.

Der Befund einer Auseinanderentwicklung der ursprünglichen Freunde Spann, Mayer und Winkler läßt sich für letzteren bis zu einem gewissen Grad dadurch bestätigen, indem man danach fragt, ob er andere als die von Mayer und Spann (mit-)herausgegebenen Zeitschriften als Publikationsorte für seine Aufsätze wählte. – Das bis zu seiner Einstellung im Jahr 1927 führende nationalökonomi-

---

566 *Neudeck* (1986), 221–223.

567 WW-1933-07, 313; 312.

568 Vgl. PNWW, Mein überreich bewegtes Leben, Fragm. 8, [b].

sche Fachorgan in Österreich war die 1892 gegründete *Zeitschrift für Volkswirtschaft, Sozialpolitik und Verwaltung,* die seit 1921 nur noch *Zeitschrift für Volkswirtschaft und Sozialpolitik* hieß und von Hans Mayer, Richard Reisch, Othmar Spann und Richard Schüller herausgegeben wurde. Mayer behauptete, daß nach dem Eintritt Spanns in die Redaktion der Zeitschrift diese ihre wissenschaftliche Ausrichtung geändert und sich ganz in den Dienst der „Verherrlichung der ‚universalistischen Nationalökonomie‘" gestellt habe. Folglich hätte eine Reihe von bisherigen Mitarbeitern sich nicht mehr an der Zeitschrift beteiligt.[569] Winkler war einer dieser Gelehrten, die sich von ihr abwandten (ob er einfach keine Angebote mehr erhielt, in ihr zu publizieren, läßt sich nicht entscheiden). Hatte er von 1910 bis 1922 noch acht Aufsätze in der Zeitschrift veröffentlicht und kann diese als ein Periodikum bezeichnet werden, in dem er sich als Nationalökonom bekannt machte, so änderte sich das um 1923/24 deutlich: Seither verfaßte er nur zwei Aufsätze für diese Zeitschrift und ihre Nachfolgerin, was nicht allein mit dem Hinweis auf Winklers veränderte Interessen und damit veränderte Publikationsschwerpunkte erklärt werden kann. Bei den Buchbesprechungen ergibt sich ein ähnliches Bild: Hatte er bis 1924 noch dreißig Rezensionen für die *Zeitschrift für Volkswirtschaft und Sozialpolitik* verfaßt, so erschienen bis 1927 nur zwei Besprechungen von seiner Hand. Auch nachdem die Zeitschrift im Jahr 1927 ihr Erscheinen eingestellt hatte und Hans Mayer – Spann von der Mitarbeit ausschließend – die *Zeitschrift für Nationalökonomie* mit dem klar formulierten Ziel gegründet hatte, mit ihr ein Forum für die „streng theoretische[] Forschung" zu schaffen,[570] beteiligte sich Winkler nur mit vereinzelten Beiträgen, bis 1938 mit fünf Rezensionen, an dem neuen Fachorgan. Dazu kam noch ein einziger, 1930 publizierter Aufsatz, dem erst 1949 wieder einer folgte, welcher der letzte in dieser Zeitschrift veröffentlichte bleiben sollte.

4. Winkler im Spannungsfeld von Deutschnationalismus und nationalem Katholizismus

Seit den zwanziger Jahren gehörte Winkler der großdeutschen Anschlußbewegung in Österreich an. Von seinen Kollegen als Hochschullehrer nahmen andere, meist Lehrstuhlinhaber wie Gleispach und Srbik, hervorgehobene Positionen in dieser Bewegung ein. Winkler war jedoch in den wissenschaftlichen Gremien, die den Anschluß vorbereiten sollten, als einziger Experte für Bevölkerungsfragen tätig. Wie im folgenden gezeigt wird, wandelte er sich von einem unbedingten Anschlußbefürworter nach dem Ersten Weltkrieg zu einem in der Öffentlichkeit vorsichtig agierenden, die wirtschaftliche Anbindung an Deutschland anderen Optionen vorziehenden Mitstreiter der Bewegung. Wohl seit der Machtübernahme

---

[569] *Mayer,* [Lebenserinnerung] (1952), 249.

[570] *Ders.,* Zur Einführung, in: ZsNö 1 (1930), 1.

der Nationalsozialisten in Deutschland ging er auf Distanz zu allen Bestrebungen, Österreich eng an Deutschland anzubinden. Im autoritären „Ständestaat" (1933 – 1938) dominierte in seinem Denken ein national gefärbter Katholizismus, wie sich anhand seiner Schriften aus dieser Zeit wie auch anhand seiner Aktivitäten in spezifischen sozialen Milieus zeigen läßt.

Winkler und die österreichische Anschlußbewegung

Winklers Eintreten für einen engen Zusammenschluß zwischen Österreich und dem Deutschen Reich ist aus seiner wissenschaftlichen Tätigkeit vielfach belegt. Der Gedanke einer wirtschaftlich und politischen engen Anbindung Österreichs an Deutschland war ein wesentlicher Teil einer politischen Weltanschauung, wie sie in Kreisen des österreichischen Bürgertums und der Gelehrtenwelt gepflegt wurde. Grundsätzlich waren sich die maßgebenden Kreise in Wissenschaft und Politik in dieser Frage einig, doch war auch der Anschlußgedanke den Gesetzen der politischen Konjunktur unterworfen. Zu bestimmten Zeiten beherrschte er geradezu die Innenpolitik, wie z. B. zur Zeit der Staatsgründung, als das Gesetz zur Errichtung der Republik Deutschösterreich (Art. 2: „Deutschösterreich ist ein Bestandteil der deutschen Republik."[571]) gleichzeitig die Auflösung des Staates beinhaltete. Als das österreichisch-deutsche Projekt einer Zollunion gescheitert war und noch bevor in Deutschland die Nationalsozialisten an die Macht gelangten, gewann dagegen die Idee einer österreichischen Selbständigkeit wieder an Boden.

Hier ist nicht der geeignete Ort, um die von innen- und außenpolitischen, wirtschaftlichen und kulturellen Faktoren beeinflußten Schwankungen in der österreichischen Anschlußpolitik im einzelnen nachzuzeichnen.[572] Ebensowenig kann hier ein erschöpfender Überblick über die verschiedenen Anschlußorganisationen gegeben werden, die miteinander verflochten waren. Es sei nur darauf hingewiesen, daß auch die Veränderungen in Winklers Haltung zum Thema des „Anschlusses", dessen Kehrseite die Frage war, ob Österreich „lebensfähig" sei oder nicht, abhängig waren von der jeweiligen politischen Gesamtlage. So erschien eine derartig leidenschaftliche und direkte Anschlußkundgebung, wie er sie in der Flugschrift „Die zukünftige Bevölkerungsentwicklung Deutschösterreichs und der Anschluß an Deutschland" im Jahr 1919 verfaßt hatte und aus der im folgenden zitiert wird, nie wieder aus seiner Feder: „[. . .] es gibt noch einen Weg zur Rettung, den einzigen Weg, [. . .] zu neuem Leben zu erstarken: das ist der Anschluß Deutschösterreichs an das gesunde, kräftige Mutterland, an das Deutsche Reich."[573]

---

[571] Gesetz vom 12. 11. 1918 über die Staats- und Regierungsform von Deutschösterreich, Stgbl. Nr. 5 / 1918.

[572] Vgl. dazu *Schausberger* (1978), 31 ff.

[573] WW-1919-06, 8.

Der Anschlußgedanke war im übrigen nur Teil der allgemeinen Volkstumsideologie. Diese ging weit über Österreich und das Deutsche Reich hinaus und wollte mit ihrem Anspruch der grenzüberschreitenden „Volksgemeinschaft" alle „Grenz- und Auslanddeutschen" Europas erfassen.[574]

Hier kann anhand von Winklers eigenen Aussagen nicht eindeutig entschieden werden – in seinen Selbstbiographien findet sich zum Thema der Anschlußbestrebungen vor 1933 kein einziger Satz –, ob und wann er persönlich zwischen 1919 und 1931/33 „nur" für einen wirtschaftlichen, oder doch auch für einen staatsrechtlichen Anschluß Österreichs an Deutschland eintrat. Da er in Kreisen der Volkstumsforscher und anderer „großdeutsch" Eingestellter verkehrte, ist jedoch anzunehmen, daß er auch deren politische Ziele, die stets den staatsrechtlichen Anschluß beinhalteten, mittrug.[575]

Seine Mitarbeit in der *Deutschen Arbeitsgemeinschaft,* die im Juni 1920 ins Leben gerufen worden war und die auf das Jahr 1917 zurückging, wurde hier bereits nachgewiesen.[576] Ihr Ziel war „die rascheste Verwirklichung des Anschlusses"[577]. Personell kooperierte die Arbeitsgemeinschaft eng mit der *Großdeutschen Volkspartei.* Die DAG war eine von mehreren Fachgremien, die, von maßgebenden Wissenschaftlern mitbegründet, den „Anschluß" grundsätzlich erörtern sollten und daher mehr im Hintergrund wirkten. Dagegen waren die „Volksbund"-Organisationen Massenbewegungen, welche die Anschlußpropaganda in breite Bevölkerungsschichten trugen.[578]

Den historischen Ausgangspunkt der Anschlußbestrebungen – sofern man das Jahr 1914 als Zäsur betrachtet – stellten die deutschen Mitteleuropapläne des Ersten Weltkriegs dar. Bereits im „Septemberprogramm 1914" des deutschen Reichskanzlers war von einer geplanten deutschen Vorherrschaft über Mitteleuropa die Rede. Die wirtschaftliche, erst 1938 vorübergehend ihr Ziel erreichende Anschlußbewegung wurzelte in der Notgemeinschaft der Mittelmächte des Ersten Weltkriegs, die Österreich immer mehr in die politisch-ökonomische Abhängigkeit seines Verbündeten trieb. Bereits im Juli 1918 lag in Salzburg ein Vertrag unterschriftsreif vor, der ein österreichisch-deutsches Wirtschaftsbündnis beinhaltete. Erst der Ausgang des Weltkriegs und das im Vertrag von St. Germain verankerte

---

[574] Vgl. dazu auch WW-1927-02, Vorwort.

[575] Vgl. von dieser Annahme abweichend Berthold Winkler: „Ja, er war sehr [...] für einen Anschluß von Österreich an Deutschland, und zwar nicht einen großdeutschen [sic!] Anschluß, wie allgemein gemeint wird, sondern für einen Wirtschaftsanschluß [...] Nur, als der Hitler erschienen ist, hat er ihn sofort abgebrochen." (Gespräch mit Dkfm. *Berthold Winkler* vom 27. 07. 1999, Protokoll). Winklers Herzenswunsch war „die Vereinigung aller Deutschen, und nicht: Vereinigung Europas unter deutscher Herrschaft – das war, was Hitler wollte; seine Vision war eine Zollunion zwischen Österreich und Deutschland." (Gespräch mit em.Univ.-Prof. Dr. *Othmar Winkler* vom 19. 01. 2000, Protokoll).

[576] Vgl. Kap. II. 3. b).

[577] *Schausberger* (1978), 106.

[578] Vgl. ebd., 105 f.; vgl. *Garscha* (1984), 76.

„Anschlußverbot" machten zumindest alle offiziellen auf den Anschluß ausgerichteten Bestrebungen der Wiener Regierung zunichte. Dagegen kam es Anfang der zwanziger Jahre in den Bundesländern vermehrt zu Anschlußkundgebungen und -abstimmungen. Erst Inflation und Massenarbeitslosigkeit lenkten die Bevölkerung vom Anschlußgedanken ab. Mitte der zwanziger Jahre begann die von einer Koalition zwischen Christlichsozialen und Großdeutschen getragene Regierungspolitik das Thema neuerlich aufzugreifen und durch vertrauliche Gespräche mit der deutschen Regierung zu erörtern. Die praktische Angleichungspolitik sollte Deutschland und Österreich in allen wichtigen Bereichen des öffentlichen Lebens zusammenführen und so den Boden für das Endziel „Anschluß" vorbereiten. Dies kam der Strategie des deutschen Außenministers Stresemann entgegen, Österreich als „Vorposten der deutschen Wirtschaft an der Donau" zu betrachten und über die Alpenländer „völkische und wirtschaftliche" Brücken zu den deutschen Minderheiten in Südosteuropa zu schlagen. Ende der zwanziger Jahre erreichten die Angleichungskontakte ihren Höhepunkt, als das seit 1927 lebhaft diskutierte Projekt einer Zollunion zwischen den beiden Ländern seiner Verwirklichung entgegenging und nur durch eine französische Intervention gestoppt werden konnte. Die Zollunion wäre ein erster Schritt zur Verwirklichung des Anschlusses *und* eines deutsch beherrschten südosteuropäischen Wirtschaftsraums gewesen und hätte in ihren politischen Folgewirkungen die 1919 in Paris grundgelegte europäische Ordnung aus den Angeln gehoben. Ihr Scheitern richtete die österreichische Außenpolitik neu aus: Die Anlehnung an Mussolinis Italien sollte nun die Anbindung an Deutschland ersetzen.[579]

Die in der politischen Szene Österreichs am lautesten für den Anschlußgedanken auftretende Bewegung war die *Großdeutsche Volkspartei*. Winkler votierte stets für „die Großdeutschen".[580]

Die verschiedenen deutschnationalen Paralamentsfraktionen hatten sich im August 1920 zur *Großdeutschen Volkspartei* zusammengeschlossen. Diese war eine Honoratiorenpartei mit einem großen Anteil an hohen Beamten und Lehrern höherer Schulen. Sie war anschlußorientiert, antiklerikal und antisemitisch und erzielte – mit abnehmender Tendenz – zusammen mit den anderen nationalen Fraktionen bei den Nationalratswahlen zwischen 18,36 und 11,60% der Stimmen. Nach 1927/30 verlor sie immer mehr Anhänger an die Heimwehr bzw. an die Nationalsozialisten. 1921 bis 1932 war die *Großdeutsche Volkspartei* (meist in Koalition mit den Christlichsozialen) an der Regierung beteiligt.[581] Winkler dürfte besonders

---

[579] Vgl. *Schausberger* (1978), 17, 27, 102, 128 (wörtl. Zit.), 190, 197.

[580] „[...] Er hat die Großdeutsche Partei immer gewählt. Ich erinnere mich genau an die Wahlberichte, daß die Großdeutschen miserabel abgeschnitten hatten – da war er sehr bedrückt." (Gespräch mit em.Univ.-Prof. Dr. *Othmar Winkler* vom 19. 01. 2000, Protokoll. Möglicherweise war er auch selbst ordentliches Mitglied dieser Partei. (Vgl. Gespräch mit em.Univ.-Prof. Dr. *Erhard Winkler* vom 27. 12. 1999, Protokoll).

[581] *Isabella Ackerl*, Thesen zu Demokratieverständnis, parlamentarischer Haltung und nationaler Frage bei der Großdeutschen Volkspartei, in: Richard G. Plaschka / Anna M. Dra-

das erstgenannte Ziel der Großdeutschen, den Anschlußgedanken, unterstützt haben. Wenn auch seine Vision in erster Linie in die Richtung einer wirtschaftlichen Angliederung Österreichs an das Deutsche Reich gegangen sein mag, so war jedoch, wie oben gezeigt, die Zollunion für die deutsche Außenpolitik nur ein Schritt in der damit notwendigerweise verbundenen politischen Vorherrschaft über die Länder Südosteuropas. In dieser Politik stand Stresemann trotz Ansätzen zu einer Verständigung mit den ehemaligen Entente-Mächten grundsätzlich in einer Traditionslinie mit der wilhelminischen und der nationalsozialistischen Hegemonialpolitik.

Neben die jeweilige Politik österreichischer und deutscher Regierungen traten in der Anschlußfrage besonders die „freien" Deutschtumsverbände hervor. Diese unterhielten personelle und organisatorische Kontakte zu Regierungen und wissenschaftlichen Gesellschaften und Stiftungen. Der von Karl C. v. Loesch mitbegründete, dem „volksdeutschen Gedanken" gewidmete DSB war der informelle Dachverband der freien Deutschtumsarbeit in der Weimarer Republik. Der DSB sah seit der 5. Bundestagung in Graz 1924 seine Hauptaufgabe darin, vor dem vermeintlich drohenden Bevölkerungsrückgang zu warnen und Auswege zu finden, die ein eigens eingerichteter „bevölkerungspolitischer Ausschuß" erörtern sollte.[582] Zu den leitenden Funktionären des Schutzbunds zählten u. a. Max H. Boehm, Hans Steinacher, K. C. v. Loesch und Hermann Ullmann. Ziel des Schutzbundes war nicht die Schaffung des großdeutschen „Reiches" der Alldeutschen, sondern die „großdeutsche Volksgemeinschaft", welche die bisherigen staatlichen Grenzen auflösen sollte.[583]

In Winklers Schriften aus dieser Zeit läßt sich der Begriff der „Volksgemeinschaft"[584] regelmäßig nachweisen; er dürfte für den Wiener Statistiker große Anziehungskraft besessen haben. Doch während er einerseits Staatsgrenzen zu transzendieren schien, war der Begriff der „Volksgemeinschaft" andererseits auf eine „völkische" Abgrenzung von allem „Nichtdeutschen", das zunehmend „rassisch" definiert wurde, ausgerichtet. Dies erlaubte prinzipiell die Ausgrenzung bestimmter Gruppen, die nicht in das gerade aktuelle ideologische Konzept der jeweils Regierenden paßten.

Eine weitere in Österreich und eingeschränkt auch in einigen nichtdeutschen Nachbarländern wirkende Deutschtumsvereinigung war der 1880 entstandene

bek (Hg.), Das Parteienwesens Österreichs und Ungarns in der Zwischenkriegszeit. Wien 1990, 147–156, hier bes. 149 ff.

582 *Rudolf Zesch,* Schutzbundarbeit 1925/26, in: Karl C. v. Loesch (Hg.), Staat und Volkstum. Berlin 1926, 767. Ob Winkler diesem Ausschuß angehörte, ist mir nicht bekannt geworden.

583 Vgl. *Garscha* (1984), 21, 28, 29.

584 Vgl. WW-1929-02, 298; vgl. *W. Winkler,* Bespr. zu „Nation und Staat", SchJb 52/I. (1928), 185 („Der Gedanke der deutschen Volksgemeinschaft ist in siegreichem Vordringen begriffen."), u. a.

DSV.[585] Dieser widmete sich mehr älteren Formen defensiver „Schutzarbeit", stand jedoch im Sog völkischen, teils rassistischen Gedankenguts. Die Errichtung von Kindergärten und Schulen entlang der deutschen Sprachgrenze sollte das dortige Deutschtum vor Assimilation und Abwanderung bewahren. Winkler hielt Vorträge im DSV und beteiligte sich an verschiedenen Aufrufen, für das „bedrohte" Grenzlanddeutschtum zu spenden. So referierte er beispielsweise im Februar 1932 im Rahmen einer Vortragsreihe im Wiener Hotel „Regina", die der DSV gemeinsam mit der SODFG veranstaltete, über „Die neuere Entwicklung der Deutschtumsstatistik".[586] Im Jahr 1933, als der Schulverein aus Anlaß des Geburtstags des Volksschriftstellers Peter Rosegger „Hundert Millionen Groschen für die deutsche Schutzarbeit" sammelte, unterzeichnete er gemeinsam mit Dutzenden Prominenten einen Spenden-Aufruf.[587] Wenn der DSV zu Weihnachten Sammlungen abhielt, war Winkler mit seiner Familie stets unter den Spendern.[588] 1930 feierte er sein fünfzigjähriges Bestehen. Aus diesem Anlaß wurde eine Reihe von Veranstaltungen abgehalten, darunter ein Empfangsabend in der deutschen Gesandtschaft in Wien. Bei diesem waren Minister, Rektoren, Universitätsprofessoren, darunter Winkler, und Prominenz aus der Wiener Gesellschaft zugegen.[589] Am Publikationsorgan des Schulvereins, der Zeitschrift *Grenzland,* arbeitete Winkler nicht mit. Es war Wilhelm Hecke, der bevölkerungsstatistische Artikel für das *Grenzland* verfaßte.

Das Gegenstück zum DSB auf dem Gebiet der wissenschaftlichen „Schutzarbeit" war die SVKF, die als Dachverband der Deutschtumsforschung in der Weimarer Republik agierte. Der Anschluß bzw. die enge Anbindung Österreichs an Deutschland stand jedoch nicht im Zentrum der Arbeit dieses Verbands, sondern zweier anderer Organisationen, die eigens gegründet worden waren, um dieses Ziel

---

[585] Vgl. *Garscha* (1984), 82; vgl. zu den Beschränkungen der „Schutzarbeit" in Österreichs Nachbarländern *Gustav Groß,* Deutsche Schutzarbeit in Österreich, in: DA 27 (1927), 227.

[586] PAAA Kult VI A, Internes Protokoll der Tagung der SODFG in der Slowakei (1932), E061601. Winklers ehemaliger Schüler Braunias referierte in der selben Veranstaltungsreihe über die Bevölkerungsgeschichte Siebenbürgens.

[587] Hundert Millionen Groschen für die deutsche Schutzarbeit. Zum 90. Geburtstag Peter Roseggers, in: Grenzland (1933), 105–107. Unter den Unterzeichnern waren auch einige Mitglieder des Aufsichtsrats der Förderungsgesellschaft für das IStMV, wie z. B. Karl Bardolff, Felix Frank, Karl G. Hugelmann, Max Millenkovich, Eduard Reut-Nicolussi und Othmar Spann.

[588] Gespräch mit em.Univ.-Prof. Dr. *Erhard Winkler* vom 27. 12. 1999, Protokoll.

[589] Empfangsabend in der deutschen Gesandtschaft zugunsten des Deutschen Schulvereines Südmark, in: Grenzland (1930), 26. Von den Professoren der Wiener Universität waren u. a. Dopsch, Gleispach, Hirsch, Hold-Fernegg, Hugelmann und Sperl, aus der Wiener Gesellschaft und Politik u. a. Bardolff, Fey, Glaise-Horstenau, Riehl, Spitzmüller und Wotawa anwesend. Vgl. auch Einladung zu den Festlichkeiten aus Anlaß des 50jährigen Bestandes deutscher Schutzarbeit. Wien, 10. bis 12. Mai 1930. Salzburg, 7. bis 9. Juni 1930. Wien 1930; Die Jubelfeier des Deutschen Schulvereines Südmark in Wien am 10. und 11. Mai 1930, in: Grenzland (1930), 89 f.

zu erreichen: Es waren dies die *Österreichisch-deutsche Arbeitsgemeinschaft* (ÖDAG) auf der einen und die *Deutsch-österreichische Arbeitsgemeinschaft* auf der anderen Seite. Letztere hatte ihren Sitz in München. Die ÖDAG setzte im Februar 1925 die kurz nach Kriegsende begonnene Arbeit der gleichnamigen, von Franz Klein ins Leben gerufenen Plattform fort. Das Schwergewicht ihrer Tätigkeit lag in den Fachausschüssen für „Kultur und Wissenschaft" und „Wirtschaft". Einige hundert Mitarbeiter, darunter wohl auch Winkler, sollten unter der Leitung des Botanikers Prof. Richard Wettstein (1863–1931) und mit finanzieller Unterstützung des deutschen Außenamts „im kleinen Kreis möglichst unauffällig die Angleichung auf allen wichtigen Gebieten" vorbereiten. Die Tätigkeit der beiden Arbeitsgemeinschaften wurde erst im April 1934 nach dem Bruch der beiden Staaten beendet.[590]

Öffentlichkeitswirksamer als die verdeckte Wühlarbeit der beiden Arbeitsgemeinschaften waren hingegen propagandistische Veranstaltungen wie die „Großdeutsche Tagung", die vom 10.-14. März 1926 in Wien abgehalten und vom *Grenzlandamt des Deutschen Hochschulrings* unter reger Beteiligung von Wiener Universitätsprofessoren und Vertretern des DSB organisiert wurde. Auf der Tagung sollten „die Fragen des kommenden Großdeutschen Reiches und seiner mitteleuropäischen Zusammenhänge in besonderer Hinsicht auf den Zusammenschluß mit dem heutigen Österreich behandelt werden"[591]. Die Kongreßveranstaltungen selbst zerfielen in fünf getrennt voneinander tagende Fachausschüsse, den staatspolitischen, den wirtschaftspolitischen, den kulturpolitischen, den Unterrichts- und den Rechtsausschuß. Den (Ehren-)Vorsitz in den einzelnen Ausschüssen hatten die Professoren Hugelmann, Spann, Hans Uebersberger und Gleispach bzw. der Ministerialrat Kretschmayr (Kulturpolitischer Ausschuß) inne. Winkler diskutierte im Rechtsausschuß Fragen der Rechtsvereinheitlichung und Rechtsangleichung mit. Außerdem hielt er im IStMV einen Vortrag und veranstaltete für die Gäste eine Führung durch die Räumlichkeiten seiner Forschungsstelle.[592]

Die tätige Mitarbeit des Wiener Minderheitenstatistikers in den deutschtums- und anschlußbewegten Kreisen der zwanziger Jahre läßt sich auch über seine Mitwirkung an einschlägigen Publikationen nachweisen. So wurde er 1926 als einer von rund sechzig Mitarbeitern und Förderern der Zeitschrift *Volk und Reich. Politische Monatshefte für das junge Deutschland* aufgeführt. *Volk und Reich* war betont völkisch-großdeutsch ausgerichtet und verbreitete über eine propagandistische Kartographik die These von der geostrategischen Gefährdungslage Deutschlands. Der Mitarbeiterstab rekrutierte sich aus der jungkonservativen Intelligenz; zu den wichtigsten Beiträgern der Zeitschrift gehörten K. C. v. Loesch, M. H. Boehm,

---

[590] Vgl. zur „geräuschlosen" Tätigkeit der Arbeitsgemeinschaft *Schausberger* (1978), 151 f.; 130 (wörtl. Zit.), 149; vgl. *Gerhard Frhr. v. Branca,* Die Deutsch-Österreichische Arbeitsgemeinschaft, in: Volk und Reich (1927), 255–257; vgl. *Garscha* (1984), 76; 340.

[591] Großdeutsche Tagung in Wien, in: Volk und Reich (1926), 39.

[592] Vgl. *Friedrich Heiß,* Großdeutsche Tagung. Schulungswoche der deutschen Jugend, Wien, 10.–14. März 1926, in: Volk und Reich (1926), 482–485 [Tagungsplan].

A. Haushofer, R. Sieger, M. Spahn und M. Wutte.[593] Winkler verfaßte in ihr nur einen einzigen Aufsatz („Die Bevölkerungsgefahr Österreichs"); ab 1930 schien er nicht mehr im Mitarbeiterkreis auf. Die bevölkerungspolitischen Artikel für *Volk und Reich* schrieb Hans Harmsen.

An der Erarbeitung des 1930 erschienenen, am Höhepunkt der „Angleichungspolitik" veröffentlichten Kompendiums „Die Anschlußfrage"[594] beteiligte sich Winkler mit einem Artikel, welcher der „Bevölkerungsbewegung im großdeutschen Raum" gewidmet war. Hier trat er viel differenzierter als in der Anschlußeuphorie des Jahres 1919 unter einem bevölkerungspolitischen Gesichtspunkt für den wirtschaftlichen „Zusammenschluß"[595] Österreichs mit Deutschland ein: „Die Vereinigung mit dem großen Wirtschaftsgebiet des Deutschen Reiches würde eine gute gegenseitige Ausgleichsmöglichkeit zwischen überschüssigen Kräften auf dem einen Arbeitsgebiet und fehlenden Kräften auf dem anderen ergeben, also beiderseits die Auswanderung verringern. [. . .] Der Nichtanschluß dagegen, sei es in Form der ‚Selbständigkeit' [sic!] oder irgendeiner politischen Verbindung mit seinen Nachbarn würde für das untervölkerte und wehrlose Österreich der zweiten Hälfte dieses Jahrhunderts eine beständige Überfremdung durch politisch stärkere Nachbarn [. . .] bedeuten."[596] Winkler argumentiert hier vor allem mit wirtschaftlichen Beweggründen und schreibt damit die Legende der österreichischen „Lebensunfähigkeit" fort. Indirekt erteilt er allen Plänen zur Schaffung einer Donaukonföderation eine Absage. Bemerkenswert hinsichtlich der Fortschreibung seiner Überfremdungsängste, hinter denen die Drohung des Geburtenrückgangs stand, ist der Hinweis, daß Österreich in der zweiten Hälfte des Jahrhunderts durch Einwanderung gefährdet sein würde.

Winkler und die „Katholisch-Nationalen"

Winkler war etwa seit den ausgehenden zwanziger Jahren ein Angehöriger der fast ausschließlich im akademischen Milieu angesiedelten „katholisch-nationalen" Gruppierung in der Wiener Gesellschaft. Er selbst äußerte sich in seinen Erinne-

---

593 Vgl. Volk und Reich (1926), 1 – 4; Volk und Reich (1927; 1930 ff.), Mitarbeiterliste.

594 *Kleinwächter / Paller* (Hg.) (1930). Zu den insgesamt 45 Mitarbeitern gehörten u. a. A. Wotawa, K. C. v. Loesch, V. Geramb, K. G. Hugelmann, A. Günther, C. Morocutti, A. Verdroß, A. Merkl und K. Drexel.

595 Im Denken der Katholisch-Nationalen bedeutete der Begriff des „Zusammenschlusses" die enge wirtschaftliche und politische Anbindung Österreichs an Deutschland. Dieser war – siehe oben – nicht unbedingt deckungsgleich mit dem Anschlußbegriff großdeutscher Kreise, der einen Untergang Österreichs implizierte. Vgl. *Eppel* (1980), 321.

596 WW-193004, 435. Winklers Warnungen vor den durch den Geburtenrückgang hervorgerufenen „Entartungserscheinungen" des deutschen Volkes riefen in der Zeitschrift „Grenzland" ein lebhaftes Echo hervor („Der im Ergebnis sehr ernst stimmende Abschnitt über die Bevölkerungsbewegung [. . .] hat in Winkler den berufensten Bearbeiter gefunden."). *Ferdinand Matras,* Die Anschlußfrage, in: Grenzland (1931), 6.

rungen nie zu Kontakten mit Angehörigen dieser Gruppe; den Begriff „katholisch-national" dürfte er nicht gekannt haben.

Die von Peter Broucek u. a. als solche bezeichneten „Katholisch-Nationalen" wurden erstmals von Adam Wandruszka als eine intellektuelle Elite charakterisiert, „die den Volkstumsgedanken Herders und der Romantik sowie das Nationerlebnis des Ersten Weltkriegs und des Kampfes für das Grenz- und Auslandsdeutschtum mit dem Universalismus der alten Reichsidee und den Traditionen der Habsburgermonarchie zur Synthese des Zukunftsbildes einer übernationalen, aber auf den natürlichen Einheiten der Nationen beruhenden Ordnung Mitteleuropas zu vereinen suchte"[597]. Theodor Veiter, der selbst ein Naheverhältnis zu der Gruppe gehabt hatte, lehnte dagegen den Begriff „katholisch-national" zur Charakterisierung einer bestimmten Gesellschaftsgruppe ab. Veiter verwies darauf, daß die soziale Formation, die sich um die Professoren Hugelmann, Menghin u. a. gruppierte, nicht „die Katholischen Nationalen", sondern die „Nationalen Katholiken" genannt wurde. Die Betonung sei stets auf dem Wort „Katholiken" und „niemals" auf dem Wort „Nationale(n)" gelegen.[598] Hanisch subsumiert die selbe Gruppe unter dem Oberbegriff des „Politischen Katholizismus" als „Betont-Nationale".[599]

Hier wird weiterhin am Begriff der „Katholisch-Nationalen" festgehalten. Die Verwendung dieses Begriffs soll jedoch keinesfalls die Existenz einer *homogenen* „katholisch-nationalen" Gruppierung andeuten. Schon Broucek verweist auf den Umstand, daß manche, die nach außen hin gegenüber Schuschnigg sich loyal verhielten, in Wahrheit ein verdecktes Spiel trieben und längst mit den deutschen Nationalsozialisten kooperierten. Auch war die katholische Glaubensüberzeugung bei vielen Nationalen mehr eine demonstrative Haltung denn auf eine tatsächlich vorhandene, mehr oder weniger tief verwurzelte Einstellung zurückzuführen.[600] Wesentlicher als der Streit um die vermeintlich richtige oder falsche Etikettierung eines losen Intellektuellenzirkels ist die Herausarbeitung des in diesem Kreis gepflegten antiliberalen, antisozialistischen und antisemitischen Weltbildes, das stets die Erscheinungen des mit gesellschaftlichem Verfall gleichgesetzten sozialen Wandels anprangerte und eine nebulöse Reichsidee (Wandruszka) kultivierte.

Winklers Zugehörigkeit zu den „Katholisch-Nationalen" wird durch die Tatsache seiner Mitgliedschaft und Mitwirkung in wichtigen Organisationen der katholisch-nationalen Akademikerschaft und seine Mitarbeit an der Zeitschrift

---

[597] Zit. n. *Peter Broucek,* Katholisch-nationale Persönlichkeiten. Wien 1979 (= Wiener katholische Akademie Miscellanea LXII), 3.

[598] *Theodor Veiter,* Stellungnahme zum Arbeitspapier von Herrn Dr. Richard S. Geer für die Wissenschaftliche Kommission zur Erforschung der österreichischen Geschichte der Jahre 1918–1938, Tagung in Wien vom 11.–13. 11. 1980 über „Oswald Menghin, ein Vertreter der Katholischen Nationalen" [ungedr. Manuskript].

[599] *Ernst Hanisch,* Der Politische Katholizismus als ideologischer Träger des „Austrofaschismus", in: Emmerich Tálos / Wolfgang Neugebauer (Hg.), „Austrofaschismus". Beiträge über Politik, Ökonomie und Kultur 1934–1938. Wien 1984, 55.

[600] Vgl. *Broucek* (1979), 11, 15 (Als Beispiel nennt Broucek Arthur Seyß-Inquart).

Schönere Zukunft belegt. Er gehörte jedoch nicht dem inneren Kreis oder gar dem rechten Rand dieser Gruppe an. Die Reichsidee, gleich ob legitimistisch-restaurativer oder mythologisch-"germanischer" Herkunft, spielt in seinen Schriften keine Rolle.

Einer breiteren bürgerlichen Öffentlichkeit war der Name des führenden österreichischen Statistikers spätestens seit der erfolgreichen Durchführung der Volkszählung von 1934 bekannt. In den Jahren 1936 und 1937 wurde sein Lebenslauf erstmals umfassend in zwei Personenlexika verzeichnet, die vor allem die zeitgenössische Wiener Gesellschaft repräsentieren und ihrer Selbstdarstellung dienen sollten.[601] Wissenschaftlern, Publizisten, Künstlern und anderen in der Öffentlichkeit stehenden Menschen, die in derartigen Veröffentlichungen aufscheinen wollten, konnte eine Nahbeziehung zu den Trägern des Ständestaats zumindest nicht schaden: Winkler befürwortete mehrmals öffentlich das ständestaatliche Konzept. Er hoffte zweckoptimistisch, daß die „österreichische Erneuerungsbewegung" gelingen möge.[602] Die Nationalsozialisten sahen nach dem „Anschluß" in ihm einen „treuen Anhänger des früheren Systems mit betont klerikaler Note", der der *Vaterländischen Front* als „freiwilliges Mitglied" beigetreten sei und der sich selbst mit der „Schuschnigg'schen Konzeption" [des Ständestaates, Ergänzung d. Vf.] identifiziert habe.[603]

Die Frage, welche Motive ihn um 1930/33 dazu bewogen, das „katholische" Element in seiner Gedankenwelt so stark zu betonen wie nie zuvor in seiner wissenschaftlichen Laufbahn, läßt sich mit Hilfe lebensgeschichtlicher Angaben annähernd beantworten. Hier wurde bereits erwähnt, daß Winkler seit seiner Studienzeit sich der katholischen Kirche „entfremdet" hatte. Erst seine heranwachsenden Kinder und die Lektüre der Bibel führten ihn nach eigenen Angaben wieder in die Kirche zurück.[604] Die Gründe für seine Wiederannäherung an die katholischen Wurzeln seiner Herkunft dürften jedoch tiefer liegen: Seine kulturpessimistische Grundhaltung, welche die überkommenen, katholisch mitgeprägten Werte von Staat, Religion und Familie als gefährdet betrachtete, ließ ihn in jenen wissenschaftlichen und nichtwissenschaftlichen Institutionen und Vereinen persönlich aktiv werden, die ihm in der Lage erschienen, den Verfallsprozeß dieser Werte aufzuhalten. Die katholische Kirche war eine von diesen Institutionen. Persönliche

---

[601] Vgl. Die geistige Elite Österreichs. Ein Handbuch der Führenden in Kultur und Wirtschaft (Wien 1936), 991–994; vgl. Wer ist wer. Lexikon österreichischer Zeitgenossen. Hg. v. Paul Emödi (Wien 1937), 380 f.

[602] WW-1936-07, 593; vgl. auch WW-1936-11, 1057.

[603] ÖSTA, AdR, Gauakt Dr. Wilhelm Winkler, Internes Schreiben der NSDAP, Amt für Beamte, an die Gauleitung Wien, Gaupersonalamt, v. 14. 11. 1941, Zl. Pol.B./1916; Gaupersonalamt, Polit. Beurteilung, an das Rassenpolitische Amt v. 18. 11. 1941, Zl. Fi/Ra PB 5927; Politische Beurteilung des Dr. Wilhelm Winkler (1938).

[604] Er selbst gab dem „zersetzende[n] Hohn ultraliberaler Professoren an der Universität" Mitschuld an seiner zeitweiligen Lauheit in religiösen Angelegenheiten. *W. Winkler*, Lebensgeschichte (1952), 222.

Kontakte zu Kardinal Innitzer, das Vorhandensein von „anziehenden" Pfarrern in Ober St. Veit, die genaue Beachtung der Sonntagspflichten durch seine Frau[605] und der in der bürgerlich-ländlichen Gegend seiner Wohnung fast obligatorische Besuch der Sonntagsmesse durch seine Kinder mögen diese Wiederannäherung erleichtert und beschleunigt haben. Dazu kam noch, daß der 1933 in Österreich an die Macht gelangte Ständestaat sich als „katholisch" (und national) beschrieb.

Die entscheidende Rückbesinnung zum Katholizismus erfolgte bei Winkler in engem zeitlichen Zusammenhang mit der Etablierung der ständestaatlichen Ideologie. Im folgenden wird gezeigt, wie sehr auf katholische Denkmuster basierende Argumentationsfiguren sich in seinen Schriften aus dieser Zeit niederschlugen. Dabei kann jedoch nicht näher untersucht werden, ob es sich hierbei bloß um ein Zugeständnis an den Zeitgeist handelte, oder ob doch das Wiederaufleben persönlicher Gläubigkeit bei Winkler zu (Wert-)Urteilen führte, die aus seinen früheren Arbeiten nicht bekannt waren: So erscheint z. B. der Geburtenrückgang nicht mehr nur als Ausdruck subjektiver Haltungen der einzelnen Menschen und wirtschaftlicher Hemmungen, sondern Winkler betrachtet ihn als eine Erscheinung, die mit dem „Rückgang der Religiosität der Bevölkerung" und dem Ansteigen der Ehescheidungsziffern parallel läuft.[606] Die Bevölkerungsvermehrung sieht er hingegen in einer Diktion, die an Süßmilch gemahnt, als „die natürliche und gottgewollte Entwicklungsrichtung der Bevölkerungszahl" an.[607] Materielle Hilfeleistungen an kinderreiche Familienväter sollen nicht nur zur Steigerung der Geburtenzahlen beitragen, sondern bilden jetzt auch „eine wichtige Voraussetzung für das Gelingen der Seelenwerbung".[608] Im „Überschuß an Knabengeburten nach Kriegen" erblickt er das Wirken einer göttlichen „Vorsehung", die eine „selbsttätige Ausgleichung verlorengegangener Kräfte bewerkstelligt" habe.[609]

Neben der *Katholischen Akademikergemeinschaft*[610] war vor allem die *Leo-Gesellschaft* für Winkler das geeignetste Forum, um der katholischen Intelligenz seine Theorien über die Ursachen des Geburtenrückgangs nahezubringen. Die Gesellschaft war schon bei ihrer Gründung 1889 mit dem Anspruch aufgetreten, alle „christlichen" Gelehrten Österreichs unter ihrem Dach zu versammeln. 1937 hatte sie 2.396 Mitglieder und Teilnehmer. Bei ihren regelmäßigen Tagungen wurden nicht nur religiöse, sondern auch sozialpolitische und sozialwissenschaftliche Themen beraten. In der Sozialwissenschaftlichen Sektion der LG wurden traditionell

---

[605] Rund 10% der Wiener Katholiken besuchten am Sonntag den Gottesdienst. (*Hanisch,* 1984, 55 f.). Vgl. Gespräche mit Franziska *Winkler* vom 15. 06. 1999 und mit em.Univ.-Prof. Dr. *Othmar Winkler* vom 19. 01. 2000, Protokolle.

[606] Vgl. WW-1938-02, 593.

[607] WW-1935-01, 8.

[608] WW-1936-08, 764.

[609] WW-1938-03, 975.

[610] Vgl. zu Winklers Vortrag „Geburtenrückgang und Familienpolitik" in der Katholischen Akademikergemeinschaft den so übertitelten Artikel in der Neuen Freie Presse vom 22. 04. 1936, 5.

die meisten Vorträge abgehalten, wobei zahlreiche Beiträge aus dem Kreis der Professoren der Rechts- und Staatswissenschaftlichen Fakultät der Universität Wien stammten. Geprägt wurde die Gesellschaft vom Wirken Theodor Innitzers, der von 1912 bis zu seiner Ernennung zum Wiener Erzbischof 1932 das Amt eines Generalsekretärs der LG bekleidete.[611]

Winkler referierte am 10. Oktober 1935 in einem Vortrag, den er im Rahmen sämtlicher Sektionen der LG hielt, über das Thema „Weltanschauliche Strömungen im Lichte der Statistik". Die einleitenden Worte sprach der Ehrenpräsident der Gesellschaft Kardinal Innitzer.[612] Winkler stellt den Geburtenrückgang, die Erhöhung der Kriminalitätsrate und den Rückgang der Zahl der Katholiken als Resultate kirchenfeindlicher „marxistische[r] Agitation" und eines daraus sich ergebenden moralischen Verfalls dar, der bis zum „Volksselbstmord" führen könne. In jenen Bezirken, in denen die Geburten am stärksten zurückgingen, sei auch die Zahl der Katholiken zurückgegangen. „Hinweise auf eine wahrscheinliche Auflockerung der Moral der Bevölkerung" gäben steigende Delikte u. a. gegen die Sittlichkeit und gegen „Staat und Religion". Die zunehmende Religionsfeindlichkeit glaubt er – wenn auch mit Einschränkungen – mit Hilfe der (deutschen) Wahlstatistik messen zu können, die für das Deutsche Reich bis zum Siegeszug des Nationalsozialismus ein Vordringen von Liberalismus und Marxismus gezeigt hätte. Was die statistisch meßbaren Auswirkungen der nationalsozialistischen Weltanschauung betrifft, so will er, etwa bezüglich „der Umkehr des Geburtenrückganges im Deutschen Reich und seinem neuerlichen Auftreten", erst die weitere Entwicklung abwarten, ehe er ein Urteil zu fällen bereit ist.[613] Ursprünglich hatte er geplant, das Vortragsmanuskript zu einem monographischen „Bekenntniswerk eines christlichen Statistikers" zu machen, das den Titel „Weltanschauung in Zahlen" tragen sollte. Im Jahr 1937 lag dann der Text druckfertig vor und wurde vermutlich auch Innitzer zur Einsicht übermittelt.[614] Ein Mann „mit Verlagsbeziehungen", der für die Veröffentlichung sorgen sollte, floh jedoch 1938 aus Wien. Mit ihm verschwand das fertiggestellte Werk, ohne jemals wieder in die Hände seines Verfassers zu gelangen.[615]

Von der LG, die für eine Umgestaltung der österreichischen Gesellschaft im katholischen Geist eintrat, bestanden personelle Querverbindungen zum ÖVVA.

---

[611] *Peichl* (Hg.) (1957), 10 f.; vgl. *Leopold Krebs,* Die Leo-Gesellschaft im Jahre 1932/33, in: Jahrbuch der Leo-Gesellschaft (1933), 205.

[612] *Leopold Krebs,* Die Leo-Gesellschaft im Jahre 1935/36, in: Jahrbuch der Leo-Gesellschaft (1936), 207.

[613] WW-1936-12, 64, 61, 50 (jew. wörtl. Zit.).

[614] DAW, Briefprotokolle von Kardinal Innitzer, Winkler übersendet von ihm verfaßte Arbeiten (18. 09. 1937), Dankschreiben Innitzers an Winkler (21. 09. 1937), 1937, Zl. 2671. Endgültige Sicherheit, daß der Text tatsächlich unter den in den zitierten Protokollen erwähnten „Arbeiten" war, gibt es nicht, da die Originalakten des DAW nicht erhalten geblieben sind.

[615] *W. Winkler,* Lebensgeschichte (1952), 223.

Dieser widmete sich der Pflege von Kontakten zu den deutschsprachigen Minderheiten in den Nachfolgestaaten der Habsburgermonarchie und sollte damit dem Ziel der Regierung dienen, eine eigenständige österreichische Volkstumspolitik aufzuziehen. Diese sollte auf der Grundlage einer „christlich-deutsche[n]" Auslegung des Gedankens der „Volksgemeinschaft" zu einem „wahren Kulturimperialismus" gelangen.[616]

Der Ende 1933 auf Dollfuß' Anregung hin gegründete und von Schuschnigg in das System des Konkurrenzfaschismus inkorporierte Verband steuerte von Anfang an einen Konfliktkurs mit dem nationalsozialistischen Deutschland, das – ausgestattet mit überlegenen Finanzmitteln – die „Volkstumsarbeit" zu monopolisieren versuchte. Gegenstand des katholischen Unmuts gegenüber der Politik des Dritten Reiches war jedoch nicht nur die nationalsozialistische „Volkstumsarbeit", sondern auch die deutsche Kirchenpolitik, die Kardinal Innitzer 1937 in einer Rede vor den Mitgliedern des ÖVVA heftig kritisierte.[617] Ein Ausgleich gelang wenigstens mit der *Südmark,* einer potentiellen Konkurrenzorganisation, der nationalsozialistische Sympathien vorgeworfen worden waren: Schon 1934 wurden führende Funktionäre der beiden Organisationen in den Vorstand der anderen Organisation aufgenommen.[618]

Obmann des Verbandes war seit Jänner 1936 der Historiker und Benediktinerpater Hugo Hantsch (1895–1972), der gleichzeitig *Referent für volksdeutsche Arbeit* in der VF war. Hantsch vertrat die Idee einer Sendung des katholischen „Österreich", womit er sich in einen Gegensatz zu den auf das Deutsche Reich hin orientierten „katholisch-nationalen" Gruppierungen begab. – Weitere Persönlichkeiten, die im Verband leitende Positionen einnahmen, waren u. a. der Geschäftsführer des ÖVVA und Herausgeber der *Österreichischen Korrespondenz für volksdeutsche Arbeit* Dr. Josef Tzöbl und der letzte Parteichef der Christlichsozialen und Unterrichtsminister a. D. Emmerich Czermak (1885–1965).[619] Anfang 1938 zählte der Verband 130 ordentliche Mitglieder, die meist aus dem Bereich der bürgerlichen Intelligenz kamen, und 160 unterstützende Mitglieder. Dazu kamen noch 245 Gemeinden und 27 körperschaftliche Mitglieder. Vorträge zu veranstalten, die

---

[616] *Hugo Hantsch,* Volksdeutsch – christlich-deutsch, in: Österreichischer Verband für volksdeutsche Auslandarbeit (Hg.), Volksdeutsche Arbeit. Jahrbuch 1938, 8; vgl. auch *Josef A. Tzöbl,* Grundsätze der auslandsdeutschen Volkstumspflege in Österreich, in: ebd. (Jahrbuch), 100–103.

[617] Vgl. *Viktor Reimann,* Innitzer. Kardinal zwischen Hitler und Rom. Wien / München 1988, 89.

[618] *Irmgard Bärnthaler,* Die Vaterländische Front. Geschichte und Organisation. Wien-Frankfurt / Zürich 1971, 169 f.

[619] Die meisten Hinweise zur Geschichte der ÖVVA gibt *Bärnthaler* (1971), 169–172. Daneben finden sich über den ÖVVA verstreute Informationen u. a. bei *Gerald Stourzh / Birgitta Zaar* (Hg.), Österreich, Deutschland und die Mächte. Internationale und österreichische Aspekte des „Anschlusses" vom März 1938. Wien 1990 (= Österreichische Akademie der Wissenschaften. Veröffentlichungen der Kommission für die Geschichte Österreichs; 16), 363 f., und bei *Garscha* (1984), 343.

nicht nur im Rahmen des Verbandes und seiner Ortsgruppen, sondern beispielsweise auch in Zusammenarbeit mit der LG, der VF und dem *Cartellverband* (CV)
durchgeführt wurden, war ein wichtiger Bestandteil seiner Aktivitäten.[620]

Es ist nicht bekannt, wann genau sich Winkler dem ÖVVA anschloß. Sein Beitritt zum Verband ist wohl als Demonstration seiner Unterstützung der Dollfuß-
Schuschniggschen Politik gegenüber den Auslandsdeutschen zu werten. Der Umstand, daß er ein bekannter Minderheitenforscher und der einzige in diesem Kreis
war, der über statistische Fachkenntnisse verfügte, verlieh seiner Mitgliedschaft
ein gewisses Gewicht, auch wenn er nicht im Vorstand tätig war. Außerhalb seines
eigentlichen Berufsfeldes trat er nie als Vereinsfunktionär hervor. So vermied er es
auch im ÖVVA, seinen Einfluß stärker geltend zu machen. Er erblickte stets seine
Hauptaufgabe darin, die Entwicklung der Statistik voranzutreiben.[621] Die Förderungsgesellschaft seines Instituts bekundete hingegen am 14. Mai 1937 in einem
Schreiben an den ÖVVA ihr Interesse an einer direkten und kontinuierlichen Zusammenarbeit und lud den Verband ihrerseits zum Beitritt ein, was dieser mit
einem Jahresbeitrag von 20,–öS umgehend tat.[622]

Der einzige schriftliche Beitrag, den Winkler für den ÖVVA verfaßte, war ein
1938 veröffentlichter Aufsatz mit dem Titel „Wächst das deutsche Volk?" Darin
schätzt er, daß die Zahl der Deutschen in der Welt zwischen 1925 und 1936 um
4,90% auf 99 Mio. gestiegen sei und 1937 bereits nahe an die 100-Millionen-Zahl
herangereicht habe. Dieses Wachstum verkehre sich jedoch in eine verhältnismäßige Abnahme, wenn man einerseits die größere Vermehrung der slawischen Völker
berücksichtige und andererseits festhalte, daß allein in Österreich unter Anwendung der Kuczynskischen Reproduktionsziffer „an die Stelle von je hundert der
heutigen Müttergeneration" nur 64 Töchter träten.[623]

5. Familiale Gemeinsamkeit im Schatten der Wissenschaft

Anfang der zwanziger Jahre zeichnete sich in Österreich eine zaghafte wirtschaftliche, soziale und politische Erholung in Österreich ab. Hand in Hand mit
dieser relativen „Beruhigung" ging bei Winkler auch die Festigung seiner beruf-

---

[620] Vgl. ÖSTA, AdR, Sammlungen 61 / Ve 7: ÖVVA, Tätigkeitsbericht für die Generalversammlung am 28. 01. 1938.

[621] Winkler nahm offenbar an keiner Hauptversammlung des ÖVVA zwischen 1935 und
1938 teil. In zwei Fällen war er eine von mehreren bekannten Persönlichkeiten, die ihr Fernbleiben formell entschuldigt hatten. Vgl. ebd. (ÖSTA, AdR), Verhandlungsschriften über die
am 22. 11. 1935 und am 28. 01. 1938 abgehaltenen Hauptversammlungen.

[622] Ebd., Verhandlungsschrift über die am 28. 05. 1937 abgehaltene Sitzung des Vorstands.
E. Czermak schlug bei dieser Sitzung vor, den Angehörigen des Ausschusses der Förderungsgesellschaft nahezulegen, dem Verband beizutreten. Nach *Voithofer* (1998), 594, entsprachen
20,– öS einem heutigen Wert von etwa 51,– EUR.

[623] WW-1938-07, 59; 61 (wörtl. Zit.).

lichen und privaten Lebensverhältnisse: Nachdem er Klara Deutsch geheiratet hatte, mietete Winkler für sich und seine Gattin eine Gartenvilla in Dornbach bei Wien.[624] Die Villa war nicht beheizbar, so daß die Jungverheirateten im Oktober 1918 eine Wohnung in der Josefstädterstraße im 8. Bezirk bezogen, in der sie zwei Jahre blieben. Der 11. Juli 1920 markierte mit der Übersiedlung nach Hietzing[625] jenen Tag, an dem Winklers häufige, mit seinen wechselnden Dienstverhältnissen in verschiedenen Ämtern parallel laufenden Wohnungswechsel ihr Ende fanden: Damals konsolidierte sich seine berufliche Stellung in der StZK; gleichzeitig lief seine Habilitierung für Statistik an der Universität. So konnten er und seine Frau darangehen, eine endgültige Bleibe zu suchen. Diese war in Ober St. Veit, ein damals noch ländlich geprägter Ort im dreizehnten Wiener Gemeindebezirk Hietzing. Die ländliche Umgebung seiner kleinen Mietwohnung in der Ghelengasse 30 bot für den passionierten Naturfreund Winkler viele Ausflugsmöglichkeiten. Das war für ihn wichtiger, als im Zentrum der Stadt zu leben und in der Nähe seiner Arbeitsstätten und der Orte bürgerlicher Musik- und Theaterkultur zu sein. Daß er sich gerade im peripheren Wald- und Wiesengürtel Wiens ansiedelte, verweist auch darauf, daß es ihm mehr auf die Kultivierung familialer Zurückgezogenheit ankam denn auf die Pflege von Bekanntschaften mittels Empfang von Besuchen in der eigenen Wohnung.[626] – Ein erster mit Klara verbrachter Sommerurlaub in Mallnitz (Kärnten) zeigt gleichfalls die geglückte Konsolidierung in seinem privaten Leben an.[627]

Winkler folgte in seinem privaten Leben ganz dem bürgerlichen Modell des Rückzugs in die Familie nach Beendigung des Arbeitstages. Es gab kaum Besuche von Freunden in Ober St. Veit. Er selbst besuchte nur einmal Spann in dessen Wohnung, um ihm einen Sack Kohlen mitzubringen – in einer Zeit des akuten Mangels an Heizmaterial ein willkommenes Geschenk. Klara Winkler erfüllte ihrerseits die Pflichten einer Hausfrau und Mutter, wie sie dem aus dem 19. Jahrhundert stammenden bürgerlichen Familienmodell entsprachen.[628] Am 8. Jänner 1921 wurde der älteste Sohn der beiden geboren. Er erhielt den Namen Erhard. Ihm folgte am 5. Juni 1923 ein zweiter Sohn, der auf Spanns Vornamen Othmar getauft wurde.[629]

Winkler betrachtete sich selbst als „Familienmensch" im überlieferten bürgerlichen Sinn. Allerdings stand er regelmäßig vor einem Dilemma: Einerseits widmete er sich mit aller Kraft seiner beruflichen Doppelstellung als Beamter und als Hochschullehrer. Seine großen physischen Anstrengungen führten dazu, daß er

---

624 PNWW, Mein üb erreich bewegtes Leben, Fragm. 2, 138 f.

625 WSLA, Meldearchiv, W. Winkler.

626 Vgl. Gespräch mit em.Univ.-Prof. Dr. *Othmar Winkler* vom 19. 01. 2000, Protokoll.

627 PNWW, Mein üb erreich bewegtes Leben, Fragm. 2, 151; 4.

628 Vgl. ebd., Fragm. 2, 7 f. Dazu muß bemerkt werden, daß die Quellenlage es dem Vf. nicht erlaubt, Rolle und Selbstbilder Klara Winklers zu beschreiben, die über das hinausreichen, was die „männlich" und „bildungsbürgerlich" gefärbte Perspektive ihres Gatten über sie aussagt.

629 ÖSTA, AdR, BMU, PA Prof. Dr. Wilhelm Winkler 10 / 101 / 02.

mindestens einmal vorübergehend gesundheitlichen Schaden nahm.[630] Andererseits zahlte seine Familie dafür den Preis, daß der Vater oft nicht zu Hause war.

Zunehmend ans Herz wuchsen ihm seine beiden Söhne Erhard (*1921) und Othmar (*1923), die Ende der zwanziger Jahre bereits in einem Alter waren, in dem sie ihrem Vater helfen konnten, Vögel zu beringen. Diese Tätigkeit war eine seiner Lieblingsbeschäftigungen in der Freizeit. Er selbst arbeitete vermutlich seit seiner Teilnahme an der Königsberger Tagung der DStG (1925) mit der ostpreußischen Vogelwarte Rossitten zusammen.[631] Er beteiligte sich jedoch auch an den Veranstaltungen der Wiener *Zoologisch-Botanischen Gesellschaft,* für die er am 11. März 1930 im IStMV über die „Statistik der freilebenden Vögel" referierte. Die Fragestellungen zu seinen Untersuchungen über die Vögel-Population formulierte er analog zu seinen bevölkerungsstatistischen Studien. So kamen wiederum – anhand von Vögeln – Untersuchungen über Zahl, Alter, Geschlecht, Vermehrungs- und Wanderungsverhältnisse sowie über die Sterbehäufigkeit in seinen Gesichtskreis.[632]

Die gemeinsam mit seinen beiden älteren Söhnen im Lainzer Tiergarten betriebene ornithologisch-demographische Forschung gab ihm Gelegenheit, seiner Neigung nachzugehen, sich in der freien Natur zu bewegen. Er besaß im übrigen eine Sondererlaubnis, den sonst für das Publikum gesperrten Bereich des Tiergartens zu betreten. Daneben unternahm er trotz seiner Kriegsverletzung, auch als jahrzehntelanges Mitglied des *Deutschen und Österreichischen Alpenvereins,* weiterhin Wander- und Klettertouren in den heimischen Alpen. Außerdem betätigte er sich mit Vorliebe abseits der ausgefahrenen Pisten als Schiläufer.[633]

Im Jahr 1926 vergrößerte sich der Winklersche Haushalt gleich um drei Personen: Am 18. Jänner 1926 wurde der dritte Sohn Berthold geboren, dem am 23. Dezember 1926 die weiblichen Zwillinge Hildegard und Gertraud folgten. Die Zwillingsgeburt verlief unglücklich, da die Ärzte viel zu spät bemerkt hatten, daß nach dem ersten, gesund geborenen Kind noch ein zweites im Bauch der Mutter verblieben war. Erst als dieses infolge Sauerstoffmangels schwere geistige und körperliche Schäden davongetragen hatte, leiteten die Ärzte die Geburt ein. Der Hausarzt der Familie Dr. Musger wollte es, obwohl selbst tief katholisch, sterben lassen, doch Winkler hatte einen Kollegen unter den Medizinern der Universität, der ihm versprach, für das Kind alles Menschenmögliche zu tun. So wurde die kleine Gertraud nach längerer Verweildauer im Brutkasten nach Hause gebracht und von der Mutter aufgezogen. Sie mußte jedoch im Alter von ca. drei Jahren in ein Heim

---

[630] So brach er am Ende seiner Arbeit am „Statistischen Handbuch des gesamten Deutschtums" „gesundheitlich vollständig zusammen". WW-1927-02 („Gegenbemerkungen zu Hermann Rüdigers Kritik"), 730.

[631] Vgl. *Erhard M./Othmar W. Winkler,* Persönliches aus dem Leben des Jubilars [ungedrucktes Manuskript, 1987], [2]; vgl. PNWW, Mein überreich bewegtes Leben, Fragm. 4; 26, 28.

[632] Vgl. WW-1930–08.

[633] Vgl. PNWW, Mein überreich bewegtes Leben, Fragm. 2, 15 f.; vgl. Gespräch mit em.Univ.-Prof. Dr. *Erhard Winkler* vom 27. 12. 1999, Protokoll.

gegeben werden. – Gertraud Winklers tragisches Schicksal – s. dazu Kap. IV. 3 – bildete für die Ehebeziehung von Klara und Wilhelm Winkler eine unterschwellig weiterwirkende Belastung, da die Mutter im Gegensatz zum Vater anfangs dagegen gewesen war, das Kind aufzuziehen. Das Thema wurde zwischen den Eltern und innerhalb der Familie zum Tabu, das die übrigen Geschwister nur schrittweise durchbrechen konnten.[634]

Die Tabuisierung führte dazu, daß Winkler in seinen Lebenserinnerungen angab, vier und nicht, wie es richtig gewesen wäre, fünf Kinder (gehabt) zu haben. In merkwürdigem Widerspruch zu seinen Bemühungen, die eigene behinderte Zwillingstochter unmittelbar nach der Geburt unter allen Umständen am Leben zu erhalten, stehen seine eugenischen Überlegungen, die er Jahre später in einer Studie über die österreichische Bevölkerungslage zur Säuglingssterblichkeit anstellte.[635]

Sportliche Betätigung bedeutete Winkler sehr viel, auch wenn er gezwungen war, sich in dieser Hinsicht aus beruflichen Gründen etwas einzuschränken. Das Geräteturnen betrieb er jedenfalls weiterhin. Einer, der auch breitere Kreise der Bevölkerung für das Turnwesen begeistern wollte, war der Professor für Lehre und Geschichte der Leibesübungen an der Universität Wien Erwin Mehl (1890–1984). Dieser war ein bekannter Streiter für die Verwurzelung des Turnens im „Deutschtum". In der von ihm seit 1922 geleiteten Wiener Universitätsturnanstalt hatte Mehl eine „Professorenriege" von turnbegeisterten (und weltanschaulich einander nahestehenden) Hochschullehrern gebildet, die im Turnsaal des Universitätshauptgebäudes sich zu regelmäßigen, entweder frühmorgendlichen oder abendlichen Übungen trafen. Mitglieder waren außer Winkler u. a. der Chirurg Anton v. Eiselsberg (1860–1939), der Theologe Theodor Innitzer (1875–1955) und der Osteuropahistoriker Hans Uebersberger.[636]

Winklers Kontakte mit Eiselsberg erwiesen sich für ihn als nützlich, denn nachdem er 1927 von seiner Heimreise vom ISI-Kongreß in Tokio[637] eine schwere Infektion mitgebracht hatte, bedurfte er dringend ärztlicher Hilfe, zumal sich zu der Infektion eine Venenentzündung in beiden Oberschenkeln gesellte. Daheim mußte er mit Schrecken feststellen, daß alle seine vier [sic!] Kinder an Diphtherie erkrankt und in Spitalsbehandlung waren. Immerhin befanden sie sich aber bereits wieder auf dem Weg der Besserung. Er selbst mußte sich in der I. Chirurgischen Universitätsklinik einer wochenlangen Behandlung mit Blutegeln unterziehen.[638]

---

[634] Vgl. Gespräch mit Dkfm. *Berthold Winkler* vom 27. 07. 1999, Protokoll.

[635] Vgl. PNWW, Mein überreich bewegtes Leben, Fragm. 4, 24 („Gehäuftes Unglück in der Kinderstube"); vgl. WW-1935-01, 24.

[636] Vgl. Hofrat emerit. Univ.-Prof. Dr. jur. Wilhelm Winkler, in: Wiener Sprachblätter (1984), 102; vgl. PNWW, Mein überreich bewegtes Leben, Fragm. 6, 144; vgl. Zur Weltgeschichte der Leibesübungen. Festgabe für Erwin Mehl zum 70. Geburtstag. Hg. v. *Rudolf Jahn*. Frankfurt / Main 1960, 139–143; vgl. *Kürschner* (1976), 2049, s. v. Mehl, Erwin.

[637] Vgl. Kap. III. 3. a).

[638] PNWW, Mein überreich bewegtes Leben, Fragm. 6, 144.

Ein amtsärztliches Zeugnis bescheinigte ihm ein Jahr danach zwar eine „kräftige Konstitution" bei vollkommener geistiger und körperlicher Gesundheit. Seit er aus Tokio zurückgekehrt war, traten jedoch oft mehrmals im Jahr wiederkehrende Venenentzündungen auf, die auch immer wieder seine wissenschaftlich-literarische Produktion hemmten.[639]

Klara Winkler war ganz auf ihre Rolle als Hausfrau und Mutter beschränkt. Zeitweise half sie ihrem Mann jedoch bei der Abfassung von wissenschaftlichen Arbeiten, indem sie sich seine stets in Gabelsberger Stenographie verfaßten Texte vorlesen ließ und immer dann eingriff, wenn bestimmte Passagen ihrem „Hausverstand" widersprachen. Wenn seine gewöhnlich stenographierten Briefe zu Hause einliefen, las sie diese den Kindern vor. Außerdem pflegte sie mit den Kindern Schulaufgaben zu machen.[640] Von der Berufswelt ihres Ehemannes wurde sie weitgehend ausgegrenzt. Dies hing auch damit zusammen, daß es im Hause Winkler fast gar keine Besuchskultur gab, wie sie sonst in bürgerlichen Kreisen sehr verbreitet war und bei der die „Hausfrau" gewöhnlich eine wichtige Rolle einnahm. Doch Klara beaufsichtigte die Dienstboten, ein Kindermädchen und ein Dienstmädchen, von denen letzteres im Haus wohnte. Hielt ein Haushalt mindestens zwei Dienstboten, wurde dies damals nach außen hin als Ausdruck der „Bürgerlichkeit" einer Familie gewertet.[641]

Als Ausdruck von Bürgerlichkeit galten auch alle Werthaltungen und Verhaltensweisen, die sich rund um die „bürgerliche" Pflege der Hochkultur rankten. Winkler war ein Liebhaber der Kammermusik und spielte gern selbst klassische Klaviermusik.[642] Er schätzte aber auch die deutsche Klassik. Goethe und Schiller zitierte er sogar in seinen wissenschaftlichen Werken, vor allem dann, wenn sie sich als Kronzeugen für die Bewahrung des Deutschtums in andersnationaler Umgebung gebrauchen ließen.[643] Daneben rezipierte er aber auch die deutschnationalen Literaten der zwanziger und dreißiger Jahre, die in Josef Weinheber (1892–1945)[644] einen Vorreiter zur Wahrung der „Reinheit" der deutschen Spra-

---

[639] PNWW, Amtsärztliches Zeugnis v. 26. 11. 1928; *W. Winkler,* Lebensgeschichte (1952), 219.

[640] Gespräch mit Dkfm. *Berthold Winkler* vom 27. 07. 1999, Protokoll.

[641] Vgl. ebd. Zu der in der Forschung viel diskutierten Frage, ob die gesellschaftlichen und politischen Umbrüche des ausgehenden 19. Jahrhunderts und die Folgen des Ersten Weltkriegs die Anwendung der Begriffe „Bürgertum" und „Bürgerlichkeit" noch als annehmbar erscheinen lassen, vgl. ablehnend *Hans Mommsen,* Die Auflösung des Bürgertums seit dem späten 19. Jahrhundert, in: Jürgen Kocka (Hg.), Bürger und Bürgerlichkeit im 19. Jahrhundert. Göttingen 1987, 288–315, und, damit den gegenwärtigen Stand der Forschung wiedergebend, zustimmend (auch für die Zeit nach 1945) *Hannes Siegrist,* Ende der Bürgerlichkeit? Die Kategorien „Bürgertum" und „Bürgerlichkeit" in der westdeutschen Gesellschaft und Geschichtswissenschaft in der Nachkriegsperiode, in: Geschichte und Gesellschaft 20 (1994), 549–583.

[642] Vgl. Gespräch mit *Franziska Winkler* vom 15. 06. 1999, Protokoll.

[643] Vgl. z. B. WW-1923-01, 7.

[644] Zu Weinheber vgl. ÖPL (1992), 518 f.

che besaßen. Weinhebers Eintreten gegen den „Sprachverfall" traf sich ideologisch insofern mit Winklers literarischem Kampf gegen den „Geburtenrückgang", als beide öffentlichkeitswirksame Manifestationen des unter den Konservativen und Konservativ-Nationalen herrschenden Kulturpessimismus waren. Die Leitfigur der Zivilisationskritiker und Kulturpessimisten war Oswald Spengler, dessen quasi soziologische Abhandlung über das künftige Schicksal Europas „Der Untergang des Abendlandes" (1918/22) ebenfalls zu seiner Lektüre zählte.[645] Doch obwohl es Mode geworden war, Spengler auch in Arbeiten mit wissenschaftlichem Anspruch zu zitieren,[646] unterließ dies Winkler, der in seinen Werke mit höherem Anspruch nie – mit Ausnahme von Goethe und Schiller – fachfremde Autoren und schon gar nicht zeitgeistige Publizisten erwähnte, auch wenn sie wie Spengler zentrale Elemente auch des wissenschaftlichen Diskurses verbreiteten. Kehrseite seines publizistischen Engagements gegen den „Geburtenrückgang" und den „Verfall der Familie", um nur die wichtigsten Topoi aus Winklers kulturkritischer Einstellung zu nennen, war seine Ablehnung mancher Erscheinungsformen der modernen Kunst. Als der *Österreichische Werkbund* Anfang der dreißiger Jahre unter Mitarbeit von Clemens Holzmeister, Adolf Loos u. a. in seinem Wohnbezirk Hietzing die „Werkbundsiedlung" errichtete und damit in der internationalen Architekturszene für großes Aufsehen sorgte,[647] fand er ein in seinem Verständnis häßliches „Schachtelwerk" in seiner unmittelbaren Nähe vor, was ihn dazu veranlaßte, bei Familienspaziergängen, die in die Nähe der Siedlung führten, stets seinen Unmut darüber zu äußern.[648]

Die katholischen Elemente in Winklers Erziehung, die über Jahrzehnte hindurch nur verschüttet, doch nicht völlig aus seinem Bewußtsein verdrängt worden waren, ließen sich, wie im vorangegangenen Kapitel gezeigt, bei Vorhandensein günstiger sozialer Bedingungen zumindest für einen gewissen Zeitraum wiederbeleben und in die soziale Praxis transformieren. Wichtiger Bestandteil des Familienlebens war denn auch der gemeinsame sonntägliche Meßbesuch in der nahegelegenen Klosterkirche. Winklers Söhne taten Dienst als Ministranten. Winkler selbst scheint im Lauf der späteren zwanziger Jahre wieder in die Kirche gefunden zu haben. Er blieb aber einer eigenen, undogmatischen und von pantheistischen Anklängen durchsetzten Religiosität treu.[649] Er verfügte über gute Kontakte zu klerikalen Kreisen. Der aus Nordböhmen stammende Hochschullehrer Theodor Innitzer, der im Studienjahr 1928/29 das Amt eines Rektors der Universität bekleidete und

---

[645] PNWW, Mein überreich bewegtes Leben, Fragm.

[646] Vgl. *Burgdörfer* (1938), 330; 439; ders., Völker am Abgrund. 2., verm. Aufl. München/Berlin 1937, 11.

[647] ÖL, Bd. 2 (1995), 618.

[648] „[. . .] Und dann wurde die berühmte Werkbundsiedlung gebaut [. . .], wo mein Vater furchtbar geschimpft hat über die scheußlichen Häuser. Ich weiß, ich war ein Kind, wir sind dort spazieren gegangen, und da wurde geschimpft [lacht]." (Gespräch mit Dkfm. *Berthold Winkler* vom 27. 07. 1999, Protokoll).

[649] Vgl. *E./O. Winkler,* Persönliches aus dem Leben des Jubilars (1987), [3].

1932 Erzbischof von Wien wurde, war schon in den zwanziger Jahren mit Winkler bekannt. Die Verbindung der beiden wurde dadurch begünstigt, daß sie in nationalen Fragen ähnliche Auffassungen vertraten. Näher kennengelernt dürften sie sich in der Professorenmensa haben, als sie gemeinsam das Mittagmahl einnahmen.[650] Vielleicht kam Winkler über seine Bekanntschaft mit Innitzer in die *Österreichische Leo-Gesellschaft* (LG), welche die betont katholischen Hochschullehrer zu Tagungen versammelte.[651]

Zu seiner eher unkonventionellen Haltung in der Ausübung von Religion gehörte die Lektüre der deutschsprachigen Ausgabe des Neuen Testaments während der Messe. Diese wurde damals in lateinischer Sprache – der offiziellen Kirchensprache – zelebriert.[652] Versuche, dem Deutschen innerhalb der Kirche mehr Geltung zu verschaffen, wurden von katholischen Amtsträgern mit Skepsis aufgenommen. Nur einige betont national eingestellte Kirchenmänner wie z. B. der Wiener Prälat Jakob Fried (1885 – 1967)[653] traten dafür ein, die deutsche Sprache in der Seelsorge vermehrt zu verwenden, ohne aber das Monopol des Lateinischen bei liturgischen Handlungen anzutasten. Fried, damals Generalsekretär des *Katholischen Volksbundes,* war einer der wichtigsten Mitarbeiter des ÖVVA, in dem er seinem seelsorglichen Anliegen eine minderheitenpolitische und deutschtumsfreundliche Ausrichtung verlieh.[654] Prälat Fried war einer jener „anziehenden" Pfarrer, mit der die Familie Winkler in den dreißiger Jahren in seelsorgliche Berührung kam. Winkler kannte diesen Prälaten wie auch den damaligen erzbischöflichen Sekretär Jakob Weinbacher (1901 – 1985)[655] persönlich. Den Kardinal-Erzbischof selbst achtete er hoch. Doch gerade der Prälat sorgte nach dem Krieg wider Willen dafür, daß sich Winkler wieder von der Kirche und ihrem Klerus distanzierte. Als Fried nämlich in „einen enormen Homoskandal" verwickelt und erpreßt wurde, reagierte Winkler tief betroffen. Er vermied nunmehr den allwöchentlichen Kirchgang: Wenn die übrigen Familienmitglieder die Sonntagsmesse besuchten, „ging er in den Wald beten".[656]

Die Religion spielte eine wichtige Rolle bei der Sozialisierung von Erhard, Othmar, Berthold und Hildegard Winkler, obwohl ihr Vater der Amtskirche gegenüber ambivalent eingestellt war. Die Kinder besuchten zwar keine katholischen Schu-

---

[650] Vgl. Gespräch mit Dkfm. *Berthold Winkler* vom 27. 07. 1999, Protokoll.

[651] Vgl. Theodor *Innitzer,* Die Leo-Gesellschaft im Jahre 1927 / 28, in: Jahrbuch der Leo-Gesellschaft (1928), 303 – 315; ders., Die Leo-Gesellschaft im Jahre 1930 / 31, in: Jahrbuch der Leo-Gesellschaft (1931), 239 – 250.

[652] Vgl. *E. / O. Winkler* (1987), [3].

[653] Vgl. ÖL, Bd. 1 (1995), 352, s. v. Fried, Jakob.

[654] Vgl. *Jakob Fried,* Seelsorge und Muttersprache, in: ÖVVA (Hg.), Volksdeutsche Arbeit. Jahrbuch 1937, 27 – 29.

[655] Zu letzterem vgl. Jakob Weinbacher an der Seite von drei Kardinälen (Nachruf), in: Wiener Kirchenzeitung Nr. 25 vom 23. 06. 1985, 24.

[656] Gespräch mit em. Univ.-Prof. Dr. *Erhard Winkler* vom 27. 12. 1999, Protokoll, wörtl. Zit.

len, doch wuchsen sie im katholischen Milieu auf. Treibende Kraft bei der katholischen Erziehung der Kinder war die Mutter. Ihr Vater war in der Öffentlichkeit als Katholik hochangesehen, und sogar der Hausarzt war tief katholisch. Der sonntägliche Kirchgang mußte für die Schule bewiesen werden. Dem Schulfach Religion maß der Vater eine gegenüber den anderen Gegenständen hervorgehobene Bedeutung bei. Von seinen Kindern verlangte er in diesem Fach gute Noten. Als jedoch einer seiner Söhne den Religionsunterricht störte, über ihn Klage geführt wurde und er davon erfuhr, mußte der Übeltäter als Strafe eigenhändig im Garten einen Stock abschneiden und wurde damit fürchterlich verprügelt. Winkler hatte im Jahr 1931 in der Nähe der Wohnung einen eigenen Garten gekauft. Der Zweck dieses „Wiesengrundes" war weniger, den Kindern Möglichkeiten zum Spielen zu geben, als dem väterlichen Bedürfnis nach Anlage eines Obst- und Gemüsegartens Rechnung zu tragen. Nichtsdestotrotz wurden die Kinder „je nach ihrer Stärke" (so W. Winkler) mit Gartenarbeiten beschäftigt, was die dazu herangezogenen „weißen Sklaven" (so einer der Söhne im Interview) jedoch gar nicht guthießen. Das war jedoch noch nicht alles: Der Vater stellte nämlich im Garten ein Turngerät mit Kletterstange, Ringen, Trapez und einem Reck auf, auf dem alle Kinder, dem Beispiel des Vaters folgend, regelmäßig zu einfachen Turnübungen angehalten wurden. Besonders die jüngeren Kinder Berthold und Hildegard fürchteten ihren Vater, den sie aufgrund seiner späten Heimkehr an Wochentagen kaum zu Gesicht bekamen. Winkler zeigte vor seinen Kindern bis zu seinem tiefen Fall im Jahr 1938 kaum Schwächen: Nur einmal löste er bei seinen Angehörigen leichtes Erstaunen aus, als er von der Feier, die der Amtseinführung seines neuen Präsidenten Drexel etwas schwankenden Schrittes eintraf. Drexel hatte nämlich bei der „Jause" in der eigenen Wohnung außer Wein und Selchfleisch nichts angeboten, sodaß er nolens volens zum ungeliebten Alkohol greifen mußte, obwohl seine „Trinkfestigkeit" denkbar gering war.[657]

Die Mutter war im Gegensatz zum Familienoberhaupt zumindest an Wochentagen im Haushalt allgegenwärtig. Sie überwachte das zwischen zwei und vier Uhr nachmittags herrschende Lernverbot, das die Kinder zum Aufenthalt im Freien nutzen mußten, und war ihnen danach bei den Schulaufgaben behilflich. Sie selbst lernte Latein im Selbstunterricht, um Erhard und Othmar beim Lateinstudium Nachhilfe zu geben. Nur dann, wenn es größere Lernschwierigkeiten gab, mußte der Vater einspringen und versuchen, den Griechisch- und Mathematik-Schwächen seiner Söhne abzuhelfen. Diese wurden nicht nur mit den Vorlieben ihres Vaters für die Natur vertraut gemacht, sondern waren auch dazu ausersehen, die musikalische Tradition der Familie weiterzutragen. Diese Tradition wurde durch ein eigenes häusliches Quartett gepflegt, das barockes und klassisches Repertoir erarbeitete. Der Vater selbst spielte Klavier, und die Söhne spielten Querflöte (Erhard), Violine (Othmar) und Blockflöte (Berthold). Den Rahmen für die Hausmusik bil-

---

[657] Vgl. die Protokolle der Gespräche mit em. Univ.-Prof. Dr. *Erhard Winkler* vom 27. 12. 1999, em. Univ.-Prof. Dr. *Othmar Winkler* vom 19. 01. 2000 und mit Dkfm. *Berthold Winkler* vom 27. 07. 1999.

dete übrigens ab 1936 eine um ein Zimmer größere Wohnstätte, die ein Stockwerk oberhalb der ehemaligen Wohnung der Familie gelegen war. In dem neuen Domizil, das Winkler bald liebgewann, blieb er bis zu seinem Lebensende. Es umfaßte einen Wohnraum, ein Musikzimmer, ein Eltern-Schlafzimmer, eine Küche und ein Dienstbotenzimmer. Vom Balkon aus, den er häufig als Arbeitsplatz nutzte, konnte man bei klarem Wetter bis in die slowakischen Karpaten sehen.[658]

Klara Winkler wurde von ihrem Gatten überaus geschätzt; sie soll sich selbst als die „Ehefrau des Professors" gefühlt und sich seiner männlich geprägten Sicht der Rollenaufteilung zwischen den Ehepartnern und den Funktionen der Ehe gefügt haben. Nach Winklers Vorstellung sollte die Gattin eine gute „Hauswirtin" darstellen und „vor allem eine verständnisvolle Lebenskameradin des Mannes und Erzieherin der Kinder sein".[659] Winkler definierte die Ehe „im christlichen Sinne als dauernde, unauflösliche Gemeinschaft zur Kinderhervorbringung und Aufzucht".[660] Klaras jüdische Herkunft tabuisierte er solange, bis das nationalsozialistische Regime nach dem „Anschluß" 1938 begann, alle Menschen, die es als „Juden" und „jüdisch versippt" brandmarkte, systematisch zu verfolgen. Winkler pflegte seine persönliche Spielart des Antijudaismus. Für ihn gab es „gute" und „schlechte" Juden, wobei Momente der sozialen und der geographischen Herkunft seiner Projektionsobjekte stets die Stoßrichtung entsprechender Aussagen und Bermerkungen beeinflußten: Einerseits achtete er Wissenschaftler jüdischer Herkunft (z. B. Kuczynski oder Würzburger) und seine jüdischen Amtskollegen, mithin akademisch Gebildete, die in seinen Augen auf der selben sozialen und kulturellen Stufe standen wie er selbst. Auch sein zeitweiliger Mitarbeiter Dr. Gregor Sebba, der oft in die Ghelengasse kam, um dem Institutsvorstand Arbeiten zu bringen oder Aufträge zu nehmen, war jüdischer Herkunft[661]; seine eigene Ehefrau, die er freilich nicht als eine „Jüdin" ansah, schätzte er zutiefst. Andererseits vermied er den Kontakt mit Kaufleuten, die er als „Juden" identifizierte. – Ein „alltäglicher" Antisemitismus, den er im familiären Kreis an den Tag legte, wandte sich gegen jene galizischen Juden, die um 1915/18 nach Wien eingewandert waren, und gegen die jüdische Präsenz in der Belletristik. Winkler war kein rassischer, sondern ein „gemäßigter" Antisemit, jedenfalls im Vergleich zu seiner Frau, welche die eigentliche „antijüdische Partei" im Haushalt war. Mit Klaras weitgehender Abkoppelung von ihrem jüdischen Herkunftsmilieu und ihrem Aufgehen in der nichtjüdischen Umgebung – ein Verhalten, das auch bei anderen Professorengattinnen festzustellen war – ging ihre Abneigung gegenüber der Wiener jüdischen Kultusgemeinde einher.[662]

---

[658] Vgl. ebd.; vgl. PNWW, Mein überreich bewegtes Leben, Fragm. 4, 32 f.

[659] WW-1936-07, 27.

[660] WW-1938-03, 975.

[661] Vgl. Gespräch mit em. Univ.-Prof. Dr. *Othmar Winkler* vom 19. 01. 2000, Protokoll. G. Sebba emigrierte 1938 in die Vereinigten Staaten, wo er während des Kriegs zum Generalsekretär der Austrian Action, eine der bedeutendsten Organisationen der Exilösterreicher in den USA, aufstieg. Vgl. Österreicher im Exil. USA 1938–1945. Eine Dokumentation. Hg. vom Dokumentationsarchiv des österreichischen Widerstandes. Bd. 2. Wien 1995, 250.

Bei der Volkszählung von 1934 bekannten sich in Wien 175.318 Menschen zur israelitischen Religionszugehörigkeit, das waren 91% der in Österreich lebenden Juden. Diese stellten 2,80% der österreichischen Gesamtbevölkerung.[663] Die Zahl der jüdisch-christlichen Mischehen, die sich seit 1914 verdoppelt hatte, soll 28% aller jüdischen Eheschließungen betragen haben.[664] Offiziell wurde den Juden im katholischen Ständestaat staatsbürgerliche Gleichberechtigung zugesichert. Auf unteren Funktionärsebenen des Regierungslagers, in der katholischen Kirche und in der Öffentlichkeit wurden jedoch antisemitische Äußerungen als Ausdrucksmittel in politischen Auseinandersetzungen weithin akzeptiert. Gewalt gegen Juden und jüdische Einrichtungen nahm schon vor dem „Anschluß" zu. Die Speerspitze eines sich verschärfenden rassischen und gewaltbereiten Antisemitismus war die Wiener Universität. Die Wiener *Deutsche Studentenschaft* war bereits 1932/33 nationalsozialistisch geworden.[665] Auf akademischem Boden wurden viele totalitäre Maßnahmen durchgeführt. Nach einer Schätzung von Höflechner wurden während des Ständestaates allein rund ein Drittel der Professuren gestrichen. Mit vordergründig als „Einsparung" deklarierten Anordnungen konnte in Wahrheit die Unterwerfung der Hochschulen unter das autoritäre System durchgezogen werden, die zu vaterländischen Erziehungsanstalten degradiert wurden.[666]

Der in der Öffentlichkeit zunehmend sichtbar werdende rassische Antisemitismus verschonte vor 1938 die Winklers, deren Familienoberhaupt alles daransetzte, um die Politik aus dem Familienleben herauszuhalten. Illegal tätige Nationalsozialisten versuchten jedoch längst, die Bevölkerung, auch die Kinder, mit verdeckten Aktionen zu indoktrinieren. Davon waren auch die Winkler-Söhne betroffen. Als sie von ihrer Kinderärztin eingeladen wurden, in einem Turnverein mitzumachen, durften sie diesen besuchen. Ihre Mutter nahm sie jedoch sofort aus dem Verein heraus, als sie erfuhr, daß ihre Kinder dort in die nationalsozialistische Rassenlehre eingeführt wurden. – Die Hintergründe politischer Konflikte, die im Alltagsleben der Erwachsenen eine Rolle spielten, waren für die heranwachsenden Kinder

---

662 Vgl. die Protokolle der Gespräche mit em. Univ.-Prof. Dr. *Erhard Winkler* vom 27. 12. 1999, em. Univ.-Prof. Dr. *Othmar Winkler* vom 19. 01. 2000 und mit Dkfm. *Berthold Winkler* vom 27. 07. 1999.

663 Vgl. Die Ergebnisse der österreichischen Volkszählung, Textheft (1935), 45 f.

664 *Sylvia Maderegger,* Die Juden im österreichischen Ständestaat 1934–1938. Phil. Diss. Salzburg 1973, 2.

665 Winkler hielt am 08. 11. 1932 einen Vortrag vor der Deutschen Studentenschaft. Vgl. WW-1933-04.

666 vgl. *Helmut Wohnout,* Die Janusköpfigkeit des autoritären Österreich. Katholischer Antisemitismus in den Jahren vor 1938, in: Geschichte und Gegenwart 13 (1994), 4 f., 1; vgl. *Walter Höflechner,* Wissenschaft, Hochschule und Staat in Österreichbis 1938, in: Christian Brünner/Helmut Konrad (Hg.), Die Universität und 1938. Wien/Köln 1989, 70 f.; vgl. auch *Brigitte Lichtenberger-Fenz,* Österreichs Universitäten und Hochschulen – Opfer oder Wegbereiter der nationalsozialistischen Gewaltherrschaft? (Am Beispiel der Universität Wien) In: *Gernot Heiß* (Hg.), Willfährige Wissenschaft. Die Universität Wien 1938–1945. Wien 1989, 9–11.

(noch) nicht verständlich. Doch immerhin nahmen sie schon in den dreißiger Jahren einige Wesenszüge der politischen Weltanschauung ihres Vaters wahr. Sie erkannten früh, daß dieser mit einem gewissen Automatismus allen Strömungen und Personen gegenüber, die irgendwie den Begriff des „Sozialismus" für sich in Anspruch nahmen, feindlich eingestellt war. Gegenstand der Abneigung konnte ein an sich netter Nachbar sein, der nur „leider" ein Sozialist war, und abgelehnt wurde schon 1934 anläßlich der Ausrufung Hitlers zum „Führer und Reichskanzler" eine Partei, die sich selbst als „national-sozialistisch" bezeichnete. Politische Hintergründe hatte bekanntlich auch Winklers Auftreten gegen den Geburtenrückgang. Wenn er Fußgänger mit Hunden auf der Straße antraf, sprach er gegenüber seinen Begleitern wiederholt sein Bedauern darüber aus, daß die Leute Hunde anstatt Kinder hätten.[667]

---

[667] Vgl. die Protokolle der Gespräche mit em.Univ.-Prof. Dr. *Erhard Winkler* vom 27. 12. 1999, em.Univ.-Prof. Dr. *Othmar Winkler* vom 19. 01. 2000 und mit Dkfm. *Berthold Winkler* vom 27. 07. 1999. vom 02. 07. 1935.

IV. Karriereknick und Krieg
(1938 – 1945)

Die folgenden Untersuchungen beleuchten das prekäre Verhältnis von „Privatheit" und „Öffentlichkeit" in Winklers schwieriger Überlebensphase in den Jahren 1938 bis 1945. Der Einbruch der totalitären Staatsgewalt in die bis 1938 sorgsam gehütete Privatsphäre der Familie Winkler zerstörte die Lebensperspektiven seiner Familienangehörigen und vernichtete den Ertrag von Winklers wissenschaftlichem Lebenswerk. Wie es ihm – und seiner Familie – trotzdem gelang, einen Rest an Privatheit als sozialen Rückzugsort aufrechtzuerhalten und die wissenschaftliche Arbeit fortzusetzen, bis der Bombenkrieg der Alliierten Wien erreichte, wird in den folgenden Kapiteln dargestellt.

1. Entlassung und Zwangspensionierung.
Das Tauziehen um Winklers geplante Teilnahme
am Prager Kongreß des Internationalen Statistischen Instituts

Als Bundeskanzler Kurt Schuschnigg am Abend des 11. März 1938 im österreichischen Rundfunk seine Abdankung verkündete, saß Winkler mit „knallrotem Kopf" vor dem Rundfunkgerät. Er war angesichts der politischen Lage „furchtbar aufgeregt", doch sagte er nur den allerdings fatalen Satz: „Das wird jetzt Krieg geben."[1]

Winkler fürchtete die nationalsozialistische Eroberungspolitik zu Recht. Seine Hoffnung auf einen engen „Zusammenschluß" zwischen den „beiden deutschen Staaten" Deutschland und Österreich bei Aufrechterhaltung einer konföderalen Struktur wurde mit dem „Anschluß" zerschlagen, der Österreich in einem zentralistischen „Großdeutschen Reich" aufgehen ließ. Sofort nach der Besetzung begannen die Verfolgungen und Deportationen aller politisch und rassisch mißliebigen Österreicher. An der Wiener Universität richtete sich die Hauptstoßrichtung des nationalsozialistischen Terrors gegen jüdische Professoren und Studenten, die schon in der Ersten Republik, geduldet und teils offen gefördert durch die offizielle Hochschulpolitik, im Brennpunkt antisemitischer Ausgrenzung gestanden waren. In Österreich setzte sich die radikale Variante der Judenverfolgung durch, die im „Altreich" geradezu als Vorbild wirkte.[2] Doch nicht nur Hochschullehrer, die nach

---

[1] Gespräch mit Dkfm. *Berthold Winkler* vom 27. 07. 1999, Protokoll.
[2] Vgl. *Lichtenberger-Fenz* (1989), 11 f.

den Nürnberger Rassengesetzen als „Juden" galten, wurden spätestens bis Ende 1938 aus ihren Ämtern vertrieben, sondern auch ideologisch den Nationalsozialisten Nahestehende wie die Anhänger des „Spann-Kreises" mußten weichen, da sie nicht in das Konzept des neuen Regimes paßten. Gerade Spanns Absetzung von seiner Lehrkanzel muß als Folge von innernationalsozialistischen Fraktionskämpfen gewertet werden.[3]

Die personelle Umgestaltung der Wiener Universität setzte am 15. März 1938 ein, als der neue Unterrichtsminister Oswald Menghin den Botaniker Fritz Knoll zum „kommissarischen Leiter" der Universität bestellte. Die Funktion eines Gaudozentenbundsführers übernahm der Mineraloge Arthur Marchet. Kommissarischer Dekan der rechts- und staatswissenschaftlichen Fakultät wurde Ernst Schönbauer. Am 23. März 1938 mußten die Professoren den Diensteid auf den „Führer" leisten.[4]

An der Rechts- und Staatswissenschaftlichen Fakultät der Universität Wien setzte sich die Hauptgruppe der zunächst „Beurlaubten" und dann Entlassenen aus jenen Juristen zusammen, die zwischen 1933 und 1938 sich aktiv für den Ständestaat eingesetzt hatten. Von den insgesamt 38 Hochschullehrern, die ihres Dienstes enthoben wurden (= 55% des Personalstands der Fakultät), konnten dreizehn nach Amerika und drei nach Großbritannien emigrieren. Je einer ging nach Tübingen und Rostock.[5] Fünf wurden inhaftiert, neun blieben während der Zeit des Dritten Reichs in Österreich, und bei sechs Hochschullehrern ist der Aufenthalt unbekannt. Zwanzig der Entlassenen waren jüdischer Herkunft.[6] Nicht alle der 1938 Vertriebenen waren zur Emigration gezwungen, um ihr nacktes Leben retten zu können. Einigen nichtjüdischen Professoren gelang es sogar, auch nach ihrer kurzfristigen Pensionierung 1938 in den folgenden Jahren wieder Lehraufträge zu erhalten. Prominentestes Beispiel hierfür war der Völkerrechtler Alfred Verdroß (1890–1980), der Mitte Juli 1939 wieder eingestellt wurde und seine Vorlesung über Völkerrecht wieder aufnehmen konnte. Verdroß, ein Angehöriger der „Katholisch-Nationalen", hatte sich vor 1938 in illegalen NSDAP-Kreisen engagiert und sich wiederholt für nationalsozialistische Studenten eingesetzt. Andere „nationale" Partner der neuen Machthaber wie Alexander Hold-Ferneck (1875–1955) – ebenfalls Völkerrechtler – wurden 1938 zwar nicht fallengelassen, aber auch nicht gefördert. – Unter jenen,

---

3 Vgl. *Oliver Rathkolb*, Überlegungen zum Exodus der „Jurisprudenz". Rechts- und Staatswissenschaftliche Emigration aus dem Österreich der Zwischenkriegszeit, in: Friedrich Stadler (Hg.), Vertriebene Vernunft I. Emigration und Exil österreichischer Wissenschaft 1930–1940. Wien / München 1987, 296.

4 *Vetricek* (1980), 7 f.

5 Wenn man Amann folgt, kann der Wechsel von Wien nach Tübingen bzw. Rostock als „Emigration" bewertet werden. Dies ist jedoch mehr als zweifelhaft. Vgl. *Anton Amann*, Soziologie in Wien: Entstehung und Emigration bis 1938. Eine Skizze mit besonderer Berücksichtigung der Rechts- und Staatswissenschaftlichen Fakultät der Universität Wien, in: Stadler (Hg.) (1987), 226 f.; vgl. *Vetricek* (1980), 29.

6 Vgl. ebd. (Amann).

die nach dem „Anschluß" weiterhin an den Universitäten lehrten, waren keineswegs alle ausgewiesene Parteigänger der Nationalsozialisten. Hans Mayer etwa, der nach der ausnahmslosen Entfernung der Spann-Anhänger der einzige verbliebene Wirtschaftswissenschaftler war, galt vor 1938 als einer der wenigen Liberalen an der Fakultät, beteiligte sich jedoch als stellvertretender Dekan an Schönbauers Verfolgungsmaßnahmen.[7]

Wilhelm Winkler konnte im März 1938 seine Tätigkeit an der Universität und im Bundesamt vorerst fortsetzen.[8] Ein Verfahren zu seiner Entfernung von der

---

[7] *Oliver Rathkolb,* Die Rechts- und Staatswissenschaftliche Fakultät der Universität Wien zwischen Antisemitismus, Deutschnationalismus und Nationalsozialismus 1938, davor und danach, in: Heiß (Hg.) (1989), 216–219.

[8] Winkler ist nicht zu verwechseln mit dem damaligen Professor an der Hochschule für Welthandel Dr. Arnold Winkler, der im März 1938 festgenommen wurde, weil er ein prominenter Anhänger des Ständestaates gewesen war. Die Inhaftierung des Arnold Winkler erfolgte unter Mitwirkung des später bekannten Historikers Adam Wandruszka (1914–1997), der damals der SA angehörte. Wandruszkas Verwicklung in die Ereignisse von 1938 und seine schwierige Beziehung zu Hugo Hantsch ist heute ein Teil der persönlichen Erinnerungen von Wandruszkas und Hantschs Schülergeneration. Das im folgenden wiedergegebene Detail aus Wandruszkas Biographie verdanke ich einer Mitteilung von Herrn Prof. Dr. Fritz Fellner. Diese wird im folgenden ungekürzt wiedergegeben:
„Wandruszka hat in den Märztagen 1938 als SA-Mann an der Verhaftung des Prof. [Arnold] Winkler durch die Polizei mitgewirkt. Prof. Winkler war als Funktionär der VF durch besonders rigoroses Verhalten gegenüber nationalsozialistischen Studenten aufgefallen, soll massgebend dafür gewesen sein, dass einige Studenten von der Hochschule relegiert und eingesperrt worden sind. Wegen seiner prominenten Stellung im Schuschnigg-Regime wurde er verhaftet (so wie übrigens auch Hugo Hantsch). Wegen der Verwicklung in die studentischen Relegierungen war Wandruszka beigezogen. Wandruszka erzählte, dass er bei der im Zuge der Verhaftung durchgeführten Hausdurchsuchung ein Tagebuch gefunden und nicht den Kriminalbeamten übergeben, sondern bei sich behalten hat und einige Tage später der Gattin Winklers zukommen hat lassen. In diesem Tagebuch sollen Passagen gewesen sein, die Winkler sehr geschadet hätten, so aber sei Winkler nach kurzer Zeit wieder aus der Haft entlassen worden, von seinem Lehramt aber wurde er pensioniert.
Prof. Winkler war – vermutlich durch seine politische Funktion – mit Hugo Hantsch befreundet, der begreiflicherweise diese Aktion immer wieder Wandruszka vorgehalten hat, sie jedoch nie zum Schaden Wandruszkas ins Spiel gebracht hat. Hantsch hat diese Verhaftungsaktion auch mir gegenüber einmal erwähnt, als es um irgendwelche Betrauung Wandruszkas mit österreichischen Aufgaben ging, doch hat Hantsch sie nie als Instrument gegen Wandruszkas Karriere verwendet (wie Wandruszka immer wieder glaubte und gerade in seinen letzten Lebensjahren immer wieder behauptete). Hantsch hat Wandruszka trotz seines Wissens um diese Aktion habilitiert, er hat keine Einwendungen erhoben, als Wandruszka nach Köln berufen wurde, er hat kein Veto eingelegt, obwohl er Vorsitzender der Berufungskommission war, als Wandruszka in den Vorschlag für die Lehrkanzel für Allgemeine Geschichte der Neuzeit an zweiter Stelle (nach Erdmann und Zeeden, die ex aequo an erster Stelle standen) gereiht wurde. Hantsch hat allerdings seinen Einfluss dahingehend geltend gemacht, dass Wandruszka nicht auf die Liste seiner eigenen Nachfolge gekommen ist, wobei noch zu bedenken ist, dass Wandruszka als d e r Srbik-Schüler galt und hier wohl unterbewusst die Furcht eine Rolle spielte, dass er, Hantsch, selbst in dieser Art Zange aus der Tradition gedrückt werden könnte." (Schreiben von em. Univ.-Prof. Dr. *Fritz Fellner* an den Vf. vom 24. 01. 1999). Vgl. dazu auch *Peter Melichar,* Vergiftete Atmosphäre, schmutzige Tricks..., in: Der Falter 11 (1988), 5.

Universität lief jedoch bereits an. Als Grund dafür galt in erster Linie seine Ehe
mit einer Jüdin. Trotz seiner drohenden Entlassung scheint sich Winkler anfangs
bemüht zu haben, durch den Vollzug gewisser Anpassungsleistungen an die Anforderungen der Nationalsozialisten sich doch noch in Amt und Würden zu halten.
Möglicherweise bei einem Verhör, zu dem ihn die Gestapo in ihr Hauptquartier
beorderte,[9] erklärte er, „immer für die grossdeutsche [sic!] Sache gekämpft" zu
haben, „doch sei er zu alt, um noch Nationalsozialist zu werden." In einem Gespräch mit dem Dozentenbundsführer Marchet, das dieser „gleich nach dem Umbruch" mit Winkler geführt haben wollte, soll dieser, um seine Stellung zu behalten, sogar seine Scheidung angeboten haben. Er soll daran die Bedingung geknüpft
haben, „daß das Einkommen von Frau und Kindern [. . .] im Falle seines Ablebens
nicht schlechter wäre, als im Falle seiner Pensionierung. Er betonte sehr, daß die
materielle Schädigung durch Pensionierung bei ihm größer sei, als bei anderen
Professoren, da er sein Nebeneinkommen verliere. Charakterlich wirft dies alles
kein gutes Licht auf ihn."[10] Wie groß gerade der Wahrheitsgehalt von Marchets
Bericht im Lichte der Erinnerungen von Winklers Söhnen ist, die ein Angebot der
Nationalsozialisten an ihren Vater vermuten, ihn bei Einwilligung in die Scheidung
im Amt zu belassen, kann schwer abgeschätzt werden. – Jedenfalls muß der ungeheure psychische Druck berücksichtigt werden, der auf Winkler und seiner Gattin
lastete und der jede Entscheidung – soweit er noch über einen gewissen Handlungsspielraum verfügte – in die eine oder die andere Richtung überschattete. Gegenüber seinen Söhnen schloß er die Möglichkeit, sich von seiner Ehefrau scheiden zu lassen, stets kategorisch aus. Er werde sich schon deshalb nicht zur Scheidung drängen lassen, weil es gerade die verhaßten Nationalsozialisten seien, die
ihm diesen Schritt nahegelegt hätten.[11]

Am 30. März 1938 veröffentlichte das Unterrichtsministerium einen Erlaß, mit
dem alle jüdischen und politisch „untragbaren" Lehrkräfte von ihrem Dienst enthoben wurden.[12] Winkler war politisch „untragbar", weil er „ein treuer Anhänger
des früheren Systems" gewesen war. Die Begründung, er sei „jüdisch versippt",
und er sei aufgrund seiner Familienverhältnisse entlassen worden, tritt in den
Akten des Wiener Gaupersonalamtes jedoch stärker hervor als sein Nahverhältnis
zum untergegangenen Ständestaat. Seine „Mischehe" war der Hauptgrund für seine
Beurlaubung, die am 22. April 1938 ausgesprochen wurde und die sofortige Wirksamkeit erlangte.[13] Mit Erlaß des Unterrichtsministeriums vom selben Tag wurde

---

9 Vgl. E. / O. *Winkler,* Persönliches aus dem Leben des Jubilars (1987), [4].

10 ÖSTA, AdR, Gauakt Dr. Wilhelm Winkler, Internes Schreiben der NSDAP, Amt für
Beamte, an die Gauleitung Wien, Gaupersonalamt, vom 14. 11. 1941, Zl. Pol.B. / 1916; Politische Beurteilung des Dr. Wilhelm Winkler (1938).

11 Vgl. Gespräche mit em.Univ.-Prof. Dr. *Erhard Winkler* vom 27. 12. 1999, und mit
Dkfm. *Berthold Winkler* vom 27. 07. 1999, Protokolle.

12 *Vetricek* (1980), 8.

13 Mit Winkler wurden folgende Professoren der Rechts- und Staatswissenschaftlichen
Fakultät beurlaubt: Josef Hupka, Othmar Spann, Oskar Pisko, Ferdinand Degenfeld-Schon-

seine vierstündige Vorlesung aus Statistik ersatzlos gestrichen.[14] Die Pensionierung als Professor (mit normalmäßigen Ruhestandsbezügen) erfolgte einige
Wochen später am 28. Mai 1938 per Dekret des Unterrichtsministeriums.[15] Damit
wurde er noch vor dem Inkrafttreten der „Verordnung zur Neuordnung des österreichischen Berufsbeamtentums" von der Universität entfernt. Im § 3 dieser Verordnung, welche die gesetzliche Handhabe für die Zwangspensionierungen bot,
hieß es: „Jüdische Beamte, Beamte, die jüdische Mischlinge sind, und Beamte, die
mit einer Jüdin (einem Juden) oder mit einem Mischling ersten Grades verheiratet
sind, sind in den Ruhestand zu versetzen." Und der § 4, Abs. 1 der Verordnung erlaubte mittels einer dehnbaren Bestimmung über jene, die „nicht die Gewähr dafür
bieten, daß sie jederzeit rückhaltlos für den nationalsozialistischen Staat eintreten",
die Absetzung politisch mißliebiger Beamter.[16]

Im Gegensatz zu seiner Stellung als Professor, die für ihn wenige Wochen nach
dem „Anschluß" unhaltbar geworden war, behielt Winkler noch bis August 1938
seinen bisherigen Nebenerwerbsposten als Leiter der bevölkerungsstatistischen
Abteilung im BASt. Als Vertragsangestellter war er nicht den Bestimmungen der
Verordnung über das Berufsbeamtentum unterworfen. Er erkannte jedoch, auf
welch wackeligen Grundlagen diese ihm verbliebene Berufsstellung stand. So bemühte er sich auch nach seiner Pensionierung als Hochschullehrer, den Kontakt
zur Fakultät nicht ganz abreißen zu lassen. Dort hatten der Dekan Schönbauer und
der Strafrechtslehrer Wenzel Gleispach (1876–1944)[17], ein 1933 seines Amtes
enthobener und nach Deutschland emigrierter glühender Nationalsozialist und
Antisemit, weitgehende Entscheidungsgewalt. Schönbauer trat im Gegensatz zu
Marchet, der streng auf die Durchsetzung der Parteilinie achtete und möglichst unbedingte Nationalsozialisten in die Fakultät hieven wollte, für einige eher regime-
fernere Kollegen und Bewerber ein, solange sie nicht jüdischer Abstammung
waren. Die beiden Juristen erreichten beispielsweise, daß der unbestritten als
„großdeutsch" geltende, 1938 wegen negativer Äußerungen über das NS-Regime
suspendierte Professor Heinrich Mitteis 1940 einen Ruf nach Rostock an eine
kleine Universität annehmen konnte.[18]

Bei Winkler war sich Gleispach hingegen nicht sicher ob seiner Zuordnung zum
großdeutschen Lager. Grund für seine Skepsis war, daß ihm eine Ehe mit einer

---

burg, Emil Goldmann, Adolf Merkl, Stephan Brassloff und Richard Schüller. Vgl. *Rathkolb*
(1989), 229; vgl. ÖSTA, AdR, Gauakt Dr. Wilhelm Winkler, Gaupersonalamt, Polit. Beurteilung, an das Rassenpolitische Amt vom 18. 11. 1941, Zl. Fi / Ra PB 5927.

14 Vgl. *Vetricek* (1980), 173, Übersicht über die Änderungen des Vorlesungsverzeichnisses
im SS 1938.

15 Vgl. ÖSTA, AdR, BMI, PA Prof. Dr. Wilhelm Winkler 10 / 101 / 02, Standesausweis mit
Laufbahn und Personenstandesblatt (1945).

16 Verordnung zur Neuordnung des österreichischen Berufsbeamtentums, Gesetzbl. für das
Land Österreich, 1938 Stück 56 Nr. 160.

17 Vgl. zu Gleispach *Pakes* (1981), 67.

18 Vgl. *Rathkolb* (1989), 205, 209; 204.

Jüdin nicht mit dem antisemitischen Gehalt der großdeutschen Gesinnung vereinbar erschien. Gleispach vermerkte knapp und apodiktisch zu Winkler: „[...] Gab sich wohl als Nationaler, ohne daß wir von dieser Einstellung überzeugt gewesen wären und ohne daß er in Judenfragen verläßlich gewesen wäre. Starker Streber."[19] Trotz Gleispachs scharfer Gegnerschaft waren Winklers Bemühungen um ein Mindestmaß an formaler Absicherung gegenüber potentiellen Verfolgungen durch die Nationalsozialisten nicht ganz erfolglos. So stellte ihm Schönbauer „gleich am Anfang der Hitlerei" eine Art „Geleitbrief" aus, der seine wissenschaftlichen Leistungen und sein Ansehen im Ausland herausstellte.[20] Im Jahr 1942 liefen sogar Bemühungen der wirtschaftswissenschaftlichen Professoren auf Wiederverwendung. In einem diesbezüglichen Antrag wurde neuerlich Winklers internationale Stellung hervorgehoben.[21]

Entscheidend für seinen weiteren Verbleib in der Zwangspensionierung scheint sein letztlich ungebrochenes Einstehen für Frau und Kinder gewesen zu sein. Seine Zugehörigkeit zu katholisch-nationalen Kreisen allein war hingegen nicht notwendigerweise aussschlaggebend für seine Absetzung.

Winklers Verbindungen zu katholischen Akademikern dürften im Laufe des Jahres 1938 weitgehend abgerissen sein. Er erhielt zwar am 11. Juli 1938 – noch vor dem Beginn der offenen Konfrontation der katholischen Kirche mit den Nationalsozialisten – einen „Empfehlungsbrief" („Litterae commendatitiae"), der von Kardinal Innitzer unterzeichnet worden war und der seine „catholicum optimae famae" betonte.[22] Welche unmittelbare Schutzwirkung dieser zweite „Geleit-" oder „Empfehlungsbrief" entfalten konnte, bleibt jedoch mehr als zweifelhaft. Das kommunikative Netzwerk, welches die katholisch-nationalen Akademiker vor 1938 in Österreich aufgebaut hatten, zerfiel unter dem Druck der Nationalsozialisten binnen kurzer Zeit. Es bot Winkler wie vielen anderen seiner Bekannten keine Möglichkeit mehr, regelmäßigen und freien Meinungsaustausch zu pflegen, auch wenn manche katholische Laienorganisationen und Zeitschriften vorerst noch weiterbestanden. Zwar wurde beispielsweise die LG erst am 7. März 1939 offiziell aufgelöst, doch war schon nach dem Anschluß „an eine weitere Tätigkeit nicht zu denken, da sich fast niemand getraute, einen Vortrag zu halten oder überhaupt sich

---

19 ÖSTA, AdR, Gauakt Dr. Wilhelm Winkler, Gaupersonalamt, W. Gleispach an die Gauleitung Wien, Zl. 3245, Gau-Personalamt vom 21. 07. 1938. Letzteres („starker Streber") war vermutlich auf Winklers beharrliche Bemühungen gemünzt, an der Wiener Universität gegen den Widerstand seiner Fakultät eine Lehrkanzel für Statistik zu schaffen.

20 PNWW, Mein überreich bewegtes Leben, Fragm. 9, [unbez.] [2]. Winkler revanchierte sich nach dem Krieg bei Schönbauer, indem er sich für den ehemaligen Nationalsozialisten einsetzte. (Gespräch mit Franziska *Winkler* vom 15. 06. 1999).

21 UAW, PA, Prof. Dr. Wilhelm Winkler, Lebenslauf und Schriftenverzeichnis (Juli 1945). Nach Winklers eigenen Angaben hieß es in dem nicht erhaltenen Beschluß des Professorenkollegiums wörtlich, daß er „heute unzweifelhaft zu den hervorragendsten Vertretern der theoretischen Statistik zählt und als solcher international anerkannt ist."

22 DAW, Briefprotokolle von Kard. Innitzer, Zl. 1913, Empfehlungsschreiben (lat.) von Kardinal Innitzer für Winkler vom 11. 07. 1938.

als Mitglied zu bekennen."[23] Die Zeitschrift *Schönere Zukunft* konnte immerhin noch bis 1941 erscheinen; Winkler veröffentlichte nach dem „Anschluß" jedoch nur mehr einen einzigen Beitrag in der Juni-Nummer 1938 dieser Monatsschrift.[24]

Das von Winkler bis zu seiner Zwangspensionierung geleitete IStMV wurde nicht „aufgelöst", wie Fahlbusch irrtümlich berichtet.[25] Vielmehr führte es seine Arbeit unter neuen politischen Vorzeichen, unter einer neuen Leitung und vorerst altem Namen weiter. Die Förderungsgesellschaft konnte ihren Betrieb ebenfalls vorläufig fortsetzen. Im März 1938 wurde sie jedoch vom Institut getrennt, und seine Satzungen wurden auf das Führerprinzip umgestellt. Außerdem wurde der Arierparagraph eingeführt. Winkler führte als kommissarischer Leiter die Geschäfte der Förderungsgesellschaft so lange fort, bis der Verein mit 9. Oktober 1939 abgewickelt wurde. Allerdings mußten das Institut und die Gesellschaft im Zuge der Vorbereitungen für die Volkszählung von 1939 aus den bisherigen Räumlichkeiten in der Neuen Hofburg in den Philippshof in der Augustinerstraße 8 (1. Bezirk) übersiedeln, weil das ebenfalls dort angesiedelte Statistische Amt erhöhten Raumbedarf hatte. Dabei wurden Einrichtungsgegenstände und die 6.000 Bände umfassende Institutsbibliothek in die Kellerräume des Amtes verbracht, wo die Bücherei vorerst nicht benutzt werden konnte.[26] Neuer Vorstand des Instituts wurde Emanuel Hugo Vogel (geb. 1875), der Ordinarius für Volkswirtschaftslehre und -politik, Finanzwissenschaft, Finanzrecht und Statistik. Vogel hatte sich im Ständestaat für die verbotene NSDAP betätigt und war deshalb 1934 pensioniert worden.[27] Winklers Vorlesungen und Proseminare übernahm sein Intimfeind Felix Klezl, während der Institutsleiter Vogel im Sommersemester 1939 eine Vorlesung über „Organisatorische Aufgaben einer Statistik der Minderheitsvölker im Dienste nationalsozialistischer Volkstumspolitik" hielt. Vogel knüpfte damit an seinen Vorgänger an, wobei er dessen Konzept aufgab und die Minderheitenstatistik für das System der NS-Nationalitätenpolitik adaptierte. Nach dem „Umbruch" erschien in den Vorlesungsverzeichnissen der bisherige Fachbereich „Statistik" nicht mehr; die Lehrveranstaltungen aus Statistik wurden dem neuen staatswissenschaftlichen Prüfungsgebiet „Wirtschaftswissenschaften" eingegliedert. Das bisherige „Minderheiteninstitut" trug erst ab dem ersten Trimester des Jahres 1940 nur mehr und von jetzt an endgültig die Bezeichnung „Institut für Statistik". Ab dem dritten Tri-

23 *Peichl* (1957), 13. Winklers (ehemalige) Mitgliedschaft in der LG wurde von der NSDAP akribisch vermerkt. Vgl. ÖSTA, AdR, Gauakt Dr. Wilhelm Winkler, Gaupersonalamt, Zl. 5.927, Aktenvermerk vom 21. 01. 1944.

24 WW-1938-03.

25 Vgl. *Fahlbusch* (1999), 629.

26 ÖSTA, AdR, Stillhaltekommissar (Stiko), Zl. IV Ab 36, Gesellschaft zur Förderung des Institutes für Statistik der Minderheitsvölker an der Universität Wien, Abwicklung (1938/39); UAW, Rektoratsakt, Zl. 1135–1939/40, Schreiben von Dekan Schönbauer an den Rektor Univ.-Prof. Dr. Friedrich Knoll v. 30. 10. 1940.

27 Zu Vogel vgl. *Paulus Ebner* Die Hochschule für Bodenkultur in Wien als Ort der Politik zwischen 1914 und 1955. Ein Beitrag zur österreichischen Universitätsgeschichte. Phil. Diss. Wien 2001, 145–150.

mester 1940 wurde Klezl seine Leitung übertragen, weil Vogel geschäftsführender Direktor des neuen Instituts für Wirtschaftswissenschaften geworden war. Klezl las im Rahmen des Fachbereichs Wirtschaftswissenschaften über „Bevölkerungs- und Wirtschaftsstatistik". Oskar Gelinek, Winklers ehemaliger Mitarbeiter im BASt, bot Lehrveranstaltungen zum „Bevölkerungswesen" an. Gelinek wurde 1940 „Dozent für Bevölkerungswesen" der Universität Wien.[28]

Im selben Jahr 1940 meldete der Historiker und Leiter der SODFG Otto Brunner (1898–1982) seitens der *Südostdeutschen Forschungsgemeinschaft* Interesse an einer Übernahme der Bibliothek des ehemaligen IStMV an. Bei dieser handle es sich „um eine nicht sehr umfangreiche, aber mit Sorgfalt zusammengestellte Handbücherei über die Minderheitenfragen mit starker Betonung des Südostens [...] Gerade im Hinblick auf die augenblicklichen politischen und kriegswichtigen Aufgaben [der SODFG] [...] wäre es sehr angebracht, ihr in Form dieser Bibliothek ein weiteres Rüstzeug an die Hand zu geben [...]". – Brunners Interesse an der von Winkler zusammengestellten Fachbibliothek dokumentiert das Bestreben der SODFG, statistisch relevante und für die Expansionspolitik des Dritten Reiches in Südosteuropa auswertbare Quellen an sich zu ziehen. Seine Anfrage an den Rektor der Universität Knoll beruhte jedoch auf einer Fehlinformation: Die Bibliothek stand nämlich mittlerweile wieder unter der Verfügungsgewalt des Instituts und war in den Institutsräumlichkeiten im Philippshof untergebracht. Dekan Schönbauer beschied dem Antragsteller, sich in der Angelegenheit der Bibliotheksbenützung an den Institutsleiter Klezl zu wenden.[29]

Dieser hatte nicht nur an der Universität, sondern auch im Statistischen Amt, das nach dem „Anschluß" in *Österreichisches Statistisches Landesamt* umbenannt worden war, die Führungsposition inne. Schon 1935/36 zum Vizepräsidenten des BASt aufgestiegen, übernahm Klezl in dieser Funktion die provisorische Leitung des Amtes, nachdem der bisherige Präsident Karwinsky aus politischen Gründen abgetreten war.[30] Die Hauptaufgabe des neuen Leiters, der 1939 zum Regierungsdirektor des *Statistischen Amtes für die Reichsgaue der Ostmark* aufsteigen sollte, war die Eingliederung des Amtes, das dem Reichsstatthalter in Wien bzw. dem Berliner StRA unterstellt war,[31] in die nunmehrige „großdeutsche" Reichsstatistik. Im Rahmen dieser Mission wurden Klezl, Winkler und Hieß zwecks Vorbereitung

---

28 Vgl. Öffentliche Vorlesungen an der Universität zu Wien (Wien 1928–40), 17 (SS 1938); WS 1938/39, 12; SS 1939, 13; WS 1939/40, 15; 1. Trimester 1940, 21 f.; 3. Trimester 1940, 52; WS 1941/42, 33; 141.

29 UAW, Rektoratsakt, Zl. 1135–1939/40, Dekan Schönbauer an den Rektor der Universität Wien Knoll v. 30. 10. 1940; Univ.-Prof. Dr. Otto Brunner an Knoll v. 18. 10. 1940. Daß die „Spezialsammlung" des IStMV der P-Stelle Wien (SODFG) einverleibt worden sein soll, wie Fahlbusch unter Bezug auf den o. zit. Rektoratsakt schreibt, ist aktenmäßig nicht nachvollziehbar. (Vgl. *Fahlbusch*, 1999, 629, u. den zit. Rektoratsakt).

30 Vgl. *Lehmann / Helczmanovszki* (1986), 92; vgl. ergänzend Öffentliche Vorlesungen an der Universität zu Wien (3. Trimester 1940), 27.

31 Geschichte und Ergebnisse (1979), 140.

einer gesamtdeutschen Volks-, Berufs- und Betriebszählung nach Berlin beordert, wo sie u. a. mit dem Leiter der dortigen Abteilung für Bevölkerungsstatistik Burgdörfer konferierten.[32] Auch nachdem Winkler aus Berlin zurückgekehrt war, konnte er immer noch unbehelligt seinen Amtsgeschäften nachgehen. Seine Entlassung erfolgte vergleichsweise spät, doch war sie umso brüsker formuliert und beinhaltete den ersatzlosen Verlust seiner Remuneration. Am 19. August 1938 hielt er ein Schriftstück in Händen, das seine Laufbahn als amtlicher Statistiker jäh und für immer beendete: „Ein mir immer mißgünstiger, neidischer Kollege sandte mir einen Dienstzettel: ‚Herrn Hofrat Dr. Wilhelm Winkler: Sie haben das Amt sofort zu verlassen und es nicht mehr zu betreten. Mit der provisorischen Leitung des Amtes betraut: Madlé.'"[33] Klezl und dessen bester Freund und langjähriger Mitarbeiter Arnold Madlé[34], beide langjährige Konkurrenten Winklers, hatten die Führung des Amtes übernommen (Madlé war im September 1938 als zukünftiger Vizepräsident im Gespräch).[35] Winklers Nachfolger als Leiter des Referates für Bevölkerungsstatistik wurde Oskar Gelinek, der u. a. mit der Durchführung der Volks- und Berufszählung vom 17. Mai 1939 betraut wurde.[36]

Weniger „glatt" ging dagegen die Behandlung des bisherigen Leiters der Bevölkerungsabteilung vonstatten, als dieser seine Reise nach Prag zum dortigen ISI-Kongreß vorbereitete. Amtsleiter Klezl stand vor einem ähnlichen Personalproblem wie die Universitätsverwaltung: Einerseits sollte das Amt von fünfzig auf 300 Angestellte aufgestockt und damit eine dem bayrischen Landesamt vergleichbare Größe erreichen, andererseits verlor es aber durch politisch bedingte Entlassungen und Pensionierungen fachlich qualifizierte Mitarbeiter.[37] Als der Präsident des StRA Reichardt Anfang Juli 1938 dienstlich in Wien weilte, trug er gegenüber dem zuständigen Ministerialdirektor v. Burgsdorff, der in der Reichsstatthalterei amtierte, auch den „Fall Dr. Winkler" vor. Der österreichische Unterrichtsminister [Menghin, Anm. d. Vf.] habe Winkler verboten, an dem vom 12. bis 19. September 1938 in Prag tagenden ISI-Kongreß teilzunehmen und das Hauptreferat im Plenum der Tagung zu halten. (Ihm wurde wie seinen Familienangehörigen übrigens grundsätzlich untersagt, das österreichische Staatsgebiet zu verlassen.[38]) Diese

---

[32] Die Dienstreise wurde Ende März 1938 durchgeführt. Vgl. ÖSTA, AdR, BKA / Reichsstatthalterei (RSt), Zl. 2554-Pr. / 38, Dr. F. Klezl, Dr. W. Winkler, Entsendung nach Berlin, RSt an BASt v. 24. 03. 1938. Vgl. PNWW, Fragm. 9 [unbez.] [1].

[33] PNWW, Mein überreich bewegtes Leben, Fragm. 9, [unbez.], [1]. Provisorischer Amtsleiter war Klezl, nicht Madlé. Dieser dürfte die Unterschrift nur in Klezls Auftrag geleistet haben.

[34] So charakterisiert W. Zeller das Verhältnis der beiden (Geschichte und Ergebnisse, 1979), 157.

[35] ÖSTA, AdR, RSt / Prä Zl. 9273 / 38, Min.Dir. Dr. v. Burgsdorff an den Präsidenten des StRA Min.Dir. Dr. Reichardt v. 31. 08. 1938.

[36] *Lebmann / Helczmanovszki* (1986), 50.

[37] Vgl. ÖSTA, AdR, RSt / Prä Zl. 9273 / 38, Min.Dir. Dr. v. Burgsdorff an den Präsidenten des StRA Min.Dir. Dr. Reichardt v. 31. 08. 1938.

[38] PNWW, Mein überreich bewegtes Leben, Fragm. 9, [unbez.], [1].

Maßnahme hielt Reichardt für „außerordentlich bedenklich". Das Fernbleiben des Hauptreferenten der Tagung, der „in den Kreisen der internationalen Statistiker großes Ansehen" genieße, könnte „Gegenstand höchst unerwünschter Erörterungen" sein und sei „dem deutschen Interesse außerordentlich abträglich". Reichardts Verunsicherung in dieser Angelegenheit wurde einige Tage darauf noch gesteigert, als ihm zuerst bedeutet wurde, die Ausreise nach Prag sei doch genehmigt worden, dann aber die Meldung aus Wien eintraf, daß diese durch den Staatskommissar für Personalangelegenheiten Dr. Wächter (Reichserziehungsministerium) doch nicht gestattet worden sei. Gegebenenfalls müsse – so v. Burgsdorff an Reichardt – eben „ein triftiger Grund gefunden werden, ihn nicht nach Prag fahren zu lassen, denn die Begründung, dass er eine nicht arische Frau hat, würde namentlich bei den amerikanischen Delegierten zu Weiterungen [sic!] führen." Dennoch blieb Winklers Kongreßteilnahme weiterhin in der Schwebe. Erst kurz vor der Eröffnung des Statistiker-Treffens erreichten die telefonischen Beratungen und Schriftwechsel zwischen Wien und Berlin ihren Kulminationspunkt: Am 7. September 1938 teilte Reichhardt der Wiener Reichsstatthalterei telefonisch mit, das Berliner Kultusministerium wolle die Teilnahme doch genehmigen, mache diese aber von der Zustimmung Wiens abhängig. Reichardt ersuchte namentlich v. Burgsdorff dringend, unmittelbar beim Reichsstatthalter [= A. Seyß-Inquart, Anm. d. Vf.] zugunsten einer für Winkler positiven Lösung zu intervenieren. Er wies darauf hin, daß die „Stellung der deutschen Delegation[39] in Prag [...] sowieso nicht gerade günstig sei". Sollte die Ausreise des Referenten nicht genehmigt werden, sehe er sich gezwungen, die Leitung der deutschen Delegation niederzulegen. Doch so weit kam es nicht. Am Tag nach diesem Telefongespräch teilte Friedrich Burgdörfer der Reichsstatthalterei mit, daß die deutsche Delegation als Ganze ihre Teilnahme am Kongreß absagen werde. Der „Fall Winkler" war damit erledigt.[40]

Die Auseinandersetzung zwischen Berlin und Wien um die Reise oder Nichtreise des Hauptreferenten eines Statistiker-Kongresses, bei dem sich die zuständigen österreichischen Behörden als „Scharfmacher" erwiesen, war nur ein Teil der Frage, ob die deutsche Delegation nach Prag fahren sollte oder nicht. Ausgelöst wurde das bis ins Groteske gesteigerte polykratisch-bürokratische Chaos von der „Sudetenkrise", die von Hitler fast bis zur Katastrophe geschürt wurde. Die deutschen Statistiker hätten sich in Prag einer für sie unhaltbaren atmosphärischen Lage gegenüber gesehen, so daß ihre Teilnahme an dem Kongreß abgesagt wurde.

Die Prager ISI-Tagung war jedoch auch ohne die Teilnahme der Deutschen überschattet von den sich zuspitzenden politischen Spannungen zwischen der Tschechoslowakei und seinem aggressiven Nachbarn, sodaß die Veranstaltung nach nur zwei Sitzungstagen in der Nacht vom 13. zum 14. September 1938 überstürzt ab-

---

[39] Die deutsche Delegation hätte – unter Einschluß der Österreicher Winkler und Drexel – 24 Mitglieder umfassen sollen. Vgl. Bulletin de l'Institut International de Statistique, Tome 30. Session de Prague 1938 (Prag 1945), 95, Liste der Delegationsmitglieder.

[40] ÖSTA, AdR, RSt/Prä-10.622/38, Aktennotiz v. Burgsdorff vom 08. 09. und 09. 09. 1938.

gebrochen werden mußte.[41] Winklers Referat über den „Geburtenrückgang, seine Ursachen und seine wirtschaftlichen und sozialen Wirkungen"[42] lag den Delegierten der Tagung bereits gedruckt vor. Aufgrund des großen Interesses, das dem Thema in vielen Ländern entgegengebracht wurde, war es von seinen Kollegen bereits mit Spannung erwartet worden. Eine Diskussion zu diesem Bericht – ursprünglich wegen der Abwesenheit des Referenten auf den 14. September verlegt – kam jedoch (s. o.) nicht mehr zustande. Wichtige Beschlüsse wurden bei dem Prager Kongreß ohnehin nicht gefaßt.[43]

2. Wissenschaftliche Arbeit in der „inneren Emigration"

Exkurs: Entwicklungen in der deutschen Statistik nach 1938

Die Geschichte der deutschen amtlichen und universitären Statistik (engere Demographie bzw. Statistik) während des „Dritten Reiches" harrt noch einer umfassenden Bestandsaufnahme. Der Bereich der amtlichen Statistik ist jedoch seit kurzem durch eine Studie von Jutta Wietog dokumentiert, die sich dem Problemkreis der politischen Instrumentalisierung der Volkszählungen während der NS-Zeit widmet.[44] Von besonderem Interesse ist weiterhin die Frage, wie weit die

---

[41] Wenige Wochen danach, nachdem sich die Großmächte und die Tschechoslowakei im Münchener Abkommen deutschen militärischen Drohungen gebeugt hatten, annektierte das Deutsche Reich die Sudetengebiete (ab 01. 10. 1938). Vgl. *Benz / Graml / Weiß* (Hg.) (1998), 590.

[42] Vgl. Kap. III. 1. c).

[43] Vgl. *Michel Huber,* La XXIVe Session de l'Institut International de Statistique, Prague, 1938, in: RIISt 6 (1938), 410 f.; vgl. auch *Friedrich Zahn,* Tagung des Internationalen Statistischen Instituts in Prag 1938, in: AStA 28 (1938 / 39), 359–365; vgl. Die Ergebnisse des Prager Statistikerkongresses, in: Prager Presse v. 21. 09. 1938, 5. Unter den Organisatoren der Tagung befanden sich zwei Kollegen Winklers, die unter der deutschen Protektoratsherrschaft ab 1939 schwere Verfolgungen erdulden mußten: Der Chef des Statistischen Amtes A. Boháč wurde seines Amtes enthoben und in ein kleines Dorf in Ostböhmen verbannt. J. Auerhan, der ehemalige Amtspräsident, erlitt im Zuge der deutschen Rachemaßnahmen im Gefolge des Heydrich-Attentats 1942 den Tod durch Erschießung. (Vgl. Bulletin de l'Institut International de Statistique (1945), 24) Ihm widmete Winkler, der mit dem „Vorkämpfer und Begründer der Wissenschaft vom Auslandtschechentum" trotz unterschiedlicher wissenschaftlicher Standpunkte jahrelang in freundschaftlichem Kontakt gestanden war, nach dem Krieg einen persönlichen Nachruf. (Vgl. StVjschr 1 (1948), 103 f.).

[44] Vgl. *Wietog* (2001). Die institutionell-personelle Verflechtung zwischen amtlicher und universitärer Statistik aufzuzeigen, bleibt ein Desiderat der Forschung. Wietog konnte derartige Zusammenhänge naturgemäß nur ansatzweise aufarbeiten. Vgl. zur Rezeption des politisch-demographischen „Umbruchs" durch die österreichischen amtlichen Statistiker *Alfred Schinzel,* Die biologische Lage der Ostmark, in: ABB 8 (1938), 371–383, und Klezl / Gelinek: Unter der Überschrift „Das Ende des Geburtenabganges" vermeldeten Klezl und Gelinek 1939 triumphierend die positive Entwicklung der Geburtenüberschußziffer in der „Ostmark": vgl. Der Umbruch in der Bevölkerungsentwicklung im Gebiete der Ostmark. Statisti-

deutsche Fachstatistik institutionell und personell in die nationalsozialistische Bevölkerungs- und Rassenpolitik – in Friedens- wie in Kriegszeiten – verstrickt war. Von der Gruppe der NS-Statistik-Experten sind jene Statistiker zu unterscheiden, die während der Herrschaft des Nationalsozialismus ihre akademischen und amtlichen Funktionen behielten, in Schriften und Lehre mehr oder weniger äußerliche Konzessionen an die NS-Ideologie erkennen ließen, sich jedoch nicht direkt an Formulierung und Praxis der nationalsozialistischen Politik beteiligten. Eine dritte Gruppe umfaßt all jene, die verfolgt wurden und Deutschland verlassen mußten, und diejenigen, die in die „innere Emigration" gingen.[45] Jene, die sich nicht integrieren lassen wollten oder konnten, wurden in die „innere Emigration" gezwungen oder mußten auswandern. Flüchten mußten vor allem Demographen jüdischer Herkunft: Robert R. Kuczynski verließ Deutschland schon 1933 in Richtung England, Paul Mombert starb 1938 nach seiner Entlassung aus dem Gefängnis, und Eugen M. Kulischer floh 1934 zuerst nach Frankreich und von dort in die USA. Theodor Geiger emigrierte 1933 nach Dänemark, Rudolf Heberle wanderte 1938 in die Vereinigten Staaten aus. Wilhelm Winkler ging 1938 in die „innere Emigration".[46] Über den Kriegseinsatz von Forschungsinstituten (Klingemann 1996 zu Böhms *Institut für Grenz- und Auslandstudien*) und Forschungsnetzwerken (Fahlbusch 1999) liegen teils bereits Arbeiten vor, welche die Rolle der Statistik als Entscheidungshilfe für die Politik sichtbar werden lassen. Diese sind jedoch nicht einer Analyse der Geschichte der Statistik als Fachdisziplin verpflichtet.

Zur ersten Gruppe deutscher Statistiker, die durch Forschungsarbeiten, Gutachtertätigkeit und Sammlung von Daten der NS-Politik Entscheidungsgrundlagen vermittelten, liegen bislang keine größeren Forschungsergebnisse vor. Es ist jedoch bekannt, daß sich die *freiwillige* Indienststellung von Statistikern nicht allein in verbalen Huldigungsadressen in Richtung Reichskanzlei erschöpfte,[47] sondern auch die Planung der „Endlösung" selbst mit umfaßte. Die statistischen Unterlagen für die Wannseekonferenz wurden von dem jungen Fachmann aus dem StRA Roderich Plate zusammengestellt. Burgdörfer schätzte bereits 1935 die Zahl der „Rassejuden" und entwarf Pläne zur „Umsiedlung" der deutschen Juden (Madagaskarplan). Der Würzburger Statistiker Richard Korherr legte 1943 einen Bericht über den Stand der „Endlösung der Judenfrage" vor.[48]

Studien, die nur die Verstrickung einzelner Wissenschaftler und einzelner Forschungsinstitutionen in die NS-Kriegspolitik untersuchen, würden allerdings das

---

sche Ergebnisse der natürlichen Bevölkerungsbewegung vor und nach der Wiedervereinigung. Hg. vom Statistischen Amt für die Reichsgaue der Ostmark. Wien 1939, 41 f.

[45] Diese Unterscheidung kann nur einer ersten Orientierung dienen. Vgl. *vom Brocke* (1998), 99 – 107.

[46] Vgl. ebd, 104 – 107.

[47] Dies behauptet z. B. *Rinne* (1991), 8, über Friedrich Zahn.

[48] Diese Beispiele für eine Verstrickung deutscher Statistiker in die NS-Politik ließen sich weiter fortsetzen. Vgl. *Götz Aly / Susanne Heim,* Vordenker der Vernichtung. Auschwitz und die deutschen Pläne für eine neue europäische Ordnung. Frankfurt / Main 1997, 464.

Ziel verfehlen, ein Gesamtbild der deutschen Statistik in jener Zeit zu rekonstruieren. Neben der Instrumentalisierung der statistischen Disziplin zur Erfassung und Vernichtung von Menschen wäre etwa auch ihre Funktionalisierung als operative Methode bei der Durchorganisierung und Rationalisierung der Kriegswirtschaft[49] mit zu berücksichtigen. Dabei müßte jedoch im Lichte der Fragestellung, die Entwicklung der Fachstatistik zu untersuchen, das Hauptaugenmerk auf die jeweilige Rolle und Funktion dieser Disziplin gelegt werden.

Die Untersuchung von Kontinuität und Diskontinuität wissenschaftlicher Diskurse von der Weimarer Republik ins „Dritte Reich" und darüber hinaus in die BRD, die DDR (und Österreich) gäbe der personen- und institutionengeschichtlichen Forschung, wie sie oben skizziert wurde, einen Rahmen. Hier wurde – auch unter Bezugnahme auf die Arbeiten von Fahlbusch (1994; 1999) – darauf hingewiesen, daß das in den zwanziger Jahren von Geographen entwickelte und von Statistikern (z. B. Winkler) und anderen Sozialwissenschaftlern umgesetzte Konzept des Volks- und Kulturbodens sich dafür eignete, deutsche Eroberungs- und Umsiedlungsaktionen und den Mißbrauch deutschsprachiger Bewohner Ost- und Südosteuropas für die nationalsozialistische Machtpolitik zu legitimieren. Auch der Diskurs der agrarischen „Übervölkerung" Osteuropas, der z. B. die deutsche Raumpolitik im „Generalgouvernemt" beeinflußte,[50] hatte seine Wurzeln in der Ostforschung der Weimarer Republik.

Ein weiteres Forschungsproblem ist die Ausbreitung der Raum- und Großraumforschung im „Dritten Reich", ein interdisziplinärer Forschungszweig, der im Konzept der angewandten Wissenschaft einen wichtigen Stellenwert bei der Planung und Durchführung kontinentaler Machtpolitik hatte. Die Raumforschung wurde wesentlich von Geographen betrieben. In Wien leitete z. B. der Geograph Hugo Hassinger eine *Arbeitsgemeinschaft für Raumforschung* an der Universität. Hassinger baute das Konzept des Volks- und Kulturbodens aus und entwickelte sein spezifisches Modell von der Brückenkopf-Funktion Wiens gegenüber dem Südosten.[51]

---

[49] Vgl. *Zahn* (1939 / 40), 375 ff.

[50] Vgl. *Aly / Heim* (1997), 91 ff.

[51] Vgl. *Siegfried Mattl / Karl Stuhlpfarrer,* Angewandte Wissenschaft im Nationalsozialismus. Großraumphantasien, Geopolitik, Wissenschaftspolitik, in: Heiß (Hg.), Willfährige Wissenschaft, 283 – 301; ÖSTA, AdR, Südosteuropa-Gesellschaft, Kt. 57 (1940), Denkschrift von Univ.-Prof. Dr. Hugo Hassinger („Wien, die kulturelle Hauptstadt des Donauraumes"). Hassinger bedauert, daß die Wiener Universität in den letzten Jahren die „Südostarbeit" vernachlässigt habe, und er zählt all jene Institute auf – darunter das IStMV –, deren südostrelevante Tätigkeit mit ihrer „Schließung" beendet worden sei. Vgl. auch UAW, Rektoratsakt, Zl. 1135 aus 1939 / 42, Tätigkeitsbericht der Arbeitsgemeinschaft Raumforschung an den Wiener Hochschulen 1941 / 42; Vortragsmanuskript von Doz. Dr. habil. Hermann Gross („Grundsätzliches zur Wirtschaftspolitik in den Südoststaaten").

Prekäre Teilnahme am Fachdiskurs

Nach seiner Zwangspensionierung als Hochschulprofessor und seiner Entlassung als Abteilungsleiter im Statistischen Amt verlor Winkler die institutionelle Grundlage für seine wissenschaftliche Tätigkeit. Er hatte keinerlei Einfluß mehr auf die Arbeit der amtlichen Statistik und war trotz Versuchen, wieder an der Universität Fuß zu fassen, von der Forschungslandschaft weitgehend abgeschnitten. Er war jedoch keinem förmlichen Veröffentlichungsverbot unterworfen, so daß er, wenn auch eingeschränkt, vorerst weiterhin Aufsätze und Rezensionen publizieren konnte, bis die Publikationstätigkeit kriegsbedingt zuerst allgemein eingeschränkt und 1944/45 fast völlig eingestellt werden mußte.[52] Um veröffentlichen und wenigstens teilweise am wissenschaftlichen Diskurs teilnehmen zu können, war der nunmehr pensionierte Statistiker angewiesen

a) auf seine Mitgliedschaft im ISI, das ihm die Teilhabe am internationalen Fachdiskurs ermöglichte, soweit es ab 1939/40 die Postverbindungen noch zuließen,

b) auf seine Mitgliedschaft in der DStG und die ihm verbliebenen persönlichen Beziehungen zu Kollegen im In- und Ausland und

c) auf seine eigene Privatinitiative und die Weiterführung seiner noch bestehenden Kontakte zu Verlagen.

Auf die Mitgliedschaft im ISI und die Möglichkeiten, im Instituts-Organ zu publizieren, hatte seine Zwangspensionierung keine Auswirkungen. Dennoch warf seine sich anbahnende weitgehende Isolierung von den Entwicklungen der internationalen Statistik ihre Schatten voraus, als sein Hauptreferat beim Prager ISI-Kongreß bei der Tagung selbst nicht mehr erörtert werden konnte. Es wurde jedoch gedruckt und löste eine Wechselrede mit einer abschließenden Replik des Referenten aus, die in der nächsten und übernächsten Nummer der *Revue* erschien. Stellungnahmen übermittelten Burgdörfer (Berlin), Livio Livi (Florenz), M. A. Landry (Präsident der IUSIPP, Paris) und C. A. Verrijn Stuart (Utrecht).

Während Burgdörfer im wesentlichen sich auf die Kritik von Winklers Methodik der Fruchtbarkeitsmessung beschränkte (und damit auf Winklers darauf bezogenen Aufsatz in der *Revue* einging), befaßten sich die anderen Diskutanten ausschließlich mit dem Hauptreferat und bereicherten dieses vielfach durch eigene Ideen, die im folgenden nur verkürzt wiedergegeben werden können. Burgdörfer wirft dem Wiener Kollegen in seinem Beitrag u. a. vor, mathematische Fehler begangen zu haben, indem er z. B. bei der von ihm vorgeschlagenen Verbesserung des (Kuczynskischen) Reproduktionskoeffizienten durch Gewichtung des „Bestandes" der gebärfähigen Frauen den tatsächlichen Altersaufbau in das von ihm konstruierte Modell aufnehme. Doch „dessen Ausschaltung sei ja gerade „der Zweck

---

[52] Die meisten statistischen und nationalökonomischen Fachzeitschriften stellten im Lauf der Jahre 1943/44 ihr Erscheinen ein, so z. B. die JbbNSt (1943), das AStA (1944), das DStZbl (1944) und SchJb (1944).

der Berechnung des Reproduktionskoeffizienten". Dieser diene der Berechnung des „zur Bestandserhaltung erforderlichen" Geburtensolls, das mit der tatsächlichen Fruchtbarkeit verglichen werde und sei damit „das einzig richtige Mass [sic!] des Geburtendefizits oder des Geburtenüberschusses". Außerdem sei die von Winkler vorgeschlagene „verbesserte" Lotkasche „Vermehrungsrate der stabilen Bevölkerung" als „unbrauchbar" abzulehnen. Den vom Referenten vorgelegten Thesen zu den Ursachen des Geburtenrückgangs schließt sich Burgdörfer hingegen „vollständig" an; gerade die „Erfolge" der neuesten deutschen Bevölkerungspolitik bestätigten den Einfluß des „Willens zum Kinde" bei der Absenkung oder Steigerung der Fruchtbarkeit.[53] Verrijn Stuart vermißt in Winklers Bericht die Erwähnung einer möglichen „relativen" Übervölkerung, die er in dem im Vergleich zur Entwicklung des Einkommens pro Kopf der Bevölkerung rascheren Zunehmen des Volkseinkommens ausgedrückt sieht – eine Entwicklung, die in zahlreichen Ländern mit hoher Arbeitslosigkeit und gleichzeitiger Rationalisierung der Produktionstechnik Platz gegriffen habe. Außerdem trägt Verrijn Stuart seine eigene Theorie des Gleichgewichts in der Zu- bzw. Abnahme von Geburten- und Sterbeziffern vor. Der Geburtenrückgang könne als Gleichgewichtsstörung aufgefaßt werden.[54] Livi setzt sich in erster Linie mit den Ursachen des Geburtenrückgangs auseinander, den er gleich Winkler als eine „maladie sociale" bezeichnet. Weitere, vom Referenten nicht direkt genannte Ursachen für den Niedergang der Geburtenzahlen erblickt Livi u. a. in einem Nachlassen der Sitten, aber auch in der Erwerbstätigkeit der Frau. An neuen Methoden zur verfeinerten Erfassung des Geburtenrückgangs nennt der Autor u. a. die für bestimmte Zeiträume und Regionen im Kartenbild sichtbar gemachte unterschiedliche Geburtenfrequenz.[55] Landry hebt einleitend hervor, er stimme in Grundzügen mit den Darlegungen des Wiener Kollegen überein. Er wolle jedoch dem dritten vom Referenten genannten möglichen Ursachenkreis, den physiologischen Gründen für den Geburtenrückgang, das niedrige, oft von Krankheiten begleitete Lebensniveau vieler Menschen zur Seite stellen. Er bekräftigt die Herkunft des Geburtenrückgangs aus dem gehobenen sozialen Milieu und bestätigt, daß dieser sich zwischen Stadt und Land ungleich aufteile. Was die wirtschaftlichen und sozialen Auswirkungen des Geburtenrückgangs anlangt, bezweifelt er die Zuverlässigkeit von Voraussagen, die auf statistischen Methoden beruhen. Abschließend scheint Landry die ganze Diskussion relativieren zu wollen: Ein Blick in die Geschichte lehre, daß die Erscheinung des Geburtenrückgangs nicht neu sei. Diesen habe es zu allen Zeiten gegeben, genauso wie verschiedene Formen der Kontrazeption, die schon vor dem Aufkommen der neuen Verhütungsmethoden bekannt gewesen seien.[56]

---

[53] Observations sur le Rapport Présenté par M. le Prof. Winkler: „La Baisse de la Natalité, ses Causes, et ses Conséquences Economique et Sociales". Bemerkungen von Friedrich Burgdörfer, in: RIISt 6 (1938), 421 f., 422 (jew. Zit.).

[54] Ebd., Bemerkungen von Prof. Dr. C. A. *Verijn Stuart,* 562; 561.

[55] Ebd., Observations de M. le Prof. *Livio Livi,* 425 (wörtl. Zit.).

[56] Ebd., Observations de *M. A. Landry,* 553 f., 557, 559 f.

Winkler geht in seinem Schlußwort nur auf seine Kritiker Burgdörfer und Verijn Stuart ein, wobei er der Zurückweisung von Angriffen seines Berliner Kollegen und der expliziten, aus formalen Gründen erfolgenden Ablehnung von dessen „bereinigter Lebensbilanz" den weitaus größten Spielraum einräumt. Indem Burgdörfer die „Forderung einer für die Erhaltung der Bevölkerung gerade ausreichenden Fruchtbarkeit" [Geburtensoll] stelle, argumentiere er vom Standpunkt des Bevölkerungs*politikers*. Er, Winkler, könne dem nicht folgen; er sei schließlich Bevölkerungs*statistiker*. Schließlich sei die Erfassung von Ehedauer, Heiratsalter und Geburtenfolge, die Burgdörfer zur Verfeinerung der Fruchtbarkeitsziffer fordere, in der Praxis der Volkszählungen zu schwer zu leisten, um sie in den allgemeinen Forderungskatalog der Bevölkerungsstatistik aufnehmen zu können. Er selbst bleibe bei seinen Anregungen zur verbesserten Erfassung der Fruchtbarkeit und könne keine mathematischen Fehler in ihnen erblicken. Burgdörfer habe es im übrigen verabsäumt, auf seine Kritik an der Methode der „bereinigten Lebensbilanz" einzugehen. Auch hier wiederholt Winkler seine Vorbehalte: Diese sei deshalb „kein geeignetes Maß" zur Berechnung der natürlichen Bevölkerungsvermehrung, weil sie aus zwei ganz verschiedenartigen Elementen des Geburtenüberschusses, der bereinigten Geburtenziffer und der reinen Sterbeziffer, gebildet sei. – Zu Verijn Stuart bemerkt er, dieser überschätze die Tendenz zum Gleichgewicht der Geburten und der Sterbefälle. Den vom Utrechter Statistiker vorgeschlagenen Begriff der „relativen Übervölkerung" will er nicht angewendet wissen, sei doch ein Wachsen der Kopfquote des Volkseinkommens „nie im gleichen Maße möglich wie diejenige des Volkseinkommens selbst".[57]

Das ISI war während des Zweiten Weltkriegs mehrmals in seinem Bestand bedroht. Dem Generalsekretär und Leiter des Haager Büros Methorst gelang es zwar, die Geschäftstätigkeit unter großen Schwierigkeiten fortzuführen und den Versuch deutscher Statistiker, ein eigenes „europäisches" Statistisches Institut zu gründen, abzuwehren. Doch die Verbindungen des Haager Büros zu den einzelnen Institutsmitgliedern rissen während des Krieges fast gänzlich ab.[58] Winkler konnte dennoch im Jahr 1942 in der *Revue* einen Aufsatz über „Die stationäre Bevölkerung" veröffentlichen und damit einen Beitrag zur Sterblichkeitsmessung leisten. Er entwickelt u. a. neue Formeln zur Bevölkerungszahl, zur Altersverteilung, zu Geburten und Todesfällen in der stationären Bevölkerung und widmet der Nettosterblichkeit und ihrem Verhältnis zur rohen Todesrate seine besondere Aufmerksamkeit.[59] Daß er in dieser Studie erstmals die Integralrechnung, die unter sozialwissenschaftlichen Statistikern bis dahin kaum Verwendung fand, durchgängig als formale

---

[57] Schlußwort des Referenten, 259 f.; 261, 267 (wörtl. Zit.).

[58] Vgl. *Stephen E. Fienberg,* Statistical Developments in World War II: An International Perspective, in: Ders. / Anthony C. Atkinson (Hg.), A Celebration of Statistics. The ISI Centenary Volume. New York / Berlin 1985, 29.

[59] Vgl. WW-1942-01. Stationäre Bevölkerung: Sterblichkeit und Geburtenzahl unverändert; im Vergleich dazu die stabile Bevölkerung: Sterblichkeit unverändert, Geburtenzahlen und Lebende aller Altersgruppen in geometrischer Reihe sich ändernd.

Methode anwendet, ist wahrscheinlich das Resultat seiner privaten mathematischen Studien.

Noch im Jahr 1944 gelang es ihm, in der *Revue* eine umfangreiche Besprechung zweier Artikel des Genfer Statistikprofessors Liebmann Hersch unterzubringen. Er wagt darin sogar einen Blick in seine damals mehr als ungewisse persönliche Zukunft, indem er ankündigt, er werde sich, „wenn ihn [sic!] die Gnade Gottes, durch die Gefahren dieser Zeit hindurch, diesen Zeitpunkt erleben läszt", beim nächsten ISI-Kongreß für eine normierte Anwendung lateinischer Buchstaben in statistischen Berechnungen einsetzen.[60] In der gegenständlichen Besprechung setzt er sich mit Herschs Konstruktion des „potentiel-vie" auseinander, das die in der Zukunft noch zu verlebende Zeit einer Bevölkerung (oder eines Bevölkerungsteils) berechnet. Diese multipliziert „für jedes Alter die Zahl der Lebenden mit der ihnen zukommenden Lebenserwartung" und summiert diese Teilprodukte. Wenngleich er den Ansatz des Genfer Statistikers grundsätzlich als eine Bereicherung für die theoretische Bevölkerungsstatistik begrüßt, kritisiert er ihn doch als zu abstrakt, treffe doch diese Annahme nur in der stationären und in der stabilen Bevölkerung zu. Ferner sei Herschs Gedanke einer „durchschnittlichen Erlebenszeit" („durchschnittliche Lebenserwartung") als Pleonasmus abzulehnen. Außerdem seien die Veränderungen der „Erlebenszeit" möglichst auf Bevölkerungsstand und Bevölkerungsbewegung anzuwenden.[61] – In seiner Erwiderung reagiert der Angegriffene vor allem auf Winklers Versuch, seine Formeln mit Hilfe der Differentialrechnung neu zu kalkulieren. Er will sie deshalb nicht verwendet sehen, weil die meisten Leser noch nicht mit ihr vertraut seien.[62]

Es scheint Winkler nicht gelungen zu sein, in der NS-Zeit weitere Verbindungen zu Kollegen über Deutschland und Europa hinaus aufzunehmen, die nicht über das Haager ISI-Büro liefen. Nur ein einziges Mal, im Jahr 1940, fand er eine Gelegenheit, im Ausland zu publizieren, als die US-amerikanische *Carnegie-Stiftung* in englischer Sprache eine gekürzte Fassung seiner „Einkommensverschiebungen in Österreich im Weltkrieg" aus dem Jahr 1929 veröffentlichte. Er nannte diese Arbeit „The Economic and Financial Consequences of the World War for Austria-Hungary". James T. Shotwell, der General Editor der Reihe, wies darauf hin, daß es „practical impossible" gewesen sei, schriftlich mit dem in Wien lebenden Autor Verbindung aufzunehmen.[63]

Unter den Statistikern des „Dritten Reiches" spielte Winkler keine nennenswerte Rolle mehr. Es kann insofern tatsächlich von seiner „inneren Emigration" gespro-

---

[60] WW-1944-01, 7. Die nach Prag 1938 nächste Tagung des ISI war ursprünglich für Washington vorgesehen gewesen, wegen der Kriegswirren aber auf unbestimmte Zeit verschoben worden. (Vgl. *Fienberg,* 1985, 29).

[61] WW-1944-01, 5 f., 17 f.

[62] Vgl. Entgegnung v. *Liebmann Hersch* („Quelques Précisions sur la Méthode des Potentiels-Vie et ses Notions Fondamentales"), RIISt 12 (1944), 24.

[63] WW-1940-01, XV, Vorwort.

chen werden, als seine wenigen Forschungsbeiträge zwischen 1938 / 39 und 1945 in Deutschland kaum mehr rezipiert und wahrgenommen wurden. Seinen Ruf als hervorragender Nationalitätenstatistiker konnte er nicht mehr in Fachpublikationen umsetzen. Auf der letzten Jahrestagung der DStG für die folgenden zehn Jahre, die 1938 in Würzburg stattfand, war er – wie übrigens schon seit 1931 – nicht anwesend. Ebensowenig trat er auf irgendwelchen anderen öffentlichen Veranstaltungen auf. Klezl, der beim Würzburger Statistikertreffen ein Referat über den „Beitrag Österreichs zur wissenschaftlichen Statistik" hielt, nahm als leitender Vizepräsident des *Österreichischen Statistischen Landesamtes* auch vor dem Forum der deutschen Fachstatistiker die Rolle eines Nachfolgers von Winkler als der berufene Vertreter der österreichischen Statistik ein. Klezls Bericht hatte so nicht nur den Charakter eines Nachrufs auf eine eigenständige österreichische Fachstatistik, sondern in gewisser Hinsicht auch auf Wilhelm Winkler. Diesem wurde von seinem nunmehr „siegreichen" ehemaligen Widerpart immerhin die Leistung bescheinigt, eine umfassende Theorie der Statistik geschaffen zu haben. Doch vergaß Klezl nicht darauf hinzuweisen, daß er Winklers Anspruch, die mathematische und begrifflich-logische Statistik miteinander verschmolzen zu haben, für nicht völlig gelungen halte.[64] In der enzyklopädischen, von Burgdörfer herausgegebenen zweibändigen Festschrift aus Anlaß des 70. Geburtstags von Friedrich Zahn „Die Statistik in Deutschland nach ihrem heutigen Stand" (1940) war Winkler nicht vertreten. Die 158 Statistiker und Erbbiologen, welche mit Beiträgen in der Festschrift versammelt waren, kamen aus allen Bereichen der akademischen und amtlichen Statistik. Von den „Österreichern" hatten Klezl und Madlé Aufsätze verfaßt.[65]

Im Inland war Winkler nur die Teilnahme am „untergeordneten" fachlichen Diskurs möglich, d. h. er konnte nur Buchbesprechungen und einige wenige Aufsätze veröffentlichen. Er fand keine Verlage mehr, die seine Manuskripte zur Veröffentlichung entgegennahmen. Sein vorläufig letztes Buch, das Tabellenwerk „Deutschtum in aller Welt", erschien noch im Juli 1938, jedoch ohne Begleittexte.[66] Die wichtigste Studie, an der er während des Krieges arbeitete, war seine „Typenlehre der Demographie", die, ursprünglich in englischer Sprache verfaßt („The Age Distribution and Its Influence on the Elements of Natural Growth"),[67] erst 1952 im Teildruck erschien. Als ein zwangsweise Pensionierter mußte er sich allein der Hoffnung hingeben, daß irgend wann einmal sich eine Gelegenheit ergeben würde,

---

[64] Vgl. *Felix Klezl-Norberg,* Österreichs Beitrag zur wissenschaftlichen Statistik, in: AStA 28 (1938 / 39), 174 f.; vgl. auch *ders.,* Das Doppelgesicht der Statistik, in: AStA 32 (1943 / 44), 26 f. (hier sieht er in Winkler einen Vertreter der „formalen" Statistik im Unterschied zur Statistik als „materielle" Wissenschaft).

[65] *Friedrich Burgdörfer* (Hg.), Die Statistik in Deutschland nach ihrem heutigen Stand. Ehrengabe für Friedrich Zahn. Bde. 1 – 2. Berlin 1940, Inhaltsverzeichnis; Winkler wurde in einzelnen Aufsätzen der Festschrift zitiert, besonders von Adolf Blind in einem Beitrag über „Statistische Ursachenforschung" (Bd. 1, 54 f., 57, 59 f., 63).

[66] Vgl. Kap. III. 4.

[67] *W. Winkler,* Lebensgeschichte (1952), 220.

seine Arbeiten zu veröffentlichen. Bei seinen Privatstudien war er gezwungen, „jede auch kleinste Berechnung selbst auszuführen [und] jedes Konzept mit eigener Hand zu verfertigen"[68]. In welchem Umfang er seinen fachlichen Briefwechsel mit dem US-amerikanischen Statistiker Alfred J. Lotka (1880–1949) während der Kriegszeit aufrechterhalten konnte,[69] ist nicht bekannt. Winkler, der an einer Ausrichtung der deutschsprachigen Statistik an den im angelsächsischen Raum entwickelten neuen Methoden besonders interessiert war, mußte die Isolierung der deutschen Statistik im allgemeinen und seine eigene erzwungene Abschottung in Wien hart treffen. Bedauernd stellte er fest, er habe „unter den obwaltenden Verhältnissen" keinen Zugang zu Lotkas Artikeln.[70]

Lotka baute auf v. Bortkiewicz auf und betrieb u. a. Forschungen über die stabile Bevölkerung, die Winkler rezipierte und mit eigenen Beiträgen bereicherte. In seinen Arbeiten über „Die stationäre Bevölkerung" (s. o.) und die „Latenz von Altersaufbautypen der Bevölkerung"[71] entwickelt er neue Formeln zur Berechnung von abstrakten Bevölkerungstypen, die er aber zur praktischen Berechnung von Sterbetafeln angewendet wissen will. Er unterscheidet „Geschlossene Bevölkerungen", findet für diese vier Untertypen, darunter die stationäre und die stabile Bevölkerung, und „Offene Bevölkerungen", die analog zum erstgenannten Haupttypus wieder in vier Untertypen zerfallen, jedoch um die Wanderungen ergänzt sind.[72] Sein methodischer Zugriff erfolgt von der Seite der mathematisch-theoretischen Statistik.

Diese führte im Zeichen des utilitaristischen Denkens der NSDAP in Deutschland mehr denn je ein Schattendasein. Die statistische Wahrscheinlichkeitstheorie wurde – auch mit praktischen Anwendungen – in den vierziger Jahren nicht in Deutschland und auf dem Kontinent, sondern vor allem in den USA weiterentwickelt.[73] In Deutschland wurden hingegen biologische und eugenische Methoden zunehmend für sozialwissenschaftliche Forschungen herangezogen. Die „Sippenforschung" sollte die Familie als „Glied einer biologischen Kette" darstellen und besonders durch Herausstellen ihrer „rassischen" und „erbbiologischen" Merkmale den deutschen „Volkskörper" nach „Erbgesunden" und „Erbkranken" strukturieren.[74]

---

[68] Ebd.

[69] Vgl. WW-1950-02, 97; zu Lotka vgl. American National Biography. Ed. from John A. Garraty and Mark C. Carnes. Vol. 13 (New. York 1999), s. v. Lotka, Alfred James, 937 f.

[70] WW-1941-01, 278.

[71] Die „Latenz" definiert er folgendermaßen: „Wenn von einem gewissen Zeitpunkt an auf einen wie immer gestalteten Altersaufbau die bestimmenden Einflüsse mit einer solchen Regelmäßigkeit wirken, wie sie Voraussetzung eines der erwähnten Typen sind, dann müssen sie im Laufe der Zeit unweigerlich zu diesem Typus führen. Das Zwischenstadium bis dahin nennen wir die Latenz dieses Typus." WW-1941-02, 97 f.

[72] Vgl. ebd., 97.

[73] Vgl. *Fienberg* (1985), 27 f.

[74] *Friedrich Zahn,* Die Statistik im nationalsozialistischen Großdeutschland, in: AStA 29 (1939/40), 372.

Winkler befaßte sich Anfang der vierziger Jahre auch mit Fragen der genealogischen Statistik, wobei er wieder auf entsprechende Untersuchungen von Lotka zurückgriff. Eine Arbeit von Emil Eugen Roesle über „Die Grundlagen der vergleichenden Familienbiologie" (1936) bespricht er zwar[75], und er zitiert sie in seinem Aufsatz „Grundsätzliches zur genealogischen Statistik". Er lehnt jedoch vorsichtig, aber unverhohlen ihre Methodik ab. Besonders deutlich wendet er sich gegen Roesles Unterscheidung zwischen einer „biologischen" und einer „demographischen" Statistik. Nicht nur die demographische Statistik würfle Bevölkerungen „aus den verschiedensten Blutströmen" zusammen, wie es Roesle behaupte, sondern auch die Untersuchung der biologischen Entwicklung einer einzigen Familie, deren Untersuchung Roesle als erstrebenswert da „an einer Bevölkerung des gleichen Blutes vorgenommen" erachtet, befasse sich notwendigerweise mit Mischungsprozessen. Winkler faßt statistisch-genealogische Untersuchungen im Gegensatz zu den nationalsozialistischen Rassentheoretikern nicht als Experimentierfeld einer abwegigen Theorie der „Blutmischungen" auf, sondern er betrachtet sie als eigene Verfahren der allgemeinen Bevölkerungsstatistik. Durch genealogische Quer- und Längsschnittbeobachtungen, die an möglichst vielen Personen vorgenommen werden sollten, ergebe sich ein Einblick in „das innerste Räderwerk der Bevölkerungsentwicklung", die natürliche Vermehrung, den Generationsabstand, den Geburten- und Sterbebereich der Generationen und die Veränderung der Zahlen der Geburten von Generation zu Generation.[76]

Doch er kommt an Studien, die Bevölkerungsvorgänge „biologisch" betrachten, nicht vorbei. Er vermeidet zwar, die Wissenschaftlichkeit von „biologischen" Bevölkerungsstudien offen anzuzweifeln und übernimmt teils auch deren Begriffssystem, doch spricht er sich gegen Folgerungen aus den vorhandenen Zahlenbefunden aus, die nach seiner Meinung zu weit gehen. So bezeichnet er die Theorie von der „Vererblichkeit des Willens zum Kinde" als „vielleicht übertrieben". Den Versuch, aus Datenmaterial zu Geburtlichkeit und Sterblichkeit der Bukowina-Deutschen „endgültige Folgerungen auf die Lebenskraft und den Lebenswillen der Bevölkerung" ziehen zu können – auch die sozialwissenschaftliche Forschung über die vormaligen „Auslanddeutschen" war dem biologischen Paradigma unterworfen –, hält er schlicht für einen methodischen Irrweg.[77]

---

[75] Bespr. von *W. Winkler* zu E. E. Roesle, Die Grundlagen der vergleichenden Familienbiologie. Zeitschrift des Familienverbandes Bürgers „Familienbiologie und Familienkultur" 2, Nr. 1 – 3, AStA 28 (1938 / 39), 124.

[76] WW-1941-01, 278, 291 f. (jew. wörtl. Zit.).

[77] Bespr. von *W. Winkler* zu Georg v. Wendt / Wilhelm Müller-Lenhartz, Warum Geburtenrückgang im Abendland? Feststellungen und Erwägungen (Leipzig 1940), JbbNSt 152 (1940), 699 f.; vgl. Bespr. von *W. Winkler* zu Herbert Mayer, Lebenslinie und Lebenskraft der deutschen Stammsiedlungen im Buchenland (Bukowina) (Leipzig 1940) (= Archiv für Bevölkerungswissenschaft und Bevölkerungspolitik; Bh. 9), JbbNSt 155 (1942), 317 f. – Schwerpunktmäßig besprach Winkler zwischen 1938 und 1942 jedoch – wie schon in den letzten beiden Jahrzehnten – Werke der statistischen Theorie. Unter diesen Besprechungen befanden sich 1938 / 39 auch noch zwei Arbeiten amerikanischer Statistiker: Vgl. Bespr. von *W. Winkler*

3. Rückzug in die Privatsphäre:
Organisation des Überlebens unter
Verfolgungs- und Kriegsbedingungen

Die Pensionierung als Hochschulprofessor im Mai 1938 löste die schwerste persönliche Krise aus, die Winkler in seinem Leben bis dahin erlebt hatte. Die neuen nationalsozialistischen Machthaber an der Wiener Universität wollten ihn dazu bewegen, sich von seiner Ehefrau scheiden zu lassen und setzten dadurch den familialen Zusammenhalt einer schweren Belastungsprobe aus. Erst nachdem klar geworden war, daß er an der Universität vorerst keinen Platz mehr hatte, entschied er, seine Ehe fortzuführen. Er konnte sich in seine neue Lage hineinfinden und paßte sich den geänderten Gegebenheiten an. Dieser zerbrechlichen Festigung seiner äußeren Lebenssituation ging allerdings eine schwere Erkrankung voran, die als Typhus diagnostiziert wurde. Seine Leiden war jedoch in Wirklichkeit „die psychosomatische Folge seiner Lebenskrise"[78]. Ehe er sich in einem völlig umgestalteten Alltagsleben einrichtete, brach er endgültig und kompromißlos mit den neuen Machthabern. Indem er sie ablehnte, kehrte er sich auch von jeglichem offenen Antisemitismus ab, d. h. seine Kinder vernahmen von ihm nach 1938 keine einzige antijüdische Bemerkung mehr.[79]

In den Jahren 1938 und 1939 versuchte Winkler, sich eine gesicherte berufliche Position im angloamerikanischen Raum zu verschaffen und dadurch seiner Familie ein neues Leben zu ermöglichen. Er wandte sich an folgende Einrichtungen um Beistand: die *Society for the Protection of Science and Learning,* die *Rockefeller Foundation* und das *Institute of International Education* in New York. Das Akademikerhilfskomitee der *Society for the Protection of Science and Learning* entschied letztendlich, ob Winkler in England aufgenommen werden sollte oder nicht. William Beveridge vom ISI in Paris und der führende englische Statistiker A. L. Bowley (1869–1957)[80], die Winkler beiläufig kannten, verfaßten die ausschlaggebenden Gutachten. Beide sahen keine Möglichkeit, ihrem Wiener Kollegen eine Beschäftigung zu verschaffen, mit der er seine siebenköpfige Familie ernähren konnte. Was seine fachlichen Qualitäten anlangte, betonte Bowley, er sei „evidently an expert on population", doch bezweifle er „that it [its assistance] would be of a kind that would justify his coming to England". Friedrich August Hayek und Joseph A. Schumpeter, die beide vor Ort über erheblichen Einfluß verfügten, setzten sich nicht oder nicht mit genügendem Nachdruck für Winkler ein. Letzterer

---

zu Harold T. Davis / Nelson, W. F. C., Elements of Statistics. With applications to economic data (Indiana 1935), SchJb 62 (1938), 122 f., u. Dorothy S. Thomas, Research Memorandum on Migration Differentials. With Contributions by Rudolf Heberle et al. (New York 1938), JbbNSt 150 (1939), 232 f.

[78] E. / O. *Winkler,* Persönliches aus dem Leben des Jubilars (1987), [4].

[79] Vgl. Gespräch mit em.Univ.-Prof. Dr. *Erhard Winkler* vom 27. 12. 1999, Protokoll.

[80] Zu Bowley vgl. *A. I. Dale,* Arthur Lyon Bowley, in: *Heyde / Seneta* (ed.) (2001), 278–282.

beließ es dabei, den Wiener Statistiker gegenüber dem *Institute of International Education* als „one of the best statisticians alive" zu bezeichnen. Winkler selbst meinte zu Schumpeter, der ihm geraten hatte, sich über das *Institute of International Education* um eine Vortragsreise in die USA zu bemühen, resignativ: „Was für Prof. Morgenstern möglich war, als er noch in Amt und Würden saß, sollte für mich unmöglich sein, der ich unterdessen schiffbrüchig geworden bin?"[81]

Nachdem diese Bestrebungen gescheitert waren, dürfte Winkler versucht haben, eine Berufung nach Quito (Ecuador) anzunehmen oder wenigstens nach Irland zu emigrieren. Sein ältester Sohn Erhard erhielt jedoch kein Visum, weil er bereits für den Arbeitsdienst verpflichtet worden war, und der zwölfjährige Berthold lag im Krankenhaus und war daher nicht ausreisefähig. Mit Kriegsausbruch zerschlugen sich endgültig alle Hoffnungen, den nationalsozialistischen Verfolgungen durch eine Flucht ins Ausland zu entgehen.[82]

In den folgenden Kriegsjahren ließ ihn sein „unbegründeter Optimismus" nie verzweifeln – im Gegenteil, Winkler setzte seine wissenschaftlichen Studien fort, so gut es ging. Außerdem verbesserte er seine Englisch-Kenntnisse und legte im April 1939 an der Philosophischen Fakultät der Universität Wien die Dolmetsch-Prüfung in Englisch ab. In seinem Zeugnis betonte der Prüfer, Winkler verfüge über „einen ungewöhnlich großen Wortschatz", und er übersetze „fast fehlerfrei" aus dem Englischen und ins Englische.[83] Als Winkler im Laufe des Jahres 1943 erkannte, daß der Krieg für Deutschland verloren sein dürfte, begann er in richtiger Voraussicht der kommenden Ereignisse mit dem Studium der russischen Sprache. Er legte noch die Staatsprüfung ab, doch kam es nicht mehr zur geplanten Dolmetscherprüfung.[84] Sein Informationsbedürfnis deckte er weitgehend durch illegales Abhören der Nachrichtensendungen der BBC. Er verhielt sich aber sonst ruhig und nach außen hin systemkonform.

Winklers eigenes Überleben war nie ernsthaft durch die Verfolgungen der Nationalsozialisten bedroht, obwohl Hausdurchsuchungen und Vorladungen vor Gestapo- und Parteistellen sein Leben überaus erschwerten. Das Leben seiner Frau war während der NS-Herrschaft jedoch gefährdet, obwohl sie durch ihren Gatten in einer „privilegierten" Ehe[85] lebte. Die Ungewißheit, welches Schicksal ihr angesichts der sich laufend verschärfenden Verfolgungsmaßnahmen tatsächlich bevorstehe, war hingegen für Klara Winkler fast noch schlimmer. Bald nach dem „Um-

---

81 *Feichtinger* (2001), 226 f.; vgl. *Christian Fleck,* Schumpeter und die Emigranten, in: Archiv für die Geschichte der Soziologie in Österreich. Newsletter 15 (1997), 9.

82 Gespräch mit Dkfm. *Berthold Winkler* vom 27. 07. 1999, Protokoll; vgl. PNWW, Reisepaß des Deutschen Reiches, ausgestellt am 05. 12. 1938, Eintragung der irischen Gesandtschaft in Berlin vom 01. 03. 1939.

83 PNWW, Zeugnis der Philosophischen Fakultät der Universität Wien über die Ablegung der Dolmetsch-Prüfung aus Englisch vom 28. 04. 1939.

84 *E. / O. Winkler,* Persönliches aus dem Leben des Jubilars (1987), [5].

85 Vgl. zum Begriff *Benz / Graml / Weiß* (Hg.) (1998), 586, s. v. Mischehe.

bruch" sollte sie in einem Fabriksbetrieb harte Arbeit verrichten. Dies konnte ver-
hindert werden, indem ihr der Hausarzt Dr. Musger einen schweren Herzfehler bestätigte, sodaß sie vorderhand verschont blieb.[86] Als die Behörden von ihr die Vorlage des „Ariernachweises" verlangten, dieser aber von ihr nicht erbracht werden
konnte, gingen die staatlichen Nachstellungen von neuem los: Wiederholt wurde
sie von der Gestapo zu Verhören abgeholt, bei denen Winkler seiner Gattin keinen
Schritt von der Seite wich. Er präsentierte sich den Beamten als „der arische Professor mit dem Geleitbrief", dem es gelang, seine Frau immer wieder unversehrt nach
Hause zurückzubringen.[87] Klara Winkler, die schon vor 1938 nur für ihre Familie
gelebt und gearbeitet und sich kaum in der Öffentlichkeit gezeigt hatte, zog sich
während der Verfolgungszeit fast ganz in die Wohnung zurück. Einkäufe wurden
von ihrem Mann und den Kindern erledigt. Diese verstanden es, die mit einem „J"
versehene Lebensmittelkarte ihrer Mutter unter den „arischen" Karten zu verstek-
ken und so ihre Diskriminierung vor Geschäftsleuten und Kunden zu verbergen.
Die Bedrängnisse durch die Behörden und ihre Ausgrenzung in der Öffentlichkeit
führten dazu, daß Klara Winkler sich teilweise wieder an ihre verdrängten jüdischen Wurzeln erinnerte. Sie hielt Kontakt mit Leidensgenossen, die sie vermutlich
während der langen Wartezeiten bei den Gestapo-Verhören kennengelernt hatte.[88]

Die Situation der gesellschaftlichen Ächtung erlebten – in unterschiedlichem
Ausmaß – auch die Kinder von Klara und Wilhelm Winkler. Sie alle waren nach
der herrschenden Rassenlehre „Mischlinge ersten Grades".[89] Es hat fast den An-
schein, daß die beiden älteren Söhne, deren Arbeitskraft wie selbstverständlich herangezogen wurde, die Zeit bis 1945 vergleichsweise besser überstanden als ihre
jüngeren Geschwister. Dagegen schien die behinderte Gertraud Winkler den Staat
nur zu „belasten": Gertraud war seit 1932 in der Heil- und Pflegeanstalt Gugging
bei Wien untergebracht. 1943 wurde die Siebzehnjährige, die längst in die Mühlen
der Euthanasie geraten war, „voll entmündigt", und ihr Vater mußte die Sachwal-
terschaft über sie übernehmen.[90] Am 29. Mai 1944 wurde sie mit einem Sammel-
transport von Gugging in die Heil- und Pflegeanstalt Meseritz-Obrawalde (Pommern) übersetzt, wo sie mit größter Wahrscheinlichkeit im Lauf des Jahres 1944
getötet wurde.[91] Der Familie wurde Gertrauds Tod lapidar bekanntgegeben. Ihre

---

86 PNWW, Mein überreich bewegtes Leben, Fragm. 9, [2].

87 Später berichtete die Mutter ihren Kindern nur, es sei schier „unglaublich" [Betonung
durch E. Winkler, Anm. d. Vf.] gewesen, „wie er das gehandhabt hat; wunderbar, gut gespielt." Vgl. Gespräche mit em.Univ.-Prof. Dr. *Erhard Winkler* vom 27. 12. 1999 und mit
Dkfm. *Berthold Winkler* vom 27. 07. 1999, Protokolle. Vgl. PNWW, Kleiner Abstammungsnachweis W. Winkler, ausgestellt von der NSDAP – Gau Wien, Gauamt für Sippenforschung,
ausgestellt am 29. 04. 1941.

88 Ebd., Gespräch mit Prof. Dr. *Erhard Winkler*, Protokoll.

89 Vgl. ÖSTA, AdR, Gauakt Dr. Wilhelm Winkler, Rassenpolitisches Amt, Aktennotiz
vom 09. 08. 1941; vgl. zum Begriff *Benz / Graml / Weiß* (Hg.) (1998), 586, s. v. Mischlinge.

90 PNWW, Entscheidung über die Entmündigung der Gertraud Winkler, Benachrichtigung
des Amtsgerichts Hietzing vom 31. 08. 1943; PNWW, Bestellung zum Kurator, Benachrichtigung des Amtsgerichts Hietzing vom 22. 09. 1943.

Asche wurde auf dem Postweg zugestellt. – Der jüngste Sohn Berthold war wie
seine Schwester Hildegard während der ersten Jahre der NS-Herrschaft noch schul-
pflichtig; gegen Kriegsende wurde er aber schon zur Zwangsarbeit eingezogen.
Sein Status als „Mischling" war seinen Mitschülern bekannt, die mehrfach in der
Schule über ihn herfielen und ihn einmal sogar bis zur Bewußlosigkeit prügelten.
Einmal wurde er sogar mit dem Zuruf „Jude 'raus!" aus der fahrenden Straßenbahn
hinausgestoßen.[92] Die beiden älteren Söhne wurden daran gehindert, ein Studium
aufzunehmen. Sie wurden als „Wehrunwürdige" für den *Reichsarbeitsdienst* verpflichtet und mußten schwere körperliche Arbeiten durchführen. Vor den Kamera-
den verheimlichten sie ihre Existenz als „Mischlinge". Nur Erhard, der die Überwindung sozialer Schranken im Arbeitsdienst als neuartiges Erlebnis schätzte,
konnte als Gehilfe eines technischen Geologen daneben Erfahrungen für sein künf-
tiges Berufsleben sammeln.[93]

Erhard, Othmar, Berthold und Hildegard Winkler wurden als „Mischlinge"
zwangsweise mit einem bestimmten Element ihrer Herkunft identifiziert, das für
sie bis dahin keine Bedeutung gehabt hatte. Sie erlitten Diskriminierungen und
Verfolgungen, doch war ihr Risiko im Vergleich zu den „Volljuden" viel geringer
und ihr Handlungsspielraum größer. Die staatliche Maßnahmenpolitik benutzte die
Gruppe der Mischlinge „ersten" und „zweiten Grades" als Instrument, um die
„Volljuden" noch wirksamer zu isolieren. Die Grenzziehung zwischen den verschiedenen Gruppen war nie ein für alle Mal festgelegt, wodurch die Betroffenen
noch wirksamer in einen Zustand permanenter Verunsicherung versetzt werden
konnten. Nachdem bereits auf der Wannseekonferenz die Abgrenzungsfragen
neuerlich überdacht worden waren, ging man 1944 die „Endlösung der Mischlings-
frage" an, die nur durch den Zusammenbruch des „Dritten Reiches" nicht zur
Durchführung gelangte.[94] Auch die Lage der Eltern von „Mischlingskindern" wurde in den letzten Kriegsjahren immer bedrohlicher: So übermittelte Kardinal Innitzer im April 1943 das Gerücht nach Rom, daß die „zwangsweise Scheidung
aller bestehenden Mischehen unmittelbar" bevorstehe. Davon seien in Wien ca.
5.000 Mischehen betroffen. Und noch im Frühjahr 1945 wurden jüdische Partner
aus Mischehen ins Internierungslager Theresienstadt deportiert.[95]

Trotz aller behördlicher Schikanen und öffentlicher Verächtlichmachung gelang
es den Angehörigen der Familie Winkler, die selbst in Ober St. Veit nur mehr von

---

91 Niederösterreichisches Landesarchiv (NÖLA), Heil- und Pflegeanstalt Gugging, Abgangsprotokoll 1944, Abgangsnr. 303.

92 Gespräch mit Dkfm. *Berthold Winkler* vom 27. 07. 1999, Protokoll.

93 Gespräche mit em.Univ.-Prof. Dr. *Erhard Winkler* vom 27. 12. 1999 u. mit em.Univ.-
Prof. Dr. *Othmar Winkler* vom 19. 01. 2000, Protokolle.

94 *Helmut Krüger,* Der halbe Stern. Leben als deutsch-jüdischer „Mischling" im Dritten
Reich. Mit einem Nachwort von Götz Aly. Berlin 1993, 131 – 137 (Nachwort).

95 *Ludger Born,* Die erzbischöfliche Hilfsstelle für nichtarische Katholiken in Wien. Hg.
v. Lothar Groppe. Wien ³1979 (= Wiener Katholische Akademie. Miscellanea; LXIVa), 48 f.
(wörtl. Zit.); 53.

wenigen gegrüßt wurden, in der Kriegszeit einen Rest von Privatheit zu retten. So gingen sie dort baden, wo niemand sie kannte, und zu Hause widmeten sie sich der Kammermusik. Daneben kümmerte sich der Vater auch um die Weiterbildung seiner Kinder; so wurde z. B. beim Mittag- und Abendessen stets Englisch gesprochen.[96] Die Familie wurde jedoch immer wieder durch rassistische Nachstellungen einiger Nachbarn im Haus gestört, die es vor allem auf die Winkler-Sprößlinge abgesehen hatten. Besonders der „Blockwart" Roman Pöffel, von Beruf „Reisender in Schnäpsen"[97], bedrohte die Familie mit Gesten, beleidigte sie und scheute auch nicht vor tätlichen Angriffen zurück.

Einer Anzeige Pöffels war es zu verdanken, daß der neunzehnjährige Othmar wegen angeblicher verbaler Drohungen gegen die Person des Klägers vom Ortsgruppenleiter der NSDAP Ober St. Veit einem peinlichen Verhör unterzogen wurde. Daraufhin richtete Winkler am folgenden Tag einen Brief an die Leitung der Ortsgruppe, in dem er Pöffels Angriffe ausführlich schilderte, sonst aber diplomatisch geschickt und mit bewußten Anleihen an die Sprache der Propaganda darauf hinwies, daß seine beiden älteren Söhne in kriegswichtigen Betrieben eingesetzt seien und daher dem „Vaterland" unbedingt erhalten werden sollten: Private Zwistigkeiten sollten „in dieser ernsten, sorgenvollen Zeit, in der Deutschland um seine Existenz kämpft", zugunsten der „erfolgreichen Weiterführung des Kampfes" hintangestellt werden. Die Vorbringung des Geleitbriefes tat dann ein übriges, um den Ortsgruppenleiter dazu zu bewegen, auf weitere Maßnahmen zu verzichten und sich mit einer Verwarnung und der Androhung eines Abtransports in ein Konzentrationslager zu begnügen.[98]

Winkler verhielt sich äußerst vorsichtig; als „arischer" Familienvater verfolgte er eine geschickte Strategie des sich Duckens, der Deeskalation gegenüber „privaten" Verfolgungen und des gezielten sich Vorbereitens auf „bessere Zeiten". Seinen Kindern predigte er stets die Maßregel, in keiner Weise aufzufallen, doch waren die NS-Behörden recht gut informiert über das Alltagsleben in der Ghelengasse: So heißt es z. B. im Gauakt: „Bezeichnend für seine [=Winklers] heutige Einstellung ist der Umstand, dass [sic!] er nie deutsche, sondern nur ausländische Sender hörte."[99] Daß Pöffel tatsächlich derjenige war, der die Familie für die Gestapo bespitzelte und ihr diese Information hinterbrachte, kann nur vermutet werden.

Der sich verschärfende, auch an der „Heimatfront" hereinbrechende Krieg war ein weiterer Grund, warum sportliche Bewegung im Freien und häusliches Musizieren zunehmend vernachlässigt werden mußten. Dabei waren die Winklers weniger von alliierten Bombengeschwadern bedroht, die ihren Heimatort weitgehend

---

[96] Gespräch mit Dkfm. *Berthold Winkler* vom 27. 07. 1999, Protokoll.

[97] PNWW, Mein überreich bewegtes Leben, Fragm. 9, [3].

[98] Ebd., Brief an die Leitung der Ortsgruppe Ober St. Veit der NSDAP in Wien vom 24. 09. 1942; PNWW, Mein überreich bewegtes Leben, Fragm. 9, [3].

[99] ÖSTA, AdR, Gauakt Dr. Wilhelm Winkler, Aktennotiz der NSDAP, Ortsgruppenleitung Ober St. Veit, undat.

verschonten, sondern vielmehr von der zunehmenden Nahrungsmittelknappheit. Die wirtschaftliche Lage der Familie hatte sich schon nach der Entlassung des Vaters deutlich verschlechtert. Seine Pension von rund 600 RM[100] reichte schon 1938 nicht mehr aus, um Dienstboten zu beschäftigen. In den vierziger Jahren konnte die Familie damit nicht einmal mehr leben.

Abb. 2: Familie Winkler im eigenen Garten; von links nach rechts (sitzend):
Hildegard, Klara und Wilhelm Winkler; von links nach rechts (stehend):
Othmar, Berthold und Erhard Winkler (um 1940)

Zum Retter wurde der eigene „Grund", die Basis ihres nackten Überlebens. Außerdem züchtete Berthold gemeinsam mit seinem Vater Kaninchen, wodurch er erfolgreich zur Fleischversorgung der Familie beitrug. Sein Vater fand Kontakt zur Redaktion einer Kaninchenzeitschrift und verfaßte für diese „bevölkerungsstatistische" Artikel, in denen er seine Erfahrungen mit den Kaninchen auf seine Weise verwertete. Die einzigen Freunde, die der Familie in der Kriegszeit noch geblieben waren und die sie auch materiell unterstützten, befanden sich übrigens im nahegelegenen Kloster. Einmal, zu Weihnachten, kam eine der dortigen Nonnen ins Haus und gab ein Briefkuvert ab, das angeblich jemand für sie hinterlegt hätte. Tatsächlich befand sich darin Geld vom Kloster. In den alten Klostergemäuern suchte

---

[100] Im April 1945 bezog er eine Pension von 626,71 RM. Vgl. AdR, BMU, PA Prof. Dr. Wilhelm Winkler 10 / 101 / 02, Personenstandesblatt (Juli 1945).

die Familie auch Zuflucht, als im Frühjahr 1945 die Schlacht um Wien im Gang war und sie sich bei den „Nazis im Haus" nicht mehr sicher fühlte.[101]

Der Zusammenbruch des „Dritten Reiches" und der Einmarsch der sowjetischen Truppen in Wien im April 1945 bedeutete für Wilhelm Winkler und seine Angehörigen den Endpunkt einer langen Zeit des Überlebenskampfes und der persönlichen Demütigungen. Gleichzeitig ergaben sich für ihn neue Hoffnungen: Sein erster Gedanke nach dem Einmarsch der Roten Armee galt seiner lang ersehnten beruflichen Reaktivierung und Rehabilitierung. Daran konnte auch der Umstand nichts ändern, daß er damals bereits im fortgeschrittenen 61. Lebensjahr stand.

---

[101] Gespräch mit Dkfm. *Berthold Winkler* vom 27. 07. 1999, Protokoll.

V. Wiederaufbau und Konsolidierung
(1945 – 1955)

Die Ausführungen der folgenden Kapitel sind Winklers Rehabilitierung an der Wiener Universität und dem von ihm vorangetriebenen institutionellen Ausbau der österreichischen akademischen Statistik gewidmet. Wieder wird aufgezeigt, daß zwischen Winkler und den Interessen seiner Kollegen an der Fakultät sich eine Kluft auftat, die für den einzelkämpferisch agierenden und in der Lehre kaum verankerten Statistiker schwer zu überwinden war. Konfliktbereit wie im Umgang mit seinen Professorenkollegen an der Universität war er auch in seinen wissenschaftlichen Auseinandersetzungen mit den Fachkollegen im In- und Ausland, zu denen er nach 1945 wieder Verbindung aufnahm. – Bei der Betrachtung seines wissenschaftlichen Werks werden Aspekte inhaltlicher Kontinuität und Diskontinuität besonders beachtet, aber auch die Selbstverortung Winklers als Statistiker im Rahmen der anderen Sozialwissenschaften untersucht.

1. Einleitung: Aufrichtung der Lehre
und die Erlangung der Lehrkanzel
„für Statistik, Demographie und Ökonometrie"

Noch während deutsche und sowjetische Truppen um Wien kämpften, kamen die Lehrkräfte der Universität zu täglichen Beratungen zusammen, um eine neue, politisch unbelastete Leitung der Hochschule zu wählen und um die Wiederaufnahme des Studienbetriebs vorzubereiten. Schon einen Tag vor dem Amtsantritt der Provisorischen Staatsregierung am 27. April 1945 wurde ein neuer Akademischer Senat gewählt. Der Studienbetrieb an der Universität wurde einen Monat später – am 29. Mai 1945 – offiziell eröffnet. Zu den Hauptaufgaben des Rektors und der Dekane und ihrer Stellvertreter zählten einerseits die Entnazifizierung und andererseits die Wiederberufung jener Hochschullehrer – soweit sie nicht gefallen, in KZ umgekommen oder fern von Wien und daher unerreichbar waren –, die 1938 aus politischen und/oder rassischen Gründen von der Universität vertrieben worden waren. An der Rechts- und Staatswissenschaftlichen Fakultät wurden so Ludwig Adamovich (er wurde Rektor), Ferdinand Degenfeld-Schonburg (er wurde Dekan) und Wilhelm Winkler in die Universitätsleitung berufen bzw. als Hochschullehrer reaktiviert.[1]

---

[1] *Ludwig Adamovich,* Bericht über den Studienbetrieb an der Wiener Universität vom Sommer-Semester 1945 bis zum Sommer-Semester 1947. Wien 1947, 6 f.; 15.

Winkler wurde Ende April 1945 von einem Wagen der sowjetischen Besatzungsmacht von zu Hause abgeholt und an die Universität gebracht. Gerade in der ersten Zeit, als die öffentlichen Verkehrsmittel noch nicht funktionierten, ging er täglich zu Fuß an seine Arbeitsstätte, wobei er, der immerhin schon 61 Jahre alt war, eine tägliche Marschleistung von rund zwanzig Kilometern erbrachte.[2] In der unmittelbaren Nachkriegszeit sah er seine Hauptaufgabe darin, das Institut für Statistik wieder zu errichten und der Stellung seines Faches in der Lehre jene Geltung zu verschaffen, die seinen Vorstellungen entsprach.

Die statistische Behörde erhielt die Bezeichnung *Österreichisches Statistisches Zentralamt* (ÖStZ), welche die Zentralisierung der amtlichen Statistik verbürgen sollte. Der Leiter des bisherigen *Statistischen Amtes für die Reichsgaue der Ostmark* Felix Klezl nahm auch im umbenannten Amt eine wichtige Stellung ein: Er wurde Stellvertreter des neuen Präsidenten Friedrich Kleemann und Leiter der Abteilung für Bevölkerungsstatistik (!). – Vielleicht kam für Winkler gerade deshalb eine Rückkehr in das statistische Amt nicht in Frage.[3] Gemeinsam mit Madlé sorgte Klezl für die Kontinuität der Amtstätigkeit.[4]

*

Trümmer ringsum, im buchstäblichen und übertragenen Sinn, im Institute und in der Lehre. Aber wir wollen nicht über Vergangenes klagen, wir wollen neu aufbauen, das grüne Reis hegend, das aus den Ruinen emporsprießt.[5]

Von den Räumlichkeiten und der Ausstattung des Instituts für Statistik war bei Winklers Reaktivierung als ao. Univ.-Prof. fast nichts mehr vorhanden. Besonders schmerzlich war der Verlust der Bibliothek, die am 12. März 1945 zugleich mit dem Institut zum größten Teil einem alliierten Bombenangriff zum Opfer gefallen war. Winkler gab indirekt seinem Widersacher Klezl („dieser Privatdozent, der auch seine Fähigkeit unter Beweis gestellt hat, das verfallen zu lassen, was andere aufgebaut haben"[6]) eine Mitschuld zumindest an dem Verlust der Bibliothek, die zu spät geborgen worden sei. Sein eigenes Ausscheiden als Extraordinarius im Jahr 1938 habe einen „Rückfall in die nebenamtliche Vertretung der Statistik" mit sich gebracht. „Zugleich mit den Kriegswirkungen" sei der statistische Unterricht [unter Klezl, Anm. d. Vf.] wieder so weit zurückgedrängt worden, daß es weder ein statistisches Seminar noch statistischen Nachwuchs gegeben habe.[7]

---

2 Gespräch mit Dkfm. *Berthold Winkler* vom 27. 07. 1999, Protokoll.

3 „Nach Kriegsende kehrte ich auf meinen Professorenposten zurück, verzichtete aber auf die Abteilungsleitung des Österreichischen Statistischen Zentralamtes." PNWW, „Kurze Selbstbiographie" (1973) [ungedrucktes Manuskript], [2] [unbez.].

4 Vgl. Geschichte und Ergebnisse (1979), 141 – 147.

5 WW-1948-01, 3.

6 UAW, PA Prof. Dr. W. Winkler, Schreiben von Winkler an den Dekan Prof. Dr. Alfred Verdroß vom 14. 06. 1948.

7 WW-1948-01, 2.

In den Jahren 1945/46 waren fast keine Unterrichtsmittel vorhanden; der Lehr-
und Institutsbetrieb lastete großteils auf den Schultern des Institutsleiters. Unterstützt wurde er von seinem Assistenten Lothar Bosse (1914–1996), einem gebürtigen Preußen. Der spätere Präsident des ÖStZ Bosse hatte 1943 in München bei
Otto v. Zwiedineck-Südenhorst über ein statistisches Thema promoviert.[8]

Noch schwerer als die zerstörte Infrastruktur wog die jahrelange Abschließung
vom Aufschwung der internationalen Statistik, die während der Kriegszeit vor
allem in den angloamerikanischen Ländern weiterentwickelt worden war. Ehe
Winkler eine Neuauflage seines Lehrbuchs herauszugeben konnte, mußte er, um
sich über Fortschritte auf dem Gebiet der statistischen Theorie und Methodik zu
informieren, auf ein entsprechendes Handbuch der amerikanischen Besatzungsmacht zurückgreifen. Beim Wiederaufbau der Institutsbibliothek war ihm das amerikanische *Social Science Research Council* behilflich, das der Universität Bücher-
bestände zur Verfügung stellte. Winkler gelang es außerdem, bei seiner Teilnahme
am Washingtoner ISI-Kongreß (1947) von der *Congress Library Association* eine
Spende in der Höhe von 200,–US-$ zu bekommen.[9]

Im Juli 1945 begann er mit einer Bestandsaufnahme der Schäden, die er und
seine Familie in der NS-Zeit erlitten hatten. Allein seine materiellen Verluste durch
die Pensionierung bezifferte er mit 70.000 RM, wozu noch ein Schaden von rund
200.000 RM durch „Auslandsverbot und Studienverhinderung von vier Kindern"
hinzutrat. Die von ihm genannten Verluste wurden ihm durch das Unterrichtsamt
jedoch nicht ersetzt.[10] Die Behörde bezog sich in ihrem diesbezüglichen Bescheid
auf den § 4 Abs. 6 des Beamten-Überleitungsgesetzes, das seine Reaktivierung
regelte. Im September 1945 wurde sein Jahresgehalt auf 12.419,92 RM festgelegt.[11] Sein wichtigstes Anliegen war jedoch nicht eine materielle „Wiedergut-
machung", sondern der Erwerb eines systematisierten, d. h. auf Dauer einzurich-
tenden statistischen Ordinariats an der Rechts- und Staatswissenschaftlichen Fakultät. Die Schaffung dieses Lehrstuhls wurde am 2. Juli 1945 bei einer Sitzung
des Professorenkollegiums von Hans Mayer beantragt und ausdrücklich mit einem

---

[8] *Alfred Franz,* Lothar Bosse 70 Jahre! In: MbÖGStI 14 (1984), 82.

[9] Ebd., 2 f.; Bespr. von *W. Winkler* zu C. H. *Richardson,* An Introduction to Statistical
Analysis. Published for the United States Armed Forces Institute – War Department Educa-
tion Manual (1944), in: StVjschr 1 (1948), 53 f. („Das vorliegende Dienstbuch war der erste
Bote, der [Österreichs] Abschließung durchbrach, [...]"); UAW, PA Prof. Dr. W. Winkler,
Schreiben von W. Winkler an Dekan Prof. Dr. R. Köstler vom 07. 02. 1947; ÖSTA, AdR,
BKA, Zl. 23.143–1/47, *W. Winkler,* Bericht über die Tagung des Internationalen Statisti-
schen Institutes in Washington vom 06. bis 18. 09. 1947.

[10] Im Jahr 1952 kam er allerdings in den Genuß des Bundesgesetzes vom 18. 07. 1952
über die Gewährung von Entschädigungen wegen politischer Maßregelung im öffentlichen
Dienst (Beamtenentschädigungsgesetz (Bgbl. 1952 Stück 38 Nr. 181).

[11] AdR, BMU, PA Prof. Dr. W. Winkler 10/101/02, Personenstandsblatt (Juli 1945);
ebd., Mitteilung des Staatsamtes für Volksaufklärung, für Unterricht und Erziehung vom
06. 09. 1945; ebd., Verwaltungsstelle der wissenschaftlichen Hochschulen, Bescheid vom
25. 09. 1945.

Hinweis auf die „schweren Schäden, die Prof. Dr. Winkler durch die nationalsozialistische Regierung erlitten hat", verknüpft. Doch dieser Antrag stieß im Ministerium aus zwei Gründen auf keinen Widerhall: Erstens sah der Dienstpostenplan kein statistisches Ordinariat vor, und zweitens beschied das Staatsamt für Finanzen dem Antragsteller, daß für die Umwandlung des Extraordinariats für Statistik in ein Ordinariat keine Finanzmittel zur Verfügung stünden. Erst als Winkler sich im Mai 1946 in dieser Angelegenheit neuerlich offiziell an seine Fakultät wandte, kam wieder Bewegung in das Verfahren. Winkler verwies darauf, daß er der einzige in Wien verbliebene „nazigeschädigte" Extraordinarius sei, der noch nicht Lehrstuhlinhaber geworden sei. Daß seine „Rehabilitierungsbeförderung" noch immer nicht zustande gekommen sei, erfülle ihn mit einer „tiefen Erbitterung" und lähme seine Schaffensfreude „vollständig". Erst dieser Hilfeschrei weckte seine Professorenkollegen aus ihrer Lethargie. Der Fakultätsbeschluß wurde erneuert, wobei das Kollegium sich seine Argumentation (Notwendigkeit einer Aufwertung der Statistik etc.) zu eigen machte. Erst diese neuerliche Eingabe an das Ministerium brachte eine Lösung für das schwebende Verfahren: Das seit 1883 vakante und später an das Völkerrecht übertragene Ordinariat, das zuletzt Alexander Hold-Ferneck innegehabt hatte, wurde mit Holds Pensionierung zu Jahresende 1945 frei und wieder an die Statistik zurückgegeben. Damit konnte per 1. Jänner 1947 wieder ein systematisierter Lehrstuhl für Statistik, Demographie und Ökonometrie eingerichtet werden. Sein erster Inhaber wurde der bisherige tit. o. Prof. für Statistik Winkler. Seine Bezüge blieben mit monatlich 1.120,–öS vorläufig die selben, die er schon als ao. Prof. bezogen hatte.[12]

Als Ordinarius hoffte Winkler mit einem wesentlich größeren Gewicht zugunsten der Förderung seines Fachs auftreten zu können, als ihm dies als Extraordinarius, der in der formellen und mehr noch in der informellen Hierarchie der Hochschullehrer hinsichtlich seiner Einflußmöglichkeiten eine zweitrangige Stellung innehatte, möglich gewesen war. Die Wiedererrichtung eines systematisierten Lehrstuhls für Statistik an der Universität Wien bedeutete für die weitere Entwicklung der Disziplin tatsächlich einen Fortschritt. Die formale Aufwertung des Fachs, dessen Bedeutung im Wirtschaftsleben zunehmend erkannt wurde, bildete jedoch nur eine der Voraussetzungen, um es im Studienbetrieb besser zu verankern. Solange das Unterrichtsamt an einer Staatsprüfungsordnung festhielt, die an die Traditionen der Vorkriegszeit anknüpfte und damit der Statistik weiterhin nur eine

---

[12] UAW, PA Prof. Dr. Wilhelm Winkler, Z. 967/45, Antrag auf Ernennung des Prof. Dr. W. Winkler zum o. Prof. vom 24. 09. 1945; ÖSTA, AdR, Staatskanzlei/BKA, Zl. 7558–4/ 45; 41.851–4/46; 53.296–4/46, ao. Professor Dr. W. Winkler, Beförderung zum ordentlichen Professor der Rechts- und Staatswissenschaften; UAW, PA Prof. Dr. Wilhelm Winkler, Rehabilitierungssache, Schreiben von W. Winkler an den Rektor Adamovich vom 16. 05. 1946, vermutl. an das Professorenkollegium der Fakultät, und an den Dekan Degenfeld-Schonburg v. 31. 05. 1946; ebd., Schreiben des Dekanats, Zl. 1336/46, an das BMU vom 07. 06. 1946 und vom 12. 06. 1946; ebd., BMU, Zl. 48.204/III-7/46, Ernennung zum o. Prof., Dekret vom 02. 01. 1947; ebd., BMU, Zl. 50.459/III/B/46, Bescheid vom 17. 01. 1947.

Randstellung innerhalb des staatswissenschaftlichen Fächerkanons einräumte, konnte auch ein Ordinarius keine Revolutionierung des Statistik-Unterrichts erreichen.[13]

Im Jahr 1947 hatte Winkler immer noch keine Gelegenheit gefunden, seine Studien aus der Kriegszeit zu veröffentlichen. Dies läßt sich damit begründen, daß es in Österreich noch fast keine Publikationsmöglichkeiten gab. Außerdem war seine persönliche Arbeitskraft durch die Verschleppung seiner Rehabilitierungsangelegenheit erheblich gemindert. Sein Gesundheitszustand war – auch bedingt durch jahrelange Fehl- und Mangelernährung – relativ schlecht; wiederholt laborierte er an Venenentzündungen, und im Frühjahr 1947 erlitt er gar einen Herzinfarkt, sodaß er ins Lainzer Spital gebracht werden mußte. Als er zwei Tage nach seiner Einlieferung einen weiteren Infarkt erlitt, schien das Leben des 63jährigen zu Ende zu gehen. Schließlich wurde ein Priester herbeigerufen, der ihm das Sakrament der Letzten Ölung spendete. Doch nach einer „Art Todesschlaf", der auf den priesterlichen Beistand folgte, war die akute Krise überwunden. Winkler mußte zwar noch drei Monate im Spital bleiben und konnte sich daher kaum um die Institutsgeschäfte kümmern. Seine Genesung machte jedoch überraschenderweise so schnelle Fortschritte, daß er im Herbst des selben Jahres am ersten Kongreß des ISI nach dem Krieg teilnehmen konnte, der in der US-Bundeshauptstadt Washington stattfand.[14] Die Möglichkeit, an dieser Veranstaltung teilnehmen zu können, flößte ihm neue Lebenskraft ein, markierte jedoch auch die endgültige Durchbrechung seiner fast zehn Jahre andauernden, erzwungenen Abschnürung von der Außenwelt.

Das folgende Jahr 1948 brachte mit den Gründungen der *Statistischen Arbeitsgemeinschaft* und der *Statistischen Vierteljahresschrift* die endgültige Überwindung der Kriegs- und unmittelbaren Nachkriegszeit für Winkler und einen weiteren, deutlich sichtbaren Aufschwung seines Fachs in Österreich mit sich.

---

[13] Vgl. Verordnung des Staatsamtes für Volksaufklärung, für Unterricht und Erziehung und für Kultusangelegenheiten vom 03. 09. 1945 über die juristische Studien- und Staatsprüfungsordnung, Stgbl. 1945 Stück 41 Nr. 164. Nach dieser Studienordnung war die Statistik nur ein fakultativ von den Studierenden zu belegendes Fach, das bei der staatswissenschaftlichen Staatsprüfung nicht geprüft wurde. Vgl. auch PNWW, Mein überreich bewegtes Leben, Fragm. 10, 2.

[14] Ebd., Fragm. 7, 2 f.; vgl. auch Gespräch mit *Franziska Winkler* vom 15. 06. 1999, Protokoll.

2. Das wissenschaftliche Werk.
Ausbau der Beziehungen zur internationalen
und deutschen Fachstatistik

a) Redefinition des Standorts der Statistik
innerhalb der Gesellschaftswissenschaften

Der Zusammenbruch des „Dritten Reiches" hinterließ nicht nur Ruinen im
„buchstäblichen", sondern auch im „übertragenen" Sinn (s. VIII. 1.). In Trümmer
gesunken waren die akademischen Einrichtungen, Institute und Bibliotheken,
viele Forscher jüdischer Herkunft oder bekannte Regimegegner waren tot oder
exiliert. Lehre und Forschung wurden nur schleppend wieder aufgenommen. Der
moralische Bankrott einer Weltanschauung, die auf der Ausgrenzung und Vernichtung von Menschen beruhte und die auch das Denken vieler Wissenschaftler infi-
ziert hatte, schien total zu sein. Doch viele jener österreichischen und deutschen
Gelehrten, welche die NS-Ideologie akzeptiert, gebilligt, ja sogar verherrlicht hatten, gelangten nach 1945 wieder in Amt und Würden und setzten ihre alte Lehre,
vielfach nur verborgen unter neuen Etiketten, fort.[15] Gerade an den Universitäten
wurde demographisch-statistische Forschung kontinuierlich betrieben, wenngleich
darauf hinzuweisen ist, daß demographische Fragestellungen meist nur ein Teilgebiet sozialwissenschaftlicher Forschungen darstellten. Genuin bevölkerungsstatistische Arbeiten blieben jedoch weiterhin eine Domäne der amtlichen Statistiker
und des Kreises um Wilhelm Winkler. Thematisch nahmen in den fünfziger Jahren vor allem Arbeiten zur Analyse der Binnenwanderungen und zum Flüchtlings-
problem zu.[16]

Winklers Bemühungen um eine Reinstitutionalisierung und einen Ausbau der
universitären Statistik nach dem Krieg sind auch auf dem Hintergrund der gerade
geschilderten Zusammenhänge zu sehen. Das erste und dringendste Bedürfnis nach
den Jahren der NS-Herrschaft war für den führenden Wiener Statistiker freilich
nicht die Beschäftigung mit den Irrwegen der unmittelbaren Vergangenheit, sondern die Wiederherstellung der Rahmenbedingungen, unter denen Forschung und
Lehre wieder aufgenommen werden konnten (s. o.). Nach dem Ende der Abschottung Österreichs von der internationalen Forschung und der schrittweisen Wieder-
anbahnung von Beziehungen aus der Vorkriegszeit und der Knüpfung neuer Kontakte zu ausländischen Kollegen – ein wesentliches Ergebnis seiner Kongreßreisen
in der unmittelbaren Nachkriegszeit – ging Winkler parallel zu seiner wissen-

---

[15] Vgl. dazu *Kurt Horstmann,* Der gegenwärtige Stand der Bevölkerungswissenschaft in
Deutschland (Wiesbaden, im April 1953), in: ZsBw (1985), 281 – 284; vgl. *vom Brocke*
(1998), 108 – 110.

[16] Vgl. *Karl Husa / Christian Vielhaber:* Die Entwicklung der Bevölkerungsforschung
in Österreich nach dem Zweiten Weltkrieg, in: Dies. / Ernest Troger / Helmut Wohlschlägl,
Bibliographie zur Bevölkerungsforschung in Österreich 1945 – 1978. Wien 1980, 134; 147;
128 – 130.

schaftsorganisatorischen Arbeit daran, die inhaltliche, methodische und theoretische Ausrichtung seines Fachs neu zu formulieren.

In welchem Mischungsverhältnis alte und neue methodische Ansätze und Theorien in seiner Lehre standen, in welche historische Zusammenhänge er selbst die Entwicklung seines Faches stellte und wie er das Verhältnis seiner Disziplin zu den Nachbarwissenschaften definierte, sollen die folgenden Ausführungen erhellen.

In der letzten Phase seiner aktiven Zeit als Hochschullehrer beschäftigte sich der Wiener Ordinarius schwerpunktmäßig mit theoretischer Demographie und dem neuen Forschungszweig der Ökonometrie. Im zuerst genannten Stoffgebiet griff er auf eigene Forschungen aus der Kriegszeit zurück,[17] die er 1952 als „Typenlehre der Demographie" veröffentlichte. In diesem Werk entwickelt er in Analogie zu vergleichbaren Forschungen in den Naturwissenschaften (er nennt Geometrie und Kristallographie) sogenannte „reine Bevölkerungstypen". Er erwartet sich von dieser Untersuchung den Gewinn erster Erkenntnisse über die „elementaren Bausteine einer gegebenen Bevölkerung".[18] Drei Jahre zuvor bezeichnete er als Aufgabe der demographischen Statistik, „das Bevölkerungsleben in biologischer Hinsicht zu analysieren, reine Bevölkerungstypen [. . .] aufzustellen, und bestehende Bevölkerungen in diese Typensammlung einzuordnen – und so erst ihr wahres Wesen in Vergangenheit, Gegenwart und mit einer gewissen Wahrscheinlichkeit in Zukunft zu erkennen."[19] Sozialökonomische „Ursachen und Wirkungen" von Bevölkerungsvorgängen, wie er sie noch bei seinem Bericht für den Prager ISI-Kongreß 1938 am Beispiel des Geburtenrückgangs erörtert hatte, werden in dieser Umschreibung nicht zu den Untersuchungsgegenständen der Bevölkerungsstatistik gerechnet. Diese begreift er als eine formale und selbständige Wissenschaft; er stellt sie gleichberechtigt neben die Wirtschaftswissenschaften. Er beschränkt sich auf die rein formal-mathematische Typologisierung von Bevölkerungen und verzichtet damit unweigerlich auf die soziologische Durchforschung der Bevölkerungsvorgänge. Dies war einerseits Ausdruck der zunehmenden Mathematisierung bei ihrer analytischen Durchleuchtung und stellte andererseits eine indirekte Folgewirkung der Vereinnahmung der Bevölkerungswissenschaft durch den Nationalsozialismus dar. Schien Winkler die Erörterung sozialer Ursachen und Wirkungen des Bevölkerungsprozesses durch ihre seinerzeitige diskursive Verschmelzung mit der rassistischen Politik des „Dritten Reiches" in Verruf gebracht worden zu sein und ging er diesen Fragen daher aus dem Weg, bot sich demgegenüber die unpolitisch und daher unproblematisch erscheinende Indienststellung der Statistik für den wirtschaftlichen Wiederaufbau als ein umso lohnenderes Aufgabenfeld an, dessen praktische Relevanz nicht bezweifelt werden konnte.

Winkler wußte, daß die deutsche Demographie während der NS-Herrschaft einen fatalen Irrweg gegangen war, der die Entwicklung dieser Disziplin in

---

17 Vgl. IV. 2.

18 WW-1952-01, 4.

19 WW-1949-10, 430; vgl. auch WW-1933-01, 2. Aufl. 1948, 6 f.

Deutschland um Jahrzehnte zurückgeworfen hatte. Bitter vermerkte er, daß „einer", der „alles ‚mit seinem Kopf allein' zu richten sich vermaß"[20], eine Fortentwicklung der Statistik nach angloamerikanischem Vorbild blockiert habe. Er erkannte, daß „Hitlers Versprechungen eines deutschen Paradieses" nur zu einem kurzzeitigen Geburtenhoch geführt hatten, dem eine Abnahme bis zum Tiefpunkt 1946 gefolgt sei. Zu Recht wertete er die NS-Bevölkerungspolitik als „militaristisch und imperialistisch"; sie habe unweigerlich zum Krieg „und damit zum Bevölkerungsrückschlag" geführt.[21]

Einer ausführlichen und kritischen Auseinandersetzung mit Theorien und Aussagen der (engeren) Demographie in der Zeit des Nationalsozialismus, die eine Voraussetzung für den Wiederaufstieg des Faches gewesen wäre, stellte sich Winkler in seinen Schriften nie. Wenn er 1953 darauf hinwies, daß Deutschland, „das Ansätze zu einer kräftigen Bevölkerungspolitik" gezeigt habe, „durch einen unsinnigen Krieg den Führungsanspruch in Bevölkerungsfragen vertan" habe,[22] so zeigte er damit, daß er auch nach dem Krieg nicht der deutschen Bevölkerungspolitik nach 1933 die Schuld an der späteren partiellen Diskreditierung *auch* der deutschen Bevölkerungsforscher gab. Vielmehr erblickte er den Grund für die internationale Randstellung der deutschen Bevölkerungswissenschaft allein in Hitlers aggressiver Außenpolitik. Teilbereichen der „inneren" Sozialpolitik des NS-Staats stand er weiterhin unkritisch gegenüber: Zwar befürwortete er grundsätzlich eine geburtenfördernde (Steuer-)Politik, gleichgültig ob sie von den Nationalsozialisten oder etwa von Frankreich betrieben wurde, die rassistische Kehrseite der spezifisch nationalsozialistischen Politik machte er dabei jedoch nicht oder zu wenig zum Thema.

Die Schwerpunktverlagerung der Statistik hin zur Erfassung und Analyse wirtschaftlicher Vorgänge und Tatsachen hatte sich schon in den dreißiger Jahren angebahnt. Mit diesem Funktionswandel des Faches war jedoch nicht einfach eine Rückkehr zu seiner Stellung als Anhängsel der Nationalökonomie verbunden. Vielmehr beruhte die Neuausrichtung der universitären Statistik auf der Entwicklung der Ökonometrie. Diese neue Disziplin innerhalb der Wirtschaftswissenschaften war Anfang der dreißiger Jahre in den USA begründet worden. Die Ökonometrie hatte sich damals „the advancement of economic theory in its relation to statistics and mathematics" [and] „the unification of the theoretical quantitative and empirical quantitative approach to economic problems"[23] zum Ziel gesetzt. Mit der *Econometric Society* (seit 1930) und einer eigenen Zeitschrift namens *Econometrica* verfügte die neue Forschungsrichtung über eine institutionalisierte Heimstätte, von der aus sie einen Aufschwung nahm, dessen Ausläufer Ende der vierziger

---

20 *W. Winkler*, Um die Statistik, in: Wiener Universitätszeitung vom 01. 03. 1949, 1.

21 WW-1954-01, 132; WW-1951-01, 167.

22 WW-1953-03, 87.

23 Zit. n. *Erich Streißler*, Die Statistik in Ökonomie und Ökonometrie, in: MbÖGStI 9 (1979), 156.

Jahre den deutschen Sprachraum erreichten. Bei der Einführung der Ökonometrie nahm Winkler wieder – wie bei der Mathematisierung der Statistik in den zwanziger Jahren – die schwierige und undankbare Rolle eines Vorreiters ein, wobei er auf seine im Vergleich zu vielen deutschen Kollegen guten Kenntnisse der Mathematik zurückgreifen konnte. In der Ökonometrie sah er „die Welt der Bevölkerungs- und Wirtschaftstatsachen" gleichberechtigt neben „die der Bevölkerungs- und Wirtschaftstheorien" treten.[24] Er betrachtete die Ökonometrie als einen Motor, der die statistischen Methoden weiterentwickelte und der auch die Demographie methodisch befruchten könnte. Die wesentliche Aufgabe der neuen Forschungsrichtung schien ihm darin zu bestehen, „daß statistisch festgestellte wirtschaftliche Zusammenhänge oder Entwicklungen mathematisch exakt formuliert und auf eine etwa darin liegende wirtschaftliche Gesetzmäßigkeit, oder, daß mathematische Modelle, die unter gewissen wirtschaftlichen Annahmen konstruiert sind, auf ihre Bewährung in der Wirklichkeit geprüft werden."[25] Mit dieser doppelten Zielsetzung gehe die Ökonometrie über die bloße Feststellung der Wirtschaftstatsachen hinaus und stelle sich in den Dienst der Wirtschaftstheorie. Indem sie mathematische Modelle auf statistischer Grundlage erprobe, trage sie zur Klärung ihrer Reichweite bei.[26]

Theoretische Demographie und Ökonometrie waren für Winkler zwei eigenständige Subdisziplinen ein und des selben Faches „Statistik", wobei die Ökonometrie in der Lehre des Wiener Ordinarius auch von Bevölkerungsfragen beeinflußt war. Als geeignete Ausdrucksmittel für statistisch-ökonometrische wie demographische Formulierungen betrachtete er mathematische Formeln. Das gemeinsame Dach der beiden Teildisziplinen, denen er noch die Kulturstatistik (einschließlich der Moral- und Kriminalstatistik) und die politische Statistik gegenüberstellte, war die statistische Theorie, die er in seinem 1947 neu aufgelegten „Grundriß der Statistik" als eine „Theorie der Massenerscheinungen" charakterisierte.[27]

Winklers Bestrebungen, neue Methoden zu rezipieren und disziplinäre Abgrenzungen innerhalb des Fachs vorzunehmen, waren für die Neuorientierung der Disziplin von erheblicher Bedeutung. Eine wichtige Funktion zur Identitätsfindung der Statistik nach dem Zweiten Weltkrieg hatte aber auch sein Bemühen, die Disziplingeschichte zu reflektieren und die Statistik gegenüber benachbarten Fächern abzugrenzen.

Die Geschichte der Wiener Universitätsstatistik bewertete er aus dem Blickpunkt jenes Ordinarius, der dem Fach erstmals seit 1883 wieder einen systematisierten Lehrstuhl erkämpft hatte, der aber feststellen mußte, welchen seiner Meinung nach unverhältnismäßig geringen Stellenwert die Disziplin in der öffentlichen Meinung, in der Verwaltung und in den Studienordnungen nach wie vor

---

24 WW-1949-10, 430.
25 Ebd., 433.
26 Vgl. WW-1951-01, 2 f.
27 WW-1949-10, 430.

innehatte. Aus dieser Perspektive wurde die Frage nach dem jeweiligen zeitgenössischen Stand der statistischen Lehre zum alleinigen Bezugsrahmen für historische
Betrachtungen. So stilisierte Winkler die Zeit zwischen 1774 und den 1850er Jahren, als das Fach in Österreich die vergleichsweise beste Stellung im Rahmen der
Rechts- und Staatswissenschaftlichen Fakultät eingenommen hatte, zur einzigen
echten „Blütezeit", während er dem Aufschwung der amtlichen Statistik in der Ära
Inama-Sternegg nur eine „scheinbare Blüte" zuerkannte. Während dieser Zeit sei
nämlich das statistische Ordinariat für andere Fächer entlehnt worden, und der statistische Universitätsunterricht sei vom Präsidenten der *Statistischen Zentralkommission* „nur nebenbei" betrieben worden.[28] Der entscheidende Traditions-
zusammenhang, den Winkler in seiner Skizze einer Disziplingeschichte entwirft,
ist somit die Vertretung der Statistik als ein vollberechtigtes Fach an der Universität. Es müsse nur diese Tradition wiederaufleben, um seine Gleichberechtigung
im Rahmen der anderen staatswissenschaftlichen Disziplinen wieder zu erreichen.

Die Statistik war sowohl ein eigenständiges Fach wie auch eine Methodenlehre,
die in den anderen Sozialwissenschaften gelehrt wurde und gelehrt wird. Es war
daher nur folgerichtig, daß Winkler als einziger Ordinarius seines Fachs versuchte,
die Grenzen zwischen seiner Disziplin und ihren Nachbarwissenschaften deutlich
abzustecken. Besonders naheliegend war es, das Verhältnis der Statistik zur Nationalökonomie und zur Soziologie zu untersuchen. Zu einer Zeit, als in Wien mit
den Emeritierungen der führenden Wirtschaftswissenschaftler und Gesellschafts-
theoretiker an der Universität (Mayer und Spann) (1950) sich eine Neugewichtung
der sozialwissenschaftlichen Fächer und eine Veränderung ihrer gegenseitigen Beziehungen anbahnte, schien diese Hinterfragung des eigenen Standorts besonders
angezeigt zu sein.

Das Kräfteverhältnis zwischen der Statistik und der Nationalökonomie verschob
sich nach dem Zweiten Weltkrieg deutlich zugunsten der von Winkler repräsentierten Diszplin. Zwar blieb sein Fach ein Anhängsel der Nationalökonomie, doch war
die Statistik durch den Siegeszug der Ökonometrie so stark aufgewertet worden,
daß in Wien die Opposition gegen sie verstummte.[29] Winkler selbst war wie die
meisten seiner Kollegen, die aus der gleichen Generation wie er stammten, nationalökonomisch ausgebildet worden. Als Wilhelm Weber, der Assistent von Hans
Mayer, ihn als einen Abweichler von der „Wiener Schule" darstellte – so jedenfalls
Winklers Deutung –, sah er sich bemüßigt, sich selbst offen zu seinen Lehrern aus
diesem Kreis und den von ihnen vertretenen Theorien zu bekennen.[30] Die entscheidende Kluft, die ihn trotz dieser Annäherungsversuche vom einzigen bedeutenden
in Wien verbliebenen „Grenznutzler" Mayer trennte, wurde in der unterschiedlichen Auffassung über die Anwendung der Mathematik in der Statistik sichtbar.

---

[28] WW-1949-01, 3 f. (wörtl. Zit.).

[29] Gespräch mit em.Univ.-Prof. Dr. *Othmar Winkler* vom 19. 01. 2000, Protokoll.

[30] Vgl. WW-1949-07, 174; vgl. *Wilhelm Weber,* Wirtschaftswissenschaft und Wirtschaftspolitik in Österreich 1848–1948. Wien 1949, 654.

Winkler stellte die historische Bedeutung der „Wiener Schule" nicht in Frage, empfahl ihr jedoch eine ökonometrische „Haltung", die ihre Gedankenwelt „in einem der Zeit angepaßten Gewande vor der Welt neu erstrahlen"[31] lassen werde.

Hinsichtlich des Verhältnisses der Statistik zur Soziologie geht Winkler von einer engen Verwandtschaft der Fragestellungen in beiden Fächern aus. Den entscheidenden Unterschied zwischen den beiden Disziplinen erblickt er darin, daß die Statistik im Gegensatz zur Soziologie seit den Zeiten der Conringschen „Staatenkunde" und Georg v. Mayrs nicht mehr danach strebe, ein „Gesamtbild der menschlichen Gesellschaft" zu entwerfen. Besonders im angelsächsischen Raum habe sich die Statistik zu einer formalen Wissenschaft entwickelt, die weder Begriffe noch Verfahren der Gesellschaftsstatistik behandle. Er selbst nimmt eine vermittelnde Position zwischen diesen beiden Richtungen ein: Trete der Statistiker in die Ausdeutung seiner Zahlen, so tue er das als Vertreter des jeweiligen Stoffgebiets. Winkler erkennt die Eigenberechtigung beider Disziplinen, Soziologie und Statistik, an, womit er sich gegen v. Mayr und Spann stellt, die entweder die Soziologie nicht als gleichberechtigtes Fach anerkannt hätten (v. Mayr) bzw. der Statistik (Spann) ablehnend gegenüber gestanden seien. Die Soziologie bediene sich jenes statistischen Stoffes, der im Sinne Leopold v. Wieses soziologisch relevant sei. Diesen könne die Statistik ihrer „Schwester-Wissenschaft" zur Verfügung stellen, während etwa bestimmte demographische Tatsachen wie z. B. die jahreszeitlichen Einflüsse auf die Alterssterblichkeit für den Soziologen nicht relevant und daher allein der Statistik vorbehalten blieben.[32]

b) Demographie und Ökonometrie

Im folgenden werden Inhalte und Wirkung von Winklers theoretischen und praktischen Arbeiten zur Demographie und seiner ökonometrischen Studien vorgestellt. Bei der Untersuchung seiner demographischen Arbeiten wird zudem wieder danach gefragt, inwieweit diese eine Fortsetzung seiner älteren Forschungen darstellten, oder ob er auf diesem Gebiet methodisches Neuland betrat.

Demographie

Die 1952 erschienene „Typenlehre der Demographie" war das Ergebnis seiner Kriegsstudien, die er zum Teil während dieser Zeit in seinen Aufsätzen „Latenz von Altersaufbautypen der Bevölkerung", „Die stationäre Bevölkerung" und „Die Lebensjahre einer Bevölkerung" veröffentlicht hatte. Ausgehend von der Unterscheidung zwischen „offenen" und „geschlossenen" Bevölkerungen, von denen er nur die geschlossenen genauer analysiert, entwickelt er abstrakt-mathematische

---

31 Ebd. (Winkler), 175.
32 Vgl. WW-1951-02, 105 – 111, bes. 106, 108 f.; 113 (wörtl. Zit.).

Bevölkerungsmodelle und führt damit v. Bortkiewiczs und A. J. Lotkas Studien zur stationären bzw. stabilen Bevölkerung fort. Aus der Arbeit ist jede Frage nach soziologisch relevanten Ursachen der in der Bevölkerungsstruktur auftretenden Veränderungen ausdrücklich ausgeschlossen.[33]

Die abstrakte Konstruktion von „reinen", in der Wirklichkeit in dieser Form nicht vorkommenden Bevölkerungstypen folgt einem analogen Forschungsmuster in den Naturwissenschaften. Winkler war vom Siegeszug der Naturwissenschaften im 19. und frühen 20. Jahrhundert geprägt worden; naturwissenschaftliche Methoden galten ihm als Vorbilder auch für sozialwissenschaftliche Untersuchungen, ohne daß er ihre Anwendbarkeit für die spezifischen Fragestellungen der Sozialforschung erkenntnistheoretisch reflektierte.

Beachtung fand das Werk, das etwas „versteckt" in den Sitzungsberichten der *Österreichischen Akademie der Wissenschaften* (ÖAW) veröffentlicht wurde, erst einige Jahre nach seinem Erscheinen: Einer der Rezensenten, der zuerst eine Besprechung durchführte (Gebelein), begnügt sich mit einer knappen Übersicht über den Aufbau der Arbeit; des Autors Analysen seien „klar und zwingend, aber kaum problematisch". Ebenfalls knapp ist die Besprechung des Londoner Ökonomen E. Grebenik, der in Winklers abstrakter Typenbildung „the really interesting problems in pure demographic analysis" nicht berührt sieht. – Ausführlicher äußert sich hingegen Wilhelm Bickel, der Lehrstuhlinhaber für Finanzwissenschaft, Statistik und Bevölkerungslehre an der Universität Zürich. Dieser sieht in Winklers System der reinen Bevölkerungstypen, das sich auf der Annahme absoluter Geburtenzahlen gründete, einen „Rückfall in die gleiche Betrachtungsweise [...], die einst bei der Beurteilung einer gegebenen Bevölkerungslage mit den rohen Geburten- und Sterbeziffern operierte". Stattdessen hätte der Verfasser richtigerweise auf ein relatives Maß der Fruchtbarkeit, etwa den Reproduktionskoeffizienten [nach R. Kuczynski, Anm. d. Vf.] zurückgreifen sollen. Auf diese Besprechung reagierte der Autor entrüstet: Er fühlte sich nicht nur vollständig mißverstanden, sondern in seinem Selbstbild gekränkt, ein „fortschrittlicher" Forscher zu sein. In Bickels Wort vom „Rückfall in gewisse überholte Betrachtungsweisen" sieht er „die schlimmste Kritik" ausgesprochen, die einem Wissenschaftler zuteil werden könne. Er sehe sich ganz im Gegenteil mit seiner Studie in bester Gesellschaft mit den bedeutenden Statistikern Knapp, Lotka und v. Bortkiewicz. Bickels rhetorische Frage beantwortend, wozu denn seine Typenlehre praktisch gut sei, verweist er auf die Vorbilder aus den Naturwissenschaften. Daraufhin reagierte wiederum Bickel, der kaum weniger streitbar war als sein Wiener Kontrahent: Er sehe seine Kritik in Winklers „heftige[r] Reaktion" geradezu bestätigt, mehr noch, er stelle erst recht die Frage, was mit den Ergebnissen „eigentlich erreicht" sei: „Meiner Ansicht nach nicht sehr viel". Das letzte Wort in dieser Auseinandersetzung behielt der Verfasser. Den Zwist mit dem Zürcher Kollegen deutet er als Ausdruck des Konflikts zwischen „Grundlagen-" und „Zweckforschung"; die von seinem Kritiker behaup-

---

[33] Vgl. WW-1952-01, bes. Vorwort, 3–5.

tete „heftige Reaktion" sei bloß seiner eigenen kühlen Erwägung entsprungen, dem Versuch, eine breitere „Allgemeinheit" für einen schwierigen Gegenstand zu interessieren.[34]

Winklers praktische demographische Arbeiten beschäftigten sich teils mit der Anwendung neuartiger methodischer Verfahren bei Volkszählungen, teils mit klassischen Fragestellungen der Bevölkerungsstatistik. In mehrfacher Weise traditionell war seine Auseinandersetzung mit dem Geburtenrückgang. Das Thema war ein Dauerbrenner der demographischen Forschung. Winkler ließ in der Art und Weise, wie er sich diesem methodisch annäherte, erkennen, daß er seine Ideen aus den dreißiger Jahren, wie der Geburtenrückgang statistisch zu erfassen sei, weiterentwickeln, jedoch nicht gänzlich neu formulieren wollte.

Seine Untersuchung des ländlichen Geburtenrückgangs aus dem Jahr 1952 fußt auf der Berufszählung von 1934. Er gruppiert die der landwirtschaftlichen Bevölkerung zugehörigen Gruppen nach dem Prozent ihrer Vertretung in den einzelnen Bezirken und autonomen Städten und gewinnt so ein Bild, das wie bei seiner Untersuchung über den „Geburtenrückgang in Österreich,, (1935) nach Ländern und Regionen differenziert ist. In der hinsichtlich ihres Umfangs und ihrer Themenstellung weit bescheideneren Nachkriegsstudie vermeidet er jedoch jeglichen bevölkerungspolitischen Kommentar, doch verweist er auf seine entsprechende ältere Studie. Auch seine Versuche, statistische „Maße" für den Geburtenrückgang zu finden, verweisen auf diesbezügliche Werke aus der Vorkriegszeit. Voraussetzung, um eine entsprechende Formel zu finden, ist die Suche nach den „Ursachen" des Geburtenrückganges. Er unterscheidet zwischen „wirtschaftlichen" und „nichtwirtschaftlichen" Ursachen. Den „seelischen" Bestandteil, der dem mangelnden „Willen zum Kind" zugrunde liege, definiert er als „Restkomponente", die sich aus der Differenz zwischen den relativen Bewegungen der Lebenskosten und den Geburtenzahlen ergebe. Dabei müsse jedoch die jeweilige Erwartungshaltung der Eltern gegenüber Vergangenheit und Zukunft mit berücksichtigt werden, wie sie die Zunahme der Geburten am Beginn der NS-Herrschaft, die weit über die Verbilligung der „Aufzuchtkosten" hinausgegangen sei, zeige. Wie bei der Erörterung der Ursachen, so bewegt sich der Wiener Ordinarius auch bei der Interpretation der Folgen des Geburtenrückgangs weitgehend in früheren Denkmustern: Die neuesten Zahlen belegten, daß der Bevölkerung Österreichs aus dem fortgesetzten Rückgang der Geburten „zahlenmäßig, artmäßig und wirtschaftlich schwere[r] Schaden" erwachsen könnte.[35]

---

[34] Bespr. v. *H. Gebelein,* AStA 38 (1954), 85; Bespr. v. *E. Grebenik,* Population Studies 7 (1953/54), 289 Bespr. von *Wilhelm Bickel,* ZsNök 16 (1956), 288 f.; „Erwiderung" von *W. Winkler* und „Duplik" von *W. Bickel,* beide in: ZsNök 17 (1957), 126 f.; 128; (jew. Zit.); Die Hochschullehrer der Wirtschaftswissenschaften (1966), s. v. Bickel, Wilhelm, 64 f.

[35] WW-1952-03, bes. 438 f., 441; 446 (wörtl. Zit.); WW-1948-04, 95. Was unter „artmäßig" zu verstehen sein soll, geht aus dem Zusammenhang nicht klar hervor. – Der Geburtenrückgang war auch Gegenstand von bevölkerungsstatistischen Beiträgen, die Winkler in dem 1953 in Zürich erschienenen enzyklopädischen „Lexikon der Frau" veröffentlichte. Er

Der zweite Themenbereich neben der Geburtenstatistik, der ihn in den dreißiger Jahren und mehr noch in der Zeit davor beschäftigt hatte, war die Nationalitätenstatistik. Nach 1945 wandte er sich diesem Untersuchungsfeld nicht wieder zu; er bemerkte 1952 dazu: „Die brutale Art Hitlers und seiner Nachahmer, die Minderheitenfrage durch Ausrottung und Vertreibung zu lösen, hat mich erst spät darüber belehrt, daß wissenschaftliche Argumente in der großen Politik nur wenig Bedeutung haben. Es wäre damals wohl klüger gewesen, nicht einen großen Teil meiner Arbeitskraft auf solche periphersiche [sic!] und gefährliche Stoffe zu verwenden."[36] Sein grundsätzliches Abrücken von der Minderheitenforschung entsprang vermutlich seiner Erkenntnis, daß die von ihm herausgegebenen ethnostatistischen Untersuchungen durch die nationalsozialistische Gewalt- und Vernichtungspolitik innerhalb kurzer Zeit auf grausame Art und Weise überholt worden waren. Die ehemaligen „Volksforscher" erblickten in den Nachkriegsjahren infolge von Umsiedlung, Flucht und Vertreibung vieler europäischer Bevölkerungsgruppen einen großen Forschungsbedarf. Jedoch war der Erhalt von Informationen und damit die statistische Erfassung dieser ethnischen Gruppen sehr erschwert, weil die kommunistischen Staaten sich von Westeuropa zunehmend absperrten. In Deutschland betrieben ehemalige „Ostforscher", von denen viele trotz ihrer Verstrickung in die NS-Bevölkerungspolitik wieder in akademische Positionen eingerückt waren, in den fünfziger Jahren Studien über den Vertreibungsvorgang als solchen, aber auch über die in der BRD ansässigen „volksdeutschen" Flüchtlinge. Für das großangelegte Forschungsprojekt „Dokumentation der Vertreibung der Deutschen aus Ost-Mitteleuropa", das hauptverantwortlich von dem Historiker Theodor Schieder bearbeitet und vom deutschen *Bundesministerium für Vertriebene* herausgegeben wurde, wurden u. a. Daten aus Winklers deutschtumsstatistischem Handbuch (1927) zu Vergleichszwecken herangezogen.[37]

Die einzige Studie aus der Zeit nach 1945, in der Winkler sprachlich-ethnische „Minderheiten" untersuchte, war die im Einvernehmen mit dem *Weltbund der Österreicher im Auslande* und mit Unterstützung des Bundeskanzleramts erfolgte zahlenmäßige Aufarbeitung der „Österreicher im Ausland", d. h. der ehemaligen und derzeitigen Inhaber der österreichischen Staatsbürgerschaft. Der entscheidende Unterschied zwischen seinen nationalitätenstatistischen Vorkriegsuntersuchungen

---

steuerte für dieses Werk (gemeinsam mit seinen Instituts-Mitarbeitern, jedoch unter seinem Namen – vgl. dazu Gespräch mit em. Univ.-Prof. Dr. *Johann Pfanzagl* vom 23. 08. 1999) Artikel zur „Internationalen vergleichenden Statistik, Wirtschaftspolitik und Wirtschaftsgeschichte" bei. Vgl. WW-1953-07, z. B. Art. Geburtenstatistik; Familienstatistik. – Wie er mit dem Thema „Geburtenrückgang" im Rahmen seiner ökonometrischen Studien umging, wird weiter unten erörtert.

36 *W. Winkler*, Lebensgeschichte (1952), 220.

37 Vgl. *Theodor Schieder* (Bearb.), Dokumentation der Vertreibung der Deutschen aus Ost-Mitteleuropa. Bd. 2: Das Schicksal der Deutschen in Ungarn, 1 E; Bd. 3: Das Schicksal der Deutschen in Rumänien, 25 E; Bd. 4: Die Vertreibung der deutschen Bevölkerung aus der Tschechoslowakei, 10; Bd. 5: Das Schicksal der Deutschen in Jugoslawien, 4 E, 14 E. München 1984 [Unveränderter Nd. der Ausgaben 1954–1961].

und dieser Untersuchung lag nicht nur in der gänzlich verschiedenen methodischen Annäherung begründet (sprachliche Zuschreibung damals vs. staatliche Zugehörigkeit in den fünfziger Jahren), sondern vor allem in der grundlegend veränderten politischen Situation. Erschienen im Staatsvertragsjahr 1955, trug diese Arbeit nämlich einer historisch jungen Spielart des Österreich-Bewußtseins[38] Rechnung. Merkwürdigerweise war gerade der einstige großdeutsch gesinnte Winkler ihr Bearbeiter. Trotzdem war gerade er dazu berufen, eine derartige Untersuchung durchzuführen, verfügte er doch über beste Kontakte zu ausländischen statistischen Ämtern. Das von diesen zur Verfügung gestellte Zahlenmaterial bildet neben den Ergebnissen einer Rundfrage, die das Bundeskanzleramt durchführte, die Datengrundlage der Studie. Winkler konnte eine Zahl von 197.000 Inhabern eines österreichischen Passes im Ausland ermitteln. Nach Einrechnung der vermutlich in der Sowjetunion lebenden und der „ehemaligen", d. h. im Aufnahmestaat „naturalisierten" Österreicher schätzt er ihre Gesamtzahl auf 450.000.[39]

Als der *Weltbund* im September 1956 in Salzburg seine Hauptversammlung abhielt, wurde Winkler eingeladen, über seine Arbeit zu referieren. Auf Antrag des Referenten beschloß der *Weltbund,* eine Kommision einzusetzen, welche die Statistik der Auslands-österreicher weiterführen sollte. Mitglieder des Gremiums waren außer Winkler sein ehemaliger Schüler und ehrenamtlicher Assistent Karl Braunias, inzwischen Referent im Bundeskanzleramt,[40] und Ludwig Rutschka, der Volkszählungsreferent des ÖStZ.[41]

Ökonometrie

Winkler veröffentlichte im Jahr 1951 sein Lehrbuch „Grundfragen der Ökonometrie". Es war sein erstes Buch, das auch in der Fachwelt außerhalb des deutschen Sprachraums rezipiert wurde. In Warschau erschien 1957 sogar eine polnische Übersetzung dieser Arbeit.[42] Die Ökonometrie war eine junge, noch kaum institutionalisierte wissenschaftliche Disziplin. Winkler stand mit seiner eigenen Arbeit in einer Tradition, die in den späten zwanziger Jahren auch mit den Namen

---

38 Vgl. zur Entwicklung eines „quietistischen" österreichischen Nationalbewußtseins nach dem Zweiten Weltkrieg *Bruckmüller* (1984), 197 f.

39 Vgl. WW-1955-01, 1 f.; 25.

40 Braunias war, nachdem er aufgrund des § 3 der Verordnung zur Neuordnung des österreichischen Berufsbeamtentums 1944 in den dauernden Ruhestand versetzt worden war, im Jahr 1945 in den diplomatischen Dienst der Republik Österreich eingetreten. Seit 1956 bekleidete er den Titel eines ao. Prof. der Universität Wien. Mitteilung des UAW an den Vf., 21. 01. 2002; Biographisches Handbuch des deutschen Auswärtigen Dienstes (2000), s. v. Braunias, Karl.

41 UAW, PA Prof. Dr. W. Winkler, Bericht an das BMU v. 12. 12. 1956; vgl. Parlament der Auslandsösterreicher, in: Salzburger Nachrichten v. 15. 09. 1956, 3.

42 Vgl. International Statistical Institute (ISI), Archives, Prof. Wilhelm Winkler, Presentation of Candidacy, 1966. Näheres über diese Übersetzung konnte nicht in Erfahrung gebracht werden.

der Statistiker Abraham Wald, John v. Neumann und Oskar Morgenstern verknüpft gewesen war.[43]

Die Studie beruht auf der Anfang der fünfziger Jahre einzigen in Wien bekannt gewordenen Gesamtdarstellung der Disziplin, die von dem US-Amerikaner Harald T. Davis („The Theory of Econometrics") während der Kriegszeit, im Jahr 1941, publiziert worden war. Winkler wußte um die Problematik, von der sein Buch unweigerlich begleitet wurde. Es ging ihm nicht darum, das erste Lehrbuch der Ökonometrie im deutschen Sprachraum vorzulegen, um den Anspruch zu erheben, alles bisher in dem Fach Geleistete darzustellen und womöglich eine eigene Theorie der Ökonometrie zu entwickeln. Ziel der Arbeit war es lediglich, besonders jenen Lesern, die sich zu dem Themenbereich bislang noch nicht kundig gemacht hätten, „eine Vorstellung von dem [zu] geben, was Ökonometrie will, ist und dereinst sein könnte." Die Leser sollten dazu angeregt werden, sich mit dem Thema zu befassen und in der ökonometrischen Richtung weiterzudenken.[44]

Die Monographie besteht aus vier Abschnitten. Im ersten Kapitel „Vorbemerkungen" gibt der Verfasser eine Begriffsbestimmung der Ökonometrie[45] und erläutert das Gliederungsschema der Arbeit. Der Annahme folgend, daß wirtschaftliche Zusammenhänge ihre Entsprechung in speziellen Kurvenformen finden, teilt er den von ihm behandelten Stoff in die drei Bereiche der „hyperbolischen", der „exponentiellen" und der „rhythmischen Wirkungskräfte" ein. Im ersten dieser Abschnitte mißt er – u. a. anhand der „Spenden für einen Kirchturm" – den Grenznutzen, stellt in Auseinandersetzung mit dem Paretoschen Gesetz die Einkommensverteilung dar, mißt „Nachfrage- und Angebotskurven", „Kosten und Ertrag" und entwickelt eine Theorie der „Strahlungskraft der Städte". Im zweiten, den exponentiellen Wirkungskräften gewidmeten Abschnitt werden die Entwicklungen der Bevölkerungszahl und das Gesetz des abnehmenden Bodenertrags behandelt. Als rhythmische Schwankungen begreift der Autor u. a. den „Schweinepreisrhythmus" und die Konjunkturwellen.

In der folgenden Besprechung greife ich nur jene zwei Unterkapitel heraus, die belegen, auf welche Art und Weise Winkler gesellschaftliche Entwicklungen seiner Zeit unter einem ökonometrischen Gesichtspunkt abhandelt. Seine Betrachtungen waren gegründet auf seiner These von der „Strahlungskraft der Städte" als Zentren der Verwaltung, Wirtschaft und Kultur, die er in Analogie zum physikalischen Prinzip der Ausbreitung des Lichts setzt. Unter Rückgriff auf seine Studie über den „Geburtenrückgang in Österreich" (1935) erörtert er die „Strahlungskraft von Ideen" an den Beispielen der „Wirkung der Geburtenpropaganda" und der „politische[n] Welle der Konfessionslosigkeit". Danach sei beispielsweise eine direkte Korrelation zwischen der Entfernung von Wien und der Abnahme des Geburtenrückgangs festzustellen. Bei der Erörterung des Zusammenhangs zwischen Bevöl-

---

[43] Vgl. *Adolf Adam*, Wilhelm Winkler 95 Jahre, in: AStA 63 (1979), 177.

[44] WW-1951-01, VI (wörtl. Zit.); 217.

[45] Vgl. Kap. V. 2. b).

kerung und wirtschaftlichen Produktivkräften erweist sich Winkler als ein Statistiker, der trotz des zunehmenden Gewichts der Wirtschaftsforschung innerhalb seines Fachs gerade demographische Elemente auch in ökonometrische Fragestellungen mit einbezieht. Umso bedauerlicher ist es für ihn, feststellen zu müssen, daß den Tatsachen der Bevölkerungsstruktur in der Nationalökonomie wenig Beachtung geschenkt werde. In der Folge stellt er den stabilen Bevölkerungstypus vor und erläutert seine Theorie vom zukünftigen Wachstum der Bevölkerung. Er verneint jedwede Parallele der menschlichen Bevölkerungsentwicklung mit Vermehrungsmustern in der Tierwelt, wie sie in der logistischen Kurve (stetige Verlangsamung des Bevölkerungswachstums bei Verknappung des „Nahrungsspielraums") angeblich zum Ausdruck gelange. Vielmehr erwartet er für die Zukunft weitere wirtschaftliche und technische Fortschritte, die den „Nahrungsspielraum" erweitern und dadurch Platz für mehr Menschen schaffen würden. Schon jetzt sei für sechs bis acht Milliarden Menschen auf der Erde Platz. Hemmend seien nicht biologische, sondern soziale Faktoren, vor allem das Ziel vieler Menschen, den eigenen Lebensstandard zu heben. Was die weitere Bevölkerungsentwicklung anlange – er bezieht sich hier auf das Beispiel der Vereinigten Staaten –, so lasse sich diese nicht voraussagen. Es sei jedoch denkbar, daß die USA – zumal angesichts des Rüstungswettlaufs mit dem kommunistischen Osteuropa – den potentiellen Machtfaktor einer höheren Bevölkerungszahl erkennen würden und, daraus Schlußfolgerungen ziehend, ihre aktuelle restriktive Einwanderungspolitik aufgeben würden. Ein endgültiges „Stehenbleiben" der Bevölkerung in mittel- und längerfristiger Perspektive und damit das Eintreten eines bestimmten biologischen Gesetzes, wie es die logistische Kurve nahelege, sei in keiner Weise zu erwarten. Hinsichtlich der weiteren wirtschaftlichen Entwicklung macht Winkler keine Voraussage. Wichtig sei jedenfalls, den „abnormen Gestaltungen der Wirtschaftsentwicklung in dieser Zeit" keine „typische" Bedeutung beizumessen.[46]

Die „Grundfragen der Ökonometrie" erfuhren unter den Rezensenten ein lebhaftes Echo. Durchwegs zustimmend äußerten sich – mit einer einzigen Ausnahme – jene Rezensenten, die aus dem deutschsprachigen Raum stammten. Überwiegend kritisch bewertet, teils schroff abgelehnt wurde die Studie hingegen von einigen Kritikern aus dem Ausland. Positiv und verständnisvoll die Schwierigkeiten bedenkend, die dem Werk entgegenstanden, sind die Besprechungen des Münchner Nationalökonomen Werner Mahr und des Wiener Volkswirtschaftlers Otto Weinberger. Freundlich ist auch der Grundton der Rezension von Wilhelm Krelle, eines Heidelberger Wirtschaftsforschers, – ebenso wie die Besprechung des 1936 in die USA emigrierten und am Iowa State College arbeitenden Statistikers und Ökonomen Gerhard Tintner (1907 – 1983)[47], des Ökonomen an der University of Kansas Eugen Altschul und des Direktors des Ständigen ISI-Büros im Haag G. Gouds-

---

[46] WW-1951-01, 141 – 152; vgl. 155 – 168.

[47] Zu Tintner vgl. *Manfred Deistler*, Ökonometrie, in: Karl Acham (Hg.), Geschichte der österreichischen Humanwissenschaften. Bd. 3,2: Menschliches Verhalten und gesellschaftliche Institutionen: Wirtschaft, Politik und Recht. Wien 2000, 190.

waard. Dieser Gruppe von Verteidigern der Winklerschen Studie stehen jene gegenüber, die seine Arbeit als nicht dem zeitgenössischen Stand der ökonometrischen Forschung entsprechend einschätzten und kritisierten. Zu diesen zählten der Kieler Ökonometriker Erich Schneider, der Schweizer Ökonom H. Dütschler und der Wirtschaftsforscher am Department of Applied Economics an der University of Cambridge S. J. Prais.

Diejenigen unter den Rezensenten, die Winklers Arbeit ausdrücklich als Bereicherung der ökonometrischen Literatur begrüßen, sind sich mit dem Autor auch weitgehend einig über ihre Grenzen. Winkler habe keine systematische Einführung in das ökonometrische Wissensgebiet schreiben wollen und auch bewußt auf die statistische Erprobung mathematischer Modelle verzichtet, da „bei mindestens der Hälfte der Modelle" diese Erprobungsmöglichkeit gar nicht bestehe (Weinberger). Während das im selben Jahr 1951 ins Deutsche übersetzte, 1941 erstmals erschienene Buch „Econometrics" von Jan Tinbergen – damals das international anerkannte Standardwerk der Ökonometrie – den gültigen Abriß des Stands der ökonometrischen Forschung darstelle, sei Winklers Buch „without any claim to completeness" geschrieben (Altschul). Krelle hebt das Verdienst des Wiener Ökonometrikers hervor, erstmals im deutschen Sprachraum den Versuch gewagt zu haben, „einen Querschnitt durch einen Teil des oekonometrischen Bereichs" gezogen zu haben. Er lobt ähnlich wie W. Mahr die eingehenden Literaturübersichten und -besprechungen am Ende jedes Kapitels. Jenseits des Atlantiks wird gerade diese Einschätzung jedoch nicht unbedingt geteilt. So bedauert Altschul, daß Winkler einige neuere Entwicklungen etwa in der Auseinandersetzung mit dem Grenznutzen nicht wahrgenommen habe. Gerade sein Kapitel über die „Harmonische Analyse" kritisiert er bündig als „antiquated", worin er sich übrigens mit Goudswaard einig ist. Dieser charakterisiert Winkler als einen der letzten verbliebenen „statisticien[s] ‚universel[s]'". Er bespricht seine Arbeit mit höflicher Zurückhaltung, doch läßt er deutlich werden, daß er ihr ein größeres Eingehen auf die jüngsten Entwicklungen der Ökonometrie gewünscht hätte. Am wenigsten kritisch ist Tintners Besprechung („eine ausgezeichnete Einführung [. . .] in deutscher Sprache"). Dies wird umso besser nachvollziehbar, wenn man weiß, daß der geachtete Ökonometriker Tintner ein ehemaliger, 1929 an der Universität Wien promovierter Schüler von Winkler gewesen sein dürfte[48], der durch diese Bemerkung wohl auch seine Dankbarkeit gegenüber seinem ehemaligen Lehrer ausdrücken wollte.[49]

E. Schneider (Kiel) führt die Phalanx der vehementen Kritiker von Winklers Ökonometrie an. Während Tinbergens „Econometrics" ein „unübertreffliche[r]"

---

[48] So eine Vermutung von J. Pfanzagl. Gespräch mit em.Univ.-Prof. Dr. *Johann Pfanzagl* vom 23. 08. 1999, Protokoll; vgl. Kürschner, Bd. 2 (1976), 3255, s. v. Tintner, Gerhard.

[49] Vgl. Bespr. von *Otto Weinberger,* ZsStw 108 (1952), 573; 572 (wörtl. Zit.); Bespr. von *Eugen Altschul,* Econometrica 20 (1952), 343; 344 (wörtl. Zit.); Bespr. von *G. Goudswaard,* RIISt 19 (1951), 283; Bespr. von *Wilhelm Krelle,* JbbNSt 164 (1952), 44; Bespr. von *W. Mahr,* AStA 36 (1952), 283 f.; Bespr. von *Gerhard Tintner,* ZsNök 14 (1953/54), 539 f. – s. auch Tintners gleichlautendes Lob in Econometrics (1952), 3.

Wegweiser in die ökonometrische Theorie sei, vermittle die Winklersche Arbeit „leider nur ein Zerrbild". Schneider hebt eine Reihe von schwerwiegenden Mängeln des Buchs hervor. Zum einen beanstandet er, daß der Stoff nicht an sachlichen, sondern an mathematischen Problemen orientiert sei. Diese entbehrten zudem meist jeglicher Beziehung zur Ökonometrie. Außerdem entspreche das, was das Buch biete, nicht mehr dem aktuellen Stand der Forschung. Die Arbeit von Davis, die Winkler als Vorbild diene, sei längst veraltet. Der Messung des Grenznutzens käme keine Bedeutung mehr zu. Wichtige Anliegen der Ökonometrie, die Untersuchung von Konsum- und Investitionsfunktionen usw. sowie die Prüfung von mathematischen Modellen fänden in der vorliegenden Untersuchung keinen Raum. Schneider schließt seine Kritik mit der Bemerkung, daß die Studie des Wiener Statistikers zwar in gewisser Hinsicht „nützlich" sei, jedoch sei sie „keine Einführung in die Grundfragen der Ökonometrie". – Eine zweite überwiegend kritisch-distanzierte Besprechung kommt von H. Dütschler, der den „Grundfragen" „keineswegs" zugestehen will, „über den gegenwärtigen Stand" der ökonometrischen Forschung zu informieren. Und S. J. Prais stößt sich an dem Umstand, daß der Wiener Ökonometriker keinen Bezug zu der während des Krieges erschienenen Literatur genommen habe. Der Autor befasse sich weder mit W. W. Leontiefs bahnbrechenden „Input-Output-Beziehungen", noch verweise er bei seinen Berechnungen auf Standardfehler. Dieses Buch könne nur dazu beitragen, die deutschsprechenden Studenten dazu zu ermutigen, mehr ökonometrische Literatur auf Englisch zu lesen.[50]

Winkler registrierte besonders Schneiders Kritik umso aufmerksamer, als sie nach Bickels Verriß seiner „Typenlehre der Demographie" die zweite Besprechung war, die einem seiner Bücher ein nachgerade vernichtendes Zeugnis ausstellte. Auch in Erwiderung von Prais' und Dütschlers Besprechungen entwarf er eine Gegendarstellung, in der er – bezeichnend für seine militärisch-kämpferische Prägung – die Bemerkungen seines Kieler Kollegen mit der Beschießung von „gegnerischen Stellungen" verglich, die „gar nicht besetzt" seien. Schneider stelle nämlich seine „Grundfragen der Ökonometrie" als eine Einführung dar, die den gesamten Stoff dieses Fachgebiets wiedergeben wolle, ein Anspruch, den er gar nie aufgestellt habe. Eine Kritik, die den Zweck seines Buchs so auffasse, gehe jedoch ins Leere. Auf Schneiders inhaltliche Kritik reagiert Winkler, indem er sich auf den Standpunkt zurückzieht, jeder Autor müsse das Recht haben, seine Problemstellungen selbst auszuwählen. Und wenn Schneider die Art seiner Abgrenzung des Stoffes mißfallen habe, so könne er dazu nur sagen: „Mir hat es gefallen. Erledigt!" – Diese Erwiderung wollte Winkler im *Weltwirtschaftlichen Archiv* erscheinen lassen. Der zuständige Redakteur lehnte jedoch einen Abdruck u. a. mit der Begründung ab, daß jeder Leser seines Buchs selbst in der Lage sei, sich ein Bild von der

---

[50] Bespr. von *Erich Schneider,* WwA 68 (1952), 65, 68, 70 (jew. wörtl. Zit.); Bespr. von *H. Dütschler,* Schweizerische Zeitschrift für Volkswirtschaft und Statistik 87 (1952), 461; Bespr. von *J. S. Prais,* EJ 62 (1952), 394.

Stichhaltigkeit der in dem Disput Schneider-Winkler vorgebrachten Argumente zu machen.[51]

Auch wenn Winklers Teildarstellung der Ökonometrie in der Zeitschrift des *Instituts für Weltwirtschaft* scharf kritisiert wurde, so ist doch darauf hinzuweisen, daß die anderen maßgebenden nationalökonomischen (statistischen) Zeitschriften Deutschlands und die Wiener *Zeitschrift für Nationalökonomie* diese Studie als einen wertvollen Forschungsbeitrag würdigten. Zwar lief die deutsche Übersetzung von Tinbergens Einführung der Winklerschen Arbeit deutlich den Rang ab, doch blieben diese beiden Bücher während der fünfziger Jahre die einzigen zusammenfassenden Darstellungen des ökonometrischen Fachgebiets. Erst Gerhard Tintner veröffentlichte im Jahr 1960 mit seinem „Handbuch der Ökonometrie" wieder ein deutschsprachiges Werk, das dieses Thema im Überblick behandelte. Bei seiner Arbeit an dieser Monographie zog Tintner u. a. auch Winklers und Slawtscho Sagoroffs Hilfe heran. Tintner bestimmt die Ökonometrie als eine Methode, welche die mathematische Statistik auf wirtschaftliche Daten anwende, „um die Modelle, die mit Hilfe der mathematischen Volkswirtschaftslehre konstruiert sind, zu verifizieren und numerische Resultate zu gewinnen." Die Funktion der Ökonometrie, mathematische Modelle zu überprüfen, findet sich schon in Winklers Definitionsversuch. Tintner zitiert in seinem Vorwort das Werk seines Vorgängers, doch sonst spielt dieses in seiner Arbeit kaum eine Rolle. Einmal wird es neben einer Reihe anderer älterer Werke als Beispiel für Schätzungen der Grenznutzenfunktion des Geldes genannt, die – so Tintner – alle „unter sehr unrealistischen Annahmen" litten. Und ein zweites und letztes Mal bezieht sich Tintner direkt auf Winkler, wenn er auf die Funktion der logistischen Kurve als Ausdruck des Wachstums der Bevölkerung verweist.[52]

Zwischenergebnisse und Bewertungen

Es ist festzuhalten, daß beide hier vorgestellte Monographien Forschungsrichtungen rezipierten, die im deutschen Sprachraum bisher kaum Beachtung gefunden hatten – darin liegt Winklers Verdienst begründet. Dieser Umstand der relativen Neuartigkeit spezifischer wissenschaftlicher Strömungen war jedoch nicht der einzige Grund, warum weder die „Typenlehre der Demographie" noch die „Grundfragen der Ökonometrie" die einhellige Zustimmung der Rezensenten fanden. Die

51 PNWW, Ungedruckt gebliebene „Erwiderung" auf E. Schneiders Besprechung von W. Winklers „Grundfragen der Ökonometrie"; Schreiben von Dr. A. Zottmann vom Institut für Weltwirtschaft an der Universität Kiel an Winkler vom 15. 10. 1952.

52 Vgl. Bespr. v. *Herbert Gülicher* zu Gerhard Tintner, Handbuch der Ökonometrie. Berlin 1960, in: ZsStw, 561 f.; vgl. *Gerhard Tintner,* Handbuch der Ökonometrie. Berlin / Göttingen / Heidelberg 1960, VIII (Vorwort); 1; 108; 273. Winkler selbst beschäftigte sich auch nach der Veröffentlichung seiner „Grundfragen" – anläßlich von statistischen Kongressen und in Zeitschriftenbeiträgen – mit ökonometrischen Fragen, z. B. mit der Messung der technischen Produktivität (vgl. WW-195-04).

wesentliche Ursache dafür, daß die genannten Arbeiten kaum einen besonderen Einfluß auf die weitere Entwicklung der Wirtschaftswissenschaften und der Demographie hatten, war, daß Winkler – wie viele seiner deutschsprachigen Kollegen – in der Nachkriegszeit kaum auf das neuere angelsächsische Schrifttum, das den Gang der Forschung bereits wesentlich bestimmt hatte, zurückgreifen konnte. Gerade die Entwicklung der Ökonometrie wurde – und wird bis heute – wesentlich von US-amerikanischen Fachleuten bestimmt. In Österreich erlebte die Ökonometrie erst mit der Gründung des *Instituts für Höhere Studien* einen Durchbruch. Erst 1973 wurde ein Lehrstuhl für Ökonometrie geschaffen, dessen erster Inhaber der aus den USA nach Wien remigrierte Gerhard Tintner wurde.[53]

Die Kluft zwischen „praktisch" orientierten und „theoretisch-mathematischen" Statistikern auf der einen Seite und zwischen der deutschsprachigen Forschungswelt und dem angelsächsischen Raum auf der anderen Seite läßt sich am Beispiel von Methodik und Rezeption der Winklerschen Arbeiten aus dieser Zeit besonders eindrücklich demonstrieren. Seine eigene Position in den genannten Spannungsfeldern läßt sich nicht eindeutig festlegen; er stand – so möchte man meinen – wieder einmal zwischen allen Lagern. Einerseits bemühte er sich um den Anschluß an die angelsächsische Schule der Statistik, ein Bestreben, mit dem er nach wie vor unter deutschsprachigen Kollegen nicht nur auf Zustimmung stieß. Die Verwendung relativ elementarer mathematischer Methoden, seine Grenznutzenberechnungen, die eher an die Forschungsdiskussion der dreißiger Jahre gemahnten als an die methodischen Auseinandersetzungen der eigenen Gegenwart, seine in der spezifischen politischen Situation Österreichs in der Zwischenkriegszeit („Konfessionslosigkeit" etc.) wurzelnden gesellschaftspolitischen Betrachtungen wurden ebenso wie seine bei Wirtschaftsforschern längst nicht mehr üblichen Betonung der Bedeutung der Demographie in der ökonomischen Analyse durchaus als „antiquated" eingeschätzt. Die Kontinuität älterer Vorstellungen bei Winkler signalisiert auch die Verbindung von Bevölkerungszahl und politischer „Macht" eines Volkes, wie er sie am Beispiel der USA verdeutlichte. Gegenüber der Vorkriegszeit scheint sich in seinem „außenpolitischen" Denken nur der äußere Bezugsrahmen (Ost-West-Konflikt statt Gefährdung des „Deutschtums" in Mitteleuropa) verändert zu haben. Andererseits muß bei der Bewertung seiner damaligen Arbeiten immer auch die äußerst schwierige Lage der zeitgenössischen Forschung in Österreich berücksichtigt werden. Zudem ist zu beachten, daß er sein ökonometrisches Lehrwerk an Studierende richtete, die in der Regel weder in mathematischer, noch in wirtschaftstheoretischer Hinsicht über ausreichende Vorkenntnisse verfügten. Er konzipierte seine „Grundfragen" auch deshalb nur als eine Teildarstellung, die hinsichtlich ihres Anspruchs von vornherein stark auf die Erfordernisse der universitären Unterrichtspraxis beschränkt war.

---

[53] Vgl. *Deistler* (2000), 196–199. Deistler erwähnt übrigens Winklers Lehrbuch mit keinem Wort.

c) Teilnahme an internationalen Kongressen

Den für ihn unbefriedigenden Möglichkeiten, seinen Vorstellungen über die Weiterentwicklung der statistischen Wissenschaft im Inland zum Durchbruch zu verhelfen, begegnete Winkler in der letzten Phase seiner aktiven Laufbahn durch häufigere Teilnahmen an Kongressen im Ausland. Die Schaffung neuer Vereinigungen auf den Gebieten der wirtschaftlichen und statistischen Forschung, der Ausbau von statistischen Abteilungen der *Vereinten Nationen* (UNO) und die allgemeine Erleichterung des Reiseverkehrs, die von einem Aufschwung der Luftfahrt begleitet wurde, begünstigten auch die Belebung des Kongreßwesens und des Kongreßtourismus. Von all diesen Entwicklungen zog Winkler, der im österreichischen Vergleich ein ungewöhnlich häufig auf internationalem Terrain präsenter Wissenschafter war, persönlichen Nutzen. Während er in Wien erst eine statistische Zeitschrift aufbauen mußte, um sich selbst und seinen Schülern ein Publikationsorgan zur Verfügung zu stellen, konnte er sich auf internationaler Ebene schon im Jahr 1947 wieder in die Forschungsdiskussion einschalten.

Die ISI-Kongresse in Washington (1947), Bern (1949),
Neu-Delhi/Kalkutta (1951), Rom (1953) und Rio de Janeiro (1955)

Der erste statistische Weltkongreß nach dem Krieg fand 1947 in der US-amerikanischen Bundeshauptstadt Washington statt. Der Kongreß wurde gleichzeitig mit den Symposien anderer wissenschaftlicher Gesellschaften, u. a. der *International Union for the Scientific Study of Populations* (IUSSP) und der *Econometric Society,* abgehalten. Die Kongreßveranstaltung, an der mehr als 600 Teilnehmer mitwirkten, veranschaulichte den europäischen Besuchern in beeindruckender Weise, welche Fortschritte die amerikanische Statistik während der vergangenen zehn Jahre gemacht hatte.

Die beiden wichtigsten Tagungsgegenstände betrafen Organisationsfragen, im besonderen die Abgrenzung des ISI von den Arbeitsbereichen der statistischen Stellen der UNO und methodische Fragen der Stichprobenerhebung.[54] Der Washingtoner Kongreß stellte die Weichen für eine stärkere Schwerpunktsetzung auf der statistischen Theorie. Das ISI war seither vor allem eine Art wissenschaftliche Akademie, die ihre Herkunft aus der amtlichen Statistik zunehmend hinter sich ließ, ohne aber die Brücken zu den Erfordernissen der statistischen Praxis ganz abzubrechen. So waren die Präsidenten der statistischen Ämter weiterhin ex officio Instituts-Mitglieder, wobei ihr Einfluß auf ein beratendes Stimmrecht beschränkt wurde. Außerdem konnten sie nur dann Mitglieder des Instituts werden, wenn sie eine ausreichende wissenschaftliche Qualifikation vorweisen konnten. Zudem wurde die Auslese unter den neu aufzunehmenden Mitgliedern verstärkt,

---

[54] Vgl. WW-1955-03, 79.

indem nur mehr fachlich besonders ausgewiesene Gelehrte in die nach wie vor weltweit bedeutendste Statistiker-Organisation aufgenommen wurden.[55]

Die Teilnahme am Washingtoner ISI-Kongreß brachte für Winkler und Präsident Kleemann, seinen Begleiter aus dem ÖStZ,[56] die erste Flugreise ihres Lebens mit sich.

In seinen Vorträgen beschäftigte sich Winkler mit den Themen „On Random Variations in Statistical Data" (methodologische Sektion) und „Age Distribution and its Influence on Measurements and Relations of Natural Increase" (demographische Sektion). Im ersten der genannten Referate bezieht er Stellung im Streit zwischen den unbedingten Anhängern einer „liberalen" Verwendung der Formeln der Wahrscheinlichkeitstheorie auf statistische Zahlen und den Gegnern dieser Auffassung, die keine Parallele zwischen dem „Spiel des Zufalls" in der Wahrscheinlichkeitstheorie und dem „tatsächlichen Leben" sehen wollten. Winkler nimmt in dieser Frage eine vermittelnde Position ein: Er akzeptiert z. B. die Überlebens- und Sterbewahrscheinlichkeiten, wie sie aus einer Sterbetafel hervorgehen, als „vollgültige Wahrscheinlichkeiten". Andererseits erkennt er aber in der „unzureichende[n] Durchmischung der Gesamtmasse" demographischer Erscheinungen den allgemeinen Mangel von Stichproben in der Praxis.[57]

Neben der Sitzungstätigkeit, die für den Wiener Statistiker die Ehre eines zweimaligen Vorsitzes in der demographischen Sektion mit sich brachte, war er damit beschäftigt, Verbindungen zu seinen Fachkollegen wieder herzustellen, die er seit dem Athener ISI-Kongreß nicht mehr getroffen hatte. Außerdem führte er Gespräche mit früheren Teilnehmern seines statistischen Seminars, die später nach Amerika emigriert waren, darunter die Professoren Oskar Morgenstern (Princeton University), Abraham Wald (Columbia University) und Gerhard Tintner (Iowa University). Außerdem traf er mit Funktionären der beiden katholischen Universitäten Washingtons (Georgetown University; Catholic University) zusammen.[58] Seinen langjährigen Briefpartner Alfred J. Lotka, dessen Modell der stabilen Bevölkerung auf seine in der Kriegszeit verfertigten Studien einen überragenden Einfluß genommen hatte, lernte er in Washington erstmals persönlich kennen. Überwältigend war für den ausgehungerten Gast aus dem kriegszerstörten Wien, dessen deutsche Kollegen in Washington noch nicht anwesend waren, der Eindruck des überreichen Angebots an Nahrungsmitteln: „Brot, Milch, Butter, Eier, Fleisch, Licht und Wärme sind da, soviel das Herz begehrt."[59]

---

[55] Vgl. Statutes of the International Statistical Institute, in: RIISt 15 (1947), 160–169; vgl. WW-1948-03, 41; 43 f.

[56] Vgl. ÖSTA, AdR, BKA, Zl. 23.143–1/47, Internationaler Statistischer Kongreß in Washington; Entsendung von Regierungsvertretern; Schriftwechsel BKA – Österreichisches Statistisches Zentralamt, Präsidium; W. Winkler – BKA.

[57] Vgl. WW-1947-01, bes. 4, 9 ff., 18 f. (jew. wörtl. Zit.) (deutsche Fassung).

[58] ÖSTA, AdR, BKA, Zl. 23.143–1/47, W. Winkler, Bericht über die Tagung des Internationalen Statistischen Institutes in Washington vom 06. bis 18. 09. 1947.

[59] WW-1948-03, 45; WW-1950-02, 97.

Zwei Jahre später tagte das ISI in der Schweizer Hauptstadt Bern. Österreich war durch Winkler und den Vizepräsidenten des ÖStZ Klezl vertreten. Wichtigste Beratungsgegenstände waren neuerlich die Verbesserung der Stichprobenmethode, aber auch die Forderungen des statistischen Unterrichts. Winkler trug wieder zwei Berichte vor, „The Expectation of Life of the Dead" und „The Corrected Pareto Law and its Economic Meaning".[60] In der ersten der genannten Abhandlungen führt er seine Kontroverse mit L. Hersch aus dem Jahr 1944[61] fort. Er ficht dessen Versuch an, mit Hilfe des „potentiel-vie" nicht nur die Lebenserwartung einer bestimmten Altersgruppe zu berechnen, sondern diese auch auf die „Gestorbenen" auszudehnen. Es sei jedoch logisch falsch, die Gestorbenen mit der Lebenserwartung der x-jährig Lebenden zu versehen und auf diese Weise die Verluste an Lebensjahren einer Bevölkerung ausrechnen zu wollen. Damit würde die durch ihren Tod eigentlich aus der Sterbetafel ausgeschiedene Masse der Gestorbenen „durch eine Hintertür" wieder hereingeführt. Sinnvoll sei es hingegen, zu berechnen, wie viele Lebensjahre den im Krieg gewaltsam ums Leben Gekommenen „unter normalen Verhältnissen" zugekommen wären.[62] In dem zweiten Bericht versucht er, Paretos Gesetz der Einkommensverteilung durch eigene Berechnungen auf kleinere und dadurch sozial und wirtschaftlich homogenere Einheiten anwendbar zu machen.[63]

Das Referat über das Paretosche Gesetz trug er in der ökonometrischen Sektion vor. Die auf ihn selbst gemünzte, spöttisch-freundschaftlich gemeinte Bemerkung seines schottischen Kollegen Findley Shirras vor Beginn der Sitzung, es werde heute ein großes „tiger-shooting" geben, ließ ihn nach außen hin unberührt – das „tiger shooting" fiel dann tatsächlich „sehr harmlos" aus.[64] – In gewisser Weise hatte Shirras nicht unrecht, wenn er den Wiener Ordinarius ironisch mit einem „tiger" verglich. Winkler war rhetorisch brillant, kompromißlos in der Verteidigung seiner Thesen, kämpferisch im Auftreten, und er verstand es, gegnerische Theorien so in ihre Bestandteile zu zerlegen, daß ihre Widersprüche deutlich sichtbar wurden. Als ausgezeichneter Schachspieler verstand er es, seine eigene Stellung gut zu durchdenken und die wahrscheinlichen Gegenzüge seines Gegners voraus zu schätzen. Othmar Winkler äußert über den Ruf seines Vaters in der internationalen Statistikergemeinde: „Er war bekannt, berüchtigt, berühmt in seiner Art [. . .]".[65]

---

[60] Vgl. WW-1949-06, 167–172.

[61] Vgl. Kap. IV. 2.

[62] WW-1949-09, 120–123, wörtl. Zit. 122 (deutsche Fassung).

[63] Winkler bezeichnet Paretos Gesetz als „ein Beispiel einer empirischen Kurve, abgeleitet von Paretos Fund, daß die Logarithmen der Zahlen der Personen y mit einem Einkommen über der Einkommensgrenze x, bezogen auf die Logarithmen dieser x, irgendwie eine gerade Linie darstellen, die im ersten Quadranten eines rechtwinkligen Koordinatensystems absteigt, solcherweise die Gleichung ergebend $\log y = \log A - a \log x$, woraus folgt $Y = A \cdot x^{-a}$." (WW-1949-08, 125, dt. Übersetzung, vgl. weiter bis 143).

[64] *W. Winkler,* 60 Jahre erlebter Wissenschaft (1966), 298.

[65] Gespräch mit em.Univ.-Prof. Dr. *Othmar Winkler* vom 19. 01. 2000, Protokoll.

Der auf Bern folgende 27. Kongreß des ISI fand 1951 in den indischen Metropolen Neu Delhi und Kalkutta statt. Gemeinsam mit der ISI-Tagung wurden auch Versammlungen der IUSSP, der *International Association for Research in Income and Wealth* (IARIW) und der Internationalen Vereinigungen für Ökonometrie und Biometrie abgehalten. Die vom indischen Ministerpräsidenten Pandit Nehru eröffnete Tagung beriet schwerpunktmäßig Probleme der Statistik von Entwicklungsländern und Theorie und Praxis des Stichprobenverfahrens. Winkler machte in der wirtschaftsstatistischen Sektion „Kritische Bemerkungen zur Messung der technischen Produktivität". In dem Bericht versucht er den Produktivitätsbegriff, der hinsichtlich der Zusammenhänge von Produktionsleistung und der beteiligten Produktionsfaktoren (verfügbares Kapital, Arbeitskräfte usw.) ungeklärt war, zu definieren. Ferner stellt er seine eigenen Berechnungen der „technischen Arbeitsproduktivität" einer Volkswirtschaft vor.[66] Mehr Aufsehen als sein eigentlicher Kongreßbeitrag erzeugte der Umstand, daß er den Vortrag in deutscher Sprache abhielt, womit er der einzige auf diesem Kongreß sich der deutschen Sprache bedienende Referent war. Er machte damit zwar nur von einem grundsätzlichen Recht Gebrauch – Deutsch war offiziell zugelassene Verhandlungssprache –, doch konnte sein Beharren auf diesem Recht auch als ein politischer Vorstoß zur Rehabilitation nicht nur der deutschen Sprache, sondern auch der deutschen/ deutschsprachigen Statistik verstanden werden. Nicht zufällig mußte er in Kauf nehmen, daß er nicht im großen Vortragssaal, sondern nur in einer Privatwohnung eines der Kongreßmitglieder referieren durfte – immerhin, er bezeichnete später dieses Referat als den „netteste[n] Vortrag", den er je in seinem Leben gehalten habe.[67]

Beim ISI-Kongreß in Rom (1953), an dem erstmals nach dem Krieg auch wieder eine größere Delegation aus Deutschland teilnahm, wurde Winkler von seinem Sohn Othmar und vom Neo-ISI-Mitglied Privatdozent Dr. Leopold Schmetterer vom mathematischen Institut der Universität Wien begleitet. Er hielt ein Referat über „Older and Newer Ways of Solving the Index Numbers Problem", in dem er eine kritische Übersicht über die Entwicklung der Indexzahlen-Forschung gab. Außerdem beteiligte er sich lebhaft an den Diskussionen, bei denen die von ihm schon in Kalkutta angesprochenen Fragen der Anwendung der Statistik in der Industrie unter besonderer Berücksichtigung der Produktivitätsmessung im Mittelpunkt standen. Vierzig der ca. 130 vorgelegten Referate behandelten allein diesen Gegenstand. In den Verhandlungen wurde Einigkeit darüber erzielt, daß der Einfluß der einzelnen Produktionsfaktoren auf die Produktivität nur im Zusammenhang mit den übrigen Produktionsfaktoren untersucht werden könne.[68]

---

66 Vgl. 1952–04, bes. 69, 79 ff. (dt. Fassung).

67 PNWW, Mein überreich bewegtes Leben, Fragm. 10, 11.

68 Vgl. WW-1960-02 u. WW-1953-05, 137; vgl. *Olaf Boustedt,* 28. Tagung des Internationalen Statistischen Instituts vom 06. bis 12. September 1953 in Rom, in: AStA 37 (1953), 239–257.

Die nächste Tagung des ISI führte wieder in ein Land der südlichen Hemisphäre. Der 29. ISI-Kongreß in Rio de Janeiro (1955) sah den Wiener Ordinarius wieder als den einzigen Vertreter seines Landes. Diesmal hielt er kein Referat, doch beteiligte er sich an einer Diskussion, die verdeutlichte, welchen Stellenwert die Bevölkerungslage der Entwicklungsländer in der Fachdiskussion inzwischen einnahm. Diese war geprägt von einer „noch ungehemmte[n] Bevölkerungsvermehrung" und einer starken Einwanderung. Die entscheidende Frage schien in Rio noch nicht zu sein, wie die „Bevölkerungsexplosion" eingedämmt werden könne, sondern, welche Probleme sich bei der Bekämpfung der daraus resultierenden hohen Analphabetenrate ergeben würden. Winkler befürwortete grundsätzlich Programme, welche die Steigerung des Bildungsstandes der Bevölkerung zum Ziel hatten. Wie wenig europäische Statistiker die tatsächlichen Probleme der betroffenen Länder noch reflektiert hatten, zeigt seine Befürchtung, daß die „Bekämpfung des Analphabetentums [...] in der Regel nur eine breite Schicht von Halbgebildeten erzeugen werde, die, unkritisch für Massenpropaganda ein willkommenes Ziel werde [und] dabei ihre Verwurzelung in Natur und Brauchtum verliere". Winkler sah die sozialen Schwierigkeiten von Entwicklungsländern durch die Brille des europäischen Universitätsprofessors, der seine Erfahrungen mit der „Hochschulüberfüllung" direkt auf brasilianische Bildungsverhältnisse übertrug. Seine ausdrückliche Zustimmung zur Verbesserung von Bildungschancen wird durch seinen Argwohn zweideutig, dadurch nur einen Bodensatz von „Halbgebildeten" zu erzeugen, die – hinter dieser Annahme verbirgt sich noch das Bild des unschuldig-naiven seßhaften „Wilden" – durch Abwanderung in die Großstädte zur Verfügungsmasse demagogischer Politiker würden.[69]

Der Weltbevölkerungs- und IUSSP-Kongreß in Rom (1954)

Im Jahr 1947 trafen sich die Mitglieder der Internationalen Bevölkerungsunion (IUSIPP) – darunter Winkler, der das einzige österreichische Mitglied war – am Rande der ISI-Tagung von Washington zu organisatorischen Beratungen. Die IUSIPP wurde erweitert und zur *International Union for the Scientific Study of Population* (IUSSP) als Vereinigung individueller Demographen umbenannt. Ferner wurde eine neue Satzung entworfen, die 1949 in Genf – diesmal ohne Beteiligung Winklers, der bei der gleichzeitig abgehaltenen IARIW-Tagung weilte – beschlossen wurde. Als Ziel der IUSSP wurde festgelegt, die Aufmerksamkeit von Politik und Öffentlichkeit auf demographische Probleme zu legen. Die Neugründer der Bevölkerungsunion gestanden ein, daß in der Vergangenheit besonders qualitative Bevölkerungsstudien durch Rassenvorurteile gelitten hätten. Es erfolgte

---

[69] Vgl. WW-1955-03, 191. In Rio trat der Wiener Statistiker übrigens wieder einmal auch für die „ungeteilte Einheit der statistischen Theorie" ein, die er nicht in eine „allgemeine" Theorie und eine „mathematische Statistik" zweigeteilt sehen wollte (192); vgl. auch *Olaf Boustedt*, Die 29. Tagung des Internationalen Statistischen Instituts vom 24. Juni bis 2. Juli 1955 in Rio de Janeiro, in: AStA 39 (1955), 153–165, bes. 156 f.

jedoch kein eindeutiger Bruch mit den eugenisch-rassischen Traditionen innerhalb der Demographie.[70]

Der erste große, vom Wirtschafts- und Sozialrat der UNO in enger Zusammenarbeit mit der IUSSP organisierte Weltbevölkerungskongreß nach dem Krieg wurde im September 1954 in Rom abgehalten.[71] Der Kongreß wurde von über 600 Teilnehmern besucht, die fast 400 Schriften eingereicht hatten. Das Themenspektrum umfaßte alle Teilgebiete der Demographie, wobei die meisten Diskussionen von einer Frage überschattet wurden: dem Gegensatz zwischen der von Sterblichkeits- und Geburtenrückgang hervorgerufenen „Überalterung" der Bevölkerung in den Industrieländern und der „Übervölkerung" in den Entwicklungsländern. In Ost und West gab es unterschiedliche Auffassungen, wie die wirkliche demographische Entwicklung zu bewerten und wie sie zu steuern sei. Während die US-Amerikaner das Modell der Geburtenkontrolle als Mittel gegen die Übervölkerung der Entwicklungsländer in den Vordergrund stellten (dessen Wirksamkeit Winkler mit einem Hinweis auf den „gesunde[n] Instinkt der indischen Bevölkerung" in Zweifel zog), brandmarkten die Sowjets und ihre Satelliten jegliche Geburtenkontrolle als „Bevölkerungsselbstmord". Dies veranlaßt Winkler in Anspielung auf die Arbeitsmarktpolitk des „Dritten Reiches" zu der Bemerkung, daß es ein diktatorisches Regime – so auch das sowjetische – immer leichter habe als ein demokratisch regiertes Land, durch Kürzung der Reallöhne den „Nahrungsspielraum" zu wahren und dadurch mehr Menschen Platz zu geben. Winkler befürwortet – nicht überraschend, wenn man seine bisherige Haltung zur Geburtenfrage bedenkt – das sowjetische Laissez-faire in dieser Angelegenheit, ohne aber diktatorischen Zwängen das Wort zu reden. Den vor allem von der UNO verbreiteten „Bevölkerungspessimismus" lehnt er ab; auf der ganzen Erde gebe es noch genügend „Nahrungsspielraum".[72] Seine optimistische Haltung behielt Winkler auch in den sechziger Jahren bei, als im Zuge der Dekolonisation in Afrika und Asien dem dortigen Bevölkerungsproblem innerhalb der Demographie und in der internationalen Politik erhöhte Aufmerksamkeit geschenkt wurde.[73]

Winkler referierte beim Bevölkerungskongreß über „Irregular Influences on the Age Distribution", ein Thema, für das er in seiner „Typenlehre der Demographie" theoretische Grundlagen entwickelt hatte. Er beschreibt die Wirkungen von Kriegsverlusten und Geburtenausfall der beiden Weltkriege auf den österreichischen Altersaufbau und weist darauf hin, daß für den Zweiten Weltkrieg „keine ausgesprochene Geburtenlücke" feststellbar sei. Nach dem Tiefpunkt im Jahr

---

[70] Vgl. ÖSTA, AdR, BKA, Zl. 23.143 – 1 / 47, W. Winkler, Bericht über die Tagung des Internationalen Statistischen Institutes in Washington vom 06. bis 18. 09. 1947; vgl. WW-1948-03, 44; *Kühl* (1997), 193 f.

[71] Vgl. zum Folgenden auch *Kurt Horstmann,* Die Welt-Bevölkerungskonferenz in Rom vom 31. August bis 10. September 1954, in: AStA 38 (1954), 269 – 276.

[72] WW-1954-03, 177 – 181.

[73] Vgl. Bespr. von *W. Winkler* zu H. Gesenius, Empfängnisverhütung. München / Berlin, 1959, in: ZsNök 22 (1962 / 63), 354 f.

1946 sei die Geburtenkurve 1947/48 wieder leicht angestiegen, um in jüngster
Zeit wieder abzufallen. Die „irregulären Einwanderungen" nach dem Krieg hätten
die Kriegswirkungen auf den Altersaufbau in Österreich insofern gemildert, als
die Altersgliederung der Migranten „nicht den Geburtenaufschwung durch die
Hitler-Propaganda" aufweise, deren Kriegsgeburtenlücke sei kleiner, „und an
Stelle eines Minus an Männern in den mittleren Altersgruppen gibt es einen be-
trächtlichen Männerüberschuß". Im folgenden schätzt er mittels Extrapolation die
durch beide Weltkriege in Österreich hervorgerufenen Kriegsgeburtenausfälle:
Demnach sei während des Ersten Weltkriegs und danach (bis 1938) ein Geburten-
ausfall von 428.000 Geborenen zu verzeichnen gewesen. Dagegen bleibe die
Geburtenbilanz für den Zweiten Weltkrieg positiv. Was die Männerverluste im
Krieg angehe – er bezieht sich hier nur auf den Ersten Weltkrieg – nimmt er für
das Gebiet der späteren Republik Österreich eine Gesamtzahl von 203.606
Kriegstoten an.[74]

Die Tagungen der IARIW in Cambridge (1949),
Royaumont (1951), Castel Gandolfo (1953);
Beratungen der Unterrichtskommission der UNESCO (Paris 1949) und
der „Journées d'Etudes Européennes sur la Population" (Paris 1953)

Die *International Association for Research in Income and Wealth* (IARIW) wurde 1947 aus Anlaß der im September 1947 in Washington abgehaltenen Kongresse
gegründet. Die neue Vereinigung, der rund hundert Volkswirtschaftler und Statistiker angehörten, machte es sich zur Aufgabe, die ökonomische Theorie weiterzu-
entwicklen und neue, die internationale Vergleichbarkeit verbessernde Methoden
zur Erfassung von Geld- und Güterströmen in der Volkswirtschaft auszuarbeiten.
Im Mittelpunkt der Beratungen bei den drei ersten Tagungen der IARIW, an denen
Winkler teilnahm, standen Probleme der Volkswirtschaftlichen Gesamtrechnung
(Sozialprodukt). Diese Methode war während der Kriegs- und Nachkriegsjahre in
den USA, Großbritannien, Holland und den skandinavischen Ländern aus älteren
Ansätzen wesentlich weiterentwickelt worden.[75]

Winkler hatte auf den Gebieten der Haushaltsstatistik, der Erfassung des Volkseinkommens und des Volksvermögens historische Verdienste. Die entsprechenden
Artikel der vierten Auflage des „Handwörterbuchs der Staatswissenschaften"
stammten aus seiner Feder. Bei der ersten Tagung der Gesellschaft in Cambridge
im Jahr 1949 verwies er stolz darauf, daß er schon früh Probleme angesprochen
habe, die jetzt erst allgemein als solche erkannt würden. So habe er beispielsweise
bereits auf der Athener Tagung des ISI (1936) für das Prinzip der doppelten Buch-

---

[74] WW-1954-01, 129, 132 f., 135–137 (wörtl. Zit. 132; 133).

[75] Vgl. *Gerhard Fürst/Hildegard Bartels,* Bericht über die 3. Tagung der „International
Association for Research in Income and Wealth" in Castelgandolfo, in: AStA 38 (1954), 67;
vgl. WW-1949-04, 163.

führung in der Volkswirtschaft plädiert, doch sei er damals mit diesem Vorstoß noch auf wenig Verständnis gestoßen.[76]

Der Wiener Statistiker war Anfang der fünfziger Jahre das einzige österreichische Mitglied der IARIW. In einem Privatbrief bezeichnete er die IARIW als „eine New Yorker Angelegenheit mit enorm viel Geld, [sie] hat sich in der kurzen Zeit ihres Bestandes eine sehr angesehene und wichtige Stellung in Statistik und Ökonometrie erobert".[77]

Der hervorragend dotierten, zunehmend international verflochtenen Forschungslandschaft stand ein rückständiger statistischer Minimalbetrieb in Österreich gegenüber. So mußte Winkler auf der zweiten Tagung der IARIW, die 1951 in Royaumont bei Paris abgehalten wurde, zur Kenntnis nehmen, daß die österreichische volkswirtschaftliche Buchführung einem internationalen Vergleich bei weitem nicht standhielt. Sein Heimatland rangierte in einer bei der IARIW vorgelegten Liste von statistisch „normal" bis „unterentwickelten" Ländern an vorletzter Stelle der unterentwickelten Staaten – hinter der Türkei und vor Griechenland.[78]

Der Besuch der IARIW-Tagung in Paris 1951 war nicht sein erster Aufenthalt in der französischen Hauptstadt nach dem Krieg. Bereits 1949 war er nämlich von der *United Nations Educational, Scientific and Cultural Organisation* (UNESCO) in ein Expertenkomitee berufen worden, das diese Organisation bei der Einrichtung einer statistischen Abteilung beraten sollte. Die UNESCO war 1946 gegründet worden, um ein Forum für die internationale Zusammenarbeit in Erziehungs-, Wissenschafts- und Kulturfragen zu schaffen.[79] Winkler war ein führendes Mitglied des achtköpfigen Gremiums. Er selbst entwarf die Grundzüge eines Programms, das die Aufgaben eines statistischen Dienstes der UNESCO umriß.[80]

Einer Einladung von Alfred Sauvy, dem Leiter des Pariser *Institut National d'Etudes Démographiques* im französischen Ministerium für öffentliche Gesundheit und Bevölkerungsfragen, verdankte der Wiener Ordinarius im Mai 1953 einen weiteren Aufenthalt in Paris. Diese Institution veranstaltete nämlich eine Tagung europäischer Demographen, die sich einerseits mit der „Änderung des Zahlenverhältnisses der aktiven und nichtaktiven Bevölkerung" und andererseits mit den innereuropäischen Wanderungen nach dem Zweiten Weltkrieg befaßten, wobei der Erörterung des deutschen Flüchtlingsproblems eine hervorgehobene Bedeutung zukam. Die Tagung bot gleichzeitig auch den Anstoß zur Gründung eines *Centre Européen d'Etudes de population,* dessen Mitglied Winkler wurde. Der Wiener Demograph referierte über das erstgenannte Thema, wobei er sein Beispiel der

---

76 Vgl. ebd. (Winkler), 164.

77 PNWW, Rundbrief an seine Familienangehörigen vom 08. 05. 1953.

78 Vgl. WW-1951-04, 145 f.; vgl. auch WW-1953-04, 136. Vgl. Kap. V. 3. a).

79 Zur UNESCO und ihrer Kampagne gegen Rassenvorurteile in der Nachkriegszeit vgl. *Kühl* (1997), 182 – 190.

80 WW-1949-05, 162; UAW, PA Prof. Dr. Wilhelm Winkler, Einladung der UNESCO an Winkler vom 23. 12. 1948.

österreichischen Bevölkerungslage entnahm. Unter Zugrundelegung eines Modells, das die Bevölkerung in „aktive" und „nichtaktive" Altersgruppen zergliedert, gibt er einen Überblick über ihre zahlenmäßigen Verschiebungen von 1910 bis 1969: Zur „aktiven" Bevölkerung rechnet er alle Personen zwischen achtzehn und 65 Jahren, wobei er Personen mit nicht bezahlter Tätigkeit wie z. B. Hausfrauen in diese Gruppe einschließt. Aufgrund dieses Modells extrapoliert er die weitere Bevölkerungsentwicklung bis 1960 bzw. 1969 (i. f. jeweils in Klammern die Zahlen für 1969). Daraus ergeben sich je nach Altersgruppe folgende „Mindestzahlen" (Gesamtbevölkerung, in Tsd.): 0–17 Jahre: 1622 (1415); 18–64 Jahre: 4408 (4340); 65 Jahre und darüber: 856 (1006). Insgesamt nimmt er an, daß die österreichische Bevölkerung im Jahr 1960 6,886.000 betragen werde und neun Jahre später auf 6,761.000 Personen fallen werde. Er vermutet eine langfristige Abnahme der Gesamtbevölkerung: Einer Zunahme der über 65jährigen zwischen 1951 und 1969 um 273.000 Personen steht eine Abnahme der unter 18jährigen für den selben Zeitraum um 428.000 Personen gegenüber.[81]

Diese Zahlen hielten bekanntlich mit der wirklichen Entwicklung nicht Schritt.[82] 1953, also im Jahr der Konstruktion dieser Vorausberechnung, setzte bereits ein Wirtschaftsaufschwung ein,[83] der einen langen, von Winkler damals noch nicht voraussehbaren wirtschaftlichen und auch demographischen Boom mit sich brachte. Gerade die sechziger Jahre wurden zum „goldenen Zeitalter des Heiratens und Kinderkriegens".[84]

Wenngleich die von Winkler 1953 extrapolierten Zahlen mehr seine eigenen, vom langfristigen Geburtenrückgang geprägten demographischen Grundannahmen spiegelten, war seine Prognose einer längerfristig fortschreitenden Zunahme der Zahl der Älteren in der Gesellschaft grundsätzlich nicht unzutreffend.

Tagungen der DStG in Berlin (1950), Stuttgart (1951),
Heidelberg (1953) und Augsburg (1955)

Die deutsche Fachstatistik sah sich nach 1945 einer zweifachen Hypothek gegenüber: Einerseits waren namhafte Statistiker in den Nationalsozialismus verstrickt gewesen. Viele der politisch einschlägig Belasteten, wie z. B. Burgdörfer oder Siegfried Koller (1908–1998), kehrten mit einer gewissen Verspätung wieder in ihre mehr oder weniger veränderten Wirkungsbereiche zurück.[85] Immerhin wur-

---

[81] WW-1953-01, bes. 2–3; 4 (Tabelle).

[82] Im Jahr 1961 betrug Österreichs Wohnbevölkerung 7,073.807, zehn Jahre später 7,456.403 Personen. Vgl. Statistisches Handbuch für die Republik Österreich. Hg. v. Statistischen Zentralamt 13 (1962); 23 (1973). Wien 1962; 1973, 4; 12.

[83] Vgl. *Sandgruber* (1995), 472.

[84] *Hanisch* (1994), 50.

[85] Vgl. zu Koller, der 1953 im Statistischen Bundesamt seine Laufbahn wieder aufnahm, *vom Brocke* (1998), 428.

de 1948 mit Karl Wagner (1893 – 1961) ein politisch nicht Vorbelasteter zum Vorsitzenden der DStG gewählt, dem es gelang, die Gesellschaft aus ihrer wissenschaftlichen Isolierung herauszuführen und sie für neue Forschungsmethoden zu öffnen. Bei der ersten Mitgliederversammlung in München 1948 wurden die Weichen für eine stärkere Berücksichtigung der mathematisch-statistischen Methoden gestellt. Im selben Jahr beschloß die Gesellschaft, ein *Mitteilungsblatt für mathematische Statistik* herauszugeben, dessen Redaktion von O. Anderson, H. Kellerer und H. Münzner übernommen wurde. Doch der Widerstand deutscher Statistiker gegen die Einführung der modernen Verfahren blieb weiterhin zäh. Lediglich die Stichprobenmethode erfreute sich auch im deutschsprachigen Raum zunehmender Wertschätzung.[86]

Winkler nahm nach einer zwanzigjährigen Unterbrechung erstmals 1950 im geteilten Berlin wieder an einer deutschen Statistikertagung teil. Die deutschen Statistiker trafen sich nach dem Krieg wieder im Rahmen einer „Statistischen Woche", bei der hintereinander die Veranstaltungen der *Deutschen Städtestatistiker* und der DStG abgehalten wurden. Er selbst war neben dem leitenden Statistiker der *Arbeiterkammer Graz* Kousek und dem Generalsekretär der Pariser Statistischen Gesellschaft Depoid der einzige ausländische Gast bei dieser Tagung. In dieser Rolle fiel es ihm leicht, bei der Begrüßung selbst das Wort zu ergreifen und namens der Gäste zu sprechen. Dabei gedachte er „der langjährigen, für beide Teile so fruchtbaren Zusammenarbeit zwischen den deutschen und österreichischen Statistikern [. . .] Heute gehöre es zu „den besonderen Aktivposten [. . .], daß die Beziehungen zu Deutschland erneut wieder aufgenommen und vertieft werden konnten."[87] Fachlich gewann Winkler vor allem durch einen Vortrag von Hans Kellerer (1902 – 1976) über die Stichprobenmethode und ihre Anwendung bei Volkszählungen. Der studierte Mathematiker Kellerer[88] war seit 1947 Referent im *Bayerischen Statistischen Landesamt,* woraus sich enge Kontakte zu Oskar Anderson ergaben, dem Ordinarius für Statistik an der Universität München und wichtigsten Vertreter der mathematisch orientierten Sozialstatistik im Deutschland der Nachkriegszeit. In der auf Kellerers Vortrag folgenden Diskussion berichtete Winkler über Fortschritte, die die österreichische statistische Wissenschaft im Bereich der neuen Methoden gemacht habe. Die amtliche Statistik habe bisher jedoch noch nicht davon überzeugt werden können, daß die Anwendung der Stichprobenmethode bei der bevorstehenden Volkszählung nützlich sei. Bei der Tagung des *Verbandes Deutscher Städtestatistiker,* die der Mitgliederversammlung der DStG vorausging, wurde er Zeuge eines Vortrags des Berliner Statistikers Treitschke über die Bildstatistik. Treitschkes Ausführungen nahm er zum Anlaß, sich in der *Statistischen Vierteljahresschrift* näher mit dieser besonders von Otto Neurath entwickelten Darstellungsform statistischer Zahlen zu

---

[86] Vgl. *Rinne* (1991), 9 f.

[87] *Karl Wagner,* Die 21. Jahreshauptversammlung der Deutschen Statistischen Gesellschaft (08. und 09. November 1950), in: SchJb 71, 1 (1951), 112 f.

[88] Zu Kellerer vgl. *Oskar Anderson* [jun.], Hans Kellerer (†), in: AStA 60 (1976), 261 – 263.

befassen und diese als für Fachstatistiker „nicht streng wissenschaftlich" abzulehnen.[89]

Bei der im September 1951 stattfindenden Stuttgarter „Statistischen Woche" war Winkler wieder anwesend. Bei der Hauptversammlung referierten diesmal zwei führende Vertreter der amtlichen Statistik, der Leiter des *Statistischen Bundesamts* Gerhard Fürst (1897–1988) und Olaf Boustedt (*1912) vom *Bayerischen Statistischen Landesamt*.[90] Fürst führte die Probleme der volkswirtschaftlichen Buchführung vor, und Boustedt befaßte sich mit dem Wirtschaftsablauf auf Gemeindeebene. In der Diskussion, die sich an die Ausführungen des ersten Referenten anschloß, ließ Winkler seine Erfahrungen aus den Tagungen der IARIW einfließen. Endlich sei die Wirtschaftsstatistik in der Lage, durch die volkswirtschaftliche Gesamtrechnung jene „Äste ohne Stamm" wie Handelsbilanz, Volkseinkommen usw., die bisher „in der Luft hingen", in einen Zusammenhang zu bringen. Im Ausschuß für Ausbildungsfragen stand diesmal ein Bericht von Oskar Anderson über die Stoffauswahl einer mathematisch-statistischen Vorlesung von Doz. Kellerer an der Universität München zur Diskussion. Dabei sprachen sich alle, die sich bei der Sitzung zu Wort meldeten, für die „Notwendigkeit einer mathematischen Grundausbildung für Volkswirte und Statistiker" aus. Winkler betonte, daß in Wien die Volks- und Betriebswirtschaftler keine statistische Ausbildung erhielten, die mit München vergleichbar sei, daß aber andererseits die Teilnehmer des von ihm geschaffenen Lehrgangs für Statistik bessere Kenntnisse in Mathematik haben müßten, als es den Anforderungen der Münchner Vorlesung entspreche.[91]

Bei der DStG-Tagung in Heidelberg 1953 standen sich zwei Hauptvertreter der beiden konkurrierenden Richtungen in der deutschen Statistik gegenüber. Oskar Anderson als Vertreter der „Mathematiker" referierte über „Moderne Methoden der statistischen Kausalforschung in den Sozialwissenschaften", während der Zizek- und Flaskämper-Schüler Adolf Blind (1906–1996) zum Thema „Probleme

---

[89] Vgl. WW-1950-05, 158–161; *Olaf Boustedt,* Die 21. Jahresversammlung der Deutschen Statistischen Gesellschaft am 8. und 9. November 1950 in Berlin, in: AStA 34 (1950), bes. 352–358; vgl. Berichte über die Sitzungen der Fachausschüsse der Deutschen Statistischen Gesellschaft anläßlich der Jahresversammlung am 8. und 9. November 1950 in Berlin, in: AStA 34 (1950), 362 f.; vgl. *Kurt Buhrow,* Tagung des Verbandes Deutscher Städtestatistiker am 7. und 8. November 1950 in Berlin, in: AStA 34 (1950), 373; vgl. WW-1950-05, 146–148.

[90] Über Fürsts Beitrag zum Wiederaufbau der westdeutschen Statistik vgl. *Hildegard Bartels,* Zur Erinnerung an Dr. Dr. h. c. Gerhard Fürst, in: Wirtschaft und Statistik 8 (1988), 510; zu Boustedt vgl. *Rinne* (1991), 24 f.

[91] Vgl. WW-1951-05, 147–149; *Wilhelm Dittmar,* Die 22. Jahresversammlung der Deutschen Statistischen Gesellschaft am 19. und 20. September 1951 in Stuttgart, in: AStA 35 (1951), bes. 328–331, 338 f.; vgl. *Kurt Buhrow,* Tagung des Verbandes Deutscher Städtestatistiker am 18. und 19. September 1951 in Stuttgart, in: AStA 35 (1951), 351–356; vgl. *Hans Kellerer,* Berichte über die Sitzungen der Fachausschüsse der Deutschen Statistischen Gesellschaft anläßlich der Tagung am 19. September 1951 in Stuttgart, in: AStA 35 (1951), 347–349.

und Eigentümlichkeiten sozialstatistischer Erkenntnis" vortrug.[92] Anderson trat dafür ein, in den Sozialwissenschaften verstärkt moderne Methoden anzuwenden. Dagegen hob Blind die Erkenntnisschwierigkeiten hervor, welche die Probleme sozialstatistischer Begriffsbildung und Verfahrenswahl mit sich brächten.[93] Bei der sich an die Vorträge knüpfenden Diskussion prallten die unterschiedlichen Standpunkte heftig aufeinander. Am vehementesten äußerten sich die Vertreter der akademischen Statistik, während die amtlichen Statistiker eher im Hintergrund blieben und allenfalls ihre zwischen den beiden Richtungen vermittelnde Position kundtaten. Winkler war der erste Redner, der sich zu Andersons Referat zu Wort meldete. Er begann mit einer Reminiszenz an seine eigene Auseinandersetzung mit Georg v. Mayr 32 Jahre zuvor und gab seiner Genugtuung Ausdruck, welch „kolossalen Fortschritt" die deutsche Statistik seither gemacht habe. Dann bezog er sich auf den Vortrag von Anderson, den er ganz gegen seine sonstige Gewohnheit, andere Referate nach Unstimmigkeiten und Fehlern auseinanderzunehmen, lobte, ohne irgendwelche Abstriche zu machen. Zur anderen Richtung gewandt, meinte er: „Wir dürfen [. . .] nicht kritiklos Mathematik treiben als eine mathematische Turnübung gewissermaßen im luftleeren Raum, wie man das so gern in den Vereinigten Staaten tut, wo mathematische Eleganz oft wichtiger scheint als eine sinnvolle Verbundenheit der mathematischen Formeln mit dem behandelten Stoffe. Wir wollen die Errungenschaften auf dem Gebiet der mathematischen Statistik streng kritisch übernehmen, und ich glaube, das ist die Hauptaufgabe der deutschen Statistik, für die wir besonders geschult sind, nachdem wir jene mehr ‚begriffs-statistisch' orientierte Vergangenheit haben." Daraufhin trat Heinrich Hartwig, Dozent in Frankfurt, als Anwalt der soeben indirekt als überwunden bezeichneten „sozialwissenschaftlichen" Schule auf, und verstieg sich zu der Behauptung, ein erkenntnistheoretisch haltbares „numerisches Wahrscheinlichkeitsurteil" sei noch nie gefällt worden. Hans Kellerer stellte sich in seinem Diskussionsbeitrag auf den Standpunkt, Anderson habe vor allem zeigen wollen, daß gewisse mathematische Methoden sehr wohl auch in der sozialwissenschaftlichen Statistik anwendbar seien. Einer strengen Scheidung zwischen natur- und sozialwissenschaftlichen statistischen Methoden, wie sie Hartwig das Wort rede, könne er nicht zustimmen.[94]

Im Anschluß an Blinds Vortrag wurde die grundsätzliche Diskussion um die Methoden in der Sozialstatistik wieder aufgenommen. Wieder standen „die Herren aus Frankfurt", wie sie der Wiener Ordinarius mit leicht ironischem Unterton bezeichnete, den stärker wahrscheinlichkeitstheoretisch Ausgerichteten rund um

[92] Zu Anderson vgl. *Hans Kellerer,* Zum Tode von Oskar Anderson, in: AStA 44 (1960), 71 – 74, und *Ingeborg Esenwein-Rothe,* Oskar Andersons Lebenswerk für die sozialwissenschaftliche Statistik, in: SchJb 85, 1 (1965), 312 – 334; zu Blind, der 1954 Flaskämpers Lehrstuhl übernahm, vgl. *Rinne* (1991), 25 f.

[93] *Rinne* (1991), 10.

[94] *Olaf Boustedt,* Die 24. Jahresversammlung der Deutschen Statistischen Gesellschaft am 28. und 29. Oktober 1953 in Heidelberg, in: AStA 37 (1953), 317 (wörtl. Zit.), 318 ff., 324 f.

die Kerngruppe Anderson, Kellerer, Münzner[95] und Winkler gegenüber. Flaskämper eröffnete den Reigen der an Blinds Referat sich anschließenden Wortmeldungen mit einer zusammenfassenden Darstellung seiner Lehre: Er behauptete
einen „Dualismus der Erkenntnisziele in der Sozialstatistik" und unterschied
zwischen einem wahrscheinlichkeitstheoretischen („stochastischen") und einem
„deskriptiven" Erkenntnisziel. Daß die Disziplin Statistik „im Sinne einer sozialen
Arithmetik" gleichzeitig „ein Stück angewandter Wahrscheinlichkeitsrechnung"
sei, gesteht Flaskämper zu. Blinds Kritiker führte Lothar Bosse an, der besonders
tadelte, daß der Referent einen typologischen Unterschied zwischen idiographi-
schen und nomothetischen Wissenschaften aufgebaut (und damit auch die beschränkte Anwendbarkeit mathematischer Methoden in den Sozialwissenschaften
begründet habe), der in der Wissenschaftstheorie längst überwunden sei. Winkler
glaubte in der Lehre der Frankfurter Statistiker einen logischen Widerspruch gefunden zu haben, mit dem er seine an Anderson anschließende Meinung über die
Methodenlehre der Statistik untermauerte: Während die begrifflich orientierte Seite
das arithmetische Mittel „rein formal, also mathematisch" begründe, erkläre die
„die andere Seite, die als mathematisch orientiert verschrien ist", das arithmetische
Mittel „stofflich" [sic!]. In seinem Tagungsbericht wollte er später daraus, aber
auch aus weiteren, der jeweils anderen Seite entgegenkommenden Äußerungen
geschlossen haben, daß die einst „mathematisch-statistische" sich zu einer „mathe-
matisch-begrifflichen" und die „begriffs-statistische" Richtung zu einer „begriff-
lich-mathematischen" Richtung entwickelt hätten.[96]

Damit wäre eine Annäherung zwischen den beiden Strömungen eingetreten, was
zumindest im Sinne der von Winkler seit Magdeburg (1921) vertretenen Idee einer
Methodensynthese gewesen wäre. Bei der Heidelberger Tagung dürfte jedoch noch
nicht die Zeit für einen versöhnlichen Abschluß gekommen sein: Ehe der Vertreter
der Wiener Universität abschließend darauf hinwies, daß er als ehemaliger amtlicher Statistiker genau wisse, was sich praktisch machen lasse und daß ihm klar
sei, daß die Wahrscheinlichkeitstheorie erst dann eingesetzt werden müsse, wenn
Stichproben mit kleinen Zahlen gezogen würden, griff er Blind und Flaskämper
noch einmal frontal an: Blinds „innere Wahrscheinlichkeit" habe „eine verdammte
Ähnlichkeit mit dem ‚Fingerspitzengefühl' unserer Väter vor 50 Jahren". Und das
Wort von der „sozialen Arithmetik" lieferte ihm nur das Stichwort, um gegen den
Frankfurter Ordinarius zu polemisieren: Diese sei als „politische Arithmetik"
schon einmal dagewesen, nämlich vor 300 Jahren. Daran schlossen sich Münzner,
Kellerer und Anderson direkt an; sie wollten den von Blind postulierten Gegensatz
zwischen „mathematischer" und „begrifflicher" Statistik auch nicht anerkennen.
Anderson verwies u. a. darauf, daß viele „praktische" Statistiker, darunter L. Bosse
vom österreichischen Wirtschaftsforschungsinstitut, manche Methoden der mathe-

---

[95] Zu dem damaligen Leiter des Göttinger Instituts für mathematische Statistik Münzner
vgl. *Karl-August Schäffer,* Hans Münzner 70 Jahre, in: AStA 60 (1976), 259 f.

[96] WW-1953-06, 139.

matischen Statistik bereits erfolgreich anwandten. – Auch Blind erhielt die Gelegenheit zu einem Schlußwort: Dieser hob hervor, daß er nicht gegen den Gebrauch der Wahrscheinlichkeitsrechnung in der Statistik sei, doch sehe er als praktischer Statistiker deutlich die Grenzen ihrer Anwendung. Er befürchte keinen Rückfall in die Zeit von vor 300 Jahren [sic!], sondern er erhoffe sich von der Diskussion im Gegenteil einen Impuls für die Klärung der Frage, welche Bedeutung die mathematischen Verfahren in Hinkunft in der Statistik haben sollten. Daß gerade Anderson sich gegenüber den Problemen der sozialstatistischen Erkenntnis aufgeschlossen gezeigt habe, nehme er erfreut zur Kenntnis.[97]

Bei der Mitgliederversammlung der Trierer Tagung der DStG 1954 wurde der Wiener Statistiker einstimmig zum Ehrenmitglied gewählt. Begründet wurde diese Auszeichnung mit Winklers „großen Verdiensten um die Förderung der wissenschaftlichen und praktischen Statistik sowie seiner langjährigen und regen Mitarbeit in der Deutschen Statistischen Gesellschaft".[98]

In Augsburg, wo 1955 die nächste Tagung der DStG stattfand, war das neue Ehrenmitglied wieder zugegen. Zu einer Dauereinrichtung schien das Auftreten des Wiener Ordinarius, der damals zwei Wochen vor seiner Emeritierung stand, als „Sprecher" der ausländischen Gäste zu werden. Als „Senior" der Teilnehmer fühlte Winkler sich auch diesmal wieder bemüßigt, eigene Begrüßungsworte an die Versammlung zu richten. Unter seinen Kollegen war er für sein ausgeprägtes Selbstbewußtsein, aber auch für seine verhaltene Sprechweise bekannt: „Er hatte eine ganz leise Stimme, hat dort vorne gesprochen, und niemand hat etwas verstanden, und hinten sehe ich noch den alten Flaskämper, der sagt, ‚ja, wer redet denn da, drängt sich vor – oh je, der Winkler, scho' wieder' – das war in den 50er Jahren."[99]

Fachlich stand bei der Augsburger Tagung ein Vortrag von Hermann Schubnell (1910–1996)[100] zur Diskussion, der über den „Beitrag der Bevölkerungsstatistik zur Untersuchung der Zusammenhänge zwischen Bevölkerung und Wirtschaft" referierte. Schubnell faßt den internationalen Forschungsstand der Demographie zusammen, ohne die Verstrickung des Faches in den Nationalsozialismus anzusprechen. Er untersucht das Problem des „Bevölkerungsoptimums" und kommt zum Schluß, daß dieses – somit auch die Begriffe „Übervölkerung" und „Untervölkerung" – nicht aus dem Begriffssystem der Demographie ausgeschlossen werden könne, auch wenn es relativ sei. Es müsse darauf verzichtet werden, den „Bevölkerungswert" exakt zu bestimmen, wodurch „der Blick freier wird für die Dynamik, die die Bevölkerungs- und Wirtschaftsvorgänge beherrscht [...]". „Übervölkerung" existiere weniger in konkreten Zahlen, als vielmehr „in dem Bewußtsein des

---

[97] *Boustedt* (1953), 345, 333 f., 341; 336, 345 f. (wörtl. Zit.); 347 ff.; 353, 357, 360; vgl. auch *Walter Swoboda,* Die 24. Jahreshauptversammlung der Deutschen Statistischen Gesellschaft (28. und 29. Oktober 1953), in: SchJb 74,1 (1954), 91–100.

[98] *Olaf Boustedt,* Die 25. Jahresversammlung der Deutschen Statistischen Gesellschaft am 15., 16. und 17. September 1954 in Trier, in: AStA 38 (1954), 434.

[99] Gespräch mit Univ.-Prof. Dr. *Gerhart Bruckmann* vom 17. 06. 1999, Protokoll.

betreffenden Landes, das sich mit anderen Ländern vergleiche." – Ein weiterer Schwerpunkt seiner Darlegungen widmet sich – unter Bezugnahme auf Mackenroths Bevölkerungslehre – den Zusammenhängen von Bevölkerungsvorgang und Wirtschaftsprozeß.[101]

Die auf dieses Referat folgende Diskussion ging, wie Schubnell selbst in seinem Schlußwort überrascht feststellte, auf bevölkerungspolitische Fragen überhaupt nicht ein. Auch sonst zeigten sich die Statistiker eher zurückhaltend: Der Schweizer Fachvertreter Wilhelm Bickel stellte mit Bezug auf Schubnells Vortrag resigniert fest: „Zusammenfassend müßte man eigentlich feststellen, daß wir nur wissen, daß wir nichts wissen." Die meisten Diskussionsteilnehmer – so auch Winkler – vermieden es, sich zum Hauptreferat zu äußern und gingen dafür auf die anderen Vorträge ein, die sich mit politisch vermeintlich unverfänglicheren haushalts- und regionalstatistischen Fragestellungen auseinandersetzten.[102]

Mitgliedschaft in der Deutschen Akademie für Bevölkerungswissenschaft (seit 1953)

Wie oben gezeigt wurde, nahm Winkler in den Nachkriegsjahren als einer der ersten nichtdeutschen Statistiker wieder Verbindung zu seinen Kollegen in Deutschland auf. Während die Fachstatistik nach dem Krieg relativ rasch wiederaufgebaut wurde, lag die deutsche Demographie insitutionell und personell darnieder. Sie erlangte allerdings innerhalb der amtlichen Statistik neuerlich Bedeutung und profitierte methodisch von Neuerungen, etwa der Stichprobenerhebung, die in der Wirtschaftsforschung entwickelt worden waren.

In dieser für die deutsche bevölkerungswissenschaftliche Forschung äußerst schwierigen Situation sammelte Hans Harmsen, der als Kirchenmann und Arzt nach 1945 rasch wieder Fuß gefaßt hatte, in einer Privatinitiative Demographen um sich, die schon in der NS-Zeit und davor führende Positionen in der Bevölkerungsforschung eingenommen hatten. Harmsen gelang es, seine Initiative in den Jahren 1952/53 mit der Gründung einer *Deutschen Gesellschaft für Bevölkerungs-*

---

100 Schubnell hatte nach dem Krieg eine Karriere als amtlicher Statistiker in Baden begonnen, um 1956 in führende Positionen im Statistischen Bundesamt zu wechseln. Vgl. *Charlotte Höhn,* Laudatio für Hermann Schubnell anläßlich seines 80. Geburtstages, in: Zeitschrift für Bevölkerungswissenschaft 16 (1990), 315–318.

101 *Hermann Schubnell,* Der Beitrag der Bevölkerungsstatistik zur Untersuchung der Zusammenhänge zwischen Bevölkerung und Wirtschaft, in: AStA 39 (1955), 283; 286, 288 (wörtl. Zit.), 295 ff. Schubnell hebt auch Winklers Beiträge zur demographischen Diskussion hervor, wobei er dessen Referat bei der Tagung des Vereins für Sozialpolitik (1926) und seine Untersuchung des Geburtenrückgangs im Rahmen des ISI (1938) hervorhebt (ebd., 287 f., 291 f.).

102 *Olaf Boustedt,* Die 26. Jahresversammlung der Deutschen Statistischen Gesellschaft vom 14. bis 16. September 1955 in Augsburg, in: AStA 39 (1955), bes. 336 (wörtl. Zit), 337 f., 343.

wissenschaft und einer *Deutschen Akademie für Bevölkerungswissenschaft an der Universität Hamburg e. V.* (DABW), der auch Statistiker aus der sowjetischen Besatzungszone bzw. aus der DDR angehörten, zu institutionalisieren. Die DABW fand in den Räumen von Harmsens Hamburger Hygieneinstitut eine Heimstätte. Er selbst war bis zum Jahr 1975, als die Akademie aufgelöst wurde, ihr Vorsitzender.[103] Die DABW war jahrelang ohne ein eigenes Organ, das formal an das 1943 eingestellte *Archiv für Bevölkerungswissenschaft und Bevölkerungspolitik* anknüpfen hätte können. Harmsens ersten Initiativen zur Herausgabe einer bevölkerungswissenschaftlichen Zeitschrift war kein Erfolg beschieden.[104] Die geringen staatlichen Zuwendungen und die Beiträge der Mitglieder reichten anfangs nicht aus, um ein Fachorgan gründen und finanzieren zu können.[105]

Der Wiener Ordinarius war kein Gründungsmitglied der DABW. Auf der Gründungsversammlung wurde jedoch vorgeschlagen, ihn zum außerordentlichen Mitglied zu wählen. Auf Anfrage äußerte Winkler jedoch den Wunsch, ordentliches Mitglied zu werden, zu dem er noch 1953 als einziger Nichtdeutscher gewählt wurde. In den folgenden Jahren beauftragte ihn die DABW mit der hauptverantwortlichen Redaktion der deutschen Ausgabe des Internationalen demographischen Wörterbuchs, das von der IUSSP angeregt worden war und unter der Ägide der Vereinten Nationen erstellt wurde. Im Rahmen dieser Tätigkeit nahm er an mehreren Tagungen der DABW teil.[106] Ansonsten beteiligte sich Winkler, der von Harmsen als „der Senior unserer ganzen Gesellschaft und Arbeit" bezeichnet wurde,[107] nicht an den regelmäßigen Konventssitzungen und wissenschaftlichen Veranstaltungen der DABW. Mitglied der Akademie blieb er jedoch bis zur ihrer Auflösung.[108]

---

[103] *vom Brocke* (1998), 96, 15. Die Funktionäre der DABW waren außer Harmsen als Präsident die teils durch ihre Verstrickung in die NS-Bevölkerungspolitik vorbelasteten Demographen H. Muckermann, K. Horstmann, K. V. Müller und H. Schelsky. Burgdörfer wurde 1956 Ehrenmitglied. Insgesamt hatte die Akademie 24 ordentliche Gründungsmitglieder, darunter F. Burgdörfer, H. Harmsen, G. Ipsen, E. Keyser, S. Koller, G. Mackenroth, H. Schubnell und O. Frhr. v. Verschuer, um nur einige der prominentesten zu nennen. (Statistisches Bundesamt, Archiv (Wiesbaden) (StBA, Archiv), DABW, Protokoll der Gründungssitzung der Akademie vom 23. 02. 1953).

[104] Harmsen wollte diese Zeitschrift selbst herausgeben – in Verbindung mit W. Winkler u. a. Demographen, darunter den Schweizern W. Bickel und L. Hersch. (StBA, Archiv, DABW, Protokoll der Gründungssitzung der Akademie v. 08. 10. 1953).

[105] *Hermann Schubnell.* Die Entwicklung der Demographie in Deutschland, ihr gegenwärtiger Stand und ihre Aufgaben, in: Studium generale 12 (1959), 270. Das Organ der Gesellschaft, die „Mitteilungen für Mitglieder und Freunde", wurde erst später gegründet.

[106] Vgl. Kap. VI. 2. a).

[107] StBA, Archiv, Schriftwechsel, Brief v. Harmsen an Winkler vom 19. 06. 1968. Die Tatsache, daß in der DABW politisch so einschlägig belastete Wissenschaftler wie Burgdörfer, Harmsen und Koller Unterschlupf finden konnten, wurde von Winkler nie thematisiert.

[108] H. Harmsen besuchte Winkler bis kurz vor seinem Tod immer wieder in dessen Wohnung. (Gespräch mit *Franziska Winkler* vom 15. 06. 1999, Protokoll); PNWW, Schreiben von H. Harmsen an W. Winkler, undat. [1974]; StBA, Archiv; für Auskünfte aus den Akten der DABW und ihre Übermittlung an mich danke ich Frau Prof. Dr. Höhn sehr herzlich

Zwischenergebnisse und Bewertungen

Winkler beteiligte sich an den internationalen statistischen und demographischen Tagungen der Nachkriegszeit mit Beiträgen zu jenen Themen, die damals auf das größte Interesse der Fachwelt stießen: So beschäftigte er sich z. B. mit Problemen der Anwendbarkeit der Wahrscheinlichkeitstheorie und der Stichprobenmethode („On Random Variations in Statistical Data") in den Sozialwissenschaften. Er nahm an den Diskussionen im ISI und in der IARIW zur Produktivitätsmessung und Volkswirtschaftlichen Gesamtrechnung teil und brachte beim Weltbevölkerungskongreß in Rom (1954) seine Forschungen über die Alterstypen der Bevölkerung in die Erörterungen ein. Winkler war durch seine zahlreichen Kongreßteilnahmen und seine rege Anteilnahme an fachlichen Diskussionen international bekannt, durch seine verschiedenen Referate steuerte er jedoch keine umfassenden neuen Erkenntnisse bei.

Innerhalb der deutschen Statistik hatte der Wiener Ordinarius mit O. Anderson und H. Kellerer erstmals gewichtige Mitstreiter, die seine schon Anfang der zwanziger Jahre vertretenen Ideen einer stärkeren Berücksichtigung mathematischer Methoden in der Sozial- (nach Winkler: „Gesellschafts"-)Statistik mit vertraten und vorantrieben. Seine Erfahrungen auf internationalen Kongressen bestärkten ihn noch in seiner diesbezüglichen Positionierung. Die Diskussion bei der Heidelberger Tagung der DStG (1953) zeigte die unterschiedlichen Standpunkte der beiden Lager in der deutschen Statistik auf. Die DStG selbst öffnete sich – im Gegensatz zum statistischen Hochschulunterricht – nur langsam dem von Anderson und seinen Kollegen vorangetriebenen Anschluß der deutschen Statistik an den international üblichen Standard.

3. Ausbau und Institutionalisierung der akademischen Statistik in Österreich

Nach der Wiedereinsetzung in den Professorenstand nahm Winkler seine Bestrebungen wieder auf, die gesetzlichen Grundlagen des Studiums der Statistik an der Rechts- und Staatswissenschaftlichen Fakultät zu verbessern. Der Erwerb des systematisierten Lehrstuhls für Statistik, der an das 1883 verloren gegangene Ordinariat anknüpfte, sollte seine Stellung innerhalb des Professorenkollegiums stärken und damit eine bessere Ausgangsbasis für seine eigentliche Zielsetzung verbessern. Sein Plan war, die Statistik im Rahmen der volkswirtschaftlichen Studien der Juristen wieder zu einem Obligatfach zu machen. Sein Konzept einer Reorganisation des statistischen Unterrichts und der statistischen Wissenschaft in Österreich ging jedoch weit über die Sphäre der Rechts- und Staatswissenschaftlichen Fakul-

(Mitteilung von Prof. Dr. *Charlotte Höhn* an den Vf. vom 21. 07. 2000); vgl. WW-1955-04, 193 f.

tät der Wiener Universität hinaus: Längerfristig wollte er die Statistik nicht nur durch ein Ordinariat innerhalb der Juristischen Fakultät verankert wissen, sondern zu einem eigenständigen Studienfach machen. Der von ihm praeter legem gegründete Lehrgang für Fachstatistiker stellte für ihn nur eine Vorstufe auf diesem Weg dar.

Zur Infrastruktur eines funktionierenden Fachbetriebs gehörte neben einem an den Lehrstuhl gebundenen *Institut für Statistik* eine statistische Fachzeitschrift; das letzte österreichische Fachorgan, die *Statistische Monatsschrift,* war bereits Anfang der zwanziger Jahre eingestellt worden. Dem Ziel, statistische Studien aus allen, auch naturwissenschaftlichen Fachbereichen zu publizieren und dem wissenschaftlichen Nachwuchs ein Forum zur Veröffentlichung fachlicher Arbeiten zu geben, diente die von Winkler seit 1948 herausgegebene *Statistische Vierteljahresschrift.* Diese war das Organ der von Winkler gegründeten *Österreichischen Statistischen Gesellschaft* (ÖStG), die hauptsächlich den Kontakt zwischen akademischen und praktischen Statistikern pflegen sollte.

Der Frage, auf welchen Ebenen und mit welchen Mitteln der Wiener Lehrstuhlinhaber seinen Kampf um mehr Anerkennung für die Statistik an der Universität und in der weiteren Öffentlichkeit ausfocht, soll im folgenden Kapitel 3. a) nachgegangen werden.[109]

a) Winklers soziale Stellung an der Wiener Universität und im öffentlichen Leben – Bestrebungen um die Mehrung des Ansehens der Statistik und seines Berufsstands

Winklers Konflikte mit der Fakultät,
dem Unterrichtsministerium und der Öffentlichkeit

[. . .] So kann ich mich schwerlich als „österreichischen" Statistiker bezeichnen, sondern als einen Einzelgänger, der einsam seinen Weg gesucht hat.[110]

Der neue Ordinarius fand innerhalb der Rechts- und Staatswissenschaftlichen Fakultät kaum Kollegen, die ihn bei seinen Anträgen zur Aufwertung des statistischen Unterrichts offen unterstützten. Dies lag nicht nur an den persönlichen Antipathien mancher Fakultätsmitglieder ihm gegenüber. Vielmehr ist bei den folgenden Ausführungen, welche die sozialen Bruchlinien zwischen Winkler und seinen Professorenkollegen darstellen, zu berücksichtigen, daß der Verteilungskampf um die verfügbaren Ressourcen strukturell bedingt war und dadurch extrem verschärft wurde. Der Aufwand, um an die geringen vorhandenen Mittel heranzukommen, war umso größer, je weniger Verbündete der betreffende Ordinarius innerhalb der

---

109 Im Kapitel 3. b) wird dann die Geschichte der ÖStG, der *Statistischen Vierteljahresschrift* und des Lehrgangs für Diplomstatistiker untersucht.

110 *W. Winkler,* Lebensgeschichte (1952), 218.

Universität hatte, die ihn unterstützten. Das System der Ordinarienuniversität führte dazu, daß manche Zwistigkeiten, die eigentlich auf Interessenkonflikte zurückzuführen waren, insofern tendenziell „personalisiert" wurden, als der jeweils maßgebliche Lehrstuhlinhaber im Professorenkollegium als Person für sein Fach eintrat.

Die Entstehung dieser Konflikte wurde dadurch begünstigt, daß die Staatswissenschaftler von ihrer Verbindung mit den Juristen unter dem Dach der Fakultät weniger profitierten als die Rechtswissenschaftler. Unterschiedliche Interessen gab es auch zwischen den einzelnen Staatswissenschaftlern, besonders zwischen den Nationalökonomen und dem Ordinarius für Statistik: Für die Wirtschaftswissenschaftler war die Statistik immer noch ein untergeordneter Teil der Volkswirtschaftslehre. Der Statistiker mußte daher mit seinem Förderungsprogramm für sein Fach innerhalb eines ungleichgewichtigen Systems von auseinander strebenden Gruppen- und Einzelinteressen, das zumindest bis zum Abgang von Spann und Mayer aus der Universität relativ starr blieb, fast notwendigerweise zu maßgebenden Fakultätskollegen auf Kollisionskurs gehen.

Nachdem er im Jahr 1947 zum o. Prof. ernannt worden war, hatte sich Winkler eigentlich eine ihm entgegenkommende Aufnahme durch die Wiener Berufsgenossen erwartet. Umso enttäuschter war er, als ihm gerade seine beiden Trauzeugen Spann und Mayer in seltener Einmütigkeit bei der Begrüßung im Kollegium und beim Empfang von Glückwünschen demonstrativ die kalte Schulter zeigten. Doch als Spann anläßlich seiner Emeritierung ein Festmahl gab, bei dem er wider Erwarten Winkler unter den Gästen antraf, begrüßte er diesen spontan mit herzlichen Worten. Somit gab es wenigstens von Spann einen versöhnlichen Abschied.[111]

Daß Mayer und Spann ihm gegenüber so kühl auftraten, schrieb Winkler in erster Linie ihrer unzeitgemäßen Haltung zur Statistik zu. Noch 1949 sei unter ihrem Einfluß auf die „verhängnisvolle" Studienordnung von 1926 zurückgegangen worden. Erst nach dem Ausscheiden der beiden Dauerkontrahenten aus dem Professorenkollegium habe er einiges durchsetzen können, was ihm während ihrer Amtszeit noch versagt geblieben sei.[112] Bei den fakultätsinternen Konflikten um den Stellenwert der Statistik und ihres Ordinarius kamen jedoch häufig auch persönliche Animositäten ins Spiel: Klezl, der persönliche „Hauptfeind" des Ordinarius, durfte wieder an der Universität lehren und neben ihm selbst am Institut für Statistik wirtschaftsstatistische Lehrveranstaltungen abhalten. Dies deutete Winkler als einen bewußten Affront seiner beiden ehemaligen Trauzeugen.[113] Als sein Rivale im Jahr 1955 zum Honorarprofessor bestellt werden sollte, sprach sich Winkler, der knapp vor seiner Emeritierung stand, heftig dagegen aus. In einem „Sondervotum" verwies er darauf, daß schon Klezls Habilitierung „eine schwache

---

111 PNWW, Mein überreich bewegtes Leben, Fragm. 10, 3; 5.

112 Ebd., 5; vgl. W. Winkler, Lebensgeschichte (1952), 218.

113 Vgl. UAW, PA Prof. Dr. W. Winkler, Schreiben von Winkler an den Dekan Prof. Dr. Alfred Verdroß vom 14. 06. 1948.

Angelegenheit" gewesen sei. Und während der NS-Zeit sei Klezl durch eine „stramme Gesinnungskundgebung" im nationalsozialistischen Sinn aufgefallen, wodurch er sich zu seiner – Winklers – Nachfolge qualifiziert habe.[114] Klezl konnte jedoch auf die Unterstützung der meisten Mitglieder des Professorenkollegiums zählen. Der Ordinarius wurde bei einer Kommissionssitzung des Kollegiums am 25. Jänner 1955 von den anwesenden Professoren überstimmt, so daß Klezl sein neues Amt antreten konnte.[115]

In seinen nicht seltenen Auseinandersetzungen mit Studierenden, die über den mathematischen Anspruch seines Unterrichts klagten, sah sich Winkler von seinen Kollegen allein gelassen. Er beklagte nicht nur den mangelnden Rückhalt, den er beim Aufbau des statistischen Unterrichts durch die Fakultät gefunden habe, sondern er vermutete gar, daß mancher Professor die gegen seine Unterrichtspraxis gerichteten studentischen Bedenken stillschweigend teilte.[116] Diese Befürchtungen waren sicher nicht unberechtigt, wurde die Art und Weise von Winklers Einsatz für sein Fach von manchen Fakultätsangehörigen doch geradezu belächelt. Noch heute wird davon gesprochen, daß der „sehr egozentrisch[e]" Winkler an der Fakultät sogar „unerhört unbeliebt" gewesen sei.[117]

Private Kontakte ergaben sich zwischen Winkler und den anderen Mitgliedern des Professorenkollegiums eher selten.[118] Die Besuche von Alfred Verdroß und Ferdinand Degenfeld-Schonburg an seinem Krankenbett, für die er sich in einem Schreiben Anfang 1950 bedankte,[119] waren mehr Akte der Höflichkeit gegenüber einem Kollegen als wirkliche freundschaftliche Gesten. Einer unumgänglichen gesellschaftlichen Verpflichtung entsprachen Winklers Beiträge zu den Festschriften der Ökonomen Mayer und Degenfeld-Schonburg.[120] Auch die offizielle Feier, welche die Fakultät zu Winklers 70. Geburtstag im Wiener Rathauskeller veranstaltete und bei der der Geehrte sich die Gelegenheit nicht entgehen ließ, nachdrücklich für das statistische Prüfungs- und Unterrichtswesen einzutreten, entsprach dem Desiderat der Höflichkeit gegenüber einem langjährigen und verdienten Hochschullehrer. Geehrt wurde Winkler auch von der Stadt Wien, der *Bundeskammer der gewerblichen Wirtschaft* und von der ÖStG. Letztere nahm die Jubelfeier zum Anlaß, eine Generalversammlung zu Ehren ihres Gründers einzuberufen, bei der nur Statistiker aus dem engeren Kreis um Winkler selbst teilnahmen. (Die Festveranstaltung der Bundeskammer am 29. Juni wurde hingegen auch von den Pro-

---

[114] UAW, PA Dr. Felix Klezl-Norberg, Dek. Zl. 415/54, Sondervotum W. Winkler, 19. 01. 1955.

[115] Ebd., Protokoll der Kommissionssitzung vom 25. 01. 1955.

[116] Vgl. ebd; vgl. *W. Winkler*, Lebensgeschichte (1952), 218.

[117] Gespräch mit em. Univ.-Prof. Dr. *Adolf Adam* vom 21. 12. 2000, Protokoll (wörtl. Zit.); vgl. Gespräch mit Dr. *Monika Streißler* vom 11. 10. 1999, Protokoll.

[118] Vgl. Kap. V. 4.

[119] UAW, PA Prof. Dr. W. Winkler, Schreiben von Winkler an den Dekan Prof. Dr. Hans Schima vom 02. 01. 1950.

[120] WW-1949-02; WW-1952-03.

fessoren seiner Fakultät besucht.) Bei der Veranstaltung der ÖStG wurde dem Jubilar eine Festschrift überreicht, für die u. a. Oskar Anderson und Hans Kellerer von der Universität München, Leopold Schmetterer von der Universität Wien und mehrere seiner Schüler bzw. Mitarbeiter, darunter Adolf Adam und Johann Pfanzagl, Beiträge verfaßt hatten.[121]

Mit Erreichen des 70. Lebensjahres war Winkler berechtigt, um seine Emeritierung ansuchen. Doch er war noch nicht gewillt, sich in den Ruhestand zu verabschieden. So wurde ihm ein Ehrenjahr bewilligt, das ihn in die Lage versetzte, seine Lehrtätigkeit im Studienjahr 1954/55 fortzusetzen.[122]

Während seiner Tätigkeit als Prodekan bzw. Dekan seiner Fakultät (1949/51) gelang es Winkler, die von ihm hoch geschätzte „Würde" der von ihm bekleideten Ämter aus den internen Konflikten und Richtungskämpfen weitgehend herauszuhalten. So hielt er am 9. März 1949 als Prodekan in Vertretung Degenfelds die Festrede anläßlich der Feier, die zu Hans Mayers 70. Geburtstag gegeben wurde. Selbstverständlich ging er bei der Ansprache nur indirekt auf die Konflikte des Jubilars mit Spann ein, und die Tatsache, daß der Umfang von Mayers wissenschaftlicher Veröffentlichungstätigkeit zu wünschen übrig ließ, umschiffte der Laudator elegant mit dem – allerdings doppelbödigen – Hinweis, der Jubilar habe in seinen Arbeiten „ein Minimum an Worten mit einem Maximum an Gehalt geladen".[123] Auftritte als Dekan seiner Fakultät vor der *Österreichischen Soziologischen Gesellschaft* (1951) und vor dem Rechtshistorikertag in Gmunden (1951) nützte er, um die Verbindungen seines eigenen Fachs zur jeweiligen benachbarten Disziplin auszuloten.[124] Die Ehrenpromotion von Alexander Spitzmüller, bei welcher der Dekan Winkler als Promotor und Festredner fungierte, ging wohl auf seine eigene Initiative zurück.[125]

Die Wahrung der äußeren Form des höflichen Umgangs innerhalb der Professorenschaft entsprach dem bildungsbürgerlichen Gebot, unter allen Umständen das eigene Gesicht – und vice versa das Gesicht des Gegenübers – zu wahren. Doch durch die steife Etikette wurden bestehende Interessenskonflikte häufig nur auf andere Ebenen verlagert. So bediente sich Winkler mit Vorliebe des Forums der

121 UAW, PA Prof. Dr. W. Winkler, Einladung von Dekan Plöchl an die Mitglieder des Professorenkollegiums vom 09. 06. 1954; Ebd., Dankschreiben von Winkler an den Dekan Prof. Dr. Willibald Plöchl vom 30. 06. 1954; Schreiben des Magistrats der Stadt Wien, Magistratsabteilung 7, an das Rektorat der Universität Wien vom 31. 05. 1954; Schreiben der ÖStG an das Dekanat der juridischen Fakultät der Universität Wien vom 21. 04. 1954; vgl. Festschrift für Wilhelm Winkler (1954), Inhaltsverzeichnis; vgl. auch Hofrat Dr. W. Winkler 70 Jahre, in: Wiener Zeitung vom 27. 06. 1954, 4; Professor Wilhelm Winkler 70 Jahre alt, in: AStA 38 (1954), 190.
122 UAW, PA Prof. Dr. W. Winkler, Zl. 39.248/I-1/54, Ehrenjahr W. Winkler, Bescheid des BMU vom 08. 04. 1954.
123 WW-1949-02, 38.
124 Vgl. Kap. V. 2. a).
125 WW-1951-06.

Wiener Universitätszeitung, um seinen unerfüllten Wünschen bezüglich der staats-
wissenschaftlichen Studienordnung Luft zu verschaffen. Seine Artikel „Um die
Statistik" (1949), „Dr. Karl Renners wissenschaftliches Vermächtnis" (1951),
„Ceterum autem censeo„ (1954) und selbst noch sein Essay „Aus der Werkstatt des
Forschers", den er vier Jahre nach seiner Emeritierung in der *Österreichischen
Hochschulzeitung* veröffentlichte, lesen sich teilweise wie Abrechnungen mit den
politischen Entscheidungsträgern, welche, der „statistikfeindlichen" öffentlichen
Meinung entgegenkommend, seinem Fach unfreundlich gegenüberstünden und
dessen so wichtige Entfaltung behinderten. Diesen Vorwurf belegt er mit einem
Verweis auf die hochqualifizierten Absolventen seines Statistikerlehrgangs, die
außerhalb des Staatsdienstes Karriere machten, weil ihre Zeugnisse aus formal-
juristischen Gründen nicht als Voraussetzung für den Eintritt in die staatliche Verwaltung anerkannt würden. Dagegen gesteht er der Fakultät zu, wenigstens seine
Reformvorschläge zur Ausarbeitung einer neuen Studienordnung angenommen
und an das Ministerium weitergeleitet zu haben. Doch dort kümmere sich niemand
um sie.[126] Seinem Ziel, das Fach Statistik in den akademischen Institutionen und
damit auch an der *Akademie der Wissenschaften* (ÖAW) stärker zu verankern, erreichte Winkler nur zu einem Teil. Zwar wurde er im Jahr 1952 zum korrespondierenden Mitglied der ÖAW gewählt, doch konnte er mit dieser Anerkennung nicht
an die Zeit Inama-Sterneggs anknüpfen, der als letzter Statistiker nicht nur kor-
respondierendes, sondern auch wirkliches Akademiemitglied gewesen war.[127] Er
erblickte seine Wahl zwar als Ausdruck des Respekts für seine Verdienste, doch
vermißte er eine Anerkennung der Bedeutung seines Faches, wie sie eine „wirkliche" Mitgliedschaft mit sich gebracht hätte.[128]

Die Argumentationslinie, mit der er für sein Fach eintrat, stützte Winkler
wesentlich auf Erfahrungen, die er mit dem Entwicklungsstand der Statistik im
Ausland gemacht hatte. Er wollte universitäre und politische Entscheidungsträger
für sein Anliegen sensibilisieren, indem er immer wieder Österreichs Anspruch,
ein „Kulturstaat" zu sein, durch Vergleiche mit dem europäischen Ausland hinter-
fragte. Sein Begriff des „Kulturstaates" bezog sich geographisch auf alle Länder
der westlichen Hemisphäre, wobei er den Maßstab, der darüber entschied, ob ein
Land als vollgültiger „Kulturstaat" zu gelten habe oder nicht, am Grad der Vertretung seines eigenen Fachs an den Universitäten und an seiner Wertschätzung im
öffentlichen Leben ausrichtete. Daß die österreichische Statistik in einem Bericht

---

[126] Vgl. folgende Artikel von *W. Winkler:* Um die Statistik, in: Wiener Universitätszeitung
vom 01. 03. 1949, 1 f.; Dr. Karl Renners wissenschaftliches Vermächtnis, in: ebd. vom
15. 02. 1951, 1 f.; Ceterum autem censeo, in: Österreichische Hochschulzeitung vom
01. 10. 1954, 5; Aus der Werkstatt des Forschers, in: ebd. vom 01. 10. 1959, 3.

[127] Vgl. *Erich W. Streißler,* Die Wirtschafts- und Sozialwissenschaftler in der Österreichischen Akademie der Wissenschaften, in: Otto Hittmair (Hg.), Akademie der Wissenschaften.
Entwicklung einer österreichischen Forschungsinstitution. Wien 1997, 102 f.; vgl. PNWW,
Wahl zum korrespondierenden Mitglied der philosophisch-historischen Klasse der Österreichischen Akademie der Wissenschaften, Benachrichtigung vom 20. 5. 1952.

[128] *W. Winkler,* Aus der Werkstatt des Forschers (1959), 3.

der IARIW an vorletzter Stelle vor Griechenland und hinter der Türkei stand, wertete er als eine Bloßstellung seines Landes „vor der übrigen Welt"[129]. Er selbst trat bei internationalen statistischen Kongressen häufig als einziger Vertreter Österreichs auf, der gegenüber seinem Ministerium oft genug das Klischee des „Kulturstaates" und das Damoklesschwert der internationalen Blamage im Fall seiner Nichtteilnahme bemühen mußte, um seine persönliche Mitwirkung an den Kongreßberatungen sicherstellen zu können. Meist gelang es ihm, mit Hilfe dieser Argumentationslinie ausreichende Mittel für seine Auslandsreisen zu bekommen. Doch als er im Sommer 1952 seine Teilnahme an einem Meeting der *Econometric Society* in Cambridge, England, plante, ein Referat zur Indextheorie bereits an die Tagungsleitung abgeschickt hatte, das Ministerium mit Hinweis auf seine „überaus beengte Kreditlage" jedoch keinen Reisekostenzuschuß bewilligte und damit seine Fahrt absagte, kam es zum Eklat: Winkler wandte sich in der *Wiener Universitätszeitung* mit einem „Offenen Brief" direkt an den Unterrichtsminister. Damit ergriff er eine ungewöhnliche Maßnahme, die sogar im Professorenkollegium seiner Fakultät beraten werden mußte.[130] In dem Artikel vermerkt er mit Bitterkeit, daß er bisher stets auf die Hilfe irgend einer ausländischen Organisation angewiesen gewesen sei, die „sich des ‚Armitschkerl[s]‘ österreichischer Universitätsprofessor" angenommen habe, um seine Reisen finanzieren zu können. Da er im gegenständlichen Fall jedoch keine derartige Unterstützung auftreiben habe können, habe er die Fahrt absagen müssen – „eine unwürdige, den Professor und Österreich beschämende Lage".[131]

In dem genannten Offenen Brief führte er seine erzwungene Absage an der Tagung in Cambridge auf die Budgetknappheit und das mangelnde Verständnis zurück, das im Ministerium der Verpflichtung des Professors entgegengebracht werde, am internationalen wissenschaftlichen Diskurs teilzunehmen. Er verknüpfte diese den Professor in seiner Tätigkeit hemmenden Umstände jedoch auch mit der seiner Meinung nach ungenügenden Bezahlung der Hochschullehrer durch den Staat. In einem Artikel „Unhaltbare Professorenbezüge", den er im November 1951 für die katholische Wochenschrift *Die Österreichische Furche* verfaßte, rechnet er vor, daß die Grundgehälter der Professoren seit 1937 zwar nominell um das 3,80- bis 4,40fache gestiegen seien, doch betrügen sie nur 63% der Gehälter von 1937. Die Arbeiterschaft habe dagegen ihre Reallöhne in dem Zeitraum seit 1937 nicht nur behaupten, sondern sogar erhöhen können. Er folgert aus seinen Erhebungen, daß der Berufsstand der Professoren von der Regierung zurückgesetzt werde. Österreich sei der einzige „Kulturstaat", der „den Einkommensverhältnissen des Universitätsprofessors eine Entwicklung" gegeben habe, „die in der Kulturwelt ein trauriges Kuriosum" darstelle.[132]

---

[129] WW-1951-04, 147.

[130] UAW, PA Prof. Dr. W. Winkler, Dek. Zl. 1699–52 vom 15. 10. 1952, Universitätszeitung – Offener Brief Prof. Winklers an den Minister, Rundschreiben.

[131] Ebd., Briefwechsel zwischen Winkler und dem BMU vom 02. 04. und 13. 07. 1952; *W. Winkler*, Offener Brief an den Minister, in: Wiener Universitätszeitung vom 15. 09. 1952, 1.

Der Hinweis auf die im Vergleich zu den Professoren-Gehältern relativ stärker gestiegenen Arbeiterlöhne rief in dem sozialdemokratischen Zentralorgan *Arbeiter-Zeitung* eine kritische Stellungnahme hervor. Unter der Überschrift „Der Professor und die Waschfrau" sah das Blatt jenes Schlagwort aus der Zeit nach dem Ersten Weltkrieg wiederbelebt, das Ausdruck des Protests gegen die Unterbewertung der geistigen gegenüber der manuellen Arbeit sein sollte. Mit demselben Recht wie Professor Winkler könnten etwa Frauen und Hilfsarbeiter oder Dozenten und Hochschulassistenten Vergleiche mit jeweils besser gestellten Gruppen innerhalb ihres Berufes ziehen. Gegen den indirekten Vorwurf des AZ-Berichterstatters, „neidvolle Vergleiche" gezogen zu haben, wehrte sich der Angegriffene in einer Entgegnung, die er in der *Furche* veröffentlichte. Daß er ausgerechnet die Arbeitslöhne zur Illustration seiner Thesen herangezogen habe, liege nicht in einer unfreundlichen Gesinnung begründet, sondern sei einzig darauf zurückzuführen, daß er für 1937 kein anderes statistisches Vergleichsmaterial vorgefunden habe.[133]

Bei seinen öffentlichen Äußerungen verriet Winkler, welche Auffassung er von der gesellschaftlichen Rolle der Universitätsprofessoren hatte. Er zählte sie gemeinsam mit den anderen Akademikern, den Lehrern und Künstlern zu den Kulturträgern des Volkes, deren „Leistung" von „Volk" und „Staat" zu wenig gewürdigt werde. Gerade die Hochschulprofessoren handelten aus Idealismus und Pflichtgefühl gegenüber dem Staat und der von ihnen vertretenen Wissenschaft. Ein Professor sei im wörtlichen Sinn ein „Bekenner", der nicht für sich selbst, sondern immer für sein Fach wirke. Er appellierte an die berufsständische Verbundenheit der Professoren und betonte damit ein Standesdenken, das noch im elitären Selbstverständnis altösterreichischer hoher Beamter wurzelte. Von der Gewerkschaft fühlte sich Winkler nicht nur nicht vertreten, sondern er betrachtete sie – neben der Regierung – als die Hauptschuldige für die „zu niedrigen" Professorengehälter.[134]

Das in der Bevölkerung grundsätzlich hohe soziale Ansehen der Professoren kontrastierte, teils bedingt durch die materielle Schwäche des Staates, teils bedingt durch die Auswirkungen eines althergebrachte „Standesunterschiede" verringernden sozialen Wandels, mit einer von Winkler besonders bitter empfundenen materiellen und gesellschaftlichen Wirklichkeit. Auf der einen Seite stand der Vertreter

---

132 *W. Winkler,* Unhaltbare Professorenbezüge, in: Die Furche 7, Nr. 47 vom 17. 11. 1951, [o. Seitenangaben].

133 Der Professor und die Waschfrau, in: Arbeiter-Zeitung vom 25. 11. 1951; *W. Winkler,* „Professor und Waschfrau". Eine Entgegnung, in: Die Furche 7, Nr. 50 vom 08. 12. 1951. Im Vergleich zu anderen Ländern – darunter auch Deutschland – waren die Professorengehälter in Österreich wesentlich niedriger. Vgl. Gespräch mit em.Univ.-Prof. Dr. *Johann Pfanzagl* vom 23. 08. 1999, Protokoll. In der öffentlichen Diskussion griffen die Professoren – so z. B. der Gewerkschafter Prof. Dr. Kerschagl – Winklers Vergleich zwischen den Einkommen der Professoren und der manuellen Arbeiter auf. (Vgl. Hochschullehrer treten vor die Öffentlichkeit, in: Wiener Universitätszeitung Nr. 17 vom 01. 11. 1952, 1).

134 Winkler erklärte nach der Veröffentlichung seines „Offenen Briefes" seinen Austritt aus der Gewerkschaft. Vgl. UAW, PA Prof. Dr. W. Winkler, Schreiben Winklers an Prof. Dr. Karl Wolff vom 19. 09. 1952.

eines Berufs, der die alten Rang- und Prestigezuordnungen erodieren sah, auf der anderen Seite stand die Erfahrung, daß „die Personen am Nebentisch, die ein so ungebildetes Deutsch sprechen, die teuersten Leckerbissen der Speisekarte" aussuchen, während er selbst „den Weg der billigsten Kosten finden muß"[135].

Von der Regierung zu erwarten, daß dieser Übelstand zu beheben sei, entsprach zwar dem Reflex eines idealistisch denkenden Staatsdieners, in Krisenzeiten die Hilfe des Vermittlers von Arbeit und Prestige, eben des Staats, zu erwarten, doch die Möglichkeiten dieses Staates waren bescheiden. Soziale Veränderungen und Verschiebungen innerhalb der Einkommensstruktur der Bevölkerung vollzogen sich zu einem guten Teil außerhalb und unabhängig von der staatlichen Verwaltung.

Lehre und Forschung am Institut für Statistik.
Die zweite Auflage des „Grundrisses der Statistik"

Das in der Rathausstraße 19 angesiedelte *Institut für Statistik an der Universität Wien* bestand nur aus seinem „Direktor", einer einzigen Sekretärin und zeitweilig einem Assistenten. Der erste und einzige Assistentenposten wurde in der unmittelbaren Nachkriegszeit von Lothar Bosse besetzt. Als dieser einmal seinen Chef während einer Vorlesung auf einen Fehler hinwies, den er gemacht hatte, reagierte Winkler unangenehm berührt. Er schätzte es nicht, von Untergebenen öffentlich kritisiert zu werden, schien ihm dadurch doch seine Autorität als Ordinarius untergraben zu werden. – Bosse wechselte nach einem Zerwürfnis, das sich mit Winkler an der Angelegenheit entzündet hatte, 1948 in das *Österreichische Institut für Wirtschaftsforschung* (WIFO).[136] Nach Bosses Abgang mußte der Institutsvorstand wieder ohne einen einzigen hauptamtlichen Mitarbeiter auskommen, bis er bei Antritt seines Ehrenjahres mit Johann Pfanzagl doch noch einen Assistenten erhielt.[137]

Das Institut verfügte meist nur über zwei Hilfskräfte, die halbtägig angestellt waren. Winklers wichtigster Mitarbeiter, der als „Wissenschaftliche Hilfskraft" die fehlende Assistentenstelle ersetzen mußte, wurde seit 1947 Adolf Adam (* 1918). Adam war Elektroingenieur und hatte an den Technischen Hochschulen in Wien und Graz Vorlesungen über mathematische Statistik besucht. Er stieg rasch zum „General-Manager"[138] des Instituts auf, ohne das Doktorat der Staatswissenschaf-

---

135 *W. Winkler,* Offener Brief (1952), [1]. Vgl. zur Struktur des „bürgerlichen Krisendiskurses" der Nachkriegszeit Hannes *Siegrist,* Ende der Bürgerlichkeit? Die Kategorien „Bürgertum" und „Bürgerlichkeit" in der westdeutschen Gesellschaft und Geschichtswissenschaft in der Nachkriegsperiode, in: Geschichte und Gesellschaft 20 (1994), 549–583, hier bes. 572, 558.

136 Zum Streit zwischen Winkler und Bosse vgl. Gespräch mit em.Univ.-Prof. Dr. *Adolf Adam* vom 21. 12. 2000, Protokoll; *Franz* (1984), 82.

137 Gespräch mit em.Univ.-Prof. Dr. *Johann Pfanzagl* vom 23. 08. 1999, Protokoll.

138 So *Kurt Weichselberger,* Statistische Studiengänge im deutschsprachigen Raum, in: Adam (Hg.), Festschrift für Wilhelm Winkler, 80.

ten formell erworben zu haben. Adam begründete innerhalb des Instituts eine „Arbeitsgruppe für experimentelle Statistik", die sich mit der elektronischen Simulation wahrscheinlichkeitstheoretischer Modelle befaßte. Die Arbeitsgruppe war ein Vorläufer der von ihm später begründeten Linzer systemwissenschaftlichen Schule. Außerdem bekleidete er das Amt eines Geschäftsführers der ÖStG (s. VIII. 3. b)), von dem er 1954 zu den Österreichischen Stickstoffwerken wechselte. Adams Verhältnis zu seinem Ordinarius war „sehr zwiespältig": Einerseits verdankte er ihm den Einstieg in eine akademische Karriere. Die Kehrseite seines Engagements am Institut war jedoch seine notorische Arbeitsüberlastung. Er mußte sogar teilweise Vorlesungen für Winkler supplieren, für die der Ordinarius das Kollegiengeld kassierte.[139]

Winkler war, wie es dem damaligen Ordinariensystem entsprach, der unumschränkte Herrscher am Institut. Zwar war das „Reich", über das er regierte, weniger als klein, geradezu winzig, und er selbst bezeichnete sich folgerichtig als „König ohne Land"[140], doch verfügte er in seinem Machtbereich über eine autonome Entscheidungsbefugnis. Er entschied, wann die Mitarbeiter ins Institut zu kommen hatten, und er allein bestimmte, ob die Verträge seiner Assistenten verlängert wurden oder nicht. Gegenüber seinen Mitarbeitern verhielt sich der Institutsdirektor „äußerst korrekt".[141] Er trug ihnen zwar von Zeit zu Zeit auf, Recherchen für seine Forschungsarbeiten, so z. B. für das im Jahr 1953 erscheinende „Lexikon der Frau", durchzuführen, doch insgesamt hatten die Hilfskräfte mit Ausnahme von Adam für ihn nur wenig zu tun. Nichtsdestotrotz war es gerade der jungen Generation von mathematischen Statistikern zu verdanken, daß das Institut am Ende von Winklers Amtstätigkeit mehr ein „Institut für mathematische Statistik" war als eine „staatswissenschaftliche" Forschungsstätte.[142] Die Atmosphäre am Institut war nicht unbedingt harmonisch: Der durch seine Konflikte mit Fakultätskollegen und Studenten, die seinem Fach ablehnend gegenüberstanden, geprägte Winkler machte nach außen hin einen verbitterten und gegenüber seinen Mitmenschen mißtrauischen Eindruck.[143]

139 Gespräch mit em. Univ.-Prof. Dr. *Adolf Adam* vom 21. 12. 2000 (wörtl. Zit.), Protokoll; vgl. *A. Adam,* Wilhelm Winkler. Vater der österreichischen Universitätsstatistik – Leben und Wirken, in: Ders. (Hg.) (1984), 7; vgl. *Helmut Beran / Franz Pichler,* Adolf Adam und das Vermächtnis der donauländischen Weltharmoniker, in: dies. (Hg.), Beiträge zur Systemforschung. Von den humanistischen Naturwissenschaften zur Renaissance des Integralen Humanismus. Festschrift Adolf Adam zum 65. Geburtstag. Wien / New York 1985, 5 – 8; vgl. *W. Winkler,* Um die Statistik, in: Wiener Universitätszeitung vom 01. 03. 1949, 2; vgl. *A. Adam,* Grundriß einer statistischen Systemtheorie, in: Ders. (Hg.) (1984), 17.

140 *W. Winkler* (1952), 221.

141 Vgl. Gespräch mit Univ.-Prof. Dr. *Gerhart Bruckmann* vom 17. 06. 1999, Protokoll (wörtl. Zit.).

142 Gespräch mit em. Univ.-Prof. Dr. *Adolf Adam* vom 21. 12. 2000, Protokoll.

143 Vgl. die Gespräche mit em. Univ.-Prof. Dr. *Johann Pfanzagl* vom 23. 08. 1999, mit Univ.-Prof. Dr. *Erich Streißler* (wörtl. Zit.) und Dr. *Monika Streißler* vom 11. 10. 1999, jew. Protokolle.

Die Lehrtätigkeit des Wiener Ordinarius war auf zwei Zielgruppen – Juristen und Statistiker – ausgerichtet: Einerseits wollte er seine Disziplin zu einem Obligatfach für Rechtswissenschaftler und Volkswirtschaftler machen, ein Vorhaben, das er während seiner aktiven Zeit nie in die Tat umsetzen konnte, und andererseits richteten sich seine Vorlesungen und Seminare seit der Aufnahme des Lehrgangs für Statistiker im SS 1951 an all jene, die diesen Kurs belegten.[144]

An Lehrveranstaltungen bot er damals jährlich zwei aufeinander folgende, sich ergänzende dreistündige Vorlesungen in Statistik an, Theorie im Wintersemester, Bevölkerungs- und Wirtschaftsstatistik im Sommersemester.[145] Er legte diesen Vorlesungen seinen zweibändigen „Grundriß der Statistik" zugrunde, ein Werk, das ein gutes akademisches Niveau hatte, jedoch viele Ungenauigkeiten, vor allem Druckfehler in Zahlenbeispielen, aufwies[146] und das sich – ähnlich wie die „Grundfragen der Ökonometrie" – an den bescheidenen mathematischen Kenntnissen der Studierenden ausrichtete. Eine Ausnahme war nur das SS 1950, als er eine Vorlesung über „Grundfragen der Ökonometrie" abhielt, welche die erste ihrer Art im deutschen Sprachraum war.[147] Außerdem veranstaltete er in jedem Semester jeweils ein zweistündiges statistisches Proseminar bzw. Seminar.[148] Weitere Vorlesungen aus Statistik hielt Klezl-Norberg ab, doch wurden diese Lehrveranstaltungen von Winkler und seiner Sekretärin gegenüber den Studierenden nie erwähnt.[149]

Unter Jus-Studierenden, aber auch unter den Hörern der Hochschule für Welthandel, wo er seit dem WS 1947/48 Honorarprofessor für Statistik war,[150] galt Winkler als ein gefürchteter Prüfer. Seit dem WS 1948/49 Prüfungskommissär für Nationalökonomie und Finanzwissenschaft,[151] wurde er turnusmäßig zur dritten Staatsprüfung eingeteilt. Seine Kandidaten waren meist Juristen, die kaum etwas von Statistik verstanden. Doch „Winkler prüfte *sein* Fach". Die Folge davon war, daß die meisten Kandidaten, die es zufällig mit dem Ordinarius für Statistik zu tun bekamen, bei der dritten Staatsprüfung durchfielen.[152]

---

[144] Vgl. V. 3. b).

[145] Gespräch mit em.Univ.-Prof. Dr. *Othmar Winkler* vom 19. 01. 2000, Protokoll.

[146] Gespräch mit Univ.-Prof. Dr. *Erich Streißler* vom 11. 10. 1999, Protokoll.

[147] *Slawtscho Sagoroff,* Wilhelm Winkler, in: AStA 48 (1964), 181.

[148] Öffentliche Vorlesungen an der Universität zu Wien. 1948–1955 (Wien 1948–55), s. jew. unter „Rechts- und Staatswissenschaftliche Fakultät, ‚Statistik'.

[149] Vgl. Gespräch mit Univ.-Prof. Dr. *Gerhart Bruckmann* vom 17. 06. 1999, Protokoll.

[150] UAW, PA Prof. Dr. W. Winkler, BMU, Zl. 42.613 – III/7/48, Ernennung zum Honorarprofessor an der Hochschule für Welthandel vom 26. 07. 1948.

[151] PNWW, Ernennungsdekret, Zl. 31 u. 32/48, des Präses der Staatswissenschaftlichen Staatsprüfungskommission, A. Verdroß.

[152] Eine der „Standard-Prüfungsfragen" die unter den Studenten als Witz über die Prüfungsmethoden ihrer Professoren kursierten, lautete: „Was sehen Sie, wenn Sie von der Spitze der Stephanskirche herunterschauen?" Die Antwort mußte bei Winkler lauten: „Bestandsmassen und Ereignismassen." Beim Kirchenrechtler mußte dieselbe Frage mit „Kleriker und

Winkler führte die Unwissenheit der Studierenden auf die „Herabdrückung des Studienniveaus" infolge der „Hochschulüberfüllung" zurück. Der unüberwindbare Gegensatz zwischen dem Ordinarius für Statistik und den Studierenden der Rechtswissenschaften lag jedoch in der Struktur der Studien begründet, die es den Hochschülern ermöglichte, während ihres Hauptstudiums Lehrveranstaltungen aus Statistik zu umgehen. Wenn sie jedoch zur dritten Staatsprüfung antraten, mußten sie in dem für sie ungünstigsten Fall damit rechnen, dem Statistiker gegenüberzusitzen. Diese nur für die Studierenden prekäre Situation führte dazu, daß die *Österreichische Hochschülerschaft* im SS 1948 bei der Fakultät eine Beschwerde über den statistischen Unterricht einreichte.[153] Dieser Protest führte zwar zu keiner grundsätzlichen Änderung der Lage, doch blieb zumindest bei Winkler einige Verbitterung zurück. Er ließ weder durch äußeren Druck noch durch studentische Bestechungsversuche dazu bewegen, seinen Kurs aufzugeben.[154]

Die zweite Auflage seines „Grundrisses der Statistik" (Theoretische Statistik 1947; Gesellschaftsstatistik 1948) war das erste umfassend angelegte und neben begrifflich-logischen auch mathematische Methoden vorführende Lehrbuch nach dem Krieg. Es unterschied sich von der ersten Auflage vor allem dadurch, daß die Literaturangaben auf den neuesten Stand gebracht worden waren, soweit seinem Verfasser dies möglich gewesen war. Der Aufbau der beiden Bände blieb jedoch im Vergleich zur ersten Auflage im wesentlichen unverändert.

Bestimmte Details erfuhren hingegen eine vertiefte Behandlung oder wurden in der zweiten Auflage weggelassen. So arbeitete Winkler im ersten Band „Theoretische Statistik" z. B. das Kapitel über das „Gesetz der großen Zahl" vollständig um, indem er die Darstellung der Glücksspieltheorie als Voraussetzung zum Verständnis wahrscheinlichkeitstheoretischer Überlegungen ausbaute.[155] Das bereits in der ersten Auflage dieses Bandes feststellbare zahlenmäßige Übergewicht der Arbeiten angloamerikanischer Forscher[156] in den Literaturnachweisen hatte sich in der zweiten Auflage noch vergrößert: Verweist der Autor in der ersten Auflage noch sechsmal auf Bowley, 22mal auf Czuber, fünfmal auf Edgeworth, sechsmal auf Mills, dreizehnmal auf Pearson und neunmal auf Yule, so verändert sich diese Zitierungspraxis wie folgt: In der zweiten Auflage erhält Bowley wiederum sechs Eintragungen, während Czuber nunmehr 28mal, Pearson 24mal und Yule fünzehnmal zitiert werden. Nur Edgeworth und Mills werden im Vergleich zu 1931 zweimal bzw. einmal weniger oft aufgeführt. Der führende deutsche mathematische Statistiker O. Anderson wird hingegen in der zweiten Auflage nicht dreimal, son-

---

Laien", beim Zivilrechtler mit „Rechtssubjekte und Rechtsobjekte" beantwortet werden. (Gespräch mit Univ.-Prof. Dr. *Gerhart Bruckmann* vom 17. 06. 1999, Protokoll).

[153] UAW, PA Prof. Dr. W. Winkler, Schreiben von Winkler an den Dekan Prof. Dr. Alfred Verdroß vom 14. 06. 1948.

[154] Vgl. *E. / O. Winkler* (1987), [6].

[155] Vgl. WW-1931 (1947)-01, 29 ff., bes. 59 ff.

[156] Vgl. Kap. III. 1. a).

dern nunmehr siebenmal zitiert. Dagegen treten die Vertreter der „Frankfurter Schule" verhältnismäßig zurück, obwohl deren Galionsfigur Georg v. Mayr vier Eintragungen mehr erhält als in der ersten Auflage.

Im zweiten Band „Gesellschaftsstatistik" folgt Winkler der schon in der ersten Auflage eingeführten Einteilung des Stoffes in Bevölkerungs-, Wirtschafts-, Kultur- und politische Statistik. Den Hauptteil macht die Bevölkerungsstatistik aus. Veränderungen gegenüber der ersten Auflage ergeben sich z. B. durch den Verzicht auf die ausführliche Darstellung der verschiedenen Haushaltungslisten, wie sie bei der Erfassung der Bevölkerung im Rahmen von Volkszählungen konzipiert werden. Stattdessen gibt der Autor seinen neueren Forschungen über Bevölkerungstypen breiten Raum. In der Neuauflage verzichtet er im Gegensatz zu 1933 auf den Abdruck einer „Familientafel", welche die durch „Vererbung" hervorgerufenen körperlichen und geistigen Eigenschaften darstellen sollte. Der entsprechende Abschnitt über die Eugenik bleibt jedoch sonst unverändert; neuerlich vermutet er, daß diese Forschungsrichtung erst dann „wirklich statistisch" sei, wenn sie quantifizierend arbeite. Das Kapitel über die Geburtenstatistik ist gleichfalls kaum verändert, doch beschäftigt sich der Autor im Unterabschnitt über „Die Statistik des Geburtenüberschusses und des Aufzuchterfolges" im Gegensatz zur ersten Auflage ausführlich mit der mathematischen Ableitung der rohen Reproduktionsziffer. Außerdem begnügt er sich nicht mehr damit, Burgdörfers Berechnungsweise der Geburtenbilanz wie 1933 kommentarlos nachzuvollziehen, sondern er kritisiert sie unter Heranziehung jener Argumente, die er 1938 in seiner Kontroverse mit dem Berliner Statistiker gebraucht hatte. Die zum Thema des Geburtenrückgangs in den dreißiger Jahren erschienene Literatur führt er weiterhin an. In den anderen Stoffbereichen seines Buches machen gleichfalls ältere, immerhin teils grundlegende Werke, die aus der Zwischenkriegszeit und selbst noch aus der Zeit vor dem Ersten Weltkrieg stammen, das Rückgrat der von ihm zitierten Sekundärliteratur aus.[157]

Sein Hauptaugenmerk gilt der Bevölkerungsstatistik. Die Wirtschaftsstatistik wird zwar gleich ausführlich behandelt wie die Bevölkerungsstatistik (jeweils 145 S.), doch folgt der Verfasser, wie sein Kieler Rezensent Peter Quante (1893–1965) bemerkt, hier „häufig dem Herkömmlichen, ohne immer die neuere Entwicklung ganz auszuschöpfen". Damit bezieht sich Quante jedoch nicht auf die Methodendiskussion in der angelsächsischen Statistik, sondern auf jüngste Entwicklungen innerhalb der deutschen Wirtschaftsstatistik. Quante vermutet, daß Winkler die im Jahr 1940 zu Ehren Friedrich Zahns von Burgdörfer herausgegebene Festschrift „Die Statistik in Deutschland nach ihrem heutigen Stand" nicht voll habe ausschöpfen können.[158]

Winklers von der Mathematik her kommende Schüler empfanden seinen „Grundriß der Statistik" als ganz „unmathematisch". Dagegen sei – so Gerhart

---

[157] Vgl. WW-1933-01, 48 f.; 96 ff., bes. 98; WW-1933 (1948)-01, 7 ff.;113 ff., bes. 116 f.

[158] Vgl. ebd. (1948), 150 ff.; vgl. Bespr. von *Peter Quante,* AStA 34 (1950), 196 f., und SchmJb 72,2 (1952), 126 (wörtl. Zit.).

Bruckmann – seine „praktische Statistik" heute noch „unerreicht".[159] Winkler selbst wandte sich stets gegen eine übertriebene Mathematisierung der Statistik.[160] Die im deutschen Sprachraum von ihm selbst maßgeblich mitgeprägte Entwicklung zur stärkeren Berücksichtigung mathematischer Methoden in der Statistik überrollte ihn jedoch schon während seiner letzten aktiven Zeit als o. Prof. Der übermächtige Einfluß der angloamerikanischen Statistik, die innerhalb der Naturwissenschaften vorangetrieben wurde, verdrängte sukzessive die sozialwissenschaftlich-begriffliche Ausrichtung innerhalb der deutschsprachigen Statistik. Die ehedem in Deutschland dominierende Flaskämpersche Statistik verlor so stark an Boden, daß Winkler – so Bruckmann – „sich heute voll auf Flaskämpers Seite stellen würde".[161]

Winklers Stellung zwischen den beiden Richtungen erleichterte es seinen Rezipienten, die zu einem guten Teil in der amtlichen Statistik tätig waren, die Brücke zu neueren internationalen Entwicklungen zu schlagen. Doch zwischen seinem Anspruch, selbst einer der Vorreiter der mathematischen Bewegung innerhalb der deutschen Statistik zu sein, und seinen – jedenfalls in den Augen ausgebildeter Mathematiker – vergleichsweise unmathematischen Lehrbüchern auf den Gebieten der Statistik und Ökonometrie bestand eine Kluft, die er trotz aller Versuche, eine Methodensynthese zu erreichen, nie ganz zu überbrücken vermochte.

Trotz oder gerade wegen dieser Schwächen hatten seine Werke große praktische Relevanz (s. unten). Seine Vorkriegsarbeiten fanden Eingang in die ersten deutschsprachigen, meist begrifflich-logischen Lehrwerke der Nachkriegszeit, die meist erweiterte Neuauflagen älterer Fassungen darstellten. Die ersten Einführungen in die Statistik wurden im Jahr 1946 von Felix Klezl-Norberg und dem Schweizer Statistikprofessor Hans Schorer veröffentlicht. Ersterer bezieht sich in seinen Hinweisen auf die Sekundärliteratur mit insgesamt zwölf Eintragungen relativ am häufigsten auf seinen Wiener Konkurrenten; Klezl zählt Winkler zu den „formalen" (im Gegensatz zu den „materiellen") Statistikern. Er zitiert aus seinem Œuvre vor allem Studien über die Wahrscheinlichkeitstheorie und die statistischen Verhältniszahlen. Seine „Wesensform" sei eine „glückliche Wortprägung, die mit Recht zum Gemeingut der Wissenschaft geworden ist".[162] Schorer nennt im Vorwort seiner „Statistik" Winkler als den Schöpfer einer Synthese, die aus den beiden Grundpfeilern des „Gesetzes der großen Zahlen" und der „Gleichartigkeit" besteht. Dieses System hatte der Wiener Statistiker erstmals in seinem Lehrbuch „Statistik" (1. Auflage 1925) der Fachwelt vorgestellt. Schorer zitiert Winkler in einem Atemzug mit amerikanischen und englischen Statistikern.[163]

---

[159] Gespräch mit Univ.-Prof. Dr. *Gerhart Bruckmann* vom 17. 06. 1999, Protokoll.

[160] *Othmar W. Winkler,* Betrachtungen zur Entwicklung der Theorie der Wirtschafts- und Sozialstatistik, in: Adam (Hg.), Festschrift für Wilhelm Winkler, 87.

[161] Gespräch mit Univ.-Prof. Dr. *Gerhart Bruckmann* vom 17. 06. 1999, Protokoll.

[162] Vgl. *Felix Klezl-Norberg,* Allgemeine Methodenlehre der Statistik. Ein Lehrbuch für alle wissenschaftlichen Hochschulen. 2., erg. Aufl. (Wien 1946), 25 f., 96, 108, 117, 128, 132; 267 (wörtl. Zit.).

Das erste demographische Lehrwerk nach dem Krieg wurde vom Berlin-Freiburger Nationalökonomen und Privatgelehrten Roderich Ungern-Sternberg (1885–1965)[164] gemeinsam mit Hermann Schubnell veröffentlicht. Wie Schubnell Jahrzehnte später über dieses Buch schrieb, „gibt es kein Kapitel, in dem nicht auf Methoden oder Forschungsergebnisse Wilhelm Winklers hinzuweisen gewesen war, so [...] bei den Untersuchungen der Sexualproportion und der Berechnung des zahlenmäßigen Ausgleichs der Geschlechter auf Grund der Absterbeordnung, [...] der wahrscheinlichkeitstheoretischen Begründung des Gesetzes der großen Zahl, der Abgangsordnung der unehelich Geborenen nach Tod und Legitimation, der kritischen Beurteilung des Standardisierungsverfahrens, [...] der fundierten Kritik an der *Verhulst*schen logistischen Kurve, [...]"[165]. Ungern und Schubnell rezipieren die Artikel des Wiener Demographen im Handwörterbuch der Staatswissenschaften, seine Studie über die statistischen Verhältniszahlen und die beiden Bände seines Lehrwerks. Mit insgesamt zwölf Eintragungen rangiert Winkler hinter dem Medizinalstatistiker Prinzing mit 21 Zitationshinweisen und noch vor v. Mayr mit elf, E. Wagemann und Süßmilch mit je sechs und Flaskämper mit fünf Zitaten.

Von entscheidender Bedeutung für die Klärung der Frage, warum Winkler gerade in den unmittelbaren Nachkriegsjahren besonders häufig zitiert wurde, ist der Umstand, daß seine Arbeiten sich einer gewissen Beliebtheit unter den praktisch tätigen Statistikern erfreuten. Schubnell berichtet, daß außer ihm selbst viele seiner Kollegen in den statistischen Ämtern Methoden und Theorien des Wiener Statistikers in die Analyse der amtlichen statistischen Ergebnisse übernommen hätten, so z. B. Tafelberechnungen oder auch Vorausschätzungen.[166] In einem Brief an seinen Wiener Kollegen faßte Schubnell 1974 dessen Verdienste so zusammen, daß ohne ihn „die Demographie im deutschsprachigen Raum verkümmert [wäre], sowohl in der Entwicklung der Methode wie auch in der problembezogenen Forschung".[167] – Zu der Attraktivität von Winklers Studien mag mit beigetragen haben, daß seine Vorkriegsarbeiten aus dem Gebiet der Wahrscheinlichkeitstheorie, die in der unmittelbaren Nachkriegszeit auch in der amtlichen Statistik zunehmende Beachtung fanden, nach dem Krieg leichter verfügbar waren als die fremdsprachige Literatur. Dazu kam noch hinzu, daß die Studien des Wiener Statistikers zwar wahrschein-

---

163 Vgl. *Hans Schorer,* Statistik. Grundlegung und Einführung in die statistische Methode. Bern 1946, 12, 33. Da Schorer mit Literaturhinweisen nur sehr sparsam umgeht, ist es schwer, herauszufinden, in welchen Stoffbereichen er mehr, in welchen er weniger auf Winkler zurückgreift. Es ist jedoch davon auszugehen, daß gerade die Kapitel über „Die Verhältniszahlen" (162 ff.) und „Das Gesetz der großen Zahl" (223 ff., bes. 230 f.) auch auf Studien des Wiener Statistkers aufbauen. Eine Zusammenstellung der wichtigsten zeitgenössischen statistischen Literatur findet sich bei *Hermann Schubnell / Roderich v. Ungern-Sternberg,* Grundriß der Bevölkerungswissenschaft (Demographie). Stuttgart 1950, 4–8.

164 Vgl. zu Ungern-Sternberg *vom Brocke* (1998), 98.

165 *Schubnell* (1984), 111 f.

166 Ebd., 111.

167 PNWW, Brief von H. Schubnell an W. Winkler vom 26. 06. 1974.

lichkeitstheoretisch und mathematisch fundiert waren, jedoch für die jüngere Generation der amtlichen Statistiker gut verständlich waren.

Die soziologische Richtung innerhalb der deutschen Demographie nahm ebenfalls Notiz von den theoretischen Studien des Wiener Bevölkerungsforschers, jedoch nicht in dem Ausmaß, der für die damaligen amtlichen Statistiker typisch war. Immerhin bedient sich die „Bevölkerungslehre" des Kieler Soziologen, Sozialwissenschaftlers und Statistikers Gerhard Mackenroth (1903–1955)[168], der mit diesem enzyklopädischen Grundriß die bisher letzte deutschsprachige Darstellung der Demographie verfaßte, Winklers methodischer Vorarbeiten. So zitiert Mackenroth insgesamt sechsmal den zweiten Band des „Grundrisses der Statistik". Wie Schubnell zitiert auch Mackenroth aus Winklers Forschungsergebnissen zur Geschlechterproportion der Geborenen; er verweist auf seine Berechnungen der Abgangsordnung der Ledigen und zitiert aus der Kritik des Wiener Statistikers an Burgdörfers „biologischer" Lebensbilanz der Bevölkerung.[169]

Winklers Einfluß auf die Arbeit der „Statistischen Zentralkommission"

Im Jahr 1951 nahm das ÖStZ die erste umfassende Bestandsaufnahme der österreichischen Bevölkerung in der Zweiten Republik vor. Unter der Leitung von Ludwig S. Rutschka wurde am 1. Juni 1951 eine Volkszählung abgehalten, die u. a. erstmals in der amtlichen Statistik bei der Vorwegauswertung einiger im Haushaltsbogen aufscheinender Angaben die Methode des besonders von R. A. Fisher ausgebauten Stichprobenverfahrens anwandte.[170] Winkler spielte eine entscheidende Rolle bei der Einführung dieser Methode, die er nicht nur in Deutschland, wo Hans Kellerer eine repräsentative Aufarbeitung der bayerischen Volkszählung von 1946 organisiert hatte,[171] sondern auch in Österreich verwirklicht sehen wollte. Wahrscheinlich noch vor 1950 zum „Consiliarius beim BM für Inneres für Volkszählungen" ernannt, instrumentalisierte der Ordinarius die *Statistische Arbeitsgemeinschaft* bei seinem Einwirken auf die verantwortlichen Entscheidungsträger.[172] Im Jahr 1950 übte er informell Druck auf die zuständigen Stellen aus, indem er in der *Statistischen Vierteljahresschrift* zwei Aufsätze seines Schülers H. Wagner und seines Mitarbeiters A. Adam zu diesem Thema erscheinen ließ. Er

---

[168] Zu Mackenroth vgl. *vom Brocke* (1998), 431.

[169] *Gerhard Mackenroth*, Bevölkerungslehre. Theorie, Soziologie und Statistik der Bevölkerung. Berlin / Göttingen / Heidelberg 1953, 17, 43–45, 78, 86 f., 96 f., 104, 231.

[170] Geschichte und Ergebnisse (1979), 160 f.

[171] *Adolf Adam,* Zur bayerischen Volks- und Berufszählung, in: StVjschr 3 (1950), 117–122.

[172] Vgl. Österreicher der Gegenwart. Lexikon schöpferischer und schaffender Zeitgenossen. Wien 1951, s. v. Winkler, Wilhelm, 340. Vgl. WW-1950-04, 113 f.; noch 1949 behauptete Winkler, er sei „in der glücklichen Lage", bei der Vorbereitung der Volkszählung nicht um seine Meinung gefragt worden zu sein. *W. Winkler,* Um die Statistik, 1949, 2; vgl. *Boustedt* (1950), 357.

selbst verfaßte „Einleitende Bemerkungen" zu diesen Studien, in denen er darauf
hinweist, daß Österreich vielleicht das einzige Land der ganzen Welt sei, das bevölkerungsstatistische Stichprobenerhebungen bislang weitgehend vernachlässigt
habe.[173] Die Stichprobenerhebung kam – s. oben – tatsächlich zustande. Dagegen
mußte Winkler die „bedauerliche Auferstehung" der altösterreichischen Umgangssprache bei der Zählung zur Kenntnis nehmen.[174]

Nach der Gründung der *Statistischen Zentralkommission* beeinflußte Winkler als
außerordentliches Kommissionsmitglied auch formell die Entwicklung der amtlichen Statistik. Die Kommission wurde am 30. Dezember 1950 durch eine Verordnung des Bundeskanzleramts als Beratungsorgan der amtlichen Statistik ins Leben
gerufen.[175]

Als erfahrenster österreichische Demograph hatte Winkler nach 1945 eine wichtige Rolle bei der Vorbereitung von Volkszählungen. Als Vorstand eines statistischen Universitätsinstituts, Leiter der Statistischen Arbeitsgemeinschaft und Herausgeber der einzigen statistischen Fachzeitschrift bündelte er in seiner Hand die
Fäden eines Netzwerks, das er selbst gewebt hatte und mit dem er seiner Stimme
Nachdruck verleihen konnte. Daß dieses Netzwerk nicht fein genug gesponnen
war, um alle seine Wünsche durchsetzen zu können, beweist die Rückkehr der amtlichen Statistik zur Erhebung der Umgangssprache.

Gesellschaftliche Aktivitäten außerhalb der Universität

Das bürgerliche und akademische Vereinswesen der Vorkriegszeit, in dem auch
Winkler eine Rolle gespielt hatte, war großteils schon 1938 / 39 von den Nationalsozialisten zerschlagen worden. Nach dem Ende des Zweiten Weltkriegs wurden
die katholischen und nationalen Vereinsnetzwerke nicht in der alten Form wiederaufgebaut. Bestimmte Vereinigungen wie z. B. der ÖVVA, die im Ständestaat
einen deutschen und einen „österreichischen" Patriotismus gepflegt hatten, verfügten im Zeichen eines neuartigen, nach 1955 sich endgültig durchsetzenden österreichischen Nationalbewußtseins über keine öffentliche Legitimation mehr. Sehr
schnell wurden hingegen die katholischen Vereine und Verbände wieder aufgebaut,

---

[173] Vgl. *Heinrich Wagner,* Stichprobenverfahren bei Bevölkerungserhebungen, in:
StVjschr 3 (1950), 114 – 117, und *Adolf Adam,* Zur bayerischen Volks- und Berufszählung,
in: ebd., 117 – 122.

[174] Vgl. Bespr. von *W. Winkler* zur Volkszählungsveröffentlichung des Österreichischen
Statistischen Zentralamts, StVjschr 6 (1953), 106 f.; wörtl. Zit. 107. Winkler vermißte
darüber hinaus eine detaillierte Behandlung der Heimatvertriebenen nach demographischen
Kriterien.

[175] AdR, BKA, Zl. 13.199-Prä 1b / 50, Verordnung über die Statistische Zentralkommission und die Fachbeiräte vom 30. 12. 1950. Vgl. auch Bundesgesetz vom 12. 07. 1950 über
die Bundesstatistik, Bgbl. Stück 40 Nr. 160 § 6. Da die Protokolle der jährlichen Tagungen
der „Statistischen Zentralkommission" erst seit den Beratungen von 1958 gedruckt wurden,
kann über Winklers Einfluß auf die amtliche Statistik hier nicht mehr ausgesagt werden.

so auch die *Wiener Katholische Akademie* (WKA), welche die Nachfolge der LG antrat.

Für Winkler stand unmittelbar nach dem Krieg mehr auf dem Spiel als jene Vereinsstrukturen wieder zu etablieren, in denen er vor 1938 aktiv gewesen war. Er sah sich nämlich mit einem Schreckgespenst konfrontiert, das er als katholisch geprägter und „national" denkender Bildungsbürger schon gefürchtet hatte, ehe das „Dritte Reich" den Vernichtungskrieg gegen die Sowjetunion begonnen hatte: Der Einmarsch der Roten Armee in Österreich brachte zwar die Befreiung von der verhaßten NS-Herrschaft, doch sah sich Winkler gleichzeitig neuen Bedrohungen ausgesetzt. In den letzten Stunden der Schlacht um Wien ließ Winkler seine „Sprachenkarte Mitteleuropas", die er in seinem Wohnzimmer hängen hatte, verschwinden. Dies geschah nur aufgrund der gerade aktuellen Bedrohung und deutete nicht auf einen Bruch mit den Idealen des deutschen „Volkstums" hin.[176]

Der Aufbau einer *Kommunistischen Partei Österreichs* (KPÖ) schien die bestehende Gesellschaftsordnung zu untergraben. Winkler betätigte sich daher zum ersten Mal in seinem Leben in der Politik, um bei der „Abwehr" des Kommunismus mitzuhelfen. Er trat der *Österreichischen Volkspartei* (ÖVP) bei, der Nachfolgerin der *Christlichsozialen Partei,* und organisierte bis zu den ersten freien Wahlen am 25. November 1945 den Aufbau der Sektion Ober St. Veit der ÖVP. Dabei wurde er nur von einigen wenigen Mitarbeitern unterstützt, darunter seinen Söhnen, die mit großer Begeisterung Hunderte von Wahlkampfplakaten klebten. In Wahlreden vor der Ober St. Veiter Bevölkerung sprach Winkler vor allem von der „Heimat" und den österreichischen „Kulturwerten", die es bei den Wahlen zu bewahren gelte. Das Wahlergebnis selbst sorgte für großes Aufatmen: Die von Winkler favorisierte ÖVP hatte mit 49,80% der abgegebenen Stimmen in Österreich die relative Mehrheit errungen, während die KPÖ mit 4% an abgeschlagener dritter Stelle lag. In den beiden Wahlkreisen des Wiener 13. Bezirks Hietzing zeigte sich ein ganz ähnliches Bild, obwohl die KPÖ mit rund 13% Stimmenanteil relativ stärker abgeschnitten hatte.[177] Nach diesem Erfolg sah Winkler keine Veranlassung mehr, sich weiterhin in der Parteipolitik zu betätigen. Er verkörperte den Typus eines Wissenschaftlers, der sein einziges Betätigungsfeld in der akademischen Forschung und Lehre erblickte, wenngleich er als Sozialwissenschaftler niemals „unpolitisch" sein konnte. Auch nach seinem Abschied aus der Politik blieb er der ÖVP treu, die er bei Wahlen immer mit seiner Stimme unterstützte.[178]

---

[176] Winklers deutschnationale Grundhaltung schimmerte selbst in seinen Lehrveranstaltungen an der Universität stets durch (vgl. Gespräch mit Univ.-Prof. Dr. *Gerhart Bruckmann* vom 17. 06. 1999, Protokoll). Winkler wurde wegen dieser Haltung und wegen seiner früheren Befürwortung des Anschlußgedankens „von verschiedenen Seiten" angefeindet (Gespräch mit Dkfm. *Berthold Winkler* vom 27. 07. 1999, Protokoll).

[177] Vgl. Die Nationalratswahlen vom 25. November 1945. Bearb. v. Österreichischen Statistischen Zentralamt. Wien 1946 (= Beiträge zur österreichischen Statistik; 2. H.), bes. 18.

[178] Gespräche mit Dkfm. *Berthold Winkler* vom 27. 07. 1999, mit em.Univ.-Prof. Dr. *Othmar Winkler* vom 19. 01. 2000 und mit *Franziska Winkler* vom 15. 06. 1999, jew. Protokolle.

Die Wiederauferstehung einer *Katholischen Akademie* der Erzdiözese Wien wurde noch während der Kriegsjahre geplant[179] und 1945 in die Tat umgesetzt. Die WKA diente den Wiener katholischen Hochschullehrern als Sammelstelle und geistiger Orientierungspunkt. Soziale Verständigung, gemeinsame Erfahrungen während der NS-Zeit und der Austausch weltanschaulicher Grundpositionen gingen Hand in Hand. Die diskursive Auseinandersetzung erfolgte im Rahmen von Vorträgen und Tagungen der Akademie, aber auch am Rande von kirchlichen Großveranstaltungen, wie es der Österreichische Katholikentag von 1952 war. Winkler gehörte neben seinen Kollegen Degenfeld-Schonburg und Otto Weinberger[180] zu den prominentesten Mitgliedern seiner Fakultät, die in der WKA aktiv waren. Kardinal Innitzer würdigte die Verdienste des Statistikers um die WKA am 6. April 1949 mit der Verleihung der ordentlichen Mitgliedschaft.[181]

Bereits 1946 wurde die Vortragstätigkeit im Rahmen der WKA wieder aufgenommen. Die Akademie richtete 1946/47 u. a. eine Arbeitsgemeinschaft für Fragen der Bevölkerungspolitik ein, die unter der Leitung von Degenfeld-Schonburg stand. Sie setzte sich zum Ziel, „die katastrophalen Auswirkungen der Kriegs- und Nachkriegsjahre auf dem Gebiet des Familien- und Bevölkerungswesens zu untersuchen und auf Probleme hinzuweisen, die eine Stellungnahme der Kirche notwendig erscheinen ließen". Nach einem ersten Diskussionsabend am 2. Dezember 1946 wurde am 7. Jänner des folgenden Jahres eine erste Tagung abgehalten, bei der Winkler und Degenfeld die „Ursachen und Auswirkungen des Geburtenrückgangs" darlegten. Im Laufe weiterer Tagungen wurde das „Geburtenproblem" vom theologischen, medizinischen und ökonomischen Standpunkt erörtert.[182] Der „Bevölkerungslage Österreichs" und den „Ursachen und Wirkungen des Geburten- und Sterberückganges" waren auch zwei Vorträge gewidmet, die Winkler im April 1953 in der WKA hielt.[183]

Im Frühjahr 1950 hielt der Wiener Ordinarius in der WKA ein Referat, das einen Vortragszyklus über die „Akademikerfrage" einleitete. Diese war für Winkler mit der „Hochschulüberfüllung", daraus resultierender Senkung des Studienniveaus und der Akademikerarbeitslosigkeit identisch. Die Auseinandersetzung um die „Akademikerfrage" war – als ein Sonderfall des Denkens in den Kategorien „Übervölkerung/Untervölkerung" – ähnlich widersprüchlich wie der eigentliche demographische Diskurs: Während Winkler eine „Übervölkerung" bedenkenlos in Kauf

---

179 *Peichl* (Hg.) (1957), 15.

180 Zu Degenfeld-Schonburg vgl. *Vetricek* (1980), 45–49; vgl. Kürschner (1954), 2538, s. v. Weinberger, Otto; zum katholisch-konservativen Gelehrtenkreis zählte auch der prominente Verfassungsrechtler Adolf Merkl. Mir ist jedoch nicht bekannt, ob auch Merkl nach seiner Rückkehr von Tübingen an die Universität Wien im Jahr 1950 in der KA aktiv war. Vgl. *Pakes* (1981), 155 ff.

181 *Adolf Adam,* Hofrat Professor Dr. Wilhelm Winkler. Leben und Wirken für die Statistik, in: Mitteilungen der Wiener Katholischen Akademie 5 (1954), 43.

182 *Peichl* (Hg.) (1957), 15.

183 Vgl. Mitteilungen der Wiener Katholischen Akademie 4 (1953), Folge 2, 12.

nahm, prangerte er in der Hochschulfrage gerade die „Überfüllung" (analog zur „Übervölkerung") an. In seinem Vortrag vertritt er die These, daß die „Überfüllung" der Hochschulen sich in den ersten Nachkriegsjahren gegenüber der Zeit vor 1938 noch verschärft habe. Es sei an der Zeit, daß dem in den „unteren Schichten" der Bevölkerung vorherrschenden „törichten Drang nach Hochschulstudium um jeden Preis die bessere Einsicht in die trüben Berufsaussichten der Jungakademiker" entgegengesetzt werde.[184]

Winkler vertrat hier einen sozialen Numerus clausus, der die schwierige, von Personalmangel und Raumnot gekennzeichnete Lage an den Universitäten spiegelte. Seine Krisenrhetorik reflektierte aber auch die Sorge vieler Hochschullehrer vor einer durch einen starken Zustrom zur Hochschulbildung hervorgerufenen „Proletarisierung" der studierenden Jugend und vor der sozialen Abwertung der Ordinarienuniversität. Winklers Begriff der „Hochschulüberfüllung" erwies sich so als ein Konstrukt, das einer ganz bestimmten sozialen Wertung entsprach.[185]

b) Die Erneuerung der österreichischen Statistik

Winklers Verdienst um den Aufbau der wissenschaftlichen Statistik in der Nachkriegszeit bestand darin, daß er die Infrastruktur seines Faches fast im Alleingang erneuerte und ausbaute. Indem er eine neue Generation von Statistikern heranzog, brach er personell mit den Traditionen der Vergangenheit.[186] Die Errichtung des *Instituts für Statistik* und die Schaffung eines systematisierten Ordinariats an der Universität Wien – des ersten und damals einzigen Lehrstuhls für Statistik in Österreich – gingen ebenso auf seine Initiative zurück wie die Gründung einer *Österreichischen Statistischen Gesellschaft,* einer statistischen Fachzeitschrift und eines Lehrgangs für Diplomstatistiker.[187]

---

[184] WW-1950-01, 18, 39 (wörtl. Zit.).

[185] Der Überfüllungsdiskurs in Westdeutschland entsprach Winklers Auffassung hinsichtlich der Lage an den österreichischen Hochschulen. Nach Siegrist mangelte es im Nachkriegsdeutschland als Folge der NS-Bildungspolitik jedoch gerade an Juristen, Lehrern u. a. (Vgl. *Hannes Siegrist,* Der Wandel als Krise und Chance. Die westdeutschen Akademiker 1945 – 1965, in: Klaus Tenfelde / Hans-Ulrich Wehler (Hg.), Wege zur Geschichte des Bürgertums. Göttingen 1994 (= Bürgertum. Beiträge zur europäischen Gesellschaftsgeschichte; 8), 297.

[186] In der amtlichen Statistik hingegen war die personelle Kontinuität über die politischen Brüche von 1938 und 1945 hinaus deutlich ausgeprägt.

[187] Winklers Anteil an der Reorganisation der österreichischen universitären Statistik kann im folgenden nur skizziert werden. Vgl. dazu auch *Alexander Pinwinkler,* Zur Geschichte der Österreichischen Statistischen Gesellschaft 1948 / 51 – 1957, in: Rudolf Dutter (Hg.), Festschrift 50 Jahre Österreichische Statistische Gesellschaft. Wien 2002, 71 – 87.

Die Österreichische Statistische Gesellschaft

Die *Österreichische Statistische Gesellschaft* (ÖStG) ging auf eine von Winkler am 7. Februar 1949 ins Leben gerufene *Statistische Arbeitsgemeinschaft* zurück. Der Einladung zur Gründungsversammlung der Arbeitsgemeinschaft, die im Institut für Statistik abgehalten wurde, folgten 52 Vertreter der verschiedensten Gebiete der Statistik und der Wirtschaftsforschung. Zu den Männern der ersten Stunde der Arbeitsgemeinschaft gehörten außer dem Ordinarius für Statistik auch der Privatdozent am Institut für Mathematik der Universität Wien Dr. Leopold Schmetterer (*1919) und Adolf Adam, der Winklers wichtigster Mitarbeiter am Institut für Statistik war. Adam betreute den „statistischen Beratungsdienst", der Naturwissenschaftler und Mediziner in die Methoden der angelsächsischen Statistik (Varianzanalyse) einführte. Ferner war er damit beschäftigt, zu potentiellen Vortragenden Kontakte herzustellen.[188]

Die *Statistische Arbeitsgemeinschaft* veranstaltete insgesamt zehn Tagungen. Sie vollzog einen Brückenschlag von der Statistik und Demographie zu den Wirtschafts- und Naturwissenschaften. So wurde im Jahr 1949 unter dem Vorsitz des Leiters der *Bundesanstalt für alpine Landwirtschaft* Prof. Zeller ein Unterausschuß für Biometrie gegründet, der sich u. a. damit befaßte, die Varianzanalyse in der Schädlingsbekämpfung anzuwenden. Ein Jahr später traten mit den Unterausschüssen für Stichprobenverfahren und Qualitätskontrolle und für Normierungen in der Statistik weitere Gremien innerhalb der Arbeitsgemeinschaft ins Leben.[189] Die Referenten der Arbeitsgemeinschaft kamen meist von verschiedenen Wiener Universitäts- und Hochschulinstituten. In besonders enger Verbindung zum Statistischen Institut und zur Arbeitsgemeinschaft standen Wissenschaftler des Instituts für Mathematik, des Anthropologischen und des Physiologischen Instituts der Universität Wien. Außerdem knüpfte die Arbeitsgemeinschaft Kontakte zu den Hochschulen für Technik, Welthandel und für Bodenkultur, den Bundesanstalten für Pflanzenschutz und für alpine Landwirtschaft, der Kammer der gewerblichen Wirtschaft und dem Institut für Wirtschaftsforschung.

Die Umwandlung der *Statistischen Arbeitsgemeinschaft* in eine „Statistische Gesellschaft" ging auf die Initiative jener Mathematiker zurück, die sich an den Tagungen der Arbeitsgemeinschaft beteiligten. Der Ordinarius für Statistik weigerte sich jedoch aus einem ganz bestimmten Grund lange, ihrem Umbau zuzustimmen. Dieser hätte nämlich notwendigerweise bedeutet, daß das *Österreichische Statistische Zentralamt* und damit auch Felix Klezl eingebunden hätten werden müssen. Erst als Klezl Ende 1950 in den Ruhestand trat, gab Winkler seinen Widerstand auf, und die Gesellschaft konnte am 13. März 1951 im Zusammenwirken mit dem ÖStZ formal aus der Taufe gehoben werden.[190] Sie

---

[188] Gespräch mit em. Univ.-Prof. Dr. *Adolf Adam* vom 21. 12. 2000, Protokoll (wörtl. Zit.); vgl. Statistische Arbeitsgemeinschaft, in: StVjschr 2 (1949), 43.

[189] Vgl. ebd., 3.-11. Tagung, 179–181; 3 (1950), 40 f., 96, 164–166.

hatte ihren Sitz im statistischen Institut der Universität. Damit verfügte die österreichische Statistik erstmals wieder – nach den kurzlebigen *Statistischen Sprechabenden* von Anfang der dreißiger Jahre – über eine Plattform, die alle interessierten Fachleute, öffentlichen Körperschaften und Wirtschaftsverbände unter einem Dach versammelte. Das Ziel der Gesellschaft war die Pflege aller Zweige der statistischen Wissenschaft und die Förderung des statistischen Unterrichts. Außerdem sollte die Verbindung zwischen statistischer Theorie und Praxis verbessert werden.[191]

Name und Zweck der Gesellschaft verwiesen auf das Vorbild der *Deutschen Statistischen Gesellschaft,* deren Präsident Karl Wagner anläßlich der Konstituierung der ÖStG „die allerherzlichsten Glückwünsche" übermittelte und seine Hoffnung auf eine freundschaftliche Zusammenarbeit ausdrückte.[192] Diese wurde in der Weise ausgestaltet, daß einzelne Mitglieder der beiden Gesellschaften als Gäste bei den Jahrestagungen der befreundeten Institution erschienen. Die ÖStG ging jedoch ihre eigenen Wege. So bezog sie die naturwissenschaftliche Statistik in ihre Tagungsveranstaltungen mit ein, wodurch sie sich deutlich von ihrer deutschen Schwestergesellschaft unterschied, die ihr Wirkungsfeld auf die Sozial- und Wirtschaftsstatistik im weitesten Sinn beschränkte.

Winkler teilte sich als Ordinarius für Statistik statutengemäß den Vorsitz in der Gesellschaft mit Georg Zimmermann, dem Präsidenten des ÖStZ und Bundesminister für Finanzen a. D. Geschäftsführender Sekretär wurde Adolf Adam. Die Funktion des Kassiers übernahm der Mathematiker Prof. Dr. Edmund Hlawka (Universität Wien). Dem Gründungsvorstand gehörten ferner die Professoren an der Technischen Hochschule Paul Funk und Josef Rybarz an. Weitere Mitglieder waren u. a. Leopold Schmetterer und Ernst John vom Österreichischen Institut für Wirtschaftsforschung. 1953 wurde Johann Pfanzagl von der Bundeskammer der gewerblichen Wirtschaft in den Vorstand kooptiert. 1955 und 1956 wurde der Vorstand um Edmund Hlawka, inzwischen Leiter des mathematischen Instituts der Universität, den Winkler-Schüler Wilhelm Zeller, Slawtscho Sagoroff und Arnold Madlé ergänzt. Letzterer war 1955/56 Präsident des Statistischen Zentralamts.[193] Mit dieser personellen Zusammensetzung des Proponentenkomitees und späteren Vorstands unterstrich die Gesellschaft ihr deklariertes Ziel, die Zusammenarbeit zwischen verschiedenen akademischen Disziplinen und der praktischen Statistik fördern zu wollen.

---

190 Gespräch mit em. Univ.-Prof. Dr. *Adolf Adam* vom 21. 12. 2000, Protokoll; vgl. zu Klezls Übertritt in den Ruhestand Geschichte und Ergebnisse (1979), 156.

191 Österreichische Statistische Gesellschaft, in: StVjschr 4 (1951), 75 f.

192 Neugründung [sic!] der Österreichischen Statistischen Gesellschaft, in: AStA 35 (1951), 162.

193 Österreichische Statistische Gesellschaft, in: StVjschr 8 (1955), 88 f.; *Adolf Adam,* Bericht des geschäftsführenden Sekretärs, in: StVjschr 8 (1955), 90; VI. Generalversammlung, in: StVjschr 9 (1956), 42.

1952 zählte die ÖStG bereits 86 ordentliche und beitragende Mitglieder.[194] Zu den wichtigsten Projekten, die von ihr in diesem Jahr finanziell unterstützt wurden, gehörten die Förderung des Lehrgangs für Diplomstatistiker, vor allem aber die Errichtung eines *Österreichischen Rechenzentrums für Wirtschaft und Forschung.* Diese im November 1953 gegründete gemeinnützige Institution bearbeitete vor allem Aufträge aus der Wirtschaft, wobei Fragen der statistischen Qualitätskontrolle eine besondere Bedeutung hatten.[195]

In der ersten vierjährigen Funktionsperiode des Vorstands der ÖStG wurden 46 Vorträge von österreichischen Statistikern und Wirtschaftsfachleuten abgehalten. Außerdem kamen fünf ausländische Referenten auf Einladung der Gesellschaft nach Wien, die Professoren Deming, USA, Linder und Stiefel, Schweiz sowie die Herren Graf und Masing aus Deutschland. Die Vortragsreihen der ÖStG standen ganz im Zeichen wirtschaftsstatistisch-ökonometrischer Probleme. Von insgesamt 62 Referaten, die bis 1957 vorgetragen wurden, galten fünfzehn Problemen der nationalökonomischen Forschung, wobei die Produktivitätsforschung und -messung die bevorzugten Diskussionsgegenstände darstellte. Im Zeichen des industriellen Wiederaufbaus und der Ausweitung der Produktion griff die Gesellschaft das Bedürfnis der Industrie auf, zur Messung, Abschätzung und Bewertung der Produktivität effizientere Methoden zu gewinnen. Referate, die aus Anlaß von Berichten über Tagungsteilnahmen und Studienreisen abgehalten wurden, bildeten einen weiteren wichtigen Schwerpunkt. Vor allem Winkler, aber auch Schmetterer, Johann Pfanzagl und die beiden amtlichen Statistiker Wilhelm Zeller und Georg Zimmermann stellten ihre internationalen Erfahrungen der österreichischen Statistikergemeinde zur Verfügung. Auch bei diesen Berichten standen die verschiedenen Zweige der Wirtschaftsstatistik stets im Vordergrund.

Winklers Rolle in der ÖStG läßt sich damit umschreiben, daß er ihr im Rahmen des von ihm geleiteten Instituts eine Heimstätte schuf und als Präsident und Vorstandsmitglied den Ablauf der Tagungsveranstaltungen koordinierte. Die inhaltliche Diskussion wurde von ihm weder beherrscht, noch wurde sie von ihm aktiv in eine bestimmte Richtung gelenkt. Das wissenschaftliche Profil der Gesellschaft wurde wesentlich von Nachwuchsforschern, z. B. von Adolf Adam, geprägt, die bestrebt waren, den Rückstand Österreichs durch Rezeption ausländischer Forschungsergebnisse aufzuholen. Somit erfüllte die ÖStG in ihrer Frühzeit vor allem die Funktionen, als Auffangbecken des internationalen statistischen Diskurses in Österreich zu dienen und – nicht zu vergessen –, eine institutionelle Voraussetzung für die soziale Zusammenführung der österreichischen Fachstatistiker mit statistisch interessierten Persönlichkeiten und Körperschaften zu schaffen.

---

[194] Drei Jahre später hatte sich der Mitgliederstand um 29 auf 115 Mitglieder leicht erhöht. (Vgl. ebd., Adam).

[195] Vgl. *Adolf Adam,* I. Generalversammlung der Österreichischen Statistischen Gesellschaft am 29. April 1952, in: StVjschr 5 (1952), 50–53; vgl. ders., Das Österreichische Rechenzentrum für Wirtschaft und Forschung, in: Der Österreichische Volkswirt 40 (1954), 6.

Die Statistische Vierteljahresschrift

Die in der Manzschen Verlags- und Universitätsbuchhandlung erscheinende *Statistische Vierteljahresschrift* (StVjschr) fungierte als Publikationsorgan der ÖStG, in der die meisten während der Tagungen abgehaltenen Referate abgedruckt wurden. Gegründet wurde die StVjschr im Jahr 1948. Die einzelnen Hefte der Zeitschrift bestanden aus drei Teilen: einem Aufsatz-, einem Rundschau- und einem Besprechungsteil. Im ersten Teil wurden meist Arbeiten aus Winklers Mitarbeiter- und Schülerkreis veröffentlicht, in der „Rundschau" fanden Tagungsberichte und Personalnachrichten ihren Platz, und der Besprechungsteil brachte einen Querschnitt der neuesten statistischen Fachliteratur.

Die StVjschr zog die kleine Gemeinde der in der ÖStG aktiven österreichischen, überwiegend Wiener Statistiker an sich. Sie blieb bis zu ihrer Einstellung 1957 innerhalb Österreichs ohne Konkurrenz. Als Herausgeber beeinflußte Winkler gemeinsam mit seinem hauptverantwortlichen Redakteur Adam maßgeblich die inhaltliche Ausrichtung der Beiträge; diejenigen seiner Schüler, die in der StVjschr die Ergebnisse ihrer Seminararbeiten und Dissertationen vorstellen durften, repräsentierten gleichzeitig einen Großteil des österreichischen statistischen Nachwuchses. Zu den Männern der ersten Stunde, die seit dem Gründungsjahr regelmäßig an der Wiener Zeitschrift mitarbeiteten, zählten Lothar Bosse, Adolf Adam und Othmar Winkler. Letzterer lieferte jedoch, nachdem er Wien verlassen hatte, nur mehr zwei Aufsätze (1950) und einen einzigen Beitrag für die Rundschau (1953) ab. Der Anteil weiblicher Forscher an dem statistischen Publikationsorgan hielt sich in engen Grenzen. Es war bezeichnend für die äußerst geringe Vertretung von Frauen an der Universität und besonders unter den Statistikern, daß die vermutlich einzigen Beiträge (Buchbesprechungen), die von einer Forscherin in der StVjschr veröffentlicht wurden, vermutlich von einer Verwandten des bekannten Universitätslehrers Weninger stammten.[196]

Bekannte ausländische Fachgelehrte, die an der Wiener Zeitschrift mitarbeiteten, kamen aus dem Kreis der mathematisch orientierten Schule um Oskar Anderson. Der Münchner Ordinarius selbst trug 1954 – ebenso wie sein Mitarbeiter Hans Kellerer – einen Artikel für die Festschrift zu Winklers 70. Geburtstag bei.[197] Ein weiterer ausländischer Gelehrter, die in der StVjschr zu Wort kamen, war der Genfer Statistiker Arthur Linder, ein Vorkämpfer der angewandten mathematisch-statistischen Forschung.[198]

Der letzte Jahrgang der StVjschr erschien 1957. Die ungeheuren organisatorischen und personellen Schwierigkeiten der unmittelbaren Nachkriegsära waren zu dieser Zeit längst überwunden, doch die inhaltliche Konzeption wie das äußere

---

[196] Die Rezensentin *Margaretha Weninger* besprach im Bd. 3 (1950), 49 f., 177 f. der StVjschr jeweils eine biometrische Monographie.

[197] Vgl. Festschrift für W. Winkler (1954).

[198] Vgl. *Klaus Abt*, Arthur Linder 70 Jahre, in: AStA 58 (1974), 320 f.

Erscheinungsbild der Zeitschrift hatten sich seit ihrem ersten Erscheinungsjahr kaum verändert. Winkler erkannte, daß die von ihm begründete Vierteljahresschrift nicht mehr den gestiegenen Anforderungen des statistischen Zeitschriftenwesens entsprach. „Zum Abschied" hob er die Bedeutung der StVjschr für die reiche Entfaltung des Nachwuchses hervor, und er stellte dankbar fest, daß „neben und mit der Zeitschrift" die ÖStG „zu blühendem Leben gelangt" sei. Doch jetzt könne „eine auf sich allein gestellte österreichische Zeitschrift" nicht mehr genügen.[199] Die neue Zeitschrift, die an die Stelle der StVjschr trat, wurde – nach einem Vorschlag von Sagoroff – von ihren Gründern *Metrika – Zeitschrift für theoretische und angewandte Statistik* genannt. Sie war das Ergebnis einer Verschmelzung der Wiener Zeitschrift mit ihrem Münchner Pendant *Mitteilungsblatt für mathematische Statistik* und wurde von Oskar Anderson und Wilhelm Winkler gemeinsam herausgegeben. Die Schriftleitung für den Teil „Theoretische Statistik" übernahm Hans Kellerer, und für den Teil „Angewandte Statistik" war der zweite Schriftleiter Slawtscho Sagoroff zuständig. Unterstützt wurde die Zeitschrift von den Inhabern statistischer Lehrstühle in Westdeutschland (Berlin-Charlottenburg, Berlin-Dahlem, Hamburg, München), Österreich (Wien) und der Schweiz (Bern, Genf) sowie vom *Statistischen Bundesamt* in Wiesbaden, das von Siegfried Koller vertreten wurde.[200]

Der Lehrgang für Diplomstatistiker.
Die Berufslaufbahn der Kursteilnehmer

1951 richtete Winkler am *Institut für Statistik* einen viersemestrigen Lehrgang für Diplomstatistiker ein, der im SS des selben Jahres seinen Betrieb aufnahm. Hinter dieser Gründung stand sein Gedanke, die Statistik zu einem Fach zu machen, das unabhängig von jeder Bindung an die Rechts- und Staatswissenschaftliche Fakultät studiert und mit einem Diplom abgeschlossen werden konnte. Seine Vorbilder waren die entsprechenden Studiengänge, welche in Italien und Frankreich schon länger bestanden.[201]

Schon 1949 war die *Statistische Arbeitsgemeinschaft* mit einstimmiger Unterstützung des Professorenkollegiums der Rechts- und Staatswissenschaftlichen Fakultät an das Unterrichtsministerium herangetreten, um einen „Lehrgang für Diplomstatistiker" einzurichten. Bis die Lehrveranstaltungen aufgenommen werden konnten, vergingen jedoch noch eineinhalb Jahre. Die Verzögerung entstand dadurch, weil das Parlament kein Hochschulstudiengesetz beschloß, das als Grundlage für eine die rechtliche Absicherung des Lehrgangs herstellende Verordnung dienen hätte können.[202] Als auch die ersehnte Absicherung durch eine Verordnung

---

[199] WW-1957-02, 105, 106 (jew. wörtl. Zit.).

[200] Geleitwort, in Metrika 1 (1958), 1 f.; Zur Urheberschaft der Bezeichnung „Metrika" vgl. Gespräch mit em. Univ.-Prof. Dr. *Adolf Adam* vom 21. 12. 2000, Protokoll.

[201] Vgl. Die Lage der Statistik in der Welt, in: StVjschr 1(1948), 175–180.

des Ministeriums zunehmend länger auf sich warten ließ, beschloß Winkler, den Lehrgang praeter legem und in Eigenregie einzuführen und ohne Rücksicht auf juristische Grundlagen die ersten Lehrveranstaltungen abzuhalten. Eine offizielle Genehmigung wurde auch später nie erteilt, sodaß der Lehrgang ein Dauerprovisorium blieb. Immerhin gelang es ihm, vom Ministerium Lehraufträge zu erhalten.[203]

Der Lehrplan des Studiengangs sah den Besuch der statistischen Lehrveranstaltungen für Staatswissenschaftler durch zwei Semester und von Vorlesungen und Übungen über höhere Mathematik für Statistiker vor. Über jeden Gegenstand waren Einzelprüfungen, über den Gesamtstoff eine kommissionelle Gesamtprüfung abzulegen. Vor dieser war eine schriftliche Hausarbeit einzureichen.[204] Die Lehrveranstaltungen wurden alle im *Institut für Statistik* abgehalten, doch waren sie inhaltlich kaum miteinander verbunden. Während Winklers Seminare und Vorlesungen seiner Lehrverpflichtung als o. Prof. der Rechts- und Staatswissenschaften entsprachen und sein Lehrangebot sich nicht verändert hatte, sondern nur die Zahl seiner Hörer um die Teilnehmer des Studiengangs vermehrt wurde, waren die von Privatdozent Schmetterer geleiteten Kurse für mathematische Statistik ausschließlich für die Lehrgangsteilnehmer gedacht.

Von den 75 eingeschriebenen Hörern des ersten Lehrgangssemesters waren drei Fünftel Lehramtskandidaten der mathematisch-naturwissenschaftlichen Richtung.[205] Die Ursache für die hohe Frequenz des Studiengangs durch Mathematiker, die eigentlich geplant hatten, die Schullaufbahn einzuschlagen, lag in der angespannten Arbeitsmarktlage begründet. Mathematiker konnten fast nur Lehrer werden. Als jedoch Winkler seinen Kurs einrichtete, erblickten viele Mathematiker in ihm eine Möglichkeit, ihre Berufschancen zu verbessern, auch wenn sie mit „Statistik" nicht viel anzufangen wußten.[206]

Die Absolventen des „Lehrgangs für Diplomstatistiker" verfügten, wie sein Begründer bereits nach den Erfahrungen der ersten Semester stolz vermerkte, über gute Berufschancen. Die meisten traten in den gehobenen Dienst der Kammern, des *Österreichischen Instituts für Wirtschaftsforschung* oder der Verstaatlichten Industrie ein. So stieg z. B. Hertha Firnberg (1909 – 1994)[207], die spätere Abgeordnete zum Nationalrat und Wissenschaftsministerin, nachdem sie einen „Schnellsiedekurs" (nicht den Lehrgang) am Institut absolviert hatte, zur Leiterin der Sta-

---

202 Lehrgang für fachstatistische Ausbildung an der Universität Wien, in: StVjschr 3 (1951), 77 f.

203 Vgl. *W. Winkler,* Aus der Werkstatt des Forschers (1959), 3; zu letzterem vgl. Schreiben von em. Univ.-Prof. Dr. *Leopold Schmetterer* an den Vf. vom 06. 12. 2000.

204 Lehrgang für fachstatistische Ausbildung an der Universität Wien, in: StVjschr 3 (1951), 78.

205 Ebd., 79.

206 Vgl. *Weichselberger* (1984), 80.

207 Zu Firnberg vgl. ÖBL, Bd. 1 (1995), 322, s. v. Firnberg, Hertha.

tistischen Abteilung der Niederösterreichischen Arbeiterkammer auf. Nur in das ÖStZ gelangten keine Teilnehmer an Winklers Kurs, worin sich die unter der Präsidentschaft von Hans Fuchs eisige Atmosphäre zwischen dem Amt und dem Institut spiegelte.[208]

Weitere Lehrgangsteilnehmer, welche „die erste Generation der Mathematischen Statistiker in Österreich"[209] darstellten und die, ehe sie an die Hochschule gingen, ebenfalls häufig in Kammern oder Verstaatlichter Industrie tätig waren, erhielten nach ihrer Habilitation direkte Rufe auf statistische Lehrstühle in Deutschland: Der erste unter den mathematischen Statistikern, der von dem Studiengang beruflichen Nutzen zog, war mit Leopold Schmetterer einer der Vortragenden des Lehrgangs selbst. Schmetterer wurde 1956 Ordinarius für Versicherungsmathematik und Mathematische Statistik an der Universität Hamburg. Wieder nach Wien zurückgekehrt, wechselte er von der naturwissenschaftlichen in die sozial- und wirtschaftswissenschaftliche Fakultät und folgte dem 1970 verstorbenen Winkler-Nachfolger Sagoroff auf die Lehrkanzel für Statistik.[210] Weitere Kursteilnehmer, von denen die meisten nur durch diese Einrichtung überhaupt zur Statistik gekommen waren, erklommen rasch die wichtigsten Stufen der akademischen Karriereleiter.[211] Zu den ersten, die den Lehrgang erfolgreich abschlossen, gehörte Johann Pfanzagl (* 1928). Pfanzagl, der sich bei Sagoroff habilitierte, wechselte nach einer mehrjährigen Dienstzeit an der Bundeswirtschaftskammer und, nachdem er 1959/60 Extraordinarius an der Universität Wien gewesen war, 1960 an die Universität Köln, wo er o. Prof. für Statistik wurde. Als Pfanzagl in Köln von den Statistikern zu den Mathematikern wechselte, wurde die Stelle frei und von Adolf Adam besetzt. Dieser – er hatte 1954 das erste Doktorat für (mathematische) Statistik in Österreich erworben – wechselte zwei Jahre später an die Hochschule Linz und baute das dortige *Institut für Systemwissenschaften* auf. Franz Ferschl, ein Schüler von Tintner, Sagoroff und Schmetterer, und Kurt Weichselberger waren zwar keine Lehrgangsabsolventen, jedoch Institutsangehörige – Weichselberger noch als „Wissenschaftliche Hilfskraft" unter Winkler. Beide machten ebenfalls in der Bundesrepublik Deutschland Karriere, als in den sechziger Jahren mehrere Statistik-Lehrkanzeln neu geschaffen wurden, jedoch kaum genügend Kandidaten

---

[208] *W. Winkler,* Eine Tragödie der Ahnungslosigkeit. Zur Sanierung der amtlichen Statistik Österreichs, in: Arbeit und Wirtschaft 9 (1963), 10; Schreiben von em. Univ.-Prof. Dr. *Leopold Schmetterer* an den Vf. vom 06. 12. 2000 (wörtl. Zit.); vgl. auch Gespräch mit em. Univ.-Prof. Dr. *Adolf Adam* vom 21. 12. 2000, Protokoll.

[209] Schreiben von em. Univ.-Prof. Dr. *Leopold Schmetterer* an den Vf. vom 06. 12. 2000.

[210] Prof. Dr. L. Schmetterer Ordinarius für Versicherungsmathematik und Mathematische Statistik an der Universität Hamburg, in: StVjschr 9 (1956), 80; Gespräch mit Univ.-Prof. Dr. *Gerhart Bruckmann* vom 17. 06. 1999.

[211] Zu den folgenden Informationen vgl. jeweils Kürschner: Jg. 1992, Bd. 2, 2750 (Pfanzagl); Jg. 1992, Bd. 3, 3986 (Weichselberger); Jg. 1992, Bd. 3, 3675 (Streißler); Bd. 1 (1992), 418 (Bruckmann); Bd. 1 (1976), 1731; Mitteilung von em. Univ.-Prof. Dr. Franz *Ferschl* an den Vf. vom 10. 10. 2000; Gespräch mit Univ.-Prof. Dr. *Gerhart Bruckmann* vom 17. 06. 1999, Protokoll.

zur Verfügung standen, um die Stellen zu besetzen. In dieser spezifischen Lage stieß die junge Generation der Wiener Statistiker in eine Nische des Arbeitsmarktes. Ferschl (*1929) erhielt Mitte der sechziger Jahre in Bonn einen Lehrstuhl. Weichselberger (*1929), der 1960 von Pfanzagl als Assistent nach Köln berufen worden war, verließ die dortige Universität schon 1963, um als o. Prof. an der Technischen Universität Berlin zu wirken. Erich Streißler (*1933) und Gerhart Bruckmann (*1932) gingen andere Wege, die sie nach teils mehrjährigen Auslandsaufenthalten wieder zurück an die Universität Wien führten. Streißler habilitierte sich 1959 an seiner Stammuniversität und ging 1962 als o. Prof. nach Freiburg i. Br., ehe er 1968 wieder an die Universität Wien zurückkehrte. Bruckmann, der den Lehrgang parallel zu seinem Studium der Mathematik und Physik besuchte, schloß diesen noch im SS 1955 ab. Er ging anschließend nach Rom, wo er in Statistik und Versicherungswissenschaften promovierte. Als er nach Wien zurückkehrte, trat er zunächst in die Bundeswirtschaftskammer ein, von wo er 1967/68 als o. Prof. zuerst nach Linz und dann an die Universität Wien ging. Bruckmann bezeichnet sich selbst als „den letzten Schüler von Wilhelm Winkler". Als theoretisch *und* praktisch arbeitender Statistiker habe der zweifache Zugang seines Lehrers zur Statistik seinen beruflichen Werdegang wie seine Einstellung gegenüber der Statistik als Wissenschaft maßgeblich geprägt.

Zu der Reihe von Statistikern, die eine erfolgreiche akademische Laufbahn einschlugen, gehörte auch Winklers Sohn Othmar. Dieser war bereits 1948 nach Abschluß seiner staatswissenschaftlichen Dissertation[212] und der nachfolgenden Promotion aus Österreich ausgewandert und kam daher mit dem Lehrgang nicht mehr in Berührung. In seiner beruflichen Laufbahn lehrte er u. a. an der Universität Caracas und an der Georgetown University in Washington, D. C.[213]

Die Entwicklung der Statistik in den sechziger und siebziger Jahren war durch das weitere Vordringen der mathematischen Statistik und der mathematischen Statistiker gekennzeichnet. Die meisten Lehrstuhlinhaber dieses Faches hatten zu den sozialwissenschaftlichen oder gar demographischen Wurzeln ihrer Disziplin keinen Bezug mehr, sondern sie waren mehrheitlich ausgebildete Mathematiker. Der Lehrgang für Statistiker wurde nach 1955 von Slawtscho Sagoroff vorerst weitergeführt, doch dürfte er ihn bald aufgegeben haben.[214] Für die weitere Entwicklung des statistischen Unterrichts in Österreich[215] wurde das Bundesgesetz von 1966 wegweisend, da es Winklers Ansatz eines Aufbaustudiums zu einem Vollstudium weiterentwickelte: Mit dem Gesetz wurde eine vollakademische achtsemestrige Studienrichtung „Sozial- und Wirtschaftsstatistik" eingeführt, die neben

---

[212] *Othmar W. Winkler,* Die Nachfragestruktur des Konsumgütermarktes in Abhängigkeit von der Struktur einer geschlossenen Bevölkerung. Staatswiss. Diss. masch. Wien 1948.

[213] Vgl. Gespräch mit em. Univ.-Prof. Dr. *Othmar Winkler* vom 19. 01. 2000, Protokoll.

[214] *W. Winkler,* Aus der Werkstatt des Forschers (1959), 3; Gespräch mit em. Univ.-Prof. Dr. *Adolf Adam* vom 21. 12. 2000, Protokoll.

[215] Vgl. *Adam* (1984), 13.

mathematischen auch juristische Fächer beinhaltete. Erstmalig wurde die Studienrichtung im selben Jahr an der Hochschule für Sozial- und Wirtschaftswissenschaften in Linz eingerichtet. Adam richtete dieses Studium als Aufbauprofessor ein. Winklers jahrzehntelange Bestrebungen wurden mit dem Gesetz und der Schaffung einer neuen Studienrichtung teilweise verwirklicht, wenngleich die Studienordnung einen Rückschritt hinter die Zeit der von ihm seinerzeit begünstigten stärkeren Berücksichtigung der Naturwissenschaften in der Statistik mit sich brachte.

In der Bundesrepublik Deutschland erlebte die akademische Statistik besonders seit den späten sechziger Jahren einen enormen Aufschwung. Der Wiener Lehrgang für Diplomstatistiker war das Vorbild für ähnlich angelegte Studiengänge, wie sie 1974 in Dortmund und 1979 in München eingerichtet wurden.[216]

4. Die geographische Zerstreuung der Familie

Im Mai 1945 schien sich das Leben der Familie Winkler langsam wieder zu normalisieren. Der Vater nahm seinen Dienst an der Universität wieder auf, und er reintegrierte sich in das soziale Leben des katholischen akademischen Milieus, das vom Zyklus regelmäßiger Vortragsveranstaltungen in der *Katholischen Akademie* und von kirchlichen Festlichkeiten strukturiert wurde. Die Religion war ihm eine geistig-seelische Stütze, die eine tröstende und beruhigende Funktion einnahm.[217]

Kennzeichnend für die klare Trennungslinie, die er zwischen seinem beruflichen und seinem privaten Leben zog, war, daß er kaum persönliche Kontakte zu seinen Kollegen (und schon gar nicht zu seinen Studenten) pflegte. Trotzdem kann und muß eine allzu scharfe Scheidung zwischen „privater" und „öffentlicher" Sphäre, wie sie das bildungsbürgerliche Ideal konstruierte, kritisch hinterfragt werden. So entsprach es dem beruflichen Alltag eines Hochschulprofessors, auch Verpflichtungen wahrzunehmen, die einen „halboffiziellen" Charakter hatten. Ein informeller Verhaltenskodex bestimmte, daß die Professoren an bestimmten gesellschaftlichen Ereignissen, die in der Universität und in deren Nahbereich stattfanden, teilzunehmen hatten. Dies setzte ein Mindestmaß an sozialer Kommunikation innerhalb der Universität voraus. Engere soziale Kontakte zwischen den einzelnen Hochschullehrern wurden jedoch immer dann notwendig, wenn das sonst „private" Gut der Gesundheit eines Kollegen akut gefährdet erschien und dadurch der personelle Bestand des Professorenkollegiums einer Veränderung entgegenzugehen schien. Als Dekan Schima dem im Krankenhaus liegenden Winkler im Namen der Fakultätskollegen Genesungswünsche entbot, wurde ein darüber geführter Schriftwechsel in seinen Personalakt aufgenommen, da der Besuch des Dekans im Spital offizieller

---

[216] *Hermann Witting,* Mathematische Statistik, in: Gerd Fischer, Friedrich Hirzebruch et al. (Hg.), Ein Jahrhundert Mathematik 1890–1990. Festschrift zum Jubiläum der DMV. Braunschweig / Wiesbaden 1990 (= Dokumente zur Geschichte der Mathematik; 6), 805.

[217] Vgl. *W. Winkler,* Lebensgeschichte (1952), 222.

Natur war. Winkler besuchte seinerseits als Fakultätsvertreter den erkrankten Kollegen Degenfeld-Schonburg im Spital. Beide Professoren, die im Rahmen der *Katholischen Akademie* – also außerhalb der Universität – zusammenarbeiteten, nützten den eigentlich „offiziellen" Besuch zu einem privaten Gedankenaustausch.[218]

Winkler, seine Gattin Klara und die vier Kinder hatten die Demütigungen der Verfolgungszeit äußerlich unbeschadet hinter sich gelassen. Psychologische Traumatisierungen blieben dennoch bei allen Familienangehörigen zurück. Winkler umschrieb die komplexen Befindlichkeiten von Frau und Kindern mit einem grundlegenden „Unsicherheitsgefühl", das sie alle fünf – einschließlich seiner Frau – dazu bewogen habe, die erstbeste günstige Gelegenheit wahrzunehmen, um Österreich zu verlassen.[219] Er selbst scheint sich nie mit dem Gedanken getragen zu haben, seiner Wahlheimat Wien noch einmal in seinem Leben für längere Zeit den Rücken zu kehren, sondern er widmete seine ganze Energie dem Wiederaufbau von Lehre und Infrastruktur seines Faches. Die Gelegenheit zur Abreise hätte ihm nur eine Berufung an eine ausländische Universität gegeben. Doch seine diesbezüglichen Chancen waren in Anbetracht seines hohen Alters sehr gering geworden.

In den ersten Jahren nach Kriegsende blieben die Familienangehörigen noch beisammen. Erhard konnte sein Studium der Geologie, das er während des Krieges hatte abbrechen müssen, nach 1945 wieder aufnehmen und mit dem Doktorat abschließen. Er war seit Anfang 1946 wissenschaftlicher Assistent an der Technischen Hochschule und verließ als erster seine Geburtsstadt, um eine Stelle in den USA anzunehmen, wo er an der Notre Dame University in South Bend, Indiana, eine Stelle als Professor der Geologie annahm. Othmar setzte ebenfalls sein „wegen Maßregelung" unterbrochenes Studium fort, er promovierte am 29. Oktober 1948 zum Doktor der Staatswissenschaften und siedelte sich anschließend in der venezolanischen Hauptstadt Caracas an. Sein Bruder Berthold folgte ihm 1949 nach Südamerika, wo er – ebenfalls in Caracas – in einem großen Handelshaus arbeitete und später seine eigene Firma gründete. Berthold war während der NS-Zeit der Schulabschluß verwehrt worden, sodaß er 1945 die Matura nachholen mußte, um ein Studium an der Hochschule für Welthandel beginnen zu können, das er 1949 abschloß. Die Schwester Hildegard, die wie ihre Brüder während der NS-Zeit ihre Ausbildung nicht abschließen hatte können, trat in eine Säuglings- und Kinderschwesternschule ein, ehe sie Ende der vierziger Jahre nach London übersiedelte und dort nach längerer Tätigkeit als Haushilfe einen Geschäftsmann heiratete.[220]

---

[218] UAW, PA Prof. Dr. W. Winkler, Brief von Dekan Prof. Dr. H. Schima an Winkler von 10. 12. 1949; Dankschreiben von Winkler an Schima vom 02. 01. 1950; vgl. PNWW, Mein überreich bewegtes Leben, Fragm. 10, 9.

[219] PNWW, Mein überreich bewegtes Leben, Fragm. 10, 8.

[220] ÖSTA, AdR, BMU, PA Prof. Dr. Wilhelm Winkler 10 / 101 / 02, Zl. 50.177, Verwaltungsstelle der wissenschaftlichen Hochschulen in Wien an Winkler vom 31. 05. 1946;

Als Opfer des Nationalsozialismus beobachteten die Winklers sehr genau, wie in Österreich in der Nachkriegszeit mit den ehemaligen Parteimitgliedern umgegangen wurde. Berthold Winkler saß als Student an der Hochschule für Welthandel in einer Kommission, die von Fall zu Fall darüber entschied, ob ein „Ehemaliger" zum Studium zugelassen werden sollte oder nicht. Dort – und auch in der breiteren Öffentlichkeit – erlebte er mit, wie Leute, die einst „mit goldenen Parteiabzeichen durch die Straßen marschiert" seien, sich jetzt als „glühende Österreicher" ausgaben.[221] Das Bewußtsein, zutiefst unmenschliche und kaum gesühnte Verfolgungen erlitten zu haben, aber auch der Umstand, daß längerfristig keine deutliche Verbesserung der wirtschaftlichen Lage zu erwarten war, sorgten im Verein mit jeweils sich unmittelbar bietenden Gelegenheiten dafür, daß die Entscheidung erleichtert wurde, Österreich zu verlassen.[222]

Winkler hatte ursprünglich nicht geplant, gegen diejenigen unter den Ober St. Veiter Parteimitgliedern gerichtlich vorzugehen, die die Familie denunziert und belästigt hatten. Der größte Übeltäter aus jener Zeit, Pöffel, sorgte jedoch durch sein kriecherisches Verhalten selbst dafür, daß er der Jurisdiktion überantwortet wurde. Als Pöffel nämlich ausgerechnet sein einstiges Haßobjekt Winkler um einen „Persilschein" anflehte, platzte diesem der Kragen, und er brachte gegen ihn umgehend eine Anzeige ein. Pöffel wurde in einem Volksgerichtsprozeß zu zwei Jahren Kerker verurteilt, jedoch nach einem Jahr aus Gesundheitsgründen wieder entlassen. Die Geschwister Winkler traten bei diesem Prozeß in den Zeugenstand; ihr Vater war bei den Verhandlungen nicht anwesend, weil er sich nach seinem gesundheitlichen Zusammenbruch im Frühjahr 1947 gerade im Spital befand.[223]

Nach seinen beiden Herzinfarkten hatte sich Winklers körperlicher Zustand stabilisiert, sodaß er seine Reise- und Lehrtätigkeit wieder voll aufnehmen konnte.[224] Im Mai 1949 machte ihm jedoch eine Gallenblasenentzündung schwer zu schaffen, sodaß er im Anschluß an einen Aufenthalt in Paris im Zusammenhang mit seiner Beratertätigkeit für die UNESCO einen dreiwöchigen Kuraufenthalt in Vichy absolvieren mußte. Im darauf folgenden Winter mußte er sich dennoch einer schweren Magen-Darm-Gallenoperation unterziehen, wodurch er wochenlang ans Bett gefesselt wurde. Als er im September 1950 seine Lebensgeschichte nieder-

Winkler an das BMU vom 02. 11. 1948; vgl. auch PNWW, Mein überreich bewegtes Leben, Fragm. 10, 9 f.

221 *Klaus Eisterer*, Österreich unter alliierter Besatzung 1945–1955, in: Rolf Steininger / Michael Gehler (Hg.), Österreich im 20. Jahrhundert. Bd. 2: Vom Zweiten Weltkrieg bis zur Gegenwart. Wien 1997, 171.

222 Gespräch mit Dkfm. *Berthold Winkler* vom 27. 07. 1999, Protokoll; Erhard Winkler charakterisiert die seinerzeitige Gesamtlage schlicht als „hoffnungslos". – Gespräch mit em. Univ.-Prof. Dr. *Erhard Winkler* vom 27. 12. 1999, Protokoll.

223 Nach einer Mitteilung des Landesgerichts für Strafsachen Wien v. 20. 08. 1999 an den Vf. sind ebendort keine Aktenbestände zum Prozeß gegen Roman Pöffel bekannt. Vgl. Gespräch mit em. Univ.-Prof. Dr. *Othmar Winkler* vom 19. 01. 2000, Protokoll.

224 Vgl. Kap. V. 1.

schrieb, gab er sich mit Blick auf die schweren Erkrankungen, die er bereits hinter sich hatte, hinsichtlich seiner weiteren Lebenserwartung pessimistisch. Er sah sich nur noch als einen „blasse[n] Schatten" seiner selbst und gab sich bestenfalls noch „fünf Jahre der Aktivität".[225] Daß seine Erkrankungen die letzten schwereren körperlichen Probleme waren, mit denen er bis in die hohen Neunziger hinein kämpfen sollte, konnte ihm zu diesem Zeitpunkt freilich nicht bewußt sein.

Nach der Auswanderung aller seiner Kinder und dem zeitweiligen Abschied von seiner Frau – die jedoch wieder nach Wien zurückkehrte, nachdem sie einige Monate bei ihrer Tochter in England gelebt hatte – blieb der alternde Familienvater allein in Wien zurück. Er beklagte resigniert, jedoch nicht verbittert das „Ende der Familie Winkler" und stellte bedauernd fest, daß seine heranwachsenden Enkelkinder sich der deutschen Sprache entfremdeten und ganz in der neuen Heimat ihrer Eltern aufgingen. Dennoch versuchte er mit großer Zähigkeit, die gelockerten Familienbindungen durch die Einführung von wöchentlichen „Rundbriefen" aufrechtzuerhalten, die Neuigkeiten über die einzelnen Familienangehörigen enthielten. Winkler versuchte auf diese Weise, seinen Angehörigen ein Forum zu bieten, mit dessen Hilfe sie sich über die neuesten Entwicklungen daheim in Wien und bei ihren Geschwistern und deren Familien informieren konnten. Die Rundbriefe waren darüber hinaus ein Mittel, um die väterliche Herrschaft auch nach der Selbständigkeit einzelner Familienglieder zu sichern. Er mußte jedoch einsehen, daß seine Kinder nicht immer den wohlmeinenden väterlichen Empfehlungen folgten und zunehmend ihre eigenen Wege gingen. Die Geschwister bemühten sich jedoch, den Kontakt zu den Eltern in Wien aufrechtzuerhalten und diese zu besuchen, so oft ihre finanziellen Möglichkeiten es zuließen.[226]

---

[225] UAW, PA Prof. Dr. W. Winkler, Urlaubsbitte von W. Winkler, Ansuchen an das BMU vom 14. 05. 1949; vgl. Schriftwechsel W. Winkler – Fakultät, Dezember 1949; *W. Winkler,* Lebensgeschichte (1952), 219; 221, 222 (jew. wörtl. Zit.).

[226] Vgl. die Gespräche mit Dkfm. *Berthold Winkler* vom 27. 07. 1999 und mit em. Univ.-Prof. Dr. *Othmar Winkler* vom 19. 01. 2000, jew. Protokolle.

VI. Emeritierung und Fortsetzung
der wissenschaftlichen Tätigkeit (1955 – 1974)

Mit seiner Emeritierung begann für Winkler eine neue Phase verstärkter wissenschaftlicher Produktivität. Es war sein wichtigstes Ziel, sein Lebenswerk noch einmal in monographischer Form zusammenzufassen. In den etwa zwanzig Jahren seiner Publikationstätigkeit als emeritierter Professor durchlief er sein 71. bis 90. Lebensjahr.

Die Wechselwirkungen zwischen Winklers „Altern", seiner ihn nach zwei Witwerjahren mental belebenden zweiten Ehe und seiner Forschungsarbeit werden im folgenden hervorgehoben. Problematisiert werden ferner seine Aktivitäten im internationalen Kongreßwesen, die weitere Entwicklung seiner sozialen Beziehungen zu seinen Fachkollegen, sein Verlangen nach öffentlichen Ehrungen, aber auch seine Auseinandersetzung mit gesellschaftlichen Wandlungen Ende der sechziger Jahre, die u. a. sein gewohntes Selbstverständnis als Universitätsprofessor zu bedrohen schienen.

1. Einleitung: Die Emeritierung als partieller Bruch
in Winklers akademischer Laufbahn

Als Winkler 1954 / 55 sein „Ehrenjahr" als Ordinarius für Statistik absolvierte, soll er die Regelung seiner Nachfolge bereits genau geplant haben: Angeblich stellte er die Berufungsliste – er war zu einem Dreiervorschlag an das Professorenkollegium und das Ministerium berechtigt[1] – so zusammen, daß sein von ihm selbst als wissenschaftlicher Erbe betrachtete Sohn Othmar[2] von der Berufungskommission de facto nicht übergangen werden konnte. Der Name seines Sohns soll formal nur an dritter Stelle dieser Liste plaziert gewesen sein. Nach Adam stand Oskar Morgenstern (1902 – 1977), der 1938 in die USA emigrierte ehemalige Leiter des Wiener *Instituts für Konjunkturforschung* und Mitbegründer der Spieltheorie, an erster Stelle der Berufungsliste.[3] Niemand erwartete, daß der promi-

---

[1] Vgl. PNWW, Mein überreich bewegtes Leben, Fragm. 10, unbez. [18].

[2] Vgl. *W. Winkler,* Lebensgeschichte (1952), 222.

[3] Im UAW sind nach Angaben der Archivleitung keine Unterlagen zur Nachfolge Winkler vorhanden. (Mitteilung des UAW an den Vf. vom 27. 07. 1999), wodurch ihre Rekonstruktion erschwert wird. Vgl. Gespräch mit em.Univ.-Prof. Dr. *Adolf Adam* vom 21. 12. 2000, Protokoll. Die Zeitzeugen sind sich darin einig, daß die Berufungsliste auf Othmar Winkler zugeschnitten gewesen sei. Dessen Vater sagte (nach Streißler) zu Kollegen: „Es haben sich

nente Nationalökonom den Ruf annehmen werde. Die zweite Stelle habe – nach einem Vorschlag von Oskar Anderson – der aus Bulgarien gebürtige Statistiker Slawtscho Sagoroff (1898–1970) eingenommen. Sagoroff hatte das Amt eines Direktors des *Rockefeller Institute for Economic Research* in Sofia bekleidet und war u. a. Gastprofessor an der Universität München gewesen. Er wirkte zur Zeit seiner Berufung nach Wien an der Universität Stanford, Kalifornien (USA). Sagoroff wurde als ein kompetenter Wirtschaftsstatistiker eingeschätzt.[4] Winkler soll damit gerechnet haben, daß Sagoroff nie in der Lage sein werde, nach Wien zu kommen. Er war nämlich während der Kriegszeit bis 1942 Botschafter seines mit Deutschland verbündeten Landes in Berlin gewesen und war deshalb im kommunistischen Bulgarien verfemt. Wenn Sagoroff einem Ruf in die von den Sowjets besetzte österreichische Hauptstadt gefolgt wäre, hätte er seine persönliche Sicherheit aufs Spiel gesetzt.

Als Morgenstern den Ruf wider Erwarten tatsächlich annehmen wollte, reagierten die Nationalökonomen, die immer noch wenig mathematisch gesinnt waren, „mit Entsetzen".[5] Dies habe die Fakultät dazu bewogen, Morgenstern mit fadenscheinigen Begründungen „auszuladen" und ihm zu bedeuten, daß man ihn in Wien doch nicht haben wolle. Möglicherweise wurde erst dann die Berufungsliste umgereiht, wobei vermutlich Tintner an die erste Stelle der Liste kam.[6] Erst als 1955 die politische Lage in Österreich sich mit dem Abzug der Sowjets entscheidend veränderte, wurde das Nachfolgekarussell gestoppt, ohne daß Winklers ursprünglicher Absicht gefolgt worden wäre: Das Professorenkollegium bestimmte nämlich den Zweitgereihten – Sagoroff – zum neuen Ordinarius. Sagoroff konnte mit Beginn des WS 1955/56 unbehelligt sein Amt antreten.[7]

Einer von Winklers wahrscheinlichen Favoriten – Tintner – kam nach seinem Abgang tatsächlich nach Wien – jedoch nicht als Nachfolger, sondern „nur" als Gastprofessor. Tintner hielt im Studienjahr 1956/57 u. a. eine Vorlesung über Ökonometrie.[8]

---

so viele Leute beworben – und mein Nachfolger." [sic!] (Vgl. zum Folgenden auch die Gespräche mit Univ.-Prof. Dr. *Erich Streißler* vom 11. 10. 1999 u. mit em. Univ.-Prof. Dr. *Kurt Weichselberger* vom 13. 11. 2000, jew. Protokolle).

[4] *Christian Fleck,* Wie Neues nicht entsteht. Die Gründung des Institutes für Höhere Studien in Wien durch Ex-Österreicher und die Ford Foundation, in: Österreichische Zeitschrift für Geschichtswissenschaft 11 (2000), 148 f.

[5] *Adolf Adam,* Persönliche Festschrift für Prof. Dr. Edmund Hlawka [unveröff. Manuskript, Linz 1996], 61.

[6] Vgl. *Fleck* (2000), 149. G. Tintner schrieb – nach Fleck – an die *Rockefeller Foundation,* daß die Wiener Statistiker dank des Wirkens von W. Winkler viel besser seien als in Deutschland oder der Schweiz.

[7] Vgl. Prof. Dr. S. Sagoroff – Ordinarius für Statistik an der Universität Wien, in: StVjschr 8 (1955), 149; zu Sagoroff vgl. WW-1970-02, 124 f.; vgl. auch UAW, Teilnachlaß Prof. Dr. Slawtscho Sagoroff, Briefwechsel zwischen dem BMU (Zl. 38.089-I/1–55), Winkler und Sagoroff, April bis November 1955.

[8] Prof. Dr. Gerhard Tintner Gastprofessor an der Universität Wien, in: StVjschr 9 (1956), 80.

Die Umstände von Winklers Emeritierung und der Nachfolgeberufung belegen, daß der Universitätsbetrieb in den fünfziger Jahren wesentlich von der persönlichen Machtausübung einzelner Ordinarien beeinflußt war. Die spezifische hierarchische Struktur des akademischen Herrschaftssystems, in dem „Lehrer-Schüler-Verhältnisse" häufig Züge einer „Vater-Sohn-Beziehung" trugen, begünstigte die Entstehung informeller Entscheidungsmechanismen, so daß z. B. über Personalentscheidungen bereits im Vorfeld offizieller Kollegiums- und Senatssitzungen im kleinen Kreis eingeweihter Personen entschieden wurde. Daß z. B. Winkler danach trachtete, die Entscheidung über seine Nachfolge selbst zu bestimmen, entsprach der inneren Logik eines Systems, das auf Klientelverhältnissen und persönlichen Abhängigkeiten aufbaute. Ähnlich wie innerhalb seiner eigenen Familie, in der sich Winkler, nachdem seine Kinder ihre Familien gegründet hatten, weiterhin in wichtige berufliche oder persönliche Entscheidungen einschaltete, war er auch am Institut der allein Vorgaben gebende und deren Umsetzung überwachende Vorgesetzte. Das Rollenverständnis des Ordinarius läßt sich als paternalistisch charakterisieren. Als „Paternalismus" läßt sich hier eine Form der sozialen Interaktion innerhalb der Universität charakterisieren, zu der die kompromißlose Strenge bei der Benotung studentischer Leistungen, Anspruch auf unbedingte Korrektheit in Verhalten und Äußerungen, aber auch freundlich-distanzierte Förderung fleißiger und begabter Studierender durch den Ordinarius gehörte.

Der Eintritt in den Emeritiertenstand brachte für Winkler keinen endgültigen Abschied von der Universität. Im Studienjahr 1955 / 56 setzte er seine Lehrtätigkeit fort. Er wurde zum Honorarprofessor bestellt, dem sein Nachfolger die Abhaltung des Statistischen Hauptseminars überließ.[9] Nachdem er sich dieser Verpflichtung entledigt hatte, mußte er zwar endgültig von seinem Lehramt zurücktreten, doch hielt er seine Kontakte zu dem von ihm begründeten Institut danach weiterhin aufrecht. Als Emeritus verfügte er zwar nur über einen beschränkten Zugang zu den Instituts-Ressourcen, doch konnte er diese, wenn auch in begrenzter Weise, für seine Forschungsarbeiten nutzen.[10]

Für Winklers wissenschaftliche Studien bedeutete die Emeritierung im Gegensatz zu seiner Lehrtätigkeit keinen wesentlichen Einschnitt. Zwar verringerte sich die Zahl seiner selbständigen und unselbständigen Veröffentlichungen von 48 im Zeitraum zwischen 1945 / 48 bis 1955 auf 29 im Zeitraum zwischen 1956 und 1973, doch lassen sich daraus – wenigstens bis zum Ende der sechziger Jahre – keine Schlüsse auf einen Rückgang seiner fachlichen Aktivitäten ziehen. So nahm er ungebrochen an den meisten internationalen wissenschaftlichen Tagungen seines Fachs teil; er selbst organisierte sogar den in Wien 1959 abgehaltenen Internationalen Bevölkerungskongreß. Nachdem dieser beendet war, begann er sich mit

---

9 Vgl. UAW, PA Prof. Dr. W. Winkler, BMU, Zl. 52.606 / I-1 / 55, Versetzung in den dauernden Ruhestand und Ernennung zum Honorarprofessor, Dekret vom 12. 05. 1955; vgl. Vorlesungen über Statistik an den österreichischen Hochschulen, in: StVjschr 8 (1955), 151.

10 Vgl. WW-1969-01, 6.

der Demometrie einem neuen Forschungsgebiet zuzuwenden.[11] Fast zehn Jahre arbeitete er an der „Demometrie" (1969), seinem Alterswerk, das sein System einer
Synthese zwischen theoretischer und angewandter Bevölkerungsstatistik der Vollendung entgegenführen sollte. Dieses Werk stellte den von ihm selbst inszenierten
Gipfel- und Höhepunkt seiner Forschungs- und Veröffentlichungstätigkeit dar. Mit
dieser Abhandlung kehrte er im hohen Alter zur demographischen Forschung zurück, deren verschiedenen Zweigen in wechselnder Schwerpunktsetzung stets sein
besonderes Interesse gegolten hatte. Daß er selbst seine Emeritierung als o. Prof.
nur als Durchgangsstation zu weiterer beruflicher Betätigung, ja zur gesteigerten
Anerkennung seines Lebenswerks auffaßte, wird durch sein Interesse an akademischen und staatlichen Auszeichnungen belegt. Er war vom bleibenden Wert seiner
fachlichen Verdienste so ausgeprägt überzeugt, daß er sich, unterstützt durch einflußreiche Antragsteller wie Sagoroff und zuletzt durch die Ministerin für Wissenschaft und Forschung Firnberg, offizielle Ehrungen geradezu fordernd erwartete.
Die Verleihung von staatlichen Orden, Ehrendoktoraten und Ehrenmitgliedschaften
bei internationalen statistischen Institutionen begleitete seinen Weg als Emeritus.
Sie wurden, je älter er wurde, immer zahlreicher. Die Auszeichnungen sollten in
erster Linie seine langjährige fachliche Arbeit würdigen. Außerdem boten sie ihm
selbst eine Legitimationshilfe, auf die er verweisen konnte, wenn er sich – z. B. als
Ehrenmitglied des Wirtschaftsforschungsinstituts – bei den regelmäßig wiederkehrenden Versammlungen der entsprechenden Institutionen zu Wort meldete.
Während eine neue, teils seiner eigenen Aufbauarbeit ihren Aufstieg verdankende
Generation von Statistikern Schlüsselstellen innerhalb des Fachs übernahm und
viele seiner ehemaligen Kollegen und Altersgenossen, bedingt durch Eintritt in
den Ruhestand oder Tod, längst nicht mehr am wissenschaftlichen Diskurs teilnahmen, war *er* noch nicht gewillt, sich aufs Altenteil zurückzuziehen. In die Kon-
greßdebatten brachte er freilich keine wissenschaftlichen Glanzleistungen mehr
ein. Da er nicht mehr täglich mit Kollegen zusammentraf, hatte er am Ende des
hier besprochenen Zeitraums den Überblick über den internationalen Forschungsstand weitgehend verloren. Er suchte diesen Rückstand dadurch auszugleichen,
indem er sukzessive in eine neue Rolle hineinwuchs: vom Ordinarius und führenden österreichischen Statistiker zum Emeritus und „Nestor" der österreichischen
Fachstatistik.

Den Antrieb zur unermüdlichen Weiterarbeit schöpfte er aus seinem persönlichen Selbstverständnis, das von seinem gesellschaftlich-beruflichen Dasein als
Statistiker tief durchdrungen war. Er verglich sich selbst mit König Midas, einer
Figur aus der altgriechischen Mythologie, der alles, was er berührte, zu Gold ver-
wandelte. Ihm selbst sei das, was er in die Hand genommen habe, jedoch nie zu
Gold, sondern stets „nur" zu Statistik geworden.[12] Winkler empfing seine wissenschaftlichen Anregungen meist auf internationalen demographischen und statisti-

---

11 Vgl. *Sagoroff* (1964), 181.

12 Vgl. *W. Winkler*, Lebensgeschichte (1952), 219.

schen Kongressen. Seine letzten Besuche internationaler Statistikertreffen datieren aus 1967 (IUSSP-Kongreß in Sydney), 1973 (ISI-Kongreß in Wien) und 1975 („Statistische Woche" in Nürnberg). Nachdem im Jahr 1969 seine „Demometrie" das Licht der Fachwelt erblickt hatte, nahm seine Teilnahme am Fachdiskurs rapide ab. Seither veröffentlichte er nur mehr einige wenige Artikel, von denen die beiden letzten, 1973 erschienenen Beiträge Rückblicke auf die Geschichte der österreichischen und der internationalen Statistik waren.[13] Sie kennzeichneten das Ende seiner über sechzigjährigen, ungewöhnlich produktiven Publikationstätigkeit.

Eine der Voraussetzungen dafür, daß Winkler nach seiner Emeritierung im Jahr 1955 noch zwanzig Jahre lang wissenschaftlich aktiv sein konnte, lag in seiner gesundheitsbewußten Lebensführung begründet. Auch stabile eheliche und familiäre Bindungen trug dazu bei, daß er bis in seine letzten Lebensjahre körperlich und geistig gesund blieb. Zwar bedeutete der überraschende Tod seiner Gattin Klara im Jahr 1956 einen tiefen Einschnitt in seinem Leben, doch beendete bereits 1958 eine zweite Heirat sein Witwerdasein. Seine neue Lebensgefährtin, die nach einem österreichischen Konsul in Brasilien verwitwete Franziska Kunz geb. Hacker (*1919) und deren Kinder gaben ihm neuerlich das Gefühl, in familiale Strukturen eingebunden zu sein, wodurch seinem Leben Halt gegeben wurde.

2. Das wissenschaftliche Werk

In den beiden folgenden Unterkapiteln werden – wie bisher üblich – Entwicklungslinien und Rezeption von Winklers Werk dargestellt und eine kritische Analyse seiner Arbeiten versucht. Da der Wiener Demograph in den Jahren seines Emeritiertendaseins hauptsächlich an seiner „Demometrie" („Bevölkerungsmaßlehre") arbeitete, welche die abschließende Synthese seiner Forschungen darstellen sollte, wurden alle anderen Studien entweder zu Gelegenheitsarbeiten, oder sie stellten bloße Etappen auf dem Weg zur Veröffentlichung der „Demometrie" dar. Die meisten seiner in der *Metrika* erschienenen Aufsätze und die Kongreßbeiträge der späten fünfziger und sechziger Jahre wurden – wenigstens in ihren Grundzügen – in dieses Werk aufgenommen. Meine Besprechung der „Demometrie" macht die Bedingungen ihrer Entstehung und die unterschiedliche Herkunft ihrer Teiltexte aus älteren Studien des Verfassers sichtbar. Aus dieser Vorgangsweise kann keineswegs der Schluß gezogen werden, daß beispielsweise die Darstellung von Winklers Kongreßteilnahmen ersatzlos entfallen könnte. Diese ist jedoch mit Hinblick auf die oben gemachten Bemerkungen deutlich verkürzt worden. Die Vielfalt und Schwierigkeit der Problemstellungen und formalen Verfahren, welche die „Demometrie" erörtert und den Lesern vorführt, erlaubt kein erschöpfendes Eingehen auf alle in ihr behandelten Fragen. Die inhaltliche Struktur dieser Arbeit wird daher im folgenden nur grob skizziert. Ferner soll darauf eingegangen werden, in welchem

---

[13] Vgl. WW-1973-01 und WW-1973-02.

Verhältnis eigene und fremde Beiträge stehen bzw. aus welchem Literaturangebot und Verfasserkreis der Autor seine Darstellung schöpft. Neben der Rezeption der Monographie in Fachkreisen wird im folgenden – aus disziplingeschichtlicher Perspektive von besonderem Interesse – die Frage nach den historischen Grundlagen gestellt, die zu einer Entwicklung „von der Demographie zur Demometrie" geführt haben könnten.

b) Von der Demographie zur Demometrie

Winklers wissenschaftliche Tätigkeit während seiner Zeit als emeritierter Professor konzentrierte sich auf die Ausarbeitung seiner beiden letzten Hauptwerke, von denen die Untersuchungen dieses Kapitels handeln: des demographischen Wörterbuchs (1960) und der „Demometrie" (1969).

Das soziale Umfeld, in dem das Kompendium der demographischen Terminologie entstand, unterschied sich grundlegend von der „Demometrie". Während ersteres von Winkler in langwieriger Gemeinschaftsarbeit mit einem Team von Fachstatistikern erarbeitet wurde, hatte letztere den Charakter einer in monographischer Form dargebotenen gelehrten Einzelleistung, in der Winkler die abschließende Zusammenschau seines wissenschaftlichen Lebenswerks vorlegte und in der er gleichzeitig auf die Weiterentwicklung der Demographie zu einer mathematisierten „Bevölkerungsmaßlehre" abzielte.

Das „Mehrsprachige Demographische Wörterbuch"

Die Initiative zur Herausgabe eines Mehrsprachigen Demographischen Wörterbuchs ging von der Bevölkerungskommission der Vereinten Nationen (UN) aus. Auf Anregung der UNO erklärte die IUSSP bei ihrer Genfer Tagung (1949) ihre Bereitschaft, an diesem Projekt mitzuwirken. Die Mitglieder der von ihr eingerichteten Wörterbuchkommission erarbeiteten drei Fassungen – eine englische, eine französische und eine spanische Version. Im Jahr 1954 konnte den Teilnehmern des Römer Weltbevölkerungskongresses bereits eine provisorische Ausgabe des Mehrsprachigen Wörterbuchs vorgelegt werden. Die wesentliche Zielsetzung, welche mit seiner Herausgabe angestrebt wurde, war nicht die Normierung der Terminologie, sondern, ein Hilfsmittel zur Übersetzung demographischer Begriffe bereitzustellen. Die internationale Vergleichbarkeit wurde dadurch erreicht, indem jeder Begriff eine Ziffer zugewiesen erhielt, unter welcher der entsprechende Eintrag in einer anderssprachigen Fassung aufgefunden werden konnte.[14]

---

[14] WW-1960-01, 5–7 (Vorwort zur französischen Fassung in deutscher Übersetzung); vgl. dazu Winklers Aufsatz über „Das internationale demographische Wörterbuch bei der Münchner Tagung der DABW" (WW-1955-04, 193), in dem er – abweichend von dem o. zit. Vorwort – der Internationalen Bevölkerungsunion (IUSSP) die Anregung zur Herausgabe des Wörterbuchs zuschreibt.

Bei der Hauptversammlung der Internationalen Bevölkerungsunion in Rom (1954) übernahm die DABW die Herstellung einer deutschen Fassung des Wörterbuchs, die im gesamten deutschen Sprachraum Gültigkeit erlangen sollte. Unterstützt wurde dieses Unternehmen vom deutschen *Statistischen Bundesamt,* das in der Person des dortigen Oberregierungsrates Dr. Josef Götz den ersten hauptverantwortlichen Bearbeiter stellte. Dieser legte eine erste Fassung des Lexikons vor. Zwischen der Übernahme der Aufgabe durch die DABW und der Veröffentlichung der endgültigen Version im Jahr 1960 lag eine Reihe von Arbeitstagungen, bei denen in schwierigen Beratungen um die annäherungsweise richtige Übersetzung der französischen, unter dem Titel „Dictionnaire Démographiques Multilingue" erschienenen Fassung in die deutsche Version gerungen wurde. Winkler gehörte zu jenen Mitarbeitern des Wörterbuchs, die an den meisten Arbeitstagungen teilnahmen. Weitere Angehörige der Arbeitsgruppe waren u. a. Hans Harmsen und der Berliner mathematische Statistiker Karl Freudenberg.[15] Insgesamt wurden im Rahmen der DABW sieben Tagungen abgehalten, die in München (1955), Marburg an der Lahn (1956, 1957, 1958, 1959), Berlin (1956) und Nürnberg (1957) stattfanden. Bei der ersten Tagung in München wurden Götz und Winkler gemeinsam zu verantwortlichen Bearbeitern bestellt – Götz, weil er das *Statistische Bundesamt* repräsentierte, und Winkler, weil dieser „der älteste[] und erfahrenste[] unter den deutschsprachigen Demographen"[16] war. Nachdem Götz im Jahr 1956 diese Aufgabe niedergelegt hatte, war der Wiener Demograph der alleinige Referent, welcher der im Laufe der Zeit allmählich geringer werdenden Zahl seiner Mitarbeiter insgesamt sechs weitere, teilweise grundsätzlich neubearbeitete Fassungen des Wörterbuchs vorlegte.[17] Erst die letzte, siebte Fassung des Wörterbuchs wurde gedruckt. Für diese zeichnete Winkler allein verantwortlich.[18]

Bei den Arbeitsbesprechungen wies Winkler darauf hin, daß die deutsche Fassung trotz einiger Abweichungen sowohl die französische wie die englische Version gleichermaßen berücksichtigen müsse. In den Diskussionen traten jedoch Bedenken vor allem gegen den in der französischen Probefassung des Wörterbuchs verwendeten Wanderungsbegriff zu Tage, der „das Problem der Vertreibung" nicht aus der allgemeinen Terminologie herausheben wollte: Die in der Akademie versammelten deutschen Demographen sahen darin eine „Verharmlosung", welche „die Probleme der besonderen Situation der Vertreibung und der Vertriebenen" übersehe.[19] Im Wörterbuch setzte sich der Begriff der „Zwangswanderung" durch:

---

15 Zu Freudenberg vgl. *Siegfried Koller,* Karl Freudenberg, in: AStA 46 (1962), 430 f.; außerdem nahmen folgende Demographen an mehr als zwei Arbeitstagungen teil: F. Burgdörfer, J. Götz, W. Köllmann, W. Bickel, K. V. Müller, E. Pfeil, G. Rhode und K. Schwarz. (Vgl. WW-1960-01, 10).

16 PNWW, Mein überreich bewegtes Leben, Fragm. 10, 11. Mit ausschlaggebend für die Nominierung des Wiener Demographen waren wohl auch seine ausgezeichneten Sprachkenntnisse.

17 WW-1957-03, 181.

18 WW-1960-01, 8 – 11 (Einleitung).

Hierin manifestierte sich eine Auffassung, welche im wissenschaftlich „objektiven" Wörterbuch indirekte Bezüge zu der als politisch begriffenen Frage der volksdeutschen Flüchtlinge und Vertriebenen herstellte. Die Vernichtung von ganzen
Bevölkerungsgruppen wird in den Begriffen „Ausrottung eines Volkes" oder „Völ-
kermord" angesprochen, jedoch nur als extremste Form der „Bevölkerungszer-
streuung".[20]

Das Nachschlagewerk gibt die Grundzüge der demographischen Begriffswelt
wieder. Es ist ein Kompromiß zwischen verschiedenen nationalen Begriffstradi-
tionen und unterschiedlichen fachlichen Meinungen innerhalb der deutschsprachigen Demographie. Das Wörterbuch ist gegliedert in die Hauptkapitel Bevölkerungsstatistik, Bevölkerungsbestand, Tod und Krankheit, Heirat, Fortpflanzung,
Wachstum und Erneuerung der Bevölkerung, Wanderungen und schließlich Wirt-
schafts- und Gesellschaftsdemographie. Ergänzt wird es um ein mit Verweisziffern
ausgestattetes Begriffsregister. Außerdem veröffentlichte die DABW ein „Wörterbuch der demographischen Grundbegriffe" in deutscher, französischer, italienischer und englischer Sprache, das als Ergänzung zu dem internationalen Werk gedacht war.[21]

Die Rezensenten des Wörterbuchs, Olaf Boustedt (München), Harald Hansluwka (Wien) und Wilhelm Brepohl (Dortmund) wissen um die kaum zu umgehen-
den Nachteile hinsichtlich begrifflicher Eindeutigkeit, die ein Kompromiß zwischen den Begriffssystemen verschiedener Sprachen notwendigerweise mit sich
bringt. Diese Nachteile ließen sich bei der Bearbeitung des demographischen
Wörterbuchs nicht ganz ausschalten. Die Rezensenten geben jedoch übereinstimmend ihrer Hoffnung Ausdruck, daß sich das Wörterbuch zu einem Standardwerk
entwickeln möge. – Tatsächlich war die deutsche Fassung „recht schnell" vergriffen.[22]

Im Jahr 1969 beschloß die IUSSP, eine vollständige Neubearbeitung des Mehrsprachigen Demographischen Wörterbuchs vorzubereiten. Das neue Nachschlagewerk sollte in erster Linie die Erweiterung des demographischen Vokabulars be-

19 StBA, Archiv, DABW: Demographisches Wörterbuch, Bericht über die Marburger
Tagung vom 02.–04. 03. 1956; Protokolle der Sitzungen des Arbeitsausschusses, 02./
09. 11. 1956, 22. 02. 1957, 08. 03. 1957.

20 Vgl. WW-1960-01, 812 („Zwangswanderung").

21 Zum „Wörterbuch der demographischen Grundbegriffe" vgl. Bespr. von *Wilhelm Brepohl,* ZsStw 120 (1964), 570 f. Von den verschiedenen Fassungen des Mehrsprachigen Demographischen Wörterbuchs erschienen zuerst die englische und die französische (1958) Version. Andere Ausgaben folgten: eine spanische (1959), eine italienische (1959), eine deutschsprachige (1960), eine finnische (1964), eine russische (1964), eine tschechische (1965), eine
polnische (1966), eine schwedische (1969), eine portugiesische (1969), eine arabische (1970)
und eine serbo-kroatische Fassung (1971). Vgl. *Charlotte Höhn,* Mehrsprachiges demographisches Wörterbuch. Deutschsprachige Fassung. Boppard 1987, 9 f.

22 Vgl. die Bespr. von *Olaf Boustedt,* AStA 44 (1960), 335 f., *Harald Hansluwka,* ZsNök
21 (1961/62), 291 f. und *Wilhelm Brepohl,* ZsStw 120 (1964), 570 f.; *Höhn* (1987), 10.

rücksichtigen. Es behielt jedoch die Systematik der ersten Auflage bei. Nachdem die von Louis Henry redigierte französische Bearbeitung im Jahr 1981 erschienen war, folgten in rascher Folge weitere Fassungen. Die Neuauflage konnte jedoch, wie von Karl Schwarz anläßlich von Winklers hundertstem Geburtstag angekündigt, dem Herausgeber der früheren Auflage nicht mehr als „verspätetes Geburtstagsgeschenk"[23] überreicht werden. Die unter dem Vorsitz von Charlotte Höhn konzipierte deutschsprachige Version wurde erst 1987, also drei Jahre nach Winklers Tod, der Öffentlichkeit übergeben.[24]

Systematik und wissenschaftsgeschichtliche Bedeutung der „Demometrie"

In dem Artikel „Bevölkerung", der 1957 im „Handwörterbuch der Staatswissenschaften" erschien, definiert der Wiener Demograph „Aufgaben und Organisation der Bevölkerungsstatistik" mit folgenden Worten:

> Der Wissenszweig, der die [bei amtlichen Bevölkerungserhebungen, Anm. d. Vf.] verwendeten Begriffe und Methoden, aber auch die dabei gefundenen Formen behandelt, ist die Bevölkerungsstatistik im formal-abstrakten Sinn, als solche ein Teil der Gesellschaftsstatistik [...] Unter dem Ausdruck Bevölkerungsstatistik werden aber auch die materiellen Ergebnisse der Bevölkerungsstatistik verstanden [...] Die bevölkerungsstatistischen Ergebnisse und ihre Deutung bilden den Hauptbestandteil der Bevölkerungslehre oder Demographie.[25]

Die Bevölkerungsstatistik hat demnach eine zweifache Bedeutung als ein formal-abstrakt arbeitender Zweig der Gesellschaftsstatistik und als eine Lehre von den Daten, die bei der Erhebung von Geburtlichkeit, Sterblichkeit und Wanderungen gewonnen werden. Die formal-abstrakte und die materielle Bevölkerungsstatistik bilden zusammen die Demographie. In dieser kommt für Winkler der Familien- und Fruchtbarkeitsstatistik eine besonders hervorgehobene Bedeutung zu. Winklers Artikel im „Handwörterbuch der Sozialwissenschaften" beruht wesentlich auf seinen reproduktionsstatistischen, das Interesse an der „Lebensbilanz"[26] eines Volkes betonenden Arbeiten aus den dreißiger Jahren, die ihrerseits die Grundlage für die hier von ihm zitierten eigenen Studien aus der unmittelbaren Nachkriegszeit (Grundriß; Typenlehre) bilden.[27]

---

23 (*Schwarz* 1984, 242).

24 Österreich wurde im Expertenausschuß durch HR Dr. Richard Gisser vertreten. Vgl. *Höhn* (1987), 9 f.

25 Ebd. (1957), Sp. 1210.

26 Diesen biologistischen Begriff verwendet Winkler noch in diesem Artikel als Ausdruck für „die wahren, wesentlichen Maße der Vermehrungsintensität eines Volkes". (Ebd., Sp. 1220).

27 Vgl. ebd., Sp. 1212 f.; 1218 f. In den Literaturanmerkungen greift Winkler neben eigenen auch auf Studien von Burgdörfer zurück; er zitiert u. a. aber auch neuere Arbeiten, die im Umfeld der Vereinten Nationen entstanden sind.

Während Winklers gerade zitierter Handbuchartikel, der 1957 erschien, Grundzüge seiner in den dreißiger bis fünfziger Jahren vertretenen demographischen Lehre repräsentiert, basiert seine 1969 erschienene „Demometrie" auch auf neueren Arbeiten. In der „Demometrie" versucht er eine Entwicklung für die Demographie fruchtbar zu machen, von der seiner Meinung nach die neuere methodische Ausrichtung innerhalb der empirischen Wissenschaften geprägt gewesen sei:

> Das Bestreben aller Erfahrungswissenschaften, die Gegenstände ihrer Forschung immer schärfer zu erfassen, und, wenn tunlich, in präziser mathematischer Form auszudrücken, hat auch in der Bevölkerungswissenschaft eine große Menge von Meßverfahren zu Blüte und Reife gebracht. Es ist hoch an der Zeit, sie, die weithin zerstreuten, zu sammeln, kritisch zu sichten und systematisch darzustellen.[28]

Die hier zitierten einleitenden Worte aus Winklers „Demometrie" umschreiben das axiomatische Programm, das er mit dieser Studie zu verwirklichen sucht. Es geht ihm um die Sichtung und die kritische Darstellung all jener Meßverfahren, die in der Demographie seit dem 19. Jahrhundert gefunden und immer weiter entwickelt und verfeinert worden waren. Er stellt seine „Demometrie" hinsichtlich ihrer methodisch-formalen Orientierung in eine Reihe weiterer natur- und sozialwissenschaftlicher Disziplinen, namentlich der Biologie, der Anthropologie, der Psychologie, der Ökonomie und der Soziologie, deren fachliche Entwicklung er vom unaufhaltsamen Vordringen mathematischer Meßmethoden gekennzeichnet sieht. Biometrie, Anthropometrie, Psychometrie, Ökonometrie und Soziometrie nennt er jene Zweige der jeweiligen Fächer, die durch ihren Aufstieg den allgemeinen „Zug nach größerer Schärfe des Ausdrucks"[29] bereits berücksichtigt hätten.

Die Demographie war aufgrund ihrer Fragestellungen und aufgrund ihrer Verankerung in der Statistik eine Disziplin, für die mathematische Methoden seit jeher eine große Bedeutung besaßen. Daß der Wiener Emeritus mit der „Demometrie" die mathematisch-formale Seite der Bevölkerungswissenschaft so stark betonte, ist auf zwei Ursachen zurückzuführen: Einerseits war die besondere Betonung dieser Richtung durch Winkler immer noch Ausdruck eines Abwehrreflexes gegen die Georg-v.-Mayrsche Strömung. Diese hatte zwar um 1970 in der deutschen Statistik längst ihre einstige Bedeutung eingebüßt, doch diente sie dem von der Polemik gegen sie geprägten Winkler nach wie vor als ein Vehikel, um gegen ihre vermeintlichen oder tatsächlichen Überbleibsel zu Felde zu ziehen. Und andererseits kam dem Wiener Demographen der Zeitgeist innerhalb der Sozialwissenschaften zu Hilfe, der nach dem Zweiten Weltkrieg für Theoretiker in allen Fächern ein günstigeres Klima erzeugt hatte.

Den entscheidenden Gedanken zur Einführung des Begriffs und der Fachrichtung „Demometrie" sprach Winkler auf dem IUSSP-Kongreß in New York (1961) aus. Unabhängig von ihm war bereits einige Jahre zuvor der schwedische Bevölke-

---

[28] WW-1969-01, 5 (Vorwort).

[29] Ebd., 13.

rungsforscher Hannes Hyrenius auf dieselbe Idee gestoßen und hatte einen analogen Begriff entwickelt.[30] Hyrenius veröffentlichte 1966 eine „Demometri" (in
schwedischer Sprache). Winkler wollte mit seinem Terminus bisher übliche Be-
griffsbildungen wie „mathematische Demographie" ersetzen. Unter „Demometrie"
verstand er die „präzise[] Messung der Bevölkerungsvorgänge durch mathematische Mittel".[31]

Die Demometrie betrachtet Winkler als eine Subdisziplin von Bevölkerungsstatistik *und* Bevölkerungsanalyse, die zusammen die Demographie oder Bevölkerungslehre („die Lehre von der Bevölkerungszahl, ihren Vermehrungselementen
und ihrem mit diesem zusammenhängenden Aufbau"[32]) bilden. Bevölkerungsstatistik, Bevölkerungsanalyse und Bevölkerungspolitik wiederum werden von ihm
nach den drei Schritten in der Bearbeitung der Bevölkerungszahlen (von der Erhebung bis zur politischen Verwertung der Daten) zu Subdisziplinen der Demographie erklärt. Bevölkerungslehre und Bevölkerungspolitik führt er zur „Bevölkerungswissenschaft" zusammen. Diese grenzt er deutlich von gewissen Stoffgebieten
wirtschaftlicher, kultureller oder rechtlicher Art ab, die bei Volkszählungen neben
den Bevölkerungstatsachen (Geschlecht, Alter, Familienstand) erhoben werden.

Wenn der Demograph diese Stoffgebiete behandelt, tut er dies nicht als Bevölkerungsforscher, sondern als Vertreter des betreffenden Faches. Umgekehrt, wenn
z. B. der Wirtschaftswissenschaftler demographische Stoffe bearbeitet, tut er dies
nur, um Einflüsse von Bevölkerungstatsachen auf die Wirtschaft auszuloten. Diese
gehören dann dem Stoff der Wirtschaftswissenschaften an. – Winkler betrachtet
R. v. Mohl, G. v. Rümelin und J. Körösi als die ersten, die der Demographie einen
selbständigen Platz als Wissenschaftsgebiet eingeräumt hätten. Georg v. Mayr habe
hingegen einen „Rückschlag" in der Entwicklung der Demographie eingeleitet,
indem er den demographischen Stoff in die statistische Wissenschaft einbezogen
habe. Die neuere Entwicklung laufe darauf hinaus, das demographische Stoffgebiet
wieder freizumachen, wie es Mackenroth in seiner Bevölkerungslehre vorgezeigt
habe.[33]

In seiner Einteilung des Stoffes folgt Winkler nicht der üblichen Systematik der
Demographie, sondern er gliedert seine Darstellung nach der Art der von ihm besprochenen Maße und Verfahren: Die „Demometrie" umfaßt die fünf Kapitel „Einleitung: Was ist Demometrie?", „Verwendung und Weiterbildung vorhandener und
Schaffung neuer demometrischer Ausdrucksformen", „Die Messung und Darstellung der zeitlichen Bevölkerungsentwicklung", „Zwei- und mehrdimensionale Verteilungen" und „Das demographische Modell". Der Anhang umfaßt eine „Biblio-
graphische Übersicht" und einen zehnseitigen „Literaturnachtrag".

---

30 Vgl. VI. 2. b).

31 Vgl. WW-1969-01, 20–26; 20, 24 (jew. wörtl. Zit.); erstmals veröffentlicht 1963: Vgl.
WW-1963-023, 193–197.

32 WW-1969-01, 15.

33 Ebd., 16–19; WW-1963-03, 190–192.

In der Einleitung definiert der Verfasser Wesen und Aufgaben der Demographie und der Demometrie (s. o.), und er begründet die Einführung der neuen demographischen Subdisziplin aus der historischen Entwicklung des Faches. Das zweite Kapitel ist mit rund 230 Seiten das ausführlichste. Aus der Unterscheidung zwischen „statischer" und „dynamischer" Bevölkerungsbetrachtung (Volkszählungen vs. Bevölkerungsänderungen zwischen den Volkszählungen) schreitet er weiter zur Erörterung der Bevölkerungszahl und der Bevölkerungsverteilung im Raum und in der Zeit. Die räumliche Gliederung der Bevölkerung, die in der Unterscheidung zwischen „Stadt" und „Land" faßbar wird, untersucht er durch eine Reihe von Maßzahlen wie den „Streuungsmaßen" und den Maßen der „Bevölkerungsdichte". Grundlage für die Wahl der richtigen Größenklassen von Stadt- und Landregionen ist die Einteilung nach Einwohnerzahlen.[34] Zu den „Bevölkerungstatsachen in der Zeit" rechnet der Autor das Geschlecht, das Alter und den Familienstand. Letzterer sei zwar rechtlicher Natur, doch stehe er mit der Bevölkerungsvermehrung in einem so engen Zusammenhang, daß er in die demographische Betrachtung einbezogen werden müsse. In dem diesen Gliederungen gewidmeten Abschnitt beschäftigt sich der Verfasser u. a. mit den Hypothesen, wie die Geschlechtsgliederung der Geborenen zustande kommt, und mit der Ausgliederung der Bevölkerung nach Lebensjahren. Er unterscheidet zwischen einem „Nominal-" (= Kalender-) und einem „Realalter".[35] – Die Kenntnis des Realalters der Bevölkerung habe eine große Bedeutung für die Gesellschaft, hingen doch die Pensionsreife, der Altersrentenbezug u. dgl. vom Alter ab. Die Darstellung der Gliederungszahlen der Altersverteilung erfolge durch die „Alterspyramide". Diese Ausdrucksform habe den Altersgliederungen etwa bis zur Jahrhundertwende entsprochen. Die „Besetzungszahlen" der Altersstufen seien danach in ihrer Regelmäßigkeit fast arithmetisch vorangeschritten. Statistiker griffen auf diese Form der Alterspyramiden zurück, um Standardbevölkerungen für die Messung der Sterblichkeit zu schaffen.[36]

In weiterer Folge stellt er die „rohen" Maße der Bevölkerungsbewegungsvorgänge vor (Geburten-, Heirats-, Wanderungs- und Sterbeziffer; die Geburtenüberschußziffer). Diese „Häufigkeitsziffern" (die nach Winkler auch die „Intensität" der das Ereignis erzeugenden Kräfte meinen) würden zu Unrecht als „roh" bezeichnet. Daß z. B. die „rohe" Geburtenziffer Bevölkerungsteile enthalte, die an den Geburten nicht oder „nur sehr mittelbar" beteiligt seien, ist dem Autor bewußt. Dennoch habe sie ihre Bedeutung für die Messung der aktuellen Bevölkerungsvermehrung.[37] Im folgenden Abschnitt erörtert er die Methoden zur Messung der Geburtenhäufigkeit. Die „Fruchtbarkeitsmessung" (= Messung der Lebendgeburtenhäufigkeit) läßt sich im Querschnitt und im Längsschnitt durchführen. Die

---

[34] Vgl. WW-1969-01, 34–55; vgl. auch WW-1969-02, hier bes. 149.

[35] Diese ging auf seinen entsprechenden Vorschlag ein in einem Referat über „Real and Nominal Age", das er für die ISI-Tagung in Sydney (1967) vorbereitet hatte.

[36] Dazu äußerte Winkler sich erstmals bei der ISI-Tagung in Ottawa (1963).

[37] Vgl. WW-1963-01, 421 f.

bisher übliche Querschnittsbetrachtung mittels der allgemeinen Fruchtbarkeitsziffer *f* habe den Nachteil, bestimmte Teilgruppen (z. B. die Gesamtheit der dauernd unfruchtbaren Frauen) aus der Untersuchung auszuscheiden. Die Längsschnittbetrachtung, wie sie in der Kohortenanalyse (nach P. K. Whelpton) und in
ihr in der Untersuchung der verheirateten Frauen durchgeführt werde, habe den
Vorteil, „die Geburtenhäufigkeit ohne Vergleichsstörung durch Verschiedenheit in
der Heiratshäufigkeit" zu erfassen. Durch die Kohortenbetrachtung der Fruchtbarkeit sei es jetzt möglich, die Frage zu klären, welchen Anteil beim Geburtenanstieg
der Nachkriegszeit die Verschiebung von Geburten ausmache und wie viel davon
wirkliche Erhöhung sei. Winkler gibt keine Antwort auf diese Frage. Stattdessen
führt er weitere Fruchtbarkeitsmaße vor, die von seinen Kollegen J. Bourgeois-
Pichat, L. Henry und E. Grebenik entwickelt worden waren.[38]

Der Messung der Sterblichkeit gibt Winkler wesentlich weniger Raum als der
Fruchtbarkeitsmessung. Gegenstände seiner Betrachtungen sind wieder Quer-
schnitts- und Längsschnittsmaße der Sterblichkeitsmessung und die Messung der
Sterblichkeit nach Altersgruppen. Die methodisch schwierigere Befassung mit der
Herstellung von Sterbetafeln verschiebt er in das Kapitel über den demographischen Modellbau. Daran schließt sich ein Abschnitt an, der die „Aufrechnungs-
maße" der Geburten- und der Sterbehäufigkeit vorstellt. Ferner führt er Maßzahlen
der Heirats-, Ehescheidungs- und Verwitwungshäufigkeit vor. In beiden Kapiteln
unterscheidet er analog zu der bei der Fruchtbarkeitsmessung eingeführten Betrachtungsweise zwischen Querschnitts- und Längsschnittsuntersuchungen, die zu
der bislang üblichen Differenzierung zwischen allgemeinen („rohen") und besonderen Maßzahlen (Reproduktions-, Heiratsziffern usf.) hinzutreten. Den Abschnitt
über die Migration beginnt er mit einer begrifflichen Unterscheidung zwischen
„Außen-" und „Binnenwanderungen". Letztere, die sich innerhalb der Staatsgrenzen abspielen, sind, da die Bevölkerung innerhalb eines Staates dessen Hoheit
unterworfen ist, differenzierten Meßverfahren zugänglicher als die Außenwande-
rungen. Im folgenden untersucht der Autor verschiedene Maßzahlen wie die Zu-
wanderungs- und Abwanderungsziffer und das relative Wanderungsvolumen und
die relative Wanderungsbilanz im Verhältnis zur „durchschnittlichen" Bevölkerung
des Wanderungszeitraums. Zur Theorie der Wanderungen verweist er nur auf E. G.
Ravensteins Versuch, „Wanderungsgesetze" aufzustellen, ohne sich selbst auf dieses Thema einzulassen.[39]

Abgeschlossen wird das Kapitel über die demometrischen Ausdrucksformen mit
einem Beitrag zu Begriffen und Erfassungsverfahren der Über- bzw. Untervölkerung. Winkler vertritt hier im wesentlichen seine in den zwanziger Jahren entwickelte Lehre von der Berechnung des „Nahrungsspielraums" (verstanden als
Existenzminimum) über die Konstruktion von „Vollpersonen". Er hält an dem
Begriff des „Gleichgewichts" fest, das zwischen Bevölkerung und Nahrungsspiel-

---

[38] Vgl. WW-1969-01, 63–80, 94, 101 f., 103 (wörtl. Zit.); 112, 124–137.

[39] Vgl. ebd., 137–194; 211, 213 f.

raum anzustreben sei. Begriffe und bevölkerungspolitische Abhilfemaßnahmen haben sich gegenüber seinen diesbezüglichen Vorstellungen aus der Zwischenkriegszeit kaum verändert: Übervölkerung will er durch eine Senkung der Geburtenzahlen und der Einwanderung und durch eine Erhöhung der Auswanderung bekämpfen. Für die Bekämpfung der Untervölkerung kommen für ihn die entsprechenden entgegengesetzten Mittel in Frage. Die Untervölkerung fürchtet er mehr als die Übervölkerung, führe sie doch im Extremfall zu „Unterwanderung" oder „Überfremdung". Österreich stehe mit dem gegenwärtigen Wirtschafts- und Geburtenaufschwung wieder eine „Untervölkerung" bevor, die zu Arbeitermangel und zur vermehrten Einwanderung von „Fremdarbeitern"[40] führen werde. Gegenüber diesen anachronistischen Äußerungen Winklers ist seine Besprechung der „Bevölkerungsexplosion" (vs. westeuropäische „Bevölkerungsrevolution") in den Ländern der „Dritten Welt" wenigstens stofflich neuartig. Er befürchtet für diese Länder das Eintreten von Malthusschen Hemmungen, denen er mit dem Bild der Krümmung einer exponentiellen Aufwärtsentwicklung nach innen und deren asymptotischen Annäherung an die Horizontalrichtung ihren mathematischen Ausdruck verleiht. Den westlichen Staaten gibt der Verfasser die Schuld an der Bevölkerungskrise der Entwicklungsländer: Diese hätten durch technisch-zivilisatorische Hilfestellungen das europäische Modell des Sterblichkeitsrückgangs den hinsichtlich ihrer Lebensweise „unterentwickelten" Bevölkerungen aufgepropft und dadurch eine „Über-Übervölkerung" hervorgerufen. Erst wenn die Entwicklungsländer zur „Verwandlung des vorhandenen potentiellen Nahrungsspielraums [= ungehobene Rohstoffreserven u. dgl., Anm. d. Vf.] in aktuellen" und zur „Anpassung der Bevölkerungzahl an den Nahrungsspielraum durch Verminderung der Geburtenzahlen" erzogen würden, könnte ein Gleichgewicht zwischen Nahrungsspielraum und Bevölkerungszahl hergestellt werden.[41]

Die drei folgenden Abschnitte der „Demometrie" sollen hier nur gestreift werden. Im dritten Kapitel „Die Messung und Darstellung der zeitlichen Bevölkerungsentwicklung" erläutert der Verfasser die Methoden zur Messung der Bevölkerungszahl, ihrer zeitlichen Entwicklung und der Änderung ihrer räumlichen Verteilung. Er befaßt sich weiters mit der Änderung der Altersgliederung, wobei er wieder seine eigenen Untersuchungen einarbeitet. In dem Abschnitt über die „Bevölkerungsrevolution" referiert er über die Tatsachen des Rückgangs der Sterblichkeit und seine in den „Grundfragen der Ökonometrie" erstmals vorgestellte Theorie, wonach sich der Geburtenrückgang von den großen Städten auf die Mittel- und Kleinstädte und von diesen auf die Dörfer ausgebreitet habe, und er unterscheidet zwischen „seelischen" und „materiellen" Faktoren, welche diesen ausgelöst hätten. Den Wiederaufstieg der Geburtenzahlen nach dem Zweiten Welt-

---

[40] Der Begriff des „Fremdarbeiters" stammt aus der Zeit der NS-Herrschaft und wurde für „während des Zweiten Weltkrieges angeworbene oder nach Deutschland verschleppte Arbeitskräfte" verwendet. Vgl. *Benz / Graml / Weiß* (Hg.) (1998), 470 f.

[41] Vgl. WW-1969-01, 240–252 (wörtl. Zit. 245) und 312 ff.; erstmals veröffentlicht 1965: WW-1965-01, s. hier die Zitate (100 f.).

krieg und in den fünfziger Jahren führt er auf einen „Umschwung der Gesinnung" in der Bevölkerung zurück.[42] Im vierten Kapitel „Zwei- und mehrdimensionale Verteilungen" erörtert er Begriffe und Methoden der Messung des „Bevölkerungsschwerpunkts", und er erklärt die verschiedenen bei einer Volkszählung möglichen Merkmalsverbindungen.[43] Im Abschnitt über den demographischen Modellbau bespricht er die mit der Lehre der stationären und der stabilen Bevölkerung verbundenen Fragen, wobei er für dieses Thema auf seine „Typenlehre der Demographie" zurückgreift. Besonderes Augenmerk widmet er der Lehre von der Konstruktion der Sterbetafel. Auch hier unterscheidet er, indem er die „Generationssterbetafel" der „Gegenwartssterbetafel" gegenüberstellt, zwischen der Längsschnitts- und der Querschnittsbetrachtung. Modellartige Bevölkerungsvoraussagen runden das Kapitel ab.[44]

Neben der teils von persönlichen Interessen und Forschungsschwerpunkten diktierten, unkonventionellen Einteilung seines Stoffs ist die Schöpfung seiner Anregungen aus den Protokollen der Bevölkerungs- bzw. ISI-Kongresse kennzeichnend für Winklers eigenwilligen Zugang zur „Demometrie". Er selbst rühmt diese Bulletins als „eine Quelle von unschätzbarem Werte"[45]. Infolgedessen finden sich neben weiterführenden Empfehlungen zur Lektüre der Kongreßprotokolle im Anmerkungsapparat häufig Hinweise auf Referate – auch auf seine eigenen Referate[46] –, die auf den demographischen und statistischen Tagungen der Nachkriegszeit gehalten wurden. Die in den Bulletins und Proceedings der internationalen Statistikertagungen verzeichneten Berichte und Debatten galten ihm nicht nur als ein Spiegelbild des Stands seiner Wissenschaft, sondern er betrachtet diese Veranstaltungen auch als jene Foren, wo Statistik und Demographie in der Vergangenheit die entscheidenden Fortschritte erzielt hätten. Der in der „Demometrie" am meisten zitierte Autor ist er selbst (s. o.). Dies verwundert nicht, war sein Werk doch als Synthese seiner Lehre und als Abschluß seines wissenschaftlichen Lebenswerks gedacht.[47] In seinen Literaturangaben, in die er alle in seinem Werk zitierten zeitgenössischen Forscher aufnimmt,[48] zitiert er meist Kollegen, die in der Welt der internationalen Statistik als anerkannte Demographen galten, darunter die deut-

---

[42] Vgl. WW-1969-01, 253–323; 312 (wörtl. Zit.) Aus dem Zitat wird sichtbar, daß Winkler wiederum, wie er schon für den Geburtenrückgang „seelische" Faktoren als Ursachen für die Beschränkung der Kinderzahl gesucht hatte, auch den Anstieg der Geburten in erster Linie in der mentalen Lage der Bevölkerung begründet sah.

[43] Vgl. ebd., 324–341.

[44] Vgl. ebd., 342–426.

[45] Ebd., 428.

[46] Vgl. ebd., 64 („Real and Nominal Age", ISI-Kongreß Sydney 1967), 77 („Statistische Maße, die ungleich messen, DStG-Tagung 1956), 157 (Once more the Standardized Death-Rate, ISI-Kongreß Ottawa 1963), 164 und 308 (Bericht an den ISI-Kongreß Prag 1938) u. a.

[47] So äußert sich auch F. Ferschl. (Vgl. Mitteilung von em. Univ.-Prof. Dr. *Franz Ferschl* an den Vf. vom 10. 10. 2000).

[48] Vgl. ebd., 431–440.

schen Bevölkerungswissenschaftler R. Mackensen, H. Schubnell, K. Freudenberg, K. Schwarz und W. Hüfner.

Veröffentlicht wurde die „Demometrie" mit fachlicher und materieller Hilfe des Statistischen Instituts der Universität, das auch einen Druckkostenzuschuß für die Publikation des Werks zur Verfügung stellte. Winkler hatte es noch im Jahr 1965 auf zwei Bände angelegt gehabt, Bd. 1 „Das Messen an gegebenen Bevölkerungen und Bd. 2 „Demographische Modellbildung".[49]

Die fachliche Auseinandersetzung mit der „Demometrie" wurde hauptsächlich innerhalb des deutschen Sprachraums geführt. Das Alterswerk des Wiener Demographen stieß jedoch auch auf das lebhafte Interesse von nicht deutschsprachigen Kollegen. Unter den deutschen Statistikern wurde die Arbeit vom Direktor des *Statistischen Amtes* der Stadt Frankfurt / Main Rudolf Gunzert (*1906), dem Leiter der Abteilung für Bevölkerungsstatistik im *Statistischen Bundesamt* Karl Schwarz (* 1917), dem Münchner Soziologen Karl Martin Bolte (* 1925) und der o. Prof. für Statistik an der Universität Nürnberg Ingeborg Esenwein-Rothe (* 1911) rezensiert.[50] Von Winklers nicht im deutschsprachigen Raum tätigen Fachkollegen erschienen von den Statistikern A. Wolf (Paris), Lajos Thirring (Budapest), E. G. Jacoby (Wellington) und H. V. Muhsam (Jerusalem) Besprechungen der „Demometrie".

Unter den Rezensenten herrschte einhellige Bewunderung für die große physische Leistung ihres Wiener Kollegen, der im hohen Alter von 85 Jahren noch eine derartig umfassende Monographie zustande brachte.[51] Die Meinungen zum Inhalt der Schrift schwankten jedoch. Während Gunzert die „Demometrie" als ein „großartige[s] Buch" einschätzt, das Flaskämpers „Bevölkerungsstatistik" hervorragend ergänze, und anerkennend hervorhebt, daß Winkler „nicht nur ein originaler, sondern auch ein origineller Denker" sei, fallen die Wertungen der übrigen Rezensenten deutlich differenzierter aus. Zwar betonen auch sie ausdrücklich – mit Ausnahme von Esenwein-Rothe –, wie „glücklich" (Schwarz) und „gewinnbringend" (Bolte) Winklers umfassende Zusammenstellung und eigenständige Bereicherung der statistisch-mathematischen Verfahren sei, doch hegen sie Bedenken ob der Winklerschen Definition der Demographie. Diese werde, so Schwarz, im internationalen Bereich weiter gefaßt als bei dem Wiener Statistiker. Und Bolte hält die strenge Abgrenzung der Disziplin gegen benachbarte Fächer für „wenig frucht-

---

[49] Ebd., 6 (Vorwort); UAW, PA Prof. Dr. W. Winkler, Zl. 1081 / 1965, Antrag auf Verleihung des Ehrendoktorates der Universität Wien, Schriftenverzeichnis W. Winkler.

[50] Zu Schwarz, Bolte und Esenwein-Rothe vgl. jew. *vom Brocke* (1998), 439, 414 f., 418 – zu letzterer vgl. auch Kürschner, Bd. 1 (1970), 614 f.; vgl. Kürschner, Bd. 1 (1970), 932 f., s. v. Gunzert, Rudolf.

[51] Vgl. Bespr. von *Karl Schwarz*, MDGB 43 (1970), 48 f. („Alles in allem ist das neueste Werk von Winkler, dem Senior der deutschsprachigen Bevölkerungsstatistiker und Demographen, eine imponierende Leistung, die Bewunderung verdient und die Ernte eines langen Gelehrtenlebens heimbringt.") und die Bespr. von *Rudolf Gunzert,* AStA 54 (1970), 334 („Die Leistung des im 86. Lebensjahr stehenden Autors verdient Bewunderung.").

bar". Bolte vermutet im Rückzug des Autors auf die Kernbereiche der demographischen Forschung den „Grund, warum Winklers Arbeiten – was er selbst beklagt – in der internationalen Diskussion zu wenig beachtet werden". Schwarz kritisiert den Titel des Werks. Der mit diesem einhergehende Anspruch, eigenständige Verfahren vorzustellen, werde nicht unbedingt voll eingelöst und rechtfertige daher nicht den Ausdruck „Demometrie". Vielmehr seien die in dem Werk besprochenen Meßverfahren im wesentlichen schon bisher Bestandteile der analytischen Bevölkerungsstatistik gewesen. Umstritten ist zwischen dem Soziologen Bolte und dem Statistiker Schwarz, ob die mathematische Durchdringung des Stoffes ein Vorteil oder ein Nachteil des Buchs sei. Während Bolte diese kritisiert, da sie zu Lasten einer begrifflich-analytischen Auseinandersetzung mit den „Ursachen und Wirkungen" von Bevölkerungsprozessen gehe, stellt Schwarz ganz im Gegenteil die von der mathematischen Formensprache geprägte Erscheinung des Werks als seinen „eigentlichen Wert" heraus.[52]

Esenwein-Rothe kritisiert die Arbeit am striktesten. Die Nürnberger Statistikerin tadelt den von ihr behaupteten Widerspruch zwischen der in der Einleitung skizzierten Programmatik des Autors und ihrer tatsächlichen Ausführung. Die Kapitel des Buches seien hinsichtlich ihres Umfangs und ihres Inhalts ungleichgewichtig verteilt; außerdem spürt sie eine Menge Druckfehler auf und bemängelt die „unordentlich[e]" Zusammenstellung des Anhangs. Sie schließt mit folgenden Worten: „Wer immer [...] gehofft hatte, aus der Feder dieses international renommierten Gelehrten und eines der liebenswürdigsten Hochschullehrer der Zwischenkriegszeit ein Werk zu finden, das eine [...] gültige Theorie zur Erfassung und Messung der demographischen Prozesse böte, jenen vergleichbar, die Süßmilch im 18. oder Knapp und Lexis im 19. Jahrhundert auf mathematischer Grundlage konzipiert hatten, der wird dieses Buch enttäuscht zur Seite legen. Leider."[53]

Die außerhalb des deutschsprachigen Raums tätigen Kritiker nahmen Winklers Demometrie einhellig mit Wohlwollen zur Kenntnis – wohl nicht zuletzt aus dem Grund, weil die meisten von ihnen mit dem Autor des Werks persönlich bekannt waren. A. Wolf, der die Studie für die führende französische demographische Zeitschrift *Population* rezensiert, sieht in ihr „un excellent instrument de travail". L. Thirring, der auf ISI-Kongressen regen Kontakt mit Winkler pflegte, äußert sich im *Mitteilungsblatt der Österreichischen Gesellschaft für Statistik und Informatik* gleichfalls freundlich. Er unterstreicht, daß die Forschungen des Verfassers zur Stadt-Land-Unterscheidung oder zu den Bevölkerungsvoraussagen auf Modellbasis „sehr zeitgemäß" seien. Er habe sich einzig eine „stärkere Betonung der Möglichkeiten" gewünscht, „aus zeitlich aufeinander folgenden Querschnitten womöglich bessere longitudinale Verfahren zu gewinnen für solche Fälle, in denen direkte Möglichkeiten zu Längsschnitts-Betrachtungen fehlen; [...]".

---

52 Bespr. von *Rudolf Gunzert,* AStA 54 (1970), 334; Bespr. von *Karl Schwarz,* MDGB 43 (1970), 47 f.; Bespr. von *Karl Martin Bolte,* SchmJb 91,2 (1971), 465 f.; (jew. auch wörtl. Zit.).

53 Bespr. von *Ingeborg Esenwein-Rothe,* JbbNSt 185 (1971), 180; 181 (wörtl. Zit.).

E. G. Jacoby hebt die Eigenart der „Demometrie" hervor, vielfältige historische Bezüge zur Entwicklung der demographischen Analyse herzustellen. Winkler habe für die Demographie etwas versucht, was ein Jahrhundert zuvor Robert v. Mohl („Geschichte und Literatur der politischen Wissenschaften") für die Sozialwissenschaften versucht habe. Auch H. V. Muhsam betont Winklers besondere Leistung, die divergierenden Traditionen der englischen, französischen, italienischen und deutschen Demographie zusammenfassend dargestellt zu haben. Ähnlich wie Bolte verweist er auf die Eigenart des Autors, seine Untersuchungsgegenstände außergewöhnlich tiefschürfend abzuhandeln. Und wie Esenwein-Rothe bemerkt auch Muhsam, daß Winkler in seiner Arbeit durchaus persönliche Vorlieben zur Geltung kommen läßt – „this may be considered as one of the main merits of the volume, although it is also its major shortcoming".[54]

Winkler las die Besprechungen mit großer Aufmerksamkeit, galten sie doch einem Werk, von dem er wußte, daß es seine letzte größere Arbeit war. Tatsächlich hatte er die „Demometrie" nur „mit einem gewissen Kraftaufwand, der in den jüngeren Arbeiten gar nicht notwendig gewesen war", zu Ende bringen können. Er war erfreut über den insgesamt günstigen Widerhall, den seine Monographie in der Fachwelt gefunden hatte. Dagegen war er über Esenwein-Rothes Kritik betroffen, so daß er es für nötig hielt, sich – zum letzten Mal in seinem Leben – zu einer seiner brillanten Erwiderungen aufzuschwingen, in der er seinerseits die Besprechung der Kritikerin „nach Strich und Faden"[55] verriß. Die formalen Einwendungen der Besprecherin weist er großteils als unberechtigt und überzogen zurück. Er habe im übrigen keine „mathematische Bevölkerungslehre" (wie Süßmilch u. a.), sondern eine „Bevölkerungsmaßlehre" geschrieben.[56] Diese Unterscheidung führt er auch in der „Demometrie" selbst anhand einer Besprechung der „Mathematischen Bevölkerungstheorie" von Knibbs-Czuber (1923) aus, welche die einzige bisher in deutscher Sprache geleistete Arbeit mit „demometrischem Einschlag" gewesen sei. Dieses Werk folge nicht dem formalen Wesen der Demometrie, sondern der Systematik des demographischen Stoffes. Kernstücke der Demometrie, die Modelle der stationären und der stabilen Bevölkerung, fänden sich bei Knibbs-Czuber überhaupt nicht. Der demometrische Zug dieser Arbeit sei daher deutlich abgeschwächt.[57]

Zu Karl Schwarz kritischen Fragen äußert sich Winkler in einem Aufsatz „Zum Begriff der Demometrie", der 1971 in den *Mitteilungen der Deutschen Gesell-*

---

[54] Bespr. von *A. Wolf,* Population 25 (1970), 891 f., *L. Thirring,* MbÖGStI 6 (1972), 64 – 66, *E. G. Jacoby,* PS 26,2 (1972), 332, 65 f., *H. V. Muhsam,* JAStS 68 (1973), 753; vgl. auch Bespr. von *R. Horvath,* Statisztikai Szemle (1970), 605 – 608.

[55] So Winkler über die Art und Weise, wie seine „Demometrie" von Esenwein-Rothe besprochen worden sei. („Erwiderung" von *W. Winkler,* ebd. 186 (1971/72), 363).

[56] PNWW, Mein überreich bewegtes Leben, Fragm. 12, 8 f.; vgl. Bespr. von *Ingeborg Esenwein-Rothe,* JbbNSt 185 (1971), 179 – 181, und die „Erwiderung" von *W. Winkler,* ebd. 186 (1971/72), 362 – 364.

[57] WW-1969-01, 428.

424 VI. Emeritierung (1955–1974)

schaft für Bevölkerungswissenschaft erschien. – Die erste Frage, ob die Begründung eines eigenen Wissensgebiets „Demometrie" innerhalb der Demographie notwendig sei oder nicht, beantwortet er, indem er die Disziplingeschichte der „Bevölkerungsmaßlehre" skizziert. Er sieht die Entwicklung hin zur „Demometrie" bereits in frühen bevölkerungsmathematischen Darstellungen angelegt. Als Stationen auf dem Weg zu seiner eigenen „Demometrie" bezeichnet er Theodor Fechners „Kollektivmaßlehre" (1897), Zizeks „Statistische Mittelwerte" (1908) und seine eigenen „Statistischen Verhältniszahlen" (1923). In der „Demometrie" habe er all die weit verstreuten Stoffe kritisch gesichtet, mit eigenen Forschungen bereichert und in ein geschlossenes System gebracht, in das er selbst „so primitive alte Maße" wie die Geburten- und Sterbeziffer aufgenommen habe. Schwarz Versuch, seine strenge Gebietsabgrenzung hinterfragen zu wollen, beantwortet er mit einem Hinweis auf das grundlegende Ordnungsprinzip in der Wissenschaft. Dieses gestatte es keinem Forscher, außerhalb seines eigenen Gebiets tätig zu sein, wolle er nicht einem unfruchtbaren Dilettantismus huldigen.[58]

Mit der „Demometrie" schuf Winkler eine Studie, die sich dadurch auszeichnete, daß der Verfasser einen breiten Querschnitt über die internationale demographische Fachliteratur gab. Indem er zahlreiche ältere Autoren, die an der Entwicklung der Demographie seit der zweiten Hälfte des 19. Jahrhunderts entscheidenden Anteil genommen hatten, in das Werk aufnahm und dadurch einen Längsschnitt über wichtige Entwicklungslinien des Fachs zog, verlieh er ihm darüber hinaus auch eine historische Dimension. Die „Demometrie" ist im Kern eine Zusammenfassung von Winklers Lehre als Bevölkerungsstatistiker, wie er sie seit den zwanziger Jahren entwickelt hatte, auch wenn sie die Demometrie als neues Wissensgebiet in die Bevölkerungswissenschaft einzuführen suchte. Sie kann insofern als eine Rückschau über sein eigenes Wirken als Fachgelehrter angesehen werden. Dennoch wäre eine Behauptung irrig, die unterstellt, daß die „Demometrie" mehr auf Themen ausgerichtet gewesen sei, die in der Vergangenheit aktuell waren, als auf den zeitgenössischen Forschungsstand. Der Wiener Emeritus rezipierte sehr wohl auch neuere Entwicklungen und Methoden innerhalb seines Fachs, z. B. die Kohortenbetrachtung der Fruchtbarkeit.

Die Impulse, die für die internationale Forschung von seinem Werk ausgingen, blieben dennoch eher gering. Immerhin ist darauf hinzuweisen, daß Winklers Bestreben, die Demographie stärker für mathematische Methoden zu öffnen, als dies bislang der Fall gewesen war, bereits vor der Veröffentlichung der „Demometrie" auf internationale Beachtung gestoßen war. Dies war jedoch nicht allein sein Verdienst, sondern das Ergebnis einer breiten internationalen Entwicklung. Indem er mit der „Demometrie" eine neue Teildisziplin in die Statistik einführte, wollte Winkler seine Bestrebungen um eine präzisere mathematische Fassung der Bevölkerungsvorgänge abschließen. Seine Betonung der formalen Seite der Demographie ging jedoch zu Lasten der Entwicklung eines elaborierten soziologischen

---

[58] WW-1971-03, 11 f.; vgl. zu den Abgrenzungsfragen auch 1972–01.

Interpretationsrahmens für die Bevölkerungsprobleme. Dieser Mangel war gleichermaßen Ausdruck der allgemeinen Orientierungslosigkeit innerhalb der deutschsprachigen Demographie in den Jahrzehnten nach ihrer verhängnisvollen Verstrickung in den Nationalsozialismus, als auch der begrifflich und theoretisch unzureichenden Bildung einer „Synthese" von „theoretischer" und „angewandter" Statistik bei Winkler. In der Fachwelt wurde der Begriff „Demometrie" durch seine Arbeit bekannt. Ein eigener Zweig innerhalb der Demographie, der diesen Namen trägt, entstand daraus jedoch nicht. In der breiteren Öffentlichkeit ist die Bezeichnung „Demometrie" – übrigens im Gegensatz zu der von der *Econometric Society* seit den dreißiger Jahren betriebenen Einführung des Ausdrucks „Ökonometrie" – für die „Bevölkerungsmaßlehre" bis heute unbekannt.[59]

Zur Rezeption von Winklers Spätwerk. Eine Zusammenfassung

Die folgenden Untersuchungen wollen eine Vorstellung davon geben, welche Reichweite die Arbeiten des Wiener Emeritus innerhalb der deutschsprachigen Fachwelt hatten. Dabei wird von der Annahme ausgegangen, daß Winkler in nicht deutschsprachigen, etwa angelsächsischen Textkorpora, kaum wahrgenommen wurde. Dies lag wesentlich darin begründet, daß er bereits emeritiert war. Außerdem konnte er aufgrund des Aufstiegs einer neuen Generation von Statistikern, die ihrerseits sich an neuen Methoden orientierten, nicht mehr zu den führenden Forschern, jedenfalls nicht zu den in dieser Zeit führenden Theoretikern gerechnet werden. Nichtsdestotrotz wurden seine Arbeiten nach seiner Emeritierung im Jahr 1955 weiterhin zitiert – in erster Linie von Angehörigen jener Statistiker-Generation, die etwa gleich alt oder etwas jünger waren als er selbst. Schubnell ist gerade mit Blick auf das Schicksal der Arbeiten des Wiener Emeritus zuzustimmen, wenn er darauf verweist, daß „die erstmals ausgearbeiteten Definitionen, die neuen Forschungsansätze und Methoden" in den „allgemeinen Wissensbestand" eingehen und „von der nächsten Generation der Wissenschaftler noch dankbar mit dem Namen zitiert" werden. Erst die folgende Generation halte dies „nicht mehr für erforderlich", und „die übernächste hat den Autor vergessen".[60] Winkler selbst gestand im übrigen schon 1950 ein, daß er mit der Verbreitung seiner Arbeiten in der Fachwelt wie in der breiteren Öffentlichkeit unzufrieden sei.[61]

Im folgenden werden nur einige wenige Beispiele aus dem gerade im Untersuchungszeitraum dieses Kapitels rapide zunehmenden und sich spezialisierenden

---

[59] Vgl. Meyers Enzyklopädisches Lexikon, Bd. 6 (Mannheim 1972); vgl. Der Große Brockhaus, Bd. 3. Wiesbaden 1978; vgl. Brockhaus: Die Enzyklopädie, Bd. 5. Leipzig / Mannheim 1997.

[60] *Schubnell* (1984), 111.

[61] „[...] So kam es, daß meine Arbeiten nicht immer die Beachtung so weiter Kreise gefunden haben, wie ich es ihnen gewünscht hätte." *W. Winkler* [Lebensgeschichte] (1952), 220.

Schrifttum vorgeführt, die belegen, daß die Studien des Wiener Emeritus noch in den sechziger Jahren vielfach zitiert wurden. Flaskämper (1886–1979), der um zwei Jahre jünger als Winkler war, zitiert in seinem zweibändigen Alterswerk „Grundriß der sozialwissenschaftlichen Statistik" mehrmals aus Arbeiten seines Wiener Kollegen. So bezieht er sich im ersten Band „Allgemeine Statistik" auf seine Studien zur Wahrscheinlichkeitstheorie und auf einzelne von ihm geprägte Begriffe. Für Flaskämpers wissenschaftliche Herkunft aus der v. Mayrschen Statistik ist bezeichnend, daß er außerdem Winklers Jahrzehnte altes „begriffsstatistisches" Werk „Die statistischen Verhältniszahlen" (1923) lobend zum vertiefenden Studium der hinter den Verhältniszahlen stehenden Logik empfiehlt. Im zweiten Band „Bevölkerungsstatistik" zitiert der Frankfurter Emeritus neben den Einführungen von Ungern-Sternberg / Schubnell, Mackenroth und Burgdörfer („Bevölkerungsdynamik und Bevölkerungsbilanz", 1951) auch die älteren bzw. im Kern älteren Arbeiten von Winkler, v. Mayr und Zizek.[62]

Winkler hatte in den deutschsprachigen Staatswissenschaften in den fünfziger und sechziger Jahren einen guten Ruf. Dies wird durch die relativ häufige Zitierung seiner Arbeiten im „Handwörterbuch der Sozialwissenschaften" sichtbar, für das er selbst den Artikel „Bevölkerung" verfaßte. Er hatte in der seinerzeitigen vierten Auflage des Handbuchs selbst zahlreiche Artikel beigesteuert. – Im Artikel „Einkommenstatistik" (G. Zeitel) wird der Wiener Demograph neben Pareto u. a. als einer jener Forscher genannt, die „verdienstvolle Beiträge" zur Berechnung der Einkommensverteilung vorgelegt hätten. Weitere Zitierungen finden sich im Einführungsartikel „Statistik I" (Ch. Lorenz), in dem u. a. auf Winklers „Strahlentheorie" hingewiesen wird, im Artikel „Heiratsstatistik" (F. Burkhardt) und in dem Beitrag über „Streuungsmaße" (P. Flaskämper). Letzterer rezipiert den von Winkler im „Grundriß der Statistik" eingeführten Begriff der „Zufalls-" oder „Wesensstreuung" für in der sozialwissenschaftlichen Statistik auftretende Verteilungen.[63]

---

[62] Ferner beschäftigt er sich mit Winklers Einwänden gegen die Standardisierungsmethode (Körösi) und seinen (und Lotkas) Studien zur genealogischen Statistik. *Paul Flaskämper,* Grundriß der Sozialwissenschaftlichen Statistik. Teil 1: Allgemeine Statistik. Hamburg 1959, 24, 100, 131 f. Teil 2: Bevölkerungsstatistik. Hamburg 1962, 48 f., 302, 407 f. Winkler erkannte Flaskämpers „Grundriß" als ein Werk an, dessen Autor die Bevölkerungsstatistik im Einklang mit der modernen Auffassung als „eine reine Formalwissenschaft" verstehe und der damit die Bahnen der v. Mayrschen statistischen Theorie verlasse. Vgl. Bespr. von *W. Winkler* zu Paul Flaskämper, Bevölkerungsstatistik. Grundriß der sozialwissenschaftlichen Statistik. II. Besondere Statistik. Hamburg 1962, ZsNök 23 (1964), 248.

[63] Handwörterbuch der Sozialwissenschaften. Zugleich Neuauflage des Handwörterbuchs der Staatswissenschaften. Tübingen-Göttingen 1956 ff.. Art. Einkommenstatistik, Bd. 3 (1961), 62 (*G. Zeitel*); Art. Statistik (I), Bd. 10 (1959), 36 (*Ch. Lorenz*); Art. Heiratsstatistik, Bd. 5 (1956), 114 (*F. Burkhardt*); Art. Streuungsmaße, Bd. 10 (1959), 231 (*P. Flaskämper*). – Heinz Grohmann war von Winklers Arbeiten zur Einkommenstatistik, insbesondere von seinem Deutungsansatz für die Paretosche Formel der Einkommensverteilung, nachhaltig beeindruckt. (Mitteilung von em. Univ.-Prof. Dr. *Heinz Grohmann* an den Vf. vom 13. 12. 2000; vgl. *Heinz Grohmann,* Statistische Maßzahlen für die Darstellung der Einkommensschichtung. Wirtschafts- und Sozialwiss. Dipl.-Arb. Frankfurt / Main 1955, 99 ff.

Ein weitgehend unerschlossenes Forschungsfeld muß die Rezeption der Werke des Wiener Demographen in den Ländern des kommunistischen Ostblocks bleiben. Dem Verfasser dieser Studie liegen einige Hinweise vor, die belegen, daß Winklers Arbeiten in diesem Raum recht gut bekannt gewesen sein dürften. Zum einen wird sein „Grundriß der Statistik" (Band 1, 1948) im Literaturverzeichnis eines Lehrbuchs der Statistik aus der DDR zitiert, in das neben den Arbeiten osteuropäischer, besonders sowjetischer Statistiker auch die Arbeiten bundesdeutscher Gelehrter wie Anderson und Flaskämper Aufnahme finden.[64] Winklers „Grundfragen der Ökonometrie" erschien 1957 in polnischer Übersetzung.[65] Und noch im Jahr 1994 erhielt der Wiener Demograph einen Eintrag in dem russischen Lexikon „Narodonaselenie", in dem er u. a. als Mitherausgeber des Mehrsprachigen Demographischen Lexikons und als Finder des Begriffs „Demometrie" gewürdigt wird.[66]

b) Teilnahme an internationalen statistischen Kongressen. Organisation des Weltbevölkerungskongresses in Wien 1959

Wie schon in der Einleitung zu diesem Kapitel dargelegt, setzte Winkler nach der Emeritierung seine Reisen zu internationalen statistischen und bevölkerungswissenschaftlichen Kongressen fort. Sein letzter demographische Kongreß war jener von Belgrad (1965). An die Leitung des Kongresses in Sydney (1967) schickte er nur zwei „Papers", ohne selbst den Verhandlungen beizuwohnen. Im Jahr 1973 nahm er in Wien zum letzten Mal in seinem Leben an einem ISI-Kongreß teil. Sein letzter Besuch der „Deutschen Statistischen Woche" datiert aus dem Jahr 1975.

Die folgenden Untersuchungen werden sich darauf beschränken, wichtige Aspekte der fachlichen und organisatorischen Entwicklung der ISI- und Bevölkerungskongresse zu skizzieren und die wissenschaftlichen Beiträge (Referate) des Wiener Emeritus, aber auch seine persönlichen Eindrücke vom Kongreßgeschehen, knapp zu umreißen. Die Diskussionen, an denen der Wiener Statistiker sich beteiligte, werden insoweit nachgezeichnet, als sie für die Aufgabenstellung der vorliegenden Arbeit von Bedeutung sind.

---

[64] Autorenkollektiv (Hg.): Allgemeine Statistik. Lehrbuch. Berlin 1969, 521 f. Die selbe Einführung betont den Klassencharakter der „bürgerliche[n] Statistik" und charakterisiert diese als ein „Instrument der Aufrechterhaltung der kapitalistischen Ordnung", das unfähig sei, „das wahre Wesen der kapitalistischen Gesellschaft zu erklären". (Ebd., 29).

[65] Vgl. Kap. V. 2. b).

[66] Narodonaselenie [dt. „Demographie"] (Moskau 1994), 44. Für die Übersetzung bin ich Herrn Alexander Höllwerth zu Dank verpflichtet.

Die Kongresse des ISI in Stockholm (1957), Brüssel (1958),
Ottawa (1963), Belgrad (1965) und Wien (1973)

Das ISI stand seit den fünfziger Jahren vor großen organisatorischen und fachlichen Herausforderungen. Die zunehmende Zahl von hoch qualifizierten, vielfach jungen Statistikern führte dazu, daß der Druck auf das Institut und seine Führungsriege aus meist älteren Gelehrten zunahm, neue und jüngere Mitglieder aufzunehmen. Das ISI verstand sich jedoch als eine wissenschaftliche Akademie mit beschränkter Zugangsmöglichkeit. Der Mitgliederstand durfte nach seinen Satzungen nicht über 350 hinausgehen. So kam es, daß die Zahl der bei den einzelnen Kongressen eingeladenen „Gäste", darunter oft fachlich bedeutende Nichtmitglieder, die Zahl der an den Konferenzorten anwesenden Institutsmitglieder deutlich, meist um das ein- bis zweifache, überstieg. Die „Gäste" konnten zwar nicht vollberechtigt an den ISI-Beschlüssen teilnehmen, jedoch hatten sie das Recht, eigene Kongreßbeiträge einreichen und vorzutragen. Dadurch wurde die Zeit für Diskussionen im Anschluß von Vorträgen, die eigentlich dem Austausch von Erfahrungen und Anregungen gewidmet waren, immer knapper. Parallel zur Zunahme der Teilnehmer und der Vorträge griff die Spezialisierung und fachliche Differenzierung innerhalb der statistischen Wissenschaft, aber auch die Anwendung ihrer Methoden bei Großbetrieben und internationalen Organisationen weiter um sich. Besonders aus den statistischen Institutionen der Vereinten Nationen (UNO) erwuchs dem ISI Konkurrenz. Dieses suchte dagegen seine international führende Stellung weiterhin zu behaupten.[67]

Der Begriff der „Mathematisierung" umschreibt nur sehr oberflächlich die Auswirkungen der langfristig wirksamen, tiefgreifenden Veränderungsprozesse in Methodologie und Theorie der Statistik, welche die Wissenschaftler – besonders die deutschsprachigen Fachgelehrten – gerade in den ersten zwei bis drei Nachkriegsjahrzehnten bewegten. Alle hier skizzierten, in den verschiedenen Ländern unterschiedlich ausgeprägten innerfachlichen Wandlungen führten dazu, daß das Institut seine Rolle als Dachorganisation der internationalen Statistik neu überdenken mußte.[68]

Bereits beim Stockholmer ISI-Kongreß (1957) war die Frage, welche Reformschritte das Institut gegen die anschwellende Zahl von Berichten unternehmen sollte, ein wichtiges Gesprächsthema. Bei den fachlichen Diskussionen kamen

---

[67] Vgl. WW-1957-03, 181; *Gerhard Fürst / Hildegard Bartels / Klaus Szameitat,* Die 34. Tagung des Internationalen Statistischen Instituts vom 21. bis 29. August 1963 in Ottawa, in: AStA 48 (1964), 61 – 63, 72.

[68] Diese Ausführungen mögen genügen, um die wichtigsten Probleme, denen sich das ISI in dem hier besprochenen Zeitraum gegenüber sah, zu verdeutlichen. Es kann hier jedoch nicht darauf eingegangen werden, wie das Institut auf die angesprochenen Probleme reagierte. *Olaf Boustedt,* Die 30. Tagung des Internationalen Statistischen Instituts vom 8. bis 15. August 1957 in Stockholm, in: AStA 42 (1958), 44; *Klaus Szameitat,* Die 36. Tagung des Internationalen Statistischen Instituts 1967 in Sydney, in: AStA 52 (1968), 113 f.

in der schwedischen Hauptstadt vor allem Fragen der Bevölkerungsstatistik zur
Sprache. So wurden z. B. Probleme des Umgangs mit Stichprobenfehlern bei Volkszählungen erörtert und die Methoden zur Messung der Fruchtbarkeit besprochen.

Im folgenden Jahr 1958 trat das ISI zu einer außerordentlichen Sitzung in Brüssel zusammen, wo die große Breite der statistischen Methoden und Untersuchungsgegenstände deutlich sichtbar wurde. Die Kehrseite des Bedeutungsgewinns der
Statistik und des statistischen Denkens in öffentlichen Verwaltungen und in den
Volkswirtschaften war, daß die einzelnen, auf Teilgebiete ihres Fachs spezialisier-
ten Statistiker zunehmend Sondergruppen innerhalb der Kongresse bildeten, die
kaum zu den anderen Statistikern Kontakt hatten. Deutsche Beobachter sprachen
von der Tendenz, „daß die Regierungsstatistiker zu Regierungsstatistikern, die
Mathematiker nur zu Mathematikern, die Stichprobenleute nur zu den Stich-
probenleuten sprechen [. . .]"[69]. Winkler sah diese Probleme ebenfalls. Er spielte
jedoch bei den Versuchen, eine neue organisatorische Struktur für das Institut zu
finden, keine Rolle. – Ein Ausweg aus dem potentiell drohenden Zerfall des ISI in
verschiedene Fraktionen, die kaum mehr als einige methodische Grundbausteine
des Faches miteinander teilten, schien die Einsetzung eines Programmausschusses
zu sein. Dieser sollte im Vorfeld der Tagungen bestimmte Diskussionsgegenstände
bestimmen, auf welche die nächste Sitzung sich konzentrieren sollte. Vor dem ISI-
Kongreß im kanadischen Ottawa (1963) war der Programmausschuß bereits tätig
geworden und hatte u. a. zwei Sitzungen organisiert, in welchen den Mitgliedern
ein Überblick über die Entwicklungen in den verschiedenen Zweigen der Statistik
gegeben wurde. Doch auch in Ottawa führte die fortgeschrittene Spezialisierung
dazu, daß die verschiedenen Themen erneut nur von den einzelnen Fachleuten erörtert wurden. – Winkler trat mit einem Referat vor seine Kollegen, das sich mit
dem Problem der statistischen Sterblichkeitsmessung beschäftigte („Once More
the Standardized Death Rate").[70]

Wie in Ottawa nahm er auch an dem statistischen Kongreß in Belgrad (1965)
gemeinsam mit seinem Sohn Othmar teil. Dieser war seit 1950 u. a. Mitglied der
American Statistical Association.[71] Beim Kongreß wurde das Mißbehagen vor
allem jüngerer Institutsmitglieder an der organisatorischen Struktur des ISI deutlich. Eine Öffnung des Instituts für neue Mitglieder wurde jedoch von einem
„Ältestenrat", der für die Beibehaltung des Akademiecharakters eintrat, abgelehnt.
Kritisiert wurde bei der Belgrader Tagung neuerlich das zunehmende Nebenein-
ander- statt Miteinanderarbeiten von mathematischen („abstrakten") und stofflichen („gegenständlichen") Statistikern auf den ISI-Kongressen.[72]

---

69 *Gerhard Fürst / Siegfried Koller,* Bericht über die 31. Tagung des Internationalen Statistischen Instituts vom 2. bis 8. September 1958 in Brüssel, in: AStA 42 (1958), 258.

70 Vgl. WW-1963-02.

71 Prof. Dr. Othmar Winkler wurde 1991 zum ordentlichen Mitglied des ISI gewählt. Er
war jedoch schon jahrelang Mitglied verschiedener Unterorganisationen des Instituts gewesen, was ihm die gleichberechtigte Teilnahme an Tagungen und die Präsentation von Referaten erlaubte. (Gespräch mit em. Univ.-Prof. Dr. *Othmar Winkler* vom 19. 01. 2000).

Im Jahr 1966 wurde Winkler zum Ehrenmitglied des ISI gewählt. Als dem Wiener Statistiker diese Auszeichnung verliehen wurde, hatte das Institut nur sieben Ehrenmitglieder weltweit.[73] Winkler war das einzige Ehrenmitglied des deutschen Sprachraums. Diese Auszeichnung konnte Winkler nur unter der Bedingung verliehen werden, daß mindestens drei Mitglieder oder Ehrenmitglieder des Instituts diese befürworteten. Tatsächlich wurde der Verleihungsantrag, der von Sagoroff beim ISI eingereicht wurde, von L. Schmetterer und von drei ausländischen Gelehrten unterstützt. Alle drei, der US-Amerikaner Stuart A. Rice (1889 – 1969), der Italiener Benedetto Barberi (1901-?) und der Brite Maurice G. Kendall (1907 – 1983) waren international bekannte und im ISI führend tätige Statistiker.[74] Im Gegensatz zu Sagoroff und Schmetterer pflegten diese drei Personen keine engeren Kontakte mit Winkler. Daß gerade Rice, Kendall und Barberi für den ihnen wenig bekannten Wiener Statistiker ihre Unterschrift leisteten, wird von Othmar Winkler damit begründet, daß sie „von der großen Zahl von wissenschaftlichen Beiträgen meines Vaters beeindruckt [. . .] [waren], teils als Vortragender, teils als ernannter Diskutierender von Vorträgen anderer ISI-Mitglieder, als auch von seinen spontanen, kritischen Beiträgen aus der Hörerschaft."[75]

Die Ehrenmitgliedschaft wurde Winkler auch deshalb zugesprochen, weil er weit zurückreichende Verdienste um die deutschsprachige Statistik hatte.[76] In der „Presentation of Candidacy", die Winkler dem ISI vorlegen mußte, werden seine Verdienste um die statistische Theorie und „Several Fields of Applied Statistics especially on Demography" hervorgehoben. Nach Othmar Winklers Vermutung spielten bei der Entscheidung, seinen Vater zum ISI-Ehrenmitglied zu ernennen, auch grundsätzliche Überlegungen eine Rolle, auf welche Weise eine breitestmögliche geographische und fachliche Basis, die ein Gleichgewicht zwischen den im Institut vertretenen Ländern und Einzeldisziplinen herstellen sollte, geschaffen werden könnte.[77] Diese pragmatischen Erwägungen wurden vermutlich von dem Gedanken ergänzt, daß mit Winkler eines der ältesten Institutsmitglieder geehrt

---

[72] Vgl. *Gerhard Fürst,* Die 35. Tagung des Internationalen Statistischen Instituts in Belgrad, in: AStA 50 (1966), 109 f.

[73] UAW, PA Prof. Dr. W. Winkler, Zl. 4093 – 66, Mitteilung von S. Sagoroff an Sektionschef Hoyer im BMU vom 21. 12. 1966. Die Zahl von sieben Ehrenmitgliedern weltweit verringerte sich bis 1973 auf fünf. (Vgl. WW-1973-02, 17).

[74] Vgl. PNWW, Mein überreich bewegtes Leben, Fragm. 10, [unbez.] Rice war Soziologe, Statistiker und Regierungsberater. Kendall stand als Präsident verschiedenen statistischen Organisationen vor, u. a. der *Royal Statistical Society* (1960 – 62). Barberi war Direktor des italienischen statistischen Amtes und einige Zeitlang Präsident der IARIW. Vgl. American National Biography (1999), s. v. Rice, Stuart A., 424; Dictionary of National Biography 1981 – 1985. Ed. by Lord Blake and C. S. Nicholls. Oxford 1990, s. v. Kendall, Sir Maurice George; Chi é? (1961), s. v. Barberi, Benedetto, 54.

[75] Mitteilung von em. Univ.-Prof. Dr. *Othmar Winkler* an den Vf. vom 23. 06. 2000.

[76] Vgl. Gespräch mit em. Univ.-Prof. Dr. *Johann Pfanzagl* vom 23. 08. 1999, Protokoll.

[77] Vgl. Mitteilung von em. Univ.-Prof. Dr. *Othmar Winkler* an den Vf. vom 23. 06. 2000.

werden sollte. Er selbst schrieb bereits 1957, daß er von allen Institutsmitgliedern die meisten Kongresse besucht habe.[78]

Am ISI-Kongreß von Sydney (1967) nahm der Wiener Emeritus – wie viele andere europäische Institutsmitglieder – deshalb nicht teil, weil ihm das Unterrichtsministerium nur einen unzureichenden Reisekostenzuschuß bewilligen wollte. Dennoch schickte er zwei Manuskripte an die dortige Kongreßleitung – eines hatte das Thema „Real versus Nominal Age" zum Gegenstand, und das andere befaßte sich mit „Some New Measures of Aimed Spatial Mobility".[79] Aus dem gleichen Grund konnte er auch am übernächsten ISI-Kongreß nicht teilnehmen, der 1969 in London abgehalten wurde.[80]

Einen weiteren Höhepunkt, der für Winkler jedoch nicht ganz ungetrübt blieb, wie unten gezeigt wird, brachte seine Teilnahme am ISI-Kongreß in Wien (1973) mit sich. Daß das Institut zum ersten Mal nach 1913 wieder nach Wien kam, war seiner Initiative zu verdanken.[81] Im Frühjahr 1973 wurde mit den Vorbereitungen für die Tagung begonnen. Dem zu diesem Zweck eingerichteten Ausschuß gehörten Winkler als Ehrenvorsitzender, der Präsident des ÖStZ Lothar Bosse als hauptverantwortlicher Organisator und die Universitätsprofessoren Schmetterer und Bruckmann an.[82]

Winkler bereitete für den Kongreß zwei Publikationen vor, einen Aufsatz über „Statistik in der Welt – Statistik in Österreich", in dem er von seinen Bestrebungen zur Verbesserung des statistischen Unterrichtswesens berichtet, und ein Referat, das einen geschichtlichen Überblick über die Wiener internationalen statistischen Kongresse (1857, 1891, 1913, 1973) gab. Die beiden Texte waren seine letzten der Statistik gewidmeten Veröffentlichungen. Winkler blickt in ihnen zurück auf die Geschichte der Statistik in Österreich und in der Welt seit dem 19. Jahrhundert. Er unterscheidet drei Phasen der ISI-Geschichte: Die erste Phase ist die Zeit der Internationalen Statistischen Kongresse (1853–1878), die zweite Phase erstreckt sich von der Gründung des ISI im Jahr 1885 bis zum Washingtoner ISI-Kongreß (1947). Während die erste Phase vom Bemühen um die internationale Vergleichbarkeit der amtlichen Statistiken geprägt war, gewann in der zweiten Phase die

---

[78] International Statistical Institute (ISI), Archives, Prof. W. Winkler, Presentation of Candidacy, 1966; vgl. WW-1957-03, 180.

[79] UAW, PA Prof. Dr. W. Winkler, Zl. 1089/67, Schreiben von S. Sagoroff an das BMU. Ob der erstgenannte Beitrag in die Kongreßprotokolle aufgenommen wurde, ist dem Vf. unbekannt. Vgl. WW-1971-02.

[80] UAW, PA Prof. Dr. W. Winkler, Zl. 770–69, Schreiben von Winkler an das BMU vom 03. 07. 1969. Vgl. *Boustedt* (1958), 46 f.; *Fürst/Koller* (1958), 257 f.; WW-1963-02; *Fürst/Bartels/Szameitat* (1964), 63, vgl. auch 64–71; *Szameitat* (1968), 113.

[81] Vgl. Kap. VI. 3.

[82] WW-1973-02, 27; PNWW, Mein überreich bewegtes Leben, Fragm. 10, unbez. [39]; Winkler betont, allein seine Anträge vor der Statistischen Zentralkommission hätten die Einladung des Kongresses nach Wien bewirkt. Vgl. WW-1973-02, 27; vgl. dazu bestätigend W. Zeller in Geschichte und Ergebnisse (1979), 222.

theoretische Statistik, wenngleich das ISI weiterhin sich um die Verbesserung der amtlichen Statistik bemühte, stärker an Bedeutung. In der dritten Phase der ISI-Geschichte (seit 1947) fand die „reine statistische Theorie" zunehmend Eingang in die Institutstagungen und verwies die stofflich-angewandte Statistik auf den zweiten Rang. Winkler führt diese Entwicklung wesentlich auf die „fortschreitende[ ] Annäherung an die Ziele einer wissenschaftlichen Akademie" seit der Washingtoner Tagung zurück.[83]

Die Tagung wurde vom Präsidenten des ISI Jakob Bjerve eröffnet, der Winkler in seiner Eröffnungsrede zwar als österreichisches Ehrenmitglied des Instituts erwähnte, jedoch nicht auf sein Verdienst hinwies, den Kongreß nach Wien geholt zu haben. Dagegen hob Bosse in der darauf folgenden Ansprache in allgemeinen Worten Winklers unermüdliche Bemühungen hervor, welche die Abhaltung der Veranstaltung an diesem Ort erst ermöglicht hätten.[84] Trotz dieses Lobs durch seinen einstigen Assistenten war Winkler über die seiner Meinung nach ungenügende Beachtung seiner Vorleistungen enttäuscht. Er hatte doch gehofft, daß seine Funktion als Ehrenpräsident des Vorbereitungskomitees erwähnt werde. Seine Enttäuschung wurde dadurch vergrößert, daß seine Enkelsöhne, die Othmar Winkler nach Wien mitgenommen hatte, kein Wort Deutsch sprachen. Ihr Großvater erblickte darin einen kulturellen Verlust für die deutsche Sprachgemeinschaft. Wirklich unheilvoll war jedoch der Verlust seines Referatsmanuskripts. Dieses ging durch ein Versehen des Tagungsbüros verloren, so daß Winkler, anstatt der Eröffnungssitzung beiwohnen zu können, mit Hilfe eines von Bosse rasch zur Verfügung gestellten Sekretärs einen notdürftigen Ersatz bereitstellen mußte.[85] – Beim Kongreß selbst wurde ein umfangreiches Programm abgewickelt, das Problemen der mathematischen Statistik und ihrer Anwendungen in der Elektronischen Datenverarbeitung (EDV), aber auch Fragen der stofflichen Statistik (Fruchtbarkeits-, Gesundheits-, Erdbeben- und Straßenverkehrsstatistik) gewidmet war.[86]

---

[83] Vgl. WW-1973-02, 22; 29 (wörtl. Zit.).

[84] Bulletin of the ISI. Bd. 1 (1973), The Presidential Address, 51, Opening Ceremony, 43.

[85] PNWW, Mein überreich bewegtes Leben, Fragm. 10, unbez. [39-41]. *Adolf Adam* widmete Winkler aus Anlaß des Kongresses die von ihm verfaßte Schrift Vom himmlischen Uhrwerk zur statistischen Fabrik. 600 Jahre Entdeckungsreise in das Neuland österreichischer Statistik und Datenverarbeitung. Wien 1973. An dem Wiener ISI-Kongreß nahmen zahlreiche österreichische Mitglieder und Gäste teil, darunter G. Bruckmann, G. Feichtinger, F. Ferschl, W. Grossmann, P. Hackl, H. Helczmanovszki, H. H. Lutz, M. Pammer, L. Schmetterer, G. Tintner, G. Vinek, W. Zeller u. a. Vgl. Bulletin of the ISI. Bd. 1 (1973), Participants, 9–24.

[86] Vgl. Bulletin of the ISI. Bde. 3, 4 (1973), s. „Contents".

Tagungen der IUSSP und der Vereinten Nationen in Wien (1959),
New York (1961), Ottawa (1963) und Belgrad (1965)

Der erste internationale Bevölkerungskongreß nach dem Krieg hatte 1954 in Rom stattgefunden, der von der UNO gemeinsam mit der IUSSP organisiert worden war.[87]

In den folgenden Jahren hielt die IUSSP am Rande der ISI-Kongresse mehrere Arbeitstagungen ab – so in Rio de Janeiro (1955) und in Stockholm (1957). In der schwedischen Hauptstadt bildeten Probleme der Fruchtbarkeitsstatistik den Hauptgegenstand der Beratungen.[88] Die IUSSP betonte in fachlicher Hinsicht in den fünfziger Jahren ihre ablehnende Haltung gegenüber bevölkerungspolitischen Doktrinen. Sie sah sich zwar als eine Institution, welche die Regierungen beraten, ihnen „Maßstäbe für ihre politischen Entscheidungen" liefern wollte, die jedoch Fragen der Bevölkerungspolitik aus ihren Tagungsprogrammen ausschalten wollte.[89]

Der Wiener Bevölkerungskongreß vom 28. August bis 4. September 1959 war die erste Arbeitstagung der IUSSP nach dem Krieg, welche die Union unabhängig von den Vereinten Nationen oder dem ISI abhielt. Die Idee, einen Kongreß der IUSSP in der österreichischen Hauptstadt abzuhalten, tauchte erstmals bei dem Stockholmer Treffen der Mitglieder der Bevölkerungsunion auf. Winkler erklärte sich dort nach einer entsprechenden Anfrage durch den damaligen IUSSP-Präsidenten bereit, ein derartiges Symposium in Wien zu organisieren. Er bildete einen Arbeitsausschuß, dessen Präsident er wurde und der aus elf Personen bestand. Zu den Mitgliedern dieses Gremiums zählten Vertreter der amtlichen und der akademischen Statistik, der Bundesregierung, der Universität Wien, der Pensionsversicherungsanstalt der Angestellten und der Wiener Gebietskrankenkasse. Zu der ersten Gruppe von Ausschußmitgliedern gehörten die Leiterin der Abteilung Statistik der niederösterreichischen Arbeiterkammer Dr. Hertha Firnberg, der Leiter des Statistischen Amtes der Stadt Wien Ludwig Rutschka, der Vizepräsident des ÖStZ Dr. Karl Schubert und die beiden Universitätsprofessoren August M. Knoll (Soziologie) und Alexander Mahr (Volkswirtschaftslehre).[90] Als Organisator bemühte sich Winkler, den Teilnehmern die Möglichkeit zu geben, die zur Verfügung stehende Zeit zu ausgiebigen Diskussionen zu nützen. Er wollte unbedingt die Fehler früherer Tagungsleitungen vermeiden, durch Abhaltung zu vieler Referate die Zeit zu verknappen und dadurch eine breite fachliche Auseinandersetzung unmöglich zu machen. So sorgte er dafür, daß alle eingelaufenen 77 Arbeiten rechtzeitig in Druck gelangten und an die Teilnehmer versandt

---

[87] Vgl. Kap. V. 2. c).

[88] Vgl. *Boustedt* (1958), 47–49.

[89] *Hermann Schubnell,* Aufgaben und Probleme der Demographie. Der Internationale Bevölkerungswissenschaftliche Kongreß in Wien, in: AStA 44 (1960), 165 f. (wörtl. Zit. 166).

[90] Vgl. WW-1959-01, Bd. 1, 12 (Arbeitsausschuß).

wurden, so daß diese bereits vor Kongreßbeginn sich auf Diskussionen vorbereiten konnten.[91]

Winkler dürfte sich von der Abhaltung des IUSSP-Kongresses in Wien nicht nur einen persönlichen Prestigegewinn als führender österreichischer Demograph erhofft haben, sondern vor allem einen Impuls für die bevölkerungswissenschaftliche Forschung in Österreich. Zählte bis 1959 außer ihm selbst nur der Vorstand des Innsbrucker Universitätsinstituts für Hygienik und Mikrobiologie Alfred Schinzel (geb. 1904)[92] zum Mitgliederkreis der IUSSP, so wurde der Wiener Kongreß zum Anlaß, die Zahl der österreichischen IUSSP-Mitglieder deutlich zu erhöhen.[93] Eines der 1959 neu aufgenommenen Mitglieder war der Wiener Soziologe Leopold Rosenmayr (*1925), der damals ein Pionier der sozialwissenschaftlichen Feldforschung war. Rosenmayr wurde durch seine Kontaktnahme mit Winkler anläßlich seiner Einladung zur Teilnahme am Kongreß dazu veranlaßt, in seinen Arbeiten auch auf die demographischen Rahmenbedingungen für die Soziologie einzugehen. Rosenmayr schildert in anschaulichen Worten, wie Winkler auf ihn zuging und welchen Eindruck er von der Persönlichkeit des berühmten Statistikers hatte:

[...] In der Zeit, in der ich begonnen hatte zu begreifen, daß die Demographie eine Art Komplementärperspektive für die stichprobenorientierte Sozialforschung ist, ist der Winkler gekommen und hat von mir verlangt, ich soll dort einen Vortrag halten. Ich hab' mir gedacht, ich bin ja im Grund genommen kein Demograph, da überheb' ich mich, das kann ich mir gar nicht zumuten, und [ich] bin froh, wenn ich mit meiner eigenen Methodologie einigermaßen zurande komme. Er war aber sehr impulsiv und fordernd, und ich hab' das G'fühl g'habt, der Mann hat etwas mehr – als doch ein Mittelmaß in den österreichischen Professoren zu merken war. Vor allem hat er einen „Push" gehabt, einen Draht gehabt, und [er] war sehr interessiert, daß in Österreich eine internationale Konferenz stattfindet. [...] [94]

Die Tagung wurde am 28. August 1959 im Auditorium Maximum der Universität eröffnet. Der Präsident der Union Frank Lorimer lobte in seiner Ansprache Winklers Verdienste bei der Vorbereitung des Kongresses: „He and his associates have conducted the preparatory work with great energy and efficacy. But I don't think this has injured him. He still looks young."[95]

---

91 Diese Vorgangsweise wurde vom Bürgermeister der Stadt Wien Franz Jonas ausdrücklich gewürdigt. Vgl. WW-1959-01, Bd. 2, 21. Auch Schubnell hob hervor, daß Winklers Komitee den Kongreß sorgfältig vorbereitet habe. Vgl. *Schubnell* (1960), 167.

92 Vgl. Kürschner, Bd. 2 (1961), 1784, s. v. Schinzel, Alfred.

93 Vgl. WW-1961-01, 138. Die Zahl der österreichischen Mitglieder der Bevölkerungsunion erhöhte sich 1959 von zwei auf sechs. Am Wiener Kongreß nahmen außer Winkler und Schinzel u. a. folgende Österreicher teil: E. Bodzenta, H. Firnberg, H. Hanslwka, W. Liehr, H. Pohl, L. Rosenmayr, L. Rutschka, K. Schindl, K. Schubert, H. Swoboda und K. Weichselberger. Vgl. WW-1959-01, Bd. 1, 15 (Mitgliederliste). Ob der Wiener Bevölkerungskongreß für die Entwicklung der Demographie in Österreich einen langfristig wirksamen Impuls mit sich brachte, läßt sich hier nicht beurteilen.

94 Gespräch mit em. Univ.-Prof. Dr. *Leopold Rosenmayr* vom 19. 06. 2000, Protokoll.

95 WW-1959-01, Bd. 2, 19 (Eröffnungsansprache F. Lorimer).

Die Kongreßberatungen wurden von 200 Teilnehmern aus 38 Staaten und vier internationalen Organisationen besucht und wurden in acht Arbeitssitzungen abgehalten. In der ersten, „Verschiedenen Themen" gewidmeten Sitzung hielt der Wiener Emeritus sein eigenes Referat, in dem er die Frage „Wieviele Menschen haben bisher auf der Erde gelebt?" behandelte. Er begründete seine Berechnung auf drei verschiedene Hypothesen, so daß er, je nach Annahme, auf eine Zahl von 3,39 bis 5,26 Billionen Menschen kam, die bisher die Erde bevölkert hätten.[96] Rosenmayr referierte in der Sektion „Fruchtbarkeit" über den „Wiener Geburtenrückgang im Lichte soziologischer Forschung". Winkler sah in den Ausführungen des Soziologen eine Bestätigung seiner eigenen Theorie, wonach weder Wohnungsverhältnisse noch die Berufstätigkeit der Ehefrau oder die Höhe des Familieneinkommens für die niedrigen Geburtenzahlen in Wien verantwortlich seien, sondern „die hochgeschraubten Lebensansprüche, die eine Umkehrung der früheren Wertskalen" herbeigeführt hätten.[97]

Im Mittelpunkt der Beratungen stand die Entwicklung der differentiellen Fruchtbarkeit. Es wurde u. a. die Frage besprochen, ob die Industriestaaten durch wirtschaftliche Hilfe zu einem Geburtenrückgang in den Entwicklungsländern beitragen könnten. Der Niederländer W. Brand vertrat die Auffassung, daß durch Erziehung, Bildung und Industrialisierung in den Entwicklungsländern die Akkumulation von Kapital erreicht werden könne. Diese sei eine Voraussetzung für Einkommenssteigerung und damit für eine Senkung der Geburtenzahl. Schubnell stellte ein demographisches Entwicklungsmodell vor, das auf der Annahme fußte, daß die durch die Industrialisierung sich verändernden Umweltbedingungen (Lebensform, Konsumnorm usw.) dazu führen, daß die Menschen die Kinderzahl klein halten. Schubnell war einer der wenigen deutschen Demographen, in dessen Wortmeldungen keine Anzeichen einer Kontinuität zwischen der deutschen Bevölkerungsforschung der dreißiger und der Demographie der fünfziger Jahre sichtbar wurden. Ungern-Sternbergs Äußerungen verrieten dagegen, daß maßgebliche Demographen immer noch europazentrische Anschauungen vertraten, die aus der Vorkriegszeit stammten. Ungern verwahrte sich zwar gegen malthusische Denkweisen bei der Beurteilung der Bevölkerungszunahme in den Entwicklungsländern, doch er befürchtete „eine Schrumpfung des Anteils der Westeuropäer an der Weltbevölkerung". Diese Entwicklung wertete er „vom Standpunkt der westeuropäischen Weltgeltung" [sic!] als ungünstig.[98]

Ein weiterer Tagesordnungspunkt des Wiener Bevölkerungskongresses neben den Sektionssitzungen war die Neuwahl des IUSSP-Vorstands, bei der F. Lorimer

---

[96] Vgl. WW-1959-02.

[97] WW-1961-01, 141; vgl. auch Sind Kinder eine „unerträgliche Belastung"? Dozent Rosenmayr untersuchte die Ursachen des Geburtenrückganges, in: Die Presse vom 30. 08. 1959, 5.

[98] Vgl. Internationaler Bevölkerungskongreß – Diskussionen. Wien 1959. Hg. von der Union internationale pour l'étude scientifique de la population (Paris 1962), 6 f.; vgl. *Schubnell* (1960), 168–170; vgl. auch *Leopold Rosenmayr*, Weltprobleme in Tabellen. Aufgaben der Demographie im Rahmen der Sozialwissenschaften, in: Die Furche vom 12. 09. 1959.

zum Präsidenten wiedergewählt wurde. Winkler wurde einer der sieben Vizepräsidenten der Bevölkerungsunion.[99] Als Organisator des Kongresses widerfuhr ihm die Ehre, beim Empfang im Kanzleramt an einem Tisch mit Bundeskanzler Julius Raab zu sitzen.[100]

Der nächste IUSSP-Kongreß fand 1961 in New York statt, bei dem Winkler von seiner zweiten Ehefrau Franziska begleitet wurde und bei dem auch sein Sohn Othmar als Beobachter anwesend war.[101] Außer ihm selbst war aus Österreich H. Hansluwka vom ÖStZ nach New York gekommen. Wie schon in Wien war auch in New York die unterschiedliche Geburtenentwicklung in den industrialisierten und in den unterentwickelten Ländern ein beherrschendes Thema der Beratungen. In der dritten Sektion „Mathematical Models and the Use of Electronic Computation in that Field" trug der Wiener Emeritus seinen Vortrag über „Types and Models in Demography" vor. Er unterscheidet zwischen „totalen", „partiellen", „statischen und dynamischen", „substantiellen" und „Rahmenmodellen", die er aus mathematischen Operationen ableitet.[102] – In der auf sein Referat folgenden Diskussion fand besonders Winklers Einführung des Begriffs „Demometrie" Beachtung, wenngleich der englische Sektionsvorsitzende W. Brass darauf hinwies, daß H. Hyrenius diesen bereits vor sieben Jahren gefunden habe. Erörtert wurde bei der Sitzung ferner die Natur mathematisch-demographischer Modelle, wobei Einigkeit darüber erzielt wurde, daß diese (Brass definiert das Modell als „an abstract picture of some simplified aspect of reality") besonders dort eingesetzt werden könnten, wo empirische Daten nur unzureichend vorhanden seien und daher geschätzt werden müßten.[103]

Das IUSSP-Treffen von Ottawa (1963) fand gleichzeitig mit dem Kongreß des ISI – s. o. – statt, das die demographischen Sitzungen gemeinsam mit der IUSSP organisierte und abhielt.[104]

Die Weltbevölkerungskonferenz von Belgrad (1965), an der zum zweiten Mal nach Rom (1954) wieder verschiedene Teilorganisationen der UNO gemeinsam mit der IUSSP die organisatorische Leitung innehatten, wurde mehr noch als die vorangegangenen demographischen Kongresse von der Bevölkerungsproblematik in den Ländern der sogenannten „Dritten Welt" beherrscht. In Belgrad waren gegenüber dem römischen Vorgängerkongreß die zwischenzeitlich großen Fortschritte in der Methodik der Datenerfassung sichtbar geworden. Dagegen gab es keine Übereinstimmung darüber, wie Bevölkerungsvorgänge theoretisch bewertet

---

99 *Schubnell* (1960), 172.

100 PNWW, Mein überreich bewegtes Leben, Fragm. 10, unbez. [34].

101 Ebd., unbez. [32]; International Population Conference. Congrès International de la Population. New York 1961, Tome I (London 1963), 16 („Observers").

102 Vgl. WW-1961-02, 364–366.

103 Vgl. International Population Conference, Tome 1 (1963), 288 f., 293; 368 (wörtl. Zit.), 370.

104 Vgl. *Fürst / Bartels / Szameitat* (1964), 62.

werden sollten. Einigkeit herrschte lediglich darüber, daß das zunehmende Ungleichgewicht zwischen Wachstum der Bevölkerung und potentiellem Wirtschaftswachstum das „Schlüsselproblem der Menschheit" sei.[105]

Winkler hielt in Belgrad ein Referat über „Notions and Measures of over-population and under-population", in dem er fünf verschiedene Modelle von „Übervölkerung" entwarf und die Beziehungen zwischen den einzelnen Variablen dieser Modelle (physiologisches und kulturelles Existenzminimum, Einkommensverteilung, Größe des zur Verfügung stehenden Raums) durch mathematische Formeln ausdrückte.[106] Mit dieser Arbeit trug er zur präziseren mathematischen Fassung der wesentlichen Faktoren bei, welche den Zusammenhang der Bevölkerung mit den wirtschaftlichen Bedingungen, als mathematisch ausgedrückte Variablen, darstellen. Er leistete damit jedoch keinen Beitrag zur vertiefenden Interpretation von Ursachen und Wirkungen der weltweiten Bevölkerungsentwicklung. Seine mathematischen Modelle gaben zwar Einblicke in funktionale Zusammenhänge zwischen Bevölkerung und Wirtschaft, doch wurden sie der Dynamik des Bevölkerungsprozesses nicht gerecht.

Tagungen der DStG in Essen (1956), Nürnberg (1957), Bremen (1960),
Berlin (1962), Göttingen (1967), Freiburg i. Breisgau (1969),
München (1970) und Nürnberg (1975); Demographisches Symposion
des Leipziger Instituts für mathematische Statistik (1966)

Die DStG und ihre Tagungsveranstaltungen wurden in der hier behandelten Periode (1955 – 1974) weiterhin von Vertretern der angewandten sozialökonomischen Statistik beherrscht. Präsident Gerhard Fürst (1960 – 1972) war jedoch bestrebt, möglichst viele Richtungen innerhalb der Statistik zu Wort kommen zu lassen. Fürst signalisierte trotzdem keine Öffnung der Gesellschaft für die Universitäten, die mit der Begründung neuer statistischer Lehrstühle seit den sechziger Jahren zur eigentlichen Triebkraft des wissenschaftlichen Fortschritts innerhalb der deutschen Statistik wurden. Eine Annäherung an die akademische Statistik, die sich methodisch an Entwicklungen in der Mathematik ausrichtete, bahnte sich erst Anfang der siebziger Jahre an, als die Gesellschaft neue Ausschüsse für Empirische Wirtschaftsforschung und Angewandte Ökonometrie gründete und die Schriftleitung des *Allgemeinen Statistischen Archivs* in jüngere Hände überging.[107]

Winkler nahm zwischen 1956 und 1975 an insgesamt acht „Statistischen Wochen" teil. An sonstigen Fachtagungen nahm er in Deutschland nur an einem 1966 von F. Burkhardt geleiteten Symposion in Leipzig (DDR) teil; an den Kon-

---

[105] *Hermann Schubnell,* Weltbevölkerungskonferenz 1965 in Belgrad vom 30. August bis 10. September 1965, in: AStA 50 (1966), 114 – 123.

[106] WW-1967-01, 204.

[107] Vgl. *Rinne* (1991), 10 – 12.

ventssitzungen der DABW beteiligte er sich, nachdem er seine Mitarbeit an der Herausgabe der deutschen Fassung des Mehrsprachigen Demographischen Wörterbuchs beendet hatte, nicht mehr.[108]

Die Essener Tagung stand unter dem Motto „Statistisches Messen". Winkler hielt bei dieser Konferenz sein drittes (und vorletztes) Hauptreferat im Rahmen der DStG. Es trug den Titel „Statistische Maße, die ungleich messen". Das Koreferat erstattete S. Koller über die „Problematik des statistischen Messens". Winkler erklärte, daß die „Unveränderlichkeit" der statistischen Maße (mathematisch ausgedrückt: „Linearität") eine zentrale Forderung der „reinen" statistischen Theorie sei, die jedoch in der praktischen Arbeit nicht immer erfüllt werde. Diese Forderung müsse folglich in der angewandten Statistik von Fall zu Fall überprüft werden. Ferner zieht er aus seinen Untersuchungen den Schluß, daß nur das arithmetische Mittel und die durchschnittliche Abweichung sich linear verhalten, nicht aber das geometrische Mittel, das harmonische Mittel und andere Potenzmittelwerte. Der Statistiker müsse den Mangel an Linearität einzelner Maße, etwa in der Bevölkerungsstatistik, beachten und etwaige Messungsfehler berücksichtigen, die durch Nichtlinearität entstünden. Auf keinen Fall dürften bisher gebräuchliche Maße verworfen werden, vielmehr sollten ihre Vor- und Nachteile sorgfältig gegeneinander abgewogen werden.[109] Von den mathematischen Statistikern, von denen sich Anderson, Burkhardt und Freudenberg zu seinem Referat zu Wort meldeten, wurden seine Thesen im allgemeinen begrüßt, wenngleich Anderson nicht umhin kam, in leicht ironischer Weise auf die „wohl recht rigorosen Vorschriften" seines Wiener Kollegen hinzuweisen. Von der „sozialwissenschaftlichen" Seite meldeten sich Fürst und Flaskämper zu Wort. Letzterer bestritt, daß die Forderung nach Linearität für die Statistik gültig sei. Ehe die theoretischen Probleme des Messens erörtert werden könnten, müßten die Statistiker zuerst „die logisch-begriffliche Eigenart der sozialwissenschaftlichen Tatbestände" untersuchen. So sage z. B. die bloße Einwohnerzahl nichts über die qualitative Bedeutung einer Gemeinde aus. Eine Großstadt mit 100.000 Einwohnern habe nicht einfach 50mal mehr Einwohner als eine Gemeinde mit 2.000 Einwohnern, sondern sie verfüge über bestimmte soziale und wirtschaftliche Funktionen, die statistisch viel schwerer faßbar seien als z. B. die Zahl der Einwohner. Auf diesen Einwand reagierte der Kritisierte mit einem Argument, das er bereits in seiner Kontroverse mit W. Bickel[110] um die „Typenlehre der Demographie" zur Rechtfertigung seiner Forschungsrichtung herangezogen hatte: Nach seiner Meinung trat in der Diskussion wieder „die alte Streitfrage" „Grundlagenforschung oder Zweckforschung" zutage, in der er für die Notwendigkeit der Grundlagenforschung [=Erforschung der mathematischen Basis der sozialstatistischen Methodik, Anm. d. Vf.] einstehe. Winkler erblickte jedoch in dem Umstand, daß einer der

---

108 PNWW, Nicht zuordenbarer Zeitungsausschnitt, 01. 12. 1966; zu letzterem vgl. Mitteilung von Prof. Dr. *Charlotte Höhn* an den Vf. vom 21. 07. 2000.

109 Vgl. WW-1956-01, 297 f., 302–304; 310 f., 314 f.

110 Vgl. Kap. V. 2. b).

Referenten, der ursprünglich von der begriffstheoretischen Richtung hergekom-
men sei (er selbst) über ein mathematisches Thema, und der andere Referent
(Koller), ein Mathematiker, einen „begriffstheoretischen" Vortrag gehalten habe,
als ein Anzeichen für die „Verschlingung" und zunehmende Annäherung der beiden Richtungen.[111]

Winkler nahm auch im folgenden Jahr an der DStG-Jahreshauptversammlung
teil, welche diesmal in Nürnberg stattfand. Beim Empfang der Stadt Nürnberg wurde er von Präsident Fürst dazu eingeladen, vor 250 Mitgliedern und Gästen für die
ausländischen Tagungsteilnehmer zu sprechen. Er gab in den Begrüßungs- und
Dankworten seiner Hoffnung Ausdruck, daß diese Konferenz sich zu einer „mitteleuropäischen" statistischen Woche entwickeln möge.[112]

Die Bremer Tagung der DStG (1960) befaßte sich in fachlicher Hinsicht mit
dem Generalthema „Verkehr und Statistik". Winkler beteiligte sich an der Diskussion in der Hauptversammlung und erregte mit einer eigenwilligen Stellungnahme
bei seinen Zuhörern Aufsehen, als er bei der Besprechung eines Referats über
„Verkehrsstatistik" darauf hinwies, daß der „Verkehrsbegriff" nicht nur eine wirtschaftliche, sondern auch eine „demographische" Bedeutung habe.[113]

Die Berliner Tagung der DStG (1962) stand unter dem Eindruck der angespannten politischen Lage in der Stadt, deren Einwohner zum Zeitpunkt der Statistiker-
Versammlung nur etwas mehr als ein Jahr lang Zeit gehabt hatten, mit der Teilung
der Stadt durch Stacheldraht und Mauer leben zu lernen. Mit der Abhaltung der
Versammlung in Berlin demonstrierten die westdeutschen Statistiker ihre Verbundenheit mit der Stadt an der Spree. Fachlich ging es in Berlin um die beiden Themen „Neue Methoden und Ziele der Verbrauchsforschung" und „Die Grenzen zwischen Statistik und Ökonometrie". Zu den Referaten, die das erste Thema abhan-
delten, bemängelte Winkler, daß die Referenten dazu neigten, englische Fachaus-
drücke zu übernehmen, ohne sie zu übersetzen. Zur methodischen Problematik der
Konsumtions-Messung schlug er vor, die Kalorienrechnung als Maßstab anzuwenden. Er stieß damit jedoch auf die Ablehnung der anderen Diskussionsredner, die
den Aussagewert einer derartigen Umrechnung anzweifelten. Zum zweiten Thema

---

111 Vgl. *Olaf Boustedt,* Die 27. Jahresversammlung der Deutschen Statistischen Gesellschaft vom 28. bis 30. November 1956 in Essen, in: AStA 40 (1956), 372–379; 372, 378
(wörtl. Zit.); vgl. auch UAW, PA Prof. Dr. W. Winkler, Bericht über die „27. Jahreshauptversammlung der Deutschen Statistischen Gesellschaft".

112 Vgl. WW-1957-04, 182. An der Diskussion in der Hauptversammlung über Probleme
der Agrarstatistik nahm Winkler nicht teil. Vgl. *Walter Swoboda,* Die 28. Jahresversammlung
der Deutschen Statistischen Gesellschaft vom 9. bis 11. Oktober 1957 in Nürnberg, in: AStA
41 (1957), 371–378.

113 Vgl. *Walter Swoboda,* Die 31. Jahresversammlung der Deutschen Statistischen Gesellschaft vom 23. bis 25. November 1960 in Bremen, in: AStA 44 (1960), 410; vgl. dazu auch
Schubnell (1984), 113; M. Streißler vermutet, daß Winkler dazu tendiert habe, seine geringe
Körpergröße, die für ihn „sehr schwierig" gewesen sei, überzukompensieren. Vgl. Gespräch
mit Dr. *Monika Streißler* vom 11. 10. 1999 in Wien, Protokoll.

der Tagung hielt E. Streißler ein Referat, das Fragen der Zusammenarbeit von Statistikern und Ökonometrikern berührte. Streißler definierte die Ökonometrie „im engeren Sinne" als „die Theorie und Praxis der sekundären Messung von Abhängigkeiten wirtschaftlicher Größen unter Zugrundelegung eines aus stochastischen Gleichungen zusammengesetzten mathematischen Modells".[114] Hinsichtlich dieser aus dem formalen Vorgang des Messens abgeleiteten Definition stieß der Referent auf den Widerspruch seines ehemaligen Lehrers. Diese sei „etwas zu eng". Die Ökonometrie müsse einerseits wirtschaftliche Vorgänge in Form von Gleichungen ausdrücken. Darüber hinaus habe sie auch die praktische Anwendbarkeit der nationalökonomischen Modelle als richtig nachzuweisen oder zu widerlegen.[115]

Aus der Reihe von Winklers Tagungsbesuchen bei der DStG, die nach der Gründung zweier deutscher Staaten im Jahr 1948 im wesentlichen sich zu einer westdeutschen Statistikerorganisation entwickelt hatte, fällt seine Teilnahme an einer Tagung, die 1966 im ostdeutschen Leipzig veranstaltet wurde. Felix Burkhardt, ein ihm aus Vorkriegszeiten bekannter Kollege, organisierte an seinem Universitätsinstitut ein Symposion über „Wirtschaft und Demographie". Winkler hielt dort ein Referat zur Methodik der Altersgliederung.[116]

Nach fünfjähriger Pause nahm er im Jahr 1967 wieder an einer Versammlung der DStG teil. Diese stand unter dem Leitthema „Aktuelle Aufgaben und Probleme der Bevölkerungsstatistik" und wurde in Göttingen abgehalten. Drei Demographen, R. Mackensen (Dortmund), H. Schubnell und K. Schwarz (beide Wiesbaden) referierten, und der Wiener Emeritus ging auf sie alle in der Diskussion ein. An die Vorträge von Schubnell und Mackensen über „Probleme der Weltbevölkerung"[117] knüpfte Winkler eine Warnung an, den in der Geschichte einmaligen europäischen demographischen Übergang (sinkende Sterblichkeit, der die Senkung der Geburtenhäufigkeit folgte) als Modell auf die Entwicklungsländer anwenden zu wollen. Außerdem wandte er sich dagegen, die drohende Übervölkerung nur auf das Problem der „Fütterung" zuzuspitzen. Mackensen antwortete – sekundiert von Schubnell – auf letzteren Kritikpunkt mit dem Hinweis, daß seine Modellvorstellungen

---

[114] *Erich Streißler,* Was ist Ökonometrie, was will sie und was hat sie bisher geleistet? In: AStA 46 (1962), 358. Wesensmerkmal der Ökonometrie sei „die stochastische Gleichung, die durch das Auftreten zufälliger Variablen gekennzeichnet ist". (Ebd.) Stochastik: „Zusammenfassender Begriff für die Wahrscheinlichkeitsrechnung, die mathematische Statistik und die Anwendungsgebiete der beiden Wissenschaften, die Zufallserscheinungen behandeln" (Lexikon Statistik. Hg. v. Bernd Rönz / Gerhard Strohe. Wiesbaden 1994, s. v. Stochastik, 350).

[115] Vgl. *Willi Hüfner,* Die 33. Jahreshauptversammlung der Deutschen Statistischen Gesellschaft vom 10. bis 12. Oktober 1962 in Berlin, in: AStA 46 (1962), 388–391; 395 (wörtl. Zit.).

[116] UAW, PA Prof. Dr. W. Winkler, Reisekostenantrag an das BMU für die Teilnahme an dem demographischen Symposion vom 20.–22. 09. 1966 in Leipzig.

[117] Dazu berichtet R. Mackensen: „Mein Vortrag damals war eine der ersten Erläuterungen des demographischen Übergangs für Statistiker." (Mitteilung von em. Univ.-Prof. Dr. *Rainer Mackensen* an den Vf. von 19. 10. 2000).

sehr wohl vielfältige wirtschaftliche und demographische Faktoren berücksichtigten. Zu Schwarzs Bemerkungen über Probleme der Längsschnittbeobachtung (Kohorten- oder Verlaufsstatistik) in der Bevölkerungsstatistik meinte der Wiener Emeritus unter Bezugnahme auf Schriften, die beim Belgrader Bevölkerungskongreß vorgelegt worden seien, diese seien keineswegs neu; Neuheitscharakter hätten sie allenfalls für die zurückgebliebene Demographie in Deutschland. Präsident Fürst schloß sich dieser Meinung an und bemerkte ergänzend, daß „die deutsche Rückständigkeit in diesen Fragen" noch eine Auswirkung der „Bevölkerungspropaganda" des Dritten Reiches sei. Der kritisierte Referent Schwarz gab zu, daß die Verlaufsstatistik in der Demographie nichts gänzlich Neues sei, er machte jedoch geltend, daß diese Methode seiner Meinung nach stärker angewendet werden sollte als bisher.[118]

In Freiburg i. Breisgau, wo 1969 die 40. Jahreshauptversammlung der DStG stattfand, wurde der 85jährige Winkler in der Eröffnungsansprache von Präsident Gerhard Fürst namentlich begrüßt. Er beweise „durch seine Person, daß das Nominalalter eines Menschen mit dem Realalter keinesfalls in Einklang zu stehen braucht". – Tagungsgegenstand war die „Genauigkeit statistischer Daten", deren Probleme von je zwei akademischen und amtlichen Statistikern zur Diskussion gestellt wurden. In der anschließenden Aussprache spielten Winklers Vorbehalte gegen die Anwendung von Figuralmaßen eine wichtige Rolle. Diese könnten nur zur Messung der Häufigkeitsfehler im Altersaufbau angewandt werden, doch bleibe die „Frage der wahrscheinlichen wirklichen Werte" dabei ungelöst. Fürst betonte, daß ein praktischer Statistiker auch ohne die Heranziehung dieser Maße Häufigkeitsfehler erkennen müsse, wie sie z. B. beim Geburtsjahrgang 1902 bei der (deutschen) Volkszählung 1925 aufgetreten seien.[119]

Im folgenden Jahr 1970 besuchte der Wiener Emeritus die Münchner Tagung der DStG, in deren Hauptversammlung Methoden des Preisvergleichs und die Beziehungen zwischen elektronischer Datenverarbeitung und der Statistik besprochen wurden. Die EDV bot den Statistikern eine Fülle von neuartigen Möglichkeiten des Umgangs mit Massendaten an. In München wurden erste Ergebnisse des EDV-Einsatzes in der Statistik vorgestellt und diskutiert. Winkler beteiligte sich an den Beratungen mit der Mahnung, daß elektronisch verwaltete Datenbanken und Register den Statistiker als Person nicht ersetzen könnten. Außerdem erklärte er,

---

118 Vgl. *Helga Hecker,* Bericht über die Diskussion der Vorträge zum Thema „Aktuelle Aufgaben und Probleme der Bevölkerungsstatistik" auf der 38. Jahreshauptversammlung der Deutschen Statistischen Gesellschaft am 12. Oktober 1967 in Göttingen, in: AStA 52 (1968), 59 – 63, 68; 60, 63 (wörtl. Zit.); vgl. auch *Karl König,* Tagung des Verbandes Deutscher Städtestatistiker am 10. und 11. Oktober 1967 in Göttingen, in: AStA 52 (1968), 108.

119 Vgl. *Hans-Joachim Schulz,* Bericht über die Diskussion der Vorträge zum Thema „Über die Genauigkeit statistischer Daten" auf der 40. Jahreshauptversammlung der Deutschen Statistischen Gesellschaft am 23. Oktober 1969 in Freiburg im Breisgau, in: AStA 54 (1970), 92 (wörtl. Zit.); 98 f., 100 f. 103; vgl. auch UAW, PA Prof. Dr. W. Winkler, Bericht über die „Statistische Woche" vom 20. – 24. 10. 1969 in Freiburg i. Breisgau.

daß seiner Meinung nach Fortschreibungen auf der Grundlage von Registern fehleranfällig seien.[120]

1973 hielt der Wiener Emeritus sein letztes Referat in der Hauptversammlung der DStG. Diese tagte in diesem Jahr gemeinsam mit der DABW (und – wie üblich – mit dem *Bund der Deutschen Städtestatistiker*) in Mannheim. Er referierte über „Hochgetriebenes Wirtschaftswachstum bei wachsender Kinderarmut und Untervölkerung". In dem Referat stellte er eine Korrelation zwischen westeuropäischem Wirtschaftswachstum und Geburtenrückgang her und ergänzte damit seine Lehre von den Ursachen und Folgen des Geburtenrückgangs um neue Aspekte.[121] – Zwei Jahre später traf er in Nürnberg das letzte Mal in seinem Leben bei einer Jahresversammlung der DStG mit seinen deutschen Fachkollegen zusammen. Er war einer von sechzehn Österreichern bei dieser Tagung und ergriff auch diesmal wieder häufig das Wort. So beanstandete er in der Mitgliederversammlung, ohne jedoch bei der entscheidenden Abstimmung bei den Anwesenden auf Gehör zu stoßen, den Vorschlag, die Tagungen der DStG künftig nur mehr im Abstand von zwei Jahren abzuhalten. Dadurch würde nämlich die deutsche Statistik verarmen.[122]

Zwischenergebnisse und Bewertungen

Winkler betrachtete internationale Fachtagungen als die geeignetsten Veranstaltungen, um den wissenschaftlichen Fortschritt voranzutreiben. In dem hier besprochenen Zeitraum verlagerte er den Schwerpunkt seiner Studien wieder auf die Demographie. Sowohl bei den ISI-, als auch bei den IUSSP- und DStG-Tagungen hielt er Vorträge, in denen er sich vorzugsweise mit Fragen der mathematischen Demographie („Demometrie") befaßte. Er selbst sah sich als Grundlagenforscher, der der mathematischen Darstellung demographischer Prozesse mehr Gewicht verlieh als deren soziologischer Interpretation. Doch gerade die Frage, mit welchen Maßstäben die Demographie Bevölkerungsprozesse bewerten sollte, war ungeklärt, wenngleich der Schwerpunkt der Erörterungen bei den internationalen Bevölkerungskongressen sich von Problemen der Datenerfassung (Rom 1954) hin zu Problemen der Bewertung (Belgrad 1965) verlagerte. Winkler leistete keinen

---

[120] Vgl. *Rolf Deininger,* Bericht über die Diskussion der Vorträge zum Thema „Die Bedeutung der automatisierten Datenverarbeitung für die Beschaffung und Bereitstellung statistischer Daten am 17. September 1970, in: AStA 55 (1971), 137, 141 f.

[121] Vgl. UAW, PA Prof. Dr. W. Winkler, Bericht über die „Statistische Woche" vom 01.– 05. 10. 1973 in Mannheim; vgl. *Peter Glaab,* Bericht über die Diskussion der Vorträge zum Thema „Gesamtwirtschaftliche Prognose und Konjunkturindikatoren" auf der 44. Jahreshauptversammlung der Deutschen Statistischen Gesellschaft am 04. 10. 1973 in Mannheim, in: AStA 58 (1974), 105–111.

[122] Vgl. *Gerhard Creutz,* Bericht über die Diskussion der Vorträge zum Thema „Soziale Indikatoren" auf der 46. Jahreshauptversammlung der Deutschen Statistischen Gesellschaft am 25. September 1975 in Nürnberg, in: AStA 60 (1976), 78–85; vgl. UAW, PA Prof. Dr. W. Winkler, Bericht über die 46. Jahreshauptversammlung der Deutschen Statistischen Gesellschaft vom 24.–26. 09. 1975 in Nürnberg.

bedeutenden Beitrag zur Lösung der letzteren Fragen. Er suchte nicht aktiv nach einem Ausweg aus der Krise der deutschsprachigen Demographie. Spektakuläre Wortmeldungen wie bei der Eröffnung des Belgrader demographischen Kongresses, bei dem er die für den Kongreß eingereichten Schriften allgemein „wegen Nichtbeachtung der deutschen demographischen Literatur" kritisierte und dafür „sofortigen starken Beifall" erntete, täuschten nicht über die fundamentale Orientierungslosigkeit der deutschen Bevölkerungsforscher über die weitere Entwicklung ihres Fachs hinweg.[123] Die deutschsprachige Demographie nahm innerhalb der Fachwelt eine Randstellung ein. Winklers oben zitierte Wortmeldung brachte zum Ausdruck, daß die deutschen Demographen (einschließlich Winkler) zumindest sich dieser Randstellung bewußt waren, auch wenn sie nicht die innere Kraft aufbrachten, daran etwas zu ändern.

Seine persönlichen Verdienste um die Entwicklung der Demographie, besonders seine unermüdliche Teilnahme an den meisten Fachtagungen des ISI seit 1927/28, wurden mit der Verleihung der Ehrenmitgliedschaft belohnt. Als Ehrenmitglied der DStG war er ebenso aktiv wie als Teilnehmer an den ISI-Kongressen. Er bemühte sich, mit den neueren Entwicklungen in der Statistik, selbst mit den Innovationen, die durch das Aufkommen der Elektronischen Datenverarbeitung ausgelöst worden waren, Schritt zu halten. Die wissenschaftlichen Gespräche im Rahmen der DStG wurden jedoch bis in die sechziger Jahe hinein nicht von methodischen und technischen Innovationen, sondern – vor allem, wenn die akademisch verankerten Theoretiker direkt aufeinander stießen –, vom schwelenden Dauerkonflikt zwischen „sozialwissenschaftlichen" Statistikern und mathematischen Statistikern überlagert. Wenngleich Winkler eine Annäherung zwischen den beiden Lagern feststellte, blieb dieser Konflikt grundsätzlich ungelöst. Erst die Emeritierung und der Tod einiger wichtiger Fachvertreter (Anderson † 1960, Kellerer † 1976, Flaskämper † 1979) bereiteten der Diskussion – und mit ihr der von ihnen vertretenen Richtung – ein Ende. Die Mathematisierung der Statistik führte paradoxerweise dazu, daß Winkler, der die – in seiner Terminologie – „begriffstheoretische" Richtung nie ganz über Bord werfen wollte, sich mehr denn je gezwungen sah, sich *auch* gegen die vermeintliche mathematische Überspitzung der Statistik zu wenden (z. B. in Essen 1956).

Winklers ungebrochene geistige und körperliche Regsamkeit wurde von seinen Kollegen umso mehr bewundert, je älter er wurde. Er selbst gefiel sich in der Rolle des „Seniors" der deutschen (und selbstverständlich der österreichischen) Statistiker und profilierte sich bei den DStG-Tagungen als einer der wortgewandtesten, am besten vorbereiteten und am häufigsten in die Diskussion eingreifenden Redner. Er verkörperte den Typus eines Professors, der weniger Technokrat war als ein

---

123 PNWW, W. Winkler von der Weltbevölkerungskonferenz in Belgrad an Franziska Winkler (30. 08. 1965); vgl. auch *Schubnell* (1966), 119 („[...] liegen wir [= die deutsche Demographie, Anm. d. Vf.] auf dem Gebiet der Analyse gegenüber vielen anderen Ländern weit zurück.").

Redner, der die Kunst der Rhetorik im humanistischen Sinn beherrschte: „Wir jüngeren Statistiker bewunderten [...] nicht nur seine ungebrochene wissenschaftliche Produktivität und die Klarheit seiner Gedankengänge, sondern auch die
Lebendigkeit des Vortrags und seine mitreißende Eloquenz."[124] – „Er war klein
von Wuchs, zierlich, sehr lebhaft. [...] Seine Diskussionsbeiträge [waren] stets
sehr präzise, gehaltvoll und sachbezogen [...] Sein Gedächtnis war enorm."[125] –
L. Rosenmayr erlebte ihn in seiner Funktion als zielbewußten Organisator des
Wiener IUSSP-Kongresses: „Er hat die Züge eines unbequemen, durchschlags-
fähigen Machers gehabt, der auch auf die Notwendigkeit seines Faches sehr gut
hinzuweisen verstand. [...]"[126]

Winkler „spielte" nicht nur den erfahrenen und geistig wie körperlich „jung" ge-
bliebenen „Senior" der Statistiker, den um zuweilen originelle und überraschende
Beiträge nie verlegenen Redner und den „Macher" und Organisator, sondern er
„verkörperte" diese Rollen glaubwürdig. Obwohl er nach außen hin Stärke zeigte,
bereiteten ihm das Referieren und die Teilnahme an fachlichen Diskussionen – in
deutscher oder englischer Sprache – jedoch zunehmend große Mühen: Wenn er in
seinen Briefen an Franziska Winkler von seinem Eingreifen in Debatten berichtete,
erwähnte er lediglich stereotyp, diese seien zu seiner Zufriedenheit verlaufen.
Gleichzeitig verwies er jedoch auf die große geistige und körperliche Anstrengung,
die damit verbunden war. Ehe er zu einem Kongreßbeitrag kritisch Stellung nahm –
die Kritik war für ihn elementarer Bestandteil jeder Diskussion – bereitete er sich
stets gut vor: „Man muß sehr viel lesen, bis man auf etwas trifft, wo man einhaken
[...] kann. Es ist wie auf der Jagd. Wird man ein Wild vorfinden? Und wenn ja,
wird man es treffen?"[127] Die Debatten bei den internationalen Konferenzen verglich er, der ehemalige Reserveoffizier, in seinen Privatbriefen mit Jagden oder mit
„Schlachten", die es erfolgreich zu bestehen gelte.[128] Winkler erblickte in der
mündlich ausgetragenen Auseinandersetzung mit gegnerischen Meinungen eine
wichtige Form des wissenschaftlichen Diskurses. – Vor seinen Kollegen sorgte er
durch unkonventionelle, ungewöhnliche Perspektiven eröffnende Wortmeldungen
für Aufsehen, nicht nur bei den deutschen Statistikertagungen, sondern auch bei
internationalen Großkongressen. So verglich er z. B. bei seiner Stellungnahme aus
Anlaß der Eröffnung des Belgrader Bevölkerungskongresses den freundlichen

---

[124] Schreiben von em. Univ.-Prof. Dr. *Erhard Hruschka* an den Vf. vom 04. 04. 2000.
Hruschka erlebte den Wiener Emeritus bei der Göttinger Tagung der DStG (1967). – Für
diese Mitteilung schulde ich Herrn Prof. Hruschka – damals Leiter des städtestatistischen
Amtes in Pforzheim – meinen herzlichen Dank.

[125] Mitteilung von em. Univ.-Prof. Dr. *Rainer Mackensen* an den Vf. vom 19. 10. 2000.
Herrn Prof. Mackensen, für den Winkler „besonders als Kenner der formalen Methode in
Erinnerung" blieb, gilt für seine treffende Charakterisierung Winklers mein herzlicher Dank.

[126] Gespräch mit em. Univ.-Prof. Dr. *Leopold Rosenmayr* vom 19. 06. 2000, Protokoll.

[127] PNWW, W. Winkler von der Weltbevölkerungskonferenz in Belgrad an Franziska
Winkler (14. 09. 1965).

[128] Ebd., (09. 09. 1965).

Empfang, den er bei seiner Ankunft erfahren hatte, mit seinem „letzten Betreten von serbischem Boden im Jahr 1914 als österreichischer Offizier [. . .], endend mit einem Dank an die Kongreßleitung, der allgemein auch lang applaudiert wurde."[129]

Sein Kongreßalltag war streng eingeteilt: Nach frühem Aufstehen (meist vor 6.00 Uhr früh) pflegte er im Hotelzimmer zu turnen und anschließend ein spartanisch-kalorienarmes Frühstück zu sich zu nehmen. Daraufhin ging er zu den Kongreßsitzungen. Am Abend besuchte er regelmäßig Empfänge, die aus Anlaß der jeweiligen Tagung stattfanden. Und bevor er zu Bett ging, schrieb er fast täglich einen langen Brief an seine Ehefrau, in denen er von seinen Eindrücken aus dem Gastland berichtete. Diese waren meist von seiner „mitteleuropäischen" Perspektive geprägt. So lernte er z. B. bei seinem mehrwöchigen Aufenthalt in Belgrad (1965) rasch Serbisch, so daß er in der Tageszeitung „Borba" lesen konnte. Die jugoslawische Hauptstadt und ihre Einwohner blieben ihm jedoch fremd. So erblickte er im serbischen Alltag allenthalben Erscheinungen, die seine Vorurteile über den „Balkan" scheinbar bestätigten: „[. . .] Es ist eben rechter Balkan, Nasenbohrer eine häufige Erscheinung."[130]

Wichtiger als neue Kontakte zu Fachkollegen zu knüpfen, war ihm der möglichst häufige Verkehr mit seinen Familienangehörigen – mit seiner Frau Franziska, sofern sie in Wien geblieben war, über den Austausch von Briefen, und mit seinen Kindern, wenn er sich aus Anlaß statistischer Kongresse in Nordamerika aufhielt. Wenn ihn seine Gattin begleitete, kam es zu regelrechten Familientreffen.[131] Häufig nahm sein Sohn Othmar an denselben Kongressen wie sein Vater teil. Vater und Sohn Winkler saßen manchmal sogar in der selben Sektion.[132]

3. Winkler und die Öffentlichkeit: Die Anatomie eines Konflikts zwischen einem sendungsbewußten Emeritus und der sich wandelnden Gesellschaft

Die folgende Darstellung führt zunächst vor, wie und auf welchen Ebenen Winklers soziale Beziehungen zu seinen Fachkollegen sich in der Periode seiner Emeritierung (bis etwa 1974) entwickelten. Hierbei wird gezeigt, daß er mit einem Kreis von Statistikern zu verkehren pflegte, mit denen er bereits während seiner aktiven Zeit als o. Prof. zusammengearbeitet hatte. Diese sozialen Verbindungen erstreckten sich jedoch nicht mehr nur auf gelegentliche Treffen anläßlich von Tagungen, die aufgrund des Ausscheidens der meisten seiner Altersgenossen aus dem wissenschaftlichen Diskurs zunehmend weniger wurden, sondern auch auf

---

129 Ebd., (30. 08. 1965).

130 PNWW, (23. 08. 1963), (24. 11. 1960), (undatiert, September 1965), (11. 09. 1965).

131 Gespräch mit *Franziska Winkler* vom 15. 06. 1999, Protokoll.

132 Ebd., (23. 08. 1963), (25. 08. 1963), (16. 09. 1965).

den Austausch von Auszeichnungen (z. B. Ehrendoktoraten), die der eine für den
anderen beantragte. Diese Auszeichnungen dienten als Kitt für den sozialen Zusammenhalt einer bestimmten Gelehrtengruppe – fachlich Winkler nahestehende
Kollegen und Schüler –, die sich gegenüber anderen Statistikern klar abgrenzte.

In den folgenden Untersuchungen wird ferner untersucht, inwieweit Winklers
Krisenmentalität[133] sich in den späten fünfziger und sechziger Jahren verfestigte
und inwiefern er zunehmend in Konflikt mit gesellschaftlichen Strömungen geriet, welche als Folge der Annäherung der österreichischen Gesellschaft an
Lebensstile in westeuropäischen und nordamerikanischen Gesellschaften über-
kommene soziale Leitbilder zu bedrohen schienen.

Winklers Beziehungen zu seinen Fachkollegen

Ein Wissenschaftler kann seine soziale Zugehörigkeit zu einer bestimmten
Gelehrtengruppe auf verschiedenen Handlungsebenen demonstrieren. Eine Ebene
ist die Publikation von Festschriften, die aus Anlaß von runden Geburtstagen eines
Lehrstuhlinhabers meist von den wichtigsten Schülern, Kollegen und Freunden
dieses Gelehrten gestaltet werden. – So verfaßte Winkler im Jahr 1963 einen Aufsatz für die Festschrift des Leipziger Kollegen Felix Burkhardt über „Die Bevölkerungszahl als Maß der Bevölkerungsbewegungsvorgänge".[134] Die Karriere des
1888 geborenen Burkhardt hatte viele Parallelen zur beruflichen Laufbahn seines
Wiener Kollegen: Burkhardt war in der Zwischenkriegszeit Leiter der Abteilung
für Bevölkerungsstatistik im *Sächsischen Statistischen Landesamt* gewesen und
hatte in dieser Funktion zwei Volks- und Berufszählungen durchgeführt. Seit 1950
war er Inhaber des Lehrstuhls für Statistik an der Universität Leipzig. Als Ordinarius bildete er die meisten in den sechziger und siebziger Jahren an den Hochschulen der DDR tätigen Statistiker aus. Burkhardt hatte ähnlich wie sein Wiener
Kollege einen enzyklopädischen Zugang zur Statistik, wenngleich er schwerpunktmäßig demographische und demometrische Forschungen betrieb; bei seinem Tod
im Jahr 1973 galt er als der „Nestor" der Statistik in Ostdeutschland.[135]

Im selben Jahr 1963 bewarb Winkler sein Konzept der Demometrie („Von der
Demographie zur Demometrie") in einer Festschrift zu Ehren des Münchner Ordinarius Hans Kellerer, die im Rahmen der *Metrika* erschien.[136] Reibungslos,

---

133 Vgl. Kap. V. 3. a).

134 Vgl. WW-1963-01.

135 *Adolf Blind,* Felix Burkhardt †, AStA 57 (1973), 141 f. Hier kann nicht geklärt werden,
ob und wie weit Burkhardt bei seinen Studien über Demometrie von den Pionierarbeiten des
Wiener Emeritus profitierte.

136 Vgl. WW-1963-03. Für die Festschrift verfaßten u. a. O. Anderson, A. Blind, R. Gun-
zert, S. Koller, A. Linder, H. Münzner, H. Strecker und die Winkler-Schüler A. Adam, J.
Pfanzagl und G. Tintner Beiträge. Vgl. Statistik in unserer Zeit. Festschrift für Hans Kellerer.
Würzburg 1963, Inhaltsverzeichnis.

geradezu herzlich waren die Beziehungen des Wiener Emeritus zu seinem Nachfolger auf dem statistischen Lehrstuhl. Winkler widmete Sagoroff aus Anlaß seines 70. Geburtstags (1969) einen Beitrag in der *Metrika* (deren Redakteur Sagoroff war), welcher die „Darstellung und Messung der Bevölkerungsverteilung im geographischen Raum" untersuchte. Sagoroff wird von seinen Schülern als „ein außerordentlich feiner, liebenswürdiger Mensch"[137] beschrieben, der jedoch im Gegensatz zu seinem Vorgänger kein wissenschaftliches Profil entwickelte, das in der Fachwelt breite Anerkennung gefunden hätte. Sagoroff befaßte sich mit „Energiebilanzen" als Grundlage der Volkswirtschaftlichen Gesamtrechnung, die in der damaligen Fachwelt belächelt wurden. In Wien bemühte er sich sehr darum, ein Rechenzentrum an der Universität einzurichten.[138]

Als Ausbilder des statistischen Nachwuchses war Sagoroff erfolgreicher als mit seinen fachwissenschaftlichen Arbeiten: Die späteren Professoren A. Adam, G. Bruckmann, F. Ferschl, Derflinger, J. Pfanzagl, Fischer und J. Roppert, die teils noch bei Winkler zu studieren begonnen hatten, wurden von ihm habilitiert. L. Schmetterer und E. Streißler bereiteten unter Sagoroff ihre akademische Laufbahn vor.[139]

In den Jahrzehnten nach seiner Emeritierung erhielt Winkler eine Reihe von akademischen und staatlichen Auszeichnungen. Orden, Auszeichnungen und Ehrenmitgliedschaften zu erwerben, war für ihn subjektiv wichtig. Ehrungen hatten zugleich sinnstiftende und kompensatorische Funktion, indem sie ihm einerseits die Kontinuität seiner Bedeutung als Wissenschaftler versicherten und ihn andererseits für die seiner Meinung nach mangelnde Anerkennung durch den Staat in der Vergangenheit entschädigten. Sein Verlangen nach öffentlichen Auszeichnungen entsprang aber auch seiner traditionell regierungsnahen Haltung als Beamter, dessen sozialer Habitus in der Monarchie wurzelte. – Als Voraussetzung für die Verleihung dieser Ehrungen mußten jeweils Antragsteller vorhanden sein, die über genügend Einfluß verfügten. War einmal eine bestimmte Kategorie eines Ehrenzeichens bzw. eines Ordens verliehen worden, zog diese häufig die Verleihung weiterer Orden nach sich. Allerdings mußte zwischen einer Verleihung und der Verleihung des (nächsthöheren) Ehrenzeichens ein Zeitraum von mindestens fünf Jahren liegen. Weiters durften die Verdienste, für die das Ehrenzeichen verliehen wurde, nicht länger als zwei Jahre zurückliegen.[140] Auch das Alter des zu Ehrenden spielte eine Rolle. Es lag z. B. nahe, anläßlich runder Geburtstage Ehrenzeichen zu verleihen, die umso bedeutender – da in der Hierarchie höher – waren, je älter der Geehrte war und je mehr Dekorationen er bereits trug.

---

137 Gespräch mit Univ.-Prof. Dr. *Gerhart Bruckmann* vom 17. 06. 1999, Protokoll.

138 Heute können diese Bilanzen mit Blick auf die Rohstoffkrisen der siebziger Jahre als weitsichtig erscheinen.Vgl. Gespräch mit em. Univ.-Prof. Dr. *Johann Pfanzagl* vom 23. 08. 1999, Protokoll.

139 *Adolf Adam*, Slawtscho Sagoroff, Leben und Wirken, in: Metrika 14 (1969), 137; K. Weichselberger hatte Wien bereits 1953 verlassen. (Gespräch mit em. Univ.-Prof. Dr. *Kurt Weichselberger*, 13. 11. 2000, Protokoll).

140 Gespräch mit Univ.-Prof. Dr. *Gerhart Bruckmann* vom 17. 06. 1999, Protokoll.

Die lange Reihe von Auszeichnungen für den Wiener Emeritus begann 1954, als er Ehrenmitglied der DStG wurde. 1957 wurde er außerdem zum Ehrenmitglied des *Österreichischen Instituts für Wirtschaftsforschung* gewählt.[141] Ein Jahr später veranlaßte Hans Kellerer, im Jahr 1956 Nachfolger von Oskar Anderson auf dem Münchner Lehrstuhl für Statistik,[142] die Verleihung des (ersten) Ehrendoktorats an Winkler. Der „Dr. oec. publ. h. c." wurde ihm anläßlich einer Promotionsfeier, bei der er einen Vortrag über „50 Jahre Statistik" hielt, am 30. Jänner 1959 von der Staatswirtschaftlichen Fakultät der Universität München verliehen. Bei der Feier waren außer seiner Ehefrau u. a. der Promotor Kellerer und seine Kollegen Anderson und Sagoroff anwesend.[143] Ein Jahr danach wurde Winkler „in Würdigung seiner großen Verdienste um die statistische Wissenschaft" zum Ehrenmitglied (Honorary Fellow) der *Royal Statistical Society* gewählt.[144]

1960 erhielt Anderson das Ehrendoktorat der Staatswissenschaften der Universität Wien. Der entsprechende Beschluß der Wiener Universität fiel zwei Wochen vor seinem Tod.[145] Die gegenseitige Verleihung von Ehrendoktoraten der Münchner und Wiener Statistiker bestätigte einmal mehr die engen Verbindungen, die Winkler und Sagoroff zu den mathematisch orientierten Statistikern der Münchner Universität aufgebaut hatten.

Auf dem Boden der Wiener Universität war es die ÖStG, die aus Anlaß von runden Geburtstagen ihres Gründers und Präsidenten Festveranstaltungen ausrichtete, z. B. zu seinem 75. Geburtstag (1959). Bei der Generalversammlung der Gesellschaft, die im Rahmen dieser Veranstaltung stattfand, wurde er zum Ehrenpräsidenten auf Lebenszeit gewählt. Außerdem wurde ein Förderungspreis ausgelobt, mit dem der statistische Nachwuchs unterstützt werden sollte. Sein erster Empfänger war 1968 Slawtscho Sagoroff. – Die Festlichkeiten, zu denen die DStG eigens einen Vertreter entsandt hatte, fanden ohne Beteiligung der Fakultät statt. Diese begnügte sich damit, durch ihren Dekan Alfred Verdroß einen um zwei Tage verspäteten Glückwunschbrief an den Jubilar zu senden. Winkler empfand dies als eine brüske Vernachlässigung seiner Person, auf die er in brieflichen Äußerungen an seine Kinder äußerst verärgert reagierte.[146] Seine Kollegen und Schüler, die um

---

[141] Mitteilung des Wirtschaftsforschungsinstituts (WIFO) an den Vf. vom 14. 09. 1999.

[142] *Anderson* [jun.] (1976), 262.

[143] PNWW, Rundbrief von W. Winkler an seine Familienangehörigen, undat. [Jänner/ Februar 1958]. Vgl. UAW, PA Prof. Dr. W. Winkler, Schreiben von A. Verdroß an Winkler vom 26. 01. 1959. – Zu dieser Verleihung sind nach Mitteilungen des UAM vom 17. 09. 1999 und des Dekanats der Fakultät für Betriebswirtschaft der Universität München vom 01. 10. 1999 keine Archivalien vorhanden.

[144] UAW, PA Prof. Dr. W. Winkler, Schreiben von S. Sagoroff an das Dekanat der Rechts- und Staatswissenschaftlichen Fakultät vom 28. 06. 1961.

[145] UAW, Teilnachlaß Prof. Dr. Slawtscho Sagoroff, Zl. 449/60, Telegrammentwurf S. Sagoroff vom 30. 01. 1960; vgl. *Kellerer* (1960), 73.

[146] Vgl. Ehrung für Hofrat Dr. Wilhelm Winkler, in: Wiener Zeitung vom 09. 07. 1959, 5; vgl. *Adam,* (1969), 134. PNWW, Rundbrief von W. Winkler an seine Familienangehörigen

die Eitelkeiten ihres ehemaligen Lehrers wußten, versäumten dagegen keinen wichtigen Geburtstagstermin. Im Jahr 1964 wurde Winkler aus Anlaß seines 80. Geburtstags ein Heft der *Metrika* gewidmet, für das S. Sagoroff, A. Adam, J. Pfanzagl, J. Roppert, E. Streißler und K. Weichselberger je einen Beitrag verfaßt hatten.[147] In diesem Jahr waren die Ehrungen von außerhalb der Statistiker-Gemeinschaft schon zahlreicher: Der Wiener Bürgermeister Franz Jonas und sein Stellvertreter übermittelten dem Jubilar Glückwunschschreiben, und auch die Fakultät war diesmal durch ihren Dekan Hans Schima bei der Geburtstagsfeier vertreten. Winkler vernahm bei dieser Gelegenheit mit Freude, daß an der Universität Wien ein zweites Ordinariat für Statistik gegründet worden war, das seinem Schüler Adolf Adam „ad personam" anvertraut worden sei.[148]

Die Rechts- und Staatswissenschaftliche Fakultät der Universität Wien nahm erst 1965 ein Verfahren zur Zuerkennung des Dr. h. c. an ihren Emeritus für Statistik auf. Antragsteller war Sagoroff, der seinem Vorgänger bescheinigte, als Statistiker „die Vereinigung von Mühe und Erfolg, von Theorie und Praxis, von Begriffsbildung und Mathematik, von Substanz und Form" in geradezu idealtypischer Weise zu verkörpern. Sagoroffs Eingabe wurde vom Professorenkollegium „einhellig" unterstützt, so daß der Weg für Winklers zweites Ehrendoktorat frei war. Als Grund für die Auszeichnung wurden seine Verdienste um das statistische Institut genannt. Die Verleihungszeremonie fand am 19. Jänner 1966 im Senatssaal der Universität statt. An die Laudatio durch Alexander Mahr schloß sich Winklers Festansprache über „Sechzig Jahre erlebter Wissenschaft" an, die er zu einer heiter-anekdotischen Geschichte seines Lebens ausgestaltete.[149]

Einzig von der Republik Österreich war er bislang noch nicht ausgezeichnet worden. Als er von von seinem Nachfolger gefragt wurde, welche staatlichen Ehrenzeichen er besitze, konnte er nur auf seinen Hofratstitel und sein Verdienstkreuz aus den dreißiger Jahren verweisen. Sagoroff setzte sich daraufhin bei den zuständigen Stellen dafür ein, seinem Vorgänger eine seiner vermeintlichen wis-

---

vom 21. 06. 1959 („[...] werde mich da [falls sich die Fakultät doch zur Abhaltung einer Feier entschließen sollte] vielleicht von Wien absentieren oder sonst was erfinden, was ich, ohne die garstige Bande [gemeint sind seine Professorenkollegen, Anm. d. Vf.] gröblich zu beleidigen, angeben kann."); UAW, PA Prof. Dr. W. Winkler, Schreiben von A. Verdroß an Winkler vom 28. 06. 1959.

147 Festschrift für Wilhelm Winkler zum 80. Geburtstag. Wien 1964 (= Metrika, H. 2, 1964).

148 WSLA, Biographische Sammlung: Rathaus-Korrespondenz, 80. Geburtstag von W. Winkler, Bl. 1783; Wilhelm Winkler 80 Jahre, in: Österreichische Hochschulzeitung vom 15. 09. 1964, 3 f.; *Adolf Adam,* Grundriß einer statistischen Systemtheorie, in: Ders. (Hg.) (1984), 18.

149 UAW, PA Prof. Dr. W. Winkler, Schreiben von S. Sagoroff an den Dekan F. Schwind vom 12. 02. 1965 (Antrag), Zl. 1081 / 65, emer. o.Prof. Dr. W. Winkler, Verleihung des Ehrendoktorates (23. 03. 1965), Zl. 1081 / 65, emer. o.Prof. Dr. W. Winkler, Relativsatz (21. 12. 1965), Einladung zur Akademischen Feier am 28. 01. 1966; vgl. *W. Winkler* (1966); vgl. Wilhelm Winkler Dr. h. c., in: Österreichische Hochschulzeitung vom 15. 02. 1966, 7.

senschaftlichen Bedeutung angemessene staatliche Auszeichnung zuteil werden zu lassen. Sagoroffs diesbezüglichen Bemühungen, die von der *Österreichischen Akademie der Wissenschaften* unterstützt wurden, hatten letztendlich Erfolg, so daß Winkler im Mai 1967 durch den Bundespräsidenten das *Österreichische Ehrenkreuz für Wissenschaft und Kunst I. Klasse* entgegennehmen konnte. Er selbst fühlte sich jedoch zurückgesetzt, da ihm diese Auszeichnung zu gering erschien und weil sie ihm gleichzeitig mit drei jüngeren Kollegen verliehen werden sollte. Er verweigerte daher zunächst die Annahme der Auszeichnung. Erst nachdem er vom zuständigen Referenten des Ministeriums einen besänftigenden Anruf erhalten hatte, entschloß er sich, sie doch anzunehmen.[150]

Bei seinem nächsten „runden" Geburtstags im Jahr 1969 fand keine offizielle Feier statt. – Im Jahr darauf starb unerwartet Slawtscho Sagoroff, so daß Winkler als Vorgänger des Verstorbenen in die unglückliche Lage kam, für seinen Nachfolger einen Nekrolog schreiben zu müssen.[151] Fortan vertrat Gerhart Bruckmann, der bereits 1968 auf das neu geschaffene Ordinariat für Statistik berufen worden war,[152] das Institut anläßlich von Geburtstagsfeiern und Ehrungen seines Gründers. Winklers 90. Geburtstag am 29. Juni 1974 war für die neue Generation der Statistiker der nächste Anlaß, um mit ihrem Altmeister zusammenzutreffen. Zur Feier des Neunzigers wurde ein Festakt in einem Wiener Heurigen-Lokal abgehalten, bei der – wie bei solchen Anlässen üblich – eine Reihe von Lobreden gehalten wurden. Dabei hielt der Jubilar selbst „die lebendigste und gehaltvollste Rede der ganzen Feier".[153] Einer seiner ehemaligen Schüler berichtet von dieser Veranstaltung: „Prof. Winkler [...] redete mit derselben Lebhaftigkeit, mit der ich ihn Jahrzehnte davor als Lehrer erlebt hatte, und beklagte sich, daß er vom Unterrichtsministerium nicht genügend Geld bekam für eine Forschungsarbeit, mit der er gerade beschäftigt war."[154] Die anderen Reden waren im Vergleich zu den Ausführungen des Geehrten eher bemühte und daher kaum besonders überzeugende „Lobeshymnen".[155] Immerhin notierte Winkler über die Laudatio des damaligen Dekans Streißler, diese sei „auch für mich wertvoll, jedenfalls originell" gewesen: Streißlers „Ausgrabungen aus den Fakultätsakten über Kämpfe und Schwierigkeiten, die man mir gemacht hatte und die ich siegreich bestanden habe", kamen Winklers Erwartun-

---

150 Vgl. ebd. (UAW, PA), Schreiben von S. Sagoroff an das BMU vom 21. 12. 1966; Österreichische Präsidentschaftskanzlei (ÖPK), Zl. 55.784-I/5/67, Antrag auf Verleihung des Österreichischen Ehrenkreuzes für Wissenschaft und Kunst I. Klasse, BMU an die ÖPK vom 29. 05. 1967; UAW, PA Prof. Dr. W. Winkler, Zl. 55.784-I/5/67, Verleihungsdekret des BMU; PNWW, Mein überreich bewegtes Leben, Fragm. 10, unbez. [20]; vgl. zur Geschichte des Ehrenkreuzes *Günter Erik Schmidt,* Orden und Ehrenzeichen Österreichs 1945–1999. Wien 1999, 33–36.

151 Vgl. WW-1970-02; *Gerhart Bruckmann,* Slawtscho Sagoroff †, in: Metrika 16 (1970), 246.

152 Vgl. Kürschner, Bd. 1 (1992), 418, s. v. Bruckmann, Gerhart.

153 Gespräch mit em. Univ.-Prof. Dr. *Johann Pfanzagl* vom 23. 08. 1999, Protokoll.

154 Schreiben von em. Univ.-Prof. Dr. *Paul Neurath* an den Vf. vom 23. 04. 1999.

155 Gespräch mit em. Univ.-Prof. Dr. *Johann Pfanzagl* vom 23. 08. 1999, Protokoll.

gen hinsichtlich des angemessenen Tons einer Laudatio für seine Person so gut entgegen, daß er sich geschmeichelt fühlte.[156]

Winklers Tätigkeit als ao. Mitglied der Statistischen Zentralkommission

Winkler war als emeritierter Ordinarius für Statistik das aktivste außerordentliche Mitglied der *Statistischen Zentralkommission* und des *Fachbeirats für Bevölkerungsstatistik*. Er verstand sich als der berufenste Anwalt der österreichischen Demographie und nahm an den meisten jährlichen Tagungen des Beratungsorgans der amtlichen Statistik teil. Er artikulierte seine Ansichten über organisatorische, personelle und methodische Schwächen und anzustrebende Reformen des Zentralamts nicht nur bei den mündlichen Aussprachen, sondern auch in diversen Zeitschriftenartikeln. So forderte er z. B. in einem Aufsatz „Wehrstatistik" (1956) die Einrichtung einer amtlichen Stelle, die alle statistisch relevanten Daten über die „körperliche Tüchtigkeit" der Bevölkerung und das Heerwesen zusammentragen sollte.[157] Im Jahr 1963 veröffentlichte er einen Artikel, in dem er vor allem für die Verbesserung der wissenschaftlichen Profilierung des Amtes und seiner Mitarbeiter eintritt: Zu seinen wichtigsten Beanstandungen zählt die Praxis, ausgediente Politiker, die nichts vom Fach verstünden, zu Leitern der amtlichen Statistik zu machen. Er fordert stattdessen, erfahrene, wissenschaftlich qualifizierte Statistiker in die Führungsposition zu berufen. Weiters läßt ihm die Ausbildung der amtlichen Statistiker zu wünschen übrig. Die Absolvierung des Lehrgangs für Fachstatistiker sollte zu einem „unbedingten Anstellungserfordernis" gemacht werden. Er rügt die Arbeitsverteilung im Zentralamt als „dilettantische Zerstückelung der Stoffgebiete". In dem Artikel regt er außerdem die Wiederbelebung eines überwiegend wissenschaftlichen Organs an, wie es seinerzeit die *Statistische Monatsschrift* dargestellt habe.[158]

Mit diesen Beschwerden und Anregungen beschrieb Winkler einige Kernprobleme der amtlichen Statistik, die er in den folgenden eineinhalb Jahrzehnten bei den

---

[156] PNWW, Brief von W. Winkler an seine Kinder vom 02. 07. 1974; *Erich Streißler,* Wilhelm Winkler zum 90. Geburtstag, in: Die Presse vom 08. 07. 1974, 4; UAW, PA Prof. Dr. W. Winkler, Schreiben von Winkler an Streißler vom 08. 07. 1974; vgl. auch Gerhart *Bruckmann,* Wilhelm Winkler 90 Jahre alt, in: AStA 58 (1974), 140–142; Wilhelm *Zeller,* Hofrat Univ.-Prof. emer. Dr. Dr. h. c. Dr. Wilhelm Winkler zum 90. Geburtstag, in: MbÖGStI 4 (1974), 42; Personalnachrichten, in: Salzburger Nachrichten vom 01. 07. 1974, 6; Prof. Dr. Winkler – 90. Geburtstag, in: Wiener Zeitung vom 29. 06. 1974, 6.

[157] Vgl. WW-1956-02; den Begriff der „körperlichen Tüchtigkeit" entnimmt Winkler seiner Studie über den „Rückgang der körperlichen Tüchtigkeit" (1921).

[158] *W. Winkler,* Eine Tragödie der Ahnungslosigkeit (1963), 10 f. Winkler übermittelte diesen Artikel an Bundeskanzler Klaus als den ressortmäßig für die amtliche Statistik zuständigen Minister, der ihm mit der Ankündigung antwortete, für die Hebung der fachlichen Kenntnisse der Amtsbediensteten sorgen zu wollen. (ÖSTA, AdR, BKA, Zl. 35.508-Prä 1c/64, Schriftwechsel BKA – Institut für Statistik an der Universität Wien vom 02. 06. 1965 und vom 17. 08. 1965).

Jahrestagungen teils modifiziert, im wesentlichen jedoch gleichbleibend immer
wieder ansprach und deren Lösungsansätze er zäh weiterverfolgte. Seine Kritik an
den bisherigen Präsidenten des ÖStZ machte er an der Person des Amtsinhabers
Hans Fuchs (1957–64) fest. Dieser war ein Verwaltungsfachmann, jedoch kein
Statistiker. Winkler erachtete seine wissenschaftliche Qualifikation als bei weitem
nicht ausreichend.[159] Er ging Fuchs selbst bei internationalen Kongressen demonstrativ aus dem Weg, was dieser ihm übel vermerkte. Mit dem Wechsel von Fuchs
zu Pammer (1964–69) verbesserte sich das Klima zwischen Winkler und dem
ÖStZ wieder. Den Aufschwung der amtlichen Statistik unter Bosse (1971–81)
wußte der Emeritus gebührend zu würdigen.[160] Wenn er bei den Tagungen der
Statistischen Zentralkommission anwesend war, meldete er sich fast immer als
erster (und manchmal als einziger) Redner zu Wort, um den Tätigkeitsbericht des
Amts für das vergangene Jahr zu kommentieren. Dabei ergab sich stets eine Wechselrede zwischen Winkler und dem jeweiligen Präsidenten, der in die Lage kam,
dem „Senior" der Statistik von den letzten Entwicklungen in der amtlichen Statistik berichten zu müssen, gegebenenfalls aber auch die Erfüllung (oder Nichterfül-
lung) seiner Wünsche und Anregungen mitzuteilen.

Zu den Bereichen, wo den Vorstellungen des Emeritus nicht entsprochen wurde,
zählte die Frage, ob bei der Volkszählung von 1960 ein Mikrozensus eingeführt
werden sollte oder nicht. Diese wurde negativ entschieden, obwohl Winkler sich
hartnäckig dafür eingesetzt hatte.[161] In der Frage der Agendenverteilung des Amtes kam es 1971 zu einem Disput zwischen Winkler und Bosse. Diese war im Zuge
der Neuorganisation des ÖStZ 1969/70 nämlich so geregelt worden, daß die
Abteilung 1 für Bevölkerungs- und Gesundheitsstatistik um die Bereiche Wahlstatistik und Bildungs- und Rechtswesen erweitert worden war.[162] Winkler forderte
dagegen die Wahrung der gesellschaftsstatistischen Systematik, wie er sie in seinem „Grundriß der Statistik" eingeführt hatte. Diese machte die Verbindung zwischen heterogenen Referaten wie der Rechtsstatistik mit der Bevölkerungsstatistik
theoretisch unmöglich. – In anderen Tätigkeitsbereichen des ÖStZ herrschte hingegen beiderseitige Übereinstimmung, so etwa, was das Bedürfnis nach Begründung einer wissenschaftlichen Zeitschrift nach dem Vorbild der altösterreichischen
Statistischen Monatsschrift betraf: Winklers Anregung konnte jedoch nicht verwirklicht werden. Daß diese Bemühungen scheiterten, wurde mit dem Abgang des

---

159 Zwar vermied es Winkler, den Kritisierten namentlich zu nennen, doch war erkennbar,
daß er den Präsidenten meinte und daß er ihn für unfähig hielt, das Amt zu leiten. Fuchs' Einladung an ihn, die Festrede zur Feier der hundertsten Wiederkehr der Gründung des ÖStZ zu
halten, lehnte Winkler ab, denn es sei „nicht die Aufgabe einer Festrede, Unangenehmes zu
sagen". (Ebd., 9) Vgl. dazu auch UAW, PA Prof. Dr. W. Winkler, Schreiben von Dekan Schima an Winkler vom 26. 09. 1963.

160 ÖSTA, AdR, BMU, Zl. 75.087–1/1958, Schreiben von Präs. Dr. H. Fuchs an das
BKA vom 28. 07. 1958; zu den Präsidenten vgl. Geschichte und Ergebnisse (1979), 282 f.

161 Vgl. *W. Winkler*, Aus der Werkstatt des Forschers (1959), 3.

162 Vgl. Geschichte und Ergebnisse (1979), 200 f.

erfahrenen Zeitschriften-Redakteurs Adolf Adam aus Wien und mit finanziellen Schwierigkeiten begründet. Erst die Initiative der ÖStG – 1971 als Folge des Aufschwungs der Computerwissenschaften in *Österreichische Gesellschaft für Statistik und Informatik* (ÖGStI) umbenannt – ermöglichte es den Statistikern, ein *Mitteilungsblatt* herauszugeben. Leopold Schmetterer, der Vorsitzende der Gesellschaft, arbeitete bei der Redaktion des Blatts eng mit Lothar Bosse zusammen und dokumentierte damit die notwendige Verbindung zwischen amtlicher und akademischer Statistik. Die Schaffung einer ausreichenden Binnen- und Auswanderungsstatistik erlebte Winkler nicht mehr – diese scheiterte am Mangel an ausgebildetem Personal.[163]

Winklers größter persönlicher Erfolg bei seinen Aktivitäten in der *Statistischen Zentralkommission* war die gelungene Einladung des ISI. Er selbst stellte 1968 in Anwesenheit des damaligen Bundeskanzlers Dr. Josef Klaus den Antrag, die Regierung für eine Einladung des ISI nach Wien zu gewinnen. Als diese erste Eingabe auf keinen Widerhall stieß, wiederholte er sie im folgenden Jahr, wieder in Gegenwart des Kanzlers. Präsident Pammer unterstützte den Vorschlag, da er sich von der Abhaltung eines ISI-Kongresses eine Förderung für den Plan erhoffte, das Amt an einem einzigen Standort neu zu errichten. Tatsächlich fand Winkler diesmal Gehör: Die österreichischen Vertreter beim Londoner ISI-Kongreß wurden aufgefordert, das Institut offiziell für 1973 nach Wien einzuladen, und diese Einladung wurde angenommen.[164]

Weitere Ideen, die er wiederholt vortrug und in denen sich teils Schwerpunkte seiner eigenen Tätigkeit als (ehemaliger) amtlicher Statistiker spiegelten, waren die Erstellung einer Statistik der Ehen, einer Sprachenstatistik (deren Dringlichkeit er mit Bezug auf die Südtirolkrise besonders hervorhob) und eine Statistik der „Auslandsösterreicher". Diesen zuletzt genannten Vorschlag trug er seit 1965 regelmäßig vor, bis er 1969 zuerst provisorisch verwirklicht, nach Befragung aller österreichischen Vertretungen im Ausland fertiggestellt und 1976 veröffentlicht werden konnte.[165]

---

[163] Vgl. Ordentliche Jahresversammlung der Statistischen Zentralkommission. Protokoll. Bde. 1963 ff. (Wien 1963 ff.): 9 f., 18 f. (1963), 22 (1965), 11 f. (1966), 13 (1968), 42 (1970); vgl. WW-1971-01, 29, 31; vgl. *Lothar Bosse / Leopold Schmetterer,* Zum Geleit, in: MblÖG-StI (1971).

[164] ÖSTA, AdR, BKA, Zl. 54.028-Prä 1c/66, Internationales Statistisches Institut; evtl. Einladung für 1971 in Wien, Schriftwechsel BKA – Österreichisches Statistisches Zentralamt – W. Winkler, 10. 02., 01. 06. und 09. 06. 1966; WW-1973-02, 27; PNWW, Mein überreich bewegtes Leben, Fragm. 10, unbez. [39]; Winkler betont, allein seine Anträge vor der Statistischen Zentralkommission hätten die Einladung des Kongresses nach Wien bewirkt. Vgl. WW-1973-02, 27; vgl. dazu bestätigend W. Zeller in Geschichte und Ergebnisse (1979), 222.

[165] Vgl. Ordentliche Jahresversammlung (1960), 22; (1965), 23; (1966), 11; (1967), 10; (1968), 13; (1969), 16; (1972), 10. Die Statistik der Auslandsösterreicher erschien in der Neuen Folge der Statistischen Nachrichten, N. F. 13 (1968), 406 f. und 31 (1976), 333 – 336; 399 – 403; 598 – 604.

Winkler als Sprachpurist. Gesellschaftsutopien

Der Emeritus griff in den ersten beiden Jahrzehnten nach seinem Abschied von der Lehrtätigkeit mehrfach in Debatten ein, welche die „breitere", im Vereinsleben und in der Tagespresse sichtbar werdende Öffentlichkeit betrafen. Unter Zugrundelegung dieses erweiterten Öffentlichkeitsbegriffs soll im folgenden seine Anteilnahme an den in einem Verein bürgerlichen Rechts (dem Verein *Muttersprache*) gepflogenen Diskussionen und seine Präsenz als Leserbriefschreiber in Tageszeitungen untersucht werden.

Der Verein *Muttersprache* wurde am 23. November 1949 in Wien gegründet. Der Begriff „Muttersprache" gehört zu den Metaphern der gesamtdeutschen Zugehörigkeit und „drückt den kulturnationalen Ersatz der verlorenen politischen großdeutschen Option aus"[166]. Die Bezeichnung griff den Namen des Wiener Zweigvereins des *Deutschen Sprachvereins* auf[167], der in der Endphase des Kriegs untergegangen war, und dokumentierte damit die nach 1945 ungewandelte Geisteshaltung der Vereinsneugründer. Erster Obmann des neuen und gleichzeitig alten Vereins wurde mit Dr. Karl Lekusch der letzte Vorsitzende des Vorgängervereins. Die personelle Kontinuität von der Zwischenkriegs- und Kriegszeit des Sprachvereins bis in die Zweite Republik erstreckte sich zumindest auf Lekusch und auf dessen Stellvertreter und Nachfolger Erwin Mehl (s. zu Mehl. Der Verein *Muttersprache* wurde in der Nachkriegszeit zu einem Treffpunkt für ehemalige Anhänger des großdeutschen „dritten" Lagers in Österreich. Auch ehemalige NSDAP-Mitglieder fanden in ihm Unterschlupf, so z. B. Mehl, der aus „politischen Gründen" seine Lehrbefugnis erst 1957 wieder erhalten hatte. Öffentliche Anerkennung erfuhr der Verein, der Anfang der sechziger Jahre etwa 800 Mitglieder hatte, durch die Mitgliedschaft einer Reihe prominenter Persönlichkeiten, darunter des Präsidenten der Akademie der Wissenschaften Prof. Dr. Richard Meister. Ein weiteres in der Öffentlichkeit nicht unbekanntes Vereinsmitglied war schließlich der Professor für Wirtschafts- und Sozialgeschichte an der Hochschule für Welthandel Taras Borodajkewycz (1902–1984), „ein katholisch Deutschnationaler der ersten Stunde"[168], der 1966 mit seinen antisemitischen und den Nationalsozialismus rechtfertigenden Äußerungen politische Straßendemonstrationen auslöste, die zu seiner Zwangspensionierung führten. Viele andere Mitglieder des Vereins, so z. B. der Kärntner Mittelschullehrer und ehemalige Landesobmann der Wiener

---

[166] *Markus Erwin Haider*, Politische Sprache und „österreichische" Nation von 1866 bis 1938. Phil. Diss. masch. Salzburg 1994, 61.

[167] Muttersprache. Zeitschrift für deutsches Sprachleben mit Berichten aus der Arbeit des Deutschen Sprachvereins und des Deutschen Sprachpflegeamtes, Wien 1938–1943. Im Ständestaat verboten, wurde der Verein nach dem Juli-Abkommen wieder zugelassen. Unter seinem langjährigen Obmann Max Millenkovich-Morold (welcher übrigens der Förderungsgesellschaft des IStMV angehörte) stand die deutsche „Sprachpflege" im Dienst des Gedankens der großdeutschen „Volksgemeinschaft". Vgl. *Max v. Millenkovich-Morold*, Vor zwanzig Jahren. Sprachvereins-Erinnerungen, in: Muttersprache 6 (1941), 98 f.

[168] *Hanisch* (1994), 480.

Großdeutschen Volkspartei Viktor Miltschinsky (1887–1974) und der Statistiker W. Winkler, kamen aus der deutschnationalen und großdeutschen Bewegung. Letzterer, der Mehl seit den Tagen des gemeinsamen Turnens in der Universitätsturnanstalt kannte, trat dem Verein 1969 durch seine Bekanntschaft mit Mehl bei. Er wurde 1974 zum 44. Mitglied des Vereins auf Lebenszeit gewählt.[169]

Winkler besuchte die Veranstaltungen der *Muttersprache* und bezog und las deren Zeitschrift *Wiener Sprachblätter*.[170] Obmann Mehl würdigte den Statistiker im Vereinsorgan anläßlich seines 90. Geburtstags; Winkler selbst gab den Lesern der Zeitschrift Einblicke in seine Lebensweisheiten.[171] Die *Sprachblätter* sollten der Pflege von „Sprachreinheit und Sprachechtheit" dienen. War noch in den dreißiger Jahren das Eintreten für die großdeutsche „Volksgemeinschaft" im Mittelpunkt der Vereinsarbeit gestanden, so gingen die *Sprachblätter* seit den sechziger Jahren zunehmend gegen „die unheilvolle Fremdwörterei und besonders die Engländerei im Rundfunk [...] unter Gerd Bacher"[172] vor. Unter dem Deckmantel der „Sprachpflege" wurden die aus der Vorkriegszeit stammenden kulturellen Muster von Germanozentrismus und Heimattreue weiterhin gepflegt. – Winkler war ebenso Sprachpurist wie die anderen Mitglieder des Vereins *Muttersprache*. Aus den *Sprachblättern* bezog er Anregungen für sein privates[173] und öffentliches Auftreten gegen seiner Meinung nach unrichtiges Sprechen und Schreiben. Selbst vor seinen Statistiker-Kollegen sprach er sich wiederholt dafür aus, keine Fremdwörter in wissenschaftlichen Texten zu verwenden. In einer Besprechung der „Bevölkerungsstatistik" von Flaskämper lobte er beispielsweise das Bemühen des Frankfurter Kollegen um „die Reinheit der Sprache gegenüber der Überschwemmung mit angelsächsischen Ausdrücken", jedoch kritisierte er gleichzeitig, daß Flaskämper das „häßliche" Wort „Trend" gebrauchte.[174]

Winkler stemmte sich in seinen Leserbriefen gegen soziale Erscheinungen, die wie der Sprachwandel auf tieferliegende Umwälzungsprozesse in der Gesellschaft

---

[169] Vgl. Wiener Sprachblätter 24 (1974), 3, 28, 87; (1984), 25–27; 40 („Zum 95. Geburtstag von Univ.-Prof. Dr. Erwin Mehl). Vgl. Hofrat emerit. Univ.-Prof. Dr. jur. Wilhelm Winkler †, in: Wiener Sprachblätter (1984), 102 Vgl. *Jahn* (1960), 139. Ob Winkler bereits in der Zwischenkriegszeit Mitglied des „Deutschen Sprachvereins" gewesen war, konnte nicht geklärt werden.

[170] Gespräch mit *Franziska Winkler* vom 15. 06. 1999, Protokoll.

[171] Vgl. Wiener Sprachblätter 24 (1974), 29 f., 87 f.

[172] Wiener Sprachblätter 24 (1974), 124 („Vereinsarbeit 1969–1974"). Winkler richtete 1969 selbst einen Brief an Bacher, in dem er die „Sprachverunreinigung" im Rundfunk anprangerte. Bacher erwiderte darauf, er könne nicht „lauter Germanisten beschäftigen", die nur sprachliche und keine journalistischen Kenntnisse hätten. (PNWW, Brief von G. Bacher an W. Winkler vom 30. 04. 1969).

[173] Vgl. Kap. VI. 5.

[174] Vgl. Bespr. von *W. Winkler* zu Paul Flaskämper, Bevölkerungsstatistik (1962), 248. Winkler trat übrigens dafür ein, anstelle von „Input-Output-Analyse" „Einsatz-Ausstoß-Analyse" zu sagen. (Gespräch mit Univ.-Prof. Dr. *Gerhart Bruckmann* vom 17. 06. 1999, Protokoll).

deuteten. Seine Argumente verwiesen darauf, daß er in seinen letzten beiden Lebensjahrzehnten zu seinen Wurzeln als deutschtumsbewußter Bürgerlich-Konservativer zurückkehrte. Nach seinem deutlichen Rückzug aus der wissenschaftlichen Publikationstätigkeit seit den späten sechziger Jahren meldete er sich öfter als früher zu öffentlich erörterten Problemen zu Wort. Daß er die meisten seiner Leserbriefe gerade in der kulturellen Wendezeit der sechziger zu den siebziger Jahren verfaßte, verleiht ihnen besondere Ausdruckskraft. Die aus ihnen sprechende Weltanschauung kann als Hinweis auf den hinhaltenden Rückzug eines bestimmten gesellschaftlichen Ordnungsdenkens in der geistigen Aufbruchstimmung dieser Jahre gedeutet werden.

Gegenstände seiner Leserbriefe waren die „Sprachverschmutzung" und der Protest gegen die Professorentalare im Jahr der Studentenproteste 1968. Zum ersten Thema erschien im November 1969 in der *Presse* ein Leserbrief von Winkler über „Sünden wider die Sprache". Der Verfasser gibt zwar zu, daß die Sprache die Eigenschaft habe, sich fortlaufend zu wandeln, doch dürften Veränderungen „nur in den überlieferten logischen Bahnen", d. h. unter Berücksichtigung der aktuell geltenden grammatikalischen Bestimmungen, erfolgen. Die „Überschwemmung mit Fremdwörtern" sei „das Zeichen eines kulturellen Tiefstandes, verbunden mit einer Hörigkeit von [sic!] vermeintlich kulturell überlegenen Völkern". Zu diesem Leserbrief erschien eine Entgegnung durch einen Dr. Rudolf Schlenk, der eine entgegengesetzte Position vertrat: Schlenk warf Winkler vor, „völlig lebensfremd" zu sein, wenn er die Grammatik „gleich Satzungen" setze, die einzuhalten seien: „Das ist doch genau umgekehrt: die Grammatik soll das zum Ausdruck bringen, was die lebende Sprache [...] aus sich selbst entwickelt hat". Zu dieser Replik veröffentlichte Winkler ausnahmsweise keine Stellungnahme. Hingegen äußerte sich der Obmann des Vereins *Muttersprache* an Winklers Stelle zu den Auseinandersetzungen: Mehl erweiterte die Ideen des emeritierten Statistikers über die Korrelation von sprachlichem Niedergang und kultureller „Hörigkeit" um revisionistische Gedankengänge: Das Bemühen des bekannten Statistikers um die „Reinhaltung der Sprache" sei in allen Ländern selbstverständlich, „nur nicht beim Volk der ‚Umerzieher' und ‚Umerzogenen'". Er begreife nicht, daß die Menschen von den „Umerziehern" so „verblendet" werden könnten. – Einige Jahre später äußerte sich Winkler neuerlich zum Thema des richtigen Umgangs mit der „Muttersprache": Er kritisierte den Rundfunk, die Tagespresse und die „bands" der Popmusik – Medien und Schlagersänger seien die wichtigsten Quellen der „Sprachverschmutzung". Diese gefährde – und hier zitierte er Josef Weinheber – den Bestand des gesamten Volks: Ein Volk gehe nicht durch verlorene Kriege zugrunde, sondern dadurch, daß es seine Sprache aufgebe.[175]

---

[175] *W. Winkler,* Sünden wider die Sprache, in: Die Presse om. 26. / 27. 04. 1969, II („Tribüne der Leser"); dazu Entgegnung von Dipl.-Ing. Dr. *Rudolf Schlenk,* in: Die Presse vom 17. / 18. 05. 1969, II („Tribüne der Leser – Sprachsünden und Sprachreiniger"); dazu *Erwin Mehl,* „Was es alles gibt", in: Wiener Sprachblätter 3 (1969), 91; *W. Winkler,* Die Sprachverschmutzung, in: Die Presse vom 05. 12. 1975, 14.

Mit seiner öffentlichen Reaktion auf Zwischenrufer aus der „irregeleiteten Jugend", welche die Inauguration des neuen Rektors der Universität Wien gestört hatten, eröffnete Winkler am 25. Oktober 1968 in der *Presse* eine Debatte, in der zwei Denkschulen einander gegenüberstanden, die nicht miteinander vereinbar erschienen: In seinem Leserbrief verteidigte er das Recht der Professoren, Talare zu tragen, mit Hinweisen auf die Bedeutung der „Tradition" für die gesellschaftliche Weiterentwicklung: Auf Tradition beruhe das Tragen von Talaren; im übrigen sei die gesamte wissenschaftliche Arbeit ein Aufbauen auf wissenschaftlicher Vorarbeit, mithin auf „Tradition". Die Talare der Hochschulprofessoren seien eine „Festtracht" wie die „Festkleider" anderer Bevölkerungs- und Berufsgruppen. Den Standpunkt der „Zwischenrufer" und damit der gegnerischen Denkschule vertrat gegenüber Winkler der Leserbriefschreiber Hans Twaruzek. Dieser erblickte unter den Talaren bloß den „Muff von tausend Jahren", überlebte Symbole der Macht der etablierten Gesellschaftsschichten. Die Talare hätten keinen Wert, sondern seien nur „leere" Tradition. In Erwiderung dieses Leserbriefs wiederholte Winkler seinen bekannten Standpunkt, nicht ohne diesmal auf die von ihm vermuteten Hintergründe der „Unruhe der heutigen Jugend" einzugehen. Diese sei auf den uralten „Kampf der Generationen" zurückzuführen. „Autorität" und „Disziplin" bremsten den „Freiheitsdrang" der Jugend und hielten die bestehende soziale Ordnung und ihre Vorteile (Demokratie und Wohlstand) aufrecht. – Zwei weitere Stellungnahmen nahmen Winkler gegen Twaruzek in Schutz. Einer der beiden Briefschreiber – Dr. Franz Cornaro – war schon in der Ersten Republik für ähnliche gesellschaftspolitische Ziele wie der emeritierte Statistiker eingetreten.[176] Cornaro wollte in seinem Leserbrief nachweisen, daß die Talare keineswegs überholte oder „leere" Tradition seien. Die Professorentalare seien nämlich erst 1926 eingeführt worden und könnten daher weder „Relikte aus dem Mittelalter" sein (wie Twaruzek gemeint hatte), noch würde mit ihnen an „vorjosephinische Traditionen" angeknüpft. Im Gegenteil: Die professorale Amtstracht sei gerade deshalb eingeführt worden, um eine Angleichung mit der übrigen „Kulturwelt" herbeizuführen, wo es längst üblich sei, daß Hochschullehrer Talare trügen.[177]

Befürworter wie Gegner der Talare vertraten ein ahistorisches Geschichtsbild. Während Twaruzek das Talarwesen vage mit einem finsteren Mittelalter verband und dieses daher ablehnte, wollte Winkler den komplexen Gegensätzen, die innerhalb der Gesellschaft bestanden, mit einer Reminiszenz an die ständestaatliche Utopie der Zwischenkriegszeit begegnen. Seine Vision einer „ständischen", über

---

[176] *W. Winkler,* Der Protest gegen die Talare, in: Die Presse vom 25. Oktober 1968, 26; dazu Entgegnung von *Hans Twaruzek* („Talare und Hochschulreform"), in: Die Presse vom 9./10. 11. 1968, 22; *W. Winkler,* Die Hochschulreform und die umstrittenen Talare [Entgegnung an Hans Twaruzek], in: Die Presse vom 23. 11. 1968, 26; dazu Leserbriefe von *D. Jungnikl,* ebd. und *Franz Cornaro,* ebd.; vgl. Cornaro (1936).

[177] Ebd. (Leserbrief von Cornaro). Die unter Josef II. abgeschafften Talare wurden erstmals bei der Rektorsinauguration des Jahres 1927 getragen. Die Farben der neuen Talare richteten sich an den Traditionen der deutschen Universitäten aus. Vgl. *Höflechner* (1988), 257 f.

„(Fest-)Trachten" sichtbaren Abgrenzung von Berufsgruppen sollte dem bewußten Sichtbarmachen und der Einzementierung sozialer Ungleichheit dienen. Die Diskussion um die Beibehaltung oder Abschaffung der Talare kann als ein Ausdruck für „symbolische Politik" begriffen werden: In Zeiten raschen sozialen Wandels greifen Berufsgruppen, deren Identität bedroht erscheint, auf „erfundene Traditionen" – etwa Talare – zurück, welche die soziokulturelle Homogenität der betreffenden Gruppe und die Stabilität und Kontinuität ihrer gesellschaftlichen Bedeutung repräsentieren sollen.[178]

Winklers Bild von der idealen gesellschaftlichen und staatlichen Ordnung war noch in der Zeit vor dem Ersten Weltkrieg geprägt worden. Je älter er wurde, desto mehr traten bei ihm wieder Züge anachronistischer deutschnationaler Denkmuster auf. Den sozialen und kulturellen Umwälzungen seit Ende der sechziger Jahre begegnete er umso verständnisloser, je mehr er sich geistig seiner eigenen lebensgeschichtlichen Wurzeln besann und gleichzeitig sich der Gesellschaft entfremdete. Das Bestreben, die „Reinheit" der deutschen Standardsprache zu bewahren – der Vergleich mit dem idealiter von „fremden" Einflüssen reinen „Volkskörper" liegt nahe – hatte bei ihm auch nach 1945 einen „nationalen" Hintergrund, auch wenn er weniger deutlich zutage trat.

Der Wiener Emeritus leitete aus seinem eigenen Rollenverständnis das Recht ab, in der Öffentlichkeit belehrend hervorzutreten. Dafür erwartete er sich Anerkennungen, etwa in Gestalt von Eintragungen seines Namens in allgemeinen Lexika.[179] Außerdem rechnete er damit, daß der Staat und die akademische Behörden seine Leistungen als Lehrer durch sichtbar zu tragende Ordenszeichen würdigten. Diese Erwartungshaltung entsprang nicht (oder nicht nur) persönlicher Eitelkeit, sondern seiner spezifischen Vorstellung von der Rolle des alternden Emeritus. Die ritualisierten Lobreden seiner Schüler hatten für ihn insofern sinnstiftende Funktion, als sie ihn der ungebrochenen Bedeutung seiner wissenschaftlichen Leistungen versichern sollten.

Je älter er wurde, desto mehr erwartete er, allein schon aufgrund seines hohen Alters in der Öffentlichkeit gehört zu werden.[180] Als seine Wortmeldungen, die

[178] Vgl. *Eric Hobsbawm,* Das Erfinden von Traditionen, in: Christoph Conrad / Martina Kessel, Blickwechsel: Kultur & Geschichte. Neue Einblicke in eine alte Beziehung. Stuttgart 1998, 97, 99, 109 f.

[179] Vgl. UAW, PA Prof. Dr. W. Winkler, Schreiben von Winkler an den Dekan der Rechts- und Staatswissenschaftlichen Fakultät vom 16. 07. 1973; vgl. jeweils s. v. Winkler, W.: Taylor, Stephen S. (Ed.): Who's Who in Austria 1957/58. Vienna 1959, 572 f.; Österreich-Lexikon. Hg. v. Richard Bamberger / Franz Maier-Bruck. Wien 1966; The International Who's who. 27th ed. 1963–64. London 1963, 1147; Who's who in the world. 4th ed. 1978–1979. Chicago 1978, 1006 (u. a.); Meyers Enzyklopädisches Lexikon. Bd. 25. Mannheim/Wien/Zürich 1979, 406; vgl. außerdem zwei Lexikon-Einträge, die nach Winklers Tod aufgenommen wurden: Narodonaselenie. Moskau 1994, 44, und Österreich-Lexikon in zwei Bänden. Hg. v. Richard / Maria Bamberger / Ernst Bruckmüller / Karl Gutkas. Wien 1995, Bd. 2, 651 f.; vgl. auch Heimat bist du großer Söhne, in: Neue Illustrierte Wochenschau vom 25. 6. 1968.

[180] Vgl. Kap. VI. 3.

meist Züge gelehrten Dozierens hatten, seit Ende der sechziger Jahre jedoch teilweise auf weniger öffentlichen Widerhall und sogar auf offene Ablehnung stießen, reagierte er verunsichert, so daß er sich seit Mitte der siebziger Jahre jeglicher Leserbrief-Stellungnahmen enthielt. Zuvor machte er bei verschiedenen Gelegenheiten – z. B. bei der Verleihung seines Wiener Ehrendoktorats – auf einige Elemente seiner Staats- und Gesellschaftsutopie aufmerksam. In seiner Auffassung einer demokratischen Gesellschaft hatten Begriffe wie „Ordnung" und „Disziplin" einen hohen Stellenwert inne. Nicht die selbstverantwortliche Selbstbestimmung des Staatsbürgers, sondern das „Gleichgewicht" zwischen „Staatsmacht" und persönlicher Freiheit galten ihm als das anzustrebende Ziel eines Idealstaats, der sowohl demokratische Republik als auch parlamentarische Monarchie sein könnte. Eine Art Klassenwahlrecht sollte das allgemeine und gleiche Wahlrecht ablösen. An seine Stelle sollte ein Bildungs- und Alterszensus treten, der all jenen Stimmbürgern einen – gemessen an ihrer Bevölkerungszahl – überproportionalen Einfluß auf die Zusammensetzung des Parlaments sichern sollte, welche die entsprechenden Bildungspatente vorlegen und auf ein fortgeschrittenes Lebensalter verweisen konnten.[181]

„Ordnung" und „Disziplin" lobte Winkler als jene Werte, welche die tragenden Säulen der Gesellschaft – „Staat", „Kirche" und „Familie" – vor dem „Ungeist einer zu weit gehenden Freiheit" abschirmen sollten. Bejahung der militärischen Schulung der Jugend, Befürwortung der Todesstrafe und scharfe Ablehnung der Frauenemanzipation, in der er „ein untrügliches Zeichen weit fortgeschrittener Dekadenz"[182] erblickte, waren weitere Elemente seiner gesellschaftspolitischen Ideen.

Die von ihm vertretenen gesellschaftlichen und staatspolitischen Vorstellungen wurden in der Öffentlichkeit bestenfalls zur Kenntnis genommen – ebenso seine Auffassung der Geschichte des 20. Jahrhunderts: Nach Winkler waren die staatspolitisch ungeschickten „Friedensmacher" von 1918 und 1945 schuld, daß „in Europa heute zwei Mächte gegenüberstehen: Rußland [sic!] und die Vereinigten Staaten (!). Und daß dazwischen ein Trümmerfeld von Mittel- und Kleinstaaten übriggeblieben ist."[183] Gerade die letztere Aussage zeugte von seinem weiten, geopolitisch determinierten Blick auf die (Mächte-)Geschichte. Er negierte jedoch, daß Österreich, das inmitten des einst von der Donaumonarchie gebildeten „Trümmerfelds" lag, sich längst mit seinem Dasein als Kleinstaat abgefunden hatte, ja sogar von seiner geopolitischen Lage zwischen zwei Machtblöcken in vieler Hinsicht profitierte.[184]

---

181 PNWW, Mein überreich bewegtes Leben, Fragm. 12, 10.

182 Ebd., [unbez.] [2].

183 *W. Winkler,* Die Invasion der ČSSR und die Folgen, in: Die Presse vom 31. 08. 1968, 16.

184 Vgl. PNWW, Mein überreich bewegtes Leben, Fragm. 14, [unbez.] [7]; vgl. *W. Winkler,* Die Sprachverschmutzung (1975), 14.

4. Winkler und das Altern

Wenn ich in der Jugend an Möglichkeiten des Alt-Werdens dachte, so hätte ich mir nie
träumen lassen, daß ich nahe an die 1960er Jahre herankommen würde, geschweige denn,
vielleicht noch in sie eintreten würde, und das nicht als ein müder, gebrochener Greis, sondern mit einer wenn auch etwas geminderten Arbeits- und Lebenskraft.[185]

In der soeben zitierten Stelle aus einem Brief Winklers an seine Familienangehörigen, den er drei Jahre nach seiner Emeritierung verfaßte, werden zwei zentrale
Gedanken sichtbar, die sein Älterwerden in den zwanzig Jahren zwischen 1955
und ca. 1975 prägten: einerseits sein Stolz, daß er die begrenzte Lebenserwartung,
die ihm nach der Sterbetafel-Wahrscheinlichkeit zustand, regelmäßig überschritt,
und andererseits seine Freude darüber, daß sein Eintreten in das achte Lebensjahrzehnt kaum eine Minderung seiner „Arbeits- und Lebenskraft" mit sich gebracht
hatte. „Wilhelm Winkler und das Altern" – diese Fragestellung bezieht ihre besondere Anziehungskraft nicht nur daraus, daß der Wiener Demograph und Statistiker
ein Lebensalter von über hundert Jahren erreichte, sondern auch aus dem Umstand,
daß es sich bei ihm um einen Gelehrten handelte, der selbst ein Wegbereiter der
demographischen Sterblichkeitsforschung war und der in seiner Eigenschaft als
Demograph häufig in ironischer Weise auf sein eigenes Lebensalter und auf seine
eigene statistische Lebenserwartung Bezug nahm. Er tat dies vor der Öffentlichkeit
der Statistiker, wodurch die Vorgangsweise, dieses Thema separat und nicht innerhalb des folgenden, dem „privaten Leben" gewidmeten Kapitels zu behandeln, ge-
rechtfertigt erscheint.

„Altern" ist nicht nur ein biologischer Prozeß, der in dem Vergehen von Lebensjahren und im Wandel körperlicher und / oder geistiger Funktionen sichtbar wird.
Das Altern wird häufig von einem sozialen Transformationsprozeß, der Fortsetzung und dem Neuaufbau von sozialen Bindungen, begleitet, der in enger Wechselbeziehung zu den körperlichen Veränderungen steht. Wie Winkler durch „gesunde" Lebensweise und optimistische Lebenseinstellung gestaltend auf sein Älterwerden einwirken wollte, wie er seinen ehrgeizigen „Plan", hundert Jahre zu werden, verwirklichen wollte und wie seine sozialen Beziehungen zu seinen
Berufskollegen unter dem Einfluß seines Älterwerdens sich veränderten, wird im
folgenden gezeigt.

In den Jahren nach seiner Emeritierung äußerte sich der Wiener Statistiker häufig in ironischer Weise über sein Älterwerden, so z. B., als er 1956 vor der DStG
sein Referat über die Statistischen Maße hielt: „Das erste Mal war ich 39 Jahre alt
[richtig: 37 Jahre, Anm. d. Vf.], das zweite Mal 45, heute bin ich 72. Wenn ich
diese Reihe extrapoliere, so müßte ich meinen nächsten Vortrag hier mit 120 Jahren halten. Das kann ich weder Ihnen noch mir wünschen. Ich muß Sie daher bit-
ten, diesen Vortrag als meinen Schwanengesang vor der Deutschen Statistischen

---

[185] PNWW, Rundbrief an seine Familienangehörigen vom 04. 01. 1958.

Gesellschaft zu betrachten."[186] Nachdem er den Vortrag gehalten hatte, bezog er sich neuerlich indirekt auf sein hohes Alter, als er den Anwesenden für ihre Geduld beim Anhören des Referats dankte und ergänzte: „Mein besonderer Dank gilt aber Gott, dem Allmächtigen, daß er mich diese körperliche und geistige Strapaze hat heil und munter durchstehen lassen."[187] Mit diesen Worten stellte Winkler sich vor der versammelten Statistikergemeinde als ein Greis dar, der aufgrund seiner altersbedingten Gebrechen nur mehr mit Mühe ein Referat halten könne. In eben diesem Jahr veränderte sich sein berufliches und sein privates Leben wesentlich: Als ein seit kurzer Zeit emeritierter Professor mußte er sich auf neue berufliche Gegebenheiten einstellen. Privat war er seit wenigen Monaten Witwer, wodurch er vorerst gezwungen schien, sich auf ein Leben als Emeritus einzustellen, in dem er ohne die von ihm besonders geschätzte soziale Einbettung in ein familiales Umfeld auskommen mußte. Nachdem er jedoch 1958 neuerlich geheiratet hatte,[188] waren seine Sorgen vor einer Vereinsamung im Alter und vor einer zunehmenden Verminderung seiner geistigen und körperlichen Kräfte mit einem Schlag beseitigt, und es eröffneten sich für ihn völlig neue Lebensperspektiven: In seiner neuen Umgebung fühlte er sich „gut aufgehoben", und er glaubte, sich „vor dem Hereinbrechen des Lebenswinters" nicht sorgen zu müssen. Als er seinen 75. Geburtstag mit seiner zweiten Ehefrau Franziska und ihren Kindern verbrachte, schrieb er seinen eigenen Kindern, wie dankbar er sei, daß er „recht frisch und in guter Arbeitsverfassung" sei.[189] Seine Kinder bemerkten erfreut, daß ihr Vater nach den entbehrungsreichen Witwerjahren wieder sehr an Lebenskraft gewonnen hatte. Er selbst schrieb an seine Braut, Othmar halte es für möglich, daß er angesichts seiner „unerhörten Agilität und Spannkraft" durchaus noch dreißig Jahre leben könne.[190]

Othmar Winklers Voraussage sollte sich fast ganz bewahrheiten: Sein Vater lebte tatsächlich mit Franziska Winkler noch 26 Jahre zusammen. – In den ersten Jahren nach seiner neuerlichen Verehelichung dürfte in ihm der „Plan" gereift sein, ein Alter von hundert Jahren aktiv anzustreben. Im Jahr 1959, als die ÖStG seinen 75. Geburtstag zelebrierte, machte er dieses Vorhaben öffentlich: Er habe jetzt die drei ersten Viertel des Jahrhunderts vollendet und werde jetzt das letzte Viertel vollenden.[191] Daß dieser „Plan" schwierig zu verwirklichen sein würde, war ihm bewußt. Doch er setzte seine ganze Kraft und seinen starken Willen daran, um dieses Ziel – nach Beendigung seiner wissenschaftlichen Publikationstätigkeit sein

186 WW-1956-01, 297. Vgl. auch seine Auftritte bei der Jahresversammlung der Statistischen Zentralkommission, bei denen er das Recht, als erster Teilnehmer das Wort ergreifen zu dürfen, regelmäßig mit seinem Alter begründete. Vgl. Ordentliche Jahresversammlung (1966), 11, (1969), 15, (1972), 9, (1973), 15.

187 *Boustedt* (1956), 379.

188 Vgl. Kap. VI. 5.

189 PNWW, Rundbrief an seine Familienangehörigen vom 21. 06. 1959.

190 Ebd., W. Winkler an Franziska Kunz v. 15. 09. 1958.

191 Gespräch mit Univ.-Prof. Dr. *Erich Streißler* vom 11. 10. 1999, Protokoll.

„Endziel" – zu erreichen.[192] Winkler kalkulierte in dieses Ziel ein, daß bei Universitätsprofessoren die Wahrscheinlichkeit, ein hohes Alter zu erreichen, größer ist
als beim Durchschnitt der Bevölkerung.[193]

Um sein Vorhaben zu verwirklichen, mußte Winkler sein Alltagsleben kaum
umstellen. Er setzte seine morgendlichen Turnübungen fort, so wie er es jahrzehn-
telang gewohnt war. Stolz führte er Besuchern noch im Alter von 89 Jahren auf
seiner neuerworbenen Turnmatte einen Kopfstand vor.[194] Er hielt strenge Diät,
wobei er den Vorschlägen von Irving Fisher's Buch „How to Live" folgte,[195] und
bewegte sich viel in der freien Natur. An den Wochenenden durchwanderte er gemeinsam mit seiner Gattin mit Vorliebe den Wienerwald. Jährliche Kuraufenthalte
in Bad Gleichenberg und in Warmbad Villach gliederten das Jahr in klar abgegrenzte Phasen: Auf angestrengte wissenschaftliche Arbeit folgten oft wochenlan-
ge Erholungspausen. Diese dienten der Pflege seiner aus dem Ersten Weltkrieg
stammenden Kriegswunde und sollten seinem Körper neuen Schwung verleihen.
Franziska Winkler erlebte ihren Mann mit Ausnahme seiner letzten Lebensjahre
nie krank.[196] Winkler selbst vermittelte den Lesern der „Demometrie" und der
interessierten Öffentlichkeit die Erfahrungen, die er mit seinem Alterungsprozeß
gemacht hatte. Er differenzierte zwischen „Realalter" und Nominalalter". Diese
Unterscheidung leitete sich aus seiner eigenen Lebenseinstellung her. – Er schlägt
vor, zwei Altersmeßskalen zu verwenden, „eine nach dem Kalenderalter und eine
nach dem in einem gewissen Kalenderalter erreichten körperlichen und geistigen
Zustand". Danach fallen für diejenigen, „die in den alten Unsitten des Vielfraßes,
des Rauchens, Trinkens usw. fortfahren", Kalenderalter und Altersstadium „nach
den althergebrachten Begriffen" zusammen, während sie für die vernünftig Lebenden auseinanderfallen.[197] Sich selbst zählte er selbstverständlich zu der zweiten
Gruppe, die den „fortschrittliche[n] Teil der Bevölkerung" ausmache. Voraussetzung dafür, daß der Gewinn für den Einzelnen durch die Verbesserung der Lebensqualität im Alter nicht aufgezehrt werde, sei jedoch, daß die „Verschmutzung und
Vergiftung der Umwelt mit der fortschreitenden Benützung von Kraftfahrzeugen,
Fernsehgeräten und ähnlichem Teufelszeug [sic!]" nicht überhandnehme.[198]

Winklers Berufskollegen, die von seinem ehrgeizigen Vorhaben wußten, beobachteten aufmerksam seinen gleichsam „verzögerten" Alterungsprozeß. Während
er mit seinen deutschen Kollegen nur anläßlich von Tagungen zusammentraf, hatte

---

192 Gespräch mit *Franziska Winkler* vom 15. 06. 1999, Protokoll (wörtl. Zit.).

193 Vgl. *Zeller* (1974).

194 Schreiben von *Maria Tantilov* an den Vf. vom 09. 05. 1999. Ich danke Frau Tantilov
für ihre freundliche Mitteilung.

195 *E. / O. Winkler,* Persönliches aus dem Leben des Jubilars (1987), [7].

196 Gespräch mit *Franziska Winkler* vom 15. 06. 1999, Protokoll.

197 WW-1969-01, 64.

198 *W. Winkler,* [Autobiographischer Leserbrief, o. Titel], in: Wiener Sprachblätter 24
(1974), 30.

er mit seinen österreichischen Kollegen häufigere Kontakte, die jedoch nie in die private Alltagswelt hineinreichten. Slawtscho Sagoroff, der „rundlich von Gestalt" und deshalb mit sich selbst nicht zufrieden war, besorgte sich immerhin Winklers persönlichen Speisezettel. Sagoroff gestand ihm jedoch, daß er keine Anstalten getroffen habe, um das damit verbundene Diätprogramm für seine Person tatsächlich anzuwenden.[199] Sein Nachfolger bedachte Winkler erstmals anläßlich seines 80. Geburtstags mit dem Ehrentitel „Nestor der Statistiker im deutschsprachigen Raum". Mit diesem Namen, der den „ältesten und anerkannten Gelehrten" bezeichnet, wurde er seither auch von anderen Lobrednern gewürdigt.[200] Winkler nahm diese ehrenvolle Bezeichnung, die nach ihm auch sein Leipziger Kollege Burkhardt erhielt,[201] gerne für sich in Anspruch.[202] Er leitete aus diesem inoffiziellen Ehrentitel einen gewissen Altersvorrang gegenüber den anderen Statistikern ab, der es ihm z. B. erlaubte, sich bei Fachdiskussionen als erster zu Wort zu melden. Andererseits stellte er jedoch fest, daß er im wörtlichen Sinn „totgesagt" wurde, so z. B. von Wilhelm Brepohl (1893–1975), der in einer Besprechung des demographischen Wörterbuchs aus Unkenntnis, daß er noch lebte, seinem Namen das Sterbekreuzlein beifügte. Der solcherart „Totgesagte" wandte sich brieflich an Brepohl und dankte diesem [sic!] mit der Bemerkung, daß „bei Lebzeiten totgesagte Menschen schon aus Trotz umso länger leben." Bei seiner Dankrede anläßlich der Verleihung seines Wiener Ehrendoktorats setzte er die statistisch erwiesene Lebenserwartung des 82jährigen in launigen Worten außer Kraft und sprach von seiner Hoffnung, die für 1971 für Wien in Aussicht genommene ISI-Tagung in voller Tatkraft erleben zu dürfen.[203] Sein Lebensmotto, mit dem er die Rede schloß, faßte er in einem einzigen Satz zusammen: „Schaffensfreude und Lebensmut sollen unser aller Losung bleiben bis ans Ende unserer Tage."[204]

Die Hoffnung, in Wien einen ISI-Kongreß erleben zu dürfen, erfüllte sich für Winkler tatsächlich. Doch mit der Tagung war für ihn gleichzeitig mit dem bevorstehenden Übergang in sein zehntes Lebensjahrzehnt ein Wendepunkt seiner Laufbahn als Statistiker erreicht.[205] Im Rückblick auf den Kongreß bekannte er, daß seine internationale Rolle als Statistiker mit dieser Veranstaltung zu Ende gegangen war: „Das ISI-Erlebnis Wien 1973 ist nicht vorübergegangen, ohne bei mir in

---

[199] PNWW, Mein überreich bewegtes Leben, Fragm. 10, [unbez.], [18].

[200] *Sagoroff* (1964), 180; „Nestor" ist in der griechischen Mythologie der König von Pylos, der als Greis am Trojanischen Krieg teilnimmt. Von seinen Landsleuten wird er als ein weiser und beredter Ratgeber geschätzt. Vgl. *Schwab* (1997), 406 ff.; *Schwarz* (1984), 113.

[201] Vgl. Kap. VI. 3.

[202] So erwähnte er z. B. bei einem Ansuchen um einen Reisekostenzuschuß durch das BMU ausdrücklich seinen Status als „Nestor" der Statistik. Vgl. UAW, PA Prof. Dr. W. Winkler, Zl. 1512/70, Schreiben von Winkler an das BMU vom 01. 06. 1970.

[203] Vgl. Wilhelm Winkler Dr. h. c., in: Österreichische Hochschulzeitung vom 15. 02. 1966, 7.

[204] *W. Winkler* (1966), 300; vgl. Bespr. von *Wilhelm Brepohl,* in: ZsStw 120 (1964), 570.

[205] Vgl. VI. 2. b).

Hirn und Herz tiefe Wunden zu hinterlassen. [...] Zu den körperlichen Hemmungen des hohen Alters sind seelische Hemmungen hinzugekommen, die mich absolut unfähig machen, für eine jetzt oder in der Zukunft stattfindende ISI-Tagung einen Finger zu rühren, [...]".[206]

5. Familiale Kontinuität

Klara Winkler war nach ihrer Rückkehr aus England wieder mit ihrem Gatten vereint – jedoch nur für kurze Zeit. Eines Tages traten nämlich bei Klara urplötzlich Schmerzen in der Bauchgegend auf. Im Spital wurde Bauchspeicheldrüsenkrebs diagnostiziert. Die behandelnden Ärzte mußten sofort eine Operation einleiten, bei der die halbe Pancreas-(Bauchspeichel-)Drüse und die Milz entfernt wurden. Einige Tage nach dem Eingriff, am 29. Juli 1956, wurde Winkler in der Nacht telefonisch ins Krankenhaus gerufen, doch seine Gattin starb kurz vor seinem Eintreffen im Spital. Klara Winkler war 63 Jahre alt geworden. – Der tieftraurige Witwer schrieb in den folgenden Tagen einem Freund: „Leider mußte ich Deine freundliche Erkundigung nach dem Befinden meiner geliebten Gattin Clara [sic!] mit der Übersendung ihrer Todesanzeige beantworten, so plötzlich ist die Katastrophe eingetreten. [...] Mein Schmerz ist unermeßlich, habe ich doch in ihr die Gefährtin meines ganzen Lebens und die Stütze meines Alters verloren." An Klara Winklers Begräbnis auf dem Ober St. Veiter Friedhof nahmen nur einige wenige Freunde und Bekannte des Ehepaars, darunter Slawtscho Sagoroff, teil. Die Kinder waren von ihrem Vater mit gewöhnlicher Post vom Tod ihrer Mutter verständigt worden. Er wollte damit vermeiden, daß sie zu dem Begräbnis nach Wien kommen, wodurch ihnen außerordentlich hohe Reisekosten entstanden wären.[207]

Nach dem Verlust seiner Lebenspartnerin, der Winkler tief und nachhaltig schmerzte, war er gezwungen, sein privates Leben gänzlich umzustellen. Wenigstens konnte er auf Kenntnisse des Haushaltswesens, die er in seiner Junggesellenzeit erworben hatte, zurückgreifen. Der Besuch und die Pflege des Grabes gehörten seit Klaras Tod zu seinen regelmäßigen Freizeitbeschäftigungen.[208] Indem er Klara auf dem Grabstein als „Universitätsprofessorsgattin" bezeichnen ließ, verwies er auf seine Auffassung der Rollenverteilung in der Ehe, die der Gattin eine vom Mann her definierte soziale Rolle zuordnete.

Wenn im vorangegangenen Kapitel auf den „sozialen Transformationsprozeß" hingewiesen wird, den das Altern mit sich bringt, so soll hier betont werden, daß gerade der soziale Austausch zur hohen Lebensqualität des älteren und „alten"

---

206 PNWW, Mein überreich bewegtes Leben, Fragm. 10, 23. Im selben Jahr 1973 hielt er übrigens auch sein letztes Referat vor den Mitgliedern der DStG.

207 PNWW, Mein überreich bewegtes Leben, Fragm. 10, unbez. [21 – 23]; PNWW, undatierter Brief von W. Winkler; UAW, PA Prof. Dr. W. Winkler, Parte Clara Winkler.

208 Gespräch mit *Franziska Winkler* vom 15. 06. 1999, Protokoll.

Menschen beiträgt.[209] Winklers Söhne sind sich heute darüber einig, daß – neben seinen eigenen diesbezüglichen Anstrengungen – ein wesentlicher Grund für den Erfolg seines ominösen Vorhabens, hundert Jahre alt werden zu wollen, im geglückten Aufbau einer neuen Ehebeziehung zu Franziska Winkler zu suchen war. Diese Beziehung gewährleistete für Winkler die Kontinuität jener familialen Lebensweise, die er während seiner beiden Jahre als Witwer vermißt hatte.[210]

Winkler lernte seine zukünftige zweite Ehefrau am 3. Mai 1958 in dem Kaffeehaus „Aida" schräg gegenüber der Staatsoper in Wien kennen. Die damals 39jährige Franziska Kunz geb. Hacker war die Tochter eines Wiener Neustädter Kaffeehauspächters. Sie hatte neunzehn Jahre (1938 – 1957) in Brasilien gelebt, wo sie ihrem ersten Mann, einem Wiener Agrarökonom und österreichischen Konsul in Brasilien, sechs Kinder geboren hatte. Ihr erster Mann war 1956 in Brasilien verstorben, so daß sie als Witwe mit fünf Kindern – das sechste war gleichfalls in Brasilien gestorben – fast mittellos nach Österreich zurückkehrte, wo sie eine Anstellung beim Österreichischen Bundesverlag erhielt. – Winkler, der gerade auf dem Weg zu seiner Cello-Stunde war, sprach die junge Witwe an, weil er sich für das Kinoprogramm, das sie in Händen hielt (es wurde Dostojewskis „Schuld und Sühne" gespielt) interessierte. Daraufhin kamen die beiden ins Gespräch und stellten fest, daß sie gemeinsame Vorlieben teilten. Diese lagen besonders auf dem Gebiet der Musik. Sie hatte in ihrer Jugend Klavier gelernt, und er konnte Klavier spielen und lernte seit wenigen Monaten Cello. Bei dem Gespräch lud Winkler sie ein, mit ihm gemeinsam zu musizieren. Franziska Kunz nahm die Einladung gerne an, weil sie die Bekanntschaft mit dem gebildeten älteren Herrn schätzte. Aus der Bekanntschaft entwickelte sich relativ rasch eine enge Freundschaft, so daß Winkler sie fragte, ob sie ihn heiraten wolle. Sie lehnte zunächst ab, weil sie ihre Kinder nicht in Stich lassen wollte. Als er dafür jedoch Verständnis äußerte und darauf verzichtete, mit seiner künftigen Ehefrau in einer gemeinsamen Wohnung leben zu wollen, bis ihre Kinder selbständig seien, willigte sie in den Ehebund ein. Dieser gründete auf tiefer gegenseitiger Wertschätzung und auf gemeinsamen geistigen Interessen. Beide zukünftigen Ehepartner verfolgten jedoch ganz offen auch pragmatische Motive: Während Franziska Kunz von ihrem Mann auch finanzielle Unterstützung erwarten durfte und erhielt, konnte er sich darauf freuen, seinen Lebensabend nicht weitgehend allein verbringen zu müssen.[211]

Noch bevor sie heirateten, trugen die beiden brieflich eine Meinungsverschiedenheit aus, der in ihrer unterschiedlichen Auffassung begründet lag, wie weit es angemessen schien, in sozialen Verhaltensweisen (Austausch über Privates, Sprechpraxis u. a.) sich an andere Menschen, z. B. Berufskollegen, anzupassen.

---

[209] Vgl. *Ursula Lehr,* Psychologie des Alterns (Wiebelsheim [9]2000), 193.

[210] Vgl. Gespräche mit Dkfm. *Berthold Winkler* vom 27. 07. 1999 u. mit em. Univ.-Prof. Dr. *Othmar Winkler* vom 19. 01. 2000, Protokolle; vgl. PNWW, „Kurze Selbstbiographie", [2] [unbez.].

[211] Gespräch mit *Franziska Winkler* vom 15. 06. 1999, Protokoll; vgl. PNWW, Mein überreich bewegtes Leben, Fragm. 10, unbez. [27].

Winkler vertrat das Ideal einer streng hierarchisch gegliederten Gesellschaft, in der die einzelnen Schichten und Berufsgruppen einander in ihren sozialen Verkehrskreisen möglichst wenig berühren sollten. Über die alltägliche Sprechpraxis inszenierte er seine soziale Identität als Gelehrter. Winkler hatte einen sprachlichen Habitus verinnerlicht, der die Standardsprache hoch- und die Wiener dialektale Varietät abwertete. Er verlangte von seiner Partnerin, den sozialen Aufstieg zu einer „Frau Hofrat Winkler" gegenüber Berufskollegen und Freunden in ihrer Sprechpraxis sichtbar zu machen. Sie sollte damit besonders seinen Vorstellungen einer ständischen Herausgehobenheit gegenüber „Menschen niedrigeren Bildungsniveaus" entsprechen.[212]

Winkler und Franziska Kunz schlossen am 27. September 1958 die Ehe.[213] An der Wiener Universität war die Überraschung groß, daß der als mürrisch und abweisend geltende 74jährige Professor noch einmal eine um 35 Jahre jüngere Frau heiratete.[214] Seine erwachsenen Kinder respektierten jedoch nicht nur die väterliche Entscheidung, sondern sie freuten sich über die Verbindung. Erhard Winkler verglich die Ehe seines Vaters mit der „reifen Spätehe" Lessings, der noch im Alter von 47 Jahren geheiratet hatte.[215] In den ersten zehn Jahren ihrer Verbindung wohnten die Eheleute getrennt voneinander. Franziska Winkler ging ihrer Erwerbsarbeit nach und sorgte für ihre Kinder, wobei sie von ihrer brasilianischen Freundin Clarice Rios unterstützt wurde. Erst nach ihrer Pensionierung zog sie zu ihrem Ehemann nach Ober St. Veit.

Schätzung familialer Werte, gemeinsames Musizieren, gemeinsamer Besuch von Sprechtheatern, Opernhäusern und Kammerkonzerten bildeten die Basis für die Ehe von Franziska und Wilhelm Winkler. Die Spielregeln für die alltägliche Umsetzung dieser Grundlagen mußten beide jedoch in einem langwierigen Angleichungsprozeß erst finden. Winkler glaubte anfangs, auch in seiner zweiten Ehe als Mann die Führungsrolle einnehmen zu können. Doch seine Gattin widerstrebte seinen Versuchen, das Heft in der Ehe in die Hand zu nehmen und tat dies – im Unterschied zu Klara – offen kund. Ihr lag nichts daran, eine „Frau Hofrat Winkler" zu werden. Im Gegensatz zu ihrem Mann legte sie keinen Wert auf eine distinktive Abgrenzung von anderen Gesellschaftsschichten und Altersgruppen. Überraschenderweise befolgte Winkler, der bald voller Dankbarkeit erkannte, welche „Perle"[216] er gefunden hatte, mit zunehmendem Alter mehr ihre Vorschläge zur Lebensgestaltung. Franziska Winkler ging ihrerseits auf die Eigenheiten und Bedürfnisse ihres Gatten ein. Nachdem ihre Kinder erwachsen geworden waren, war

---

212 PNWW, W. Winkler vom Brüsseler ISI-Kongreß an Franziska Winkler (03. 09. 1958); vgl. *Angelika Linke,* Sprachkultur und Bürgertum. Zur Mentalitätsgeschichte des 19. Jahrhunderts. Stuttgart / Weimar 1996, 238–240 u. 257 f.

213 UAW, PA Prof. Dr. W. Winkler, Zl. 1596 / 58, Mitteilung des Dekans der Rechts- und Staatswissenschaftlichen Fakultät der Universität Wien an das BMU vom 06. 10. 1958.

214 Vgl. Gespräch mit Dr. *Monika Streißler* vom 11. 10. 1999, Protokoll.

215 PNWW, Brief von W. Winkler an Franziska Winkler (15. 09. 1958).

216 Ebd., Mein überreich bewegtes Leben, Fragm. 10, unbez. [29].

sie ganz für ihren Mann da und erfüllte seinen Wunsch, keine neuen Bekanntschaften mehr zu schließen. Soziale Neuorientierung war für ihn nämlich gleichbedeutend mit dem weitgehenden Rückzug auf das Leben innerhalb der Familie. Im Alter hatte er keinen einzigen Freund. Seine letzten Studien- und Berufsgenossen verstarben bis zu den siebziger Jahren.[217]

Dennoch gelang es ihm, sich mehr oder weniger erfolgreich in seine gewandelten Rollen als „Ehemann" (s. oben), „körperlich und geistig jung gebliebener älter werdender Mann", „Lehrer" und „Lernender" hineinzufinden. – Winkler blieb zeitlebens „Lehrer". Mit seiner bildungsbürgerlich geprägten emotionalen Wertschätzung der deutschen Standardsprache und der komplementären Abwertung des „Wienerischen" stieß er bei seiner Gattin auf gelehriges Verständnis. Sie verweigerte sich jedoch seinen Versuchen, ihr Latein beibringen zu wollen. Die von ihrem Mann als Anleitung zum alltäglichen Verhalten häufig rezitierten Sentenzen der „alten Römer" lernte sie jedoch bereitwillig auswendig. Von den Kunz-Kindern wurde „Onkel Willi" als ein strenger Lehrer geachtet, der jeden ihrer Briefe auf Rechtschreibfehler untersuchte und dessen penible Anweisungen zur Gartenpflege genau befolgt werden mußten. Er selbst betrachtete seinen privaten und beruflichen Werdegang als Lehrbeispiel für ein geglücktes Leben. So verfaßte er eine „Kurze Selbstbiographie", in der er seinen „Kindern und Freunden" eine Bilanz seines Lebens und seiner beruflichen Lebensleistungen vorführte.[218] – Zeitlebens blieb er ein „Lernender": Nach dem Tod seiner Frau hatte er das Musizieren aufgegeben. Doch als von einer Musikliebhaberin die Initiative zur Gründung einer kammermusikalischen Vereinigung ausging, wurde er einer von anfangs nur drei Mitgliedern eines *Vereins der Freunde der Kammermusik*. Als dem Verein viele ausgezeichnete Klavierspieler beitraten, zog Winkler sich vom öffentlichen Klavierspiel zurück, und er begann Cello zu lernen. Der sozial exklusive *Verein der Freunde der Kammermusik* gab meist einmal im Monat einen geselligen Abend, an dem zwanzig bis dreißig Besucher – Musiker und Gäste – teilnahmen. Winkler bildete mit zwei bis drei anderen Amateurmusikern ein Trio bzw. Quartett, das sich regelmäßig zu Hausmusiken in seiner Wohnung traf. Erst nach fast einem Jahrzehnt gingen die Musiker aufgrund altersbedingter Gebrechen (so sah z. B. Winkler schon schlecht) auseinander. Einer dieser Musiker war Winklers Fakultätskollege Heinrich Demelius (1893 – 1987).[219]

Winklers Lebensstil veränderte sich durch seine Ehe mit Franziska Kunz kaum: So blieb er seiner hohen Wertschätzung für wissenschaftliche Arbeit treu, die bis Ende der sechziger Jahre seinen Alltag strukturierte. Ausgleich und Ablenkung

---

217 Gespräch mit *Franziska Winkler* vom 15. 06. 1999, Protokoll.

218 PNWW, „Kurze Selbstbiographie", handschriftlich datiert mit „Ostern 1973".

219 Vgl. Gespräch mit *Franziska Winkler* vom 15. 06. 1999, Protokoll; vgl. PNWW, handschriftliche Anweisung von W. Winkler an Hans Kunz, einen Sohn von Franziska Winkler, zur „Garten- und Friedhofpflege", dat. „Mai-Juni 1972; StBA, Archiv, W. Winkler, „Wie ich zur Kammermusik kam", Auszug aus einer Dankansprache bei einer Feier anläßlich von Winklers 80. Geburtstag, ungedr. [1964].

fand er im Zusammensein mit seiner Gattin. Mit dieser teilte er das Interesse für die Werke der klassischen Hochkultur. Er besuchte stets Theateraufführungen, denen er „bleibenden Wert" zuschrieb. Als ihm das Burgtheater zu „modern" wurde, verzichtete er darauf, sein Abonnement zu erneuern.[220]

Wiederholt besuchte er seine eigenen Kinder in der Ferne, seine Tochter Hildegard in Old Coulsdon (England), seine Söhne Erhard und Othmar in South Bend (USA, Indiana) bzw. in Washington, D. C. Berthold, der 1970 nach Europa zurückkehrte und sich dauernd an der bayerisch-österreichischen Grenze ansiedelte, war seinem Vater mit seiner Übersiedlung geographisch so nahegerückt, daß er ihn häufiger besuchen konnte. Bereits ein Jahr zuvor – 1969 – hatte Berthold für seinen Vater eine Reise nach Prag und nach Ústí nad Labem / Aussig a. d. Elbe organisiert. So konnte Winkler noch einmal seine Heimatstadt und das nordböhmische Elbtal besuchen, von wo seine Eltern und seine erste Ehefrau herkamen.[221]

---

[220] PNWW, Brief von W. Winkler an Franziska Winkler vom 14. 09. 1965; PNWW, Mein überreich bewegtes Leben, Fragm. 10 [unbez.], 35.

[221] Vgl. Gespräch mit Dkfm. *Berthold Winkler* vom 27. 07. 1999.

VII. Die letzten zehn Lebensjahre
(1975–1984)

In seinen letzten zehn Lebensjahren nahm Winkler als „Nestor" der österreichischen Statistik schrittweise Abschied von seiner Disziplin, die fast siebzig Jahre lang sein wichtigster Lebensinhalt gewesen war. – Zuletzt strebte er nur mehr an, ein Alter von hundert Jahren zu erreichen.

1. Winklers Auftreten in der Öffentlichkeit

In seinen letzten zehn Lebensjahren zeigte sich Wilhelm Winkler weniger häufig in der Öffentlichkeit als früher. Sein hohes Alter erforderte von ihm mehr physische Schonung. Um 1974/75 beendete er seine wissenschaftliche Tätigkeit. Immerhin nahm er bis 1981 an den Jahresversammlungen der *Statistischen Zentralkommission* teil, und er hatte noch einen Anteil an der Gründung des *Instituts für Demographie an der Österreichischen Akademie der Wissenschaften* (IfD). Im Ausland zeigte er sich zum letzten Mal im Jahr 1975[1] bei einer Tagung der DStG in Nürnberg.

Im Gegensatz zu seiner Tätigkeit als Statistiker markierte für sein privates Leben nicht die Wende von seinem neunten zum zehnten Lebensjahrzehnt einen Einschnitt, sondern die Mitte des zehnten Lebensjahrzehnts: Nach Vollendung seines 96. Lebensjahrs erlebte er einen beschleunigten Verfall seiner körperlichen und geistigen Gesundheit.

Der „Nestor" der österreichischen Statistik und Demographie

Die Präsenz des Emeritus für Statistik im Kreis seiner ehemaligen Mitarbeiter, seiner Schüler und der jungen Generation von Forschern beschränkte sich nach dem Wiener ISI-Kongreß auf sein gelegentliches Erscheinen bei Veranstaltungen, die vom ÖStZ oder von der ÖGStI ausgerichtet wurden.

Seit 1975 nahm er noch fünfmal an den Sitzungen der *Statistischen Zentralkommission* teil. Wieder markierte das Überschreiten des zehnten Lebensjahrzehnts in Winklers Bewußtsein das herannahende Ende seines Daseins als aktiver Statistiker. 1976 hatte er sich erstmals nicht für die Tagung vorbereitet. Den Ver-

---

[1] Vgl. Kap. VI. 2 b).

sammelten gestand er, daß seine „Tauglichkeit als Wechselredner" immer mehr
abnehme: „Ich habe sogar meine Sterbewahrscheinlichkeit berechnet [...] Nach
sechs Jahren sind 93 [von hundert] gestorben, und sieben überleben, und den Hunderter unter den hundert erleben nur mehr zwei. Sie werden zugeben, daß das nicht
sehr ermutigende Zahlen sind." Präsident Bosse gab daraufhin seiner Hoffnung
Ausdruck, daß er einer von den zweien sein werde, welche „dieses schöne Alter"
erleben mögen. Tatsächlich erschien Winkler 1979 bis 1981 jeweils wieder bei der
Jahrestagung. Ausführlich zu Wort meldete er sich 1980, als das Referat des Leiters der Abteilung für Bevölkerungsstatistik Heimold Helczmanovszki besprochen
wurde. Winkler vertrat am Ende seines Lebens einen extremen Bevölkerungspessimismus: In der bei ihm gewohnten Weise rechnete er zunächst den Geburtenrückgang gegen den „Bevölkerungsüberschuß" außerhalb Europas auf und kam
dann zum Schluß, daß die „übervölkerten" europäischen Länder nur mit Hilfe ihres
Außenhandels überleben könnten. Sollten die „derzeitigen Entwicklungsländer"
jedoch „unsere Technologien" erlernen, dann müsse „ein Großteil unserer Bevölkerung auswandern oder verhungern".[2]

Am 5. und 6. November 1979 feierte die zentrale amtliche Statistik ihr 150jähri-
ges Bestehen. Beim Festakt im Redoutensaal der Wiener Hofburg ging Bundeskanzler Kreisky in seiner Begrüßungsansprache auf den 95jährigen „Nestor" der
Statistiker ein und bezeichnete sich selbst als einen seiner Schüler. Wie schwierig
die Statistik sei, habe er seinerzeit bei dem hier anwesenden, „sehr verehrten Herrn
Professor Winkler" kennengelernt. Lothar Bosse hielt einen Festvortrag, in dem er
die Entwicklung der Statistik als Verwaltungszweig und als eine wissenschaftliche
Disziplin aufzeigte. Er ehrte Winkler als das „Vorbild ganzer Statistikergeneratio-
nen".[3] 1978 befanden sich unter den Vorstandsmitgliedern der ÖGStI zahlreiche
ehemalige Mitarbeiter und Schüler von Winkler. Lothar Bosse und Leopold
Schmetterer teilten sich den Vorsitz.

Die Gründung des IfD konnte als ein Ergebnis von Winklers langjährigen
Bemühungen gewertet werden, die demographische Forschung in Österreich im
Rahmen des Fachs „Statistik" aufzuwerten.[4] Er selbst war jedoch nie ausdrücklich

---

[2] G. Feichtinger kritisierte diese Ansichten als überzogen „pronatalistisch". Bruckmann
widersprach Winkler nicht offen, doch wies er auf die Möglichkeit hin, mehrere voneinander
abweichende Bevölkerungsprognosen zu erstellen, wodurch zur „Entschärfung der ideologischen Diskussion" beigetragen werde. Vgl. Ordentliche Jahresversammlung (1980), 25 f.,
(1976), 14 f. u. (1980), 24 (jew. wörtl. Zit.); vgl. die entsprechenden Protokolle von 1979 und
1981, jew. 7. Bei der Tagung 1981 erhob Winkler ein letztes Mal seine Stimme im Kreis der
amtlichen Statistiker – wieder für die Statistik der Auslandsösterreicher. *Alfred Franz,* In
Memoriam emer. o.Univ.-Prof. HR Dr. Wilhelm Winkler, in: Statistische Nachrichten N. F.
39 (1984), 591.

[3] 150 Jahre zentrale amtliche Statistik in Österreich. Festakt am 05. 11. 1979, in: MbÖG-
StI 9 (1979), 109; *Lothar Bosse,* Festvortrag (beim Festakt zum Jubiläum 150 Jahre zentrale
amtliche Statistik in Österreich am 05. 11. 1979), in: MbÖGStI 9 (1979), 115.

[4] Vgl. *Adolf Adam,* Wilhelm Winkler 95 Jahre, in: AStA 63 (1979), 176–178; auch in:
International Statistical Review 48 (1980), 177.

dafür eingetreten, die Demographie zu einer eigenständigen akademischen Disziplin aufzuwerten und ein eigenes demographisches Forschungsinstitut außerhalb der Universität einzurichten. In Österreich wurde erst daran gedacht, eine derartige Einrichtung aufzubauen, nachdem andere Länder mit Gründungen von bevölkerungswissenschaftlichen Forschungsstellen vorangegangen waren. Die Errichtung des deutschen *Bundesinstituts für Bevölkerungsforschung* (BIB) in Wiesbaden (1973), bei der Winkler beratend mitgewirkt hatte,[5] dürfte ein wesentlicher Anstoß in diese Richtung gewesen sein. Entscheidend war eine Sitzung bei der Ministerin Firnberg am 5. Juni 1973, bei der die Gründung eines *Instituts für Demographie an der Österreichischen Akademie der Wissenschaften* beschlossen wurde. Am 20. März 1974 fand eine Gründungsenquete „Demographische Forschung in Österreich" statt, bei der u. a. H. Schubnell, der Leiter des Wiesbadner Bundesinstituts, über die Aufgaben seiner Forschungsinstitution referierte.[6]

Öffentliche Ehrungen versus Entfremdung gegenüber der Mitwelt

Anläßlich von Winklers 95. Geburtstag gab es keine Feiern innerhalb der Statistikergemeinschaft. Adolf Adam veröffentlichte einige Zeitungs- und Zeitschriftenartikel zu Ehren seines ehemaligen Vorgesetzten. Diese Lobschriften stellten den „Nestor" der Statistiker als einen Wegbereiter der modernen Informatik dar. Adam bezeichnete das von ihm selbst mitbegründete *Institut für Systemwissenschaften* an der Universität Linz als symbolisches Geburtstagsgeschenk für Winkler.[7] Die Republik Österreich würdigte Winklers Lebenswerk im selben Jahr mit der Verleihung des *Großen Goldenen Ehrenzeichens für Verdienste um die Republik Österreich*.[8] In der Reihe der insgesamt dreizehn Ehrenzeichen, welche die Republik damals vergeben konnte, war diese Auszeichnung die sechsthöchste; sie war sichtbar am Hals zu tragen.[9] Bei der Verleihungszeremonie im März 1980 hob Hertha Firnberg – sie hatte persönlich die Initiative zur Zuerkennung dieser Ehrung ergriffen – Winklers Verdienste um die theoretische Statistik besonders hervor.

---

5 *Schubnell* (1984), 113.

6 Mitteilung von HR Dr. *Richard Gisser* an den Vf. vom 04. 11. 2000; vgl. Demographische Forschung in Österreich. Veröffentlichung des Bundesministeriums für Wissenschaft und Forschung. Wien / New York 1974, 7 – 19.

7 Adam hatte an diesem Institut die Abteilung „Angewandte Systemforschung und Statistik" übernommen. *Adolf Adam,* Wilhelm Winkler 95: Pionier der Statistikwissenschaft, in: Die Presse vom 7. / 8. Juli 1979, 20; ders., Hofrat Wilhelm Winkler 95 Jahre, in: Wiener Zeitung vom 29. 06. 1979, 3; ders., Wilhelm Winkler – In Honour of his 95th Birthday, in: International Statistical Review 48 (1980), 1 f.

8 ÖPK, Zl. 61.492 / 11 – 17 / 79, Antrag auf Verleihung des Großen Goldenen Ehrenzeichens für Verdienste um die Republik Österreich an W. Winkler vom 07. 12. 1979, Begründung.

9 Vgl. *Schmidt* (1999), 20 f.

Einige Tage nach dem Verleihungsakt besuchte ihn eine Redakteurin der Tageszeitung *Die Presse,* der er seine Erinnerungen als letzter Überlebender der Friedensdelegation von St. Germain schilderte.[10] Winklers hundertster Geburtstag bot den Anlaß für eine Serie neuer öffentlicher Ehrungen. Firnberg veranlaßte die Verleihung des nächsthöheren Ordens an Winkler.[11] Winkler empfing das fünfthöchste Ehrenzeichen – das *Große Silberne Ehrenzeichen mit dem Stern für Verdienste um die Republik.* Damit wurde sein Wunsch erfüllt, ihm etwas zu verschaffen, „was zum Halse heraushängt"[12] – eine Halsdekoration mit Bruststern. Firnberg hatte diese Verleihung nur „unter starker Verbiegung" der Ordensvorschriften, die eigentlich einen fünfjährigen Zwischenraum zwischen zwei Verleihungen vorsahen, ermöglicht. Bei der Verleihungszeremonie, die im Lainzer Spital stattfand (Winkler hatte einen leichten Schlaganfall gehabt), waren Präsident Bosse, G. Bruckmann als Dekan der Rechts- und Staatswissenschaftlichen Fakultät und einige andere Ehrengäste zugegen. Nachdem die Auszeichnung durch die Ministerin Firnberg überreicht worden war, stand Winkler auf und hielt stehend, wenngleich links und rechts von Helfern gestützt, „in vollendeter Form" eine kurze Dankrede.[13]

Am Tag seines hundertsten Geburtstages am 29. Juni 1984 wurde Winkler in seiner Wohnung vom Vorsitzenden der ÖGStI Dr. Josef Schmidl, von Dekan Gerhart Bruckmann und von Adolf Adam besucht. Letzterer hatte die Herausgeberschaft einer Festschrift aus Anlaß des hundertsten Geburtstags übernommen, deren Erstexemplar er dem Jubilar an diesem Tag überreichte.[14] Im Vorwort hoben Schmidl und Bruckmann Winklers Leistungen als Pionier seines Fachs hervor. Die Beiträge der Schrift forderten gemäß Winklers Idee eines Aufeinander Abstimmens von theoretischer und praktischer Statistik, „stärker die Bedürfnisse der Praxis und angewandten Statistik bereits in den Axiomen und Grundüberlegungen des theoretischen statistischen Gebäudes zu berücksichtigen". Sieben seiner Schüler stellten für die Festschrift Beiträge zur Verfügung: A. Adam verfaßte eine Skizze von Winklers Lebenslauf und einen Aufsatz „Grundriß einer statistischen Systemtheorie". Weitere Aufsätze verfertigten G. Bruckmann („Statistik und Prognostik"), F. Ferschl („Brauchen wir eine professionelle Ethik für Statistiker?"), P. Neurath („Professor Wilhelm Winkler zum hundertsten Geburtstag"), J. Pfanzagl („Bemer-

---

[10] Vgl. *Plechl* (1980).

[11] Vgl. Bundespräsident gratuliert, in: Wiener Zeitung vom 29. 06. 1984, 2.

[12] PNWW, Mein überreich bewegtes Leben, Fragm. 10, unbez. [20] [Text im Original durchgestrichen].

[13] ÖPK, Zl. 61.492/3–17/84, Antrag auf Verleihung des Großen Silbernen Ehrenzeichens mit dem Stern für Verdienste um die Republik Österreich an W. Winkler vom 14. 06. 1984; Gespräch mit Univ.-Prof. Dr. *Gerhart Bruckmann* vom 17. 06. 1999, Protokoll. Nach Franziska Winkler war er „nicht ganz klar im Kopf" und sagte nur: „Ich bin meiner Sinne nicht mehr mächtig, aber mein Gefühl möchte ich aussprechen." Nach Bruckmann äußerte der Geehrte ferner, wie sehr er sich durch die Anwesenheit von „Magnifizenzen" geehrt fühle. Unter den Anwesenden befand sich jedoch kein Rektor. (Gespräch mit *Franziska Winkler* vom 15. 06. 1999, Protokoll).

[14] Festschrift für Professor Wilhelm Winkler, in: MbÖGStI 14 (1984), 141.

kungen zum Stand der mathematischen Statistik"), K. Weichselberger ("Statistische Studiengänge im deutschsprachigen Raum") und Othmar Winkler ("Betrachtungen zur Entwicklung der Theorie der Wirtschafts- und Sozialstatistik").[15]

Ferner verfaßten Bruckmann und Schmetterer Lobschriften, so in der *Presse,* in der *Furche,* im *Mitteilungsblatt der Österreichischen Statistischen Gesellschaft* und in der *International Statistical Review.* Außerdem schrieben K. Schwarz und H. Schubnell Würdigungen des Wiener Emeritus aus der Sicht der deutschen Demographie.[16]

Der öffentlichen Anerkennung, die Winkler zuteil wurde, stand seine relative Erfolglosigkeit gegenüber, was die Vermittlung seiner gesellschaftspolitischen Vorstellungen an eine breitere Öffentlichkeit betraf: Die geplante Publikation seiner Autobiographie "Mein überreich bewegtes Leben. Erzählt vom Nestor der wissenschaftlichen Weltstatistik" sollte nicht zuletzt dem Zweck dienen, der Öffentlichkeit den Lebenslauf eines bedeutenden Gelehrten vorzuführen. Winkler hatte in mehrjähriger Arbeit seinen Lebenslauf und seine Lebenseinsichten schriftlich festgehalten. Jener Teil der Selbstbiographie, in der er seine Prager Zeit darstellte, war 1979 bereits vollständig abgeschlossen, wogegen der Rest nur fragmentarisch vorlag. Als die drei Lektorate, denen er sein Manuskript zur Prüfung vorgelegt hatte, eine Veröffentlichung "mit Umschreibungen des Wörtchens ,konservativ'" ablehnten, fühlte er sich tief gekränkt. Er wußte, daß er sich gegenüber der österreichischen Gesellschaft entfremdet hatte: "Sind wir so tief gesunken, daß wir Begriffe, die wir hoch und heilig halten, wie ,Volk' und ,Heimat', ,Staat', ,Kirche', ,Ehe' und ,Familie' mit dem zum Schmähwort gewordenen ,konservativ' ablehnen?" Heute herrsche die Jugend, welche die Erfahrung des höheren Alters geringschätze. Das sei jedoch der Weg, der immer "zur Zerstörung und zum Untergang eines Volkes" geführt habe.[17]

Winklers gesellschaftspolitisches Denken war am Ende seines Lebens gleichsam erstarrt. Er stand in einem ideologisch geprägten Gegensatz zum gesellschaftlichen Wandel, der das Verhältnis zwischen den sozialen Gruppen, den Generationen und zwischen Frauen und Männern tiefgreifend verändert hatte. Da seine Autobiographie zu seinem tiefen Bedauern nicht veröffentlicht worden war, verzichtete er darauf, sich weiterhin zu sozialen Problemstellungen öffentlich zu äußern.

---

15 Vgl. *Adam* (Hg.), Festschrift für Wilhelm Winkler (1984), Vorwort (wörtl. Zit.), Inhaltsverzeichnis.

16 Vgl. *Gerhart Bruckmann,* "Vater der Statistik". Wilhelm Winkler – 100, in: Die Presse vom 28. 6. 1984, 4; vgl. ders., Der Doyen, in: Die Furche Nr. 27 vom 04. 07. 1984, 13; vgl. ders., 100. Geburtstag von Hofrat Professor Dr. Dr. hc. mult. Wilhelm Winkler, in: MbÖGStI 14 (1984), 140; vgl. *Leopold Schmetterer,* Tribute to Wilhelm Winkler at his 100th Anniversary, in: International Statistical Review 52,3 (1984), 227 f.; vgl. *Schwarz* (1984) u. *Schubnell* (1984). Schubnells Laudatio war die bis dahin ausführlichste und informativste Würdigung des Wiener Emeritus.

17 PNWW, Mein überreich bewegtes Leben, Fragm. 15, Ein Vorwort – pro domo (01. 12. 1979) [Text im Original durchgestrichen].

Abb. 3: Wilhelm Winkler im 98. Lebensjahr (1982)

2. Letzte Lebensziele; Krankheit und Tod

In seinen letzten zehn Lebensjahren zog sich Winkler weitgehend in das familiale Leben zurück. Für sein Wohlergehen war – wie für viele andere über Neunzigjährige[18] – der Umgang mit seiner Frau, deren Kindern und seinen eigenen Kindern, Enkelkindern und Schwiegerkindern besonders wichtig. Die Einbettung in ein familiales Netzwerk war für sein langes Überleben entscheidend. Seine Mußestunden verbrachte er am liebsten alleine mit seiner Gattin Franziska. Hans Harmsen, der ihn in seinem letzten Lebensjahr einmal besuchte, schrieb seinem Kollegen Schwarz, Winkler spiele mit seiner Gattin auf dem Flügel in seinem Wohnzimmer „noch täglich" vierhändig.[19]

---

[18] Das körperliche und geistige Wohlbefinden vieler über Neunzigjähriger hängt erfahrungsgemäß von einer Persönlichkeitsstruktur im mittleren Lebensalter ab, die den Aufbau sozialer Netzwerke begünstigt. Vgl. *Lehr* (^{9}2000), 193.

[19] Vgl. *Schwarz* (1984), 243.

In seinem letzten Lebensjahrzehnt schloß Winkler keine neuen Bekanntschaften mehr. In der Wiener Öffentlichkeit ließ er sich jedoch – „den Stock wie das Gewehr geschultert"[20] – häufig an der Seite seiner Frau bei Kammerkonzerten blicken. Nach dem Ende seiner Teilnahme an fachlichen Debatten hatte er nur mehr zwei Ziele vor Augen: seinen hundertsten Geburtstag zu erleben und eine Selbstbiographie zu verfassen. Die Geburtstage seines letzten Lebensjahrzehnts, welche er als Etappen auf dem „steile[n], sehr steile[n] Weg"[21] zum Hunderter betrachtete, wurden stets im Kreis der gesamten Familie, d. h. unter Einschluß seiner eigenen Kinder und Enkel gefeiert. Seine Familienangehörigen wohnten auch den Ordensverleihungen bei, die sein „Lebensglück" waren.[22]

Winklers Arbeitsalltag veränderte sich kaum, bis er in seinen letzten Jahren zu kränkeln begann. Er war weniger belastbar als früher, sodaß er sein morgendliches Turnen aufgeben und häufigere Arbeitspausen einlegen mußte. Seine wissenschaftliche Tätigkeit beschäftigte ihn jedoch fast bis zuletzt. Als eine Redakteurin der Tageszeitung *Die Presse* ihn im Mai 1980 zu einem Gespräch aufsuchte, bot sich ihr folgender Anblick: „Bücher, dicke Mappen, in denen sich beschriebene Blätter und Tabellen aufeinanderstapeln, ein Tisch am Fenster, bedeckt mit im Werden begriffenen Schriften – das Zimmer von Hofrat em. Universitätsprofessor Dr. h. c. Dr. Wilhelm Winkler ist keineswegs die Bibliothek eines Pensionisten."[23] Seine „im Werden begriffenen Schriften" konnte er jedoch nicht mehr abschließen: Bei einem Kuraufenthalt, der ihn gemeinsam mit seiner Frau wenige Wochen, nachdem ihn die Redakteurin besucht hatte, nach Bad Gleichenberg führte, infizierte er sich in einer der Dunstkammern des Kurbades mit Rotlauf (beim Menschen Erysipeloid). Daraufhin begann sein unumkehrbarer körperlicher und geistiger Verfall. Von der Ansteckung war seine offene Kriegswunde am Bein betroffen, die seither nicht mehr verheilte. Die Erkrankung zerrüttete sein Denkvermögen. Er war unfähig, Briefe in einer verständlichen Sprache zu verfassen, geschweige denn, seine begonnene Selbstbiographie abzuschließen. Sein Cello rührte er nicht mehr an. Er begann, seine Orden zu Hause zu tragen. In seinen letzten beiden Lebensjahren litt er unter zeitweiligen Verwirrungszuständen, in denen verdrängte Traumata aus dem Ersten Weltkrieg zu Tage traten: So vermutete er z. B. während einer dieser Bewußtseinsstörungen, daß sich unter seinem Bett (in seiner Wahrnehmung: im Feld) gegnerische Soldaten befänden, und er rief ihnen zu, sich zu ergeben. In seinen letzten Wochen sprach er sogar hin und wieder urplötzlich Tschechisch. Vorübergehend verhielt er sich jedoch – z. B. beim Besuch einiger seiner Schüler aus Anlaß seines hundertsten Geburtstags – wieder so wie vor seiner Erkrankung.[24]

---

[20] Gespräch mit Dr. *Monika Streißler* vom 11. 10. 1999, Protokoll.

[21] So beschrieb er gegenüber seiner Gattin seine mentale Lage angesichts der herannahenden Vollendung seines hundertsten Lebensjahrs. (Gespräch mit *Franziska Winkler* vom 15. 06. 1999, Protokoll).

[22] Ebd. (wörtl. Zit.).

[23] *Plechl* (1984).

[24] Gespräch mit *Franziska Winkler* vom 15. 06. 1999, Protokoll.

Winkler erlebte seinen hundertsten Geburtstag bewußt. Er freute sich, daß er das Ziel, seinen „dreistelligen" Ehrentag feiern zu können, erreicht hatte, so weit er psychisch noch in der Lage war, sich daran zu erbauen.[25]

Winkler erreichte sein Ziel, hundert Jahre alt zu werden, vor allem deshalb, weil er lebenslang körperlich und geistig aktiv war und zuletzt in ein gut funktionierendes sozial-familiales Netzwerk eingebunden war.[26] In gewisser Hinsicht war Winkler im Vergleich zu manch anderen Hundertjährigen eine Ausnahme: Zu seinem „Erfolgsrezept" gehörte es nämlich, hartnäckig an seinem bereits relativ früh formulierten Vorhaben festzuhalten, hundert Jahre alt werden zu wollen.

Als Winklers dieses verwirklicht sah, verließen ihn jedoch seine letzten Kräfte: Seine letzten Lebenswochen verbrachte er im Krankenhaus Lainz. Dort fiel er in eine Ohnmacht. Bei der Überstellung in die Pflegeabteilung des Krankenhauses war er jedoch kurzfristig wieder bei vollem Bewußtsein und sagte zu seiner Gattin: „Sic transit gloria mundi! Das ist der Rest unserer Gemeinsamkeit, geläutert und mit den Tatsachen konfrontiert." – Das Bild der „Läuterung", das er an der Schwelle des Todes verwendete, war eine Metapher für „Durchgang" und „Wandlung". Nach diesem Ausspruch dämmerte er nur mehr vor sich hin, und er wandte sich nicht mehr an seine Gattin. Drei Tage vor seinem Tod begann er jedoch noch einmal verschlüsselt in Bildern zu reden. Dieses Reden in Bildern war mit einer Traumsprache vergleichbar, wie sie viele Menschen sprechen, die an der Grenze zum Tod stehen. In seinen letzten Äußerungen entwarf er u. a. visionäre Bilder eines prachtvollen Frühlingsabends und eines schönen, aber feuerspeiend-bedrohlichen Berges. Bevor ihn seine Gattin am Abend des 2. September verließ, sagte er zu ihr: „Mein Engerle". Das waren Wilhelm Winklers letzte Worte: in der folgenden Nacht starb er.[27]

* *

* * * *

* *

Die Totenmesse wurde in Anwesenheit der Familien Winkler und Kunz und zahlreicher Kollegen und Bekannten am 7. September 1984 in der Pfarrkirche von Ober St. Veit gefeiert. Winkler wurde nicht auf dem Friedhof seiner Pfarrgemeinde beigesetzt, denn er hatte seinen Leichnam 1981 per „Letztwilliger Verfügung" dem

---

[25] Gespräch mit em. Univ.-Prof. Dr. *Othmar Winkler* vom 19. 01. 2000, Protokoll.

[26] Vgl. *Lehr* (⁹2000), 193 f. Die Zahl der Hundertjährigen stieg (und steigt) weltweit: Erreichten in der Bundesrepublik Deutschland 1965 noch 276 Personen (davon 224 Frauen) ein Lebensalter von hundert und mehr Jahren, waren es 1985 schon 2202 (davon 1822 Frauen) und 1994 – in den „alten" Bundesländern – 4122 (davon 3584 Frauen). (Vgl. *Lehr,* 2000, 37).

[27] Gespräch mit *Franziska Winkler* vom 15. 06. 1999, Protokoll; PNWW, „Letzte Aussprüche von W. Winkler", aufgeschrieben von Franziska Winkler.

Anatomischen Institut der Universität Wien zur Verfügung gestellt. Der Spruch auf seiner Todesanzeige („Sic transit Gloria mundi!") war von ihm zu Lebzeiten selbst ausgesucht worden – ebenso der Text auf dem Partezettel: „Was ich in meinem Leben recht gemacht, o Herr, das weihe, und was ich jemals schlecht gemacht, verzeihe."[28]

---

[28] UAW, PA Prof. Dr. W. Winkler, Todesanzeige und Partezettel; Gespräch mit *Franziska Winkler* vom 15. 06. 1999; PNWW, „Letztwillige Verfügung" vom 20. 01. 1981; vgl. zur Reaktion der österreichischen Statistiker und der Öffentlichkeit auf Winklers Ableben folgende Nachrufe: Professor Wilhelm Winkler starb, in: Die Presse vom 06. 09. 1984, 10; Bundespräsident kondoliert, in: Wiener Zeitung vom 14. 09. 1984; *Franz* (1984), 591; vgl. In Memoriam Em. o. Universitätsprofessor Hofrat Dr. Dr. h. c. mult. Wilhelm Winkler, 1884–1984, in: MbÖGStI 14 (1984), 216; Hofrat emerit. Univ.-Prof. Dr. jur. Wilhelm Winkler `, in: Wiener Sprachblätter (1984), 102; vgl. *Gerhart Bruckmann,* Wilhelm Winkler, in: Almanach der Österreichischen Akademie der Wissenschaften 1984 (ersch. 1985) 134, 329–331. – Bruckmann würdigte die „starke Persönlichkeit" des Verstorbenen als ein „Vorbild geradezu soldatischer Pflichterfüllung." (*Bruckmann* 1984, 331).

Zusammenfassung

Wilhelm Winkler war ein Gelehrter, der seine gesamte Persönlichkeit identifi-katorisch mit der wissenschaftlichen Forschung und Lehre verband. Er war ein Sta-tistiker, der die von ihm betriebene Wissenschaft lebensweltlich auf seinen außer-beruflichen Alltag ausdehnte. Schulung im mathematischen und logisch-begriff-lichen Denken waren wesentliche Voraussetzungen, die dazu beitrugen, daß Wink-ler zu einem der bedeutendsten deutschsprachigen Statistiker des 20. Jahrhunderts aufstieg. Winkler zeichnete sich ferner durch eine hohe Sprachenbegabung aus, die ihn früh dazu befähigte, wissenschaftliche Entwicklungen in den wichtigsten Län-dern der Welt zu rezipieren und später auch mit zu beeinflussen. Er erwarb diese Begabung im Zusammenhang mit seiner spezifischen Situation als Angehöriger der deutschen Minderheit im vielsprachigen und multiethnischen Prag vor dem Ersten Weltkrieg. Als zweitgeborener Sohn einer Lehrerfamilie mit acht Kindern, der als einziges Familienmitglied einen höheren Bildungsweg beschritt, wurde sein Weltbild durch den Einfluß seines Vaters und durch seine Gymnasial- und Uni-versitätsstudien geprägt. Die sozial-kulturelle Atmosphäre an Elternhaus, Schule und Universität führten bei Winkler zur Hochschätzung der eigenen Kultur und Sprache, die insofern übersteigert war, als sie von einem tiefsitzenden Mißtrauen gegenüber der tschechischen Bevölkerungsmehrheit in Böhmen begleitet war. Mit diesen Prägungen waren die Grundlagen für die Entstehung eines spezifischen demographischen Denkparadigmas beim späteren Gelehrten Winkler gelegt, an dem er – mit zeitbedingten Modifizierungen – während seines ganzen Lebens fest-hielt: die Überzeugung, daß die Statistik mittels vergleichender Methoden in der Lage sei, ethnische Gruppen klar voneinander abzugrenzen und mit demographi-schen Kategorien zu beschreiben. In seiner Prager Zeit (bis 1914) prägten sich ferner die Grundzüge seiner politischen Überzeugung aus: An der Deutschen Uni-versität Prag seinem katholischen Herkunftsmilieu entfremdet, wurde er ein relativ gemäßigter Deutschnationaler, der sich nie im Farbstudententum, wohl aber in den deutschböhmischen „Schutzvereinen" engagierte. Je nach zeittypischen Umstän-den wurde das von ihm vertretene deutschnationale Gedankengut einmal mehr, einmal weniger von biologistisch-sozialdarwinistischen oder katholischen Ideo-logemen begleitet und überlagert. Es bildete jedoch stets das Substrat seiner Welt-anschauung.

Den Beruf des Statistikers ergriff der promovierte, von Heinrich Rauchberg in das Fach Statistik eingeführte Rechts- und Staatswissenschaftler Winkler im Jahr 1909, als er zum Konzeptsbeamten des *Statistischen Landesbureaus des König-reiches Böhmen* ernannt wurde. Er war der einzige deutsche Beamte im höheren

Dienst dieses Amts. Seine gute Kenntnis des Tschechischen half ihm, sich bei gelehrten Auseinandersetzungen mit seinen tschechischen Kollegen, die in der bürgerlichen Öffentlichkeit Prags ausgetragen wurden, als „deutscher" Landes-statistiker zu bewähren und Durchsetzungsvermögen und Standfestigkeit zu ent-wickeln. Seine frühen bevölkerungsstatistischen Arbeiten waren leitmotivisch von der Sorge geprägt, daß die deutsche Bevölkerung im Vergleich zur rascher wach-senden tschechischen Bevölkerung benachteiligt und in ihrem Bestand bedroht sei. – Winkler bewertete Urbanisierung, Migration und „natürliche" Bevölke-rungsbewegung unter nationalen Vorzeichen und rechnete – diesem Denkmodell folgend – die demo-statistischen Daten der einzelnen Volksgruppen gegeneinander auf. Für die Methodik der Statistik war es konstitutiv, Volksgruppen nach bestimm-ten sozialen und kulturellen Kriterien voneinander abzugrenzen und damit eine Homogenität zu imaginieren, die den komplexen ethnisch-sozialen Strukturen nie entsprach. Als Ausweg aus dem demographischen Dilemma der Deutschböhmen (und der Deutschsprachigen im allgemeinen) schwebte Winkler eine spezifische Spielart pronatalistischer Bevölkerungspolitik vor, welche die Familienväter finan-ziell stärken und damit die eheliche Fruchtbarkeit indirekt erhöhen sollte. Dieses Denkmuster reflektierte das bürgerliche Modell der Geschlechterrollen: Frauen waren demnach sozial den Männern untergeordnet und auf ihre Rollen als Haus-frauen und Mütter beschränkt.

Die Problematik der deutschen Bevölkerungslage in Mitteleuropa verschärfte sich nach Winklers Auffassung aufgrund der Pariser Friedensverträge bedrohlich: Angesichts des seiner Meinung nach eingeengten „Nahrungsspielraums" und des sich fortsetzenden Geburtenrückgangs konstruierte er das Gefahrenbild der „Unter-völkerung". Diesem korrelierten Überfremdungsängste und kulturpessimistische Denkweisen jener jungkonservativen und völkischen Kreise, in denen Winkler beruflich und privat verkehrte.

Winkler optierte nach dem Zerfall der Habsburgermonarchie für Deutschöster-reich. Er wurde in den Staatsdienst eingestellt und als statistischer Experte Mit-glied der deutschösterreichischen Friedensdelegation in St. Germain. Die statisti-sche Disziplin hatte in den Jahren nach dem Ersten Weltkrieg, als die Staatenkarte Europas nach ethnisch-sprachlichen Kriterien neu gezeichnet werden sollte, eine besondere politische Bedeutung. Von der Aufwertung seines Fachs begünstigt, ge-lang Winkler 1921 ein entscheidender Karrieresprung: Er habilitierte sich an der Universität Wien für Statistik und gründete als Privatdozent ein *Institut für Statistik der Minderheitsvölker an der Universität Wien* – das einzige statistische Institut im deutschen Sprachraum. Seine Mitarbeiter führten aus einer deutschnationalen Per-spektive heraus vergleichende Untersuchungen von Volkszählungsergebnissen in den slawisch dominierten und von deutschsprachigen Volksgruppen bewohnten Nachfolgestaaten der Habsburgermonarchie durch. Das Institut sollte die deutsch-sprachigen Minoritäten mit wissenschaftlich fundierter Propaganda dabei unter-stützen, trotz des ungünstigen politischen Umfelds biologisch weiter zu bestehen. Im Rahmen des Instituts, das überwiegend von deutschen Minderheitenpolitikern des In- und benachbarten Auslands finanziell unterstützt wurde, veröffentlichte Winkler 1927 im Auftrag der Leipziger *Stiftung für Volks- und Kulturbodenforschung* ein „Statistisches Handbuch des gesamten Deutschtums". Dieses Werk bedeutete in methodischer Hinsicht eine Neuerung, indem es erstmals in den Sozialwissenschaften das – sprachlich-kulturell determinierte – „Volk" als Beobachtungseinheit vor den „Staat" stellte. Mit dem Handbuch wurde sein Autor ein führender Vertreter der für die Revision der Pariser Friedensverträge wirkenden „Volks- und Kulturbodenforschung".

Winkler setzte nach 1918 seine Laufbahn als amtlicher Statistiker fort. Nachdem er 1925 die Leitung der Bevölkerungsstatistischen Abteilung des *Bundesamts für Statistik* übernommen hatte, vereinigte er in seiner Hand die Schlüsselpositionen der österreichischen Demographie. Enge Verbindungen pflegte er zur *Österreichischen Gesellschaft für Bevölkerungspolitik und Fürsorgewesen,* in der er seine bevölkerungspolitischen Vorstellungen artikulierte.

Die (engere) Demographie – der Kern von Winklers Unterricht als Universitätslehrer – war in Österreich nicht als selbständige akademische Disziplin etabliert. Die Statistik (in deren Rahmen Demographie gelehrt wurde) war selbst nur ein Prüfungsgegenstand innerhalb der Rechts- und Staatswissenschaftlichen Fakultäten, der von den Studierenden nur fakultativ belegt werden mußte. Winkler, der die international angesehene Wiener Schule der Statistik des 19. Jahrhunderts nach dem Verlust des statistischen Ordinariats 1883 wiederbeleben wollte, strebte danach, sein Fach nach italienischem und französischem Vorbild im Rahmen der Staatswissenschaften aufzuwerten. Doch alle Versuche, in Zusammenarbeit mit der amtlichen Statistik die Infrastruktur seines kleinen Universitätsinstituts um ein Ordinariat und eine statistische Fachzeitschrift zu ergänzen, scheiterten an chronischem Geldmangel und am Widerstand der Wiener Nationalökonomen, gleich ob sie „universalistisch" orientiert waren oder der Grenznutzenschule angehörten.

Winkler war in der Zwischenkriegszeit nicht nur der führende „gesamtdeutsche" Minderheitenforscher, sondern der einzige prominente Statistiker, der bereits seit 1921 (bei der Magdeburger Tagung der *Deutschen Statistischen Gesellschaft*) öffentlich zugunsten einer stärkeren mathematischen Durchdringung seines Fachs und damit gegen die in Deutschland den Ton angebende Georg-v.-Mayrsche Richtung der stofflichen Statistik auftrat. – Winkler hatte bereits als Beamter am Statistischen Landes-Bureau begonnen, die nicht deutschsprachige statistische Fachliteratur zu rezipieren. Seit den zwanziger Jahren setzte er sich dafür ein, die Methoden, welche angloamerikanische Statistiker aus der Wahrscheinlichkeits- und Stichprobentheorie gewonnen hatten, innerhalb der deutschsprachigen Statistik populär zu machen. Die von ihm angestrebte Öffnung der deutschen Statistik für die mathematisch ausgerichtete kontinentale und die angloamerikanische Schule kommt in seinen Lehrwerken und Rezensionen zum Ausdruck, in denen er Arbeiten international führender Statistiker und Nationalökonomen besprach. Sein eigener zweibändiger „Grundriß der Statistik" (1931/33) war das erste deutschsprachige Statistik-Lehrbuch, das Methoden der höheren Mathematik verwendete. Es gelang ihm jedoch erst nach 1945, Mitstreiter zu gewinnen, die dieses Konzept unterstützten. Obwohl er unter seinen Fachgenossen viel Widerstand gegen seine Neuerungsbestrebungen erfuhr, leistete er durch seine Vermittlungtätigkeit einen wichtigen Beitrag zur langfristigen Etablierung mathematisch-statistischer Methoden in Deutschland. Die von Briten und Amerikanern während des Zweiten Weltkriegs weiterentwickelte Methodik gelangte erst nach 1945 auch in Deutschland zum Durchbruch. Sie gestaltete die Statistik zu einer mathematischen Disziplin um, wodurch das Konzept des Wiener Demographen noch während seiner aktiven Zeit weit überholt wurde. Winkler verließ hingegen mit seinen Versuchen, die Sozial- (oder „Gesellschafts-")Statistik zu „mathematisieren", nie den Boden praktischer Erfordernisse. Es ging ihm jedoch nicht einfach um eine platte „Mathematisierung" der Statistik. Als erprobter Praktiker trat er vielmehr für eine Synthese zwischen sozialwissenschaftlicher und mathematischer Statistik ein. Andererseits gelang es ihm selbst jedoch auch nicht, tatsächlich eine tragfähige Brücke von den Methoden der naturwissenschaftlich inspirierten angloamerikanischen Statistik zu den hinsichtlich ihrer Erkenntnisziele ganz anders gearteten sozialstatistischen Disziplinen zu schlagen.

In den dreißiger Jahren verstärkte Winkler sein gesellschaftspolitisches Engagement vor allem innerhalb katholisch-nationaler Kreise. Bei der von ihm geleiteten österreichischen Volkszählung (1934) ließ er eine „Familienstatistik" ausarbeiten, die der Bevölkerungspolitik empirisches Material zur Verfügung stellen sollte, um die von ihm angestrebte steuerliche Entlastung der Familienväter voranzutreiben. International zählte Winkler damals zu den angesehensten Bevölkerungsstatistikern. Als Demograph beschäftigte er sich – in Anlehnung an Burgdörfers diesbezügliche Konzepte – schwerpunktmäßig mit dem „Geburtenrückgang" in Österreich. Von rassistischen und eugenischen Ideologemen, wie sie von Burgdörfer federführend vertreten wurden, grenzte er sich nie eindeutig ab. Da diese sich nicht mit seinem auf Spracherhebungen fußenden statistisch-demographischen Konzept vereinbaren ließen, spielten sie in seinem Werk gleichwohl kaum eine Rolle. Indem er den „Geburtenrückgang" als erster im Rahmen des *Internationalen Statistischen Instituts* zur Sprache brachte, internationalisierte er dessen demographische Erörterung.

Da Winkler die Nürnberger Rassengesetze – wohl aus privaten Gründen – öffentlich kritisiert und sich eindeutig als Anhänger des Ständestaats deklariert hatte, war er für die 1938 in Österreich an die Macht gekommenen Nationalsozialisten untragbar geworden. Den Ausschlag für seine Zwangspensionierung gab jedoch seine Weigerung, sich als „Arier" von seiner Ehefrau Klara, die jüdischer Herkunft war, scheiden zu lassen. Während seine Gattin die NS-Zeit überlebte, fiel eines seiner fünf Kinder – die von ihrer Geburt an geistig behinderte Gertraud – dem NS-Euthanasieprogramm zum Opfer. – In den Jahren 1938–45 zog er sich aus der Öffentlichkeit zurück. In der „inneren Emigration" arbeitete er an einer um abstrakte Bevölkerungsmodelle bereicherten Demographie.

Nach dem Krieg wurde Winkler rehabilitiert und als tit. o. Prof. wieder an der Universität Wien eingesetzt. In seiner letzten Arbeitsperiode als aktiver Statistiker (1945–55) erreichte er das von ihm zäh angestrebte Ordinariat („für Statistik, Demographie und Ökonometrie"). Seinen Forschungsschwerpunkt verlagerte er zu der in den USA entwickelten Ökonometrie. Gemäß seinem Bestreben, innerhalb der deutschsprachigen Statistik ein Vorreiter bei der Einführung neuartiger Methoden zu sein, schrieb er nach dem Krieg eine Reihe von Lehrbüchern, die international wenig Beachtung fanden. In seinem letzten Werk, der „Demometrie" (1969), trug er seine Idee einer Synthese zwischen „angewandter" und „theoretischer" Statistik vor, die in ihrer Art bis heute unerreicht ist. Bleibend sind seine Leistungen bei der Etablierung der akademischen Statistik in Österreich: Die Gründungen eines *Instituts für Statistik,* der *Österreichischen Statistischen Gesellschaft,* der *Statistischen Vierteljahresschrift* als Organ der statistischen Gesellschaft und eines Lehrgangs für Diplomstatistiker gingen auf seine Initiative zurück. Der Kurs wurde zur Keimzelle der 1966 erfolgten Einführung eines regulären Studiums der Statistik. Die erste Generation der mathematischen Statistiker in Österreich ging aus ihm hervor. Sie besetzte die seit den sechziger Jahren neu entstehenden Statistik-Lehrstühle in Österreich, erlangte aber auch bundesrepublikanische Ordinariate.

Winkler blieb nach seiner Emeritierung (1955) der einflußreichste und international angesehenste Statistiker und Demograph Österreichs. In seinen letzten Lebensjahrzehnten wurde er der geachtete und eigenwillige „Senior", später „Nestor" der deutschsprachigen Statistik. Er beeinflußte die Entwicklung der amtlichen Statistik und referierte bei den meisten Tagungen der internationalen Fachstatistik und Demographie. 1959 organisierte er den Bevölkerungskongreß in Wien. Die Abhaltung des Wiener ISI-Kongresses 1973 ging auf seine Anregung zurück.

Winkler, der nach zweijähriger Witwerschaft im Jahr 1958 wieder geheiratet hatte, verfügte, da er einen genügsamen Lebensstil pflegte, über eine robuste Gesundheit. Er war ehrgeizig und selbstbewußt und wollte seine Person durch staatliche Orden und akademische Auszeichnungen gewürdigt sehen.

Wilhelm Winkler starb am 3. September 1984 in Wien – wenige Wochen, nachdem er sein langjähriges Vorhaben, hundert Jahre alt zu werden, verwirklicht hatte.

Quellen- und Literaturverzeichnis

1. Ungedruckte Quellen

a) Archivmaterialien

Diözesanarchiv Wien (DAW)

Briefprotokolle von Kardinal Innitzer, Korrespondenz W. Winkler – Innitzer (1935/37)

Bischofsakten Innitzer, Karton 6, Fasz. 5, Empfehlungsschreiben (lat.) von Kardinal Innitzer für W. Winkler vom (11. 07. 1938)

Lebenslauf von Univ.-Prof. Dr. Wilhelm Winkler (Mai 1938)

Österreichische Nationalbibliothek (ÖNB), Bildarchiv

L 51.576 C (Abb. 1)

Österreichische Präsidentschaftskanzlei (ÖPK)

Zl. 64722, Blg. 3, Antrag auf Verleihung des Österreichischen Ehrenkreuzes für Wissenschaft und Kunst I. Klasse an W. Winkler, BMU an die ÖPK vom 29. 05. 1967

Zl. 95817/2, Blg. 3, Antrag auf Verleihung des Großen Goldenen Ehrenzeichens mitdem Stern für Verdienste um die Republik Österreich an W. Winkler, BM für Wissenschaft und Forschung an die ÖPK vom 07. 12. 1979

Zl. 95817, Blg. 7, Antrag auf Verleihung des Großen Silbernen Ehrenzeichens für Verdienste um die Republik Österreich an W. Winkler, BM für Wissenschaft und Forschung an die ÖPK vom 24. 05. 1984

Österreichisches Staatsarchiv (ÖSTA)

Kriegsarchiv (KA)

Vormerkblatt für die Qualifikationsbeschreibung, Belohnungsantrag, Beförderungseingabe etc. (1915–18)

Interne Akten des k. u. k. Kriegsministeriums, Wissenschaftliches Komitee für Kriegswirtschaft, Kt. 73, 74, 75 u. 76 (1916–18)

Archiv der Republik (AdR)

Staatsamt für Äußeres, Neue Administrative Registratur, Wilhelm Winkler (1919), Fasz. 4

Staatsamt für Äußeres, Friedensdelegation von St. Germain, Kt. 8, Fasz. I/1/g, Kt. 10, Fasz. I/1/l, Kt. 12, Fasz. II/6, Kt. 15, Kt. 18, Kt. 19, Fasz. 3, Kt. 20, Fasz. 16 (1919)

Staatsamt für Äußeres, Völkerrecht, Referat Laun, Kt. 143 (1919)

BKA, Inneres, Volkszählung, Kt. 5581, 33 / 1 (1921)

Präsidentschaftskanzlei, Zl. 724 / 27: Verleihung des Titels eines ao. Universitätsprofessors an Dr. W. Winkler; Zl. 16.064 / 37, Verleihung des Titels eines Hofrates an den
tit. o.Univ.-Prof. Dr. W. Winkler (1927 / 37)

Sammlungen 61 / Ve 7, Österreichischer Verband für volksdeutsche Auslandarbeit
(1935 – 38)

Bundeskanzleramt / Präsidium (BKA / Prä), Zl. 2554; Reichsstatthalterei / Präsidium
(RSt / Prä), Zl. 9273: Schriftwechsel Statistisches Reichsamt (Berlin) – Amt des Reichs-
statthalters (Wien) – Statistisches Landesamt (Wien) (1938)

Stillhaltekommissar (Stiko), Gesellschaft zur Förderung des Institutes für Statistik der
Minderheitsvölker an derUniversität Wien, Abwicklung (1938 / 39)

Gauakt Dr. Wilhelm Winkler (1938 – 41)

Südosteuropa-Gesellschaft, Kt. 57 (1940)

BMU, Personalakt Prof. Dr. Wilhelm Winkler 10 / 101 / 02 (1945 – 55)

Staatskanzlei / BKA, Zl. 7558 – 4 / 45; 41.851 – 4 / 46; 53.296 – 4 / 46: ao. Professor Dr.
W.Winkler, Beförderung zum ordentlichen Professor der Rechts- und Staatswissenschaften

BKA, Zl. 23.143 – 1 / 47, Zl. 75.087 – 1 / 58, Zl. 35.508-Prä 1c / 64, Zl. 54.028-Prä 1c / 66:
Internationale Statistische Kongresse in Washington (1947), Brüssel (1958) und Wien
(1973); Weltbevölkerungskonferenz in Belgrad (1965), diverse Schriftwechsel BKA-
ÖStZA – Institut für Statistik an der Universität Wien

BKA, Zl. 13.199-Prä 1b / 50: Verordnung über die Statistische Zentralkommission und
die Fachbeiräte, (30. 12. 1950)

Allgemeines Verwaltungsarchiv (AVA)

Unterricht Allgemeine Reihe 1848 – 1940:

Statistische Zentralkommission / Bundesamt für Statistik, Denkschriften, Tagungsberichte, Dienstpostenpläne, diverse Korrespondenzen, Anträge auf Personalzulagen,
Reisekostenzuschüsse usw., Kt. 3295, 3296, 3297, 3298 (1920 – 33)

Vereine, Österreichische Gesellschaft für Bevölkerungspolitik, 2. Tagung am 24. 04. 1920,
Fasz. 3369 (1920)

Vereine, Gesellschaft zur Förderung des Institutes für Statistik der Minderheitsvölker an
der Universität Wien, Fasz. 3371 (1924)

Personalakt Prof. Dr. Wilhelm Winkler, Fasz. 2 / 592 (1933 / 38) [Fragment]

Universitätsarchiv Wien (UAW)

Rektoratsakt, Zl. 1135 – 39 / 40, Korrespondenz Prof. Dr. Otto Brunner – Prof. Dr. Friedrich Knoll – Prof. Dr. Ernst Schönbauer

Tätigkeitsbericht der Arbeitsgemeinschaft Raumforschung an den Wiener Hochschulen
1941 / 42; Vortragsmanuskript von Doz. Dr. habil. Hermann Gross

Teilnachlaß Univ.-Prof. Dr. Slawtscho Sagoroff, Korrespondenz (1954 – 71)

Personalakt Dr. Felix Klezl-Norberg

Personalakt Prof. Dr. Wilhelm Winkler (1945 – 84)

Nachlaßfragment Prof. Dr. Wilhelm Winkler

Selbstbiographie von Prof. Dr. Wilhelm Winkler, unveröff. Manuskript

Wiener Stadt- und Landesarchiv (WSLA)

Meldearchiv, W. Winkler (1916–47)

Biographische Sammlung: Rathaus-Korrespondenz, 70., 75., 80., 85. Geburtstag von Wilhelm Winkler, Bl. 1145 (1954), Bl. 1352 (1959), Bl. 1783 (1964), Bl. [?] (1969)

Niederösterreichisches Landesarchiv (NÖLA)

Heil- und Pflegeanstalt Gugging, Abgangsprotokoll 1944, Abgangsnr. 303

Archiv Akademie věd České Republiky (AAVCR)

Allgemeine Registratur, Sitzungsberichte, Prof. Dr. Arthur Spiethoff, Kt. 23, (1912)

Deutscher Ortsrat Prag des Deutschen Volksrates für Böhmen, Korrespondenz, Kt. 6 (1913)

Institut für Statistik der Minderheitsvölker a. d. Universität Wien, Korrespondenz, Kt.20 (1922–28)

Allgemeine Registratur, Deutsche Mittelstelle für Volks- und Kulturbodenforschung, Kt. 5 (1925–27)

Archiv Hlavního Města Prahy (AHMP)

Príloha / k c.j. AMP – 1674 / 99 / c. 1; Príloha / k c.j. AMP – 1674 / 99 c. 2 (1914)

Archiv University Karlovy (AUK)

Immatrikulationen, Bd. 1, Immatrikulationen an der Rechts- und Staatswissenschaftlichen Fakultät der Deutschen Universität Prag (WS 1902 / 03)

Nationale Juristen, Studienverlauf Wilhelm Winkler, Rechts- und Staatswissenschaftliche Staatsprüfungen und Rigorosum, Protokolle (WS 1902 / 03-SS 1906)

Dekanat der Rechts- und Staatswissenschaftlichen Fakultät der Deutschen Universität Prag, Besetzungsvorschlag für Statistik / D. 7 (1930–32)

Personalakt Prof. Dr. Heinrich Rauchberg

Státní Ústřední Archiv v Praze (SÚA)

Polizeidirektion Prag PR, 1901–13, Kt. 1329, Fasz. W 316/32, Wilhelm Winkler, Evidenz der Bevölkerung, Winkler Wilhelm (1912)

Zemský výbor (ZV), Landesausschuß des Königreiches Böhmen 1874–1928, V-2E, Kt. 1792

Zemský úřad Praha – prezidium, Landesbehörde in Prag, Präsidium 1921–1930; sign.8 / 4/20/81; sign. 207–182–3/85, 86, Verbot der Verbreitung der in Wien erscheinenden Druckschrift „Sprachenkarte Mitteleuropas", 1922–1926

Ministerium für Schulwesen, sign. 4 II 4 I Katedra statistiky, Die Besetzung des Lehrstuhls für Statistik der Rechts- und Staatswissenschaftlichen Fakultät der Deutschen Universität in Prag, 1930–1932, Kt. 1094

Ministerium des Innern – Präsidium, sign. X S 4, 225 – 937 – 46 / 51 – 73, Die Besetzung des Lehrstuhls für Statistik der Rechts- und Staatswissenschaftlichen Fakultät der Deutschen Universität in Prag, 1931 – 1932; sign. X R 4 / 24, 225 – 569 – 13 / 3 – 7, Bericht über die Tätigkeit der tschechoslowakenfeindlichen deutschen Irredenta in Deutschland und Österreich aus dem Jahr 1930

Politisches Archiv Auswärtiges Amt Berlin (PAAA)

Kult VI A, Zl. 282, Stiftung für deutsche Volks- und Kulturbodenforschung, Korrespondenz mit Verlag Deutsche Rundschau und Auswärtiges Amt (1927 / 29)

Kult VI A 2-FOG, Bd. 1, Protokoll der Tagung in St. Paul (1932); Bd. 2, Internes Protokoll der ersten Tagung der SODFG in der Slowakei; Jahresberichte der SODFG (1931; 1933, 1937); Bd. 5, Konstituierung der AFG, Protokoll der Besprechung in Wien (1931)

Kult VI A, Bd. 75a / 3, Die volksdeutsche wissenschaftliche Arbeit im Südosten und die SODFG (Denkschrift), (um 1935)

Statistisches Bundesamt, Archiv (Wiesbaden) (StBA, Archiv)

Deutsche Akademie für Bevölkerungswissenschaft an der Universität Hamburg:

Protokolle der Gründungssitzungen der Akademie (1953); Mitgliederliste (1954); Demographisches Wörterbuch: Bericht über die Marburger Tagung vom 02. – 04. 03. 1956; Protokolle der Sitzungen des Arbeitsausschusses (1956 / 57)

Schriftwechsel W. Winkler – H. Harmsen (1966 / 1968)

Universitätsarchiv Jena (UAJ)

BA Nr. 416, Besetzung der Stelle eines ao. Prof. für Statistik an der Rechts- und Wirtschaftswissenschaftlichen Fakultät der Universität Jena (1925 – 28)

Universitätsarchiv Leipzig (UAL)

Personalakte Meerwarth, PA. 727, Bl.2, 4, 5 (Mai – Juli 1927)

Universitätsarchiv München (UAM)

M-IIpr-35a, Schwartz, Promotionsgesuch, Rigorosen-Protokoll und eigenhändiger Lebenslauf von Ph. Schwartz (1911)

Niedersächsische Staats- und Universitätsbibliothek Göttingen (STUBG)

Handschriftenabteilung, Nachlaß Karl Gottfried Hugelmann, Briefe und verschiedene Schriftstücke, zeitlich geordnet (vorläufig), Wiener Zeit (bis 1935)

International Statistical Institute (ISI), Archives

Prof. Wilhelm Winkler, Presentation of Candidacy (1966)

b) Nachlässe

(1) Privater Nachlaß Julius Winkler (PNJW) (1864 – 1907)

Verwendungs-, Dienst- und Befähigungszeugnisse; Bestellungen zum Hilfs- bzw. Neben-
lehrer an k.k. deutschen Gymnasien und an der k.k. deutschen Lehrerbildungsanstalt in
Prag; Gehalts- und Remunerationsanweisungen; Totenschein

(2) Privater Nachlaß Anna Winkler (PNAW) (1907)

Gesuche um staatliche Unterstützung; Bestätigung des Pfarramts St. Maria de Victoria;
amtsärztliches Zeugnis; staatliche Armuts-Zeugnisse; Konskriptionsblätter

(3) Privater Nachlaß Wilhelm Winkler (PNWW) (1884 – 1984)

Amtliche Dokumente

Taufschein; Gymnasialzeugnisse; Maturitäts-Zeugnis; Meldungsbuch und Matrikelschein
an der k.k. deutschen Carl-Ferdinands-Universität; Staatsprüfungs- und Rigorosumszeug-
nisse; Promotionsurkunde; Konskriptionszettel; Ernennungen zum Reservekadetten und
zum Leutnant der Reserve; Leumundszeugnis; Empfehlungsssschreiben von A. Spiethoff;
Ernennungen zum Konzipisten und zum Vizesekretär des statistischen Landesamtes des
Königreiches Böhmen; Gehaltsanweisungen; Heiratsurkunde und Trauungs-Schein;
Allerhöchste belobende Anerkennung; Gesuche um Anrechnung von Vordienstzeiten;
Beförderungen und Verleihungen von Titeln, Auszeichnungen und Orden; Amtszeug-
nisse; Dienst- und Reisepässe; Matrikenbücher der Bezirke Leitmeritz und Prag, Aus-
züge; Ahnenbrief und Kleiner Abstammungsnachweis; Letztwillige Verfügung; u. a.

Ungedruckte Autobiographien

Kurze Selbstbiographie (1973)

„Mein überreich bewegtes Leben. Erzählt vom Nestor der wissenschaftlichen Weltstatistik Wilhelm Winkler" [ca. 300seitiges Fragment, Wien 1979]

Private Dokumente

unveröffentlichte literarische Texte; Zeitungsausschnitte betreffend Tätigkeit in der
Öffentlichkeit; Korrespondenz mit Familienangehörigen (ca. 250 Briefe und Karten aus
der Zeit nach 1945) und Fachkollegen (letztere vorwiegend aus Anlaß von Winklers
Geburtstagen); Fotos (Abb. 2 u. 3 dieser Arbeit); Manuskript „Einige bevölkerungspolitisch bedeutsame Tatsachen" [unveröffentlicher Beitrag für die Festschrift zum
70. Geburtstag von Hermann Schubnell, um 1980] [undat.]; „Letzte Aussprüche" [auf-
geschrieben von Franziska Winkler]

c) Persönliche Mitteilungen

(1) Gespräche mit Zeitzeugen

em.Univ.-Prof. Dr. Adolf Adam, 21. 12. 2000 (Bad Ischl)

Univ.-Prof. Dr. Gerhart Bruckmann, 17. 06. 1999 (Wien)

em.Univ.-Prof. Dr. Franz Ferschl, 13. 11. 2000 (München)

em.Univ.-Prof. Dr. Johann Pfanzagl, 23. 08. 1999 (Innermanzing bei Wien)

em.Univ.-Prof. Dr. Leopold Rosenmayr, 19. 06. 2000 (Wien)

em.Univ.-Prof. Dr. Heinrich Strecker, 13. 11. 2000 (München)

Univ.-Prof. Dr. Erich Streißler, 11. 10. 1999 (Wien)

Dr. Monika Streißler, 11. 10. 1999 (Wien)

em.Univ.-Prof. Dr. Kurt Weichselberger, 13. 11. 2000 (München)

Dkfm. Berthold Winkler, 27. 07. 1999 (Freilassing)

em.Univ.-Prof. Dr. Erhard Winkler, 27. 12. 1999 (Freilassing)

Franziska Winkler, 15. 06. 1999 (Wien)

em.Univ.-Prof. Dr. Othmar Winkler, 19. 01. 2000 (Salzburg)

(2) Briefe an den Verfasser

Archiv der Universität Wien, 21. 01. 2002

em.Univ.-Prof. Dr. Fritz Fellner, 24. 01. 1999

Univ.-Prof. Dr. Franz Ferschl, 10. 10. 2000

HR Dr. Richard Gisser, 04. 11. 2000

em.Univ.-Prof. Dr. Heinz Grohmann, 13. 12. 2000

Prof. Dr. Charlotte Höhn, 21. 07. 2000

em. Univ.-Prof. Dr. Erhard Hruschka, 04. 04. 2000

Landesgericht für Strafsachen Wien, 20. 08. 1999

em.Univ.-Prof. Dr. Rainer Mackensen, 19. 10. 2000

em. Univ.-Prof. Dr. Paul Neurath, 23. 04. 1999 und 09. 06. 1999

em.Univ.-Prof. Dr. Leopold Schmetterer, 06. 12. 2000

Maria Tantilov, 09. 05. 1999

em.Univ.-Prof. Dr. Wilhelm Wegener, 18. 11. 1999 und 30. 03. 2000

Wirtschaftsforschungsinstitut (WIFO), 14. 09. 1999

em.Univ.-Prof. Dr. Othmar Winkler, 23. 06. 2000

Gesprächsveranstaltung mit Hans Harmsen im Institut für Geschichte der Medizin in Mainz am 07. 06. und 14. 06. 1983, zwei Tonbänder, Medizinhistorisches Institut, Mainz.

2. Gedruckte Quellen

a) Gesamtverzeichnis der Schriften von Wilhelm Winkler

(1) Monographien, Aufsätze, Miszellen, Tagungs- und Literaturberichte

Die Arbeiten sind in chronologischer Reihenfolge geordnet. Innerhalb eines Kalenderjahres sind jeweils zunächst die Monographien und dann die Beiträge (Abhandlungen, Miszellen, Literaturberichte, Nachrufe u. dgl.) aus periodischen Schriften (mit Ausnahme der in Reihen erschienenen Monographien) alphabetisch geordnet. Wenn innerhalb eines Jahres zwei oder mehrere Beiträge in ein und derselben Zeitschrift vorkommen, erfolgt die Reihung nach der Seite. – Dieses Werkverzeichnis wurde aus der Einsicht in die einzelnen Arbeiten zusammengestellt.

W. Winklers wissenschaftliche Veröffentlichungen werden wie folgt zitiert: Dem Kürzel „WW" für Wilhelm Winkler folgt das Erscheinungsjahr und seine Laufnummer (z. B.: WW-1910-01). Winklers Rezensionen bilden die einzige Ausnahme von dieser Regel: Sie werden im Anschluß an dieses Werkverzeichnis ebenfalls in der Reihenfolge ihres Erscheinens zitiert, jedoch nicht mit einer Laufnummer versehen.

1910

01 Die statistischen Grundlagen der Invaliden- und Altersversicherung nach der österreichischen Sozialversicherungsvorlage, in: Statistische Monatsschrift N. F. 15 (1910), 467–484.

02 Gewerbe und Landwirtschaft in der Invaliden- und Altersversicherung nach der österreichischen Sozialversicherungsvorlage, in: Zeitschrift für Volkswirtschaft, Sozialpolitik und Verwaltung 20 (1910), 602–619.

1911

01 Studien zur österreichischen Sozialversicherungsvorlage. Wien 1911. 133 S.
Bespr. von Kammerlander, StMschr N. F. 17 (1912), 265 f.
Bespr. von Walter Schiff, ZsVwSpV 22 (1913), 185–187

02 Studentische Standesorganisation, in: Deutsche Arbeit 11 (1911), 202–204.

03 Aus den Ergebnissen der Museen- und Volksbibliothekenstatistik in Böhmen, in: Deutsche Arbeit 10 (1911), 265–272.

04 Die für Zwecke der örtlichen Selbstverwaltung vorgeschriebenen Zuschläge zu den direkten Steuern in Böhmen im Jahre 1908, in: Deutsche Arbeit 11 (1911), 310–314.

05 Ein Beitrag zur Frage der Volksbildungsbestrebungen, in: Deutsche Arbeit 10 (1911), 528 f.

06 Die Selbständigenversicherung nach der österreichischen Sozialversicherungsvorlage, in: Zeitschrift für Volkswirtschaft, Sozialpolitik und Verwaltung 20 (1911), 415–446.

1912

01 Die soziale Lage der Prager deutschen Hochschulstudentenschaft. Unter besonderer Berücksichtigung ihrer Wohnverhältnisse. Wien 1912. 129 S.
Bespr. von Edmund Palla, StMschr N. F. 17 (1912), 764 f.
Bespr. von E. St., Der Kampf 6 (1912 / 13), 479 f.

02 Anbau- und Erntestatistik für das Betriebsjahr 1910–1911, in: Mitteilungen des Statistischen Landesamtes des Königreiches Böhmen (Prag 1912), 6–28.

03 Studentisches Unterstützungswesen, in: Deutsche Arbeit 12 (1912), 130–132.

1913

01 Anbau- und Erntestatistik für das Betriebsjahr 1911–1912, in: Mitteilungen des Statistischen Landesamtes des Königreiches Böhmen (Prag 1913), 6–28.

02 Aus der neuesten Volksschulstatistik in Böhmen, in Deutsche Arbeit 12 (1912 / 13), 461 –
   465, auch in: (= Flugschrift der Deutschen Arbeit; 3).
   Erwiderung von František Weyr („Die Stadt Prag und das deutsche Schulwesen"), in:
   Union (Hauptblatt), 52. Jg., Nr. 218 (= Neue Folge Jg. V) v. 10. 08. 1913, 1 f.
   Erwiderungen von Jozef Mráz, Praha a německé školství národní; Minoritní školství obou
   národností, in: Národní listy v. 26. 08. 1913, 2 f.; 02. 09. 1913, 2 f.
   Rückentgegnung von W. Winkler zu J. Mráz („Deutsche und tschechische Minoritäts-
   schulfürsorge"), in: Bohemia Nr. 246 v. 07. 09. 1913, 2 f.

03 Nochmals die deutschen Schulen Prags. Deutsche und tschechische Minoritätsschulfürsorge überhaupt, in: Deutsche Arbeit 13 (1913), 49 – 51; 135 – 136.

04 Die Bevölkerung der österreichisch-ungarischen Monarchie im Jahre 1910, in: Deutsche
   Arbeit 13 (1913), 59 – 61.

05 Klippen der Statistik, in: Deutsche Arbeit 13 (1913), 206 – 208.

06 Die Bevölkerung Böhmens nach der Nationalität. I. Die Ergebnisse der letzten Umgangssprachenerhebung, II. Die Ergebnisse der Umgangssprachenstatistik im Lichte der Zahlen
   über die Bevölkerungsbewegung, III. Die Heimatrechtsverhältnisse, in: Deutsche Arbeit
   12 (1913), 221 – 226; 273 – 283; 13. (1914), 315 – 323.

07 Bedürftige Studenten, in: Deutsche Arbeit 12 (1913), 258 f.

08 Die Rechtschreibung von Ortsnamen in Böhmen, in: Deutsche Arbeit 13 (1913), 270 –
   271.

09 Statistische Jahrbücher für Österreich, in: Deutsche Arbeit 12 (1913), 444 – 446.

10 Rechnung führen! In: Deutsche Arbeit 12 (1913), 575 – 578.

1914

01 Anbau- und Erntestatistik für das Betriebsjahr 1912 / 13, in: Mitteilungen des Statistischen Landesamtes des Königreiches Böhmen (Prag 1914), 9 – 70.

02 Das Sudetendeutschtum und unsere Machtstellung im Osten 6, in: Deutsche Hochschulstimmen aus der Ostmark 6 (Wien 1914), 74 – 76.

03 Deutsch-Prager Vereinsleben, in: Deutsche Arbeit 13 (1914), 527 f.

04 Einnahmen und Ausgaben in Haushaltungsmonographie und -statistik, in: Zeitschrift für
   Volkswirtschaft, Sozialpolitik und Verwaltung 23 (1914), 529 – 570.

05 Statistik der für die Jahre 1909, 1910 und 1911 in Böhmen zu Zwecken der örtlichen
   Selbstverwaltung vorgeschriebenen Zuschläge und ihrer Basis (Prag 1914) (= Mitteilungen des Statistischen Landesamtes des Königreiches Böhmen 17, H. 2). 170 S.

06 Zur Berechnung des dichtesten Wertes, in: Statistische Monatsschrift N. F. 19 (1914),
   279 f.

1915 – 1916

01 Die Berufsgliederung der Bevölkerung Böhmens, in: Deutsche Arbeit 16 (1916), 68 – 70.

1917

01 Nahrungsspielraum und Volkswachstum, in: Zeitschrift für Volkswirtschaft, Sozialpolitik,
   Sozialpolitik und Verwaltung 26 (1917), 222 – 231.

1918

01 Bevölkerungsverluste in Kriegen und ihre Ausgleichung in der darauffolgenden Zeit (Auszug.), in: Mitteilungen der österreichischen Gesellschaft für Bevölkerungspolitik 1 (1918), 21 f.

02 Die Bevölkerung der aus Österreich hervorgegangenen Staaten, in: Deutsche Arbeit 18 (1918/19), 111.

03 Wirtschaftsrechnungen und Lebensverhältnisse von Wiener Arbeiterfamilien in den Jahren 1912–1914, in: Jahrbücher für Nationalökonomie und Statistik 110 (1918), 481–486.

1919

01 Berufsstatistik der Kriegstoten der österreichisch-ungarischen Monarchie. Wien 1919. 20 S.

02 Der Anteil der nichtdeutschen Volksstämme an der österreichisch-ungarischen Wehrmacht. Wien 1919. 6 S.

03 Die Gemeindewahlen in Deutschböhmen – eine Volksabstimmung. Wien 1919 (= Flugblätter für Deutschösterreichs Recht; 38). 19 S.

04 Die Totenverluste der österreichisch-ungarischen Monarchie nach Nationalitäten. Die Altersgliederung der Toten. Ausblicke in die Zukunft. Wien 1919. 84 S., 15 Tafeln.
Bespr. von [anonym], DA 18 (1918/19), 333 f.
Bespr. von Heinrich Rauchberg, DA 18 (1918/19), 250 f.
Bespr. von Wilhelm Hecke, DStZbl 11 (1919), Sp. 112 f.
Bespr. von Karl Seutemann, JbbNSt 113 (1919), 267–271
Bespr. von Antonín Boháč, CSStV 1 (1920), 63–67
Bespr. von Fritz Rager, Fragen der Kriegsverluststatistik, in: Der Kampf. Sozialdemokratische Zeitschrift 12 (1919), 131–139.

05 Die Tschechen in Wien (Wien 1919) (= Flugblätter für Deutschösterreichs Recht; 39). 32 S.
Bespr. von Antonín Boháč, CSStV 1 (1920), 67–69

06 Die zukünftige Bevölkerungsentwicklung Deutschösterreichs und der Anschluß an Deutschland (Wien 1919) (= Flugblätter für Deutschösterreichs Recht; 31). 8 S.

07 Deutschböhmens Wirtschaftskraft, in: Rudolph Lodgman (Hg.), Deutschböhmen (Berlin 1919) (= Sammlung Männer und Völker), 109–130.

08 Deutsche Volkskraft in Gefahr, in: Deutsche Arbeit 19 (1919), 45–47.

09 Kriegsverluste und Völkerschicksal, in: Deutsche Zukunft 1 (1919), 179–182.

10 Zur Methodik der Lebenshaltungsstatistik, in: Deutsches Statistisches Zentralblatt 11 (1919), Sp. 171–174.
Erwiderung von K. v. Tyszka, in: DStZbl 12 (1920), Sp. 7 f.

1920

01 Sprachenkarte von Mitteleuropa. – Deutsches Selbstbestimmungsrecht! (Ausgeführt vom Militärgeographischen Institut in Wien) 1 : 500 000. Wien 1920.
Bespr. von H.[ermann] U.[llmann], DA 21 (1921/22), 121 f.
Bespr. von Wilhelm Volz, DR 190 (1922), 94 f.

Bespr. von Karl Elster, JbbNSt 119 (1922), 457 f.

Bespr. von [anonym], Bjb (1923), 93

s. a.: Kozenn. Geographischer Atlas für Mittelschulen, bearb. von Franz Heiderich und Wilhelm Schmidt (Wien [43]1926), Nr. 23.

02 Vom Völkerleben und Völkertod. Eger 1920 (Böhmerlandflugschriften; 18). [2. Aufl. 1923]. 14 S.

Bespr. von Rudolf Fischer, DA 20 (1920 / 21), 219

03 An der Wiege der tschechoslowakischen Statistik, in: Deutsches Statistisches Zentralblatt 12 (1920), Sp. 77 – 86.

04 Der Rückgang der körperlichen Tüchtigkeit in Österreich 1870 – 1912, in: Archiv für soziale Hygiene und Demographie 14 (1920), 193 – 240 u. 289 – 363.

1921

01 Das statistische Seminar über Bevölkerungs-, Wirtschafts- und Kulturfragen des Grenzlanddeutschtums (Grenzlandseminar an der Wiener Universität), in: Mutterland. Zeitschrift zur Festigung des geistigen Zusammenhanges aller deutschen Stämme 1 (1921), 40 – 43.

02 Der Sprachenkarte von Mitteleuropa zum Geleit, in: Mutterland. Zeitschrift zur Festigung des geistigen Zusammenhanges aller deutschen Stämme 1 (1921), 5 – 11.

03 Die statistischen Verhältniszahlen, in: Zeitschrift für Volkswirtschaft und Sozialpolitik N. F. 1 (1921), 719 – 743.

04 Die Volkszählung vom Jahre 1919 in der Slowakei, in: Deutsche Arbeit 21 (1921 / 22), 216 – 224.

05 Von den statistischen Massen und ihrer Einteilung, in: Jahrbücher für Nationalökonomie und Statistik 116 (1921), 310 – 334.

06 Neue Untersuchungen über die wirtschaftliche Lage und das Wohnen von Studenten, in: Jahrbücher für Nationalökonomieund Statistik 116 (1921), 538 – 546.

07 Statistik des Grenzlanddeutschtums, in: Deutsche Arbeit 20 (1921), 245 – 250.

08 Volkszählung in der Tschechoslowakei, in: Deutsches Statistisches Zentralblatt 13 (1921), Sp. 13 – 16 u. Sp. 75 – 82.

Erwiderung von Willibald Mildschuh, in: DStZbl 13 (1921), Sp. 71 – 76

Rückantwort von W. Winkler, in: DStZbl 13 (1921), Sp. 76 – 82

1922

01 Betriebsgröße und Anbauverteilung, in: Jahrbücher für Nationalökonomie und Statistik 117 (1922), 449 – 460.

02 Böhmerlands Blutsiegel, in: Böhmerlandjahrbuch für Volk und Heimat (1922), 42 f.

03 Die Deutschen der österreichisch-ungarischen Monarchie nach dem Frieden von St. Germain, in: Gerhard Anschütz, Max Lenz, Albrecht Mendelssohn Bartholdy et al. (Hg.), Handbuch der Politik. Bd. 5: Der Weg in die Zukunft (Berlin-Grunewald 1922), 295 – 300.

04 Einige neuere statistische Schriften im Lichte des statistischen Dogmenstreites, in: Zeitschrift für Volkswirtschaft und Sozialpolitik N. F., 2. Bd. (1922), 148 – 156.

05 Neue Lehrbücher der Statistik, in: Zeitschrift für Volkswirtschaft und Sozialpolitik N. F., 2. Bd. (1922), 349 – 353.

06 Statistik und Minderheitenschutz, in: Zeitschrift für Volkswirtschaft und Sozialpolitik N. F. 2 (1922), 698 – 766.

07 Ein Institut für Statistik der Minderheitsvölker an der Universität Wien, in: Mutterland. Zeitschrift zur Festigung des geistigen Zusammenhanges aller deutschen Stämme 2 (1922), 21 f.

08 Neuere Heiratstafeln. Jahrbücher für Nationalökonomie und Statistik 118 (1922), 64 – 70.

09 Volkszählung in der Tschechei, in: Deutsches Statistisches Zentralblatt 14 (1922), Sp. 10 – 12.

1923

01 Die Bedeutung der Statistik für den Schutz der nationalen Minderheiten. Wien 1923 (= Schriften des Institutes für Statistik der Minderheitsvölker an der Universität Wien 1). 82 S. [2., unv. Aufl. 1926].
Bespr. von Georg v. Mayr, AStA 14 (1923 / 24), 484 – 486
Bespr. von Johannes Müller, JbbNSt 122 (1924), 875 f.
Bespr. v. Philipp Schwartz, SchmJb 48 (1924), 355 – 357
[2., unv. Aufl. 1926]:
Bespr. von G-sch., NSt 2 (1928 / 29), 209

02 Die statistischen Verhältniszahlen. Leipzig / Wien 1923 (= Wiener staatswissenschaftliche Studien; N.F. 2). 178 S.
Bespr. von Sigmund Schott, ZsVwSp 3 (1923), 199 – 202
Bespr. von Georg v. Mayr, AStA 14 (1923 / 24), 481 – 484
Bespr. von Franz Zizek, JbbNSt 122 (1924), 275 – 280
Bespr. von Philipp Schwartz, SchmJb 48 (1924), 354 f.

03 Der Wert der tschechischen Nationalitätenstatistik – nach der Volkszählung vom 15. Februar 1921, in: Böhmerland-Jahrbuch für Volk und Heimat (1923), 63 – 72.

04 Die Berechnung der Tauglichkeitsprozente in der Heeresergänzungsstatistik, in: Metron 2 (1923), 501 – 534.

05 Die „beste Indexformel", in: Jahrbücher für Nationalökonomie und Statistik 121 (1923), 571 – 581.

06 Die Minderheitenfrage, in: Österreichische Rundschau 19 (1923), 1135 – 1146.

07 Eröffnung des Institutes für Statistik der Minderheitsvölker an der Universität Wien, in: Mutterland. Zeitschrift zur Festigung des geistigen Zusammenhanges aller deutschen Stämme 2 (1923), 39 f.

08 Handwörterbuch der Staatswissenschaften. Hg. v. Ludwig Elster / Adolf Weber / Friedrich Wieser. 4. Aufl. Bde. 1 – 8. Jena 1923 – 1929.
  – Allgemeine Theorie des Bevölkerungswechsels. I. Grundbegriffe der statistischen Bevölkerungsbetrachtung. 2. Bd. (1924), 633 – 643. – II. Allgemeine Theorie des Bevölkerungswechsels. 2. Bd. (1924), 643 – 655.
  – Einkommen (einschließlich Einkommensstatistik). 3. Bd. (1926), 367 – 400
  – Geburtenstatistik. 4. Bd. (1926), 647 – 662
  – Geschlechtsverhältnisse der Geborenen. 4. Bd. (1927), 866 – 873
  – Statistische Gleichartigkeit. 4. Bd. (1927), 1163 – 1165

- Minderheitenstatistik. 6. Bd. (1925), 584 – 586
- Nationalitätenstatistik. 6. Bd. (1925), 732 – 734
- Sterbestatistik. 7. Bd. (1926), 1013 – 1030
- Volkseinkommen. 8. Bd. (1928), 746 – 770
- Volksvermögen. 8. Bd. (1928), 770 – 786
- Volkszählungen. 8. Bd. (1928), 857 – 864
- Gesetz der großen Zahl. 8. Bd. (1928), 1112 – 1122

09 Statistik und Mathematik (Referat bei der 5. Tagung der Deutschen Statistischen Gesellschaft in Magdeburg), in: Deutsches Statistisches Zentralblatt 15 (1923), Sp. 1 – 6. Bemerkungen von W. Winkler, H. Wolff, F. Schäfer, S. Schott und F. Tönnies, in:DStZbl 16 (1924), Sp. 117 f.

10 Vom Grenz- und Auslandsdeutschtum. Grenzlandstatistische Rundschau, in: Deutsche Rundschau 50 (1923), 200 – 210.

1924

01 Völker und Staaten in Mitteleuropa, Karte. Wien 1924.

02 Was kostet ein Kind? In: Zeitschrift für Kinderschutz, Familien- und Berufsfürsorge 16 (1924), 107 – 110; s. auch: Der österreichische Volkswirt 16 (1924), 1228 – 1231.

1925

01 Statistik. Leipzig 1925 (= Wissenschaft und Bildung. Einzeldarstellungen aus allen Gebieten des Wissens). 160 S. [2., umgearb. Aufl. Leipzig 1933].
Bespr. von Johannes Müller, AStA 15 (1925), 475 f.
Bespr. von Karl Seutemann („Statistische Grundpfeiler oder statistische Zwecke?"), JbbNSt 123 (1925), 783 – 793.
Bespr. von Friedrich Zahn, SchmJb 49 (1925), 213
2., umgearb. Aufl. Leipzig 1933:
Bespr. von Philipp Schwartz, AStA 23 (1933 / 34), 264 f.

02 Die Minderheitenfrage – Der Wert der tschechischen Nationalitätenstatistik nach der Volkszählung vom 15. Februar 1921. – Minderheitenstatistische Rundschau – Das Minderheiteninstitut an der Wiener Universität, in: Ders. (Hg.), Statistische Minderheitenrundschau I. Bearbeitet im Minderheiteninstitute der Universität Wien. Wien 1925 (= Schriften des Institutes für Statistik der Minderheitsvölker an der Universität Wien; 3), 7 – 23; 24 – 36; 99 – 117; 117 – 120.
Bespr. von Johannes Müller, JbbNSt 128 (1928), 151

03 Deutschsüdtirol im Lichte der Statistik, in: Ders. (Hg.), Deutschsüdtirol. Drei Vorträge von Hans Voltelini, Alfred Verdroß u. Wilhelm Winkler. Leipzig / Wien 1925 (= Schriften des Institutes für Statistik der Minderheitsvölker an der Universität Wien; 4), 23 – 87.
Bespr. von F. K. Hennersdorf, NSt 1 (1927 / 28), 379 f.

04 Die Altersgliederung der Wiener Bevölkerung in den Jahren 1910, 1920, 1923, in: Statistische Mitteilungen der Stadt Wien (1925), 147 – 153.

05 Zur Berechnung der Tauglichkeitsprozente in der Statistik des Heeresergänzungsgeschäftes, in: Allgemeines Statistisches Archiv 15 (1925), 160 – 175.

1926

01 Die Bevölkerungsfrage auf deutschem Volksboden, in: Verhandlungen des Vereins für Sozialpolitik 172 (1926), 179 – 213.

02 Die Bevölkerungsgefahr Österreichs, in: Volk und Reich 2 (1926), 468 – 474.

03 Deutsche Statistik, in: Karl Christian v. Loesch (Hg.), Staat und Volkstum. Berlin 1926 (= Bücher des Deutschtums; 2), 691 – 705.

04 Noch einiges zur Statistik Deutsch-Südtirols, in: Deutsch-Südtirol II. Wien 1926 (= Schriften des Instituts für Statistik der Minderheitsvölker an der Universität Wien; 5), 41 – 48.

05 Statistische Grundpfeiler oder statistische Zwecke? Eine Entgegnung, in: Jahrbücher für Nationalökonomie und Statistik 124 (1926), 403 – 413.

06 Von statistischen Durchschnitten im allgemeinen, Preisdurchschnitten im besonderen, in: Deutsches Statistisches Zentralblatt 18 (1926), Sp. 65 – 70.

07 Zur Darstellung des Geschlechterverhältnisses, in: Deutsches Statistisches Zentralblatt 18 (1926), 165 – 166.

1927

01 Drei Jahre Institut für Statistik der Minderheitsvölker an der Universität Wien. Wien 1927. 4 S.

02 Statistisches Handbuch des gesamten Deutschtums. Hg. v. Wilhelm Winkler im Auftrag der Stiftung für deutsche Volks- und Kulturbodenforschung in Leipzig, in Verbindung mit der Deutschen Statistischen Gesellschaft. Berlin 1927. 704 S.
Bespr. von Hermann Rüdiger, Geographischer Anzeiger 29 (1928), 93
Bespr. von Hermann Rüdiger, Der Auslanddeutsche 11 (1928), 579 – 581
Erwiderung von W. Winkler: Die Statistik des gesamten Deutschtums. Gegenbemerkungen zu Hermann Rüdigers Kritik, in: Der Auslanddeutsche 11 (1928), 729 – 731
Bespr. von K. Saenger, DR 54, Juni 1928, 283 – 286
Bespr. von Paul Rohrbach, SchmJb. 52,2 (1928), 170 – 172
Bespr. von H. S., Deutsche Einheit 3 (1928), 4
Bespr. von N., Grenzland (1928), 62
Bespr. von Philipp Schwartz, AStA 18 (1928 / 29), 169 f.
Bespr. von R. St., DWZP H. 16 (1929)
Bespr. von Eugen Würzburger, DHVKbf 1 (1930 / 31), 29 – 32 („Zur Statistik des Gesamtdeutschtums.")

03 Das Institut für Statistik der Minderheitsvölker an der Universität Wien, in: Nation und Staat 1 (1927 / 28), 609 – 611.

04 Die Doppelsprachigen in der Statistik, in: Deutsches Statistisches Zentralblatt 19 (1927), Sp. 103 – 108.

05 Ein neuer Beitrag zum Preisindexproblem. Bemerkungen zu Felix Klezls „Vom Wesen der Indexziffern".
Ein neuer Beitrag zum Preisindexproblem. Eine Entgegnung von Felix Klezl, in: ZsVwSp, N. F. 5 (1927), 764 – 771.
Rückentgegnung von W. Winkler, in: ZsVwSp, N.F. 5 (1927), 381 – 386; 772 – 781.

1928

01 Das steigende Alter der Erstgebärenden und seine Folgeerscheinungen für Mutter und Kind, in: Deutsches Statistisches Zentralblatt 20 (1928), 170.

02 Die Bevölkerungslage Österreichs, in: Bericht über die 9. Fürsorge-Tagung Wien 1927 am 26. Juni 1927. Wien 1928 (= Mitteilungen der österreichischen Gesellschaft für Bevölkerungspolitik und Fürsorgewesen; 6), 2 – 15.

03 Die 17. Tagung des Internationalen Statistischen Instituts in Kairo, in: Jahrbücher für Nationalökonomie und Statistik 128 (1928), 900 – 904.

04 Die statistische Wesensform, in: Allgemeines Statistisches Archiv 18 (1928), 420 – 425.

1929

01 Die Einkommensverschiebungen in Österreich im Weltkrieg. Wien 1929 (= Wirtschafts- und Sozialgeschichte des Weltkrieges, hg. von der Carnegie-Stiftung). 278 S.
Bespr. von Wilhelm Henninger, AStA 22 (1932), 147 f.
Bespr. von T. G., GERSt (1931), 162 f.
Bespr. von Alexander v. Spitzmüller, SchmJb 55,2 (1931), 143 – 158

02 Die statistische Erfassung des Volkstums. Zum 10. deutschen Ferienhochschulkurs in Hermannstadt 1929, in: Ostland 4 (1929), 297 – 304; auch in: Festschrift des 10. Deutschen Ferienhochschulkurses in Hermannstadt. Hermannstadt 1929, 17 – 24.

03 Erwiderung, in: Zeitschrift für die gesamte Staatswissenschaft 86 (1929), 157 – 159 (zu M. Bouniatians Entgegnung in der ZsStw 86 (1929), 155 – 157).

04 Lügt die Statistik? Referat bei der 11. Tagung der Deutschen Statistischen Gesellschaft in Köln, in: Allgemeines Statistisches Archiv 19 (1929), 327 – 332.

05 Neuere Zahlen zur Statistik der Sudetendeutschen, in: Sudetendeutsches Jahrbuch (1929), 35 – 46.

1930

01 Statistik der Verschiebungen in der Ernährung der Erdbevölkerung. XIXe Session de l'Institut International de Statistique Tokio, 1930. La Haye 1930. 34 S.

02 Bevölkerungspolitische Forderungen an die österreichische Volkszählung von 1930, in: Zeitschrift für Nationalökonomie 1 (1930), 593 – 601.

03 Das Institut für Statistik der Minderheitsvölker an der Universität Wien, in: Ludolph Brauer / Albrecht Mendelssohn Bartholdy / Adolf Meyer (Hg.), Forschungsinstitute. Ihre Geschichte, Organisation und Ziele. Bd. 1. Hamburg 1930, 458 – 460.

04 Die Bevölkerungsbewegung im großdeutschen Raum, in: Friedrich F. G. Kleinwächter / Heinz v. Paller (Hg.), Die Anschlußfrage in ihrer kulturellen, politischen und wirtschaftlichen Bedeutung. Wien / Leipzig 1930, 427 – 435.

05 Die Statistik in Österreich, in: Wiener Statistische Sprechabende 1 (1930), 14 – 22
Bespr. von Friedrich Zahn, AStA 20 (1930), 289 f.
Bespr. von Friedrich A. Hayek, ZsNök 1 (1930), 791
Bespr. von Johannes Müller, JbbNSt 138 (1933), 152

06 Heinrich Rauchberg als Statistiker, in: Prager juristische Zeitschrift 10 (1930), (= Festschrift für Heinrich Rauchberg), 210 – 214.

07 Nationalitätenstatistik Europas, in: Oskar Wittstock (Hg.), Die offene Wunde Europas. Handbuch zum europäischen Minderheitenproblem. Hermannstadt 1930, 178–187.

08 Statistik der freilebenden Vögel, in: Verhandlungen der zoologisch-botanischen Gesellschaft in Wien 80 (1930), 53–58.

1931

01 Grundriß der Statistik. 1. Theoretische Statistik. Berlin 1931. 177 S. [2., umgearbeitete Aufl. Wien 1947. 268 S.].
    Bespr. von Paul Flaskämper, JbbNSt 137 (1932), 785–791
    Bespr. von Emil Julius Gumbel, DStZbl 24 (1932), Sp. 87 f.
    „Erwiderung" von W. Winkler, DStZbl 24 (1932), Sp. 123 f.
    Bespr. von Jozef Mráz, Statistický Obzor 13 (1932), 138
    Bespr. von Philipp Schwartz, AStA 22 (1932), 8
    Bespr. von Kurt Pohlen, AStA 22 (1932), 100–108
    Bespr. von Giorgio Mortara, GERSt (1932), 782 f.
    Bespr. von Joseph Schumpeter, SchmJb 57,1 (1933), 136–139
    Bespr. von Oskar Anderson, ZsNök 4 (1933), 705–708
    2., umgearb. Aufl. Bde.1–2 (Wien 1947/48):
    Bespr. von Peter Quante, AStA 34 (1950), 196 f.; SchmJb 72,2 (1952), 124–126

02 Statistisches Handbuch der europäischen Nationalitäten. Hg. v. Vorstand des Instituts für Statistik der Minderheitsvölker an der Universität Wien. Wien/Leipzig 1931. 248 S.
    Bespr. von Ewald Ammende, NSt 4 (1930/31), 650–656
    Bespr. von W.[ertheimer], Der Auslanddeutsche 14 (1931), 542
    Bespr. von Philipp Schwartz, AStA 21 (1931), 615
    Bespr. in Grenzland (1931), 101
    Bespr. von Johannes Müller, JbbNSt 136 (1932), 471
    Bespr. von Walter Kuhn, ZsNök 4 (1933), 151 f.

03 Chronik der Deutschtumsstatistik. I; II; III; IV–V: Die natürliche Bevölkerungsbewegung des deutschen Volkes; VI: Die Sprachenzählung von1931 in Elsaß-Lothringen; VII–X: Statistik der Wanderungen desdeutschen Volkes, in: Deutsche Hefte für Volks- und Kulturbodenforschung 1 (1930/31), 314–318 (I); 381 f. (II); 2 (1931/32), 32 f. (III); 94–97 (IV); 174 f. (V); 243–246 (VI); 3 (1933),47–49 (VII); 100–103 (VIII); 172–175 (IX); 284–287 (X).

04 Die Bevölkerungslage Österreichs, in: Bericht über die Ursachen der wirtschaftlichen Schwierigkeiten Österreichs. Hg. vom Redaktionskomitee der Wirtschaftskommission. Wien 1931, 41–48.

05 Die 19. Tagung des Internationalen Statistischen Instituts in Tokio, in: Jahrbücher für Nationalökonomie und Statistik 134 (1931), 114–116.

06 Geographisch bemerkenswerte Arbeiten des Bundesamts für Statistik in der Zeit von 1919–1931, in: Mitteilungen der Geographischen Gesellschaft in Wien 74 (1931), 371–379.

07 Ladislaus von Bortkiewicz als Statistiker (Ein Nachruf), in: Schmollers Jahrbuch 55 (1931), 1025–1033.

08 Natürliche Bevölkerungs- und Wanderbewegung auf deutschem Volksboden in Mitteleuropa, in: Volk und Rasse 6 (1931), 145–148.

1932 – 1933

01 Grundriß der Statistik. 2. Gesellschaftsstatistik Berlin 1933. 290 S. [2., umgearbeitete Aufl. Wien 1948. 333 S.].
Bespr. von Paul Flaskämper, JbbNSt 139 (1933), 792 – 794
Bespr. von Philipp Schwartz, AStA 23 (1933 / 34), 264 f.
Bespr. von Rudolf Meerwarth, SchmJb 58,1 (1934), 109 – 111
Bespr. von Harald Westergaard, WwA 39 (1934), 7 – 10
2., umgearb. Aufl. Bde. 1 – 2 (Wien 1947 / 48):
Bespr. von Peter Quante, AStA 34 (1950), 196 f.; SchmJb 72,2 (1952), 124 – 126

02 Bevölkerungsstatistisches über die Deutschen der Slowakei, in: Aus Österreichs Grenzsaum. Forschungen zur deutschen Landes- und Volkskunde. Hg. von der Südostdeutschen Forschungsgemeinschaft. Leipzig / Wien 1933, 1 – 7.

03 Chronik der Deutschtumsstatistik, in: Deutsche Hefte für Volks- und Kulturbodenforschung 1 (1930 / 31); 2 (1931 / 32), 32 f., 94 – 97, 174 f., 243 – 246; 3 (1933), 47 – 49, 100 – 103, 172 – 175, 284 – 287.

04 Die Statistik im Dienste der Volkspolitik. Vortrag, gehalten am 8. November 1932 im Kulturamte der Deutschen Studentenschaft der Universität Wien, in: Abhandlungen – Staatsrecht. Karlsbad-Drahowitz 1933, 3 – 16; auch in: Die Statistik im Dienste der Volkspolitik, in: Der Ackermann aus Böhmen I (1933), 90 – 103.
Bespr. von Ferdinand v. Uexküll, NSt 6 (1932 / 33), 755
Bespr. von Philipp Schwartz, AStA 23 (1933 / 34), 462

05 Handwörterbuch des Grenz- und Auslanddeutschtums. Hg. v. Carl Petersen / Paul Hermann Ruth / Otto Scheel / Hans Schwalm. Bd. 1. Breslau 1933.
– Belgien III. Staat und Bevölkerung: 2. Bevölkerungsstatistik, 356 – 362
– Boeckh, Richard, 485 f.
– Bosnien und Herzegowina III. Politische Entwicklung und Bevölkerung: 2. Bevölkerungsstatistik, 496 f.
– Budapest III. Bevölkerung: 2. Volkliche und konfessionelle Gliederung, 589 f.
– Burgenland-Westungarn III. Bevölkerung:
A. Das Deutschtum Westungarns bis 1918. 2. Volkliche und konfessionelle Gliederung, 667 f.; 4. Natürliche Bevölkerungsbewegung, 668 f.; 5. Wanderung, 669 – 671
C: Das österreichische Burgenland seit 1918: III. Bevölkerung: 1. Allgemeine Bevölkerungsstatistik, 719; 2. Volkliche und konfessionelle Gliederung, 719-721; 4. Natürliche Bevölkerungsbewegung, 724; Wanderung, 724
E: Das Deutschtum des Preßburger Gebietes seit 1918: III. Bevölkerung: 1. Allgemeine Bevölkerungsstatistik, 738; 2. Volkliche und konfessionelle Gliede-rung, 738 f.; 4. Natürliche Bevölkerungsbewegung und Wanderung, 739 f.
Bd. 2 (Breslau 1936)
– Cilli. II. Bevölkerungsstatistik, 56
– (gemeinsam mit *Wilhelm Bauer*, Wien): Czoernig, Karl Freiherr v., 66

06 Mitteilung über eine vierjährige Beringungstätigkeit, in: Verhandlungen der Zoologisch-Botanischen Gesellschaft in Wien 83 (1933), 24 – 30.

07 Offene Fragen der Konjunkturstatistik, in: Der Stand und die nächste Zukunft der Konjunkturstatistik. Festschrift für Arthur Spiethoff. München 1933, 308 – 314.

1934

01 Die 21. Tagung des Internationalen Statistischen Institutes in Mexiko, in: Jahrbücher für Nationalökonomie und Statistik 140 (1934), 225 – 230.

02 Volkstumsbegriff und Statistik, in: Nation und Staat 7 (1934), 292 – 296.

1935

01 Die Widersprüche in der Bevölkerungslage Österreichs, in: Österreichisches Verwaltungsblatt 6 (1935), 1 – 9; 65 – 79; 129 – 133; auch veröffentlicht als Sonderdruck u. d. T. „Der Geburtenrückgang in Österreich. Mit einem Vorwort Sr. Eminenz des Herrn Kardinals Dr. Theodor Innitzer". Wien / Leipzig 1935. 38 S.
Bespr. von Eugen Schmitz, AStA 25 (1935 / 36), 358
Bespr. von Grost, ABB 6 (1936), 275 f.
Bespr. von Giorgio Mortara, GERSt (1936), 410
Bespr. von Gerhard Mackenroth, ZsStw 98 (1938), 751 f.

02 Fehlerquellen beim Vergleich zweier Volkseinkommensberechnungen, in: Deutsches Statistisches Zentralblatt 27 (1935), Sp. 1 – 8.

1936

01 Der Geburtenrückgang im deutschen Sprachgebiet: Vortrag gehalten am 27. März 1936 in der Deutschen Juristischen Gesellschaft in Prag. Wien / Leipzig 1936 (Schriften des Institutes für Statistik der Minderheitsvölker an der Universität Wien; 8). 32 S.
Bespr. von [anonym], NSt 10 (1936 / 37), 479
Bespr. von J.[osef] Götz, AStA 26 (1936 / 37), 491
Bespr. von W. Simon, ZsNök 8 (1937), 256 f.

02 Der Geburtenrückgang in Österreich, in: Bevölkerungsfragen. Bericht an den internationalen Kongreß für Bevölkerungswissenschaft, Berlin, 26. 08. – 01. 09. 1935. Hg. v. Hans Harmsen / Franz Lohse. München 1936, 108 – 114.

03 Die Sterblichkeit in der frühen Bronzezeit Niederösterreichs (Gemeinsam mit *Leonhard Franz*, Prag), in: Zeitschrift für Rassenkunde 4 (1936), 157 – 163.

04 Die Wesensform als systembildender Unterscheidungsgrund? In: Beiträge zur deutschen Statistik. Festgabe für Franz Zizek. Hg. v. Paul Flaskämper / Adolf Blind. Leipzig 1936, 52 – 60.

05 Eine neue Berufsordnung? In: Jahrbücher für Nationalökonomie und Statistik 144 (1936), 341 – 347.

06 Familieneinkommen und Familienlasten, in: Monatsschrift für Kultur und Politik 1 (1936), 21 – 30.

07 Die Jugend als Trägerin der Erneuerung. Eine statistische Betrachtung, in: Monatsschrift für Kultur und Politik 1 (1936), 590 – 593.

08 Was kosten Weib und Kind? In: Schönere Zukunft 11 (1936), 762 – 764.

09 Der Geburtenrückgang in einzelnen Staaten, in: Schönere Zukunft 11 (1936), 1003 – 1005.

10 Welches sind die Ursachen des Geburtenrückganges, in: Schönere Zukunft 11 (1936), 1031 – 1033.

11 Was kann gegen das Übel des Geburtenrückganges geschehen? In: Schönere Zukunft 11 (1936), 1057 – 1059.

12 Weltanschauung in Zahlen, in: Jahrbuch der österreichischen Leogesellschaft (1936), 49 – 67.

1937

01 Das Problem der Willensfreiheit in der Statistik, in: Revue de l'Institut International de Statistique 2 (1937), 115 – 131.
    Bespr. von František Weyr („Das Problem der Willensfreiheit in der Statistik."), RIISt 5 (1937), 329 – 333
    Entgegnung von W. Winkler, RIISt 5 (1937), 334

02 Die Arbeitslosigkeit der Akademiker im Lichte internationaler Kongresse, in: Schönere Zukunft 12 (1937), 493 f.

03 Um die Arbeitslosigkeit der Akademiker, in: Schönere Zukunft 12 (1937), 531 – 533.

04 Die Berufsberatung, in: Pax Romana II, Nr. 9 (1937), 4 f.

05 Die natürliche Bevölkerungsbewegung Wiens, in: Congrès International de la Population, Paris 1937. Extrait. Paris 1937, III. 1 – 17.

06 Eine internationale Erfassung des Geburtenrückganges, in: Congrès International de la Population, Paris 1937. Extrait. Paris 1937, VII. 14 f.

07 Eine österreichische Abgangsordnung der unehelich Geborenen, in: Congrès International de la Population, Paris 1937. Extrait. Paris 1937, V. 67 – 70.

08 Hochschulüberfüllung und Berufsnot der Akademiker im Spiegel der Statistik, in: Schule und Beruf 8, (1937), 7 f.

09 Musikstatistik, in: Jahrbücher für Nationalökonomie und Statistik 146 (1937), 357 – 360.

10 Statistik des Geburtenrückgangs und der bevölkerungspolitischen Maßnahmen, in: Bulletin de l'Institut de Statistique, Tome 29, Liv. 2. Athen 1937, 28 – 32.

1938

01 Deutschtum in aller Welt. Bevölkerungsstatistische Tabellen. Wien 1938. 160 S.
    Bespr. von J. Götz, AStA 28 (1938 / 39), 371 f.
    Bespr. von A. W., NSt 12 (1938 / 39), 191
    Bespr. von Wilhelm Henninger, JbbNSt 150 (1939), 118 f.
    Bespr. von G. Spaeth, Volksforschung 3 (1939), 161

02 Das Schicksal kinderloser Völker, in: Schönere Zukunft 13 (1938), 592 – 594.

03 Das Gleichgewicht der Geschlechter und die Einehe, in: Schönere Zukunft 13 (1938), 974 – 975.

04 Der Geburtenrückgang, seine Ursachen und seine wirtschaftlichen und sozialen Wirkungen, in: Revue de l'Institut International de Statistique 6 (1938), 56 – 102.
    Observations sur le Rapport Présenté par M. le Prof. Winkler: „La Baisse de la Natalité, ses Causes, et ses Conséquences Economique et Sociales". Observations de Livio Livi et M. A. Landry; Bemerkungen von Friedrich Burgdörfer et C. A. Verrijn Stuart, in: RIISt 6 (1938), 419 – 427 und 553 – 563.

05 Einige alte und neue Maße des natürlichen Bevölkerungswachstums, in: Revue de l'Institut International de Statistique 6 (1938), 25 – 49.

06 Le lutte contre le chômage des jeunes diplomés des universités, in: Problèmes d'Université. Travaux de la conference Internationale d'Enseignements Supérieur. Paris 26 – 28 juillet 1937. Publié par l'Institut International de Coopération Intellectuelle et la Société de l'Enseignement Supérieur. Paris 1938, 304 – 327; Discussion du rapport, 327 – 344.

07 Wächst das deutsche Volk? In: Österreichischer Verband für volksdeutsche Auslandarbeit (Hg.), Volksdeutsche Arbeit. Jahrbuch 1938, 57 – 62.

1939

01 Observations sur le Rapport Présenté par M. le Prof. Winkler: „La Baisse de la Natalité, ses Causes et ses Conséquences économique et sociales". Schlußwort des Referenten, in: Revue de l'Institut International de Statistique 7 (1939), 259 – 268.

1940

01 The Cost of the World War to Germany and Austria-Hungary. New Haven 1940 (= Economic and Social History of the World War) (Gemeinsam mit *Leo Grebler*). 181 S.

02 Organisation der Statistischen Ämter. Teilbericht über die Staaten mit teilweiser Zentralisation (avec résumé francais), in: Bulletin de l'Institut International de Statistique, Tome 30. Session de Prague, 1938. Prag 1940, 243 – 266.

1941

01 Grundsätzliches zur genealogischen Statistik, in: Allgemeines Statistisches Archiv 30 (1941), 277 – 292.

02 Latenz von Altersaufbautypen der Bevölkerung, in: Archiv für mathematische Wirtschafts- und Sozialforschung 7 (1941), 97 – 102.

1942

01 Die stationäre Bevölkerung. Zugleich ein Beitrag zur Sterblichkeitsmessung, in: Revue de l'Institut International de Statistique 10 (1942), 49 – 74.

1943 – 1944

01 Die Lebensjahre einer Bevölkerung. Bemerkungen zu Liebmann Herschs „Potentiel-vie", in: Revue de l'Institut International de Statistique 12 (1944), 5 – 22.
Entgegnung von Liebmann Hersch („Quelques Précisions sur la Méthode des Potentiels-Vie et ses Notions Fondamentales"), RIISt 12 (1944), 23 – 31.

1945 / 1946 – 1947

01 On Random Variations in Statistical Data. Report to the 25th Session of the International Statistical Institute in Washington, September 1947, in: Proceedings of the International Statistical Conferences, vol. III. Part A (1947), 272 – 282. Übersetzung u. d. T. Über zufällige Schwankungen statistischer Zahlen, in: Statistische Vierteljahresschrift 1 (1948), 4 – 19.

02 Age Distribution and its Influence on Measurements and Relations of Natural Increase, in: Proceedings of the International Statistical Conferences, vol. III. Part A (1947), 683 – 703.

1948

01 Zum Geleit, in: Statistische Vierteljahresschrift 1 (1948), 1 – 3.

02 „Eine österreichische Volksbefragung", in: Statistische Vierteljahresschrift 1 (1948), 32 – 37.

03 Der Statistische Weltkongreß in Washington, in: Statistische Vierteljahresschrift 1 (1948), 40 – 50.

04 Ein Maß der seelischen Komponente des Geburtenrückganges, in: Statistische Vierteljahresschrift 1 (1948), 94 – 99.

05 Randglossen zur Rückfallsstatistik, in: Statistische Vierteljahresschrift 1 (1948), 156 – 165.

1949

01 Statistik in Österreich vor 100 Jahren, in: Statistische Vierteljahresschrift 2 (1949), 1 – 23.

02 Zu Hans Mayers 70. Geburtstag, in: Statistische Vierteljahresschrift II, H. 1 (1949), 37 – 40.

03 Politische Kennzahlen der österreichischen Nationalratswahlen 1949, in: Statistische Vierteljahresschrift 2 (1949), 154 – 158.

04 Bericht über die Tagung der „International Association for Research in Income and Wealth" in Cambridge, in: Statistische Vierteljahresschrift 2 (1949), 162 – 166.

05 Bericht über die Tagung der Kommission für Unterrichts-, Wissenschafts-, und Kulturstatistik bei der UNESCO in Paris, in: Statistische Vierteljahresschrift 2 (1949), 162.

06 Bericht über den 26. Kongreß des Internationalen Statistischen Institutes in Bern, in: Statistische Vierteljahresschrift 2 (1949), 167 – 172.

07 Mathematik, Ökonometrie und Volkswirtschaftslehre, in: Statistische Vierteljahresschrift 2, (1949), 173 – 178.

08 The Corrected Pareto Law and its Economic Meaning. Referat beim 26. Kongreß des Internationalen Statistischen Instituts in Bern 1949, in: Bulletin de l'Institut International de Statistique, T. 32, 2, 441 – 449; dt. Übersetzung u. d. Titel Das erweiterte Paretosche Gesetz und seine ökonomische Bedeutung, in: Statistische Vierteljahresschrift 2 (1949), 124 – 143.

09 The „expectation of Life of the Dead". Referat beim 26. Kongreß des Internationalen Statistischen Instituts in Bern 1949, in: Bulletin de l'Institut International de Statistique, T. 32, 2, 365 – 367; dt. Übersetzung u. d. TitelDie „Lebenserwartung der Gestorbenen", in: Statistische Vierteljahresschrift 2 (1949), 120 – 123.

10 Statistik und Wirtschaftslehre (Zugleich ein Beitrag zum Pareto'schen Gesetz), in: Zeitschrift für Nationalökonomie 12 (1949) (Festschrift für Hans Mayer), 429 – 441. Bespr. von Karl Heinz Werner, StVjschr 4 (1951), 98 f.

1950

01 Hochschulüberfüllung und Akademikernot, in: Statistische Vierteljahresschrift 3 (1950), 13 – 39.

02 Alfred J. Lotka †, in: Statistische Vierteljahresschrift 3 (1950), 96 – 97.

03 Walter Schiff †, in: Statistische Vierteljahresschrift 3 (1950), 97 f.

04 Das Stichprobenverfahren im Dienste von Volkszählungen. Einleitende Bemerkungen, in: Statistische Vierteljahresschrift 3 (1950), 111 – 114.

05 Bemerkungen zur Bildstatistik, in: Statistische Vierteljahresschrift 3 (1950), 146 – 148.

06 Bericht über die deutsche Statistikertagung in Berlin 6. bis 11. November 1950, in: Statistische Vierteljahresschrift 3 (1950), 158 – 161.

07 The 'Exspectation of Life of the Dead', in: Bulletin de l'Institut International de Statistique, T. 32, 2 (1950), 365 – 367.

1951

01 Grundfragen der Ökonometrie. Wien 1951. 218 S.
    Bespr. von G. Goudswaard, RIISt 19 (1951), 283
    Bespr. von E. Altschul, Econometrica 20 (1952), 343 f.
    Bespr. von H. Dütschler, Schweizerische Zeitschrift für Volkswirtschaft und Statistik 87 (1952), 460 – 462
    Bespr. von Wilhelm Krelle, JbbNSt 164 (1952), 44 – 50
    Bespr. von Werner Mahr, AStA 36 (1952), 283 f.
    Bespr. von J. S. Prais, The Economic Journal 62 (1952), 393
    Bespr. von Erich Schneider, WwA 68 (1952), 59 – 70
    Bespr. von Otto Weinberger, ZsStw 108 (1952), 571 – 573
    Bespr. von E. Grebenik, PS 7 (1953 / 54), 289
    Bespr. von Gerhard Tintner, ZsNök 14 (1953 / 54), 539 f.; auch in: Econometrics (1952), 3

02 Gesellschaftsstatistik und Soziologie, in: Statistische Vierteljahresschrift 4 (1951), 104 – 113.

03 Geschichte und Statistik (Aus einer Begrüßungsansprache an den Rechtshistorikertag in Gmunden am 2. September 1951), in: Statistische Vierteljahresschrift 4 (1951), 135 – 138.

04 Bericht über die Tagung 1951 der International Association for Research in Income and Wealth, in: Statistische Vierteljahresschrift 4 (1951), 145 – 147.

05 Bericht über die Deutsche Statistiker-Tagung in Stuttgart 1951, in: Statistische Vierteljahresschrift 4, (1951), 147 – 149.

06 Dr. Alexander Spitzmüller – Ehrendoktor der Staatswissenschaften der Universität Wien (Festrede, gehalten am 8. November 1951 vom Promotor Prodekan Prof. Dr. Wilhelm Winkler), in: Statistische Vierteljahresschrift 4, (1951), 154 – 158.

1952

01 Typenlehre der Demographie (Reine Bevölkerungstypen). Wien 1952 (= Sitzungsberichte der Österreichischen Akademie der Wissenschaften, Phil.-hist. Kl. 227, 5). 160 S.
    Bespr. von E. Grebenik, PS 7 (1953 / 54), 289
    Bespr. von H. Gebelein, AStA 38 (1954), 85
    Bespr. von Wilhelm Bickel, ZsNök 16 (1956), 288 f.
    „Erwiderung" von W. Winkler und „Duplik" von W. Bickel, beide in: ZsNök 17 (1957), 126 f.; 128

02 Bericht über den Statistischen Weltkongreß 1951 in Indien, in: Statistische Vierteljahresschrift 5 (1952), 43 – 49.

03 Bevölkerungsentwicklung und ländlicher Geburtenrückgang in Österreich, in: Johannes Messner / Ernst Lagler (Hg.), Soziale Ordnung und wirtschaftliche Entwicklung, Festschrift zu Prof. Dr. Ferdinand Degenfeld-Schonburgs 70. Geburtstag. Wien 1952, 438 – 448.

04 Kritische Bemerkungen zur Messung der technischen Produktivität, Bericht an die 27. Tagung des Internationalen Statistischen Institutes in New Delhi / Calcutta, Dezember 1951; auch in: Statistische Vierteljahresschrift 5 (1952), 69 – 82.

1953

01 Die Änderung des Zahlenverhältnisses der aktiven und nichtaktiven Bevölkerung Österreichs durch den Geburten- und Sterberückgang 1910 bis voraussichtlich 1969, in: Statistische Vierteljahresschrift 6 (1953), 1 – 9; franz. Übersetzung L'évolution du rapport population active – population inactive en Autriche de 1910 á 1968, in: Etudes Européennes de Population, hg. v. Institut National d'Etudes Démographiques. Paris 1954, 115 – 123.

02 Indexzahlenprobleme, in: Statistische Vierteljahresschrift 6 (1953), 10 – 24.

03 Bericht über die „Journées d'Etudes Européennes sur la Population" in Paris vom 21. bis 23. Mai 1953, in: Statistische Vierteljahresschrift 6 (1953), 87 – 89.

04 Die 3. Tagung der International Association for Research in Income and Wealth in Castel Gandolfo. 1. bis 5. September 1953, in: Statistische Vierteljahresschrift 6 (1953), 136.

05 Die 28. Tagung des Internationalen Statistischen Institutes in Rom, 6. bis 12. September 1953, in: Statistische Vierteljahresschrift 6 (1953), 137 f.

06 Die Deutsche Statistische Woche, in: Statistische Vierteljahresschrift 6 (1953), 138 f.

07 Lexikon der Frau. Zürich 1953. Bd. 1: Art. Altersgliederung; Arbeitsmarkt (Art. Berufswesen v. *Othmar Winkler*); Bevölkerungsstatistik (bei den einzelnen Ländern); Doppelbelastung; Ehelösungen; Familienstatistik; Frauenüberschuss; Geburtenstatistik; Heiratsstatistik; Bd. 2: Kriminalität der Frau; Legitimierung; Lohnverhältnisse; Sozialstatistik; Sterbestatistik; Unehelichkeit; Wanderungsstatistik; Witwen und Waisen.

1954

01 Irregular Influences on the Age Distribution of a Population, in: World Population Conference. Rome 1954, dt. Fassung: Unregelmäßige Einflüsse auf den Altersaufbau einer Bevölkerung, in: Statistische Vierteljahresschrift 7 (1954), 127 – 138.

02 Um den Sundbärgschen Irrtum, in: Statistische Vierteljahresschrift 7 (1954), 139 – 144.

03 Der Weltbevölkerungskongreß in Rom 1954, in: Statistische Vierteljahresschrift 7 (1954), 177 – 181.

1955

01 Die Österreicher im Ausland. Wien 1955 (= Schriften des Statistischen Institutes der Universität Wien). 32 S.
Bespr. von G. Scholz, ZsNök 15 (1956), 254

02 Die internationale Statistik, in: Statistische Vierteljahresschrift 8 (1955), 77 – 81.

03 Der 38. Statistische Weltkongreß 1955 in Rio de Janeiro, in: Statistische Vierteljahresschrift 8 (1955), 189–193.

04 Das internationale demographische Wörterbuch bei der Münchner Tagung der Deutschen
Akademie für Bevölkerungswissenschaft, in: Statistische Vierteljahresschrift 8 (1955),
193–194.

1956

01 Statistische Maße, die ungleich messen, in: Allgemeines Statistisches Archiv 40 (1956),
297–315.

02 Wehrstatistik, in: Statistische Vierteljahresschrift 9 (1956), 87–91.

1957

01 Bevölkerung, in: Staatslexikon. Recht – Wirtschaft – Gesellschaft. Hg. v. der Görres-
Gesellschaft. 1. Bd. Freiburg i. Br. 1957, Sp. 1209–1222.
Bespr. (Sammelbesprechung) von Wilhelm Weber, ZsNök 19 (1959), 324–330

02 Zum Abschied, in: Statistische Vierteljahresschrift 10 (1957), 105 f.

03 Die 30. Tagung des Internationalen Statistischen Institutes (Statistischer Weltkongreß
1957) in Stockholm, in: Statistische Vierteljahresschrift 10 (1957), 180 f.

04 Bericht über die Deutsche Statistische Woche 1957 in Nürnberg, in: Statistische Vierteljahresschrift 10 (1957), 181 f.

05 Gegenäußerung, in: Statistische Vierteljahresschrift 10 (1957), 182–184.

1958–1959

01 Gemeinsam mit *Louis Henry* (Hg.), Internationaler Bevölkerungskongreß / International
Population Conference / Congrès international de la population Wien 1959. Wien 1959.

02 Bernoulli, Jakob, in: Handwörterbuch der Sozialwissenschaften. Bd. 2. Stuttgart / Tübingen / Göttingen 1959, 4 f.

03 Wie viele Menschen haben bisher auf der Erde gelebt? In: Ders. / Louis Henry (Hg.),
Internationaler Bevölkerungskongreß, 73–76.

1960

01 Union Internationale pour l'Etude scientifique de la Population: Mehrsprachiges Demo-
graphisches Wörterbuch. Deutschsprachige Fassung bearbeitet auf der Grundlage der von
einer Wörterbuchkommission der „Union" erstellten und von den Vereinten Nationen in
New York veröffentlichten französischen, englischen und spanischen Ausgaben von Wil-
helm Winkler. Deutsche Akademie für Bevölkerungswissenschaft an der Universität
Hamburg. Augsburg 1960. 147 S.
Bespr. von Olaf Boustedt, AStA 44 (1960), 335 f.
Bespr. von H. Hansluwka, ZsNök 21 (1961 / 62), 291 f.
Bespr. von Wilhelm Brepohl, ZsStw 120 (1964), 570 f.

02 Older and Newer Ways of Solving the Index Numbers Problems, in: Bulletin de l'Institut
International de Statistique. T. 34, 2ième Livraison (Rome 1960), 15–41.

1961

01 Der Internationale Bevölkerungswissenschaftliche Kongreß, Wien 1959. Bericht und Rückschau, in: Religion, Wissenschaft, Kultur 12 (1961), 136 – 145.

02 Types and Models in Demography, in: International Population Conference New York. New York 1961, 358 – 367.

1962 – 1963

01 Die Bevölkerungszahl als Maß der Bevölkerungsbewegungsvorgänge, in: Zur Anwendung statistischer Methoden. Festschrift zum 75. Geburtstag von Felix Burkhardt. Leipzig 1963, 420 – 429.

02 Once More the Standardized Death Rate, in: 34. Tagung des Internationalen Statistischen Institutes. Ottawa 1963, Bulletin des ISI, Vol. 40, 1, 475 ff.

03 Von der Demographie zur Demometrie, in: Metrika 6 (1963) (= Festschrift für H. Kellerer), 187 – 198.

1964

01 Relations between Crude and Life Table Death Rates, in: Journal of the Royal Statistical Society 127 (1964), 534 – 543.

1965

01 Übervölkerung, Untervölkerung, Begriffe, Verfahren, Tatsachen, in: Metrika 9 (1965), 85 – 102.

1966

01 Die statistische Wissenschaft und die Lebensprobleme der Gegenwart, in: Universitas. Zeitschrift für Wissenschaft, Kunst und Literatur 21 (1966), 57 – 64.

1967

01 On the Notions and Measures of Over- and Under-Population, in: Proceedings of the World Population Conference. Belgrad, 30 August – 10 September 1965. V. III. New York 1967, 204.

1968 – 1969

01 Demometrie. Berlin 1969. 447 S.
   Bespr. von R. Gunzert, AStA 54 (1970), 332 – 334
   Bespr. von Róbert Horváth, Statisztikai Szemle (1970), 605 – 608
   Bespr. von Karl Schwarz, MDGB 43 (1970), 47 – 49
   Bespr. von A. Wolf, Population 25 (1970), 891 f.
   Bespr. von Karl Martin Bolte, SchmJb 91,2 (1971), 465 f.
   Bespr. von Ingeborg Esenwein-Rothe, JbbNSt 185 (1971), 179 – 181
   „Erwiderung" von W. Winkler, ebd. 186 (1971 / 72), 362 – 364
   Bespr. von E. G. Jacoby, PS 26,2 (1972), 331 – 333
   Bespr. von L. Thirring, MbGStI 6 (1972), 64 – 66
   Bespr. von H. V. Muhsam, Journal of the American Statistical Association 68 (1973), 753

02 Darstellung und Messung der Bevölkerungsverteilung im geographischen Raum, in: Metrika 14 (1969), 138 – 163.

1970

01 Giorgio Mortara †, in: Metrika 16 (1970), 245.

02 Slawtscho Sagoroff 1898 – 1970, in: Review of the International Statistical Institute (1970), 124 f.

1971

01 Können Datenbanken die gesellschaftsstatistische Systematik aufheben? In: Mitteilungsblatt der Österreichischen Gesellschaft für Statistik und Informatik 2 (1971), 29 – 31.

02 Some New Measures of Aimed Spatial Mobility (Vienna), in: International Population Conference Sydney 1967. International Union for the Scientific Study of Population. Liège 1971, vol. I., 762 – 766.

03 Zum Begriff der Demometrie, in: Mitteilungen für Mitglieder und Freunde der Deutschen Gesellschaft für Bevölkerungswissenschaft 44 (1971), 11 – 14.

1972

01 Die Abgrenzung der Demometrie, in: Zeitschrift für Wirtschafts- und Sozialwissenschaften 92 (1972), 335 – 338.

1973

01 Statistik in der Welt – Statistik in Österreich, in: Heimold Helczmanovski (Hg.), Beiträge zur Bevölkerungs- und Sozialgeschichte Österreichs nebst einem Überblick über die Entwicklung der Bevölkerungs- und Sozialstatistik. München 1973, 13 – 18.

02 Vienna four Times in the Focus of International Statistics, in: Bulletin of the International Statistical Institute. Proceedings of the 39th Session. vol. 2. Vienna 1973, 587 – 598; erw. Fassung: 1857 – 1891 – 1913 – 1973. Wien viermal im Brennpunkt der internationalen Statistik. Rückblick auf frühere statistische Kongresse in Wien, in: Mitteilungsblatt der Österreichischen Gesellschaft für Statistik und Informatik 3 (1973), 21 – 41.

1974 / 1984

–

(2) Rezensionen (Einzelbesprechungen) (in Auswahl)

Bortkiewicz, Ladislaus v.: Bevölkerungswesen. Aus Natur und Geisteswelt. Leipzig / Berlin 1919, in: Zeitschrift für Volkswirtschaft und Sozialpolitik N.F. 1 (1921), 386 – 388.

Yule, G. U.: An Introduction to the Theorie of Statistics. 5th Edition, enlarged. London 1919, in: Jahrbücher für Nationalökonomie und Statistik 117 (1921), 377 f.

Zizek, Franz: Fünf Hauptprobleme der statistischen Methodenlehre. München 1922, in: Zeitschrift für Volkswirtschaft und Sozialpolitik N.F. 2 (1922), 815 f.

Simiand, François: Statistique et Expérience. Remarques de Méthode. Paris 1922, in: Jahrbücher für Nationalökonomie und Statistik 119 (1922), 87.

Mayr, Georg v.: Statistik und Gesellschaftslehre. 1. Lieferung Bd. 2: Bevölkerungsstatistik. 2., verm. u. umgearb. Aufl. Tübingen 1922, in: Zeitschrift für Volkswirtschaft und Sozialpolitik N.F. 3 (1923), 195–198.

Czuber, Emanuel: Mathematische Bevölkerungstheorie. Leipzig / Berlin 1923, in: Zeitschrift für Volkswirtschaft und Sozialpolitik N.F. 3 (1923), 798–800.

Mortara, Giorgio: Lezioni di Statistica Metodologica. Città di Castello 1922, in: Jahrbücher für Nationalökonomie und Statistik 121 (1923), 407 f.

Bowley, Arthur L.: Prices and Wages in the United Kingdom 1914–1920. Oxford 1921, in: Zeitschrift für Volkswirtschaft und Sozialpolitik N.F. 4 (1924), 171–176.

Mayr, Georg v.: Statistik und Gesellschaftslehre. 2. Lieferung Bd. 2: Bevölkerungsstatistik. Tübingen 1924, in: Zeitschrift für Volkswirtschaft und Sozialpolitik N.F. 4 (1924), 582 f.

Tyszka, Carl v.: Statistik. Teil 1: Theorie, Methode und Geschichte der Statistik. Jena 1924, in: Zeitschrift für Volkswirtschaft und Sozialpolitik N.F. 4 (1924), 583.

Zizek, Franz: Meinen Kritikern. Erläuterungen und Ergänzungen zu „Grundriß der Statistik" und zu „Fünf Hauptprobleme der statistischen Methodenlehre". München 1924, in: Zeitschrift für Volkswirtschaft und Sozialpolitik N.F. 4 (1924), 584.

Tschuprow, A. A.: Grundbegriffe und Grundprobleme der Korrelationstheorie. Leipzig / Berlin 1925, in: Schmollers Jahrbuch 51 (1927), 185–187.

Westergaard / Nybölle N. C.: Grundzüge der Theorie der Statistik. 2., völlig umgearb. Aufl. Jena 1928, in: Zeitschrift für die gesamte Staatswissenschaft 84 (1928), 655–657.

Moeller, Hero: Statistik. Berlin / Wien 1928, in: Jahrbücher für Nationalökonomie und Statistik 131 (1929), 939–943.

Tischer, Arthur: Grundlegung der Statistik. Jena 1929, in: Schmollers Jahrbuch 54 / 1 (1930), 147–150.

Flaskämper, Paul: Statistik. Teil I. Allgemeine Statistik. Ein Nachschlagebuch für Theorie und Praxis. Halberstadt 1930, in: Schmollers Jahrbuch 55 / 1 (1931), 166 f.

Beiträge zur deutschen Statistik. Festgabe für Franz Zizek zur 60. Wiederkehr seines Geburtstages. Hg. v. Paul Flaskämper / Adolf Blind. Leipzig 1936, in: Jahrbücher für Nationalökonomie und Statistik 145 (1937), 252–254.

Carr-Saunders, A. M.: World Population. Past Growth and Present Trends. Oxford 1936, in: Jahrbücher für Nationalökonomie und Statistik 145 (1937), 113–115.

Davis, Harold T. / *Nelson,* W. F. C.: Elements of Statistics. With applications to economic data. Indiana 1935, in: Schmollers Jahrbuch 62 (1938), 122 f.

Thomas, Dorothy Swaine: Research Memorandum on Migration Differentials. With Contributions by Rudolf Heberle et al. New York 1938, in: Jahrbücher für Nationalökonomie und Statistik 150 (1939), 232 f.

Mayer, Herbert: Lebenslinie und Lebenskraft der deutschen Stammsiedlungen im Buchenland (Bukowina). Leipzig 1940 (= Archiv für Bevölkerungswissenschaft und Bevölkerungspolitik; Bh. 9), in: Jahrbücher für Nationalökonomie und Statistik 155 (1942), 317 f.

Richardson, C. H.: An Introduction to Statistical Analysis. Published for the United States Armed Forces Institute – War Department Education Manual (1944), in: Statistische Vierteljahresschrift 1 (1948), 53 f.

Kendall, Maurice G.: The Advanced Theory of Statistics. Vol. 1 – 2, 2nd ed. revised. London 1945 / 46, in: Statistische Vierteljahresschrift 1 (1948), 104 – 106.

Tintner, Gerhard: Mathematics and Statistics for Economists. New York-Toronto 1953, in: Zeitschrift für Nationalökonomie 16 (1956), 239 f.

Flaskämper, Paul: Bevölkerungsstatistik. Grundriß der sozialwissenschaftlichen Statistik. II. Besondere Statistik. Hamburg 1962, in: Zeitschrift für Nationalökonomie 23 (1964), 247 f.

Coale, A. J., et al.: The Demography of Tropical Africa. Princeton 1968, in: Metrika 16 (1970), 243 f.

(3) Von W. Winkler herausgegebene Schriften

Schriften des Instituts für Statistik der Minderheitsvölker an der Universität Wien (Wien 1923 – 38):

A.

Nr. 1 *Winkler,* Wilhelm: Die Bedeutung der Statistik für den Schutz der nationalen Minderheiten. Leipzig / Wien 1923 (Die Programmschrift des Institutes) [2., unv. Aufl. 1926].

Nr. 2 *Seipel,* Ignaz: Die geistigen Grundlagen der Minderheitenfrage. Vortrag, gehalten im Minderheiteninstitute der Wiener Universität am 14. Jänner 1925. Leipzig / Wien 1925.

Nr. 3 Statistische Minderheitenrundschau I. Bearbeitet im Minderheiteninstitute der Universität Wien. Leipzig / Wien 1925. *Wilhelm Winkler,* Die Minderheitenfrage. – *Wilhelm Winkler,* Der Wert der tschechischen Nationalitätenstatistik. – *Otto Martin,* Das tschechische Volksschulwesen in Wien. – *Karl Braunias,* Die Minderheiten in Rumänien. – *Heinrich Makow,* Das Minderheitenbild in Polen. – *Richard Grabner,* Das von der österreichisch-ungarischen Monarchie an Italien abgetretene slawische Gebiet. – *Wilhelm Winkler,* Statistische Minderheitenrundschau. – Das Minderheiteninstitut an der Wiener Universität; [mehr nicht erschienen].

Nr. 4 Deutschsüdtirol I. *Hans Voltelini,* Die Geschichte Deutschsüdtirols; *Wilhelm Winkler,* Deutschsüdtirol im Lichte der Statistik. Leipzig / Wien 1925.

Nr. 5 Deutsch-Südtirol II. *Alfred Verdroß,* Die rechtliche Lage Deutschsüdtirols; Walter Steinhauser, Die Ortsnamen als Zeugen für das Alter deutscher Herrschaft und Siedlung in Südtirol; *Wilhelm Winkler,* Noch einiges zur Statistik Deutschsüdtirols. Leipzig / Wien 1926.

Nr. 6 *Mückler,* Andreas [d. i. Walter Kuhn][1]: Das Deutschtum Kongreßpolens. Leipzig /Wien 1927.

Nr. 7 *Kuhn,* Walter: Bevölkerungsstatistik des Deutschtums in Galizien. Leipzig / Wien 1930.

Nr. 8 *Winkler,* Wilhelm: Der Geburtenrückgang im deutschen Sprachgebiet: Vortrag gehalten am 27. März 1936 in der Deutschen Juristischen Gesellschaft in Prag. Leipzig / Wien 1936.

---

[1] Vgl. dazu *H. Weczerka,* Verzeichnis der Veröffentlichungen Walter Kuhns 1923 – 1978, in: Zeitschrift für Ostforschung 27 (1978), 523 – 554.

B.

Winkler, Wilhelm: Statistisches Handbuch für das gesamte Deutschtum. Berlin 1927.

Winkler, Wilhelm: Statistisches Handbuch der europäischen Nationalitäten. Wien 1931.

C.

Schriften des Instituts für Statistik insbesondere der Minderheitsvölker, Reihe C

1: *Wilzin,* Leo: Musikstatistik. Logik und Methodik gesellschaftsstatistischer Musikforschung. Wien 1937.

2: *Maresch,* Elisabeth: Ehefrau im Haushalt und Beruf. Eine statistische Darstellung für Wien auf Grund der Volkszählung vom 22. März 1934. Staatswiss. Diss., Teildr. Wien 1938.

3: *Starodubsky,* Lev: Das Volkszählungswesen in der Union der sozialistischen Sowjetrepubliken. Eine statistisch-methodische Untersuchung. Wien 1938.

D.

Außer diesen Arbeiten sind in Zeitschriften und Sonderdrucken folgende Beiträge aus dem Minderheiteninstitut erschienen (= Veröffentlichungen des Instituts für Statistik der Minderheitsvölker an der Universität Wien).

Winkler, Wilhelm: Der Wert der tschechischen Nationalitätenstatistik nach der Volkszählung vom 15. Februar 1921, in: Böhmerlandjahrbuch für Volk und Heimat (1923), 63–72.

*Braunia*s, Karl: Die Deutschen in Großrumänien, in: Deutsche politische Hefte aus Großrumänien (1923), H. 5.

Janiczek, Margarete: Die neueste Bevölkerungsentwicklung der Deutschen und Tschechen, in: Böhmerlandjahrbuch für Volk und Heimat (1923), 52–57.

Braunias, Karl: Das Minderheiten-Institut an der Wiener Universität, in: Alpenländische Monatshefte (1924), 249–251.

Braunias, Karl: Die rumänischen Parlamentswahlen vom 1. Bis 11. März 1922 in statistischer Betrachtung, in: Deutsche politische Hefte aus Großrumänien (Juli-Okt. 1924).

Exler, Heinrich: Die Deutschen in Mähren 1880–1921, in: Böhmerlandjahrbuch (1924), 69–75.

Martin, Otto: Das tschechische Schulwesen in Wien, in: Österreichische Rundschau 69 (1924), 114–121.

Weiler, Ladislaus: Die Belastung der Deutschen und Tschechen Böhmens durch die Personaleinkommensteuer (während des Krieges), in: Sudetendeutsches Jahrbuch 1 (1925), 159–165.

Braunias, Karl: Studien über Minderheitenrecht und Minderheitenstatistik. 1. 1926. 24 S. 2. 1927. 67 S. 3. 1928. 55 S. (Sonderabdrucke aus Deutsche Politische Hefte).

Oberschall, Albin: Das Frauenstudium bei Deutschen und Tschechen, in: Sudetendeutsches Jahrbuch 2 (1926), 208–211.

Zell, Otto: Der Anteil des deutschen Volkes am böhmischen Bergbau, in: Sudetendeutsches Jahrbuch 3 (1927), 149–160.

Winkler, Wilhelm: Neuere Zahlen zur Statistik der Sudetendeutschen, in: Sudetendeutsches Jahrbuch (1929), 35 – 46.

* * *

Wiener statistische Sprechabende (gemeinsam mit Walter Breisky) (Wien 1930 ff.):

Breisky, Walter: Die Weltlage der Statistik (H. 1, 1930), 1 – 13.

Winkler, Wilhelm: Die Statistik in Österreich (H. 1, 1930), 14 – 22.

Palla, Edmund: Probleme der Sozialstatistik (H. 2, 1930), 1 – 16.

Riemer, Rudolf: Die rechtlichen und methodischen Grundlagen der österreichischen Berufszählung 1930;
[mehr nicht erschienen].

Schriftenreihe des Statistischen Instituts der Universität Wien. Begr. von *Wilhelm Winkler.* Hg. v. *Slawtscho Sagoroff* N. F. 1. Wien 1959 –.

Statistische Vierteljahresschrift. Wien 1.1948 – 10.1957, 3.

Metrika (gemeinsam mit *Oskar Anderson*). Wien 1.1958 –.

(4) Populärwissenschaftliche, autobiographische und literarische Veröffentlichungen

Bohemia vom 02. 01. 1915, 2 f. („Am Lagerfeuer“); vom 11. 01. 1915, 2 („Die Ehrentage der 5. / 52. Kompanie“); vom 31. 01. 1915, 3 f. („Das Nachtlager“); vom 16. 03. 1915, 2 – 4 („Feste im Felde“); vom 31. 03. 1915, 3 f. („Die schöne kranke Serbin“).

Wir von der Südfront. Ernstes und Heiteres aus den Kämpfen in Serbien und am Isonzo. Wien 1916.

[Kriegsgedichte, in:] Hauffen, Adolf: Kriegslieder deutschböhmischer Dichter, 2. Reihe. Mit einer Darstellung über die Kriegslyrik der Gegenwart vornehmlich in Deutschböhmen. Prag 1916 (= Sammlung gemeinnütziger Vorträge; 452).

Der Hausfrauenberuf in der Statistik, in: Neues Wiener Tagblatt (Abendausgabe) vom 12. 01. 1929, 5.

Die Minderheitenstatistik, in: Kölnische Volkszeitung, Sonderbeilage (August 1929), 7.

Die Bevölkerungsgefahr des deutschen Volkes, in: Siebenbürgisch-deutsches Tageblatt vom 24. 09. 1929, 1 f.

Aus der Werkstatt der Volkszählung, in: Wiener Zeitung, Nr. 190 vom 19. 07. 1934.

Um die Statistik, in: Wiener Universitätszeitung vom 01. 03. 1949, 1 f.

Dreimal Paris. 1919, 1937, 1949, in: Wiener Universitätszeitung vom 01. 07. 1949, 2.

Gedanken zur Deutschen Statistiker-Tagung in Berlin, in: Wiener Universitätszeitung vom 01. 01. 1951, 2.

Dr. Karl Renners wissenschaftliches Vermächtnis, in: Wiener Universitätszeitung vom 15. 02. 1951, 1 f.

Schmutz und Schund im Film, in: Wiener Universitätszeitung vom 01. 05. 1951, 2.

„Professor und Waschfrau“. Eine Entgegnung, in: Die Furche 7, Nr. 50 vom 08. 12. 1951.

Lebensgeschichte eines Statistikers, in: Nikolaus Grass (Hg.), Österreichische Rechts- und Staatswissenschaften der Gegenwart in Selbstdarstellungen. Innsbruck 1952 (= Schlern-Schriften; 97), 211–229.

Offener Brief an den Minister, in: Wiener Universitätszeitung vom 15. 9. 1952, 1.

Kritik an der Gebührenermäßigungsverordnung, in: Wiener Universitätszeitung vom 01. 01. 1953, 1.

Ceterum autem censeo, in: Österreichische Hochschulzeitung vom 01. 10. 1954, 5.

Die Österreicher im Ausland, in: Wiener Universitätszeitung vom 01. 11. 1955, 3.

Aus der Werkstatt des Forschers, in: Österreichische Hochschulzeitung vom 01. 10. 1959, 3.

Eine Tragödie der Ahnungslosigkeit. Zur Sanierung der amtlichen Statistik Österreichs, in: Arbeit und Wirtschaft 9 (1963), 9–11.

60 Jahre erlebter Wissenschaft, in: Allgemeines Statistisches Archiv 50 (1966), 294–300.

Bobby Fischer ist eben ein Schachgenie, in: Wiener Kurier vom 08. 08. 1972.

[Autobiographischer Leserbrief, o. Titel], in: Wiener Sprachblätter 24 (1974), 29 f.

Latein – Hohe Schule des Denkens, in: Blätter für Kunst und Sprache, H. 30 (1978), 32 f.

(5) Leserbriefe

Die Invasion der ČSSR und die Folgen, in: Die Presse v. 31. 08. 1968, 16.

Der Protest gegen die Talare, in: Die Presse v. 25. Oktober 1968, 26;
    dazu Entgegnung von Hans Twaruzek („Talare und Hochschulreform"), in: Die Presse vom 09. / 10. 11. 1968, 22.

Die Hochschulreform und die umstrittenen Talare [Entgegnung an Hans Twaruzek], in: Die Presse vom 23. 11. 1968;
    dazu Leserbriefe von D. Jungnikl, ebd. und Dr. Franz Cornaro, ebd.

Sünden wider die Sprache, in: Die Presse vom 26. / 27. 04. 1969, II („Tribüne der Leser")
    dazu Entgegnung von Dipl.-Ing. Dr. Rudolf Schlenk, in: Die Presse vom 17. / 18. 5. 1969, II („Tribüne der Leser – Sprachsünden und Sprachreiniger");
    dazu Univ.-Prof. Dr. Erwin Mehl, „Was es alles gibt", in: Wiener Sprachblätter 3 (1969), 91.

Die Sprachverschmutzung, in: Die Presse vom 05. 12. 1975, 14.

b) Schriften zur Person und Rezeption von Wilhelm Winkler

Adam, Adolf: Hofrat Professor Dr. Wilhelm Winkler. Leben und Wirken für die Statistik, in: Mitteilungen der Wiener Katholischen Akademie 5 (1954), 42 f.

– Hofrat Wilhelm Winkler 95 Jahre, in: Wiener Zeitung vom 29. 6. 1979, 3.

– Vom himmlischen Uhrwerk zur statistischen Fabrik. 600 Jahre Entdeckungsreise in das Neuland österreichischer Statistik und Datenverarbeitung. Festschrift für Prof. Dr. W. Winkler, Geschenkschrift für den III. Wiener Weltkongreß des Internationalen Statistischen Institutes. Wien 1973.

– Wilhelm Winkler 95 Jahre, in: Allgemeines Statistisches Archiv 63 (1979), 176–178; auch in: International Statistical Review 48 (1980).

– Wilhelm Winkler – In Honour of his 95th Birthday, in: International Statistical Review 48 (1980), 1 f.

– Wilhelm Winkler 95: Pionier der Statistikwissenschaft, in: Die Presse v. 7./8. Juli 1979, 20.

– Wilhelm Winkler. Vater der österreichischen Universitätsstatistik – Leben und Wirken, in: Ders. (Hg.), Festschrift für Wilhelm Winkler, 7–13.

– (Hg.): Festschrift für Wilhelm Winkler: anläßlich des 100. Geburtstages am 29. Juni 1984. Wien 1984 (= Schriftenreihe der Österreichischen Statistischen Gesellschaft; 1).

Arbeitslosigkeit unter den Akademikern, in: Neue Freie Presse (Abendblatt) vom 22. 05. 1936, 8.

Archiv für publizistische Arbeit (Internationales Biographisches Archiv) (1930), 426.

Auszeichnung eines österreichischen Statistikers, in: Reichspost vom 26.2. 1927.

Beschlagnahmte Wissenschaft, in: Deutsche Arbeit 21 (1921/22), 342.

Brockhaus Enyklopädie. 19., völlig neu bearb. Aufl. Bd. 24. Mannheim 1994, 237.

Bruckmann, Gerhart: Der Doyen, in: Die Furche Nr. 27 vom 04. 07. 1984, 13.

– 100. Geburtstag von Hofrat Professor Dr. Dr. hc. mult. Wilhelm Winkler, in: Mitteilungsblatt der Österreichischen Gesellschaft für Statistik und Informatik 14 (1984), 140.

– „Vater der Statistik". Wilhelm Winkler – 100, in: Die Presse vom 28. 6. 1984, 4.

– Wilhelm Winkler, in: Almanach der Österreichischen Akademie der Wissenschaften 1984 [ersch. 1985] 134, 329–331.

– Wilhelm Winkler 90 Jahre alt, in: Allgemeines Statistisches Archiv 58 (1974), 140–142.

Bundespräsident gratuliert, in: Wiener Zeitung vom 29. 6. 1984, 2.

Bundespräsident kondoliert, in: Wiener Zeitung vom 14. 9. 1984.

Der Geburtenrückgang in Österreich, in: Neue Freie Presse vom 19. 03. 1935, 7.

Der Große Brockhaus. 18., völlig neu bearb. Aufl. Bd. 12. Wiesbaden 1981, 425.

Der Professor und die Waschfrau, in: Arbeiter-Zeitung vom 25. 11. 1951.

Dictionary of Demography. C Biographies M–Z (1985), 1103 f.

Die geistige Elite Österreichs. Ein Handbuch der Führenden in Kultur und Wirtschaft. Wien 1936, 991–994.

Die Hochschullehrer der Wirtschaftswissenschaften in der Bundesrepublik einschließlich Westberlin, Österreich und der deutschsprachigen Schweiz. Werdegang und Schriften. Hg. von der Gesellschaft für Wirtschafts- und Sozialwissenschaften/Verein für Socialpolitik gegr. 1872. Berlin 1966, 822–825.

Doyen der österreichischen Statistik ausgezeichnet, in: Wiener Zeitung vom 29. 3. 1980, 2.

Drohende Abnahme der Bevölkerung Österreichs, in: Neue Freie Presse vom 17. 04. 1935, 6.

Ehrung für Hofrat Dr. Wilhelm Winkler, in: Wiener Zeitung vom 09. 07. 1959, 5.

Ein grober Mißbrauch der Wiener internationalen Hochschulkurse. Unwahre Behauptungen des Prof. Dr. Winkler über die Minoritäten. – Deutschnationalistische Propaganda unter wissenschaftlicher Flagge, in: Prager Presse vom 30. 9. 1923, 5 f.

Epstein, Leo: Der Schutz der Nationalitätenerhebung, in: Prager juristische Zeitschrift 10 (1930), Sp. 325-Sp. 340.

Festschrift für Hofrat Universitätsprofessor Dr. Wilhelm Winkler von seinen Freunden und Schülern zum 70. Geburtstag gewidmet. Wien 1954 (= Statistische Vierteljahresschrift 7, 1/2).

Festschrift für Wilhelm Winkler zum 80. Geburtstag. Wien 1964.

50th Anniversary of ISI Membership – Wilhelm Winkler, in: International Statistical Review 44 (1976), 388.

Franz, Alfred: In Memoriam emer. o. Univ.-Prof. HR Dr. Wilhelm Winkler, in: Statistische Nachrichten N. F. 39 (1984), 591.

Geburtenrückgang und Familienpolitik, in: Neue Freie Presse vom 22. 04. 1936, 5.

Heimat bist du großer Söhne, in: Neue Illustrierte Wochenschau vom 25. 6. 1968, 6.

Helczmanovski, Heimold: Der Geburtenrückgang als Gegenstand der Bevölkerungsforschung in der Bundesrepublik Deutschland und in Österreich, in: Mitteilungsblatt der Österreichischen Gesellschaft für Statistik und Informatik 4 (1974), 61 – 69.

Hersch, Liebmann: Quelques Précisions sur la Méthode des Potentiels-Vie et ses Notions Fondamentales (En réponse aux critiques du Prof. Wilhelm Winkler), in: Revue de l'Institut International de Statistique 12 (1944), 23 – 35.

Hofrat Dr. W. Winkler 70 Jahre, in: Wiener Zeitung vom 27. 6. 1954, 4.

Hofrat emerit. Univ.-Prof. Dr. jur. Wilhelm Winkler †, in: Wiener Sprachblätter (1984), 102.

In Memoriam Em. o. Universitätsprofessor Hofrat Dr. Dr. h. c. mult. Wilhelm Winkler, 1884 – 1984, in: Mitteilungsblatt der Österreichischen Gesellschaft für Statistik und Informatik 14 (1984), 216.

Kardinal Innitzer gegen die Gefahr des Geburtenrückganges, in: Neue Freie Presse vom 25. 09. 1935, 5.

Kürschners Deutscher Gelehrtenkalender 1983. Hg. v. Werner Schuder. 14. Ausgabe. Berlin / New York 1983, s. v. Winkler Wilhelm, 4659.

Meyers Enzyklopädisches Lexikon. Bd. 25. Mannheim / Wien / Zürich 1979, 406.

Nachtberufe und Ehe, in: Neue Freie Presse vom 17. 07. 1935, 3.

Nagl, Assunta: Bevölkerungspolitik und Volksvermehrung, in: Reichspost Nr. 223 vom 20. 05. 1919.

Narodonaselenie. Moskau 1994, 44.

Neurath, Paul: Professor Wilhelm Winkler zum hundertsten Geburtstag, in: Adam (Hg.), Festschrift für Wilhelm Winkler, 71 f.

Österreichische Woche 2, Nr. 12 v. 22. 03. 1934, „Volkszählung 1934".

Österreich-Lexikon. Hg. v. Richard Bamberger u. Franz Maier-Bruck. Wien 1966.

Österreich-Lexikon in zwei Bänden. Hg. v. Richard und Maria Bamberger, Ernst Bruckmüller u. Karl Gutkas. Wien 1995, Bd. 2, 651 f.

Österreicher der Gegenwart. Lexikon schöpferischer und schaffender Zeitgenossen. Wien 1951, 340.

Personalnachrichten, in: Allgemeines Statistisches Archiv 43 (1959), 80; 50 (1966), 133; 52 (1968), 293.

Personalnachrichten, in: Salzburger Nachrichten v. 1. 7. 1974, 6.

Piesch, Walter, Wilhelm Winkler, in: Biographisches Handbuch der deutschsprachigen Emigration nach 1933. Hg. v. Harald Hagemann / Claus-Dieter Krohn. Bde. 1 – 2, 1. München 1999, 749 – 751.

Pinwinkler, Alexander: Der österreichische Demograph Wilhelm Winkler und die Minderheitenstatistik, in: Mackensen (Hg.), Bevölkerungslehre und Bevölkerungspolitik (2002), 273 – 296.

– Wilhelm Winkler, in: Christopher C. Heyde / Eugene Seneta (ed.): Statisticians of the Centuries. New York 2001, 369 – 372.

Plechl, Pia Maria: Der Experte, der Saint Germain miterlebte: Statt Friedensgesprächen nur Enttäuschung, in: Die Presse vom 29. 3. 1980, 3.

Prof. Dr. Winkler – 90. Geburtstag, in: Wiener Zeitung vom 29. 6. 1974, 6.

Professor Wilhelm Winkler 70 Jahre alt, in: Allgemeines Statistisches Archiv 38 (1954), 190.

Professor Wilhelm Winkler starb, in: Die Presse vom 6. 9. 1984, 12.

Sagoroff, Slawtscho: Widmung, in: Metrika 8 (1964), 85.

– Wilhelm Winkler, in: Allgemeines Statistisches Archiv 48 (1964), 180 f.

Schmetterer, Leopold: Tribute to Wilhelm Winkler at his 100th Anniversary, in: International Statistical Review 52,3 (1984), 227 f.

Schmitt, Franz: Umfang und System der Invaliden- und Altersversicherung nach der österreichischen Sozialversicherungsvorlage, in: Zeitschrift für Volkswirtschaft, Sozialpolitik und Verwaltung 20 (1911), 573 – 614.

Schwarz, A.[rnold]: Die statistische Wesensform, in: Allgemeines Statistisches Archiv 18 (1928 / 29), 235 – 260.

Schubnell, Hermann: Wilhelm Winkler zur Vollendung seines hundertsten Lebensjahres, in: Zeitschrift für Bevölkerungswissenschaft: Demographie 10 (1984), 109 – 114.

Schwarz, Karl: Wilhelm Winkler 100 Jahre, in: Allgemeines Statistisches Archiv 68 (1984), 241 – 243.

Streißler, Erich: Wilhelm Winkler zum 90. Geburtstag, in: Die Presse vom 8. 7. 1974, 4.

Taylor, Stephen S. (Ed.): Who's Who in Austria 1957 / 58. Vienna 1959, 572 f.

The International Who's who. 27th ed. 1963 – 64. London 1963, 1147.

Vereinigung der Sozial- und Wirtschaftswissenschaftlichen Hochschullehrer: Werdegang und Schriften ihrer Mitglieder. Breslau 1929, 72 f.

Wer ist wer. Lexikon österreichischer Zeitgenossen. Hg. v. Paul Emödi. Wien 1937, 380 f.

Who's who in the world. 4th ed. 1978 – 1979. Chicago 1978, 1006.

Wiener Sprachblätter 24 (1974), 28, 87 f.

Wilhelm Winkler 80 Jahre, in: Österreichische Hochschulzeitung v. 15. 09. 1964, 3 f.

Wilhelm Winkler Dr. h. c., in: Österreichische Hochschulzeitung v. 15. 02. 1966, 7.

Winkler, Erhard M. / Othmar, W.: Persönliches aus dem Leben des Jubilars [ungedrucktes Manuskript, 1987].

Wohnungs-Anzeiger nebst Handels- und Gewerbe-Adreßbuch für die Stadt Wien. Bd. 63, 2. Wien 1921 / 22.

Zeller, Wilhelm: Hofrat Univ.-Prof. emer. Dr. Dr. h. c. Dr. Wilhelm Winkler zum 90. Geburtstag, in: Mitteilungsblatt der Österreichischen Gesellschaft für Statistik und Informatik 4
(1974), 42.

Zimmermann, Georg: Zum Geleit! In: Festschrift zum 70. Geburtstag Prof. Dr. Wilhelm
Winkler (Wien 1954) (= Statistische Vierteljahresschrift 7), 1 – 3.

c) **Periodika**

(1) Zeitungen

Arbeiterzeitung

Bohemia

Der Christliche Ständestaat

Deutschösterreichische Abendzeitung

Deutschösterreichische Tageszeitung

Neue Freie Presse

Neues Wiener Tagblatt

Österreichische Hochschulzeitung

Reichspost

Wiener Universitätszeitung

Wiener Zeitung

(2) Zeitschriften

Der Ackermann aus Böhmen. Monatsschrift für das geistige Leben der Sudetendeutschen.
Geleitet v. Hans Matzlik / Karl Franz Lepka. Karlsbad 1.1933 – 6.1938 [?].

Allgemeines Statistisches Archiv. Organ der Deutschen Statistischen Gesellschaft. Hg. v.
Georg von Mayr, ab 1914 mit Friedrich Zahn, ab 1925 von F. Zahn, 1949 Karl Wagner.
Tübingen; Göttingen 1.1890 – 32.1943 / 44; 33.1949 –.

Alpenländische Monatshefte. Familienzeitschrift des Deutschen Schulvereins Südmark. Graz
1.1924 – 12.1934 / 35.

Archiv für Bevölkerungswissenschaft und Bevölkerungspolitik. Hg. v. Friedrich Burgdörfer /
Hans Harmsen / Falk Ruttke et al. Leipzig 1.1931 – 13.1943.

Archiv für soziale Hygiene und Demographie. Hg. v. Alfred Grotjahn / Friedrich Kriegel et al.
Leipzig 9.1914 – 15.1923; N. F. 1.1925 – 8.1933 / 34.

Der Auslanddeutsche. Halbmonatsschrift für Ausland-Deutschtum und Auslandkunde. Stuttgart 2.1919, 10 – 21.1938, 2.

Auslandsdeutsche Volksforschung. Vierteljahresschrift des Deutschen Ausland-Instituts.
Stuttgart 1937 – 1942 / 43; ab 3.1939, 1 unter dem Titel: „Volksforschung".

Beiträge zur Statistik der Republik Österreich. Hg. von der Statistischen Zentralkommission,
ab 1922 / 23: hg. vom Bundesamt für Statistik.

Böhmerlandjahrbuch für Volk und Heimat. Eger 1920–1924. Forts. → Sudetendeutsches-Jahrbuch.

Bulletin de l'Institut International de Statistique. La Haye 1.1886–30.1938.

Československý Statistický Věštník. Praha 1.1920–11.1930.

Deutsche Arbeit. Monatsschrift für das geistige Leben der Deutschen in Böhmen. Hg. i. Auftrage der Gesellschaft zur Förderung Deutscher Wissenschaft, Kunst und Literatur in Böhmen. Prag 1.1901–20.1920. Forts. → Deutsche Arbeit. Zeitschrift des Volksbundes für das Deutschtum im Ausland. –44.1944 [?].

Deutsche Hefte für Volks- und Kulturbodenforschung. Hg. i. A. der Stiftung für deutsche Volks- und Kulturbodenforschung in Leipzig in Verb. mit Otto Brunner / Rudolf Kötzschke et al. v. Wilhelm Volz / Hans Schwalm. Berlin / Leipzig 1.1930 / 31 – 8.1944, ab 4.1934: Deutsche Hefte für Volksforschung.

Deutsche Hochschul-Stimmen aus der Ostmark. Akademisches Wochenblatt. Organ des Verbandes deutschvölkischer Akademiker in Brünn u. a. Wien 1.1909–7.1915.

Deutsche Rundschau. Berlin [1.] 1874–68.1942 = Bd. 1–271; 69.1946–71.1948; 75.1949–90.1964.

Deutsches Archiv für Landes- und Volksforschung. Leipzig 1.1937–8.1944,4.

Deutsches Statistisches Zentralblatt. Organ der Deutschen Statistischen Gesellschaft und des Verbandes der Deutschen Städtestatistiker. Hg. v. Eugen Würzburger (bis 1933) et al., ab 1925: E. Würzburger in Verb. mit Friedrich Burgdörfer et al. Leipzig / Berlin 1.1909–35.1943.

Giornale degli Economisti e Rivista di Statistica. Milano 21.–53 (= 3.–4.Ser.) 1910–1938.

Grenzland. Hg. vom Deutschen Schulverein Südmark. Graz 1925–1938.

Jahrbuch der Österreichischen Leogesellschaft. Hg. v. Oskar Katann. Wien 1.1895–[?].

Jahrbücher für Nationalökonomie und Statistik. Hg. 1915–19 v. Ludwig Elster in Verb. mit E. Loening et al., 1919–33 von L. Elster, 1934–43 von Otto von Zwiedineck-Südenhorst / Gerhard Albrecht, 1943 ff. v. Friedrich Lütge et al. Jena [u. a.] 1.1863–.

Metrika. Internationale Zeitschrift für theoretische und angewandte Statistik. Hg. v. Oskar Anderson / Wilhelm Winkler. Würzburg / Wien 1.1958-31.1984. Vorg. → Mitteilungen für mathematische Statistik; Statistische Vierteljahresschrift.

Metron. Rivista Internazionale di Statistica. Direttore Proprietario: Corrado Gini. Roma 1.1920 / 21 –.

Mitteilungen der Geographischen Gesellschaft in Wien. Wien 61.1918–100.1958.

Mitteilungen der (Deutsch-)Österreichischen Gesellschaft für Bevölkerungspolitik und Fürsorgewesen. Wien 1.-H. 16. 1918–1937.

Mitteilungen des Statistischen Landesamtes des Königreiches Böhmen. Prag 1.1899–25.1916 / 23; 26.1918, 1; damit Erscheinen eingestellt.

Mitteilungen für Mitglieder und Freunde der Deutschen Gesellschaft für Bevölkerungswissenschaft. Hamburg 1952 ff.

Mitteilungsblatt der Österreichischen Gesellschaft für Statistik und Informatik. Wien 1.1971–14.1984.

Monatsschrift für Kultur und Politik. Hg. v. Johannes Messner Wien 1.1936–3.1938.

Mutterland. Zeitschrift zur Festigung des geistigen Zusammenhanges aller deutschen Stämme. Hg. v. W. Neuwirth. Wien 1.1921 – [?].

Nation und Staat. Wien / Leipzig 1.1927 / 28 – 17.1943 / 44.

Österreichische Rundschau. Deutsche Kultur und Politik. München / Wien 1.1904 / 05 – 65.1920; Jg. 17.1921 – 20.1924,6.

Österreichischer Verband für volksdeutsche Auslandarbeit. Jahrbuch. Wien 1937 / 38.

Österreichisches Verwaltungsblatt. Hg. v. Ludwig Adamovich / Emmerich Coreth / Wilhelm Reidl. Wien 1.1930 – 9.1938.

Ostland. Vom geistigen Leben der Auslanddeutschen. Hermannstadt 1.1926 – 6.1931,6.

Population Studies. A journal of demography. London School of Economics and Political Science / Population Investigation Committee. London [u. a.] 1.1947 / 48(1948) –.

Revue de l'Institut International de Statistique (International Statistical Institute) La Haye [u. a.] 1.1933 – 39.1971.

Schmollers Jahrbuch für Gesetzgebung, Verwaltung und Volkswirtschaft im Deutschen Reiche. Ab 1917 hg. von Hermann Schumacher / Arthur Spiethoff, ab 1939 Jens Jessen. 37.1913 – 68.1944. Forts. → Schmollers Jahrbuch für Wirtschafts- und Sozialwissenschaften. Berlin / München 37.1913 – 87.1967.

Schönere Zukunft. Wochenschrift für Religion und Kultur, Soziologie und Volkswirtschaft. Wien 1.1925 / 26 – 16.1940 / 41.

Statistische Mitteilungen der Stadt Wien. Wien 1925 – 1927. Hg. von der Magistrats-Abteilung für Statistik.

Statistische Monatsschrift. Hg. von der Statistischen Zentralkommission. Wien-Brünn N. F. 1 = 22 1896 – 22 = 43.1917; 3. F. 1.1919 – 3.1921.

Statistische Nachrichten / Bundesamt für Statistik: Mitteilungen des Bundesamts für Statistik. Wien 1.1923 – 16.1938.

Statistische Vierteljahresschrift. Hg. v. Wilhelm Winkler. Wien 1.1948 – 10.1957, $^3/_4$. Forts. → Metrika.

Sudetendeutsches Jahrbuch. Eger 1.1924 – 5.1929; 3. F. 1.1930 – 4.1936; 4. F. 1.1937 Vorg. → Böhmerlandjahrbuch.

Volk und Rasse. Illustrierte Vierteljahrschrift für deutsches Volkstum. Zeitschrift des Reichsausschusses für Volksgesundheitsdienst und der deutschen Gesellschaft für Rassenhygiene. München 1.1926 – 18.1943.

Volk und Reich. Politische Monatshefte für das junge Deutschland. Hg. v. Friedrich Heiß. Berlin 1.1927 – 20.1944.

Weltwirtschaftliches Archiv. Zeitschrift des Instituts für Weltwirtschaft an der Universität Kiel. Kiel 1.1913 – 61.1945; 62.1949 –.

Wiener Sprachblätter. Verein Muttersprache, vormals Deutscher Sprachverein. Wien 1960 –.

Wiener Statistische Sprechabende. Wien 1.1930 – 3.1930.

Zeitschrift für die gesamte Staatswissenschaft. Tübingen 1.1844 – 104.1944, Sept.; 105 1948 / 49 – 141.1985.

Zeitschrift für Kinderschutz, Familien- und Berufsförderung. Hg. von der Zentralstelle für Kinderschutz und Jugendfürsorge. Wien 15. [?] 1923 – 29.1937.

Zeitschrift für Rassenkunde. Hg. v. Egon Freiherr von Eickstedt, ab 1941 von Ilse Schwidetz-ky et al. Stuttgart 1.1935 – 14.1943 / 44.

Zeitschrift für Volkswirtschaft, Sozialpolitik und Verwaltung. Organ der Gesellschaft öster-reichischer Volkswirte. Hg. v. Eugen von Böhm-Bawerk / Eugen vonPhilippovich et al. Wien-Leipzig 1.1892 – 26.1917 / 18. Forts. → Zeitschrift fürVolkswirtschaft und Sozial-politik (Neue Folge). Wien / Leipzig N. F. 1.1921 – 5.1927. Forts. → Zs. für Nationalöko-nomie. Wien 1. 1929 / 30 – 45.1985.

3. Literatur

a) Zur Geschichte der Statistik und Demographie

Abt, Klaus: Arthur Linder 70 Jahre, in: Allgemeines Statistisches Archiv 58 (1974), 320 f.

Adam, Adolf: Bericht des geschäftsführenden Sekretärs, in: Statistische Vierteljahresschrift 8 (1955), 90 – 92.

– Das Österreichische Rechenzentrum für Wirtschaft und Forschung, in: Der Österreichische Volkswirt 40 (1954), 6.

– Erste Generalversammlung der Österreichischen Statistischen Gesellschaft am 29. April 1952, in: Statistische Vierteljahresschrift 5 (1952), 50 – 53.

– Grundriß einer statistischen Systemtheorie, in: Ders. (Hg.), Festschrift für Wilhelm Wink-ler, 14 – 51.

– Persönliche Festschrift für Prof. Dr. Edmund Hlawka [unveröff. Manuskript, Linz 1996].

– Slawtscho Sagoroff, Leben und Wirken, in: Metrika 14 (1969), 133 – 137.

Adam, Adolf / *Fuchs,* O. P. / *Kottas,* H.: Elektronik und Statistik, in: Mitteilungsblatt für Mathematische Statistik 3 (1951), H. 1.

Anderson, Oskar: Einführung in die mathematische Statistik. Wien 1935.

– Hans Kellerer †, in: Allgemeines Statistisches Archiv 60 (1976), 261 – 263.

Anfrage der Abgeordneten Dr. Zeidler, Dr. Jerzabek, Dr. Ursin, Johann Gürtler und Genossen an die Bundesregierung, betreffend die Zählung der Juden auf Grund der Rassenzugehörig-keit anläßlich der kommenden Volkszählung, in: Nationalrat – 53. Sitzung am 14. 09. 1921. Wien 1921.

Aubin, Hermann: Zur Erforschung der deutschen Ostbewegung, in: Deutsches Archiv für Landes- und Volksforschung 1 (1937), 309 – 331.

Autorenkollektiv (Hg.): Allgemeine Statistik. Lehrbuch. Berlin / Ost 1969.

Bartels, Hildegard: Gerhard Fürst 80 Jahre, in: Allgemeines Statistisches Archiv 61 (1977), 206 – 208.

– Zur Erinnerung an Dr. Dr. h. c. Gerhard Fürst, in: Wirtschaft und Statistik 8 (1988), 509 – 512.

Bassenge, Rosemarie: Bericht über die Sitzungen des Fachausschusses der Deutschen Sta-tistischen Gesellschaft „Anwendung statistischer Methoden in der Industrie", in: Allgemei-nes Statistisches Archiv 38 (1954), 173 – 177.

Beiträge zur deutschen Statistik. Festgabe für Franz Zizek. Hg. v. Paul Flaskämper / Adolf Blind. Leipzig 1936.

Beiträge zur Statistik der Republik. Hg. von der Statistischen Zentralkommission. Ab 1922: Hg. vom Bundesamte für Statistik. Wien 1920 – 23.

    H. 5: Vorläufige Ergebnisse der außerordentlichen Volkszählung vom 31. Jänner 1920 nebst Gemeindeverzeichnis. Wien 1920.

    H. 7: Ergebnisse der außerordentlichen Volkszählung vom 31. Jänner 1920. Endgültige Ergebnisse samt Nachtragszählungen. Anhang: Beruf und Arbeitslosigkeit. Wien 1921.

    H. 8: Die Bewegung der Bevölkerung in den Jahren 1914 bis 1921. Wien 1923.

    H. 12: Vorläufige Ergebnisse der Volkszählung vom 7. März 1923. Wien 1923.

Berger, Werner: Internationaler Kongreß für Bevölkerungsforschung, in: Allgemeines Statistisches Archiv 22 (1932), 85 – 88.

Bericht über die 9. Fürsorgetagung am 26. Juni 1927. Wien 1928 (= Mitteilungen der österreichischen Gesellschaft für Bevölkerungspolitik und Fürsorgewesen; 6).

Bericht über die Ordentliche Hauptversammlung 1978 der Österreichischen Gesellschaft für Statistik und Informatik am 7. Dezember 1978, in: Mitteilungsblatt der Österreichischen Gesellschaft für Statistik und Informatik 8 (1978), 72 – 76.

Bericht über die Tätigkeit des Statistischen Landesamtes für das Königreich Böhmen im Jahre 1911; 1912; 1913; 1914, in: Mitteilungen des Statistischen Landesamtes des Königreiches Böhmen. Prag 1912; 1913; 1914; 1916, 1 – 5; 1 – 5; 3 – 5; 1 f.

Berichte über die Sitzungen der Fachausschüsse der Deutschen Statistischen Gesellschaft anläßlich der Jahresversammlung am 8. Und 9. November 1950 in Berlin, in: Allgemeines Statistisches Archiv 34 (1950), 360 – 364.

Berufsgliederung der Bevölkerung Österreichs, in: Neue Freie Presse (Abendblatt) v. 16. 07. 1935, 3.

Beyer, H.[ans] J.[oachim]: Zur Einführung, in: Auslandsddeutsche Volksforschung 1 (1937), 1 – 16.

Blind, Adolf: Felix Burkhardt †, Allgemeines Statistisches Archiv 57 (1973), 141 f.

Boehm, Max Hildebert: Literatur, in: v. Loesch (Hg.), Volk unter Völkern (1925), 415 – 429.

Boese, Franz: Geschichte des Vereins für Sozialpolitik 1872 – 1932. Berlin 1939 (= Schriften des Vereins für Sozialpolitik; 188).

Bolognese-Leuchtenmüller, Birgit: Wissenschaft und Vorurteil am Beispiel der Bevölkerungsstatistik und Bevölkerungswissenschaft von der zweiten Hälfte des 19. Jahrhunderts bis zum Nationalsozialismus, in: Hubert Ch. Ehalt (Hg.), Zwischen Natur und Kultur. Zur Kritik biologistischer Ansätze. Wien-Köln-Graz 1985 (= Kulturstudien; 4), 349 – 382.

Bosse, Lothar: Festvortrag (beim Festakt zum Jubiläum 150 Jahre zentrale amtliche Statistik in Österreich am 5. November 1979), in: Mitteilungsblatt der Österreichischen Gesellschaft für Statistik und Informatik 9 (1979), 113 – 118.

Bosse, Lothar / *Schmetterer,* Leopold: Zum Geleit, in: Mitteilungsblatt der Österreichischen Gesellschaft für Statistik und Informatik (1971), [1].

Boustedt, Olaf: Die 21. Jahresversammlung der Deutschen Statistischen Gesellschaft am 8. und 9. November 1950 in Berlin, in: Allgemeines Statistisches Archiv 34 (1950), 352 – 360.

– Die 24. Jahresversammlung der Deutschen Statistischen Gesellschaft am 28. und 29. Oktober 1953 in Heidelberg, in: Allgemeines Statistisches Archiv 37 (1953), 314–361.

– Die 25. Jahresversammlung der Deutschen Statistischen Gesellschaft am 15., 16. und 17. September 1954 in Trier, in: Allgemeines Statistisches Archiv 38 (1954), 392–435.

– Die 26. Jahresversammlung der Deutschen Statistischen Gesellschaft vom 14. bis 16. September 1955 in Augsburg, in: Allgemeines Statistisches Archiv 39 (1955), 333–343.

– Die 27. Jahresversammlung der Deutschen Statistischen Gesellschaft vom 28. bis 30. November 1956 in Essen, in: Allgemeines Statistisches Archiv 40 (1956), 371–380.

– Die 28. Tagung des Internationalen Statistischen Instituts vom 6. bis 12. September 1953 in Rom, in: Allgemeines Statistisches Archiv 37 (1953), 239–257.

– Die 29. Tagung des Internationalen Statistischen Instituts vom 24. Juni bis 2. Juli 1955 in Rio de Janeiro, in: Allgemeines Statistisches Archiv 39 (1955), 153–165.

– Die 30. Tagung des Internationalen Statistischen Instituts vom 8. bis 15. August 1957 in Stockholm, in: Allgemeines Statistisches Archiv 42 (1958), 42–58.

Branca, Gerhard Frhr. v.: Die Deutsch-Österreichische Arbeitsgemeinschaft, in: Volk und Reich (1927), 255–257.

Brass, W.: Report; Summary of Discussion, in: International Population Conference, 288–293; 368–373.

Braunias, Karl: Das Minderheiten-Institut an der Wiener Universität, in: Alpenländische Monatshefte (1924), 249–251.

– Zwei Jahre Minderheiteninstitut an der Wiener Universität, in: v. Loesch (Hg.), Volk unter Völkern (1925), 407–410.

Brix, Emil: Die Umgangssprachen in Altösterreich zwischen Agitation und Assimilation. Die Sprachenstatistik in den zisleithanischen Volkszählungen 1880 bis 1910. Wien / Köln / Graz 1982 (= Veröffentlichungen der Kommission für Neuere Geschichte Österreichs; 72).

Brocke, Bernhard vom: Bevölkerungswissenschaft Quo vadis? Möglichkeiten und Probleme einer Geschichte der Bevölkerungswissenschaft in Deutschland. Opladen 1998.

Bruckmann, Gerhart: Slawtscho Sagoroff †, in: Metrika 16 (1970), 246.

– Statistik und Prognostik, in: Adam (Hg.), Festschrift für Wilhelm Winkler, 52–58.

Buhrow, Kurt: Tagung des Verbandes Deutscher Städtestatistiker am 7. und 8. November 1950 in Berlin, in: Allgemeines Statistisches Archiv 34 (1950), 368–374.

– Tagung des Verbandes Deutscher Städtestatistiker am 18. und 19. September 1951 in Stuttgart, in: Allgemeines Statistisches Archiv 35 (1951), 351–356.

Bulletin de l'Institut International de Statistique, Tome 22 – 1ère Livraison. Rom 1926.

Bulletin de l'Institut International de Statistique, Tome 23 – 1ère Livraison. Kairo 1928.

Bulletin de l'Institut International de Statistique, Tome 25 – 1ère Livraison. Tokio 1932.

Bulletin de l'Institut International de Statistique, Tome 29. Session d'Athènes 1936. Athen 1938.

Bulletin de l'Institut International de Statistique, Tome 30. Session de Prague 1938. Prag 1945.

Bulletin of the International Statistical Institute. Proceedings of the 39th Session. vol. 1–4. Vienna 1973.

Bundesgesetz vom 12.07. 1950 über die Bundesstatistik, Bgbl. Stück 40 Nr. 160.

Burgdörfer, Friedrich: Die Organisation des amtlichen statistischen Dienstes, in: Ludolph Brauer / Albrecht Mendelssohn Bartholdy / Adolf Meyer (Hg.), Forschungsinstitute. Ihre Geschichte, Organisation und Ziele. Bd. 1. Hamburg 1930, 338 – 353.

– Völker am Abgrund. 2., verm. Aufl. München / Berlin 1937.

– Volk ohne Jugend. Geburtenschwund und Überalterung des deutschen Volkskörpers. Ein Problem der Volkswirtschaft, der Sozialpolitik, der nationalen Zukunft. Berlin 1932 [3., verm. Aufl. 1935; Neuaufl. 1938].

– (Hg.): Die Statistik in Deutschland nach ihrem heutigen Stand. Ehrengabe für Friedrich Zahn. Bde. 1 – 2. Berlin 1940.

Chi é? Dizionario biografico degli italiani d'oggi. Ed.: Filippo Scarano. 7. edizioni. Roma o. J. [= 1961], s. v. Barberi, Benedetto, 54; Gini, Corrado, 325; Mortara, Giorgio, 460.

Creutz, Gerhard: Bericht über die Diskussion der Vorträge zum Thema „Soziale Indikatoren" auf der 46. Jahreshauptversammlung der Deutschen Statistischen Gesellschaft am 25. September 1975 in Nürnberg, in: Allgemeines Statistisches Archiv 60 (1976), 78 – 85.

Czuber, Emanuel: Die Statistischen Forschungsmethoden. Unveränderter Ndr. der 3. erw. Aufl. Hg. v. F.[elix] Burkhardt. Wien-München 1938.

Dale, A. I.: Arthur Lyon Bowley, in: Christopher C. Heyde / Eugene Seneta (ed.): Statisticians of the Centuries, (2001), 278 – 282.

Das Amt für Minderheitenschutz in Wien, in: Deutsche Arbeit 18 (1918 / 19), 234 f.

Das Institut für Statistik der Minderheitsvölker an der Universität Wien, in: Deutsche Arbeit 22 (1923), 193 – 195.

Das Institut für Statistik der Minderheitsvölker an der Universität Wien, in: Sudetendeutsches Jahrbuch 2 (1926), 149; 3 (1927), 238; 4 (1928), 161.

Deininger, Rolf: Bericht über die Diskussion der Vorträge zum Thema „Die Bedeutung der automatisierten Datenverarbeitung für die Beschaffung und Bereitstellung statistischer Daten am 17. September 1970, in: Allgemeines Statistisches Archiv 55 (1971), 137 – 144.

Deistler, Manfred: Ökonometrie, in: Karl Acham (Hg.), Geschichte der österreichischen Humanwissenschaften. Bd. 3,2: Menschliches Verhalten und gesellschaftliche Institutionen: Wirtschaft, Politik und Recht. Wien 2000, 177 – 203.

Demographische Forschung in Österreich. Veröffentlichung des Bundesministeriums für Wissenschaft und Forschung. Wien / New York 1974.

Der VIII. Europäische Nationalitätenkongreß. Wien, 29. Juni bis 1. Juli 1932, in: Nation und Staat 5 (1931 / 32), 762 – 782.

Der Geburtenabgang in Österreich, in: Neue Freie Presse (Abendblatt) vom 28. 03. 1936, 8.

Der Rassenforscher Frank, in: Arbeiterzeitung Nr. 40 vom 11. 02. 1923.

Dictionary of National Biography 1981 – 1985. Ed. by Lord Blake and C. S. Nicholls. Oxford 1990, s. v. Kendall, Sir Maurice George.

Die deutschösterreichische und sudetendeutsche Mittelstelle, in: Deutsche Arbeit 20 (1920 / 21), 95 – 97.

Die Ergebnisse der österreichischen Volkszählung vom 22. März 1934. Bearb. vom Bundesamt für Statistik. Bundesstaat: Textheft. Tabellenheft. Wien 1935 (= Statistik des Bundesstaates Österreich; H. 1; 2).

Die Ergebnisse der österreichischen Volkszählung vom 22. März 1934. Bearb. vom Bundesamt für Statistik. Wien. Niederösterreich. Oberösterreich. Salzburg. Tirol. Vorarlberg. Kärnten. Steiermark. Burgenland. Wien 1935 (= Statistik des Bundesstaates Österreich; H. 3 – 11).

Die Ergebnisse des Prager Statistikerkongresses, in: Prager Presse v. 21. 09. 1938, 5.

Die honorierten Organe der territorialen Selbstverwaltungskörper im Königreiche Böhmen zu Ende des Jahres 1908. Deutsche Ausgabe. Prag 1914 (= Mitteilungen des Statistischen Landesamtes des Königreiches Böhmen; 20, H. 2).

Die Lage der Statistik in der Welt, in: Statistische Vierteljahresschrift 1 (1948), 174 – 180.

Die Rasse, in: Deutschösterreichische Tageszeitung vom 20. 01. 1923.

Die verpatzte Volkszählung, in: Deutschösterreichische Abendzeitung vom 08. 03. 1923.

Die Vorträge in den Versammlungen der Österreichischen Gesellschaft für Bevölkerungspolitik und Fürsorgewesen, in: Mitteilungsblatt der Österreichischen Gesellschaft für Bevölkerungspolitik 1937, 20 – 24.

Dittmar, Wilhelm: Die 22. Jahresversammlung der Deutschen Statistischen Gesellschaft am 19. und 20. September 1951 in Stuttgart, in: Allgemeines Statistisches Archiv 35 (1951), 328 – 344.

Drexel, Karl: Die österreichische Binnenwanderung auf Grund der Volkszählung 1934, in: Harmsen / Lohse (Hg.), Bevölkerungsfragen, 200 – 204.

Ehmer, Josef: Eine „deutsche" Bevölkerungsgeschichte? Gunther Ipsens historisch-soziologische Bevölkerungstheorie, in: Demographische Informationen (1992 / 93), 60 – 70.

Esenwein-Rothe, Ingeborg: Oskar Andersons Lebenswerk für die sozialwissenschaftliche Statistik, in: Schmollers Jahrbuch 85, 1 (1965), 312 – 334.

Exner, Gudrun / *Kytir,* Josef / *Pinwinkler,* Alexander: Bevölkerungswissenschaft in Österreich in der Zwischenkriegszeit: Personen, Institutionen, Diskurse [unveröffentlichter Projektbericht, Wien 2002].

Fassmann, Heinz: Demographie und Sozialökologie. In: Karl Acham (Hg.), Geschichte der österreichischen Humanwissenschaften. Bd. 2: Lebensraum und Organismus des Menschen. Wien 2001, S. 189 – 215.

Festschrift zum 70. Geburtstag Prof. Dr. Heinrich Rauchbergs (= Prager Juristische Zeitschrift 10 / 1930).

Fienberg, Stephen E.: Statistical Developments in World War II: An International Perspective, in: Ders. / Anthony C. Atkinson (Hg.), A Celebration of Statistics. The ISI Centenary Volume. New York / Berlin 1985, 25 – 30.

Flaskämper, Paul: Das Problem der „Gleichartigkeit" in der Statistik, in: AStA 19 (1929), 232.

– Bericht über neueres bevölkerungsstatistisches und bevölkerungspolitisches Schrifttum, in: Jahrbücher für Nationalökonomie und Statistik 140 (1934), 83 – 101.

– Einige Forderungen an die Bevölkerungsstatistik vom Standpunkte der Bevölkerungspolitik, in: Harmsen / Lohse (Hg.), Bevölkerungsfragen, 414 – 417.

– Franz Zizek zum 60. Geburtstag, in: Allgemeines Statistisches Archiv 25 (1935 / 36), 475 – 477.

– Grundriß der Sozialwissenschaftlichen Statistik. Teil 1: Allgemeine Statistik. Hamburg 1959. Teil 2: Bevölkerungsstatistik. Hamburg 1962.

Franz, Alfred: Lothar Bosse 70 Jahre! In: Mitteilungsblatt der Österreichischen Gesellschaft für Statistik und Informatik 14 (1984), 79–84.

Fürst, Gerhard: Die 35. Tagung des Internationalen Statistischen Instituts in Belgrad, in: Allgemeines Statistisches Archiv 50 (1966), 108–114.

Fürst, Gerhard / *Bartels,* Hildegard: Bericht über die 3. Tagung der „International Association for Research in Income and Wealth" in Castelgandolfo, in: Allgemeines Statistisches Archiv 38 (1954), 67–71.

Fürst, Gerhard / *Bartels,* Hildegard / *Szameitat,* Klaus: Die 34. Tagung des Internationalen Statistischen Instituts vom 21. bis 29. August 1963 in Ottawa, in: Allgemeines Statistisches Archiv 48 (1964), 61–72.

Fürst, Gerhard / *Koller,* Siegfried: Bericht über die 31. Tagung des Internationalen Statistischen Instituts vom 2. bis 8. September 1958 in Brüssel, in: Allgemeines Statistisches Archiv 42 (1958), 257–260.

Gehart, Alois: Statistik in Österreich 1918–1938. Eine Bibliographie. Hg. vom Österreichischen Statistischen Zentralamt. Wien 1984.

Gelinek, Oskar: Bevölkerungsspiegel Österreichs. Lebenswichtige Ergebnisse der Volkszählung 1934. Wien 1936.

Geschichte und Ergebnisse der zentralen amtlichen Statistik in Österreich 1829–1979. Hg. vom Österreichischen Statistischen Zentralamt. Wien 1979 (= Beiträge zur österreichischen Statistik; H. 550) [Bearb. v. Wilhelm Zeller].

Glaab, Peter: Bericht über die Diskussion der Vorträge zum Thema „Gesamtwirtschaftliche Prognose und Konjunkturindikatoren" auf der 44. Jahreshauptversammlung der Deutschen Statistischen Gesellschaft am 4. Oktober 1973 in Mannheim, in: AStA 58 (1974), 105–111.

Götz, Josef: Rassenforschung und Statistik, in: Friedrich Burgdörfer (Hg.), Die Statistik in Deutschland nach ihrem heutigen Stand. Bd. 1. Berlin 1940, 185–191.

Griesmeier, Josef: F. Zahn als praktischer und wissenschaftlicher Statistiker, in: Allgemeines Statistisches Archiv 19 (1929), 76–81.

Grohmann, Heinz: Statistik als Instrument der empirischen Wirtschafts- und Sozialforschung, in: Jahrbücher für Nationalökonomie und Statistik 220 (2000), 679–688.

– Statistische Maßzahlen für die Darstellung der Einkommensschichtung. Wirtschafts- und Sozialwiss. Dipl.-Arb. Frankfurt / Main 1955.

Gutberger, Jörg: Volk, Raum und Sozialstruktur. Sozialstruktur- und Sozialraumforschung im „Dritten Reich". Münster ^{2} 1999 (= Beiträge zur Geschichte der Soziologie; 8).

Handwörterbuch der Sozialwissenschaften. Zugleich Neuauflage des Handwörterbuchs der Staatswissenschaften. Tübingen / Göttingen 1956 ff..

– Einkommensstatistik, Bd. 3 (1961), 60–67 (Gerhard Zeitel)

– Heiratsstatistik, Bd. 5 (1956), 111–115 (Felix Burkhardt)

– Österreichische wirtschaftswissenschaftliche Gesellschaften, Bd. 8 (1964), 73 (Theodor Pütz)

– Streuungsmaße, Bd. 10 (1959), 231 – 234 (Paul Flaskämper)

– Statistik (I), Bd. 10 (1959), 29 – 38 (Charlotte Lorenz)

Handwörterbuch des Grenz- und Auslanddeutschtums. Hg. v. Carl Petersen / Paul Hermann Ruth / Otto Scheel / Hans Schwalm. Bde. 1 – 3. Breslau 1933 – 38.

Harmsen, Hans: Handwörterbuch des Grenz- und Auslanddeutschtums, in: Archiv für Bevölkerungswissenschaft und Bevölkerungspolitik 5 (1935), 302 – 306.

Harmsen, Hans / *Lohse,* Franz (Hg.): Bevölkerungsfragen. Bericht des Internationalen Kongresses für Bevölkerungswissenschaft. Berlin, 26. 08. – 01. 09. 1935. München 1936.

Harpe, W. v.: Das Institut für Grenz- und Auslandstudien und die Methoden volkspolitischer Schulung, in: Max Hildebert Boehm / Karl C. v. Loesch (Hg.), Deutsches Grenzland (1935), 75 – 78.

Haufe, Helmut: Die Bevölkerung Europas. Stadt und Land im 19. und 20. Jahrhundert. Berlin 1936.

Haufe, Helmut / *Harmsen,* Hans / *Essen,* Werner: Bevölkerungszahlen, in: Handwörterbuch des Grenz- und Auslanddeutschtums. Bd. 1. Breslau 1933, 463 – 474.

Hecke, Wilhelm: Bericht über die Tätigkeit der Österreichischen Gesellschaft für Bevölkerungspolitik im Jahre 1917 / 1918, in: Mitteilungen der Österreichischen Gesellschaft für Bevölkerungspolitik 1 (1918), 2 – 13.

– Bericht über die Tätigkeit der Gesellschaft in den Jahren 1918 bis 1920, in: Mitteilungen der Deutschösterreichischen Gesellschaft für Bevölkerungspolitik, H. 2 (1921), 1 – 13.

– Rückblick auf die Fürsorgetagungen und Ausblick, in: Mitteilungen der Österreichischen Gesellschaft für Bevölkerungspolitik und Fürsorgewesen, H. 7 (1929), 1 – 11.

– Die „Österreichische Gesellschaft für Bevölkerungspolitik", in: Archiv für Bevölkerungspolitik, Sexualethik und Familienkunde 1 (1932), 35 – 39.

– Bevölkerungspolitik in Österreich, in: Archiv für Bevölkerungswissenschaft und Bevölkerungspolitik 4 (1933 / 34), 47 – 50.

– Bericht über die 3. Tagung des österreichischen Verbandes Familienschutz vom 9. – 11. Jänner 1936 in Wien, in: Archiv für Bevölkerungswissenschaft und Bevölkerungspolitik 6 (1936), 111 f.

– Die 16. Fürsorgetagung der österreichischen Gesellschaft für Bevölkerungspolitik und Fürsorgewesen am 25. Mai 1935 in Wien, in: Archiv für Bevölkerungswissenschaft und Bevölkerungspolitik 6 (1936), 59 – 62.

– Die Unehelichen in Österreich, in: Harmsen / Lohse (Hg.), Bevölkerungsfragen, 338 – 341.

Hecker, Helga: Bericht über die Diskussion der Vorträge zum Thema „Aktuelle Aufgaben und Probleme der Bevölkerungsstatistik" auf der 38. Jahreshauptversammlung der Deutschen Statistischen Gesellschaft am 12. Oktober 1967 in Göttingen, in: Allgemeines Statistisches Archiv 52 (1968), 59 – 69.

Henninger, Wilhelm: Friedrich Zahn zum Gedächtnis, in: Allgemeines Statistisches Archiv 33 (1949), 3 – 6.

– Georg von Mayr zum Gedächtnis, in: Allgemeines Statistisches Archiv 31 (1942 / 43), 335 – 342.

Hieß, Franz: Methodik der Volkszählungen. Jena 1931.

– Technische Erfahrungen bei der österreichischen Volkszählung 1934, in: Allgemeines Statistisches Archiv 25 (1935 / 36), 456 – 469.

– Volkszählungsbesonderheiten, in: Allgemeines Statistisches Archiv 22 (1932), 573 – 584.

Die Hochschullehrer der Wirtschaftswissenschaften in der Bundesrepublik einschließlich Westberlin, Österreich und der deutschsprachigen Schweiz. Werdegang und Schriften. Hg. von der Gesellschaft für Wirtschafts- und Sozialwissenschaften / Verein für Socialpolitik gegr. 1872. Berlin 1966, s. v. Bickel, Wilhelm, 64 f.; Hermberg, Paul, 270 f.

Hof- und Staatshandbuch der Österreichisch-Ungarischen Monarchie. Bde. 35 – 44. Wien 1909 – 1918.

Höhn, Charlotte: Grundsatzfragen in der Entstehungsgeschichte der Internationalen Union für Bevölkerungswissenschaft (IUSSP / IUSIPP), in: Rainer Mackensen / Lydia Thill-Thouet / Ulrich Stark (Hg.), Bevölkerungsentwicklung und Bevölkerungstheorie in Geschichte und Gegenwart. Frankfurt / New York 1989, 233 – 254.

– Laudatio für Hermann Schubnell anläßlich seines 80. Geburtstages, in: Zeitschrift für Bevölkerungswissenschaft 16 (1990), 315 – 318.

– Mehrsprachiges demographisches Wörterbuch. Deutschsprachige Fassung. Boppard 1987.

Horstmann, Kurt: Der gegenwärtige Stand der Bevölkerungswissenschaft in Deutschland (Wiesbaden, im April 1953), in: Zeitschrift für Bevölkerungswissenschaft. Demographie (1985), 281 – 284.

– Die Welt-Bevölkerungskonferenz in Rom vom 31. August bis 10. September 1954, in: Allgemeines Statistisches Archiv 38 (1954), 269 – 276.

Huber, Michel: La XXIVe Session de l'Institut International de Statistique, Prague, 1938, in: Revue de l'Institut International de Statistique 6 (1938), 410 – 418.

Hüfner, Adam: Österreich – Die bevölkerungspolitische Lage, in: Der Auslandsdeutsche 19 (1936), 567 – 570.

Hüfner, Willi: Die 33. Jahreshauptversammlung der Deutschen Statistischen Gesellschaft vom 10. bis 12. Oktober 1962 in Berlin, in: Allgemeines Statistisches Archiv 46 (1962), 388 – 397.

150 Jahre zentrale amtliche Statistik in Österreich. Festakt am 5. 11. 1979, in: Mitteilungsblatt der Österreichischen Gesellschaft für Statistik und Informatik 9 (1979), 93 – 119.

Husa, Karl / *Vielhaber,* Christian: Die Entwicklung der Bevölkerungsforschung in Österreich nach dem Zweiten Weltkrieg, in: Dies. / Ernest Troger / Helmut Wohlschlägl, Bibliographie zur Bevölkerungsforschung in Österreich 1945 – 1978. Wien 1980, 123 – 163.

Husa, Karl / *Vielhaber,* Christian / *Troger,* Ernest / *Wohlschlägl,* Helmut: Bibliographie zur Bevölkerungsforschung in Österreich 1945 – 1978 (Wien 1980).

Innitzer, Theodor: Die Leo-Gesellschaft im Jahre 1927 / 28, in: Jahrbuch der Leo-Gesellschaft (1928), 303 – 315.

– Die Leo-Gesellschaft im Jahre 1930 / 31, in: Jahrbuch der Leo-Gesellschaft (1931), 239 – 250.

Internationaler Bevölkerungskongreß – Diskussionen. Wien 1959. Hg. von der Union internationale pour l'étude scientifique de la population. Paris 1962.

International Population Conference. Congrès International de la Population. New York 1961. Tome I – II. London 1963.

Ipsen, Gunther: Art. Bevölkerungslehre, in: Handwörterbuch des Grenz- und Auslanddeutschtums. Bd. 1. Breslau 1933, 425 – 463.

Isberth, O. A.: Zur kartographischen Darstellung des Auslandsdeutschtums, in: Auslandsdeutsche Volksforschung 1 (1937), 98 – 105.

– Statistik und Kartographie im Dienste der Volksforschung, in: Auslandsdeutsche Volksforschung 2 (1938), 151 – 161.

Kellerer, Hans: Berichte über die Sitzungen der Fachausschüsse der Deutschen Statistischen Gesellschaft anläßlich der Tagung am 19. September 1951 in Stuttgart, in: Allgemeines Statistisches Archiv 35 (1951), 345 – 350.

– Zum Tode von Oskar Anderson, in: Allgemeines Statistisches Archiv 44 (1960), 71 – 74.

Keyser, Erich: Bevölkerungsgeschichte Deutschlands. 2., erw. Aufl. Leipzig 1941.

Klein, Kurt: Sozialstatistik, in: Karl Acham (Hg.), Geschichte der österreichischen Humanwissenschaften. Bd. 3.1: Menschliches Verhalten und gesellschaftliche Institutionen: Einstellung, Sozialverhalten, Verhaltensorientierung. Wien 2001, 257 – 295.

Klezl-Norberg, Felix: Allgemeine Methodenlehre der Statistik. Ein Lehrbuch für alle wissenschaftlichen Hochschulen. 2., erg. Aufl. Wien 1946.

– Das Doppelgesicht der Statistik, in: Allgemeines Statistisches Archiv 32 (1943 / 44), 23 – 33.

– Österreichs Beitrag zur wissenschaftlichen Statistik, in: Allgemeines Statistisches Archiv 28 (1938 / 39), 163 – 177.

– Vom Wesen der Indexziffern, in: Internationale Rundschau der Arbeit 2 (1927), 814 ff.

König, Karl: Tagung des Verbandes Deutscher Städtestatistiker am 10. und 11. Oktober 1967 in Göttingen, in: Allgemeines Statistisches Archiv 52 (1968), 105 – 112.

Kořalka, Jaroslav: Der Anteil tschechischer und tschechoslowakischer Statistiker an der Tätigkeit des Internationalen Statistischen Instituts (bis zum Jahre 1938), in: Mitteilungsblatt der Österreichischen Gesellschaft für Statistik und Informatik 11 (1981), 14 – 23.

Koren, Stephan: Die Entwicklung von Produktion, Beschäftigung und Produktivität in der österreichischen Industrie seit 1945, in: Statistische Vierteljahresschrift 5 (1952), 128 – 135.

Korherr, Richard: Der Internationale Kongreß für Bevölkerungswissenschaft in Berlin 1935, in: Allgemeines Statistisches Archiv 25 (1935 / 36), 337 – 341.

– Der internationale Kongreß für Bevölkerungswissenschaft in Paris 1937, in: Allgemeines Statistisches Archiv 27 (1937 / 38), 320 – 332.

Krebs, Leopold: Die Leo-Gesellschaft im Jahre 1932 / 33, in: Jahrbuch der Leo-Gesellschaft (1933), 205 – 218.

– Die Leo-Gesellschaft im Jahre 1935 / 36, in: Jahrbuch der Leo-Gesellschaft (1936), 198 – 212.

Krejci, Dobroslav: Über die Methode der Anbaustatistik in Böhmen, Mähren und Schlesien bis zum Jahre 1918, in: Mitteilungen des Statistischen Landesamtes des Königreiches Böhmen 25, H. 4: Anbau- und Erntestatistik für die Betriebsperiode 1914 / 15, 1916 / 17 und 1917 / 18. Prag 1923, 2 – 23.

Krieger, [?] / *Boustedt,* Olaf: Von Ungern-Sternberg, R., u. Schubnell, H., Grundriß der Bevölkerungswissenschaft (Demographie) [Rezension], in: Allgemeines Statistisches Archiv 34 (1950), 378 – 381.

Kühl, Stefan: Die Internationale der Rassisten. Aufstieg und Niedergang der internationalen Bewegung für Eugenik und Rassenhygiene im 20. Jahrhundert. Frankfurt / New York 1997.

Kuhn, Walter: Deutsche Sprachinselforschung. Geschichte – Aufgaben – Verfahren. Plauen 1934 (= Ostdeutsche Forschungen; 2).

Ladstätter, Johannes: Wandel der Erhebungs- und Aufarbeitungsziele der Volkszählungen seit 1869, in: Helczmanovski (Hg.), Bevölkerungs- und Sozialgeschichte, 267 – 296.

Leading Personalities in Statistical Sciences. Ed. by N. L. Johnson and S. Kotz. New York 1997.

Lebmann, Rosa / *Helczmanovszki,* Heimold: Auf dem Gebiete der Bevölkerungsstatistik und Bevölkerungswissenschaft tätige Österreicher. Eine Biographie und Bibliographie. Wien 1986.

Lehrgang für fachstatistische Ausbildung an der Universität Wien, in: Statistische Vierteljahresschrift 3 (1951), 77 – 82.

Liste Alphabétique des Membres, in: Bulletin de l'Institut International de Statistique, Tome 22 (Rome 1926), 250 – 267; Revue de l'Institut International de Statistique 4 (1936), 167 – 171; 9 (1941), 87 – 91.

Liste des Commissions, in: Revue de l'Institut International de Statistique 3 (1935); 5 (1937), 508 f.; 434 – 436.

Loesch, Karl Christian v. (Hg.): Volk unter Völkern. Breslau 1925 (= Bücher des Deutschtums; 1).

– (Hg.): Staat und Volkstum. Berlin 1926 (= Bücher des Deutschtums; 2).

Lütge, Friedrich: Zum hundertsten Geburtstag der „Jahrbücher", in: Jahrbücher für Nationalökonomie und Statistik 175 (1963), 1 – 11.

Mackenroth, Gerhard: Bevölkerungslehre. Theorie, Soziologie und Statistikder Bevölkerung. Berlin-Göttingen-Heidelberg 1953.

Mackensen, Rainer (Hg.): Bevölkerungsfragen auf Abwegen der Wissenschaften. Dokumentation des 1. Colloquiums zur Geschichte der Bevölkerungswissenschaft in Deutschland im 20. Jahrhundert 23. – 25. Juli 1997. Opladen 1998.

– Bevölkerungslehre und Bevölkerungspolitik vor 1933. Arbeitstagung der Deutschen Gesellschaft für Bevölkerungswissenschaft und der Johann Peter Süßmilch-Gesellschaft für Demographie mit Unterstützung des Max Planck-Instituts für demographische Forschung, Rostock. Opladen 2002.

Madlé, Arnold: Tendenz in der Massenbeobachtung, in: Deutsche Arbeit 18 (1918 / 19), 283 f.

Mahr, Alexander: Hans Mayer – Leben und Werk, in: Zeitschrift für Nationalökonomie 16 (1956), 3 – 16.

Malthus, Thomas Robert: Das Bevölkerungsgesetz. Hg. u. übersetzt von Christian M. Barth. München 1977.

Mayer, Hans: Friedrich Freiherr von Wieser, in: Neue Österreichische Biographie 1815 – 1918. Bd. 6. Wien 1929, 180 – 198.

– Zur Einführung, in: Zeitschrift für Nationalökonomie 1 (1930), 1 – 3.

Mayr, Georg v.: Zur Systematik der Bevölkerungsstatistik, in: Allgemeines Statistisches Archiv 13 (1921 / 22), 65 – 97.

Meerwarth, Rudolf: Eugen Würzburger zum 70. Geburtstag, in: Deutsches Statistisches Zentralblatt 20 (1928), Sp. 129 – 136.

Mombert, Paul: Bevölkerungslehre. Jena 1929.

Morgenroth, Wilhelm: Tagung der Deutschen Statistischen Gesellschaft im Jahre 1927, in: Allgemeines Statistisches Archiv 17 (1927 / 28), 454 – 457.

Müller, Johannes: Georg von Mayr, Bevölkerungsstatistik [Rezension], in: Schmollers Jahrbuch 48 (1924), 258 – 261.

– Tagung der Deutschen Statistischen Gesellschaft im Jahre 1929, in: Allgemeines Statistisches Archiv 19 (1929), 273 f.

– Zwanzig Jahre Deutsche Statistische Gesellschaft (1911 – 1931), in: Allgemeines Statistisches Archiv 22 (1932), 556 – 560.

Münz, Rainer: Nationalität, Sprache und Statistik in Österreich-Ungarn (Besprechungsaufsatz), in: Mitteilungsblatt der Österreichischen Gesellschaft für Statistik und Informatik 13 (1983), 138 – 146.

Neue Beiträge zur Wirtschaftstheorie. Festschrift anläßlich des 70. Geburtstages von Hans Mayer. Hg. v. Alexander Mahr. Wien 1949.

Neugründung der Österreichischen Statistischen Gesellschaft, in: AStA 35 (1951), 162.

Oberschall, Albin: Die Sprachgrenze 1880 – 1920, in: Böhmerlandjahrbuch für Volk und Heimat (1922), 44 – 49.

– Was uns heuer die Zahlen zu sagen haben, in: Böhmerlandjahrbuch für Volk und Heimat (1922), 50 – 53.

– Deutsches und tschechisches Schulwesen in der Tschechoslowakischen Republik, in: Böhmerlandjahrbuch für Volk und Heimat (1924), 56 – 59.

Öffentliche Vorlesungen an der Universität zu Wien. 1921 – 1941; 1948 – 1955. Wien 1921 – 41; 1948 – 55.

Ordnung der Vorlesungen an der K. K. Deutschen Karl Ferdinands-Universität zu Prag, WS 1907 / 08-SS 1912.

Österreicher im Ausland, in: Statistische Nachrichten N. F. 13 (1968), 406 f. und 31 (1976), 333 – 336; 399 – 403; 598 – 604.

Österreichischer Amtskalender. Wien 4.1925 – 17.1938.

Oeter, Ferdinand: Der ethische Imperativ im Lebenswerk Hans Harmsens, in: Hermann Schubnell (Hg.), Alte und neue Themen der Bevölkerungswissenschaft. Festschrift für Hans Harmsen. Wiesbaden 1981 (= Schriftenreihe des Bundesinstituts für Bevölkerungsforschung; 10).

Ordentliche Jahresversammlung der Statistischen Zentralkommission. Protokoll. Bde. 1958 – 1984. Wien 1958 – 1984.

Peichl, Hermann (Hg.): Katholischer Glaube und Wissenschaft in Österreich. Jahresberichte der Wiener Katholischen Akademie. Bd. 1 (1945–55). Wien 1957.

Personalstände der Universität Wien für die Studienjahre 1949/50, 1950/51, 1952/53. Wien 1949–52.

Pfeil, Elisabeth: Der internationale Bevölkerungskongreß in Paris 28. Juli bis 1. August 1937, in: Archiv für Bevölkerungswissenschaft und Bevölkerungspolitik 7 (1937), 288–301.

Philippovich, Eugen v.: Mayr, G. v., Statistik und Gesellschaftslehre, 3. Band [Rezension], in: Zeitschrift für Volkswirtschaft, Sozialpolitik und Verwaltung 18 (1909), 801–804.

Pinwinkler, Alexander: Das „Institut für Statistik der Minderheitsvölker" an der Universität Wien. – Deutschnationale Volkstumsforschung in Österreich in der Zeit zwischen den Weltkriegen, in: Zeitgeschichte 29 (2002), 36–48.

– Zur Geschichte der Österreichischen Statistischen Gesellschaft 1948/51–1957, in: Rudolf Dutter (Hg.), Festschrift 50 Jahre Österreichische Statistische Gesellschaft. Wien 2002, 71–87.

Problèmes d'Université. Travaux de la conference Internationale d'Enseignements Supérieur. Paris 26–28 juillet 1938. Publié par l'Institut International de Coopération Intellectuelle et la Société de l'Enseignement Supérieur. Paris 1938.

Proceedings of the World Population Conference. Belgrade, 30 August – 10 September 1965. V. III. New York 1967.

Prof. Dr. Gerhard Tintner Gastprofessor an der Universität Wien, in: StVjschr 9 (1956), 80.

Prof. Dr. S. Sagoroff – Ordinarius für Statistik an der Universität Wien, in: StVjschr 8 (1955), 149.

Professor Winkler über die Volkszählung, in: Neue Freie Presse vom 11. 07. 1934, 3.

Rauchberg, Heinrich: Der nationale Besitzstand in Böhmen. 3 Bde. Leipzig 1905.

Recensement de la population en Autriche, in: Revue de l'Institut International de Statistique 2 (1934); 4 (1936), 390 f.; 95.

Reichshandbuch der deutschen Gesellschaft. Das Handbuch der Persönlichkeiten in Wort und Bild. Band II. Berlin 1931, s. v. Müller, Johannes, 1287.

Rinne, Horst: 100 Jahre Allgemeines Statistisches Archiv. Rückblick, Biographien und Generalregister. Göttingen 1991.

Rosenmayr, Leopold: Paul Neurath 1911–2001, in: Der Standard vom 07. 09. 2001.

– Weltprobleme in Tabellen. Aufgaben der Demographie im Rahmen der Sozialwissenschaften, in: Die Furche vom 12. 9. 1959.

Rudel-Zeynek, Olga: Positive Bevölkerungs- und Familienpolitik, ein Zeitbedürfnis, in: Der Christliche Ständestaat 2 (1935), 760–762.

Sagoroff, Slawtscho: Nachruf für Oskar Anderson, in: Metrika 3 (1960), 89–94.

Schäffer, Karl-August: Hans Münzner 70 Jahre, in: Allgemeines Statistisches Archiv 60 (1976), 259 f.

Schaz, Ulrike/*Heim,* Susanne: Berechnung und Beschwörung. Überbevölkerung – Kritik einer Debatte. Berlin 1996.

Schieder, Theodor (Bearb.): Dokumentation der Vertreibung der Deutschen aus Ost-Mittel-europa. Bd. 1: Die Vertreibung der deutschen Bevölkerung aus den Gebieten östlich der Oder-Neiße. Bd. 2: Das Schicksal der Deutschen in Ungarn. Bd. 3: Das Schicksal der Deutschen in Rumänien. Bd. 4: Die Vertreibung der deutschen Bevölkerung aus der Tschechoslowakei. Bd. 5: Das Schicksal der Deutschen in Jugoslawien. München 1984 [Unveränderter Nd. der Ausgaben 1954–1961].

Schinzel, Alfred: Die biologische Lage der Ostmark, in: Archiv für Bevölkerungswissenschaft und Bevölkerungspolitik 8 (1938), 371–383.

Schorer, Hans: Statistik. Grundlegung und Einführung in die statistische Methode. Bern 1946.

Schubnell, Hermann: Aufgaben und Probleme der Demographie. Der Internationale Bevölkerungswissenschaftliche Kongreß in Wien, in: Allgemeines Statistisches Archiv 44 (1960), 165–173.

– Der Beitrag der Bevölkerungsstatistik zur Untersuchung der Zusammenhänge zwischen Bevölkerung und Wirtschaft, in: Allgemeines Statistisches Archiv 39 (1955), 281–304.

– Die Entwicklung der Demographie in Deutschland, ihr gegenwärtiger Stand und ihre Aufgaben, in: Studium generale 12 (1959), 255–273.

– Weltbevölkerungskonferenz 1965 in Belgrad vom 30. August bis 10. September 1965, in: Allgemeines Statistisches Archiv 50 (1966), 114–123.

– (Hg.): Alte und neue Themen der Bevölkerungswissenschaft. Festschrift für Hans Harmsen. Wiesbaden 1981 (= Schriftenreihe des Bundesinstituts für Bevölkerungsforschung; 10).

Schubnell, Hermann / *Ungern-Sternberg,* Roderich v.: Grundriß der Bevölkerungswissenschaft. Demographie (Stuttgart 1950).

Schulz, Hans-Joachim: Bericht über die Diskussion der Vorträge zum Thema „Über die Genauigkeit statistischer Daten" auf der 40. Jahreshauptversammlung der Deutschen Statistischen Gesellschaft am 23. Oktober 1969 in Freiburg im Breisgau, in: Allgemeines Statistisches Archiv 54 (1970), 92–105.

Sessions tenues par l'Institut International de Statistique depuis sa Fondation, in: Bulletin de l'Institut International de Statistique, Tome 26. Le Havre 1936, 248 f.

Sind Kinder eine „unerträgliche Belastung"? Dozent Rosenmayr untersuchte die Ursachen des Geburtenrückganges, in: Die Presse vom 30. 8. 1959, 5.

Sindel, Ewald: Zeitschrift „Ostland, Vom geistigen Leben der Auslanddeutschen", in: Akademie zur wissenschaftlichen Erforschung des Deutschtums. Deutsche Akademie (1927), 374–376.

Statistik in unserer Zeit. Festschrift für Hans Kellerer. Würzburg 1963.

Statistische Vierteljahresschrift: darin Materialien zur Statistischen Arbeitsgemeinschaft, StVjschr 2 (1949), 43; 3 (1950), 96, 40 f.; 165 f.; zur Österreichische Statistischen Gesellschaft, StVjschr 4 (1951), 75–77; 138; 7 (1954), 183 f.; VI. Generalversammlung, in: StVjschr 9 (1956), 42; auch in: Allgemeines Statistisches Archiv 35 (1951), 162.

Statistisches Amt für die Reichsgaue der Ostmark (Hg.): Der Umbruch in der Bevölkerungsentwicklung im Gebiete der Ostmark. Statistische Ergebnisse der natürlichen Bevölkerungsbewegung vor und nach der Wiedervereinigung. Wien 1939.

Statistisches Handbuch für die Republik Österreich. Hg. v. Statistischen Zentralamt 13 (1962); 23 (1973). Wien 1962; 1973.

Statutes of the International Statistical Institute, in: Revue de l'Institut International de Statistique 15 (1947), 160 – 169.

Stiftung für deutsche Volks- und Kulturbodenforschung Leipzig. Die Tagungen der Jahre 1923 – 1929. Als Handschriftendruck hg. vom Verwaltungsrat der Stiftung für deutsche Volks- und Kulturbodenforschung. Langensalza 1930.

Straka, Manfred / *Neunteufl*, Walter: Die Entwicklung des Volksbekenntnisses in Kärnten nach den Ergebnissen der amtlichen Volkszählungen 1923 und 1934. Graz 1941 (= Das Joanneum. Schriften des Südostdeutschen Institutes Graz; 4).

Strecker, Heinrich: Lothar Bosse 70 Jahre, in: Allgemeines Statistisches Archiv 68 (1984), 238 – 240.

Streißler, Erich: Die Statistik in Ökonomie und Ökonometrie, in: Mitteilungsblatt der Österreichischen Gesellschaft für Statistik und Informatik 9 (1979), 155 – 157.

– Die Wirtschafts- und Sozialwissenschaftler in der Österreichischen Akademie der Wissenschaften, in: Otto Hittmair (Hg.), Akademie der Wissenschaften. Entwicklung einer österreichischen Forschungsinstitution. Wien 1997, 99 – 115.

– Was ist Ökonometrie, was will sie und was hat sie bisher geleistet? In: Allgemeines Statistisches Archiv 46 (1962), 357 – 373.

Swoboda, Walter: Die 24. Jahreshauptversammlung der Deutschen Statistischen Gesellschaft (28. und 29. Oktober 1953), in: Schmollers Jahrbuch 74,1 (1954), 91 – 100.

– Die 28. Jahresversammlung der Deutschen Statistischen Gesellschaft vom 9. bis 11. Oktober 1957 in Nürnberg, in: Allgemeines Statistisches Archiv 41 (1957), 371 – 378.

– Die 31. Jahresversammlung der Deutschen Statistischen Gesellschaft vom 23. bis 25. November 1960 in Bremen, in: Allgemeines Statistisches Archiv 44 (1960), 407 – 415.

Szameitat, Klaus: Die 36. Tagung des Internationalen Statistischen Instituts 1967 in Sydney, in: Allgemeines Statistisches Archiv 52 (1968), 113 – 122.

Tagung mit großen Aufgaben. Internationaler bevölkerungswissenschaftlicher Kongreß wurde gestern eröffnet, in: Wiener Zeitung vom 29. 8. 1959, 4.

Thalheim, Karl C.: Das deutsche Auswanderungsproblem der Nachkriegszeit. Crimmitschau 1926 (= Quellen und Studien zur Kunde des Grenz- und Auslanddeutschtums; 1).

Tintner, Gerhard: Handbuch der Ökonometrie. Berlin-Göttingen-Heidelberg 1960.

Troch, Harald (Hg.): Hugo Breitner – Julius Tandler. Architekten des Roten Wien. Wien 1997.

Truhart, Herbert v.: Zur Statistik der europäischen Minderheiten, in: Volk und Reich (1930), 621 – 633.

Ulmer, Ferdinand: Dr. Oskar Gelinek, Bevölkerungsspiegel Österreichs, Lebenswichtige Ergebnisse der Volkszählung 1934 [Rezension], in: Allgemeines Statistisches Archiv 25 (1935 / 36), 488 f.

Ungarische Statistische Gesellschaft, in: Deutsches Statistisches Zentralblatt 24 (1932), 212.

Urkunden und Gesetze. Österreich: Entwurf zu einem Gesetz über Familienlastenausgleich, in: Archiv für Bevölkerungswissenschaft und Bevölkerungspolitik 6 (1936), 119 – 128.

Verhandlungen der Deutschen Statistischen Gesellschaft in Köln am 15. Mai 1929, in: Allgemeines Statistisches Archiv 19 (1929), 361–391.

Verhandlungen der Deutschen Statistischen Gesellschaft in Stuttgart am 21. Mai 1930, in: Allgemeines Statistisches Archiv 20 (1930), 356–383.

Verhandlungen der Deutschen Statistischen Gesellschaft in Würzburg am 29. 09. 1938, in: Allgemeines Statistisches Archiv 28 (1938), 178–212.

Verordnung des Bundesministeriums für Unterricht vom 25. August 1926 über die Regelung des staatswissenschaftlichen Studiums und die Erlangung des staatswissenschaftlichen Doktorates, Bgbl. 1926 Stück 55 Nr. 258.

Verordnung des Staatsamtes für Volksaufklärung, für Unterricht und Erziehung und für Kultusangelegenheiten vom 3. September 1945 über die juristische Studien- und Staatsprüfungsordnung, Stgbl. 1945 Stück 41 Nr. 164.

Vollzugsanweisung des Staatsamtes für Inneres und Unterricht vom 17. 04. 1919, mit welcher Bestimmungen über die Erlangung des Doktoratesder Staatswissenschaften an den rechts- und staatswissenschaftlichen Fakultäten der deutschösterreichischen Universitäten erlassen werden, Stgbl. 1919 Stück 87 Nr. 249.

Von der Direction der administrativen Statistik zum Österreichischen Statistischen Zentralamt 1840–1990. Hg. v. Österreichischen Statistischen Zentralamt. Wien 1990.

Vorlesungen über Statistik an den österreichischen Hochschulen, in: StVjschr 8 (1955), 149–151.

Vorlesungen und Übungen über Grenz- und Auslandsdeutschtum, in: Deutsche Arbeit 26 (1926), 280 f.; 27 (1927), 54 f.

Wagenführ, Horst: Internationaler Kongreß für Bevölkerungsforschung, in: Jahrbücher für Nationalökonomie und Statistik 136, I. (1932), 95–102.

Wagner, Karl: Die 21. Jahreshauptversammlung der Deutschen Statistischen Gesellschaft (8. und 9. November 1950), in: Schmollers Jahrbuch 71, 1 (1951), 111–118.

Weber, Wilhelm: Wirtschaftswissenschaft und Wirtschaftspolitik in Österreich 1848–1948. Wien 1949.

– (Hg.): Einheit und Vielfalt in den Sozialwissenschaften. Festschrift für Alexander Mahr. Wien / New York 1966.

Weichselberger, Kurt: Statistische Studiengänge im deutschsprachigen Raum, in: Adam (Hg.), Festschrift für Wilhelm Winkler, 80–85.

Weß, Ludger: Hans Wilhelm Jürgens, ein Repräsentant bundesdeutscher Bevölkerungswissenschaft, in: Kaupen-Haas (Hg.), Der Griff nach der Bevölkerung, 121–145.

Wetzel, Wolfgang: 75 Jahre Deutsche Statistische Gesellschaft, in: Allgemeines Statistisches Archiv 70 (1986), 233–239.

Weyr, Franz: Unsere Volkszählung und die Magyaren, in: Prager Presse vom 19. 8. 1923 (Morgen-Ausgabe), 1 f.

Wietog, Jutta: Volkszählungen unter dem Nationalsozialismus. Eine Dokumentation zur Bevölkerungsstatistik im Dritten Reich. Berlin 2001 (= Schriften zur Wirtschafts- und Sozialgeschichte; 66).

Wingen, Max: Bevölkerungspolitik – aber wie? In: Mitteilungen der Österreichischen Gesellschaft für Statistik und Informatik 7 (1977), 1–6.

Winkler, Othmar W.: Betrachtungen zur Entwicklung der Theorie der Wirtschafts- und Sozial-statistik, in: Adam (Hg.), Festschrift für Wilhelm Winkler, 86 – 93.

– Die Nachfragestruktur des Konsumgütermarktes in Abhängigkeit von der Struktur einer geschlossenen Bevölkerung. Staatswiss. Diss. masch. Wien 1948.

Witting, Hermann: Mathematische Statistik, in: Gerd Fischer, Friedrich Hirzebuch et al. (Hg.), Ein Jahrhundert Mathematik 1890 – 1990. Festschrift zum Jubiläum der DMV. Braunschweig / Wiesbaden 1990 (= Dokumente zur Geschichte der Mathematik; 6), 781 – 815.

Würzburger, Eugen: Minderheitenstatistik, in: Deutsches Statistisches Zentralblatt 18 (1926), Sp. 134 – 140.

– Zur Literatur und Methode der Nationalitäten- und Sprachenstatistik, in: Deutsche Hefte für Volks- und Kulturbodenforschung 2 (1931 / 32), 154 – 165.

– Zur Statistik des Gesamtdeutschtums, in: Deutsche Hefte für Volks- und Kulturbodenfor-schung 1 (1930 / 31), 29 – 32.

Wutte, Martin: Deutsch-Windisch-Slowenisch. Zum 7. Jahrestag der Kärntner Volksabstim-mung. Klagenfurt 1927.

– Die Bevölkerungsbewegung in Kärnten 1880 – 1934, in: Carinthia I (1938), 86 – 110.

Zahn, Friedrich: Die Statistik im nationalsozialistischen Großdeutschland, in: Allgemeines Statistisches Archiv 29 (1939 / 40), 369 – 392.

– Georg von Mayr 1841 – 1925, in: Allgemeines Statistisches Archiv 15 (1925), 1 – 6.

– Tagung des Internationalen Statistischen Instituts in Tokio 1930, in: Allgemeines Statisti-sches Archiv 20 (1930), 552 – 567.

– Tagung des Internationalen Statistischen Instituts in Mexiko 1933, in: Allgemeines Statisti-sches Archiv 23 (1933 / 34), 411 – 428.

– Tagung des Internationalen Statistischen Instituts in Athen 1936, in: Allgemeines Statisti-sches Archiv 26 (1936 / 37), 309 – 332.

– Tagung des Internationalen Statistischen Instituts in Prag 1938, in: Allgemeines Statisti-sches Archiv 28 (1938 / 39), 359 – 365.

Zell, Otto: Das Ergebnis der Sprachzählung von 1934 in Kärnten, in: Carinthia I (1936), 132 – 150.

Zeller, Wilhelm: Bericht über die Ordentliche Hauptversammlung 1978 der Österreichischen Gesellschaft für Statistik und Informatik am 7. Dezember 1978, in: Mitteilungsblatt der Österreichischen Gesellschaft für Statistik und Informatik 8 (1978), 72 – 76.

Ziegfeld, Arnold Hillen: Die deutsche Kartographie nach dem Weltkriege, in: v. Loesch (Hg.), Volk unter Völkern (1925), 429 – 445.

Zizek, Franz: Gleichartigkeit, Homogenität und Gleichwertigkeit in der Statistik, in: Allge-meines Statistisches Archiv 18 (1928 / 29), 293 – 420.

Zur Anwendung statistischer Methoden. Festschrift zum 75. Geburtstag von Felix Burkhardt. Leipzig 1963.

Zwiedineck-Südenhorst, Otto v. / *Albrecht,* Gerhard: Geleitwort, in: Jahrbücher für National-ökonomie und Statistik 140 (1934), 1 – 7.

b) Sekundärliteratur und -quellen

Ackerl, Isabella: Thesen zu Demokratieverständnis, parlamentarischer Haltung und nationaler Frage bei der Großdeutschen Volkspartei, in: Richard G. Plaschka / Anna M. Drabek (Hg.), Das Parteienwesens Österreichs und Ungarns in der Zwischenkriegszeit. Wien 1990, 147 – 156.

Ackerl, Isabella / *Weissensteiner,* Friedrich: Österreichisches Personenlexikon der Ersten und Zweiten Republik. Wien 1992.

Adamovich, Ludwig: Bericht über den Studienbetrieb an der Wiener Universität vom Sommer-Semester 1945 bis zum Sommer-Semester 1947. Wien 1947.

Aly, Götz: Rückwärtsgewandte Propheten. Willige Historiker, in: Ders., Macht-Geist-Wahn. Kontinuitäten deutschen Denkens. Berlin 1997, 153 – 183.

Aly, Götz / *Heim,* Susanne: Vordenker der Vernichtung. Auschwitz und die deutschen Pläne für eine neue europäische Ordnung. Frankfurt / Main 1997.

Amann, Anton: Soziologie in Wien: Entstehung und Emigration bis 1938. Eine Skizze mit besonderer Berücksichtigung der Rechts- und Staatswissenschaftlichen Fakultät der Universität Wien, in: Stadler (Hg.), Vertriebene Vernunft I, 214 – 237.

American National Biography. Ed. from John A. Garraty and Mark C. Carnes. Vol. 13. New York 1999, s. v. Rice, Stuart A., 424; Lotka, Alfred James, 937 f.

Ammende, Ewald: Die Nationalitäten in den Staaten Europas. Wien 1931.

An alle Deutschen der österreichischen Länder, in: Heimgarten 44 (1920), 189 – 192.

Archiv Akademie věd České Republiky: Die Gesellschaft zur Förderung deutscher Wissenschaft, Kunst und Literatur in Böhmen (Deutsche Akademie der Wissenschaften in Prag). Materialien zu ihrer Geschichte und Inventar des Archivbestandes 1891 – 1945. Praha 1994 (tschech. u. dt.).

August Sauer †, in: Deutsche Arbeit 26 (1926), 2 – 5.

Bahrdt, Hans-Paul: Autobiographische Methoden, Lebensverlaufforschung und Soziologie, in: Voges (Hg.), Methoden der Biographie- und Lebenslaufforschung, 77 – 85.

Bamberger-Stemmann, Sabine: Der Europäische Nationalitätenkongreß 1925 – 1938. Nationale Minderheiten zwischen Lobbyistentum und Großmachtinteressen. Marburg 2001 (= Materialien und Studien zur Ostmitteleuropa-Forschung; 7).

Baumgartner, Christine: Dr. Alexander Spitzmüller Freiherr von Harmersbach (1862 – 1953). Phil. Diss. masch. Wien 1967.

Bärnthaler, Irmgard: Die Vaterländische Front. Geschichte und Organisation. Wien-Frankfurt-Zürich 1971.

Benz, Wolfgang / *Graml,* Hermann / *Weiß,* Hermann (Hg.): Enzyklopädie des Nationalsozialismus. München 1998.

Beran, Helmut / *Pichler,* Franz : Adolf Adam und das Vermächtnis der donauländischen Weltharmoniker, in: Dies. (Hg.), Beiträge zur Systemforschung. Von den humanistischen Naturwissenschaften zur Renaissance des Integralen Humanismus. Festschrift Adolf Adam zum 65. Geburtstag. Wien-New York 1985, 1 – 23.

Bericht über die Tätigkeit der deutschösterreichischen Friedensdelegation in St. Germain-en-Laye. 2 Bde. Wien 1919.

Biographisches Handbuch der deutschsprachigen Emigration nach 1933. Bd. 1: Politik, Wirtschaft, Öffentliches Leben. München-New York 1980, s. v. Benedikt, Ernst, 50.

Biographisches Handbuch des deutschen Auswärtigen Dienstes 1871–1945. Bd. 1 A–F. Paderborn-München 2000, s. v. Braunias, Karl.

Biographisches Lexikon zur Geschichte der böhmischen Länder. Hg. v. Heribert Sturm. Bd. 2. München 1984, s. v. Krejčí, Dobroslav, 300; Mildschuh, Vilibald, 671.

Born, Ludger: Die erzbischöfliche Hilfsstelle für nichtarische Katholiken in Wien. Hg. v. Lothar Groppe. Wien ³1979 (= Wiener Katholische Akademie. Miscellanea; LXIVa).

Bourdieu, Pierre: Die biographische Illusion, in: BIOS. Zeitschrift für Biographieforschung und Oral History I (1990), 75–81.

Brod, Max: Streitbares Leben 1884–1968. München / Berlin 1969.

Broucek, Peter: Katholisch-nationale Persönlichkeiten. Wien 1979 (= Wiener katholische Akademie Miscellanea LXII).

Bruckmüller, Ernst: Nation Österreich. Sozialhistorische Aspekte ihrer Entwicklung. Wien / Köln / Graz 1984 (= Studien zu Politik und Verwaltung; 4).

Budde, Gunilla-Friederike: Auf dem Weg ins Bürgerleben. Kindheit und Erziehung in deutschen und englischen Bürgerfamilien 1840–1914. Göttingen 1994.

Bundesgesetz vom 18. 07. 1952 über die Gewährung von Entschädigungen wegen politischer Maßregelung im öffentlichen Dienst (Beamtenentschädigungsgesetz), Bgbl. 1952 Stück 38 Nr. 181.

Byer, Doris: Rassenhygiene und Wohlfahrtspflege. Zur Entstehung eines sozialdemokratischen Machtdispositivs in Österreich bis 1934. Frankfurt a. Main / New York 1988.

Clary-Aldringen, Alfons: Geschichten eines alten Österreichers. Wien / München 1996.

Cohen, Gary B.: The Politics of Ethnic Survival: Germans in Prague, 1861–1914. Princeton 1981.

Cornaro, Franz v.: Zur Frage des Familienschutzes in Österreich, in: Der Christliche Ständestaat 3 (1936), 259–261.

Déak, István: Der K. (u.) K. Offizier 1848–1918. Wien / Köln / Weimar 1991 (= Beyond Nationalism. A Social and Political History of the Habsburg Officer Corps, dt.).

De Bruyn, Günther: Das erzählte Ich. Über Wahrheit und Dichtung in der Autobiographie. Frankfurt a. Main 1995.

Deutsch, Julius: Aus Österreichs Revolution, militärpolitische Erinnerungen. Wien o. J. [= 1921].

Deutschbaltisches Biographisches Lexikon 1710–1960. Hg. v. Wilhelm Lenz. Köln / Wien 1970, s. v. Gruehn, Werner, 268 f.

Deutsche Biographische Enzyklopädie (DBE). Hg. v. Walther Killy / Rudolf Vierhaus. Bd. 10. München 1999, s. v. Warburg, Max, 333 f.

Die Akademischen Behörden, Professoren, Privatdozenten, Lehrer, Beamten usw. an der Universität zu Wien für die Studienjahre 1923 / 24 bis 1939. Hg. vom Rektorat der Universität. Wien 1923–39.

Die Hochschulstimmen im neuen Gewande, in: Deutsche Hochschulstimmen aus der Ostmark 5 (1913), 389 f.

Die Jubelfeier des Deutschen Schulvereines Südmark in Wien am 10. und 11. Mai 1930, in: Grenzland (1930), 89 f.

Die Nationalratswahlen vom 25. November 1945. Bearb. v. Österreichischen Statistischen Zentralamt. Wien 1946 (= Beiträge zur österreichischen Statistik; 2. H.).

Die Teilung der Prager Universität 1882 und die intellektuelle Desintegration in den böhmischen Ländern. München 1984 (=Bad Wiesseer Tagungen des Collegium Carolinum).

Dobretsberger, Josef: Die wirtschaftlichen Auswirkungen des Geburtenrückgangs, in: Der Christliche Ständestaat 2 (1935), 7 – 10.

Dörrer, Anton: Vom Isonzo (Von der Soca) bis in die Seisera. Feldbriefe eines Tiroler Zugskommandanten aus dem küstenländisch-kärntnerischen Stellungsgraben von 1915 / 16. Saarlouis 1916.

Ebner, Paulus: Die Hochschule für Bodenkultur in Wien als Ort der Politik zwischen 1914 und 1955. Ein Beitrag zur österreichischen Universitätsgeschichte. Phil. Diss.. Wien 2001.

Ebneth, Rudolf: Die österreichische Wochenschrift „Der Christliche Ständestaat". Deutsche Emigration in Österreich 1933 – 1938. Mainz 1976 (= Veröffentlichungen der Kommission für Zeitgeschichte; B 19).

Ehrenobmann Dr. Gustav Groß †, in: Grenzland (1935), 35 f.

Eichhoff, Johann Andreas: Es geschah am 10. September. Vor vierzig Jahren: Saint-Germain, in: Die Furche vom 12. 9. 1959, 3.

Einladung zu den Festlichkeiten aus Anlaß des 50jährigen Bestandes deutscher Schutzarbeit. Wien, 10. bis 12. Mai 1930. Salzburg, 7. bis 9. Juni 1930. Wien 1930.

Eisterer, Klaus: Österreich unter alliierter Besatzung 1945 – 1955, in: Rolf Steininger / Michael Gehler (Hg.), Österreich im 20. Jahrhundert. Bd. 2: Vom Zweiten Weltkrieg bis zur Gegenwart. Wien 1997, 147 – 173.

Empfangsabend in der deutschen Gesandtschaft zugunsten des Deutschen Schulvereines Südmark, in: Grenzland (1930), 26 f.

Engelberg, Ernst / Hans Schleier: Zur Geschichte und Theorie der historischen Biographie, in: Zeitschrift für Geschichtsforschung 38 (1990), 195 – 217.

Eppel, Peter: Zwischen Kreuz und Hakenkreuz: die Haltung der Zeitschrift „Schönere Zukunft" zum Nationalsozialismus in Deutschland 1934 – 38. Wien 1980.

Fahlbusch, Michael: „Wo der deutsche... ist, ist Deutschland!" Die Stiftung für deutsche Volks- und Kulturbodenforschung in Leipzig 1920 – 1933. Bochum 1994 (= Abhandlungen zur Geschichte der Geowissenschaften und Religion / Umwelt-Forschung: Beiheft; 6).

– Wissenschaft im Dienste der nationalsozialistischen Politik? Die „Volksdeutschen Forschungsgemeinschaften" von 1931 – 1945. Baden-Baden 1999.

Fassmann, Heinz: Der Wandel der Bevölkerungs- und Sozialstruktur in der Ersten Republik, in: Emmerich Tálos / Herbert Dachs / Ernst Hanisch / Anton Staudinger (Hg.), Handbuch des politischen Systems Österreichs. Erste Republik 1918 – 1933. Wien 1995, 11 – 22.

Feichtinger, Johannes: Wissenschaft zwischen den Kulturen. Österreichische Hochschullehrer in der Emigration 1933 – 1945. Frankfurt / New York 2001.

Fellner, Fritz / *Maschl,* Heidrun (Hg.): „Saint-Germain, im Sommer 1919". Die Briefe Franz Kleins aus der Zeit seiner Mitwirkung in der österreichischen Friedensdelegation. Mai-August 1919. Salzburg 1977 (= Quellen zur Geschichte des 19. und 20. Jahrhunderts; 1).

Fiedler, Gudrun: Bürgerliche Jugendbewegung, Erster Weltkrieg und sozialer Wandel 1914 – 1923. Köln 1989 (= Edition Archiv der deutschen Jugendbewegung; 6).

Fischer-Rosenthal, Wolfram: Von der biographischen Methode zur Biographieforschung: Versuch einer Standortbestimmung, in: Peter Alheit et al. (Hg.), Biographieforschung. Eine Zwischenbilanz in der deutschen Soziologie. Bremen 1990, 11 – 32.

Flachbarth, Ernst: System des internationalen Minderheitenrechtes. Budapest 1937 (= Veröffentlichungen des Instituts für Minderheitenrecht an der Budapester Kgl. Ungarischen Péter Pázmány-Universität; 1).

Fleck, Christian: Schumpeter und die Emigranten, in: Archiv für die Geschichte der Soziologie in Österreich. Newsletter 15 (1997), 3 – 14.

– Wie Neues nicht entsteht. Die Gründung des Institutes für Höhere Studien in Wien durch Ex-Österreicher und die Ford Foundation, in: Österreichische Zeitschrift für Geschichtswissenschaft 11 (2000), 129 – 178.

Franz Kafka. Briefe 1902 – 1924. Hg. v. Max Brod. Bd. 8. Frankfurt / Main 1989 (= Franz Kafka. Gesammelte Werke; 1 – 8).

Fried, Jakob: Seelsorge und Muttersprache, in: Österreichischer Verband für volksdeutsche Auslandarbeit (Hg.), Volksdeutsche Arbeit. Jahrbuch 1937, 27 – 29.

Garscha, Winfried R.: Die Deutsch-Österreichische Arbeitsgemeinschaft. Kontinuität und Wandel deutscher Anschlußpropaganda und Angleichsbemühungen vor und nach der nationalsozialistischen „Machtergreifung". Wien-Salzburg 1984 (= Veröffentlichungen zur Zeitgeschichte; 4).

Gestrich, Andreas: Einleitung: Sozialhistorische Biographieforschung, in: Ders. et al. (Hg.), Biographie, 5 – 28.

Gestrich, Andreas / *Knoch,* Peter / *Merkel,* Helga (Hg.): Biographie – sozialgeschichtlich. Göttingen 1988.

Grass, Nikolaus (Hg.): Österreichische Rechts- und Staatswissenschaften in Selbstdarstellungen. Innsbruck 1952 (= Schlern-Schriften; 97).

Grazia, Victoria de: Die Radikalisierung der Bevölkerungspolitik im faschistischen Italien: Mussolinis „Rassenstaat", in: Geschichte und Gesellschaft 26 (2000), 219 – 254.

Groß, Gustav: Deutsche Schutzarbeit in Österreich, in: Deutsche Arbeit 27 (1927), 225 – 228.

Großdeutsche Tagung in Wien, in: Volk und Reich (1926), 39 – 42.

Haar, Ingo: Historiker im Nationalsozialismus. Deutsche Geschichtswissenschaft und der „Volkstumskampf" im Osten. Göttingen 2000 (= Kritische Studien zur Geschichtswissenschaft; 143).

Haas, Hanns: Die österreichische Regierung und die Minderheitenschutzbestimmungen von Saint Germain, in: Integratio 11 – 12 (1979), 23 – 40.

– Das Minderheitenschutzverfahren des Völkerbundes und seine Auswirkungen auf Österreich, in: Helmut Konrad / Wolfgang Neugebauer (Hg.), Arbeiterbewegung – Faschismus – Nationalbewußtsein. Wien / München / Zürich 1983, 349 – 486.

– Krieg und Frieden am regionalen Salzburger Beispiel 1914, in: Salzburg Archiv 20 (1995), 302 – 320.

– Im Widerstreit der Selbstbestimmungsansprüche: vom Habsburgerstaat zur Tschechoslowakei – die Deutschen der böhmischen Länder 1918 bis 1919, in: Hans Mommsen et al. (Hg.), Der Erste Weltkrieg und die Beziehungen zwischen Tschechen, Slowaken und Deutschen. Essen 2001, (=Veröffentlichungen der Deutsch-Tschechischen und Deutsch-Slowakischen Historikerkommission; 5), 141–220.

Haas, Hanns / *Stuhlpfarrer,* Karl: Österreich und seine Slowenen. Wien 1977.

Haider, Markus Erwin: Politische Sprache und „österreichische" Nation von 1866 bis 1938. Phil. Diss. masch. Salzburg 1994.

Hainisch, Michael: 75 Jahre aus bewegter Zeit. Lebenserinnerungen eines österreichischen Staatsmannes. Bearb. v. Friedrich Weissensteiner. Wien / Köln / Graz 1978 (= Veröffentlichungen für Neuere Geschichte Österreichs; 64).

Hanisch, Ernst: Der lange Schatten des Staates. Österreichische Gesellschaftsgeschichte im 20. Jahrhundert. Wien 1994.

– Der Politische Katholizismus als ideologischer Träger des „Austrofaschismus", in: Emmerich Tálos / Wolfgang Neugebauer (Hg.), „Austrofaschismus". Beiträge über Politik, Ökonomie und Kultur 1934–1938. Wien 1984, 53–73.

– Die Männlichkeit des Kriegers. Das österreichische Militärstrafrecht im Ersten Weltkrieg, in: Geschichte und Recht. Festschrift für Gerald Stourzh zum 70. Geburtstag. Hg. v. Thomas Angerer et al. Wien / Köln / Weimar 1999, 313–338.

Hansluwka, Harald / *Schubert,* K. / *Stiglbauer,* K.: Grundzüge der Veränderungen in der Verteilung der österreichischen Bevölkerung seit dem Jahre 1869, in: Henry / Winkler (Hg.), Internationaler Bevölkerungskongreß, 586–597.

Hantsch, Hugo: Volksdeutsch – christlich-deutsch, in: Österreichischer Verband für volksdeutsche Auslandarbeit (Hg.), Volksdeutsche Arbeit. Jahrbuch 1938, 7–11.

Hašek, Jaroslav: Die Abenteuer des braven Soldaten Schwejk. Zürich 1960.

Heinrich, Walter: Othmar Spann – Gestalt, Werk und Wirkungen, in: Ders. (Hg.), Othmar Spann – Leben und Werk. Ein Gedenkband aus Anlaß der 100. Wiederkehr des Geburtstages. Graz 1979, 17–78.

Heiß, Friedrich: Großdeutsche Tagung. Schulungswoche der deutschen Jugend, Wien, 10.–14. März 1926, in: Volk und Reich (1926), 476–501.

Heiß, Gernot (Hg.): Willfährige Wissenschaft. Die Universität Wien 1938–1945. Wien 1989.

Helczmanovszki, Heimold (Hg.): Beiträge zur Bevölkerungs- und Sozialgeschichte Österreichs. Nebst einem Überblick über die Entwicklung der Bevölkerungs- und Sozialstatistik. Wien 1973.

Hemmerle, Josef: Die Gesellschaft zur Förderung deutscher Wissenschaft, Kunst und Literatur in Böhmen, in: Vereinswesen und Geschichtspflege in den böhmischen Ländern, 231–247.

Hemmerle, Rudolf: Sudetenland-Lexikon. Würzburg ³1990, s. v. Ullmann, Hermann, 458.

Hermann Ullmann. Publizist in der Zeitenwende. Hg. v. Hans Schmid-Egger. München 1965.

Hobsbawm, Eric: Das Erfinden von Traditionen, in: Christoph Conrad / Martina Kessel, Blickwechsel: Kultur & Geschichte. Neue Einblicke in eine alte Beziehung. Stuttgart 1998, 97–118.

Hochschullehrer treten vor die Öffentlichkeit, in: Wiener Universitätszeitung Nr. 17 vom 01. 11. 1952, 1.

Höflechner, Walter: Die Baumeister des künftigen Glücks. Fragment einer Geschichte des Hochschulwesens in Österreich vom Ausgang des 19. Jahrhunderts bis in das Jahr 1938. Graz 1988 (= Publikationen aus dem Archiv der Universität Graz; 23).

– Wissenschaft, Hochschule und Staat in Österreich bis 1938, in: Christian Brünner / Helmut Konrad (Hg.), Die Universität und 1938. Wien / Köln 1989, 57 – 74.

Hundert Millionen Groschen für die deutsche Schutzarbeit. Zum 90. Geburtstag Peter Roseggers, in: Grenzland (1933), 105 – 107.

Jakob Weinbacher an der Seite von drei Kardinälen (Nachruf), in: Wiener Kirchenzeitung Nr. 25 vom 23 – 06 – 1985, 24.

Janssen, Hauke: Nationalökonomie und Nationalsozialismus. Die deutsche Volkswirtschaftslehre in den dreißiger Jahren. Marburg 1998 (=Beiträge zur Geschichte der deutschsprachigen Ökonomie; 10).

Jarausch, Konrad: Universität und Hochschule, in: Handbuch der deutschen Bildungsgeschichte IV. 1870 – 1918: Von der Reichsgründung bis zum Ende des Ersten Weltkriegs. München 1991, 313 – 345.

Jerábek, Rudolf: Die österreichische Weltkriegsforschung, in: Wolfgang Michalka (Hg.), Der Erste Weltkrieg. Wirkung – Wahrnehmung – Analyse. München 1994, 953 – 971.

Kaesler, Dirk: Die frühe deutsche Soziologie 1909 bis 1934 und ihre Entstehungs-Milieus. Eine wissenschaftssoziologische Untersuchung. Opladen 1984 (= Studien zur Sozialwissenschaft; 58).

– Soziologie als Berufung. Opladen 1997.

Kaupen-Haas, Heidrun (Hg.): Der Griff nach der Bevölkerung. Aktualität und Kontinuität nazistischer Bevölkerungspolitik. Nördlingen 1986.

– Die Bevölkerungsplaner im Sachverständigenbeirat für Bevölkerungs- und Rassenpolitik, in: Dies. (Hg.), Der Griff nach der Bevölkerung, 103 – 119.

Keil, Theo (Hg.): Die deutsche Schule in den Sudetenländern. Form und Inhalt des Bildungswesens. München 1967.

Kelmes, Erwin: Der Europäische Nationalitätenkongreß (1925 – 1938). Phil. Diss. Köln 1958 [masch.].

Kleindel, Walter: Österreich. Daten zur Geschichte und Kultur. Hg. v. Isabella Ackerl / Günter K. Kodek. Wien 1995.

Kleinwächter, Friedrich F. G. / *Paller,* Heinz v. (Hg.): Die Anschlußfrage in ihrer kulturellen, politischen und wirtschaftlichen Bedeutung. Wien / Leipzig 1930.

Klingemann, Carsten: Soziologie im Dritten Reich. Baden-Baden 1996.

Klingenstein, Grete / *Lutz,* Heinrich / *Stourzh,* Gerald (Hg.): Biographie und Geschichtswissenschaft. Aufsätze zur Theorie und Praxis biographischer Arbeit. Wien 1979.

Koch, Hans-Gerd (Hg.): „Als Kafka mir entgegenkam …" Erinnerungen an Franz Kafka. Berlin 1995.

Koch, Klaus / *Rauscher,* Walter / *Suppan,* Arnold (Hg.): Außenpolitische Dokumente der Republik Österreich 1918 – 1938. Bd. 1: Selbstbestimmung der Republik. Bd. 2: Im Schatten von Saint-Germain. Wien 1993 – 94.

Konfliktgemeinschaft, Katastrophe, Entspannung. Skizze einer Darstellung der deutsch-tschechischen Geschichte seit dem 19. Jahrhundert. Hg. von der Gemeinsamen deutsch-tschechischen Historikerkommission. München 1996.

Kreisky, Bruno: Zwischen den Zeiten. Erinnerungen aus fünf Jahrzehnten. Berlin 1986.

Krüger, Helmut: Der halbe Stern. Leben als deutsch-jüdischer „Mischling" im Dritten Reich. Mit einem Nachwort von Götz Aly. Berlin 1993.

Kruse, Wolfgang: Die Kriegsbegeisterung im Deutschen Reich zu Beginn des Ersten Weltkrieges. Entstehungszusammenhänge, Grenzen und ideologische Strukturen, in: Marcel van der Linden / Gottfried Mergner (Hg.), Kriegsbegeisterung und mentale Kriegsvorbereitung. Interdisziplinäre Studien. Berlin 1991 (= Beiträge zur politischen Wissenschaft).

Kučera, Jaroslav: Minderheit im Nationalstaat. Die Sprachenfrage in den tschechisch-deutschen Beziehungen 1918 – 1938. München 1999 (= Quellen und Darstellungen zur Zeitgeschichte; 43).

Kuhn, Walter: Eine Jugend für die Sprachinselforschung. Erinnerungen, in: Ders., Neue Beiträge zur schlesischen Siedlungsgeschichte. Eine Aufsatzsammlung. Sigmaringen 1984 (= Quellen und Darstellungen zur schlesischen Geschichte; 23), 238 – 275.

Kürschners Deutscher Gelehrtenkalender 1983. Hg. v. Werner Schuder. 14. Ausgabe. Berlin / New York 1976.

Lammasch, Heinrich: Seine Aufzeichnungen, sein Wirken und seine Politik. Hg. v. Marga Lammasch / Hans Sperl. Wien / Leipzig 1922.

Laun, Rudolf: Die tschechoslowakischen Ansprüche auf deutsches Land. Wien 1919 (= Flugblätter für Deutschösterreichs Recht; 4).

Le Goff, Jacques: Wie schreibt man eine Biographie? In: Fernand Braudel (Hg.), Der Historiker als Menschenfresser. Über den Beruf des Geschichtsschreibers. Berlin 1990, 103 – 122.

Lehr, Ursula: Psychologie des Alterns. Wiebelsheim ^{9}2000.

Lemberg, Hans: Das öffentliche Leben in den böhmischen Ländern vor dem Ersten Weltkrieg, in: Ferdinand Seibt (Hg.), Die Chance der Verständigung. Absichten und Ansätze zu übernationaler Zusammenarbeit in den böhmischen Ländern 1848 – 1918.. München 1987 (= Bad Wiesseer Tagungen des Collegium Carolinum), 175 – 186.

Lenger, Friedrich: Werner Sombart: 1836 – 1941. Eine Biographie. München 1994.

Lexikon der Siebenbürger Sachsen. Innsbruck 1993, s. v. Roth, Hans Otto, 416.

Lexikon Statistik. Hg. v. Bernd Rönz / Gerhard Strohe. Wiesbaden 1994.

Lichtenberger-Fenz, Brigitte: Österreichs Universitäten und Hochschulen – Opfer oder Wegbereiter der nationalsozialistischen Gewaltherrschaft? (Am Beispiel der Universität Wien) In: Heiß (Hg.), Willfährige Wissenschaft, 3 – 15.

– „... deutscher Abstammung und Muttersprache". Österreichische Hochschulpolitik in der Ersten Republik. Wien / Salzburg 1990.

Linke, Angelika: Sprachkultur und Bürgertum. Zur Mentalitätsgeschichte des 19. Jahrhunderts. Stuttgart / Weimar 1996.

Lösch, Niels C.: Rasse als Konstrukt. Leben und Werk Eugen Fischers. Frankfurt a. Main 1997 (= Europäische Hochschulschriften: Reihe III, Geschichte und ihre Hilfswissenschaften; 737).

Luft, Robert R.: Der „Deutsche Verein zur Verbreitung gemeinnütziger Kenntnisse" in Prag 1869–1938. Ein Beitrag zur Volksbildung in Böhmen, in: Vereinswesen und Geschichtspflege in den böhmischen Ländern, 139–178.

Luh, Andreas: Der Deutsche Turnverband in der Ersten Tschechoslowakischen Republik. Vom völkischen Vereinsbetrieb zur volkspolitischen Bewegung. München 1988 (= Veröffentlichungen des Collegium Carolinum; 62).

Maderegger, Sylvia: Die Juden im österreichischen Ständestaat 1934–1938. Phil. Diss.. Salzburg 1973.

Martin, Josef: Übersicht über den Stand der Volksbibliotheken und Lesehallen deutschböhmischer Städte, in: Deutsche Arbeit 11 (1911/12), 579 f.

Matras, Ferdinand: Die Anschlußfrage, in: Grenzland (1931), 4–7.

Mattl, Siegfried / *Stuhlpfarrer,* Karl: Angewandte Wissenschaft im Nationalsozialismus. Großraumphantasien, Geopolitik, Wissenschaftspolitik, in: Heiß (Hg.), Willfährige Wissenschaft, 283–301.

Mayer, Hans: [Lebenserinnerung], in: Nikolaus Grass (Hg.), Österreichische Rechts- und Staatswissenschaften, 233–272.

Megner, Karl: Beamte. Wirtschafts- und sozialgeschichtliche Aspekte des k. k. Beamtentums. Wien 1985.

Meineke, Stefan: Friedrich Meinecke. Persönlichkeit und politisches Denken bis zum Ende des Ersten Weltkrieges. Berlin/New York 1995 (= Veröffentlichungen der Historischen Kommission zu Berlin; 90).

Melichar, Peter: Vergiftete Atmosphäre, schmutzige Tricks..., in: Der Falter 11 (1988), 5.

Millenkovich-Morold, Max v.: Vor zwanzig Jahren. Sprachvereins-Erinnerungen, in: Muttersprache 6 (1941), 98 f.

Mises, Ludwig. Erinnerungen. Stuttgart 1978.

Míšková, Alena / *Neumüller,* Michael: Die Gesellschaft zur Förderung deutscher Wissenschaft, Kunst und Literatur in Böhmen (Deutsche Akademie der Wissenschaften in Prag). Materialien zu ihrer Geschichte und Inventar des Archivbestandes 1891–1945. Prag 1994.

M. d. R. Die Reichstagsabgeordneten der Weimarer Republik in der Zeit des Nationalsozialismus. Politische Verfolgung, Emigration und Ausbürgerung 1933–1945. Hg. v. Martin Schumacher. Düsseldorf 1991, s. v. Hoetzsch, Otto, 293 f.

Mitzman, Arthur: Historische Identität und die Identität des Historikers, in: Röckelein (Hg.), Biographie als Geschichte, 89–116.

Mohler, Armin: Die Konservative Revolution in Deutschland 1918–1932. Darmstadt ⁴1994.

Mommsen, Hans: Die Auflösung des Bürgertums seit dem späten 19. Jahrhundert, in: Jürgen Kocka (Hg.), Bürger und Bürgerlichkeit im 19. Jahrhundert. Göttingen 1987, 288–315.

Mühlberger, Kurt: Dokumentation „Vertriebene Intelligenz 1938": Der Verlust geistiger und menschlicher Potenz an der Universität Wien von 1938 bis 1945. Wien 1990.

Nadler, Josef: Literaturgeschichte der deutschen Stämme und Landschaften. Bd. 4. Regensburg 1928.

Nautz, Jürgen (Hg.): Unterhändler des Vertrauens. Aus den nachgelassenen Schriften von Sektionschef Dr. Richard Schüller. Wien/München 1990 (= Studien und Quellen zur österreichischen Zeitgeschichte; 9).

Neck, Rudolf: Die österreichische Friedensdelegation in St. Germain (ihr Archiv und ihre Arbeitsweise), in: Scrinium (1974), 36–46.

Neudeck, Werner: Die Entwicklung der Wirtschaftswissenschaften in Österreich 1918 bis 1938, in: Geistiges Leben im Österreich der Ersten Republik. Wien 1986 (= Wissenschaftliche Kommission zur Erforschung der Geschichte der Republik Österreich; 10), 221–230.

Neue Deutsche Biographie (NDB). Hg. v. der Historischen Kommission bei der Bayerischen Akademie der Wissenschaften. Berlin 1953 ff.
Bd. 1, s. v. Ammende, Ewald, 253
Bd. 2, s. v. Brandsch, Rudolf, 529
Bd. 9, s. v. Simons, Walter, 335
Bd. 10, s. v. Hugelmann, Karl, 9 f.
Bd. 15, s. v. Lodgman v. Auen, Rudolf, 10 f.
Bd. 16, s. v. Medinger, Wilhelm Edler v., 602 f.
Bd. 17, s. v. Möller, Karl v., 646 f.

Neue Freie Presse vom 11. 6. 1919 (Morgenblatt), 5, und vom 12. 6. 1919 (Abendblatt), 1 f.

Neurath, Paul / *Nemeth,* Elisabeth (Hg.): Otto Neurath oder die Einheit von Wissenschaft und Gesellschaft. Wien / Köln / Weimar 1994.

Nolte, Claire: „Our Task, Direction and Goal". The Development of the Sokol National Program to World War I, in: Vereinswesen und Geschichtspflege in den böhmischen Ländern, 123–138.

Oberkrome, Willi: Volksgeschichte: Methodische Innovation und völkische Ideologisierung in der deutschen Geschichtswissenschaft 1918–1945. Göttingen 1993.

Ogris, Werner: Einhundert Jahre Rechtswissenschaft im Hause am Ring, in: Günther Hamann / Kurt Mühlberger / Franz Skacel (Hg.), 100 Jahre Universität am Ring. Wissenschaft und Forschung an der Universität Wien seit 1884. Wien 1986 (= Schriftenreihe des Universitätsarchivs; 3), 43–64.

Oldofredi, Hieronymus: Zwischen Krieg und Frieden. Erinnerungen. Wien 1925.

Opitz, Alfred / *Adlgasser,* Franz (Hg.): Der Zerfall der europäischen Mitte. Staatenrevolution im Donauraum. Berichte der Sächsischen Gesandtschaft in Wien, 1917–1919. Graz 1990 (= Quellen zur Geschichte des 19. und des 20. Jahrhunderts; 5).

Österreicher im Exil. USA 1938–1945. Eine Dokumentation. Hg. v. Dokumentationsarchiv des österreichischen Widerstandes. Bd. 2. Wien 1995.

Österreichisches Biographisches Lexikon (ÖBL). Hg. v. der Akademie der Wissenschaften. Wien 1957 ff.
Bd. 1, s. v. Dumba, Konstantin, 203
Bd. 2, s. v. Gleispach, Wenzeslaus, 7; Gross, Gustav, 73; Gürtler, Alfred, 102 f.
Bd. 5, s. v. Ledebur-Wicheln, Johann Graf von, 80; Löbl, Emil, 270
Bd. 6, s. v. Mataja, Viktor, 135; Millenkovich, Max v., 301
Bd. 9, s. v. Redlich, Josef, 10 f.; Renner, Karl, 80 f.

Österreich-Ungarns letzter Krieg 1914–1918. Hg. vom Bundesministerium für Heereswesen und vom Kriegsarchiv. Wien 1930 ff.
Bd. 1: Das Kriegsjahr 1914. Bearb. von Edmund Glaise-Horstenau et al. Wien 1930.
Bd. 3, T. 2: Das Kriegsjahr 1915. Bearb. von Edmund Glaise-Horstenau et al. Wien 1932.

Pakes, Brigitte: Beiträge zur Geschichte des Lehrkörpers der juridischen Fakultät der Universität Wien zwischen 1918 und 1938. Phil. Diss. Wien 1981.

Parlament der Auslandsösterreicher, in: Salzburger Nachrichten v. 15. 9. 1956, 3.

Paumgartner, Bernhard: Erinnerungen. Salzburg 1969.

Polacek, Josef (Hg.): Egon Erwin Kisch. Briefe an den Bruder Paul und an die Mutter 1905–1936. Berlin / Weimar 1978.

Pražské spolky. Soupis pražských spolků na základě úředních evidencí z let 1895–1990. Praha 1998 (= Documenta Pragensia Monographia; 6).

Programm des K. K. Deutschen Obergymnasiums der Kleinseite in Prag, am Schlusse der Schuljahre 1895, 1896, 1897, 1898, 1899, 1900, 1901, 1902. Prag 1895–1902.

Protokolle des Ministerrates der Ersten Republik. Kabinett Dr. Engelbert Dollfuß. Abteilung VIII, Bd. 5. Bearb. von Gertrude Enderle-Burcel. Wien 1984.

Pusman, Karl: Die Wiener Anthropologische Gesellschaft in der ersten Hälfte des 20. Jahrhunderts. Ein Beitrag zur Wissenschaftsgeschichte auf Wiener Boden unter besonderer Berücksichtigung der Ethnologie. Phil. Diss. Wien 1991.

Rathkolb, Oliver: Überlegungen zum Exodus der „Jurisprudenz". Rechts- und Staatswissenschaftliche Emigration aus dem Österreich der Zwischenkriegszeit, in: Stadler (Hg.), Vertriebene Vernunft I, 276–303.

– Die Rechts- und Staatswissenschaftliche Fakultät der Universität Wien zwischen Antisemitismus, Deutschnationalismus und Nationalsozialismus 1938, davor und danach, in: Heiß (Hg.), Willfährige Wissenschaft, 197–232.

Reimann, Viktor: Innitzer. Kardinal zwischen Hitler und Rom. Wien / München 1988.

Rennhofer, Friedrich: Ignaz Seipel. Wien / Köln / Graz 1978.

Richter, Karl F.: Gesellschafts- und kulturpolitische Ansichten über Lage und Aufgaben der Deutschen Böhmens um die Jahrhundertwende, in: Bohemia 15 (1974), 197–210.

Riedl, Franz Hieronymus: Die Deutsche Burse zu Marburg und ihre Ausstrahlung besonders nach Südosteuropa, in: Südostdeutsches Archiv 28/29 (1985/86).

Riehl, Walter: Das deutsche Vaterland – so weit die deutsche Zunge klingt! In: Mutterland. Nationalsozialistische Zeitschrift zur Festigung des Zusammenhanges aller deutschen Stämme 2 (1923), 57–60.

– Mutterland, in: Mutterland. Nationalsozialistische Zeitschrift zur Festigung des Zusammenhanges aller deutschen Stämme 2 (1923), 26–28.

Ritter, Ernst: Das Deutsche Ausland-Institut in Stuttgart 1917–1945. Ein Beispiel deutscher Volkstumsarbeit zwischen den Weltkriegen. Wiesbaden 1976 (= Frankfurter Historische Abhandlungen; 14).

Ruttke, Falk: Familienlastenausgleich in Österreich, in: Archiv für Bevölkerungswissenschaft und Bevölkerungspolitik 6 (1936), 109–111.

Sablik, Karl: Julius Tandler – Mediziner und Sozialreformer. Eine Biographie. Wien 1983.

St. Germain 1919. Protokoll des Symposiums am 29. und 30. Mai 1979 in Wien. Wien 1989 (= Wissenschaftliche Kommission zur Erforschung der Republik Österreich. Veröffentlichungen; 11).

Sandgruber, Roman: Ökonomie und Politik. Österreichische Wirtschaftsgeschichte vom Mittelalter bis zur Gegenwart. Wien 1995.

Sauer, August: Die neuen Volksbildungsbestrebungen der Deutschen in Böhmen, in: Deutsche Arbeit 11 (1911), 1–5.

Schausberger, Norbert: Der Griff nach Österreich. Der Anschluß. Wien 1978.

Schlenstedt, Dieter: Egon Erwin Kisch. Leben und Werk. Berlin/Ost 1985.

Schmidt, Günter Erik: Ehrenzeichen und Orden im Österreich der Zwischenkriegszeit 1918– 1938. Graz 1994.

– Orden und Ehrenzeichen Österreichs 1945–1999. Wien 1999.

Schmied, Erich: Die altösterreichische Gesetzgebung zur Prager Universität. Ein Beitrag zur Geschichte der Prager Universität bis 1918, in: Die Teilung der Prager Universität 1882, 11–23.

– J. W. Titta und der deutsche Volksrat für Böhmen, in: Bohemia 26 (1985), 309–330.

Schot, Bastian: Nation oder Staat? Deutschland und der Minderheitenschutz. Zur Völkerbundspolitik der Stresemann-Ära. Marburg/Lahn 1988 (= Historische und landeskundliche Ostmitteleuropa-Studien; 4).

Schulze, Hagen: Die Biographie in der „Krise der Geschichtswissenschaft", in: Geschichte in Wissenschaft und Unterricht 29 (1978), 508–518.

Schumy, Vinzenz: Kampf um Kärntens Einheit und Freiheit. Wien 1950.

Schwab, Gustav: Die schönsten Sagen des klassischen Altertums. Bindlach 1997.

Seibt, Ferdinand (Hg.): Vereinswesen und Geschichtspflege in den böhmischen Ländern. München 1986 (= Bad Wiesseer Tagungen des Collegium Carolinum).

Siegfried, Klaus-Jörg: Universalismus und Faschismus. Das Gesellschaftsbild Othmar Spanns. Wien 1974.

Siegrist, Hannes: Der Wandel als Krise und Chance. Die westdeutschen Akademiker 1945– 1965, in: Klaus Tenfelde/Hans-Ulrich Wehler (Hg.), Wege zur Geschichte des Bürgertums. Göttingen 1994 (= Bürgertum. Beiträge zur europäischen Gesellschaftsgeschichte; 8), 289–314.

– Ende der Bürgerlichkeit? Die Kategorien „Bürgertum" und „Bürgerlichkeit" in der westdeutschen Gesellschaft und Geschichtswissenschaft in der Nachkriegsperiode, in: Geschichte und Gesellschaft 20 (1994), 549–583.

Slapnicka, Helmut: Die Prager Juristenfakultät in der zweiten Hälfte des 19. Jahrhunderts, in: Die Teilung der Prager Universität 1882, 59–80.

Sněm království Českého 1908–1911 – stenoprotokoly/4. schůze (obsah)/Pondělí 7. února 1910. www.psp.cz/cgi-bin/dee/eknih/1908skc/stenprot/004schuz/s004002.htm.

Spitzmüller, Alexander: „... und hat auch Ursach, es zu lieben.". Wien 1955.

Stadler, Friedrich (Hg.): Vertriebene Vernunft I. Emigration und Exil österreichischer Wissenschaft 1930–1940. Wien/München 1987.

Stauda, Johannes: Der Wandervogel in Böhmen 1911–1920. Hg. v. Kurt Oberdorfer. Reutlingen 1975.

Steininger, Rolf/*Gehler,* Michael (Hg.): Österreich im 20. Jahrhundert. Bd. 1: Von der Monarchie bis zum Zweiten Weltkrieg. Bd. 2: Vom Zweiten Weltkrieg bis zur Gegenwart. Wien 1997.

Stourzh, Gerald / *Zaar,* Birgitta (Hg.): Österreich, Deutschland und die Mächte. Internationale und österreichische Aspekte des „Anschlusses" vom März 1938. Wien 1990 (= Österreichische Akademie der Wissenschaften. Veröffentlichungen der Kommission für die Geschichte Österreichs; 16).

Südtirol A – Z. Hg. v. Eduard Widmoser. Bd. 4. Innsbruck / München 1995, s. v. Reut-Nicolussi, 146 f.

Tábori, Jenö: Hadialbuma. A Cs. És Kir. „Frigyes Föherceg" 52. Gyalogezred. A Pécs-Baranyai Katonák Szereplése Az 1914 – 1918. Évi Világháborúban. Budapest / Pécs 1935.

Tálos, Emmerich: Sozialpolitik im Austrofaschismus, in: Ders. / Wolfgang Neugebauer (Hg.), „Austrofaschismus". Beiträge über Politik, Ökonomie und Kultur 1934 – 1938. Wien 1984, 161 – 178.

– Sozialpolitik in der Ersten Republik, in: Emmerich Tálos / Herbert Dachs / Ernst Hanisch / Anton Staudinger (Hg.), Handbuch des politischen Systems. Erste Republik 1918 – 1933. Wien 1995, 570 – 586.

Titze, Hartmut: Hochschulen, in: Dieter Langewiesche / Heinz-Elmar Tenorth (Hg.), Handbuch der deutschen Bildungsgeschichte. Bd. 1 – 6, 5: Die Weimarer Republik und die nationalsozialistische Diktatur. München 1989, 209 – 240.

Treppesch, Franz: „Deutsche Arbeit. Monatsschrift für das geistige Leben der Deutschen in Böhmen". Werden und Wirken einer kulturpolitischen Zeitschrift im Sudetenraum. Phil. Diss. München 1944 [masch.].

Tzöbl, Josef A.: Grundsätze der auslandsdeutschen Volkstumspflege in Österreich, in: Österreichischer Verband für volksdeutsche Auslandarbeit (Hg.), Volksdeutsche Arbeit. Jahrbuch 1938, 100 – 103.

Ulrich, Bernd: Die Desillusionierung der Kriegsfreiwilligen von 1914, in: Wolfram Wette (Hg.), Der Krieg des kleinen Mannes. Eine Militärgeschichte von unten. München / Zürich 1992, 110 – 126.

Ulrich, Bernd / *Ziemann,* Benjamin (Hg.): Frontalltag im Ersten Weltkrieg. Wahn und Wirklichkeit. Quellen und Dokumente. Frankfurt a. Main 1994.

Veiter, Theodor: Stellungnahme zum Arbeitspapier von Herrn Dr. Richard S. Geer für die Wissenschaftliche Kommission zur Erforschung der österreichischen Geschichte der Jahre 1918 – 1938, Tagung in Wien vom 11. – 13. Nobember 1980 über „Oswald Menghin, ein Vertreter der Katholischen Nationalen" [ungedr. Manuskript].

Verordnung zur Neuordnung des österreichischen Berufsbeamtentums, Gesetzbl. für das Land Österreich, 1938 Stück 56 Nr. 160.

Vetricek, Andrea: Die Lehrer der Rechts- und Staatswissenschaftlichen Fakultät der Universität Wien, die 1938 entlassen wurden. Phil. Diss. Wien 1980.

Voithofer, Richard: Deutschnationale Parteien in der Ersten Republik. Die Großdeutsche Volkspartei in Salzburg 1920 – 1936. Phil. Diss. masch. Salzburg 1999.

Voltelini, Hans: Die Rechts- und Staatswissenschaftliche Fakultät, in: Die Universität Wien. Ihre Geschichte, ihre Institute und Einrichtungen. Hg. vom Akademischen Senat. Düsseldorf 1929, 22 – 28.

Weczerka, Hugo: Walter Kuhn †, in: Südostdeutsches Archiv 27 (1983 / 84), 179 – 181.

Wehler, Hans-Ulrich: Deutsche Gesellschaftsgeschichte. Bd. 3: Von der „Deutschen Doppelrevolution" bis zum Beginn des Ersten Weltkrieges 1849 – 1914. München 1995.

– Zum Verhältnis von Geschichtswissenschaft und Psychoanalyse, in: Ders. (Hg.), Geschichte und Psychoanalyse. Köln 1971, 9–30.

Weingärtner, Arnold: „Nation und Staat". Eine Monographie. Wien 1979 (= Ethnos; 17).

Weissensteiner, Friedrich / *Weinzierl,* Erika (Hg.): Die österreichischen Bundeskanzler. Wien 1983.

Wertheimer, Fritz: Von deutschen Parteien und Parteiführern im Ausland. Berlin 1930.

Wiener Sprachblätter (1984), 25–27; 40–43 [zu T. Borodajkewycz und E. Mehl].

Wintgens, Hugo: Der völkerrechtliche Schutz der nationalen, sprachlichen und religiösen Minderheiten. Stuttgart 1930 (= Handbuch des Völkerrechts; 2).

Wohnout, Helmut: Die Janusköpfigkeit des autoritären Österreich. Katholischer Antisemitismus in den Jahren vor 1938, in: Geschichte und Gegenwart 13 (1994), 3–15.

Wutte, Martin: Kärntens Freiheitskampf 1918–1920. Verb. Ndr. der 2., umgearb. u. verm. Aufl. Klagenfurt 1985 (= Archiv für Vaterländische Geschichte und Topographie; 69).

Zesch, Rudolf: Schutzbundarbeit 1925/26, in: Karl Christian v. Loesch (Hg.): Staat und Volkstum. Berlin 1926, 764–770.

Zur Weltgeschichte der Leibesübungen. Festgabe für Erwin Mehl zum 70. Geburtstag. Hg. v. Rudolf Jahn. Frankfurt a. Main 1960.

Lebenslauf von Wilhelm Winkler

29. 06. 1884	Geburt in Prag als viertes von acht Kindern des Musiklehrers Julius Winkler und der Anna Winkler geb. Sabitscher.
1902	Matura am Kleinseitner Deutschen Gymnasium in Prag.
1902 – 07	Studium an der Rechts- und Staatswissenschaftlichen Fakultät der Prager deutschen Universität.
1907	Promotion zum Dr. jur. an der Deutschen Universität in Prag.
1907 – 09	Gerichtspraxis als Rechtspraktikant im k. k. Landesgericht in Prag.
1907 / 08	Dienst als Einjährig-Freiwilliger im k. u. k. Infanterieregiment Nr. 11.
1909 – 18	Konzipist und Vize-Sekretär im Statistischen Landesbureau des Königreiches Böhmen.
Juli 1914	Eintritt in den Krieg als Infanterie-Leutnant der Reserve; im Lauf des Kriegs außertourliche Beförderung zum Oberleutnant und Hauptmann der Reserve; Kriegsauszeichnungen (u. a. Bronzenes und Silbernes Signum Laudis mit der Spange).
Nov. 1915	Schwere Verwundung in der 4. Isonzoschlacht; halbjähriger Spitalsaufenthalt.
Juni 1916	Übersiedlung nach Wien; stellvertretende Leitung der Heeresstatistischen Abteilung im Wissenschaftlichen Komitee für Kriegswirtschaft des k. u. k. Kriegsministeriums.
März 1918	Eheschließung mit Klara Deutsch.
1918 – 20	Ministerialsekretär und Leiter der heeresstatistischen Abteilung im (deutsch-) österreichischen Staatsamt für Heereswesen.
1919	Statistischer Fachberater der deutschösterreichischen Delegation beim Friedenskongreß in St. Germain-en-Laye.
1920	Hofsekretär bei der Statistischen Zentralkommission, ab 1922 Regierungsrat und stellvertretender Leiter der Abteilung für Bevölkerungsstatistik im Bundesamt für Statistik.
1921	Habilitation als Privat-Dozent für Statistik an der Rechts- und Staatswissenschaftlichen Fakultät der Universität Wien (bei Friedrich Wieser und Othmar Spann). Geburt des Sohns Erhard.
seit 1921	Auseinandersetzung mit dem Haupt der deutschen stoffstatistischen Schule Georg v. Mayr um die Integration mathematischer Methoden in die Statistik.
1923	Aus Winklers Grenzlandseminar an der Universität Wien geht das Institut für Statistik der Minderheitsvölker hervor, das seiner Leitung unterstellt ist. Geburt des Sohns Othmar.

seit 1923   *Veröffentlichung von Handbüchern zur Statistik des Deutschtums und der europäischen Nationalitäten bei den Verlagen Deutsche Rundschau, Berlin bzw. Braumüller, Wien;* enge Zusammenarbeit mit der Leipziger Stiftung für Volks- und Kulturbodenforschung.

1925   Regierungsrat und Leiter der bevölkerungsstatistischen Abteilung im Bundesamt für Statistik.

seit 1926   Prüfungskommissär für Volkswirtschaftslehre, Volkswirtschaftspolitik und Finanzwissenschaft bei der politischen Staatsprüfung des Rechtsstudiums; ordentliches Mitglied des Internationalen Statistischen Institutes.

1926   Geburt des Sohns Berthold und der Zwillingsschwestern Hildegard und Gertraud.

1926 / 27   Teilnahme am internationalen statistischen Kongreß in Kairo.

seit 1926   Bestrebungen zur Verbesserung des statistischen Unterrichts an der Universität Wien.

1927   Verleihung des Berufstitels „außerordentlicher Universitätsprofessor".

1929   Ernennung zum Extraordinarius der Rechts- und Staatswissenschaften; nebenamtliche Tätigkeit im Bundesamt für Statistik als Leiter der Abteilung für Bevölkerungsstatistik.

1930   Teilnahme am internationalen statistischen Kongreß in Tokio.

1931 / 33   *Der zweibändige „Grundriß der Statistik" erscheint im Verlag Julius Springer, Berlin.*

1932   Ernennung zum tit. o. ö. Professor an der Universität Wien; Ehrenmitglied der ungarischen statistischen Gesellschaft und der mexikanischen geographisch-statistischen Gesellschaft.

1933   Teilnahme am internationalen statistischen Kongreß in Mexiko.

1934   Leitung der österreichischen Volkszählung.

1935   Teilnahme am Berliner Bevölkerungskongreß.

1936   Verleihung des Offizierskreuzes des österreichischen Verdienstordens.

1936   Teilnahme am internationalen statistischen Kongreß in Athen.

1937   Verleihung des Hofratstitels.

1938   Wegen politischer Gründe und aufgrund der jüdischen Abstammung seiner Frau Pensionierung als Professor und als Abteilungsleiter des Bundesamts für Statistik.

1938–45   Rückzug in die „innere Emigration"; die behinderte Tochter Gertraud fällt 1944 dem NS-Euthanasieprogramm zum Opfer.

1945   Wiedereinsetzung als tit. o. Universitätsprofessor; Gründung des Instituts für Statistik an der Universität Wien.

1947–55   Ordinarius für Statistik, Demographie und Ökonometrie an der Universität Wien.

1947   Teilnahme am internationalen statistischen Kongreß in Washington; Winkler erleidet zwei Herzinfarkte.

1948   Honorarprofessur für Statistik an der Hochschule für Welthandel in Wien;
                Mitglied der International Union for the Scientific Study of Population.

1949   Teilnahme am internationalen statistischen Kongreß in Bern.

1949/50   Winkler muß sich einer Magen-Darm-Gallenoperation unterziehen.

1950–51   Winkler bekleidet das Amt eines Dekans der Rechts- und Staatswissen-
                schaftlichen Fakultät der Universität Wien.

1951   Teilnahme am internationalen statistischen Kongreß in Neu-Delhi / Kalkutta;
                *Veröffentlichung des Lehrbuchs „Grundfragen der Ökonometrie" im Sprin-
                ger-Verlag, Wien.*

1952   *Veröffentlichung der „Typenlehre der Demographie" in den Sitzungsberich-
                ten der Österreichischen Akademie der Wissenschaften, Wien.*

1952   Ernennung zum korrespondierenden Mitglied der phil.-hist. Kl. der Österrei-
                chischen Akademie der Wissenschaften.

1954   Teilnahme am Weltbevölkerungskongreß in Rom.

seit 1954   Ehrenmitglied der Deutschen Statistischen Gesellschaft.

1955   Emeritierung als Ordinarius für Statistik.

1956   Tod von Klara Winkler.

1958   Verheiratung mit Franziska Kunz geb. Hacker.

30. 01. 1959   Winkler wird von der Staatswissenschaftlichen Fakultät der Universität
                München die Würde eines Dr. oec. publ. h.c. verliehen.

1959   Organisator des Internationalen Bevölkerungskongresses in Wien.

1961   Ernennung zum honorary fellow der Royal Statistical Society.

1964   In einer Würdigung zum 80. Geburtstag nennt S. Sagoroff Winkler den
                „Nestor der Statistiker im deutschsprachigen Raum".

1965   Teilnahme am Weltbevölkerungskongreß in Belgrad.
                Winkler wird das Ehrendoktorat der Staatswissenschaften an der Universität
                Wien verliehen; er wird eines von sieben Ehrenmitgliedern des Internationa-
                len Statistischen Instituts weltweit.

31. 05. 1967   Winkler wird vom österreichischen Bundespräsidenten das Ehrenkreuz
                Erster Klasse für Wissenschaft und Kunst verliehen.

1969   *Die „Demometrie" erscheint im Verlag Duncker & Humblot, Berlin.*

1973   Teilnahme an dem von ihm angeregten ISI-Kongreß in Wien.

28. 03. 1980   Verleihung des Großen Goldenen Ehrenzeichens für Verdienste um die
                Republik Österreich.

29. 06. 1984   Aus Anlaß seines 100. Geburtstags wird Winkler das Große Silberne Ehren-
                zeichen mit dem Stern für Verdienste um die Republik Österreich verliehen.

03. 09. 1984   Wilhelm Winkler stirbt in Wien.

Stammbaum der Familie Winkler (Prag – Wien)

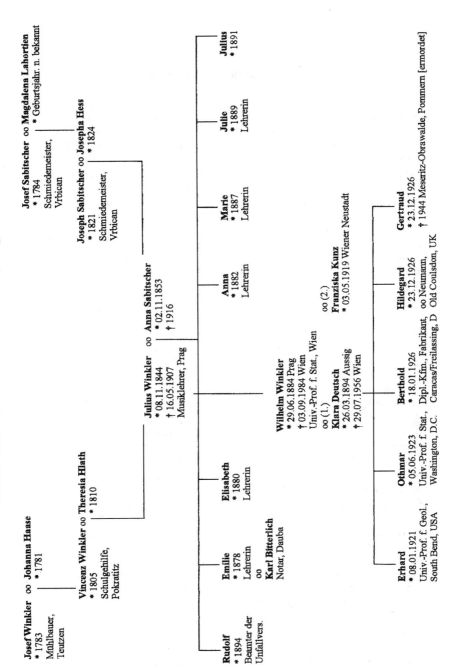

Josef Winkler oo **Johanna Haase**
* 1783   * 1781
Mühlbauer,
Teutzen

Josef Sabitscher oo **Magdalena Lahortien**
* 1784   * Geburtsjahr: n. bekannt
Schmiedemeister,
Vrbican

Vincenz Winkler oo **Theresia Hlath**
* 1805   * 1810
Schulgehilfe,
Pokratitz

Joseph Sabitscher oo **Josepha Hess**
* 1821   * 1824
Schmiedemeister,
Vrbican

Julius Winkler oo **Anna Sabitscher**
* 08.11.1844   * 02.11.1853
† 16.05.1907   † 1916
Musiklehrer, Prag

Rudolf
* 1894
Beamter der
Unfallvers.

Emilie
* 1878
Lehrerin
oo
Karl Bitterlich
Notar, Dauba

Elisabeth
* 1880
Lehrerin

Wilhelm Winkler
* 29.06.1884 Prag
† 03.09.1984 Wien
Univ.-Prof. f. Stat., Wien
oo (1.)
Klara Deutsch
* 26.03.1894 Aussig
† 29.07.1956 Wien

oo (2.)
Franziska Kunz
* 03.05.1919 Wiener Neustadt

Anna
* 1882
Lehrerin

Marie
* 1887
Lehrerin

Julie
* 1889
Lehrerin

Julius
* 1891

Erhard
* 08.01.1921
Univ.-Prof. f. Geol.,
South Bend, USA

Othmar
* 05.06.1923
Univ.-Prof. f. Stat.,
Washington, D.C.

Berthold
* 18.01.1926
Dipl.-Kfm., Fabrikant,
Caracas/Freilassing, D

Hildegard
* 23.12.1926
oo Neumann,
Old Coulsdon, UK

Gertraud
* 23.12.1926
† 1944 Meseritz-Obrawalde, Pommern [ermordet]

Personenverzeichnis

Sachverzeichnis

Kursive Begriffe sind Zeitungen oder Zeitschriften. Die Begriffe Statistik und Demographie sind nicht aufgenommen.

Jutta Wietog

Volkszählungen unter dem Nationalsozialismus

Eine Dokumentation zur Bevölkerungsstatistik im Dritten Reich

Schriften zur Wirtschafts- und Sozialgeschichte, Band 66
Tab.; 301 S. 2001 ⟨3-428-10384-X⟩ € 74,– / sFr 128,–

Wie gestaltete sich die Zusammenarbeit der amtlichen Bevölkerungsstatistik mit den Machthabern des Dritten Reiches besonders hinsichtlich
der Volkszählungen 1933 und 1939? Wie unterschieden sich diese Zählungen untereinander sowie von dem 1925er Zensus? Diese Fragen bilden
den Ausgangspunkt der vorliegenden Untersuchung. Anhand einer gründ-
lichen Quellenrecherche in deutschen Archiven wird auch der immer wiederkehrenden Behauptung nachgegangen, aus den Daten der mit der
Volkszählung 1939 verbundenen Sonderaufnahme der Juden sei eine
reichsweite Judenkartei angelegt worden, die als Grundlage für die Deportationen ab 1940/41 gedient habe.

Auch wenn sich diese Behauptung als falsch erwiesen hat und sich eine
derartige Verstrickung der amtlichen Bevölkerungsstatistik in den Holocaust nicht nachweisen läßt, so zeigt die Untersuchung doch, daß sich,
wie andere Institutionen auch, das Statistische Reichsamt und die statistischen Ämter den Anforderungen der nationalsozialistischen Machthaber
nicht entziehen konnten und zum Teil selbst den Anpassungsprozeß vorantrieben. Der Konflikt zwischen dem Bestreben, das Statistikgeheimnis
zu wahren und der amtlichen Statistik weiterhin ein breites, für korrekte
Ergebnisse unablässiges Vertrauen in der Bevölkerung zu erhalten, und
den Anforderungen, die ein totalitärer Staat an eine seiner Institutionen
stellt, wurde besonders unter den Bedingungen des Zweiten Weltkrieges
immer öfter zu Gunsten der letzteren entschieden.

Internet: http://www.duncker-humblot.de

Duncker & Humblot · Berlin

Schriften zur Wirtschafts- und Sozialgeschichte

Internet: http://www.duncker-humblot.de